# 中原文獻鈎沉·經部卷 上

吕友仁 主編

中州古籍出版社
·鄭州·

## 圖書在版編目(CIP)數據

中原文獻鉤沉. 經部卷 / 吕友仁主編. — 鄭州：中州古籍出版社，2020.12
ISBN 978-7-5348-9545-6

Ⅰ. ①中… Ⅱ. ①吕… Ⅲ. ①地方文獻 – 河南 Ⅳ. ① K296.1

中國版本圖書館 CIP 數據核字 (2020) 第 265070 號

ZHONGYUAN WENXIAN GOUCHEN JING BU JUAN

### 中原文獻鉤沉·經部卷

| | |
|---|---|
| 策劃編輯 | 馬 達　劉 曉 |
| 責任編輯 | 劉 曉　朱志永 |
| 責任校對 | 趙建新 |
| 版式設計 | 曾晶晶 |
| 封面設計 | 王 歌 |

| | |
|---|---|
| 出版社 | 中州古籍出版社（地址：鄭州市鄭東新區祥盛街27號6層　郵編：450016　電話：0371-65723280） |
| 發行單位 | 新華書店 |
| 承印單位 | 河南新華印刷集團有限公司 |
| 開　　本 | 787 mm × 1092 mm　1/16 |
| 印　　張 | 69.5 |
| 字　　數 | 1390 千字 |
| 版　　次 | 2020 年 12 月第 1 版 |
| 印　　次 | 2020 年 12 月第 1 次印刷 |
| 定　　價 | 300.00 元（全 2 册） |

本書如有印裝質量問題，請與出版社調換。

# 中原文獻鈎沉·經部卷

主　編：吕友仁
副主編：李正輝　馮好傑　張君蕊
　　　　甘良勇　孫新梅　李慧玲
　　　　李昕潔　苑學正　王文艷

# 前　言

## 一、解題

《中原文獻鈎沉》，就是將散佚的中原文獻輯録出來。所謂"中原文獻"，是指今河南省的古代文獻。所謂"鈎沉"，即輯佚之義。清人余蕭客有《古經解鈎沉》，輯録唐代以前經書古注；魯迅有《古小説鈎沉》，輯録唐代以前古小説。本書之命名，即取法前賢。由於散佚的中原文獻數量巨大，且學術價值以唐代以前散佚者較高，所以本書的時限暫定爲先秦至六朝。

## 二、編纂《中原文獻鈎沉》的必要性

### （一）中原文獻是我國古代文獻中的主導文獻

中原文獻是中原文化的主要載體。中原文化作爲一種地方文化，在華夏文明發展的歷史長河中，以其源遠流長、博大精深的品格，始終起着中心作用和導向作用。而中原文化所具有的上述品格和作用，在很大程度上是通過中原文獻體現的。這裏所説的中原文獻，既包括今天現存的中原文獻，也包括已經散佚的中原文獻。换言之，已經散佚的中原文獻，也參與了中原文化的構建，是燦爛的中原文化的組成部分。無論是今天現存的中原文獻，或是已經散佚的中原文獻，都是我們珍貴的文化遺産，值得我們自豪。如果我們的心目中只有現存的中原文獻，忘掉了已經散佚的中原文獻，則難辭數典忘祖之誚。

### （二）散佚的中原文獻很多是各自學術領域的開創性著作，具有較高學術價值。例如：

1.《子夏易傳》。子夏，即卜商，孔子弟子，以"文學"著稱，是所謂"十哲"之一，河南温縣人（此據《史記·仲尼弟子列傳》司馬貞《索隱》）。按照傳統目録學的排列順序，此書總是坐第一把交椅。《四庫全書總目》所收的第一種書就是《子夏易傳》十一卷。《總目》說它是僞書，但有的學者認爲不僞，有的學者認爲難以遽下結論。不管怎麼說，這是一個懸而未決的公案，想繞也繞不開，誰叫《周易》居六經之首，而《子夏易傳》又居《周易》之首呢？作者既是如此的大名鼎鼎，其書又居於如此重要的地位，其重要性不是顯而易見的嗎？難怪清人的輯本不止一種。

2. 戰國蘇秦《蘇子》三十一篇，《漢書·藝文志》著錄，後佚。秦，洛陽人。蘇秦是縱橫家的鼻祖，而此書乃《漢志》縱橫家領銜之作。或曰：君言差矣，縱橫家之鼻祖乃蘇秦之師鬼谷子，《隋志》子部著錄之《鬼谷子》三卷始爲縱橫家領銜之作。答曰：誠如君言，然則鬼谷子乃潁川陽城（今河南登封）人，《鬼谷子》仍然屬於中原文獻。

3. 由李斯領銜撰寫的《倉頡篇》。《漢書·藝文志》：“《蒼頡》七章者，秦丞相李斯所作也。《爰歷》六章者，車府令趙高所作也。《博學》七章者，太史令胡毋敬所作也。文字多取《史籀篇》，而篆體復頗異，所謂秦篆者也。”許慎《說文解字序》：“秦始皇帝初兼天下，丞相李斯乃奏同之，罷其不與秦文合者。斯作《倉頡篇》，中車府令趙高作《爰歷篇》，太史令胡毋敬作《博學篇》，皆取《史籀》大篆，或頗省改，所謂小篆者也。”可知此書是我國第一部規範全國文字的小篆字典。

4. 《李斯集》。上世紀八十年代，始由河南大學教師張中義、王宗堂、王寬行輯出，由中州古籍出版社出版。《四庫全書總目·集部總叙》：“集部之目，《楚辭》最古，別集次之，總集次之，詩文評又晚出，詞曲則其閏餘也。古人不以文章名，故秦以前書，無稱屈原、宋玉工賦者。洎乎漢代，始有詞人，迹其著作，率由追錄。故武帝命所忠求相如遺書，魏文帝亦詔天下上孔融文章。至於六朝，始自編次。”《李斯集》之問世，爲中國文學史別開生面。《史記·李斯列傳》太史公曰：“不然，斯之功且與周、召列矣。”講的是李斯的豐功偉績。至於李斯在中國文學史上的地位，魯迅《漢文學史綱要》云：“法家大抵少文采，唯李斯奏議，尚有華辭，如上書《諫逐客》。秦始皇東巡郡縣，羣臣乃相與頌其功德，刻於金石，其辭亦李斯所爲，質而能壯，實漢晉碑銘所從出也。由現存者而言，秦之文章，李斯一人而已。”

5. 漢代鄭興《周官解詁》、鄭衆《周官解詁》，這是注釋《周禮》的開山之作。鄭興、鄭衆是父子，開封人。鄭玄注《周禮》，引用二鄭之說特多。

6. 《隋書·經籍志》史部雜傳類著錄《陳留耆舊傳》二卷，漢議郎圈稱撰。後佚。陳留，漢魏郡名，治所陳留（在今開封市東南）。《陳留耆舊傳》是我國第一部記載一郡先賢嘉言懿行的專書。劉知幾《史通·雜述篇》表彰了四部此類“郡書”，《陳留耆舊傳》位列四書之首。《陳留耆舊傳》還是范曄《後漢書》的取材來源之一。《陳留耆舊傳》的不少記事，可與以上二書相印證。舉例來說，清代乾隆皇帝不相信《後漢書·劉昆傳》所載之"昆爲政三年，仁化大行，虎皆負子渡河"的記載，特地以《御製讀劉昆傳》爲題，寫了一詩一文，具載四庫本《後漢書》卷首。實際上，追本溯源，《後漢書·劉昆傳》有關此事的記載乃取自《陳留耆舊傳》。

7. 東漢服虔《通俗文》一卷，《隋書·經籍志》著錄，後佚。顔之推《顔氏家訓·書證》説此書"河北此書，家藏一本"，可知其爲古人所看重如此。論者以爲，《通俗文》是以漢代人民羣衆口頭上活生生的語言爲研究對象，具有超前的民俗語言學意識。《通俗文》不僅開創了俗語研究的先河，也是俗語辭書的濫觴之作。清代學者錢大昕所著《恒言録》，即是繼承《通俗文》之作。

8. 漢末應劭《漢書集解》二十四卷和服虔《漢書音訓》一卷，《隋志》史部著錄，後佚。應劭，汝南南頓（今項城）人；服虔，滎陽人。此二書是注解《漢書》的開山之作。顔師古《漢書叙例》："《漢書》舊無注解，唯服虔、應劭等各爲音義，自别施行。"可證。

9. 三國魏周斐《汝南先賢傳》五卷，始見《隋書·經籍志》史部，兩《唐志》猶見著錄，後佚。周斐，汝南人。劉知幾《史通·雜述》云："汝、穎奇士，江、漢英靈，人物所生，載光郡國，故鄉人學者，編而記之。若圈稱《陳留耆舊傳》、周斐《汝南先賢》、陳壽《益部耆舊》、虞預《會稽典録》，此之謂郡書者也。"所謂"郡書"，就是由本郡的人執筆，將爲本郡增光生色的先賢的嘉言懿行記載下來，公之於衆，傳之後世。劉知幾所舉的四種郡書，中原文獻佔了一半。其中的《會稽典録》在上個世紀已由魯迅先生輯出。《汝南先賢傳》對後世影響很大。

劉義慶《世説新語》開宗明義的第一篇是《德行》，而《德行》篇的前四人都是《汝南先賢傳》中的人物。《三國演義》中有兩句對曹操的評語："子治世之能臣，亂世之奸雄也。"這兩句話膾炙人口，不脛而走，而下此評語者正是《汝南先賢傳》中的傳主之一許劭。

10. 西晉荀勖《晉中經》十四卷。荀勖，潁川潁陰（今河南許昌）人。此書始見《隋書·經籍志》史部簿録類著録，兩《唐志》著録同。後佚。這部書的學術價值在於，它開創了傳統目録學的四分法。《隋書·經籍志叙》云："魏秘書郎鄭默，始制《中經》。秘書監荀勖，又因《中經》，更著《新簿》，分爲四部，總括羣書。一曰甲部，紀六藝及小學等書；二曰乙部，有古諸子家、近世子家、兵書、兵家、術數；三曰丙部，有史記、舊事、皇覽簿、雜事；四曰丁部，有詩賦、圖讚、汲塚書。"錢大昕説："四部之分，實始於此。"（《潛研堂文集》卷十三）劉壽曾《揚州藝文志商例》："自荀氏創立四部,沿承至今。"

11. 南朝宋謝靈運的《遊名山志》一卷,《隋書·經籍志》史部地理類著錄,後佚。靈運,史稱太康人。此書的重要性在於,第一,它是我國遊山記之類著作的濫觴。遊山記之類著作,論其規模宏大與學術價值,首推《徐霞客遊記》。而追溯其初,則推靈運此《志》。第二,天下名山多矣,核之《遊名山志》佚文,知所謂"遊名山"者,謂遊永嘉、會稽二郡之名山也。而靈運爲中國文學史上山水詩人之鼻祖,讀靈運山水詩,有必讀此《志》方可得解者也。

12. 南朝宋鄭緝之《永嘉郡志》。緝之,開封人;永嘉,今之溫州。《永嘉郡志》,是溫州的第一部方志。此書久佚,清同治年間,孫詒讓主持編寫《溫州經籍志》,特爲輯出。孫詒讓《書校集鄭緝之〈永嘉郡記〉後》云:"《鄭記》(按:謂鄭緝之《永嘉郡記》)爲吾鄉地志第一古本,隋唐《志》皆不著錄,唯《太平御覽》序目有之。其書自唐以來,久無傳帙。然自梁劉孝標《世説注》以下諸書,多見徵引,而《御覽》所錄尤夥。"

**(三)本書將爲我國文史哲領域的學術研究提供前所未見的珍貴資料,爲促進我國哲學社會科學進一步繁榮發展做出貢獻**

《四庫全書總目》著錄《蘇氏演義》云:"古書亡失,愈遠愈希,片羽吉光,彌足珍貴。"根據我們的前期調查統計,本書需要輯出的佚書凡747種,涉及經史子集四部。這747種輯佚書出版後,將爲我國文史哲領域的學術研究提供前所未見的資料,甚至改寫某些已有的結論。

例如,杜甫詩、蘇軾詩和黃庭堅詩都不止一次地使用"吏隱"一詞,而古今注家,無一例外地都這樣注釋:"《汝南先賢傳》:'鄭欽吏隱於蟻陂之陽。'"按:《隋書·經籍志》史部著錄《汝南先賢傳》五卷,魏周斐撰。據考,周斐本人就是汝南人。此書後佚。十年前,我們將《汝南先賢傳》佚文輯出,方知杜詩、蘇詩、黃詩注家的徵引《汝南先賢傳》"鄭欽吏隱於蟻陂之陽",應爲"鄭敬去吏,隱於蟻陂之陽"。換言之,一個避諱字沒有發現,"欽"當作"敬";掉了一個很關鍵的"去"字。宋人趙次公作注,避宋太祖祖父之諱,改"敬"作"欽"。後人作注,一路承襲下來。何謂"鄭敬去吏"?據《汝南先賢傳》,鄭敬當過汝南郡郡功曹,官不大,但鄭敬對上司不會説奉承話,不爲上司所喜,所以他就辭職不幹了。這就是所謂"鄭敬去吏"。由此可知,杜詩、蘇詩、黃詩的古今注家都把這個典故注錯了。實際上,吏隱的鼻祖是漢代的梅福,但這又是另外的話題了。

再如,晉殷仲堪《論語注》,隋、唐諸志皆不載,而皇侃《論語集解義疏》引有九節,《續修四庫全書總目提要》評論説:"全異舊説,實非聖人立言之本旨也。皇氏引之者,殆序中所謂廣異聞歟?"今人王雲飛《殷仲堪〈論語注〉研究》則云:"東晉殷仲堪現存《論語注》九條,與何晏、皇侃等其他秦漢六朝《論語注》相比,其'性''迹''虛'等概念的使用具有玄學特色,屬於以玄注《論語》的典型,尤其受到郭象思想的影響。其多次出現的'誠'的概念,和宋明理學、心學'誠'的關係值得進一步研究。"(載《唐山學院學報》2012年1月)然則,雖然僅僅九條佚文,但卻是"以玄注《論語》的典型"。

## 三、編纂《中原文獻鈎沉》可行性

### (一) 對中原文獻的第一次全方位普查

從1992年開始,到2002年底為止,歷時11年,在河南省教育廳科研處和中州古籍出版社的大力支持下,在全國高等院校古籍整理工作委員會資助下,由河南師範大學吕友仁先生任主編,聯合鄭州大學、信陽師院、安陽師院、商丘師院的同道,齊心協力,完成了《中州文獻總錄》一書(上下兩册,230多萬字,中州古籍出版社2002年出版)的編寫出版。《中州文獻總錄》,是一部上起先秦下迄清末的河南省藝文志。編寫《總錄》的過程,實際上是對中原文獻進行了一次全方位的普查。通過《總錄》的編寫,使我們對於中原文獻的歷史和現狀,已經做到了基本上心中有數。現存多少?散佚多少?前人有輯本的有多少?前人沒有輯本的有多少?前人輯本的質量如何?對於這些問題,基本上已經瞭然於胸。這就是説,《鈎沉》的前期準備工作,我們已做得相當紮實。

### (二) 對中原文獻的第二次全方位普查

從2002年開始,到2008年,我們又完成了《中原文化大典·著述典》的編寫和出版。《著述典》的編寫,在某種意義上來説,就是在《中州文獻總錄》的基礎上,對中原文獻的一次全面復查。《著述典》是《總錄》的進一步完善與提高。通過《著述典》的編寫,使我們獲得了從事《鈎沉》工作所需要的更加準確的基本資料,從而為《鈎沉》的編寫奠定了堅實的基礎。下面是已經掌握的有關《中原文獻鈎沉》的基本資料:

1. 數量方面:

先秦時期中原文獻的存佚統計是,總數41種。經部凡5種,其中現存者1種,有輯本者3種,待輯者1種。史部書無。子部凡36種,其中現存者12種,有輯本者11種,待輯者13種。集部書無(今人有《李斯集輯注》)。

西漢時期中原文獻的存佚統計是,總數62種。其中,經部文獻凡20種,其中現存者5種,散佚者15種。散佚的15種之中,前人有輯本者8種,待輯者7種。史部文獻凡4種。其中現存者2種，散佚者2種，散佚的2種皆無輯本。子部文獻凡33種，其中，現存者3種，殘缺者1種，散佚者29種。散佚的29種之中，有輯本者僅3種，待輯者26種。集部文獻凡5種。其中1種殘缺，其餘4種皆散佚。散佚的4種之中，有輯本者2種，待輯者2種。

東漢時期中原文獻的存佚統計是，總數148種。其中，經部凡71種，其中現存者1種，有輯本者19種，待輯者51種。史部凡33種，其中現存者2種，有輯本者7種，待輯者24種。子部凡25種，其中現存者4種，有輯本者4種，待輯者17種。集部凡19種，其中現存者無，有輯本者18種，待輯者2種。

魏晉時期中原文獻的存佚統計是，總數320種。其中，經部凡88種，其中現存者18種，前人有輯本者35種，待輯者35種。史部凡57種，其中現存者3種，殘缺者1種，前人有輯本者19種，待輯者34種。子部凡68種，其中現存者8種，前人有輯本者20種，待輯者40種。集部凡107種，其中現存者1種，前人有輯本者7種，待輯者99種。

南北朝時期中原文獻的存佚統計是，總數250種。其中，經部凡44種，其中現存者1種，有輯本者6種，待輯者37種。史部凡63種，其中現存者1種，有輯本者5種，待輯者57種。子部凡26種，其中現存者4種，有輯本者4種，待輯者18種。集部凡117種，其中現存者5種，有輯本者7種，待輯者105種。

先秦兩漢魏晉南北朝時期，中原文獻的總數是821種，其中現存者74種，散佚者747種，分別占總數的9%、91%。前人有輯本者177種，待輯者570種，分別占散佚總數的24%、76%。

2. 質量方面：

儘管前人的輯佚工作取得了很大的成績，但也有一些不足之處。約略地說，有下列五點。

①脫漏較多。例如，三國魏周斐《汝南先賢傳》，《隋志》著錄五卷，後佚。截至2010年，此書的輯本計有九種。九種之中，以日本學者永田拓治《周斐〈汝南先賢傳〉輯本》（載《大阪市立大學東洋史論叢》2010年第17號）最佳。永田拓治輯本輯出傳主46人，而我們2015年的輯本則輯出53人（詳呂友仁主編《汝南先賢傳輯本注譯》，中州古籍出版社2015年版）。

②因貪多而闌入，把不該收的也收了。例如，《子夏易傳》，黃奭輯本71條，闌入2條。馬國翰輯本66條，闌入6條。凡闌入者，皆按照本書凡例，歸入"存目"。再如，張禹《孝經安昌侯說》一篇，《漢志》著錄，後佚。清馬國翰《玉函山房輯佚書》據邢

昺《孝經正義》徵引輯錄，凡六節，而其明白爲張禹所説者，僅一節而已。

③因張冠李戴而誤收。例如，丁國鈞、秦榮光兩家《補晉書藝文志》均有殷仲文《論語解》一書，丁氏云"見皇侃《論語義疏》"，秦氏云"據皇侃《義疏》引"。實際上皇侃《論語集解義疏》絲毫没有涉及殷仲文其人。皇疏採殷仲堪説九節，丁、秦二氏蓋將仲堪、仲文混爲一談。文廷式、黄逢元、吴士鑑三家所作《補晉藝文志》，即未著録此書。是故，此書並不存在。再如，《説郛》卷五十八所輯葛玄事，云出自《汝南先賢傳》，實則出自葛洪《神仙傳》；又所輯范仲翁事，云出自《汝南先賢傳》，實則出自趙岐《三輔決録》。

④當分而合。例如沈重，據《北史》本傳，有《毛詩義》二十八卷，又有《毛詩音》二卷，馬國翰《玉函山房輯佚書》所輯《毛詩沈氏義疏》二卷，就將《毛詩義》與《毛詩音》合二爲一。

⑤標點間有失誤。例如，日本學者永田拓治《汝南先賢傳》輯本第40頁"許嘉"條之佚文［Ⅴ］：許嘉年十三，父給亭治道坐，不竟，當得鞭，嘉叩頭流血，請得免，由是感激讀書。

按：此條輯佚文字有兩處破句。破句情況，與《漢唐方志輯佚》本一模一樣。何九盈《〈漢唐方志輯佚〉標點商榷》（載《湖北大學學報》哲社版，2004年9月）曾經指出《漢唐方志輯佚》本此條的破句，今"借花獻佛"。何九盈按："坐"是動詞，爲法律術語。"父給亭治道，坐不竟，當得鞭"，"坐不竟"，意爲因"治道"未能如期完工而獲罪，應當受鞭刑。"請"字應屬上。"叩頭流血請"爲狀動結構。"得免"是得以免於受鞭刑。

梁啟超《中國近三百年學術史》："鑒定輯佚書之標準有四。一、佚文出自何書，必須注明。數書同引，則舉其最先者。能確遵此例者優，否者劣。二、既輯一書，則必求備。所輯佚文多者優，少者劣。三、既須求備，又須求真。若貪多而誤認他書爲本書佚文則劣。四、原書篇第有可整理者，極力整理，求還其書本來面目。雜亂排列者劣。"這也是我們在輯佚工作中應該時時加以警惕的。

**（三）有比較充足的人才資源**

通過《中州文獻總録》《中原文化大典·著述典》的編寫，我們不僅出了成果，而且培養了一批熟悉中原文獻的教師，培養了一批熟悉中原文獻的研究生。近三十年來，在整理研究中原文獻方面，河南師範大學走在河南省高等學校的前列。2016年，我校文學院"中原文獻與文化研究中心"獲批爲河南省高等學校人文社會科學重點研究培育基地。

### （四）有現代化的輯佚手段

例如，互聯網上的搜索，文淵閣本《四庫全書》電子版和中國基本古籍庫全文檢索系統所具有的窮盡式搜索功能，這都是前人無法想象的。清初學者閻若璩爲了查找"使功不如使過"一語的原始出處，前後耗時二十年（事見錢大昕《潛研堂文集·閻若璩傳》），這樣的事情一去不復返了。

## 四、一點認識與期望

據我們所知，像《中原文獻鈎沉》這樣的做法，以一省爲單位，將該省歷史上早期散佚的文獻進行全面輯佚，還是走在全國前列的。我們認爲，輯佚的重要性，頗與出土文獻類似，它也是一種新材料，能爲我們的研究提供新的證據，得出新的結論。《論語·八佾》："子曰：'夏禮吾能言之，杞不足徵也；殷禮吾能言之，宋不足徵也。文獻不足故也，足則吾能徵之矣。'"朱熹《集注》："杞，夏之後。宋，殷之後。徵，證也。文，典籍也。獻，賢也。言二代之禮，我能言之，而二國不足取以爲證，以其文獻不足故也。文獻若足，則我能取之以證吾言矣。"孔子把文獻的足與不足的利害關係説得多麼明白！王國維在《古史新證》中説："吾輩生於今日，幸於紙上之材料外更得地下之新材料。由此種材料，我輩固得據以補正紙上之材料，亦得證明古書之某部分全爲實録。"輯佚就是把散佚的文獻儘量找回來，讓它們重見天日，用以豐富我們的文獻典藏。這也是一種新材料。在這種認識指導下，我們將努力把《中原文獻鈎沉》做好。非獨此也，我們也希望兄弟省的高校也能行動起來，衆人拾柴火焰高，我們國家的典籍寶庫，一定會更充實，更燦爛。

# 編纂凡例

一、《中原文獻鈎沉·經部卷》是今河南省唐代以前散佚文獻之總集。

二、爲了達到"辨章學術,考鏡源流"的目的,《鈎沉》所輯佚書,首先按照《中國古籍善本書目》的分類進行歸類,然後按照該書作者所在朝代之先後排序。同一朝代之中,以該書作者的生卒年月排序。

三、輯佚的四種情況:

(一)前人已有輯本且比較完善者。這種情況極少。對於這種情況,我們要做的工作,就只是整理工作,即標點、分段、校勘、撰寫提要。

(二)前人已有輯本但脫漏、訛誤較多者。這種情況不在少數。對於這種情況,我們要做的工作,首先是補其脫漏,正其訛誤,然後才是整理工作。整理工作的內容同上。

(三)前人尚無輯本而需要從頭做起者。這種情況是大多數。對於這種情況,我們要做的工作,首先是輯佚,然後是整理工作。整理工作的內容同上。

(四)同一種佚書,如果前人有兩種以上輯本,則在調查研究的基礎上,選擇佚文比較全面比較準確的輯本作爲底本,同時注意吸收其他輯本的長處。

四、對於前人輯本的佚文,均與原始出處核對後方使用。換言之,前人所輯佚文,只是第二手資料,必須變成第一手資料。

五、所輯佚書的書名,無論是實際上已經輯出或是勞而無功、未曾輯出片言隻語者,均以最早著錄的名稱爲準。所輯佚書的卷數,原卷數與本次輯出之卷數均在提要中說明。

六、每種輯本前撰寫簡明提要。提要的內容主要是介紹作者,說明本書著錄情況及存佚沿革,內容簡介及前人評價。

七、一人而著數書,又分見於不同部類者,則從《四庫全書總目》之例,其作者簡介只出現于著者的第一部書的提要中。其他著作的提要就不再介紹作者，但云"某人有某書，已著錄"而已。

八、每條佚文的具體寫法，因文而異。有的佚文是獨立的，沒有依傍，寫起來比較簡單，集部的輯佚多屬此類。有的佚文，不是獨立的，離開了依傍，就不知所云。寫起來比較複雜，經部的輯佚多屬此類。

九、關於佚文的分段。一般來說，我們輯出的每一種佚書，由若干條佚文組成。每一條佚文就是一段。

十、所輯佚文的排列，應儘量恢復其原貌。如無可能，則應儘量科學合理，以類相從，切忌隨手安置，雜亂無章。

十一、輯出的每一條佚文，均須在該條佚文之後注明出處（出自何書何卷），以資征信。對於一條完整的佚文，如果出處見於多種古代文獻，則以文獻時代先後爲序。

十二、佚文如有需要校勘之處，當以簡潔之校語出之，切忌喧賓奪主。

十三、佚文如有需要考證之處，當以簡潔之按語出之，切忌喧賓奪主。

十四、本書採用"零報告"制，即對於那些儘管費了九牛二虎之力也沒有輯出片言隻語的佚書，也應列目，撰寫提要，以免掩蓋學術發展的軌跡。

十三、《鉤沉》設立"存目"，用以安置前人輯本中之顯系誤收者。如《説郛》卷五十八所輯葛玄事，云出自《汝南先賢傳》，實則出自葛洪《神仙傳》，即將葛玄事刪歸存目。

十五、遵守學術規範，尊重前人勞動成果，對所使用、參考的前人輯佚成果，必須在適當地方予以說明。

十六、注明佚文出處的卷次數目的寫法：第一，一律省去"卷"字；第二，一律使用漢字，不使用阿拉伯數字。例如，《類聚》八十六、《御覽》九百七十二。請注意：十，不作"一〇"；十三，不作"一三"；一百八，不作"一〇八"。依此類推。

十七、注明佚文出處之書，如果是習聞常見者，可以使用統一的簡稱。例如，《北堂書鈔》，簡稱《書鈔》；《藝文類聚》，簡稱《類聚》；《白孔六帖》，簡稱《六帖》；《太平御覽》，簡稱《御覽》；《册府元龜》，簡稱《元龜》；《錦繡萬花谷前集》，簡稱《萬花谷前集》；《古今合璧事類備要前集》，簡稱《合璧事類前集》。請注意：《文選》李善注要細到某卷某人某篇，例如，《文選》卷二十一顏延年《秋胡詩》李善注。清代的《佩文韻府》《駢字類編》之類屬於輾轉稗販，一般不宜用作佚文出處。

十八、佚文出自的文獻，應選擇該書的較好版本。

十九、《鉤沉》一書，用繁體字，橫排。佚文中的異體字，原則上要求規範統一。

二十、爲眉目清晰，以◎、⊙符號標示所輯佚文和我們的按語。

# 目　録

| | |
|---|---|
| 前言 | 1 |
| 凡例 | 1 |

## 易類 ......... 1

| | |
|---|---|
| 卜子夏《子夏易傳》 | 3 |
| 周王孫《周氏易傳》 | 16 |
| 蔡公《蔡公易傳》 | 17 |
| 丁寬《丁氏易傳》 | 18 |
| 京房《周易京房章句》 | 27 |
| 京房《孟氏京房》《災異孟氏京房》 | 40 |
| 京房《周易錯》 | 41 |
| 袁京《孟氏易難記》 | 42 |
| 樊英《易章句》 | 43 |
| 荀爽《周易注》 | 44 |
| 荀爽等《周易荀爽九家注》 | 85 |
| 宋衷《周易宋氏注》 | 106 |
| 董遇《周易注》 | 113 |
| 何晏《周易何氏解》 | 117 |
| 鍾會《周易盡神論》 | 119 |
| 鍾會《周易無互體論》 | 120 |
| 王弼《周易窮微》 | 121 |
| 王弼《易辨》 | 122 |
| 王弼《周易大衍論》 | 123 |

| 荀融《易義》 | 124 |
| 荀煇《周易注》 | 125 |
| 阮渾《周易論》 | 126 |
| 楊乂《周易卦序論》 | 127 |
| 應貞《明易論》 | 128 |
| 鄒湛《周易統略》 | 129 |
| 向秀《周易義》 | 130 |
| 杜育《易義》 | 134 |
| 干寶《周易注》 | 135 |
| 干寶《周易宗塗》 | 155 |
| 干寶《周易爻義》 | 156 |
| 宣舒《通知來藏往論》 | 157 |
| 謝萬《周易繫辭注》 | 158 |
| 范宣《擬周易說》 | 159 |
| 袁宏《周易譜》 | 160 |
| 袁悅之《周易繫辭注》 | 161 |
| 袁悅之《周易音》 | 162 |
| 庾運《易義》 | 163 |
| 荀柔之《周易繫辭注》 | 164 |
| 周顒《周易論》 | 166 |
| 釋法通《乾坤義》 | 167 |
| 周弘正《周易義疏》 | 168 |

## 書類 173

| 周防《尚書雜記》 | 175 |
| 劉陶《尚書訓詁》 | 176 |
| 劉陶《中文尚書》 | 177 |
| 荀爽《尚書正經》 | 178 |
| 范寧《古文尚書舜典注》 | 179 |
| 范寧《尚書注》 | 182 |

蔡大寶《尚書義疏》 …… 183

## 詩類 …… 185

　　許晏《魯詩許氏章句》 …… 187
　　鄭眾《毛詩先鄭義》 …… 188
　　薛漢《薛君韓詩章句》 …… 193
　　張匡《韓詩章句》 …… 212
　　荀爽《詩傳》 …… 213
　　阮侃《毛詩音》 …… 214
　　楊乂《毛詩辨異》 …… 215
　　楊乂《毛詩異議》 …… 216
　　楊乂《毛詩雜義》 …… 217
　　干寶《毛詩音隱》 …… 218
　　江惇《毛詩音》 …… 219
　　袁喬《毛詩注》 …… 220
　　殷仲堪《毛詩雜義》 …… 221
　　江熙《毛詩注》 …… 222
　　元延明《毛詩誼府》 …… 223

## 周禮類 …… 225

　　杜子春《周禮注》 …… 227
　　鄭興《周禮解詁》 …… 252
　　鄭眾《周禮解詁》 …… 255
　　張衡《周官訓詁》 …… 336
　　袁準《周官傳》 …… 337
　　干寶《周官禮注》 …… 338
　　司馬伷《周官寧朔新書》 …… 347

## 儀禮類 …… 349

　　卜子夏《喪服傳》 …… 351
　　戴德《大戴喪服變除》 …… 360
　　戴聖《石渠禮論》 …… 363

| 鄭衆《鄭氏婚禮》 | 368 |
| 荀爽《禮傳》 | 370 |
| 袁準《喪服經傳注》 | 372 |
| 蔡謨《喪服譜》 | 374 |
| 庾亮《雜鄉射等議》 | 378 |
| 蔡超《集注喪服經傳》 | 379 |
| 庾蔚之《喪服》 | 380 |
| 庾蔚之《禮答問》 | 391 |
| 庾蔚之《喪服要記注》 | 392 |
| 庾蔚之《喪服世要》 | 393 |
| 司馬憲《喪服經傳義疏》 | 394 |
| 謝微《喪服要記注》 | 395 |
| 袁憲《喪禮五服》 | 397 |

## 禮記類 ……………………………………… 399

| 橋仁《禮記章句》 | 401 |
| 蔡邕《月令章句》 | 402 |
| 蔡邕《月令問答》 | 432 |
| 蔡邕《明堂月令論》 | 435 |
| 蔡謨《禮記音》 | 438 |
| 干寶《後養議》 | 439 |
| 干寶《七廟議》 | 443 |
| 范宣《禮記音》 | 444 |
| 庾蔚之《禮記略解》 | 447 |

## 三禮總義類 ……………………………… 461

| 戴聖《羣儒疑義》 | 463 |
| 董景道《禮通論》 | 464 |
| 范宣《禮論難》 | 465 |
| 范寧《禮雜問》 | 470 |
| 范寧《禮論答問》 | 473 |

| 范汪《祭典》 | 474 |
| 荀顗《謚法》 | 476 |
| 荀萬秋《禮論鈔略》 | 477 |
| 庾蔚之《禮論鈔》 | 480 |
| 謝元《內外書儀》 | 499 |
| 周捨《禮疑義》 | 500 |
| 周捨《書儀疏》 | 503 |
| 元延明《三禮宗略》 | 504 |

## 樂類 ... 505

| 龍德《雅琴龍氏》 | 507 |
| 蔡邕《琴操》 | 508 |
| 阮籍《樂論》 | 526 |
| 謝莊《琴論》 | 530 |
| 謝莊《雅琴名錄》 | 532 |
| 謝莊《琴譜三均手訣》 | 533 |

## 春秋類 ... 535

### 左氏傳之屬 ... 537

| 吳起《春秋左傳吳氏義》 | 537 |
| 張蒼《春秋左氏傳詁訓》 | 538 |
| 賈誼《春秋左氏傳訓故》 | 539 |
| 尹更始《春秋左氏傳章句》 | 540 |
| 許慎《春秋左傳許氏義》 | 541 |
| 延篤《左氏傳注》 | 542 |
| 服虔《春秋左氏傳解誼》 | 543 |
| 杜預、服虔《春秋杜氏服氏注春秋左傳》 | 626 |
| 服虔《春秋左氏膏肓釋痾》 | 627 |
| 服虔《春秋左氏傳音》 | 628 |
| 董遇《春秋左氏傳章句》 | 630 |
| 干寶《春秋左氏函傳議》 | 632 |

干寶《春秋序論》……………………………………………… 633
　　荀訥《春秋左氏音》…………………………………………… 634
公羊傳之屬 …………………………………………………………… 635
　　樊儵《刪定嚴氏春秋》………………………………………… 635
　　鍾興《春秋章句》……………………………………………… 636
　　荀爽《公羊問》………………………………………………… 637
　　江惇《春秋公羊音》…………………………………………… 638
　　庾翼、王愆期《春秋公羊論》………………………………… 639
穀梁傳之屬 …………………………………………………………… 640
　　尹更始《春秋穀梁傳》………………………………………… 640
　　范寧《春秋穀梁傳例》………………………………………… 644
　　范寧《薄叔玄問穀梁義》……………………………………… 654
　　范寧《春秋穀梁音》…………………………………………… 659
春秋總義之屬 ………………………………………………………… 660
　　鄭衆《春秋牒例章句》………………………………………… 660
　　鄭衆《春秋刪》………………………………………………… 667
　　劉陶《春秋訓詁》……………………………………………… 668
　　劉陶《春秋條例》……………………………………………… 669
　　服虔《春秋漢議駁》…………………………………………… 670
　　服虔《春秋塞難》……………………………………………… 671
　　服虔《春秋成長說》…………………………………………… 672
　　服虔《何氏春秋漢記》………………………………………… 673
　　應劭《春秋斷獄》……………………………………………… 674
　　穎容《春秋釋例》……………………………………………… 675
　　荀爽《春秋條例》……………………………………………… 681
　　范堅《春秋釋難》……………………………………………… 682
　　江熙《春秋公羊穀梁二傳評》………………………………… 683
　　謝莊《春秋圖不分卷》………………………………………… 688
　　劉之遴《春秋大意十科左氏十科三傳同異十科》…………… 689

## 孝經類 ································································· 691

- 張禹《孝經安昌侯説》 ··················································· 693
- 鄭衆《孝經注》 ··························································· 695
- 許慎《孝經孔氏古文説》 ················································· 696
- 蘇林《孝經注》 ··························································· 697
- 何晏《孝經注》 ··························································· 698
- 謝萬《集解孝經》 ························································ 699
- 袁宏《集議孝經》 ························································ 701
- 殷仲文《孝經注》 ························································ 702
- 荀昶《集議孝經》 ························································ 704
- 謝稚《孝經圖》 ··························································· 705
- 周顒、謝曇濟《孝經義疏》 ·············································· 706
- 江避《孝經注》 ··························································· 707
- 周弘正《孝經私記》 ······················································ 708

## 論語類 ································································· 709

- 張禹《魯安昌侯説》 ······················································ 711
- 鄭衆《論語傳》 ··························································· 712
- 蔡邕《今字石經論語注》 ················································· 713
- 陳羣《論語陳氏義説》 ···················································· 714
- 王弼《論語釋疑》 ························································ 716
- 程秉《論語弼》 ··························································· 723
- 庾亮《論語君子無所爭》 ················································· 724
- 蔡謨《論語注》 ··························································· 725
- 江惇《論語注》 ··························································· 728
- 庾翼《論語釋》 ··························································· 729
- 袁喬《論語注》 ··························································· 730
- 范寧《論語注》 ··························································· 733
- 殷仲堪《論語注》 ························································ 740
- 江熙《集解論語》 ························································ 742

蔡系《論語釋》 ……………………………………………… 754
殷仲文《論語解》 …………………………………………… 755
郭象《論語體略》 …………………………………………… 756
郭象《論語隱》 ……………………………………………… 759
周弘正《論語疏》 …………………………………………… 761

## 羣經通義類 …………………………………………………… 763
許慎《五經通義》 …………………………………………… 765
許慎《五經異義》 …………………………………………… 766
常爽《六經略注》 …………………………………………… 796
元延明《五經宗略》 ………………………………………… 797

## 讖緯類 ………………………………………………………… 799
荀爽《辨讖》 ………………………………………………… 801
宋衷《七緯注》 ……………………………………………… 802
郭文《金雄記》 ……………………………………………… 804

## 小學類 ………………………………………………………… 805
### 訓詁之屬 ……………………………………………………… 807
許慎《爾雅許君義》 ………………………………………… 807
李巡《爾雅注》 ……………………………………………… 808
江灌《爾雅音》 ……………………………………………… 836
江灌《爾雅圖贊》 …………………………………………… 837
荀楷《廣詁幼》 ……………………………………………… 838
### 字書之屬 ……………………………………………………… 839
李斯《蒼頡篇》 ……………………………………………… 839
蔡邕《勸學》 ………………………………………………… 1023
蔡邕《聖皇篇》 ……………………………………………… 1025
蔡邕《女史篇》 ……………………………………………… 1026
蔡邕《篆勢》 ………………………………………………… 1027
服虔《通俗文》 ……………………………………………… 1028
殷仲堪《常用字訓》 ………………………………………… 1062

  阮孝緒《文字集略》 ················· 1063
  江式《古今文字表》 ················· 1074
  趙文深《六文書》 ··················· 1077
 音韻之屬 ····························· 1078
  周顒《四聲切韻》 ··················· 1078
  周研《聲韻》 ······················· 1079

**著者索引** ······························ 1080
**後記** ································· 1085

易

類

# 卜子夏《子夏易傳》

舊本題卜子夏撰。子夏（前507—？），姓卜，名商，以字行。衛（都濮陽）人。一説河内温（今温縣）人。孔子弟子，以文學稱。事迹具《史記·仲尼弟子列傳》。《子夏易傳》乃撲朔迷離之典籍，自晉以降代有著録，然名同而實異。今對三種卷數之著録本略述如下：（一）二卷本，始見於《隋志》："《周易》二卷，魏文侯師卜子夏傳，殘缺。梁六卷。"新舊《唐志》同。（二）十卷本，見於《宋史·藝文志》："《易傳》十卷，題卜子夏傳。"（三）十一卷本，見於《文淵閣四庫全書》。單以書而言，二卷本爲原本，十卷本、十一卷本均後世僞作。若以作者論，即二卷本作者之是否爲子夏，漢唐以來亦爭論不休，故《四庫提要》稱《子夏易傳》爲"僞中生僞"之書。原本、十卷本均佚，十一卷本傳於今。十卷本、十一卷本兩種僞作固無論矣，原本則於學術史意義重大，故清人爲之輯佚。據《中國古佚書輯本目録解題》，輯《子夏易傳》者有七家，曰孫堂，曰孫馮翼，曰張惠言，曰張澍，曰黃奭，曰馬國翰，曰吳騫，而以黃奭輯本爲優。本次重輯，以黃奭本爲底本，參以馬國翰輯本。黃本71條，闌入2條。馬本66條，闌入6條。本次增補9條，正文凡78條，存目7條，勒爲二卷。

## 卜子夏《子夏易傳》二卷

## 卷　上

上　經孔穎達《周易正義》序：《子夏傳》"分爲上下二篇"。（下稱《正義》）

### 乾

◎元亨利貞。

元，始也；亨，通也；利，和也；貞，正也。《正義》一、李鼎祚《周易集解》一。（下稱《集解》）

⊙按：此條《集解》作："元，始也；亨，通也；利，和也；貞，正也。言乾稟純陽之性，故能首出庶物，各得元始、開通、和諧、貞固，不失其宜，是以君子法乾而行四德，故曰'元亨利貞'矣。"其中"言乾稟純陽之性"至尾非子夏語，乃孔疏之撮引，《集解》誤。黃本、馬本襲用《集解》，黃本且校以《正義》孔疏，均誤，今正之。

◎初九，潛龍勿用。

龍所以象陽也。《集解》一。

◎上九，亢龍有悔。

亢，極也。陸德明《經典釋文》二。（下稱《釋文》）

## 坤

◎先迷；後得主。

先迷，後得主也。朱震《漢上易傳》一。（下稱《漢上易》）

## 屯

◎初九，磐桓。

磐桓，猶桓旋也。《漢上易》一。

◎六二，屯如邅如。

如，辭也。《釋文》二。

◎乘馬班如。

乘，音繩。

班如，相牽不進貌。《釋文》二。黃奭案："《義海撮要》一引：'相牽不進，班如也。'"

## 蒙

◎九二，包蒙。

包，子夏作"苞"。龍仁夫《周易集傳》一引項氏曰。

⊙按：此條黃本、馬本漏輯，今補。

## 訟

◎九二，無眚。

妖祥曰眚。《釋文》二。

### 師
◎丈人吉。

　　丈人，《子夏傳》作"大人"，並王者之師也。《集解》三引崔憬曰。

　　⊙按：所謂"並"，指"丈人"與"大人"，二詞同義，均爲"王者之師"。玩味文意，"並王者之師也"當爲崔憬語。

### 比
◎比，吉。《象》曰：地上有水，比。

　　地得水而柔，水得土《口訣義》作"地"。而流，比之象也。夫凶者生乎乖爭，今既親比，故云"比，吉"也。《集解》三、史徵《周易口訣義》一（下稱《口訣義》）。《釋文》二引作："地得水而柔，水得地而流，故曰比。"

◎初六，終來有它。

　　非應稱"它"。《漢上易》一、程迥《周易章句外編》。董真卿《周易會通》三引作："非應故稱它。"按：熊過《周易象旨決錄》二於《大過》九四"棟隆有它"下引注"非應稱它"。（下稱《象旨決錄》）

◎六三，比之匪人。

　　處非其位，非人道也。《漢上易》一。

### 小畜
◎九三，輿說輻。

　　輻，《子夏傳》本作"輹"。《漢上易》一。

　　輻，黄奭云："一作軸，訛。"車劇也。《正義》三。

　　輹，車下伏兔也。《左傳》僖十五年正義、楊慎《丹鉛總錄》八。

◎九五，有孚攣如。

　　攣，《子夏傳》作"戀"，云："思也。"《釋文》二。

◎上九，尚德載。

　　德，《子夏傳》作"得"。《周易會通》三引晁氏曰。

◎月幾望。

　　幾，《子夏傳》作"近"。《釋文》二。

## 履

◎九四，愬愬，終吉。

愬愬，恐懼貌。《釋文》二。《口訣義》二作："愬愬，恐懼之貌也。"

## 泰

◎六四，翩翩，不富，以其鄰。

翩翩，《子夏傳》作"篇篇"，云："輕舉貌。"《釋文》二。黃奭按云："'翩翩，輕舉'，亦見偁《子夏易傳》。"

◎六五，帝乙歸妹。

"帝乙歸妹"，湯之歸妹也。《漢上易》二、王宗傳《童溪易傳》七、趙汝楳《周易輯聞》二、王應麟《困學紀聞》一。

◎上六，城復于隍。

隍，子夏作"堭"。《釋文》二。

堭，《正義》仍引作"隍"。是城下池也。《正義》三。

⊙按：此條馬輯本作："堭是城下池也。城之爲體，由基土培扶，乃得爲城。今下不培扶，城則損壞，以此崩倒，反復于隍，猶君之爲體，由臣之輔翼，今上下不交，臣不扶君，君道傾危，故云城復于堭。"其中"城之爲體"至尾爲孔疏，馬國翰誤作子夏語。

## 大有

◎九二，大車以載。

車，《子夏傳》作"輿"。《周易會通》四引晁氏曰。

◎九四，匪其彭。

彭，子夏作"旁"。《釋文》二。

## 謙

謙，子夏作"嗛"，云："嗛，謙也。"《釋文》二。

◎六四，無不利，撝謙。

撝謙，化謙也，言上下化其謙也。《漢上易》二。

### 豫

◎六三，盱豫。

盱，子夏作"紆"。《釋文》二。

◎九四，朋盍簪。

簪，疾也。《釋文》二。

### 蠱

◎先甲三日，後甲三日。

先甲三日者，辛、壬、癸也。後甲三日者，乙、丙、丁也。《集解》五。⊙按：《象旨決錄》二："《子夏傳》以癸丁爲言。"

### 噬嗑

◎九四，噬乾胏。

胏，子夏作"脯"。《釋文》二。

### 賁

◎六五，束帛戔戔。

束帛，《子夏傳》云："五匹爲束，三玄二纁，象陰陽。"戔戔，《子夏傳》作"殘殘"。《釋文》二。

### 復

◎七日來復。

陰生于午，終于亥，而爲坤，自坤而爲復，歷變凡七，此子夏之說也。李杞《用易詳解》五。

⊙按：此條黃本、馬本漏輯，今補。

◎上六，有災眚。

傷害曰災，妖祥曰眚。《釋文》二。

### 頤

◎六二，拂經。

拂，《子夏傳》作"弗"，云："輔弼也。"《釋文》二。

◎六四，其欲逐逐。

逐逐，《子夏傳》作"攸攸"。《釋文》二。

## 坎

◎上六，寘于叢棘。

寘，《子夏傳》作"湜"。《釋文》二。

## 離

◎六五，戚嗟若。

戚，《子夏傳》作"嘁"，嘁，子六反，咨憼也。《釋文》二。

# 卷　下

## 下　經

## 咸

◎《象》曰：止而説，男下女。

婦人學於舅姑者也。《漢上易》九。

◎初六，咸其拇。

拇，子夏作"蹈"。《釋文》二。

◎九五，咸其脢。

在脊曰脢。《正義》六。⊙按：《象旨決録》三："脢，子夏謂脊肉。"陳士元《易象鉤解》三："《子夏易傳》曰：'脢，脊肉也。'"

## 遯

◎九三，系遯，有疾厲；畜臣妾，吉。

爲小人所系，不能遯也。馮椅《厚齋易學》十九。

⊙按：此條黄本、馬本漏輯，今補。

◎上九，肥遯。

肥，饒裕。《釋文》二、《正義》六。

## 晉

◎九四，晉如鼫鼠。

　　鼫，《子夏傳》作"碩"鼠。《釋文》二。

## 明夷

◎六二，夷于左股。

　　夷，子夏作"睇"，云："旁視曰睇。"《釋文》二。

◎用拯馬壯，吉。

　　拯，子夏作"抍"。《釋文》二。

## 睽

◎《象》曰：君子以同而異。

　　同其事而異其羣。林栗《周易經傳集解》十九。

　　⊙按：此條黃本、馬本漏輯，今補。

◎六三，其牛掣。

　　掣，子夏作"契"，《傳》云："一角仰也。"《釋文》二。

## 益

◎《象》曰：風雷，益。

　　雷以動之，風以散之，萬物皆益。《正義》七。

## 夬

◎九四，牽羊。

　　牽，子夏作"掔"。《釋文》二。

◎九五，莧陸夬夬。

　　莧陸，木根草莖，剛下柔上也。《正義》七。

## 姤

◎初六，繫於金柅。

　　柅，子夏作"鑈"。《釋文》二。

◎九五，以杞包瓜。

　　包，子夏作"苞"。《釋文》二。⊙按：《正義》八："《子夏傳》曰：'作杞苞瓜。'"

　　杞梓連抱，瓜陰實而蔓生，象陰之來綿綿未已。《周易輯聞》五。

### 困

◎九四，來荼荼。

　　徐徐，子夏作"荼荼"，音圖，云："内不定之意。"《釋文》二。

### 井

◎九二，井谷射鮒。

　　鮒謂蝦蟆。《釋文》二。⊙按：《正義》八："井中蝦蟆，呼爲鮒魚也。"《口訣義》五："鮒是蝦蟆。"

◎六四，井甃。

　　甃，修治也。《釋文》二。⊙按：《正義》八、《易象鉤解》四作"亦治也"。

### 鼎

◎九二，我仇有疾，不我能即，吉。

　　仇謂四也。《漢上易》五、鄭剛中《周易窺餘》十二（下稱《易窺餘》）。

◎九四，其形渥。

　　渥，《子夏傳》作"握"。《漢上易》五。

### 漸

◎上九，鴻漸于陸。

　　上九、九三各處一卦之上，故皆言"陸"。《易窺餘》十三。

　　⊙按：此條黃本作："上九、九三各處一卦之上，故皆言'陸'。陸者，高之頂也。"其中"陸者，高之頂也"爲鄭剛中語，黃奭誤作子夏語。

### 歸妹

◎九二，利幽人之貞。

　　《子夏傳》無"之"字。《厚齋易學》二十七、《周易會通》十引晁氏。

◎六三，歸妹以須，反歸以娣。

須，子夏作"嬬"，媵之妾也。《周易會通》十。

◎六五，帝乙歸妹。

湯之嫁妹也。《漢上易》五。

◎上六，士刲羊，無血。

血謂四，士刲羊，三而無血。《漢上易》五。

## 豐

◎九三，豐其沛。

沛，子夏作"芾"，《傳》云："小也。"《釋文》二。

◎日中見沬。

沬，星之小者。《釋文》二。魏濬《易義古象通》八："沬，《子夏傳》云：'小星也。'"

## 旅

◎九四，得其資斧。

資斧，《子夏傳》作"齊斧"。《釋文》二。

## 巽

◎九五，貞吉，悔亡，無不利，無初有終，先庚三日，後庚三日，吉。

甲者，創事之始；庚者，甲之中。張浚《紫巖易傳》六。

⊙按：此條黃本。馬本漏輯，今補。

## 渙

◎初六，用拯馬壯，吉。

拯，子夏作"抍"，抍，取也。《釋文》二。

◎《象》曰："渙其血"，遠害也。

獨應者多至於爭。《厚齋易學》三十。

⊙按：此條黃本、馬本漏輯，今補。

## 中孚

◎九二，吾與爾靡之。

靡，《子夏傳》作"縻"。《漢上易》六、《義海撮要》六。

**既濟**

◎亨小，利貞。

陽已下陰，萬物既成。《漢上易》六、《厚齋易學》三十二、《童溪易傳》二十六。

◎六二，婦喪其茀。

茀，子夏作"髴"。《釋文》二。

◎六四，繻有衣袽。

繻，子夏作"襦"。袽，子夏作"茹"。《釋文》二。

**未濟**

◎小狐汔濟。

坎稱小狐。《漢上易傳·說卦》九引。

**繫辭上**

◎大衍之數五十，其用四十有九。

一不用者，太極也。王應麟《玉海》三十六引僧一行語。

**説卦傳**

◎艮爲狗。

斗主狗，斗止而動，艮之象也。項安世《周易玩辭》十五。

◎爲羣。

陽動而始華。李衡《周易義海撮要》九。

⊙按：此條黃本、馬本漏輯，今補。

◎爲工

工居肆。《集解》十七。

⊙按：此條黃本、馬本漏輯，今補。

# 存　目

### 大有

◎九四，匪其彭。《釋文》："彭，子夏作旁。"

旁，盛滿貌。《漢上易傳》二。

⊙按：此條黄奭輯本闌入。本爲朱震語，黄氏誤作子夏語。《周易章句證異》一："彭，《子夏傳》作'旁'。"小字附注云："朱云：'旁，盛滿貌。'"

### 晉

◎九四，晉如鼫鼠。《釋文》二："鼫，《子夏傳》作'碩'鼠。"

碩鼠，五技鼠也。《釋文》。

⊙按：此條馬氏輯本闌入。馬氏以《荀爽九家易》中有是語，而子夏位列九家，故"當是佚文"，似顯牽強。

### 姤

◎初六，繫於金柅。《釋文》："柅，子夏作'鑈'。"

鑈，絡絲具也。《釋文》二。

⊙按：此條馬國翰輯本闌入。《釋文》："柅，《說文》作'檷'，云：'絡絲趺也。'"見《說文》木部"檷"字。

◎九二，庖有魚。項安世《玩辭》。

⊙按：此條馬國翰輯本闌入。項安世《周易玩辭》卷九："《姤》之三爻皆稱'包'，凡稱'包'者，皆以陽包陰也。《蒙》之'包蒙'，《泰》之'包荒'，《否》之'包承''包羞''包桑'，義亦同此。包，古'苞苴'字，後人加'草'以別之，故《子夏傳》與虞翻本皆作'苞'字。"經文"包有魚"，馬國翰輯得所謂子夏本作"庖有魚"，於項安世《玩辭》無據。

### 艮

◎九三，厲閽心。《漢上易》。案：虞翻亦作"閽心"。

⊙按：此條馬國翰輯本闌入。《漢上易傳》卷五："薰，《子夏傳》、王弼本同；孟喜、京房、馬融、王肅作'熏'，熏灼其心；虞翻本作'閽'。"經文"厲薰心"，馬國翰輯得所謂子夏本作"厲閣心",於《漢上易傳》無據。

## 中孚

◎六三,得敵。

三與四爲敵。《漢上易》六、《童溪易傳》二十六。

⊙按:馬國翰輯本闌入。今本《子夏易傳》有此語,故不取。

## 繫辭下

◎上古結繩而治。

上古官職未設,人自爲治,記其事將其命而已,故可以結繩爲。羅泌《路史》注。

⊙按:羅苹,應爲"羅泌"。馬國翰輯本闌入。今本《子夏易傳》有此語,故不取。

## 黃奭輯本末按語

《漢上易傳》中孚六三"得敵"引《子夏易傳》"三與四爲敵"又見《李氏易解賸義》引,《義海撮要》乾用九"天德不可爲首也",引:"首者,事之倡也。故聖人之治天下,有以誅亂去惡也,應之而已,非其倡也。則天下皆覩聖人用九之無首也。"又,"本乎天者親上,本乎地者親下,則各從其類也",引:"聖人在上,君子小人各得其親而從其類。"又,"或躍在淵,自試也",引:"或躍以進其道,行其德。"又,"飛龍在天上治也",引:"治在一人。"又,"飛龍乃位乎天德",引:"高明而周也。"又,坤"不習,無不利,則不疑其所行也",引:"事至而決,何習而後爲?故不疑其所行。"又,訟九四"不克訟,復即命,渝,安貞吉",引,"三柔附我,故從三,不能固,初之訟。"又,師"剛中而應,行險而順,以此毒天下而民從之,吉,又何咎矣",引:"五,天位也,以非陽居之,或有戰爭之事,能崇任九二之佐,則吉。"又,大有九四"匪其彭,無咎",引:"柔得尊位,而上下咸願應之以時,相親難處之地也。能知禍福之端,畏天下之所覩,如非在五旁,兢以自警,不敢怙恃,則無咎矣。"又,未濟六三"未濟,征凶,利涉大川",引:"力小失位,遠應何爲?附於二,剛險其濟也。"又,案,《撮要》所引,凡旁注"子"字者,俱是子夏,不能備録。《學易記》訟引"兩其情則上剛而下險,兼其象則心險而行健,能無訟乎?"又,頤《象》曰"山下有雷,頤。君子以慎言語,節飲食",引"言語者,禍福之機;飲食者,康疾之由。"《古周易訂詁》賁六四"賁如皤如,白馬翰如",引:"得位有應,賁而成文,故潔其儀,白其馬,欲翰如而速往也"。《周易象旨決錄》大畜"有厲利已",引:"居而俟命則利,徃而違上則厲。"又鼎"巽而耳目聰明",引"中虛爲耳"。又,九三"鼎耳革",引"次,實腹也"。又,《繫辭》"大衍之數五十,其用四十有九",引"太極,不用"。以上所引,俱見通志堂所刻《子夏易傳》本,又張海鵬學津討原有刻本,係唐張弧僞作,故不錄入補遺,而附錄於此,以辨正之,恐後之閱者誤以爲眞也。又,《周易窺餘》鼎九二"我仇有疾",引"先儒以仇爲四者,惟鄭、虞與《子夏傳》",《漢上易》五亦引"仇爲四也",檢今本《子夏傳》,亦有"四以近權,惡我專任,怨偶敵我,不可以不愼其所行"等語,疑亦依約言之。案,《釋文》《正義》所引,雖非眞《子夏易傳》,亦當是韓嬰、丁寬所傳古義。至宋明人所引,多是張弧僞作,不可據。又,泰上六"城復于隍",《象旨決錄》引子夏云"基土培扶,乃得爲城",陳士元《易象鉤解》引《子夏傳》"隍,城下池也。城之體,由基土培扶,乃得爲城,否則壞損,猶君賴臣輔翼也",李富孫《易解賸義》引《正義》"《子夏傳》:隍是城下池也。城之爲體,由基土培扶,乃得爲城。今下不培扶,城則損壞,以此崩倒,反復于隍,猶君之爲體,由臣之輔翼,今上下不交,臣不扶君,君道傾危,故云'城復于隍'",案,《正義》引《子夏傳》,止"隍是城下池也"六字,餘皆孔疏。《象旨決錄》誤以《正義》"基土培扶"八字作子夏傳,而陳氏、李氏又錄孔疏全文,皆不細檢之故也。案:諸書所引,指不勝屈,不能詳述,故略敘於此,以見一班。至張弧僞作《子夏易傳》,現存《通志堂經解》《學津討原》各叢書中。

## 周王孫《周氏易傳》

漢周王孫撰。王孫（生當秦漢之際），其字。雒陽（今洛陽）人。從齊人田何受《易》，傳梁國丁寬。事迹具《漢書·儒林傳》。《漢書·藝文志》著録是書爲二篇。《漢書·儒林傳》云："漢興，田何以齊田徙杜陵，號杜田生，授東武王同子中、雒陽周王孫、丁寬、齊服生，皆著《易傳》數篇。"又云："寬至雒陽，復從周王孫受古義，號《周氏傳》。"此書早佚，後史不見於記載。此次輯佚，亦無所獲。

# 蔡公《蔡公易傳》

漢蔡公撰。蔡公（生當西漢前期），衛（今清豐南）人，嘗師事洛陽周王孫以學《易》，事迹略見《漢書·藝文志》。《漢書·藝文志》著録是書爲二篇，後佚。馬國翰《玉函山房輯佚書》有《蔡氏易説》一卷，實僅一條，輯自李鼎祚《周易集解》引虞翻云。而虞翻所云"彭城蔡景君説"之蔡景君，是否即《漢志》之蔡公，學者類多存疑。詳見《續修四庫全書總目提要》。此次未能輯出，且將馬氏所輯"蔡景君"條列爲存目，並録其《附説》於後。

## 存　目

### 謙

剥上來之三。李鼎祚《集解》四虞翻引彭城蔡景君説。

虞翻曰："乾上九來之坤，與履旁通，天道下濟，故亨。彭城蔡景君説云云。"

附説

《説卦》曰"天地定位，山澤通氣，雷風相薄，水火不相射"，六子皆以乾坤相易而成，艮兑以終相易，坎離以中相易，震巽以初相易。終則有始，往來不窮，不窮所謂通也。朱震《漢上易·叢説》云："此虞翻、蔡景君、伏曼容旁通之説也。"

《訟·彖》曰："剛來而得中。"《隨·彖》曰："剛來而下柔。"《蠱·彖》曰："剛上而柔下。"《噬嗑·彖》曰："剛柔分，動而明。"《賁·彖》曰："柔來而文剛，分剛上而文柔。"《無妄·彖》曰："剛自外來而爲主於内。"《大畜·彖》曰："剛上而尚賢。"《咸·彖》曰："柔上而剛下。"《損·彖》曰"損下益上"；又曰："損剛益柔。"《益·彖》曰"損上益下"；又曰："自上下下。"《涣·彖》曰："剛來而不窮，柔得位乎外而上同。"《節·彖》曰："剛柔分而剛得中。"剛者，陽爻也。柔者，陰爻也。剛柔之爻，或謂之來，或謂之分，或謂之上下，所謂惟變所適也。《漢上易·叢説》云："此虞氏、蔡景君、伏曼容、蜀才、李之才所謂自某卦來之説也。"

# 丁寬《丁氏易傳》

西漢丁寬撰。寬（文景時人），字子襄，梁（今商丘）人。景帝時爲梁孝王將軍，拒吴楚，號"丁將軍"，事迹具《漢書·儒林傳》。《漢志》著録是書爲八篇，《隋志》以下不復見載，蓋亡佚久矣。按寬爲漢世易學大家，本傳云："初梁項生從田何受《易》，時寬爲項生從者，讀《易》精敏，材過項生，遂事何。學成，何謝寬。寬東歸，何謂門人曰：'《易》以東矣。'作《易説》三萬言，訓故舉大誼而已，今《小章句》是也。寬授同郡碭田王孫，王孫授施讎、孟喜、梁丘賀，由是《易》有施、孟、梁丘之學。"馬氏輯本，頗爲識者所譏。《續修四庫全書總目提要》云："國翰因《經典釋文·序録》《子夏易傳》下引荀勗云'丁寬所作'，謂《丁傳》必本子夏而成。故既輯録《子夏傳》，又以《子夏傳》爲《丁氏傳》。今按：《釋文》于《子夏易傳》引《七略》云：'漢興，韓嬰傳。'《文苑英華》載唐司馬貞議云：'王儉《七志》引劉向《七略》云：'《易傳》，子夏韓氏嬰也。'明嬰字子夏，故曰'子夏韓氏嬰'，以别于卜子夏。又《漢志》易有十三家，有《韓氏》二篇，注名嬰。是《韓氏》二篇即《子夏傳》。荀勗晉人，時代遠後於劉向，乃國翰不從向説，徒據荀勗一語，遽以《子夏傳》屬之丁氏，殊爲未審。國翰輯宋以前佚書五百八十餘種，爲士所重，獨此《丁氏傳》及《周易韓氏傳》頗涉虛妄。《周易韓氏傳》已論列其不當，《丁氏傳》尤甚，恐惑後學，故并辯而駁之。"今次未能輯出，而以馬氏輯文爲存目，保留其文本原有面目，唯加標點，並附適當按語。

## 存 目

### 卷 上

#### 上 經

子夏曰："分爲上下篇。"孔穎達《正義序》。

### 乾

◎元，亨，利，貞。

子夏曰："元，始也。亨，通也。利，和也。貞，正也。言乾稟純陽之性，故能首出庶物，各得元始，開通和諧，貞固不失其宜，是以君子法乾而行四德，故曰'元，亨，利，貞'矣。"李鼎祚《集解》。《正義》引"元始"四句。

⊙按："言乾稟純陽之性"至尾爲《周易正義》孔疏之撮引，《集解》誤作子夏語，馬氏不察，延用其誤。

◎初九，潛龍勿用。

龍所以象陽也。《集解》。

◎上九，亢龍有悔。

亢，極也。陸德明《釋文》。

### 屯

◎六二，屯如邅如，乘馬班如。乘，音繩。《釋文》。

如，辭也。班如，相牽不進貌。《釋文》。

### 訟

◎無眚

妖祥曰眚。《釋文》。

### 師

◎大人吉。《集解》。

大人謂王者之師。《集解》引崔憬說。

### 比

◎比，吉。

地得水而柔，水得土而流，比之象也。夫凶者生乎乖爭，今既親比，故云"比，吉"也。《集解》。又《釋文》引作："水得水而柔，水得地而流，故曰比。"王應麟《玉海》云："今本作'地藏水而澤，水得地而安'。"

⊙按："水得水"誤，應爲"地得水"。

◎終來有它，吉。

> 非應稱它也。朱震《漢上易》、程迥《古占法》。

> ⊙按：《古占法》中無此句，而見於程迥之《周易章句外編》，"它"作"他"。

◎六三，比之匪人。

> 非處其位，非人道也。《漢上易》。

> ⊙按："非處其位"應爲"處非其位"。

### 小畜

◎九三，輿說輹。

> 輹，車劇也。《正義》。輻，車下伏兔也。《春秋左傳》僖十五年《正義》。

◎九五，有孚攣如。《釋文》："攣，《子夏傳》作'戀'。"

> 戀，思也。《釋文》。

◎月近望。《釋文》："幾，《子夏傳》作'近'。"

### 履

◎愬愬，終吉。

> 愬愬，恐懼貌。《釋文》、史徵《口訣議》。

### 泰

◎六四，翩翩，不富，以其鄰。《釋文》："篇篇，《子夏傳》作'翩翩'。"

◎六五，帝乙歸妹。

> 帝乙歸妹，謂湯之歸妹也。《漢上易》、王應麟《困學紀聞》。

◎上六，城復于隍。《釋文》："隍，《子夏傳》作'堭'。"

> 堭是城下池也。城之爲體，由基土培扶，乃得爲城。今下不培扶，城則損壞，以此崩倒，反復于堭。猶君之爲體，由臣之輔翼，今上下不交，臣不扶君，君道傾危。故云"城復于堭"。《正義》。

> ⊙按："城之爲體"至尾爲孔疏，馬國翰誤作子夏語。

### 大有

◎九四，匪其彭。《釋文》："其彭，《子夏傳》作'旁'。"

**嗛**《释文》:"谦,子夏作'嗛'。"

◎嗛,谦也。《释文》。

◎撝嗛。

　　撝嗛,化谦也,言上下化其谦也。《汉上易》。


**豫**

◎六三,纡豫悔。《释文》:"盱,子夏作'纡'。"

◎朋盍簪。

　　簪,疾也。《释文》。


**蛊**

◎先甲三日,後甲三日。

　　先甲三日,辛、壬、癸也;後甲三日,乙、丙、丁也。《集解》。


**噬嗑**

◎九四,噬乾脯。《释文》:"胏,子夏作'脯'。"


**贲**

◎束帛戋戋。《释文》:"戋戋,《子夏传》作'残残'。"

　　五匹为束,三玄二纁,像阴阳。《释文》。


**復**

◎有灾眚。

　　伤害曰灾,妖祥曰眚。《释文》。


**颐**

◎六二,颠颐,弗经。《释文》:"拂,《子夏传》作'弗'。"

　　弗,辅弼也。《释文》。

◎其欲攸攸。《释文》:"逐逐,《子夏传》作'攸攸'。"

### 坎

◎湜于叢棘。《釋文》:"寘,《子夏傳》作'湜'。"

### 離

◎嗟嗟若。《釋文》:"咸,《子夏傳》作'嗟'。"

　　嗟,咨慚也。《釋文》。

## 卷　下

### 下　經

### 咸

◎取女吉。

　　婦人學於舅姑者也。《漢上易》。
◎初六,咸其拇。《釋文》二:"拇,《子夏傳》作'踇'。"
◎九五,咸其脢。

　　在脊曰脢。《正義》。

### 遯

◎上九,肥遯,無不利。

　　肥,饒裕也。《釋文》《正義》。

### 晉

◎九四,晉如碩鼠。《釋文》:"鼫,《子夏傳》作'碩鼠'。"

　　碩鼠,五技鼠也。《釋文》。

### 明夷

◎六二,明夷,睇于左股。《釋文》:"夷于,子夏作'睇'。"

　　旁視曰睇。《釋文》。
◎用拼馬壯,吉。《釋文》:"拯,子夏作'拼'。"

扴，取也。《釋文》。

⊙按：此條在《渙》卦。

### 睽
◎其牛挈。《釋文》："掣，子夏作'挈'。"

挈，一角仰也。《釋文》。

### 夬
◎掔羊悔亡。《釋文》："牽羊，子夏作'掔'。"
◎莧陸夬夬。

莧陸，木根草莖，剛下柔上也。《正義》。

### 姤
◎初六，繫於金鑈。《釋文》："柅，子夏作'鑈'。"

鑈，絡絲具也。《釋文》。

⊙按：具，應爲"趺"。

◎九二，庖有魚。項安世《玩辭》。

⊙按：此條闌入。項安世《周易玩辭》卷九："《姤》之三爻皆稱'包'，凡稱'包'者，皆以陽包陰也。《蒙》之'包蒙'，《泰》之'包荒'，《否》之'包承''包羞''包桑'，義亦同此。包，古'苞苴'字，後人加'草'以別之，故《子夏傳》與虞翻本皆作'苞'字。"經文"包有魚"，馬國翰輯得所謂子夏本作"庖有魚"，於項安世《玩辭》無據。

◎九五，以杞苞瓜。《釋文》："包瓜，子夏作'苞'。"

作杞匏瓜。《正義》。杞梓連抱，瓜陰實而蔓生，像陰之來綿綿未已。趙汝楳《易輯聞》。

### 困
◎九四，來荼荼。《釋文》："徐徐，子夏作'荼'。"

荼荼，內不定之意。《釋文》。

### 井
◎九二，井谷射鮒。

鮒謂蝦蟆也。《釋文》。井中蝦蟆呼爲鮒魚也。《正義》。

◎六四，井甃。

甃，修治也。《釋文》《正義》。

## 鼎

◎我仇有疾。

仇謂四也。《漢上易》。

## 艮

◎厲閽心。《漢上易》。案：虞翻亦作"閽心"。

⊙按：此條闌入。《漢上易傳》卷五："薰，《子夏傳》、王弼本同；孟喜、京房、馬融、王肅作'熏'，熏灼其心；虞翻本作'閽'。"經文"厲薰心"，馬國翰輯得所謂子夏本作"厲閽心"，於《漢上易傳》無據。

## 歸妹

◎六五，帝乙歸妹。

湯之嫁妹也。《漢上易》。

◎士刲羊，無血。

血謂四，士刲羊，三而無血。《漢上易》。

## 豐

◎九三，豐其芾，日中見沬。《釋文》："沛，子夏作'芾'。"《漢上易》引作"昧"。

芾，小也。沬，星之小者。《釋文》。

## 旅

◎得其齊斧。《釋文》："得其資斧，《子夏傳》及衆家並作'齊斧'。"

## 渙

◎初六，用拯馬壯吉。《釋文》："用拯，子夏作'抍'。"

抍，取也。《釋文》。

**中孚**

◎我有好爵,吾與爾靡之。

⊙按:此條僅有經文,未有相關釋文,馬氏表述不完整。此條乃異文問題,"靡"字,子夏作"縻",見《漢上易傳》六、《周易象旨決錄》四。

◎六四,得敵。

三與四爲敵。《漢上易》。

⊙按:"六四"應爲"六三"。

**既濟**

◎六二,婦喪其髢。《釋文》:"其茀,子夏作'髢'。"

陽已下陰,萬物乃成。《漢上易》。

⊙按:乃,應爲"既"。此句釋卦名之意,應置於"既濟"下。

◎六四,繻有衣袽。《釋文》二:"繻有,子夏作襦。衣袽,子夏作'茹'。"

**未濟**

◎小狐汔濟。

坎稱小狐。朱震《叢説》。

**象下傳**

◎風雷,益。

雷以動之,風以散之,萬物皆益。《正義》。

**繫辭上傳**

◎大衍之數五十,其用四十有九。

一不用者,太極也。僧一行《大衍論》、王應麟《玉海》。

**繫辭下傳**

◎上古結繩而治。

上古官職未設,人民自爲治,記其事,將其命而已,故可以結繩爲。羅苹《路史》注。

⊙按："民"字衍。羅苹，應爲"羅泌"。

# 附　録

子夏問於孔子曰："商聞《易》之生人及萬物鳥獸昆蟲，各有奇偶，氣分不同。而凡人莫知其情，唯達道德者能原其本焉。天一地二人三，三三如九，九九八十一。一主日，日數十，故人十月而生。八九七十二，偶以從奇，奇主辰，辰爲月，月主馬，故馬十二月而生。七九六十三，三主斗，斗主狗，故狗三月而生。六九五十四，四主時，時主豕，故豕四月而生。五九四十五，五爲音，音主猨，故猨五月而生。四九三十六，六爲律，律主鹿，故鹿六月而生。三九二十七，七主星，星主虎，故虎七月而生。二九一十八，八主風，風爲蟲，故蟲八月而生。其餘各從其類矣。鳥魚生陰而屬於陽，故皆卵生。魚遊於水，鳥遊於雲，故立冬則燕雀入海化爲蛤。蠶食而不飲，蟬飲而不食，蜉蝣不飲不食，萬物之所以不同。介鱗夏食而冬蟄，齕吞者八竅而卵生，齟嚼者九竅而胎生，四足者無羽翼，戴角者無上齒，無角無前齒者膏，有角無齒者脂。晝生者類父，夜生者似母。是以至陰主牝，至陽主牡。敢問其然乎？"孔子曰："然。吾昔聞諸老聃，亦如汝之言。"子夏曰："商聞《山書》曰：地東西爲緯，南北爲經，山爲積德，川爲積刑，高者爲生，下者爲死，丘陵爲牡，谿谷爲牝，蟓蛤龜珠與日月而盛虛。是故堅土之人剛，弱土之人柔，墟土之人大，沙土之人細，息土之人美，秏土之人醜。食水者善遊而耐寒，食土者無心而不息，食木者多力而不治，食草者善走而愚，食桑者有緒而蛾，食肉者勇毅而捍，食氣者神明而壽，食穀者智惠而巧，不食者不死而神。故曰羽蟲三百有六十而鳳爲之長，毛蟲三百有六十而麟爲之長，甲蟲三百有六十而龜爲之長，鱗蟲三百有六十而龍爲之長，倮蟲三百有六十而人爲之長。此乾坤之美也，殊形異類之數。王者動必以道，靜必順理，以奉天地之性而不害其所主，謂之仁聖焉。"《孔子家語·執轡篇》。《大戴禮·易本命》略同。

附録本傳：丁寬，字子襄，梁人也。初，梁項生從田何受《易》，時寬爲項生從者，讀《易》精敏，材過項生，遂事何。學成，何謝寬。寬東歸，何謂門人曰："《易》以東矣。"寬至雒陽，復從周王孫受古義，號《周氏傳》。景帝時，寬爲梁孝王將軍，距吳楚，號丁將軍。作《易説》三萬言，訓故舉大誼而已，今《小章句》是也。寬授同郡碭田王孫。王孫授施讎、孟喜、梁丘賀。繇是《易》有施、孟、梁丘之學。

# 京房《周易京房章句》

西漢京房撰。房（前77—前37），字君明，東郡頓丘（今清豐西南）人。本姓李，推律自定爲京氏。漢代今文《易》"京氏學"之開創者。京房《易》學，得之于焦延壽，而延壽自稱嘗從孟喜問《易》。京房説《易》，長於災變，卒以説災變得罪。事迹具《漢書》卷七十五本傳。《經典釋文·序録》著録此書，注云："《七録》云十卷，録一卷，目（下疑有脱字）。"《隋志》經部以十卷著録。兩《唐志》同。後佚。後人輯本多種，論其完備，首推黄奭所輯《京房易章句》一卷，見《漢學堂叢書》。《續修四庫全書總目提要》云："《京房章句》十卷，今佚。馬國翰輯之，得三十九條；平湖孫堂輯得八十條；後黄奭復輯之，增七條，共八十七條。今觀其注，如《復》'朋來無咎'，'朋來'作'崩來'。山覆曰崩。《剥》窮上反下，謂《艮》山下覆爲《震》也。此等《易》辭，漢魏人説之，無不誤者，獨其師焦延壽知之。又，京氏以《無妄》爲大旱之卦，萬物皆死，無所復望。蓋《無妄》亢陽在上，《艮》火在下，《巽》爲草莽，爲禾稼，而《巽》爲枯，爲隕落，故曰萬物皆死。自《巽》枯《巽》隕落，及《艮》火之象失傳，故虞翻不知京氏之所謂，詈爲俗儒。昔劉向目京氏爲異党，蓋焦、京所用之象，在西漢儒者，已不能知。至用覆象，如'朋'讀爲'崩'之類，尤爲駭怪。而不知其象其義，無一字不本於經。自經義不明，後之人不於經求其象，昧厥本源，第見焦、京所言，不與衆同也。目爲異党，何足怪乎！"本次輯佚，以黄奭輯本爲底本，參以馬國翰、王保訓及王仁俊之輯本。正文凡96條，增補8條。存目4條。勒爲一卷。

## 京房《周易京房章句》一卷

### 上　經

**乾**

◎《象》曰：時乘六龍以御天。

天子駕六。孔穎達《毛詩·干旄》正義、高承《事物紀原》二。

◎《文言》曰：君子體仁足以長人。

體仁，京房本作"體信"。陸德明《經典釋文》二。（下稱《釋文》）

◎《文言》曰：利物足以和義。

利物，京作"利之"。《釋文》二。

## 坤

◎東北喪朋。

女既嫁，降父之服；臣既仕，先公後私。朱震《漢上易傳·叢說》。

◎初六，履霜，堅冰至。

霜者，陰之始凝；堅冰者，陰之極也。履，自其下言之也；至，要其終言之也。方實孫《淙山讀周易記》一。（下稱《讀周易記》）

⊙按：此條諸家漏輯，今補。

◎六二，直方大，不習無不利。

坤以至順爲正，乃能因物之性以爲直；坤以有常爲義，乃能循物之分以爲方。馮椅《厚齋易學》四十八。

⊙按：此條諸家漏輯，今補。

◎《文言》曰：陰疑於陽必戰。爲其嫌於無陽也，故稱"龍"焉。猶未離其類也，故稱"血"焉。夫玄黃者，天地之雜也，天玄而地黃。

皆戰而傷，故其血玄黃而爲天地之雜。至於陽終勝陰，陰不勝陽而退，則陰陽各反其所也，所以終之，以天玄而地黃。《讀周易記》一。

⊙按：此條諸家漏輯，今補。

## 屯

◎初九，磐桓，利居貞，利建侯。

建侯抒難以庇民，所以分民而治之也。《讀周易記》二。

⊙按：此條諸家漏輯，今補。

## 蒙

◎九二，包蒙，吉。

包，京房作"彪"，文也。董真卿《周易會通》二引晁氏曰。

## 需

◎《彖》曰：需，須也，險在前也，剛健而不陷，其義不困窮矣。"需，有孚，光亨，貞吉"，位乎天位，以正中也。"利涉大川"，往有功也。

始于知險而待時，中于出險而得位，終于濟險而有功，需之義畢矣。《讀周易記》二、胡震《周易衍義》二。

⊙按：此條諸家漏輯，今補。

◎九五，需於酒食，貞吉。《象》曰：酒食貞吉，以中正也。

彖言"正中"而爻言"中正"，何也？彖所言者，以位爲主，故先"正"而後"中"；爻所言者，以德爲主，故先"中"而後"正"。《讀周易記》二。

⊙按：此條諸家漏輯，今補。

## 比

◎上六，比之無首，凶。

九五顯比之主，下爻莫不承之。上六位乘九五，諸爻皆順，而上爻獨逆，是不有其君也。首者，君之象也。《讀周易記》三。

⊙按：此條諸家漏輯，今補。

## 小畜

◎上九：尚德載。

德，《子夏傳》作"得"，京同。《周易會通》三引晁氏曰、吳澄《易纂言》一。

◎月幾望。

幾，京作"近"。《周易會通》三引晁氏曰。

## 履

◎《彖》曰：剛中正，履帝位而不疚，光明也。

涉世之道，禮而已矣。在下者柔順而說，在上者剛健而中正，是皆禮也。《讀周易記》三。

⊙按：此條諸家漏輯，今補。

## 泰

◎六五：帝乙歸妹，以祉元吉。

《易》有周人五號：帝，天稱，一也；王，美稱，二也；天子，爵號，三也；大君者，興盛行異，四也；大人者，聖人德備，五也《禮記·曲禮下》正義。湯嫁妹之辭曰："無以天子之尊而乘諸侯，無以天子之富而驕諸侯。陰之從陽，女之順夫，本天地之義也。徃事而夫，必以禮義。"《漢上易傳》二、《厚齋易學》十、王宗傳《童溪易學》七、趙汝楳《周易輯聞》二、王應麟《困學紀聞》一。

## 否

◎九五，繫於包桑。

　　桑有衣食人之功，聖人亦有天覆地載之德，故以喻。李鼎祚《周易集解》四。（下稱《集解》）

## 大有

◎九三，公用亨于天子。

　　亨，獻也。《釋文》二、《漢上易傳》二、毛居正《六經正誤》一。

## 謙

◎《象》曰：鬼神害盈而福謙。

　　福，京本作"富"。《釋文》二。

◎六四，無不利，撝謙。

　　撝，京作"揮"。《周易會通》四引晁氏曰。

　　上下皆通曰"揮謙"。《漢上易傳》卷二、李衡《周易義海撮要》二（下稱《義海撮要》）、《童溪易學》八。

## 豫

◎《象》曰：而四時不忒。

　　忒，京作"貸"。《釋文》二。

◎《象》曰：殷薦之上帝，以配祖考。

　　殷，京作"隱"。《釋文》二。

◎六三，盱豫悔。

　　盱，京作"汙"。《釋文》二。

◎九四，朋盍簪。

簪，京作"撍"。《釋文》二、熊過《周易象旨訣錄》二（下稱《象旨訣錄》）。

### 隨

◎上六，王用亨于西山。

亨，京作"享"，祭也。《周易會通》四引晁氏曰。

### 觀

◎象曰"觀國之光"，尚賓也。

尚賓，京作"上賓"。《周易會通》五引晁氏曰。

◎上九，觀其生，君子無咎。

言大臣之義，當觀賢人，知其性行，推而貢之。《漢書·五行志》二十七下之上。黃奭按云："經注及各史引易傳文甚多，以非章句不入。此條《九經古義》采之，因附錄焉。"

### 剝

◎六三，剝之無咎。

京無"之"字。《周易會通》五引晁氏曰。

◎六四，剝床以膚。

膚，京作"簠"，謂祭器。《釋文》二、鄭剛中《周易窺餘》六、《困學紀聞》一、《象旨決錄》二。

◎上九，君子得輿。

得，京作"德"。《釋文》二。

### 復

◎朋來無咎。

朋，京作"崩"。《釋文》二。黃奭按云："《釋文》：'朋，京作崩。'舊'崩'譌從'艹'，案，字書無'萠'字，今據盧《考證》改。"

◎反復其道，七日來復。

"剝、復"相去三十日。《漢上易傳卦圖》下、章如愚《羣書考索續集》三。

◎初九，無祇悔。

祇，安也。《周易會通》五引晁氏曰。

◎無妄

大旱之卦，萬物皆死，無所復妄。《集解》六虞翻引。

## 大畜

◎《彖》曰："利涉大川"，應乎天也。

謂二變五，體坎，故"利涉大川"。五，天位，故曰"應乎天"。《集解》六。

## 頤

◎初九，觀我朵頤。

朵，京作"揣"。《釋文》二。

⊙按：黃奭輯本以"朵"爲"揣"，曰："揣，動也。"其按語云："揣，字書俱引作'瑞'，云：'動也。'字從土，音都果切。《廣雅·釋詁》：'揣，動也。'從手。《說文》無'揣'字。《六經正誤》亦曰：'京作揣，作瑞誤。'今據《廣雅》改。"可備一說。

## 坎

◎習坎，有孚。

坎，京作"欿"，險也，陷也。《釋文》二。

◎《象》曰：水洊至。

洊，京作"臻"。《釋文》二。

◎六四，納約自牖。

納，京作"内"，云："内自約束。"《周易會通》六引晁氏曰。

◎九五，祇既平。

祇，京作"禔"。《釋文》二。

## 離

◎九三，則大耋之嗟。

耋，京作"絰"。《釋文》二。

◎九四，突如其來如。

突，京作"𡱂"，云："不孝子也。"《周易會通》六引晁氏曰。

## 下　經

### 咸
◎九四，憧憧往來。

憧，京作"懂"。《釋文》二。

### 晉
◎六三，衆允。

土爲信，水爲智。蕭吉《五行大義》三。王仁俊按云："《五行大義》二云：'毛公傳説及京房等説皆以土爲信，水爲智。'此條王氏保訓亦無。虞氏《晉》'衆允'注'土性信'，知京注亦當在此下矣。《左傳》哀十年注'西狩獲麟'，服注'土爲信'可證。"

### 明夷
◎六二，夷於左股。

夷，亦作"睇"。《釋文》二。夷，京作"睇"。盧刻《釋文》。

⊙按：所謂"盧刻《釋文》"，見黃奭輯本引據。

◎《象》曰：南狩之志，乃大得也。

動乃見志，故曰："南狩之志，乃大得也。"《漢上易傳》四。

### 家人
◎《象》曰"家人嗃嗃"，未失也。"婦子喜嘻"，失家節也。

治家之道，於此分矣。《漢上易傳》四。

### 睽
◎上九，後説之弧。

弧，京作"壺"。《釋文》二。

### 解
◎《象》曰：君子以赦過宥罪。

宥，京作"尤"。《釋文》二。

## 困

◎九五，劓刖。

劓刖，京作"劓劇"。《釋文》二。

## 井

◎九三，可用汲。

言我道可汲而用也。司馬貞《史記索隱》二十。

◎九三，王明，並受其福。

上有明王汲我道而用之，天下並受其福，故曰"王明，並受其福"也。《史記索隱》二十。

## 革

◎《象》曰：大人虎變，其文炳也。

◎變，京作"辨"。《周易會通》九引晁氏曰。

虎文疏而著。《漢上易傳》五。

## 鼎

◎九四，其形渥。

形，京作"刑"。渥，京作"剭"。京謂："刑在頄爲剭。"《厚齋易學》四、《周易會通》九引晁氏曰。

## 艮

◎六二，不拯其隨。

拯，京作"承"。《周易會通》十引晁氏曰。

◎九三，列其夤，厲薰心。

◎夤，京作"胂"。《周易會通》十引晁氏曰。

薰，京房作"熏"。《周易窺餘》十二。

## 歸妹

◎《象》曰"歸妹以娣"，以恒也。

京氏無此"以"字。俞琰《周易集說》二十五、《周易會通》十均引晁氏曰。

⊙按：指"以恒"之"以"。

◎六三，歸妹以須。

須，京作"嬬"，媵之妾也。《周易會通》十引晁氏曰。《象旨決錄》引作："娣，媵之妾也。"

### 中孚

◎九二，鳴鶴在陰，其子和之。

九二處和體震，則震爲鶴。《漢上易傳》九。

◎我有好爵，吾與爾靡之。

靡，京作"劘"。《釋文》二。

◎六四，月幾望。

幾，京作"近"。《釋文》二。

### 既濟

◎六四，繻有衣袽。

袽，京作"絮"。《釋文》二。

### 未濟

◎九四，震用伐鬼方。

震，敬也。《周易會通》十一引晁氏曰。

### 繫辭上傳

◎是故剛柔相摩。

相摩，相磋切也。《釋文》二。

◎八卦相盪。

以陰盪陽，以陽盪陰，陰陽二氣盪而成象。又曰：盪陰入陽，盪陽入陰，陽交互，內外適變。八卦回巡，至極則反。《漢上易傳》中。

◎鼓之以雷霆。

霆者，雷之餘氣，挺生萬物也。《釋文》二。

◎易之序也。

序，次也。《釋文》二、李心傳《丙子學易編》。

◎辯吉凶者存乎辭。

辯，明也。《釋文》二、《丙子學易編》。

◎辭有險易。

險，惡也。易，善也。《釋文》二。

◎易與天地準，故能彌綸天下之道。

準，等也；彌，遍；綸，知也。《釋文》二、《丙子學易編》。

◎旁行而不流。

流，京作"留"。《釋文》二。

◎聖人有以見天下之賾。

賾，京作"嘖"，云："情也。"《釋文》二。

◎以行其典禮。

典禮，京作"等禮"。《釋文》二。

◎大衍之數五十，其用四十有九。

五十者，謂十日、十二辰、二十八宿也，凡五十。其一不用者，天之生氣，將欲以虛來實，故用四十九焉。孔穎達《周易正義》十一、《義海撮要》七、《漢上易傳》中、吳仁傑《易圖說》三、劉牧《易數鈎隱圖》上、《周易輯聞·筮宗》、《禮書》七十三、《羣書考索別集》三、《玉海》三十六。

◎故再扐而後掛。

掛，京作"卦"，云："再扐而後布卦。"《釋文》二。

◎是故可與酬酢。

酢，京作"醋"。《釋文》二。

◎六爻之義易以貢。

貢，京作"工"。《釋文》二。

◎聖人以此洗心。

洗，京作"先"。《釋文》二。

**繫辭下傳**

◎古者包犧氏之王天下也。

包，京作"伏"；犧，京作"戲"，云："伏，服也；戲，化也。"《釋文》二。

◎斲木爲耜，揉木爲耒。

秏，耒下耕也。耒，秏上句《會通》作"曲"。木也。《釋文》二、《丙子學易編》。《周易會通》十三節引。

◎象也者，像也。

像，京還作"象"。《釋文》二。

◎則非其中爻不備。

中爻，京房所謂"互體"是也。《漢上易傳》八。

二至四爲互體，三至五爲約象。《困學紀聞》一、《象旨決録》六。

## 説卦傳

◎日以晅之。

晅，乾也。《釋文》二。

◎乾爲首。

上爻爲頭目。《漢上易傳》九。

◎坎爲豕。

豕，京作"豨"。《釋文》二。

◎爲瘠馬。

瘠，京作"柴"，云："多筋幹。"《釋文》二。

◎爲吝嗇。

吝，京作"遴"。《釋文》二。

◎爲羋足。

羋，京作"朱"，陽在下。《釋文》二。

◎爲矯輮。

輮，京作"柔"。《釋文》二。

◎爲蠃。

蠃，京作"螺"。《釋文》二、《漢上易傳·叢説》。

◎爲果蓏。

蓏，京作"墮"。《釋文》二、《漢上易傳·叢説》、《周易會通》十四。

## 雜卦傳

◎《謙》輕而《豫》怠也。

怠，京作"治"。《釋文》二。

◎豐，多故。

依京本，"故"下有"也"字。《象旨決録》七。

# 存　目

## 同人

訟降爲同人。陳士元《易象鉤解》一。

⊙按：此條黄氏闌入。《易象鉤解》所引乃《京氏易傳》，非京氏《周易章句》，二者非一書。

## 坎

◎六四，樽酒簋句貳用缶句。《周易會通》六。

⊙按：此條黄氏闌入。《周易會通》六："晁以道本：'樽酒簋'句，'貳用缶'句。"未言及京房。《釋文》二："舊讀'樽酒簋'絶句，'貳用缶'一句。"亦渾言"舊讀"。黄奭以爲出自京房，無據。

◎九五，祇既平。

祇，安也。《釋文》二。

⊙按：此條馬國翰、王保訓闌入。《釋文》二："祇，京作禔，《説文》同，音支，又上支反，安也。"《説文》："禔，安也。從示，是聲。《易》曰：'禔既平。'"可知《釋文》所引出自《説文》而非京房。

## 大壯

◎九三，小人用壯，君子罔也。

壯，一也。小人用之，君子有而不用。《周易會通》七。

⊙按：此條黄氏闌入。《漢上易傳》："京房曰'壯不可極，極則敗；物不可極，極則反'，故曰'羝羊觸藩，羸其角'。壯，一也，小人用之，君子有而不用，故曰'小人用壯，君子罔也'。"其中，"壯不可極，極則敗；物不可極，極則反"，出自《京氏易傳》大壯卦，與《京房章句》無關；"壯，一也。小人用之，君子有而不用"爲朱震語，與京房無關。

## 黃奭輯本末按語

漢有兩京房，所著《易傳》《周易章句》《周易錯卦》《周易妖占》《周易占事》《周易守林》《周易飛候》《周易飛候六日七分》《周易四時候》《周易混沌》《周易委化》《周易逆刺占災異》《易傳積算法》《雜占條例》，今雖《易傳》獨存，而絕未詮釋經文，爲後來錢卜之祖。《釋文》于每卦首悉注某宮某世、游魂歸魂諸名，強合經義，甚非。然陳振孫既曰用京房説，恐覽者轉疑爲漏落。不得已，故録如左。

乾此八純卦，象天　坤八純卦，象地　屯坎宮二世卦　蒙離宮四世卦　需坤宮遊魂卦　訟離宮遊魂卦　師坎宮遊魂卦　比坤宮遊魂卦　小畜巽宮一世卦　履艮宮五世卦　泰坤宮三世卦　否乾宮三世卦　同人離宮遊魂卦　大有乾宮遊魂卦　謙兌宮五世卦　豫震宮一世卦　隨震宮遊魂卦　蠱巽宮遊魂卦　臨坤宮二世卦　觀乾宮四世卦　噬嗑巽宮五世卦　賁艮宮一世卦　剝乾宮五世卦　復坤宮一世卦　無妄巽宮四世卦　大畜艮宮二世卦　頤巽宮遊魂卦　大過震宮遊魂卦　坎八純卦，象水　離八純卦，象日象火　咸兌宮三世卦　恆震宮三世卦　遯乾宮二世卦　大壯坤宮四世卦　晉乾宮遊魂卦　明夷坎宮遊魂卦　家人巽宮二世卦　睽艮宮四世卦　蹇兌宮四世卦　解震宮二世卦　損艮宮三世卦　益巽宮三世卦　夬坤宮五世卦　姤乾宮一世卦　萃兌宮二世卦　升震宮四世卦　困兌宮一世卦　井震宮五世卦　革坎宮四世卦　鼎離宮二世卦　震八純卦，象雷　艮八純卦，象山　漸艮宮遊魂卦　歸妹兌宮遊魂卦　豐坎宮五世卦　旅離宮一世卦　巽八純卦，象風象木　兌八純卦，象澤　渙離宮五世卦　節坎宮一世卦　中孚艮宮遊魂卦　小過兌宮遊魂卦　既濟坎宮三世卦　未濟離宮三世卦

案：此出《京氏易傳》，專論世應、飛伏，與經義無涉。陸氏《經典釋文》取而附於諸卦之下，誤之甚矣。説見《四庫全書總目》。

# 京房《孟氏京房》《災異孟氏京房》

　　西漢京房撰。房有《周易京房章句》，已著録。《漢志·六藝略》著録此書，後佚。張惠言《易義別録》云："《漢志》：《孟氏京房》十一篇、《災異孟氏京房》六十六篇，此京氏注孟（喜）也。"姚振宗《漢書藝文志條理》云："此説足以發人深省。漢人注釋，各自爲書，不連本文，此殆根據孟氏而並其所自得者合爲一編。"又云："皆古今雜説陰陽災變占候之書。"張舜徽《漢書藝文志通釋》云："《漢書·儒林傳》稱孟喜'好自稱譽，得《易》家候陰陽災變書，詐言師田生且死時，枕喜膝獨傳喜，諸儒以此耀之'。又稱京房'受《易》梁人焦延壽，延壽云嘗從孟喜問《易》。會喜死，房以爲延壽即孟氏學'。其後，京房注述孟學，而必標'孟氏'二字於上者，所以明其師承也。"此書久佚，佚文無考。

# 京房《周易錯》

西漢京房撰。房有《周易京房章句》，已著録。《隋志》經部注云："梁有《周易錯》八卷，亡。"《隋志》子部五行家類别有《周易錯卦》七卷，與此書蓋爲一書。

# 袁京《孟氏易難記》

東漢袁京撰。京（生當東漢中期）字仲譽，汝南汝陽（今商水西南）人。高祖父良，習《孟氏易》。父安，少傳良學。元和三年，代第五倫爲司空。京初拜郎中，稍遷侍中，出爲蜀郡太守。事迹附見《後漢書》卷四十五《袁安傳》。按《袁安傳》："京習《孟氏易》，作《難記》三十萬言。"後史無載，卷數未詳。清人錢大昭、侯康、顧櫰三、姚振宗、曾樸五家所補後漢《藝文志》分別著録爲《袁京難記》《袁京易難記》《袁京孟氏易傳難記》《袁京易難記》《袁京易難記》。佚文無考。

# 樊英《易章句》

　　東漢樊英撰。英（生當東漢中期）字季齊，南陽魯陽（今魯山）人。少受業三輔，習《京氏易》，兼明五經。又善風角、星算、河洛七緯，推步災異。事迹具《後漢書·方術傳》。是書始見於《後漢書》本傳："初，英著《易章句》，世名'樊氏學'，以圖緯教授。潁川陳寔少從英學。"其書不傳，故史《志》不載，佚文無考。

# 荀爽《周易注》

東漢荀爽撰。爽（128—190），一名諝，字慈明，潁川潁陰（今許昌）人，官至司空，事迹具《後漢書》本傳。荀悦《前漢紀》云："叔父故司徒爽著《易傳》，據爻象、承應、陰陽變化之義，以十篇之文，解説經意，由是兖、豫之言《易》者，咸傳荀氏學。"荀氏邃于象數，學本費氏，其易注規模宏大，析理明澈。晉鄒湛、宋程迥曾有指摘之詞，馬國翰《周易荀氏注序》駁云："荀傳費學，參用孟氏，正其篤古之深，非有所失。況陰陽升降，洞見本原，虞仲翔稱'潁川荀諝，號爲知《易》'，且謂'馬融有俊才，解釋復不及之'，亦何可淺窺虛擬，妄生訾訾耶？"《周易荀爽注》始見於《隋志》，爲十一卷，《唐志》作十卷，宋後不見著録。據《中國古佚書輯佚目録解題》，輯《周易荀爽注》者有四家，曰孫堂、曰黄奭、曰馬國翰、曰胡薇元，而以黄奭輯本爲優。據查，黄本435條，7條闌入。馬本408條，5條闌入。本次重輯，以黄奭本爲底本，參以馬國翰本，條目分合稍有變動，共得正文428條，存目7條，勒爲一卷。正文與黄、馬同者424條，新增4條。新增者出於《周易函書約注》者二，出於《周易集解》及《周易義海撮要》者各一。

## 荀爽《周易注》一卷

### 上 經

**乾**

◎九三，君子終日乾乾，夕惕若，厲無咎。

"日"以喻君，謂三居下體之終而爲之君，承乾行乾，故曰"乾乾"。"夕惕"以喻臣，謂三臣於五，則疾修柔順，危去陽行，故曰"無咎"。李鼎祚《周易集解》一。（下稱《集解》）

◎《彖》曰：大哉乾元，萬物資始。

謂分爲六十四卦，萬一千五百二十策，皆受始於乾也。策取始於乾，猶萬物之生稟於天。《集解》一、李衡《周易義海撮要》一。（下稱《義海撮要》）

◎大明終始。

乾起坎而終於離，坤起於離而終於坎。離坎者，乾坤之家而陰陽之府，故曰"大明終始"也。《集解》一、《義海撮要》一、王應麟《困學紀聞》一、王應麟《玉海》三十六、王應麟《六經天文編》上。

◎六位時成。

六爻隨時而成乾。《集解》一。

◎《象》曰"潛龍勿用"，陽在下也。

氣微位卑，雖有陽德，潛藏在下，故曰"勿用"也。《集解》一。

◎"見龍在田"，德施普也。

見者，見居其位；田謂坤也。二當升坤五，故曰"見龍在田"。大人謂天子，見據尊位，臨長羣陰，德施於下，故曰"德施普也"。《集解》一。

◎"或躍在淵"，進無咎也。

乾者，君卦；四者，陰位。故上躍居五者，欲下居坤初，求陽之正。地下稱淵也。陽道樂進，故曰"進無咎也"。《集解》一。

◎"飛龍在天"，大人造也。

飛者，喻無所拘；天者，首事造制。大人造法，見居天位，"聖人作而萬物覩"，是其義也。《集解》一。

◎《文言》曰：利者，義之和也。

陰陽相和，各得其宜，然後利矣。《集解》一。

◎貞者，事之幹也。

陰陽正而位當，則可以幹舉萬事。《集解》一。

◎君子體仁足以長人。

體仁，荀爽本作"體信"。陸德明《經典釋文》二。（下稱《釋文》）

◎利物足以和義。

利物，荀作"利之"。《釋文》二。

◎庸言之信。

處和應坤，故曰信。《集解》一。

◎德博而化。

處五據坤，故德博。羣陰順從，故能黃奭按云："一作'物'。"化也。《集解》一。

◎修辭立其誠，所以居業也。

　　修辭謂"終日乾乾"，立誠謂"夕惕若厲"，居業謂居三也。《集解》一。

◎九四曰"或躍在淵，無咎"，何謂也？子曰："上下無常，非爲邪也。"

　　乾者君卦，四者臣位也，故欲進躍。居五下者，當下居坤初，德陽正位，故曰"上下無常，非爲邪也"。《集解》一。

◎進退無恒，非離羣也。

　　進謂居五，退謂居三，故進退無恒，非離羣也。《集解》一。

◎水流濕。

　　陽，動之坤而爲坎，坤者純陰，故曰"濕"也。《集解》一。

◎火就燥。

　　陰，動之乾而成離，乾者純陽，故曰"燥"也。《集解》一。

◎雲從龍。

　　龍喻王者，謂乾二之坤五，爲坎也。《集解》一。

◎風從虎。

　　虎喻國君，謂坤五之乾二，爲巽而從三也，三者下體之君，故以喻國君。《集解》一。

◎本乎天者親上。

　　謂乾九二本出於乾，故曰"本乎天"，而居坤五，故曰"親上"。《集解》一。

◎本乎地者親下。

　　謂坤六五本出於坤，故曰"本乎地"。降居乾二，故曰"親下"也。《集解》一。

◎上九曰"亢龍有悔"，何謂也？子曰："貴而無位。"

　　在上，故貴；失位，黃奭按云："一作'正'。"故無位。《集解》一。

◎賢人在下位。

　　謂上應三，三陽德正，故曰"賢人"。別體在下，故曰"在下位"。《集解》一。

◎而無輔。

　　兩陽無應，故"無輔"。《集解》一。

◎是以動而有悔也。

　　升極當降，故"有悔"。《集解》一。

◎以御天也。

　　御者，行也。陽升陰降，天道行也。《集解》一。

◎雲行雨施，天下平也。

乾升於坤，曰"雲行"；坤降於乾，曰"雨施"。乾坤二卦成兩既濟，陰陽和均而得其正，故曰"天下平"。《集解》一、《困學紀聞》一。

◎潛之爲言也，隱而未見，行而未成，是以君子弗用也。

隱而未見，謂居初也；行而未成，謂行之坤四，陽居陰位，未成爲君。乾者，君卦也。不成爲君，故不用也。《集解》一。

◎與天地合其德。

與天合德，謂居五也；與地合德，謂居二也。《集解》一。

◎與日月合其明。

謂坤五之乾二成離，離爲日。乾二之坤五爲坎，坎爲月。《集解》一。

◎天且弗違，況於人乎？

人謂三。《集解》一。

◎況於鬼神乎？

神謂天，鬼謂地也。《集解》一。

◎亢之爲言也，知進而不知退。

陽位在五，今乃居上，故曰"知進而不知退"也。《集解》一。

◎知存而不知亡。

在上當陰，今反爲陽，故曰"知存而不知亡"也。《集解》一。

◎知得而不知喪。

得謂陽，喪謂陰。《集解》一。

◎其唯聖人乎？知進退存亡而不失其正者，其唯聖人乎？

進謂居五，退謂居二，存謂五爲陽位，亡謂上爲陰位也。再稱聖人者，上聖人謂五，下聖人謂二也。《集解》一。

## 坤

◎西南得朋，東北喪朋。

陰起于午，至申三陰，得坤一體，故曰"西南得朋"。陽起于子，至寅三陽，喪坤一體，故"東北喪朋"。《集解》二虞翻引。

◎含弘光大。

乾二居坤五爲"含"，坤五居乾二爲"弘"，坤初居乾四爲"光"，乾四居坤初爲"大"也。《集解》二。

◎品物咸亨。

天地交，萬物生，故"咸亨"。《集解》二。
◎六二，直方大。
　　大者，陽也。二應五，五下動之，則應陽出，直布陽於四方。《集解》二。
◎不習無不利。
　　物唱乃和，不敢先有所習，陽之所唱，從而和之，"無不利"也。《集解》二。
◎上六，龍戰于野。
　　消息之位，坤在於亥，下有伏乾，爲其兼於陽，故稱"龍"也。《集解》二。
◎《文言》曰：坤至柔。
　　純陰至順，故"柔"也。《集解》二。
◎至静而德方。
　　坤性至静，得陽而動，布於四方也。《集解》二。
◎坤道其順乎？承天而時行。
　　承天之施，因四時而行之也。《集解》二
◎由變之不早辯也。
　　辯，荀作"變"。《釋文》二。董真卿《周易會通》二："晁氏曰：'案：辯，古文變字。'"
◎《易》曰"履霜，堅冰至"，蓋言順也。
　　霜者，乾之命令，坤下有伏乾。履霜堅冰，蓋言順也。乾氣加之，性而堅，象臣順君命而成之。《集解》二。
◎直方大，不習無不利，則不疑其所行也。
　　"直方大"，乾之唱也。"不習無不利"，坤之和也。陽唱陰和，而無所不利，故"不疑其所行也"。《集解》二。
◎陰雖有美，含之以從王事，弗敢成也。
　　六三，陽位，下有伏陽。坤，陰卦也，雖有伏陽，含藏不顯，以從王事，要待乾命，不敢自成也。《集解》二、《義海撮要》一。馮椅《厚齋易學》四十八，文字稍異。
◎《易》曰"括囊，無咎無譽"，蓋言謹也。
　　六四陰位，迫近於五，雖有成德，當括而囊之，謹慎畏敬也。《集解》二、《義海撮要》一。
◎陰疑於陽必戰。
　　疑，荀本作"凝"。《釋文》二。
◎爲其嫌於無陽也。
　　嫌，荀作"慊"。《釋文》二。

◎猶未離其類也，故稱血焉。

實本坤卦，故曰"未離其類也"。血以喻陰順陽也。《集解》二。

◎夫玄黃者，天地之雜也。

消息之卦，坤位在亥，下有伏乾，陰陽相和，故言"天地之雜也"。《集解》二。

◎天玄而地黃。

天者陽，始於東北，故色玄也。地者陰，始於西南，故色黃也。《集解》二。

## 屯

◎《彖》曰：屯，剛柔始交而難生。動乎險中，大亨貞。

物難在始生，此本坎卦也。《集解》二。

⊙按：此條黃輯本、馬輯本均作："物難在始生，此本坎卦也。案：初六升二，九二降初，是剛柔始交也。交則成震，震爲動也。上有坎，是'動乎險中'也。動則物通而得正，故曰'動乎險中，大亨貞'也。"其中"案"字以下爲李鼎祚語，黃氏馬氏誤作荀爽語而闌入。

◎雷雨之動，滿盈。

雷震雨潤，則萬物滿盈而生也。《集解》二。

◎天造草昧。

謂陽動在下，造物於冥昧之中也。《集解》二。

◎宜建侯而不寧。

天地初開，世尚屯難。震位承乾，故宜"建侯"。動而遇險，故"不寧"也。《集解》二。

◎《象》曰：君子以經綸。

屯難之代，萬事失正。經者，常也。綸者，理也。君子以經綸不失常道也。《集解》二。

◎《象》曰：雖盤桓，志行正也。

盤桓者，動而退也，謂陽從二，動而退居初，雖盤桓，得其正也。《集解》二。鄭剛中《周易窺餘》一文字稍異。

◎以貴下賤，大得民也。

陽貴而陰賤，陽從二來，是"以貴下賤"，所以得民也。《集解》二。

◎六二，屯如邅如。

陽動而止，故"屯如"也。陰乘於陽，故"邅如"也。《集解》二。

## 蒙

◎《彖》曰：蒙亨，以亨行時中也。

此本艮卦也。《集解》二、董守諭《卦變考略》上、毛奇齡《推易始末》一。

⊙按：此條黃輯本、馬輯本均作："此本艮卦也。案：二進居三，三降居二，剛柔得中，故能通發蒙時，令得時中矣。故曰'蒙亨，以亨行時中也'。"其中"案"字以下爲李鼎祚語，黃氏馬氏誤作荀爽語而闌入。

◎童蒙求我，志應也。

二與五，志相應也。《集解》二。

◎"再三瀆，瀆則不告"，瀆，蒙也。

再三，謂三與四也，皆乘陽不敬，故曰"瀆"。瀆不能尊陽，蒙氣不除，故曰"瀆，蒙也"。《集解》一。

◎《象》曰"童蒙之吉"，順以巽也。

順於上，巽於二，有似成王任用周、召也。《集解》二、《義海撮要》一。

◎上九，擊蒙。

擊，荀爽作"繫"。《周易會通》二引晁氏曰。

## 需

◎《象》曰"需于沙"，衍在中也。

二應於五，水中之剛，故曰"沙"。知前有沙漠而不進也。體乾處和，美德優衍在中而不進也。《集解》二、《周易窺餘》二。

◎雖小有言，以吉終也。

二與四同功，而三據之，故"小有言"。乾雖在下，終當升上，二當居五，故"終吉"也。《集解》二、《義海撮要》一。

◎九三，需于泥，致寇至。

親與坎接，故稱"泥"。須止不進，不取於四，不致寇害。《集解》二。

◎九五，需于酒食，貞吉。

五互離坎，水在火上，酒食之象。需者，飲食之道，故坎在需家爲"酒食"也。雲須時欲降，乾須時當升。五有剛德，處中居正，故能帥羣陰，舉坎以降。陽能正居其所則吉，故曰"需于酒食"也。《集解》二。

◎上六，入于穴。

需道已終，雲當下入穴也。雲上升極，則降而爲雨，故《詩》云"朝躋于西，崇朝其雨"，則還入地，故曰"入于穴"。雲雨入地，則下三陽動而自至者也。《集解》二。

◎有不速之客三人來，敬之，終吉。

三人，謂下三陽也。須時當升，非有召者，故曰"不速之客"焉。乾升在上，君位以定。坎降居下，當循臣職。故"敬之，終吉"也。《集解》二。

◎《象》曰"不速之客來，敬之，終吉"，雖不當位，未大失也。

上降居三，雖不當位，承陽有實，故終吉無大失矣。《集解》二。

## 訟

◎有孚。

陽來居二，而孚於初，故曰"訟有孚"矣。《集解》三、《義海撮要》一。

◎《彖》曰"利見大人"，尚中正也。

二與四訟，利見於五，五以中正之道解其訟也。《集解》三。

◎"不利涉大川"，入于淵也。

陽來居二，坎在下爲淵。《集解》三。

◎《象》曰：天與水違行，訟。

天自西轉，水自東流，上下違行，成訟之象也。《集解》三。

◎《象》曰"不克訟"，歸逋竄也。

三不克訟，故逋而歸。坤稱邑二者，邑中之陽人。逋，逃也，謂逃失邑中之陽人。《集解》三。

◎自下訟上，患至掇也。

下與上爭，即取患害，如拾掇小物而不失也。坤有三爻，故云"三百戶，無眚"。二者，下體之君，君不爭，則百姓無害也。《集解》三。

◎上九，或錫之鞶帶，終朝三褫之。

二四爭三，二本下體，取之有緣。"或"者，疑之辭也。以三錫二，於義疑矣。爭競之世，分理未明，故或以錫二。終朝者，君道明。三者，陽成功也。君明道盛，則奪二與四，故曰"終朝三褫之"也。鞶帶，宗廟之服。三應於上，上爲宗廟，故曰"鞶帶"也。《集解》三。

## 師

◎《彖》曰：師，衆也。貞，正也。能以衆正，可以王矣。

謂二有中和之德，而據羣陰，上居五位，可以王也。《集解》三。

◎初六，否臧凶。

否，荀作"不"。《周易會通》三引晁氏曰。

◎"王三錫命"，懷萬邦也。

王謂二也。三者，陽德成也。德純道盛，故能上居王位而行錫命，羣陰歸之，故曰"王三錫命，懷萬邦也"。《集解》三。

◎六四，師左次，無咎。

左謂二也。陽稱左。次，舍也。二與四同功，四承五，五無陽，故呼二。舍於五，四得承之，故無咎。《集解》三。

◎六五，田有禽，利執言，無咎。

田，獵也，謂二帥師禽五，五利度二之命，執行其言，故無咎也。《集解》三。

◎《象》曰"長子帥師"，以中正也。

長子謂九二也。五處中應二，受任帥師，當上升五，故曰"長子帥師，以中正也"。《集解》三。

◎上六，大君有命，開國承家。

大君謂二。師旅已息，既上居五，當封賞有功，立國命家也。開國封諸侯，承家立大夫也。《集解》三。

## 比

◎《彖》曰"後夫凶"，其道窮也。

後夫謂上六，逆禮乘陽，不比聖王，其義當誅，故其道窮凶也。《集解》三。

◎初六，有孚比之，無咎。

初在應外，以喻殊俗。聖王之信，光被四表，絕域殊俗，皆來親比，故"無咎"也。《集解》三、《周易窺餘》二。

◎有孚盈缶，終來有它，吉。《象》曰：《比》之初六，有它吉也。

缶者應內，以喻中國。孚既盈滿，中國終來，及初非應，故曰"它"也。《象》云"有它吉"者，謂信及非應，然後吉也。《集解》三、《周易窺餘》二。

◎上六，比之無首，凶。

陽欲無首，陰以大終，陰而無首，不以大終，故凶也。《集解》三。

## 小畜

◎《象》曰"自我西郊"，施未行也。

體兌位秋，故曰"西郊"也。時當收斂，臣不專賞，故"施未行"，喻文王也。《集解》三。

◎九三，輿脫輹，夫妻反目。

妻乘夫，不正，互睽；反目，不相視也。胡煦《周易函書約注》三。（下稱《函書約注》）

⊙按：此條黃本馬本漏輯，今補。

◎《象》曰"有孚惕出"，上合志也。

血以喻陰，四陰，臣象，有信順。五惕，疾也。四當去初，疾出從五，故曰"上合志也"。《集解》三。

◎上九，既雨既處，尚德載，婦貞厲，月幾望，君子征凶。

卦以一陰畜四陽，故"密雲不雨"。上處畜之極，故陽德上通，猶畜德不已，澤乃行也。澤行則物安，故"既雨既處"也。既，盡也。盡雨澤，盡安處之，此乃上畜德，能積載，與三陽同志而無私應也。《義海撮要》一。

### 履

◎履虎尾，不咥人，亨，利貞。黃奭按云："今本脫'利貞'二字。"《彖》曰"履"，柔履剛也。

謂三履二也。二五無應，故無元。以乾履兌，故有通。六三履二，非和正，故云"利貞"也。《集解》三。

◎初九，素履，往無咎。《象》曰"素履之往"，獨行願也。

初九者潛位，隱而未見，行而未成。素履者，謂布衣之士，未得居位，獨行禮義，不失其正，故無咎也。《集解》三。

◎上九，視履考詳。

祥，荀作"詳"，審也。李心傳《丙子學易編》《周易會通》三均引晁氏曰。

### 泰

◎《象》曰：天地交，泰。

坤氣上升以成天道，乾氣下降以成地道。天地二氣，若時不交則爲閉塞，今既相交，乃通泰。《集解》四。

◎后以財成天地之道。

財，荀作"裁"。《釋文》二。

◎九二，用馮河，不遐遺。

河出於乾，行於地中，陽性欲升，陰性欲承，馮河而上，不用舟航。自地升天，道雖遼遠，三體俱上，不能止之，故曰"不遐遺"。《集解》四。

◎朋亡，得尚于中行。

中謂五，坤謂朋。朋亡而下，則二得上居五，而行中和矣。《集解》四。

◎六五，帝乙歸妹。

婦人謂嫁曰歸，言湯以娶禮歸其妹於諸侯也。《後漢書》九十二本傳。

## 否

◎初六，拔茅茹，以其彙，貞吉，亨。

拔茅茹，取其相連。彙者，類也。合體同包，謂坤三爻同類相遭，欲在下也。貞者，正也。謂正居其所，則吉也。《集解》四。

◎六二，包承，小人吉，大人否，亨。

二與四同功，爲四所包，故曰"包承"也。小人，二也。謂一爻獨居，間象相承，得繫於陽，故吉也。大人，謂五。乾坤分體，天地否隔，故曰"大人否"也。二五相應，否義得通，故曰"否，亨"矣。《集解》四。

◎《象》曰"包羞"，位不當也。

卦性爲否，其義否隔，今以不正與陽相承，爲四所包，違義失正，而可羞者，以位不當故也。《集解》四。

◎《象》曰"有命無咎"，志行也。

謂志行於羣陰也。《集解》四、《周易窺餘》三。

◎九五，其亡其亡。

陰欲消陽，由四及五，故曰"其亡其亡"，謂坤性順從，不能消乾使亡。《集解》四。

◎繫于包桑。

包者，乾坤相包也。桑者，上玄下黃，以象乾坤也。乾職在上，坤體在下，雖欲消乾，繫其本體，不能亡也。《集解》四。

## 同人

◎《象》曰：天與火，同人。

乾舍於離，相與同居，故曰"同人"也。《集解》四、《周易窺餘》四。

◎六二，同人于宗，吝。

宗者，衆也。三據二陰，二與四同功，五相應，初相近，上下衆陽，皆欲與二爲同，故曰"同人于宗"也。陰道貞静，從一而終，今宗同之，故"吝"也。《集解》四。

## 大有

◎《象》曰：火在天上，大有。

謂夏火王在天，萬物並生，故曰"大有"也。《集解》四。

◎《象》曰：明辨晢也。

晢，荀氏作"晣"。朱震《漢上易傳》二。

## 謙

◎《彖》曰：天道下濟而光明。

乾來之坤，故"下濟"。陰去爲離，陽來成坎，日月之象，故"光明"也。《集解》四。

◎《象》曰：君子以裒多益寡。

裒，荀作"捊"，云："取也。"《釋文》二。

◎初六，謙謙君子，用涉大川，吉。

初最在下爲謙，二陰承陽亦爲謙，故曰"謙謙"也。二陰一陽，相與成體，故曰"君子"也。九三體坎，故"用涉大川，吉"也。《集解》四、《義海撮要》二。

◎九三，勞謙，君子有終，吉。

體坎爲勞終下二陰，君子有終，故吉也。《集解》四、《周易窺餘》四。

◎《象》曰：勞謙君子，萬民服也。

陽當居五，自卑下衆，降居下體，君有下國之意也。衆陰皆欲擄陽，上居五位，羣陰順陽，故"萬民服"也。《集解》四、《義海撮要》二。

◎六四，無不利，撝謙。

四得位處正，家性爲謙，故"無不利"。陰欲擄三，使上居五，故曰"撝謙"。撝，猶舉也。《集解》四。

◎六五，不富，以其鄰。

鄰謂四與上也。自四以上乘陽，乘陽失實，故皆"不富"。五居中有體，故總言之。《集解》四。黄奭按云："《易窺餘》引注至'皆不富'。'以上'作'以下'，'乘陽'二字不重。"

◎利用侵伐，無不利。

謂陽利侵伐，來上，無敢不利之者。《集解》四。

◎《象》曰"利用侵伐"，征不服也。

不服，謂五也。《集解》四。

## 豫

◎《象》曰：先王以作樂崇德。

樂者，聖人因人之豫而節之，所以養其正而閑其邪，其和可以感神，而況於人乎？《義海撮要》二。

◎九四，朋盍簪。

簪，荀作"宗"。《釋文》二。

◎《象》曰"冥豫"在上，何可長也？

陰性冥昧，居尊在上，而猶豫悦，故不可長。《集解》四。魏濬《易義古象通》三，文字稍異。

## 隨

◎《彖》曰：大亨，貞，無咎。

隨者，震之歸魂，震歸從巽，故大通。動爻得正，故利貞。陽降陰升，嫌於有咎，動而得正，故"無咎"。《集解》五。

## 蠱

◎《彖》曰：蠱，元亨而天下治也。

蠱者，巽也。巽歸合震，故"元亨"也。蠱者，事也。備物致用，故"天下治"也。《集解》五。

◎六五，幹父之蠱，用譽。

體和應中，承陽有實，用斯幹事，榮譽之道也。《集解》五。

◎《象》曰"不事王侯"，志可則也。

年老事終，不當其位，體艮爲止，故"不事王侯"。據上臨下，重陰累實故"志可則"。《集解》五。

## 臨

◎至於八月有凶。

兑爲八月。《集解》五虞翻引、《易義古象通》三。

八月爲否。《漢上易傳卦圖》下。

◎《象》曰：澤上有地，臨。

　　澤卑地高，高下相臨之象也。《集解》五、《周易窺餘》五。

◎《象》曰"咸臨，貞吉"，志行正也。

　　陽始咸升，以剛臨柔，得其正位而居，是吉，故曰"志行正"。《集解》五。黃奭按云："《易窺餘》引'以剛臨柔'至'是以吉'。"

◎《象》曰"咸臨，吉，無不利"，未順命也。

　　陽感至二，當升居五，羣陰相承，故"無不利"也。陽當居五，陰當順從，今尚在二，故曰"未順命也"。《集解》五。

◎《象》曰"至臨無咎"，位當也。

　　四與二同功，欲升二至五，已得承順之，故曰"至臨"也。陽雖未乘，處位居正，故得"無咎"，是"當位實也"。《集解》五。

◎六五，知臨，大君之宜，吉。《象》曰"大君之宜"，行中之謂也。五者，帝位。大君，謂二也。宜升上居五位，吉，故曰"知臨，大君之宜"也。二者處中，行升居五，五亦處中，故"行中之謂也"。《集解》五。

◎上六，敦臨，吉，無咎。

　　上應於三，欲因三升二，過應於陽，敦厚之意，故曰"敦臨，吉，無咎"。《集解》五。


觀

◎《象》曰"觀我生進退"，未失道也。

　　我，謂五也。生者，教化生也。三欲進，觀於五，四既在前而三，故"退未失道也"。《集解》五、《周易窺餘》五、《義海撮要》二。


噬嗑

◎六二，噬膚，滅鼻，無咎。

　　艮爲鼻，四三二，艮之象，而初以陽塞其下，所以爲鼻者不得通矣。《周易窺餘》五。

◎六三，噬腊肉，遇毒，小吝，無咎。《象》曰："遇毒"，位不當也。

　　腊肉，謂四也。三以不正，噬取異家，法當遇罪，故曰"遇毒"。爲艮所止，所欲不得，故"小吝"也。所欲不得，則免於罪，故無咎矣。《集解》五。

◎九四，噬乾胏。

　　胏，徐音"甫"，荀同。《釋文》二。

◎《象》曰"貞厲，無咎"，得當也。

　　謂陰來正居是而厲陽也。以陰厲陽，正居其處，而無咎者，以從下明上，不失其中，所言"得當"。《集解》五。

◎上九，何校滅耳，凶。

　　爲五所何，故曰"何校"。據五應三，欲盡滅坎。三黄奭按云："三，《義海》作'上'。"體坎，爲耳。故曰"滅耳凶"。上以不正，侵欲無已，奪取異家，惡積而不可掩，罪大而不可解，故宜"凶"矣。《集解》五。《義海撮要》三節引。


**賁**

◎《象》曰：賁，"亨"，柔來而文剛，故"亨"。分剛上而文柔，故"小利有攸往"。

　　此本泰卦。謂陰從上來，居乾之中，文飾剛道，交於中和，故"亨"也。分乾之二，居坤之上，上飾柔道，兼據二陰，故"小利有攸往"矣。《集解》五。

◎六四，賁如，皤如。

　　皤，荀作"波"。《釋文》二。

◎白馬翰如。

　　翰，高也。《釋文》二。

◎六五，賁于丘園。束帛戔戔；吝，終吉。《象》曰：六五之吉，有喜也。

　　艮，山。震，林。失其正位，在山林之間，賁飾丘陵以爲園圃，隱士之象也。五爲王位，體中履和，勤賢之主，尊道之君也。故曰"賁于丘園束，帛戔戔"。君臣失正，故"吝"。能以中和飾上成功，故"終吉"而"有喜"也。《集解》五。


**剥**

◎《象》曰"剥"，剥也，柔變剛也。

　　謂陰外變五，五者至尊，爲陰所變，故曰"剥"也。《集解》五。《周易窺餘》六："'柔變剛'，荀爽謂'柔變五'。"

◎初六，蔑。

　　蔑，荀作"滅"。《釋文》二。

◎注云：蔑，猶削也。

　　削，或作"消"，此從荀本也。《釋文》二。

◎六三，剥之，無咎。《象》曰"剥，無咎"，失上下也。

荀爽無"之"字。《周易會通》五引晁氏曰。

衆皆剝陽，三獨應上，無剝害意，是以"無咎"，故曰"失上下也"。《集解》五。

## 復

◎《彖》曰"利有攸往"，剛長也。

利往居五，剛道浸長也。《集解》六。

◎復，其見天地之心乎？

復者，冬至之卦。陽起初九，爲天地心，萬物所始，吉凶之先，故曰"見天地之心"矣。《集解》六、《義海撮要》三。

◎上六，用行師終有大敗，以其國君凶。

坤爲衆，故曰"行師"也，謂上行師，而距於初。陽息上升，必消羣陰，故"終有大敗"。國君，謂初也。受命復道，當從下升，今上六行師，王誅必加，故"以其國君凶"也。《集解》六、《義海撮要》三。

## 頤

◎《象》曰：山下有雷，頤。君子以慎言語，節飲食。

雷爲號令，今在山中閉藏，故"慎言語"。雷動於上，以陽食陰，艮以止之，故"節飲食"也。言出乎身，加乎民，故慎言語所以養人也，飲食不節，殘賊羣生，故節飲食以養物。《集解》六。

飲食失宜，患之所起。史徵《周易口訣義》三。

◎六四，其欲逐逐。

逐逐，荀作"悠悠"。《釋文》二、《周易窺餘》七。

## 大過

◎九五，老婦得其士夫。

初陰失正當變，數六爲女妻。二陽失正，數九爲老夫。以五陽得正位不變，數七爲士夫。上陰得正，數八爲老婦。《集解》六虞翻引、何楷《古周易訂詁》三。

## 坎

◎《彖》曰：水流而不盈。

陽動陰中，故"流"。陽陷陰中，故"不盈"也。《集解》六。

◎行險而不失其信。

　　謂陽來爲險，而不失中。中稱信也。《集解》六。

◎《象》曰"求小得"，未出中也。

　　處中而比初三，未足爲援。雖求小得，未出於險中。《集解》六。

### 離

◎《彖》曰：離，麗也。

　　陰麗於陽，相附麗也。亦爲別離，以陰隔陽也。離者，火也。託於木，是其附麗也。煙燄飛升，炭灰降滯，是其別離也。《集解》六。

◎是以"畜牝牛吉"也。

　　牛者，土也。生土於火。離者，陰卦。牝者，陰性。故曰"畜牝牛，吉"矣。《集解》六。

◎《象》曰：明兩作。

　　作，用也。《釋文》二。

◎初九，履錯然，敬之，無咎。

　　火性炎上，故初欲履錯於二。二爲三所據，故"敬之"則"無咎"矣。《集解》六。

◎九三，日昃之離。

　　初爲日出，二爲日中，三爲日昃，以喻君道衰也。《集解》六。

◎則大耋之嗟。

　　嗟，荀作"差"，下"嗟若"亦爾。《釋文》二。

◎九四，突如其來如，焚如，死如，棄如。

　　陽升居五，光炎宣揚，故"突如"也。陰退居四，灰炭降墜，故"其來如"也。陰以不正，居尊乘陽，歷盡數終，天命所誅，位喪民畔，下離所害，故"焚如"也。以離入坎，故"死如"也。火息灰損，故"棄如"也。《集解》六。

◎六五，出涕沱若。

　　沱，荀作"池"，一本作"沲"。《釋文》二。

◎六五陰柔，退居於四，出離爲坎，故"出涕沱若"而下，以順陰陽也。《集解》六。

# 下　經

## 咸

◎《彖》曰：天地感而萬物化生。

　　乾下感坤，故萬物化生於山澤。《集解》七。

◎初六，咸其拇。

　　拇，荀作"母"，云："陰位之尊。"《釋文》二。

◎六二，咸其腓。

　　腓，荀作"肥"，云："謂五也，尊盛故稱肥。"《釋文》二。

## 恒

◎《彖》曰"恒，亨，無咎，利貞"，久於其道也。

　　恒，震世也。巽來乘之，陰陽合會，故通無咎。長男在上，長女在下，夫婦道正，故"利貞，久於其道也"。《集解》七。

◎"利有攸往"，終則有始也。

　　謂乾氣下終，始復升上居四也。坤氣上終，始復降下居初者也。《集解》七。

◎《象》曰：九二"悔亡"，能久中也。

　　乾爲久也，能久行中和，以陽據陰，故曰"能久中也"。《集解》七。

◎九三，不恒其德，或承之羞，貞，吝。

　　與初同象，欲據初，隔二。與五爲兌，欲悅之，隔四。意無所定，故"不恒其德"。與上相應，欲往承之，爲陰所乘，故"或承之羞"也。貞吝者，謂正乘其所，不與陰通也。無居自容，故"貞，吝"矣。《集解》七。

## 遯

◎《彖》曰"小利貞"，浸而長也。

　　陰稱小，浸而長，則將消陽，故利正。居是與五相應也。《集解》七。

◎《象》曰：有疾憊也。

　　憊，荀作"備"。《釋文》二。

◎"畜臣妾，吉"，不可大事也。

　　大事，謂與五同任天下之政。潛遯之世，但可居家畜養臣妾，不可治國之大事。《集

## 大壯

◎《彖》曰：剛以動，故壯。

乾剛震動，陽從下升，陽氣大動，"故壯"也。《集解》七。

◎九三，羝羊觸藩，羸其角。

三與五同功，爲兑，故曰"羊"。終始陽位，故曰"羝"。藩，謂四也。三欲觸四而危之，四反羸其角。角，謂五也。《集解》七。

## 晉

◎《彖》曰：是以"康侯用錫馬蕃庶"。

陰進居五，處用事之位。陽中之陰，侯之象也。陰性安静，故曰"康侯"。馬，謂四也。五以下，羣陰錫四也。坤爲衆，故曰"蕃庶"矣。《集解》七。

◎六五，悔亡，矢得勿恤。往吉，無不利。

五從坤動而來爲離，離者，射出，故曰"矢得"。陰居尊位，故有悔也。以中盛明，光照四海，故"悔亡勿恤吉無不利"也。《集解》七。

◎《象》曰"維用伐邑"，道未光也。

陽雖在上，動入冥逸，故"道未光也"。《集解》七。

## 明夷

◎《彖》曰：内文明而外柔順，以蒙大難，文王以之。

以之，荀作"似之"，下亦然。《釋文》二。

明在地下，爲坤所蔽，大難之象。大難，文王君臣相事，故言"大難"也。《集解》七。

◎初九，明夷于飛，垂其翼，君子于行，三日不食。

火性炎上，離爲飛鳥，故曰"于飛"。爲坎所抑，故曰"垂其翼"。陽爲君子。三者，陽德成也。日以喻君。不食者，不得君禄食也。陽未居五，陰暗在上。初有明德，恥食其禄，故曰"君子于行，三日不食"也。《集解》七。

◎《象》曰"君子于行"，義不食也。

暗昧在上，有明德者，義不食禄也。《集解》七。

◎六四，入于左腹，獲明夷之心，于出門庭。

陽稱左,謂九三也。腹者,謂五居坤,坤爲腹也。四得位比三,處於順首,欲三上居五,以陽爲腹心也,故曰"入于左腹,獲明夷之心"。言三明當出門庭,升五君位。《集解》七。

◎六五,箕子之明夷。

"箕"爲"荄","子"爲"滋"。《釋文》二郞湛云。

## 家人

◎《彖》曰:家人有嚴君焉,父母之謂也。

離巽之中有乾坤,故曰"父母之謂"也。《集解》八。

◎父父,子子,兄兄,弟弟,夫夫,婦婦,而家道正,正家而天下定矣。

父謂五,子謂四,兄謂三,弟謂初,夫謂五,婦謂二也。各得其正,故"天下定矣"。《集解》八。

◎《象》曰:君子以言有物而行有恒。

風火相與,必附於物,物大火大,物小火小。君子之言,必因其位,位大言大,位小言小。不在其位,不謀其政,故"言有物"也。大暑爍金,火不增其烈。大寒凝冰,火不損其熱。故曰"行有恒"矣。《集解》八。

◎初九,閑有家,悔亡。《象》曰:"閑有家",志未變也。

初在潛位,未干國政,閑習家事而已。未得治官,故"悔"。居家理治,可移於官,守之以正,故"悔亡"。而未變從國之事,故曰"志未變也"。《集解》八。

◎六二,無攸遂,在中饋,貞吉。

六二處和得正,得正有應,有應有實,陰道之至美者也。坤道順從,故無所得遂。供饎中饋,酒食是議,故曰"中饋"。居中守正,永貞其志則"吉",故曰"貞吉"也。《集解》八。

◎九三,家人嗃嗃。

嗃嗃,荀作"確確"。《釋文》二。

## 睽

◎《彖》曰:是以"小事吉"。

小事者,臣事也。百官異體,四民殊業,故睽而不同。剛者,君也。柔得其中,而進於君,故言"小事吉"也。《集解》八。

◎《象》曰:上火下澤,睽。

火性炎上，澤性潤下，故曰"睽"也。《集解》八。

◎君子以同而異。

　　大歸雖同，小事當異。百官殊職，四民異業。文武並用，《義海》作"文武不同"。威德相反，共歸於治，故曰"君子以同而異"也。《集解》八。《義海撮要》四節引。

◎六三，其牛掣。

　　掣，荀作"觭"。《釋文》二。

## 蹇

◎《彖》曰"蹇，利西南"，往得中也。

　　西南謂坤。升二往居坤五，故"得中"也。《集解》八。

◎"不利東北"，其道窮也。

　　東北，艮也。艮在坎下，見險而止，故"其道窮也"。《集解》八。

◎當位"貞吉"，以正邦也。

　　正邦，荀本作"正國"，爲漢朝諱。《釋文》二。

　　謂五當尊位正。居是，羣陰順從，故能正邦國。《集解》八。

◎《象》曰"往蹇來連"，當位實也。

　　蹇難之世，不安其所，欲往之三，不得承陽，故曰"往蹇"也。來還承五，則與至尊相連，故曰"來連"也。處正承陽，故曰"當位實也"。《集解》八。

## 解

◎無所往。

　　陰處尊位，陽無所往也。《集解》八、《義海撮要》四。

◎《彖》曰"解，利西南"，往得衆也。

　　乾動之坤而得衆。西南，衆之象也。《集解》八。

◎"其來復，吉"，乃得中也。

　　來復居二，處中成險，故曰"復，吉"也。《集解》八、《義海撮要》四。

◎"有攸往，夙吉"，往有功也。

　　五位無君，二陽又卑，往居之者則吉。據五解難，故"有功也"。《集解》八、《義海撮要》四。

◎天地解而雷雨作。

　　謂乾坤交通，動而成解卦。坎下震上，故"雷雨作"也。《集解》八。

◎雷雨作而百果草木皆甲坼。

　　解者，震世也。仲春之月，草木萌牙，雷以動之，雨以潤之，日以烜之，故"甲坼"也。《集解》八。

◎九四，解而拇。

　　拇，荀作"母"。《釋文》二。

## 損

◎《彖》曰：損而"有孚"。

　　謂損乾之三，居上孚二陰也。《集解》八。

◎元吉，無咎。

　　居上據陰，故"元吉，無咎"，以未得位，嫌於咎也。《集解》八。

◎可貞。

　　少男在下，少女雖年尚幼，必當相承，故曰"可貞"。《集解》八。

◎利有攸往。

　　謂陽利往居上。損者，損下益上，故利往居上。《集解》八。

◎"曷之用，二簋可用享。"

　　二簋，謂上體二陰也。上爲宗廟。簋者，宗廟之器，故可享獻也。《集解》八。

◎初九，已事遄往。

　　遄，荀作"顓"。《釋文》二。

◎《象》曰：一人行，三則疑也。

　　一陽在上，則教令行。三陽在下，則民衆疑也。《集解》八。

## 夬

◎《彖》曰"孚號有厲"，其危乃光也。

　　信其號令於下，衆陽危去上六，陽乃光明也。《集解》九。

◎"不利即戎"，所尚乃窮也。

　　不利即尚兵戎，而與陽爭，必困窮。《集解》九。

◎初九，壯於前趾。

　　趾，荀作"止"。《釋文》二。

◎九二，惕號。

　　惕，荀作"錫"，云："賜也。"《釋文》二。

◎九三，君子夬夬，獨行遇雨。

　　九三體乾，乾爲君子。三五同功，二爻俱欲決上，故曰"君子夬夬"也。獨行，謂一爻獨上，與陰相應，爲陰所施，故"遇雨"也。《集解》九、《義海撮要》五。

◎若濡有慍，無咎。

　　雖爲陰所濡，能慍不説，得無咎也。《集解》九。

◎九五，莧陸夬夬。

　　莧謂五，陸謂三，兩爻決上，故曰"夬夬"也。莧者，葉柔而根堅且赤，以言陰在上六也。陸亦取葉柔根堅也。去陰遠，故言"陸"。言差堅於莧。莧根小，陸根大。五體兑柔居上，莧也。三體乾剛，在下根深，故謂之"陸"也。《集解》九。

## 姤

◎《彖》曰：天地相遇，品物咸章也。

　　謂乾成於巽，而舍於離。坤出於離，與乾相遇。南方夏位，萬物章明也。《集解》九。

◎初六，繫于金柅，貞吉。有攸往，見凶。

　　柅，絡絲篗之柄也。《函書約注》九。

　　⊙按：此條黃本、馬本漏輯，今補。

◎九二，包有魚。

　　包，荀作"胞"。《釋文》二。

## 萃

◎《彖》曰：萃，聚也。順以説，剛中而應，故聚也。

　　謂五以剛居中，羣陰順説而從之，故能聚衆也。《集解》九。

◎聚以正也。

　　聚，荀作"取"。《釋文》二。

◎《象》曰：澤上於地，萃。

　　澤者卑下，流潦歸之，萬物生焉，故謂之"萃"也。《集解》九。

◎君子以除戎器。

　　除，荀作"慮"。《釋文》二。

◎上六，齎咨涕洟，無咎。《象》曰"齎咨涕洟"，未安上也。

　　此本否卦。上九陽爻，見滅遷移，以喻夏桀殷紂。以上六陰爻代之，若夏之後封東婁公於杞，殷之後封微子於宋，去其骨肉，臣服異姓，受人封土，未安居位，故曰"齎咨涕洟，未安上也"。《集解》九。

## 升

◎《彖》曰：巽而順，剛中而應，是以大亨。

　　謂二以剛居中，而來應五，故能"大亨"。上居尊位也。《集解》九。

◎"用見大人，勿恤"，有慶也。

　　大人，天子，謂升居五見爲大人。羣陰有主，無所復憂，而有慶也。《集解》九。

◎《象》曰：地中生木，升。

　　地謂坤，木謂巽。地中生木，以微至著，升之象也。《集解》九。

◎初六，允升，大吉。

　　謂一體相隨，允然俱升。初欲與巽一體，升居坤上，位尊得正，故大吉也。《集解》九。

◎《象》曰"升虛邑"，無所疑也。

　　坤稱邑也。五虛無君，利二上居之，故曰"升虛邑，無所疑也"。《集解》九。

◎六四，王用享于岐山，吉，無咎。

　　此本升卦也。巽升坤上，據三成艮。巽爲岐，艮爲山。王，謂五也。通有兩體，位正衆服，故"吉"也。四能與衆陰退避當升者，故"無咎"也。《集解》九。

◎《象》曰"貞吉，升階"，大得志也。

　　陰正居中，爲陽作階，使升居五，己下降二，與陽相應，故吉而得志。《集解》九。

◎上六，冥升，利于不息之貞。

　　坤性暗昧，今升在上，故曰"冥升"也。陰用事爲消，陽用事爲息。陰正在上，陽道不息，陰之所利，故曰"利于不息之貞"。《集解》九。

◎《象》曰：冥升在上，消不富也。

　　陰升失實，故"消不富也"。《集解》九。

## 困

◎《彖》曰：困，剛揜也。

　　謂二五爲陰所揜也。《集解》九、《義海撮要》五。

◎險以説。

　　此本否卦。陽降爲險，陰升爲悦也。《集解》九、《義海撮要》五。

◎困而不失其所亨，其唯君子乎？

謂二雖揜陰陷險，猶不失中，與正陰合，故通也。喻君子雖陷險中，不失中和之行也。《集解》九、《義海撮要》五。

◎"貞，大人吉"，以剛中也。

謂五雖揜於陰，近無所據，遠無所應，體剛得中，正居五位，則吉無咎也。《集解》九、《義海撮要》五。

◎"有言不信"，尚口乃窮也。

陰從二升，上六成兌，爲"有言"。失中，爲"不信"。動而乘陽，故曰"尚口乃窮也"。《集解》九、《義海撮要》五。

◎《象》曰"入于幽谷"，幽，不明也。

爲陰所揜，故"不明"。《集解》九。

◎九二，利用享祀，征凶，無咎。

二升在廟，五親奉之，故"利用享祀"。陰動而上，失中乘陽。陽下而陷，爲陰所掩，故曰"征凶"。陽降來二，雖位不正，得中有實，陰雖去中，上得居正，而皆免咎，故曰"無咎"也。《集解》九。

◎九五，劓刖。

劓刖，荀作"臲卼"云："不安貌。"《釋文》二。

◎《象》曰"利用祭祀"，受福也。

謂五爻合同，據國當位而主祭祀，故"受福也"。《集解》九。

## 井

◎《彖》曰：巽乎水而上水，井。

巽乎水，謂陰下爲巽也。而上水，謂陽上爲坎也。木入水出，井之象也。《集解》十。

◎"改邑不改井"，乃以剛中也。

剛得中，故爲"改邑"。柔不得中，故爲"不改井"也。《集解》十。

◎無喪無得。

陰來居初，有實爲"無喪"，失中爲"無得"也。《集解》十。

◎往來井井。

此本泰卦。陽往居五，得坎爲井，陰來在下亦爲井。故曰"往來井井"也。《集解》十。

◎汔至，亦未繘井。

汔至者，陰來居初，下至汔竟也。繘者，所以出水通井道也。今乃在初，未得應五，故"未繘"也。繘者，綆汲之具也。《集解》十。

◎《象》曰"羸其瓶"，是以凶也。

井謂二，瓶謂初。初欲應五，今爲二所拘羸，故凶也。《集解》十。

◎九二，井谷射鮒。

射，荀作"耶"。《釋文》二。

◎九三，井渫不食，爲我心惻。

渫，去穢濁清潔之意也。三者得正，故曰"井渫"。不得據陰，喻不得用，故曰"不食"。道既不行，故"我心惻"。《集解》十。

◎可用汲，王明並受其福。

謂五可用汲三，則王道明，而天下並受其福。《集解》十。

◎六四，井甃，無咎。

坎性下降，嫌於從三，能自脩正，以甃輔五，故"無咎"也。《集解》十、《義海撮要》五。

⊙按：黃氏於"井甃，無咎"下注："《釋文》：收，荀作'甃'。"誤，本爲"上六，井收"句釋文。

◎上六，井收。

收，荀作"甃"。《釋文》二。

## 革

◎六二，己日乃革之，征吉，無咎。

日以喻君也，謂五已居位爲君，二乃革，意去三應五，故曰"己日乃革之"。上行應五，去卑事尊，故曰"征吉，無咎"也。《集解》十、《義海撮要》五。

◎九三，征凶，貞厲。

三應於上，欲往應之，爲陰所乘，故曰"征凶"。若正居三，而據二陰，則五來危之，故曰"貞厲"也。《集解》十、《義海撮要》五。

## 鼎

◎《彖》曰：鼎，象也。以木巽火，亨飪也。

巽入原爲"震入"，據《卦變考略》等書及黃奭案語改。離下，中有乾象。木火在外，金在其內。鼎鑊，烹飪之象也。《集解》十、《周易窺餘》十二、《周易會通》九、《卦變考略》下。

◎《象》曰：木上有火，鼎。

木火相因，金在其間，調和五味，所以養人，鼎之象也。《集解》十。

◎《象》曰："鼎顛趾"，未悖也。

以陰乘陽，故"未悖也"。《集解》十、沈起元《周易孔義集說》十三。

◎九四，其形渥。

形，荀作"刑"。《周易會通》九引晁氏曰。

## 震

◎震來虩虩。

虩虩，荀作"愬愬"。《釋文》二。

◎六二，億喪貝。

貝，荀音敗。《釋文》二。

◎九四，震遂泥。

遂泥，荀本"遂"作"隊"；泥，音乃低反。《釋文》二。

## 艮

◎初六，艮其趾。

趾，荀作"止"。《釋文》二。

◎九三，艮其限。

限，要也。《釋文》二。

◎列其夤。

夤，荀作"腎"，云："互體有坎，坎為腎。"《釋文》二。

◎厲薰心。

薰，荀作"動"，云："互體有震，震為動。"《釋文》二。

## 漸

◎初六，鴻漸于干。

干，山間澗水也。《釋文》二。

◎九三，婦孕不育。

孕，荀作"乘"。《釋文》二。

## 歸妹

◎六三，歸妹以須。

須，荀作"嬬"。《釋文》二。

◎六五，月幾望。

幾，荀作"既"。《釋文》二。

## 豐

◎《彖》曰：日中則昃。

豐者至盛，故曰"中"。下居四，日昃之象也。《集解》十一。

◎《象》曰：雷電皆至，豐。君子以折獄致刑。

豐者，陰據不正，奪陽之位而行以豐，故"折獄致刑"，以討除之也。《集解》十一。

◎初九，雖旬無咎。

旬，荀作"均"。《釋文》二。

## 旅

◎《彖》曰：旅，小亨。

謂陰升居五，與陽通者也。《集解》十一。

## 巽

◎《象》曰：隨風，巽。君子以申命行事。

巽為號令，兩巽相隨，故"申命"也。法教百端，令行為上，貴其必從，故曰"行事"也。《集解》十一。

◎《象》曰"進退"，志疑也。

風性動進退，欲承五，為二所據，故志以疑也。《集解》十一、《義海撮要》六。

◎九二，巽在牀下。

牀下，以喻近也。二者，軍帥。三者，號令。故言"牀下"，以明將之所專，不過軍中事也。《集解》十一。

◎用史巫紛若，吉，無咎。

史以書勳，巫以告廟。紛，變。若，順也。謂二以陽應陽，君所不臣，軍帥之象。征伐既畢，書勳告廟，當變而順五則吉，故曰"用史巫紛若，吉，無咎"矣。《集解》十一。

◎《象》曰"紛若"之吉，得中也。

謂二以處中和，故能變。《集解》十一。

◎《象》曰"頻巽之吝",志窮也。

乘陽無據,爲陰所乘,號令不行,故"志窮也"。《集解》十一、《周易窺餘》十四、《義海撮要》六。

◎上九,喪其資斧,貞凶。

軍罷師旋,亦告於廟,還斧於君,故"喪資斧"。正如其故,不執臣節則凶,故曰"喪其資斧,貞凶"。《集解》十一。

### 渙

◎《彖》曰"王假有廟",王乃在中也。

謂陽來居二,在坤之中,爲立廟。假,大也。言受命之王,居五大位,上體之中,上享天帝,下立宗廟也。《集解》十二。

◎《象》曰:風行水上,渙,先王以享于帝立廟。

謂受命之王,收集散民,上享天帝,下立宗廟也。陰上至四承五爲享帝,陽下至二爲立廟也。離日上爲宗廟,而謂天帝。宗廟之神所配食者,王者所奉,故繼於上。至於宗廟,其實在地。地者,陰中之陽,有似廟中之神。《集解》十二。

⊙按:四庫本爲虞翻語。黄奭輯本案云:"孫氏《集解》誤以此條爲虞翻注。"明毛氏汲古閣《津逮秘書》刻本爲虞翻語,《續修四庫全書》有《周易集解纂疏》,清道光間刻本,則爲荀爽語。版本間互有異詞。庫本此條下復有"虞翻曰"一條,一經並作兩注,似不甚合理,故疑有誤,而以荀爽語收錄之。

◎六三,渙其躬,無悔。

體中曰躬,謂渙三,使承上爲志在外,故"無悔"。《集解》十二。

◎六四,匪夷所思。

匪夷,荀作"匪弟"。《釋文》二。

◎九五,渙王居,無咎。

布其德教,王居其所,故"無咎"矣。《集解》十二。

### 節

◎《象》曰"苦節,貞凶",其道窮也。

乘陽於上,無應於下,其道窮也。《集解》十二、《周易窺餘》十四、《義海撮要》六。

### 中孚

兩巽對合,外實中虛。《漢上易傳·叢説》、龍仁夫《周易集傳》六。

◎《象》曰"豚魚吉",信及豚魚也。

豚魚謂四三也。艮爲山陸,豚所處。三爲兑澤,魚所在。豚者卑賤,魚者幽隱,中信之道,皆及之矣。《集解》十二。

⊙按:四庫本爲虞翻語,明毛氏汲古閣《津逮秘書》刻本亦爲虞翻語,《續修四庫全書》有《周易集解纂疏》,清道光間刻本,則爲荀爽語。版本間互有異詞,姑以荀爽語收録之。

◎初九,虞吉,有它不燕。

虞,宴也。初應於四,宜自安虞,無意於四則吉,故曰"虞吉"也。四者乘五,有它意於四則不安,故曰"有它不燕"也。《集解》十二、《義海撮要》六。

◎《象》曰:初九"虞吉",志未變也。

初位潛藏,未得變而應四也。《集解》十二。

◎六三,得敵,或鼓或罷,或泣或歌。

三四俱陰,故稱"得"也。四得位有位,故鼓而歌。三失位無實,故罷而泣之也。《集解》十二、《義海撮要》六。

◎六四,月幾望。

幾,荀作"既"。《釋文》二。


## 小過

◎《彖》曰:小過,小者過而亨也。過以利貞,與時行也。

陰稱小。謂四應初,過二而去。三應上,過五而去。五處中,見過不見應。故曰"小者過而亨也"。《集解》十二、《義海撮要》六。

◎九四,往厲必戒,勿用,永貞。

四往危五,戒備於三,故曰"往厲必戒"也。勿長居四,當動上五,故曰"勿用永貞"。《集解》十二。

◎六五,密雲不雨,自我西郊。

陰得位,盛于上,居震之中。陰能薄陽,雨乃下降。今三應在上,四又納初,氣已通焉,故無雨也。震之風起於東方,則雲飛揚而聚于西郊。《義海撮要》六。

⊙按:此條黄本馬本漏輯,今補。


## 既濟

◎《彖》曰"既濟,亨",小者亨也。

天地既交，陽升陰降，故"小者亨也"。《集解》十二。

◎《象》曰：水在火上，既濟。君子以思患而豫防之。

六爻既正，必當復亂，故君子象之，"思患而豫防之"，治不忘亂也。《集解》十二、《周易窺餘》十五。

◎六二，婦喪其茀。

茀，荀作"紱"。《釋文》二。

◎《象》曰"濡其首，厲"，何可久也！

居上濡五，處高居盛，必當復危，故"何久也"。《集解》十二。

### 未濟

◎《彖》曰"未濟，亨"，柔得中也。

柔上居五，與陽合同，故"亨"也。《集解》十二、《周易窺餘》十五。

◎雖不當位，剛柔應也。

雖剛柔相應，而不以正，由未能濟也。《集解》十二、《義海撮要》六。

◎六三，未濟，征凶，利涉大川。

未濟者，未成也。女在外，男在內，婚姻未成。征上從四則凶。利下從坎，故"利涉大川"矣。《集解》十二。

### 繫辭上

◎天尊地卑，乾坤定矣。

謂否卦也。否，七月，萬物已成，乾坤各得其位，定矣。《集解》十三。

◎卑高以陳，貴賤位矣。

謂泰卦也。《集解》十三。

◎乾道成男，坤道成女。

男謂乾初適坤爲震，二適坤爲坎，三適坤爲艮，以成三男也。女謂坤初適乾爲巽，二適乾爲離，三適乾爲兌，以成三女也。《集解》十三。

◎坤作成物。

物謂坤任育體，萬物資生。《集解》十三。

◎乾以易知。

易，荀音亦。《釋文》二。

◎有親則可久，有功則可大。

陰陽相親，雜而不厭，故"可久"也。萬物生息，種類繁滋，故"可大"也。《集解》十三。

◎天下之理得，而成位乎其中矣。

陽位成於五，陰位成於二。五爲上中，二爲下中，故曰"成位乎其中"也。《集解》十三。

◎而明吉凶。

因得明吉，因失明凶也。《集解》十三。

◎悔吝者，憂虞之象也。

憂虞，小疵，故"悔吝"也。《集解》十三。

◎變化者，進退之象也。

春夏爲變，秋冬爲化。息卦爲進，消卦爲退也。《集解》十三。

◎剛柔者，晝夜之象也。

剛謂乾，柔謂坤。乾爲晝，坤爲夜。晝以喻君，夜以喻臣也。《集解》十三。

◎故能彌綸天地之道。

彌，終也；綸，迹也。《釋文》二。

◎仰以觀於天文，俯則察於地理。

謂陰升之陽，則成天之文也。陽降之陰，則成地之理也。《集解》十三。

◎是故知幽明之故。

"幽"謂天上地下，不可得覩者也，謂否卦變成未濟也。"明"謂天地之間，萬物陳列，著於耳目者，謂泰卦變成既濟也。《集解》十三。

◎知周乎萬物。

二篇之策，萬有一千五百二十，當萬物之數，故曰"知周乎萬物"也。《集解》十三、熊過《周易象旨決錄》五（下稱《象旨決錄》）。

◎樂天知命，故不憂。

坤建於亥，乾立於巳，陰陽孤絕，其法宜憂。坤下有伏乾，爲"樂天"。乾下有伏巽，爲"知命"。陰陽合居，故"不憂"。《集解》十三。

◎安土敦乎仁，故能愛。

"安土"謂否卦。乾坤相據，故"安土"。"敦仁"謂泰卦，天氣下降，以生萬物，故"敦仁"。生息萬物，故謂之"愛"也。《集解》十三。

◎曲成萬物而不遺。

謂二篇之策，曲成萬物，無遺失也。《集解》十三。

◎通乎晝夜之道而知。

　　知，荀爽音智。《釋文》二。

◎晝者謂乾，夜者坤也。通於乾坤之道，無所不知矣。《集解》十三。

◎盛德大業至矣哉。

　　盛德者天，大業者地也。《集解》十三。

◎生生之謂易。

　　陰陽相易，轉相生也。《集解》十三。

◎廣大配天地。

　　陰廣陽大，配天地。《集解》十三。

◎陰陽之義配日月。

　　謂乾舍於離，配日而居。坤舍於坎，配月而居之義是也。《集解》十三、《象旨決錄》五、潘士藻《讀易述》十一。

◎易簡之善配至德。

　　乾德至健，坤德至順。乾坤簡易，相配於天地。故"易簡之善配至德"。《集解》十三。

◎而觀其會通。

　　謂三百八十四爻，陰陽動移，各有所會，各有所通。《集解》十三。

◎言天下之至賾而不可惡也。

　　惡，荀作"亞"，次也。《釋文》二。

◎言行，君子之樞機。

　　艮為門，故曰樞。震為動，故曰機也。《集解》十三。

◎大衍之數五十，其用四十有九。

　　卦各有六爻，六八四十八，加乾坤二用，凡五十。初九潛龍勿用，故用"四十九"也。孔穎達《周易正義》十一、劉牧《易數鈎隱圖》上、倪天隱《周易口義》、《義海撮要》七、魏了翁《周易要義》七下、丁易東《大衍索隱》三。

　　⊙按：《漢上易傳·叢說》、《合訂刪補大易集義粹言》七十三尚有下文二十五字："乾用九，坤用六，皆在八卦爻數之內。潛龍勿用，如勿用娶女之類。"

◎凡天地之數五十有五，此所以成變化而行鬼神也。

　　在天為變，在地為化。在地為鬼，在天為神。《集解》十四。

◎乾之策二百一十有六。

　　陽爻之策，三十有六。乾六爻皆陽，三六一百八十，六六三十六，合二百一十有六也。陽爻九，合四時，四九三十六，是其義也。《集解》十四。

◎坤之策百四十有四。

陰爻之策，二十有四。坤六爻皆陰，二六一百二十，四六二十四，合一百四十有四也。陰爻六，合二十四氣，四六二百四十也。《集解》十四。

◎是故四營而成易。

營者，謂七、八、九、六也。《集解》十四。

◎十有八變而成卦。

二揲策掛左手一指間。三指間滿，而成一爻。又六爻，三六十八，故"十有八變而成卦"也。《集解》十四。

◎可與祐神矣。

祐，荀作"侑"。《釋文》二。

◎子曰："知變化之道者，其知神之所爲乎？"

"子曰"爲章首。《三國志·吳志·虞翻傳》注、《集解》十四虞翻曰。

◎以制器者尚其象。

結繩爲網罟，蓋取諸離，此類是也。《集解》十四。

◎夫易，聖人之所以極深而研幾也。

謂伏羲畫卦，窮極易幽深。文王繫辭，研盡易幾微者也。《集解》十四。

◎六爻之義易以貢。

貢，荀作"功"。《釋文》二。

◎聖人以此洗心。

洗，荀作"先"。《釋文》二。

◎以神明其德夫。

荀絕句。衆皆以"夫"字爲下句，一本無"夫"字。《釋文》二。

◎往來不窮謂之通。

謂一冬一夏，陰陽相變易也。十二消息，陰陽往來無窮已，故"通"也。《集解》十四。

◎見乃謂之象，形乃謂之器。

謂日月星辰，光見在天而成象也。萬物生長，在地成形，可以爲器用者也。《集解》十四。

◎制而用之謂之法。

謂觀象於天，觀形於地，制而用之，可以爲法。《集解》十四。

◎吉凶生大業。

一消一息，萬物豐殖，富有之謂"大業"。《集解》十四。

◎變通莫大乎四時。

四時相變，終而復始也。《集解》十四。

◎天垂象，見吉凶，聖人象之。

謂在璇璣、玉衡，以齊七政也。《集解》十四。

◎鼓之舞之以盡神。

鼓者，動也。舞者，行也。謂三百八十四爻，動行相反其卦，所以盡易之神也。《集解》十四。

◎乾坤毀則無以見易。

毀乾坤之體，則無以見陰陽之交易也。《集解》十四。

◎神而明之，存乎其人。

苟非其人，道不虛行也。《集解》十四。

**繫辭下**

◎日月之道，貞明者也。

離爲日。日中之時，正當離位，然後明也。月者，坎也。坎正位衝離，衝爲十五日，月當日衝，正值坎位，亦大圓明。故曰"日月之道，貞明"者也。言日月正當其位，乃大明也。《集解》十五。

◎功業見乎變。

陰陽相變，功業乃成者也。《集解》十五。

◎理財正辭，禁民爲非曰義。

尊卑貴賤，衣食有差，謂之"理財"。名實相應，萬事得正，爲之"正辭"。咸得其宜，故謂之"義"也。《集解》十五。

◎仰則觀象於天。

震巽爲雷風，離坎爲日月也。《集解》十五。

◎觀鳥獸之文。

乾爲馬，坤爲牛，震爲龍，巽爲雞之屬是也。《集解》十五。

◎近取諸身。

乾爲首，坤爲腹，震爲足，巽爲股也。《集解》十五。

◎遠取諸物。

乾爲金玉，坤爲布釜之類是也。《集解》十五。

◎以通神明之德。

乾坤爲天地，離坎爲日月，巽震爲雷風，艮兌爲山澤，此皆神明之德也。《集解》十五。

◎往者屈也。

陰氣往，則萬物屈者也。《集解》十五。

◎來者信也。

陽氣來，則萬物信者也。《集解》十五。

◎尺蠖之屈，以求信也。

以喻陰陽氣屈以求信也。《集解》十五。

◎過此以往，未之或知也。

出乾之外，無有知之。《集解》十五。

◎存而不忘亡。

謂除戎器，戒不虞也。《集解》十五。

◎治而不忘亂。

謂思患而逆防之。《集解》十五。

◎《易》曰："其亡其亡。"

存不忘亡也。《集解》十五。

◎繫于包桑。

桑者，上玄下黄。乾坤相包以正，故不可忘也。《集解》十五。

◎萬夫之望。

聖人作而萬物覩。《集解》十五。

◎子曰：乾坤，其易之門耶？

陰陽相易，出於乾坤，故曰"門"。《集解》十六。

◎乾，陽物也。坤，陰物也。

陽物，天；陰物，地也。《集解》十六。

◎易之興也，其于中古乎？

文王爲中古。《集解》十六虞翻引。

◎損，德之修也。

懲忿窒慾，所以修德。《集解》十六。

◎益，德之裕也。

　　見善則遷，有過則改，德之優裕也。《集解》十六。

◎謙，尊而光。

　　自上下下，其道大光也。《集解》十六。

◎恒，雜而不厭。

　　夫婦雖錯居，不厭之道也。《集解》十六。

◎益以興利。

　　天施地生，其益無方，故"興利"也。《集解》十六。

◎易之爲書也，廣大悉備。

　　以陰易陽謂之"廣"，以陽易陰謂之"大"。易與天地準，固"悉備"也。《集解》十六。

◎定天下之吉凶，成天下之亹亹者。

　　亹亹者，陰陽之微，可成可敗也。順時者成，逆時者敗也。《集解》十六。

◎或害之，悔且吝。

　　謂屯六三"往吝"之屬也。《集解》十六。

◎中心疑者，其辭枝。

　　或從王事，無成之屬也。《集解》十六。

◎躁人之辭多。

　　謂睽上九之屬也。《集解》十六。

◎誣善之人其辭游。

　　游逸之屬也。《集解》十六。

◎失其守者其辭屈。

　　謂泰上六"城復于隍"之屬也。《集解》十六。

## 説卦

◎幽贊於神明而生蓍。

　　幽，隱也。贊，見也。神者在天，明者在地。神以夜光，明以晝照。蓍者，策也。謂陽爻之策三十有六，陰爻之策二十有四，二篇之策，萬有一千五百二十。上配列宿，下副物數。生蓍者，謂蓍從爻中生也。《集解》十七。

◎雷以動之。

　　謂建卯之月，震卦用事，天地和合，萬物萌動也。《集解》十七。

◎風以散之。

　　謂建巳之月，萬物上達，布散田野。《集解》十七。

◎雨以潤之。

　　謂建子之月，含育萌芽也。《集解》十七。

◎日以烜之。

　　謂建午之月，太陽欲長者也。《集解》十七。

◎艮以止之。

　　謂建丑之月，消息畢止也。《集解》十七。

◎兌以說之。

　　謂建酉之月，萬物成熟也。《集解》十七。

◎乾以君之。

　　謂建亥之月，乾坤合居，君臣位得也。《集解》十七。

◎爲瘠馬。

　　瘠，荀作"柴"，云："多筋幹。"《釋文》二。

◎爲馵足。

　　馵，荀作"朱"，陽在下。《釋文》二。

◎爲長女。

　　柔在初。《集解》十七、惠棟《周易述》二十。

◎爲工。

　　以繩木，故"爲工"。《集解》十七。

◎爲進退。

　　風行無常，故"進退"。《集解》十七。

◎爲不果。

　　風行或東或西，故"不果"。《集解》十七。

　　⊙按：此條黃本、馬本漏輯，今補。

◎爲矯輮。

　　輮，荀作"橈"。《釋文》二。

◎爲亟心。

　　亟，荀作"極"，云："中也。"《釋文》二。

◎爲下首。

水之流，首卑下也。《集解》十七。

◎爲日。

陽外光也。《集解》十七。

◎爲中女。

柔在中也。《集解》十七。

### 序卦

◎盈天地之間者，唯萬物故受之以屯。屯者，盈也。

謂陽動在下，造生萬物於冥昧之中也。《集解》十七。

◎物穉不可不養也，故受之以需。需者，飲食之道也。

坎在乾上，中有離象，水火交和，故爲飲食之道。《集解》十七。

◎履而泰，然後安，故受之以泰。泰者，通也。

謂乾來下降，以陽通陰也。《集解》十七。

◎有事，然後可大，故受之以臨。臨者，大也。

陽稱大，謂二陽動升，故曰"大"也。《集解》十七。

◎致飾而後亨，則盡矣，故受之以剝。剝者，剝也。

極飾反素，文章敗，故爲"剝"也。《集解》十七。

◎有無妄，然後可畜，故受之以大畜。

物不妄者，畜之大也。畜積不敗，故"大畜"也。《集解》十七。

### 雜卦

◎臨觀之意，或與或求。

臨者，教思無窮，故爲"與"。觀者觀民設教，故爲"求"也。《集解》十七。

◎明夷，誅也。

誅，滅也。《釋文》二。

◎大有，衆也。

衆，荀作"終"。《釋文》二。

◎豐，多故也。親寡，旅也。

荀本"豐，多故親"絶句，"寡旅也"別爲句。《釋文》二。

# 存　目

### 坤

◎《彖》曰：至哉坤元，萬物資生。

謂萬一千五百二十策，皆受始於乾，由坤而生也。策生於坤，猶萬物成形，出乎地也。《集解》二。

⊙按：此條黃氏闌入。本爲《九家易》語，黃氏誤作荀爽語。

### 屯

◎《彖》曰：屯剛柔始交而難生；動乎險中，大亨貞。

屯本純坎，初升二，二降初，是皆剛柔之交。坎震既合，動乎險中，屯道乃成，雷雨則取坎震生物之象也。《周易窺餘》一。

⊙按：此條黃氏闌入。《四庫全書考證》卷一："屯《象傳》注荀爽謂：'屯本純坎，初升二，二降初，是皆剛柔之變。'案：李鼎祚《易集解》載荀爽曰'此本坎卦'下有'案'字，則'初六升二九二降初'係鼎祚之說，今概冠以爽謂云云，似欠明晰。"

### 鼎

三鼎形同，以足爲異。《廣川畫跋》一。黃奭按云："《廣川畫跋》引《九家易》曰'鼎，象也'注一條，以九家爲荀爽。仲林余氏《經解鉤沉》撮引此二句，亦作荀爽。案，'三鼎形同'句係九家元文，'以足爲異'句係余氏約其義而爲之。今已引見兩書，姑並存之。"

⊙按：此條黃氏馬氏均闌入。此二句非荀爽語，黃氏辨析甚明，故列入存目。

### 震

◎六二，億喪貝。

貝，覆也。《羣經音辨》三。

⊙按：此條非荀爽語，黃氏闌入。

### 繫辭上

◎乾知大始。

始爲乾稟元氣，萬物資始也。《集解》十三。

⊙按：此條乃《九家易》語，馬氏闌入。馬氏按云："《集解》上句引《九家易》，下句引荀爽。案：《九家》以荀爲主，二句辭義一例，據補。"《荀爽九家易》與《周易荀爽注》乃互爲獨立之作，《九家》雖借取荀爽之名，而難以視同荀爽之説。

### 繫辭下

◎俯則取法於地。

艮兑爲山澤也。《集解》引《九家易》，據補。

⊙按：此條馬氏闌入，理由同"始爲乾稟元氣，萬物資始也"條。

### 説卦

◎坤以藏之。

謂建申之月，坤在乾下，包藏萬物也。《集解》十七。馬國翰云："案：《集解》自'雷以動之'至'乾以君之'並引荀義，獨此句引《九家易》，語義與前不異，據補。"

⊙按：此條馬氏闌入，理由同"始爲乾稟元氣，萬物資始也"條。

# 荀爽等《周易荀爽九家注》

東漢荀爽等撰。爽有《周易注》，已著録。是書始見於陸德明《經典釋文·序録》，曰"《荀爽九家集注》十卷"。《隋書·經籍一》著録爲《周易荀爽九家注》，十卷；《唐志》作《荀氏九家集解》，後佚。《釋文·序録》云："不知何人所集，稱荀爽者，以爲主故也。其《序》有荀爽、京房、馬融、鄭玄、宋衷、虞翻、陸績、姚信、翟子玄。"《續修四庫全書總目提要》著録《九家周易集注》云："夫既不知何人所集，胡以名之曰《荀九家》？荀亦九家之一耳，胡得云'爲主'？《釋文》之言，不可信也。陳振孫《書録解題》云：'九家者，漢淮南王所聘明《易》者九人，而荀爽嘗爲之集解。'以九家爲西漢《易》師，以《集解》爲荀爽所輯。依陳氏之言，則名與實符矣。此雖不知陳氏所本，然以九家注證之，其言頗可信。又通觀《九家注》，前後純一不雜，其口吻皆若一人，似非萃衆說而成者。此難爲不知者道也。故夫陳氏之言，較爲可信。"據《中國古佚書輯本目録解題》，輯《周易荀爽九家注》者有四家，曰王謨、曰張惠言、曰孫堂、曰黄奭，而以黄奭本最優。故本次重輯，以黄本爲底本。黄奭輯本《九家易》凡156條，主要輯自《周易集解》與《經典釋文》，其中4條闌入。本次重輯增補7條，兩條出自《經典釋文》，兩條出自《卦變考略》，其他三條分別出自《厚齋易學》《周易會通》及《周易述》。合計正文160條，存目5條，勒爲三卷。

## 荀爽等《周易荀爽九家注》三卷

### 卷 一

#### 上 經

**乾**

◎《彖》曰：大哉乾元。

陽稱大，六爻純陽，故曰"大"。乾者純陽，衆卦所生，天之象也。觀乾之始，以知天德，惟天爲大，惟乾則之，故曰"大哉"。元者，氣之始也。李鼎祚《周易集解》一。（下稱《集解》）

◎乃統天

乾之爲德，乃統繼天道，與天合化也。《集解》一。

◎《象》曰"亢龍有悔"，盈不可久也。

陽當居五，今乃居上，故曰"盈"也。亢極失位，當下之坤三，故曰"盈不可久"，若太上皇者也。下之坤三，屈爲諸侯，故曰"悔"者也。《集解》一。

◎《文言》曰：元者，善之長也。

乾者，君卦也。六爻皆當爲君，始而大通，君德會合，故元爲善之長也。《集解》一。

◎亨者，嘉之會也。

通者謂陽合而爲乾，衆善相繼，故曰"嘉之會也"。《集解》一。

◎庸行之謹。

以陽居陰位，故曰"謹"也。庸，常也，謂言常以信，行常以謹矣。《集解》一。

◎善世而不伐。

陽升居五，處中居上，始以美德利天下，不言所利，即是不伐。故《老子》曰"上德不德，是以有德"，此之謂也。《集解》一。

◎時乘六龍。

謂時之元氣，以王而行。履涉衆爻，是"乘六龍"也。《集解》一。

## 坤

◎君子有攸往，先迷，後得主，利。

坤爲牝，爲迷。《集解》二。

◎《彖》曰：至哉坤元。

謂乾氣至坤，萬物資受而以生也。坤者純陰，配乾生物，亦善之始，地之象也，故又歎言至美。《集解》二。

◎萬物資生。

謂萬一千五百二十策皆受始於乾，由坤而生也。策生於坤，猶萬物成形，出乎地也。《集解》二。

◎柔順利貞，君子攸行。

謂坤爻本在柔順陰位，則利正之乾，則陽爻來據之，故曰"君子攸行"。《集解》二。

◎《象》曰"履霜堅冰",陰始凝也;馴致其道,至堅冰也。

霜者,乾之命也。堅冰者,陰功成也。謂坤初六之乾四,履乾命令而成"堅冰"也。此卦本乾,陰始消陽,起於此爻,故"履霜"也。馴,猶順也,言陽順陰之性,成堅冰矣。初六始姤,姤爲五月,盛夏而言堅冰,五月陰氣始生地中,言始於微霜,終至堅冰,以明漸順至也。《集解》二。

◎《象》曰:六二之動,直以方也。

謂陽下動應之,則直而行,布陽氣,動於四方也。《集解》二。

◎上六,其血玄黃。

實本坤體,未離其類,故稱"血"焉,血以喻陰也。玄黃,天地之雜,言乾坤合居也。《集解》二。

◎《文言》曰:而動也剛。

坤一變而成震,陰動生陽,故"動也剛"。《集解》二。

◎發於事業。

天地交而萬物生也,謂陽德潛藏,變則發見,若五動爲比,乃事業之盛。《集解》二。

◎爲其嫌於無陽也,故稱"龍"焉。

陰陽合居,故曰"嫌"。《周易會通》、《象旨決錄》作"兼"。陽謂上六,坤行至亥,下有伏乾,陽者變化,以喻龍焉。《集解》二。董真卿《周易會通》二、熊過《周易象旨決錄》一節引,文字有異。(下稱《象旨決錄》)

## 屯

◎《象》曰:雲雷,屯。

雷雨者,興養萬物。今言屯者,十二月雷伏藏地中,未得動出,雖有雲雨,非時長育,故言屯也。《集解》二。

◎《象》曰:十年乃字,反常也。

陰出於坤,今還爲坤,故曰"反常"也。陰出於坤,謂乾再索而得坎。今變成震,中有坤體,故言陰出於坤,今還於坤。謂二從初即逆,應五順也。去逆就順,陰陽道正,乃能長養,故曰"十年乃字"。《集解》二。

◎上六,乘馬班如,泣血漣如。

上六乘陽,故"班如"也。下二四爻雖亦乘陽,皆更得承五,憂解難除。今上無所復承,憂難不解,故"泣血漣如"也。體坎爲血,伏離爲目,互艮爲手,掩目流血,泣之象也。《集解》二。

## 需

◎六四，需于血，出自穴。

雲從地出，上升于天。自地出者，莫不由穴，故曰"需于血，出自穴"也。《集解》二。

◎《象》曰"需于血"，順以聽也。

雲欲升天，須時升降，順以聽五，五爲天也。《集解》二。

◎《象》曰"酒食貞吉"，以中正也。

謂乾二當升五，正位者也。《集解》二。

## 訟

◎《象》曰：以訟受服，亦不足敬也。

初、二、三、四皆不正，以不正相訟而得其服，故"不足敬也"。《集解》三。

## 師

◎初六，師出以律。

坎爲法律也。《集解》三。

◎九二，在師中，吉，無咎。王三錫命。《象》曰"在師中，吉"，承天寵也。

雖當爲王，尚在師中，爲天所寵，事克功成，故"吉，無咎"。二非其位，蓋謂武王受命，而未即位也。受命爲王，定天下以師，故曰"在師中，吉"。《集解》三。

## 小畜

◎《象》曰：風行天上，小畜。

風者，天之命令也。今行天上，則是令未下行。畜而未下，小畜之義。《集解》三。

◎《象》曰："夫妻反目"，不能正室也。

四互體離，離爲目也。離既不正，五引而上，三引而下，故"反目"也。輿以輪成車，夫以妻成室，今以妻乘夫，其道逆，故"不能正室"。《集解》三、鄭剛中《周易窺餘》三。

◎九五，有孚攣如，富以其鄰。《象》曰"有孚攣如"，不獨富也。

有信，下三爻也。體巽，故"攣如"。"如"謂連接其鄰，"鄰"謂四也。五以四陰作財，與下三陽共之，故曰"不獨富也"。《集解》三。

## 履

◎履虎尾，不咥人。《彖》曰：説而應乎乾。

動來爲兌而應上，故曰"説而應乎乾"也。以喻一國之君，應天子命以臨下，承上以巽，據下以悦，其正應天，故虎爲之"不咥人"也。《集解》三。

◎是以"履虎尾，不咥人，亨"。

"虎尾"謂三也。三以説道履五之應，上順於天，故"不咥人，亨"也。能巽説之道，順應於五，故雖踐虎，不見咥噬也。太平之代，虎不食人，"亨"謂於五也。《集解》三。

## 泰

◎《彖》曰：君子道長，小人道消也。

謂陽息而升，陰消而降也。陽稱息者，長也。起復成巽，萬物盛長也。陰言消者，起姤終乾，萬物成熟。成熟則給用，給用則分散，故陰用特言"消"也。《集解》四。

◎《象》曰"不戒以孚"，中心願也。

乾升坤降，各得其正。陰得承陽，皆陰心之所願也。《集解》四。

◎六五，帝乙歸妹，以祉元吉。

五者帝位，震象稱乙，是爲帝乙。六五以陰處尊位，帝者之姊妹。五在震後，明其爲妹也。五應於二，當下嫁二。婦人謂嫁曰歸，故言"帝乙歸妹"。謂下居二，以中和相承，故"元吉"也。《集解》四。

◎《象》曰"以祉元吉"，中以行願也。

五下於二，而得中正，故言"中以行願也"。《集解》四。

◎上六，城復于隍。勿用師，自邑告命，貞吝。《象》曰"城復于隍"，其命亂也。

乾當來上，不可用師而拒之也。自邑者，謂從坤往而降也。告命者，謂下爲巽，宣布君之命令也。三陰自相告語，俱下服順承乾也。"城復于隍"，國政崩也。坤爲亂，否巽爲命，交在泰上，故"其命亂也"。《集解》四。

## 否

◎《象》曰"拔茅貞吉"，志在君也。

陰志在下，欲承君也。《集解》四、《周易窺餘》三。

◎九四，有命無咎，疇離祉。

巽爲命，謂受五之命，以據三陰，故"無咎"。無命而據，則有咎也。疇者，類也。謂四應初據三，與二同功，故陰類皆"離祉"也。離，附；祉，福也。陰皆附之，故曰有福。謂下三陰離受五四之福也。《集解》四。

◎九五，休否，大人吉。

否者消卦，陰欲消陽，故五處和居正，以否絕之。乾坤異體，升降殊隔，卑不犯尊，故"大人吉"也。《集解》四。

## 同人

◎《彖》曰：同人。

謂乾舍於離，同而爲日。天日同明，以照于下。君子則之，上下同心，故曰"同人"。《集解》四。

◎《象》曰：言相克也。

乾爲言。《集解》四。

## 大有

◎《象》曰：《大有》上吉，自天右也。

上九悅五，以柔處尊，而自謙損。尚賢奉己，上下應之，爲乾所祐，故吉且和也。《集解》四。

## 謙

◎《彖》曰：謙，亨。

艮，山；坤，地。山至高，地至卑，以至高下至卑，故曰"謙"也。謙者兌世，艮與兌合，故"亨"。《集解》四、《周易窺餘》四。

◎《象》曰"謙謙君子"，卑以自牧也。

承陽卑謙，以陽自牧養也。《集解》四。

◎《象》曰"無不利，撝謙"，不違則也。

陰撝上陽，不違法則。《集解》四。

◎《象》曰"鳴謙"，志未得也。可用行師，征邑國也。

陰陽相應，故"鳴謙"也。雖應不承，故"志未得"。謂下九三可行師來上，坤爲邑國也。三應上，上呼三。征來居五位，故曰"利用行師，征邑國也"。《集解》四。

## 豫

◎《象》曰：而況建侯行師乎？

震爲建侯，坤爲行師。建侯所以興利，行師所以除害。利興害除，民所逸樂也。天地有生殺，萬物有始終。王者盛衰，亦有迭更。猶武王承亂而應天地，建侯行師，奉詞除害，民得豫悦，君得安樂也。《集解》四。

## 隨

◎《象》曰：澤中有雷，隨。

兑澤震雷，八月之時，雷藏於澤，則天下隨時之象也。《集解》五。

◎初九，官有渝，貞吉。出門交有功。

渝，變也。謂陽來居初，得正爲震。震爲子，得土之位，故曰"官"也。陰陽出門，相與交通，陰往之上，亦不失正，故曰"貞吉"而"交有功"。《集解》五。

## 蠱

◎《象》曰"利涉大川"，往有事也。

陽往據陰，陰來乘陽，故"有事"也。此卦本泰，乾天有河，坤地有水。二爻升降，出入乾坤，"利涉大川"也。陽往求五，陰來求二，未得正位，戎事不息，故"有事"。《集解》五。

## 臨

◎《象》曰"敦臨之吉"，志在內也。

志在升二也。陰以陽爲主，故"志在內"也。《集解》五。

## 觀

◎《象》曰：風行地上，觀。先王以省方觀民設教。

先王謂五。應天順民，受命之王也。風行地上，草木必偃。枯槁朽腐，獨不從風，謂應外之爻。天地氣絶，陰陽所去，象不化之民，五刑所加，故以省察四方，觀視民俗而設其教也。言先王德化，光被四表，有不賓之民，不從法令，以五刑加之，以齊德教也。《集解》五。

**噬嗑**

◎《象》曰"何校滅耳"，聰不明也。

當據離坎，以爲聰明。坎既不正，今欲滅之，故曰"聰不明也"。《集解》五。

◎剝

六五，貫魚以宮人寵。

巽爲魚。《周易會通》五引齊氏曰。按，又見《會通》十一釋《中孚》卦"豚魚"。

⊙按：此條黄本漏輯，今補。

**復**

◎初九，無祇悔。

祇，《九家易》本作"䄽"字，音支。《釋文》二。

◎無妄

《象》曰：天下雷行，物與無妄。

天下雷行，陽氣普徧，無物不與，故曰"物與"也。物受之以生，無有災妄，故曰"物與無妄"也。《集解》六。

**大畜**

◎六四，童牛之牿。

牿，《九家》作"告"，云："牛觸角著橫木，所以告人。"《釋文》二。

**頤**

◎六四，虎視眈眈。

艮有虎象。《周易會通》六。

**大過**

◎《象》曰"過涉"之凶，不可咎也。

君子以禮義爲法，小人以畏慎爲宜。至於大過之世，不復遵常，故君子犯義，小人犯刑，而家家有誅絕之罪，不可咎也。大過之世，君子遯遯，不行禮義，謂當不義則爭之，若比干諫而死是也。桀紂之民，可比屋而誅，上化致然，亦不可咎。曾子曰："上失其道，民散久矣。如得其情，則哀矜而勿喜。"是其義也。《集解》六。

**坎**

◎六三，險且枕。

　　枕，《九家》作"玷"。《釋文》二。

◎上六，係用徽纆，寘于叢棘，三歲不得，凶。《象》曰：上六失道，凶三歲也。

　　坎爲叢棘，又爲法律。案《周禮》：王之外朝，左九棘，右九棘，面三槐，司寇、公卿議獄於其下。害人者加明刑，任之以事。上罪三年舍，中罪二年而舍，下罪一年而舍也。《集解》六。

**離**

◎九三，日昃之離，不鼓缶而歌，則大耋之嗟，凶。

　　鼓缶者以目下視，離爲大腹瓦缶之象，謂不取二也。歌者口仰向上，謂兑爲口，而向上取五也。日昃者，向下也。今不取二而上取五，則上九耋之。陽稱大也。嗟者，謂上被三奪五，憂嗟窮凶也。火性炎上，故三欲取五也。《集解》六。

◎《象》曰：日昃之離，何可久也。

　　日昃當降，何可久長？三當據二，以爲鼓缶，而今與四同取於五，故曰"不鼓缶而歌"也。《集解》六。

◎《象》曰"突如其來如"，無所容也。

　　在五見奪，在四見棄，故"無所容也"。《集解》六。

◎《象》曰：六五之吉，離王公也。

　　戚嗟順陽，附麗於五，故曰"離王公也"。陽當居五，陰退還四。五當爲王，三則三公也。四處其中，附上下矣。《集解》六。

# 卷　二

## 下　經

**咸**

　　上經首《乾》《坤》而終《坎》《離》，父母雖異體，而精氣則相易以爲用。下經首《咸》《恒》而終《既》《未濟》，夫婦雖合體，然精氣相交則濟其用，不相交則未濟其用。董守諭《卦變考略》下。

⊙按：此條黃本漏輯，今補。

◎《象》曰：滕口説也。

滕，《九家》作"乘"。《釋文》二。

山澤通氣，滕口説之象。《周易窺餘》八。


**恒**

◎《象》曰：剛柔皆應，恒。

初、四、二、五雖不正，而剛柔皆應，故通無咎矣。《集解》七。

◎《象》曰"不恒其德"，無所容也。

言三取初隔二，應上見乘，是"無所容"。無居自容，故"貞吝"。《集解》七。


**晉**

◎《象》曰"受兹介福"，以中正也。

五動得正中，故二受大福矣。大福謂馬與蕃庶之物是也。《集解》七。

◎九四，晉如鼫鼠，貞厲。

鼫鼠喻貪，謂四也。體離欲升，體坎欲降。游不度瀆，不出坎也。飛不上屋，不至上也。緣不極木，不出離也。穴不掩身，五坤薄也。走不先足，外震在下也。五伎皆劣，四爻當之，故曰"晉如鼫鼠"也。《集解》七。


**明夷**

◎初九，有攸往，主人有言。

四者初應，衆陰在上，爲主人也。初欲上居五，則衆陰"有言"。"言"謂震也。四五體震，爲雷聲，故曰"有攸往，主人有言"也。《集解》七。

◎六二，明夷，夷于左股，用拯馬壯，吉。

《九家》無此"夷"字，直云"明夷于左股"。拯，《九家》作"承"，云："升也。"《周易會通》七引晁氏曰。

左股謂初，爲二所夷也。離爲飛鳥，蓋取小過之義。鳥飛舒翼而行。夷者，傷也。今初傷，垂翼在下，故曰"明夷于左股"矣。九三體坎，坎爲馬也。二應與五，三與五同功，二以中和應天，應天合衆，欲升上三，以壯於五，故曰"用拯馬壯吉"。《集解》七。

◎《象》曰：六二之吉，順以則也。

　　二欲上三居五，爲天子。坎爲法律。君有法，則衆陰當順從之矣。《集解》七。

◎九三，明夷于南狩，得其大首。不可疾，貞。

　　歲終田獵，名曰狩也。南者，九五。大陽之位，故稱"南"也。暗昧道終，三可升上，而獵於五，得據大陽首位，故曰"明夷于南狩，得其大首"。自暗復明，當以漸次，不可卒正，故曰"不可疾，貞"也。《集解》七。

◎《象》曰"入于左腹"，獲心意也。

　　四欲上三居五爲坎，坎爲心，四以坤爻爲腹，故曰"入于左腹，獲心意也"。《集解》七。

### 家人

◎《象》曰：六二之吉，順以巽也。

　　謂二居貞，巽順於五，則吉矣。《集解》八。

◎《象》曰："家人嗃嗃"，未失也。"婦子嘻嘻"，失家節也。

　　別體異家，陰陽相據，喜樂過節也。別體異家，謂三五也。陰陽相據，三五各相據陰，故言"婦子"也。《集解》八。

### 睽

◎《象》曰：睽之時用大矣哉。

　　乖離之卦，於義不大。而天地事同，共生萬物，故曰"用大"。《集解》八。

### 解

◎《象》曰"公用射隼"，以解悖也。

　　隼，鷙鳥也，今捕食雀者，其性疾害，喻暴君也。陰盜陽位，萬事悖亂，今射去之，故曰"以解悖也"。《集解》八。

### 益

◎初九，利用爲大作，元吉，無咎。

　　陰者起遘終坤，萬物成孰。成孰則給用，故坤爲用。震作足，故爲作。乾爲利，故"利用爲大作"。《周易述》六。

　　⊙按：此條黃本漏輯，今補。

◎六三，有孚中行，告公用圭。

天子以尺二寸玄圭事天，以九寸事地也。上公執桓圭，九寸；諸侯執信圭，七寸；諸伯執躬圭，七寸；諸子執穀璧，五寸；諸男執蒲璧，五寸。五等諸侯，各執之以朝見天子也。《集解》八。

### 姤

◎《彖》曰：天地相遇，品物咸章也，

謂陽起子，運行至四月，六爻成乾。巽位在巳，故言乾成於巽。既成，轉舍於離。萬物皆盛大。坤從離出，與乾相遇，故言天地遇也。《集解》九。

◎初六，繫于金柅，貞吉；有攸往，見凶。

絲繫於柅，猶女繫於男，故以喻初宜繫二也。若能專心順二，則吉，故曰"貞吉"。今既爲二所據，不可往應四，往則有凶，故曰"有攸往，見凶"也。《集解》九。

### 萃

◎《彖》曰：利貞。

五以正聚陽，故曰"利貞"。《集解》九。

### 升

◎《象》曰"允升大吉"，上合志也。

謂初失正，乃與二陽允然合志，俱升五位，故曰"上合志也"。《集解》九。

### 困

◎初六，臀困于株木。

臀謂四。株木，三也。三體爲木，澤中無水，兌金傷木，故枯爲株也。初者四應，欲進之四，四困於三，故曰"臀困于株木"。《集解》九。

◎入于幽谷，三歲不覿。

幽谷，二也。此本否卦。謂陽來入坎，與初同體，故曰"入幽谷"。三者陽數，謂陽陷險中，爲陰所揜，終不得見，故曰"三歲不覿"也。《集解》九。

◎《象》曰"入于其宮，不見其妻"，不祥也。

此本《否》卦。二四同功爲艮，艮爲門闕，宮之象也。六三居困而位不正，上困於民，內無仁恩，親戚叛逆，誅將加身，入宮無妻，非常之困，故曰"不祥也"。《集解》九。

### 井

◎汔至亦未繘井，羸其瓶，凶。

巽繩在坎水中，繘也。馮椅《厚齋易學》二十四。

⊙按：此條黃本漏輯，今補。

### 鼎

◎《彖》曰：鼎，象也。以木巽火，亨飪也。

鼎言象者，卦體木火，體，原作"也"，據《説卦》及黃奭按語改。互有乾兌。乾金兌澤，澤者水也。爨以木火，是鼎鑊烹飪之象。亦象三公之位，上則調和陰陽，下而撫毓百姓，鼎能熟物養人，故云"象也"。牛鼎受一斛，天子飾以黃金，諸侯白金。三足，以象三台，足上皆作鼻目爲飾也。羊鼎五斗，天子飾以黃金，諸侯白金，大夫以銅。豕鼎三斗，天子飾以黃金，諸侯白金，大夫銅，士鐵。三鼎形同，烹飪煮肉，上離陰爻爲肉也。《集解》十。黃奭云："董逌《廣川書跋》引作荀爽。"

◎九四，鼎折足，覆公餗，其形渥，凶。

形，作"刑"；渥，作"剭"。《周易會通》九引晁氏曰。

鼎者三足一體，猶三公承天子也。三公謂調陰陽，鼎謂調五味。足折餗覆，猶三公不勝其任，傾敗天子之美，故曰"覆餗"也。《集解》十。

◎《象》曰"覆公餗"，信如何也。

渥者，厚大，言罪重也。既覆公餗，信有大罪，刑罰當加，無可如何也。《集解》十。

◎上九，鼎玉鉉。

震爲玉。上變體震，爲玉鉉。《象旨決錄》四。陳士元《易象鉤解》四作："震爲玉，上變爲震，故有玉鉉之象。"

### 艮

◎《彖》曰："時止則止，時行則行。"

連山對峙爲時止，出雲降雨爲時行。《卦變考略》下。

⊙按：此條黃本漏輯，今補。

### 豐

◎《彖》曰："勿憂，宜日中。"

震動而上，故"勿憂"也。日者君，中者五，君宜居五也。謂陰處五日中之位，當傾昃矣。《集解》十一。

◎《象》曰："有孚發若。"信以發志也。

信著於五，然後乃可發其順志。《集解》十一。

◎九三，豐其沛，日中見沬。

大暗謂之沛。沬，斗杓後小星也。《集解》十一。

### 旅

◎六二，旅即次，懷其資，得童僕，貞。

即，就；次，舍；資，財也。以陰居二，即就其舍，故"旅即次"。承陽有實，故"懷其資"也。初者卑賤，二得履之，故"得僮僕"。處和、得位、正居，是故曰"得僮僕貞"矣。《集解》十一。《厚齋易學》二十八，文字有異。

### 巽

◎上九，巽在牀下。

上爲宗廟。禮，封賞出軍，皆先告廟，然後受行。三軍之命，將之所專，故曰"巽在牀下"也。《集解》十一。

### 渙

◎九五，渙汗其大號。

謂五建二爲諸侯，使下君國，故宣布號令，百姓被澤，若汗之出身，不還反也。此本《否》卦。體乾爲首，來下處二，成坎水，汗之象也。陽稱大，故曰"渙汗其大號"也。《集解》十二。

### 節

◎《象》曰："安節之亨。"承上道也。

言四得正奉五，上通於君，故曰"承上道也"。《集解》十二。

### 小過

◎九四，無咎，弗過遇之。

以陽居陰，行過乎恭，今雖失位，進則遇五，故"無咎"也。四體震動，位既不正，當動上居五，不復過五，故曰"弗過遇之"矣。《集解》十二。

## 卷　三

**繫辭上**

◎方以類聚。

謂《姤》卦，陽爻聚於午也。方，道也。謂陽道施生，萬物各聚其所也。《集解》十三。

◎物以羣分

謂《復》卦，陰爻羣於子也。陰主成物，故曰"物"也。至於萬物一成，分散天下也，以周人用，故曰"物以羣分"也。《集解》十三。

◎乾知大始。

始爲乾稟元氣，萬物資始也。《集解》十三。

◎原始反終，故知死生之説。

陰陽交合，物之始也。陰陽分離，物之終也。合則生，離則死，故"原始反終，故知死生之説"矣。交，泰時，春也。分離，否時，秋也。《集解》十三。

◎而道濟天下，故不過。

言乾坤道濟成天下而不過也。《集解》十三。

◎旁行而不流。

旁行，周合。六十四卦，月主五卦，爻主一日。歲既周而復始也。《集解》十三。

◎範圍天地之化而不過。

範者，法也。圍者，周也。言乾坤消息，法周天地，而不過於十二辰也。辰，日月所會之宿，謂諏訾、降婁、大梁、實沈、鶉首、鶉火、鶉尾、壽星、大火、析木、星紀、玄枵之屬是也。《集解》十三。

◎聖人有以見天下之賾。

賾，《九家》作"冊"。《釋文》二。

⊙按：此條黄本漏輯，今補。

◎言天下之至動而不可亂也。

動，《九家》亦作"冊"。《釋文》二。

◎是故可與酬酢，可與祐神矣。

陽往爲酬，陰來爲酢。陰陽相配，謂之祐神也。孔子言"大衍"以下，至于"能事畢矣",此足以顯明易道,又神易德行,可與經義相斟酌也。故喻以賓主酬酢之禮,所以助前聖發見其神祕矣。禮,飲酒,主人酌賓爲獻,賓酌主人爲酢,主人飲之,又酌賓爲酬也。先舉爲酢,答報爲酬。酬取其報,以象陽唱陰和,變化相配,是助天地明其鬼神者也。《集解》十四。

◎是故聖人以通天下之志。

凡言"是故"者,承上之辭也。謂以動者尚其變,變而通之,以通天下之志也。《集解》十四。

◎以定天下之業。

謂"以制器者尚其象"也。凡事業之未立,以易道決之,故言"以定天下之業"。《集解》十四。

◎以斷天下之疑。

謂"卜筮者尚其占"也。占事知來,故定天下之疑。《集解》十四。

◎探賾索隱。

賾,《九家》作"册"。《釋文》二。

⊙按:此條黃本漏輯,今補。

◎舉而措之天下之民,謂之事業。

謂聖人畫卦,爲萬民事業之象,故天下之民尊之,得爲事業矣。《集解》十四。

◎默而成之,不言而信,存乎德行。

"默而成",謂陰陽相處也。"不言而信",謂陰陽相應也。德者有實,行者相應也。《集解》十四。


## 繫辭下

◎俯則觀法於地。

艮兑爲山澤也。地有水火五行,八卦之形者也。《集解》十五。

◎與地之宜。近取諸身,遠取諸物,于是始作八卦。

謂四方四維,八卦之位;山澤高卑,五土之宜也。《集解》十五。

◎以類萬物之情。

六十四卦凡有萬一千五百二十策,策類一物,故曰"類萬物之情"。以此,庖犧重爲六十四卦明矣。《集解》十五。

◎黃帝、堯、舜垂衣裳而天下治,蓋取諸《乾》《坤》。

黃帝以上,羽、皮、革、木以禦寒暑。至乎黃帝,始制衣裳,垂示天下。衣取象

《乾》，居上覆物。裳取象《坤》，在下含物也。《集解》十五。

◎刳木爲舟，剡木爲楫。舟楫之利，以濟不通。致遠以利天下，蓋取諸《渙》。

木在水上，流行若風，舟楫之象也。此本《否》卦。九四之二，刳除也。巽爲長，爲木，艮爲手，乾爲金。艮手持金，故"刳木爲舟，剡木爲楫"也。乾爲遠天，故"濟不通，致遠以利天下"矣。法《渙》而作舟楫，蓋取斯義也。《集解》十五。

◎重門擊柝，以待暴客，蓋取諸《豫》。

下有艮象。從外示之，震復爲艮。兩艮對合，重門之象也。柝者，兩木相擊以行夜也。艮爲手，爲小木，爲上持。震爲足，又爲木，爲行。坤爲夜。即手持柝木夜行，擊門之象也。坎爲盜，暴水暴長無常，故"以待暴客"。既有不虞之備，故"蓋取諸《豫》"也。《集解》十五。

◎上古結繩而治，後世聖人易之以書契，百官以治，萬民以察，蓋取諸《夬》。

古者無文字，其有約誓之事，事大大其繩，事小小其繩，結之多少，隨物衆寡，各執以相考，亦足以相治也。夬本坤世，下有伏坤，書之象也。上又見乾，契之象也。以乾照坤，察之象也。夬者，決也。取百官以書治職，萬民以契明其事。契，刻也。大壯進而成夬，金決竹木爲書契象，故法《夬》而作書契矣。《集解》十五。

◎利用安身，以崇德也。

利用，陰道用也。謂姤時也。陰升上兌，則乾伏坤中，屈以求信。陽當復升，安身默處也。時既潛藏，故"利用安身，以崇其德"。崇德，體卑而德高。《集解》十五。

◎《易》曰"屨校滅趾，無咎"，此之謂也。

《噬嗑》六五，本先在初，處非其位，小人者也。故歷說小人所以爲罪，終以致害，雖欲爲惡，能止不行，則"無咎"。《集解》十五。

◎《易》曰："何校滅耳，凶。"

《噬嗑》上九爻辭也。陰自初升五，所在失正，積惡而罪大，故爲上所滅。善不積，斥五陰爻也。聰不明者，聞善不聽，聞戒不改，故"凶"也。《集解》十五。

◎以體天地之撰。

撰，數也。萬物形體，皆受天地之數也。謂九，天數；六，地數也。剛柔得以爲體矣。《集解》十六。

◎以通神明之德。

隱藏謂之神，著見謂之明。陰陽交通，乃謂之德。《集解》十六。

◎其稱名也，雜而不越。

　　陰陽，雜也。名謂卦名。陰陽雖錯，而卦象各有次序，不相踰越。《集解》十六、《象旨決錄》六。

◎巽以行權。

　　巽象號令，又爲近利。人君政教，進退釋利而爲權也。《春秋傳》曰："權者，反於經然後有善者也。"此所以説九卦者，聖人履憂濟民之所急行也。故先陳其德，中言其性，後叙其用，以詳之也。西伯勞謙，殷紂驕暴，臣子之禮有常，故創易道以輔濟君父者也。然其意義廣遠幽微，孔子指撮解此九卦之德，合三復之道，明西伯之於紂不失上下。《集解》十六。

### 説卦

◎坤以藏之。

　　謂建申之月，坤在乾下，包藏萬物也。乾坤交索，既生六子，各任其才，往生物也。又雷與風雨，變化不常，而日月相推，迭有來往，是以四卦以義言之。天地山澤，恒在者也，故直説名矣。《集解》十七。

◎巽爲雞。

　　應八風也。風應節而變，變不失時。雞時至而鳴，與風相應也。二九十八，主風精爲雞，故雞十八日剖而成雛。二九順陽歷，故雞知時而鳴也。《集解》十七。

◎坎爲豕。

　　污辱卑下也。六九五十四，主時精爲豕。坎豕懷胎，四月而生。宣時理節，是其義也。《集解》十七。

◎艮爲狗。

　　艮止，主守禦也。艮數三，七九六十三，三主斗，斗爲犬，故犬懷胎三月而生。斗運行十三時日出，故犬十三日而開目。斗屈，故犬卧屈也。斗運行四帀，犬亦夜繞室也。犬之精畏水，不敢飲，但舌舐水耳。犬鬭，以水灌之則解也。犬近奎星，故犬淫，當路不避人者也。《集解》十七。

◎爲老馬。

　　言氣衰也。息至已必當復消，故爲老馬也。《集解》十七。

◎爲龍，爲直，爲衣，爲言。《釋文》二、朱熹《周易本義》四、項安世《周易玩辭》十五。

◎爲子母牛。

　　土能生育，牛亦含養，故"爲子母牛"也。《集解》十七。

◎爲文。

萬物相雜，故爲文也。《集解》十七。

◎爲牝，爲迷，爲方，爲囊，爲裳，爲黃，爲帛，爲漿。《釋文》二、《周易本義》四、《周易玩辭》十五。

◎爲蒼筤竹。

蒼筤，青也。震陽在下，根長堅剛。陰交在中，使外蒼筤也。《集解》十七。

◎爲萑葦。

萑葦，蒹葭也。根莖叢生，蔓衍相連，有似雷行也。《集解》十七。

◎爲王，爲鵠，爲鼓。《釋文》二、《周易本義》四、《周易玩辭》十五。

◎爲楊，爲顴。《釋文》二、《周易本義》四。《周易玩辭》十五引"楊"作"揚"，云："巽，稱而隱。稱即揚也。揚子曰：'巽以揚之。'"

◎爲薄蹄。

薄蹄者在下，水又趨下，趨下則流散，流散則薄，故"爲薄蹄"也。《集解》十七。

◎爲宮，爲律，爲可，爲棟，爲叢棘，爲狐，爲蒺藜，爲桎梏。《釋文》二、《周易本義》四、《周易玩辭》十五。

◎爲牝牛。《釋文》二、《周易本義》四、《周易玩辭》十五。

◎爲鼻，爲虎，爲狐。《釋文》二、《周易本義》四、《周易玩辭》十五。

◎爲常，爲輔頰。《釋文》二、《周易本義》四、《周易玩辭》十五。

常，西方之神也。《釋文》二。


### 序卦

◎訟必有衆起，故受之以《師》。師者，衆也。

坤爲衆物，坎爲衆水，上下皆衆，故曰"師"也。凡制軍，萬有二千五百人爲軍。天子六軍，大國三軍，次國二軍，小國一軍。軍有將，皆命卿也。二千五百人爲師，師帥皆中大夫。五百人爲旅，旅帥皆下大夫也。《集解》十七。

◎以喜隨人者必有事，故受之以《蠱》。蠱者，事也。

子行父事，備物致用而天下治也。備物致用，立成器以爲天下利，莫大於聖人。子脩聖道，行父之事，以臨天下，無爲而治。《集解》五及十七。

◎進必有所傷，故受之以《明夷》。夷者，傷也。

日在坤下，其明傷也。言晉極當降，復入于地，故曰"明夷"也。《集解》十七。

# 存　目

### 離

◎利貞，亨；畜牝牛吉。

離爲牝牛。《周易窺餘》七。

⊙按：此條黃氏闌入。"離爲牝牛"見於《說卦》逸象，黃氏復植於《離》卦下，重出無益，故列入存目，下三條並同。

### 解

◎《象》曰：雷雨作，解；君子以赦過宥罪。

坎爲桎梏。罪人居重坎桎梏之間，蹇孰甚焉？惟君子赦宥之，然後可出。《周易窺餘》九。

⊙按：此條黃氏闌入，證據有二：一，"坎爲桎梏"見於《說卦》逸象，黃氏復植於《解》卦下；二，"罪人居重坎桎梏之間，蹇孰甚焉？惟君子赦宥之，然後可出"，爲《周易窺餘》說解語，黃奭誤作《九家易》語。

◎九二，田獲三狐。

坎爲狐。《解》自初至五，互體重坎。五爻之中，二五，君臣也，餘三爻則懷疑于前後者也，故謂之三狐。《周易窺餘》九。

⊙按：此條黃氏闌入，證據同上，亦爲兩項：一，"坎爲狐"見於《說卦》逸象，黃氏復植於《解》卦下；二，"《解》自初至五，互體重坎。五爻之中，二五，君臣也，餘三爻則懷疑於前後者也，故謂之三狐"，爲《周易窺餘》說解語，黃奭誤作《九家易》語。

### 大過

◎九二，枯楊生稊。

《荀九家》亦以巽爲楊。《易象鉤解》二。

⊙按：此條黃氏闌入。"巽爲楊"見於《說卦》逸象，黃氏復植於《大過》卦下。

## 黃奭輯本末案語

孫氏淵如《周易集解》《渙·象》"風行水上，'渙'；先王以享于帝立廟"，引李氏

《集解》："《九家易》曰：否乾爲先王。享，祭也。震爲帝爲祭，艮爲廟，四之二殺坤大牲，故以享帝立廟。謂成既濟，有噬嗑食象故也。"檢雅雨堂李氏《易傳》，此條是虞翻注，不是《九家易》。

# 宋衷《周易宋氏注》

東漢宋衷撰。衷（東漢末年），字仲子，南陽人，《後漢書》無傳，生平散見於《三國志》劉表、先主（劉備）、尹默、許靖、虞翻等傳及注中。王粲《荊州文學記》稱爲"五業從事宋衷"，爲荊州文士集團成員，後隨劉琮降曹，建安二十四年（219）死於其子與魏諷謀反案中。宋衷爲當世儒者，精通古學，著作多種，其《周易注》十卷始見于《隋書·经籍志》，久佚。據《中國古佚書輯本目録解題》，輯《周易宋氏注》者有五家，曰孫堂，曰張惠言，曰黃奭，曰馬国翰，曰胡薇元，而以黃奭輯本爲優。本次重輯，以黃奭輯本爲底本，參以馬國翰輯本。黃輯本53條，馬輯本49條。本次新增1條，共54條，勒爲一卷。虞翻嘗論曰："北海鄭玄，南陽宋忠，雖各立注，忠少差玄，而皆未得其門，難以示世。"觀現存宋氏注，以象象爲主，間釋卦爻，王注孔疏中時窺其意，且有精於注疏者，洵爲一家之説。虞翻之論，未可輕據。

## 宋衷《周易宋氏注》一卷

### 上 經

**乾**

◎《象》曰：天行健。

晝夜不懈，以健詳其名，餘卦當名，不假於詳矣。李鼎祚《周易集解》一、史徵《周易口訣義》一。（下稱《集解》《口訣義》。）

◎用九，見羣龍無首，吉。

◎《象》曰"用九"，天德不可爲首也。

用九，六位皆九，故曰"見羣龍"。純陽，則天德也。萬物之始，莫能先之，不可爲首，先之者凶，隨之者吉，故曰："無首，吉。"《集解》一。熊過《周易象旨決録》一引至"隨之者吉"。（下稱《象旨》）

◎《文言》曰：閑邪存其誠。

閑，防也。防其邪而存誠焉。二在非其位，故以"閑邪"言之；能處中和，故以"存誠"言之。《集解》一。

◎《文言》曰：君子進德修業。

業，事也。"三"爲三公。君子處公位，所以進德修業也。《集解》一。

### 坤

◎《象》曰：地勢坤。

地有上下九等之差，故以形勢言其性也。《集解》二。

◎《文言》曰：地道無成，而代有終也。

臣子雖有才美，含藏以從其上，不敢有所成名也。地得終天功，臣得終君事，婦得終夫業，故曰"而代有終也"。《集解》二。

### 需

◎《象》曰：雲上於天，需。

雲上於天，須時而降也。《集解》二。

### 師

◎《象》曰"弟子輿尸"，使不當也。

弟子，謂六三也。失位乘陽，處非所據，衆不聽從，師人分北，或敗績死亡，輿尸而還，故曰"弟子輿尸"，謂使不當其職也。《集解》三。

◎上六，開國承家。

陽當之五，處坤之中，故曰"開國"。陰下之二，在二承五，故曰"承家"。開國，謂析土地以封諸侯，如武王封周公七百里地也。承家，立大夫爲差次，立大夫因采地名，正其功勳，行其賞禄。《集解》三。

### 泰

◎《象》曰：無平不陂，無往不復，天地際也。馬國翰校云："《唐石經》及注疏岳本、閩、監、毛本並作'象曰無往不復'。《釋文》出'象曰無平不陂'云：'一本作無往不復。'《集解》本亦作'無平不陂，天地際也'。玩宋注所解，似經文本有二句。阮氏校勘記云：'古本"象曰"下有"無平不陂"四字。'與宋注合，今據補。"

位在乾極，應在坤極，天地之際也。地平極則險陂，天行極則還復，故曰"無平不陂，無往不復"也。《集解》四。

◎《象》曰：翩翩不富，皆失實也。

四互體震，翩翩之象也。陰虛陽實，坤今居上，故言失實也。《集解》四。

## 否

◎《象》曰：天地不交，否。

天地不交，猶君臣不接。天氣上升而不下降，地氣沈下又不上升，二氣特隔，故云"否"也。《集解》四。

## 大有

◎九三，公用亨於天子，小人弗克。

三，公位。李塨《周易傳注》二。

⊙按：此條黃本、馬本漏輯，今補。

## 噬嗑

◎《象》曰：雷電，噬嗑。

雷動而威，電動而明，二者合而其道彰也。用刑之道，威明相兼，若威而不明，恐致淫濫；明而無威，不能伏物。故須雷電並合，而噬嗑備。《集解》五。

## 復

◎《象》曰：先王以至日閉關，商旅不行，后不省方。

商旅不行，自天子至公侯，不省四方之事，將以輔遂陽體，成致君道也。制之者，王者之事；奉之者，爲君之業也。故上言"先王"而下言"后"也。《集解》六。

## 頤

◎《彖》曰：頤，貞吉，養正則吉也。

頤者，所由飲食自養也。君子割不正不食，況非其食乎？是故所養必得賢明，自求口實必得體宜，是謂養正也。《集解》六。

## 下　經

### 恒

◎《象》曰：雷風，恒；君子以立不易方。

　　雷以動之，風以散之，二者常相薄而爲萬物用，故君子象之，以立身守節而不易道也。《集解》七。

### 遯

◎《彖》曰：遯之時義大矣哉。

　　太公遯殷，四皓遯秦之時也。《集解》七。

### 益

◎利有攸往。

　　明君之德，必須損己而利人，則下盡益矣。君能以益物爲意，動而無有違者，即斯而往，何所不利？故曰"利有攸往"也。《口訣義》四。

### 夬

◎九五，莧陸夬夬，中行無咎。

　　莧，莧菜也。陸，商陸《增修互注禮部韻略》四、《周易會通》八作"當陸"。也。陸德明《經典釋文》二。（下稱《釋文》。）

### 姤

◎初六，羸豕孚蹢躅。

　　羸，大索，所以繫豕者也。巽爲股，又爲進退。股而進退，則蹢躅也。初應於四，爲二所據，不得從應，故不安矣。體巽爲風，動搖之貌也。《集解》九。

### 革

◎革：已日乃孚。

　　人性習常，不說改易，及變之後，樂其所成，故即日不孚，已日乃孚矣。故曰"已日乃孚"，已，竟也。《口訣義》五。

◎《象》曰：大人虎變，其文炳也。

陽稱大，五以陽居中，故曰"大人"。兌爲白虎，九者變爻，故曰："大人虎變，其文炳也。"《集解》十。

### 鼎

◎六五，鼎黄耳金鉉，利貞。

五當耳，中色黄，故曰"鼎黄耳"。兌爲金，又正秋，故曰"金鉉"。公侯，謂五也。上尊，故玉；下卑，故金。金，和良可柔屈，喻諸侯順天子。《集解》十。

◎上九，鼎玉鉉，大吉，無不利。

玉貴于金，上尊於五，故以别之。《象旨》四。

◎《象》曰：玉鉉在上，剛柔節也。

以金承玉，君臣之節。上體乾爲玉，故曰"玉鉉"。雖非其位，陰陽相承，剛柔之節也。《集解》十。

### 巽

◎九二，巽在牀下。

巽爲木，二陽在上，初陰在下，牀之象也。二，無應於上，退而據初，心在於下，故曰"巽在牀下"也。《集解》十一。

### 小過

◎《彖》曰：有飛鳥之象焉，飛鳥遺之音。

二陽在内，上下各陰，有似飛鳥舒翮之象，故曰"飛鳥"。震爲聲音，飛而且鳴，鳥去而音止，故曰"遺之音"也。《集解》十二。

### 既濟

◎初九，曳其輪，濡其尾，無咎。

離者兩陽一陰，陰方陽圓，輿輪之象也。其一在坎中，以火入水必敗，故曰"曳其輪"也。初在後稱尾，尾濡曳，咎也。得正有應，於義可以危而無咎矣。《集解》十二。鄭剛中《周易窺餘》十五文字稍異。

### 繫辭上傳

◎故知死生之説。

說，始鋭反。舍也。《釋文》二。

◎夫乾，其靜也專，其動也直，是以大生焉。

乾，靜不用事，則清靜專一，含養萬物矣；動而用事，則直道而行，導出萬物矣。一專一直，動靜有時而物無夭瘁，是以大生焉。《集解》十三。

◎夫坤，其靜也翕，其動也闢，是以廣生焉。

翕，猶閉也。坤，靜不用事，閉藏微伏，應育萬物矣；動而用事，則開闢羣蟄，敬導沈滯矣。一翕一闢，動靜不失時而物無災害，是以廣生也。《集解》十三。

◎致寇至。

寇，徐或作"戎"。宋衷云"戎，誤"。《釋文》二。

◎天垂象，見吉凶，聖人象之。

天垂陰陽之象以見吉凶，謂日月薄蝕，五星亂行。聖人象之，亦著九六爻位得失，示人所以有吉凶之占也。《集解》十四。

◎鼓天下之動者存乎辭。

欲知天下之動者，在於六爻之辭也。《集解》十四。

**繫辭下傳**

◎何以守位？曰仁。

守位當得士大夫公侯，有其仁賢，兼濟天下。《集解》十五。

**説卦傳**

◎故水火不相逮。

宋無"不"字。《釋文》二。

◎乾爲天。

乾，動作不解，天亦轉運。《集解》十七。

◎爲圜。

動作轉運，非圜不能，故爲"圜"。《集解》十七。

◎爲駁馬。

天有五行之色，故爲"駁馬"也。《集解》十七。

◎爲木果。

羣星著天，似果實著木，故爲"木果"。《集解》十七。

◎其於稼也爲反生。

陰在上，陽在下，故爲反生，謂枲豆之類，戴甲而生。《集解》十七。《漢上易傳》九文字稍異，"戴甲而生"作"戴甲而出"。

◎巽爲木。

陽動陰静，二陽動於上，一陰安静於下，有似於木也。《集解》十七。

◎坎爲水。

坎陽在中，内光明有似於水。《集解》十七。

◎爲矯輮。

曲者更直爲矯，直者更曲爲輮。《周易述》二十作"揉"，水流有曲直，故爲"矯輮"。《集解》十七。《釋文》二："輮，宋衷作揉。宋云：'使曲者直，直者曲爲揉。'"

◎其於馬也爲美脊。

陽在中央，馬脊之象也。《集解》十七。

◎爲曳。

水摩地而行，故曳。《集解》十七。

◎其於木也爲科，上槁。

陰在内則空中，木中空則上科槁也。《集解》十七。

◎艮爲山。

二陰在下，一陽在上。陰爲土，陽爲木。土積於下，木生其上，山之象也。《集解》十七。

◎爲果蓏。

木實謂之果，草實謂之蓏，桃李瓜瓞之屬皆出山谷也。《集解》十七。

◎爲閽寺。

閽人主門，寺人主巷，艮爲止，此職皆掌禁止者也。《集解》十七。

◎兌爲澤。

陰在上，令下濕，故爲澤也。《集解》十七。


**序卦傳**

◎有事而後可大，故受之以《臨》。臨者，大也。

事立功成，可推而大也。《集解》十七。

# 董遇《周易注》

　　三國魏董遇撰，遇（卒於明帝時）字季直，弘農（治今靈寶）人。遇好學不倦，世傳之讀書名言"讀書百遍，而義自見"、讀書當以"三餘"，皆發自遇。事迹略具《三國志》卷十三《王肅傳》注引《魏略》。《隋書·經籍志》經部注中著録此書爲十卷，云亡。而兩《唐志》均著録董遇《周易注》十卷，是實則未亡也。陸德明《釋文·序録》云："董遇《章句》十二卷，《七志》《七録》並云十卷。"然則此書又名《周易章句》，其分卷多寡亦有不同也。清人輯《董遇周易注》者有五家，曰朱彝尊，曰孫堂，曰張惠言，曰黃奭，曰馬國翰，《中國古佚書輯本目録解題》云："諸家輯本皆從《釋文》採得二十餘節，馬國翰、孫堂所輯無出入，黃奭所輯，編次與孫本全同，間有考語亦無異，是全襲孫輯也。張惠言輯本僅漏採《賁》六四一節，朱彝尊所輯最略。"《續修四庫全書提要》云："馬氏所輯，間有闌入後人之文，而董氏之説大衍之義，誠爲疏淺云。"今次重輯以黃奭輯本爲底本，參以馬國翰本。條目未有新增，正文凡22條，存目1條，勒爲一卷。

## 董遇《周易注》一卷

### 上下經

**乾**

◎《文言》曰：君子體仁足以長人。

　　體仁，董遇本作"體信"。陸德明《經典釋文》二。（以下稱《釋文》）

**坤**

◎《文言》曰：陰疑於陽必戰，爲其嫌於陽也。

　　嫌，董作"慊"。《釋文》二。

### 屯

◎《象》曰：天造草昧。

　　草昧，微物。《釋文》二。

### 泰

◎初九，拔茅茹，以其彙，征吉。

　　彙，董作"夤"，出也。《釋文》二。

### 謙

◎《象》曰：君子以裒多益寡。

　　裒，董作"捊"，云："取也。"《釋文》二。

### 噬嗑

◎九四，噬乾胏。

　　胏，子夏作"脯"，徐音甫，董同。《釋文》二。

### 賁

◎六四，賁如皤如。

　　皤，董音槃，云："馬作足橫行曰皤。"《釋文》二、《集韻·平聲二·桓韻》。

◎白馬翰如。

　　翰，馬舉頭高卬也。《釋文》二、鄭剛中《周易窺餘》六、趙汝楳《周易輯聞》二（下稱《輯聞》）。

### 剝

◎上九，君子得輿。

　　得輿，董作"德車"。《釋文》二。

### 無妄

◎六二，不菑畬。

　　菑，反草也。悉耨曰畬。《釋文》二。

## 夬

◎九五，莧陸夬夬。

　　莧，人莧也；陸，商陸也。孔穎達《周易正義》七、王宗傳《童溪易傳》二十、易祓《周易總義》十二、魏了翁《周易要義》五上、史繩祖《學齋佔畢》四。

## 既濟

◎六二：婦喪其茀。

　　茀，董作"髴"。《釋文》二。

## 繫辭上傳

◎鼓之以雷霆。

　　鼓，鼓動也。《釋文》二。

◎乾以易知。

　　易，董音亦。《釋文》二。

◎辯吉凶者常存乎辭。

　　辯，別也。《釋文》二。

◎大衍之數五十，其用四十有九。

　　天地之數五十有五者，其六以象六畫之數，故減而用四十九也。《周易正義》十一、劉牧《易數鉤隱圖》上、朱震《漢上易傳叢說》、吳仁傑《易圖說》三、魏了翁《周易要義》七下、陳祥道《禮書》七十三、《輯聞·筮宗》、章如愚《羣書考索》一、王應麟《玉海》三十六。

◎聖人以此洗心。

　　洗，董作"先"。《釋文》二。

## 繫辭下傳

◎夫坤，隤然示人簡矣。

　　隤，董作"妥"。《釋文》二。

◎象也者，像也。

　　像，董作"象"。《釋文》二。

## 說卦傳

◎水火不相射。

射，董音亦，云："厭也。"《釋文》二。

◎眇萬物而爲言者也。

眇，成也。《釋文》二。

◎爲乾卦。

乾，董作"幹"。《釋文》二。

# 存　目

## 夬

◎九五，莧陸夬夬，中行無咎。

前人以莧陸、當陸爲二草，陸之爲葉，差堅於莧，莧根小，陸根大。趙汝楳《輯聞》五。

⊙按：此條黃氏、馬氏闌入。宋李衡《周易義海撮要》卷五："董遇云：'前，人莧；陸、商陸。'以爲二草，俱柔脆之物。"清翟均廉《周易章句證異》卷二："董遇云：'莧，人莧也；陸，商陸也。'廉按：李彥衡《義海撮要》引董遇第一'莧'字爲'前'字，云：'前，人莧；陸，商陸。'趙汝楳不知其誤，遂云：'前人以莧陸、商陸爲二草。'今從孔穎達、王宗傳引本改正。"翟説是。唯誤"李衡"爲"李彥衡"，蓋李衡字彥平也，見《宋史》本傳。

# 何晏《周易何氏解》

三國魏何晏撰。晏（？—249），字平叔，南陽宛（今南陽）人。仕魏，官至侍中、尚書。事迹具《三國志》本傳。史載晏爲清談領袖，説《易》大家，而其書不見著録。此爲馬國翰《玉函山房輯佚書》本。馬氏序云："何晏，其《易》不傳，書題及卷數并未詳。兹從孔穎達《正義》、李鼎祚《集解》、房審權《義海》輯録，止四節，亦卑之無甚高論，取以備魏《易》一家之數，且以著漢學之變自王弼者，晏實爲之倡也。"《續修四庫全書總目提要》云："王弼之顯達，及其《易注》之見重，何晏之力爲多。人皆詈王弼掃象，破春秋人古法，不知其專以附何晏。管輅稱何晏注《易》'美而多僞'，此雖六代人通病，何晏實爲首倡。何晏注《論語》，名曰《集解》，故馬氏仍名之曰《周易何氏解》。共得四則，皆無精義，不足重也。"今次未有新增，唯移有疑義者1條入存目，正文減爲3條，仍爲一卷。

## 何晏《周易何氏解》一卷

### 師

◎貞，丈人吉，無咎。

師者，軍旅之名，故《周禮》云"二千五百人爲師"也。李鼎祚《周易集解》三。（下稱《集解》）

### 比

◎《象》曰：地上有水，比。

水性潤下，今在地上，更相浸潤，比之義也。《集解》三。

### 益

◎《象》曰：風雷，益。

取其最長可久之義也。孔穎達《周易正義》七。

⊙按：馬氏輯文爲："六子之中並有益物，獨取風、雷者，取其最長可久之義也。"核以《正義》，"六子之中，並有益物，獨取風、雷者"爲孔疏語，馬氏誤作何氏語。

# 存　目

### 需

◎有孚，光亨，貞吉，利涉大川。

大川，大難也。能以信而待，故可利涉。房審權《周易義海撮要》一。馬國翰按云："李氏《集解》引何妥曰：'大川者，大難也。須之待時，本欲涉難，既能以信而待，故可以利涉大川矣。'作'何妥'。《義海》引作'何晏'。文大誼同而字句詳略有異，妥或述晏之語耶？抑妥、晏文似而涉誤耶？姑依《義海》錄之。"

⊙按：《周易集解》引此段文字作"何妥"，《義海》卻作"何晏"，《義海》不應別有所據，乃馬氏所謂"妥、晏文似而涉誤"也。另，《周易集解》卷一引何妥曰："上不及五，故云'不在天'；下已過二，故云'不在田'。處此之時，實爲危厄也。"清張次仲《周易玩辭困學記》卷一則作"何晏"。二例如出一轍，似非巧合。由此可以推知，《義海》所引"何晏"語，必《集解》"何妥"之誤也，故列爲存目。

## 鍾會《周易盡神論》

　　三國魏鍾會撰。會（225—264），字士季，潁川長社（今長葛）人，鍾繇季子，鍾毓之弟。仕魏，累官司徒。後以謀反罪名誅。事迹具《三國志》卷二十八本傳。此書《隋志》經部著録爲一卷，兩《唐志》著録作"鍾會《周易論》四卷"，不僅書名有異，而且卷數不同。究其故，蓋會之易學著作除此書外，見於《隋志》者，尚有《周易無互體論》三卷，兩《唐志》之《周易論》四卷，殆即此書與《周易無互體論》之合也。後佚。鍾會與王弼同時，在説《易》上亦爲同調，此書殆即魏晉學者以義理説《易》之一種也，惜乎佚矣。張溥《鍾司徒集題詞》云："鍾士季與王輔嗣（弼）並知名，然山陽《易》注，光列學宫，而潁川玄辯，寂爾不顯，豈身族糜覆，策書煙銷，微言妙義，莫得而聞也？"其佚文無考。

## 鍾會《周易無互體論》

三國魏鍾會撰。會有《周易盡神論》，已著録。《隋志》經部注著録此書爲三卷，且云"亡"。按兩《唐志》著録鍾會《周易論》四卷，其中三卷蓋即此書也。後佚。所謂"互體"，謂六畫卦中，第二爻至第四爻、第三爻至第五爻，交互而成兩個三畫卦，謂之互體。《左傳》中已有用互體説卦之例，漢儒以象數説《易》，採用互體説者更爲普遍。此書蓋即反其道而行之，倡《周易》無互體之説，蓋亦以義理説《易》之先聲也。其佚文無考。

# 王弼《周易窮微》

　　三國魏王弼撰。弼（226—249）字輔嗣，山陽（今焦作）人。仕魏，官至尚書郎。少年即有文名。好談儒道，辭才逸辯，與何晏、夏侯玄等同倡玄學清談風氣，世稱"正始之音"。事迹略見《三國志》卷二十八《鍾會傳》裴注。此書《隋志》、兩《唐志》皆不載，陳振孫《直齋書録解題》始著録此書爲一卷。陳氏云："凡爲論五篇。《館閣書目》有王弼《易辨》一卷。其論《彖》、論《象》，亦類《略例》，意即此書也。又言弼著此書已亡，至晉得之，王羲之承詔録藏于秘府，世莫得見。未知何所據而云。"朱彝尊《經義考》著録此書云"佚"。此次輯佚，亦無所得。

## 王弼《易辨》

三國魏王弼撰。弼有《周易窮微》，已著録。《隋志》、兩《唐志》皆未著録此書，《宋史·藝文志》著録爲一卷。陳振孫《直齋書録解題》著録王弼《周易窮微》云："《館閣書目》有王弼《易辨》一卷。其論《彖》、論《象》，亦類《略例》，意即此書也。"然則，此書與《周易窮微》與《周易略例》，三者殆一書而異名歟？不能明也。其佚文無考。

# 王弼《周易大衍論》

　　三國魏王弼撰。弼有《周易窮微》，已著録。此書《隋志》不載，《舊唐書·經籍志》著録作一卷，《新唐書·藝文志》著録作三卷，疑作"一卷"爲是。後佚。《周易·繫辭上》云："大衍之數五十。"此書命名之義蓋出於此。《三國志·鍾會傳》注云："弼注《易》，潁川人荀融難弼《大衍義》。弼答其意，白書以戲之曰：'夫明足以尋極幽微，而不能去自然之性。顏子之量，孔父之所預在，然遇之不能無樂，喪之不能無哀。又常狹斯人，以爲未能以情從理者也，而今乃知自然之不可革。足下之量，雖已定乎胸懷之内，然而隔逾旬朔，何其相思之多乎？故知尼父之於顏子，可以無大過矣。"其佚文無考。

# 荀融《易義》

三國魏荀融撰。融（生卒年不詳），字伯雅，潁川潁陰（今許昌）人。荀彧從孫。仕魏，官至洛陽令。事迹略見《三國志》卷十《荀彧傳》注引《荀氏家傳》。此書不見史志著錄，按《荀氏家傳》云："融與（王）弼、（鍾）會論《易》、《老》義，傳於世。"又按《三國志·鍾會傳》注云："王弼注《易》，潁川人荀融難弼《大衍義》。"王弼、鍾會，皆《易》學義理派之開山人物，融與二人異趣，則其書內容大體可知也。蓋融承漢儒象數派之流風，以此書向王弼問難也。其書不傳，佚文無考。

## 荀煇《周易注》

三國魏荀煇撰。煇（生卒年不詳），字景文，潁川潁陰（今許昌）人。仕魏，官至散騎常侍。事迹略見《三國志》卷十《荀彧傳》注引《荀氏家傳》。《隋志》經部著録此書爲十卷，云"亡"。兩《唐志》復見著録，後無聞。據《荀氏家傳》，此書又名《易集解》。其佚文無考。

## 阮渾《周易論》

晉阮渾撰。渾（約晉武帝時人），字長成，陳留尉氏人。阮籍子。仕晉，官至馮翊太守。事迹具《晉書》卷四十九本傳。《隋志》經部著録此書爲二卷，唯著阮渾之名。《舊唐書·經籍志》著録作《周易論》二卷，阮長成難，阮仲容答；《新唐書·藝文志》著録作阮長成、阮仲容《難答論》二卷，《通志·藝文略》著録作《二阮難答論》二卷，然則此書作者乃阮長成、阮仲容二人。阮仲容者，阮籍從子，名咸。姚振宗《考證》云："朱彝尊《經義考》別出阮咸《周易難答論》二卷，其實二阮難答止一書也。"後佚。按《經典釋文·序録》，東晉秘書郎張璠撰《周易集解》十二卷，採集二十二家之説，此書爲其中二家。其書不傳。佚文無考。

# 楊乂《周易卦序論》

晉楊乂撰。楊乂（約晉武帝至晉惠帝時人），字玄舒，汝南人。仕晉，官至司徒長史。事迹略見《經典釋文·序錄》。《隋志》經部著録此書爲一卷，兩《唐志》著録同。後無聞。按《經典釋文·序錄》，東晉秘書郎張璠撰《周易集解》十二卷，採集二十二家之説，此書爲其中一家。朱彝尊《經義考》卷十一引王應麟云："《御覽》嘗引之。"又云："按徐堅《初學記》引楊乂《易卦序論》云：'險而止，山也；險而動，泉也。動静皆蒙險，故曰山。'"按，此條見《初學記》卷五，又見《御覽》卷三十八。馬氏輯本號稱一卷，實僅一條，即《經義考》嘗引之者。今次未有新增，故仍馬本之舊。

## 楊乂《周易卦序論》一卷

### 蒙

◎《彖》曰：蒙，山下有險，險而止，蒙。
◎《象》曰：山下出泉，蒙。

　　險而止，山也；險而動，泉也。動静皆蒙險，故曰山。《北堂書鈔》一百六十、《初學記》五、《太平御覽》三十八。馬國翰按云："下缺。依文義當有'水，蒙'二字。"

## 應貞《明易論》

　　晉應貞撰。貞（？—265）字吉甫，汝南南頓（今項城）人。父應璩。貞歷仕魏晉，官至散騎常侍。事迹具《三國志》卷二十一與《晉書》卷九十二本傳。此書《隋志》不載，始見於《經典釋文·序錄》。據《序錄》，東晉張璠撰《周易集解》，採集二十二家舊注，此書爲二十二家之一。舊、新《唐志》分別著錄應吉甫《周易論》一卷、《明易論》一卷，不稱其名而舉其字者，或避唐諱所致。後志不录録，佚文無考。

# 鄒湛《周易統略》

晉鄒湛撰。湛（？—299），字潤甫，南陽新野人。歷仕魏晉，官至少府。事迹具《晉書·文苑傳》。《隋志》著録此書爲一卷，兩《唐志》則以三卷著録。後佚。馬國翰輯本一卷，僅二條，輯自《經典釋文》。《續修四庫全書總目提要》云："只《釋文》引二則。'拔茅茹'，訓'茹'爲牽引，用王弼説，與虞翻之訓'茹'爲根同一誤解。而謂'箕子之明夷'，荀爽讀'箕'爲'荄'，'子'爲'滋'，漫衍無經。此誠以其昏昏，譏人昭昭者。'荄'、'滋'之讀，原於趙賓，趙賓受之孟喜，爽用其説耳。且六五之箕子，若爲紂臣，《象》傳絶無引爻辭釋經之例。且何以《象》傳之箕子，無一人異讀乎？是祖述王弼而又下之，王弼尚讀爲'基兹'也。由是以觀，則鄒湛之説《易》，概可知矣，宜其佚也。"今次未有新增，一仍馬氏之舊。

## 鄒湛《周易統略》一卷

### 泰

◎初九，拔茅茹。

茹，汝據反，牽引也。陸德明《經典釋文》二："鄒湛同。"（下稱《釋文》）

### 明夷

◎六五，箕子之明夷。

訓"箕"爲"荄"，詁"子"爲"滋"，漫衍無經，不可致詰。《釋文》二："鄒湛云以譏荀爽。"

# 向秀《周易義》

　　晉向秀撰。秀（約227—272），字子期，河內懷（今沁陽）人。仕晉，官至黄門侍郎，"竹林七賢"之一，事迹具《晉書》本傳。據《世説新語·文學》劉孝標注引《秀别傳》，秀注《莊子》，"後注《周易》，大義可觀，而與漢世諸儒互有彼此"。是書不見於史志著録，東晉張璠撰《周易集解》，採舊注二十二家，此其一也，詳《釋文·序録》。蓋亡於東晉。清人輯此書者三家，有馬國翰《玉函山房輯佚書》本，有孫堂《漢魏二十一家易注》本，有黄奭《漢學堂叢書》本，其中以孫堂輯本爲佳。《續修四庫全書總目提要》云："向秀《周易義》一卷，孫堂輯。張璠採二十二家《易》爲《集解》，依秀爲本，亦入傳者絶少，唯《正義》、《釋文》及李氏《集解》，間有徵引，堂輯爲一卷。其書採拾精審，較之馬國翰所輯《周易向氏義》爲勝。蓋馬氏之弊，在貪多務得，故往往不免濫取。如謂'諸引張作某字者，蓋即向本，故亦復向義中'，此何足據？又如解《益》卦注，誤引《正義》語作向注，尤爲紕繆。其後，黄奭《漢學堂經解》輯本，用孫氏而捨馬氏，可謂知所去取矣。按《晉書》稱秀'清悟，有遠識，雅好《老》、《莊》之學'。今觀其《大過》'棟橈'云：'初爲善始，末是令終，始終皆弱，所以棟橈。'《益》'利涉大川'云：'明王之道，志在惠下，故取下謂之損，與下謂之益。'其説頗類王弼，故於象數之學，獨少發明云。"本次重輯，以黄奭輯本爲底本，參以馬國翰本，未有新增。正文凡12條，馬氏闌入者8條，勒爲一卷。馬氏闌入者，均以張璠本有關内容視爲向本内容，其不合理一目瞭然，故不復作按語一一説明。

## 向秀《周易義》一卷

### 乾

◎九二，利見大人。

　　聖人在位，謂之大人。司馬貞《史記索隱》二十六。

### 坤

◎《象》曰：馴致其道。

馴，從也。陸德明《經典釋文》二。（下稱《釋文》）

### 泰

◎六四：翩翩，不富。

翩翩，輕舉貌。《釋文》二。

### 豫

◎六三，盱豫悔。

睢盱，小人喜悅佞媚《釋文》無"佞媚"二字。之貌也。《釋文》二、李鼎祚《周易集解》四（下稱《集解》）、趙汝楳《周易輯聞》二。

### 復

◎《象》曰：中以自考也。

考，察也。《釋文》二。

### 大畜

◎《象》曰：天在山中，大畜。

止莫若山，大莫若天。天在山中，大畜之象。天爲大器，山則極止，能止大器，故名大畜也。《集解》六。

### 大過

◎《象》曰："棟橈"，本末弱也。

棟橈則屋壞，主弱則國荒。所以橈，由於"初"、"上"兩陰爻也。初爲善始，末是令終，始終皆弱，所以"棟橈"。《集解》六。按：鄭剛中《周易窺餘》七引作："本爲善始，末是令終，始終皆弱，棟是以橈。"

### 坎

◎六三，險且枕。

易類・向秀《周易義》

險，向本作"檢"。《釋文》二。

### 明夷

◎《彖》曰：文王以之。"利艱貞"，晦其明也；內難而能正其志，箕子以之。

以之，向作"似之"，下亦然。《釋文》二。

### 益

◎利有攸往，利涉大川。

明王之道，志在惠下，故取下謂之損，與下謂之益。孔穎達《周易正義》七。

⊙按：馬國翰輯本此條為："明王之道，志在惠下，故取下謂之損，與下謂之益。既上行惠下之道，利益萬物，動而無違，何往不利，故曰'利有攸往'。以益涉難，理絕險阻，故曰'利涉大川'。"其中"既上行惠下之道"至尾為孔疏，馬氏誤作向秀語。參李衡《周易義海撮要》卷四、馮椅《厚齋易學》卷二十一。

### 困

◎上六，曰動悔。

曰，言其無不然。《釋文》二。

### 井

◎九三，井渫不食。

渫者，浚治去泥濁也。裴駰《史記集解·屈原列傳》八十四。

## 存　目

### 坤

◎《易》曰："直方大，不習無不利。"《釋文》二："張璠本此上有'《易》曰'，眾家皆無。"按：張璠《集解序》云："依向秀本。"下放此。

### 賁

◎初九，舍輿而徒。《釋文》二："車，鄭、張本作'輿'。"

◎坎

　　上六，置於叢棘。《釋文》二："寘，張作'置'。"

◎大壯

　　九三，藁其角。《釋文》二："羸，張作'藁'。"

◎家人

　　九三，婦子嬉戲。《釋文》二："嘻嘻，張作'嬉戲'。"

**蹇**

◎《象》曰：宜時也。《釋文》二："宜待也，張作'宜時也'。"

**繫辭傳**

◎犯違天地之化而不過。《釋文》二："範圍，張作'犯違'。"

◎聖人以此先心。《釋文》二："洗心，京、荀、虞、董、張、蜀才作'先'。"

## 杜育《易義》

晉杜育撰。育（？—311），字方叔，襄城人。杜襲之孫。仕晉，官至國子祭酒。事迹具《世説新語·品藻》注引《晉諸公贊》。此書《隋志》不載，始見於《經典釋文·序録》。據《序録》，東晉張璠撰《周易集解》，採集二十二家舊注，此書爲二十二家之一。此書不傳，其佚文無考。

# 干寶《周易注》

晉干寶撰。寶（？—336），字令升，新蔡人。仕晉，官至散騎常侍。一生著述極豐。事迹具《晉書》卷八十二本傳。《隋志》經部著錄此書爲三卷，兩《唐志》著錄同，《宋史·藝文志》著錄作干寶《易傳》十卷。後佚。其佚文散見於陸德明《經典釋文》、李鼎祚《周易集解》等著作中。後人有輯本多種，《續修四庫全書總目提要》言之頗詳："元時有屠曾者，始輯其佚。明正德間，其孫勳重訂，其書刻在《鹽邑志林》，即今孫堂《漢魏二十一家易注》所據而補訂之本也。明時姚士粦又別輯《干常侍易解》三卷，清歸安丁傑補訂。武進張惠言梓入《易義別錄》，歷城馬國翰、甘泉黃奭又據而參校習刊之，載《玉函山房輯佚書》《漢學堂叢書》中。"又云："史稱寶好陰陽術數，留心京房、夏侯勝之傳，故其注《易》盡用京氏占候之法以爲象，而援文、武、周公遭遇之期運，一一比附之。謂《易》道猥雜，實自此始。張惠言更發揮其説，以爲干氏之《易》，非京氏之《易》，斥其以干支納卦爻，而生五行、四氣、六親、九族福德刑殺之説，爲顛倒乖舛；又斥其比附周家之事，則是以《易》爲讖數之言，妖妄之紀。詞甚嚴峻。平情論之，干氏之注，如以《蒙》初爻戊寅當平明之時，誠爲龐雜。然納甲爲漢儒所通用，五行坎水離火坤土震巽木，象象且明言。又經文於《泰》言帝乙，於《蠱》《巽》言先甲後甲，先庚後庚，於《革》言巳日，是以干支、五行説《易》，未足爲干氏之病，惠言所斥，不爲盡公。獨其擇言不雅，遇卦則比附殷周事，怪誕支離，浮泛少當。"據《中國古佚書輯本目錄解題》："黃本全襲孫本，其自輯者唯從《周易窺餘》採二節爲補遺。"本次重輯，以黃奭輯本爲底本，參以馬國翰輯本。馬國翰本114條，1條爲黃本所無。黃奭輯本124條，11條爲馬本所無。本次增補7條，共得正文132條，勒爲三卷。新增者6條出自《周易義海撮要》，1條出自《厚齋易學》。

# 干寶《周易注》三卷

## 卷 一

### 上 經

**乾**

◎初九，潛龍勿用。

　　位始故稱"初"，陽重故稱"九"。陽在初九，十一月之時，自復來也。初九，甲子，天正之位，而乾元所始也。陽處三泉之下，聖德在愚俗之中，此文王在羑里之爻也，雖有聖明之德，未被時用，故曰"勿用"。李鼎祚《周易集解》一（下稱《集解》）。

　　道未可行，漢祖爲泗上亭長、文王在羑里之時。李衡《周易義海撮要》一（下稱《義海撮要》）。

　　⊙按：此條黃本、馬本漏輯，今補。

◎九二，見龍在田，利見大人。

　　陽在九二，十二月之時，自臨來也。"二"爲地上，"田"在地之表，而有人功者也。陽氣將施，聖人將顯，此文王免於羑里之日也。故曰"利見大人"。《集解》一。

◎九三，君子終日乾乾，夕惕若厲，無咎。

　　爻以氣表，繇以龍興，嫌其不關人事，故著"君子"焉。陽在"九三"，正月之時，自泰來也。陽氣始出地上，而接動物，人爲靈，故以人事成天地之功者，在於此爻焉，故君子以之憂深思遠，朝夕匪懈，仰憂嘉會之不序，俯懼羲和之不逮，反復天道，謀始反終，故曰"終日乾乾"，此蓋文王反國大釐其政之日也。凡無咎者，憂中之喜，善補過者也。文恨早耀，文明之德以蒙大難，增修柔順以懷多福，故曰"無咎"矣。《集解》一。《義海撮要》一節引。

◎九四，或躍在淵，無咎。

　　陽氣在"四"，二月之時，自大壯來也。四，虛中也，躍者暫起之，言既不安於地，而未能飛於天也。"四"以"初"爲應。"淵"謂初九，甲子，龍之所由升也。"或"之者，疑之也。此武王舉《義海撮要》作"率"。兵孟津，觀釁而退之爻《義海撮要》作"時"。也。守柔順則逆天人之應，通權道則違經常之教，故聖人不得已而爲之，故其辭疑矣。《集解》一。《義海撮要》一節引。熊過《周易象旨決錄》一節引（下稱《象旨決錄》）。

◎九五，飛龍在天，利見大人。

陽在九五，三月之時，自夬來也。五在天位，故曰"飛龍"，此武王克紂正位之爻也。聖功既就，萬物既《義海撮要》作"皆"。覩，故曰"利見大人"矣。《集解》一。《義海撮要》一節引。

◎上九，亢龍有悔。

陽在上九，四月之時也。亢，過也。乾體既備，上位既終，天之鼓物，寒暑相報。聖人治世，威德相濟。武功既成，義在止戈。盈而不反，必陷於悔。《集解》一。《義海撮要》節引。

◎《象》曰：君子以自強不息。

言君子通之於賢也。凡勉強以《義海撮要》此處有"進"字。德，不必須在位也。故堯舜一日萬幾，文王日昃不暇食，仲尼終夜不寢，顏子欲罷不能。自此以下，莫敢淫心捨力，故曰"自強不息"矣。《集解》一、《義海撮要》一。

◎《文言》曰：君子行此四德者，故曰"乾，元亨利貞"。

夫純陽，天之精氣；四行，君子懿德，是故"乾"冠卦首，辭表篇目，明道義之門在於此矣，猶春秋之備五始也，故夫子留意焉。然則體仁正己，所以化物；觀運知時，所以順天；氣用隨宜，所以利民；守正一業，所以定俗也。逾亂則敗禮，其教淫；逆則拂時，其功否；錯則妨用，其事廢；忘則失正，其官敗。四德者，文王所由興；四愆者，商紂所由亡。《集解》一。

◎"利貞"者，性情也。

以施化利萬物之性，以純一正萬物之情。《集解》一、《義海撮要》一。

◎君子以成德爲行。

君子之行，動靜可觀，進退可度，動以成德，無所苟行也。《集解》一。


## 坤

◎元，亨，利牝馬之貞。

陰氣之始，婦德之常，故稱"元"。與乾合德，故稱"亨"。行天者莫若龍，行地者莫若馬，故乾以龍繇，坤以馬象也。坤陰類，故稱"利牝馬之貞"矣。《集解》二。魏濬《易義古象通》一節引（下稱《古象通》）。

◎初六，履霜，堅冰至。

重陰，故稱"六"。剛柔相推，故生變。占變，故有爻。《繫》曰："爻者，言乎變者也。"故《易》、《繫辭》皆稱"九"、"六"也。陽數奇，陰數偶，是以乾用一也，坤用二也，陰氣在初，五月之時，自姤來也。陰氣始動乎三泉之下，言陰氣動矣，則必至於履霜，履霜則必至於堅冰，言有漸也。藏器於身，貴其俟時，故陽在潛龍，戒以勿用。防禍之原，欲其先幾，故陰在三泉，而顯以履霜也。《集解》二。

◎六二，直方大，不習無不利。

陰氣在二，六月之時，自遯來也。陰出地上，佐陽成物，臣道也，妻道也。臣之事君，妻之事夫，義成者也。臣貴其直，義尚其方，地體其大，故曰"直方大"。士該九德，然後可以從王事；女躬四教，然後可以配君子。道成於我，而用之於彼，不方妨以仕學為政，不妨以嫁學為婦，故曰"不習無不利"也。《集解》二。

◎《象》曰"不習無不利"，地道光也。

女德光於夫，士德光於國也。《集解》二。

◎六三，含章可貞，或從王事，無成有終。

陰氣在三，七月之時，自否來也。陽降在四，三公位也。陰升在三，三公事也。上失其權，位在諸侯。坤體既具，陰黨成羣。君弱臣強，戒在二國。唯文德之臣，然後可以遭之，運而不失其柔順之正。坤為文，坤象既成，故曰"含章可貞"。此蓋平襄之王垂拱以賴晉鄭之輔也。苟利社稷，專之則可，故曰"或從王事"。遷都誅親，疑於專命，故亦"或"之。失後順之節，故曰"無成"。終於濟國安民，故曰"有終"。《集解》二。

◎《象》曰"或從王事"，知光大也。

位彌高，德彌廣也。《集解》二。

◎六四，括囊，無咎無譽。

陰氣在四，八月之時，自觀來也。天地將閉，賢人必隱，懷智苟容，以觀時釁，此蓋寧戚、蘧瑗與時卷舒之爻也。不艱其身，則"無咎"。功業不建，故"無譽"也。《集解》二。

◎六五，黃裳，元吉。

陰氣在五，九月之時，自剝來也。剝者，反常道也。黃，中之色。裳，下之飾。元，善之長也。中美能黃，上美為元，下美則裳。陰登於五，柔居尊位，若成昭之主，周霍之臣也。百官總已，專斷萬幾，雖情體信順，而貌近僭疑，周公其猶病諸。言必忠信，行必篤敬，然後可以取信於神明，無尤於四海也。故曰"黃裳，元吉"也。《集解》二。

◎《象》曰"黃裳，元吉"，文在中也。

當總己之任，處僭疑之間，而能終元吉之福者，由文德在中也。《集解》二。

◎上六，龍戰于野，其血玄黃。

陰在上六，十月之時也。爻終於酉，而卦成於乾。乾體純剛，不堪陰盛，故曰"龍戰"。戌亥，乾之都也，故稱"龍"焉。陰德過度，以逼乾戰。郭外曰郊，郊外曰野。坤位未申之維，而氣溢酉戌之間，故曰"于野"。未離陰類，故曰"血"。陰陽色雜，故曰"玄黃"。言陰陽離則異氣，合則同功，君臣夫妻，其義一也。故文王之忠於殷，抑參二之强，以事獨夫之紂，蓋欲彌縫其闕，而匡救其惡，以祈殷命，以濟生民也。紂遂長惡不悛，天命殛之，是以至於武王，遂有牧野之事，是其義也。《集解》二。

◎《象》曰："龍戰于野"，其道窮也。

天道窮，至於陰陽相薄也。君德窮，至於攻戰受誅也。柔順窮，至於用權變矣。《集解》二。

◎用六，利永貞。

陰體其順，臣守其柔。所以秉義之和，履貞之幹，唯有推變，終歸於正。是周公始於負扆南面以先王道，卒於復子明辟以終臣節，故曰"利永貞"也。《集解》二。《義海撮要》一節引。

◎《文言》曰：含萬物而化光。

光，大也，謂坤含藏萬物，順承天施，然後化光也。《集解》二。

## 屯

◎《彖》曰：宜建侯而不寧。

水運將終，木德將始，殷周際也。百姓盈盈，匪君子不寧。天下既遭屯險之難，後王宜蕩之以雷雨之政，故封諸侯以寧之也。《集解》二。

## 蒙

◎蒙，亨。

蒙者，離宮陰也。世在四，八月之時。降陽布德，薺麥並生，而息來在寅，故蒙於世爲八月，於消息爲正月卦也。正月之時，陽氣上達，故屯爲物之始生，蒙爲物之穉也。施之於人，則童蒙也。苟得其運，雖蒙必亨，故曰"蒙亨"。此蓋以寄成王之遭周公也。《集解》二。

◎《象》曰：蒙以養正，聖功也。

武王之崩，年九十三矣，而成王八歲。言天後成王之年，將以養公正之道，而成三聖之功。《集解》二。

◎初六，發蒙，利用刑人，用説桎梏，以往吝。《象》曰："利用刑人"，以正法也。

初六戊寅，平明之時，天光始照，故曰"發蒙"，此成王始覺周公至誠之象也。坎爲法律，寅爲貞廉，以貞用刑，故"利用刑人"矣。此成王將正四國之象也。説，解也。正四國之罪，宜釋周公之黨，故曰"用説桎梏"。既感《金縢》之文，追恨昭德之晚，故曰"以往吝"。初、二失位，吝之由也。《集解》二。

### 需

◎《象》曰：雲上於天，需。

上，升也。陸德明《經典釋文》二（下稱《釋文》）。

◎君子以飲食宴樂。

宴，安也。余蕭客《古經解鉤沉》二上："影宋本《釋文》二。"

◎初九，需于郊，利用恒，無咎。

郊，乾坎之際也。既已受命，進道北郊，未可以進，故曰"需于郊"。處不避汙，出不辭難，臣之常節也。得位有應，故曰"利用恒"。雖小稽留，終於必達，故曰"無咎"。《集解》二。

### 訟

◎訟，有孚。

訟，離之遊魂也。離爲戈兵，此天氣將刑殺，聖人將用師之卦也。訟，不親也，兆民未識天命不同之意。《集解》三。

◎《象》曰：君子以作事謀始。

省民之情，以制作也。武王故先觀兵孟津，蓋以卜天下之心，故曰"作事謀始"也。《集解》三。

### 師

◎《彖》曰：以此毒天下而民從之。

坎爲險，坤爲順。兵革刑獄，所以險民也。毒民於險中，而得順道者，聖王之所難也。毒，荼，苦也。五刑之用，斬刺肌體，六軍之鋒，殘破城邑，皆所荼毒奸凶之人，使服王法者也。故曰"以此毒天下而民從之"。毒以治民，明不獲已而用之，故於彖象六爻，皆著戒懼之辭也。《集解》三、鄭剛中《周易窺餘》二。

◎《象》曰"王三錫命"，懷萬邦也。

錫命，非私也，安萬邦而已。《義海撮要》一。

  ⊙按：此條黃本、馬本漏輯，今補。

◎六四，師左次，無咎。《象》曰"左次，無咎"，未失常也。

  左，不用之地，待師命而已。《義海撮要》一。

  ⊙按：此條黃本、馬本漏輯，今補。

◎上六，大君有命。

  大君，聖人也。有命，天命也。五常爲王位，至師之家而變其例者，上爲郊也，故易位，以見武王親征，與師人同處於野也。《離》上九曰"王用出征，有嘉折首"，上六爲宗廟，武王以文王行，故正開國之辭於宗廟之爻，明已之受命，文王之德也。故《書·泰誓》曰："予克紂，非予武，惟朕文考無罪。受克予，非朕文考有罪，惟予小子無良。"開國，封諸侯也。承家，立都邑也。小人勿用，非所能矣。《集解》三。《義海撮要》一節引。

◎《象》曰"大君有命"，以正功也。

  湯武之事。《集解》三。

  王執而正之，非私惠也。《義海撮要》一。

◎小人勿用，必亂邦也。

  楚靈、齊閔，窮兵之禍也。《集解》三。


## 比

◎比，吉。原筮，元永貞，無咎。不寧方來，後夫凶。

  比者，坤之歸魂也。亦世於七月，而息來在巳，去陰居陽，承乾之命，義與師同也。原，卜也。《周禮》三卜，一曰原兆。坤德變化，反歸其所，四方既同，萬國既親，故曰"比吉"。考之蓍龜，以謀王業，大相東土，卜惟洛食，遂乃定鼎郟鄏，卜世三十，卜年七百，德善長於兆民，戩祿永於被業，故曰"原筮，元永貞"。逆取順守，居安如危，故曰"無咎"。天下歸德，不唯一方，故曰"不寧方來"。後服之夫，違天失人，必災其身，故曰"後夫凶"也。《集解》三。

◎六二，比之自內，貞吉。

  二在坤中。坤，國之象也。得位應五，而體寬大，君樂民人自得之象也。故曰"比之自內，貞吉"矣。《集解》三。

◎六三，比之匪人。《象》曰"比之匪人"，不亦傷乎？

  六三乙卯，坤之鬼吏，在比之家，有土之君也。周爲木德，卯爲木辰，同姓之國也。爻失其位，辰體陰賊，管、蔡之象也。比建萬國，唯去此人，故曰"比之匪人"，不亦傷王政也。《集解》三。

◎六四，外比之，貞吉。《象》曰：外比於賢，以從上也。

四爲三公，在比之象而得其位，上比聖主，下御列國，方伯之象也。能外親九服，賢德之君務宣上志，綏萬邦也。故曰"外比於賢，以從上"也。《集解》三。《義海撮要》一節引。

◎九五，顯比，王用三驅，失前禽，邑人不誡，吉。《象》曰"顯比"之吉，位正中也；舍逆取順，失前禽也；邑人不誡，上使中也。

獨守其中，而私其應，爲衆所觀，非顯其比歟？疾其背而愛其向，則失其不來者矣。邑，有家者之所私。偏其私，故邑人不誡，上使之然也。《義海撮要》一。

⊙按：此條黄本、馬本漏輯，今補。

### 小畜

◎六四，有孚，血去惕出，無咎。《象》曰："有孚"、"惕出"，上合志也。

四與上同，斯誠三不能害，故能去除其血，出散其惕，共惡於三。以一陰而衆陽，趨懼於傷害。誠信相與，近而相親，何傷害惕懼之患哉？《義海撮要》一。

⊙按：此條黄本、馬本漏輯，今補。

### 履

◎九四，履虎尾，愬愬，終吉。

三以不順爲衆同弃，而己近之，慎於踐履者也。《義海撮要》一。

⊙按：此條黄本、馬本漏輯，今補。

◎九五，夬履，貞厲。《象》曰"夬履貞厲"，位正當也。

夬，決也。居中履正爲"履"。貴主萬方，所履一決於前，恐決失正，恒懼危厲，故曰"'夬履貞厲'，位正當也"。《集解》三。

### 大有

◎九三，公用亨於天子。

亨，宴也。《釋文》二。

◎九四，匪其彭。

彭，彭亨，驕《玩辭》爲"盛"。滿貌。《釋文》二、項安世《周易玩辭》三。

**噬嗑**

◎初九，屨校滅趾，無咎。

趾，足也。屨校，貫械也。初居剛躁之家，體貪狼之性，以震掩巽，强暴之男也。行侵陵之罪，以陷屨校之刑，故曰"屨校滅趾"。得位於初，顧震知懼，小懲大戒，以免刑戮，故曰"無咎"矣。《集解》五。

◎《象》曰："屨校滅趾"，不行也。

不敢遂行强也。《集解》五。

**賁**

◎《彖》曰：觀乎人文，以化成天下。

四時之變，懸乎日月。聖人之化，成乎文章。觀日月而要其會通，觀文明而化成天下。《集解》五。

◎《象》曰"白賁無咎"，上得志也。

白，素也。延山林之人，採素士之言，以飾其政，故"上得志"也。《集解》五、《義海撮要》三。

**坎**

◎《象》曰：水洊至。

洊，干作"荐"。《釋文》二。

◎初六，習坎，入于坎窞，凶。

窞，坎之深者也。江河淮濟，百川之流，行平地中，水之正也。及其爲災，則泛溢平地，而入于坎窞，是水失其道也。刑獄之用，必當于理，刑之正也。及其不平，則枉濫無辜，是法失其道也。故曰"入于坎窞，凶"矣。《集解》五。《周易窺餘》七節引。

◎六三，來之坎坎，險且枕。入于坎窞勿用。《象》曰"來之坎坎"，終無功也。

枕，干寶作"桉"。《周易會通》六引晁氏曰。

坎，十一月卦也。又失其位，喻殷之執法者，失中之象也。來之坎者，斥周人觀釁於殷也。枕，安也。險且枕者，言安忍以暴政加民，而無哀矜之心。淫刑濫罰，百姓無所措手足，故曰"'來之坎坎'，終無功也"。《集解》五。

# 卷 二

## 下　經

### 明夷

◎六四，入于左腹，獲明夷之心，于出門庭。

　　一爲室，二爲户，三爲庭，四爲門，故曰"于出門庭"矣。《集解》七。按：《周易窺餘》九、《周易會通》七"四爲門"下作："六四在門庭之間，故以出爲言。"

### 蹇

◎《象》曰"大蹇朋來"，以中節也。

　　在險之中，而當王位，故曰"大蹇"。此蓋以託文王爲紂所囚也。承上據四應三，衆陰並至。此蓋以託四臣能以權智相救也。故曰"以中節也"。《集解》八。

### 益

◎六二，王用享于帝，吉。

　　聖王先成其民，而後致力于神，故"王用享于帝"。在巽之宫，處震之象，是則蒼精之帝同始祖矣。《集解》八。

◎六三，益之用凶事，無咎。有孚中行，告公用圭。

　　固有如桓文之徒，罪近篡弑，功實濟世。六三失位，而體姦邪，處震之動，懷巽之權，是矯命之士，爭奪之臣，桓文之爻也。故曰"益之用凶事"。在益之家而居坤中，能保社稷，愛撫人民，故曰"無咎"。既乃中行近仁，故曰"有孚中行"。然後俯列盟會，仰致錫命，故曰"告公用圭"。《集解》八。

### 夬

◎《彖》曰：孚號有厲，其危乃光也。

　　夬，九五則飛龍在天之爻也，應天順民，以發號令，故曰"孚號"。以柔決剛，以臣伐君，君子危之，故曰"有厲"。德大即心小，功高而意下，故曰"其危乃光也"。《集解》九。

◎告自邑。

殷民告周以紂無道。《集解》九。

## 姤

◎九五，以杞包瓜，含章。

初二體巽，爲草木。二又爲田，田中之果柔而蔓者，瓜之象也。《集解》九。《周易窺餘》十，文字稍異。

## 升

◎九二，孚乃利用禴，無咎。《象》曰：九二之孚，有喜也。

剛中而應，故"孚"也。又言"乃利用禴"，於春時也。非時而祭曰"禴"。然則文王儉以恤民，四時之祭皆以禴禮，神享德與信，不求備也。故《既濟》九五曰"東鄰殺牛，不如西鄰之禴祭，實受其福"。九五坎，坎爲豕，然則禴祭以豕而已，不奢盈於禮，故曰"有喜"矣。《集解》九。

## 困

◎初六，臀困于株木。

兌爲孔穴，坎爲隱伏。隱伏在下而漏孔穴，臀之象也。《集解》九、《象旨決錄》三。

## 井

◎改邑不改井，無喪無得，往來井井。汔至亦未繘井，羸其瓶，凶。

水，殷德也。木，周德也。夫井，德之地也，所以養民性命而清潔之主者也。自震化行，至於五世，改殷紂比屋之亂俗，而不易成湯昭假之法度也，故曰"改邑不改井"。二代之制，各因時宜，損益雖異，括囊則同，故曰"無喪無得，往來井井"也。當殷之末，井道之窮，故曰"汔至"。周德雖興，未及革正，故曰"亦未繘井"。井泥爲穢，百姓無聊，比者之間，交受塗炭，故曰"羸其瓶，凶"矣。《集解》十。

◎初六，井泥不食，舊井無禽。

在井之下，體本土爻，故曰"泥"也。井而爲泥，則不可食，故曰"不食"。此託紂之穢政不可以養民也。舊井，謂殷之未喪師也，亦皆清潔，無水禽之穢，又況泥土乎？故"舊井無禽"矣。《集解》十。

◎九三，井渫不食，爲我心惻。可用汲王明，並受其福。《象》曰"井渫不食"，行惻也；求"王明"，受福也。

此託殷之公侯,時有賢者,獨守成湯之法度而不見任,謂微、箕之倫也,故曰"井渫不食,爲我心惻"。惻,傷悼也。民乃外附,故曰"可用汲"。周德來被,故曰"王明"。王得其民,民得其主,故曰"求'王明',受福也"。《集解》十。

◎六四,井甃。

甃,以甎壘井曰甃。《釋文》二。

◎上六,井收,勿幕。

勿,干本作"网"。《釋文》二。

干本"幕"爲"羃",謂"以物蒙覆之"。《周易窺餘》十一。

⊙按:黃奭輯本此條爲:"干本'幕'爲'羃',謂以物蒙覆之。勿羃,則以不收爲收。"其中"勿羃,則以不收爲收"非干寶語,黃奭誤引。

◎《象》曰"元吉"在上,大成也。

處井上位,在瓶之水也,故曰"井收"。幕,覆也。井以養生,政以養德,無覆水泉而不惠民,無蘊典禮而不興教,故曰"井收,勿幕"。勿幕,則教信於民。民服教,則大化成也。《集解》十。

## 革

◎《彖》曰"巳日乃孚",革而信之。

天命已至之日也,乃孚,大信著也。武王陳兵孟津之上,諸侯不期而會者八百國,皆曰:"紂可伐矣!"武王曰:"爾未知天命,未可也。"還歸二年,紂殺比干,囚箕子,爾乃伐之。所謂"巳日乃孚,革而信"也。《集解》十。

◎天地革而四時成,湯武革命,順乎天而應乎人,革之時大矣哉。

革天地,成四時,誅二叔,除民害,天下定,武功成,故"大矣哉"也。《集解》十。

⊙按:此條庫本爲"虞翻曰"。馬國翰輯本、黃奭輯本皆錄之,黃按云:"《志林》本無此條,今據雅雨堂《集解》補。"

◎初九,鞏用黃牛之革。

鞏,固也。離爲牝牛,離爻本坤,黃牛之象也。在革之初,而無應據,未可以動,故曰"鞏用黃牛之革"。此喻文王雖有聖德,天下歸周三分有二,而服事殷,其義也。《集解》十、趙繼序《周易圖書質疑》十一。

◎九四,悔亡,有孚,改命,吉。《象》曰:改命之吉,信志也。

爻入上象,喻紂之郊也。以逆取而四海順之,動凶器而前歌後舞,故曰"悔亡"

也。中流而白魚入舟，天命信矣，故曰"有孚"。甲子夜，陣雨甚至，水德賓服之祥也，故曰"改命之吉，信志也"。《集解》十。

◎上六，君子豹變，小人革面；征凶，居貞吉。《象》曰"君子豹變"，其文蔚也；"小人革面"，順以從君也。

君子，大賢次聖之人，謂若大公、周、召之徒也。豹，虎之屬；蔚，炳之次也。君聖臣賢，殷之頑民皆改志從化，故曰"小人革面"。天下既定，必倒載干戈，包之以虎皮，將卒之士，使爲諸侯，《義海撮要》此句作："天下既定，當偃武不用。"故曰"征凶，居貞吉"。得正有應，君子之象也。《集解》十、《義海撮要》五。《易義古象通》七節引，"使爲諸侯"下有"示不復用也"五字。

### 鼎

◎六五，鼎黃耳金鉉，利貞。

凡舉鼎者，鉉也。尚三公者，王也。金喻可貴，中之美也，故曰"金鉉"。鉉鼎得其物，施令得其道，故曰"利貞"也。《集解》十。

◎上九鼎玉鉉，大吉，無不利。

玉又貴於金者。凡烹飪之事，自鑊升於鼎，載於俎，自俎入於口，馨香上達，動而彌貴，故鼎之義，上爻愈吉也。鼎主烹飪，不失其和，金玉鉉之，不失其所，公卿仁賢，天王聖明之象也。君臣相臨，剛柔得節，故曰"吉，無不利"也。《集解》十、《義海撮要》五。

### 震

◎《彖》曰：震驚百里，驚遠而懼邇也。出可以守宗廟社稷，以爲祭主也。

周木德，震之正象也，爲殷諸侯。殷諸侯之制，其地百里。是以文王小心翼翼，昭事上帝，聿懷多福，厥德不回，以受方國，故以百里而臣諸侯也。爲諸侯，故主社稷。爲長子，而爲祭主也。祭禮薦陳甚多，而經獨言"不喪匕鬯"者，匕牲體，薦鬯酒，人君所自親也。《集解》十。

◎初九，震來虩虩，後笑言啞啞，吉。

得震之正，首震之象者。"震來虩虩"，羑里之厄也。"笑言啞啞"，後受方國也。《集解》十。《義海撮要》五節引。

◎六二，震來，厲；億喪貝，躋于九陵，勿逐，七日得。

六二木爻，震之身也。得位無應，而以乘剛爲危，此託文王積德累功，以被囚爲禍也，故曰"震來厲"。億，歎辭也。貝，寶貨也，產乎東方，行乎大塗也，此以喻紂拘文王閎夭之徒，乃於江淮之浦，求盈箱之貝，而以賂紂也。故曰"億喪貝"。貝，水物，而方升于九陵，今雖喪之，猶外府也，故曰"勿逐，七日得"。七日得者，七年之日也。故《書》曰"誕保文武，受命惟七年"是也。《集解》十、《義海撮要》五。

## 漸

◎《象》曰"其羽可用爲儀，吉"，不可亂也。

處漸高位，斷漸之進，順艮之言，謹巽之全，履坎之通，據離之耀，婦德既終，母教又明，有德而可受《窺餘》"受"作"愛"。有儀而可象，故曰"其羽可以爲儀，不可亂也"。《集解》十一。《窺餘》十三節引。

## 歸妹

◎《彖》曰：歸妹，人之終始也。

歸妹者，衰落之女也。父既沒矣，兄主其禮，子續父業，人道所以相終始也。《集解》十一。

◎《象》曰：澤上有雷，歸妹。

雷薄於澤，八月九月將藏之時也，君子象之，故不敢恃當今之虞，而慮將來禍也。《集解》十一。按：《周易窺餘》十三引"君子象之"下作："故不敢恃一時之虞，而有將來之慮。"

## 豐

◎勿憂，宜日中。

豐，坎宮陰世在五，以其宜中，而憂其側也。坎爲夜，離爲晝，以離變坎，至于天位，日中之象也。殷，水德，坎象。晝敗而離居之，周伐殷，居王位之象也。聖人德大而心小，既居天位，而戒懼不怠。勿憂者，勸勉之言也，猶《詩》曰"上帝臨汝，無貳爾心"，言周德當天人之心，宜居王位，故"宜日中"。《集解》十一。

◎九三，豐其沛。

沛，干作"韋"，云："祭祀之蔽膝。"《釋文》二。

◎上六，豐其屋，蔀其家，闚其户，闃其無人，三歲不覿，凶。

在豐之家，居乾之位，乾爲屋宇，故曰"豐其屋"。此蓋記紂之侈，造爲璿室玉臺也。"蔀其家"者，以記紂多傾國之女也。社稷既亡，宮室虛曠，故曰"闚其户，闃其無人"。闃，無人貌也。三者，天、地、人之數也。凡國，於天地有興亡焉。故王者之亡其家也，必天示其祥，地出其妖，人反其常，非斯三者，亦弗之亡也，故曰"三歲不覿，凶"。然則璿室之成，三年而後亡國矣。《集解》十一。

## 旅

◎六五，射雉，一矢亡，終以譽命。《象》曰"終以譽命"，上逮也。

離爲雉，爲矢；巽爲木，爲進退；艮爲手，兌爲決。有木在手，進退其體；矢決于外，射之象也。一陰升乾，故曰"一矢"。履非其位，下又無應，雖復射雉，終亦失之，故曰"一矢亡"也。一矢亡者，喻有損而小也。此記祿父爲王者，後雖小叛擾，終逮安周室，故曰"終以譽命"矣。《集解》十一。

## 節

◎上六，苦節，貞凶，悔亡。

《彖》稱"苦節不可貞"，在此爻也。禀險伏之教，懷貪狼之志，以苦節之性，而遇甘節之主，必受其誅，華士、少正卯之爻也，故曰"貞凶"。苦節既凶，甘節志得，故曰"悔亡"。《集解》十二。

## 中孚

◎九二，吾與爾靡之。

靡，亡池反，散也。《釋文》二。

## 既濟

◎六二，婦喪其茀。

茀，馬髴也。《釋文》二。

◎九三，高宗伐鬼方，三年克之，小人勿用。

高宗，殷中興之君。鬼，北方國也。高宗嘗伐鬼方，三年而後克之。離爲戈兵，故稱"伐"。坎當北方，故稱"鬼"。在既濟之家，而述先代之功，以明周因於殷，有所弗革也。《集解》十二。

## 未濟

六爻皆錯，故稱未濟。《厚齋易學》三十二。

⊙按：此條黃本、馬本漏輯，今補。

◎亨，小狐汔濟。濡其尾，無攸利。

　　坎爲狐。《集解》十二、《漢上易傳》九、《周易窺餘》十五。

　　⊙按：黃奭輯本此條爲："坎爲狐。《說文》曰：'汔，涸也。'案：剛柔失正，故未濟也。五居中應剛，故亨也。小狐力弱，汔乃可濟。水旣未涸，而乃濟之，故尾濡而無所利也。"《四庫全書考證》卷一云："'剛柔失正，故未濟也'上有'案'字，自係李鼎祚之說。"故干寶語僅一句，"《說文》曰"以下黃奭誤引。

◎《象》曰：小狐汔濟，未出中也。

　　狐，野獸之妖者，以喻祿父。中，謂二也。困而猶處中故也。此以記紂雖亡國，祿父猶得封矣。《集解》十二。

◎"濡其尾，無攸利"，不續終也。

　　言祿父不能敬奉天命，以續旣終之禮，謂叛而被誅也。《集解》十二。

◎雖不當位，剛柔應也。

　　六爻皆相應，故微子更得爲客也。《集解》十二。

◎九二，曳其輪，貞吉。

　　坎爲輪，離爲牛。牛曳輪上，以承五命，猶東蕃之諸侯，共攻三監，以康周道，故曰"貞吉"也。《集解》十二。

◎六三，未濟，征凶，利涉大川。《象》曰："未濟，征凶"，位不當也。

　　吉凶者，言乎其失得也。祿父反叛，管蔡與亂，兵連三年，誅及骨肉，故曰"未濟，征凶"。平剋四國，以濟大難，故曰"利涉大川"。坎也，以六居三，不當其位，猶周公以臣而君，故流言作矣。《集解》十二。

◎六五，貞吉，無悔。君子之光，有孚，吉。

　　以六居五，周公攝政之象也，故曰"貞吉，無悔"。制禮作樂，復子明辟，天下乃明其道，乃信其誠，故"君子之光，有孚，吉"矣。《集解》十二。

# 卷　三

**繫辭上傳**

◎悔吝者，憂虞之象也。

　　悔亡則虞，有小吝則憂，憂虞未至於失得，悔吝不入於吉凶。事有小大，故辭有急緩，各象其意也。《集解》十三。

◎憂悔吝者存乎介。

介，纖介也。《釋文》二。

◎故神無方而易無體。

否泰盈虛者，神也。變而周流者，易也。言神之鼓萬物無常方，易之應變化無定體也。《集解》十三。

◎慎斯術也以往。

慎，時震反。《釋文》二。

◎大衍之數五十。

衍，合也。《釋文》二、《集解》十四。

◎神武而不殺者夫。

殺，所戒反。《釋文》二。

◎是故易有太極，是生兩儀。

發初言"是故"，總衆篇之義也。《集解》十四。


**繫辭下傳**

◎重門擊柝，以待暴客。

卒暴之客，爲奸寇也。《集解》十五。

◎是故易者象也。

言"是故"，又總結上義也。《集解》十五。

◎精義入神以致用也。

能精義理之微，以得未然之事，是以涉於神道，而逆禍福也。《集解》十五。

◎君子知微知彰，知柔知剛，萬夫之望。

言君子苟達於此，則"萬夫之望"矣。周公聞齊魯之政，知後世彊弱之勢；辛有見被髮而，祭則知爲戎狄之居。凡若此類，可謂知幾也，皆稱君子。君子則以得幾，不必聖者也。《集解》十五。

◎男女搆精，萬物化生。

男女，猶陰陽也。故萬物化生，不言陰陽而言男女者，以指釋《損》卦六三之辭，主於人事也。《集解》十六。《象旨決錄》六節引。

◎辯物，正言，斷辭，則備矣。

辯物類也。正言，言正義也。斷辭，斷吉凶也。如此則備於經矣。《集解》十六。

◎謙，德之柄也。

柄，所以持物；謙，所以持禮者也。《集解》十六。

◎無有師保，如臨父母。

言易道以戒懼爲本，所謂懼以終始，歸無咎也。外謂大夫之從王事，則"夕惕若厲"。内謂婦人之居室，則無攸遂也。雖無師保切磋之訓，其心敬戒，常如父母之臨己者也。《集解》十六。

◎易之爲書也。

重發《易》者，别殊旨也。《集解》十六。

◎六爻相雜，唯其時物也。

一卦六爻，則皆雜有八卦之氣。若初九爲震爻，九二爲坎爻也。或若見辰戌言艮，巳亥言兑也。或若以甲壬名乾，以乙癸名坤也。或若以午位名離，以子位名坎。或若德來爲好物，刑來爲惡物。王相爲興，休廢爲衰。《集解》十六。

◎初辭擬之，卒成之終。

初擬議之，故難知；卒終成之，故易知。本末勢然也。《集解》十六。

◎爻有等，故曰物。

等，羣也。爻中之義，羣物交集，五星四氣，六親九族，福德刑殺，衆形萬類，皆來發於爻，故總謂之物也。象頤中有物曰"噬嗑"，是其義也。《集解》十六。

◎物相雜謂之文，文不當，故吉凶生焉。

其辭爲文也，動作云爲，必考其事，令與爻義相稱也。事不稱義，雖有吉凶，則非今日之吉凶，故"元亨利貞"，而穆姜以死；"黄裳元吉"，南蒯以敗，是所謂"文不當"也。故於經，則有君子吉，小人否；於占，則王相之氣，君子以遷官，小人以遇罪也。《集解》十六。


**説卦傳**

◎幽贊於神明而生蓍。

幽，昧，人所未見也。贊，求也。言伏羲用明於昧冥之中，以求萬物之性爾，乃得自然之神物。能通天地之精，而管御百靈者，始爲天下生用蓍之法者也。《集解》十七。

◎震爲駹。

龍，干作"駹"，云："雜色。"《釋文》二。

◎爲旉。

旉，花之通名，鋪爲花貌謂之敷。本又作"專"，如字。《釋文》二。

◎其於木也爲科上槁。

槁，本作"熇"。《釋文》二。

## 序卦傳

◎有天地，然後萬物生焉。

物有先天地而生者矣。今正取始於天地，天地之先，聖人弗之論也。故其所法象，必自天地而還。《老子》曰："有物混成，先天地生，吾不知其名，彊字之曰道。"《上繫》曰："法象莫大乎天地。"《莊子》曰："六合之外，聖人存而不論。"《春秋穀梁傳》曰："不求知所不可知者，智也。"而今後世浮華之學，彊支離道義之門，求入虛誕之域，以傷政害民，豈非讒說殄行，大舜之所疾者也？《集解》十七。

◎物穉不可不養也，故受之以《需》。需者，飲食之道也。

需，坤之遊魂也。雲升在天，而雨未降，翱翔東西，須之象也。王事未至，飲宴之日也。夫坤者，地也，婦人之職也。百穀果蓏之所生，禽獸魚鼈之所託也，而在遊魂變化之家，即烹爨腥實以爲和味者也，故曰"需者，飲食之道"也。《集解》二。

◎有天地然後有萬物，有萬物然後有男女，有男女然後有夫婦，有夫婦然後有父子，有父子然後有君臣，有君臣然後有上下，有上下然後禮義有所錯。

錯，施也。此詳言人道，三綱六紀有自來也。人有男女陰陽之性，則自然有夫婦配合之道。有夫婦配合之道，則自然有剛柔尊卑之義。陰陽化生，血體相轉，則自然有父子之親。以父立君，以子資臣，則必有君臣之位。有君臣之位，故有上下之叙。有上下之序，則必禮以定其體，義以制其宜。明先王制作，蓋取之於情者也。上經始於乾坤，有生之本也。下經始於咸恒，人道之首也。《易》之興也，當殷之末世，有妲己之禍。當周之盛德，有三母之功。以言天不地不生，夫不婦不成。相須之至，王教之端。故《詩》以《關雎》爲《國風》之始，而《易》於咸、恒，備論禮義所由生也。《集解》十七。

## 雜卦傳

◎晉，畫也。明夷，誅也。

日上中，君道明也。明君在上，罪惡必刑也。《集解》十七。

◎夬，決也，剛決柔也。君子道長，小人道憂也。

凡《易》既分爲六十四卦，以爲上下經，天人之事，各有始終。夫子又爲《序卦》，以明其相承受之義。然則文王、周公所遭遇之運，武王、成王所先後之政，蒼精受命短長之期，備於此矣。而夫子又重爲《雜卦》，以易其次第。《雜卦》之末，又改其例，不以兩卦反覆相酬者，以示來聖後王，明道非常道，事非常事也。化而裁之存乎變，是以終之以決。言能決斷其中，唯陽德之主也。故曰："易窮則變，通則久。"總而觀之，伏羲、黃帝，皆繫世象賢，欲使天下世有常君也。而堯舜禪代，非黃農之化，朱均頑也。湯武逆取，非唐虞之迹，桀紂之不君也。伊尹廢立，非從順之節，使太甲思愆也。周公攝政，非湯武之典，成王幼年也。此皆聖賢所遭遇異時者也。夏政尚忠，忠之弊野，故殷自野以教敬。敬之弊鬼，故周自鬼以教文。文弊薄，故春秋閱諸三代而損益之。顏回問爲邦，子曰："行夏之時，乘殷之輅，服周之冕。"弟子問政者數矣，而夫子不與言三代損益，以非其任也。回則備言王者之佐，伊尹之人也，故夫子及之焉。是以聖人之於天下也，同不是，異不非。百世以俟聖人而不惑，一以貫之矣。《集解》十七。

## 干寶《周易宗塗》

晉干寶撰。寶有《周易注》，已著録。《隋志》經部注著録此書爲四卷，云亡。兩《唐志》不復載，蓋佚已久。其佚文無考。

## 干寶《周易爻義》

　　晉干寶撰。寶有《周易注》，已著録。《隋志》經部注著録此書爲一卷，兩《唐志》著録同，後佚。朱彝尊《經義考》卷十一引胡一桂曰："干寶《周易傳》十卷，復別出《爻義》一卷。宣和四年，蔡攸上其書曰：'其學以卦爻配月，或以配日，時傅諸人事，而以前世已然之迹證之，訓義頗有所據。若《大有》九三，本《左傳》訓宴享，乃與古合。房審權亦採録之。'"其佚文無考。

## 宣舒《通知來藏往論》

晉宣舒撰。舒（西晉人），字幼驥，陳郡（治今淮陽）人。仕晉，官至宜城令。事迹略見《經典釋文·序錄》。此書《隋志》不載，見於《釋文·序錄》。東晉張璠撰《周易集解》，採用舊注二十二家，此書居其一。《舊唐書·經籍志》著錄宣舒《通易象論》一卷，蓋同書而異名。後無聞，其佚文無考。

## 謝萬《周易繫辭注》

　　晉謝萬撰。萬（320—361），字萬石，陳郡陽夏（今太康）人。謝安弟。仕晉，官至西中郎將。事迹附見《晉書》卷七十九《謝安傳》。《釋文·序錄》首言萬有《繫辭注》，《隋志》經部亦著錄此書爲二卷。兩《唐志》著錄同。後佚。其佚文無考。

# 范宣《擬周易説》

晉范宣撰。宣（晉成帝至孝武帝時人），字宣子，陳留（今開封）人，以儒學稱。事迹具《晉書·儒林傳》。《隋志》經部注著録此書爲八卷，云：“范氏撰，亡。”嚴可均《全晉文》、丁國鈞《補晉書藝文志》皆謂此“范氏”即范宣。姚振宗《隋書經籍志考證》云：“按《晉書·儒林傳》：‘宣家于豫章，雖閒居屢空，常以講誦爲業，譙國戴逵等皆聞風宗仰。太元中，順陽范寧爲豫章太守，在郡立鄉校，教授恒數百人。由是江州人士並好經學，化二范之風也。年五十四卒。著《禮》、《易論難》，皆行於世。子輯，歷郡守、國子博士，自免歸，亦以講授爲事。’此《擬周易説》，在《禮》《易論難》之内者歟？或有范寧、范輯之説在内，非一人之作，故《七録》總題‘范氏’也。”佚文無考。

## 袁宏《周易譜》

晉袁宏撰。宏（328—376），字彥伯，小字虎。陳郡陽夏（今太康）人。一生撰述甚多。事迹具《晉書·文苑傳》。此書本傳不載，《隋志》亦未著錄。《舊唐書·經籍志》始著錄爲一卷，《新唐書·藝文志》著錄作《周易略譜》。後佚。其佚文無考。

# 袁悅之《周易繫辭注》

晉袁悅之撰。悅之（東晉人），字元禮，陳郡陽夏（今太康）人。仕晉，官至驃騎諮議參軍。事迹具《晉書》卷七十五本傳。《隋志》《唐志》均不載此書，唯《經典釋文·序錄》稱"袁悅之注《繫辭》"。其佚文無考。

# 袁悦之《周易音》

晉袁悦之撰。悦之有《周易繫辭注》，已著録。此書未見史志著録。文廷式《補晉書藝文志》云："按國朝謝啓昆《小學考》曰：'《晉書·李悦之傳》：悦之，字元禮，陳郡陽夏人。'《册府元龜》曰：悦之注《繫辭》，又爲《易音》。余按：《晉書》袁悦之附《王湛傳》，作'李'誤也。"其佚文無考。

# 庾運《易義》

晉庾運撰。運（生卒年不詳），字玄度，新野人。仕晉，官至尚書。事迹略見《經典釋文·序錄》。此書未見史志著錄，唯《序錄》云："庾運，字玄度，爲《易義》，一云《易注》。"東晉張璠撰《周易集解》，採集二十二家舊注，此書居其一。後佚。其佚文無考。

# 荀柔之《周易繫辭注》

南朝宋荀柔之撰。柔之（生卒年不詳），潁川潁陰（今許昌）人，宋奉朝請。事迹略見《經典釋文·序錄》。馬國翰輯本《序》云："《周易繫辭荀氏注》，宋荀柔之撰。《南史》《宋書》皆無柔之傳，其字亦佚。陸德明《釋文·序錄》載注《繫辭》者十人，有荀柔之。《册府元龜》云：'荀柔之注《周易繫辭》，並爲《易音》。'考《釋文》，爲《易音》者三人：王肅、李軌、徐邈，不言柔之，未知所據。《隋書·經籍志》、《唐書·藝文志》並有荀柔之《繫辭注》二卷，今佚。唯《釋文》引其三節，如'議之而後動'，作'儀之'，與鄭康成、姚信同，較王弼本作'議之'者，理實深長有味。得茲一臠，令人想天廚之充美矣。"按此本所謂一卷，實僅三則。《續修四庫全書總目提要》於此三則皆有論述，其結論與馬氏頗異其趣，其略云："如《繫辭》'議之而後動'，作'儀之而後動'，與鄭玄、姚信、桓玄讀同。按《詩·大雅》'我儀圖之'，毛傳訓爲度。又《前漢書·外戚傳》'皆心儀霍將軍女'，注：'心儀，即心擬。'又《釋名》：'儀，宜也，得事宜也。'《詩·小雅·由儀》，笙詩，傳：'由儀，萬物之生，各得其宜也。'是'儀'又有'宜'義。'儀之而後動'者，蓋幾經審度，得其事宜，然後動無悔吝。較《正義》本作'議之而後動'者，義實深長。後儒皆喜稱述，唯下文'擬議以成其變化'，'擬議'二字，皆承上文而來，若作'擬儀'，似微不合，則亦不能無少疑也。至於'通乎晝夜之道而知'，讀'知'爲'智'，義亦較優。訓'扐'爲'別'，扐，馬云'指間也'，最得解。虞翻以揲餘爲扐，掛一爲奇，及此訓皆不當。然只此三則，他無所見，欲以此定其注之良否亦難也。"本次重輯，未有新增，一仍其舊。

## 荀柔之《周易系辭注》一卷

◎通乎晝夜之道而知。

　　知，音智。<small>陸德明《經典釋文》二（下稱《釋文》）。</small>

◎議之而後動。

議之，荀柔之作"儀之"。《釋文》二。

◎歸奇於扐以象閏。

扐，別也。《釋文》二。

# 周顒《周易論》

　　南朝齊周顒撰。顒（生卒年無考）字彥倫，汝南安城（今正陽東北六十里固城村）人。周舍之父。歷仕宋、齊，以善《老》《易》稱。事迹具《南齊書》卷四十一、《南史》卷三十四本傳。《隋志》著録此書爲十卷，注云"梁有三十卷，亡"。此十卷本今亦蕩然不存矣。佚文無考。

# 釋法通《乾坤義》

南朝梁釋法通撰。法通（443—512），俗姓褚氏，河南陽翟（今禹州）人。家世衣冠，年十二出家，晦迹鐘山三十餘載。事迹具《高僧傳》卷八。《隋志》經部周易類注云："梁釋法通《乾坤義》一卷，亡。"此書蓋唯釋《周易》乾、坤二卦之義也。其書不傳，佚文無考。

# 周弘正《周易義疏》

南朝陳周弘正撰。弘正（496—574）字思行，汝南安城（今正陽東北六十裏固城村）人。周顗孫。歷仕梁、陳，爲當時大儒。卒謚簡子。事迹具《陳書》卷二十四、《南史》卷三十四本傳。是書有馬國翰、黃奭輯本，分別名之曰《周易周氏義疏》《周氏易注》。馬國翰輯本《序》云："其《易》説，本傳云'《講疏》十六卷'。《隋書·經籍志》作《義疏》，卷數同。陸德明《釋文·序録》云'近代梁褚仲都、陳周弘正並爲《易義》，此其知名者'。陸氏稱《義》與《隋志》合，想原書本題作《義疏》也。德明，唐人，及見其《疏》，而《唐書·藝文志》不著録，未知何故。（按：馬氏此語可商。陸德明卒於唐初，其所見之書，《唐書·藝文志》倒不一定著録，其間或有散佚。歐陽修《新唐書·藝文志》取材於《開元四庫書目》，換句話説，就是取材於唐玄宗開元年間編成的《四庫書目》，見余嘉錫《目録學發微》卷三《唐至清》部分）今則佚矣。《釋文》引止四節。孔穎達《正義》亟引周氏不標其名，以序稱'簡子'斷之，知爲弘正説。兹併合輯一卷，大抵衍輔嗣之旨，亦或用鄭説。而於《序卦》分六門，以主攝之，頗見新意。夫《易》管天下之道，無所不包，學者玩索而有得焉，斯名理日出而不窮也已。"馬國翰所輯共十六節。黃奭所輯共二十節，有兩節屬于誤收者，今列入存目，實者共十八節。馬本與黃本相同者十五節，即黃本有三節爲馬本所無，馬本有一節爲黃本所無。以數量較之，黃本優于馬本。但在標明佚文出處、佚文所疏經文之使用上，馬本實優于黃本。是故，本次整理以馬國翰輯本爲底本，以黃奭輯本爲參校本。共得佚文20節，其中1節爲馬、黃皆無；列于存目者2節，勒爲一卷。

## 周弘正《周易義疏》一卷

### 上　經

《易》者，易也；不易者，變易也。易者，易代之名。凡有無相代，彼此相易，皆是易義。不易者，常體之名，有常有體，無常無體，是不易之義。"變易"者，相變改之名，兩有相變，此爲變易。孔穎達《正義·序》引周簡子。

## 乾

◎君子以成德爲行，日可見之行也。潛之爲言也，隱而未見，行而未成，是以君子弗用也。

上第六節"乾元者始而亨者也"，是廣明"乾"與"四德"之義，此"君子以成德爲行"，亦是第六節，明六爻之義，總屬第六節，不更爲第七節。同上、魏了翁《周易要義》。（下稱"魏氏《要義》"）

德出於己，在身內之物，故云"成"；行被於人，在外之事，故云爲"行"。《正義》。

## 屯

◎雷雨之動滿盈。

此一句覆釋亨也。《正義》。

⊙按：黃奭輯本作："此一句覆釋亨也。但屯有二義，一難也，一盈也。上既以剛柔始交釋屯難也，此又以雷雨二象解盈也。言雷雨二氣，初相交動，以生養萬物，故得滿盈，即是亨之義也。""但屯"以下並非周弘正之語，黃奭誤。

釋亨也，萬物盈滿則亨通也。同上。引周氏、褚氏云。

## 蠱

◎先甲三日，後甲三日。

甲者，造作新令之日。甲前三日，取改過自新，故用辛也；甲後三日，取丁寧之義，故用丁也。《正義》、魏氏《要義》引褚氏、何氏、周氏等。

◎有子考。《釋文》："周依馬、王肅以'考'絕句。"

⊙按：此《蠱卦》初六象辭，馬、王、周原文當是"幹父之蠱，有子考，無咎"。而王弼、孔穎達則讀作"幹父之蠱，有子，考無咎"。

下　經

## 咸

◎取女吉。

天地各卦，夫婦共卦者（上九字據《正義》補）。尊天地之道，略於人事，猶如三才，天地爲二，人止爲一也。《正義》、魏氏《要義》。

## 恒

◎恒：亨，無咎，利貞。注：恒而亨，以濟三事也。

三事者，一亨也，二無咎也，三利貞也。《正義》、魏氏《要義》。

## 晉

◎君子以自昭明德。

昭，作照，以爲自照己身。《正義》。

⊙按：馬氏輯本此條作："自照己身，《老子》曰'自知者明'，用明以自照。"《老子》曰一句非周弘正之語。"用明以自照"，是孔疏語。且馬國翰的引文並不完整，甚至可以說是破句，孔疏原文是"用明以自照爲明德"。黃奭輯本此條作："周氏等爲'照'，以爲自照己身。《正義》又云'周氏等爲"照"，之召反'。"

## 萃

◎王假有廟。

鬼神享德不在食也。史徵《周易口訣義》。（下稱"史氏《口訣義》"）

## 井

◎改邑不改井。

井以不變更爲義。《正義》、魏氏《要義》。

◎君子以勞民勸相。

勸助民人使功日濟。史氏《口訣義》。

⊙按：此條馬本、黃本漏輯，今補。

◎小過。

過，罪過。《正義》、魏氏《要義》。

## 繫辭上

"天尊地卑"爲第一章，"聖人設卦觀象"爲第二章，"彖者言乎象者"爲第三章，"精氣爲物"爲第四章，"顯諸仁藏諸用"爲第五章，"聖人有以見天下之賾"爲第六章,"初六藉用白茅"爲第七章,"大衍之數"爲第八章,"子曰知變化之道"爲第九章,"天一地二"爲第十章,"是故《易》有太極"爲第十一章,"子曰書不盡言"爲第十二章。《正義》。

◎震無咎者存乎悔。

震,救也。《釋文》、魏氏《要義》。

⊙按:此條馬本作"震,威也",誤。

**繫辭下**

第一起"八卦成列"至"非曰義",第二起"古者包犧"至"蓋取諸《夬》",第三起"易者象也"至"德之盛",第四起"《困》于石"至"勿恒凶",第五起"《乾》《坤》其《易》之門"至"失得之報",第六起"《易》之興"至"《巽》以行權",第七起"《易》之爲書"至"思過半矣",第八起"二與四"至"謂《易》之道",第九起"夫《乾》天下"至"其辭屈"。《正義》曰:"周氏、莊氏並爲九章,今從九章爲説也。"

◎知者觀其象辭。

象辭,爻辭也。《釋文》:"鄭云'象辭,爻辭也',周同。"

◎是故其辭危。

謂當紂時,不敢指斥紂惡,故其辭微危而不正也。《正義》、魏氏《要義》。

**序卦**

周氏就《序卦》以六門往攝,第一天道門,第二人事門,第三相因門,第四相反門,第五相須門,第六相病門。如《乾》之次《坤》、《泰》之次《否》等第,是天道運數門也。如《訟》必有《師》,《師》必有《比》等,是人事門也。如因《小畜》生《履》,因《履》故通等,是相因門也。如《遯》極反《壯》,動竟歸止等,是相反門也。如《大有》須《謙》,《蒙》稚待養等,是相須門也。如《賁》盡致《剝》,進極致傷等,是相病門也。《正義》。

◎不養則不可動,故受之以《大過》。

周氏等不悟其非,兼以"過失"釋《大過》之名。《正義》、魏氏《要義》。

◎故受之以《未濟》,終焉。

按《序例》有數欵:曰然後,曰而後,曰不可,曰不可以,曰不可不,曰必,曰必有,曰必有所,曰莫若,各有取義,約之,不外一中,不問天道、人事,高者抑之,下者舉之,得中者順之,隨時從道,以趨中而已。其他奧義,諸賢多搜索于位置時數之間，可喜、可愕，不可枚舉，然而夫子當時曾不瑣及，惟隨時用中之道，爲不易矣。何楷《古周易訂詁》。

⊙按：黃本存此條，援引明人何楷《古周易訂詁》周氏曰者。此周氏是否爲周弘正，存疑。

# 存　目

## 乾

◎乾：元、亨、利、貞。

元，始也。於時配春，言萬物始生，得其元始之序，發育長養。亨，通也。於時配夏，夏以通暢合其嘉美之道。利者，義也。於時配秋，秋以成實得其利物之宜。貞者，正也。於時配冬，冬以物之終納幹正之道。若以五行言之，元，木也；亨，火也；利，金也；貞，水也。土則資運四事，故不言之。若以人事，則元爲仁、亨爲禮、利爲義、貞爲信。不言智者，謂此四事因智而用，故乾鑿度云"水土二行，兼智兼信"是也。史氏《口訣義》。

## 訟

◎不利涉大川。

與相爭，必被襲，謀當見墜於深淵也。史氏《口訣義》。

⊙按：以上兩條爲黃奭輯本之文，其中"周氏云"之"周氏"疑非指周弘正。原因有二。其一，《四庫全書總目》著錄《周易口訣義》云："如《乾·象》引周氏説，《訟·象》引周氏説。《萃·象》引周弘正説，《困·大象》引周弘正説。"知史徵引周氏説之"周氏"與周弘正應非一人。其二，史徵援引周弘正説者，明標"周弘正云"，見于史氏書之《萃·象》及《井·象》，《四庫提要》云"《困·大象》引周弘正説"，誤，當是《井·象》。其三，依黃奭意，《乾·象》《訟·象》引"周氏云"之"周氏"亦爲周弘正，但史氏引周氏説在前，引周弘正説在後，作者在前用"某氏云"，在後直引名字，亦非常理。考《漢書·藝文志》著錄有《易傳周氏》二篇，周王孫撰。史氏引"周氏云"之周氏，或指周王孫。

書類

# 周防《尚書雜記》

　　東漢周防撰。防（生當東漢前期）字偉公，汝南汝陽（今商水西南）人。《後漢書·周防傳》："師事徐州刺史蓋豫，受《古文尚書》。經明，舉孝廉，拜郎中。"官至陳留太守。年七十八，卒於家。是書始見於《後漢書》本傳，本傳云："撰《尚書雜記》三十二篇，四十萬言。"隋、唐《志》不載，蓋已亡佚。清人錢大昭、侯康、顧櫰三、姚振宗、曾樸五家所補東漢《藝文志》均著錄此書。其書不傳，佚文無考。

## 劉陶《尚書訓詁》

　　後漢劉陶撰。陶（？—185）又名偉，字子奇，潁川潁陰（今許昌）人。舉孝廉，除順陽長。歷官京兆尹、諫議大夫。死於宦官迫害。事迹具《後漢書》卷五十七本傳。是書始見於《後漢書》本傳："陶明《尚書》《春秋》，爲之訓詁。"其書不傳，故史志未有著錄。其佚文無考。

# 劉陶《中文尚書》

　　後漢劉陶撰。陶有《尚書訓詁》，已著錄。是書始見於《後漢書》本傳："陶推三家《尚書》及古文，是正文字七百餘事，名曰《中文尚書》。"按《漢書·藝文志》："劉向以中古文校歐陽、大小夏侯三家經文。"劉陶所謂"中文"，即《藝文志》所謂"中古文"，乃皇家"中秘"所藏之《古文尚書》。陶書不傳，故史志未加著錄。今次未能輯出。清王紹蘭《蕭山王氏十萬卷樓輯佚七種·漢桑欽古文尚書説附》曾有輯本，《中國古佚書輯本目錄解題》云："王紹蘭從《後漢書·劉陶傳》採得陶説數節，以爲即説《中文尚書》之文。按所採陶説如'武丁得傅説，以消鼎雉之災'之類，不過爲用典，非明引《書》或説《書》。且據《後漢書》本傳，陶僅取歐陽及大小夏侯三家《今文尚書》與《古文尚書》比勘，是正文字七百餘，則其本乃合今、古文本校訂而成，故名曰'中文'，並未有注解傳於世也。王氏此輯不足信。"

## 荀爽《尚書正經》

後漢荀爽撰。爽有《周易注》，已著録。是書始見於《後漢書》本傳。爽爲一代碩儒，遭黨錮隱居十餘年，以著述爲事，所著書凡百餘篇，然當時已"多所亡缺"，故《尚書正經》後世遂無傳焉，其佚文無考。

# 范寧《古文尚書舜典注》

晉范寧撰。寧（339—401），字武子。南陽順陽（今淅川）人。仕晉，官至豫章太守。一生撰述甚多。事迹具《晉書》卷七十五本傳。《隋志》經部著録此書爲一卷，兩《唐志》不復見，佚。盧文弨《經典釋文考證》云："《隋志》：'《古文尚書舜典》一卷，范寧注。梁有《尚書》十卷，范寧注，亡。'蓋范書本十卷，因孔傳闕《舜典》，故取范所注《舜典》以補孔傳之闕。後范所注本書亡，而《舜典》一篇獨以傅合孔傳得存也。"馬氏輯本《序》云："從劉昭《後漢志注》、唐釋玄應《一切經音義》、《太平御覽》等書輯得十二節，大抵用馬鄭舊義。"《續修四庫全書總目提要》云："其中如'禋于六宗'，則用鄭玄義，謂'六宗，星、辰、司中、司命、風伯、雨師也'；'至於岱宗，柴'，則用馬融義，謂'祭時積柴加牲於其上而燔之也'；'修五禮'，謂'吉、凶、賓、軍、嘉'，亦用馬義；'五玉'，謂'五等諸侯之瑞'，亦用鄭義也；'肇十有二州'，謂'禹平水土，置九州。舜爲冀州廣大，分爲并州，燕置幽州，分齊爲營州，始爲十二州'，則並用馬鄭説也。蓋寧于《尚書》，殊罕闡明，遠不如其《春秋穀梁傳》之懿，信乎專習之與兼習，其效固有殊矣。"范寧《舜典注》之佚文，馬氏得十二條；另有清王仁俊《玉函山房輯佚書續編》所輯《書范氏集解》三條，實亦爲《舜典注》，故本次重輯，以馬王輯本爲底本，新增1條，凡16條，勒爲一卷。

## 范寧《古文尚書舜典注》一卷

◎禋于六宗。

考觀衆議，各有説難，鄭氏証據最詳，是以附之。《後漢書·祭祀中》劉昭注。鄭玄曰："六宗，星、辰、司中、司命、風伯、雨師也。星，五緯也。辰謂日月所會十二次也。司中、司命，文昌第五、第四星也。風師，箕也。雨師，畢也。"據《後漢書·祭祀中》劉昭注補録。

◎歲二月，東巡狩，至於岱宗，柴。今注疏本作"巡守"，《後漢書·祭祀志》注引書及范寧注並作"狩"。

巡狩者，巡行諸侯所守。二月直卯，故以東巡狩也。祭山曰燔柴，積柴加牲於其上而燔之也。《後漢書·祭祀上》劉昭注。

宗，太山也。逸《玉篇》"岱"下引："《尚書》：'二月東巡狩，至於岱宗。'范寧曰：'宗，太山也。'"

◎修五禮。

吉、凶、軍、賓、嘉也。《後漢書·祭祀上》劉昭注。

◎五玉。

五等諸侯之瑞，珪璧也。《後漢書·祭祀上》劉昭注。

◎三帛。

玄、纁、黃，三孤所執。《後漢書·祭祀上》劉昭注。

◎二牲。今注疏本作"生"，《後漢書·祭祀志》作"牲"，注引范說。

羔、雁也。卿執羔，大夫執雁。《後漢書·祭祀上》劉昭注。

◎一死。

雉也。士所執。《後漢書·祭祀上》劉昭注。

◎贄。

總謂上所執之以爲贄者也。《後漢書·祭祀上》劉昭注。

◎肇十有二州。

禹平水土，置九州。舜爲冀州廣大，分爲并州，燕置幽州，分齊爲營州，始爲十二州。《太平御覽》一百五十七。

◎眚災肆赦。

放赦罪人，蕩滌衆故，有時而用之，非經國之常制。《春秋穀梁傳注疏》六"肆，失也；眚，災也"注。

◎蠻夷猾夏。

猾，亂也。《雜寶藏經》第八卷"狡猾"條（玄應《一切經音義》十二，下簡稱《玄應音義》）。

◎寇賊姦宄。

寇謂羣行攻剽者也。《超日明三昧經》下卷"寇害"條（《玄應音義》五）、《陀螺尼雜集經》第二卷"寇賊"條（《玄應音義》二十三）、《大乘十輪經》第五卷"寇敵"條（《玄應音義》二十一）。

◎帝曰："垂，汝共工。"

主百工匠之官，謂司空也。逸《玉篇》"工"下引。

◎三考黜陟。

黜，退也。《大智度論》第十卷"黜而"條（《玄應音義》九）。

◎作《汩作》《九共》《槀飫》。逸《玉篇》"飫"下引文。

槀，勞也。飫，賜也。勞賜也。賜下士故曰槀飫。同上。

# 存 目

◎愼徽五典，五典克從。納于百揆，百揆時叙。賓于四門，四門穆穆。納于大麓，烈風雷雨弗迷。陸德明《經典釋文·序録》："江左中興，元帝時豫章内史枚賾奏上《孔傳古文尚書》，亡《舜典》一篇，購不能得，乃取王肅注《堯典》，從'愼徽五典'以下分爲《舜典》篇以續之，學徒遂盛。後范寧變爲今文集注，俗閒或取《舜典》篇以續孔氏。"據此，則范注《舜典》，亦以"愼徽五典"爲篇首，特變古文"睿"爲"愼"爾。

⊙按：此條馬氏闌入。無關注釋而輯入《舜典注》，故列爲存目。

# 范寧《尚書注》

晉范寧撰。寧有《古文尚書舜典注》，已著録。《隋志》經部注著録此書，云亡，兩《唐志》又見著録。《續修四庫全書總目提要·古文尚書舜典注》云："梁有《尚書》十卷，范寧注，亡。《舊唐書·經籍志》有十卷，孔安國傳，范寧注；《唐書·藝文志》亦有范寧注十卷，是隋亡而唐復出，今則並佚。"其佚文可考見者，有馬國翰所輯《古文尚書舜典注》一卷，以及清王仁俊所輯《書范氏集解》（見《玉函山房輯佚書續編》）。《中國古佚書輯本目録解題》云："王氏雖題《書范氏集解》，所採三節亦均爲《舜典》之注。"故本次重輯，凡爲《舜典注》者不復贅入，另得與《禹貢》有關者1條，勒爲一卷，是爲新增。

## 范寧《尚書注》一卷

### 禹貢

◎苞匭菁茅。

菁茅，香草，所以縮酒。《春秋穀梁傳注疏》僖公四年"菁茅之貢不至"，范寧注："菁茅，香草，所以縮酒。"疏："《尚書·禹貢》云：'苞匭菁茅。'孔安國云：'菁以爲葅，茅以縮酒。'今范云'菁茅，香草'，則以爲一物，與孔異也。"

# 蔡大寶《尚書義疏》

北周蔡大寶撰。大寶（？—564），字敬位，濟陽考城（今蘭考東）人。歷仕蕭詧、蕭巋，卒，諡曰文凱。事迹具《周書》卷四十八本傳、《北史·僭僞附庸傳》。是書《隋志》經部著録爲十卷，兩《唐志》著録同。後佚。今次未能輯出。按孔穎達《尚書正義序》云："隋初，其爲《正義》者，蔡大寶、巢猗、費甝、顧彪、劉焯、劉炫等。其諸公旨趣，多或因循，詁釋注文，義皆淺略。今奉明敕，考定是非，謹罄庸愚，竭所聞見，覽古人之傳記，質近代之異同，存其是而去其非，削其煩而增其簡。"孔氏雖於大寶之《義疏》多有微詞，然亦不廢其爲撰述《尚書正義》之參考云。

詩類

## 許晏《魯詩許氏章句》

　　舊題漢許晏撰。晏（生當西漢後期），陳留（今開封東南）人。受《魯詩》於張遊卿，元帝時爲博士，由是《魯詩》張家有許氏學。事迹具《漢書·儒林傳》。是書始見於《太平御覽》卷四百九十六所引《陳留風俗傳》："許晏，字偉君，授魯詩，改學曰《許氏章句》，列在儒林。"其書久佚，故後史無載，佚文無考。

# 鄭衆《毛詩先鄭義》

後漢鄭衆撰。衆（？—83）字仲師，河南開封（今尉氏東北）人，鄭興子，官至大司農，人稱"鄭司農"，事迹具《後漢書》本傳。其後，鄭玄（127—200）亦官拜司農，後世遂別以先後，稱衆爲"先鄭"，稱玄爲"後鄭"。本傳載其從父受《左氏春秋》，兼通《易》《詩》。陸璣《毛詩草木鳥獸蟲魚疏》及陸德明《經典釋文·序錄》均稱其"傳《毛詩》"。《隋志》經部詩類小序亦言其作《毛詩傳》，然未加著錄，蓋已亡佚。清王仁俊自《周禮注疏》中輯出11條，名《毛詩先鄭義》，其序云："今剌取司農《周禮注》引《詩》有説義者輯存一卷，以傳司農之學。"蓋其所謂《先鄭義》者，非謂先鄭《毛詩傳》之佚文，乃先鄭《周禮注》中旁及《毛詩》之語也。先鄭之《毛詩傳》，孔穎達已不得見，其疏《毛詩》所引"鄭司農云"，皆出自此等旁及語。要之，先鄭之《毛詩傳》既不存，則王氏之《毛詩先鄭義》聊勝於無，亦研讀《毛詩》之一助也。今次重輯，以王輯本爲底本，新增7條，其中一條分列兩處。王氏闌入1條。故凡18條，勒爲一卷。

## 鄭衆《毛詩先鄭義》一卷

### 周南

#### 關雎序

◎故《詩》有六義焉：一曰風，二曰賦，三曰比，四曰興，五曰雅，六曰頌。

古而自有風、雅、頌之名，故延陵季子觀樂於魯，時孔子尚幼，未定《詩》《書》，而因爲之歌《邶》《鄘》《衛》，曰："是其衛風乎？"又爲之歌《小雅》《大雅》，又爲之歌《頌》。《論語》曰："吾自衛反魯，然後樂正，《雅》《頌》各得其所。"時禮樂自諸侯出，頗有謬亂不正，孔子正之。曰比曰興，比者，比方於物也。興者，託事於物。《周禮·春官·大師》注。《毛詩·詩譜序》孔疏及《關雎序》孔疏有節引。

⊙按：此條爲新增。

## 衛風

### 氓

◎抱布貿絲。

里布者，布參印書，廣二寸，長二尺。以爲幣，貿易物。《詩》云"抱布貿絲"，抱此布也。《周禮·地官·載師》注、《毛詩·邶風·氓》疏。

⊙按：此條爲新增。

## 齊風

### 敝笱

◎敝笱在梁。

梁，水偃也。偃水爲關空，以笱承其空。《周禮·天官·漁人》注、《毛詩·邶風·谷風》疏。

### 猗嗟

◎終日射侯，不出正兮。

正，所射也。《周禮·夏官·射人》注。

## 豳風

### 七月

◎田畯至喜。

田畯，古之先教田者。《爾雅》曰："畯，農夫也。"《周禮·春官宗伯·籥章》注、《毛詩·豳風·七月》及《小雅·甫田》疏。

⊙按：此條爲新增。

◎言私其豵，獻肩于公。按：肩，今本作"豜"。

一歲爲豵，二歲爲豝，三歲爲特，四歲爲肩，五歲爲慎。《周禮·夏官·大司馬》注、《毛詩·召南·騶虞》疏。

## 小雅

### 車攻

◎抉拾既次。按：今本"抉"作"決"，"次"作"佽"。

抉者所以縱弦也，拾者所以引弦也。《周禮·夏官·繕人》注。

⊙按：此條爲新增。

### 蓼莪

◎缾之罄矣，維罍之耻。

罍，臣之所飲也。《周禮·春官·司尊彝》注。

⊙按：此條爲新增。

### 十月之交

◎家伯維宰。

宰夫主諸臣萬民之復逆，故詩人重之，曰"家伯維宰"。《周禮·天官冢宰·宰夫》注、《毛詩·小雅·十月之交》疏。

◎田卒污萊。

芟除其草萊，令車得驅馳。《夏官司馬·大司馬》注。按：王輯本誤引《周禮》經文："虞人萊所田之野"，刪。

### 白華

◎有扁斯石。

謂上車所登之石。《周禮·夏官·隸僕》注、《毛詩·小雅·白華》疏。

## 大雅

### 文王

◎周王于邁，六師及之。

王六軍，大國三軍，次國二軍，小國一軍。故《春秋傳》有大國、次國、小國，又曰："成國不過半天子之軍。"周爲六軍，諸侯之大者，三軍可也。此周爲六軍之見于經也。《周禮·大司馬》注。

⊙按：此條爲新增。

### 常武

◎赫赫明明，王命卿士，南仲大祖，大師皇父，整我六師，以修我戎，既儆既戒，惠此南國。

王六軍，大國三軍，次國二軍，小國一軍。故《春秋傳》有大國、次國、小國，又曰："成國不過半天子之軍。"周爲六軍，諸侯之大者，三軍可也。此周爲六軍之見于經也。《周禮·夏官司馬》注。

⊙按：此條爲新增。

### 旱麓
◎瑟彼玉瓚，黃流在中。按：瑟，今本作"瑟"。

於圭頭爲器，可以挹鬯祼祭，謂之瓚。《周禮·春官·典瑞》注。

### 皇矣
◎是類是禡。

類，祭名也，祭于上帝。《周禮·春官·大祝》注。

⊙按：此條爲新增。

### 板
◎詢于芻蕘。

詢，謀也。《周禮·秋官·小司寇》注。

## 魯頌

### 閟宮
◎錫之山川，土地附庸。奄有龜蒙，遂荒大東，至于海邦。按：地，今本作"田"。

土其地，但爲正四方耳。其食者半，公所食租稅得其半耳，其半皆附庸小國也，屬天子。《周禮·大司徒》注。

## 商頌

### 玄鳥
◎邦畿千里，維民所止。

近，當言"畿"。《春秋傳》曰："天子一畿，列國一同。"《周禮·大司馬》注。

# 存 目

**小雅**

  十月之交

◎仲允膳夫。

  鄭司農以《詩》説之曰"仲允膳夫"。《周禮·冢宰》注。

  ⊙按：此條王氏闌入。雖引《詩》而無説義，故不取。

# 薛漢《薛君韓詩章句》

後漢薛漢等撰。薛漢（光武帝時人），字公子，淮陽人也。《後漢書》本傳云：（漢）"世習《韓詩》，父子以章句著名。漢少傳父業，尤善説災異讖緯，教授常數百人。建武初，爲博士，受詔校定圖讖。當世言《詩》者，推漢爲長。弟子犍爲杜撫、會稽澹臺敬伯、鉅鹿韓伯高最知名。"同卷《杜撫傳》云："杜撫字叔和，犍爲武陽人也。少有高才，受業於薛漢，定《韓詩章句》。"馬昕《〈韓詩薛君章句〉成書、流傳及亡佚考》認爲："《韓詩薛君章句》初創于薛方丘（薛漢之父），完善於薛漢，到薛漢的弟子杜撫才算是最終定稿。"（《中國典籍與文化》2012年第2期）其言是，可從。《隋書·經籍志》著録"韓嬰《韓詩》二十二卷，薛氏章句"，唐後不見著録。南宋末王應麟作《詩考》，始爲輯録，蓋是書之亡佚，至遲在南宋。清馬國翰輯有《薛君韓詩章句》上下二卷，得124條，其中11條闌入。本次重輯，以馬氏輯本爲底本，新增7條，正文凡120條，存目11條，勒爲兩卷。

## 薛漢《薛君韓詩章句》二卷

## 卷 上

**周南**

**關雎**

◎關關雎鳩，在河之洲。

詩人言雎鳩貞潔慎匹，以聲相求，必於河洲蔽隱無人之處。故人君動靜，退朝入於私宮，后妃御見，去留有度。應門擊柝，鼓人上堂。退反燕處，體安志明。今時人君内傾於色，賢人見其萌，故咏《關雎》，説淑女正容儀以刺時。《後漢書·馮衍傳》注，又《明帝紀》注，文字稍異。

◎窈窕淑女。

窈窕，貞專貌。《昭明文選》（下稱《文選》）二十一顏延年《秋胡詩》李善注。（下省"李善"二字，徑稱"注"）

### 葛覃
◎維葉萋萋。

萋萋，盛也。《文選》七潘安仁《藉田賦》注。

### 兔罝
◎施于中逵。

中逵，逵中九交之道也。《文選》十一鮑明遠《蕪城賦》注，又二十顏延年《皇太子釋奠會作》注，又二十七王仲宣《從軍詩》注。

### 芣苢
◎采采芣苢，薄言采之。

芣苢，澤瀉也。芣苢，惡臭之菜。詩人傷其君子有惡疾，人道不通，求已不得，發憤而作，以事興。芣苢雖臭惡乎，我猶采采而不已者，以興君子雖有惡疾，我猶守而不離去也。《文選》五十四劉孝標《辯命論》注。

### 漢廣
◎漢有游女，不可求思。

游女，漢神也。言漢神時見，不可求而得之。《文選》十八嵇叔夜《琴賦》注。《文選》三十四曹子建《七啓》注、五十八謝玄暉《齊敬皇后哀策》注並節引首句。

◎江之漾矣。

漾，長也。《文選》十一王仲宣《登樓賦》注。

### 汝墳
◎魴魚赬尾，王室如燬。雖則如燬，父母孔邇。

赬，赤也。燬，烈火也。孔，甚也。邇，近也。言魴魚勞則尾赤，君子勞苦則顏色變。以王室政教如烈火矣，猶觸冒而仕者，以父母甚迫近飢寒之憂，爲此禄仕。《後漢書·周磐傳》注。

### 麟之趾

◎于嗟麟兮。王先謙《詩三家義集疏》一："《韓》于作'吁'。"

吁嗟，歎辭也。《文選》三十謝玄暉《和王著作八公山詩》注。

## 召南

### 羔羊

◎羔羊之皮，素絲五紽。

小者曰羔，大者曰羊。素喻潔白，絲喻屈柔。紽，數名也。詩人賢仕爲大夫者，言其德能，稱有潔白之性，屈柔之行，進退有度數也。《後漢書·王渙傳》注。

### 江有汜

◎江有渚。

水一溢而爲渚。《文選》二張平子《西京賦》注。

## 邶風

### 日月

◎報我不術。

術，法也。《文選》五十五劉孝標《廣絶交論》注。

### 終風

◎終風且暴。

時風又且暴，使己思益隆。《文選》二十四陸士衡《爲顧彥先贈婦》注。

◎壇壇其陰。

壇壇，天陰塵也。《呂氏家塾讀詩記》四。

### 雄雉

◎雄雉于飛。

雉，耿介之鳥也。《文選》九潘安仁《射雉賦》注。

◎道之云遠。

云，詞也。《文選》二十五傅長虞《贈何劭王濟》注。

詩類·薛漢《薛君韓詩章句》 | 195

### 泉水

◎飲餞于禰。《釋文》五:"禰,乃禮反,地名。《韓詩》作坭,音同。"

送行飲酒曰餞。《文選》二十謝靈運《九日從宋公戲馬臺集送孔令詩》注,又四十六顏延年《三月三日曲水詩序》注。

◎載脂載舝。

載,設也。《文選》十潘安仁《西征賦》注。

### 靜女

◎搔首踟躕。

踟躕,躑躅也。《文選》十五張平子《思玄賦》注,又二十四何敬祖《贈張華》注。按:《文選》十三禰正平《鸚鵡賦》注引《韓詩》作"搔首踟躕",與《毛詩》同。

### 新臺

◎得此戚施。

戚施,蟾蜍也,喻醜貌。《太平御覽》九百四十九。

## 鄘風

### 牆有茨

◎中冓之言。

中冓,中夜也。惠棟《周易述》十二,《易漢學》三。按:《釋文》五引作《韓詩》。

### 載馳

◎許人尤之。

尤,非也。《文選》二十五盧子諒《贈劉琨》注。

## 衛風

### 淇奧

◎綠竹如簀。

簀,積也。綠竹盛如積也。竹,音竹。《文選》二張平子《西京賦》注。

### 考槃

◎考槃在澗。《經典釋文》五:"澗,《韓詩》作'干'。"

地下而黃曰干。《文選》五左太沖《吳都賦》注、《呂氏家塾讀詩記》六。

### 伯兮

◎焉得萱草,言樹之背。

諼草,忘憂也。《文選》二十五謝惠連《西陵遇風獻康樂》注。按:《文選》二十四陸士衡《贈從兄車騎》注引《韓詩》作"諼草"。

## 王風

### 黍離

◎彼黍離離。

詩人求已兄不得,憂不識物,視彼黍乃以爲稷。《太平御覽》八百四十二。按:《御覽》四百六十九:"《韓詩》曰:《黍離》,伯封作也。'彼黍離離,彼稷之苗。'離離,黍貌也。詩人求亡不得,憂懣不識於物,視彼黍離離然憂甚之時,反以爲稷之苗,乃自知憂之甚也。"二者繁簡有別,出處亦不同。

### 君子陽陽

◎君子陶陶。

陶,暢也。《文選》三十四枚乘《七發》注、《後漢書·杜篤傳》注。

### 兔爰

◎雉離于罿。

張羅車上曰罿也。《太平御覽》八百三十二。按:《經典釋文》五、《附釋文互註禮部韻略》二並作《韓詩》,云:"施羅於車上曰罿。"范家相《三家詩拾遺》五:"《韓詩薛君章句》曰:'施於車上曰罿。'"

## 鄭風

### 大叔于田

◎兩驂雁行。

兩驂,左右騑驂。《文選》二十曹子建《應詔詩》注。

## 清人

◎駟介旁旁。

介，界也。《文選》六左太沖《魏都賦》注。

## 東門之墠

◎有靖家室。

靖，樂也。《太平御覽》九百六十四。按：《太平御覽》九百六十四："《韓詩》曰：'東門之栗，有靖家室。'栗，木名。靖，善也。言東門之外栗樹之下有善人，可與成爲室家也。"無"靖，樂也"句，且出處爲《韓詩》，亦非《薛君韓詩章句》。余蕭客《古經解鉤沉》卷六："靖，樂也。《薛章句》。《御覽》九百六十四。"馬國翰之依據或在此。

## 出其東門

◎聊樂我魂。

魂，神也。《文選》九曹大家《東征賦》注，又十四鮑明遠《舞鶴賦》注，又二十八鮑明遠《東武吟》注。

◎野有蔓草

青楊畹兮。《集韻》五上聲二十阮"畹"注引《韓詩》。

青，靜也。《文選》九潘安仁《射雉賦》注。

## 溱洧

◎溱與洧，方洹洹兮。《經典釋文》五："渙渙，《韓詩》作'洹洹'。"

洹洹，盛貌。《古經解鉤沉》六："宋本《御覽》三十。"

◎士與女，方秉蕑兮。

鄭國之俗，三月上巳之辰，兩水之上，招魂續魄，拂除不祥。故詩人願與所說者俱往也。《後漢書·袁紹傳》注。按：《太平御覽》九百八十三："《韓詩》曰：'溱與洧'，說文云（按：當爲'說人也'。參《御覽》八百八十六）。詩人言溱與洧，方流洹洹然，謂三月桃花水下之時，士與女方盛流'秉蕑兮'。秉，執也。蕑，蘭也。當此盛流之時，衆士與衆女方執蘭而拂除。鄭國之俗，三月上巳之日，此兩水之上，拂魂續魄，被除不祥。"又見《御覽》十八（作《韓詩章句》）、五十九（作《韓詩外傳》）、八百八十六（作《韓詩外傳》），文字稍異。

齊風

　　雞鳴

◎說人也。王應麟《玉海》三十八。按：《太平御覽》九百四十四引《韓詩》作"讒人也"。

◎匪雞則鳴，蒼蠅之聲。

　　雞遠鳴，蠅聲相似。《太平御覽》九百四十四。

　　還

◎並驅從兩肩兮。

　　獸三歲曰肩。《後漢書·馬融傳》注。

　　東方之日

◎東方之日兮，彼姝者子，在我室兮。

　　詩人所說者顏色美盛，若東方之日。《文選》十九宋玉《神女賦并序》注，又二十一顏延年《秋胡詩》注，又二十七曹子建《美女篇》注，又二十八陸士衡《日出東南隅行》注。

　　猗嗟

◎舞則纂兮。

　　言其舞應雅樂也。《文選》十七傅武仲《舞賦》注，又二十八《日出東南隅行》。

魏風

　　葛屨

◎纖纖女手。

　　纖纖，女手之貌。《文選》二十九《古詩十九首》注。

　　園有桃

◎我歌且謠。

　　有章曲曰歌，無章曲曰謠。徐堅《初學記》十五。

　　伐檀

◎不素餐兮。

素，質也。《文選》十七傅武仲《舞賦》注。

何謂素餐？素餐者質。人但有質朴而無治民之材，名曰素餐尸祿者，頗有所知，善惡不言，默然不語，苟欲得祿而已，譬若尸焉。《文選》二十潘安仁《關中詩》注。按：《文選》三十四曹子建《七啓》注節引，二十五傅長虞《贈何劭王濟》注、三十七曹子建《求自試表》注並作《韓詩》。

◎河水清且淪猗。

從流而風曰淪。《文選》十三謝希逸《月賦》注。按：《釋文》引《韓詩》，"從"作"順"，餘同。

## 唐風

### 蟋蟀

◎歲聿其莫。

聿，辭也。莫，晚也，言君之年歲已晚也。《文選》二十一張景陽《詠史詩》注，又二十二沈休文《鍾山詩應西陽王教》注，又二十八陸士衡《長歌行》注，又三十沈休文《學省愁臥》注，又四十六任彥昇《王文憲集序》注，又四十七袁彥伯《三國名臣序贊》注。

⊙按：《文選》十二郭景純《江賦》注引首句，三十一謝混《遊覽》注引末句。

## 秦風

### 駟驖

◎四馬既閑。

閑，大也。謂閑然大也。《文選》六左太沖《魏都賦》注。

## 曹風

### 蜉蝣

◎采采衣服。

采采，盛貌也。《文選》十三禰正平《鸚鵡賦》注。

## 豳風

### 鴟鴞

◎予手拮据。

口足爲事曰拮据。《佩文韻府》六之四。按：《釋文》六作《韓詩》。

### 東山

◎熠燿宵行。

　　熠燿，鬼火。《毛詩正義》十五陳思王《螢火論》引《詩章句》。

◎鸛鳴于垤。

　　鸛，水鳥，巢處知風，穴處知雨。天將雨而蟻出壅土，鸛鳥見之，長鳴而喜。《文選》二十九張茂先《情詩二首》注。

◎親結其縭。

　　縭，帶也。《文選》十五張平子《思玄賦》注。

## 卷　下

### 小雅

#### 鹿鳴

◎承筐是將。

　　承，受也。《文選》二十五盧子諒《贈劉琨》注。

#### 四牡

◎周道威夷。

　　威夷，險也。《文選》十潘安仁《西征賦》注，又二十潘安仁《金谷集作詩》注。按：《文選》十一孫興公《天台山賦》注、二十一顏延年《秋胡詩》注、五十六陸佐公《石闕銘》注引《韓詩》並作"威夷"；《文選》十八嵇叔夜《琴賦》注，陸德明《經典釋文》引《韓詩》並作"倭夷"；《文選》二十七顏延年《北使洛詩》注引《韓詩》作"倭遲"，與《毛詩》同。

#### 常棣

◎儐爾籩豆，飲酒之飫。

　　飲酒之禮，下跣而上坐者謂之宴。《文選》一班孟堅《東都賦》注。

#### 伐木

◎相彼鳥矣。

　　鳥，微物也。《文選》十三禰正平《鸚鵡賦》注，又二十顏延年《應詔讌曲水作詩》注。

### 采薇

◎楊柳依依。

依依，盛貌。《文選》二十潘安仁《金谷集作詩》注。

### 湛露

◎惀惀夜飲。《釋文》："厭，《韓詩》作'惀'。"

惀惀，和氣之貌也。《文選》六左太沖《魏都賦》注，又十八嵇叔夜《琴賦》注。

### 菁菁者莪

◎蓁蓁者莪。

蓁蓁，盛貌也。《文選》一班孟堅《東都賦》注。

### 六月

◎元戎十乘，以先啓行。

元戎，大戎，謂兵車也。車有大戎十乘，謂車縵輪，馬被甲，衡扼之上盡有劍戟，名曰陷軍之車，所以冒突先啓敵家之行伍也。《史記·三王世家》裴駰集解。

### 車攻

◎東有圃草。

圃，博也，有博大茂草也。《文選》一班孟堅《東都賦》注、《後漢書·班固傳》注。

◎四牡奕奕。

奕奕，盛貌。《文選》二十三謝惠連《秋懷賦》注。

### 吉日

◎儦儦俟俟。

《韓詩》作"駓駓騃騃"，趨曰駓，行曰騃。駓音鄙，騃音俟。《文選》二張平子《西京賦》注。

### 白駒

◎在彼穹谷。

穹谷，深谷也。《文選》一班孟堅《西都賦》注，又三十八陸士衡《苦寒行》注。

## 節南山
◎蹙蹙靡所騁。

騁，馳也。《文選》十一王仲宣《登樓賦》注。按：《文選》九潘安仁《射雉賦》注、二十一左太沖《詠史詩》注並作"騁，施也"。

## 正月
◎又窘陰雨。

窘，迫也。《呂氏家塾讀詩記》二十。

◎雨無政。

無眾也。《呂氏家塾讀詩記》二十。

## 小旻
◎謀猶回遹。

回，邪，僻也。《文選》十潘安仁《西征賦》注。按：《釋文》："遹，音聿，《韓詩》作'鴥'。"

## 小宛
◎翰飛厲天。

厲，附也。《文選》一班孟堅《西都賦》注。

⊙按：此條馬國翰置於《小雅·四月》中，亦可。今據王應麟《詩考》移於此。

宜犴宜獄。《釋文》："岸，《韓詩》作'犴'。"

鄉亭之繫曰犴，朝廷曰獄。梁益《詩傳旁通》八。按：《釋文》六作《韓詩》。

## 巧言
◎趯趯毚兔，遇犬獲之。

趯趯，往來貌。獲，得也。言趯趯之毚兔。謂狡兔數往來逃匿其跡，有時遇犬得之。《史記·春申君列傳》裴駰集解。

## 谷風
◎將恐將懼。

將，辭也。《文選》七揚子雲《甘泉賦》注，又三十六任彥昇《天監三年策秀才文》注。

## 大東
◎跂彼織女，終日七襄。

襄，反也。《文選》二十六顏延年《夏夜呈從兄散騎長沙》注。

## 四月
◎百卉俱腓。

腓，變也。俱變而黄也。《文選》二十謝靈運《九日從宋公戲馬臺集送孔令詩》注。按：《釋文》引首句云《韓詩》。

◎亂離斯莫，爰其適歸。

莫，散也。《文選》二十潘安仁《關中詩》注，又三十八任彥昇《爲范尚書讓吏部封侯第一表》注引《毛詩》及薛君曰"瘼，散也"。

## 鼓鍾
◎以《雅》以《南》，以籥不僭。

南夷之樂曰《南》。四夷之樂，唯《南》可以和於《雅》者，以其人聲音及籥不僭差也。《後漢書·陳禪傳》注。

## 楚茨
◎馥芬孝祀。

馥，香貌也。《文選》二十九蘇子卿《古詩四首》注。

## 頍弁
◎先集維霰。

霰，霓也。《文選》十三謝惠連《雪賦》注。

## 車舝
◎德音來括。

括，約束也。《文選》二十五劉越石《答盧諶》注，又五十三陸士衡《辯亡論上》注。

◎以慰我心。《釋文》六："慰，於願反，王申爲怨恨之意，《韓詩》作'以愠我心'。"

慍，恚也。惠棟《周易述》六。

### 緜蠻
◎緜蠻黃鳥。

緜蠻，文貌。《文選》十一何平叔《景福殿賦》注，又四十六王元長《三月三日曲水詩序》注。

## 大雅

### 緜
◎緜緜瓜瓞。

瓞，小瓜也。《文選》二十六潘安仁《在懷縣作》注。

### 旱麓
◎魚躍于淵。

魚喜樂則踴躍于泉中。《文選》五十一王子淵《四子講德論》注。

### 皇矣
◎無然歆羨。

羨，願也。《文選》十一孫興公《天台山賦》注。

◎誕先登于岸。

誕，信也。《文選》二十陸士龍《大將軍讌會被命作詩》注。

◎無矢我陵。

四平曰陵。《文選》九揚子雲《長楊賦》注。

### 靈臺
◎於牣魚躍。

文王聖德，上及飛鳥，下及魚鱉。《文選》二十顏延年《應詔讌曲水作詩》注。

◎矇瞍奏公。

無珠子曰矇，珠子具而無見曰瞍。《文選》五十五陸士衡《演連珠》注。

### 生民
◎時維姜原。

姜，姓。原，字。或曰：姜原，謚號也。《史記·周本紀》集解。

### 卷阿
◎顒顒卬卬。

萬人顒顒，仰天告愬。《文選》四十任彥昇《百辟勸進今上箋》注。按：《文選》五十九沈休文《齊故安陸昭王碑文》注作《韓詩》。

### 蕩
◎天不湎爾以酒。

均眾謂之流，閉門不出容謂之湎。《文選》六左太冲《魏都賦》注。按：《文選》三十五張景陽《七命》注："齊顏色，均眾寡，謂之流；閉門不出容曰湎。"

### 抑
◎嗚乎小子。

嗚，歎辭也。《文選》二十六陸士衡《赴洛道中作》注。

### 雲漢
◎耗斁下土。

耗，惡也。《後漢書·竇皇后紀》注。

### 韓奕
◎榦不庭方。

榦，正也。謂以其議非而正之。《文選》二張平子《西京賦》注。

### 江漢
◎式辟四方。

辟，除也。《文選》八司馬長卿《上林賦》注。

### 周頌
◎惟天之命。

惟，念也。《文選》二十三歐陽堅石《臨終詩》注。按：陳啟源《毛詩稽古編》二十九："'維天之命'引《韓詩》'維，念'，維訓念，當從心旁，文逸注引《薛君章句》作'惟'，當改從之。"

⊙按：此條馬國翰列於"不知屬何句"類，今據《毛詩稽古編》置於此句下。

### 烈文
◎無封靡于爾邦。

靡，好也。《文選》十七陸士衡《文賦》注。

### 天作
◎彼徂矣岐，有夷之行。

徂，往也。夷，易也。行，道也。彼百姓歸文王者，皆曰岐有易道，可往歸矣。易道謂仁義之道而易行，故岐道阻險而人不難。《後漢書·西南夷傳》注。

### 時邁
◎薄言振之，莫不震疊。

薄，辭也。振，奮也。莫，無也。震，動也。疊，應也。美成王能奮舒文武之道而行之，則天下無不動而應其政教。《後漢書·李固傳》注。按：《文選》七揚子雲《甘泉賦》注，又三十五張景陽《七命》注並引"振，奮也"句。

### 思文
◎貽我嘉麰。

麰，大麥也。《文選》四十八班孟堅《典引》注、王應麟《困學紀聞》三。

◎無此疆爾介。

介，界也。《文選》六左太沖《魏都賦》注。

### 噫嘻
◎帥時農夫，播厥百穀。

穀類非一，故曰百穀也。《文選》一班孟堅《東都賦》注。

### 潛
◎漘有多魚。

漘，魚池也。《文選》十八馬季長《長笛賦》注。

### 振鷺

◎振鷺于飛，于彼西雍。

鷺，潔白之鳥也。西雍，文王辟雍也。言文王之時，辟雍學士皆潔白之人也。《後漢書·邊讓傳》注。

◎在此無斁。

斁，《薛君章句》作"射"。何楷《詩經世本古義》十之下。

### 小毖

◎翩飛維鳥。

翩，飛貌。《文選》二十一謝宣遠《張子房詩》注。

### 載芟

◎繹繹其達。《釋文》七："驛驛，《爾雅》作'繹繹'。"

繹繹，盛貌。《文選》七揚子雲《甘泉賦》注。

## 魯頌

### 駉

◎以車袪袪。

袪，去也。《文選》二十二殷仲文《南州桓公九井作》注。

⊙按：此條馬國翰輯本置於《鄭風·遵大路》"摻執子之袪兮"句下，與句意不合，今移正。

### 泮水

◎獷彼淮夷。

獷，覺悟之貌。《文選》五十九沈休文《齊故安陸昭王碑文》注。

### 閟宮

◎不震不騰。

騰，乘也。《文選》七揚子雲《甘泉賦》注，又二十二顏延年《車駕幸京口侍游蒜山作》注。

◎奚斯所作。

奚斯，魯公子也。言其新廟奕奕然盛，是詩公子奚斯所作也。《文選》一班孟堅《兩都賦序》注，又十一王文考《魯靈光殿賦》注；王楙《野客叢書》十四。按：《後漢書·曹褒傳》注、洪邁《容齋隨筆·續筆》一並引末句。

◎孔曼且碩。

曼，長也。《文選》五十一王子淵《四子講德論》注。

## 商頌
◎亦美襄公。《史記·宋微子世家》裴駰集解引《韓詩商頌章句》。

### 玄鳥
◎奄有九域。

九域，九州也。《文選》三十五潘元茂《冊魏公九錫文》注。

### 殷武
◎松柏丸丸。

取松與柏。《文選》十八馬季長《長笛賦》注。

◎旅楹有閑。

閑，大也。謂閑然大也。《文選》六左太沖《魏都賦》注。

⊙按：以下四節佚文，未知其所對應經文，姑附於末。

惟，辭也。《文選》八揚子雲《羽獵賦》注，又二十三阮嗣宗《詠懷詩》注。

煦，暖也。《文選》五十五陸士衡《演連珠》注。

隤，猶遺也。《文選》十六陸士衡《嘆逝賦》注。

寂，無聲之貌也。《文選》十潘安仁《西征賦》注。

# 存　目

## 周南

### 芣苢

◎傷夫有惡疾也。

⊙按：此條見《文選》五十四劉孝標《辯命論》注："《韓詩》曰：'采苢，傷夫有惡疾也。'"出處爲《韓詩》，非《薛君韓詩章句》。

### 漢廣

◎悅人也。《文選》三十四曹子建《七啓》李善注。

⊙按：此條見《文選》三十四曹子建《七啓》李善注："《韓詩序》曰：'《漢廣》，悅人也。'"出處爲《韓詩序》，非《薛君韓詩章句》。

### 汝墳

◎辭家也。《後漢書·周磐傳》注。

⊙按：此條出自《韓詩》，非《薛君韓詩章句》。

## 邶風

### 擊鼓

◎死生契括。

括，約束也。《文選》二十五劉越石《答盧諶》注，又五十三陸士衡《辯亡論上》注。

⊙按：《經典釋文》卷七："契闊，勤苦也。《韓詩》云：'約束也。'"不作"契括"。馬輯本無據。

## 王風

### 黍離

◎彼黍離離。

《黍離》，伯封作也。《太平御覽》四百六十九。

⊙按：此條出自《韓詩》，非《薛君韓詩章句》。另，《太平御覽》八百四十二："《韓詩》曰：'《黍離》，百邦作也。'"亦作《韓詩》。

## 鄭風

### 溱洧

◎贈之以勺藥。

勺藥，離草。范處義《詩補傳》七、史能之《咸淳毗陵志》三十。

⊙按：《詩補傳》作《韓詩》，《毗陵志》作《韓詩注》，均非《薛君韓詩章句》。《經典釋文》五亦作《韓詩》。故不取。

豳風

　　九罭

◎九罭之魚。

　　九罭，取鰕芘也。《太平御覽》八百三十四。

　　⊙按：此條出自《韓詩》，而非《薛君韓詩章句》。

小雅

　　常棣

◎賓爾籩豆，飲酒之飫。

　　能者飲，不能者已，謂之飫。《文選》六左太沖《魏都賦》注。

　　⊙按：此條出自《韓詩》，非《薛君韓詩章句》。

　　菁菁者莪

◎在彼中陵。

　　四平曰陵。《文選》九揚子雲《長楊賦》注。

　　⊙按：此條見《大雅·皇矣》"無矢我陵"句，馬國翰誤置。

　　采菽

◎紼纚維之。

　　纚，繫也。《文選》五十八顏延年《宋文皇帝元皇后哀策文》注。

　　⊙按：此條出自《韓詩》，非《薛君韓詩章句》。

大雅

　　蕩

◎天不湎爾以酒。

　　夫飲之禮，不脫屨而即序者，謂之禮；跣而上坐者謂之宴；能飲者飲之，不能飲者已，謂之飫；齊顏色，均衆寡，謂之沉；閉門不出者，謂之湎。故君子可以宴，可以飫，不可以沉，不可以湎。《初學記》三十六。

　　⊙按：此條出自《韓詩》，非《薛君韓詩章句》。

## 張匡《韓詩章句》

　　後漢張匡撰。匡（生當東漢初年），字文通，山陽（今焦作東南）人。舉有道，博士征，皆不就，卒於家。事迹附見《後漢書·儒林·趙曄傳》。是書始見於《後漢書》本傳。其書不傳，故史志未載，清錢大昭《補續漢書藝文志》存其目。其佚文無考。

## 荀爽《詩傳》

後漢荀爽撰。爽有《周易注》,已著錄。是書始見於《後漢書》本傳。其書不傳,故後史無載,其佚文無考。

## 阮侃《毛詩音》

三國魏阮侃撰。侃（生卒年不詳），字德如（《釋文·序錄》作"德恕"），陳留尉氏人。仕魏，官至河內太守。事迹略見《世説新語·賢媛篇》"許允婦"條注引《陳留志名》。此書未見史志著録，唯《經典釋文·序錄》云，爲《詩》音者九人，阮侃居其一。此書蓋散佚久矣，其佚文無考。

## 楊乂 《毛詩辨異》

晉楊乂撰。又有《周易卦序論》，已著録。《隋志》經部著録此書爲三卷，兩《唐志》著録卷數同，唯書名作《毛詩辨》，蓋脱"異"字。此書後佚，佚文無考。

## 楊乂《毛詩異議》

晉楊乂撰。乂有《周易序卦論》,已著録。《隋志》經部著録此書爲二卷,兩《唐志》不復載,蓋佚於唐。佚文無考。

# 楊乂《毛詩雜義》

　　晉楊乂撰。乂有《周易序卦論》，已著録。阮孝緒《七録》著録此書爲五卷，後佚。佚文無考。

# 干寶《毛詩音隱》

晉干寶撰。寶有《周易注》，已著録。《隋志》經部注云："梁有《毛詩音隱》一卷，于氏撰，亡。"姚振宗《考證》云："按《釋文·序録》載《詩音》九家，中有干寶。此殆干氏之誤。"按姚説是也。文廷式《補晉書藝文志》録干寶此書，並附佚文一節。蓋其佚文之僅存者。

## 干寶《毛詩音隱》一卷

### 魯頌

泮水

◎薄采其茆。

今之鴨蹠草，堪爲葅，江東有之。《釋文》七。

## 江惇《毛詩音》

晉江惇撰。惇（304—353），字思俊，陳留圉（今杞縣）人，江統之子。征辟不就。事迹附見《晉書》卷五十六《江統傳》。此書史志不見著録，唯見於《經典釋文·序録》"爲《詩》音者九人"，江惇居其一。此書後佚，其佚文無考。

# 袁喬《毛詩注》

晉袁喬撰。喬（312—347），字彥叔，陳郡陽夏（今太康）人。袁瑰之子。仕晉，卒贈益州刺史。事迹具《晉書》卷八十三本傳。此書不見史志著録，唯本傳云："喬注《論語》及《詩》，皆行於世。"此書後佚，佚文無考。

# 殷仲堪《毛詩雜義》

晉殷仲堪撰。仲堪（？—399），陳郡長平（今西華東北）人。殷融之孫。仕晉，官至荆州刺史。事迹具《晉書》卷八十四本傳。《隋志》經部注著録此書爲四卷，兩《唐志》不復載，佚。佚文無考。

# 江熙《毛詩注》

　　晉江熙撰。熙（東晉人），字太和，陳留濟陽（今蘭考東）人。仕晉，官至兗州別駕。事迹略見《經典釋文·序錄》。《隋志》經部注著錄此書二十卷，云亡，後不復見。佚文無考。

# 元延明《毛詩誼府》

　　北魏元延明撰。延明（？—約529），洛陽人。魏宗室。襲封安豐王。博極羣書，兼有文藻。莊帝初，奔蕭衍，死於江南。事迹具《魏書》卷二十、《北史》卷十九本傳。《隋志》經部著録此書爲三卷，兩《唐志》著録同。後佚。陸德明《經典釋文》不載是書，頗疑彼時南北不通，德明無由見之爾。佚文無考。

周禮類

# 杜子春《周禮注》

西漢杜子春撰。子春（前23？—後58），其字已無可考，河南緱氏（今偃師西南）人。《漢書》《後漢書》均無傳，事迹略見賈公彦《序周禮廢興》、陸德明《經典釋文·序録》。《隋書·經籍志》云："《周官》，至王莽時，劉歆始置博士，杜子春受業於歆，因以教授。"其注史志皆不載，佚已久。朱彝尊《經義考》卷一百二十一始予著録。清馬國翰《玉函山房輯佚書》輯有《周禮杜氏注》二卷，計一百八十九條。其《序》云："觀其於故書之字，正音通讀，實此書之首功矣。康成注述其説而多所去取於其間。"《續修四庫全書總目提要》云："今以鄭注校讀杜注，如《小宰》'宮刑'及'王宮'，凡'宮'，鄭並'如字'，杜云：'宮，皆當爲官。'與上'建邦'二字，及下'官府六叙''官府六屬'諸文相貫。《太祝》'振動'，鄭云'戰慄變動之拜'，而杜讀'振'爲振鐸之振，'動'爲哀慟之慟，蓋謂即《士虞禮》之拜。此勝於鄭者也。《太卜》'連山'，鄭云'似山出内氣'，杜乃謂'連山，宓戲'，則八卦畫于宓戲，六十四卦重于神農，杜説爲無據。《磬師》'縵樂'，鄭云：'讀爲縵錦之縵，謂雜聲之和樂者。'杜乃讀爲急慢之慢，則慢聲爲大司樂所禁，磬師安容有此？此杜不如鄭也。其他以《内宰》'二事'爲'絲''枲'之事，以《遂人》'興耡'之耡爲助，極合經旨，鄭無異説。"今次輯佚，以孫詒讓《周禮正義》爲底本，馬氏輯本爲參校本。考馬本，《鄉師》"共茅蒩""巡其前后之屯"二條誤入《小司徒》，今正。《大宗伯》"吉禮"杜注當於"書亦多爲吉禮"止，"吉禮之别十有二"七字，當是鄭玄語，《占人》注當於"龜也"止，"玄謂"以下當是鄭玄語，《鍾師》"凡樂事"注當於"《三夏》矣"止，"吕叔玉云"以下當是衍文，馬氏闌入，今删。又漏輯《醢人》"豚拍"、《鹽人》"苦鹽"、《閽胥》"既比"、《稻人》"蕩水"、《内史》"以方"、《圉師》"椹質"六條，《小宰》"七事"、《小宗伯》"卜葬兆"、《眡瞭》、《弓人》有漏輯之處，今補。又《辀人》"弧"字注，輯《釋文》"杜音烏"，《臘人》"胖"字注，輯《集韻》"補縮切，杜子春讀"等杜氏音。然漢人不作音，乃後儒依義作之。故今删。今從鄭玄《注》中輯録195條，較馬氏多輯6條，勒爲六卷。

## 杜子春《周禮注》六卷

### 天官冢宰第一
#### 小宰
◎掌建邦之宮刑，以治王宮之政令，凡宮之糾禁。

宮，當皆爲"官"。鄭注。

◎六曰斂弛之聯事。

弛，讀爲"施"。鄭注。

◎四曰聽稱責以傅別。

傅別，讀爲"傅別"。鄭注。

◎六曰廉辨。

廉辨，或爲"廉端"。鄭注。

◎七事者。鄭注："七事"，故書爲"小事"。

當爲"七事"，書亦爲七事。鄭注。

⊙按：馬本漏輯"書亦爲七事"。段玉裁《周禮漢讀考》校作"書亦或爲七事"，云杜改定字誤。孫詒讓《周禮正義》云段校是。下簡稱段氏、孫氏。

#### 庖人
◎共喪紀之庶羞、賓客之禽獻。鄭注："獻"，古文爲"獸"。

當爲"獻"。鄭注。

◎春行羔豚，膳膏香；夏行腒鱐，膳膏臊；秋行犢麛，膳膏腥；冬行鱻羽，膳膏羶。

膏臊，犬膏。膏腥，豕膏也。鮮，魚也。羽，雁也。膏羶，羊脂也。鄭注。

#### 內饔
◎豕盲眡而交睫。

盲眡，當爲"望視"。鄭注。

#### 甸師
◎祭祀，共蕭茅。

茅，讀爲（按：孫氏校作"從"，云凡二本字異，而用一廢一曰"從"）"蕭"。蕭，香蒿也。鄭注。

### 鼈人
◎祭祀，共蠯、蠃、蚔，以授醢人。
　　蠯，蜯也。蚔，蛾子。《國語》曰："蟲舍蚳蠏。"鄭注。
◎春獻鼈蜃。
　　蜃，蜯也。《文選》卷二張平子《東京賦》李注。

### 腊人
◎膴、胖，凡腊物。
　　胖，讀爲（按：段氏云疑當作"讀如"，孫氏云段校是）"月反"；膴、胖，皆謂夾脊肉。禮家以胖爲半體。鄭注。《集韻·上聲二十五潸》"胖"字注引《周禮》杜子春讀，文字小異。

### 酒正
◎辨五齊之名，一曰泛齊，二曰醴齊，三曰盎齊，四曰緹齊，五曰沈齊。
　　讀"齊"皆爲"粢"。《禮器》曰"緹酒之用"。鄭注。
◎唯齊酒不貳。
　　齊酒不貳，謂五齊以祭不益也。其三酒，人所飲者，益也。《弟子職》曰："周旋而貳，唯嗛之視。"鄭注。

### 凌人
◎掌冰正。歲十有二月，令斬冰，三其凌。鄭注：故書"正"爲"政"。
　　掌冰，爲主冰也。政，當爲正。正，謂夏正。三其凌，三倍其冰。鄭注。

### 醢人
◎茆菹。
　　讀"茆"爲"卯"。鄭注。
◎豚拍。
　　拍，讀爲"膊"，脅也。豚拍，肩也。鄭注。
　　⊙按：此條馬本漏輯。

◎雁醢。鄭注：故書"雁"或爲"鶉"。

鶉，當爲"雁"。鄭注。

### 鹽人
◎祭祀，共其苦鹽、散鹽。

苦，讀爲"盬"，謂出鹽直用，不湅治。鄭注。

⊙按：此條馬本漏輯。

### 掌舍
◎設梐枑再重。鄭注：故書"枑"爲"柜"。

讀爲"梐枑"。梐枑，謂行馬。鄭注、《詩·齊風·敝笱》正義、《文選》七潘安仁《籍田賦》李注。

◎爲壇壝宮棘門。

棘門，或爲材門。鄭注。

### 司會
◎以參互曰成。鄭注：故書"互"爲"巨"。

讀爲"參互"。鄭注。

### 職幣
◎皆辨其物而奠其録。鄭注：故書"録"爲"禄"。

禄，當爲"録"，定其録籍。鄭注。

### 司裘
◎諸侯，則共熊侯、豹侯。鄭注：故書"諸侯，則共熊侯、虎侯"。

虎，當爲"豹"。鄭注。

### 内宰
◎使各有屬，以作二事。鄭注：故書"二"爲"三"。

當爲"二"。二事，謂絲、枲之事。鄭注。

◎出其度、量、淳、制，祭之以陰禮。鄭注：故書"淳"爲"敦"。

敦，讀爲"純"。純，謂幅廣也。制，謂匹長。鄭注。

### 九嬪
◎凡祭祀，贊玉齍。鄭注：故書"玉"爲"王"。
　　讀爲"玉"。鄭注。

### 女祝
◎掌以時招、梗、禬、禳之事。
　　梗，讀爲"更"。鄭注。

### 典婦功
◎及内人女功之事齎。鄭注：故書"齎"爲"資"。
　　齎，讀爲"資"（按：段氏云杜注當作"資，讀爲齎"）。鄭注。

### 縫人
◎喪，縫棺飾焉。鄭注：故書"焉"爲"馬"。
　　當爲"焉"。鄭注。

### 夏采
◎以乘車建綏復于四郊。鄭注：故書"綏"爲"禠"。
　　禠，當爲"綏"，"禠"非是也。鄭注。
　　⊙按：《說文》無"禠"字。段氏云疑本作"旞"，"禠"爲"旞"之假借字。孫氏云段說是。

## 地官司徒第二
◎廛人，中士二人。鄭注：故書"廛"爲"壇"。
　　壇，讀爲"廛"，市中空地。鄭注。

### 大司徒
◎以土會之灋辨五地之物生。
　　生，讀爲"牲"。鄭注。

◎五曰以儀辨等。鄭注：故書"儀"或爲"義"。

讀爲"儀"，謂九儀。鄭注。

◎以求地中。鄭注：故書"求"爲"救"。

救，當爲"求"。鄭注。

◎九曰蕃樂。

蕃樂，讀爲"藩樂"，謂閉藏樂器而不作。鄭注。《詩·大雅·雲漢》正義引無"閉"字。

◎五比爲閭，使之相受。鄭注：故書"受"爲"授"。

授，當爲"受"，謂民移徙，所到則受之，所去則出之。鄭注。

◎五黨爲州，使之相賙。

賙，當爲"糾"，謂糾其惡。鄭注。

## 小司徒

◎乃分地域而辨其守。鄭注：故書"域"爲"邦"。

邦，當爲"域"。鄭注。

## 鄉師

◎共茅蒩。

蒩，當爲"苴"；以茅爲苴，若葵苴也。鄭注。

◎巡其前後之屯。鄭注：故書"巡"作"述"，"屯"或爲"臀"。

讀爲"在後曰殿"，謂前後屯兵也。鄭注。

## 鄉大夫

◎四曰和容，五曰興舞。鄭注：故書"舞"爲"無"。

讀"和容"爲"和頌"，謂能爲樂也。無，讀爲"舞"，謂能爲六舞。鄭注。

## 族師

◎月吉，則屬民而讀邦法。

當爲"正月吉"。書亦或爲"戒令政事，月吉則屬民而讀邦法"。鄭注。

◎春秋祭酺亦如之。鄭注：故書"酺"或爲"步"。

步，當爲"酺"。鄭注。

### 閭胥

◎凡春秋之祭祀、役政、喪紀之數。

　　讀"政"爲"征"。鄭注。

◎既比，則讀灋。鄭注：故書"既"爲"暨"。

　　暨，讀爲"既"。

　　⊙按：此條馬氏漏輯。段氏校作"故書'暨'爲'既'，杜子春讀'既'爲'暨'"。孫氏云杜依聲類破字。

◎凡事，掌其比、觵撻罰之事。鄭注：故書或言"觵撻之罰事"。

　　當言"觵撻罰之事"。鄭注。

### 封人

◎設其楅衡。

　　楅衡，所以持牛，令不得抵觸人。鄭注、《文選》三張平子《東京賦》李注。

### 牧人

◎凡外祭毀事，用尨可也。鄭注：故書"毀"爲"甈"，"尨"作"龍"。

　　甈，當爲"毀"。龍（按：馬本作"厖"，誤）。當爲"尨"。尨，謂雜色不純。毀，謂副辜候禳毀除殃咎之屬。鄭注。

### 載師

◎以宅田、士田、賈田任近郊之地，以官田、牛田、賞田、牧田任遠郊之地。

　　鄭注：故書"郊"或爲"蒿"。

　　蒿，讀爲"郊"。五十里爲近郊，百里爲遠郊。鄭注。《詩·駉》正義引"五十"句。

◎唯其漆林之征，二十而五。鄭注：故書"漆林"爲"桼林"。

　　當爲"桼林"。鄭注。

　　⊙按：段氏云："經當作'桼林'，注當作'故書桼林爲漆林'，杜子春云'當爲桼林'。"孫氏云經典通借"漆"爲"桼"，故杜從之，此以借字易正字。

### 遺人

◎鄉里之委積，以恤民之囏阨；門關之委積，以養老孤；郊里之委積，以待賓客；野鄙之委積，以待羇旅。鄭注：故書"囏阨"作"揰阨"，"羇"作"寄"。

揰阨，當爲"囏阨"。寄，當爲"羇"。鄭注。

## 師氏

◎掌國中失之事。鄭注：故書"中"爲"得"。

中，當爲"得"，記君得失，若《春秋》是也。鄭注。

◎凡國之貴遊子弟學焉。

遊，當爲"猶"，言雖貴猶學。鄭注。

◎王舉則從。鄭注：故書"舉"爲"與"。

舉，當爲"與"，謂王與會同喪紀之事。鄭注。

## 司市

◎展成奠賈。上旌于思次以令市。

奠，當爲"定"。鄭注。

◎其附于刑者，歸于士。鄭注：故書"附"爲"柎"。

柎，當爲"附"。鄭注。

## 質人

◎壹其淳制。

淳，當爲"純"。純，謂幅廣。制，謂匹長也。皆當中度量。鄭注。

## 廛人

◎緫布。

緫，當爲"儳"，謂無肆立持者之稅也。鄭注。

## 胥

◎襲其不正者。鄭注：故書"襲"爲"習"。

當爲"襲"，謂掩捕其不正者。鄭注。

## 肆長

◎斂其緫布，掌其戒禁。

總，當爲"儳"。鄭注。

### 泉府
◎斂市之不售貨之滯於民用者。鄭注：故書"滯"爲"瘅"。

瘅，當爲"滯"。鄭注。

### 掌節
◎以英蕩輔之。

蕩，當爲"帑"，謂以函器盛此節。或曰英蕩，畫函。鄭注。

### 遂人
◎以興耡利甿。

耡，讀爲"助"，謂起民人，令相佐助。鄭注。

### 里宰
◎以歲時合耦于耡。

耡，讀爲"助"，謂相佐助也。鄭注。

### 委人
◎以甸聚待羇旅。鄭注：故書"羇"作"奇"。

奇，當爲"羇"。鄭注。

### 草人
◎凡糞種，騂剛用牛。鄭注：故書"騂"爲"挈"，"墳"作"盆"。

挈，讀爲"騂"，謂地色赤，而土剛強也。鄭注。

### 稻人
◎以溝蕩水。

蕩，讀爲"和蕩"，謂以溝行水也。鄭注。

⊙按：此條馬氏漏輯。

### 掌葛

◎以權度受之。鄭注：故書"受"或爲"授"。

授，當爲"受"。鄭注。

## 春官宗伯第三

◎鞠師，下士二人。

鞠，讀爲"菆"，莖著之菆。鄭注。

### 大宗伯

◎以吉禮事邦國之鬼神示。鄭注：故書"吉"或爲"告"。

書爲"告禮"者，非是，當爲"吉禮"。書亦多爲"吉禮"。鄭注。

### 小宗伯

◎王崩大肆，以秬鬯涗。

涗，讀爲"泯"，以秬鬯浴尸。鄭注。《集韻·上聲十七準》"涗"字注引《周禮》杜子春讀作"浴尸也"。

◎卜葬兆，甫竁，亦如之。鄭注：鄭大夫讀"竁"爲"穿"。

竁，讀爲"毳"，皆謂葬穿壙也。鄭注。今南陽人名穿地爲竁。《文選》二十七顏延年《宋郊祀歌》李注。

⊙按：此條馬本漏輯。

◎肆儀爲位。鄭注：故書"肆"爲"肄"，"儀"爲"義"。

肄，當爲"肆"，"義"爲"儀"。謂若今時肆司徒府也。小宗伯主其位。鄭注。

### 肆師

◎及其祈珥。鄭注：故書"祈"爲"幾"。

讀"幾"爲"祈"，珥，當爲"餌"。鄭注。

◎凡師甸，用牲于社宗，則爲位。鄭注：故書"位"爲"涖"。

涖，當爲"位"，書亦或爲"位"。宗，謂宗廟。鄭注。

### 鬯人

◎禜門用瓢齎，廟用脩。鄭注：故書"瓢"作"剽"。

齋，讀爲"資"，瓢，謂瓠蠡也。資，盛也。鄭注。

◎凡山川四方用蜃。鄭注：故書"蜃"或爲"謨"。

謨，當爲"蜃"，書亦或爲"曆"，蜃，水中蜃也。鄭注。

### 司尊彝

◎其朝踐。鄭注：故書"踐"作"餞"。

餞，當爲"踐"。鄭注。

◎醴齊縮酌。鄭注：故書"縮"爲"數"，"齊"爲"齍"。

數，當爲"縮"。齊，讀皆爲"粢"。鄭注。

### 典瑞

◎珍圭以徵守，以邺凶荒。

珍，當爲"鎮"。書亦或爲"鎮"。以徵守者，以徵召守國諸侯，若今時徵郡守以竹使符也。"鎮"者，國之鎮，諸侯亦一國之鎮，故以鎮圭徵之也。凶荒則民有遠志，不安其土，故以鎮圭鎮安之。鄭注。

### 內宗

◎薦加豆籩。鄭注：故書爲"籩豆"。

當爲"豆籩"。鄭注。

### 大司樂

◎播之以八音。鄭注：故書"播"爲"藩"。

藩，當爲"播"，讀如"后稷播百穀"之播。鄭注。

### 大胥

◎比樂官，展樂器。

次比樂官也。鄭注。

### 瞽矇

◎諷誦詩，世奠繫。鄭注：故書"奠"或爲"帝"。

帝，讀爲"定"，其字爲"奠"。書亦或爲"奠"。世奠繫，謂帝繫，諸侯卿大夫世本之屬是也。小史主次序先王之世，昭穆之繫，述其德行。瞽矇主誦詩，并誦世繫，以戒勸人君也。故《國語》曰："教之世，而爲之昭明德而廢幽昏焉，以怵懼其動。"鄭注。

### 眡瞭

◎鼖、愷獻，亦如之。

讀"鼖"爲"憂戚"之戚，謂戒守鼓也。擊鼓聲疾數，故曰戚。鄭注。宋聶崇義《三禮圖》七。

⊙按：馬本漏輯"擊鼓"以下。

### 典同

◎凡聲，高聲䃂。鄭注：故書"䃂"或作"硍"。

䃂，讀爲"鏗鎗"之鏗。高，謂鍾形容高也。鄭注。䃂，鍾病聲，或作硍。《集韻·平聲十三耕》"䃂硍"字注。

◎微聲韽。

韽，讀爲"闇不明"之闇。鄭注。

◎侈聲筰。

筰，讀爲"行扈唶唶"之唶。鄭注。

◎厚聲石。

石，如磬石之聲。鄭注。

### 磬師

◎擊編鍾。

讀"編"爲"編書"之編。鄭注。

◎教縵樂、燕樂之鍾磬。

讀"縵"爲"怠慢"之慢。鄭注。縵，緩也。《集韻·去聲三十諫》"縵"字注。

### 鍾師

◎凡樂事，以鍾鼓奏《九夏》：《王夏》《肆夏》《昭夏》《納夏》《章夏》《齊夏》《族夏》《祴夏》《驁夏》。鄭注：故書"納"作"内"。

内，當爲"納"。祴，讀爲"陔鼓"之陔。王出入奏《王夏》，尸出入奏《肆夏》，牲出入奏《昭夏》，四方賓来奏《納夏》，臣有功奏《章夏》，夫人祭奏《齊夏》，族人侍奏《族夏》，客醉而出奏《陔夏》，公出入奏《驁夏》。《肆夏》，詩也。《春秋傳》曰："穆叔如晉，晉侯享之，金奏《肆夏》三，不拜；工歌《文王》之三，又不拜；《鹿鳴》之三，三拜，曰：'《三夏》，天子所以享元侯也，使臣不敢與聞。'"《肆夏》與《文王》《鹿鳴》俱稱三，謂其三章也。以此知《肆夏》詩也。《國語》曰："金奏《肆夏》《繁》《遏》《渠》，天子所以享元侯。"《肆夏》《繁》《遏》《渠》，所謂《三夏》矣。鄭注。《詩·小大雅譜》正義云"杜子春云賓來奏納夏之等"。

⊙按：馬本末句更引"呂叔玉云：'《肆夏》《繁遏》《渠》，皆《周頌》也。'《肆夏》，《時邁》也。《繁遏》，《執競》也。《渠》，《思文》也。肆，遂也。夏，大也，言遂於大。位，謂王位也。故《時邁》曰'肆于時夏，允王保之'。繁，多也。遏，止也。言福祿止於周之多也。故《執競》曰'降福穰穰，降福簡簡，福祿來反'。渠，大也，言以后稷配天，王道之大也。故《思文》曰'思文后稷，克配彼天'。故《國語》謂之曰'皆昭令德以合好也'"文。孫詒讓云疑是鄭玄注。

### 笙師

◎掌教龡竽、笙、塤、籥、簫、篪、篴、管。

篴，讀爲（按：段氏云"爲"當作"如"。擬其音，非破字）"蕩滌"之滌。今時所吹五空（馬本作"孔"）竹篴。鄭注。

### 鎛師

◎凡軍之夜三鼜，皆鼓之；守鼜亦如之。

一夜三擊，備守鼜也。《春秋傳》所謂"賓將趨"者，音聲相似。鄭注。

### 籥章

◎掌土鼓、豳籥。

土鼓，以瓦爲匡，以革爲兩面，可擊也。鄭注。

◎國祭蜡，則龡《豳》頌，擊土鼓，以息老物。鄭注：故書"蜡"爲"蟅"。

蟅，當爲"蜡"。《郊特牲》曰："天子大蜡八，伊耆氏始爲蜡。歲十二月，而合聚萬物而索饗之也。蜡之祭也，主先嗇而祭司嗇也。黃衣黃冠而祭，息田夫也。既蜡而收，民息已。"鄭注。

### 典庸器

◎帥其屬而設筍虡。

筍，讀爲"博選"之選，橫者爲筍，從者爲鐻。鄭注。

## 大卜

◎掌三兆之灋：一曰《玉兆》，二曰《瓦兆》，三曰《原兆》。

《玉兆》，帝顓頊之兆。《瓦兆》帝堯之兆。《原兆》，有周之兆。鄭注。

◎掌三易之法：一曰《連山》，二曰《歸藏》。

《連山》，宓戲。《歸藏》，黃帝。鄭注。

◎掌三夢之灋：二曰《觭夢》。

觭，讀爲"奇偉"之奇，其字直當爲"奇"。鄭注。

## 龜人

◎東龜曰果屬。

果，讀爲"臝"（按：馬本作"蠃"，誤）。鄭注。

## 菙氏

◎掌共燋契。

燋，讀爲"細目燋"之燋，或曰如"薪樵"之樵，謂所蓺灼龜之木也。故謂之樵。契，謂契龜之鑿也。《詩》云"爰始爰謀，爰契我龜。"鄭注。

⊙按：段氏云"讀爲"當作"讀如"，燋，讀同"焦"，"曰如"當作"讀爲"。孫氏云段改"爲"作"如"是，"曰"字疑不誤。

◎凡卜，以明火爇燋，遂龡其焌契。

明火，以陽燧取火於日。焌，讀爲"英俊"之俊。書亦或爲"俊"。鄭注。

## 占人

◎凡卜筮，既事，則繫幣以比其命。

"繫幣"者，以帛書其占，繫之於龜也。鄭注。

## 占夢

◎二曰噩夢

噩，當爲"驚愕"之愕，謂驚愕而夢。鄭注。

◎乃舍萌于四方，以贈惡夢。鄭注：故書"難"或爲"儺"。

"萌",讀爲"明",其字當爲"明"。明,謂毆疫也。謂歲竟逐疫,置四方。書亦或爲"明"。鄭注。

◎遂令始難毆疫。鄭注:故書"難"或爲"儺"。

儺,讀爲"難問"之難,其字當作"難"。《月令》:"季春之月,命國難,九門磔禳,以畢春氣。仲秋之月,天子乃難,以達秋氣。季冬之月,命有司大難,旁磔,出土牛,以送寒氣。"鄭注。

### 大祝

◎二曰造。鄭注:故書"造"作"竈"。

讀"竈"爲"造次"之造,書亦或爲"造"。造,祭於祖也。鄭注。

◎三曰誥。

誥,當爲"告",書亦或爲"告"。鄭注。

◎辨九祭:一曰命祭。

命祭,祭有所主命也。

◎五曰振祭,六曰擩祭。

振祭,振,讀爲"慎",禮家讀振爲"振旅"之振。擩(按:段氏云經注皆當作"㨃"。孫氏云段説是)祭,擩,讀爲(按:段氏云"爲"當作"如",擬其音。孫氏云段説是)"虞芮"之芮。鄭注。

◎四曰振動。

振,讀爲"振鐸"之振。動,讀爲"哀慟"之慟。鄭注。

◎七曰奇拜。

奇,讀爲"奇偶"之奇,謂先屈一膝,今雅拜是也。或云:奇,讀曰"倚"。倚拜,謂持節、持戟拜,身倚之以拜。鄭注。

◎凡大禋祀、肆享、祭示,則執明水火而號祝。鄭注:故書"祇"爲"祊"。

祊,當爲"祇"。鄭注。

### 小祝

◎大喪,贊渳。鄭注:故書"弭"爲"攝"。

攝,當爲"渳"。渳,謂浴尸。鄭注。

◎設熬,置銘。

熬,謂"重"也。《檀弓》曰:"銘,明旌也。以死者爲不可別,故以其旗識(按:

《釋文》重"識"字。盧文弨《考證》云上"識"爲古"幟"字，下"識"乃記也。孫氏是之）之，愛之斯錄之矣，敬之斯盡其道焉爾。重，主道也。殷主綴重焉，周主徹重焉，奠以素器，以主人有哀素之心也。"<sub>鄭注。</sub>

◎及葬，設道齎之奠。

齎，當爲"粢"。道中祭也。《漢儀》每街路輒祭。<sub>鄭注。</sub>

◎有寇戎之事，則保郊，祀于社。<sub>鄭注：故書"祀"或作"禩"。</sub>

讀"禩"爲"祀"，書亦或爲"祀"。<sub>鄭注。</sub>

### 喪祝

◎掌大喪勸防之事。

防，當爲"披"。<sub>鄭注。</sub>

### 甸祝

◎掌四時之田、表貉之祝號。

貉，讀爲"百爾所思"之百，書亦或爲"禡"。貉，兵災也。甸以講武治兵，故有兵祭。《詩》曰："是類是禡。"《爾雅》曰："是類是禡，師祭也。"<sub>鄭注。</sub>

◎禂牲、禂馬。

禂，禱也。爲馬禱無疾，爲田禱多獲禽牲。《詩》云："既伯既禱。"《爾雅》曰："既伯既禱，馬祭也。"<sub>鄭注。</sub>

### 司巫

◎國有大烖，則帥巫而造巫恒。

司巫，帥巫官之屬，會聚常處以待命也。<sub>鄭注。</sub>

◎祭祀，則共匰主，及道布，及蒩館。

蒩，讀爲"鉏"。匰，器名。主，謂木主也。道布，新布三尺也。鉏，藉也。館，神所館止也。書或爲"蒩館"，或爲"租飽"。或曰："'布'者，以爲席也。租飽，茅裹肉也。"<sub>鄭注。</sub>

⊙按：孫氏云："'書或爲蒩館'者，與正文不異，必有誤，或正文當爲'鉏'爲'租'，亦未能定。"

### 男巫

◎掌望祀、望衍、授號，旁招以茅。<sub>鄭注：故書"贈"爲"矰"。</sub>

望衍，謂衍祭也。授號，以所祭之名號授之。旁招以茅，招四方之所望祭者。鄭注。

◎冬堂贈，無方無筭。

䠍，當爲"贈"。堂贈，謂逐疫也。無方，四方爲可也。無筭，道里無數，遠益善也。鄭注。

◎春招弭，以除疾病。

讀"弭"如（按：段氏云"如"當作"爲"）"彌兵"之彌。鄭注。

⊙按：俞樾《羣經平議》十三："經文'弭'當作'彌'，注文'彌'當作'弭'，杜子春讀爲'弭兵之弭'。《左傳》'弭兵'字作'弭'。因經文誤作'弭'，遂改注文作'彌'，而義不可通也。"孫氏云俞説是。

## 大史

◎讀禮書而協事。鄭注：故書"協"作"叶"。

叶，協也。書亦或爲"協"，或爲"汁"。鄭注。

## 小史

◎奠繫世，辨昭穆。鄭注：故書"奠"爲"帝"。

帝，當爲"奠"。奠，讀爲"定"，書"帝"亦或爲"奠"。鄭注。

## 內史

◎以方出之。

方，直謂今時牘也。鄭注。

⊙按：此條馬氏漏輯。

## 巾車

◎金路，鉤，樊纓九就。鄭注：故書"鉤"爲"拘"。

拘，讀爲"鉤"。鄭注。

◎木路，前樊鵠纓。

鵠，或爲"結"。鄭注。

◎輦車，組輓，有翣，羽蓋。鄭注：故書"翣"爲"馬毛"。

馬毛，當爲"翣"，書亦或爲"葛毛"。鄭注。

◎疏飾，小服皆疏。鄭注：故書"疏"爲"揟"。

讀"掃"爲"沙"。鄭注。

◎藻車，藻蔽。鄭注：故書"藻"作"蘱"。

蘱，讀爲"華藻"之藻，直謂華藻也。鄭注。車飾有華藻也。《集韻·上聲三十二晧》"蘱"字注。

⊙按：段氏云《周禮》經文用"繅"不用"藻"，或當作"讀爲'華繅'之繅"，既易爲"繅"，乃以"華藻"釋之。孫氏云段説近是。

◎駹車，萑蔽，然禩，髤飾。鄭注：故書"駹"作"龍"，"髤"爲"車次"。

龍，讀爲"駹"。車次，讀爲"髤垸"之髤，直謂髤桼也。鄭注。

◎毁折，入齎于職幣。

齎，讀爲"資"。資，謂財也。乘官車毁折者，入財以償繕治之直。鄭注。

◎歲時更續，共其弊車。鄭注：故書"更續"爲"受讀"。

受，當爲"更"，讀當爲"續"。更續，更受新。共其弊車，歸其故弊車也。鄭注。

◎大祭祀，鳴鈴以應雞人。鄭注：故書"鈴"或作"軨"。

軨，當爲"鈴"。鄭注。

### 車僕

◎苹車之萃。鄭注：故書"苹"作"平"。

苹車，當爲"軿車"，其字當爲"萃"，書亦或爲"萃"。鄭注。

⊙按：徐養原《周官故書考》二校改作"平車當爲'軿車'，其字當爲'苹'，書亦或爲'苹'"，云"平""苹"古亦通用，"苹"，正字。孫氏云徐校是。

### 司常

◎皆畫其象焉。

畫，當爲"書"。鄭注。

### 神仕

◎以檜國之凶荒、民之札喪。

檜，除也。鄭注。

## 夏官司馬第四

◎司爟，下士二人，徒六人。鄭注：故書"爟"作"燋"。

燋，當爲"爟"，書亦或爲"爟"。爟爲私火。鄭注。

## 大司馬
◎公司馬執鐲。

公司馬，謂五人爲伍，伍之司馬也。鄭注。

## 掌固
◎夜三鼜以號戒。

讀"鼜"爲"造次"之造，謂擊鼓行夜戒守也。《春秋傳》所謂賓將趣者與，"趣"與"造"音相近，故曰"終夕與於燎"。鄭注。

## 射人
◎以矢行告。

以矢行告，告白射事于王，王則執矢也。鄭注。

## 服不氏
◎射則贊張侯，以旌居乏而待獲。

待，當爲"持"，書亦或爲"持"。乏，讀爲"匱乏"之乏，持獲者所蔽。鄭注。

## 戎右
◎贊牛耳、桃茢。鄭注：故書"茢"爲"滅"。

滅，當爲"厲"。鄭注。

## 大馭
◎及犯軷，王自左馭。鄭注：故書"軷"作"罰"。

罰，當爲"軷"。軷，讀爲（按：段氏云當作"讀如"。孫氏云段校是）"別異"之別，謂祖道、轢軷、磔犬也。《詩》云"載謀載惟，取蕭祭脂，取羝以軷"。《詩》家說曰"將出祖道，犯軷之祭也"。《聘禮》曰"乃舍軷，飲酒于其側"。《禮》家說亦謂道祭。鄭注。

◎及祭，酌僕，僕左執轡，右祭兩軹，祭軓，乃飲。鄭注：故書"軹"爲"車軹"，"軓"爲"範"。

文當如此。"左"不當重，重非是。車軹，當作"軹"。軹，謂兩轊也。其或言

"軷",亦非是。軌(按:馬本作"軓",誤)當爲"軓"。軓,謂車軾前也。或讀"車幵"爲"簪笄"之笄。鄭注。

⊙按:段氏校改爲"軓,當爲軔。軔,謂車軾前也",《周官故書考》云軔、範同音,軔爲正字,範爲假借。孫氏云段、徐説並通。

### 廋人
◎以阜馬、佚特、教駣、攻駒。
　佚,當爲"逸"。鄭注。

### 囿師
◎射則充椹質,茨牆則翦闓。
　椹,讀爲齊人言"鈇椹"之椹。椹質,所射者習射處。鄭注。
　⊙按:此條馬本漏輯。

### 職方氏
◎其利金錫竹箭。鄭注:故書"箭"爲"晉"。
　晉,當爲"箭",書亦或爲"箭"。鄭注。
◎其浸潁、湛。
　湛,讀當爲"人名湛"之湛,湛,或爲"淮"。鄭注。
◎其澤藪曰貕養。
　讀"貕"爲"奚"。鄭注。

### 訓方氏
◎誦四方之傳道。鄭注:故書"傳"爲"傅"。
　傅,當作"傳",書亦或爲"傳"。鄭注。

### 形方氏
◎無有華離之地。
　離,當爲"雜",書亦或爲"雜"。鄭注。

# 秋官司寇第五

## 大司寇

◎凡邦之大事，使其屬蹕。鄭注：故書"蹕"作"避"。

避，當爲"辟"，謂辟除姦人也。鄭注。

## 小司寇

◎以八辟麗邦瀍，附刑罰。

麗，讀爲"羅"。鄭注。

## 朝士

◎則令邦國、都家、縣鄙慮刑貶。鄭注：故書"慮"爲"憲"，"貶"爲"窆"。

窆，當爲"禁"。憲，謂幡書以明之。鄭注。

## 閩隸

◎掌子則取隸焉。

子，當爲"祀"。鄭注。

## 條狼氏

◎下士六人，胥六人，徒六十人。

條，當爲"滌器"之滌。鄭注。

## 薙氏

◎春始生而萌之。鄭注：故書"萌"作"蕫"。

蕫，當爲"萌"，謂耕反其萌牙。書亦或爲"萌"。鄭注。

## 翦氏

◎掌除蠹物。鄭注：故書"蠹"爲"橐"。

橐，當爲"蠹"。鄭注。

## 蟈氏

◎掌去䵷黽，焚牡蘜以灰洒之，則死。以其煙被之，則凡水蟲無聲。

假令風從東方來，則於水東面爲煙，令煙西行，被之（按：之，孫氏云疑衍字）水上。鄭注。

## 壺涿氏

◎掌除水蟲，以炮土之鼓敺之，以焚石投之。鄭注：故書"炮"作"泡"。

　　炮（按：段氏云當作"泡"，孫氏云段校是），讀爲"苞"，有苦葉之苞。鄭注。

◎則以牡橭午貫象齒而沈之。鄭注：故書"橭"爲"梓"，"午"爲"五"。

　　梓，當爲"橭"。橭，讀爲"枯"。枯，榆木名。書或爲"樗"。五貫，當爲"午貫"。鄭注。

## 冬官考工記第六

◎或通四方之珍異以資之。鄭注：故書"資"作"齊"。

　　齊，當爲"資"，讀如"冬資絺"之資。鄭注。

◎妢胡之笴。鄭注：故書"笴"爲"筍"。

　　妢，讀爲（按：段氏校作"讀如"。孫氏云段校是）焚咸丘之焚，書或爲"邠"。妢胡，地名也。筍，當爲"笴"。笴，讀爲"稾"（按：馬本作"槀"，非），謂箭稾。鄭注。

◎刮摩之工，玉、梛、雕、矢、磬。鄭注：故書"雕"或爲"舟"。

　　雕，或爲"舟"。鄭注。

## 輪人

◎桯長倍之，四尺者二。十分寸之一謂之枚。鄭注：故書"十"與上"二"合爲"二十"字。

　　當爲"四尺者二，十分寸之一"。鄭注。

◎弓長六尺，謂之庇軹。鄭注：故書"庇"作"秘"。

　　秘，當爲"庇"，謂覆幹（按：馬本作"幹"，誤。孫氏云句上疑當有"庇軹"二字）也。鄭注。

## 輿人

◎以其隧之半，爲之較崇。鄭注：故書"較"作"權"。

　　權，當爲"較"。鄭注。

◎飾車欲侈。鄭注：故書"侈"作"移"。

　　移，當爲"侈"。鄭注。

### 鞗人

◎凡揉鞗，欲其孫而無弧深。

弧，讀爲"盡（按：馬本作"淨"，非）而不汙"之汙。鄭注。曲也。《集韻·平聲十一模》汪胡切，"弧"字注。

◎不伏其轅，必縊其牛。鄭注：故書"伏"作"偪"。

偪，當作"伏"。鄭注。

◎終日馳騁，左不楗。

楗，讀爲"寋"。左面不便，馬苦寋。鞗調善，則馬不寋也。書"楗"或作"券"。鄭注。馬行不利也。《集韻·上聲二十阮》"楗"字注。

### 鳧氏

◎兩欒謂之銑。鄭注：故書"欒"作"樂"。

樂，當爲"欒"，書亦或爲"欒"。銑，鍾口兩角。鄭注。

◎爲遂，六分其厚，以其一爲之深而圜之。鄭注：故書"圜"或作"圍"。

圍，當爲"圜"。鄭注。

### 㮚氏

◎權之然後準之。鄭注："準"，故書或作"水"。

準，當爲"水"。金器有孔者，水入孔中，則當重也。鄭注。

◎其臀一寸，其實一豆。鄭注：故書"臀"作"脣"。

脣，當爲"臀"，謂覆之其底深一寸也。鄭注。

◎凡鑄金之狀。鄭注：故書"狀"作"壯"。

壯，當爲"狀"，謂鑄金之形狀。鄭注。

### 鮑人

◎察其線，欲其藏也。鄭注：故書"線"或作"綜"。

綜，當爲"糸"旁"泉"，讀爲"綖"，謂縫革之縷。鄭注。

### 巾荒氏

◎淫之以蜃。

淫，當爲"涅"，書亦或爲"湛"。鄭注。

## 玉人
◎命圭七寸，謂之躬圭。鄭注：故書或云"命圭五寸，謂之躬圭"。

當爲"七寸"。鄭注。

◎黄金勺。鄭注："勺"，故書或作"約"。

約，當爲"勺"，謂酒尊中勺也。鄭注。

◎以致稍餼。鄭注："餼"，或作"氣"。

氣，當爲"餼"。鄭注。

## 梓人
◎則必如將廢措，其匪色必似不鳴矣。鄭注：故書"措"作"厝"。

厝，當爲"措"。鄭注。

## 匠人
◎置槷以縣，眡以景。鄭注：故書"槷"或作"弋"。

槷，當爲"弋"，讀爲"杙"。鄭注。

◎環涂七軌。鄭注：故書"環"或作"轘"。

轘，當爲"環"。環涂，謂環城之道。鄭注。

◎凡任，索約大汲其版，謂之無任。鄭注：故書"汲"作"没"。

没，當爲"汲"。鄭注。

## 車人
◎其博三寸。鄭注：故書"博"或爲"摶"。

摶，當爲"博"。鄭注。

## 弓人
◎夫角之中，恒當弓之畏。鄭注：故書"畏"或作"威"。

當爲（按：段氏云當作"從"。孫氏云段説是）"威"。威，謂弓淵。角之中央與淵相當。鄭注。

⊙按：馬本漏輯"當爲威"三字。

◎凡槷之類不能方。鄭注：故書"昵"或作"樴"。

　　槷，讀爲"不義不昵"之昵，或爲黍刃。黍刃，黏也。鄭注。

◎利射侯與弋。鄭注：故書"與"作"其"。

　　其，當爲"與"。鄭注。

# 鄭興《周禮解詁》

東漢鄭興撰。興（生當兩漢之際），字少贛，河南開封（今中牟東南）人。好古學，尤明《左氏》《周官》，長於曆數。仕至太中大夫。事迹具《後漢書》本傳。是書始見於《經典釋文·序錄》。賈公彥《序周官廢興》引鄭玄《周禮序》："世祖以來，通人達士大中大夫鄭少贛名興，及子大司農仲師名衆，皆作《周禮解詁》。"隋、唐《志》不載。卷數已無可考。散佚久矣。清人錢大昭、侯康、顧櫰三、姚振宗、曾樸五家所補東漢《藝文志》皆錄之。《郡齋讀書志》於鄭玄《周禮注》下云："鄭衆、鄭興傳受《周禮》，玄皆引之，以參釋異同云。大夫者，興也；司徒者，衆也。"馬國翰輯有《周禮鄭大夫解詁》一卷，皆得之於鄭玄注，共計十五節。《小序》云："二鄭《解詁》無所別，即因題焉。少贛遺說存者無多，讀其子司農之遺注，固可見家學淵源也。"今次重輯，以孫詒讓《周禮正義》爲底本，馬氏輯本爲參校本。考馬本，《春官·小宗伯》誤作《小司徒》，"共茅蒩"及"巡其前後之屯"兩節皆《鄉師》之文，誤入《小司徒》，今正。漏輯《醢人》"豚拍"條，今補。又《女祝》"梗"字注，從《集韻》輯"口浪切，鄭興讀"，按鄭玄以前，全不解反語，故今删。今從鄭玄《注》輯錄16條，較馬氏多輯1條，勒爲一卷。

## 鄭興《周禮解詁》一卷

### 天官冢宰第一

**小宰**

◎聽稱責以傅別。

傅別，讀爲"符别"。鄭注。

**甸師**

◎祭祀，共蕭茅。

蕭，字或爲"茜"。茜，讀爲"縮"。束茅立之祭前，沃酒其上，酒滲下去，若神飲之，故謂之縮。縮，浚也。故齊桓公責楚不貢苞茅，王祭不共，無以縮酒。鄭注。

### 腊人
◎凡祭祀，共豆脯、薦脯、膴、胖。

胖，讀爲"判"。鄭注。

### 醢人
◎茆菹。

讀"茆"爲"茅"。茅菹，茅初生，或曰茆水草。鄭注。

◎豚拍。

拍爲"膊"，謂脅也。或曰豚拍，肩也。今河間名豚脅聲如鍛鎛。鄭注引鄭興、杜子春皆以爲。

⊙按：此條馬本漏輯。

### 女祝
◎掌以時招、梗、襘、禳之事，以除疾殃。

讀"梗"爲"亢"，謂招善而亢惡去之。鄭注。

## 地官司徒第二

### 鄉師
◎共茅蒩。

讀"蒩"爲"藉"，謂祭前藉也。鄭注。

⊙按：馬本下有"《易》曰：藉用白茅，無咎"句，恐非鄭興語。

◎巡其前後之屯。鄭注：故書"屯"或爲"臀"。

讀"屯"（按：段氏云當作"臀"。孫氏云段說是）爲"課殿"。鄭注。

### 遂人
◎以興耡利甿。

讀"耡"爲"藉"。鄭注。

## 春官宗伯第三

### 小宗伯

◎卜葬兆，甫竁，亦如之。

讀"竁"皆（按：孫氏云"皆"爲衍字）爲"穿"（按：《釋文》所引到此），謂葬穿壙也。鄭注。

⊙按：馬氏云此節又見《文選》二十七顏延年《宋郊祀歌》李注。誤，核未見。

### 大胥

◎比樂官。

讀"比"爲"庀"。庀，具也，錄具樂官。鄭注。

### 典同

◎高聲䃂。

䃂，讀爲"袞冕"之袞。鄭注。

◎陂聲散。

陂，讀爲"人短罷"之罷。鄭注。

◎微聲韽。

韽，讀爲（按：段氏云"爲"當作"如"。孫氏云段校是）"鶕鷞"之鶕。鄭注。

### 大祝

◎四曰振動。

動，讀爲"董"，書亦或爲"董"。振董，以兩手相擊也。鄭注。《釋文》云："李依大夫音'董'。今俗人拜，以兩手相繫，如鄭大夫之説。蓋古之遺法。"

◎七曰奇拜，八曰褒拜。

奇拜，謂一拜也。褒，讀爲"報"。報拜，再拜是也。鄭注。

# 鄭衆《周禮解詁》

東漢鄭衆撰。衆有《毛詩先鄭義》，已著録。是書始見於《經典釋文》所引鄭玄《周禮序》。玄注《周官》，引衆之説最多。其書後佚。清馬國翰輯爲《周禮鄭司農解詁》六卷，計七百四十一條。《續修四庫全書總目提要》云："馬氏從康成注裒輯，六官各爲一卷。其他如《釋文》《集韻》《文選注》《太平御覽》《聶氏三禮圖》《開元占經》《玉篇》《羣經音辨》諸書偶有徵引者，亦兼輯焉，用力不可謂不勤。然其間仍不免有訛脱者，是故學者苟若引用司農《解詁》，殊不能悉以此本爲據，必須復檢從出之書，然後方可無訛也。"今次重輯，以孫詒讓《周禮正義》爲底本，馬氏輯本爲參校本。考馬本，《鄉師》五條誤入《小司徒》，《司弓矢》三條誤入《司兵》，今正。《牧人》"以共"條及《鼓人》三條當是鄭玄語，《巾車》"木路"條當是杜子春語，馬氏闌入，今入存目。漏輯《男巫》《羊人》《輪人》《匠人》《弓人》五節，《庖人》《食醫》《載師》《草人》《大宗伯》有漏輯之處，今補。又《大宰》"嬪"字注，輯《釋文》"司農音賓"，輯《集韻》"卑民切"等司農音，然漢世不見韻書，先鄭不作反語，乃後人依先鄭注釋擬音。故今删。今從鄭玄《注》中輯録747條，較馬氏多輯1條，勒爲六卷。

## 鄭衆《周禮解詁》六卷

### 《周官》

《書·序》曰："成王既黜殷命，滅淮夷，還歸在豐，作《周官》。"此則《周官》也。賈公彥《序〈周禮〉廢興》。

### 天官冢宰第一

◎惟王建國，辨方正位。

別四方，正君臣之位，君南面，臣北面之屬。鄭注。

◎體國經野。

營國方九里,國中九經九緯,左祖右社,面朝後市;野則九夫爲井,四井爲邑之屬是也。鄭注。

◎設官分職。

置冢宰,司徒、宗伯、司馬、司寇、司空,各有所職而百事舉。鄭注。

◎乃立天官冢宰,使帥其屬而掌邦治,以佐王均邦國。

邦治,謂總六官之職也。故《大宰職》曰:"掌建邦之六典,以佐王治邦國。"六官皆總屬於冢宰,故《論語》曰:"君薨,百官總己,以聽於冢宰。"言冢宰於百官無所不主。《爾雅》曰:"冢,大也。"冢宰,大宰也。鄭注。

◎膳夫,上士二人。

《詩》:"仲允膳夫。"鄭注。

## 大宰

◎大宰之職,掌建邦之六典,以佐王治邦國:一曰治典,以經邦國,以治官府,以紀萬民;二曰教典,以安邦國,以教官府,以擾萬民;三曰禮典,以和邦國,以統百官,以諧萬民;四曰政典,以平邦國,以正百官,以均萬民;五曰刑典,以詰邦國,以刑百官,以糾萬民;六曰事典,以富邦國,以任百官,以生萬民。

治典,冢宰之職,故立其官,曰使帥其屬而掌邦治,以佐王均邦國。教典,司徒之職,故立其官,曰使帥其屬而掌邦教,以佐王安擾邦國。禮典,宗伯之職,故立其官,曰使帥其屬而掌邦禮,以佐王和邦國。政典,司馬之職,故立其官,曰使帥其屬而掌邦政,以佐王平邦國。刑典,司寇之職,故立其官,曰使帥其屬而掌邦禁,以佐王刑邦國。此三時皆有官,唯冬無官,又無司空。以三隅反之,則事典,司空之職也。《司空》之篇亡,《小宰職》曰"六曰冬官,其屬六十,掌邦事"。鄭注。

◎以八法治官府:一曰官屬,以舉邦治;二曰官職,以辨邦治;三曰官聯,以會官治;四曰官常,以聽官治;五曰官成,以經邦治;六曰官法,以正邦治;七曰官刑,以糾邦治;八曰官計,以弊邦治。

官屬,謂"六官",其屬各六十。若今博士、大史、大宰、大祝。大樂屬大常也。《小宰職》曰"以官府之六屬舉邦治:一曰天官,其屬六十"是也。官職,謂六官之職,《小宰職》曰:"以官府之六職辨邦治:一曰治職,二曰教職,三曰禮職,四曰政職,五曰刑職,六曰事職。"官聯,謂國有大事,一官不能獨共,則六官共舉之。聯,讀爲"連",古書"連"作"聯"。聯,謂連事通職,相佐助也。《小宰職》曰:"以官府之六聯合邦治，一曰祭祀之聯事，二曰賓客之聯事，三曰喪荒之聯事，四曰軍旅之聯事，五曰田役之聯事，六曰斂弛之聯事。"官常，謂各自領其官之常職，非連事通職所共也。官成，謂官府之成事品式也。《小宰職》曰："以官府之八成經邦治，一曰聽政役以比居，二曰聽師田以簡稽，三曰聽閭里以版圖，四曰聽稱責以傅別，五曰聽禄位以禮命，六曰聽取予以書契，七曰聽賣買以質劑，八曰聽出入以要會。"官法，謂職所主之法度，官職主祭祀、朝覲、會同、賓客者，則皆自有其法度。《小宰職》曰："以灋掌祭祀、朝覲、會同、賓客之戒具。"官刑，謂司刑所掌墨辠、劓辠、宮辠、刖辠、殺辠也。官計，謂三年則大計羣吏之治而誅賞之。鄭注。

◎四曰禄位，以馭其士。

士，謂學士。鄭注。

◎一曰三農，生九穀。

三農：平地、山、澤也。九穀：黍、稷、秫、稻、麻、大小豆、大小麥。鄭注。

◎曰五百工，飭化八材。

八材：珠曰切，象曰瑳，玉曰琢，石曰磨，木曰刻，金曰鏤，革曰剝，羽曰析。鄭注。

◎閒民，無常職，轉移執事。

閒民，謂無事業者。轉移爲人執事，若今傭賃也。鄭注。

◎邦中之賦。

邦中之賦，二十而稅一，各有差也。鄭注。

◎幣餘之賦。

幣餘，百工之餘。鄭注。

◎匪頒之式。

匪，分也。頒，讀爲"班布"之班，謂班賜也。鄭注。

◎以九貢致邦國之用：一曰祀貢，二曰嬪貢，三曰器貢，四曰幣貢，五曰材貢，六曰貨貢，七曰服貢，八曰斿貢，九曰物貢。鄭注：嬪，故書作"賓"。

祀貢，犧牲、包茅之屬。賓貢，皮帛之屬。器貢，宗廟之器。幣貢，繡帛。材貢，木材也。貨貢，珠貝自然之物也。服貢，祭服。斿貢，羽毛。物貢，九州之外，各以其所貴爲摯，肅慎氏貢楛矢之屬是也。鄭注。

◎主，以利得民。

主，謂公卿大夫，世世食采不絕，民稅薄利之。鄭注。

◎乃縣治象之法于象魏，使萬民觀治象，挾日而斂之。

象魏，闕也。故魯災，季桓子御公立于象魏之外，命藏象魏，曰："舊章不可忘。"

⊙按：馬本句末更引"從甲至甲謂之挾日，凡十日"，當是鄭玄注。

◎陳其殷，置其輔。

殷，治律。輔，爲民之平也。鄭注。

◎立其兩。

兩，謂兩丞。鄭注。

◎大喪，贊贈玉、含玉。

含玉，璧琮。鄭注。

◎三歲，則大計羣吏之治，而誅賞之。

三載考績。鄭注。

## 小宰

◎掌邦之六典、八灋、八則之貳，以逆邦國、都鄙、官府之治。

貳，副也。鄭注。

⊙按：此條馬本漏輯。

◎以官府之六聯合邦治：一曰祭祀之聯事，二曰賓客之聯事，三曰喪荒之聯事，四曰軍旅之聯事，五曰田役之聯事，六曰斂弛之聯事，凡小事皆有聯。

大祭祀，大宰贊玉幣，司徒奉牛牲，宗伯視滌濯、涖玉鬯、省牲鑊、奉玉齍，司馬羞魚牲、奉馬牲，司寇奉明水火。大喪，大宰贊贈玉、含玉，司徒帥六鄉之衆庶屬其六紖，宗伯爲上相，司馬平士大夫，司寇前王，此所謂官聯。鄭注。

◎以官府之八成經邦治：一曰聽政役以比居，二曰聽師田以簡稽，三曰聽閭里以版圖，四曰聽稱責以傅別，五曰聽禄位以禮命，六曰聽取予以書契，七曰聽賣買以質劑，八曰聽出入以要會。

政，謂軍政也。役，謂發兵起徒役也。比居，謂伍籍也。比地爲伍，因內政寄軍令，以伍籍發軍起役者，平而無遺脫也。簡稽士卒、兵器、簿書。簡，猶閱也。稽，猶計也，合也。合計其士之卒伍，閱其兵器，爲之要簿。故《遂人職》曰"稽其人民，簡其兵器"。《國語》曰："黃池之會，吳陳其兵，皆官師擁鐸拱稽。"版，户籍。圖，地圖也。聽人訟地者，以版圖決之。《司書職》曰："邦中之版，土地之圖。"稱責，謂貸予。傅別，謂券書也。聽訟責者，以券書決之。傅，傅著約束於文書。別，別爲兩，兩家各得一也。禮命，謂九賜也。書契，符書也。質劑，謂市中平賈，今時月平是也。要會，謂計最之簿書，月計曰要，歲計曰會，故《宰夫職》曰："歲終則令羣吏正歲會，月終則令正月要。"鄭注。

## 宰夫

◎諸臣之復，萬民之逆。

　　復，請也。逆，迎受王命者。宰夫主諸臣萬民之復逆，故詩人重之，曰"家伯維宰"。鄭注。

◎掌其牢禮、委積、膳獻、飲食、賓賜之飧牽。

　　飧，夕食也。《春秋傳》曰"飧有陪鼎"。牽牲，牢可牽而行者。《春秋傳》曰"餼牽竭矣"。鄭注。

◎正歲，則以灋警戒羣吏，令脩宮中之職事。

　　正歲之正月，以法戒敕羣吏。鄭注。

◎書其能者與其良者，而以告于上。

　　若今時舉孝廉、賢良方正、茂才異等。鄭注。

## 宮正

◎為之版以待。

　　為官府次舍之版圖也。待，待比也。鄭注。

◎夕擊柝而比之。

　　柝，戒守者所擊也。《易》曰："重門擊柝，以待暴客。"《春秋傳》曰："魯擊柝，聞於邾。"鄭注。

◎國有故，則令宿，其比亦如之。

　　故，謂禍災，令宿，宿衛王宮。《春秋傳》曰："忘守必（按：《左傳》作"則"。孫氏云讀字不同也）危，況有災乎。"鄭注。

◎辨外內而時禁。

　　分別外人、內人，禁其非時出入。鄭注。

◎幾其出入。

　　幾其出入，若今時宮中有罪，禁止不得出，亦不得入；及無引籍不得入宮司馬殿門也。鄭注。

◎會其什伍而教之道藝。

　　道，謂先王所以教道民者。藝，謂禮、樂、射、御、書、數。鄭注。

◎春秋以木鐸脩火禁。凡邦之事蹕宮中廟中，則執燭。

讀"火"絕之。禁凡邦之事蹕，國有事，王當出，則宮正主禁絕行者。若今時衛士填街蹕也。宮中廟中則執燭，宮正主爲王於宮中廟中執燭。鄭注。

蹕，謂止行者。清道，若今時警蹕。《文選》七潘安仁《藉田賦》李注。

### 宮伯
◎掌王宮之士庶子，凡在版者。

庶子，宿衛之官。版，名籍也，以版爲之。今時鄉户籍謂之户版。鄭注。

◎授八次八舍之職事。

庶子衛王宮，在内爲次，在外爲舍。鄭注。

### 膳夫
◎凡王之饋，食用六穀，膳用六牲，飲用六清，羞用百有二十品。

羞，進也。六穀，稌、黍、稷、粱、麥、苽。苽，雕胡也。六清，水、漿、醴、涼、醫、酏。鄭注。

◎卒食，以樂徹于造。

造，謂食之故所居處也。已食，徹置故處。鄭注。

◎王齊，日三舉。

齊必變食。鄭注。

◎邦有大故則不舉。

大故，刑殺也。《春秋傳》曰："司寇行戮，君爲之不舉。"

◎凡王之稍事，設薦脯醢。

稍事，謂（按：馬本作"爲"，非）非日中大舉時而閒食，謂之稍事。膳夫主設薦脯醢。鄭注。

◎王燕飲酒，則爲獻主。

主人當獻賓，則膳夫代王爲主，君不敵臣也。《燕義》曰："使宰夫爲獻主，臣莫敢與君亢禮。"鄭注。

◎凡肉脩之頒賜皆掌之。

脩，脯也。鄭注。

◎凡祭祀之致福者，受而膳之。

膳夫受之，以給王膳。鄭注。

◎以摯見者亦如之。

以羔、雁、雉爲摯見者，亦受以給王膳。鄭注。

## 庖人
◎掌共六畜、六獸、六禽，辨其名物。

六獸：麋、鹿、熊、麕、野豕、兔。六禽：雁、鶉、鷃、雉、鳩、鴿。鄭注、《文選》三十五張景陽《七命》李注。

◎凡其死生鱻薨之物。

鱻，謂生肉。薨，謂乾肉。鄭注。

◎春行羔豚，膳膏香；夏行腒鱐，膳膏臊；秋行犢麛，膳膏腥；冬行鮮羽，膳膏羶。

膏香，牛脂也，以牛脂和之。腒，乾雉。鱐，乾魚。膏臊，豕膏也。以豕膏和之。鄭注。

⊙按：馬本漏輯末句。

## 內饔
◎牛夜鳴則庮。

庮，朽木臭也。鄭注。

◎馬黑脊而般臂，螻。

螻，螻蛄臭也。鄭注。

◎凡掌共羞、脩、刑、膴、胖、骨、鱐，以待共膳。

刑、膴，謂夾脊肉，或曰膺肉也。骨、鱐，謂骨有肉者。鄭注。

## 亨人
◎祭祀，共大羹、鉶羹。

大羹，不致五味也。鉶羹，加鹽菜矣。鄭注。

## 甸師
◎王之同姓有辠，則死刑焉。

王同姓有罪當刑者，斷其獄於甸師之官也。《文王世子》曰："公族有死罪，則磬於甸人。"又曰："公族無宮刑，獄成，致刑於甸人。"又曰："公族無宮刑，不踐其類也。刑於隱者，不與國人慮兄弟。"鄭注。

### 獸人

◎及獘田，令禽注于虞中。

獘田，謂春火獘，夏車獘，秋羅獘，冬徒獘。虞中，謂虞人螫所田之野，及獘田，植虞旗於其中，致禽而珥焉。獸人主令田衆得禽者，置虞人所立虞旗之中，當以給四時社廟之祭。故曰"春獻禽以祭社，夏獻禽以享禴（《大司馬職》作"祠"，下"獻"作"致"），秋獻禽以祀祊，冬獻禽以享烝"，又曰"大獸公之，小禽私之"。公之，謂輸之於虞中。"珥焉"者，取左耳以致功，若斬首折馘。故《春秋傳》曰："以數軍實。"鄭注。

### 㢮人

◎掌以時㢮為梁。

梁，水偃也。偃水為關空，以笱承其空。《詩》曰："敝笱在梁。"鄭注。

◎凡㢮征，入于玉府。

漁征，漁者之租稅，漁人主收之，入于玉府。鄭注。

### 鱉人

◎掌取互物。

互物，謂有甲萳胡龜鱉之屬。鄭注。

◎以時簎魚鱉龜蜃，凡貍物。

簎，謂以扠刺泥中搏取之。貍物，龜鱉之屬，自貍藏伏於泥中者。鄭注。

◎祭祀，共蠯、蠃、蚳，以授醢人。

蠯，蛤也。鄭注。

### 腊人

◎凡祭祀，共豆脯，薦脯、膴、胖，凡腊物。

膴，膺肉。鄭注。

### 食醫

◎牛宜稌，羊宜黍，豕宜稷，犬宜粱，雁宜麥，魚宜苽。

稌，稉也。《爾雅》曰："稌，稻。"苽，彫胡也。鄭注。

⊙按：馬本漏輯末四字。

### 酒正

◎以式灋授酒材。

　　授酒人以其材。<small>鄭注。</small>

◎辨三酒之物，一曰事酒，二曰昔酒，三曰清酒。

　　事酒，有事而飲也。昔酒，無事而飲也。清酒，祭祀之酒。<small>鄭注。</small>

◎辨四飲之物，一曰清，二曰醫，三曰漿，四曰酏。

　　《内則》曰："飲重醴，稻醴清糟，黍醴清糟，粱醴清糟，或以酏爲醴，漿、水、臆（按：段氏云"醫"是正字，"臆"是假借字。孫氏云段説是）。"后致飲于賓客之禮，有醫酏糟。糟，音聲與酏相似。醫，與"臆"亦相似，文字不同，記之者各異耳，此皆一物。<small>鄭注。</small>

◎大祭三貳，中祭再貳，小祭壹貳，皆有酌數。唯齊酒不貳，皆有器量。

　　三貳，三益副之也。大祭天地，中祭宗廟，小祭五祀。齊酒不貳，爲尊者質，不敢副益也。<small>鄭注。</small>

◎凡王之燕飲酒，共其計，酒正奉之。

　　正奉之，酒正奉之也。<small>鄭注。</small>

◎凡有秩酒者，以書契授之。

　　"有秩酒"者，給事中予之酒。秩，常也。常受酒者，《國語》曰"至于今秩之"。<small>鄭注。</small>

### 漿人

◎水、漿、醴、涼、醫、酏。

　　涼，以水和酒也。<small>鄭注。</small>

### 凌人

◎掌冰正。<small>鄭注：故書"正"爲"政"。</small>

　　掌冰政，主藏冰之政也。<small>鄭注。</small>

◎秋，刷。

　　刷除冰室，當更內新冰。<small>鄭注。</small>

### 籩人

◎朝事之籩，其實麷、蕡、白、黑、形鹽、膴、鮑魚、鱐。

朝事，謂清朝未食，先進寒具口實之籩。熬麥曰麷，麻曰蕡，稻曰白，黍曰黑，築鹽以爲虎形謂之形鹽，故《春秋傳》曰："鹽虎形。"鄭注。《文選》三十五張景陽《七命》李注引"朝事"至"之籩"。

◎菱、芡、栗、脯。

當言"菱、芡、脯、脩"。鄭注。

◎糗餌、粉餈。鄭注：故書"餈"作"茨"。

糗，熬大豆與米也。粉，豆屑也。"茨"字或作"餈"，謂乾餌餅之也。鄭注。

### 醢人

◎朝事之豆，其實韭菹、醓醢，昌本、麋臡，菁菹、鹿臡，茆菹、麇臡。

麋臡，麋骭髓醢。或曰麋臡，醬也。有骨爲臡，無骨爲醢。菁菹，韭菹。鄭注。

◎脾析、蠯醢。

脾析，牛百葉也。蠯，蛤也。鄭注。

◎深蒲、醓醢、箈菹、雁醢。

深蒲，蒲蒻入水深，故曰深蒲。或曰深蒲，桑耳。醓醢，肉醬也。箈，水中魚衣。鄭注。《釋文》引末句有"也"字。

◎酏食糝食。

酏食，以酒酏爲餅。糝食，菜餗蒸。鄭注。

### 鹽人

◎祭祀，共其苦鹽、散鹽。

散鹽，湅治者。鄭注。

### 宮人

◎爲其井匽。

匽，路廁也。鄭注。

### 掌舍

◎設梐枑再重。鄭注：故書"枑"爲"柜"。

梐，榱梐也。柜，受居溜水涷橐者也。鄭注。

◎爲壇壝宮，棘門。

棘門，以戟爲門。鄭注。

### 幕人
◎掌帷、幕、幄、帟、綬之事。
　　帟，平帳也。綬，組綬，所以繫帷也。鄭注。

### 掌次
◎設皇邸
　　皇，羽覆上。邸，後版也。鄭注。
◎朝日，祀五帝。
　　五帝，五色之帝。鄭注。
◎師田，則張幕設案。
　　師田，謂諸侯相與師田。鄭注。
◎凡祭祀，張其旅幕，張尸次。
　　尸次，祭祀之尸所居更衣帳。鄭注。

### 大府
◎幣餘之賦，以待賜予。
　　幣餘，使者有餘來還也。鄭注。

### 玉府
◎共王之服玉、佩玉、珠玉。
　　服玉，冠飾十二玉。鄭注。
◎王齊，則共食玉。
　　王齊，當食玉屑。鄭注。
◎大喪，共含玉、復衣裳、角枕、角柶。
　　復，招魂也。衣裳，生時服。招魂復魄于大廟，至四郊。角柶，角匕也，以楔齒。《士喪禮》曰："楔齒用角柶。""楔齒"者，令可飯含。鄭注。
◎掌王之燕衣服、衽席、牀第，凡褻器。
　　衽席，單席也。褻器，清器，虎子之屬。鄭注。
◎若合諸侯，則共珠槃、玉敦。鄭注：故書"珠"爲"夷"。

夷槃，或爲"珠槃"。玉敦，歃血玉器。鄭注。

### 外府
◎共其財用之幣齎。

齎，或爲"資"，今禮家定"齎"作"資"。鄭注。

### 司書
◎受其幣。鄭注：故書"受"爲"授"。

授，當爲"受"，謂受財幣之簿書也。鄭注。

### 職幣
◎以書楬之。

楬之，若今時爲書以著其幣。鄭注。

### 司裘
◎爲大裘，以共王祀天之服。

大裘，黑羔裘，服以祀天，示質。鄭注。

◎中秋，獻良裘，王乃行羽物。

良裘，王所服也。行羽物，以羽物飛鳥賜羣吏。鄭注。

◎季秋，獻功裘，以待頒賜。

功裘，卿大夫所服。鄭注。

◎王大射，則共虎侯、熊侯、豹侯、設其鵠。

鵠，鵠毛也。方十尺曰侯，四尺曰鵠，二尺曰正，四寸曰質。鄭注。《詩·小雅·賓之初筵》正義引鄭衆。

◎大喪，廞裘，飾皮車。鄭注：故書"廞"爲"淫"。

淫裘，陳裘也。鄭注。

### 掌皮
◎歲終，則會其財齎。

齎，或爲"資"。鄭注。

### 內宰

◎以陰禮教六宮。

　　陰禮，婦人之禮。六宮，後五前一。王之妃百二十人，后一人，夫人三人，嬪九人，世婦二十七人，女御八十一人。鄭注。后正寢在前，五小寢在後。宋聶崇義《三禮圖集注》四。

◎凡喪事，佐后使治外內命婦，正其服位。

　　外命婦，卿大夫之妻，王命其夫，后命其婦。鄭注。

◎凡建國，佐后立市，設其次，置其叙，正其肆，陳其貨賄，出其度、量、淳、制，祭之以陰禮。

　　"佐后立市"者，始立市，后立之也。"祭之以陰禮"者，市中之社，先后所立社也。鄭注。

◎佐后而受獻功者，比其小大，與其麤良，而賞罰之。

　　烝而獻功。鄭注。

◎上春，詔王后帥六宮之人而生穜稑之種，而獻之于王。

　　先種後孰謂之穜，後種先孰謂之稑，王當以耕種于藉田。鄭注。

### 閽人

◎掌守王宮之中門之禁。

　　王有五門：外曰皋門，二曰雉門，三曰庫門，四曰應門，五曰路門，路門一曰畢門。鄭注。

◎凡內人、公器、賓客，無帥則幾其出入。

　　公器，將持公家器出入者。幾，謂無將帥引之者，則苛其出入。鄭注。

### 典婦功

◎及內人女功之事齎。

　　內人，謂女御。女功事資，謂女功絲枲之事。鄭注。

◎凡授嬪婦功，及秋獻功，辨其苦良、此其小大而賈之，物書而楬之。

　　苦，讀爲"盬"，謂分別其縑帛與布紵之麤細，皆比方其大小，書其賈數而著其物，若今時題署物。鄭注。

**典絲**

◎及獻功，則受良功而藏之。

良功，絲功，縑帛。鄭注。

◎歲終，則各以其物會之。

各以其所飾之物，計會傅著之。鄭注。

**典枲**

◎受苦功。

苦功，謂麻功布紵。鄭注。

◎内司服

掌王后之六服：褘衣、揄狄、闕狄、鞠衣、展衣、緣衣、素沙。

褘衣，畫衣也。《祭統》曰："君冕立于阼，夫人副褘立于東房。"揄狄，闕狄，畫羽飾。展衣，白衣也。《喪大記》曰："復者朝服，君以卷，夫人以屈狄，世婦以襢衣。""屈"者，音聲與"闕"相似，"襢"與"展"相似，皆婦人之服。鞠衣，黃衣也。素沙，赤衣也。鄭注。

**縫人**

◎掌王宮之縫線之事。

線，縷也。鄭注。

◎衣翣柳之材。鄭注：故書"翣柳"作"接檟"。

接，讀爲"翣"；檟，讀爲"柳"，皆棺飾。《檀弓》曰："周人牆置翣。"《春秋傳》曰："四翣不蹕。"鄭注。

**染人**

◎夏纁玄，秋染夏。鄭注：故書"纁"作"竁"。

竁，讀當爲"纁"。纁，謂絳也。夏，大也。秋乃大染。鄭注。

**追師**

◎掌王后之首服，爲副、編、次，追衡、笄。

追，冠名。《士冠禮記》曰："委貌，周道也。章甫，殷道也。毋追，夏后氏之道也。"追師，掌冠冕之官，故并主王后之首服。副者，婦人之首服。《祭統》曰："君冕立于阼，夫人副褘立於東房。"衡，維持冠者。《春秋傳》曰："衡紞紘綖。"鄭注。

### 屨人
◎赤繶、黃繶，青句、素屨，葛屨。

赤繶、黃繶，以赤黃之絲爲下緣。《士喪禮》曰："夏葛屨，冬皮（《士喪禮》作"白"。鄭玄注："冬皮屨，變言'白'者，明夏時用葛亦白也。"）屨，皆繶緇純。"禮家説"繶"亦謂以采絲礫其下。鄭注。

### 夏采
◎掌大喪以冕服復于大祖，以乘車建綏復于四郊。

復，謂始死招魂復魄。《士喪禮》曰："士死于適室，復者一人以爵弁服，升自東榮，中屋北面，招以衣，曰皋某復，三，降衣于前，受用篋，升自阼階，以衣尸。"《喪大記》曰："復，男子稱名，婦人稱字，唯哭先復。"言死而哭，哭而復，冀其復反。故《檀弓》曰："復，盡愛之道也。望反諸幽，求諸鬼神之道也。北面，求諸幽之義也。"《檀弓》又曰："君復於小寢、大寢，小祖、大祖，庫門、四郊。"《喪大記》又曰："復者朝服，君以卷，夫人以屈狄，大夫以玄赬，世婦以襢衣，士以爵弁，士妻以稅衣。"《雜記》曰："諸侯行而死於館，則其復如於其國；如於道，則升其乘車之左轂，以其綏復。大夫死於館，則其復如於家；死於道，則升其乘車之左轂，以其綏復。"《喪大記》又曰："爲賓則公館復，私館不復。"夏采，天子之官，故以冕服復于大祖，以乘車建綏復于四郊，天子之禮也。大祖，始祖廟也。鄭注。

### 地官司徒第二
◎鄉老，二鄉則公一人。鄉大夫，每鄉卿一人。

百里内爲六鄉，外爲六遂。鄭注。

◎縣師

四百里曰縣。鄭注。

◎遺人

遺，讀如《詩》曰"棄予如遺"之遺。鄭注。

◎師氏

《詩》云"楀維師氏"。鄭注。

◎泉府

故書"泉"或作"錢"。鄭注。

◎遂人

遂，謂王國百里外。鄭注。

◎土訓

訓，讀爲"馴"，謂以遠方土地所生異物告道王也。《爾雅》云："訓，道也。"鄭注。

◎食熙人

饎人，主炊官也。《特牲饋食禮》曰："主婦視饎爨。"故書"饎"作"饐"。鄭注。

◎槀人

槀，讀爲"犒師"之犒。主冗食者，故謂之犒。鄭注。

### 大司徒

◎其植物宜皁物。

植物，根生之屬。皁物，柞栗之屬，今世間謂柞實爲皁斗。鄭注。

◎其植物宜膏物。

膏物，謂楊柳之屬。理致且白如膏。鄭注。

◎以土圭之灋測土深，正日景，以求地中。日南則景短，多暑；日北則景長，多寒；日東則景夕，多風；日西則景朝，多陰。

測土深，謂南北東西之深也。日南，謂立表處大南，近日也。日北，謂立表處大北，遠日也。景夕，謂日跌景乃中，立表處大東，近日也。景朝，謂日未中而景中，立表處大西，遠日也。鄭注。

◎日至之景尺有五寸，謂之地中。

土圭之長尺有五寸，以夏至之（按："之"，衍字。下"之"同）日立八尺之表，其景適與土（按："土"，衍字）圭等謂之地中。今潁川陽城地爲然。鄭注。唐瞿曇悉達《開元占經》五。

◎凡建邦國，以土圭土其地而制其域：諸公之地，封疆方五百里，其食者半；諸侯之地，封疆方四百里，其食者參之一；諸伯之地，封疆方三百里，其食者參之一；諸子之地，封疆方二百里，其食者四之一；諸男之地，封疆方百里，其食者四之一。

土其地，但爲正四方耳。其食者半，公所食租稅得其半耳，其半皆附庸小國也，屬天子。參之一者亦然。故《魯頌》曰："錫之山川，土田附庸。奄有龜蒙，遂荒大東，至于海邦。"《論語》曰："季氏將伐顓臾，孔子曰：'先王以爲東蒙主，且在邦域之中，是社稷之臣。'"此非七十里所能容，然則方五百里四百里合於《魯頌》《論語》之言。諸男食者四之一，適方五十里，獨此與今《五經》家說合耳。鄭注。

◎不易之地家百畮，一易之地家二百畮，再易之地家三百畮。

不易之地，歲種之，地美，故家百畮。一易之地，休一歲乃復種，地薄，故家二百畮。再易之地，休二歲乃復種，故家三百畮。鄭注。

◎以荒政十有二聚萬民：一曰散利，二曰薄征，三曰緩刑，四曰弛力，五曰舍禁，六曰去幾，七曰眚禮，八曰殺哀，九曰蕃樂，十曰多昏，十有一曰索鬼神，十有二曰除盜賊。

救饑之政，十有二品。散利，貸種食也。薄征，輕租稅也。弛力，息繇役也。去幾，關市不幾也。眚禮，《掌客職》所謂"凶荒殺禮"者也。多昏，不備禮而娶。"昏"者，多也。索鬼神，求廢祀而脩之，《雲漢》之詩所謂"靡神不舉，靡愛斯牲"者也。除盜賊，急其刑以除之，饑饉則盜賊多，不可不除也。鄭注。

◎頒職事十有二于邦國都鄙，使以登萬民：一曰稼穡，二曰樹藝，三曰作材，四曰阜蕃，五曰飭材，六曰通財，七曰化材，八曰斂材，九曰生材，十曰學藝，十有一曰世事，十有二曰服事。

稼穡，謂三農生九穀也。樹藝，謂園圃毓草木。作材，謂虞衡作山澤之材。阜蕃，謂藪牧養蕃鳥獸。飭材，謂百工飭化八材。通財，謂商賈阜通貨賄。化材，謂嬪婦化治絲枲。斂材，謂臣妾聚斂疏材。生材，謂閒民無常職，轉移執事。學藝，謂學道藝。世事，謂以世事教能，則民不失職。服事，謂爲公家服事者。鄭注。

◎五曰不任之刑，六曰不恤之刑。

任，謂朋友相任，恤，謂相憂（按：馬本作"愛"，誤）。鄭注。

◎以五禮防萬民之僞，而教之中。

五禮謂吉、凶、賓、軍、嘉。鄭注。

◎以六樂防萬民之情，而教之和。

六樂，謂《雲門》《咸池》《大招》《大夏》《大濩》《大武》。鄭注。

◎凡萬民之不服教而有獄訟者，與有地治者聽而斷之；其附于刑者，歸于士。

與有地治者聽而斷之，與其地部界所屬吏共聽斷之。士，謂主斷刑之官。《春秋傳》曰："士榮爲大士。"或謂歸於圜土。圜土，謂獄也，獄城圜。鄭注。

◎祀五帝，奉牛牲，羞其肆。

羞，進也。肆，陳骨體也。鄭注。

◎大喪，帥六鄉之衆庶，屬其六引，而治其政令。

六引，謂引喪車索也。六鄉主六引，六遂主六紼。鄭注。

## 小司徒

◎九比之數。

九比，謂九夫爲井。鄭注。

◎及三年，則大比，大比則受邦國之比要。

五家爲比，故以比爲名，今時八月案比是也。要，謂其簿。鄭注。

◎凡起徒役，毋過家一人，以其餘爲羨，唯田與追胥竭作。

羨，饒也。田，謂獵也。追，追寇賊也。竭作，盡行。鄭注。

◎凡國之大事，致民；大故，致餘子。

國有大事，當徵召會聚百姓，則小司徒召聚之。餘子，謂羨也。鄭注。

◎乃經土地，而井牧其田野。

"井牧"者，《春秋傳》所謂"井衍沃""牧隰皋"者也。鄭注。

◎凡民訟，以地比正之。

以田畔所與比，正斷其訟。鄭注。

## 鄉師

◎以考司空之辟。

辟，法也。鄭注。

◎與其輂輦。鄭注：故書"輦"作"連"。

連，讀爲"輦"。鄭注。

◎及葬，執纛，以與匠師御匶而治役。

纛，羽葆幢也。《爾雅》曰："纛，翳也。"以指麾輓柩之役，正其行列進退。鄭注。

◎及窆，執斧以涖匠師。鄭注：故書"涖"作"立"。

窆，謂葬下棺也。《春秋傳》曰"日中而堋"，《禮記》所謂"封"者。立，讀爲"涖"。涖，謂臨視也。鄭注。

◎而賙萬民之囏阨。

賙，讀爲"周急"之周。鄭注。

## 鄉大夫

◎鄉大夫之職。

萬二千五百家爲鄉。鄭注。

◎國中自七尺以及六十，野自六尺以及六十有五，皆征之。其舍者，國中貴者、賢者、能者、服公事者、老者、疾者，皆舍。以歲時入其書。

"征之"者，給公上事也。"舍"者，謂有復除舍不收役事也。"貴"者，謂若今宗室及關内侯皆復也。"服公事"者，謂若今吏有復除也。"老"者，謂若今八十九十復羨卒也。"疾"者，謂若今癃不可事者復之。鄭注。

◎三年則大比，考其德行道藝，而興賢者能者，鄉老及鄉大夫帥其吏與其衆寡，以禮禮賓之。

"興賢"者，謂若今舉孝廉。"興能"者，謂若今舉茂才。賓，敬也，敬所舉賢者能者。鄭注。

◎退而以鄉射之禮五物詢衆庶：一曰和，二曰容，三曰主皮。

詢，謀也。問於衆庶，寧復有賢能者。和，謂閨門之内行也。容，謂容貌也。主皮，謂善射，射所以觀士也。鄭注。

◎大詢于衆庶。

大詢于衆庶，《洪範》所謂"謀及庶民"。鄭注。


### 州長

◎各掌其州之教治政令之灋。

二千五百家爲州。《論語》曰："雖州里行乎哉？"《春秋傳》曰："鄉取一人焉以歸，謂之夏州。"鄭注。

◎以贊鄉大夫廢興。

贊，助也。鄭注。


### 黨正

◎各掌其黨之政令教治。

五百家爲黨。《論語》曰："孔子於鄉黨。"又曰："闕黨童子。"鄭注。

◎以歲時涖校比。

校比，《族師職》所謂"以時屬民而校，登其族之夫家衆寡，辨其貴賤、老幼、廢疾、可任者，及其六畜、車輦"。如今小案比。鄭注。


### 族師

◎各掌其族之戒令政事。

百家爲族。鄭注。

## 閭胥
◎各掌其閭之徵令。
　　二十五家爲閭。鄭注。

## 封人
◎設其楅衡，置其絼。
　　楅衡，所以楅持牛也。絼，著牛鼻繩，所以牽牛者，今時謂之雉，與古者名同。皆謂夕牲時也。鄭注。
◎歌舞牲，及毛炮之豚。
　　封人主歌舞其牲，云博碩肥腯。鄭注。

## 舞師
◎教之牲牷。
　　牷，純也。鄭注。
　　⊙按：馬本作"牷體完具"，誤，當是鄭玄注。
◎凡陽祀，用騂牲毛之；陰祀，用黝牲毛之。
　　陽祀，春夏也。黝，讀爲"幽"。幽，黑也。鄭注。

## 牛人
◎凡祭祀，共其享牛、求牛。
　　享牛，前祭一日之牛也。求牛，禱於鬼神，祈求福之牛也。鄭注。
◎軍事，共其犒牛。
　　犒師之牛。鄭注。
◎凡祭祀，共其牛牲之互與其盆簝。
　　互，謂楅衡之屬。盆、簝，皆器名。盆，所以盛血。簝，受肉籠也。鄭注。

## 充人
◎凡散祭祀之牲，繫于國門，使養之。
　　使養之，使守門者養之。鄭注。

◎展牲，則告充。

展，具也。具牲，若今時選牲也。充人主以牲牷告展牲者也。鄭注。

**載師**

◎以廛里任國中之地，以場圃任園地，以宅田、士田、賈田任近郊之地，以官田、牛田、賞田、牧田任遠郊之地，以公邑之田任甸地，以家邑之田任稍地，以小都之田任縣地，以大都之田任疆地。鄭注：故書"廛"或作"壇"。

壇，讀爲"廛"。廛，市中空地未有肆，城中空地未有宅者。民宅曰宅。"宅田"者，以備益多也。"士田"者，士大夫之子得而耕之田也。"賈田"者，吏爲縣官賣財與之田。"官田"者，公家之所耕田。"牛田"者，以養公家之牛。"賞田"者，賞賜之田。"牧田"者，牧六畜之田。《司馬法》曰："王國百里爲郊，二百里爲州，三百里爲野，四百里爲縣，五百里爲都。"鄭注。

◎凡任地，國宅無征。

任地，謂任土地以起稅賦也。國宅，城中宅也。無征，無稅也。鄭注。

◎凡宅不毛者，有里布；凡田不耕者，出屋粟；凡民無職事者，出夫家之征。

"宅不毛"者，謂不樹桑麻也。"里布"者，布參印書，廣二寸，長二尺，以爲幣，貿易物。《詩》云"抱布貿絲"，抱此布也。或曰：布，泉也。《春秋傳》曰："買之百兩一布。"又《廛人職》："掌斂市之次布、儳布、質布、罰布、廛布。"《孟子》曰："廛無夫里之布，則天下之民皆說，而願爲其民矣。"故曰"宅不毛者，有里布，民無職事，出夫家之征"。欲令宅樹桑麻，民就四業，則無稅賦以勸之也。故《孟子》曰："五畝之宅，樹之以桑，則五十者可以衣帛。"不知言布參印書者何？見舊時說也。鄭注。

⊙按：馬本漏輯末二句。

**師氏**

◎使其屬帥四夷之隸。鄭注：故書"隸"或作"肆"。

肆，讀爲"隸"。鄭注。

**保氏**

◎乃教之六藝：一曰五禮，二曰六樂，三曰五射，四曰五馭，五曰六書，六曰九數。乃教之六儀：一曰祭祀之容，二曰賓客之容，三曰朝廷之容，四曰喪紀之容，五曰軍旅之容，六曰車馬之容。

五射：白矢、參連、剡注、襄尺、井儀也。五馭：鳴和鸞、逐水曲、過君表、舞交衢、逐禽左。六書：象形、會意、轉注、處事、假借、諧聲也。九數：方田、粟米、差分、少廣、商功、均輸、方程、贏不足、旁要。今有重差、夕桀、句股也。祭祀之容，穆穆皇皇。賓客之容，嚴恪矜莊。朝廷之容，濟濟蹌蹌。喪紀之容，涕涕翔翔。軍旅之容，闞闞仰仰。車馬之容，顛顛堂堂。<sub>鄭注。</sub>

### 調人
◎凡過而殺傷人者，以民成之。

　　以民成之，謂立證佐成其罪也。一說以鄉里之民共和解之，《春秋傳》曰"惠伯成之"之屬。<sub>鄭注。</sub>

◎凡殺人有反殺者，使邦國交讎之。

　　有反殺者，謂重殺也。<sub>鄭注。</sub>

◎凡有鬭怒者，成之。

　　成之，謂和之也。和之，猶今二千石以令解仇怨，後復相報，移徙之。此其類也。<sub>鄭注。</sub>

### 媒氏
◎掌萬民之判。

　　主萬民之判合。<sub>鄭注。</sub>

◎凡男女，自成名以上，皆書年月日名焉。

　　成名，謂子生三月，父名之。<sub>鄭注。</sub>

◎凡娶判妻入子者，皆書之。

　　"入子"者，謂嫁女者也。<sub>鄭注。</sub>

◎禁遷葬者與嫁殤者。

　　"嫁殤"者，謂嫁死人也。今時娶會是也。<sub>鄭注。</sub>

### 司市
◎以政令禁物靡而均市。

　　靡，謂侈靡也。<sub>鄭注。</sub>

◎以商賈阜貨而行布。

　　布，謂泉也。<sub>鄭注。</sub>

◎以質劑結信而止訟。
　　質劑，月平。鄭注。
◎大市，日昃而市，百族爲主。
　　百族，百姓也。鄭注。
◎上旌于思次以令市，市師涖焉。鄭注：故書"涖"作"立"。
　　思，辭也。次，市中侯樓也。立，當爲"涖"。涖，視也。鄭注。
◎辟布者。鄭注：故書"辟"爲"辭"。
　　辭布，辭訟泉物者也。鄭注。
◎亡者使有。
　　亡者使有，無此物則開利其道，使之有。鄭注。
◎凡市僞飾之禁，在民者十有二，在商者十有二，在賈者十有二，在工者十有二。
　　所以俱十有二者，工不得作，賈不得粥，商不得資，民不得畜。鄭注。
◎小刑憲罰。
　　憲罰，播其肆也。鄭注。

**質人**
◎凡賣，儥者質劑焉，大市以質，小市以劑。
　　質劑，月平賈也。質大賈，劑小賈。鄭注。

**廛人**
◎絘布
　　絘布，列肆之税布。鄭注。
◎凡珍異之有滯者，斂而入于膳府。
　　謂滯貨不售者，官爲居之。貨物沉滯於廛中，不決，民待其直以給喪疾，而不可售賈賤者也。廛，謂市中之地未有肆而可居，以畜藏貨物者也。《孟子》曰："市廛而不征，法而不廛，則天下之商皆説，而願藏於其市矣。"謂貨物宁者藏於市中而不租税也，故曰"廛而不征"。其有貨物久滯於廛而不售者，官以法爲居取之，故曰"法而不廛"。鄭注。

**胥師**
◎察其詐僞、飾行、儥慝者而誅罰之。

儥，賣也。慝，惡也，謂行且賣姦僞惡物者。鄭注。

### 賈師
◎凡國之賣儥，各帥其屬而嗣掌其月。

謂官有所斥（按：馬本此衍"令"字）賣，賈師帥其屬而更相代直月，爲官賣之，均勞逸。鄭注。

### 司虣
◎以屬遊飲食于市者。

以屬遊飲食，羣飲食者。鄭注。

### 肆長
◎陳其貨賄，名相近者相遠也，實相近者相爾也，而平正之。

謂若珠玉之屬，俱名爲珠，俱名爲玉，而賈或百萬、或數萬，恐農夫愚民見欺，故別異令相遠，使賈人不得雜亂以欺人。鄭注。

### 泉府
◎物楬而書之，以待不時而買者。買者各從其抵，都鄙從其主，國人、郊人從其有司，然後予之。

物楬而書之，物物爲揃書，書其賈，楬著其物也。"不時買"者，謂急求者也。抵，故賈也。"主"者，別治大夫也。然後予之，爲封符信，然後予之。鄭注。

◎凡賒者，祭祀無過旬日，喪紀無過三月。

賒，貰也。以祭祀、喪紀，故從官貰買物。鄭注。

◎凡民之貸者，與其有司辨而授之，以國服爲之息。

"貸"者，謂從官借本賈也。故有息，使民弗利，以其所賈之國所出爲息也，假令其國出絲絮，則以絲絮償；其國出絺葛，則以絺葛償。鄭注。

### 司門
◎掌授管鍵，以啓閉國門。

鍵，讀爲"蹇"。管，謂"籥"也。鍵，謂"牡"。鄭注。《集韻·上聲二十阮》"鍵"字注引司農讀作"鍵，門牡也"。

⊙按：段氏云經文"鍵"當爲"寋"，注文作"寋，讀如鍵"。孫氏云段校近是。
◎凡歲時之門，受其餘。

受祭門之餘。鄭注。

### 司關

◎國凶札，則無關門之征，猶幾。

凶，謂凶年饑荒也。札，謂疾疫死亡也。越人謂"死"爲"札"。《春秋傳》曰："札瘥夭昏。""無關門之征"者，出入關門無租稅。猶幾，謂無租稅猶苛察，不得令姦人出入。《孟子》曰："關幾而不征，則天下之行旅皆説，而願出於其塗。"

◎凡四方之賓客敂關，則爲之告。

《國語》曰："周之《秩官》有之曰：'敵國賓至，關尹以告，行理以節逆之。'"鄭注。

### 遂人

◎五家爲鄰。

田野之居，其比伍之名，與國中異制，故五家爲鄰。鄭注。

◎上地，夫一廛，田百畮，萊五十畮，餘夫亦如之。

戶計一夫一婦而賦之田，其一戶有數口者，餘夫亦受此田也。廛，居也。揚子云"有田一廛，謂百畮之居也"。鄭注。

◎及窆，陳役。

窆，謂下棺時。遂人主陳役也。《禮記》謂之"封"，《春秋》謂之"堋"，皆葬下棺也。聲相似。鄭注。

### 遂師

◎庀其委積。鄭注：故書"庀"爲"比"。

比，讀爲"庀"。庀，具也。鄭注。

◎及窆，抱磨。

抱磨，磨下車也。鄭注。

◎比叙其事。

比，讀爲"庀"。鄭注。

### 縣正
◎移執事。
> 謂轉相佐助。鄭注。

### 里宰
◎以歲時合耦于耡。
> 耡，讀爲"藉"。鄭注。

### 草人
◎凡糞種，騂剛用牛，赤緹用羊，墳壤用麋。
> 用牛，以牛骨汁漬其種也，謂之糞種。墳（按：段氏校改作"蚠"）壤，多盆鼠也。壤，白色。蕡，麻也。鄭注。

⊙按：此條馬本漏輯"蕡，麻也"三字。

◎彊壏用蕡。
> 蕡，麻也。鄭注。

### 稻人
◎以瀦畜水，以防止水，以溝蕩水，以遂均水，以列舍水，以澮寫水，以涉揚其芟作田。
> 瀦防，《春秋傳》曰"町原防""規偃豬"。以列舍水，列者非一，道以去水也。以涉揚其芟，以其水寫，故得行其田中，擧其芟鉤也。鄭注。

◎凡稼澤，夏以水殄草而芟荑之。
> 芟夷，《春秋傳》曰："芟夷蘊崇之。"今時謂禾下麥爲荑下麥，言芟刈其禾，於下種麥也。鄭注。

◎澤草所生，種之芒種。
> 澤草之所生，其地可種芒種。芒種，稻麥也。鄭注。

◎旱暵，共其雩斂。
> 雩事所發斂。鄭注。

### 土訓
◎道地慝，以辨地物而原其生，以詔地求。

地慝，地所生惡物害人者，若虺蝮之屬。鄭注。

### 誦訓
◎掌道方慝，以詔辟忌，以知地俗。

以詔辟忌，不違其俗也。《曲禮》曰："君子行禮，不求變俗。"鄭注。

### 山虞
◎物爲之厲。

厲，遮列守之。鄭注。

◎仲冬斬陽木，仲夏斬陰木。

陽木，春夏生者。陰木，秋冬生者，若松栢之屬。鄭注。

◎致禽而珥焉。

"珥"者，取禽左耳，以効功也。《大司馬職》曰："獲者取左耳。"鄭注。

### 掌蜃
◎以共闉壙之蜃。

《春秋傳》曰："始（按：馬本作"使"，非）用蜃炭。"言僭天子也。鄭注。

◎祭祀，共蜃器之蜃。

蜃，可以白器，令色白。鄭注。

### 囿人
◎掌囿游之獸禁。

囿游之獸，游牧之獸。鄭注。

### 舍人
◎以歲時縣穜稑之種，以共王后之春獻種。

春，王當耕于藉，則后獻其種也。后獻其種，見《內宰職》。鄭注。

## 春官宗伯第三
◎乃立春官宗伯，使帥其屬而掌邦禮。

宗伯，主禮之官，故《書·堯典》曰："帝曰：'咨！四岳，有能典朕三禮？'僉曰：

'伯夷。'帝曰：'俞，咨伯，女作秩宗。'"宗官又主鬼神，故《國語》曰："使名姓之後，能知四時之生，犧牲之物，玉帛之類，采服之宜，彝器之量，次主之度，屏攝之位，壇場之所，上下之神祇，氏姓之所出，而（《楚語》下有"心"字）率舊典者爲之宗。"《春秋》："禘于大廟，隮僖公。"而《傳》曰："夏父弗忌爲宗人。"又曰："使宗人釁夏獻其禮。"《禮·特牲》曰："宗人升自西階，視壺濯及豆籩。"然則唐虞歷三代，以宗官典國之禮與其祭祀，漢之大常是也。鄭注。

◎瞽矇，上瞽四十人，中瞽百人，下瞽百有六十人。

　　無目眹謂之瞽，有目眹而無見謂之矇，有目無眸子謂之瞍。鄭注。

◎鞮鞻，下士二人，府一人，史一人，舞者十有六人，徒四十人。

　　《明堂位》曰："昧（按：馬本作"韎"。孫氏云先鄭此讀乃古義），東夷之樂。"讀如"味食飲"之味。鄭注。

◎典庸器，下士四人，府四人，史二人，胥八人，徒八十人。

　　庸器，有功者鑄器銘其功。《春秋傳》曰："以所得於齊之兵，作林鍾而銘魯功焉。"鄭注。


### 大宗伯

◎以禋祀祀昊天上帝，以實柴祀日月星辰，以槱燎祀司中、司命、飌師、雨師。

　　昊天，天也。上帝，玄天也。昊天上帝，樂以《雲門》。實柴，實牛柴上也。故書實柴或爲"賓柴"。司中，三能三階也。司命，文昌宫星。風師，箕也。雨師，畢也。鄭注。《文選》十六潘安仁《閒居賦》李注引"三祀，皆積柴，實牲體焉，燔燎而生烟，以報陽也"。

◎以血祭祭社稷、五祀、五嶽，以貍沈祭山林、川澤，以疈辜祭四方百物。

　　禩，當爲"祀"，書亦或作"祀"。五祀，五色之帝於王者宫中，曰五祀。疈辜，披磔牲以祭，若今時磔狗祭以止風。鄭注。

◎壹命受職。

　　受職，治職事。鄭注。

◎再命受服。

　　受服，受祭衣服，爲上士。鄭注。

◎三命受位。

　　受下大夫之位。鄭注。

◎四命受器。

受祭器爲上大夫。鄭注。

◎五命賜則。

"則"者，法也。出爲子男。鄭注。

◎六命賜官。

子男入爲卿，治一官也。鄭注。

◎七命賜國。

出就侯伯之國。鄭注。

◎八命作牧。

一州之牧。王之三公亦八命。鄭注，《文選》四十沈休文《奏彈王源》李善注引多兩"也"字。

◎九命作伯。

長諸侯爲方伯。鄭注。

◎以天產作陰德，以中禮防之；以地產作陽德，以和樂防之。

陰德，謂男女之情，天性生而自然者。過時則奔隨，先時則血氣未定。聖人爲制其中，令民三十而娶，女二十而嫁，以防其淫泆，令無失德。情性隱而不露，故謂之陰德。陽德，謂分地利以致富。富者之失，不驕奢則吝嗇，故以和樂防之。樂所以蕩滌邪穢，道人之正性者也。一説：地產，謂土地之性各異，若齊性舒緩，楚性急悍，則以和樂防其失，令無失德，樂所以移風易俗者也。此皆露見於外，故謂之陽德。陽德、陰德不失其正，則民和而物各得其理，故曰"以諧萬民，以致百物"。鄭注。

⊙按：馬本漏輯"一説"以下。

◎涖玉鬯。鄭注：故書"涖"作"立"。

立，讀爲"涖"。涖，視也。鄭注。

◎大賓客，則攝而載果。

王不親爲主。鄭注。

◎則旅上帝及四望。

四望：日、月、星、海。鄭注。

### 小宗伯

◎掌建國之神位。鄭注：故書"位"作"立"。

立，讀爲"位"。古者"立""位"同字。古文《春秋經》"公即位"爲"公即立"。鄭注。

◎兆五帝於四郊，四望、四類亦如之。

　　四望，道氣出入。四類，三皇、五帝、九皇、六十四民咸祀之。鄭注。

◎掌五禮之禁令。

　　五禮：吉、凶、賓、軍、嘉。鄭注。

◎毛六牲，辨其名物，而頒之于五官，使共奉之。

　　司徒主牛，宗伯主雞，司馬主馬及羊，司寇主犬，司空主豕。鄭注。

◎辨六尊之名物。

　　六尊：獻尊、象尊、壺尊、著尊、大尊、山尊。鄭注。

◎若國大貞。

　　大貞，謂卜立君，卜大封。鄭注。

◎若軍將有事，則與祭。

　　則與祭，謂軍祭表禡軍社之屬，小宗伯與其祭事。鄭注。

◎大烖，及執事禱祠于上下神示。

　　小宗伯與執事共禱祠。鄭注。

◎大肆，以秬鬯涗。

　　大肆，大浴也。鄭注。

### 肆師

◎立大祀，用玉帛、牲牷；立次祀，用牲幣；立小祀，用牲。

　　大祀，天地。次祀，日月星辰。小祀，司命已下。鄭注。

◎及果，築煮。

　　築煮，築香草，煮以爲鬯。鄭注。

◎且授之杖。

　　三日授子杖，五日授大夫杖，七日授士杖。此舊說也。《喪大記》曰："君之喪，三日；子、夫人杖，五日；既殯，授大夫、世婦杖。"無"七日授士杖"文。鄭注。

◎凡師不功。鄭注：故書"功"爲"工"。

　　工，讀爲"功"。古者"工"與"功"同字。謂師無功，肆師助牽之，恐爲敵所得。鄭注。

◎治其禮儀。鄭注：故書"儀"爲"義"。

　　義，讀爲"儀"。古者書"儀"但爲"義"，今時所謂"義"爲"誼"。鄭注。

### 鬱人

◎和鬱鬯，以實彝而陳之。

鬱，草名，十葉爲貫，百二十貫爲（按：段氏以"爲"衍字。孫氏云段校是）築以煮之鐎中，停於祭前。鬱爲草若蘭。鄭注。

### 鬯人

◎禜門用瓢齎。鄭注：故書"瓢"作"剽"。

剽，讀爲"瓢"。

◎廟用脩。凡山川四方用蜃，凡祼事用概，凡甒事用散。鄭注：故書"蜃"或爲"謨"。

脩、謨、概、散，皆器名。鄭注。

◎共其釁鬯。

釁，讀爲"徽"。鄭注。

◎凡王弔臨，共介鬯。

鬯，香草。王行弔喪被之，故曰介。鄭注。

### 雞人

◎面禳，釁共其雞牲。

面禳，四面禳也。釁，讀爲"徽"。鄭注。

### 司尊彝

◎春祠、夏禴，祼用雞彝、鳥彝，皆有舟；其朝踐用兩獻尊，其再獻用兩象尊，皆有罍，諸臣之所酢也。秋嘗、冬烝，祼用斝彝、黃彝，皆有舟；其朝獻用兩著尊，其饋獻用兩壺尊，皆有罍，諸臣之所酢也。凡四時之間祀——追享、朝享，祼用虎彝、蜼彝，皆有舟；其朝踐用兩大尊，其再獻用兩山尊，皆有罍，諸臣之所酢也。

舟，尊下臺，若今時承槃。獻，讀爲"犧"。犧尊，飾以翡翠。象尊，以象鳳皇，或曰以象骨飾尊。《明堂位》曰："犧象，周尊也。"《春秋傳》曰："犧象不出門。"尊以祼神。罍，臣之所飲也。《詩》曰："缾之罄矣，維罍之恥。"斝，讀爲"稼"。稼彝，畫禾稼也。黃彝，黃目尊也。《明堂位》曰："夏后氏以雞彝，殷以斝，周以黃目。"

《爾雅》曰："彝、卣、罍，器也。""著尊"者，著略尊也，或曰著尊，著地無足。《明堂位》曰："著，殷尊也。""壺"者，以壺爲尊。《春秋傳》曰："尊以魯壺。"追享，朝享，謂禘祫也。在四時之間，故曰間祀。蜼，讀爲"蛇虺"之虺，或讀爲"公用射隼"之隼。大尊，太古之瓦尊。山尊，山罍也。《明堂位》曰："泰，有虞氏之尊也。山罍，夏后氏之尊。"鄭注。

◎鬱齊獻酌，醴齊縮酌，盎齊涗酌，凡酒脩酌。鄭注：故書"縮"爲"數"，"齊"爲"齍"。

獻，讀爲"儀"。儀酌，有威儀多也。"涗酌"者，挩拭勺而酌也。"脩酌"者，以水洗勺而酌也。齍，讀皆爲"齊和"之齊。鄭注。

### 司几筵

◎設莞筵紛純，加繅席畫純，加次席黼純，左右玉几。

紛，讀爲"豳"，又讀爲"和粉"之粉，謂白繡也。純，讀爲（按：段氏云當作"讀如"。孫氏云段校是）"均服"之均。純，緣也。繅，讀爲"藻率"之藻。次席，虎皮爲席。《書·顧命》曰："成王將崩，命大保芮伯、畢公等被冕服，馮（按：馬本作"憑"。當作"凭"。《說文·几部》："凭，正字。馮，假借字。憑，俗字。"）玉几。"鄭注。

◎祀先王，昨席亦如之。

昨席，於主階設席，王所坐也。鄭注。

◎昨席，莞筵紛純，加繅席畫純，筵國賓于牖前亦如之。

《禮記》"國賓"，老臣也。爲布筵席於牖前。鄭注。

◎其柏席用萑黼純。

柏席，迫地之席，葦居其上。或曰柏席，載黍稷之席。鄭注。

◎凡吉事變几，凶事仍几。鄭注：故書"仍"爲"乃"。

變几，變更其質，謂有飾也。乃，讀爲"仍"。仍，因也。因其質，謂無飾也。《爾雅》曰："儀、仍，因也。"《書·顧命》曰："翌日乙丑，成王崩。癸酉，牖間南鄉，西序東嚮，東序西嚮，皆仍几。"鄭注。

### 天府

◎凡國之玉鎮、大寶器，藏焉。若有大祭、大喪，則出而陳之。既事，藏之。

瑱，讀爲"鎮"。《書·顧命》曰："翌日乙丑，王崩。丁卯，命作冊度。越七日癸酉，陳寶：赤刀、大訓、弘璧、琬琰，在西序。大玉、夷玉、天球、河圖，在東序。胤之舞衣、大貝、鼖鼓，在西房。兌之戈、和之弓、垂之竹矢，在東房。"此其行事見於經。鄭注。

◎凡官府鄉州及都鄙之治中，受而藏之。

治中，謂其治職簿書之要。鄭注。

◎上春，釁寶鎮及寶器。

釁，讀爲"徽"，或曰"釁鼓"之釁。鄭注。

◎季冬，陳玉，以貞來歲之媺惡。

貞，問也。《易》曰："《師》：貞，丈人吉。"問於丈人。《國語》曰："貞於陽卜。"鄭注。

## 典瑞

◎王晉大圭，執鎮圭，繅藉五采五就，以朝日。

晉，讀爲"搢紳"之搢，謂插之於紳帶之間，若帶劍也。瑱，讀爲"鎮"。《玉人職》曰："大圭長三尺，杼上終葵首，天子服之。鎮圭尺有二寸，天子守之。"繅，讀爲"藻率"之藻。五就，五帀也。一帀爲一就。鄭注。

◎公執桓圭，侯執信圭，伯執躬圭，繅皆三采三就；子執穀璧，男執蒲璧，繅皆二采再就，以朝、覲、宗、遇、會、同于王。

以圭璧見于王，《覲禮》曰："侯氏入門右，坐奠圭，再拜稽首。"侯氏見于天子，春曰朝，夏曰宗，秋曰覲，冬曰遇，時見曰會，殷見曰同。鄭注。

◎諸侯相見亦如之。

亦執圭璧以相見。故郲隱公朝於魯，《春秋傳》曰："郲子執玉高，其容仰。"

◎瑑圭璋璧琮，繅皆二采一就，以覜聘。

瑑，有圻鄂瑑起。鄭注。

◎四圭有邸，以祀天、旅上帝。

於中央爲璧，圭著其四面，一玉俱成。《爾雅》曰："邸，本也。"圭本著於璧，故四圭有邸，圭末四出故也。或說四圭有邸有四角也。邸，讀爲"抵欺"之抵。上帝，玄天。鄭注。

◎祼圭有瓚，以肆先王，以祼賓客。

於圭頭爲器，可以挹鬯祼祭，謂之瓚。故《詩》曰："邮（按：《皇麓》作"瑟"。《釋文》："邮，音瑟，又作邠。"孫氏云"邮"疑"邠"之誤）彼玉瓚，黃流在中。"《國語》謂之鬯圭。以肆先王，灌先王祭也。鄭注。

◎璋邸射，以祀山川，以造贈賓客。

　　射，剡也。鄭注。

◎土圭以致四時日月，封國則以土地。

　　《玉人職》曰："土圭尺有五寸，以致日，以土地。"以求地中，故謂之土圭。鄭注。

◎牙璋以起軍旅，以治兵守。

　　牙璋，瑑以爲牙。牙齒，兵象。故以牙璋發兵，若今時以銅虎符發兵。鄭注。

◎璧羨以起度。

　　羨，長也。此璧徑長尺，以起度量。《玉人職》曰："璧羨度尺，以爲度。"

◎駔圭、璋、璧、琮、琥、璜之渠眉，疏璧琮以斂尸。

　　駔，外有捷盧也。駔，讀爲"駔疾"之駔。疏，讀爲"沙"。謂圭、璋、璧、琮、琥、璜，皆爲開渠爲眉瑑，沙除以斂尸，令汁得流去也。鄭注。

◎琬圭以治德，以結好。

　　琬圭無鋒芒，故治德以結好。鄭注。

◎琰圭以易行，以除慝。

　　琰圭有鋒芒，傷害征伐誅討之象。故以易行除慝。易惡行令爲善者，以此圭責讓喻告之也。鄭注。

**典命**

◎掌諸侯之五儀。鄭注：故書"儀"作"義"。

　　義，讀爲"儀"。鄭注。

◎公之孤四命，以皮帛眡小國之君，其卿三命。

　　九命上公，得置孤卿一人。《春秋傳》曰："列國之卿，當小國之君，固周制也。"鄭注。

**司服**

◎祀昊天上帝，則服大裘而冕，祀五帝亦如之；享先王則袞冕，享先公、饗、射則鷩冕，祀四望山川則毳冕。

　　大裘，羔裘也。袞，龍衣也。鷩，禪衣也。毳，罽衣也。鄭注。

◎凡弔事，弁絰服。鄭注：故書"弁"作"絣"。

　　絣，讀爲"弁"。弁（馬本脫"弁"字）而加環絰，環絰即弁絰服。鄭注。

◎王爲三公六卿錫衰，爲諸侯緦衰，爲大夫、士疑衰。

錫，麻之滑易者，十五升去其半，有事其布，無事其縷。緦亦十五升去其半，有事其縷，無事其布。疑衰，十四升衰（馬本無"衰"字）。鄭注。

◎其齊服有玄端、素端。

衣有襦裳者爲端。鄭注。

◎㡒衣服。鄭注：故書"㡒"爲"滛"。

滛，讀爲"㡒"。㡒，陳也。鄭注。

### 典祀

◎及祭，帥其屬而守其厲禁而蹕之。

遮列禁人，不得令人。鄭注。

### 守祧

◎掌守先王先公之廟祧，其遺衣服藏焉。鄭注：故書"祧"作"濯"。

濯，讀爲"祧"。此王者之宮而有先公，謂大王以前爲諸侯。鄭注。

◎其祧，則守祧黝堊之。

黝，讀爲"幽"。幽，黑也。堊，白也。《爾雅》曰："地謂之黝，牆謂之堊。"鄭注。

◎既祭，則藏其隋與其服。

隋，謂神前所沃灌器名。鄭注。

### 世婦

◎及祭祀，比其具。

比，讀爲"庀"。庀，具也。鄭注。

◎凡王后有拜於婦人，則詔相。

謂爵婦人。鄭注。

### 內宗

◎薦加豆籩。

謂婦人所薦。鄭注。

### 冢人

◎大喪既有日，請度甫竁，遂爲之尸。

既有日，既有葬日也。始竁時，祭以告后土，冢人爲之尸。鄭注。

◎及葬，言鸞車象人。

象人，謂以芻爲人。言，言問其不如法度者。鄭注。

◎凡祭墓，爲尸。

爲尸，冢人爲尸。鄭注。

### 墓大夫

◎帥其屬而巡墓厲，居其中之室以守之。

居其中之室，有官寺在墓中。鄭注。

### 職喪

◎凡國有司以王命有事焉，則詔贊主人。

凡國，謂諸侯國。有司，謂王有司也。以王命有事，職喪主詔贊主人。鄭注。

◎凡其喪祭，詔其號，治其禮。

號，謂諡號。鄭注。

### 大司樂

◎掌成均之灋。

均，調也。樂師主調其音，大司樂主受此成事已調之樂。鄭注。

◎祭於瞽宗。

瞽，樂人，樂人所共宗也。或曰：祭於瞽宗，祭於廟中。《明堂位》曰："瞽宗，殷學也。泮宮，周學也。"以此觀之，祭於學宮中。鄭注。

◎靁鼓靁鼗，孤竹之管，雲和之琴瑟，《雲門》之舞。

雷鼓、雷鼗，皆謂六面，有革可擊者也。雲和，地名也。鄭注。

◎靈鼓靈鼗。

靈鼓、靈鼗，四面。鄭注。

◎路鼓路鼗，陰竹之管，龍門之琴瑟，《九德》之歌。

路鼓、路鼗，兩面。《九德》之歌，《春秋傳》所謂水、火、金、木、土、穀謂之六府，正德、利用、厚生謂之三事，六府三事謂之九功，九功之德皆可歌也，謂之九歌也。鄭注。

◎王師大獻，則令奏愷樂。

《春秋》："晉文公敗楚於城濮。"《傳》曰："振旅愷以入于晉。"鄭注。

**樂師**

◎凡舞，有帗舞，有羽舞，有皇舞，有旄舞，有干舞，有人舞。鄭注：故書"皇"作"䍿"。

"帗舞"者，全羽。"羽舞"者，析羽。"皇舞"者，以羽冒覆頭上，衣飾翡翠之羽。"旄舞"者，氂牛之尾。"干舞"者，兵舞。"人舞"者，手舞。社稷以帗，宗廟以羽，四方以皇，辟廱以旄，兵事以干，星辰以人舞。䍿，讀爲"皇"，書亦或爲"皇"。鄭注。

◎教樂儀，行以《肆夏》，趨以《采薺》，車亦如之。環拜，以鍾鼓爲節。鄭注：故書"趨"作"跢"。

跢，當爲"趨"，書亦或爲"趨"。《肆夏》、《采薺》，皆樂名，或曰皆逸詩，謂人君行步，以《肆夏》爲節；趨疾於步，則以《采薺》爲節。若今時行禮於太學，罷出，以《鼓陔》爲節。環，謂旋也。拜，直拜也。鄭注。

◎諸侯以《貍首》爲節。

《大射禮》曰："樂正命大師曰：'奏《貍首》，間若一。'大師不興，許諾，樂正反位，奏《貍首》以射。"鄭注。

⊙按：馬本末句更引"貍首曾孫"四字，當是鄭玄注。

◎詔來瞽皋舞。

瞽，當爲"鼓"，皋，當爲"告"，呼擊鼓者，又告當舞者持鼓與舞俱來也。"鼓"字或作"瞽"，詔來瞽，或曰：來，敕也。敕爾瞽，率爾衆工，奏爾悲誦，肅肅雍雍，毋怠毋凶。鄭注。

◎及徹，帥學士而歌徹。

謂將徹之時自有樂，故帥學士而歌徹。鄭注。

◎令相。

告當相瞽師者，言當罷也，瞽師、盲者皆有相道之者。故師冕見，及階曰階也，及席曰席也，皆坐，曰某在斯，某在斯。曰，相師之道與（按：馬本句上衍"固"字）。鄭注。

◎燕射，帥射夫以弓矢舞。鄭注：故書"燕"爲"舞"，"帥"爲"率"，"射夫"爲"射矢"。

舞，當爲"燕"。率，當爲"帥"。射矢，書亦或爲"射夫"。鄭注。

◎凡軍大獻，教愷歌，遂倡之。鄭注：故書"倡"爲"昌"。

樂師主倡也。昌，當爲"倡"，書亦或爲"倡"。鄭注。

## 大胥

◎掌學士之版，以待致諸子。

學士，謂卿大夫諸子學舞者。版，籍也。今時鄉戶籍，世謂之戶版。大胥主此籍，以待當召聚學舞者卿大夫之諸子，則按此籍以召之。《漢大樂律》曰："卑者之子，不得舞宗廟之酎。除吏二千石到六百石及關內侯到五大夫子，先取適子，高七尺已上，年十二到年三十，顏色和順，身體脩治者，以爲舞人。"與古用卿大夫子同義。鄭注。

◎春入學，舍采，合舞。

舍采，謂舞者皆持芬香之采。或曰，古者士見於君，以雉爲摯。見於師，以菜爲摯。菜，直謂疏食菜羹之菜。或曰，學者皆人君卿大夫之子，衣服采飾，"舍采"者，減損解釋盛服，以下其師也。《月令》："仲春之月上丁，命樂正習舞，釋采；仲丁，又命樂正入學習樂。"鄭注。

## 小胥

◎王宮縣，諸侯軒縣，卿大夫判縣，士特縣。

宮縣四面縣，軒縣去其一面，判縣又去其一面，特縣又去其一面。四面象宮室四面有牆，故謂之宮縣。軒縣三面，其形曲，故《春秋傳》曰"請曲縣""繁纓以朝"，諸侯之禮也。故曰"惟器與名不可以假人"。鄭注。

◎凡縣鍾磬，半爲堵，全爲肆。

《春秋傳》曰："歌鍾二肆。"鄭注。

## 大師

◎教六詩：曰風，曰賦，曰比，曰興，曰雅，曰頌。

古而自有風、雅、頌之名，故延陵季子觀樂於魯時，孔子尚幼，未定《詩》、《書》，而曰（馬本作"因"）爲之歌《邶》《鄘》《衛》，曰"是其《衛風》乎"，又爲之歌《小雅》《大雅》，又爲之歌《頌》。《論語》曰："吾自衛反魯，然後樂正，《雅》《頌》各得其所。"時禮樂自諸侯出，頗有謬亂不正，孔子正之。曰"比"曰"興"，"比"者，比方於物也。"興"者，託事於物。鄭注。

◎帥瞽登歌，令奏擊拊。鄭注：故書"拊"爲"付"。

登歌，歌者在堂也。付，字當爲"拊"，書亦或爲"拊"。樂或當擊，或當拊。登歌下管，貴人聲也。鄭注。

◎下管播樂器，令奏鼓朄。

　　下管，吹管者在堂下。朄，小鼓也。先擊小鼓，乃擊大鼓。小鼓爲大鼓先引，故曰朄。朄，讀爲"道引"之引。鄭注。

◎大師，執同律以聽軍聲，而詔吉凶。

　　師曠曰："吾驟歌北風，又歌南風，南風不競，多死聲，楚必無功。"鄭注。

◎大喪，帥瞽而廞，作匶，謚。

　　廞，陳也。陳其生時行迹，爲作謚。鄭注。

## 小師

◎掌教鼓鼗、柷、敔、塤、簫、管、絃、歌。

　　柷，如漆筩，中有椎敔，木虎也。塤，六孔。管，如篪，六孔。鄭注。《後漢書·顯宗紀》章懷太子注引"塤，有六孔"句。

◎大祭祀，登歌，擊拊。

　　拊者擊石。鄭注。

◎小樂事鼓朄。

　　朄，小鼓名。鄭注。

## 瞽矇

◎諷誦詩。

　　諷誦詩，主誦詩以刺君過。故《國語》曰："瞍賦，矇誦。"謂詩也。鄭注。

## 典同

◎掌六律六同之和，以辨天地四方陰陽之聲，以爲樂器。

　　陽律以竹爲管，陰律以銅爲管，竹，陽也，銅，陰也，各順其性，凡十二律。故《大師職》曰："執同律以聽軍聲。"鄭注。

◎凡聲，高聲䃂，正聲緩，下聲肆。

　　鍾形下當䏶（按：馬本作"䏶"，非）。正者，不高不下。鍾形上下正傭。鄭注。

## 鍾師

◎王奏《騶虞》。

　　騶虞，聖獸。鄭注。

### 笙師

◎掌教龡竽、笙、塤、龠、簫、篪、篴、管，舂牘、應、雅，以教祴樂。

竽，三十六簧。笙，十三簧。篪，七空。舂牘，以竹大五六寸，長七尺，短者一二尺，其端有兩空，髹畫，以兩手築地。應，長六尺五寸，其中有椎。雅，狀如漆筲而弇口，大二圍，長五尺六寸，以羊韋鞔之，有兩紐，疏畫。鄭注。聶崇義《三禮圖集注》五引"竽，三十六簧"句。《文選》十八潘安仁《笙賦》李注引作"笙，十三簧"。

### 籥章

◎掌土鼓、豳籥。

豳籥，豳國之地竹，《豳詩》亦如之。鄭注。

◎以樂田畯。

田畯，古之先教田者。《爾雅》曰："畯，農夫也。"鄭注。

### 大卜

◎以邦事作龜之八命：一曰征，二曰象，三曰與，四曰謀，五曰果，六曰至，七曰雨，八曰瘳。

征，謂征伐人也。象，謂災變雲物，如衆赤烏之屬有所象似。《易》曰"天垂象，見吉凶"，《春秋傳》曰"天事恒象"，皆是也。與，謂予人物也。謀，謂謀議也。果，謂事成與不也。至，謂至不也。雨，謂雨不也。瘳，謂疾瘳不也。鄭注。

◎以八命者贊《三兆》《三易》《三夢》之占，以觀國家之吉凶，以詔救政。

以此八事，命卜筮蓍龜，參之以夢，故云以八命者贊《三兆》《三易》《三夢》之占。《春秋傳》曰："筮襲于夢，武王所用。"鄭注。

◎凡國大貞，卜立君、卜大封，則眡高作龜。

貞，問也。國有大疑，問於蓍龜。作龜，謂鑿龜令可爇也。鄭注。

### 龜人

◎祭祀先卜。

祭祀先卜者，卜其日與其牲。鄭注。

### 眡祲

◎掌十煇之灋。

煇，謂日光氣（按：馬本作"炁"，俗字）也。鄭注。

◎一曰祲，二曰象。三曰鑴，四曰監，五曰闇，六曰瞢，七曰彌，八曰叙，九曰隮，十曰想。

祲，陰陽氣相侵也。"象"者，如赤烏也。鑴，謂日旁氣四面反鄉，如煇狀也。監，雲氣臨日也。闇，日月食也。瞢，日月瞢瞢無光也。"彌"者，白虹彌天也。"叙"者，雲有次序如山在日上也。"隮"者，升氣也。"想"者，煇光也。鄭注。《集韻·上聲三講》"虹"字注引"白虹彌天"句。

### 大祝

◎一曰順祝，二曰年祝，三曰吉祝，四曰化祝，五曰瑞祝，六曰筴祝。

順祝，順豐年也。年祝，求永貞也。吉祝，祈福祥也。化祝，弭災兵也。瑞祝，逆時雨、寧風旱也。筴祝，遠罪疾。鄭注。

◎掌六祈，以同鬼神示，一曰類，二曰造，三曰禬，四曰禜，五曰攻，六曰説。

類、造、禬、禜、攻、説，皆祭名也。類祭于上帝。《詩》曰："是類是禡。"《爾雅》曰："是類是禡，師祭也。"又曰："乃立冢土，戎醜攸行。"《爾雅》曰："起大事，動大衆，必先有事乎社而後出，謂之宜。"故曰"大師宜于社，造于祖，設軍社，類上帝"。《司馬法》曰："將用師，乃告于皇天上帝、日月星辰，以禱于后土、四海神祇、山川冢社，乃造于先王。然後冢宰徵師于諸侯曰：'某國爲不道，征之。以某年某月某日，師至某國。'"禜，日月星辰山川之祭也。《春秋傳》曰："日月星辰之神，則雪霜風雨之不時，於是乎禜之；山川之神，則水旱癘疫之災（按：段氏、孫氏皆云"災"當作"不時"），於是乎禜之。"鄭注。

◎一曰祠，二曰命，三曰誥，四曰會，五曰禱，六曰誄。

祠，當爲"辭"，謂辭令也。命，《論語》所謂"爲命，裨（按：馬本同。孫氏云當作"卑"）諶草創之"。誥，謂《康誥》《盤庚之誥》之屬也。盤庚將遷于殷，誥其世臣卿大夫，道其先祖之善功，故曰"以通上下親疏遠近"。會，謂王官之伯，命事於會，胥命于蒲，主爲其命也。禱，謂禱於天地、社稷、宗廟，主爲其辭也。《春秋傳》曰："鐵之戰，衛大子禱曰：'曾孫蒯聵（按：《左傳·哀二年》作"聵"。從"目"訛）敢昭告皇祖文王、烈祖康叔、文祖襄公：鄭勝亂從，晉午在難，不能治亂，使鞅討之。蒯聵不敢自佚，備持矛焉。敢告無絕筋，無破骨，無面夷，無作三祖羞。大命不敢請，佩玉不敢愛。'"若此之屬。誄，謂積累生時德行，以賜之命，主爲其辭也。《春秋傳》曰："孔子卒，哀公誄之曰：'旻天不淑（《左傳·哀十六年》作"弔"），不憖遺一老，俾屏余一人以在位，煢煢予在疚。嗚呼哀哉尼父！無自律。'"此皆有文雅辭令，難爲者也，故大祝官主作六辭。或曰誄，《論語》所謂"《誄》曰禱爾于上下神祇"。鄭注。

◎四曰牲號，五曰齍號。

牲號，謂犧牲皆有名號。《曲禮》曰："牛曰一元大武，豕曰剛鬣，羊曰柔毛，雞曰翰音。"粢（按：馬本作"齍"，誤）號，謂黍稷皆有名號也。《曲禮》曰："黍曰薌合，梁曰香萁（馬本作"薌萁"），稻曰嘉疏。"《少牢饋食禮》曰："敢用柔毛、剛鬣。"《士虞禮》曰："敢用絜牲剛鬣、香合。"鄭注。

◎辨九祭：一曰命祭，二曰衍祭，三曰炮祭，四曰周祭，五曰振祭，六曰擩祭，七曰絕祭，八曰繚祭，九曰共祭。

衍祭羨之道中，如今祭殤（按：段氏云當作"楊"，孫氏云"殤""楊"古通用），無所主命。周祭，四面爲坐也。炮祭，燔柴也。《爾雅》曰："祭天曰燔柴。"擩祭，以肝肺菹擩鹽醢中以祭也。繚祭，以手從肺本，循之至于末，乃絕以祭也。絕祭，不循其本，直絕肺以祭也。重肺賤肝，故初祭絕肺以祭，謂之絕祭；至祭之末，禮殺之後，但擩肝鹽中，振之，擬之若祭狀，弗祭，謂之振祭。《特牲饋食禮》曰："取菹擩（按：馬本同。《說文》引《周禮》作"換"。"換"，正字。下"擩"同）于醢，祭于豆閒。"《鄉射禮》曰："取肺坐，絕祭。"《鄉飲酒禮》曰："右取肺，左却（按：馬本同。盧氏《考證》校作"却左"，云作"左却"誤）手執本，坐，弗繚，右絕末以祭。"《少牢》曰："取肝擩于鹽，振祭。"鄭注。顧野王《玉篇》六"擩"字下引云"擩祭，以肝肺菹擩鹽醢中以祭也"。

◎八曰襃拜，九曰肅拜。

襃拜，今時持節拜是也。肅拜，但俯下手，今時擅是也。介者不拜，故曰"爲事故，敢肅使者"。鄭注。

◎以肆鬯洍尸。

洍尸，以鬯浴尸。鄭注。

◎言甸人讀禱；付、練、祥，掌國事。

甸人主設復梯（按：馬本作"梯"，下"梯"同，非），大祝主言問其具梯物。鄭注。

◎設軍社，類上帝，國將有事于四望，及軍歸獻于社，則前祝。

《春秋傳》曰所謂"君以師（《左傳·定四年》作"軍"）行，被社釁鼓，祝奉以從"

者也。則前祝，大祝自前祝也。鄭注。

### 小祝

◎設熬，置銘。

銘，書死者名於旌，今謂之柩。《士喪禮》曰："爲銘，各以其物。亡則以緇，長半幅；赬（按：馬本作"頳"，非）末，長終幅，廣三寸。書名于末，曰某氏某之柩。竹杠長三尺，置于西階上。重木置于中庭，參分庭一在南。粥餘飯，盛以二鬲，縣于重，冪用葦席。取銘置于重。"鄭注。

◎大師，掌豐祈號祝。

豐，謂釁鼓也。《春秋傳》曰："君以軍行，祓社釁鼓，祝奉以從。"鄭注。

◎有寇戎之事，則保郊，祀于社。鄭注：故書"祀"或作"禩"。

謂保守郊祭諸祀及社，無令寇侵犯之。鄭注。

### 喪祝

◎掌大喪勸防之事。

勸防，引柩也。鄭注。

◎及辟，令啓。

辟，謂除菆塗椁也。令啓，謂喪祝主命役人開之也。《檀弓》曰："天子之殯也。菆塗龍輴以椁，加斧于椁上，畢塗屋，天子之禮也。"鄭注。

◎及朝，御匶，乃奠。

朝，謂將葬，朝於祖考之廟而後行，則喪祝爲御柩也。《檀弓》曰："喪之朝也，順死者之孝心也。其哀離其室也，故至於祖考之廟而後行。殷朝而殯於祖，周朝而遂葬。"故《春秋傳》曰："凡夫人不殯于廟，不祔于姑，則弗致也。""晉文公卒，將殯于曲沃"，就宗廟。晉宗廟在曲沃，故曰"曲沃，君之宗也"，又曰"丙午，入于曲沃；丁未，朝于武宮"。鄭注。

◎及祖，飾棺，乃載，遂御。

祖，謂將葬祖於庭，象生時出則祖也，故曰事死如事生，禮也。《檀弓》曰："飯於牖下，小斂於戶內，大斂於阼，殯於客位，祖於庭，葬於墓，所以即遠也。"祖時，喪祝主飾棺乃載，遂御之，喪祝爲柩車御也。或謂及祖，至祖廟也。鄭注。

◎及壙，説載，除飾。

壙，謂穿中也。説載，下棺也。除飾，去棺飾也。四翣之屬。令可舉移安錯之。

鄭注。

◎王弔，則與巫前。

喪祝與巫以桃茢執戈在王前。《檀弓》曰："君臨臣喪，以巫祝桃茢執戈，惡之也，所以異於生也。"《春秋傳》曰："楚人使公親襚，公使巫以桃茢先祓殯，楚人弗禁，既而悔之。"君臨臣喪之禮，故悔之。鄭注。

### 甸祝

◎舍奠于祖廟，禰亦如之。

禰，父廟。鄭注。

### 詛祝

◎作盟詛之載辭。

《春秋傳》曰："使祝爲載書。"鄭注。

### 司巫

◎若國大旱，則帥巫而舞雩。

魯僖公欲焚巫尪，以其舞雩不得雨。鄭注。

### 男巫

◎王弔，則與祝前。鄭注：故書"前"爲"先"。

爲"先"，非是也。鄭注。

### 女巫

◎旱暵，則舞雩。

求雨以女巫。故《檀弓》曰："歲旱，繆公召縣子而問焉，曰：'吾欲暴巫而奚若？'曰：'天則不雨，而望之愚婦人，無乃已疏乎！'"鄭注。

### 大史

◎頒告朔于邦國。

頒，讀爲"班"。班，布也。以十二月朔，布告天下諸侯。故《春秋傳》曰："不書日，官失之也。"鄭注。

◎閏月，詔王居門終月。

《月令》十二月分在青陽、明堂、總章、玄堂左右之位，惟閏月無所居，居于門，故於文"王"在"門"謂之閏。鄭注。

◎大師，抱天時，與大師同車。

大出師，則大史主抱式，以知天時，處吉凶。史官主知天道，故《國語》曰："吾非瞽、史，焉知天道？"《春秋傳》曰："楚有雲如衆赤烏，夾日以飛，楚子使問諸周大史。"大史主天道。鄭注。

◎大喪，執灋以涖勸防。

勸防，引六紼。鄭注。

◎凡射事，飾中，舍筭。

中，所以盛筭也。鄭注。

### 小史

◎掌邦國之志，奠繫世，辨昭穆。若有事，則詔王之忌諱。

志，謂記也。《春秋傳》所謂《周志》，《國語》所謂《鄭書》之屬是也。史官主書，故韓宣子聘于魯，觀書大史氏。繫世，謂帝繫、世本之屬是也。小史主定之，瞽矇諷誦之。先王死日爲忌，名爲諱。鄭注。

◎大祭祀，讀禮灋，史以書叙昭穆之俎簋。鄭注：故書"簋"或爲"几"。

几，讀爲"軌"，書亦或爲（按：段氏云："'爲'下脫'軌'字，句絕。"孫氏云段校是）"簋"，古文也。大祭祀，小史主叙其昭穆，以其主定繫世。祭祀，史主叙其昭穆，次其俎簋，故齊景公疾，欲誅於祝史。鄭注。

⊙按：段氏云當作"故書'軌'或爲'九'，鄭司農云'九'讀爲'軌'"。孫氏云段校是。

### 保章氏

◎以星土辨九州之地，所封封域，皆有分星，以觀妖祥。

《春秋傳》曰"參爲晉星""商主大火"，《國語》曰"歲之所在，則我有周之分野"之屬是也。鄭注。

◎以十有二歲之相，觀天下之妖祥。

大歲所在，歲星所居。《春秋傳》曰"越得歲而吳伐之，必受其凶"之屬是也。鄭注。

◎以五雲之物，辨吉凶、水旱降豐荒之祲象。

　　以二至二分觀雲色，青爲蟲，白爲喪，赤爲兵荒，黑爲水，黃爲豐。故《春秋傳》曰："凡分至啓閉，必書雲物。爲備故也。"故曰凡此五物，以詔救政。<sub>鄭注。</sub>

### 內史

◎凡命諸侯及孤卿大夫，則策命之。

　　《春秋傳》曰："王命內史興父策命晉侯爲侯伯。"策，謂以簡策書。王命其文曰："王謂叔父，敬服王命，以綏四國，糾逖王慝。"晉侯三辭，從命，受策以出。<sub>鄭注。</sub>

◎王制祿，則贊爲之，以方出之。

　　以方出之，以方版書而出之。上農夫食九人，其次食八人，其次食七人，其次食六人，下農夫食五人。庶人在官者，其祿以是爲差。諸侯之下士視上農夫，祿足以代其耕也。中士倍下士，上士倍中士，下大夫倍上士，卿，四大夫祿，君，十卿祿。<sub>鄭注。</sub>

### 御史

◎掌贊書。凡數從政者。<sub>鄭注：鄭司農讀"言掌贊書數"。</sub>

　　"書數"者，經禮三百，曲禮三千，灋度皆在。<sub>鄭注。</sub>

### 巾車

◎一曰玉路，錫，樊纓十有再就。

　　纓，謂當胷，《士喪禮下篇》曰"馬纓三就"。禮家説曰：纓，當胷，以削革爲之；三就，三重三匝也。<sub>鄭注。</sub>

◎重翟，錫面朱總；厭翟，勒面繢總；安車，彫面鷖總；皆有容蓋。<sub>鄭注：故書"朱總"爲"絉"，"鷖"或作"緊"。</sub>

　　錫，馬面錫。絉，當爲"總"，書亦或爲"總"。鷖，讀爲"鳧鷖"之鷖。"鷖總"者，青黑色，以繒爲之，總著馬勒直兩耳與兩鑣。容，謂幨車，山東謂之裳幃，或曰"幢容"。<sub>鄭注。</sub>《文選》卷五十七謝希逸《宋孝武宣貴妃誄》李善注引"總著馬勒"至"幨車"。

◎木車，蒲蔽，犬𧜀。

　　蒲蔽，謂藩（按：馬本作"贏"，誤）蘭車以蒲爲蔽，天子喪服之車，漢儀亦然。犬𧜀，以犬皮爲覆笭。<sub>鄭注。</sub>

◎孤乘夏篆。<sub>鄭注：故書"夏篆"爲"夏緣"。</sub>

　　夏，赤也。緣，綠色。或曰：夏篆，篆，讀爲"圭瑑"之瑑，夏篆，轂有約也。

鄭注。

### 典路

◎與其用説。

説，謂舍車也。《春秋傳》曰："雞鳴而駕，日中而説。"用，謂所宜用。鄭注。

◎大喪，大賓客亦如之。

《書·顧命》曰："成王崩，康王既陳先王寶器。"又曰："大路在賓階面，贅（按：《顧命》作"綴"。《説文》："綴，古多假借爲'贅'。"）路在阼階面，先路在左塾之前，次路在右塾之前。"前漢朝《上計律》"陳屬車於庭"。故曰"大喪、大賓客亦如之"。鄭注。

### 車僕

◎大射，共三乏。

乏，讀爲"匱乏"之乏。鄭注。

### 夏官司馬第四

◎凡制軍，萬有二千五百人爲軍，王六軍，大國三軍，次國二軍，小國一軍，軍將皆命卿；二千有五百人爲師，師帥皆中大夫；五百人爲旅，旅帥皆下大夫；百人爲卒，卒長皆上士；二十五人爲兩，兩司馬皆中士；五人爲伍，伍皆有長。

王六軍，大國三軍，次國二軍，小國一軍，故《春秋傳》有"大國""次國""小國"，又曰"成國不過半天子之軍。周爲六軍，諸侯之大者三軍可也"。《詩·大雅·常武》曰："赫赫明明，王命卿士，南仲大祖，大師皇父，整我六師，以修我戎。既儆既戒，惠此南國。"《大雅·文王》曰："周王于邁，六師及之。"此周爲六軍之見于經也。《春秋傳》曰："王使虢公命曲沃伯，以一軍爲晉侯。"此小國一軍之見于傳也。百人爲卒，二十五人爲兩，故《春秋傳》曰："廣有一卒，卒偏之兩。"鄭注。

◎司勳，上士二人，下士四人，府二人，史四人，胥二人，徒二十人。鄭注：故書"勳"作"勛"。

勛，讀爲"勳"。勳，功也。此官主功賞，故曰"掌六鄉賞地之法，以等其功"。鄭注。

◎槀人，中士四人，府二人，史四人，胥二人，徒二十人。

槀，讀爲"芻槀"之槀，箭幹謂之槀。此官主弓弩箭矢，故謂之槀人。鄭注。

◎趣馬，下士，皂一人，徒四人。

《詩》曰："蹶惟趣馬。"鄭注。

## 大司馬

◎暴內陵外，則壇之。

壇，讀從"憚之以威"之憚，書亦或爲"墠"（按：段氏云作"憚"是。孫氏云段校是）。鄭注。

◎乃以九畿之籍，施邦國之政。職方千里曰國畿，其外方五百里曰侯畿，又其外方五百里曰甸畿，又其外方五百里曰男畿，又其外方五百里曰采畿，又其外方五百里曰衛畿，又其外方五百里曰蠻畿，又其外方五百里曰夷畿，又其外方五百里曰鎮畿，又其外方五百里曰蕃畿。鄭注：故書"畿"爲"近"。

近，當言"畿"。《春秋傳》曰："天子一畿，列國一同。"《詩·殷頌》曰："邦畿千里，維民所止。"鄭注。

◎上地食者參之二，其民可用者家三人；中地食者半，其民可用者二家五人；下地食者參之一，其民可用者家二人。

上地，謂肥美田也。食者參之二，假令一家有三頃，歲種二頃，休其一頃。下地食者參之一，田薄惡者所休多。鄭注。

◎辨鼓鐸鐲鐃之用，王執路鼓，諸侯執賁鼓，軍將執晉鼓，師帥執提，旅帥執鼙，卒長執鐃，兩司馬執鐸，公司馬執鐲。

辨鼓鐸鐲鐃之用，謂鉦鐸之屬。鐲，讀如"濁其源"之濁。鐃，讀如"謹曉"之曉。提，讀如"攝提"之提，謂馬上鼓，有曲木，提持鼓，立馬髦上者，故謂之提。鄭注。

◎有司表貉，誓民。

貉，讀"禡"。禡，謂師祭也。書亦或爲"禡"。鄭注。

◎虞人萊所田之野。

芟除其草萊，令車得驅馳。《詩》曰："田卒污萊。"鄭注。

◎攏鐸。

攏，讀如"弄"。鄭注。

◎險野，人爲主；易野，車爲主。

險野人爲主，人居前；易野車爲主，車居前。鄭注。

◎大獸公之，小禽私之。

大獸公之，輸之於公；小禽私之，以自畀也。《詩》云："言私其豵，獻肩（按：《豳風·七月》作"豜"，孫氏云字通）于公。"一歲爲豵，二歲爲豝，三歲爲特，四歲爲肩，五歲爲慎。此明其獻大者於公，自取其小者。鄭注。

◎及所弊。

至所弊之處。鄭注。

◎及致，建大常，比軍衆。鄭注："比"或作"庀"。

致，謂聚衆也。庀，具也。鄭注。

◎若師有功，則左執律、右秉鉞以先，愷樂獻于社。

故城濮之戰，《春秋傳》曰："振旅，愷以入于晉。"鄭注。

◎若師不功，則厭而奉主車。

厭，謂厭冠，喪服也。軍敗則以喪禮，故秦伯之敗於殽也，《春秋傳》曰："秦伯素服郊次，鄉師而哭。"鄭注。

◎大役，與慮事屬其植，受其要，以待考而賞誅。

國有大役，大司馬與謀慮其事也。植，謂部曲將吏。故宋城，《春秋傳》曰："華元爲植巡功。"屬，謂聚會之也。"要"者，簿書也。考，謂考校其功。鄭注。

◎大祭祀，饗食、羞牲魚，授其祭。

大司馬主進魚牲。鄭注。

◎大喪，平士大夫。

平，一其服也。鄭注。


### 司勳

◎凡頒賞地，參之一食。

不以美田爲采邑。鄭注。

◎惟加田無國正。

正，謂稅也。祿田亦有給公家之賦貢，若今時侯國有司農少府錢穀矣。獨加賞之田無正耳。鄭注。


### 馬質

◎一曰戎馬，二曰田馬，三曰駑馬，皆有物賈。

皆有物賈，皆有物色及賈直。鄭注。

◎綱惡馬。

綱，讀爲"以亢其讐"之亢，書亦或爲"亢"。亢，御也，禁也，禁去惡馬不畜也。鄭注。

◎馬死，則旬之內更，旬之外入馬耳，以其物更，其外否。

更，謂償也。鄭注。

### 量人

◎營軍之壘舍，量其市朝州涂，軍社之所里。

量其市朝州涂，還市朝而爲道也。鄭注。

◎凡祭祀、饗賓，制其從獻脯燔之數量。

"從獻"者，肉殽從酒也。鄭注。

◎凡宰祭，與鬱人受斝歷而皆飮之。

斝，讀如"嫁娶"之嫁。斝，器名。《明堂位》曰："爵，夏后氏以琖，殷以斝，周以爵。"鄭注。

### 小子

◎掌祭祀羞羊肆、羊殽、肉豆。

羞，進也。羊肆，體薦全烝也。羊殽，體解節折也。"肉豆"者，切肉也。鄭注。

◎而掌珥于社稷，祈于五祀。鄭注：故書"祀"作"禩"。

禩，讀爲"祀"，書亦或爲"祀"。珥社稷，以牲頭祭也。鄭注。

◎凡沈辜、侯禳、飾其牲。

沈，謂祭川。《爾雅》曰："祭川曰浮沈。"辜，謂磔牲以祭也。《月令》曰："九門磔禳，以畢春氣。""侯禳"者，候四時惡氣，禳去之也。鄭注。

### 羊人

◎凡沈辜、侯禳、釁、積，共其羊牲。鄭注："積"，故書爲"眦"。

眦，讀爲"漬"，謂釁國寶，漬軍器也。鄭注。

### 司爟

◎四時變國火，以救時疾。

《鄹子》曰："春取榆柳之火，夏取棗杏之火，季夏取桑柘之火，秋取柞楢之火，冬取槐檀之火。"鄭注。

◎季春出火，民咸從之；季秋內火，民亦如之。

以三月本時昏，心星見于（按：馬本同。《釋文》作"於"。作"于"誤）辰上，使民出火。九月本黃（按：阮校云"黃"爲衍字）昏，心星伏在戌上，使民內火。故《春秋傳》曰："以出內火。"鄭注。

### 掌固

◎掌脩城郭、溝池、樹渠之固。

《國語》曰："城守之木，於是乎用之。"鄭注。

### 挈壺氏

◎掌挈壺以令軍井，挈轡以令舍，挈畚以令糧。

挈壺以令軍井，謂爲軍穿井。井成，挈壺縣其上，令軍中士衆皆望見，知此下有井。壺所以盛飲，故以壺表井。挈轡以令舍，亦縣轡于所當舍止之處，使軍望見，知當舍止於此。轡所以駕舍，故以轡表舍。挈畚以令糧，亦縣畚於所當稟假之處，令軍望見，知當稟假于此下也。畚所以盛糧之器，故以畚表稟。軍中人多，車騎雜會謹嚚，號令不能相聞，故各以其物爲表，省煩趨疾，于事便也（《釋文》出"省煩事便"）。鄭注。

◎縣壺以序聚木欁。

縣壺以爲漏，以序聚木欁，以次更聚擊木欁備守也。鄭注。

◎及冬，則以火爨鼎水而沸之，而沃之。

冬水凍，漏（馬本脫"漏"字）不下，故以火炊水，沸以沃之，謂沃漏也。鄭注。

### 射人

◎王以六耦射三侯，三獲三容，樂以《騶虞》，九節五正；諸侯以四耦射二侯，二獲二容，樂以《貍首》，七節三正；孤卿大夫以三耦射一侯，一獲一容，樂以《采蘋》，五節二正；士以三耦射豻侯，一獲一容，樂以《采蘩》，五節二正。

三侯，虎、熊、豹也。"容"者，乏也。待獲者所蔽也。九節，析羽九重，設於長杠也。正，所射也。《詩》云："終日射侯，不出正兮。"二侯，熊、豹也。豻侯，"豻"者，獸名也。獸有貙豻熊虎。鄭注。十尺曰侯，四尺曰鵠，二尺曰正，四寸曰質。《詩·小雅·賓之初筵》孔穎達正義引《周禮》鄭衆。

◎若王大射，則以貍步張三侯。

貍步，謂一舉足爲一步，於今爲半步。鄭注。

◎王射，則令去侯，立于後，以矢行告，卒，令取矢。

射人主令人去侯所而立于後也。以矢行告，射人主以矢行高下左右告于王也。《大射禮》曰："大射正立于公後，以矢行告于公，下曰留，上曰揚，左右曰方。"杜子春説"以矢行告，告白射事于王，王則執矢也"。杜子春説不與《禮經》合，疑非是也。卒令取矢，謂射卒，射人令當取矢者使取矢也。鄭注。

### 服不氏

◎賓客之事，則抗皮。

謂賓客來朝聘，布皮帛者，服不氏主舉藏之。抗，讀爲"亢其讎"之亢。鄭注。

### 射鳥氏

◎射則取矢，矢在侯高，則以并夾取之。

王射，則射鳥氏主取其矢。矢在侯高者，矢著侯高，人手不能及，則以并夾取之。并夾，鍼箭具。夾，讀爲"甲"，故《司弓矢職》曰："大射、燕射，共弓矢并夾。"鄭注。

### 羅氏

◎蜡，則作羅襦。

蜡，謂十二月大祭萬物也。《郊特牲》曰："天子大蜡，謂（《禮記》無"謂"字）歲十二月，合聚萬物而索饗之。"襦，細密之羅。襦，讀爲（按：段氏云當作"讀如"，孫氏云段説是）"繻有衣袽"之繻。鄭注。

### 司士

◎掌羣臣之版。鄭注：故書"版"爲"班"。

班，書或爲"版"。版，名籍。鄭注。

◎孤卿特揖，大夫以其等旅揖，士旁三揖，王還揖。

卿大夫士皆君之所揖。《禮》《春秋傳》所謂三揖在下。鄭注。

◎掌擯士者，膳其摯。

"膳其摯"者，王食其所執羔、雁之摯。鄭注。

◎作六軍之士執披。

"披"者,扶持棺險者也。天子旁十二,諸侯旁八,大夫六,士四。鄭注。

### 諸子
◎掌國子之倅。鄭注:故書"倅"爲"卒"。

卒,讀如"物有副倅"之倅。國子,謂諸侯卿大夫士之子也。《燕義》曰:"古者周天子之官,有庶子官。"與《周官·諸子職》同文。鄭注。

### 節服氏
◎維王之太常。

維,持之。鄭注。

### 大僕
◎掌諸侯之復逆。

復,謂奏事也。逆,謂受下奏。鄭注。
◎以待達窮者與遽令。聞鼓聲,則速逆御僕與御庶子。

窮,謂窮冤失職,則來擊此鼓,以達於王,若今時上變事擊鼓矣。遽,傳也。若今時驛馬軍書當急聞者,亦擊此鼓,令聞此鼓聲,則速逆御僕與御庶子也。大僕主令此二官,使速逆窮遽者。鄭注。
◎大喪,始崩,戒鼓傳達于四方,窆亦如之。鄭注:故書"戒"爲"駭"。

窆,謂葬下棺也。《春秋傳》所謂"日中而堋"(按:馬本作"塴"。《說文》引作"堋"。"堋",正字),《禮記》謂之"封",皆葬下棺也。音相似。窆,讀如"慶封氾(按:馬本作"汜",下"汜"同,誤)祭"之氾。鄭注。

### 祭僕
◎凡祭祀,王之所不與,則賜之禽,都家亦如之。

王之所不與,謂非郊廟尊祭祀,則王不與也。則賜之禽,公卿自祭其先祖,則賜之禽也。鄭注。

### 隸僕
◎掌五寢之埽除糞洒之事。

洒,當爲"灑"。鄭注。

◎王行，洗乘石。

乘石，王所登上車之石也。《詩》云："有扁斯石，履之卑兮。"謂上車所登之石。鄭注。

◎掌蹕宮中之事。

蹕，謂止行者清道。若今時儆蹕。鄭注。

### 弁師

◎諸侯之繅斿九就，瑉玉三采。鄭注：故書"瑉"作"璊"。

繅，當爲"藻"。繅，古字也。藻，今字也。同物同音。璊，惡玉名。鄭注。

◎王之皮弁，會五采玉璂，象邸，玉笄。鄭注：故書"會"作"膾"。

膾，讀如"馬會"之會，謂以五采束髮也。《士喪禮》曰："檜用組，乃笄。"檜，讀與"膾"同，書之異耳。說曰："以組束髮乃著笄，謂之檜。"沛國人謂"反紒"爲"膾"。璂，讀如"綦車轂"之綦。鄭注。

### 司兵

◎掌五兵、五盾。

"五兵"者，戈、殳、戟、酋矛、夷矛。鄭注。

◎大喪，廞五兵。鄭注：故書"廞"爲"淫"。

淫，陳也。淫，讀爲"廞"。鄭注。

### 司弓矢

◎王弓、弧弓，以授射甲革、椹質者。

椹，字或作"報"，非是也。《圉師職》曰："射則充椹質。"又此《司弓矢職》曰："澤，共射椹質之弓矢。"言射椹質自有弓，謂王、弧弓也。以此觀之，言"報質"者非。鄭注。

◎恒矢、痹矢，用諸散射。

痹矢，讀爲"人罷短"之罷。鄭注。

◎澤，共射椹質之弓矢。

澤，澤宮也。所以習射選士之處也。《射義》曰："天子將祭，必先習射於澤。'澤'者，所以擇士也。已射於澤，而後射於射宮，射中者得與於祭。"鄭注。

### 繕人

◎抉、拾。

"抉"者，所以縱弦也。"拾"者，所以引弦也。《詩》云："抉拾既次。"《詩》家說或謂抉謂引銜彄也，拾，謂韝扞也。鄭注。

### 槀人

◎書其等以饗工。

書工功拙高下之等，以制其饗食也。鄭注。

◎乘其事，試其弓弩，以下上其食而誅賞。

乘，計也，計其事之成功也。鄭注。

### 戎右

◎盟，則以玉敦辟盟，遂役之。

敦，器名也。辟，法也。鄭注。

◎贊牛耳、桃茢。

贊牛耳，《春秋傳》所謂"執牛耳"者。鄭注。

### 校人

◎凡頒良馬而養乘之：乘馬一師四圉。

四疋爲乘，養馬爲圉。故《春秋傳》曰："馬有圉，牛有牧。"鄭注。

◎凡馬特居四之一。

"四之一"者，三牝一牡。鄭注。

◎春祭馬祖，執駒。

執駒，無令近母，猶攻駒也。二歲曰駒，三歲曰駣。鄭注。

◎夏祭先牧，頒馬，攻特。

攻特，謂騬之。鄭注。

◎秋祭馬社，臧僕。

臧僕，謂簡練馭者，令皆善也。鄭注。

◎飾幣馬，執撲而從之。

校人主飾之也。幣馬，以馬遺人，當幣處者也。《聘禮》曰："馬則北面，奠幣于其前。"《士喪禮下篇》（按：當是《既夕禮》）曰："薦馬，纓三就，入門北面，交轡，圉人夾牽之，馭者執策立于馬後。"鄭注。

◎宮中之稍食。

稍食曰廩。鄭注。按：段氏作"稍食，祿稟"，云"祿"訛"曰"。孫氏云"曰"疑當作"日"。

### 巫馬

◎馬死，則使其賈粥之，入其布于校人。

賈，謂其屬官小吏賈二人。粥，賣也。鄭注。

### 廋人

◎教以阜馬、佚特、教駣、攻駒，及祭馬祖、祭閑之先牧，及執駒、散馬耳、圉馬。

馬三歲曰駣，二歲曰駒。散，讀爲"中散大夫"之散，謂揱馬耳，毋令善驚也。鄭注。

◎馬八尺以上爲龍。

《月令》曰："駕蒼龍。"鄭注。

### 圉師

◎夏庌馬。鄭注：故字"庌"爲"訝"。

訝，當爲"庌"。鄭注。

### 職方氏

◎四夷、八蠻、七閩、九貉、五戎、六狄之人民。

東方曰夷，南方曰蠻，西方曰戎，北方曰貉狄。鄭注。

◎其川淮、泗，其浸沂、沭。

淮，或爲"雎"。沭，或爲"洙"。鄭注。

◎其澤藪曰弦蒲。

弦，或爲"汧"。蒲，或爲"浦"。鄭注。

◎凡邦國千里，封公以方五百里，則四公；方四百里，則六侯；方三百里，則七伯；方二百里，則二十五子；方百里，則百男；以周知天下。

此制亦見《大司徒職》，曰："諸公之地方五百里，諸侯之地方四百里，諸伯之地方三百里，諸子之地方二百里，諸男之地方百里。"鄭注。

## 秋官司寇第五

### 士師

◎下大夫四人；鄉士，上士八人，中士十有六。

《論語》曰："柳下惠爲士師。"鄉士，主六鄉之獄。鄭注。

### 司圜

◎中士六人，下士十有二人；府三人，史六人，胥十有六人，徒百有六十人。

圜，謂圜土也。圜土，謂獄城也。今獄城圜。《司圜職》中言"凡圜土之刑人也"，以此知圜者謂圜土也。又《大司寇職》曰："以圜土聚教罷民。"故《司圜職》曰"掌收教罷民"。鄭注。《文選》三十九江文通《詣建平王上書》李注引"圜土，獄城也"句。

### 萍氏

◎下士二人；徒八人。

萍，讀爲"蛢"，或爲"萍號起雨"之萍。鄭注。

⊙按：段氏疑當作"萍，或爲'蛢'，讀爲'萍號起雨'之萍"。孫氏云段校是。

### 司烜氏

◎司烜氏 鄭注：故書"烜"爲"垣"。按：段氏云當作"故書烜爲垣"。

垣，當爲"烜"。鄭注。

### 冥氏

◎冥，讀爲（按：段氏云當作"讀如"。孫氏云段校是）《冥氏春秋》之冥。鄭注。

### 翨氏

◎翨，讀爲"翅翼"之翅。鄭注。

### 柞氏

◎柞，讀爲（按：段氏云當作"讀如"。孫氏云段校是）"音聲喈喈"之喈，"屋笮"之笮。鄭注。

◎薙氏<sub>鄭注：書"薙"或作"夷"。</sub>

掌殺草。故《春秋傳》曰："如農夫之務去草，芟夷薀崇之。"又今俗間謂麥下爲夷下，言芟夷其麥，以其下種禾豆也。<sub>鄭注。</sub>

### 萚蔟氏
◎萚，讀爲"擿"。蔟，讀爲"爵蔟"之蔟，謂巢也。<sub>鄭注。</sub>

### 蟈氏
◎蟈，讀爲"蜮"，蜮，蝦蟇也。《月令》曰："螻蟈鳴。"故曰："掌去鼃黽。"鼃黽，蝦蟇屬。書或爲"掌去蝦蟇"。<sub>鄭注。</sub>

⊙按：段氏云經文當作"蜮氏"，注文作"蜮，讀爲蟈。蟈，蝦蟇也"。孫氏云段校是。

◎壺涿氏<sub>鄭注：故書"涿"爲"獨"。</sub>

獨，讀爲"濁其源"之濁，音與"涿"<sub>按：段氏云"涿"誤"濁"。孫氏云段校是。</sub>相近，書亦或爲"濁"<sub>鄭注。</sub>

### 掌訝
◎訝，讀爲"跛者訝跛者"之訝。<sub>鄭注。</sub>

### 大司寇
◎凡庶民之獄訟，以邦成弊之。<sub>鄭注：故書"弊"爲"憋"。</sub>

憋，當爲"弊"。邦成，謂若今時決事比也。弊之，斷其獄訟也。故《春秋傳》曰："弊獄邢侯。"<sub>鄭注。</sub>

◎大軍旅，涖戮于社。

《書》曰："用命，賞于祖；不用命，戮于社。"<sub>鄭注。</sub>

### 小司寇
◎以致萬民而詢焉。

致萬民，聚萬民也。詢，謀也。《詩》曰："詢于芻蕘。"《書》曰："謀及庶人。"<sub>鄭注。</sub>

◎讀書則用灋。

如今時讀鞫已乃論之。鄭注。

◎凡王之同族有罪，不即市。

刑諸甸師氏。《禮記》曰："刑于隱者，不與國人慮兄弟。"鄭注。

◎一曰議親之辟。

若今時宗室有罪，先請是也。鄭注。

◎二曰議故之辟。

故舊不遺，則民不偷。鄭注。

◎三曰議賢之辟。

若今時廉吏有罪，先請是也。鄭注。

◎六曰議貴之辟。

若今時吏墨綬有罪，先請是也。鄭注。

◎大賓客，前王而辟。

小司寇爲王道，辟除姦人也。若今時執金吾下至令尉奉引矣。鄭注。

### 士師

◎掌士之八成。

"八成"者，行事有八篇，若今時決事比。鄭注。

◎一曰邦汋。

汋，讀如"酌酒尊中"之酌。"國汋"者，斟汋盜取國家密事，若今時刺探尚書事。鄭注。

◎七曰爲邦朋。鄭注：故書"朋"作"傰"。

傰（按：馬本同，阮本作"朋"。《說文·人部》"傰"，乃"朋""傰"之正字），讀如"朋友"之朋。鄭注。

◎若邦凶荒，則以荒辯之法治之。

辯，讀爲"風別"之別。救荒之政十有二，而士師別受其數條，是爲荒別之法。鄭注。

◎凡以財獄訟者，正之以傅別、約劑。鄭注：故書"別"爲"辯"。

傅，或爲"符"。辯，讀爲"風別"之別，若今時市買，爲券書以別之，各得其一，訟則案券以（按：馬本"以券"誤倒）正之。鄭注。

### 鄉士

◎掌國中。

謂國中至百里郊也。鄭注。

◎獄訟成，士師受中；協日刑殺，肆之三日。

士師受中，若今二千石受其獄也。"中"者，刑罰之中也。故《論語》曰："刑罰不中，則民無所措手足。"協日刑殺，協，合也，和也。和合支干善日，若今時望後利日也。肆之三日，故《春秋傳》曰"三日，棄疾請尸"，《論語》曰"肆諸市朝"。鄭注。

◎三公若有邦事，則爲之前驅而辟。

鄉士爲三公道也，若今時三公出城，郡督郵盜賊道也。鄭注。

### 遂士

◎掌四郊。

謂百里外至三百里也。鄭注。

### 縣士

◎掌野。

掌三百里至四百里，大夫所食。晉韓須爲公族大夫，食縣。鄭注。

### 方士

◎掌都家。

掌四百里至五百里，公所食。魯季氏食於都。鄭注。

◎司寇聽其成于朝，羣士、司刑皆在。

《春秋傳》曰："晉邢侯與雍子爭鄐田，久而無成。"鄭注。

### 訝士

◎掌四方之獄訟。

四方諸侯之獄訟。鄭注。

### 朝士

◎掌建邦外朝之灋。左九棘，孤、卿、大夫位焉，羣士在其後；右九棘，公、侯、伯、子、男位焉，羣吏在其後；面三槐，三公位焉，州長、衆庶在其後。

王有五門：外曰臯門，二曰雉門，三曰庫門，四曰應門，五曰路門，路門一曰畢門。外朝在路門外，内朝在路門内，左九棘，右九棘。故《易》曰："係用徽纆，寘于叢棘。"鄭注。

◎凡得獲貨、賄、人民、六畜者，委于朝，告于士，旬而舉之，大者公之，小者庶民私之。

若今時得遺物及放失六畜，持詣鄉亭縣廷。大者公之，大物没入公家也。小者私之，小物自畀也。鄭注。

◎期内之治聽，期外不聽。

謂在期内者聽，期外者不聽。若今時徒論決，滿三月，不得乞鞫。鄭注。

◎凡有責者，有判書以治，則聽。鄭注：故書"判"爲"辨"。

謂若今時辭訟，有券書者爲治之。辨，讀爲"別"，謂別券也。鄭注。

◎凡民同貨財者，令以國灋行之；犯令者，刑罰之。

"同貨財"者，謂合錢共賈者也。以國法行之，司市爲節以遣之。鄭注。

◎凡屬責者，以其地傅而聽其辭。

謂訟地畔界者，田地町畔相比屬，故謂之屬責。以地傅而聽其辭，以其比畔爲證也。鄭注。

◎凡盜賊軍鄉邑及家人，殺之無罪。

謂盜賊羣輩，若軍共攻，盜鄉邑及家人者，殺之無罪。若今時無故入人室宅廬舍，上人車船，牽引人欲犯法者，其時格殺之，無罪。鄭注。

### 司民
◎及孟冬祀司民之日。

文昌宫三能，屬軒轅角，相與爲體。近文昌爲司命，次司中，次司禄，次司民。鄭注。

### 司刑
◎墨罪五百，劓罪五百，宫罪五百，刖罪五百，殺罪五百。

漢孝文帝十三年，除肉刑。鄭注。

### 司刺
◎壹宥曰不識，再宥曰過失，三宥曰遺忘。

不識，謂愚民無所識則宥之。過失，若今律過失殺人不坐死。鄭注。

◎壹赦曰幼弱，再赦曰老耄，三赦曰惷愚。

幼弱、老旄，若今時律令，年未滿八歲、八十以上，非手殺人，他皆不坐。鄭注。

## 司約

◎若有訟者，則珥而辟藏，其不信者服墨刑。

謂有争訟，罪罰刑書謬誤不正者，爲之開藏，取本刑書以正之。當開時，先祭之。鄭注。

## 職金

◎受其入征者，辨其物之媺惡與其數量，楬而璽之。

"受其入征"者，謂主受采金、玉、錫、石、丹、青者之租税也。"楬而璽之"者，楬書其數量以著其物也。"璽"者，印也。既楬書揃其數量，又以印封之。今時之書有所表識，謂之楬櫫。鄭注。

## 司厲

◎掌盗賊之任器、貨賄，辨其物，皆有數量，賈而楬之，入于司兵。

任器、貨賄，謂盗賊所用傷人兵器及所盗財物也。入于司兵，若今時傷殺人所用兵器，盗賊贓，加責没入縣官。鄭注。

◎其奴，男子入于罪隸，女子入于舂槁。

謂坐爲盗賊而爲奴者，輸於罪隸，舂人、槁人之官也。由是觀之，今之爲奴婢，古之罪人也。故《書》曰"予則奴戮女"，《論語》曰"箕子爲之奴"。罪隸之奴也，故《春秋傳》曰："斐豹，隸也，著於丹書，'請（《左傳·襄二十三年》作"苟"）焚丹書，我殺督戎'。"恥爲奴，欲焚其籍也。鄭注。

## 犬人

◎凡祭祀，供犬牲，用牷物；伏、瘞亦如之。

牷，純也。物，色也。伏，謂伏犬，以王車轢之。瘞，謂埋祭也。《爾雅》曰："祭地曰瘞埋。"鄭注。

◎凡幾、珥、沈、辜，用駹可也。鄭注：故書"駹"作"龍"。

幾，讀爲"庪"。《爾雅》曰："祭山曰庪縣，祭川曰浮沈。"《大宗伯職》曰："以埋沈祭山川林澤，以疈辜祭四方百物。"龍，讀爲"駹"，謂不純色也。鄭注。

### 司圜

◎掌收教罷民。凡害人者，弗使冠飾而加明刑焉，任之以事而收教之。

罷民，謂惡人不從化，爲百姓所患苦，而未入五刑者也。故曰"凡害人者，不使冠飾，任之以事"。若今時罰作矣。<sub>鄭注。</sub>

◎凡圜土之刑人也，不虧體；其罰人也，不虧財。

以此知其爲民所苦，而未入刑者也。故《大司寇職》曰："凡萬民之有罪過而未麗於法而害於州里者，桎梏而坐諸嘉石，役諸司空。"又曰："以嘉石平罷民。"《國語》曰："罷士無伍，罷女無家。"言爲惡無所容入也。<sub>鄭注。</sub>

### 掌囚

◎上罪梏拲而桎，中罪桎梏，下罪梏。

"拲"者，兩手共一木也。"桎梏"者，兩手各一木也。<sub>鄭注。</sub>

### 掌戮

◎髡者使守積。

髡，當爲"完"，謂但（馬本作"佀"）居作三年，不虧體者也。<sub>鄭注。</sub>

### 司隸

◎爲百官積任器。

百官所當任持之器物，此官主爲積聚之也。<sub>鄭注。</sub>

### 罪隸

◎凡封國若家，牛助爲牽徬。

凡封國若家，謂建諸侯、立大夫家也。牛助爲牽徬，此官主爲送致之也。<sub>鄭注。</sub>

### 夷隸

◎掌役牧人養牛馬，與鳥言。

夷狄之人或曉鳥獸之言，故《春秋傳》曰："介葛盧聞牛鳴，曰：'是生三犧，皆用矣。'"是以貉隸職掌與獸言。<sub>鄭注。</sub>

### 禁殺戮

◎攘獄者，遏訟者。

"攘獄"者，距當獄者也。"遏訟"者，遏止欲訟者也。鄭注。

### 野廬氏

◎若有賓客，則令守涂地之人聚橐之，有相翔者誅之。

聚橐之，聚擊木橐以宿衛之也。有姦人相翔於賓客之側，則誅之，不得令寇盜賓客。鄭注。

### 蜡氏

◎掌除骴。鄭注：故書"骴"作"脊"。

脊，讀爲"漬"，謂死人骨也。《月令》曰："掩骼埋骴按：段氏云"月令曰"上有"玄謂"二字，"骴"作"胔"，"骴"下有"胔"字。孫氏云段校是。"骨之尚有肉者也。及禽獸之骨皆是。鄭注。

◎若有死於道路者，則令埋而置楬焉，書其日月焉，縣其衣服、任器于有地之官，以待其人。

楬，欲令其識取之，今時楬櫫是也。有地之官，有部界之吏，今時鄉亭是也。鄭注。

### 雍氏

◎禁山之爲苑、澤之沈者。

不得擅爲苑囿於山也。"澤之沈"者，謂毒魚及水蟲之屬。鄭注。

### 司烜氏

◎掌以夫遂取明火於日，以鑒取明水於月，以共祭祀之明齍、明燭，共明水。

夫，發聲。明粢（按：馬本作"齍"，誤），謂以明水潃（按：馬本作"脩"，"脩"、"潃"皆非。據《說文》，當作"溲"）滌粢盛黍稷。鄭注。《文選》五十五陸士衡《演連珠》李注引作"謂以明滌，滌粢盛黍稷"。

◎共墳燭庭燎。鄭注：故書"墳"爲"蕡"。

蕡燭，麻燭也。鄭注。

◎邦若屋誅，則爲明竁焉。

屋誅，謂夷三族。無親屬收葬者，故爲葬之也。三夫爲屋，一家田爲一夫，以此知三家也。鄭注。

### 條狼氏
◎誓大夫曰"敢不關，鞭五百"。

誓大夫曰"敢不關"，謂不關於君也。鄭注。

### 脩閭氏
◎掌比國中宿互木柝者。鄭注：故書"互"爲"巨"。

宿，謂宿衛也。巨，當爲"互"，謂行馬。所以障互禁止人也。木柝，謂行夜擊木柝。鄭注。

### 冥氏
◎若得其獸，則獻其皮、革、齒、須、備。

須，直謂頤下須。備，謂騷也。鄭注。

### 庶氏
◎掌除毒蠱，以攻説禬之，嘉草攻之。

禬，除也。鄭注。

### 赤犮氏
◎以蜃炭攻之。鄭注：故書"蜃"爲"晨"。

晨，當爲"蜃"，書亦或爲"蜃"。鄭注。

### 庭氏
◎若不見其鳥獸，則以救日之弓與救月之矢夜射之。

救日之弓，救月之矢，謂日月食所作弓矢。鄭注。

### 伊耆氏
◎共王之齒杖。

謂年七十，當以王命受杖者，今時亦命之爲玉杖。鄭注。

## 大行人

◎其朝位，賓主之間九十步，立當車軹；擯者五人；廟中將幣，三享；王禮再祼而酢，饗禮九獻，食禮九舉，出入五積，三問三勞。

車軹，軹（按：段氏云當作"轛"。孫氏云段說近是）也。三享，三獻也。祼，讀爲"灌"。再灌，再飲公也。而酢，報飲王也。舉，舉樂也。出入五積，謂饋之芻米也。鄭注。

◎立當前疾。

前疾，謂駟馬車輈前胡下垂柱地者。鄭注。

◎其貢嬪物。

嬪物，婦人所爲物也。《爾雅》曰："嬪，婦也。"鄭注。

◎七歲屬象胥，諭言語，協辭命。鄭注：故書"協辭命"作"叶词命"。

象胥，譯官也。叶，當爲"汁"。詞，當爲"辭"，書或爲"叶辭命"。鄭注。

◎殷相聘也。

《春秋傳》曰："孟僖子如齊，殷聘是（《春秋傳》作"禮"）也。"鄭注。

## 小行人

◎凡諸侯入王，則逆勞于畿。

入王，朝於王也。故《春秋傳》曰"宋公不王"，又曰"諸侯有王，王有巡守"。鄭注。

◎若國札喪，則令賻補之；若國凶荒，則令賙委之；若國師役，則令槁檜之。鄭注：故書"賻"作"傅"，"槁"爲"橐"。

賻補之，謂賻喪家，補助其不足也。若今時一室二尸，則官與之棺也。橐，當爲"槁"（按：馬本作"犒"，下"槁"同。誤），謂槁師也。鄭注。

## 司儀

◎將合諸侯，則令爲壇三成，宮，旁一門。

三成，三重也。《爾雅》曰："丘一成爲敦丘，再成爲陶丘，三成爲昆侖丘。"謂三重。鄭注。

◎王燕，則諸侯毛。

謂老者在上也。老者二毛，故曰毛。鄭注。

◎主國五積，三問，皆三辭，拜受，皆旅擯；再勞，三辭，三揖，登，拜受，拜送。

　　旅，讀爲"旅於大山"之旅，謂九人傳辭，相授於上，下竟，間賓從末上行，介還受，上傳之。鄭注。

◎主君郊勞，交擯，三辭，車逆，拜辱，三揖，三辭，拜受，車送，三還，再拜。

　　交擯三辭，謂賓主之擯者俱三辭也。車逆，主人以車迎賓於館也。拜辱，賓拜謝辱也。鄭注。

◎及將幣，交擯，三辭；車逆，拜辱；賓車進，答拜；三揖，三讓，每門止一相，及廟，唯上相入；賓三揖三讓；登，再拜，授幣；賓拜送幣，每事如初，賓亦如之。及出，車送，三請三進，再拜；賓三還三辭，告辟。

　　交擯，擯者交也。賓車進答拜，賓上車進，主人乃答其拜也。及出車送三請，主人三請留賓也。三進，進隨賓也。賓三還三辭告辟，賓三還辭謝，言已辟去也。鄭注。

◎致饔餼，還圭，饗食，致贈，郊送，皆如將幣之儀。

　　還圭，歸其玉也。故公子重耳受飧反璧。鄭注。

◎賓之拜禮：拜饔餼，拜饗食。

　　"賓之拜禮"者，因言賓所當拜者之禮也。所當拜者，拜饔餼，拜饗食。鄭注。

◎賓繼主君，皆如主國之禮。

　　賓繼主君，復主人之禮費也，故曰皆如主國之禮。鄭注。

◎及禮，私面，私獻，皆再拜稽首，君答拜。

　　《春秋傳》曰："楚公子棄疾見鄭伯，以其乘馬私面。"鄭注。

### 行夫

◎居於其國，則掌行人之勞辱事焉，使則介之。故書曰"夷使"。

　　夷使，使於四夷，則行夫主爲之介。鄭注。

### 環人

◎舍則授館，令聚柝橐；有任器，則令環之。

　　四方人有任器者，則環人主令殉環守之。鄭注。

◎凡門關無幾，送逆及疆。

　　門關，不得苛留環人也。鄭注。

**象胥**

◎凡作事：王之大事，諸侯；次事，卿；次事，大夫；次事，上士；下事，庶子。

王之大事諸侯，使諸侯執大事也。次事卿，使卿執其次事也。次事使大夫，次事使上士，下事使庶子。鄭注。

**掌客**

◎上公五積，皆眡飧牽。

牽，牲可牽行者也。故《春秋傳》曰"餼牽竭矣"。鄭注。

◎車三秅。

秅，讀爲"秅秭麻荅"之秅。鄭注。

**掌訝**

◎至于朝，詔其位，入復；及退，亦如之。

詔其位，告客以其位處也。入復，客入則掌訝出，復其故位也。客退，復入迎，爲之前驅至於館也。鄭注。

## 冬官考工記第六

◎或審曲面埶，以飭五材，以辨民器。

審曲面埶，審察五材曲直方面形埶之宜，以治之及陰陽之面背是也。《春秋傳》曰："天生五材，民並用之。"謂金、木、水、火、土也。鄭注。《文選》三張平子《東京賦》、十八潘安仁《笙賦》李善注並引"察五材"句，無"審"字。

◎粵無鎛，燕無函，秦無廬，胡無弓、車。

函，讀如"國君含垢"之含。函，鎧也。《孟子》曰："矢人豈不仁於函人哉！矢人惟恐不傷人，函人惟恐傷人。"廬，讀爲"纑"（按：段氏云"纑"當作"籚"。孫氏云段校是），謂矛戟柄，竹欑柲（《釋文》下有"也"字），或曰摩鐧之器。胡，今匈奴。鄭注。

◎作舟以行水。鄭注：故書"舟"作"周"。

周，當爲"舟"。鄭注。

◎鸜鵒不踰濟，貉踰汶則死。

不踰濟，無妨於中國有之。貉，或爲"獌"，謂善緣木之獌也。汶水在魯北。鄭注。

◎石有時以泐。

泐，讀如"再扐而後卦"之扐。泐，謂石解散也。夏時盛暑大熱則然。鄭注。《文選》十二郭景純《江賦》李善注引"泐，謂"句。

◎凡攻木之工七，攻金之工六，攻皮之工五，設色之工五，刮摩之工五，搏埴之工二。鄭注："故書"七"爲"十"，"刮"作"捖"。

十，當爲"七"。捖摩之工，謂玉工也。捖，讀爲"刮"，其事亦是也。鄭注。

◎攻木之工：輪、輿、弓、廬、匠、車、梓。攻金之工：築、冶、鳧、㮚、段、桃，攻皮之工：函、鮑、韗、韋、裘，設色之工：畫、繢、鍾、筐、慌。刮摩之工：玉、楖、雕、矢、磬。搏埴之工：陶、瓬。鄭注：故書"雕"或爲"舟"。

輪、輿、弓、廬、匠、車、梓，此七者，攻木之工，官別名也。《孟子》曰："梓匠輪輿。"鮑，讀爲（按：段氏云當作"讀如"，下"讀爲"同。孫氏云段校是）"鮑魚"之鮑，書或爲"鞄"，《蒼頡篇》有"鞄䩵"。韗，讀爲"歷運"之運。慌，讀爲"芒芒禹迹"之芒。楖，讀如"巾櫛"之櫛。瓬，讀爲"甫始"之甫。埴，書或爲"植"。杜子春云"雕或爲舟"者，非也。鄭注。

◎既建而迆。

迆，讀爲"倚移從風"之移，謂著戈於車邪倚也。鄭注。

◎酋矛常有四尺。

酋，發聲，直謂矛。鄭注。

◎凡察車之道，欲其樸屬而微至。不樸屬，無以爲完久也；不微至，無以爲戚速也。鄭注：速，書或爲"數"。

樸，讀如"子南僕"之僕。微至，謂輪至地者少，言其圜甚著地者微耳。著地者微則易轉，故不微至無以爲戚數。鄭注。

◎軹崇三尺有三寸也；加軫與軹焉，四尺也。

軹，軹也。軹，讀爲"旆僕"之僕，謂伏兔也。鄭注。

## 輪人

◎牙也者，以爲固抱也。

牙，讀如"跛者訝跛者"之訝，謂輪輮也。世間或謂之"罔"，書或作"輮"。鄭注。

◎進而眡之，欲其微至也；無所取之，取諸圜也。

微至，書或作"危至"。故書"圜"或作"員"，當爲"圜"。鄭注。

◎望其輻，欲其掣爾而纖也。

掣，讀爲"紛容掣參"之掣。鄭注。

◎望其轂，欲其眼也。

眼，讀如"限切"之限。鄭注。

◎眡其綆，欲其蚤之正也。

綆，讀爲關東言餅之餅，謂輪箄也。鄭注。

◎察其菑蚤不齵，則輪雖敝不匡。

菑，讀如"雜厠"之厠，謂建輻也。泰山平原所樹立物爲菑，聲如胾，博立梟棊亦爲菑。匡，枉也。鄭注。

◎凡斬轂之道，必矩其陰陽。鄭注：故書"矩"爲"距"。

當作"矩"，謂規矩也。鄭注。

◎陽也者，積理而堅；陰也者，疏理而柔。是故以火養其陰而齊諸其陽，則轂雖敝不藃。

積，讀爲（按：段氏校作"讀如"。孫氏云段校是）"奠祭"之奠。藃，當作"耗"（按：阮校作"秏"）。鄭注。

◎轂小而長，則柞；大而短，則摯。

柞，讀爲"迫唶"之唶，謂輻間柞狹也。摯，讀爲"槷"，謂輻危槷也。鄭注。

◎椁其漆內而中詘之，以爲之轂長，以其長爲之圍。

"椁"者，度兩漆之內相距之尺寸也。鄭注。

◎以其圍之阞捎其藪。

捎，讀爲（按：段氏作"讀如"。孫氏云段校是）"桑螵蛸"之蛸。藪，讀爲"蜂藪"之藪，謂轂空壺中也。鄭注。

◎五分其轂之長，去一以爲賢，去三以爲軹。容轂必直。

賢，大穿也。軹，小穿也。鄭注。

◎故竑其輻廣以爲之弱，則雖有重任，轂不折。

竑，讀如"紘綎"之紘，謂度之。鄭注。

◎參分其輻之長而殺其一，則雖有深泥，亦弗之溓也。

溓，讀爲"黏"，謂泥不黏著輻也。鄭注。

◎參分其股圍，去一以爲骹圍。

股，謂近轂者也。骹，謂近牙者也。方言"股"以喻其豐，故言"骹"以喻其細。人脛近足者細於股，謂之骹。羊脛細者亦謂骹。鄭注。

◎平沈必均。

　　平沈，謂浮之水上無輕重。鄭注。

◎直以指牙，牙得，則無敎而固。

　　敎，撥也。蜀人言"棳"曰"敎"。鄭注。

◎是故輪雖敝，不甐於鑿。

　　不甐於鑿，謂不動於鑿中也。鄭注。

◎萬之以眡其匡也。鄭注：故書"萬"作"禹"。

　　禹，讀爲"萬"，書或作"矩"。鄭注。

◎輪人爲蓋，達常圍三寸。

　　達常，蓋斗柄下入杠中也。鄭注。

◎桯圍倍之，六寸。

　　桯，蓋杠也。讀如"丹桓宮楹"之楹。鄭注。

◎信其桯圍以爲部廣，部廣六寸。

　　部，蓋斗也。鄭注。

### 輿人

◎參分車廣，去一以爲隧。

　　隧，謂車輿深也。讀如"鑽燧改火"之燧。鄭注。

◎參分軹圍，去一以爲轛圍。

　　轛，讀如"繫綴"之綴，謂車輿輢立者也。立者爲轛，橫者爲軹。書"轛"或作"軑"。鄭注。

### 輈人

◎國馬之輈，深四尺有七寸。

　　深四尺七寸，謂轅曲中。鄭注。

◎軓前十尺，而策半之。

　　軓，謂式前也。書或作"軋"。鄭注。

◎不援其邸，必緧其牛後。鄭注：故書"緧"作"鰌"。

　　鰌，讀爲（按：段氏云當作"讀如"。孫氏云段校是）"緧"。關東謂"紂"爲"緧"。

鰒，魚字。鄭注。

◎是故輈欲頎典。

頎，讀爲“懇”。典，讀爲“殄”。駟馬之轅，率尺所一縛，懇典似謂此也。鄭注。

◎輈注則利準，利準則久，和則安。鄭注：故書“準”作“水”。

注則利水，謂轅脊上雨注，令水去利也。鄭注。

◎行數千里，馬不契需。

契，讀爲“爰契我龜”之契。需，讀爲“畏需”（按：段氏作“耎”。孫氏云段校是）之需，謂不傷蹄，不需道里。鄭注。

◎良輈環灂。

灂，讀爲（按：段氏云當作“讀如”）“灂酒”之灂。環灂，謂漆沂鄂如環。鄭注。

## 築氏

◎欲新而無窮。

常如新，無窮已。鄭注。

◎敝盡而無惡。

謂鋒鍔俱盡，不偏索也。鄭注。

## 冶氏

◎鋌十之，重三垸。

鋌箭足入槀中者也。垸，量名，讀爲“丸”。鄭注。

◎胡三之，援四之。

援，直刃也。胡，其孑。鄭注。

◎重三鋝。

鋝，量名也，讀爲“刷”。鄭注。

◎倨句中矩，與刺重三鋝。

刺，謂援也。鄭注。

## 桃氏

◎兩從半之。

謂劍脊兩面殺趨鍔。鄭注。

◎以其臘廣爲之莖圍，長倍之。

莖，謂劍夾，人所握，鐔以上也。鄭注。
◎中其莖，設其後。
中，謂穿之也。鄭注。

## 鳧氏

◎銑間謂之于，于上謂之鼓。
于，鍾脣之上袪也。鼓所擊處。鄭注。
◎鍾縣謂之旋，旋蟲謂之幹。
"旋蟲"者，旋以蟲爲飾也。鄭注。
◎篆間謂之枚。
枚，鍾乳也。鄭注。
◎侈弇之所由興。鄭注：故書"侈"作"移"。
移，當爲"侈"。鄭注。

## 㮚氏

◎槩而不稅。
令百姓得以量而不租稅。鄭注。

## 函人

◎合甲五屬。
合甲，削革裏肉，但取其表，合以爲甲。鄭注。
◎凡爲甲，必先爲容。
容，謂象式。鄭注。
◎權其上旅與其下旅，而重若一。
上旅，謂要以上。下旅，謂要以下。鄭注。
◎凡甲，鍛不摯則不堅，已敝則橈。
鍛，鍛革也。摯，謂質也。鍛革大熟，則革敝無強，曲橈也。鄭注。
◎眂其鑽空，欲其惌也。
惌，小孔貌。惌，讀爲"宛彼北林"之宛。鄭注。
◎眂其朕，欲其直也。
朕，謂革制。鄭注。

◎櫜之，欲其約也。

> 謂卷置櫜中也。《春秋傳》曰："櫜甲而見子南。"鄭注。

◎衣之，欲其無齘也。

> 齘，謂如齒齘。鄭注。

◎眡其裏而易，則材更也。

> 更，善也。鄭注。

◎衣之無齘，則變也。

> 變，隨人身便利。鄭注。

## 鮑人

◎鮑人之事。鄭注：鮑，故書或作鞄。

> 《蒼頡篇》有"鞄獘"。鄭注。

◎而搏之，欲其無迆也。

> 讀爲"可卷而懷之"之卷。搏，讀爲"縛一如瑱"之縛，謂縛韋革也。迆，讀爲"既建而迆"之迆。無迆，謂革不辟。鄭注。

◎眡其著，欲其淺也。

> 謂郭韋革之札入韋革，淺緣其邊也。鄭注。

◎革欲其荼白，而疾澣之，則堅。

> 韋革不欲久居水中。鄭注。

◎欲其柔滑，而腥脂之，則需。鄭注：故書"需"作"㓒"。

> 腥，讀如"沾渥"之渥。㓒，讀爲"柔需"之需，謂厚脂之韋革柔需。鄭注。

◎若苟自急者先裂，則是以博爲帴也。

> 帴，讀爲"翦"，謂以廣爲狹也。鄭注。

◎察其線而藏，則雖敝不甐。鄭注：甐，故書或作鄰。

> 鄰，讀爲"磨而不磷"之磷，謂韋革縫縷没藏於韋革中，則雖敝，縷不傷也。鄭注。

## 韗人

> 韗，書或爲"鞠"。鄭注。

◎爲皋陶。

> 皋陶，鼓木也。鄭注。

◎長六尺有六寸，左右端廣六寸，中尺，厚三寸。

謂鼓木一判者，其兩端廣六寸，而其中央廣尺也。如此乃得有腹。鄭注。

◎穹者三之一。

穹，讀爲"志無空邪"之空，謂鼓木腹穹隆者，居鼓三之一也。鄭注。

◎上三正。

謂兩頭一平，中央一平也。鄭注。

◎鼓長八尺，鼓四尺，中圍加三之一，謂之鼖鼓。

鼓四尺，謂革所蒙者廣四尺。鄭注。

**畫繢**

◎土以黃，其象方；天時變。

天時變，謂畫天隨四時色。鄭注。

◎火以圜。

爲圜形似火也。鄭注。

◎凡畫繢之事，後素功。

《論語》："繢事後素。"鄭注。

**鍾氏**

◎以朱湛丹秫。

湛，漬也。丹秫，赤粟。鄭注。

◎三入爲纁，五入爲緅，七入爲緇。

《論語》曰："君子不以紺緅飾。"又曰："緇衣羔裘。"《爾雅》曰："一染謂之縓，再染謂之窺（按：《釋宮》作"赬"。"窺"，假借字），三染謂之纁。"《詩》云："緇衣之宜兮。"鄭注。

**㡛氏**

◎以涗水漚其絲。鄭注：故書"涗"作"湄"。

湄水，溫水也。鄭注。

◎涷帛，以欄爲灰，渥淳其帛，實諸澤器，淫之以蜃。

澤器，謂滑澤之器。蜃，謂炭也。《士冠禮》曰："素積白屨，以魁柎之。"說曰"魁，蛤也"。《周官》亦有"白盛之蜃"。蜃，蛤也。鄭注。

**玉人**

◎天子用全，上公用龍，侯用瓚。

　　全，純色也。龍，當爲"尨"，尨，謂襍色。鄭注。

◎璧羨度尺，好三寸，以爲度。

　　羨，徑也。好，璧孔也。《爾雅》曰："肉倍好謂之璧，好倍肉謂之瑗，肉好若一謂之環。"鄭注。

◎黄金勺，青金外，朱中。鼻寸，衡四寸。

　　鼻，謂勺龍頭鼻也。衡，謂勺柄龍頭也。鄭注。

◎駔琮五寸，宗后以爲權。

　　以爲稱錘，以起量。鄭注。稱錘曰權。《文選》五十五劉孝標《廣絶交論》李注。

◎駔琮七寸，鼻寸有半寸，天子以爲權。

　　以爲權，故有鼻也。鄭注。

◎案十有二寸，棗、栗十有二列，諸侯純九，大夫純五，夫人以勞諸侯。

　　案，玉案也。夫人，天子夫人。鄭注。

◎璋邸射，素功，以祀山川，以致稍餼。

　　素功，無瑑飾也。鄭注。

**磬氏**

◎股爲二，鼓爲三。参分其股博，去一以爲鼓博；参分其鼓博，以其一爲之厚。

　　股，磬之上大者。鼓，其下小者，所當擊者也。鄭注。

◎已上則摩其旁。

　　磬聲大上，則摩鑢其旁。鄭注。

**矢人**

◎鍭矢参分，茀矢参分，一在前，二在後。

　　一在前，謂箭槀中鐵莖居参分殺一以前。鄭注。

◎夾其陰陽以設其比。

　　比，謂"括"也。鄭注。

◎則雖有疾風，亦弗之能憚矣。鄭注：故書"憚"或作"但"。

但，讀當爲"憚之以威"之憚，謂風不能驚憚箭也。鄭注。

◎同疏，欲槀。

欲槀，欲其色如槀也。鄭注。

### 陶人

◎爲甗，實二鬴，厚半寸，脣寸。

甗，無底甑。鄭注。

◎鬲，實五觳。

觳，讀爲"斛"。觳受三豆，《聘禮記》有"斛"。鄭注。

### 瓬人

◎凡陶瓬之事，髻墾薜暴不入市。

髻，讀爲"刮"。薜，讀爲（按：段氏校作"讀如"。孫氏云段校是）"藥黃蘗（按：段氏校作"檗"，下"蘗"同。孫氏云段校是）"之蘗。暴，讀爲"剝"。鄭注。

### 梓人

◎爲筍虡。

筍，讀爲"竹筍"之筍。鄭注。

◎其聲大而宏。

宏，讀爲"紘綖"之紘，謂聲音大也。鄭注。

◎是故擊其所縣，而由其虡鳴。

由，若也。鄭注。

◎銳喙決吻，數目顅脰，小體騫腹。鄭注：故書"顅"或作"掔"。

掔，讀爲"爲（馬本脫"爲"字）髡頭無髮"之髡。鄭注。

◎則於眡必撥爾而怒。苟撥爾而怒，則於任重宜，且其匪色，必似鳴矣。鄭注：故書"撥"作"廢"，"匪"作"飛"。

廢，讀爲"撥"。飛，讀爲"匪"。以似爲發。鄭注。

◎梓人爲飲器。凡試梓，飲器鄉衡而實不盡，梓師罪之。

梓師罪也。衡，謂麋衡也。《曲禮》："執君器，齊衡。"鄭注。

◎梓人爲候。上兩个，與其身三，下兩个半之。

兩个，謂布可以維持候者也。上方兩枚，與身三，設身廣一丈，兩个各一丈，凡爲三丈。下兩个半之,傅地,故短也。鄭注。

◎上綱與下綱出舌尋,緅寸焉。

綱,連侯繩也。緅,籠綱者。緅,讀爲竹中皮之緅。舌,維持侯者。鄭注。

## 廬人

◎凡兵,句兵欲無彈,刺兵欲無蜎。是故句兵椑,刺兵搏。鄭注:故書"彈"或作"但","蜎"或作"絹"。

但,讀爲"彈丸"之彈。彈,謂"掉"也。絹,讀爲(按:段氏云當作"讀如"。孫氏云段校是)"悁邑"之悁。悁,謂"橈"也。椑,讀爲"鼓鼙"之鼙。鄭注。

◎轂兵同强,舉圍欲細,細則校。刺兵同强,舉圍欲重,重欲傅人;傅人則密,是故侵之。

校,讀爲"絞而婉"之絞。重欲傅人,謂矛柲之大者在人手中者。侵之,能敵也。鄭注。

◎參分其晉圍,去一以爲刺圍。

晉,謂矛戟下銅鐏也。刺,謂矛刃胸也。鄭注。

## 匠人

◎匠人爲溝洫。方十里爲成,成間廣八尺、深八尺,謂之洫。方百里爲同。

《春秋傳》曰:"有田一成。"又曰:"列國一同。"鄭注。

◎梢溝三十里而廣倍。

梢,讀爲"桑螵蛸"之蛸。蛸,謂水潄齧之溝。故三十里而廣倍。鄭注。《集韻·下平聲四宵》"梢"字注引"謂水"句。

◎凡行奠水,磬折以參伍。

奠,讀爲"停"(按:《說文》有"亭"無"停","亭",正字),謂行停水。溝形當如磬,直行三,折行五,以引水者疾焉。鄭注。

◎善防者水淫之。

淫,讀爲"㶃",謂水淤泥土,留著助之爲厚。鄭注。

## 車人

◎一欘有半謂之柯。

《蒼頡篇》有"柯欘"。鄭注。

◎車人爲耒，庛長尺有一寸，中直者三尺有三寸，上句者二尺有二寸。

　　耒，謂耕耒。庛，讀爲（按：段氏校作"讀如"。孫氏云段校是）"其顙有疵"之疵，謂耒下岐。鄭注。

◎車人爲車，柯長三尺，博三寸，厚一寸有半。五分其長，以其一爲之首。

　　柯長三尺，謂斧柯，因以爲度。鄭注。

◎渠三柯者三。

　　渠，謂車輮，所謂牙。鄭注。

◎行澤者反輮，行山者仄輮；反輮則易，仄輮則完。鄭注：故書"仄"爲"側"。

　　反輮，謂輪輮反其木裏，需（按：阮校作"臾"）者在外。澤地多泥，柔也。側，當爲"仄"。山地剛，多沙石。鄭注。

◎大車崇三柯，綆寸，牝服二柯有參分柯之二。

　　牝服，謂車箱。服，讀爲"負"。鄭注。

◎羊車二柯有參分柯之一。

　　羊車，謂車羊門也。鄭注。

◎凡爲轅，三其輪崇。參分其長，二在前，一在後，以鑿其鉤。徹廣六尺。鬲長六尺。

　　鉤，鉤心。鬲，謂轅端，厭牛領者。鄭注。

## 弓人

◎凡取幹之道七：柘爲上，檍次之，檿桑次之，橘次之，木瓜次之，荊次之，竹爲下。

　　檍，讀爲（按：段氏作"讀如"）"億萬"之億。《爾雅》曰："杻，檍。"又曰："檿桑，山桑。"《國語》曰："檿弧箕箙。"鄭注。

◎凡析幹，射遠者用埶，射深者用直。

　　埶，謂形埶。假令木性自曲，則當反其曲以爲弓，故曰"審曲面埶"。鄭注。

◎居幹之道，菑栗不迆，則弓不發。

　　菑，讀爲"不菑而畬"之菑。栗，讀爲"榛栗"之栗。謂以鋸副析幹。迆，讀爲"倚移從風"之移。謂邪行絕理者，弓發之所從起。鄭注。

◎老牛之角紾而昔。

　　紾，讀爲"抮縛"之抮。昔，讀爲"交錯"之錯，謂牛角觕理錯也。鄭注。

◎柔故欲其埶也。白也者，埶之徵也。

　　欲其形之自曲，反以爲弓。鄭注。

◎角長二尺有五寸，三色不失理，謂之牛戴牛。

　　牛戴牛，角直一牛。鄭注。

◎凡昵之類不能方。

　　謂膠善戾（按：段氏云"戾"當作"麗"，孫氏云段校是）。鄭注。

◎凡相筋，欲小簡而長，大結而澤。

　　簡，讀爲"襴然登陴"之襴。鄭注。

◎筋欲敝之敝。

　　嚼之當孰。鄭注。

◎漆欲測。

　　測，讀爲"惻隱"之惻。鄭注。

◎冬析幹而春液角。

　　液，讀爲"醳"。鄭注。

◎斲目必荼。

　　荼，讀爲"舒"。舒，徐也。目，幹節目。鄭注。

◎強者在內而摩其筋，夫筋之所由憺，恒由此作。鄭注：故書"筋"作"薊"。

　　薊，當爲"筋"。憺，讀爲"車憺"之憺。鄭注。

◎厚其帤則木堅，薄其帤則需。

　　帤，讀爲"襦有衣絮"之絮。絮，謂弓中裨。鄭注。

　　⊙按：段氏云"讀爲"當作"讀如"，兩"絮"字當作"紨"。孫氏云段校是。

◎恒角而短，是謂逆橈。

　　恒，讀爲"裂緪"之緪。鄭注。

◎今夫茭解中有變焉，故校。

　　茭，讀爲（按：段氏云當作"讀如"）"激發"之激。茭，謂弓檠也。校，讀爲"絞而婉"之絞。鄭注。

◎於挺臂中有柎焉，故剽。

　　剽，讀爲（按：段氏云當作"讀如"）"湖漂絮"之漂。鄭注。

◎撟角欲孰於火而無燂。鄭注：故書"燂"或作"朕"。

　　朕，字（按：段氏云"字"宜作"當"。孫氏云段說亦通）從"燂"。鄭注。

◎長其畏而薄其敝。

　　敝，讀爲"蔽塞"之蔽，謂弓人所握持者。鄭注。

◎維角䉒之，欲宛而無負弦。

　　䉒，讀如"掌距"之掌，"車掌"之掌。鄭注。

　　⊙按：段氏云四"掌"字皆"䉒"之誤。孫氏云段校是。

◎角不勝幹，幹不勝筋，謂之參均。鄭注：故書"勝"或作"稱"。

　　勝，當言稱，謂之不參均。鄭注。

◎寬緩以荼。

　　荼，讀爲"舒"。鄭注。

◎其人安，其弓安，其矢安，則莫能以速中，且不深。鄭注：故書"速"或作"數"。

　　數，字從速。速，疾也。三舒不能疾而中，言矢行短也，中又不能深。鄭注。

◎合灂若背手文。

　　如人手背文理。鄭注。

# 存　目

### 鼓人

◎以雷鼓鼓神祀。

　　雷鼓，八面鼓也。

◎以靈鼓鼓社祭。

　　靈鼓，六面鼓也。

◎以路鼓鼓鬼享。

　　路鼓兩面。

　　⊙按：《鼓人》三條當是鄭玄語。

### 巾車

◎木路，前樊鵠纓。

　　鵠，或爲"結"。按："鵠或爲結"當是杜子春語。

# 張衡《周官訓詁》

　　東漢張衡撰。衡（78—139），字平子。南陽西鄂（今南陽市東北）人。安帝徵拜郎中，再遷爲太史令。順帝時出爲河間相，徵拜尚書。事迹具《後漢書》卷五十九本傳。是書始見於本傳，崔瑗以爲是書"不能有異於諸儒也"。後《志》無載，其卷數已無可考。劉昭《百官志·序》注："順帝時，平子爲侍中典校書，方作《周官解説》。"書名與本傳異，蓋爲一書。清人錢大昭、侯康、顧櫰三、姚振宗、曾樸五家所補東漢《藝文志》皆錄之，亦不詳卷數。是書前人未輯，今從《左傳正義》、元毛應龍《周官集傳》輯錄3節佚文，勒爲一卷。

## 張衡《周官訓詁》一卷

### 天官冢宰第一
　　宮伯
◎授八次八舍之職事。

　　兵衛八屯，可見八舍之遺意。八次八舍之人，各有所任之職，所執之事，宮伯授之，爲行其秩叙之事也。《周官集傳》二引張衡云。

### 春官宗伯第三
　　外史
◎掌三皇五帝之書。鄭玄注：楚靈王所謂《三墳》《五典》。

　　《三墳》，三禮，禮爲大防。《左傳》昭十二年正義引延篤言張平子説。

　　《五典》，五帝之常道也。余蕭客《古經解鈎沉》八云："宋本《春秋疏》二十八引張衡《解詁》。"（按：今未見余氏所言宋本，存疑）

# 袁準《周官傳》

晉袁準撰。準（237—316），字孝尼，陳郡陽夏（今太康）人，袁瓌從祖。以儒學知名。事迹略見《晉書》卷八十三《袁瓌傳》。《三國志·魏志·袁渙傳》裴松之注引《袁氏世紀》曰："渙有四子：侃、寓、奥、準。準，字孝尼，忠信公正，不恥下問，唯恐人之不勝己。以世事多險，故常恬退而不敢求進。著書十餘萬言，論治世之務。爲《易》、《周官》、《詩》傳，及論五經滯義，聖人之微言，以傳於世。此準之自序也。"是書史志未載。清文廷式《補晉書藝文志》卷一著録此書，未詳卷數。此書久佚，佚文無考。

# 干寶《周官禮注》

晉干寶撰。寶有《周易注》，已著録。《隋志》經部著録此書爲十二卷，兩《唐志》同，《釋文·序録》作十三卷。後佚。《周禮音義》云："《宮正》以下，鄭總列六十職序，干《注》則各於其職前列之。"《經義考》卷一百二十一云："按干氏《周官禮注》，陸氏《釋文》多引之，又《初學記》引干氏注《周官·籩人》之職'羞籩之實，糗餌、粉餈'，云'糗餌者，豆末削末而糝之，以棗豆之味，今餌金追也'。"此書馬國翰《玉函山房輯佚書》、黄奭《黃氏逸書考》、王謨《漢魏遺書鈔》、孫詒讓《周禮三家佚注》皆有輯本，馬氏輯録52條，黄氏48條、王氏47條、孫氏51條。馬氏輯本《序》曰："《注》本字如'挾日'作'帀日'，'有握'作'有幄'，'胷鳴'作'骨鳴'之類，與鄭本異，蓋參用賈、馬之本也。"《續修四庫全書總目提要》云："王謨據《周禮釋文》輯得二十六條，《毛詩釋文》一條，《禮記疏》一條，《後漢書注》二十六條，《隋書·音樂志》一條，《通典》二條，《初學記》一條，凡四十七條。干注遺文之可見者，大略具在此矣。尋其遺注，音釋而外，亦時時以後代官職比況。如釋'司門'云'如今校尉'，'每門下士三人'云'如今門候'，釋'太僕'云'若漢侍中'，'司寤氏'云'今都候之屬'，'滌狼氏'云'今卒辟車之屬'，'象胥'云'若晉鴻臚也'。考盧、鄭注《禮》，每以漢法比況，干氏蓋師其意，今仍可借以考見當時官職之一二。又如釋'耕耨王藉'云：'古之王者，貴爲天子，富有四海，而必私置籍田，蓋其義有三焉。一曰以奉宗廟，親致其孝也；二曰以訓於百姓在勤，勤則不匱也；三曰聞之子孫，躬知稼穡之艱難無違也。'推闡經義，至爲詳明，書雖殘缺太甚，零文隻義，固亦可寶也。"三人輯本，佚文條數、出處、所疏經文、編次，馬本略勝王、黄本。今次整理，以馬本爲底本，王、黄、孫本爲參校本，較馬氏多輯5條，較王氏多輯9條，較黄氏多輯8條。總計57條，勒爲六卷。

# 干寶《周官禮注》六卷

## 天官冢宰第一
◎惟王建國。

　　王,天子之號,三代所稱。《釋文》。

◎辨方正位。

　　辨方,謂別東西南北之名,以表陰陽也。正位,謂若君南面當陽,臣北面即陰。居官於北宮以體太陰,居太子於東宮以位少陽之類。《御覽》一百四十六。

　　⊙按:此條王本漏輯。

◎體國經野。

　　體,形體。《釋文》。

◎乃立天官冢宰。

　　濟其清濁,和其剛柔,而納之中和,曰宰。同上。

◎治官之屬。

　　凡言司者,總其領也。凡言師者,訓其徒也。凡言職者,主其業也。凡言衡者,平其政也。凡言掌者,主其事也。凡言氏者,世其官也。凡言人者,終其身也。不氏不人,權其材也。通權其材者,既云不世,又不終身,隨其材而權暫用也。《禮記·曲禮下》孔疏。

## 大宰
◎以佐王治邦國。

　　國,天子諸侯所理也。邦,疆國之境。《釋文》。

◎以詰邦國。

　　詰,彈正糾察也。《釋文》。

◎五曰賦貢,以馭其用。

　　賦,上之所求於下;貢,下之所納於上。《釋文》。

◎幣餘之賦。

　　幣,必世反。《釋文》。財也。《集韻·去聲·祭韻》"幣"字注引《周禮》干寶讀。

　　⊙按:此條王、黃本漏輯。

◎羞服之式。

周禮類·干寶《周官禮注》

羞，飲食也。服，車服也。《釋文》。

◎九曰藪。

藪，宜作"䕌"。《釋文》。

◎正月之吉。

周正建子之月，告朔之日也。《唐會要》十二、《文苑英華》七百六十二"告"作"吉"。

◎挾日而斂之。《釋文》："挾，干本作'帀'。"

帀，子合反，十日也。《釋文》。

⊙按：馬本漏輯"十日也"三字。

◎設其參。

參，三公也。《釋文》。

◎前期十日。

前（王、黃本"前"作"期"），如字，十寶同。《釋文》。

◎及納亨。

納亨，納牲，將告殺，謂向祭之辰也。《後漢書·禮儀志四》劉昭注。

## 小宰

◎掌建邦之宮刑。

宮，如字。宮中之刑也。《釋文》："鄭如字，謂宮中之刑也。干同。"

⊙按：馬氏漏輯"宮中"句。

◎凡宮之糾禁。

若御史中丞。《後漢書·百官志二十六》劉昭注。

◎小事則專達。

達，決也。《釋文》。

## 宰夫

◎凡失財用、物辟名者。

辟名，不當也。《釋文》。

◎賓賜之飧牽。《釋文》：干本作"賓賜掌其飧牽"。

## 膳夫

◎膳夫授祭。

祭五行六陰之神，與民起居。《釋文》。

## 庖人

◎掌共六畜、六獸、六禽，辨其名物。

六獸：麋、鹿、貑、麇、野豕、兔。六禽：雁、鶉、鴽、鳩、鴿、鷃。《釋文》。

◎夏行腒鱐，膳膏臊。

臊，豕膏也。《釋文》引司農及干。

◎秋行犢麛，膳膏腥。

腥，雞膏也。《釋文》引鄭、干云。

## 內饔

◎牛夜鳴，則庮。

庮，病也。《釋文》。

◎馬黑脊而般臂，螻。

螻，音漏，內病也。《釋文》、宋賈昌朝《羣經音辨》五。

## 甸師

◎掌帥其屬而耕耨王藉。

古之王者，貴爲天子，富有四海，而必私置藉田。盖其義有三焉：一曰，以奉宗廟，親致其孝也；二曰，以訓于百姓在勤，勤則不匱也；三曰，聞之子孫，躬知稼穡之艱難無逸也。《後漢書‧禮儀志四》劉昭注。

## 鱉人

◎掌取互物。

互，對也。《釋文》。

◎以時簎魚鱉龜蜃。

蜃，鰌類。《釋文》。

## 凌人

◎春始治鑑。

鑑，金器，盛飲食物，以置冰室，使不汝餒也。杜臺卿《玉燭寶典》六。按：汝，當作

周禮類‧干寶《周官禮注》 | 341

"茹",《吕氏春秋·功名篇》高誘注:"茹,臭也。"

⊙按:此節取自孫詒讓《周禮三家佚注》。三家,賈逵、馬融、干寶。

## 籩人
◎羞籩之實,糗餌、粉餈。

糗餌者,豆末屑米而烝之以棗豆之味,今餌鎚也。《初學記》四、高承《事物紀原》九引馮鑑《續事始》作"糗餌者,或屑而蒸之,以棗豆之味同食"。

⊙按:王本同,"米"作"末"。黃氏漏引《初學記》。馬本句末衍"《方言》'餌,謂之餻,或謂之餈'"十字。

## 醢人
◎茆菹。

茆,今之鳧邑蹔草,堪爲菹,江東有之。《詩·魯頌·泮水》釋文。

⊙按:王、黃本同。馬本"之"下有"何承天云此菜出東海,堪爲菹醬也"十五字,當非干注。

## 司會
◎凡言司者,總其領也。凡言師者,訓其徒也。凡言職者,主其業也。凡言衡者,平其政也。凡言掌者,主其事也。凡言氏者,世其官也。凡言人者,終其身也。不氏不人,權其材也。通權其材者,既云不世,又不終身,隨其材而權暫用也。《禮記·曲禮》下孔疏。

## 內宰
◎而生穜稑之種。

穜,晚穀,秔稻之屬。稑,早穀,黍稷之屬。《後漢書·禮儀志四》劉昭注。

## 地官司徒第二
### 司門
如今校尉。《後漢書·百官志二十七》注。

◎每門下士二人。

如今門候。同上。

### 鼓人

◎以金錞和鼓。

去地一尺，灌之以水，又以其器盛水於下，以芒當心跪注，以手震芒，其聲如靁。宋董逌《廣川書跋》三。

⊙按：此條王本漏輯。孫詒讓《周禮三家佚注》按："干注，北宋時已佚，非董氏所得見。考《南史·始興簡王鑑傳》：'時有廣漢什邡人段祖以淳于獻鑑，古禮器也，高三尺六寸六分，圍三尺四寸，圓如筩，銅色，黑如漆，甚薄，上有銅馬，以繩縣馬，令去地尺餘，灌之以水。又以器盛水於下，以芒莖當心跪注淳于，以手振芒，則聲如雷，清響良久乃絕。古所以節樂也。'又《周書·斛斯徵傳》云：'樂有錞于者，近代絕無此器。或有自蜀得之，皆莫之識。徵見之，曰：此錞于也。衆弗之信，徵遂依干寶《周禮》注，以芒筒捋之，其聲極振，衆乃歎服。"董氏疑即摭拾二史爲之，非其元文。'"

### 充人

◎展牲。

若今夕牲。《後漢書·禮儀志四》注。

### 保氏

◎六曰九數。

今有重差、夕桀，各爲二篇。《禮記·少儀》孔疏引馬融、干寶。"重差"二字據《周禮·保氏》賈疏引馬融補。

⊙按：此條王、黃本漏輯。

### 掌節

◎山國用虎節，土國用人節，澤國用龍節：皆金也，以英蕩輔之。

漢之銅虎符，則其制也。英，刻書也。蕩，竹箭也。刻而書其所使之事，以助三節之信，則漢之竹使符者，亦取則於故事也。《後漢書·百官志二十六》注。

### 槀人

◎掌共內外朝冗食者之食。

禮，司徒府中有百官朝會殿，天子與丞相決大事，是外朝之存者。《後漢書·百官志一》劉昭注。

⊙按：此節取自孫詒讓《周禮三家佚注》。

## 春官宗伯第三
### 大司樂
◎凡樂，圜鍾爲宮，黃鍾爲角，大蔟爲徵，姑洗爲羽。

不言商，商爲臣。王者自謂，故置其實而去其名，若曰，有天地人物，無德以主之，謙以自牧也。《隋書·音樂志》十五。

### 大祝
◎四曰禜。鄭注：禜，如日食以朱絲縈社，攻如其鳴鼓然。

朱絲縈社。社，太陰也。朱，火色也。絲，維屬。天子伐鼓於社，責羣陰也。諸侯用幣於社，請上公也。伐鼓於朝，退自攻也。此聖人厭勝之法也。《後漢書·禮儀志中》。

⊙按：此條馬、黃本漏輯。王本此條置於《秋官》。

### 巾車
◎翟車，貝面，組總，有握。《釋文》："握，干作'幄'。"

幄，烏學反。《釋文》。

⊙按：此條王、黃本漏輯。

◎輦車，組輓，有翣，羽蓋。

對舉曰輦。《後漢書·祭祀志七》注。

⊙按：此條王本漏輯。

◎大祭祀，鳴鈴以應雞人。

和鸞皆以金爲鈴。《後漢書·輿服志二十九》注。

⊙按：王氏以爲干注《夏官·大馭》"以鸞和爲節"。

## 夏官司馬第四
### 大僕
若漢侍中。《後漢書·百官志二十六》注。《通典》二十一《職官》無"漢"字。

### 司弓矢
◎獻矢箙。

箙，今謂之步叉。《後漢書·輿服志二十九》注。

### 大御
凡御路儀，以和鸞爲節。《後漢書·輿服志二十九》注。
⊙按：此節取自孫詒讓。

## 秋官司寇第五
### 小司寇
◎掌外朝之政。
《禮》，司徒府中有百官朝會殿，天子與丞相決大事，是外朝之存者。《後漢書·百官志二十四》注。
⊙按：此條經文依王、黃本。馬本出經文《朝士》"掌建邦外朝之灋"。

### 司寤氏
◎以詔夜士夜禁。
今都候之屬。《後漢書·百官志二十五》注、《通典》二十五。
⊙按：王、黃本引《通典》"東漢各一人，主劍戟士，徼循宮及天子有所收考。屬衛尉"，當非干注。

### 條狼氏
今卒辟車之屬。《後漢書·輿服志二十九》注。

### 象胥
今鴻臚。《後漢書·百官志二十五》注。《通典》二十六引作"若晉鴻臚也"。
⊙按：王本漏引《後漢書》。黃本引《通典》作"若今鴻臚"。

## 冬官考工記第六
### 輈人
◎弧旌枉矢，以象弧也。
枉矢象妖星，非其義也。枉蓋應爲枉直，謂枉矢於弧。《後漢書·輿服志二十九》注。

### 鮑人

◎則是以博爲帴也。

帴，作"殘"。《釋文》。

⊙按：此條依黃本。《釋文》：“帴，沈云：'干寶爲殘，與《周易》"戔戔"之字同，亦音素干反，不知其義。'"馬本引作"殘，與《周易》'戔戔'之字同，亦音素干反"。王本經文作"羊豬帴"，輯文作"帴，干本作殘"。

### 梓人

◎以胷鳴者。《釋文》：“胷，干本作'骨'。"賈疏：“干寶本以爲骨鳴。"

敝屍屬也。《釋文》。

⊙按：孫詒讓云：“敝屍，當作'鼅'，傳寫舛訛，分爲二字。"

# 司馬伷《周官寧朔新書》

晉司馬伷撰。伷（227—283），字子將，河內溫人。晉宗室，事迹具《晉書》卷三十八《宣五王傳》。《隋志》經部注著録此書爲八卷，稱"晉燕王師王懋約撰，亡"。《新唐書·藝文志》著録作"司馬伷《周官寧朔新書》八卷，王懋約注"。朱彝尊《經義考》卷一百二十一云："《晉書》伷起家寧朔將軍，有平吴之功。書以'寧朔'名，當從《唐志》。"然則是書之作者乃司馬伷，而王懋約，此書之注者也。其佚文無考。

儀禮類

# 卜子夏《喪服傳》

舊題周卜子夏撰。子夏有《易傳》，已著録。王應麟《漢書藝文志考證》："《喪服傳》，子夏所爲，《白虎通》謂之《禮服傳》。"則是書當最早見於東漢班固《白虎通》一書。《晉書·禮志上》："《喪服》本文省略，必待注解事義乃彰。其《傳》説差詳，世稱子夏所作。"《隋志》禮類小序："其《喪服》一篇，子夏先傳之，諸儒多爲注解，今又别行。"《儀禮·喪服》賈公彦疏曰："'傳曰'者，不知是誰人所作，人皆云孔子弟子卜商字子夏所爲。師徒相習，語勢相遵，以弟子却本前師。此傳得爲子夏所作，是以師師相傳，蓋不虚也。其傳内更云傳者，是子夏引他舊傳以証己意。《儀禮》見在一十七篇，餘不爲傳，獨爲《喪服》作傳者，但《喪服》一篇總包天子已下，五服差降，六術精粗，變除之數既繁，出入正殤交互，恐讀者不能悉解其義，是以特爲傳。"姚振宗《漢書藝文志拾補》："《喪服子夏傳》本自别行，其編入《儀禮》十七篇中者，後人爲之也。"《喪服傳》的作者，今人亦有兩種説。一是沈文倬之説，認爲子夏作傳之説實不可信。其《漢簡〈服傳〉考》（載《文史》第24、25輯，中華書局，1985年）云："唐人始有'子夏撰傳'之説。今得西漢簡本無此題，足證唐人説之謬妄。"一是李學勤之説。李學勤《〈六德〉的文獻學意義》云："大家知道，《喪服》全篇有經有記，又有傳（或稱《服傳》）。傳一般認爲係孔子弟子子夏作。《隋書·經籍志》：'其《喪服》一篇，子夏先傳之，諸儒多爲注解，今又别行。'《喪服》賈公彦疏：'"傳曰"者，不知是何人所作，人皆云孔子弟子卜商字子夏所爲，……師師相傳，蓋不虚也。'但看《服傳》不僅解經，而且解記，其最後寫定可能較遲，如説乃子夏及其門徒陸續撰作改訂，要更合理一些。"是書前人無輯本。今從賈疏輯録82條，《白虎通》4條，勒爲一卷。

## 卜子夏《喪服傳》一卷

◎斬衰裳，苴絰、杖、絞帶，冠繩纓，菅屨者。

斬者何？不緝也。苴絰者，麻之有蕡者也。苴絰大搹，左本在下，去五分一以爲帶。齊衰之絰，斬衰之帶也。去五分一以爲帶。大功之絰，齊衰之帶也，去五分一以爲帶。小功之絰，大功之帶也，去五分一以爲帶。緦麻之絰，小功之帶也，去五分一以爲帶。苴杖，竹也。削杖，桐也。杖各齊其心，皆下本。杖者何？爵也。無爵而杖者何？擔主也。非主而杖者何？輔病也。童子何以不杖？不能病也。婦人何以不杖？亦不能病也。絞帶者，繩帶也。冠繩纓，條屬，右縫。冠六升，外畢，鍛而勿灰。衰三升，菅屨者，菅菲也，外納。居倚廬，寢苫枕塊，哭晝夜無時。歠粥，朝一溢米，夕一溢米。寢不說絰帶。既虞，翦屏挂楣，寢有席，食疏食，水飲。朝一哭，夕一哭而已。既練，舍外寢，始食菜果，飯素食，哭無時。

◎父。

爲父何以斬衰也？父至尊也。

◎諸侯爲天子。

天子至尊也。

◎君。

君至尊也。

◎父爲長子。

何以三年也？正體於上，又乃將所傳重也。庶子不得爲長子三年，不繼祖也。

◎爲人後者。

何以三年也？受重者，必以尊服服之。何如而可爲之後？同宗則可爲之後。何如而可以爲人後？支子可也。爲所後者之祖父母、妻、妻之父母、昆弟、昆弟之子若子。大宗不可絕，同宗則可以爲後爲人作子何？明小宗可絕，大宗不可絕。故舍己之後，往爲後於大宗。所以尊祖重不絕大宗也。《白虎通義》上。

◎妻爲夫。

夫至尊也。

◎妾爲君。

君至尊也。

◎布總，箭笄，髽，衰三年。

總六升，長六寸，箭笄長尺，吉笄尺二寸。

◎公士、大夫之衆臣，爲其君布帶、繩屨。

公卿大夫室老、士、貴臣，其餘皆衆臣也。君，謂有地者也。衆臣杖，不以即位。近臣，君服斯服矣。繩屨者，繩菲也。

◎疏衰裳齊，牡麻経、冠布纓、削杖、布帶、疏屨三年者。

齊者何？緝也。牡麻者，枲麻也。牡麻経，右本在上，冠者沽功也。疏屨者，藨蒯之菲也。

◎繼母如母。

繼母何以如母？繼母之配父，與因母同，故孝子不敢殊也。

◎慈母如母。

"慈母"者何也？《傳》曰："妾之無子者，妾子之無母者，父命妾曰：'女以爲子。'命子曰：'女以爲母。'"若是，則生養之，終其身如母，死則喪之三年如母，貴父之命也。

◎母爲長子。

何以三年也？父之所不降，母亦不敢降也。

◎疏衰裳齊，牡麻経、冠布纓、削杖、布帶、疏屨，期者。

問者曰："何冠也？"曰："齊衰、大功，冠其受也。緦麻、小功，冠其衰也。帶緣各視其冠。"

◎父在爲母。

何以期也？屈也。至尊在，不敢伸其私尊也。父必三年然後娶，達子之志也。

◎妻。

爲妻何以期也？妻至親也。

◎出妻之子爲母。

出妻之子爲母期，則爲外祖父母無服。《傳》曰："絕族無施，服親者屬。"出妻之子爲父後者，則爲出母無服。《傳》曰："與尊者爲一體，不敢服其私親也。"

◎父卒，繼母嫁，從，爲之服，報。

何以期也？貴終也。

◎祖父母。

何以期也？至尊也。

◎世父母、叔父母。

世父、叔父何以期也？與尊者一體也。然則昆弟之子何以亦期也？旁尊也。不足以加尊焉，故報之也。父子一體也，夫妻一體也，昆弟一體也。故父子，首足也；夫妻，胖合也；昆弟，四體也。故昆弟之義無分，然而有分者，則辟子之私也。子不私其父，則不成爲子。故有東宮，有西宮，有南宮，有北宮，異居而同財，有餘則歸之宗，不足則資之宗，世母、叔母何以亦期也？以名服也。

◎大夫之適子爲妻。

　　何以期也？父之所不降，子亦不敢降也。何以不杖也？父在則爲妻不杖。

◎昆弟之子。

　　何以期也？報之也。

◎大夫之庶子爲適昆弟。

　　何以期也？父之所不降，子亦不敢降也。

◎適孫。

　　何以期也？不敢降其適也。有適子者無適孫，孫婦亦如之。

◎爲人後者爲其父母，報。

　　何以期也？不貳斬也。何以不貳斬也？持重於大宗者，降其小宗也。"爲人後者"，孰後？後大宗也。曷爲後大宗？大宗者，尊之統也。禽獸知母而不知父。野人曰："父母何筭焉？"都邑之士，則知尊禰矣。大夫及學士，則知尊祖矣。諸侯及其大祖，天子及其始祖之所自出，尊者尊統上，卑者尊統下。大宗者，尊之統也。大宗者，收族者也，不可以絶，故族人以支子後大宗也。適子不得後大宗。

◎女子子適人者，爲其父母、昆弟之爲父後者。

　　爲父何以期也？婦人不貳斬也。婦人不貳斬者何也？婦人有三從之義，無專用之道，故未嫁從父，既嫁從夫，夫死從子。故父者，子之天也。夫者，妻之天也。婦人不貳斬者，猶曰不貳天也。婦人不能貳尊也。爲昆弟之爲父後者，何以亦期也？婦人雖在外，必有歸宗，曰小宗，故服期也。

◎繼父同居者。

　　何以期也？《傳》曰："夫死，妻稺，子幼，子無大功之親，與之適人。而所適者，亦無大功之親，所適者，以其貨財爲之築宮廟，歲時使之祀焉，妻不敢與焉。"若是，則繼父之道。同居則服齊衰期，異居則服齊衰三月。必嘗同居，然後爲異居，未嘗同居，則不爲異居。

◎爲夫之君。

　　何以期也？從服也。

◎姑、姊妹、女子子適人無主者，姑、姊妹報。

　　無主者，謂其無祭主者也。何以期也？爲其無祭主故也。

◎爲君之父母、妻、長子、祖父母。

　　何以期也？從服也。父母、長子、君服斬。妻則小君也。父卒，然後爲祖後者服斬。

◎妾爲女君。

何以期也？妾之事女君，與婦之事舅姑等。

妾事女君，與事舅姑同。《白虎通義》下。

◎婦爲舅姑。

何以期也？從服也。

◎夫之昆弟之子。

何以期也？報之也。

◎公妾、大夫之妾爲其子。

何以期也？妾不得體君，爲其子得遂也。

◎女子子爲祖父母。

何以期也？不敢降其祖也。

◎大夫之子爲世父母、叔父母、子、昆弟、昆弟之子，姑、姊妹、女子子無主者，爲大夫命婦者，唯子不報。

大夫者，其男子之爲大夫者也。命婦者，其婦人之爲大夫妻者也。無主者，命婦之無祭主者也。何以言唯子不報也？女子子適人者爲其父母期，故言不報也。言其餘皆報也。何以期也？父之所降，子亦不敢降也。大夫曷爲不降命婦也？夫尊於朝，婦貴於室矣。

◎大夫爲祖父母，適孫爲士者。

何以期也？大夫不敢降其祖與適也。

◎公妾以及士妾爲其父母。

何以期也？妾不得體君，得爲其父母遂也。

◎寄公爲所寓。

"寄公"者何也？失地之君也。何以爲所寓服齊衰三月也？言與民同也。

◎丈夫、婦人爲宗子宗子之母、妻。

何以服齊衰三月也？尊祖也。尊祖故敬宗。敬宗者，尊祖之義也。宗子之母在，則不爲宗子之妻服也。

◎爲舊君、君之母、妻。

爲舊君者，孰謂也？仕焉而已者也。何以服齊衰三月也？言與民同也。君之母、妻，則小君也。

◎大夫在外，其妻、長子爲舊國君。

何以服齊衰三月也？妻，言與民同也。長子，言未去也。

◎曾祖父母。

何以齊衰三月也？小功者，兄弟之服也，不敢以兄弟之服服至尊也。

◎大夫爲宗子。

何以服齊衰三月也？大夫不敢降其宗也。

◎舊君。

大夫爲舊君，何以服齊衰三月也？大夫去，君埽其宗廟，故服齊衰三月也，言與民同也，何大夫之謂乎？言其以道去君而猶未絕也。

◎曾祖父母爲士者，如衆人。

何以齊衰三月也？大夫不敢降其祖也。

◎女子子嫁者、未嫁者爲曾祖父母。

嫁者，其嫁於大夫者也。未嫁者，其成人而未嫁者也。何以服齊衰三月？不敢降其祖也。

◎子、女子子之長殤、中殤。

何以大功也？未成人也。何以無受也？喪成人者其文縟，喪未成人者其文不縟，故殤之絰不樛垂，蓋未成人也。年十九至十六爲長殤，十五至十二爲中殤，十一至八歲爲下殤，不滿八歲以下皆爲無服之殤。無服之殤以日易月，以日易月之殤，殤而無服。故子生三月則父名之，死則哭之，未名則不哭也。

子生三月，則父名之於祖廟。《白虎通義》下。

◎大功布衰裳、牡麻絰纓、布帶，三月；受以小功衰，即葛九月者。

大功布，九升。小功布，十一升。

◎姑、姊妹、女子子適人者。

何以大功也？出也。

◎爲人後者爲其昆弟。

何以大功也？爲人後者，降其昆弟也。

◎適婦。

何以大功也？不降其適也。

◎姪丈夫婦人，報。

姪者何也？謂吾姑者，吾謂之姪。

◎夫之祖父母、世父母、叔父母。

何以大功也？從服也。夫之昆弟何以無服也？其夫屬乎父道者，妻皆母道也。其夫屬乎子道者，妻皆婦道也。謂弟之妻"婦"者，是"嫂"亦可謂之母乎？故名者，人治之大者也，可無慎乎？

◎大夫爲世父母、叔父母、子、昆弟、昆弟之子爲士者。

何以大功也？尊不同也。尊同，則得服其親服。

◎公之庶昆弟、大夫之庶子爲母、妻、昆弟。

何以大功也？先君餘尊之所厭，不得過大功也。大夫之庶子，則從乎大夫而降也。父之所不降，子亦不敢降也。

◎女子子嫁者、未嫁者爲世父母、叔父母、姑、姊妹。

嫁者，其嫁於大夫者也。未嫁者，成人而未嫁者也。何以大功也？妾爲君之黨服，得與女君同。

◎大夫、大夫之妻、大夫之子、公之昆弟爲姑、姊妹、女子子嫁於大夫者。君爲姑、姊妹、女子子嫁於國君者。

何以大功也？尊同也。尊同則得服其親服。諸侯之子稱公子，公子不得禰先君。公子之子稱公孫，公孫不得祖諸侯。此自卑別於尊者也。若公子之子孫有封爲國君者，則世世祖是人也，不祖公子，此自尊別於卑者也。是故始封之君不臣諸父昆弟，封君之子不臣諸父而臣昆弟。封君之孫盡臣諸父昆弟。故君之所爲服，子亦不敢不服也。君之所不服，子亦不敢服也。

封君之子不臣諸父，封君之孫盡臣之。子得爲父臣者，不遺善之義也。《白虎通義》下。

◎繐衰裳、牡麻絰，既葬除之者。

繐衰者何？以小功之繐也。

◎諸侯之大夫爲天子。

何以繐衰也？諸侯之大夫以時接見乎天子。

◎叔父之下殤，適孫之下殤，昆弟之下殤，大夫庶子爲適昆弟之下殤，爲姑、姊妹、女子子之下殤，爲人後者爲其昆弟、從父昆弟之長殤。

問者曰："中殤何以不見也？"大功之殤，中從上，小功之殤，中從下。

◎爲外祖父母。

何以小功也？以尊加也。

◎從母，丈夫婦人，報。

何以小功也？以名加也。外親之服皆緦也。

◎夫之姑、姊妹，娣姒婦，報。

娣姒婦者，弟長也，何以小功也？以爲相與居室中，則生小功之親焉。

◎君母之父母從母。

  何以小功也？君母在則不敢不從服，君母不在則不服。

◎君子子爲庶母慈已者。

  君子子者，貴人之子也，爲庶母何以小功也？以慈已加也。

◎緦麻三月者。

  緦者，十五升抽其半，有事其縷，無事其布，曰緦。

◎庶子爲父後者爲其母。

  何以緦也？《傳》曰："與尊者爲一體，不敢服其私親也。"然則何以服緦也？有死於宮中者，則爲之三月不舉祭，因是以服緦也。

◎士爲庶母。

  何以緦也？以名服也。大夫以上爲庶母無服。

◎貴臣、貴妾。

  何以緦也？以其貴也。

◎乳母。

  何以緦也？以名服也。

◎從母昆弟。

  何以緦也？以名服也。

◎甥。

  甥者何也？謂吾舅者，吾謂之甥。何以緦也？報之也。

◎壻。

  何以緦？報之也。

◎妻之父母。

  何以緦？從服也。

◎姑之子。

  何以緦？報之也。

◎舅。

  何以緦？從服也。

◎舅之子。

  何以緦？從服也。

◎君母之昆弟。

何以緦？從服也。

◎從父昆弟之子之長殤，昆弟之孫之長殤，爲夫之從父昆弟之妻。

何以緦也？以爲相與同室，則生緦之親焉。長殤、中殤降一等，下殤降二等。齊衰之殤中從上，大功之殤中從下。

### 記

◎公子爲其母，練冠、麻，麻衣縓緣；爲其妻，縓冠、葛絰帶、麻衣縓緣。皆既葬除之。

何以不在五服之中也？君之所不服，子亦不敢服也。君之所爲服，子亦不敢不服也。

◎兄弟皆在他邦，加一等。不及知父母，與兄弟居，加一等。

何如則可謂之兄弟？《傳》曰："小功以下爲兄弟。"

◎童子，唯當室，緦。

不當室，則無緦服也。

◎大夫弔於命婦，錫衰。命婦弔於大夫，亦錫衰。

錫者何也？麻之有錫者也。錫者，十五升抽其半，無事其縷，有事其布，曰錫。

◎女子子適人者爲其父母，婦爲舅姑，惡笄有首以髽。卒哭，子折笄首以笄，布總。

"笄有首"者，惡笄之有首也。"惡笄"者，櫛笄也。"折笄首"者，折吉笄之首也。"吉笄"者，象笄也。何以言子折笄首而不言婦？終之也。

# 戴德《大戴喪服變除》

　　西漢戴德撰。德，字延君，生當西漢中後期，梁（今河南商丘）人。受禮於后倉，官至信都太傅，世號"大戴"，其禮學立于學官。事迹具《漢書·儒林傳》。清馬國翰《玉函山房輯佚書》、王謨《漢魏遺書鈔》皆輯爲一卷。馬氏輯本《序》云："德別見《大戴禮記·喪服》，以《變除》名者，推詳儀節，引申乎《喪服》經傳之義也。《隋書·經籍志》不載，《唐書·藝文志》始以一卷著錄，今佚。《禮記》鄭注及正義引數條，杜佑《通典》稱引頗多。大戴傳《禮》在小戴之前，自小戴學盛，而大戴浸微。其《記》雖存，鮮有肄習。至《喪服變除》一書，《隋志》且不著目，向微《唐志》標題，孔、杜諸君述其辭，幾何不使古之遺言泯絕無聞哉！"考兩家輯本，輯佚條數及標明佚文出處，馬本遠勝王本。今次輯佚，以中華書局一九八八年校點本《通典》爲底本，以馬、王本爲參校本。較馬氏多輯 1 條，較王氏多輯 5 條，總計 23 條，勒爲一卷。

## 戴德《大戴喪服變除》一卷

　　斬縗三年之服，始有父之喪，笄纚，徒跣，扱上衽，交手哭踊無數，惻怛痛疾；既襲三稱，服白布深衣，十五升素章甫冠，白麻屨，無絇。孫爲祖父後者，上通於高祖，自天子達於士，與子爲父同。父爲長子，自天子達於士，不笄纚，不徒跣，不食粥。妻爲夫，妾爲君，笄纚，不徒跣，扱上衽；既襲三稱，白布深衣，素總，白麻屨。《通典》八十四。

　　齊縗三年者：父卒始有母之喪，笄纚，徒跣，扱上衽，交手哭踊無數；既襲三稱，服白布深衣，十五升素章甫冠，白麻屨，無絇。父卒爲繼母、君母、慈母；孫爲祖後者，父卒爲祖母，服上至高祖母，自天子達於士；爲人後者所後之祖母、母、妻（八十九引作"爲人後者爲所後之祖父母"）；母爲長子，妾爲君之長子，繼母爲長子，皆不笄纚徒跣也。女子子在室父卒爲母，始死，笄纚，不徒跣，不扱上衽；既襲三稱，素總。《通典》八十四。

　　齊縗杖周者：父在始有母之喪，笄纚，徒跣，扱上衽，交手哭踊無數；既襲三稱，白布深衣，十五升素章甫冠，吉白麻屨，無絇。爲出母、慈母、繼母、君母，自天子達於士。父卒爲繼母嫁，及繼母報繼子。夫爲妻，始死，素冠深衣，不笄纚，不徒跣。女子子在室爲母，不徒跣，不扱上衽；既襲三稱，素總。《通典》八十四。

齊縗不杖周者：謂始有祖父母之喪，則白布深衣，十五升素冠，吉屨無絇，哭踊無數，既襲無變。《通典》八十四。

其齊縗三月者：始有曾祖父母之喪，白布深衣，十五升素冠，吉屨無絇。其餘應服者同。女子子適人者爲曾祖父母，素總。《通典》八十四。

大功親長中殤七月，無受服，始有昆弟長殤喪，白布深衣，十五升素冠，吉屨無絇。成人九月。從父昆弟之喪，與殤同。天子諸侯之庶昆弟與大夫之庶子爲其母，（王本句下有"大功九月"四字），哭泣飲食，居處思慕，猶三年也；其餘與士爲從父昆弟相爲服同。爲人後者爲其昆弟，大夫爲伯叔父母、子、昆弟之子爲士者，哭泣飲食思慕，以上並猶周也。天子爲姑姊妹女子子嫁於二王後者，諸侯爲姑姊妹女子子嫁於諸侯，大夫命婦、大夫之子、諸侯之庶昆弟爲姑姊妹女子子嫁於卿大夫者，與士之爲姑姊妹適人者服同。天子之昆弟爲（按：馬作"與"，誤）姑姊妹女子子嫁於諸侯大夫者。姑姊妹適人者爲昆弟，其異於男子者，始死素總。《通典》八十四。

小功五月無受之服者：始（按：馬本作"如"，誤）有叔父下殤之喪，白布深衣，十五升素冠，吉屨無絇。天子、諸侯、大夫爲嫡子、嫡孫、嫡玄孫。不爲次，飲食衎爾。爲姑姊妹女子子、昆弟之子（按：馬本句上衍"之"字）、夫昆弟之子之（按：馬本脫"之"字）下殤（王本無"夫昆弟之子"五字）。爲人後者爲其昆弟姑姊妹之長殤，並哭泣飲食猶大功也。大夫之子、天子諸侯之昆弟、庶子、姑姊妹女子子爲從父昆弟、從父姊妹，祖父母爲孫，與叔父之下殤同。姑姊妹適人者爲昆弟姪之殤，與爲從父昆弟之長殤同。《通典》八十四。

成人小功者：從祖祖父母之喪，與下殤小功服同。餘應服者並同。緦麻三月之服者：族祖父母始死，朝服素冠，吉屨無絇。婦爲夫曾祖父母，異於男子者，以素總也。《通典》八十四。又八十九引"父卒爲繼母"至"母爲長子"，下云"並與父卒爲母同"，無"服"字。又八十一引"天子諸侯之庶昆弟"至"猶三年"，無"居處"及"也"字，"其母"下有"大功九月"四字。

臣爲君，笄纚，不徒跣，始死，深衣素冠，其餘與子爲父同。《通典》八十一。

緦縗七月之服。諸侯之大夫，始聞（王本作"同"）天子喪，白布深衣，十五升素冠，吉屨無絇，從諸侯哭於朝。張帷爲次於官舍門外，別外內，食蔬食，有鹽酪之和。凡再不食。既成服，服緦布繰裳，十一升白布冠，纓、緣皆十一升，帶亦如之，一辟廣三寸，偶結於前。絰用枲麻。首（按：王本作"貢"，誤）絰大四寸，百二十五分寸之七十六，右本在上，五分寸之三。七月而葬，葬已而除，受以朝服素冠。踰月復故。同上。

童子當室，謂十五至十九，爲父後，持宗廟之重者。其服深衣，不裳，其餘與成人同。禮，不爲未成人制服者，爲用心不能一也。其能服者，亦不禁。縗絰不以制度，唯其所能勝。同上。

君弔於卿大夫，錫縗以居，不聽樂。弔於士，皆服弁絰疑縗。君弔臣，疑縗，素弁加絰，明日主人縗絰拜謝於朝。君若使人弔，其服疑縗，素裳素冠。諸侯會遇相弔，則錫縗，皮弁加絰，不舉。諸侯弔於寄公，錫縗（按：馬本句上衍"亦"字）諸侯相弔，其同國大夫相弔，錫縗，十五升抽其半，素冠加絰。朋友弔服有絰，絰大與緦麻絰同，素冠素帶，既葬而除。皆在他國，則袒免。同國大夫命婦相服，錫縗，素總加麻。同國之士相爲朝服加絰，其妻相爲亦如之，朝服不鬠。《通典》八十三。

哭時，隨其哀殺，五日十日可哭矣。《通典》八十七注引戴德云。

⊙按：此條馬本漏輯。

女子子適人者，爲繼父服齊縗三月。《通典》九十徐堅引戴德《喪服記》。

⊙按：王本末句衍"不分別同居異居"七字。

七歲以下至生三月，殤之，以日易月。生三月哭之。朝夕即位哭。葬於園。既葬，止哭，不飲酒食肉。畢喪各如其日月。此獨謂父母爲子與昆弟相爲耳。《通典》九十一引戴德云。

以（王本脫"以"字）朋友有同道之恩，加麻三月。《通典》一百一引戴德云。

制緦麻具而葬，葬而除，謂子爲父、妻妾爲夫、臣爲君、孫爲祖後也。無遣奠之禮。其餘親皆弔服。《通典》一百二《改葬服議》引戴德云。

二十五月大祥，二十七月而禫。《禮記·檀弓上》孔穎達正義。

⊙按：此條王本漏輯。

禮，既祥，白履無絇。《禮記·檀弓上》鄭玄注。正義云戴德《喪服變除禮》文。

⊙按：此條王本漏輯。

禫之禮，玄衣黃裳。《禮記·雜記下》注引《釋禫之禮》，正義云《變除禮》文。

既祭，乃服禫服、朝服、綅冠。同上。

⊙按：此條王本漏輯。

黑經白緯曰纖。《禮記·間傳》注。正義云戴德《變除禮》文。

⊙按：此條王本漏輯。

童子當室，謂十五以上。若世子，生則杖。故《曾子問》云"子衰、杖，成子禮"是也。《禮記·雜記下》正義引戴德。

# 戴聖《石渠禮論》

西漢戴聖撰。聖，字次君，世號"小戴"，梁（今商丘）人，官至九江太守。受禮於后蒼，以博士論石渠，事迹具《漢書》卷八十八。《漢志》禮十三家有《議奏》三十八篇，注"石渠"。《隋志》載《石渠禮論》四卷，《唐志》不復載，蓋亡佚久矣。史載，漢宣帝甘露三年三月，於石渠閣大集諸儒，討論五經同異，由大臣蕭望之、韋玄成條奏，宣帝稱制臨決。戴聖以禮家參與論《禮》，因有是作。此所謂《禮論》，謂討論《儀禮》，非謂今之《禮記》也。馬國翰以爲《隋志》之《石渠禮論》，即《漢志》之《議奏》，蓋論出諸儒，而次君一人所手定也。張舜徽《漢書藝文志通釋》駁之云："本《志》於《書》《禮》《春秋》《論語》皆有《議奏》，悉當時討論竣事時，由大臣主其事者記其異同以上奏也，猶今世會議畢而有所彙報爾。《隋志》有《石渠禮論》四卷，論者謂即此《議奏》三十八篇，非也。考《儒林傳》，戴聖嘗以博士論石渠。《禮論》四卷，蓋聖自抒己見，或輯録衆家之言爲一書，與《議奏》固異物。"馬氏輯本序云："《石渠禮論》散佚，《詩》《禮》正義及《後漢書補志》注引之，多係節文。杜佑《通典》引十九節，差具本末，排次於前，其他逸句附後。"《續修四庫全書總目提要》云："戴聖撰集《石渠論》，猶班固撰集《白虎通義》。彼書例不標各人姓氏，而大體完具。此書各經已佚，即《禮論》亦只存若干條，而聖及韋玄成、蕭望之、聞人通漢、尹更始、劉向、梁丘臨七人之論，及帝臨決，迄今猶如昨日事，則輯佚之功大也。此本采輯，有漏有衍。如'鄉射合樂'節'聞人曰'前，《通典》卷七十七有'戴聖曰：鄉射，臣而合樂者，質也。大射，人君之禮，儀多，故不合樂也'二十五字，不解何以缺略。又《續漢·輿服志》劉昭注引《石渠論》：'玄冠朝服，戴聖曰：玄冠，委貌也。朝服，布上素下，緇帛帶，素韋韠。'《政和五禮新儀》十一引《石渠禮議》：'主人不敢自專，請賓共成也，亦謂人之父恥自成其子，故請賓也。'皆未之引。而'吉凶不並'條，乃並鄭《駁異義》語'玄之聞也'四字而亦闌入，毋乃太疏歟？"此書馬國翰《玉函山房輯佚書》、王謨《漢魏遺書鈔》、黃奭《黃氏逸書考》皆有輯本。考三家輯本，所輯佚文條數、出處、所疏經文、編次，馬氏勝於王、黃氏。今次輯佚，以中華書局一九八八年校點本《通典》爲底本，馬、王、黃本爲參校本。較諸本多輯 1 節，馬本"《月令》'冬祀井'"一節入存目。總計 24 節，勒爲一卷。

## 戴聖《石渠禮論》一卷

◎鄉請射告主人，樂不告者，何也？

戴聖曰："請射告主人者，賓主俱當射也。夫樂，主所以樂賓也，故不告於主人也。"《通典》七十七。

◎宣帝甘露三年三月，黃門侍郎臨奏："《經》曰'《鄉射》合樂，《大射》不'，何也？"

戴聖曰："《鄉射》至而合樂者，質也。《大射》，人君之禮，儀多，故不合樂也。"聞人通漢曰："《鄉射》合樂者，人禮也，所以合和百姓也。《大射》不合樂者，諸侯之禮也。"韋玄成曰："《鄉射禮》所以合樂者，鄉人本無樂，故合樂歲時，所以合和百姓以同其意也。至諸侯，當有樂，《傳》曰'諸侯不釋懸'，明用無時也。君臣朝廷固（馬本脫"固"字）當有之矣，必須合樂而後合，故不云合樂也。"時公卿以玄成議是。同上。《後漢書·禮儀志四》劉昭注引《石渠論》曰："鄉射合樂，而大射不，何也？韋玄成曰：'鄉人本無樂，故於歲時合樂以同其意。諸侯故自有樂，故不復合樂。'"

⊙按：馬本漏輯"戴聖曰"至"合樂也"七句。

◎斬縗三年（馬本作"喪服斬衰"）：父爲長子。

父爲長子斬者，以其爲五代之嫡也。《通典》八十八。

⊙按：此條黃、王本漏輯。

◎大宗無後，族無庶子，已有一嫡子，當絕父祀以後大宗不？

戴聖云："大宗不可絕，言嫡子不爲後者，不得先庶耳。族無庶子，則當絕父以後大宗。"聞人通漢云："大宗有絕，子不絕其父。"宣帝制曰："聖議是也。"《通典》九十六。

◎問：父卒母嫁，爲之何服？

蕭太傅云："當服周。爲父後則不服。"韋玄成以爲："父殁則母無出義，王者不爲無義制禮。若服周，則是子貶母也，故不制服也。"宣帝詔曰："婦人不養舅姑，不奉祭祀，下不慈子，是自絕也，故聖人不爲制服，明子無出母之義，玄成議是也。"《通典》八十九。

◎問："夫死，妻稚子幼，與之適（馬、王、黃本作"之"）人，子後何服？"

韋玄成對："與出妻子同服周。"或議，以爲子無絕母，應三年。同上。

◎《經》云"大夫之子爲姑姊妹女子子無主後者，爲大夫命婦者"，唯子不報何？

戴聖曰："唯子不報者，言命婦不得降，故以大夫之子爲文。唯子不報者，言猶斷周，不得申其服也。"宣帝制曰："爲父母周是也。"《通典》九十九。

◎戴聖曰（王、黃本脫上三字）："大夫在外者，三諫不從而去，君（馬本脫"君"字）不絕其祿位，使其嫡子奉其宗廟。言長子者，重長子也，承宗廟宜以長子爲文。"

蕭太傅曰："長子者，先祖之遺體也。大夫在外，不得親祭，故以重者爲文。"宣帝制曰："以在故言長子。"《通典》九十。

◎君子子爲庶母慈己者。君子子者，貴人之子也。爲庶母小功，以慈己加也。

戴聖對曰："君子子爲庶母慈己者，大夫之嫡妻之子，養於貴妾，大夫不服賤妾，慈己則緦服也。其不言大夫之子而稱君子子者，君子猶大夫也。"《通典》九十二。

◎諸侯之大夫爲天子、大夫之臣爲國君服何？

戴聖對曰："諸侯之大夫爲天子當緦繐，既葬除之。以時接見於天子，故既葬除之。大夫之臣無接見之義，不當爲國君也。"聞人通漢對曰："大夫之臣，陪臣也，未聞其爲國君也。"《通典》八十一。

◎問："庶人尚有服。大夫臣食祿，反無服。何也？"

聞人通漢對曰："《記》云'仕於家，出鄉不與士齒'，是庶人在官也，當從庶人之爲國君三月服。"制曰："從庶人服是也。"同上。

◎問曰："諸侯大夫以時接見天子，故服。今諸侯大夫臣，亦有時接見於諸侯不？"

聖對曰："諸侯大夫臣，無接見諸侯義。諸侯有時使臣奉賀，乃非常也，不得爲接見。至於大夫有年，獻於君，君不見，亦非接見也。"侍郎臣臨、待詔聞人通漢等皆以爲有接見義。同上。

◎爲乳母緦，以名服也，大夫之子有食母。問曰："大夫降乳母邪？"

聞人通漢對曰："乳母所以不降者，報義之服，故不降也。則始封之君及大夫，皆降乳母。"《通典》九十二。

◎經云"宗子孤爲殤"，言"孤"何也？

聞人通漢曰："'孤'者，師傅曰：'因殤而見孤也。'男（馬、王、黃本衍"子"字）二十冠而不爲殤，亦不爲孤，故因殤而見之。"戴聖曰："凡爲宗子者，無父乃得爲宗子。然爲人後者，父雖在，得爲宗子。故稱孤。"聖又問通漢曰："因殤而見孤，冠則不爲孤者，《曲禮》曰'孤子當室，冠衣不純采'，此孤而言冠，何也？"對曰："孝子未曾忘親，有父母無父母衣服輒異。《記》曰：'父母存（馬、王、黃本作"在"），冠衣不純素；父母歿，冠衣不純采。'故言孤。言孤者，別衣服也。"聖又曰："然（馬、王、黃本無"然"字）則子無父母，年且百歲，猶稱孤不斷，何也王本作"可乎？"通漢對曰："二十冠而（馬、王、黃本"冠而"誤倒）不爲孤，父母之喪，年雖老，猶稱孤。"《通典》七十三。

◎二十曰弱，冠。

戴聖云："男子，陽也。陽成於陰，偶數起於二，終於二十，陰數之偶也。故二十而冠，謂小成也。"《通典》五十六引末四句作"終二十謂之小成而冠"。據《政和五禮新儀》一所引訂正。

⊙按：此條黃、王本漏輯。

◎《喪服小記》曰："久而不葬者，唯主喪者不除，其餘以麻終月數者，除喪則已。"

蕭太傅云："以麻終月數者，以其未葬，除無文節，故不變其服爲稍輕也。已除喪服未葬者，皆至葬反服。庶人爲國君亦如之。"宣帝制曰："會葬服喪衣是也。"《通典》一百三。

◎或問蕭太傅："久而不葬，唯主喪者不除。今則或十年不葬，主喪者除否？"

答云："所謂主喪者，獨謂子耳。雖過期不葬，子義不可以（馬本脫"以"字）除。"同上。

◎聞人通漢問云："《記》曰：'君赴於他國之君曰不祿，夫人曰寡小君不祿，大夫士或言卒死。'皆不能明。"

戴聖對曰："君死未葬曰不祿，既葬曰薨。"《通典》八十三。

◎又問："尸服卒者之上服。士曰不祿，言'卒'何也？"

聖又曰："夫'尸'者，所以象神也。其言'卒'而不言'不祿'者，通貴賤（王、黃本脫"賤"字）尸之義也。"通漢對曰："尸，象神也，故服其服。'士曰不祿'者（馬本脫"者"字），諱辭也。孝子諱死曰卒。"同上。

周公祭天，用太公爲尸。《詩·大雅·既醉》正義、《禮記·曲禮上》正義。

⊙按：王、黃二氏漏引《禮記·曲禮上》正義。

周以后稷、文、武，特七廟。《禮記·王制》正義云張融以《石渠》論證七廟。

公（王、黃本脫"公"字）議郎尹更始、待詔劉更生等議石渠（王、黃本脫"石渠"二字），以爲吉凶不並，瑞災不兼。今（黃本脫"今"字）麟爲周亡，天下之異，則不得爲瑞，以應孔子至。《禮記·禮運》正義引許慎。馬氏案：以上四節文，附戴於後，義不具。

⊙按：馬本末句衍"玄之聞也"句。

玄冠，委貌也。朝服，布上素下（王、黃本脫"下"字），緇帛帶，素草韠。《後漢書·輿服志三十》注引石渠論玄冠朝服。

⊙按：此條馬本漏輯。

冠者，人道之始也，嘉事之善也。是以聖王重之，必行於廟。主人不敢自專，請賓共成也。亦謂人之父恥自成其子，故請賓也。《政和五禮新儀·冠議》一引《石渠禮儀》。

⊙按：此條馬、黃、王本漏輯。

# 存　目

《月令》"冬（馬本作"其"）祀井"。《通典》五十一引此句注下云："按漢諸儒戴聖、聞人通漢等、《白虎通》議'五祀'則有井之說，蓋當時已行，中間廢闕。"馬國翰案：考《白虎通義》，東漢時班固所撰集，戴聖、聞人通漢乃纂述《石渠禮論》者也，是有脫誤，姑以稱戴聖附著於此。

# 鄭衆《鄭氏婚禮》

東漢鄭衆撰。衆有《毛詩先鄭義》，已著錄。是書始見於《晉書·禮志下》："古者婚冠皆有醮，鄭氏醮文三首具存。"《藝文類聚》卷四十《禮部下·婚》嘗引《鄭氏婚禮謁文》。清馬國翰輯爲一卷。《續修四庫全書總目提要》云："國翰《序》稱其禮物贊辭，韻語古雅可頌，而不知其有可證明經學、小學、史學處，是又學者當知也。"本次輯佚，參校馬氏輯本和嚴可均《全東漢文》，從《通典》《太平御覽》《初學記》和《藝文類聚》中輯錄24條。較馬氏多輯2條。勒爲一卷。

## 鄭衆《鄭氏婚禮》一卷

《謁文》三首。《晉書·禮制下》："鄭氏《醮文》三首。"今佚，錄其目。

◎謁文

納采，始相與言語，采擇可否之時。問名，謂問女名，將歸上（按：鄭玄注《士昏禮》作"卜"，是）之也。納吉，謂歸卜吉，往告之也。納徵，用束帛，徵成也。請期，謂吉日將親迎，謂成禮也。《類聚》四十。

納采，女家答辭："奉酒肉若干，再拜。"反命。

其所稱前人，不云吾子，皆云君。六禮文皆封之，先以紙封表，又加以皂（按：馬本脫"皂"字，下"以"同）囊，著篋中。又以皂衣篋表訖，以大囊表之。題檢文言：謁篋某君（按：馬本脫"君"字）門下。其禮物，凡三十種。各内有謁文，外有贊文各一首（按：馬本句上脫"外"字）。封如禮文，篋表訖，蠟封題，用皂帔蓋於箱中，無大囊表，便題檢文言：謁篋某君門下。便書贊文，通共（按：馬本脫"共"字）在檢上。《通典》五十八引"東漢鄭衆《百官六禮辭》，大略同於周制，而納采，女家答辭末云。

禮物，按以玄、纁、羊、雁、清酒、白酒、粳米、稷米、蒲、葦、卷柏、嘉禾、長命縷、膠、漆、五色絲、合歡鈴、九子墨、金錢（按：馬本作"鈴"）、祿得香草、鳳皇、舍利獸、鴛鴦、受福獸、魚、鹿、烏、九子婦、陽燧、丹青、女貞。同上。按：《通典》引至"陽燧"，下引贊言有"丹青"。《類聚》九十六引"謁文贊"有"女貞"，據補。

總言物之所衆者，玄，象天。纁，法地。《通典》五十八。

⊙按：馬本首句作"讚言：物之所象者"。

羊者，祥也。羣而不黨，跪乳有義（《類聚》作"家"，《初學記》作"敬"），禮以爲贄，吉事之宜。《通典》五十八、《晉書·禮志》二十一引上二句，《類聚》九十四引下二句，《初學記》二十九引"羣"以下。

雁候陰陽，待時乃舉，冬南夏北，貴其有所。《類聚》九十一。《通典》五十八引首句作"雁則隨陽"。

清酒，降福。白酒，歡之由。《通典》五十八。

秔米馥芬，婚禮之珍。《類聚》八十五。《通典》五十八引作"粳米，養食"。

稷米，粢盛。《通典》五十八。

稷爲天官。《御覽》八百四十。

⊙按：此條馬氏漏輯。

蒲，衆多性柔。葦，柔（按：脫"切"字）之久。《通典》五十八。

卷柏，屈卷附生。同上。

⊙按：《御覽》九百八十九引作"卷栢藥草，附生山顛。屈卷成性，終無自伸"。

嘉禾，頒（按：馬本作"須"）祿。《通典》五十八。

嘉禾爲穀，班祿是宜；吐秀五七，乃名爲嘉。《初學記》二十七注引。

⊙按：此條馬氏漏輯。

長命之縷，女工所製，縫衣延壽，高松爲例。《御覽》八百三十，"縫衣延壽"作"縫君子裳"。《通典》五十八作"長命縷縫衣延壽"。按：馬本引無"高松"二字。

膠，能合異類。漆，內外光好。五色絲，章采屈伸不窮。合歡鈴，音聲和諧。《通典》五十八。

九子之墨，藏於松煙，本性長生，子孫圖邊。《書鈔》一百四、《初學記》二十一。《御覽》六百五引上二句，《通典》五十八引作"九子墨，長生子孫"。

金錢爲質，所歷長久，金取和明，錢用不止。《御覽》八百三十六。《通典》五十八引作"金錢和明不止"。

祿得香草爲吉祥。鳳皇雌雄伉合。《通典》五十八。

舍利爲獸，廉而能謙，禮義乃食，口無讒譽。《御覽》九百十三。《通典》引作"舍利獸廉而謙"。

鴛鴦鳥，雄雌相類，飛止相匹，鳴則相和。《類聚》九十二引上三句，《御覽》九百二十五引上二句，無"鳥"字，"匹"作"疋"，《通典》五十八引作"鴛鴦飛止須匹，鳴則相和"。

受福獸，體恭心慈，魚，處淵無射。鹿者，祿也。烏，知反哺，孝於父母。九子婦，有四德。陽燧，成明安身。又有丹爲五色之榮；青爲色首，東方始。《通典》五十八。

女貞之樹，柯葉冬生，寒凉守節，險不能傾。《類聚》八十九。

# 荀爽《禮傳》

東漢荀爽撰。爽有《周易注》，已著録。是書始見於本傳。其書不傳，故後史無載。馬國翰輯爲一卷，《續修四庫全書總目提要》云："國翰輯録，凡得六節而已。按爽在漢末與康成齊名，而其書乃不得與鄭注同傳於後，亦論古者所深慨也。"馬氏輯本《序》云："《三輔黄圖》引一則稱《五經禮傳記》，亦此傳之佚文。《初學記》引作《五經禮樂傳記》，誤。兹併輯入。"《太平御覽》卷五百三十三亦引之，明梅鼎祚《西漢文紀·許令襃》"明堂議"下注云"今本《黄圖》無此議"。今次整理，以馬氏輯本爲底本。總計6條，勒爲一卷。

## 荀爽《禮傳》一卷

### 曲禮

◎外事曰"曾孫某候某"。

天子諸侯（按：此脱"事"字）曾祖已上，皆稱曾孫。《通典》七十九。

### 檀弓

◎謂爲俑者不仁。

俑，偶人也。有面目機發，似於生人。以此而葬，殆將於殉，故曰不仁也。《通典》八十六。

### 王制

◎有虞氏養國老於上庠。

米廩，虞氏之庠也。宋羅泌《路史》二十一《有虞氏》注引。

### 月令

◎天子始乘舟。

禊者,絜也。仲春之時,於水上釁絜也。《文選》四十六王元長《三月三日曲水詩序》李注。

◎其祀行。

共工之子曰:"脩好遠遊,舟車所至,足迹所達,靡不窮覽,故祀以爲祖神。"應劭《風俗通義》八。

**禮運**

◎後聖有作,然後脩火之利,范金,合土。以爲臺榭、宫室、牖户。

聖人之教,制作之象,所以法天地,比類陰陽。以之宫室,本之太古,以昭令德。茅屋、采椽、土階、素輿、越席、皮弁。蓋興於(按:"於",衍字)黄帝堯舜之世,是以三代修之也。《三輔黄圖》引《五經禮傳記》。

# 袁準《喪服經傳注》

晉袁準撰。準有《周官傳》，已著錄。《隋志》著錄此書爲一卷，《舊唐書·經籍志》著錄作《喪服紀》一卷，《新唐書·藝文志》著錄作《注儀禮》一卷，書名不同，蓋一書也。後佚。馬國翰輯本以《喪服經傳袁氏注》爲題，其《序》云："《禮記·檀弓》正義引其說'父卒爲嫁母服'一事，杜佑《通典》亦載之，而互有詳略。《通典》又引其說'喪服'凡六事，或稱《袁準正論》，或稱《袁準論》。準别著《袁子正論》，列儒家，雖非本注之文，而發明《喪服》義，實出一人之手，而自成一家之言，並據輯錄。其說殤義，據《孔子家語》及《左傳》，改易《傳》之歲數；說嫂宜有服，據或人說，即蔣濟《萬機論》以娣姒婦報爲嫂叔服證之緒言。至以繼父製服爲亂名之大，以乳母有服爲非聖人之製，以從母小功五月、舅總麻三月爲正義引禮非，皆不免勇于臆斷，開後人改經之漸，所謂賢知之過也。"按《續修四庫全書總目提要》全用馬氏《序》說。今次輯佚，以《通典》爲底本，以馬氏輯本、嚴可均《全晉文》爲參校本。《通典》卷八十九"齊縗杖周"、九十"齊縗三月"、九十二"嫂叔服"、"總麻成人服三月"、一百二"改葬服議"引《袁子正論》六節文，馬本錄之，今删。總計 4 節，勒爲一卷。

## 袁準《喪服經傳注》一卷

◎喪服：斬衰裳，苴絰、杖、絞帶，冠繩纓，菅屨者。《傳》曰：朝一溢米，夕一溢米。

滿手曰溢。《釋文》。

◎父卒，繼母嫁，從，爲之服，報。《傳》曰：何以期也？貴終也。

爲父（《宋史》作"人"）後猶服嫁母，據外祖異族，猶廢祭行服，知父後應服嫁母。《通典》九十四引袁準云，《禮記·檀弓上》孔疏引譙周、袁準並云"父卒，母嫁，非父所絕。嫡子雖主祭，猶宜服期。而《喪服》爲出母期，嫁母與出母俱是絕族，故知與出母同也"，《宋史·禮志》一百二十五。

⊙按：馬本衍"據劉智云：'雖爲父後，猶爲嫁母齊縗，訖葬卒哭乃除，踰月乃祭。'按譙周云：'父卒母嫁，非父所絶，爲之服周可也。'"九句。

◎不杖，麻屨者。

◎繼父同居者。《傳》曰：何以期也？《傳》曰：夫死妻稺子幼，子無大功之親，與之適人。而所適者，亦無大功之親。所適者，以其貨財爲之築宮廟，歲時使之祀焉，妻不敢與焉。若是，則繼父之道也。同居則服齊衰期，異居則服齊衰三月。必嘗同居，然後爲異居，未嘗同居，則不爲異居。

此則自制父也，亂名之大者。《通典》九十徐堅引袁準論。

⊙按：馬本衍"竊以父猶天也，愛敬斯極，豈宜靦貌繼以他人哉"三句。

◎大功布，衰裳、牡麻絰，無受者。

◎子、女子子之長殤、中殤。《傳》曰：何以大功也？未成人也。何以無受也？喪成人者，其文縟；喪未成人者，其文不縟。故殤之絰不樛垂，蓋未成人也。年十九至十六爲長殤，十五至十二爲中殤，十一至八歲爲下殤，不滿八歲以下，皆爲無服之殤。

⊙按：《孔子家語》曰："男子十六而成童，女子十四而化育。"此成人之大例也。人成有早晚。又《左氏傳》曰："國君十五而生子，冠而生子，禮也。"然則十五十六可以爲成人矣。女七歲男八歲而墮齒，此墮齒之大例也。以是而處殤之義，則七歲至九歲宜爲下殤，十歲至十二宜爲中殤，十三至十五宜爲長殤，合古十六成人十五生子之義。十九以下，四歲之差，《傳》所記言，非經典也。二十而冠，三十而娶，是無不冠不娶之限耳。若必三十，則舜適爲得禮矣，奚爲稱鯀哉！《通典》九十一引《喪服傳》。

# 蔡謨《喪服譜》

晉蔡謨撰。謨，字道明（281—356），陳留考城（今蘭考）人。仕晉，官至司徒，諡文穆。事迹具《晉書》卷七十七本傳。《隋書》著録此書爲一卷，兩《唐志》著録同。後佚。馬國翰輯本一卷，顏之《蔡氏喪服譜》。《續修四庫全書總目提要》云："《晉書·禮志》引其說'凶門'一節，《通典》亦載之。又引蔡說'喪服'凡十二節，馬國翰因據輯録。今觀所輯，皆問難禮中疑義。書以《譜》名，宜有圖格，今不可見。佚説皆引經斷製，間有駁斥鄭義者，如《小記》'生不及祖父母、諸父、昆弟而父税喪，子則不'，云'生不及者，謂彼已没己乃生耳，豈是同時並存之名！'譏鄭説不以生年爲主，但不相見便爲不及爲不辭，立説與王肅相同。又以'弟'爲衍字，所見與劉智同。此雖與鄭説違異，亦言之成理云。"今次輯佚，以《通典》爲底本，參校馬氏輯本。馬本"甲父爲散騎侍郎"一節漏輯"按吳"以下之文。總計 12 節，勒爲一卷。

## 蔡謨《喪服譜》一卷

以二瓦器盛始死之祭，繫於木，裹以葦席，置庭中，近南，名爲重，今之凶門是其（《通典》八十四"其"下有"遺"字）象也。禮，既虞而作主，今（《通典》八十四無"今"字）未葬，未有主，故以重當之。禮稱爲主道，此其義也。《通典》七十九、八十四，《晉書·禮志中》二十。

劉氏問蔡謨云："時人祠有板，板爲用當主，爲是神坐之榜題？"

謨答："今代有祠板木，乃始禮之奉廟主也。主亦有題，今板書名號，亦是題主之意。"《通典》四十八。

⊙按：馬本更引"安昌公荀氏《祠制》：神板皆正長尺一寸，博四寸五分，厚五寸八分。大書某祖考某封之神座，夫人某氏之神座，以下皆然。書訖，蠟油炙，令入理，刮拭之"文。

劉氏問蔡謨曰："非小宗，及一家之嫡分張不在一處，得立廟不？"

答曰："《禮》，宗子在他國，而庶子在家，則祭。先儒説曰：'有子孫在，不可以乏先祖之祀也。'苟在他國，雖是宗子，猶不得立廟，況非嫡長乎！"《通典》五十一。

謨曰："古人君爵命其臣，在遠則遣使。太公既封齊，五侯九伯，實得征之，即王使召康公所命也。至今詔使拜授，亦當如此，豈有疑乎？《易》曰：'家有嚴君，父母之謂。'今壻父命使拜其婦，女父遣女拜受此命，即是太公受命於召康公，今人拜爵於詔使也。而云未拜舅姑，未爲成婦，然則太公未拜周王，亦非方伯乎？不修婦禮，是其失耳。至於是婦與非，自當以典禮爲正，安得從彼所行。假令太公不行臣禮，王者便當不臣之乎？謂拜壻之宗親與拜舅姑，於禮無異。"《通典》五十九"已拜時壻遭小功喪或婦遭大功喪可迎議"。

范朗問曰："甲有庶兄乙爲人後，甲妹景已許嫁而未出。今乙亡，如鄭玄意已許嫁便降旁親者，景今應爲乙服小功，本是周親，甲今於禮可得嫁景不？"

蔡答曰："按《禮》'大功之末，可以嫁子'，不言降服復有異也。兄在大功，嫁降服小功之妹，猶父在大功，嫁小功之女也。謂甲今嫁景，於禮無違。"

范難曰："《禮》'小功不稅，降而小功則稅之'。又'小功不易喪之練冠，而長殤中殤之小功則變三年之葛'。又'小功之末可以娶妻，而下殤之小功則不可'。據此數事，則明降服正服，所施各異，今子同之，其理（按：馬本"理"訛"禮"）何居？"

蔡答曰："夫服有降有正，此禮之常也。若其所施，必皆不同，則當舉其一例，無爲復說稅與娶也。今而然者，明其所施有同有異，不可以一例舉，故隨事而言之也。鄭君以爲下殤小功不可娶者，本齊縗之親也。按長殤大功亦齊縗親，而禮但言下殤不可以娶，而不言長殤不可以嫁，明殤降之服，雖不可娶而可嫁也。所以然者，陽唱陰和，男行女從，和從者輕，唱行者重，二者不同，故其制亦異也。"

范又難曰："《禮》舉輕以明重，下殤猶不可娶，況（按：馬本"況"訛"言"）長殤大功何可以嫁。知《禮》所謂大功末者，唯正服大功末耳。"

蔡答曰："下（按：馬本脫"下"字）殤不可娶妻者，謂己身也。吾言長（按：馬本脫"長"字）殤可以嫁子者，謂女父也。身自行之，於事爲重；但施於子，其理差輕。然則下殤之不娶，未足以明長殤之不嫁也。"《通典》六十。

晉解遂問司徒蔡謨曰："庶子喪所生，嫡母尚存，不知制輕重？"

答曰："士之妾子服其母，與凡人喪母同。"《通典》九十四。

答王濛問曰："前母之黨應爲親，不疑（按：馬本無"疑"字）喪服，但問尊卑長幼拜敬之禮也。代多此事，而所不同。惠帝時，尚書令滿武秋是曹彥真前母之兄，而不爲內外之親，相見（按：馬本無上二字）如他人。吾昔以問江思悛，悛以爲'人不疑繼母之黨而疑前母者，以不相及也。繼祖母亦有不相及者，而皆與其黨爲親，何至前母而獨疑之'。吾謂此言是。魏時長沙人王毖身在中國，遇吳魏隔（按：馬本作"而"）。絕，更娶妻（按：馬本無"妻"字）生昌。昌父母亡後，吳平，聞毖前妻久亡，昌爲前母追服。時人疑之，武皇帝詔使朝臣通議，安平獻王孚以爲'禮，與祖父母離隔未嘗相見者，不追'。如獻王此議，則前母之黨不應爲親也。獻王所據是鄭氏之説，吾謂鄭義爲失。時卞仁、劉叔龍議謂昌應服三年，吾以卞、劉議爲允。"《通典》九十五。

問者曰："乙是甲族兄子也，二人之母則姊妹也。以外親言之，則是從母之子，應服緦麻。以同宗言之，則六代之親，知禮無服。今甲亡，乙應制服否？"

謨按："《禮記》云：'同姓從宗合族屬，異姓主名理際會。'先儒説曰：'異姓，謂來嫁者也，正其母與婦之名也。'《記》又云：'其夫屬乎父道者，妻皆母道也。'今甲之父與乙於班爲族祖，則其妻亦有祖母之名，不復得爲（按：馬本作"而"）從母也。凡親屬之名，妻從其夫，子從其母。不得爲從母，則子亦不得爲從母之子也。親名正，服亦隨之。謂乙應從同宗（按：馬本無"宗"字）六代之制，不應服也。"

難者曰："《禮》所云'異姓主名理際會'，本是他人，唯以來嫁爲親，故尊卑親疏從其所適。至於從母者，骨肉之親，小功之服也。今以所適無服之親，便從無服之制，是爲以疏奪親也。適他人者猶爲之服，來適同宗而便絶之，豈其理乎？"

答曰："禮，大夫之娶，皆有姪娣，而大夫之子於庶母無服。若論本親，則此庶母亦是從母也。今來爲父妾，則廢從母之名，而從庶母之稱，絶小功之服，而從無服之制，此禮之成典也。推此而論，知適他人者，從其本親；來適同宗，則從其所適，不得係本：此所謂'異姓主名理際會'者也。"《通典》九十五。

《小記》："生不及祖父母、諸父、昆弟，而父税喪，己則否。"

謨以爲："禮，大功猶税，況此三親，情次於所生，服亞於斬縗。雖不相見，或者音問時通，而絶其税服，豈稱情乎！夫言生不及者，謂彼已没己乃生耳，豈是同時並存之名哉！若鄭説不以生年爲主，但不相見便爲不及，則此祖父（按：馬本下有"母"字）即復可言（按：馬本無"言"字）生不及孫，而父亦生不及子，兄復生不及弟也。此之不辭，亦已甚矣，自古及今，未有此言也。鄭君見禮文有弟，弟不得先兄生，不知所以通其義，故因而立此説，非禮意也。吾謂此直長一弟字耳。書歷千載，又逮（按：馬本作"遭"）暴秦，錯謬非一。王氏説云：'己生之時，祖父母已卒也。諸父謂伯叔也。昆弟者，伯叔之子也。'此於情爲允，又生不及之名亦得通。然既謂諸父爲伯叔，而復稱伯叔之兄弟，於文煩重。又不説己聞兄喪（按：馬本無"喪"字）當税與否，於制亦闕，未盡善也。然猶賢乎鄭氏以同時並存爲生不及。"《通典》九十八。

謨曰："甲父爲散騎侍郎，在洛軍覆，奔城皋，病亡。一子相隨，殯葬如禮。甲先與母、弟避地江南，聞喪行服，三年而除。道險未得奔墓，而其弟成婚。或謂服可除，不宜以婚者。謨以爲凶哀之制除，則吉樂之事行矣。且男女之會，禮之所急。故小功卒哭，可以娶妻。三年之喪，吉祭而復寢。魯文於祥月而納幣，晉文未葬喪而納室。《春秋左氏傳》曰：'婦，養姑者也。'又曰：'娶元妃以奉粢盛。'由此言娶妻者，所爲義大矣，所奉事重矣。又夫冠者，加己之服耳，非若婚娶有事親、奉宗廟、繼嗣之事，而冠有金石之樂，婚則三日不舉。金石之樂，孰若不舉之戚？加己之事，孰若奉親之重？今譏其婚而許其冠，斯何義也？不亦乖乎？"

"或疑甲省墓稽留者。謨以爲奔墓者，雖孝子罔極之情，然實無益之事，非亡身之所也。故《禮》，奔喪不以夜行，避危害也。今中州喪亂，道路險絶，墳墓跌發（按：馬本作"毁廢"，誤），名家人士皆有之，而無一人致身者，蓋以路險體弱，有危亡之憂，非孝子之道故也。而曾無譏責，何至甲獨云不可乎！且甲尋已致身，非如不赴之人也。塋兆平安，非如毁發之難也。又是時甲母篤病，營醫藥而不可違闕侍養，投身危險，必貽老母憂勤哉！昔鄭有尉止之亂，子西、子産父死於朝。子西不儆而先赴，見譏於典籍；子産成列而後出，見善於《春秋》，此經典之明義也。按吳雷思進參太傅軍事，亡在新汲，爲賊焚燒失喪，其子不得奔迎。《禮》云'久喪不葬，主人不變'者，謂停柩在殯者耳，不得施於所聞。"《通典》卷九十八"父母乖離知死亡及不知死亡服議"。

⊙按：馬本漏輯"按吳"以下。

改葬斬縗，禮言"緦"者，謂緦親以上皆反服也。《通典》一百二。

《傳》云"不以兄弟之服服至尊"者，乃始喪正服耳。同上，于濟引蔡謨。

或問："改葬服緦。今甲當遷葬，而先有兄喪在殯，爲當何服？"

謨答："亦應服緦。禮，三年之喪既練，而遭緦麻之喪，則服其服往哭之。凡喪相易，皆（馬本無"皆"字）以重易輕。至於此事，則以輕易重。所以然者，臨其喪故也。卑者猶然，況至尊乎！謂甲臨葬（按：馬本作"喪"），應改（按：馬本無"改"字）服緦麻。"《通典》一百二。

# 庾亮《雜鄉射等議》

晉庾亮撰。亮（289—339），字元軌，潁川鄢陵人。仕晉，官至司徒。卒贈太尉。事迹具《晉書》卷七十三本傳。《隋志》經部注始著錄此書爲三卷，云亡。佚文無考。按《宋書·禮志》學校篇云："征西將軍庾亮，在武昌開置學官，繕造禮器俎豆之屬，將行大射之禮，亮尋薨，又廢。"然則亮不獨有是議，且有是行也。是書前人無輯本。今從《宋書·禮志》輯錄 1 節，勒爲一卷。

## 庾亮《雜鄉射等議》一卷

案《禮》"大事則告祖禰，小事則特告禰"。今皇子出嗣，宜告禰廟。《宋書·禮志四》，孝武帝孝建三年，皇子出後告廟議。

## 蔡超《集注喪服經傳》

　　南朝宋蔡超撰。超（？—454），字希遠，濟陽考城（今蘭考東）人。仕宋，坐劉義宣同黨伏誅。事迹略見《宋書》卷六十八《劉義宣傳》及《釋文·序録》。此書《隋志》經部禮類著録爲二卷，後佚。《儀禮》十七篇，《喪服》爲十七篇之一，而論其重要，首推《喪服》，而《喪服》一篇有經有傳，故謂之《喪服經傳》也。據《隋志》與《釋文·序録》，在蔡超之前注解《喪服經傳》者，有馬融、鄭玄、王肅、袁準、孔倫、陳銓、裴松之、雷次宗，超之集注，蓋集以上諸家之注也。其佚文無考。

# 庾蔚之《喪服》

南朝宋庾蔚之撰。蔚之（生卒年不詳），字季隨，潁川（今許昌）人。仕宋，官員外散騎常侍。南朝治禮名家。事迹略見《經典釋文·序錄》和《册府元龜》卷六百零六。《隋志》經部禮類注云："梁有《喪服》三十一卷，庾蔚之撰，亡。"按《通典》卷八十一"天子爲庶祖母持重服議"下、"天子立庶子爲太子慈服議"下、"天子爲母黨服議"下、"諸王子所生母嫁爲慈母服議"下、"童子喪服議"下、"皇后親爲皇后服議"下、"諸侯及公卿妻爲皇后服議"下、"蕃國臣爲皇后服議"下並引"庾蔚之謂"云云，《通典》卷八十二"皇太子降服議"下、"諸王持重爲所生母服議"下、"諸王出後降本父母及所生母服議"下、"爲諸王殤服議"下、"王侯世子殤服議"下並引"庾蔚之謂"云云，同書卷八十七"五服制度變"下、卷八十八"斬縗三年"下、"孫爲庶祖持重議"下，卷八十九"爲高曾祖母及祖母持重服議"下、"父卒母嫁復還及庶子爲嫡母繼母改嫁服議"下、卷九十一"大功殤服九月七月"下、"同母異父昆弟相爲服"下，卷九十二"小功成人服五月"下、"嫂叔服"下、"緦麻成人服三月"，卷九十四"爲父後出母更還依己爲服議"下、"爲父後爲嫁母及繼母嫁服議"下、"繼母亡前家子取喪柩去服議"下、"出母父遺命令還繼母子服議"下、"父卒繼母還前親子家繼子爲服議"下、"父卒繼母還前繼子家後繼子爲服議"下，卷九十五"親母無黨服繼母黨議"下、"母出有繼母非一當服次其母者議"下、"從母被出爲從母兄弟服議"下、"繼嫡母黨服議"下、"妻已亡爲妻父母服議"下，卷九十六"夫爲祖曾祖高祖父母持重妻從服議"下、"出後子卻還爲本父服及追服所後父議"下、"出後子爲本庶祖母服議"下、"爲庶子後爲庶祖母服議"下、"爲曾祖後服議"下，卷九十七"並有父母之喪及練日居廬堊室議"下、"父未殯而祖亡服議"下、"居所後父喪有本親喪服議"下、"爲祖母持重既葬而母亡服議"下，卷九十八"小功不稅服議"下、"庶祖母慈祖母服議"下，卷九十九"爲姑姊妹女子子無主後者服議"下、"寡叔母守志兄迎還密受聘未知而亡服議"下、"郡縣守令遷臨未至而亡新舊吏爲服議"下、"秀孝爲舉將服議"下、"郡縣吏爲守令服議"下、卷一百一"爲廢疾子服議"下、"罪惡絕服議"下、"師弟子相爲服議"下,卷一百二"改葬服議"下、"改葬反虞議"下,"父母墓毀服議"下,卷一百三"婦喪久不葬服議"下,並引"宋庾蔚之謂"云云,皆是議論喪服之文,不知可是此書之文。若是,則是此書唐時尚未亡也。其書前人無輯本,本次從《通典》《宋書》《晉書》《梁書》中輯録71節,勒爲一卷。

## 庾蔚之《喪服》一卷

　　禮,正月存親,故有忌日之感。四時既已(《通典》無"已"字,下"已"同)變,人情亦已衰,故有二祥之殺。是則祥忌皆以同(《通典》作"周")月爲議,而閏亡者,明年必(《通典》無"必"字)無其月,不可以無其月而不祥忌,故必宜用閏(《通典》無"閏"字)所附之月。閏月附正,《公羊》明義,故班固以閏九月爲後九月,月名既不殊,天時亦不異。若用閏之後月,則春夏永革,節候亦舛(《通典》作"殊")。設有(《通典》作"縱然")人以閏臘月亡者,若用閏後月爲祥忌,則祥忌應在後年正月。祥涉三載,既失周朞(《通典》作"歲")之義,冬亡而春忌,又乖致感之本。譬今年末三十日亡,明年末月小,若以去年二十九日親尚存,則應用後年正朝爲忌,此必不然。(《通典》下有"若其不然"四字)則閏亡者(《通典》下有"亦"字)可知也。通關並用閏附於正,而正不假閏,得周便祥,何待於閏。且祥忌異月,亦非禮意。《宋書·禮志二》十五,孝建元年六月,湘東國刺稱:"國大妃以去三十年閏六月二十八日薨。未詳周忌當在六月?爲取七月?"太常丞庾蔚之議。《通典》一百。

　　禮所以有喪廢祭,由祭必有樂。皇太子以元嫡之重,故主上服妃,不以尊降。既正服大功,愚謂不應祭,有故,三公行事,是得祭之辰,非今之比。卿卒猶不繹,況於太子妃乎!《宋書·禮志四》十七,大明五年十月,有司奏:"今月八日烝祠二廟,公卿行事,有皇太子獻妃服。"前太常丞庾蔚之議。

　　既葬三日,國臣從權制除釋,而靈筵猶存,朔望及朞忌,諸臣宜還臨哭,變服衣巾夾,使上卿主祭。王既未有後,又無三年服者,朞親服除,而國尚存,便宜立廟,爲國之始祖。服除之日,神主暫祔食祖廟,諸王不得祖天子。宜祔從祖國廟,還居新廟之室,未有嗣之前,四時饗薦,常使上卿主之。《宋書·禮志四》十七,大明六年十月,有司奏:"故晉陵孝王子雲未有嗣,安廟後三日,國臣從權制除釋,朔望周忌,應還臨與不?祭之日,誰爲主?"太常丞庾蔚之議。《通典》五十二"殤及無後廟祭議"引同,首六句作"靈筵存,諸臣宜還臨哭,變服"。

　　緦不祭者,據主爲言也,晉陵雖未有嗣,宜依有嗣致服,依闋祭之限,衡陽爲族伯緦麻,則應祭三月。《宋書·禮志四》,大明七年十一月,有司奏:"晉陵國刺:孝王廟依廬陵等國例,一歲五祭。二國以王,有衡陽王服,今年内不祠,尋國未有嗣王,三卿主祭。應同有服之例與不?"太常丞庾蔚之議。

大夫、士,尊不相絶,故必宗嫡而立宗,承别子之嫡謂之宗子,收族合食糾正一宗者也。故特加齊縗三月之服。至四小宗則服無所加,唯昆弟之爲人後,姊妹雖出,一降而已。《曾子問》:"宗子爲士,庶子爲大夫,以上牲祭於宗子之家。"鄭云:"貴禄重宗也。"《小記》:"庶子不祭禰者,明其宗也。"至諸侯尊絶大夫,不得以太牢祭卿大夫之家。是以經無諸侯爲宗服文,則知諸侯奪宗各自祭,不復就宗祭也。又諸侯别子封爲國君,亦得各祭四代。何以知其然?諸侯既不就祭,人子不可終身不得享其祖考,居然别祭四代。或疑神不兩享,舉魯鄭祭文祖屬足以塞矣。徐以弟禄卑於兄,不得兩祭;虞以爲可兩祭,由於父非諸侯,又未善也。《通典》五十一"兄弟俱封各得立禰廟議"。

殷、庾釋文句甚允,但未統立言大意。《記》所明重其已與神交而不終,外喪尸殯不在此,可得少申其事。故大夫之祭,鼎俎既陳,籩豆既設,内喪小功緦麻,外喪齊縗以下,行。特爲已與神交,故隨輕重各有所行。又云"士之所以異緦不祭"者,加大夫,有小功緦麻皆廢。故鄭云"然則士不得成禮者十一"也。又云"所祭於死者無服則祭"者,言所異於未與神交唯有此,則外内之喪通廢,士卑故也。言有始末,義統有本。尋禮者多斷取義,不辯已與神交之異,故申之云。《通典》五十二"緦不祭議",殷仲堪問:"禮文如是,此指釋有緦麻服而猶得祭者也?"庾叡答:"尋禮文,當是指明有緦服可以祭耳,不以新喪之親於所祭者有服爲疑。今世中傳重者,而有從祖小功之服,服既除,恐不得以二祖服近而不祭也。"

公除是公家除其喪服,以從公家之吉事。若公家無齋禁,則其受弔臨靈,及私常著喪服,豈得輒釋凶服以執吉祭乎?徐藻乃云外喪公除,雖停殯,可吉祭,恐此非祖禰之所享也。兄弟别居,便爲外喪,未葬公除而可以烝嘗,未之聞也。《通典》五十二"公除祭議"。

《禮》云:"下殤之小功則不可。"而不云再降之小功,則知再降之小功可以娶。《通典》六十"周服降在小功可嫁女娶妻議"。

昔爲《禮記略解》,已通此議。大功重而嫁輕,小功輕而娶重,故大功之末可以嫁,小功之末可以娶也。所以然者,下殤小功,本周親者,以其殤折之痛,既人情所哀,不可以娶。長殤大功,鄰於成人大功,接於齊縗,猶親服之内,於情差申,冠、嫁之事可同於成人之大功,故不言長殤大功之不嫁也。《通典》六十"降服大功末可嫁姊妹及女議"。

袁準制之,得其衷矣。《通典》六十八"二嫡妻議"徵引袁準《正論》:"並后匹嫡,禮之大忌。事不兩立,前嫡承統,後嫡不傳重可也。二母之服,則無疑於兩三年矣。"

《公羊》明"母以子貴"者,明妾貴賤,若無嫡子,則妾之子爲先立。又子既得立,則母隨貴，豈謂可得與嫡同耶？成風稱夫人，非禮之正，《穀梁》已自爲通。《小記》云"大夫降其庶子，其孫不降其父"，此謂凡庶子，故鄭玄云"祖不厭孫"耳，非謂承祖之重而可得申其私服也。庶子爲後，不得服其母，以廢祭故也。則己卒，己子亦不得服庶祖母可知矣。《小記》言"妾子不代祭"，《穀梁傳》言"於子祭於孫止"，此所明凡妾，非謂有加崇之禮者也。古今異禮，三代殊制。漢魏以來，既加庶以尊號徽旗章服，爲天下小君，與嫡不異，故可得服重而廟祭，傳祀六代耳，非古有其議也。《通典》八十一"天子爲庶祖母持重服議"。

王堪以爲拜爲太子，則全同嫡正。王接據"庶子爲後，爲其母緦"，庶名不去，故雖爲太子，猶應與衆子同，天子不爲服。可謂兩失其衷，嘗試言之。按《喪服傳》通經，"長子三年"，言以正體乎上，又將所傳重。明二義兼足，乃得加至三年。今拜爲太子，雖將所傳重，而非正體，安得便同嫡正爲之斬縗乎？既拜爲太子，則是將所傳重，寧得猶與衆庶子同其無服乎？天子諸侯絕傍周。今拜庶子爲太子，不容得以尊降之。既非正嫡，但無加崇耳。自宜伸其本服一周。庶子爲後，不得全與嫡同，庶名何由得去？己服祖曾，與嫡不異，是與嫡同者也。祖曾爲己服無加崇，是與嫡異者也。天子、諸侯、大夫不以尊降，又與衆子不同矣。《通典》八十一"天子立庶子爲太子議服議"。

禮，父所不服，子不敢服。嫡子爲妻之父母服，則天子、諸侯亦服妻之父母可知也。妻之父母猶服，況母之父母乎！《通典》八十一"天子爲母黨服議"。

母出，無相鞠養，便爲無母，不必限其母亡。譙王所命，不爲乖禮。此子自宜依慈母如母之服。按晉朝諸王用士禮，則應附父在爲母之條。凡慈母以功勤致服，本無天屬之愛，寧有心喪之文乎！《通典》八十一"諸王子所生母嫁爲慈母服議"，譙王恬問范甯："妾有二子而出嫁，君命他妾兼子爲其母，所命妾今亡，子當有服不？"故云。

馬融以童子爲未成人，鄭玄以爲未成人之稱，並不明下至幾歲。戴德以童子當室，十五至十九。譙周云"十四已下不堪麻，則不"。《記》云"十五，成童，舞《象》"耳，豈是《經》所云童子當室者耶？按《禮》稱童子，參差不一，以事推之，則大小可知矣。愚謂當室與族人爲禮，若是八歲以上及禮之人，以其當室，故令與成人同。昔射（按：本作"謝"，誤）慈以爲未八歲者，服其近屬布深衣，或合禮意。《通典》八十一"童子喪服議"。按《喪服》"童子唯當室緦"，馬融曰："童子，未成人也。"鄭玄云："童子，未冠之稱。"

與天子有服，既爲之斬縗，與王后有服，則宜齊縗周也。雖婦亦宜以有服爲斷，應如孔恢議。《通典》八十一"皇后親爲皇后服議"，晉孝后崩，庾家訪服，孔恢云："庾家男女宜齊縗，庾家諸婦在五屬之內服周。"

《服問》云："君爲天子三年，夫人如外宗之爲君。"按鄭玄注云："外宗，君外親之婦也。其夫與諸侯爲兄弟，服斬，妻從服周。諸侯爲天子服斬，夫人亦從服周。"按王肅注云:"外宗,外女之嫁於卿大夫者也,爲君服周。"今鄭、王雖小異,而同謂夫服君斬縗,故妻從服周耳。未聞王妃服后與不。《雜記》云:"外宗爲君夫人,猶内宗也。"鄭注:"皆謂嫁於國中者也。爲君服斬縗,夫人齊縗,不敢以其親服服至尊。外宗謂姑姊妹之女、舅之女及從母,皆是也。内宗,五屬之親也。其無服而嫁於諸臣者,從爲夫之君。"按先儒皆以有親服之故,成以君臣之服。琅琊王妃者,是司馬道子妻,於孝武定后,本娣姒小功之服。王者絶旁親,故宜成以臣妾齊縗之周。《通典》八十一"諸侯及公卿妻爲皇后服議",晉泰元中,琅琊王納妃,裁登車,而定后凶禍至,即依在途遭喪,改服即位哭。

《經》但云"諸侯大夫爲天子",而不及后,則知於后無服也。若有服,則當連言。且《傳》云"時接見乎天子",益知后不在其例矣。弘據引大夫之祭不成禮者,凡后之喪在其數,以明后必有服。蔚之按:《記》云"士之所以異,緦不祭",鄭氏云"然則士不得成禮"。諸侯之士亦不服天子及后,而亦不成禮。明不成禮不必爲服,止以君有天王及后之喪,以宜隨例哀致,故亦同廢祭耳。《通典》八十一"蕃國臣爲皇后服議",晉恭皇后崩,東海國臣弘據剌問禮官,故云。

今唯太子從君所服,皇子、公子則無厭降。《通典》八十二"皇太子降服議"。

"庶子爲後,爲所生服緦",此《禮》之正文。近遂爲三年,失之甚也。按晉樂安王所生母喪,議者謂應小功,孝武詔令大功,乃合餘尊之義。但餘尊之厭,不言爲後者也。即今猶皆三年。《通典》八十二"諸王傳重爲所生母服議"。

晉簡文愛其膝下之慕,不尋爲後移天之重。《通典》八十二"諸王出後降本父母及所生母服議",咸和中,琅琊王昱母鄭氏薨,王服重朝。以出繼,宜降。

嗣子之體,不以成人爲義,故經有諸侯嫡子之殤服。臣子不殤君父,宫臣得服斬耳。自餘親自依其本服。《記》云:"能執干戈以死社稷,則以成人服之。"先儒又推年未二十而冠婚及爲大夫者,皆不爲殤。至若諸侯繼體象賢,君臨一國,事過大夫遠矣,而可反殤之乎?《通典》八十二"爲諸王殤服議"。《宋書·禮志二》,大明五年七月,有司奏:"故永陽縣開國侯劉叔子天喪,年始四歲,傍親服制有疑。"庾蔚之等議,並云"宜同成人之服。東平沖王服殤,實由追贈,異於已受茅土"。

臣以義服,故所從極於三年。《經》舉重服必從,則輕不從可知也。若從服世子之殤,亦可從服嫡婦,豈其然乎?唯小君非從,故與君同。《通典》八十二"王侯世子殤服議"。

昔賀循以爲,夫服緣情而制,故情降則服輕。既虞,哀心有殺,是故以細代麤,以齊代斬耳。若猶斬之,則非所謂殺也。若謂以斬縗命章,便謂受猶斬者,則疏縗之受,復可得猶用疏布乎?是知斬疏之名,本生於始死之服以名其喪耳,不謂終其日月皆不變也。《通典》八十七"斬縗喪既葬縓縗議"。

按《禮》鄭注曰："用恩則父重，用義則祖重。"父之與祖，各有一重之義，故聖人制禮，服祖以至親之服，而《傳》同謂之至尊也。己承二重之後，而長子正體於上，將傳宗廟之重，然後可報之以斬，故《傳》《記》皆據祖而言也。若繼禰便得爲長子斬，則不應云不繼祖。《喪服傳》及《大傳》皆云不繼祖，以明庶子雖繼禰而不繼祖，則不服長子斬也。賀氏《要記》云："庶子，父雖殁，猶不爲長子三年，以己不繼祖也。"是亦明己身繼祖，乃得爲長子斬也。既義由於繼祖，則不必須云及禰。或者疑祖之言是道庶子之長，故此《記》特言不繼祖與禰，以明據庶子言之也。《通典》八十八。《儀禮·喪服》："父爲長子。《傳》曰：'正體於上，又乃將所傳重也。庶子不得爲長子三年，不繼祖也。'《小記》曰：'不繼祖與禰。'"

祖庶父嫡，己承父統，而不謂之繼祖，則祖誰當祭之？所謂繼，是承其後，爲之祭，故云傳重而服之斬。若杜琬所言"祖父俱嫡"，乃是繼曾祖耳。祖雖非嫡，而是己之所承，執祭傳統，豈得不以重服服之乎？己服祖以斬，故祖亦服己以周。長子之服，義則不同，要須己身承祖禰之正，乃得爲長子斬。按《小記》云"庶子不得爲長子斬，不繼祖與禰"，是明庶子不繼祖禰，故不得爲長子斬，非據子之身。若據長子身，不得云不繼禰也。必須身承祖禰之正，乃得服長子斬者，以尊加卑異於卑加尊也。劉智分此不繼祖與禰之言，以爲庶子不繼禰，故其長子不繼祖。書記未有此連言之比。且庶子不繼禰，其子居然不繼祖矣。《通典》八十八"孫爲庶祖持重議"。

嫡孫亡，無爲後者，今祖有衆孫，不可傳重無主，次子之子居然爲持重，范宣議是也。嫡孫已服祖，三年未竟而亡，此重議已立，正是不得卒其服耳。猶父爲嫡居喪而亡，孫不傳重也。次孫攝祭，如徐邈所答。何承天、司馬操並云接服三年，未見其據。《通典》八十八"嫡孫持重在喪而亡次孫代之議"，問："嫡孫承重，在喪中亡，其從弟已孤，又未有子姪相繼，疑於祭祀。"邈答："使一孫攝主，攝主則本服如故。依心喪以終三年。"問："甲兒先亡，甲後亡。甲嫡孫傳重，又亡。有次孫，今當應服三年不？"何氏答："次孫宜持重。"操云："此孫豈不得服三年邪？"

劉景升以婦人之不可踰夫，既已乖矣。按成粲云："己自受重於父，不受於祖，爲祖母不應三年。"亦可謂殊途而同謬者矣。《通典》八十九"齊縗三年"。《喪服小記》："祖父卒，而後爲祖母後者三年。"東漢劉表云："父亡在祖後，則不得爲祖母三年，以爲婦人之服，不可踰夫。"

婦從夫，嫡曾高祖母，正體所傳，並有重，何疑其亡先後。《通典》八十九"爲高曾祖母及祖母持重服議"，晉劉智《釋疑答問》云："高曾祖母與祖母俱存，其卑者先亡，則當厭屈不？"庚云。

母子至親，本無絕道，禮所親者屬也。出母得罪於父，猶追服周；若父卒母嫁而反不服，則是子自絕其母，豈天理邪！宜與出母同制。按晉制，寧假二十五月，是終其心喪耳。《通典》八十九"父卒母嫁復還及庶子爲嫡母繼母改嫁服議"。

漢戴德云："獨謂父母爲子昆弟相爲。"當不如鄭以周親爲斷。周親七歲以下，容有緦麻之服，而不以緦麻服服之者，以其未及於禮，故有哭日之差耳。他親有三殤之年而降在無服者，此是服所不及，豈得先以日易月之例邪？戴逵雖欲申馬難鄭，而彌覺其蹟，范寧難之，可謂當矣。按束晳《通論》"無服之殤"云："禮，緦麻不服長殤，小功不服中殤，大功不爲易月哭，唯齊縗乃備四殤焉。"凡云男二十而冠，三十而娶，女十五許嫁而笄，二十而出，並禮之大斷。至於形智夙成，早堪冠娶，亦不限之二十矣。笄冠有成人之容，婚嫁有成人之事。鄭玄曰："殤年爲大夫，乃不爲殤，爲士猶殤之。"今代則不然，受命出官，便同成人也。《通典》九十一"大功殤服九月七月"。

自以同生成親，繼父同居，由有功而致服，二服之來，其禮乖殊。以爲因繼父而有服者，失之遠矣。馬昭曰："異父昆弟，恩繫於母，不於繼父。繼父，絕族者也。母同生，故爲親者屬，雖不同居，猶相爲服。王肅以爲從於繼父而服，又言同居，乃失之遠矣。"子游、狄儀，或言齊縗，或言大功，趨於輕重，不疑於有無也。《家語》之言，固所未信。子游，古之習禮者也，從之不亦可乎？《通典》九十一"大功成人九月"。《孔子家語·曲禮子貢問》："子曰：繼父同居者，則異父昆弟從爲之服；不同居，繼父且猶不服，況其子乎？"

《傳》以同居爲義，豈從夫謂之同室，以明親近，非謂常須共居。設夫之從父昆弟，少長異鄉，二婦亦有同室之義，聞而服之緦也。今人謂從父昆弟爲同堂，取於此也。婦從夫服，降夫一等，故爲夫之伯叔父大功，則知夫姑姊妹皆是從服。夫之昆弟無服，自別有義耳。非如徐邈之言出自恩紀者。《通典》九十二"小功成人服五月"。

蔣濟、成粲，排棄聖賢經傳，而苟虛樹己説，可謂誣於禮矣。同上，"叔嫂服"。蔣濟："據'小功'章'娣姒婦'，娣姒者，兄弟之妻相名也，相與皆小功。"成粲云："嫂應有服，嫂叔大功可從。"

《傳》云"以名服"，及云"以名加"，皆是先有其義，故施以此名，尋名則義自見矣。外親以緦斷者，抑異姓以敦己族也。緦服既不足以申外甥、外孫之情，故聖人因其有伸之義而許其加也。外祖以尊加、從母以名加者，男女異長，伯季不同，由母於姊妹有相親之近情，故許其因母名以加服。兄弟姊妹，同氣之懷不異，故其服不得殊。由若同在他邦，小功加一等，而大功以上則不加也。同上，"緦麻成人服三月"。

爲父後不服出母，爲廢祭也。母嫁而迎還，是子之私情。至於嫡子，不可廢祭。鍾毓率情而制服，非禮意也。《禮》云："繼母從爲之服，非父後者也。"《通典》九十四"爲父後出母更還依己爲服議"。

王順《經》文，鄭附《傳》説。王即情易安，於《傳》亦無礙。繼嫁則與宗廟絕，爲父後者安可以廢祖祀而服之乎！同上，"爲父後爲嫁母及繼母嫁服議"。按《喪服》："父卒，繼母嫁，從爲之服，報。"鄭玄云："嘗爲母子，貴終其恩也。"王肅云："若不隨則不服。"

子當以父服爲正。父若服以爲妻，則子亦應服之如母。若父與去而不服，則子宜依繼母出不服也。同上，"繼母亡前家子取喪柩去服議"。

臨亡使子迎母，自是申子之情私耳。此母自處不失禮，而子不用出母之服，非也。公曜不服，當矣。同上，"出母父遺命令還繼母子服議"。

繼母持服竟後乃去，不得謂之爲遣；比之繼母嫁，於情爲安。同上，"父卒繼母還前親子家繼子爲服議"。

式父許後妻之請，是無相責之情，不得謂之爲遣妻。制服依禮，葬畢乃還家，積年方就前家子，比之繼嫁，不亦可乎！然式是長子，則不得服繼嫁以廢祭。同上，"父卒繼母還前繼子家後繼子爲服議"。

母亡，禮應服其母之黨，不服繼母之黨。不可以母黨先已滅亡，而服繼母之黨。若服繼母之黨，則亂於己母之出也。《通典》九十五"親母無黨服繼母黨議"。

禮，己母被出，則服繼母之黨。繼母雖亡，己猶自服，不得捨前以服後也，當如喜議，服次其母者之黨也。同上，"母出有繼母非一當服次其母者議"。

出母絶族，唯親者屬，母子無絶道，餘親不得有服，此禮之明文。褚所以服王，由乎周氏。王既絶周，不復服褚矣，褚何容獨服王邪？禮有從無服而有服，蓋是厭降所致，豈得與義絶者同乎？從母昆弟以名服者，蓋明服之由，不關義絶之後。從母在王及與在庚，誠無以異；但在庚則絶王，故褚不得從親者屬而服王也。褚以王絶己故不服，何嫌褚母之出也！不服之理，各有其義者也。同上，"從母被出爲從母兄弟服議"。

禮，嫡母之黨徒從。徒從者，所從亡則已。嫡母雖有三四，應服見在者之黨。但今人復服所生之黨，則嫡母之黨非復徒從，嫡雖没，猶宜服之。但外氏無二統，不可悉服，宜以始生所遇嫡母之黨。若己生悉不及，宜服最後者之黨也。同上，"繼君母黨服議"。

夫妻一體之親，而謂妻之父母徒從，失之甚矣。言應服者，辨之已詳。或疑外氏二統，則妻之父母亦不宜二。意以爲，母之兩三，親假不同，妻之三四，於己猶一。非其例也。同上，"妻已亡爲妻父母服議"。

嘗爲父子，愛敬兼加，豈得事改，便同疏族？方之繼母嫁，於情爲安。同上，"出後者却還爲本父服及追服所後父議"。

庶子爲父後，不得服其所生，以服廢祭故也。已出伯父，即爲祖嫡，何由得服父之所生乎？同上，"出後子爲本庶祖母服議"。

後父若承祖後，則已不得服庶祖母也。父不承重，已得爲庶祖母一周。庶無傳祭，故不三年也。同上，"爲庶子後爲庶祖母服議"。

聞代取後，禮未之聞。宗聖，時王所命，以尊先聖，本不計數，恐不得引以比也。同上，"爲族曾祖後服議"，何琦議云："魏之宗聖，遠繼宣尼，此成比也。"故云。

前喪既周，應毀廬爲堊室，而後喪猶應居廬。古者受弔於庭階，廬、堊室自是寢處之所。今雖以廬、堊室爲喪位，然自異於縗絰矣。母喪既練而父亡，爲母伸服。乃問劉表諸儒及泰始制，皆云："父亡未殯而祖亡，承祖嫡者不敢服祖重，爲不忍變於父在也。況父在之日，母久已亡，寧可以父亡而變之乎！"意謂立服之旨，皆定於始制之日。女子大功之末可嫁，既嫁，必不可五月而除其服；男子在周服之內，出爲族人後，亦不可九月而除矣。父爲大夫，子爲父後，降伯叔父大功，或已兩三月日而父亡，寧可得伸服周乎？是知凡服皆以始制爲斷，唯有婦人於夫氏之親，被遣義絕，出則除之。《通典》九十七"並有父母之喪及練日居廬堊室議"。

《禮》云："三日而不生，亦不生矣。"故君薨未斂，入門，升自阼階，明以生奉之也。父亡未殯，同之平存，是父爲傳重正主，己攝行事，事無所關。虞喜何謂無倚廬乎？孝子之所寢處，不關於主，闕之何嫌？若祖爲國君，五屬皆斬，則孫無獨周之義。按賀循所《記》，謂大夫士也。同上，"父未殯而祖亡服議"。

父喪內祖又亡，則應兼主二喪。今代以廬爲受弔之處，則立二廬是也。人爲父喪來弔，則往父廬之所；若爲祖喪來弔，則往祖廬之所。同上，"父喪內祖亡作二主立二廬議"。

《禮》，齊縗、斬縗之受服，大功變既練之服，計縗升數，從其麤者。若升數同則不變，絰帶而已。今代則不然，應別制本親周服，還本家則著之。時代不同，不得全依《禮》。今以堊室爲對弔之所，故應還本家，立堊室，在諸弟之下以受弔。設使本家遠，便當於別室。不得於所後靈前受本親喪之弔。同上，"居所後父喪有本親喪服議"。

若如范說，非爲反後喪之服，亦應還毀堊室，立廬在諸父堊室之上。但二喪共位，廬、堊室雜處，恐非適時之禮。謂宜始有後喪，便別室爲廬，兼主二喪。同上，"爲祖母持重既葬而母亡服議"。范宣曰："承嫡居諸父之上，一身爲兩喪之主，無緣更別開門立廬，以失居正之意。"

鄭、王所說，雖各有理，而王議容朝聞夕除，或不容成服，求之人心，未爲允愜。若服其殘月，官人得寧，則應多少不同。今喪寧心制，既無其條，則是前朝已自詳定，無服殘月之制。《通典》九十八"小功不稅服議"，鄭玄云："五月之內追服。"王肅云："服其殘月，小功不追以恩輕故也。"

按《喪服傳》釋慈母如母，以爲妾之無子，妾子無母，父命以爲母子，然後慈母之義全也。智云有子之妾，有母之子，並乖《經》《傳》所說，如母之義，何由而生，子不違父之命，豈從失禮之命。《小記》云："慈母之父母無服。"今子服慈母如母，猶無所從，況可得從父服慈祖母乎？且先儒所云婦人不服慈姑者，婦從夫尚猶不服，則子不從明矣。同上，"庶祖母慈祖母服議"。

王羣從姊喪亡之初，有繼兒，羣已制小功之服。凡服皆定於始制之日，豈得以葬竟兒亡方欲追改其服乎！異於女子爲夫所出申服於父母也。經文多略，可以類推，舉近親之有服，則疏者知無服。凡經於五服之内，文有未備，皆於公子章發凡以明例。無主後之不降文不及從，又無發凡以明之，是知相矜止於周服而已。晉朝喪亂，移都於江南，郡之所仕，同奉天子，何他邦之有乎？《通典》九十九"爲姑姊妹女子子無主後者服議"。

甲叔母乙便是執操之人，直是母欲奪而嫁之。乃逆責杜漸防微，古賢不足貴也。許君之言，當附於理。同上，"寡叔母守志兄迎還密受聘未知而亡服議"。甲叔母乙寡，守節十餘年，其母在，兄壬迎乙還家，景求婚於壬，壬意許定，已剋吉日而乙暴亡，甲應有服否？許參軍曰："從重，重則宜服。"

爵位以受命爲判。德祖已受陳留之印，則於樂陵爲舊君矣，不俟迎至乃相見也。陳留君吏之名雖判，而恩實未接，同吉日之婦，於情爲安。今吏爲君齊縗以弔。同上，"郡縣守令邊臨未至而亡新舊吏爲服議"。

白衣舉秀孝，既未爲吏，故不宜有舊君之服。尊卑不同，則無正服，弔服加麻可也。今人爲守相刺史又無服，但身蒙舉達，恩深於常，謂宜如鄭小同弔服加麻爲允。今已違適爲異，與舊君不通議論，不奔弔故郡將喪。同上，"秀孝爲舉將服議"。

《晉令》云："代至而除。"施之州郡縣員吏，宜用齊周之制。禮代殊事異，理有大斷。今州府之君既不久居其位，薨來之吏不得以爲純臣，則齊周之制不爲輕也。君齊矣，豈有從乎！母、妻其猶不從，本無義於傍親，卞光祿所行是也。二公使吏從服姪姊，可謂恢疏，罔其乖遠矣。同上，"郡縣吏爲守令服議"。

疾病者不愈而亡，彌加其悼，豈有禮無降文，情無所屈，而自替其服者邪！殤服本階梯以至成人，豈可以病者準之！篤其愛者，以病彌可悲矣。薄其恩者，以病則宜棄矣。病有輕重，參差萬緒，故立禮者深見其情，杜而不言，無降之理，略可知矣。嫡不爲後，是其去傳重之加，非降其本服，劉智、劉汾所言，近爲得理矣。《通典》一百一"爲廢疾子服議"。問曰："今有狂癡之子，年過二十而死。或以爲禮無廢疾之降殺，父當正服服之邪？以爲殤之不服，爲無所知邪？"智答："父母養之，不忍不服。故禮不爲作降殺，不得同殤例也。"劉汾答王徽之問廢疾兄女服："若嫡子有廢疾，不得受祖之重，則服與眾子同在齊縗，蓋以不堪傳重，故不加服，非以廢疾而降也。"

今受業於先生者，皆不執弟子之禮。唯師氏之官，王命所置，故諸王之敬師，國子生之服祭酒，猶粗依古禮，弔服加麻，既葬除之，但不心喪三年耳。同上，"師弟子相爲服議"。

改葬所以緦而不重者，當以送亡有已，復生有節。若用始亡之服，則是死其親，故制緦以示變吉。既有其服，若旬月而葬，則當如鄭玄説，卒緦之限，三月而除。若葬過三月者，須葬畢釋服，服爲葬設故也。《通典》一百二"改葬服議"。

神已在廟，無所復虞。但先祭而開墓，將窆而奠，事畢而祭靈，遂毀靈座。若棺毀更斂，則宜有大斂之奠。若移喪遠葬，又有祖奠、遣奠也。同上，"改葬反虞議"。

人子之情無可輟，聖人以禮斷之，故改葬所服，不過於緦。緦服雖輕，而用情甚重。意謂聞其親屍柩毀露，及更葬，便應制服奔往。縱已修復，亦應臨赴。苟途路阻礙，猶宜制服緦，依三月而除。豈可以不及葬事便宴然不服乎！同上，"父母墓毀服議"。

二親爲戎狄所破，存亡未可知者，宜盡尋求之理。尋求之理絶，三年之外，便宜婚宦，胤嗣不可絶，王政不可廢故也。猶宜以哀素自居，不豫吉慶之事，待中壽而服之也。若境内賊亂清平，肆眚之後，尋覓無蹤迹者，便宜制服。《晉書·禮志中》二十。太興二年，議二親陷没寇難，應制服不。庾蔚之云。

非徒子不從母而服其黨，孫又不從父而服其慈母。《梁書》四十八、《南史》七十一《司馬筠傳》，梁天監七年，安成國太妃陳氏薨，喪祭無主，周捨議引庾蔚之云。

# 庾蔚之《禮答問》

南朝宋庾蔚之撰。蔚之有《喪服》，已著録。此書始著録於《隋志》經部禮類，六卷。兩《唐志》不載，蓋亡矣。是書前人無輯本。《通典》卷一百三"三年而後葬變除議"下引庾蔚之問答 2 條，殆此書之僅存者，姑勒爲一卷。

## 庾蔚之《禮答問》一卷

問曰："有葬在小祥之月，此月復有虞祔之禮。便用晦祥，於理爲速，此與久喪復異。取後月祥練，於情允否？"

答曰："三年後葬，祥不在葬月耳。今未爲絶久，祥理取後月也。"

又問（按："問"，疑衍）曰："葬與練祥三事各月，猶未足伸漸殺之情，況乃練祥三變而可共在一月邪！虞喜之言，不近人情。盧、鄭、王皆以此不同時日，良有由也。言各有當，亦不嫌同辭。春夏秋冬既各爲一時，一日有十二時，然十二月何爲不得各爲一時之言也！"

# 庾蔚之《喪服要記注》

南朝宋庾蔚之撰。蔚之有《喪服》，已著録。《隋志》經部禮類著録《喪服要記》十卷，賀循撰。注云："梁有《喪服要記》，宋庾蔚之注。"《舊唐書·經籍志》著録《喪服要記》十卷，賀循撰，庾蔚之注。後佚。蔚之此注，乃注賀循之《喪服要記》。《喪服要記》久佚，今有《玉函山房輯佚書》本，而蔚之之注，不可得矣。其書前人無輯本。今從孔穎達《禮記正義》、《通典》、《梁書》各輯録1節，凡3節，勒爲一卷。

## 庾蔚之《喪服要記注》一卷

◎大功之末，可以冠子，可以嫁子。父小功之末，可以冠子，可以嫁子，可以取婦。已雖小功，既卒哭，可以冠，取妻。下殤之小功則不可。《禮記·雜記下》。

《喪服要記》："小功下殤，本是期親，以其重，故不得冠、取。"《禮記·雜記下》孔疏引賀氏云。

注曰："卒哭之後，則得與尋常大功同，於大功之末，可以身自冠、嫁。所以然者，雖本期年，但降在大功，其服稍伸，故得冠、嫁也。"《禮記·雜記下》孔疏引庾氏注《要記》。

◎適孫。傳曰：何以期也？不敢降其適也。有適子者無適孫，孫婦亦如之。《儀禮·喪服》。

《喪服要記》："其夫爲祖、曾祖、高祖後者，妻從服如舅姑。"

注曰："舅没則姑老，是授祭事於子婦。至於祖服，自以姑爲嫡，所謂有嫡婦無嫡孫婦也。祖以嫡統唯一，故子婦尚存，其孫婦以下未得爲嫡，猶以庶服之。孫婦及曾玄孫婦，自隨夫服祖降一等，故宜周也。"《通典》九十六。按：顧炎武《日知録》卷五"宗子之母在則不爲宗子之妻服也"條注云："《唐志》庾蔚之《注喪服要記》五卷。"

舍人周捨議曰："賀彥先稱：'慈母之子，不服慈母之黨，婦又不從夫而服慈姑，小功服無從故也。'庾蔚之云：'非徒子不從母而服其黨，孫又不從父而服其慈，由斯而言，慈祖母無服明矣。'"《梁書·司馬筠傳》。

# 庾蔚之《喪服世要》

　　南朝宋庾蔚之撰。蔚之有《喪服》，已著録。《隋志》經部禮類注云"梁有《喪服世要》一卷，庾蔚之撰。"後佚。姚振宗《隋書經籍志考證》云："按《喪服世要》者，殆即所謂《世行要記》，爲世俗行用之要者。"佚文無考。

## 司馬憲《喪服經傳義疏》

南朝齊司馬憲撰。憲（生卒年不詳），字景思，河内温（今温縣）人。仕齊，官至殿中郎。事迹具《南史》卷七十二本傳。《隋志》經部禮類注云："梁有《喪服經傳義疏》五卷，齊散騎郎司馬憲撰，亡。"按《梁書·伏曼容傳》："永明初，爲太子率更令，衛將軍王儉深相交好，令與河内司馬憲、吳郡陸澄共撰《喪服議》，既成，又欲與之定禮樂，會儉薨。"所謂《喪服議》，即《喪服經傳義疏》也。可知此書撰成於齊永明初，且由伏曼容、司馬憲、吳澄三人撰成。《隋志》僅題司馬憲之名者，不曉其故。其佚文無考。

# 謝微《喪服要記注》

南朝梁謝微撰。微（500—536），《梁書》作"徽"，字玄度，陳郡陽夏（今太康）人。謝璟子。事迹具《梁書》卷五十、《南史》卷十九本傳。此書《隋書》不見著録。兩《唐志》皆著録《喪服要記》五卷，賀循撰，謝微注。後佚。前人無輯本。《通典》卷七十三存謝徽（按："徽"，形近致誤）注賀循《喪服要記》5節，今録爲一卷。

## 謝微《喪服要記注》一卷

《喪服要記》："公子之二宗，皆一代而已。庶兄弟既亡之後，各爲一宗之祖也。"

注曰："母弟於妾子則貴，於嗣子則賤，與妾子同爲庶故也。既死之後，皆成一宗之始祖，即上所謂別子爲祖也。"

《喪服要記》："嫡繼其正統者，各自爲大宗，乃成百代不遷之宗也。"

注曰："賀公答庚元規曰：'雖非諸侯別子，始起是邦而爲大夫者，其後繼之，亦成百代不遷之宗。'鄭玄亦曰：'大祖，謂別子始爵者也。雖非別子，始爵者亦然。'愚謂是起是邦始受爵者。又問：'別子有十人，一族之中可有十大宗乎？''然。'賀答傅純云：'別子爲祖，不限前後，此謂每公之子皆別也。'"

《喪服要記》："凡諸侯之嗣子，繼代爲君，君之羣弟不敢宗君，君命其母弟爲宗，諸弟宗之，亦謂之大宗，死則爲齊縗九月。"

注曰："母弟雖貴，諸弟亦不敢服；既爲宗主，則齊縗九月。其母則小君也，其妻齊縗三月，如大宗也，以母弟之貴故也。"

《喪服要記》："若無母弟，則命庶弟之大者爲宗，諸弟宗之，亦如母弟，則爲之大功九月。"

注曰："此《大傳》之小宗也，其母妻則無服。女公子服宗，亦與男同。"注曰："此二宗亦不得並其宗。"

⊙按：《通典》校勘記云末十一字疑涉下文而衍。

儀禮類・謝微《喪服要記注》| 395

《喪服要記》:"此二宗者,一代而已。"

注曰:"此二宗亦不得並,故《大傳》曰:'有大宗而無小宗者,有小宗而無大宗者,有無宗亦莫之宗者,公子之謂也。'"

# 袁憲《喪禮五服》

南朝陳袁憲撰。憲（529—598），字德章，陳郡陽夏（今太康）人，歷仕梁、陳，陳亡入隋，官至晉王府長史。事迹具《陳書》卷二十四、《南史》卷二十六本傳。《隋志》經部禮類著錄此書爲七卷，後佚。佚文無考。五服者，斬衰、齊衰、大功、小功、緦麻也。

禮記類

# 橋仁《禮記章句》

　　西漢橋仁撰。仁（生當西漢後期），梁國睢陽（今商丘）人。嘗從同郡戴德學禮，成帝時官拜大鴻臚。事迹略見《後漢書》卷五十一《橋玄傳》。本傳云："玄七世祖仁，著《禮記章句》四十九篇，號曰'橋君學'。"其書久佚，後史不錄，佚文無考。

# 蔡邕《月令章句》

東漢蔡邕撰。邕（131—191）字伯喈，陳留圉（今杞縣西南）人。官至左中郎將。事迹具《後漢書》卷六十本傳。《隋志》著録是書爲十二卷。兩唐《志》著録戴顒《月令章句》十二卷，姚振宗《隋書經籍志考證》云："《舊志》因後一條有戴顒《禮記中庸傳》二卷，遂以聲近而誤，《新志》沿訛，失於刊正，此實蔡氏書也。"後史失載，散佚久矣。清人輯此書者有王謨、臧庸、馬國翰、黄奭、王仁俊、蔡雲、陶濬宣、嚴可均八家，別有民國葉德輝一家。《續修四庫全書總目提要》云："清輯邕此書者，有蔡雲、馬國翰二家（按：此誤。另五種輯本蓋提要之人所未見）詳略互見。德輝是編，較爲詳審。所引《玉燭寶典》，最爲晚出，則雲及國翰所未見也。德輝《自序》稱'夫其第稱《月令章句》，與夫引"蔡邕云""蔡氏云""蔡伯喈云"，而未指爲《章句》者，雖可斷其説爲此書，然不據諸書所引原文原題，亦無以存真而祛惑。故書中所引遺篇逸句，載在他書者，皆一一注明原書卷第，俾讀者得以復檢'。其搜訪薈萃之勤，固未可没也。"考八種輯本，佚文之數量、之編排，出處之標注，佚文所疏經文之使用上，葉本優於他本。今次重輯，參校葉本，輯録佚文231節，較葉氏多輯3節，勒爲四卷。

## 蔡邕《月令章句》四卷

### 卷 一

◎《月令》

周公所作。《釋文》、孔穎達《正義》引蔡伯喈云。

◎孟春之月。蔡邕《明堂月令論》。

孟，長也。庶長稱孟，言天於四時無所常，適先至者長之。月終則已，故以庶長之稱爲名。春，蠢也，動也。時，別名也。隋杜臺卿《玉燭寶典》引蔡雍《孟春章句》。

天之道，陰陽各有少太，是生四時。少陽爲春，太陽爲夏，少陰爲秋，太陰爲冬也。《書鈔》一百五十三引蔡邕《月令章句》。

◎日在營室，昏參中，旦尾中。

"日"者，太陽之精在天者也。"在"者，行過之辭，言非所常居也。"昏參旦中尾中"，日入後漏三刻爲昏，日出前漏三刻爲明，星辰可見之時也。孟春立春節日在危十度，昏明星去日八十度畢五度中而昏尾七度半中而明。《玉燭寶典》引蔡邕《孟春章句》。

周天三百六十五度四分度之一，分爲十二次，日月之所躔也。地有十二分，王侯之所國也。每次三十二度三十三分之十四，日至其初爲節，至其中爲中氣。自危十度至壁九度，謂之豕韋之次，立春、雨水（《後漢書》作"驚蟄"）居之，衛之分野。同上。《後漢書·律曆志下》劉昭注。唐瞿曇悉達《開元占經》六十四引蔡氏"自危十度至東壁八度，謂之豕韋之次"。

⊙按：葉氏漏引《後漢書》。

孟春以立春爲節，驚蟄爲中。中必在其月，節不必在其月。據孟春之驚蟄在十六日以後，立春在正月。驚蟄在十五日以前，立春在往年十二月。《後漢書·律曆志下》劉注。

⊙按：此條葉氏漏輯。

◎其日甲乙

大橈探五行之情，占斗綱所建，於是始作甲乙以名日，謂之干。作子丑以名月，謂之支。支干相配，以成六旬。《後漢書·律曆志上》注引《月令章句》。隋蕭嵩《五行大義·論支干名》一引《月令章句》無末二句，"綱"作"機"。

"日"者，一晝夜之名，言律出於鍾也。乃置之深室，葭莩爲灰，以實其端，其月氣至，則灰飛而管通。《玉燭寶典》引蔡邕《孟春章句》。

◎其帝大皞，其神句芒。

法象莫大乎天地，變通莫大乎四時，縣象著明莫大乎日月。故先建春以奉天，奉天然後立帝，立帝然後言佐，言佐然後列昆蟲之列，物有形可見，然後音聲可聞，故陳音。有音，然後清濁可聽，故言鍾律。音聲可以彰，故陳酸羶之屬也。羣品以著五行，爲用於人，然後宗而祀之，故陳五祀。此以上者，聖人記事之次也。"東風"以下者，効初氣之序也。二者既立，然後人君承天時行庶政，故言帝者居處之宜，衣服之制，布政之節，所明欽若昊天，然後奉天時也。《正義》引蔡邕云。

◎其蟲鱗，其音角。

通眼者爲五色。《五行大義》三《論配五色》篇引蔡伯喈云。

通於耳者爲聲。青作角聲，白作商聲，黑作羽聲，赤作徵聲，黃作宮聲。同上，《論配聲音》篇。

◎律中大蔟。

律,率也,聲之管也。大蔟,鐘名。先有其鐘,後有其律,言律中此大蔟之鐘(按:"葉氏漏輯大蔟"以下二十字,據《正義》補)。上古聖人本陰陽,別風聲,審清濁,而不可以文載口傳也。於是始鑄金作鐘,以主十二月之聲,然後以效升降之氣。鐘難分別,乃截竹爲管,謂之律。"律"者,清濁之率法也。聲之清濁,以長短爲制。《後漢書·律曆志上》注引《月令章句》。

古之爲鐘律者,以耳齊其聲。後不能,則假數以正其度,度數正則音亦正矣。鐘以斤兩尺寸中所容受升斗之數爲法,律亦以寸分長短爲度。故曰黃鐘之管長九寸,孔徑三分,圍九分,其餘皆漸短,惟大小圍數無增減。以度量者可以文載口傳,與衆共知,然不如耳決之明也。《後漢書·律曆志上》注引《月令章句》。唐武瞾《樂書要錄》五引蔡邕《月令章句》云"古之爲鐘律者,以耳齊其聲。後人不能,則假數以正其度,度數正則音亦正矣。以度量者可以文載口傳,與衆共知,然不如耳決之明也"。《御覽》十六引蔡邕《月令》曰"律,率也,聲之管也。中,應也,太蔟,鐘名。上古本陰陽,別風聲,審清濁。別風聲,不可以文載口傳也,故鑄金作鐘,以正十二月之聲,然後以效升降之氣,而鐘不可用,乃截竹爲管曰律,爲清濁之率也。以律長短爲制,正月之律,與太蔟相中也,言出於鐘。乃置深室,葭莩爲灰以,以實其端,其月氣既至,則灰飛管通。古以鐘律齊其聲,後人不能,則數以正其度,度正則音亦正矣",又引《月令章句》"鐘以斤兩尺寸,中所容受升之數爲法,律亦以寸分大小長短爲法故也。黃鐘之管長九寸,孔徑三分,圍九分,其餘皆稍短,惟大小圍數無增減,以度量者,可以文載口傳,與衆共知,然不如耳決之明也"。《書鈔》一百十二蔡邕《章句》云"律者,帥也,聲之管也。上古聖人始鎔金以鑄鐘,以應正月至十二月之聲,乃截竹爲管,謂之律。聲之清濁,以律管長短定之"。

◎其數八。

東方有木三土五,故數八。《南齊書·樂志》十一引蔡邕云。

◎東風解凍。

"東風解凍"者,少陽之方,木位也。"風"者,巽氣之動也。風從東來,少陽氣動也。是月木升,陽達於地,陽風動於上,故凍得風而解也。《玉燭寶典》引蔡邕《孟春章句》。

◎魚上冰。

魚者,水蟲而鱗,陰中之陽也者,上薄於冰也。感陽而起,水尚未清,故薄之陰。《玉燭寶典》引蔡邕《孟春章句》。

◎獺祭魚。

獺,毛蟲,西方白虎之屬,水居而殺魚者也。春之時,乙以柔配,庚剛,故金得殺於木,毛蟲害魚於春陽。自然之氣,不爲妖異,故以爲候。祭者陳之陸地,進而弗食。

獺，歲常兩祭，古者漁人候此而入澤梁。《爾雅翼·釋獸》二十一引蔡邕《月令章句》。《玉燭寶典》引蔡雍《孟春章句》曰"獺，毛蟲，西方白虎之屬，水居而殺魚者也。春之時，乙以柔配，庚剛，故金得滑殺於木。祭者陳之陸地，進而弗食"。

◎鴻雁來。

"雁"，陽鳥。"來"者，自外之辭也。陰起則南，陽起則北，爲二氣候者也。孟春陽氣達，故從南方來，而北過就陰，而產季冬，令雁北向，知此月從南來也。《玉燭寶典》引蔡雍《孟春章句》。

◎天子居青陽左个。

"青"，木色。"陽"，木德。故明堂之東面曰。"青陽左"者，東面以北爲左也。今寅上之室，正月之位也。同上。

◎乘鸞輅。

"輅"，車也。"鸞"，鳥名也。以金爲鸞鳥，懸鈴其中，施於衡上，以爲遲疾之節，故曰鸞輅。同上。《爾雅翼·釋鳥》引蔡邕稱"以金"至"之節"，"疾"作"速"。

◎駕倉龍。

"倉"，自然之色。鳥色之青者曰倉龍。《玉燭寶典》引蔡雍《孟春章句》。

◎載青旂。

"青"，人功之色也。交龍曰旂。

◎服倉玉。

佩上有雙衝，下有雙璜，琚瑀以雜之，衝牙蠙珠以納其間。《後漢書·輿服志下》注引《月令章句》。

◎食麥與羊。

食味相宜。《五行大義·配氣味》三引蔡雍解。

◎其器疏以達。

疏，鏤也。《文選》三張平子《東京賦》李善注。

◎是月也，以立春。

孟春以立春爲節，驚蟄爲中。中必在其月，節不必在其月。據孟春而言之，驚蟄在十六日以後，則立春在正月。驚蟄在十五日以前，則立春在往年十二月。故言"是月也，以立春"，明得立春，則孟春之月可以行春令矣。《玉燭寶典》引蔡雍《孟春章句》。《後漢書·律曆志下》注引無"故言"以下。

◎天子乃齊。

"齊"者，所以專壹其精，不敢散其志，然後可以交神明者也。《玉燭寶典》引蔡雍

《孟春章句》。

◎以迎春於東郊。

"迎春"者，禮昊天勾芒之神也。于東郊，就其位也。邑外爲郊，去邑八里，内因木數也。《周禮》建國之神位，兆五帝於四郊，以蒼珪禮東方，以赤璋禮南方，以白琥禮西方，以玄璜禮北方，皆有牲幣，各放其方之色。樂奏《太簇》，歌《青陽》冕，執干戚，舞《雲翹》、《育命》，所以遵養時和也。《御覽》五百二十八。《正義》引"賈、馬、蔡邕皆爲迎春祭大皞及句芒"。《後漢書·祭祀志中》注引《月令章句》"東郊去邑八里，因木數也"。

◎命相布德和令。

立春之日，下寬大書曰："制詔三公：方春東作，敬始慎微，動作從之。罪非殊死，且勿案驗，皆須麥秋。退貪殘，進柔良，卜當用者，如故事。"《後漢書·禮儀志上》注引《月令》，蔡邕曰："即此詔之謂也。"

秋冬肅急之後，故布生德，和政令，去肅急。《文選》四十六王元長《二月二日曲水詩序》李注引蔡邕《月令章句》。

◎乃命大史，守典奉法，司天日月星辰之行。

周天三百六十五度四分度之一，天體圓如彈丸，北高南下，北極出地上三十六度，南極入地下三十六度。北極去南極直徑一百二十二度弱，其依天體隆曲。南極去北極一百八十二度彊，正當天之中央。南北二極中等之處謂之赤道，去南北極各九十一度。春分日行赤道，從此漸北，夏至赤道之北二十四度，去北極六十七度，去南極一百一十五度，日行黑道。從夏至日以後日漸南，至秋分還行赤道，與春分同。冬至行赤道之南二十四度，去南極六十七度，去北極一百一十五度，其日之行處謂之黃道。又有月行之道與日道相近，交絡而過，半在日道之裏，半在日道之表，其當交則兩道相合，交去極遠處，兩道相去六度。此其日月行道之大略也。《尚書·洪範》十一正義引蔡邕說渾天云。

帝舜叶時月正日，湯、武革命，治曆明時。言承平者叶之，承亂者革之。《後漢書·律曆志下》注引《月令章句》。

紀，還復故曆。

七十六歲爲蔀首。

十九歲七閏月爲一章。並同上。

天有純陽，積剛運轉無窮。其體運行，包地之外。《書鈔》一百四十九引蔡邕《月令章句》。

天左旋，出地上，而西入地下；而東，其繞北極七十度，常見不伏。同上。

◎宿離不貸。

"宿"者，日所在。"離"者，月所歷也。日日行一度，故稱宿月。日行十三度，有奇，或歷三宿，故稱離，非一處之辭也。《玉燭寶典》引蔡邕《孟春章句》。宋王應麟《玉海》一引蔡邕曰"宿者，日所在，離月所歷"，又《困學紀聞》五引同，"宿"下無"者"字。

◎天子乃以元日，祈穀于上帝。

"元"者，善也。謂先甲三日，後甲三日，丁與辛也。《玉燭寶典》引蔡邕《孟春章句》。

◎乃擇元辰。

日，干也。辰，支也。有事於天，用日。有事於地，用辰。《南齊書·禮志上》九引蔡邕《月令章句》、《通典》四十六引蔡邕《月令章句》"解元辰"云。

郊天是陽，故用日。耕籍是陰，故用辰。"元"者，善也。《正義》引蔡邕。

◎帥三公、九卿、諸侯、大夫躬耕帝籍。

天子籍田千畝，以供上帝之粢盛，借人力以成其功，故曰帝籍。《初學記》三引蔡邕曰。

◎三公五推，卿、諸侯九推。

卑者殊勞，故三公五推。禮，自上以下，降殺以兩，勞事反之。諸侯上當有孤卿七推，大夫十二，士終畝，可知也。《後漢書·禮儀志上》注引《月令章句》。

◎反，執爵于大寢。

爵，飲器也。爵飲之，以其尾爲柄，而傳翼大一升。《韓詩》云"一升曰爵，爵，盡也，足也"。《玉燭寶典》引蔡邕《孟春章句》。

◎命曰勞酒。

"命曰勞酒"者，耕勞也。爲勞，故置酒，故命曰勞酒。《玉燭寶典》引蔡邕《孟春章句》。

◎審端徑術。

"審端徑術"，正也，步道也。"術"，車道也。《玉燭寶典》引蔡邕《孟春章句》。

◎善相丘陵、阪險、原隰、土地所宜。

色別曰土。《御覽》三十七引蔡邕《月令章句》，又引注云"言五方土色各異也"。

總丘陵原隰阪險曰地。《類聚》六、《御覽》三十六，《書鈔》一百五十七作"丘陵原隰阪險惣而曰地"。

◎命樂正入學習舞。

天子省風，以作樂，所以節八音而行八風。天子八佾，諸侯六，大夫四，士二。佾，舞列也。每佾八人，每服冕而執戚，有俯仰張翕之容，行綴長短之制，所以受命而歌王者之功也。人之動而有節者，莫若舞，肆舞所以動陽氣而導物也。《通典》一百四十五引蔡邕《月令章句》。《初學記》十五引"舞者，樂之容也。有俯仰張翕之容，行綴長短之制"。《類聚》四十三引"樂容曰舞，有俯仰張翕，行緩長短之制"。《御覽》五百七十四引"天子省風，以作樂舞，所以節八音而行八風。天子八佾，諸侯六佾，大夫四佾。佾，列也。每佾八人，每服冕而執戚，有俯仰張翕之容，行綴長短之制。所以受命而歌王者之功也。人之動而有節者，莫若舞。所以因陽氣而達物也"。

◎掩骼埋胔。

露骨曰骼，有肉曰胔。謂畜獸死在田野，春氣尚生，故埋藏死物。《玉燭寶典》引蔡邕《孟春章句》。《釋文》引蔡云首二句。

◎行冬令，則水潦爲敗。

太陰休，少陽尚微，而行冬令以導水氣，故水潦至而敗生物也。《通典》七十六引蔡邕《月令章句》。《舊唐書》八十九王方慶傳引同，"陰"下有"新"字。

◎雪霜大摯，首種不入。

"摯"，傷折。《釋文》。雪霜大摯，折傷者也。太陰干時，雨雪而霜，故傷首種。《通典》七十六引蔡邕《月令章句》。種，謂宿麥也。麥以秋種，故謂之首種，入，收也。春爲沍寒所傷，故至夏麥不成長也。《舊唐書》八十九王方慶傳引同。《玉燭寶典》引蔡邕《孟春章句》曰"首種，謂宿麥也。入，收也。麥以秋種，以春收，故謂之首種"。《釋文》出"首種"引蔡云"宿麥"。

⊙按：葉本末句衍"今《月令》首種稷，非麥"八字。

◎仲春之月，日在奎，昏弧中，旦建星中。

"中"，衷也。時二月，故次孟爲衷旦。昏弧中旦，建星中弧，南方建星，北方皆星名也。甄燿度及魯歷二十八宿，南方有狼弧，無東井輿鬼。北方有建星，無斗天官。石氏距弧星西，入斗四度，井、斗度皆長，弧建度短，故以正昏明也。今歷中春雨水節日在壁八度，昏明中星皆去日九十七度，井十七度，中而昏斗，初中而明。《玉燭寶典》引蔡邕《仲春章句》。

自壁九度至胃一度，謂之降婁之次，雨水、春分居之，魯之分野。《後漢書·律曆志下》注引《月令章句》。

◎律中夾鐘。

仲春，夾鐘也。管長七寸四分強。夾鐘，類分也。《御覽》十六引蔡邕《月令》。

◎始雨水。

孟春解凍則水雪雜下，是月息卦爲大壯，升陽至西。雪雨得而消釋。故至此乃始雨水也。《玉燭寶典》引蔡邕《仲春章句》。

◎鷹化爲鳩。

"鷹"，鳥名，鳩屬也。鳩有五種，鷹爲爽鳩，應陽而變，喙必柔溫仁而不鷙，《傳》

曰：“爽鳩氏，司寇也。”明春夏無爲，秋冬用事也。《玉燭寶典》引蔡邕《仲春章句》。宋陸佃《埤雅·釋鳥》六引蔡邕《月令章句》云"鷹化爲鳩。鷹，鳩屬也。鳩，凡五種，鷹爲鶌鳩，應陽而變，則喙柔仁而不鷙"。

◎天子居青陽大廟。

大廟，卯上之堂也。《玉燭寶典》引蔡邕《仲春章句》。

◎安萌芽。

萌芽，謂懷任者也，始化曰兆，其次曰萌，其次曰芽。孟春無亂人之紀，男女必有施化之端，故至是日而安之也。漢令二月家長詣鄉，受胎養穀，所以安之也。《玉燭寶典》引蔡邕《仲春章句》。

◎養幼少。

萌芽以見安，生而幼少，須父母又養之也。漢令民生，子復父母勿□，二歲有產兩子，給乳母一，產三子給乳母二。《玉燭寶典》引蔡邕《仲春章句》。

◎存諸孤。

"孤"，特也。"存"者，在也。視有無而賜之也。無妻曰鰥，無夫曰寡，幼無父母曰孤，老而無子獨。取其特立，總謂之孤。"諸"者，非一之辭也。漢令曰："方春和時，草木羣生之物皆有以樂，而吾百姓鰥寡孤獨窮困之人或阽於死亡，而莫之省憂。其議所以振貸之。"此之謂也。《玉燭寶典》引蔡邕《仲春章句》。

◎省囹圄，去桎梏。

"省"，損也。損其守備也。"囹"，牢也；"圄"，所以止出入，皆罪人所舍也。"去"，藏也。手曰桎，足曰梏。官謂之盜械，所以執罪人也。《玉燭寶典》引蔡邕《仲春章句》。《正義》引蔡云"囹，牢也。圄，止也。所以止出入，皆罪人所舍也"。

◎毋肆掠。

"肆"，陳也，謂暴人於市道也。論曰：肆諸市朝，掠笞也。嫌但止囹圄桎梏，可以暴掠人於市道，故發禁也。《玉燭寶典》引蔡邕《仲春章句》。

◎止獄訟。

"獄"，爭罪也。"訟"，爭辭也。他月則當聽，不直者罪。是月不刑人，故豫止之。《玉燭寶典》引蔡邕《仲春章句》。

◎是月也，玄鳥至。

"玄鳥"，燕也。"至"者，至人室。人室，屋也。常以春分至，秋分歸。故少昊氏鳥名百官。玄鳥氏，司分也。《玉燭寶典》引蔡邕《仲春章句》。《初學記》三、《御覽》十九引蔡邕《月令章句》"玄鳥，鷰也"。

◎至之日，以太牢祠于高禖。

"高"，尊也。"禖"，祀也。吉事先見之象也。蓋爲人所以祈子孫之祀。玄鳥感陽而至，其來主爲孚乳蕃滋，故重其至日，因以用事。契母簡狄，蓋以玄鳥至日有事高禖而生契焉。故《詩》曰："天命玄鳥，降而生商。"《後漢書·禮儀志上》注引《月令章句》、《通典》五十五引同，文字小異。《御覽》一百四十五引作"仲春之月，以太牢祀于高禖。'高禖'，祀名。'高'，猶尊也。吉事先見之象也、蓋爲人所以祈子孫之祀也、玄鳥感陽而至，故於其至日，因以用事。簡狄以玄鳥至之日有事高禖而生契焉。故《詩》云：'天命玄鳥，降而生商。'"《初學記》三引蔡邕曰"高禖，神名也"，又十引蔡邕《月令章句》曰"仲春之月，玄鳥至之日，以太牢祠于高禖。高禖，祈子之祀也"。

◎后妃率九嬪御。

"后"者，天子適妻也。妃，命也。嬪，婦也，御，妾也。《周禮》："天子一后、三妃、九嬪、二十七世婦、八十一御妻，以應外朝公卿大夫之數也。"世婦不見，卑者文略；御妻皆行，世婦可知也。后妃將九嬪女御皆爲禖，以祈孕姙也。《御覽》一百四五。《初學記》十引末二句作"后妃將嬪御皆會于高禖，以祈孕姓"。

◎乃禮天子所御，帶以弓韣。

凡衣服，加於身曰御。《文選》十一何平叔《景福殿賦》李注。天子所御，謂后妃以下至妾，孕任有萌芽者也。韣，弓衣也。祝以高禖之命，飲以醴酒，帶以弓衣，尚使得男也。禮，士、庶人、男子生，桑弧蓬矢六射，天地四方，天子尊，故未生有豫求之禮。《玉燭寶典》引蔡邕《仲春章句》。《後漢書·禮儀志上》注引作"韣，弓衣也。祀以高禖之命，飲之以醴，帶以弓衣，尚使得男也"，《初學記》十引作"天子所御，謂后妃已下至御妾，孕姓有萌牙者也。韣，弓衣。飲以醴酒，帶以弓矢，于高禖之前"，《御覽》一百四五、五百二十九引同，文字小異。

◎授以弓矢，于高禖之前。

"弓矢"者，男子之事也；孕妊者祈于高禖登位之前也。《御覽》一百四五。《初學記》十引首二句。

◎是月也，日夜分，

"日"者，晝也。"分"者，晝夜漏尅之數等也。其晝漏五十六尅，夜漏四十四尅。考中星，晝明者當見星度，故昏明入夜各三尅。其以平旦入爲節，則當損晝還夜六尅，則晝夜各五十尅，故日夜分也。《玉燭寶典》引蔡邕《仲春章句》。

星見爲夜，日入後三刻、日出前三刻皆屬晝，晝有五十六刻，夜有四十四刻。《正義》引蔡邕以爲。

◎雷乃發聲。

"雷"者，隆陰下，迎陽。陰起，陽氣用事，故上薄之發而爲聲者也。其氣季冬始動於地之中，則雉應而雛。孟春動於地之上，則蟄蟲應而振至。此升而動於天之下，其聲發揚，不曰始言，其升有漸漸者，孟春已應，故記發記始也。《易傳》曰："太陽霓出地上，少陽得並，而雷聲微。"謂孟春太陽，一二以上自雷，雷聲盛謂此月及季春也，故曰發聲。《玉燭寶典》引蔡邕《仲春章句》。

季冬雷在地下，則雉應而雛。孟春動於地之上，則蟄蟲應而振出。至此升而動於天之下，其聲發揚也。以雷出有漸，故言"乃"。《正義》引蔡邕以爲。

◎始電。

"始電"者，電是陽光，陽微則光不見，此月陽氣漸盛，以擊於陰，其光乃見。故云"始電"。《正義》引蔡邕云。

電與雷同氣，發而爲光者也。《玉燭寶典》引蔡邕《仲春章句》。

◎先雷三日，奮木鐸以令兆民曰："雷將發聲，有不戒其容止者，生子不備，必有凶災！"

迅雷風列，孔子必變。《玉藻》記曰："迅雷甚雨。"雖夜必興，冠而坐，所以畏天威也。小民不畏天威，懈慢褻瀆，或至夫婦交接，君子制法，不可指斥言，故曰"有不戒其容止"。言於此時夫婦交接，生子枝節性情必不備，其父母必有災。《玄女房中經》曰："雷電之子，必病癲狂。"《玉燭寶典》引蔡邕《仲春章句》。

迅雷風烈，孔子必變。《玉藻》云："迅雷甚雨則必變。"雖夜必興，衣服冠而坐，所以畏天威也。小人不畏天威，懈慢褻瀆，或至夫婦交接，君子制法，不可指斥言之，故曰"有不戒其容止"者。言此時夫婦交接，生子支節性情必不備，其父母必有災也。《正義》引蔡云。

◎日夜分則同度量。

晝夜中則陰陽平，燥濕均故可以同度量。"同"者，齊也。"度"者，所以數長短也。"量"者，所以數多少也。十分爲寸，十寸爲尺，十尺爲丈，十丈爲引，是爲五度。十龠爲合，十合爲升，十升爲斗，十斗爲斛，是爲五量。《玉燭寶典》引蔡邕《仲春章句》。

◎鈞衡石。

"鈞"，亦齊也，爲衡所以平輕重、載斤兩之數也。權與物齊則衡平矣。"石"，重名也。二十四銖爲兩，十六兩爲斤，三十斤爲鈞，四鈞爲石，是爲五稱。捅，斗甬。捅，挍也。十六斗曰甬。《玉燭寶典》引蔡邕《仲春章句》。

◎正權概。

"權"，錘也。所以起物而平衡也。"概"，直木也，所以平斗斛也。《玉燭寶典》引蔡邕《仲春章句》。

◎寢廟畢備。

人君之居也。前有朝，後有寢，終。則前制廟以象朝，後制寢以象寢。廟以威主四時享祀，寢以象生有衣冠几杖。《詩》云"寢廟奕奕"，言相連也。漢承亡秦，壞禮之後，廟在邑中，寢在園陵，雖失其處，名號猶在。器械上食之禮，皆象生而制，古寢之意也。《玉燭寶典》引蔡邕《仲春章句》。

◎毋作大事，以妨農之事。《玉燭寶典》引蔡邕《仲春章句》作"無作大事，以妨農事"。

"無作大事，以妨農事"，以耕者少休，調利闔扇，得爲小事嫌。奢泰之君，因是脩餝宮室，興造大事，以妨農業。故發禁也。《玉燭寶典》引蔡邕《仲春章句》。

◎毋竭川澤，毋漉陂池，毋焚山林。

隄障曰陂。大水旁小水曰池。縱火曰焚。《周禮》："中春教振旅，遂以蒐田。"蒐田，蒐索其不孕任者，以供宗廟之事。嫌人君服樂遊田，因是竭水縱火以盡生物，故發禁也。《玉燭寶典》引蔡邕《仲春章句》。

衆流注海曰川。《廣韻·下平聲二仙》"川"字注、《御覽》六十八。

叢木曰林。《御覽》五十七。

⊙按：葉本漏輯"衆流注海曰川"句。

◎天子乃鮮羔開冰。《玉燭寶典》引蔡邕《仲春章句》"鮮"作"獻"。

"獻"，進也。"羔"，穉羊也。《玉燭寶典》引蔡邕《仲春章句》。

仲春之月，天子獻羔開冰。《初學記》三、《御覽》十九。

◎上丁，命樂正習舞，釋菜。

"上丁"者，上旬之丁日也。"釋"者，置也。"菜"者，鬯也。鬱金香草，釀以秬黍，是爲秬鬯，所以禮先聖師也。《玉燭寶典》引蔡邕《仲春章句》。

◎祀不用犧牲，用圭璧，更皮幣。

此"祀不用犧牲"者，祈不用犧牲，謂祈禱小祀也，不用犧牲，若大祀則依常法，故上云"以大牢祠高禖"是也。《正義》引蔡氏云。

"不犧牲"者，言是月生養之時，故不用也。"圭璧"，玉器也。"更"，代也。以圭璧代之。《玉燭寶典》引蔡邕《仲春章句》。

◎民多相掠。

冬爲收藏，其氣貪得，故民心感化。多相掠奪者，交辭也，言非獨甲掠乙，亦乙掠甲也。《玉燭寶典》引蔡邕《仲春章句》。

◎行夏令，則國乃大旱。

其國大旱，少陽已壯，復行大陽之政。兩陽相兼，以抑陰氣，故大旱也。"旱"者，乾也，萬物傷於乾也。同上。

◎蟲螟爲害。

"蟲"，總名。"螟"，其別也。食心曰螟，食葉曰螣，食節曰賊。同上。

◎季春之月，日在胃，昏七星中，旦牽牛中。

"季"，末也。時有三月，至此而盡，故謂之末也。今歷季春，清明節日在胃一度，昏明。中星去日百六度，七星四度，中而昏。牛二十一度半，中而明。《玉燭寶典》引蔡邕《季春章句》。

自胃一度至畢六度，謂之大梁之次，清明、穀雨居之，趙之分野。《後漢書·律曆志》十三注。《開元占經》六十四引作"自胃一度至畢二度爲大梁之次"。

◎律中姑洗。

以姑洗爲角，南呂爲羽，則微濁也。《後漢書·律曆志》十一注。

管長七寸一分强，姑，故也。洗，鮮也。言萬物去故就新，莫不鮮明也。《御覽》十六引蔡邕《月令》云"季春沽洗"。

◎桐始華。

桐，木名，木之後華者也。穉之，故曰始。宋陸佃《埤雅·釋木》十四。《玉燭寶典》引蔡邕《季春章句》無"穉之，故曰始"五字。

◎田鼠化爲鴽。

鴽，鶉鷁之屬。《釋文》。田鼠，䶈鼠也。"鴽"，鳥名，鶉鷁之屬也。氣益盛蒸變合，而使毛者爲羽，走者能飛，候之尤著者也。"化"者，後爲田鼠。《玉燭寶典》引蔡邕《季春章句》。

◎虹始見。

虹，螮蝀也，陰陽交接之氣著於形色者也。雄曰虹，雌曰蜺。蜺常依陰雲，而晝見於日衝，無雲不見，大陰亦不見，率以日西見於東方，故《詩》云"螮蝀在於東"。蜺常在於旁，四時常有之，唯雄虹見藏有月。《類聚》二。《玉燭寶典》引蔡邕《季春章句》曰"虹始見，螮蝀也，陰陽交接之氣著於形色，雄曰虹，雌曰蜺。蜺常以陰雲，而晝出於日衝，無雲不見。蜺依濁蒙，見於日旁。凡見日旁者，四時常有之。唯雄虹起，是月兼見，冬乃藏"。《初學記》二引《月令章句》"夫陰陽不和，婚姻失序，即生此氣。虹見有青赤之色，常依陰雲，而晝見於日衝，無雲不見，太陰亦不見。見輒與日相互，率以日西，見於東方。故《詩》曰螮蝀在東"。《埤雅·釋天》二十引蔡邕云"虹常依陰雲，而出於日衝，無雲不見，大陰亦不見，常以日西見東方，故《詩》云螮蝀在東"。《御覽》十四引作"虹，螮蝀也。陰陽交接之氣著於形色者也。雄曰虹，雌曰蜺。虹常依陰雲，晝見於日衝，無雲不見，大陰亦不見。蜺常以蒙濁，見日旁，白而直曰白虹。凡日旁者，四時常有之。唯雄虹起季春見，至孟冬乃藏"。

◎萍始生。

"萍"，草名。浮生於水上，起是浸多，故曰始。《玉燭寶典》引蔡邕《季春章句》。

◎天子居青陽右个。

"右个"，辰上之室。同上。

◎天子乃薦鞠衣于先帝。

"鞠衣"，衣名，春服也。蓋菊華之色，其制度未之聞也。"進於先帝"者，進於廟也。《玉燭寶典》引蔡邕《季春章句》。

◎命舟牧覆舟，五覆五反。

"舟牧"，典舟官也。乘舟至危，故審之也。必覆五覆以視表，五反以視裏，慎之至也。《玉燭寶典》引蔡邕《季春章句》。

◎乃告舟備具于天子焉。

備，謂檥櫂、紼纚維引之具。《御覽》七百六十八。

◎天子始乘舟，薦鮪于寢廟。

陽氣和暖，鮪魚時至也，將取以薦，故因是乘舟浮於名川。《論語》曰："暮春者，春服既成，冠者、童子浴乎沂，風乎舞雩。"古有此禮。今三月上巳，祓（按："祓"誤作"袚"）於水濱，蓋出於此。《玉燭寶典》引蔡邕《季春章句》。《後漢書·禮儀志上》引蔡邕曰"《論語》'暮春者，春服既成，冠者五六人，童子六七人，浴乎沂，風乎舞雩，詠而歸'。自上及下，古有此禮。今三月上巳，祓禊於水濱，蓋出於此"。《宋書·禮志》十五、《書鈔》一百五十五引蔡邕《章句》"陽氣和暖，鮪魚時至，將取以薦寢廟，故因是乘舟禊於名川也。《論語》'暮春，浴乎沂'。自上及下，古有此禮。今三月上巳，祓於水濱，蓋出此也"。《通典》五十五注引同，文字小異。

◎命有司發倉廩，賜貧窮，振乏絕。

穀藏曰倉，米藏曰廩，無財曰貧，無親曰窮，暫無曰乏，不續曰絕。《正義》。《文選》七潘安仁《藉田賦》李注、八司馬長卿《上林賦》李注、四十五東方曼倩《答客難》李注並引首二句。

◎聘名士，禮賢者。

名士者，謂其德行貞純，道術通明，王者不得臣，而隱居不在位者也。賢者，名士之次，亦隱者也。名士優，故加束帛，賢者禮之而已。《正義》引蔡氏云。

◎修利隄防，道達溝瀆。

水行地上，積土兩旁曰隄。所以障衛曰防。行水地中曰溝瀆。《玉燭寶典》引蔡邕《季春章句》。

◎田獵罝罘、羅網、畢翳，餧獸之藥，毋出九門。鄭注：今《月令》無"罘"，"翳"作"弋"。

天子之城，旁三門，東方盛德所在。獵者不得出嫌。餘三方得行，故曰無出九門。《玉燭寶典》引蔡邕《季春章句》。

掩飛禽曰罩。繳射曰弋。《御覽》八百三十二。

◎鳴鳩拂其羽，戴勝降于桑。

鳩先是時鳴，故稱鳴。鳩拂，猶搏也，陽氣所感，故搏羽。下桑以勸人事也。《玉燭寶典》引蔡邕《季春章句》。《埤雅·釋鳥》九引文字小異，"鳩先"句上有"䳡鳩，鶻鳩也"五字。《初學記》三引"季春，戴鵀降於桑"。

◎后妃齊戒，親東鄉躬桑，禁婦女毋觀，省婦使，以勸蠶事。

季春之月，后妃齋戒，親東嚮躬桑。"齋戒"者，事於先蠶也。東嚮，盛德也。"躬桑"者，手三繰，猶天子親耕三推也。古者天子諸侯必有公桑蠶室，近川而爲之，築宮仞有三尺，棘墻而外閉之。卜夫人世婦之吉者使之蠶室奉種，浴于川，公桑以食之。《御覽》一百四十五。《初學記》十引首三句。

◎蠶事既登，分繭稱絲效功。《御覽》一百四十五"登"作"升"。

升，成也。絲以斤兩，故曰稱，知其多少，旌其成功也。事在孟夏，於是終言之也。《御覽》一百四十五。《初學記》十引蔡邕《月令章句》曰"蠶事既畢，分繭稱絲"。

◎以共郊廟之服，無有敢惰。《御覽》一百四十五引"共"作"供"，"無有敢惰"引作"無敢怠承"。

天子諸侯所服，以致祭者，必后夫人所親蠶也。禮，世婦卒蠶，獻繭於夫人，受之親繰三盆，手朱綠之，玄黃之，以爲黼黻文章。君服之以祀先王先公，敬之至也，故曰無敢怠。同上。

◎審五庫之量。

"審五庫之量"者，審所用多少也。五庫者（三字據《御覽》補），一曰車庫，二曰兵庫，三曰祭器庫，四曰樂器"器"字據《御覽》補。庫，五曰宴器庫。《初學記》二十四。《御覽》一百九十一引"五庫者"以下，《玉海》一百八十三引"一曰"以下。

⊙按：葉氏云唐卷子本《玉篇·广部》引蔡邕《月令章句》"審五庫之量，一曰車庫，二曰兵庫，三曰祭器庫，四曰樂庫，五曰宴器庫"。

◎金、鐵、皮、革。

去毛曰革，犀、兕、水牛之屬，以爲甲、楯、鼓、鞞。《御覽》三百五十七。

◎羽。

麾，鳥翼以爲幢麾也。《御覽》六百八十。

◎乃合累牛騰馬，遊牝于牧。《玉燭寶典》引蔡邕《季春章句》"騰"作"孕"。

"累""重""孕""任",皆懷胎之名也,謂六累懷胎曰重。田外曰牧。爲牝、馬、牛當重孕,故放之於牧地,就牡以交之。《玉燭寶典》引蔡邕《季春章句》。

◎行秋令,則天多沈陰,淫雨蚤降。

"陰"者,密雲也。"沉"者,雲之重也。《文選》三十九江文通《詣建平王上書》李注,又二十三江文通《從冠軍建平王登廬山香鑪峯》李注、二十四曹子建《贈王粲》李注並引"陰者,密雲也"。

◎兵革並起。

《洪範》經云:"兵革並起。"兵,謂金刃。革,謂甲楯。《御覽》三百五十七。

## 卷 二

◎孟夏之月,日在畢,昏翼中,旦婺女中。

自畢六度至東("東",據《占經》補)井十度,謂之實沈之次,立夏、小滿居之,晉之分野。《後漢書·律曆志》十三注。《開元占經》六十四引首三句。

"夏",假也,假太也。《玉燭寶典》引蔡邕《孟夏章句》。

◎其蟲羽。

南方朱鳥,羽蟲之長。故凡羽,屬夏也。《玉燭寶典》引蔡邕《孟夏章句》。

◎律中中呂。

管長六寸二分,陽氣將極,後中難。《御覽》十六。

◎其數七。

南方有火二土五,故數七。《南齊書·樂志》十一。

◎祭先肺。

火神祀於竈肺金藏以金養火食其所勝也。《玉燭寶典》引蔡邕《孟夏章句》。

螻蟈鳴。《玉燭寶典》"蟈"作"蛾"。

螻,蟪蛄。蟈蟲,黽之屬。《玉燭寶典》引蔡邕《孟夏章句》。

◎螻,螻蛄。蟈,蛙也。《釋文》。

⊙按:葉本云五代丘光庭《兼明書》一引與《釋文》同,查無。

◎蚯蚓出。

蟲而足,家屬也。《玉燭寶典》引蔡邕《孟夏章句》。

◎王爪生。鄭注:今《月令》云"王萯生"。《玉燭寶典》引蔡邕《孟夏章句》"爪"作"蓓"。

王蓓,草名,生於陵,陸草之後生者也。《玉燭寶典》引蔡邕《孟夏章句》。《御覽》九百九十八引作"蒉，草名也，生於陵也"。

◎苦菜秀。

苦菜，荼也。不榮而實謂之秀。荼與薺麥俱以秋生，少陰之物成於大陽，故秀而實。《玉燭寶典》引蔡邕《孟夏章句》。《御覽》九百九十七引作"苦，菜也。不榮而實謂之秀"。

◎天子居明堂左个。

"明堂"者，取其宗祀之清貌，則謂之清廟；取其正室，則曰太室；取其堂，則曰明堂；取其四門之學，則曰太學；取其周水圜如璧，則曰璧廱；其實一也。明堂者，所以宗祀其祖以配上帝也。夏后氏曰世室，殷人曰重屋，周人曰明堂。東曰青陽，南曰明堂，西曰總章，北曰玄堂，內曰太室。聖人南面而聽，向明而治，人君之位莫不正焉。故雖有五名，而主以明堂也。制度之數，各有所依。堂方一百四十四尺，坤之策也，屋圓楣徑二百一十六尺，乾之策也。太廟明堂方六丈，通天屋徑九丈，陰陽九六之變，且圓蓋方覆，九六之道也。八闥以象卦，九室以象州，十二宮以應日辰。三十六戶，七十二牖，以四戶八牖乘九宮之數也。戶皆外設而不閉，示天下以不藏也。通天屋高八十一尺，黃鍾九九之實也。二十八柱布四方，四方七宿之象也。堂高三尺，以應三統，四向五色各，象其行。水闊二十四丈，象二十四氣，於外，以象四海。王者之大禮也。《隋書·牛弘傳》四十九，又引蔡邕以為"明堂、靈臺、辟廱、太學，同實異名"。《禮記·明堂位》正義引蔡邕《明堂月令章句》"明堂者，天子大廟，所以祭祀。夏后氏世室，殷人重屋，周人明堂，饗功養老，教學選士，皆在其中。故言取正室之貌，則曰大廟；取其正室，則曰大室；取其堂，則曰明堂；取其四時之學，則曰大學；取其圓水，則曰辟廱：雖名別而實同"。《水經注·穀水》十六"又逕明堂北，漢光武中元元年立尋其基構，上圓下方，九室重隅，十二堂，蔡邕《月令章句》同之"。《類聚》三十八引蔡邕《月令》論曰"明堂者，天子太廟也，所以宗祀而配上帝，明天地統萬物也"。

⊙按：葉氏漏輯"明堂者，所以宗祀"至"大禮也"。

"明"者，陽光也，鄉受光，故曰明。三面闕，前曰堂，四周有戶曰室，"左个"，明堂之東，巳上之堂。《玉燭寶典》引蔡邕《孟夏章句》。

明堂之門北稱闈。《御覽》一百八十四。

◎以迎夏於南郊。

"迎夏"者，禮炎帝祝融神也。于南郊七里，因火數也。玉用赤璋，牲幣各放其色。樂奏《中宮》，歌《朱明》，其他皆如孟春也。《御覽》五百二十八。《後漢書·祭祀志》十八注引"去邑七里，因火數也"。

◎命太尉，贊傑俊。《玉燭寶典》引蔡邕《孟夏章句》"贊"作"讚"，"傑"作"桀"。

"太尉"者，卿官也。讚桀俊，皆材兼人者也。《禮變名》（按：疑"辨"誤"變"，"名"下疑脫"記"字）曰："千（按："十"誤"千"）人曰選，倍選曰俊，萬人曰桀。"

《玉燭寶典》引蔡邕《孟夏章句》。《御覽》二百七引"太尉，卿官"。

倍人曰茂，十人曰選，倍選曰俊，千人曰英，倍英曰賢，萬人曰傑，倍傑曰聖。《禮記·禮運》正義引《辨名記》。又《月令》正義引蔡氏《辨名記》"十人曰選，倍選曰俊，萬人曰傑"。

◎遂賢良。

"遂"，成也。材，千人曰英，倍英曰賢。"良"，善也。《禮辨名》曰："太尉典爵。"故爵祿之事皆命之。《玉燭寶典》引蔡邕《孟夏章句》。

◎命司徒循行縣鄙。

司徒，教官也。《御覽》二百七。

◎驅獸毋害五穀。

"獸"，麋鹿之屬。食穀苗穗者也。《玉燭寶典》引蔡邕《孟夏章句》。

◎聚畜百藥。

"藥"者，草木之有滋味，物力所以攻百疾者也。是月，草木盛，剛柔適，物力盛，故畜聚之也。神農躬嘗，別草木之味，蓋一日七十餘毒，於是得穀以養民，得藥以攻疾。《玉燭寶典》引蔡邕《孟夏章句》。

◎靡草死。

"靡"，細也，亭歷薺芥之屬。以秋生者，得太陽成而死。《玉燭寶典》引蔡邕《孟夏章句》。

◎麥秋至。

百穀各以其初生爲春，熟爲秋。故麥以孟夏爲秋也。《玉燭寶典》引蔡邕《孟夏章句》、《初學記》三、《御覽》二十一、宋祝穆《事文類聚·前集》九、宋陳元覯《歲時廣記》二。

◎蠶事畢，后妃獻繭。

孟夏之月，蠶事既畢，后妃獻繭於天子，進其成功也。《御覽》一百四十五。

◎乃收繭稅，以桑爲均。

十而取一曰稅，乃收世婦以下所蠶之稅也。"以桑爲均"者，用桑多則繭多，少則繭少也。同上。

◎貴賤長幼如一。

貴，謂世婦。賤，謂妾御。長，謂力壯者也。言無尊卑老壯，各自以桑爲均，不得以高下爲差也。同上。

◎天子飲酎。

"酎"，酒名也。飲者進之宗廟，而後飲於廟中也。釀酒至此而成，故進之。《玉燭寶典》引蔡邕《孟夏章句》。

◎四鄙入保。

　　"保"，小城在邊野也。《玉燭寶典》引蔡邕《孟夏章句》。

◎行春令，則蝗蟲爲災。

　　蝗，螣也，當爲災則生。故水處澤中，數百或數十里，一朝蔽地，而食禾粟，苗盡復移。雖自有種，其爲災，云是魚子在水中化爲之。《類聚》一百引"蔡伯喈曰"。

　　其類乳於土中，深埋其卵，江東謂之蚱蜢，善害田稺。宋陸佃《埤雅·釋蟲》十。

　　螽，蝗也。《詩·召南·草蟲》正義引蔡邕云。

◎暴風來格。

　　日出而風曰暴。《玉燭寶典》引蔡邕《孟夏章句》。

◎秀草不實。

　　秀草，苦菜，薺屬也。春主秀，夏至實。夏而行春令，故草秀不實。同上。

◎仲夏之月，日在東井，昏亢中，旦危中。

　　自東（"東"，據《占經》補）井十度至柳三度，謂之鶉首之次，芒種、夏至居之，秦之分野。《後漢書·律曆志下》注。《開元占經》六十四引句首至"鶉首"三句，"三"作"四"。

◎律中蕤賓。

　　長六寸一分小二分。陽氣上極，陰氣始，故賓敬之。蕤，下也。《御覽》十六。

◎小暑至。

　　"暑"者，燠氣之著者也。小於季夏之暑。《玉燭寶典》引蔡邕《仲夏章句》。

◎螳螂生。

　　螳螂，蟲名，食蟬，殺蟲。《御覽》九百四十六引作。

◎鵙始鳴。

　　鵙，伯勞也，一曰伯趙，應陰而鳴，爲陰候者也。常以夏至鳴，冬至止，故《傳》曰："伯趙氏司至也。"《玉燭寶典》引蔡邕《仲夏章句》。《左傳·昭十七年》正義、《御覽》九百二十三引"鵙"至"陰侯也"。《正義》"陰"作"時"。

◎反舌無聲。

　　"反舌"，蟲名，黽之屬也。今謂之蝦蟇，其舌本前著，口側而末內嚮，故謂之反舌。《玉燭寶典》引蔡邕《仲夏章句》。《禮記·月令》正義引同，"內嚮"作"嚮內"。《釋文》出"反舌"云"蔡伯喈云蝦蟇"。

◎天子居明堂大廟。

　　"大廟"，午上之堂。《玉燭寶典》引蔡邕《仲夏章句》。

◎命樂師修鞀、鞞、鼓。

"韶"，小鼓，有柄。"鼙"，大鞞也。《玉燭寶典》引蔡邕《仲夏章句》。

◎均琴瑟、管、簫。

凡絃之緩急爲清濁，琴緊其絃則清，縵其絃則濁。瑟前其柱則清，却其柱則濁。唐武后《樂書要錄》五。《文選》十八嵇叔夜《琴賦》李注引作"凡絃之緩急爲清濁，琴緊其絃則清，縵則濁"。《御覽》五百七十六引"瑟前其柱則清，却其柱則濁"，又五百七十七引"凡絃急則清，慢則濁"。

管者，形長尺，圍寸，有孔無底，其器今亡。《通典》一百四十四、《宋書·樂志一》。《御覽》五百八十引同，唯"尺"上有"一"字。

簫，編竹有底。大者二十三管，小者十六管。長則濁，短則清。以蜜蠟實其底，而增減之，則和管而成音，定無所復調，當與琴瑟相參。《藝文類聚》四十四引無"編竹"至"六管"三句，"蜜蠟"作"膡密"，《通典》一百四十四、《御覽》五百八十一並引"簫"至"則和"，《宋書·樂志一》引首二句。宋祝穆《事文類聚續集》二十三引作"簫長則濁，短則清。以蜜蠟實其底，而增減之，則和管而音調，當與琴瑟相參"。

◎執干戚戈羽。

羽，鳥翼也，以爲旌幢麾也。《後漢書·班超傳》注。《御覽》六百八十引作"麾，鳥翼以爲幢麾也"。

⊙按：此條葉本漏輯。

◎調竽、笙、笆、簧。《通典》引《章句》"笆"作"篴"。

篴，竹也，六孔，有距，橫吹之。《詩》云："仲氏吹篴。"《通典》一百四十四。

◎飭鐘磬。

寫鳥獸之形，大聲有力者以爲鐘虡，清聲無力者以爲磬虡，擊其所縣，知由其虡鳴焉。《宋書·樂志一》引蔡邕曰。

◎爲民祈祀山川百源，大雩帝。

"源"，水首也。"雩"，遠也，遠求之意。《玉燭寶典》引蔡邕《仲夏章句》。

◎農乃登黍。

中夏而熟，黍之先成者謂之蟬鳴黍。《玉燭寶典》引蔡邕《仲夏章句》。《禮記·月令》正義引蔡氏以爲"此時黍新熟，今蟬鳴黍是也"。

◎門閭毋閉。

門，謂城門。閭，謂二十五家爲閭。《禮記·月令》正義引蔡云。

◎關市母索。

關在境，所以察出禦入也。《初學記》七。《類聚》六、《事文類聚續集》三引無"也"字。

⊙按：葉本輯"關市無索者，關市停物之所，商旅或隱藏其物以避征稅。是月從長之時，故不搜索其物"，云《正義》引蔡氏，誤，當是孔穎達文。

◎游牝別羣，則縶騰駒。班馬政。《釋文》："縶，蔡本作'執'。"《玉燭寶典》引蔡邕《仲夏章句》"班"作"頒"。

"縶"，絆。"頒"，賦。"馬正"，馬官之長也。季春遊於牧至此，積三月孕任者，足以定，則別之於羣，絆而授馬長，所以全其駒。《玉燭寶典》引蔡邕《仲夏章句》。

◎是月也，日長至。

"日"，盡也。"長"者，漏刻之數長也。"至"者，極也。夏至五月之中，其晝漏六十五刻。先之四日，後之四日，漏六十四刻有分。唯是日及先後各三日獨全五刻，故曰日長至也。《玉燭寶典》引蔡邕《仲夏章句》。

夏至之爲極有三意焉：晝漏極長，去極極近，晷景極短。《後漢書·律曆志下》注。

◎陰陽爭，死生分。

感陽氣長者生，感陰氣成者死。故於夏至日相與分也。《正義》引蔡云。

◎君子齊戒，處必掩身，毋躁。

君子，謂人君以下至在位士也。齊戒，所以敬道萌陰也。處必掩身，處，猶居也。掩，隱翳也。陰既始萌，故君子居處不顯露，恐干陰也。"毋躁"者，躁，動也。既不顯露，又不得躁動，宜靜以安萌陰也。《正義》引蔡氏。

◎止聲色，毋或進。

方齊戒，故止色，內御之屬勿或有所進也。《正義》引蔡云。

◎薄滋味。

薑、椒、桂、蘭之屬曰滋，甘、酸、魚、宍之屬曰味。《玉燭寶典》引蔡邕《仲夏章句》。

◎節嗜欲，定心氣。

口曰嗜，心曰欲，四藏之主氣，所以實志。同上。

◎百官靜，事毋刑。鄭注：今《月令》"刑"作"徑"。

"徑"，易也。言諸官皆靜，皆重慎，不輕易也。

◎以定晏陰之所成。

晏，爲以安定陰陽之所成。《正義》引王肅及蔡氏。

◎鹿角解。

"鹿"，獸名也。"角"，兵象也。"解"，墮也。凡角皆筋，而鹿角獨骨，兵象之剛者也。夏日至，陰始微，起氣弱，不可以動兵行武。故天示其象，鹿角應而墮，爲時候。《玉燭寶典》引蔡邕《仲夏章句》。

◎半夏生。

"半夏",藥草名。當夏半而生,因以爲名。同上。

◎仲夏行冬令,則雹凍傷穀。

雨凝曰雹。《書鈔》一百五十二。

◎季夏之月,日在柳,昏火中,旦奎中。

今歷季夏小暑節日在柳三度,昏明中星,去日百一十七度,尾一度,中而昏,奎二度,中而明。《玉燭寶典》引蔡邕《季夏章句》。

自柳三度至張十二度,謂之鶉火之次。小暑、大暑居之,周之分野。《後漢書·律曆志下》注。《開元占經》六十四引首二句。

◎律中林鐘。

長六寸九分。萬物成熟衆多也,林鐘,衆也。《御覽》十六。

◎溫風始至。

"溫"者,氣之在風者也。小暑之候。《玉燭寶典》引蔡邕《季夏章句》。宋施元之注《蘇詩》三十一引作"自溫風暑之在風者也"。

◎蟋蟀居壁。

蟋蟀,蟲名,斯螽、莎雞之類,世謂之精蜥。"壁"者,媱乳之處也,其類乳於中,深埋其卵。是月,媱者始壯,羽成,尚居其室壁而未出也。不言穴,母不居,獨以藏子。《詩》云:"五月斯螽動股,六月莎雞振羽。七月在野,八月在宇,九月在户,十月蟋蟀入我牀下。"言五月始能動足,六月羽翼成,七月乃出壁在野,八月避寒,近人在屋霤,九月就户,十月蟋蟀入我牀下。而遂蟄以漸,即溫之意也。《玉燭寶典》引蔡邕《季夏章句》。《類聚》九十七引"蟋蟀,蟲名,斯螽、莎雞之類,世謂之蜻蛚"。《御覽》九百四十九引"蟋蟀,或謂之蛬,亦謂之蜻蛚,斯螽、莎雞之類",《文選》二十三張孟陽《七哀》李注引"蟋蟀,蟲名,俗謂之蜻蛚"、四十七王子淵《聖主得賢臣頌》李注、五十一王子淵《四子講德論》李注引同。《正義》引云"蟋蟀,斯螽"。

◎鷹乃學習。

鷹以中春化爲鳩,中夏,陰氣起而復爲鷹。文不見,變而之不仁,故不記也。"學習"者,鷹鷙擊也,於是置羅之物,出者不禁。《玉燭寶典》引蔡邕《季夏章句》。

◎腐草爲螢。《玉燭寶典》引蔡邕《季夏章句》"螢"作"蛙"。

"蛙",蟲名也,世謂之馬蛙。盛暑所蒸,陰氣所化,故朽腐之物變而成蟲也。不言化,不復爲草也。《玉燭寶典》引蔡邕《季夏章句》。

鳩化爲鷹,鷹還化爲鳩,故稱化。今腐草爲螢,螢不復爲腐草,故不稱化。《正義》

引蔡氏。

◎天子居明堂右个。

"个"，未上之堂也。《玉燭寶典》引蔡邕《季夏章句》。

◎命漁師伐蛟、取鼉、登龜、取黿。鄭注：今《月令》"漁師"爲"榜人"。

榜，船人，習水者也。《書鈔》一百三十八引《月令》。《説文·舟部》八"舫"字引《明堂月令》曰"舫人，習水者"，《御覽》七百七十一引同，文字小異。

◎以祠宗廟社稷之靈。

稷秋夏乃熟，歷四時，備陰陽，穀之貴者。《後漢書·祭祀志下》注。

⊙按：此條葉本漏輯。

◎命婦官染采。

絲帛之功既訖，籃蒨之屬亦成，故以染色也。《玉燭寶典》引蔡邕《季夏章句》。

◎以妨神農之事也。

神農，則炎帝。《正義》引蔡氏云。

◎大雨時行，燒薙行水，利以殺草，如以熱湯。

"大雨時行"，行，降也。從"土潤"以下皆爲下句。燒薙，謂迫地芟除草名也。《周禮》立其官，使除田草也。五月夏至，芟殺暴之，至六月合燒之，故云"燒薙"也。"行水"者，其時也，大雨時行，行於所燒田中，仍壅遏蓄之，以漬燒薙，故云"行水"也。《正義》引蔡云。

◎可以糞田疇，可以美土疆。

穀田曰田，麻田曰疇。言爛草可以糞田使肥也。"可以美土疆"者，"疆"者，疆埒磊硊難耕之地，此月亦可止水漬之，乃壅糞之，使田美也。《正義》引蔡云。《史記·天官書》二十七《集解》、《漢書·天文志》二十六並引"麻田"句。

◎中央土。

南郊五里，因土數也。《後漢書·祭祀志中》十八注。

◎其蟲倮。

天宫五獸，中有大角、軒轅、麒麟之信。凡麟，生於火，遊於土，故修其母致其子，五行之精也。視明禮修，則麒麟臻。《初學記》二十九。《類聚》九十八、《御覽》八百八十九引"凡麟"以下，《類聚》"精"作"情性"，"臻"作"見"。

天官五獸之於五事也，左有蒼龍、大辰之貌，右有白虎、大梁之文，前有朱雀、鶉火之體，後有玄武、龜蛇之質，中有大角、軒轅、麒麟之信。《御覽》六，又九百十四引"天官五獸，前有朱雀，鶉火之體，凡鳥生於水"。《文選》十三禰正平《鸚鵡賦》李注引"天官五獸，

禮記類·蔡邕《月令章句》 | 423

前有朱雀，鶉火之體也"。

◎其音宮，律中黃鐘之宮。

黃鐘之宮，謂黃鐘少宮也，半黃鐘九寸之數，管長四寸五分，六月用爲候氣。《正義》引蔡氏。

◎食稷。

稷，秋夏乃熟。歷四時，備陰陽，穀之貴者。《後漢書·祭祀志下》注。

# 卷　三

◎孟秋之月，日在翼，昏建星中，旦畢中。

今歷孟秋立秋，節日在張十二度，昏明，中星去日百一十三度，箕九度，中而昏，胃九度，中而明。《玉燭寶典》引蔡邕《孟秋章句》。

自張十二度至軫六度，謂之鶉尾之次，立秋、處暑居之，楚之分野。《後漢書·律曆志》十三注。《占經》六十四引首二句，"張"作"翼"。

◎律中夷則。

長五寸六分，小二分。夷，傷。則，法也，萬物始傷。《御覽》十六。

◎其數九。

《洪範》經曰"四曰西方有金"之四，有土之五，故曰其數九。《玉燭寶典》引蔡邕《孟秋章句》。宋王質《詩總聞》十九引蔡邕云"西方有金四土五，故九"。

西方有金四土五，故數九。《南齊書·樂志》十一。

◎白露降。

"白露降"者，降（按：疑作"陰"）液也。釋爲露，凝爲霜。春夏清，冬濁而白。《玉燭寶典》引蔡邕《孟秋章句》。《書鈔》一百五十二、宋吳淑《事類賦·露》三引"露凝爲霜"。《御覽》十二引作"露者，陰液也。釋爲露，凝爲霜"。《廣韻·去聲十一暮》"露"字注引作"露者，陰之液也"。

◎寒蟬鳴。

寒蟬應陰而鳴，鳴則天涼，故謂之寒蟬也。《文選》二十四曹子建《贈白馬王彪》李善注。《埤雅·釋蟲》十一引下"鳴則"以下。

◎天子居總章左个。

西曰總章，合也。"章"，商也，和金氣之意也。"左个"，申上室。《玉燭寶典》引蔡邕《孟秋章句》。

◎以迎秋於西郊。

迎秋者，禮少昊蓐收之神。於西郊九里，因金數也。玉用白琥，牲幣各倣其色，樂奏《夷則》，歌《白藏》，其他如孟夏之禮。《御覽》五百二十八。《後漢書·祭祀志中》引"西郊九里，因金數也"。

◎命理瞻傷，察創，視折，審斷決。

皮曰傷，肉曰創，骨曰折，骨肉皆絕曰斷。言民鬥辨而不死者，當以傷創折斷、深淺大小正其罪之輕重。《玉燭寶典》引蔡邕《孟秋章句》。宋衛湜《禮記集說》四十三引首至"曰斷"。

◎戮有罪。

"戮有罪"者，刑而辱之也。鞭朴以上皆戮。《傳》曰："夷之蒐，賈季戮臾駢，臾駢之人欲盡殺賈氏以報焉。臾駢曰：'不可。'"漢律，吏歐斂錢曰戮辱賦強，然則戮生父者。《玉燭寶典》引蔡邕《孟秋章句》。

◎介蟲敗穀。

"介"者，甲也，謂龜蟹之屬也。《後漢書·五行志三》注。

◎民多瘧疾。《玉燭寶典》引蔡邕《孟秋章句》"疾"作"厲"。

"厲"，惡鬼也。氣病曰疫，鬼病曰厲。五行之性，所以畏為鬼。《傳》曰："鬼有所歸，乃不為厲。"《玉燭寶典》引蔡邕《孟秋章句》。

◎仲秋之月，日在角，昏牽牛中，旦觜觿中。

今曆中秋白露，節日在軫六度，昏明，中星去日百五度，斗廿一度，中而昏，糸五度，中而明。《玉燭寶典》引蔡邕《仲秋章句》。

自軫六度至亢八度，謂之壽星之次。白露、秋分居之，鄭之分野。《後漢書·律曆志下》注。《開元占經》六十四引首二句。

◎律中南呂。

長四寸三分小三分。南，任也。言陽氣尚有任也，生孳長也。《御覽》十六。

◎盲風至。

仲秋白露節，盲風至。秦人謂蓼風為盲風。《初學記》三、《御覽》二十五。宋陳元靚《歲時廣記》三末句作"鄭玄云：疾風也，秦人謂之蓼花風上"。

◎羣鳥養羞。

"羞"者，進食，此其類也。《夏小正》曰："丹鳥羞白鳥。"是月，陰氣始閉，故《傳》曰："丹鳥氏，司閉者也。"言丹鳥，以是月養羞，故以記閉也。《玉燭寶典》引蔡邕《仲秋章句》。

◎天子居總章大廟。

"大廟"者，酉上之堂。《玉燭寶典》引蔡雍《仲秋章句》。

◎養衰老。

三老，國老也。五更，庶老也。《通典》六十七、《後漢書·禮儀志上》注。

五更當爲五叟。叟，長老之稱也，其字似"更"，書有轉誤，"嫂"字，女傍"叟"，今皆以爲"更"矣。《御覽》五百三十五。《禮記·文王世子》引"遂設三老五更"。《釋文》："更，蔡作叟。"《正義》："蔡邕以'更'字爲'叟'，叟，老稱。"

三老爲三人，五更爲五人。《文王世子》正義。

◎文繡有恒。

織成曰文，刺成曰繡。《玉燭寶典》引蔡雍《仲秋章句》。

◎冠帶有常。

冠，首飾也。帶，大帶，所以束身也。《文選》四左太冲《蜀都賦》李注。

◎乃勸種麥，毋或失時。

陽氣初胎於酉，故八月薺麥，應而生也。《玉燭寶典》引蔡雍《仲秋章句》。《禮記·月令》正義引蔡氏同，"應"下有"時"字。

◎來商旅，納貨賄。

通四方之財謂之商。"旅"，客也。龜、貝、金、玉之屬曰貨。布、帛、魚、鹽之屬曰賄。《玉燭寶典》引蔡雍《仲秋章句》。

◎季秋之月，日在房，昏虛中，旦柳中。

自亢八度至尾四度，謂之大火之次，寒露、霜降居之，宋之分野。《後漢書·律曆志下》注。《占經》六十四引首二句。

◎律中無射。

長四寸八分小三分。射，終也。言萬物隨陽終也。《御覽》十六。

◎鞠有黃華。

菊，草名也。有者，非所有也。"黃華"者，土氣之所成也。季秋草木皆成，非榮華之時也，故言菊有，明它無有也。《爾雅翼·釋草》三。

◎霜始降。

露凝爲霜。《書鈔》一百五十二、《御覽》十四。

◎上丁，命樂正入學習吹。

季秋之月，上丁入學，習吹笙。"笙"字據《御覽》《樂書》補。吹者（二字據《文選》補），所以通氣也。管、簫、笙、竽、塤、篪，皆以吹鳴者也。《初學記》十六、《御覽》五百八十一。《文選》二十丘希範《侍宴樂遊苑送張徐州應詔》李注引"吹者"以下。宋陳暘《樂書》

一百二十三引無"吹者"、"塤、篪"。

◎是月也，大饗帝，嘗犧牲，告備于天子。

嘗犧牲，使有司展其犧牲而告備具也。《欽定禮記義疏·月令》引蔡邕《章句》。

◎是月也，天子乃教於田獵，以習五戎，班馬政。

獵，捷也，言以捷取之。獵，亦曰狩。狩，獸也。《初學記》二十二。《左傳》隱五年、《爾雅·釋天》邢疏並引"獵者，捷取之名也"。

寄戎事之教於田獵，武事不可空設。必有以誠，故寄教於田獵，閑肄五兵。天子、諸侯無事而不田為不敬，田不以禮為暴天物。《周禮》："司馬以旗致民，平列陳，如戰之陳。王執路鼓，諸侯執賁鼓，軍將執晉鼓，師帥執提，旅帥執鼙，卒長執鐃，兩司馬執鐸，公司馬執鐲。以教坐作進退疾徐疏數之節。"士卒聽聲視旗，隨而前却，故曰帥之耳目，在吾旗鼓。春教振旅以蒐田，夏教茇舍以苗田，秋教治兵以獮田，冬教大閱以狩田。春夏示行禮，取禽供事而已。秋者殺時，田獵之正，其禮盛。《後漢書·禮儀志中》注。《初學記》二十二引作"季秋之月，天下乃教于田獵，以習五戎，班馬政。其出，以順時取禽；其禮，將軍執晉鼓，師率執提，旅率執鼙，以教坐作進退徐疾之節。《周禮》曰：山虞掌山林之政令，若大田獵，則萊山田之野及弊田，植虞旗于中，致禽而珥馬"。《御覽》八百三十二引作"季秋之月，天子乃教於田獵，閑肄五兵。因以順時取禽，其禮，將軍執晉皷，師率執提，旅率執鼙，以教坐作進退徐疾之節"。

◎命僕及七騶咸駕。

七，當為"六"。《月令問答》："問者曰：'七騶咸駕，今曰六騶，何也？'曰：'《周官》天子六馬種，種別有騶，故知六騶也。'"據補。

◎天子乃厲飾，執弓挾矢以獵。

親執弓以射禽，所以教兆民載戰事也。四時閑習，以救無辜，以伐有罪，所以強兵保民，安不忘危也。《後漢書·禮儀志中》注。

◎天子乃以犬嘗稻。

十月穫稻，人君嘗其先熟，故在季秋。九月熟者，謂之半夏稻。《初學記》二十七。《御覽》八百三十九引無"人君""故在"二句。宋羅願《爾雅翼·釋草》一引蔡邕以為"今之蟬鳴，黍亦。猶十月穫稻，而天子所嘗，乃九月熟者，謂之半夏稻，亦其類也"。

## 卷　四

◎孟冬之月，日在尾，昏危中，旦七星中。

冬，終也。萬物於是終也。今歷孟冬立冬，節日在尾四度，昏明，中星去日八十八度，危八度，而昏，張十五度，中而明。《玉燭寶典》引蔡雍《孟冬章句》。《初學記》三引首二句。《御覽》二十七首三句。

自尾四度至南（"南"字據《開元占經》補）斗六度，謂之析木之次，立冬、小雪居之，燕之分野。《後漢書·律曆志下》注。《開元占經》六十四引上三句。

◎其蟲介。

北方玄武，介蟲之長。《文選》十五張平子《思玄賦》李善注。

◎律中應鐘。

長四寸八分。言萬物應陽而動下藏。《御覽》十六。

◎其數六。

北方有水一土五，故數六。《南齊書·樂志》十一。

◎雉入大水爲蜃。

雉大於雀，故得大陰乃化，在雀後一月，不言化，不復爲雉也。《玉燭寶典》引蔡雍《孟冬章句》。

◎天子居玄堂左个。

北曰玄堂。"玄"者，黑也，其堂嚮玄，故曰玄堂。左个，亥上之堂也。《玉燭寶典》引蔡邕《孟冬章句》。《文選》八揚子雲《羽獵賦》李注引"玄，黑也，其堂尚玄"。

◎是月也，以立冬。

是月，秋，金用事七十三日。土用事，於季秋十八日，至此而盡水德受之，故冬節至此立也。《玉燭寶典》引蔡邕《孟冬章句》。

◎以迎冬於北郊。

"迎冬"者，禮顓頊玄冥之神也。于北郊六里，因水數也。玉用玄，牲幣各放其色。樂奏《應鍾》，歌《玄英》，其他如孟秋之禮。《御覽》五百二十八。《後漢書·祭祀志中》注引"北郊六里，因水數也"。

◎命大史釁龜筴。

孟冬之月，命大卜釁龜筴，以牲祠龜筴。塗以牲血，謂之釁龜。釁者，龜甲所以卜也；筴者，蓍草所以筮也。《初學記》三十。

大卜官各以牲祠龜策，塗以血牲，謂之釁者。龜甲所以卜也，蓍草所以筮也。《御覽》七百二十六。

◎天子始裘。

祀上帝則大裘。天子狐白，諸侯狐黃，大夫狐倉，士以羔。《玉燭寶典》引蔡邕《孟冬章句》。宋衛湜《禮記集說》錄山陰陸氏引蔡邕曰"祀天則大裘"。

◎脩鍵閉。

鍵，關牡也，所以止扉，或謂之剡移。《顏氏家訓·書證篇》。

◎固封疆。鄭注：今《月令》"疆"或爲"璽"。按：蔡邕《獨斷》引《月令》"固封璽"，則蔡本亦作"璽"。

相國金印綠綬，位在公上，所以殊異休烈，羣臣莫得而齊。《書鈔》一百三十一引蔡邕《雜章》、《御覽》六百八十二。

⊙按：葉本云唐沙門慧苑《華嚴經音義》下引蔡邕《獨斷》曰"天子之璽，以螭虎紐，古者尊卑共之，《月令》曰'固封璽'。秦以前諸侯卿大夫皆曰璽，自茲已降，天子獨稱，諸侯不敢用也"。

◎天子乃祈來年于天宗。

天宗，日月北辰也。日爲陽宗，月爲陰宗，北辰爲星宗。冬，五穀畢入，故大蒸，遂爲來歲祈於天宗。《玉燭寶典》引蔡邕《孟冬章句》。《正義》引蔡云"日爲"至"星宗"三句，句末有"也"字。

◎臘先祖五祀。勞農以休息之。

臘，祭名也。夏曰嘉平，殷曰清祀，周曰大蜡，總謂之臘。《傳》曰："虞不臘矣。"《郊特牲》曰："'蜡'者，索也。歲十二月，合聚萬物而索饗之。"《周禮》"國祭蜡，以息老物"，言因臘大執衆功，休老物以祭先祖。祖及五祀，勞農以休息之。《玉燭寶典》引蔡邕《孟冬章句》。

◎仲冬之月，日在斗，昏東辟中，旦軫中。

今歷中冬小雪，節日在斗六度，昏明。中星去日八十三度。東壁半度，中而昏，軫十五度，中而明。《玉燭寶典》引蔡邕《孟冬章句》。

自南（"南"，據《占經》補）斗六度至須女二度，謂之星紀之次，大雪、冬至居之，越之分野。《後漢書·律曆志下》注。《開元占經》六十四引上三句。

◎律中黃鐘。

長九寸，律之始。言陽於黃泉下動也。鍾，動也。《御覽》十六。

◎天子居玄堂大廟。

大廟，子上之堂。《玉燭寶典》引蔡邕《仲冬章句》。

◎毋發室屋，及起大衆，以固而閉。

無起大衆，所以靜，皆所以勁。固陰閉，安養稚陽之意也。

◎地氣沮泄，是謂發天地之房。

天陽，方潛於黃泉之地，爲之房隩。起土發屋則不閉，則□出，故謂之發天地之房也。

◎命之曰暢月。

　　暢月，暢達也。陽泄則爲暢，月不泄不爲暢月。是月也，陰閉不可以達，而陽泄傷昏，故名之達月，言未可以達而達以爲災。並同上。

◎命奄尹申宮令，審門間，謹房室，必重閉。

　　間，當作閽。《月令問答》："問者曰：'謹門閭，今曰門閽，何也？'曰：'宮中之門曰閽，閽尹之職也。知當作閽也。'"

◎麴糵必時。

　　鬱聲曰麴，生穀曰糵，始作有時可也。《玉燭寶典》引蔡邕《仲冬章句》。

◎四海大川。

　　叢木曰林，受衆流注曰海。《御覽》五十七。

　　衆流注海曰川。《御覽》六十八。《廣韻·下平聲·仙韻》"川"字注引同。

◎日短至。

　　冬至之爲極有三意焉：晝漏極短，去極極遠，咎景極長。極者，至而還之辭也。《後漢書·律曆志下》注。

◎荔挺出。

　　荔似挺。《顏氏家訓·書證篇》。《御覽》一千引作"荔以挺出"。

◎蚯蚓結。

　　結，猶屈也。蚯蚓在穴，屈首下嚮，陽氣動則宛而上首，故其結而屈也。《正義》引蔡云。

◎季冬之月，日在婺女，昏婁中，旦氐中。

　　今歷季冬大雪，節日在女二度，昏明，中星（按："星"字原闕，今補）去日八十三度，婁六度，半中而昏，氐七度，中而明。《玉燭寶典》引蔡邕《孟冬章句》。

　　自須女二度至危十度，謂之玄枵之次，小寒、大寒居之，齊之分野。《後漢書·律曆志下》注。《開元占經》六十四引上三句。

◎律中大呂。

　　長八寸。呂，拒也。言陽乞欲出，陰不許也。《御覽》十六。

◎雉雊。

　　雉雊，鳴也。是月也，升陽起於坴之中，雷動而未聞於人。雉，性精剛，故獨知之，應而鳴也。《玉燭寶典》引蔡邕《季冬章句》。

　　雷在地中，雉性精剛，故獨知之應而鳴也。宋陸佃《埤雅·釋鳥》六、蔡卞《毛詩名物解》七。

◎天子居玄堂右个。

　　右个，丑上之堂。《玉燭寶典》引蔡邕《季冬章句》。

◎命有司大難。

　　日行北方之宿，北方大陰，恐爲所抑，故命有司大儺，所以扶陽抑陰也。《後漢書·禮儀志中》注、《通典》七十八、《御覽》二十六。

◎旁磔，出土牛，以送寒氣。

　　是月之昏建丑，丑爲牛。寒將極，是故出其物類形象，以示送達之，且以升陽也。《後漢書·禮儀志中》注、《通典》七十八。《御覽》二十六"昏"作"會"，無"爲"字。

◎征鳥厲疾。

　　太陰，氣將盡，故猛疾，與時競也。《正義》引蔡云。

◎九州之民。

　　周之九州，東南曰揚州，正南曰荆州，河南曰豫州，正東曰青州，河東曰兗州，正西曰雍州，東北曰幽州，河內曰冀州，西北曰并州。唐虞有徐梁而無幽并，漢有司益而無雍梁。《玉燭寶典》引蔡雍《季冬章句》。

# 蔡邕《月令問答》

東漢蔡邕撰。邕有《月令章句》，已著録。此書一卷，前人之輯本有七：有《説郛》本、臧庸《拜經堂叢書》本、黄奭《黄氏逸書考》本、蔡雲《龍溪精舍叢書》本、陸堯春《陸氏小蓬山館刻本》、馬國瀚《玉函山房輯佚書》本，亦見於嚴可均《全東漢文》卷八十。河北教育出版社 2002 年出版了鄧安生《蔡邕集編年校注》，鄧氏書中亦有此篇。鄧氏書吸收了前賢研究成果，後出轉精，故今次輯佚，用爲底本。

## 蔡邕《月令問答》一卷

問者曰：子何爲著《月令説》也？

曰：予幼讀《記》，以爲《月令》體大經同，不宜與《記》書雜録並行。而記家記之又略，及前儒特爲章句者，皆用其意傳，非其本旨。又不知《月令》徵驗布在諸經，《周官》《左傳》實與《禮記》通等，而不爲徵驗，他議横生，紛紛久矣。光和元年，余被謗章，罹重罪，徙朔方。内有獫狁敵衝之釁，外有寇虜鋒鏑之艱，危險凜凜，死亡無日。過被學者聞，家就而考之，亦自有所覺悟，庶幾頗得事情，而迄未有注記著於文字也。懼顛隕墜，無以示後來聰直君子，而懷之朽腐。竊誠思之，書有陰陽升降，天文曆數，事物制度，可假以爲本，敦辭托説，審求曆象，其要者莫大於《月令》。故遂於憂怖之中，晝夜密勿，昧死成之，旁貫《五經》，參伍羣書，至及國家律令制度，遂定曆數，盡天地三光之情。辭繁多而蔓衍，非所謂理約而達也。道長日短，危殆兢惕，取其心盡而已。故不能復加删省，蓋所以探賾辨物，庶幾多識前言往行之流。苟便學者，以爲可覽，則余死而不朽也。

問者曰：子説《月令》，多類《周官》《左傳》。假無《周官》《左傳》，《月令》爲無説乎？

曰：夫根柢植則枝葉必相從也。《月令》與《周官》，並爲時王政令之記，異文而同體，官名百職，皆《周官》解；《月令》甲子，沈子所謂似《春秋》也。若夫太昊、蓐收、勾芒、祝融之屬，《左傳》修其世系，其官人皆有明文，不與世章句傳文造義、強說生名者同，是以用之。

問者曰：既用古文於曆數，乃不用《三統》用《四分》何也？

曰：《月令》所用，參諸曆象，非一家之事，傳之於世，求曉學者，宜以當時所施行密近者。《三統》以疏濶廢弛，故不用也。

問者曰：既不用《三統》，以驚蟄爲孟春中，雨水爲二月節，皆《三統》法也，獨用之何？

曰：孟春《月令》曰："蟄蟲始震"，在正月也。中春"始雨水"，則雨水二月也。以其合，故用之。

問者曰：《曆》云小暑，季夏節也。而《令》文見於五月，何也？

曰：《令》不以曆節言，據時始暑而記也。曆於大雪、小雪、大寒、小寒皆云十五日，然則小暑當去大暑十五日，不得及四十五日。不以節言，據時暑也。

問者曰：中春《令》祀不用犧牲，以圭璧更皮。今曰祈不用犧牲何也？

曰：是月獻羔，以太牢祀高禖，宗廟之祭以中月，安得不用犧牲？祈者，求之祭也。著《月令》者豫設水旱疫癘，當禱祈也。用犧牲者，是用之助生養，禱祈以幣代牲也。今《章句》因於高禖之事，乃造說曰："更者，刻木代牲，如廟有桃梗。"此說自欺極矣！經典傳記，無刻木代牲之說，此以爲問甚正。其祀之宗伯，似書有轉誤，"三豕渡河"之類也。

問者曰：仲冬《令》曰："奄尹申宮令。"今曰"謹門閭"何也？

曰：閽尹者，內官也，主宮室，出入宮中。宮中之門曰閽，閽尹之職也。閭，里門，非閽尹所主，知當作"閽"也。

問者曰：《令》曰"七騶咸駕"，今曰"六騶"何也？

曰：本官職者，莫正於《周官》。《周官》，天子馬六種，種別有騶，故知六騶。《左氏傳》："晉程鄭爲乘馬御，六騶屬焉。"無言七者，知當爲六也。

問者曰：《令》以中秋築城郭，於經傳爲非其時何也？

曰：《詩》曰："定之方中，作於楚宮。"定，營室也，九月十月之交，西南方中，故傳曰："水昏正而栽。"水，即營室也。昏正者，昏中也。栽，設版栽木而始築也。今文在前一月，不合於經傳也。

問者曰：子說三難，皆以日行爲本。《古論》《周官》《禮記》說，以爲但逐惡而已，獨安所取之？

曰：取之於《月令》而已。四時通等而夏無難文，由日行也。春行少陰，秋行少陽，冬行太陰，陰陽背使，不於其類，故冬春難以助陽，秋難以達陰。至夏節太陽行太陽，自得其類，無所扶助，獨不難，取之於是也。

問者曰：反令每行一時轉三句，以應行三月政也。孟春行夏令，則雨水不時，謂孟夏也。草木蚤枯，中夏也。國乃有恐，季夏也。今總合爲一事，不分別施之於三月何也？

曰：說者見其三句，不得傳注而爲之說，有所滯礙，不得通矣。孟夏反令行冬令，則草木枯，後乃大水，敗其城郭，即分爲三事。"後乃大水"，在誰後也？城郭爲獨自壞，非水所爲也。季冬《令》曰："行春令則胎夭多傷，民多蠱疾，命之曰逆。"即分爲三事。行季春令，爲不致災異，但命之曰"逆"也，知不得斷絕，每應一月也。其類皆如此。今之所述，略舉其尤者也。

問者曰：春食麥羊，夏食菽鷄，秋食麻犬，冬食黍豕之屬，但以爲時味之宜，不合於五行。《月令》服食器械之制，皆順五行者也。說所食，獨不以五行，不已略乎？

曰：蓋亦思之矣。凡十二辰之禽，五時所食者，必家人所畜，丑牛、未羊、戌犬、酉鷄、亥豕而已，其餘龍虎以下，非食也。春木王，木勝土，土王四季。四季之禽，牛屬季夏，犬屬季秋，故未羊可以爲春食也。夏火王，火勝金，故酉鷄可以爲夏食也。季夏土王，土勝水，當食豕而食牛，土，五行之尊者；牛，五畜之大者；四行之牲，無足以配土德者，故以牛爲季夏食也。秋金王，金勝木，寅虎非可食者，犬豕而無角，虎屬也，故以犬爲秋食也。冬水王，水勝火，當食馬，而禮不以馬爲牲，故以其類而食豕也。然則麥爲木，菽爲金，麻爲火，黍爲水，各配其牲爲食也。雖有此說，而米鹽精粹，不合於《易》卦所爲之禽，及《洪範傳》五事之畜，近似卜筮之術，故予略之，不以爲《章句》，聊以應問，見有說而已。

問者曰：《記》曰"養三老五更"，子獨曰"五叟"；《周禮》曰八十一御妻，今曰"御妾"，何也？

曰：字誤也。叟，長老之稱，其字與"更"相似，書者轉誤，遂以爲"更"。"嫂"字女旁叟，"瘦"字中從叟，今皆以爲"更"矣。立字法者不以形聲，何得以爲字？以"嫂"、"瘦"推之，知是"更"爲"叟"也。妻者，齊也，惟一適人稱妻，其餘皆妾，御妾位最在下也，是以不得言妻云也。

# 蔡邕《明堂月令論》

東漢蔡邕著。邕有《月令章句》，已著録。此書一卷，清人輯本有六：有臧庸《拜經堂叢書》本、王謨《漢魏遺書鈔》本、黄奭《黄氏逸書考》本、蔡雲《龍溪精舍叢書》本、陸堯春《陸氏小蓬山館刻本》，亦見於嚴可均《全東漢文》卷八十。河北教育出版社2002年出版了鄧安生《蔡邕集編年校注》，鄧氏書中亦有此篇。鄧氏書吸收了前賢研究成果，後出轉精，故今次輯佚用爲底本。

## 蔡邕《明堂月令論》一卷

明堂者，天子太廟，所以宗祀其祖，以配上帝者也。夏后氏曰世室，殷人曰重屋，周人曰明堂。東曰青陽，南曰明堂，西曰總章，北曰玄堂，中央曰太室。《易》曰："離也者，明也，南方之卦也。聖人南面而聽天下，嚮明而治。"人君之位，莫正於此焉。故雖有五名，而主以明堂也。其正中皆曰太廟，謹承天順時之令，昭令德宗祀之禮，明前功百辟之勞，起養老敬長之義，顯教幼誨稺之學，朝諸侯選造士於其中，以明制度。生者乘其能而至，死者論其功而祭。故爲大教之宫，而四學具焉，官司備焉。譬如北辰，居其所而衆星拱之，萬象翼之，政教之所由生，變化之所由來，明一統也。故言明堂，事之大，義之深也。取其宗祀之貌，則曰清廟；取其正室之貌，則曰太廟；取其尊崇，則曰太室；取其嚮明，則曰明堂；取其四門之學，則曰大學；取其四面周水，圓如璧，則曰辟廱。異名而同事，其實一也。

《春秋》因魯取宋之奸略，則顯之太廟，以明聖王建清廟明堂之義。經曰："取郜大鼎於宋。戊申，納於太廟。"傳曰："非禮也。君人者，將昭德塞違，故昭令德以示子孫。是以清廟茅屋，昭其儉也。夫德儉而有度，升降有數，文物以紀之，聲明以發之，以臨照百官。百官於是乎戒懼而不敢易紀律，所以明大教也。以周清廟論之，魯太廟，皆明堂也。魯禘祀周公於太廟明堂，猶周宗祀文王於清廟明堂也。《禮記·檀弓》曰："王齊，禘於清廟明堂也。"《孝經》曰："宗祀文王於明堂。"《禮記·明堂位》曰："太廟，天子曰明堂。"又曰："成王幼弱，周公踐天子位以治天下，朝諸侯於明堂，制禮作樂，頒度量，而天下大服。成王以周公有大勳勞於天下，命魯公世世禘祀周公於太廟，以天子之禮，升歌《清廟》，下管《象》舞，所以異魯於天下也。"取周《清廟》之歌，歌於魯太廟，明魯之太廟，猶周之清廟也，皆所以昭文王、周公之德，以示子孫也。

《易傳·太初篇》曰："天子旦入東學，晝入南學，暮入西學，太學在中央，天子之所自學也。"《禮記·保傅篇》曰："帝入東學，上親而貴仁；入西學，上賢而貴德；入南學，上齒而貴信；入北學，上貴而尊爵；入太學，承師而問道。"與《易傳》同。《魏文侯·孝經傳》曰："太學者，中學明堂之位也。"《禮記·古大明堂之禮》曰："日出居東門，膳夫于是相禮；日中出南門，見九侯及門子；日側出西闈，視五國之事；日入出北闈，視帝獸。"《爾雅》曰："宮中之門謂之闈。"《王居明堂之禮》又別陰陽門，東南稱門，西北稱闈。故《周官》有門闈之學，師氏教以三德，守王門；保氏教以六藝，守王闈。然則師氏居東門南門，保氏居西門北門也。知掌教國子，與《易傳》《保傅》《王居明堂之禮》參相發明，爲學四焉。

《文王世子篇》曰："凡大合樂，則遂養老。天子至，乃命有司行事，興秩節，祭先師先聖焉。始之養也，適東序，釋奠於先老，遂設三老、五更之席位。"言教學始於養老，由東方歲始也。又："春夏學干戈，秋冬學羽籥，皆習於東序。凡祭與養老乞言、合語之禮，皆小樂正詔之於東序。"又曰："大司成論說在東序。"然則詔學皆在東序，東序，東之堂也。學者詔焉，故稱太學。

仲夏之月，令祀百辟卿士之有德於民者。《禮記·太學志》曰："禮，士大夫學於聖人，善人祭於明堂，其無位者祭於太學。"《禮記·昭穆篇》曰："祀先賢於西學，所以教諸侯之德也。"即所以顯行國禮之處也。太學，明堂之東序也，皆在明堂辟廱之內。

《月令記》曰："明堂者，所以明天氣，統萬物。"明堂上通於天，象日辰，故有十二宮，象日辰也。水環四周，言王者動作法天地，德廣及四海，方此水也。《禮記·盛德篇》曰："明堂九室，以茅蓋屋，上圓下方，外水，名曰辟廱。"《王制》曰："天子出征，執有罪，反，釋奠於學，以訊馘告。"《樂記》曰："武王伐殷，薦俘馘於京太室。"《詩·魯頌》云："矯矯虎臣，在泮獻馘。"京，鎬京也。太室，辟廱之中明堂太室也，與諸侯泮宮，俱獻馘焉。即《王制》所謂"以訊馘告"者也。《禮記》曰："祀乎明堂，所以教諸侯之孝也。"《孝經》曰："孝悌之至，通於神明，光於四海，無所不通。《詩》曰：'自西自東，自南自北，無思不服。'"言行孝者則曰明堂，行悌者則曰太學，故《孝經》合以爲一義，而稱鎬京之詩以明之。凡此，皆明堂、太室、辟廱、太學事通文合之義也。

其制度之數，各有所法。堂方百四十四尺，《坤》之策也。屋圜屋楣二百一十六尺，《乾》之策也。太廟明堂方三十六丈，通天屋徑九丈，陰陽九六之變也。圜蓋方載，六九之道也。八闥以象八卦，九室以象九州，十二宮以應十二辰，三十六戶七十二牖，以四戶八牖乘九室之數也。戶皆外設而不閉，示天下不藏也。通天屋高八十一尺，黃鍾九九之實也。二十八柱列於四方，亦七宿之象也。堂高三尺，以應三統。四鄉五色，各象其行。外廣二十四丈，應一歲二十四氣。四周以水，象四海，王者之大禮也。

《月令篇名》曰："因天時，制人事，天子發號施令，祀神受職，每月異禮，故謂之《月令》，所以順陰陽，奉四時，效氣物，行王政也。成法具備，各從時月，藏之明堂，所以示承祖考神明，明不敢泄瀆之義，故以'明堂'冠《月令》，以名其篇。自天地定位，有其象，聖帝明君，世有紹襲，蓋以裁成大業，非一代之事也。《易》正月之卦曰《益》，其經曰："王用享於帝，吉。"《孟春令》曰："乃擇元日，祈穀於上帝。"《顓頊曆術》："天元正月己巳朔日立春，日月俱起於天廟營室五度。"《月令》："孟春之月，日在營室。"《堯典》曰："乃命羲和，欽若昊天，歷象日月星辰，敬授民時。"《月令》曰："乃命太史守典奉法，司天日月星辰之行。"《易》曰："不利爲寇，利用禦寇。"《月令》曰："兵戎不起，不可從我始。"《書》曰："歲二月，同律度量衡。"《中春令》曰："日夜分，則同度量，鈞衡石。"凡此，皆合於大曆唐政，其類不可盡稱。《戴禮·夏小正傳》曰："陰陽生物之後，王事之次。"則夏之月令也。殷人無文，及周而備，文義所說，博衍深遠，宜周公之所著也。宮號職司，與《周官》合。《周書》七十二篇，而《月令》第五十三。古者諸侯朝正於天子，受《月令》以歸，而藏諸廟中。天子藏之於明堂，每月告朔朝廟，出而行之。周室既衰，諸侯怠於禮。魯文公廢告朔而朝，仲尼譏之。經曰："閏月不告朔，猶朝於廟。"刺舍大禮而徇小儀也。自是告朔遂闕，而徒用其羊。子貢非廢其令而請去之，仲尼曰："賜也。爾愛其羊，我愛其禮。"庶明王復興，君人者昭而明之，稽而用之，耳無逆聽，令無逆政，所以臻乎大順，陰陽和，年穀豐，太平洽，符瑞由此而至矣。秦相呂不韋著書，取《月令》爲紀號；淮南王安亦以取爲第四篇，改名曰《時則》。故偏見之徒，或云《月令》呂不韋作，或云淮南，皆非也。

# 蔡謨《禮記音》

晉蔡謨撰。謨有《喪服譜》,已著録。《隋志》經部注著録此書爲二卷,且云亡。陸德明《經典釋文·序録》亦及之。其佚文無考。

# 干寶《後養議》

晉干寶撰。寶有《周易注》，已著録。《隋志》經部注著録此書爲五卷，兩《唐志》史部儀注類著録作《雜議》五卷。後佚。《晉書·禮志》載其佚文，馬國翰輯爲一卷，其《序》云："《後養議》，論列爲人後者養親喪祭之禮；曰'議'者，集諸儒之議以成書也。《晉書·禮志》載其論王昌父毖與前妻隔絶，更取昌母喪服，歷敍謝衡等十餘人之議，而終以干寶論爲斷。論取張惲、劉卞先後之節，及齊王攸、衛恒服絶之製而折中之，以爲及其子孫，交相爲服，二母祫祭，等其禮饋，序其先後，配其左右，得變禮之中矣。"今次從《晉書》輯録作一卷。

## 干寶《後養議》一卷

太康元年，東平王楙上言，相王昌父毖，本居長沙，有妻息，漢末使入中國，值吳叛，仕魏爲黄門郎，與前妻息死生隔絶，更娶昌母。今江表一統，昌聞前母久喪，言疾求平議。

守博士謝衡議曰："雖有二妻，蓋有故而然，不爲害於道，議宜更相爲服。"

守博士許猛以爲："地絶，又無前母之制，正以在前非没則絶故也。前母雖在，猶不應服。"

段暢、秦秀、騶沖從猛。

散騎常侍劉智安議："禮爲常事制，不爲非常設也。亡父母不知其死生者，不著於禮。平生不相見，去其加隆，以朞爲斷。"

都令史虞溥議曰："臣以爲禮不二嫡，所以重正，非徒如前議者防妬忌而已。故曰'一與之齊，終身不改'，未有遭變而二嫡。苟不二，則昌父更娶之辰，是前妻義絶之日也。使昌父尚存，二妻俱在，必不使二嫡專堂，兩婦執祭，同爲之齊也。"

秦秀議："二妾之子，父命令相慈養，而便有三年之恩，便同所生。昌父何義不命二嫡依此禮乎！父之執友有如子之禮，況事兄之母乎！"

許猛又議："夫少婦稚，則不可許以改娶更適矣。今妻在許以更聘，夫存而妻得改醮者，非絕而何？"

侍中領博士張惲議："昔舜不告而娶，婚禮蓋闕，故《堯典》以釐降二女爲文，不殊嫡媵。傳記以妃夫人稱之，明不立正后也。夫以聖人之弘，帝者嫡子，猶權事而變，以定典禮。黃昌之告新妻使避正室，時論許之。推姬氏之讓，執黃卿之決，宜使各自服其母。"

黃門侍郎崔諒、荀愷、中書監荀勖、領中書令和嶠、侍郎夏侯湛皆如溥議。

侍郎山雄、兼侍郎著作陳壽以爲："溥駁'一與之齊'，非大夫也，禮無二嫡，不可以並耳。若昌父及二母於今各存者，則前母不廢，已有明徵也。設令昌父將前母之子來入中國尚在者，當從出母之服。苟昌父無棄前妻之命，昌兄有服母之理，則昌無疑於不服。"

賊曹屬卞粹議："昌父當莫審之時而娶後妻，則前妻同之於死而義不絕。若生相及而後妻不去，則妾列於前志矣。死而會乎，則同祔於葬，無並嫡之實。必欲使子孫於沒世之後，追計二母隔絕之時，以爲並嫡，則背違死父，追出亡母。議者以爲禮無前母之服者，可謂以文害意。愚以爲母之不親，而服三年非一，無異於前母也。"

倉曹屬衛恒議："或云，嫡不可二，前妻宜絕。此爲奪舊與新，違母從子，禮律所不許，人情所未安也。或云，絕與死同，無嫌二嫡，據其相及，欲令有服。此爲論嫡則死，議服則生，還自相伐，理又不通。愚以爲地絕死絕，誠無異也，宜一如前母，不復追服。"

主簿劉卞議："悕在南爲邦族，於北爲羈旅，以此名分言之，前妻爲元妃，後婦爲繼室。何至王路既通，更當逐其今妻，廢其嫡子！不書姜氏，絕不爲親，以其犯至惡也。趙姬雖貴，必推叔隗；原同雖寵，必嫡宣孟。若違禮苟讓，何則《春秋》所當善也！論者謂地絕，其情終已不得往來。今地既通，何爲故當追而絕之邪！黃昌見美，斯又近世之明比。"

司空齊王攸議："《禮記》'生不及祖父母、諸父昆弟，而父稅喪，己則否'，諸儒皆以爲父以他故子生異域，不及此親存時歸見之，父雖追服，子不從稅，不責非時之恩也。但不相見，尚不服其先終，而況前母非親所生，義不踰祖，莫往莫來，恩絕殊隔，而令追服，殆非稱情立文之謂也。以爲昌不宜追服。"

司徒李胤議："悕爲黃門侍郎，江南已叛。石厚與焉，大義滅親，況於悕之義，可得以爲妻乎！"

大司馬騫不議，太尉充、撫軍大將軍汝南王亮皆從主者。

溥又駁粹曰："喪從寧戚，謂喪事尚哀耳，不使服非其親也。夫死者終也，終事已故無絕道。分居兩存，則離否由人。夫婦以判合爲義，今土隔人殊，則配合理絕。彼已更娶代已，安得自同於死婦哉！伯夷讓孤竹，不可以爲後王法也。且既已爲嫡後服，復云爲妾，生則或貶或離，死則同祔於葬，妻專一以事夫，夫懷貳以接已，開僞薄之風，傷貞信之教，於以純化篤俗，不亦難乎！今昌二母雖土地殊隔，據同時並存，何得爲前母後母乎！設使昌母先亡，以嫡合葬，而前母不絕，遠聞喪問，當復相爲制何服邪！夫制不應禮，動而愈失。夫孝子不納親於不義，貞婦不眛進而苟容。今同前嫡於死婦，使後妻居正而或廢，於二子之心，曾無惡乎！而云誣父棄母，恐此文致之言，難以定臧否也。禮，違諸侯適天子，不服舊君，然則昌父絕前君矣，更納後室，廢舊妻矣，又何取於宜誅宜撫乎！且婦人之有惡疾，乃慈夫之所慗也，而在七出，誠以人理應絕故也。今夫婦殊域，與無妻同，方之惡疾，理無以異。據已更娶，有絕前之證，而云應服，於義何居！"

尚書八座以爲："設令有人於此，父爲敦煌太守，而子後任於洛，若父娶妻，非徒不見，乃可不知，及其死亡，不得不服。但鞠養已者情哀，而不相見名制，雖戚念之心殊，而爲之服一也。又，兩后匹嫡，自謂違禮，不謂非常之事而以禮處之也。昔子思哭出母於廟，其門人曰：'庶氏之女死，何爲哭於孔氏之廟？'子思懼，改哭於他室。若昌不制服，不得不告其父祖，掘其前母之尸，徙之他地。若其不徙，昌爲罪人。何則？異族之女不得祔于先姑，藏其墓次故也。且夫婦人牽夫，猶有所尊，趙姬之舉，禮得權通，故先史詳之，不譏其事耳。今昌之二母，各已終亡，尚無並主輕重之事也。昌之前母，宜依叔隗爲比。若亡在昌未生之前者，則昌不應復服。生及母存，自應如禮以名服三年。輒正定爲文，章下太常報楸奉行。"

制曰："凡事有非常，當依準舊典，爲之立斷。今議此事，稱引趙姬、叔隗者粗是也。然後狄與晉和，故姬氏得迎叔隗而下之。吳寇隔塞，遂與前妻，終始永絕。必義無兩嫡，則趙衰可以專制隗氏。昌爲人子，豈得擅替其母。且毖二妻並以絕亡，其子猶後母之子耳，昌故不應制服也。"

太興初，著作郎干寶論之曰："禮有經有變有權，王毖之事，有爲爲之也。有不可責以始終之義，不可求以循常之文，何羣議之紛錯！同產者無嫡側之別，而先生爲兄；諸侯同爵，無等級之差，而先封爲長。今二妻之入，無貴賤之禮，則宜以先後爲秩，順序義也。今生而同室者寡，死而同廟者衆，及其神位，固有上下也。故《春秋》賢趙姬遭禮之變而得禮情也。且夫吉凶哀樂，動乎情者也；五禮之制，所以叙情而即事也。今二母者，本他人也。以名來親，而恩否於時，敬不及生，愛不及喪，夫何追服之道哉！

張惲、劉卞，得其先後之節，齊王、衛恒通于服絕之制，可以斷矣。朝廷於此，宜導之以趙姬，齊之以詔命，使先妻恢含容之德，後妻崇卑讓之道，室人達長少之序，百姓見變禮之中。若此，可以居生，又況於死乎！古之王者，有以師友之禮待其臣，而臣不敢自尊。今令先妻以一體接後，而後妻不敢抗，及其子孫交相爲服，禮之善物也。然則王昌兄弟相得之日，蓋宜祫祭二母，等其禮饋，序其先後，配以左右，兄弟肅雍，交酬奏獻，上以恕先父之志，中以高二母之德，下以齊兄弟之好，使義風弘于王教，慈讓洽乎急難，不亦得禮之本乎！"《晉書·禮志中》二十。

## 干寶《七廟議》

　　晉干寶撰。寶有《周易注》，已著録。《隋志》經部注始著録此書，一卷。兩《唐志》史部儀注類著録有《雜議》五卷，干寶撰，此書蓋已併入《雜議》之中。後佚。姚振宗《考證》云："按舊、新《唐志》史部儀注類有《晉七廟議》三卷，蔡謨撰。疑此一卷即蔡本三卷之佚存者。"按姚氏所謂"此一卷"，謂馬國翰所輯干寶《後養議》一卷也。丁國鈞《補晉書藝文志》卷一云："《隋志》注於是書上云'又《七廟議》一卷'，'又'字指《七録》言，馬國翰輯此書序以《七廟議》爲寶書，誤甚。"按：丁氏此説誤也。言干寶有《七廟議》，非自馬國瀚始。馬氏之前，南宋王應麟《玉海》卷九十七："《隋志》：《七廟議》一卷，干寶撰。"清秦蕙田《五禮通考》卷首第二："《七廟議》一卷，又《後養議》五卷，干寶撰。"又，四庫本《浙江通志》卷二四二："《七廟議》一卷、《後養議》五卷、《七録》干寶撰。"徵諸《隋志》，干寶實有《七廟議》也。惜乎其書久佚，佚文無考。

# 范宣《禮記音》

晉范宣撰。宣有《擬周易説》，已著録。《隋志》經部著録此書爲二卷，並云亡。兩《唐志》不復載，佚。馬國翰據《釋文》《集韻》所引，輯爲一卷，都凡十二條。《續修四庫全書總目提要》云："范宣是書只存十二條，往往可以考見字之本音及轉音，與徐邈書相伯仲。如《月令》'蝗蟲爲災'，蝗，音横。考程大昌《演繁露》云：'徽州稻苦蟲害，俗呼横蟲。'疑此亦横蟲之横，当讀户猛切，不讀呼盲切，與徐音华猛切合。蝗、横並在今段氏《音均表》十部也。《問喪》'志懣气盛'，懣，音悶。考《説文》：'懣，煩也，从心滿。'《廣韻》二十四旱，莫旱切，盖以爲'滿'亦声。古音在十四部，今音悶在十三部，兩部亦通轉最近也。史稱其'好學，手不釋卷'，宜乎韻學之至于此也。"是雖吉光片羽，彌足珍貴。本次輯佚，於馬氏輯本別無所增。惟馬本《喪大記》1條，非范氏《音》，入存目。總計 11 條，勒爲一卷。

## 范宣《禮記音》一卷

### 曲禮下
◎主佩倚。

　　倚，於綺反。謂附身也。《釋文》。

　　⊙按：馬本漏輯末句。

### 月令
◎則蝗蟲爲災。

　　蝗，音横。

### 郊特牲
◎帝牛必在滌三月。

滌，音迪。並同上。

### 樂記
◎而卵生者不殈。
  殈，音溢。《釋文》。鳥卵坼也。《集韻·入聲·質韻》"殈"字注："弋質切。鳥卵坼也。禮，卵生者不殈，范宣讀。"

### 中庸
◎一卷石之多。
  卷，羌阮反，猶區也，注同。《釋文》。卷，區也。《集韻·上聲·阮韻》"卷"字注："苦遠切，區也。《禮》'一卷石之多'，范宣讀。"
  ⊙按：馬本漏輯"猶區也"句。

### 表記
◎惷而愚。
  惷，陽江反，又丁絳反。《釋文》。
◎在小人則穿窬之盜也。
  窬，羊朱反。

### 問喪
◎悲哀志懣氣盛。
  懣，音悶。

### 服問
◎有從輕而重。
  從，才用反。並同上。

### 大學
◎於戲。
  戲，音羲。《釋文》引徐、范。
◎身有所忿懥。

懫，音稚。《釋文》。

# 存　目

## 喪大記

◎幠用斂衾。起呂反，注同。《釋文》。

⊙按：《釋文》十三："幠用，荒胡反。"亦未言是范宣音。

# 庾蔚之《禮記略解》

南朝宋庾蔚之撰。蔚之有《喪服》，已著録。《宋書·臧燾徐廣傅隆傳論》："蔚之略解《禮記》，并注賀循《喪服》，行於世云。"《隋書·經籍志》經部禮類著録《禮記略解》十卷，題庾氏撰。《經典釋文》、兩《唐志》同，題庾蔚之撰。後佚。孔穎達作《禮記正義》，多引用是書。馬國翰輯本《序》云："孔氏《正義》於所解喪禮引取獨多，蓋蔚之嘗注《喪服要記》，又撰《禮論鈔》《禮答問》，究心於禮服，此其所長也。"馬氏所輯一卷，搜採略盡，然亦間有誤收及遺漏者，如《喪服小記》"庶子不爲長子斬，不繼祖與禰故也"，孔疏節引庾氏，而其詳則見於《通典》卷八十八"斬縗三年"條下，馬氏僅據孔疏輯入，遺漏《通典》。又"生不及祖父母、諸父、昆弟，而父稅喪，己則否"，孔疏："案《禮論》云有服其殘服者，庾氏以爲非也。"考《通典》卷九十八"小功不稅服議"條引有關"服其殘月"諸説及庾氏論斷頗詳，尋其文例，亦近禮論之體，則孔疏所引即庾氏《禮論鈔》也，馬氏誤以輯入《略解》。《樂記》"故觀其舞而知其德"，馬氏以《史記·樂書》張守節正義輯入。其實此句《正義》未引庾説，其前句引之，馬氏蓋涉上而誤。考孔疏所引庾氏説，或解經文，或解鄭注，實爲疏體，故《禮記正義序》列"其爲義疏者"有庾蔚，而馬氏所輯或不出鄭注，或注疏不別，例未盡善。今據唐人之書重輯，補其罅漏，刊其疏失，仍爲一卷。其繫於鄭注者，皆表而出之，庶便觀省云。

## 庾蔚之《禮記略解》一卷

### 曲禮上第一

◎適四方，乘安車。

注：安車，坐乘，若今小車也。

漢世駕一馬而坐乘也。*本疏*（按：謂本句經或注之孔疏，下同）。

◎堂上接武。

注：武，迹也。迹相接，謂每移足，半躡之。中人之迹尺二寸。

謂接，則足連非半也。武迹相接，謂每移足，半躡之也。本疏。

◎毋嚃骨。

未無肉之嫌。本疏。

◎水潦降，不獻魚鱉。

天降下水潦，魚鱉難得。本疏。按：孔疏云："盧植、庾蔚之等並以爲然。"

◎不逮事父母則不諱王父。

諱王父母之恩，正應由父。所以連言母者，婦事舅姑，同事父母，且配夫爲體，諱敬不殊，故幼無父而識母者則可以諱王父母也。本疏。

**曲禮下第二**

◎國君，綏視。

注：綏，讀爲妥。妥視，謂視上於袷。

妥，頰下之貌。前執器以心爲平，故以下爲妥。此視以面爲平，故妥下於面，則上於袷也。本疏。

**檀弓上第三**

◎防墓崩。

防衛墓崩。《釋文》。防守其墓，備擬其崩。本疏。

◎子路有姊之喪，可以除之矣，而弗除也。孔子曰："何弗除也？"子路曰："吾寡兄弟而弗忍也。"孔子曰："先王制禮。行道之人皆弗忍也。"子路聞之，遂除之。

子路緣姊妹無主後，猶可得反服，推己寡兄弟亦有申其本服之理，故於降制已遠而猶不除，非在室之姊妹欲申服過期也。是子路已事仲尼始服姊喪，明姊已出嫁，非在室也。本疏。

◎夏后氏殯於東階之上，則猶在阼也。殷人殯於兩楹之間，則與賓主夾之也。周人殯於西階之上，則猶賓之也。

東階、西階，平生賓主所行禮之處，故云"猶"。兩楹之間，生無此禮，故不云猶。本疏。

◎今之齊衰，狄儀之問也。

狄儀之前，魯人先已行之，故不云自狄儀始也。本疏。

◎古者不降，上下各以其親。

注：上不降遠，下不降卑。

上下，猶尊卑也。正尊周禮猶不降，則知所明者旁尊也。鄭恐"尊"名亂於正尊，故變文言"遠"也。本經疏。

◎君不舉。或曰：君舉而哭於后土。

舉者，謂舉饌。《周禮·膳夫》"王日一舉"，又"王齊日三舉"，注云："殺牲盛饌曰舉。"本疏。

### 檀弓下第四

◎夫入門右。

注：北面，辟正主。

"北面"非經文也。本經疏。

◎子游擯由左。

注：擯，相侑喪禮者。

相主人以禮接賓，皆謂之擯，亦無常於吉凶。鄭以爲相侑喪禮，據此事而言之。《大宗伯》注："出接賓曰擯，入詔禮曰相。"本疏。按：阮本"常"作"當"，馬氏輯本同，近是。

◎慍，哀之變也。

慍，紆粉反，積也。《釋文》。

### 王制第五

◎天子將出，類乎上帝。

注：帝，謂五德之帝。

謂大微五帝應於五行，五行各有德，故謂五德之帝。木神仁，金神義，火神禮，水神知，土神信，是五德也。本疏。

◎居民山川沮澤。

注：沮謂萊沛。

萊，草也。《釋文》。

◎將徙於諸侯，三月不從政；自諸侯來徙家，期不從政。

據仕者從大夫家出仕諸侯，從諸侯退仕大夫。本疏。按：孔疏引王肅及庾氏等。

**月令第六**

◎立春之日，天子親帥三公、九卿、諸侯、大夫以迎春於東郊。還反，賞公卿、諸侯、大夫於朝。

順時氣也。春，陽氣始著，仁澤之時，故順其時而賞朝臣及諸侯也。至夏，陽氣尤盛，萬物增長，故用是時慶賜轉廣，是以無不欣說也。秋，陰氣始著，嚴凝之時，故從其時而賞軍帥及武人也。至冬，陰氣尤盛，萬物衰殺，故用是時賞死事者及其妻子也。本疏。

◎蟄蟲咸動，啓戶始出。

注：又記時候。

謂蓋先記時候，以明應節；後言時候，以應二分二至。所應不同，故重記之也。本經疏。

◎其祀中霤。

注：古者複穴，是以名室爲霤云。

複，謂地上累土。謂之穴，則穿地也。複穴皆開其上取明，故雨霤之，是以後因名室爲中霤也。本疏、《公羊傳·哀公六年》"至于中霤"疏。

**曾子問第七**

◎升，奠幣于殯東几上。

注：几筵於殯東，明繼體也。

未虞，施几筵常於下室。然殯宮几筵爲朝夕之奠，常在不去。今更特設几筵於殯宮東者，特異其事，以爲世子之生，故鄭云"几筵於殯東，明繼體也"。本經疏。

◎反必親告于祖、禰。

注：反必親告祖、禰，同出入禮。

鄭當謂出入所告，理不容殊，而諸侯相見，出不云告祖者，或道近，變其常禮耳，故反必親告祖、禰，以明出入之告，其禮不殊也。本疏。

◎三月而廟見，稱來婦也。

注：謂舅姑沒者也。

若舅姑偏有沒者，昏夕厥明，即見其存者以行盥饋之禮，至三月，不須廟見亡者。本經疏。按："若舅姑偏有沒者"七字據孔疏補。

◎君之喪服除而后殷祭，禮也。

今月除君服，明月可小祥，又明月可大祥，猶若久喪不葬者也。若未有君服之前，私服已小祥者，除君服後但大祥而可已；有君服之時已私服，或未小祥，是以總謂之殷祭，而不得云再祭。殷，大也，小大二祥變除之大祭，故謂之殷祭也。禘、祫者，祭之大，故亦謂之殷祭。本疏。

◎其吉祭，特牲。

注：自卒哭成事之後爲吉祭。

吉祭通四時常祭。本疏。

**禮運第九**

◎五色、六章、十二衣，還相爲質也。

注：《周禮·考工記》曰"土以黃，其象方，天時變，火以圜，山以章，水以龍，鳥獸蛇。雜四時五色之位以章之，謂之巧"也。

鄭注《考工記》以六章爲當時行，非古人之象，而引之以證此者，明亦周制也。本疏。

◎協諸義而協，則禮雖先王未之有，可以義起也。

謂先王制禮雖所未有，而此事亦合於義，則可行之，以義與禮合也。本疏。

◎義者，藝之分，仁之節也。

藝者審其分，仁者宜得節，皆須義以斷之，是義爲藝之分，仁之節，明義之貴也。本疏。

**禮器第十**

◎食力無數。

食力，力作以得食也。本疏。

◎故君子樂其發也。

王功被於物，君子樂其外見也。本疏。

◎匹士大牢而祭謂之攘。

士言其微賤，不得特使，爲介乃行，故謂之匹也。本疏。

**郊特牲第十一**

◎於此相貴以等。

擅相封爵也。本疏。

禮記類·庾蔚之《禮記略解》| 451

◎鄉人禓，孔子朝服立于阼，存室神也。

禓是強鬼之名，謂鄉人驅逐此強鬼，孔子則身著朝服立于阼階之上。所以然者，於時驅逐強鬼，恐己廟室之神時有驚恐，故著朝服立于廟之阼階，存安廟室之神，使神依己而安也。所以朝服者，大夫朝服以祭，故用祭服以依神。本疏。

◎唯社，丘乘共粢盛。

粢盛所須者少，故丘乘共之也。本疏。

◎灌用鬯臭，鬱合鬯。

"鬯"字絕句。《釋文》。臭鬱合鬯。本疏。按：《釋文》："庾以'鬯'字絕句。"孔疏："庾氏讀句則云'臭鬱合鬯'。"其意一也。

◎祭祀之相，主人自致其敬，盡其嘉，而無與讓也。

賓主之禮，相告以揖讓之節。祭祀之禮，則是主人自致其敬，盡其善，故詔侑尸者，不告尸以讓，是其無所與讓也。本疏。按：阮本"節"作"儀"，馬氏輯本同。

### 內則第十二

◎衿纓，皆佩容臭。

注：容臭，香物也。以纓佩之，爲迫尊者，給小使也。

以臭物可以脩飾形容，故謂之容臭。以纓佩之者，謂纓上有香物也。本疏。

◎舅姑若使介婦，毋敢敵耦於冢婦。

注：雖有勤勞，不敢掉磬。

齊人謂之差訐。本疏。

◎芝栭、菱、椇。

無華葉而生者曰芝栭。本疏。

◎棋、棃、薑、桂。

自"牛脩"至"薑桂"凡三十一物，則芝栭應是一物也。今春夏生於木，可用爲菹，其有白者不堪食也。本疏。

### 玉藻第十三

◎登席不由前，爲躐席。

失節而踐爲躐席。應從於下升，若由前升，是躐席也。本疏。

◎大夫以魚須文竹。

以鮫魚須飾竹以成文。本疏。按：王念孫云："此節經文及《釋文》《正義》內'須'字，皆

'頒'字之誤。"詳王引之《經義述聞》。

◎聽鄉任左。

聽上及聽鄉任左，皆備君教使也。鄭注《少儀》曰："立者尊右。"則坐者尊左也。侍君之時，君坐，故侍者在右，是以聽鄉皆以左爲任也。此謂臣以左耳近君，故云任左。本疏。

◎凡君召以三節，二節以走，一節以趨。

君召以三節者，謂君召臣，急則以二節，緩則以一節，急緩不出於三耳，不謂節盡於三也。本疏。

◎於大夫所，有公諱，無私諱。

謂士與大夫言，有音字同己祖禰名字，皆不得諱辟。敬大夫，故不重敬。本疏。按：阮本同。阮校云："閩、監、毛本'音'作'名'。"馬氏輯本亦作"名"。

◎無緦服，聽事不麻。

此云無麻，謂不當室也。本疏。

### 明堂位第十四

◎昔殷紂亂天下，脯鬼侯以饗諸侯。

《史記》本紀云："九侯有女，入於紂。九侯女不好淫，紂怒，殺之。""九"與"鬼"聲相近，故有不同也。本疏。

### 喪服小記第十五

◎男子免而婦人髽。其義：爲男子則免，爲婦人則髽。

《喪服》往往奇異以明義，或疑免、髽亦有其旨，故解之以"其義"，以上於男子則免，婦人則髽，獨以別男女而已，非別有義也。本疏。按：阮本同。阮校云："閩、監、毛本同。盧文弨校云：'以上'，'以'字疑衍，'上'當作'止'。案衛氏《集說》'以上'作'言'。"馬氏輯本作"以言"。

◎男主必使同姓，婦主必使異姓。

喪有男主以接男賓，女主以接女賓。若父母之喪，則適子爲男主，適婦爲女主也。今或無適子適婦爲正主，遣他人攝主。若攝男主，必使喪家同姓之男；若攝婦主，必使喪家異姓之女。本疏。

◎親親以三爲五，以五爲九。

由祖以親曾、高二祖，由孫以親曾、玄二孫，服之所同，義由於此也。本疏。

◎庶子不爲長子斬，不繼祖與禰故也。

按《禮》鄭注曰："用恩則父重，用義則祖重。"父之與祖，各有一重之義，故聖人制禮，服祖以至親之服，而《傳》同謂之"至尊"也。己承二重之後，而長子正體於上，將傳宗廟之重，然後可報之以斬，故《傳》、《記》皆據祖而言也。若繼禰便得爲長子斬，則不應云"不繼祖"。《喪服傳》及《大傳》皆云"不繼祖"，以明庶子雖繼禰而不繼祖，則不服長子斬也。賀氏《要記》云："庶子，父雖殁，猶不爲長子三年，以己不繼祖也。"是亦明己身繼祖，乃得爲長子斬也。既義由於繼祖，則不必須云及禰。或者疑祖之言是道庶子之長，故此《記》特言"不繼祖與禰"，以明據庶子言之也。《通典》八八。按：孔疏引庾氏云："用恩則禰重，用義則祖重，父之與祖，各有一重，故至己承二重而爲長子斬。若不繼祖，則不爲長子斬也。"又云："若直云'不繼祖'，恐人謂據庶子長子死者之身不繼祖，故更言'不繼祖與禰'，欲明死者之父不繼祖與禰，非據死者之身。"較《通典》文略而義顯，今並録之。

◎庶子不祭殤與無後者，殤與無後者從祖祔食。

注：共其牲物，而宗子主其禮焉。

此殤與無後者，所祭之時，非唯一度，四時隨宗子之家而祭也。但牲牢不得同於宗子祭享之禮，故《曾子問》注云"凡殤特豚"。本疏。

◎故期而祭，禮也。期而除喪，道也。祭不爲除喪也。

祭爲存親，幽隱難知。除喪事顯，其理易識。恐人疑之，祭爲除喪而祭，故記者特明之，云"祭不爲除喪也"。本疏。按：孔疏引庾氏、賀氏。

◎生不及祖父母、諸父、昆弟，而父税喪，己則否。

己謂死者爲昆，則謂己爲弟。己不能税昆，則昆亦不能税己。昆弟尚不能相税，則餘疏者不税可知也。本疏。

◎爲慈母後者，爲庶母可也，爲祖庶母可也。

注：即庶子爲後，此皆子也，傳重而已，不先命之與適妻使爲母子也。

鄭注此一經，明庶子爲適母後者，故云"即庶子爲後"，謂爲適母後。"此皆子"者，此庶子皆適母之子，今命之爲後，但命之傳重而已。母道舊定，不假須父命之與適妻使爲母子也。本疏。按：阮本"假須"作"須假"，馬氏輯本同。

◎久而不葬者，唯主喪者不除，其餘以麻終月數者，除喪則已。

謂昔主《要記》，案《服問》曰："君所主：夫人妻、太子、適婦。"故謂此在不除之例。定更思詳，以尊主卑，不得同以卑主尊，無緣以卑之未葬而使尊者長服衰絰也。且前儒說主喪不除，無爲下流之義，是知主喪不除，唯於承重之身爲其祖、曾。若子之爲父，臣之爲君，妻之爲夫，此之不除也，不俟言而明矣。盧植云"下子孫皆不除"，蕭望之又云"獨謂子"，皆未善也。本疏。按：汪文臺《十三經注疏校勘記識語》云，"主《要記》"之"主"當作"注"。

◎父不主庶子之喪，則孫以杖即位可也。

謂《雜記》上"爲長子杖，則其子不以杖即位"，鄭注："辟尊者。"案祖不厭孫，而長子之子不以杖即位者，以祖爲其父主，故辟尊，不敢俱以杖即位耳。猶如庶子之子，亦非厭也。父不爲庶子主，故其子以杖即位可也。本疏。

◎非養者入主人之喪，則不易己之喪服。

注：謂養者無親於死者，不得爲主，其有親來爲主者。素有喪服而來爲主，與素無服者異。

謂此無主後，親族爲其喪主者。鄭云"養者無親於死者，不得爲主"，謂親族不得養其病，朋友養之者。又云"有其親來爲主"，謂親族也。前云喪服者，及其主喪，則與素無服者同。此明既死而往主，即不易己之喪服，故鄭又云"與素無服者異"也。本疏。

◎養尊者必易服，養卑者否。

前云去喪服而養之，遂以主喪，是必父兄之行也。本疏。

## 少儀第十七

◎賵馬入廟門。

禮，既祖訖，而後賵馬入，設於廟庭。而入門者，欲以供駕魂車也，故鄭云"主於死者"。本疏。

◎侍投則擁矢。

擁抱己所當投矢也。本疏。

◎凡羞有湆者，不以齊。

湆，汁也。若羞有汁，則有鹽梅齊和。若食者更調和之，則嫌薄主人味，故不以齊也。本疏。

◎尊者以酌者之左爲上尊。

注：酌者鄉尊，其左則右尊也。

《燕禮》："司宮尊于東楹之西，兩方壺，左玄酒，南上。"注："《玉藻》云：'唯君面尊。'玄酒在南，順君之面也。"下云："公席阼階上，西鄉。"下又云："執羃者升自西階，立于尊南，北面，東上。"案"左玄酒，南上"之言，是設尊者東鄉，酌者西鄉，設者之右，則酌者之左也。本疏。

### 學記第十八

◎黨有庠。

黨有庠，謂夏殷禮，非周法。本疏。

◎燕朋逆其師，燕辟廢其學。

不褻朋友及師之譬喻，自是學者之常理。若不爲燕朋、燕譬，則亦不足以致興，言若作此燕朋、燕譬，則學廢替矣。本疏。

◎《記》曰："三王、四代唯其師。"此之謂乎！

舉四代以兼包三王，所以重言者，以成其辭耳。言人之從師，自古而然，師善則己善。"其此之謂乎"者，記者證前云"擇師不可不慎"，即此"惟其師"之謂也。本疏。

◎察於此四者，可以有志於本矣。

四者，謂不官爲羣官之本，不器爲羣器之本，不約爲羣約之本，不齊爲羣齊之本。言四者莫不有本，人亦以學爲本也。本疏。

### 樂記第十九

◎六者非性也，感於物而後動。

隨其所感而應之，是知非性也。本疏。

◎是故先王之制禮樂，人爲之節。

人爲，猶爲人也，言爲人作法節也。本疏。

◎樂由中出，故靜；禮自外作，故文。

樂成在中是和，合反自然之靜。禮節在貌之前，動合文理，文猶動也。本疏。

◎五帝殊時，不相沿樂。三王異世，不相襲禮。

樂興於五帝，禮成於三王。樂興王者之功，禮隨世之質文。《史記·樂書》正義。

◎故其治民勞者，其舞行綴遠；其治民逸者，其舞行綴短。

此爲虞夏禮也。虞猶淳，故可隨功賜樂。殷周漸澆，易生忿怨，不宜猶有優劣，是以同制。諸侯六佾，故與周禮不同也。《史記·樂書》正義。

◎奮疾而不拔。

舞者雖貴於疾，亦不失節，謂不大疾也。本疏。

◎獨樂其志。

樂，音嶽。《釋文》。

◎樂也者，施也。禮也者，報也。

　　樂者，所以宣暢四氣，導達情性，功及物而不知其所報，即是出而不反，所以謂施也。禮者，所以通彼之意，故有往必有來，所以謂報也。《史記·樂書》正義。

◎龍旂九旒，天子之旌也。

　　龍旂九旒，上公之旌。《史記·樂書》正義。

◎窮本知變，樂之情也。

　　樂能通和性分，使各不失其所，是窮自然之本也。使人不失其所守，是知變通之情也。《史記·樂書》正義。

◎天地訢合，陰陽相得，煦嫗覆育萬物。然後草木茂，區萌達，羽翼奮，角觡生，蟄蟲昭蘇，羽者嫗伏，毛者孕鬻，胎生者不殰，而卵生者不殈，則樂之道歸焉耳。

　　一論天地二氣，萬物各得其所，乃歸于樂耳。《史記·樂書》正義。

## 雜記上第二十

◎遂入，適所殯。

　　注：尸亦侇之於此。

　　《韻集》大兮反，息也。《釋文》。

◎大夫居廬，士居堊室。

　　注：朝廷之士亦居廬。

　　以臣爲君喪，俱服斬衰，故知未練之前，士亦居廬也。然《周禮·宮正》注云"親者貴者居廬，疏者賤者居堊室"，引此《雜記》云："大夫居廬，士居堊室。"則是大夫以上定居廬，士以下定居堊室。此云"朝廷之士亦居廬"，與彼不同者，尋鄭之義意，若與王親者，雖云士賤，亦居廬，則此云"朝廷之士亦居廬"是也。若與王無親，身又是士，則居堊室，則此經"士居堊室"是也。故鄭於《宮正》之注引此"士居堊室"，證賤者居堊室也。若與王親雖疏，但是貴者，則亦居廬也。本疏。按：孔疏："庾氏、熊氏並爲此説。"

◎有三年之練冠，則以大功之麻易之，唯杖、屨不易。

　　唯謂降服大功衰得易三年之練，其餘七升、八升、九升之大功則不得易三年之練。本疏。

◎有父母之喪，尚功衰，而附兄弟之殤，則練冠附於殤。

　　注：謂大功親以下之殤也。

此注諸本或誤云"大功親之下殤","下殤"者,傳寫之誤,非鄭繆也。本疏。按:孔疏引范宣子、庾蔚等。"此注"至"下殤"十三字據孔疏補增。

◎其殯、祭不於正室。

妾祖姑無廟,爲壇祭之。本疏。

### 雜記下第二十一

◎雖諸父昆弟之喪,如當父母之喪,其除諸父昆弟之喪也,皆服其除喪之服,卒事,反喪服。

但舉此輕,足明前之重,而在前文云言"母喪得爲父變除"者,蓋以變除事大故也。本疏。按:"但舉"至"除者"二十三字據孔疏增。

◎如三年之喪,則既穎,其練祥皆行。

後喪既穎,又前喪練、祥皆行;若後喪既殯,得爲前喪虞、袝。本疏。

注:其先有長子之服,今又喪父母,其禮亦然。

有"父"者,誤也。當應云"今又喪母",不得并稱父也。本疏。按:孔疏引庾氏及熊氏。

◎父母之喪,將祭,而昆弟死,祭殯而祭。如同宮,則雖臣妾,葬而後祭。

小祥之祭,已涉於吉,尸柩至凶,故不可以相干。其虞、袝,則得爲之矣。若喪柩即去者,則亦祭不待於三月可知矣。本疏。

◎如有服而將往哭之,則服其服而往。

將往哭之,乃服其服者,謂小功以下之親輕也。始聞喪不能爲之制服,至於往哭弔,乃服其服,注《要記》通之已詳。本疏。

◎功衰弔,待事不執事。

本又作"大功衰弔",有"大"字非。《釋文》。按:"本又作大功衰弔"七字據《釋文》補。本疏引皇氏同。

◎路寢成,則考之而不釁。

注:考之者,設盛食以落之爾。

落,謂與賓客燕會,以酒食澆落之,即歡樂之義也。本疏。

### 喪大記第二十二

◎食菜以醯醬。始食肉者,先食乾肉。始飲酒者,先飲醴酒。

《間傳》曰:"父母之喪,大祥有醯醬,禫而飲醴酒。"二文不同,蓋記者所聞之異。

大祥既鼓琴，亦可食乾肉矣。食菜用醯醬，於情爲安。且既祥食果，則食醯醬無嫌矣。本疏。按："間傳"至"不同"二十一字據孔疏補。

◎大夫之喪，大胥侍之，衆胥是斂。

侍者，臨檢之也。大夫言侍，則君亦應有侍者，未知何人也。本疏。

◎妻於夫拘之。

拘者，微引心上衣也。本疏。

◎既葬，與人立，君言王事，不言國事；大夫、士言公事，不言家事。

注：此常禮也。

案《曾子問》："三年之喪，練，不羣立，不旅行。"此言既葬而與人立，得爲常禮者，鄭以下經"君，既葬，王政入於國，既卒哭而服王事"是權禮，故以此經不言國事及不言家事，大判爲常禮也。且《曾子問》據無事之時，故不羣立，不旅行，此有事須言，故與人立也。本疏。

◎既卒哭而服王事。

謂此言君既葬，王政便入國，候卒哭，乃身服王事。前云"君言王事"，謂言答所訪逮而已，王政未入於國也。本疏。

◎大夫畫帷，二池。

兩邊而已。本疏。

◎君松椁。

盧云："以松黃腸爲椁。"黃腸，松心也。本疏。按："盧云以松黃腸爲椁"八字據孔疏補。

**祭法第二十三**

◎大夫立三廟、二壇：曰考廟，曰王考廟，曰皇考廟，享嘗乃止；顯考、祖考無廟，有禱焉，爲壇祭之；去壇爲鬼。

注：大夫、適士鬼其顯考而已。

諸侯之大夫。本疏。

**中庸第三十一**

◎子路問强。

問强中之中庸者。本疏。

**緇衣第三十三**

◎苟有衣，必見其敝。

必世反，隱蔽也。《釋文》。

### 儒行第四十一

◎其大讓如慢，小讓如僞。

讓大物不受，拒於人，如似傲慢；讓小物之時，初讓後受，如似僞然。本疏。

◎其行本方立義。

其行所本必方正，所立必存義也。本疏。

### 喪服四制第四十九

◎凡此八者，以權制者也。

父存爲母，一也；扶而起，二也；杖而起，三也；面垢，四也；秃者，五也；傴者，六也；跛者，七也；老病者，八也。本疏。按："扶而起"至"八也"三十一字據孔疏補。

三禮總義類

## 戴聖《羣儒疑義》

西漢戴聖撰。聖有《石渠禮論》，已著録。《隋志》經部禮類著録此書，注云"梁有十二卷"。《舊唐書·經籍志》著録《禮義》二十卷，戴聖等撰。《新志》禮類有《禮議》二十卷，不書撰者。姚振宗《隋書經籍志考證》云："兩《唐志》皆二十卷，似本志此條轉寫，誤倒其文。《舊志》云戴聖等撰，似其中附有鄭氏注文。"此書後佚，經搜尋，片言隻字不得。

# 董景道《禮通論》

　　晉董景道撰。景道（約晉惠帝至晉懷帝時人），字文博，弘農（治今靈寶）人，以儒術稱。事迹具《晉書·儒林傳》。按此書不見史志著録，其本傳云："景道明《春秋三傳》《京氏易》《馬氏尚書》《韓詩》，皆精究大義。《三禮》之義，專遵鄭氏，著《禮通論》非駁諸儒，演廣鄭旨。"然則其書大旨可知。佚文無考。

# 范宣《禮論難》

　　晉范宣撰。宣有《擬周易説》，已著録。此書不見史志著録，馬氏輯本《序》云："《禮論難》一卷，范宣撰。《晉書》本傳云：'著《禮》、《易論難》，皆行於世。'隋、唐《志》皆不載，原書久佚。兹從《禮記正義》《晉書·禮志》《通典》輯得二十篇。據經準理，不詭於正。博士段暢申杜元凱短喪之議，反復駁難，尤有關於世教。史稱：'譙國戴逵等皆聞風宗仰，自遠而至，諷誦之聲，有若齊、魯。太元中，順陽范寧爲豫章太守，在郡立鄉校，教授恒數百人。由是江州人士並好經學，化二范之風也。'以此編與武子《禮答問》並觀，可擬與先鄭、後鄭云。"《續修四庫全書總目提要》云："其中'大功之末'一節，乃范汪説，見《通典》卷六十，非范宣説，馬氏誤輯。又，'父母墓毀服議'一節，與本文不協。此乃《通典》標題，原有旁注'曾祖從祖墓毀附'七字。'范宣曰'上，作'或問曰：曾祖墓、從祖墓毀發哭製云何？'十五字。當去彼六字（按：謂"父母墓毀服議"六字），易此十五字。馬氏貿然録之，抑亦疏矣。"考馬本，"夫繼母之所以出者"一節，衍"河内"至"宜矣"一百三十六字，又"斬縗"一節，漏引"安得反服始服"以下。至于宣之《論難》，《提要》亦許其"是書雜論禮意，或推闡古義，或斟酌時製，頗能自申其説"云。今次輯佚，參校馬氏輯本，從《通典》輯録15節，阮本《禮記注疏》3節，《晉書》一節。凡19節，勒爲一卷。

## 范宣《禮論難》一卷

◎有三年之練冠，則以大功之麻易之，唯杖、屨不易。

　　以母喪既練，遭降服大功則易縗。以母之既練，縗八升，降服大功；縗七升，故得易之，其餘則否。《禮記·雜記上》孔疏引《聖證論》云范宣子之意。馬氏案：齊氏召南云："《聖證論》，疑《論難》之誤。"

◎有父母之喪，尚功縗，而附兄弟之殤，則練冠附於殤。鄭注：此兄弟之殤，謂大功親以下之殤也。

諸本或誤云"大功親之下殤"。"下殤"者，傳寫之誤，非鄭繆也。《禮記·雜記上》孔疏引范宣子、庾蔚等云。

◎爲妻，父母在，不杖，不稽顙。

有二義，一者生存爲在，二者旁側爲在。此云母在，謂在母之側，爲妻不杖。故《問喪》云："則父在不敢杖矣，尊者在故也。"鄭云：'父在不杖，謂爲母。'案：爲母則削杖。而云父不杖，謂爲母也，是父在謂在側之在，若《論語》云'君在踧踖知也'。"《禮記·雜記上》孔疏引《禮論》范宣子申云。

舜廟所祭，皆是庶人，其後世遠而毀，不居舜上，不序昭穆。今四君號猶依本，非以功德致祀也。若依虞主之瘞，則猶藏子孫之所。若依夏主之埋，則又非本廟之階。宜思其變，則築一室，親未盡則禘祫處宣帝之上，親盡則無緣下就子孫之列。《晉書·禮志上》十九，簡文爲撫軍與尚書郎劉邵等奏："四祖同居西祧，藏主石室，禘祫乃祭，如先朝舊儀。"時陳留范宣兄子問此禮。

毀主，欲別立廟宇，方之瘞埋。《通典》四十八許敬宗奏引博士范宣，"毀主"二字據補。

當其爲師則不臣之，釋奠日，宜備帝王禮樂。《通典》五十三、《册府元龜》五百七十七。

舜有拂卵無磔雞，及魏明帝大脩襈祭儀，雞特襈釁之事。磔雞宜起於魏，卵本（按："卵本"非，當作"桃印本"）漢制，所以輔卯金，又宜魏所除也。《通典》五十五。

殷浩問曰："'其士大夫之嫡者，公子之宗道也'，請解其義。"

宣答曰："其士大夫之嫡者，言上二宗，唯施公子之身。至諸公子有子孫，各祖公子以爲別子，各宗其嫡子以爲大宗，代代相承，然後乃成別子之後百代（馬本脫"百代"二字）不遷之宗者也。所以舉其士大夫之嫡者，明公子之子孫，不復宗公子之宗，又嫌庶宗昆弟之子猶復爲小宗，故特舉嫡以曉之也。凡母弟及庶昆弟所稱庶宗、大宗，正論其一代之嫡庶耳。至於各有子之後，長子皆成嫡也。公子之宗道，言公子之宗道成，故重釋也。"《通典》七十三。

殷浩問曰："'有小宗而無大宗者，有大宗而無小宗者，有無宗亦莫之宗者，公子是也。公子有宗道，公子之公，爲其士大夫之庶宗'，請解之。"

宣答曰："有小宗而無大宗者，謂君之諸弟同庶者，君命庶長爲衆庶之宗，則名小宗，則服大功九月者是也。有大宗而無小宗者，謂君有同母弟，命以爲宗，則羣庶昆弟宗之，則名大宗，服齊縗九月者是也。昆弟既親，又是庶中之正者也。有無宗亦莫之宗者，謂公子唯己而已，則上不敢宗君，下無昆弟宗己者是也。公子有宗道者，《禮》'諸侯於其非正嫡，一無所服'，則羣昆弟亦不敢相服，則無相統領，無相統領則不可不立宗，立宗然後有服耳，故云公子有宗道也。公子之公，公（馬本脫"公"字）者，君也。此立宗君命所制，嫌自相推，故又舉公以明之也。爲其士大夫之庶宗者，此獨説庶宗者，嫌上總謂有小宗而無大宗者爲混，故復指解小宗之義，則大宗自然了也。所以統大夫庶宗者，諸侯庶昆弟有爲大夫也。所以正舉大夫者，所宗庶長或可爲士，嫌大夫位尊不相宗，故云爲大夫之庶宗以斷疑也。"《通典》七十三。

博士段暢重申杜元凱議曰："《尚書·毋逸》云'高宗亮陰，三年不言'。諸儒皆云'亮陰，默也'。唯鄭玄獨以諒闇爲凶廬。今據諸儒爲正，明高宗既卒哭，即位之後，除縗麻，躬行信默，聽於冢宰，以終三年也。言即位，以明免喪之後，素服心喪，謂之諒闇。故杜議曰：'天子居喪，齊斬之情，非杖絰帶，當其遂服，葬而除服，諒闇以終三年也。'《國語·楚語》及《論語》、《禮記·坊記》、《喪服四制》，皆説高宗之義，大體無異。唯《尚書大傳》以諒闇爲凶廬。蓋東海伏生所説，鄭玄之所依。博而考之，義既不通。據經所言，是唯天子居凶廬，豈合禮制？代俗皆謂大祥後禫時爲諒闇。《漢記》稱和熹鄧皇后居母喪，縞素，不食肉，亦曰諒闇。此乃古今之通言，信默者爲得之也。"

宣曰："所以（馬本脱上二字）知諒闇爲凶廬者，按禮，葬後柱楣，楣則梁也，明葬後居廬，所以爲義。"

暢曰："昔武王崩，成王立，周公攝政，明年既葬，周公冠成王而朝於祖，以見諸侯。此天子卒哭除喪之證也。《春秋》'在喪，王曰小童，公侯曰子'，既葬則無此稱。此除服證也。"

宣難曰："禮，葬後飲食衣服，皆有降殺。設君臣之稱，安得不異？"

暢曰："《春秋》文八年秋八月，襄王崩。九年春，毛伯來求金。《傳》曰：'不書王命，未葬也。'"

宣曰："禮既葬王，政入於國，即君名有漸，非一朝頓除除服之義。多引益惑耳。"

暢引僖王崩未再周，惠王享晉、虢失禮，以名位不同，不議喪享，而譏公侯同禮。又享有籩豆之薦，聘則陳幣太廟，授玉兩楹。此聞樂不樂，食旨不甘，除服證也。

宣曰："朝聘之禮，國有喪，皆有撤損，不與平同也。《周禮·掌客職》'賓客有喪，唯芻稍之受'，是明主人設饗是儀，有等級之品，客受芻稍，循情之事，是以往往有享文耳。且或有急尊王室，或有安衛社稷，事出無方，歸於時宜，事訖反服，於禮何傷？於晬嚌示儀，而信以爲食旨（馬本作"而以爲食甘"），亦其昏矣。"

暢引《春秋》僖七年閏月，惠王崩。九年夏，王使宰孔賜齊侯胙，曰"天子有事於文武"。以爲王喪再周少五月，而猶事文武，明王者卒哭除喪，即位而祭廟矣，所謂"烝嘗禘於廟"也。

宣曰："夫祭祀之禮，有正有變。所以然者，或時有所施，不必一也。禱類祈禡，豈一道乎？武王出祔以燎，豈是常郊耶？天地猶然，況宗廟乎？禮不墓祭，而尚祭乎畢。又不於宗廟，而祀在坶室。且《禮》'去祧爲壇，去壇爲墠'，而周公請命，告大王以下，而三壇同墠，此豈非變禮乎？當襄王之時，逼於王子帶，不敢發喪，潛使告於齊，常有憂懼之色，故或爲權禮於文武。告請之祀，非其常典，故云'有事於文武'，而不稱禘祫於宗廟也。能究變正之義，始可與談《春秋》耳。"《通典》八十一。

萬蔣問："嫡孫亡，無後，次子之後可得傳祖重不？"

宣答曰："《禮》'爲祖後者三年'，不言嫡庶，則通之矣。無後猶取繼，況見有孫而不承之邪？庶孫之異於嫡者，但父不爲之三年，祖不爲之周，而孫服父祖不得殊也。"《通典》八十八。

問："人有二兒，大兒無子，小兒有子，疑於傳重。"

宣答："小兒之子應服三年。"《通典》八十八何承天引。

咸康末，殷泉源問天子諸侯臣致仕，服有同異。

宣答云："大禮制殘缺，天子之典，多不全具，唯國君之禮，往往有之。臣之致仕，則爲舊君齊縗三月；天子之臣，則亦然矣。天子之與國君，雖名號差異，至於臣子奉之，與王者無殊矣。何以明之？《公羊傳》曰：'以諸侯踰年稱即位，亦知天子之踰年稱即位；以天子三年然後稱王，亦知諸侯於其封內三年稱子。'比例如此，則臣服之制同矣。"《通典》九十。

鍾陵胡澹所生母喪，自嫡（按：馬本下衍"先"字）兄承統而嫡母存，疑不得三年。問宣。

答曰："按《禮》，由命士以上，父子異宮，《春秋傳》曰'大夫有側室，士有二宗'，皆斯之謂。是以庶子有母之喪，自居其室而遂其情。經載稟命爲慈母，且猶（馬本作"且猶"）三年，況親所生乎！嫡母雖貴，然厭降之制，父所不及，婦人無專制之事，豈得引父爲比而屈降支子也。"《通典》九十四。

夫繼母之所以出者，非身有穢釁，則必犯逆於父，是以致此斥黜。恩不生己，義距於父，非恩非義，何以得服。《通典》九十四"爲出繼母不服議"。

⊙按：馬本末句衍"河內"至"宜矣"一百三十六字。

雷孝清問曰："爲祖母持重，既葬而母亡，服制云何？別開門，更立廬不？言稱孤孫，爲稱孤子？"

宣曰："按禮應服後喪之服。承嫡居諸父之上，一身爲兩喪之主，無緣更別開門立廬，以失居正之意。至祖母練日，則變除居堊室，事畢反後喪之服。禮無書疏稱孤子孤孫子之文，今代行之，合於人情。稱孤孫，存傳重之目。宜卒（按：馬本"卒"訛"幸"）祖母訖服，然後稱孤子。"《通典》九十七。

斬縗，既葬則（按：馬本脫"則"字）布同於齊縗，既練則同大功，大祥之後，略如緦麻，禮之次序也。安得反服始服不從其變？又改葬緦，服三月者非也，直訖葬爲斷矣。若改葬不過一旬，安可便脫乎。禮云一時，時踰思變，故取節焉。若道遠艱故，不得時畢，則猶《禮》云久喪不葬，主喪者不除，可待葬訖而除。《通典》一百二。

⊙按：馬氏漏引"安得反服"以下十四句。

或問曰："曾祖墓、從祖墓毀發，哭制云何？"

宣曰："禮不見在遠，直聞墓發，制唯經見改葬緦。此施臣、子、妻，是承嫡者當依此禮。非嫡有降，但三日哭，從祖一日哭可也。"《通典》一百二。

《禮二墓論》曰"《史記》及孔安國說，皆爲實錄。未生之前，不可以逆責夫子也。既長謁墓，因以識其外矣。但母（馬本無"母"字）不告（馬本作"去"）其內，義無強請。然祔葬宜詳，是以問焉。《記》但言不知其墓，非都不知也。所以不應者，欲言非禮，則弟子有忘敬之情；欲言是禮，則墓不須防而固。然言及宅兆，是以流涕耳。防，亦防虞，此豈地名。猶《傳》言'文公之入（按：馬本作"文"，非）也無衛'，非無康叔之國也。"《通典》一百三。

# 存 目

◎《雜記》：大功之末，可以冠子，可以嫁子。

御使中丞高崧書訪尚書范汪曰："按《禮》'大功之末，可以冠子嫁子'，此於子已爲無服也。以已尚在大功喪中，猶未忍爲子取婦，近於歡事也。故於冠子嫁子則可，取婦則不可矣。已有緦麻之喪，於祭亦廢，婚亦不通矣，況小功乎！"

汪曰："五服之制，各有月數，月數之內，自無吉事，故曰'衰麻非所以接弁冕也'。《春秋左氏傳》：齊侯使晏子請繼室於晉，叔向對曰：'寡人之願也。衰絰之中，是以未敢請。'時晉侯有少姜之喪耳。《禮》貴妾緦，而叔向稱在衰絰之中。推此而言，雖輕喪之麻，猶無婚姻之道也，而敦本敬始之義，每於婚冠見之矣。《雜記》曰：'大功之末可以嫁子。小功之末可以取婦。'而下章云'已雖小功，卒哭，可冠、取妻也'。二文誠爲相發，尋此言，爲男女失時或繼嗣未立者耳，非通例也。"《通典》六十。按：此蓋范汪《祭典》之文，馬國翰闌入。

# 范寧《禮雜問》

　　晉范寧撰。寧有《古文尚書舜典注》，已著録。《隋志》著録此書爲十卷。兩《唐志》著録寧《禮問》九卷，下並有《禮論答問》九卷。頗疑三者爲一書。後史三者皆不録之，蓋佚矣。馬國翰《玉函山房輯佚書》輯爲一卷，其《序》云："禮以《雜問》名編，記其與當代名流問答禮制之語也。《隋志》十卷，《唐志》云：'《禮問》九卷，又《禮論答問》九卷。'今佚。從《通典》輯録九節，别有《答徐邈書》三篇，《答謝安書》、《與戴逯書》各一篇，亦論禮服，而既標爲書，宜入本集，故不採録也。論皆禀經協理，不愧儒宗。唯其答鄭襲閏月忌日，謂當以後歲閏月，又謂五年再有忌日，不如襲難以日辰爲允。引者删其前後，答辭不具，豈無見哉！"本次輯佚，共得佚文14節，較馬氏多得4節，勒爲一卷。

## 范寧《禮雜問》一卷

　　王朔之問云："至尊爲后之父母服不？意謂雖居尊位，亦當不以已尊而便降也。"
　　答曰："王者之於天下，與諸侯之於一國，義無以異。今謂粗可依準。"《通典》八十。
　　⊙按：馬本更引"孝武太元元年正月，王鎮軍薨，按即后父也。尅舉哀而不成出，制服三日。僕射已下皆從服"。
　　譙王司馬恬問曰："妾有二子而出嫁，君命他妾兼子爲其母，所命妾今亡，子當有服不？"
　　答曰："昔男子外有傅，内慈母。君命教子，何服之有。"《通典》八十一。
　　報服在娣姒下，則知姑姊之服，亦是出自恩紀，同非從夫之服，報也所發在於姑姊耳。《通典》九十二引徐邈答范寧問。
　　若但言出母，嫌妾子亦服，故言出妻之子，則非所生也。《通典》九十四引邈又答范寧問。
　　⊙按：馬氏漏輯以上兩節。
　　曹述初問曰："有人再娶，後妻無父母，而前妻父母亡，當有服不？"

答曰："《禮·小記》云：'從服者，所從亡則已。'今妻既卒，則無所從，不應服也。"

述初又難曰："妻爲夫黨既爲屬從，至於夫卒，服之無虧。妻之父母，而妻卒則已。統例（馬本作"略"）準情，不見其義。若以妻之父母，不得準夫之旁親，實所疑也。《小記》所稱，自謂臣（馬本無上二字）爲君黨，妾（馬本無"妾"字）子爲君母黨服耳。"

寧又答曰："世閒行事（馬本脫上四字），鮮有同者。此亦無準據，殆是率心而行也。"《通典》九十五。

父母生之，續莫大焉。三千之罪，無後爲重。夫立大宗，所以銓序昭穆，彌綸百代，繼之以姓而弗別，綴之以食而弗殊。禮盡於此，義誠重矣。方之祖考，於斯爲薄。若令捨重適輕，違親就疏，則是生不敬養，沒不敬享，生人之本不盡，孝子之事靡終，非所以通人子之情，爲經代之典。夫嫡子存則奉養有主，嫡子亡則烝嘗靡寄，是以支子有出後之義，而無廢嫡之文。故嫡子不得後大宗，但云以支子繼大宗，則義已暢矣。不應復云嫡子不得繼大宗，此乃小宗不可絶之明文也。若無大宗，唯不得收族耳。小宗之家，各統昭穆，何必亂乎！《通典》九十六引寧以爲。

范寧問孔德澤云："甲無子，取其族子乙爲後。所生父沒，降服周。甲晚自生子，乙歸本家。後甲終，乙當有服否？若服，當制何服？"

孔答曰："代人行之，似當無服。繼母嘗爲母子，既出服周。推此粗可相況。"

范又難："必當有服，未辨服之定準。云繼母既出服周，此禮所出爲分明釋耳。"

孔又答云："繼母出爲服周，是父沒而嫁，賀循《要記》亦謂之出。當以捨此適彼，不獨在嫁，可以意領，故不必繫於本也。"《通典》九十六。

⊙按：馬氏漏輯此節。

鄭澄問："弟女當適武留緤兒，留去年自將兒來拜時，其兒今卒，不知弟女當奔弔否？若弔，著何服？"

答曰："《禮》，曾子問：'娶女有吉日而女死，如之何？'孔子曰：'婿齊縗而往弔，既葬而除之。夫死亦如之。'謂斬縗也。謂既親拜舅，寧當重（馬本無"重"字）於吉日耳。"

鄭又問："若拜舅爲重於吉日，應服斬，誠如來告。若拜傍親，復云何？昔荀啓拜時而卒，庚家女不往弔，不被譏，何也？"

再答曰："三代殊制，禮有因革。意爲娶女有吉日，理輕於拜舅，復重於拜餘人。荀氏海内名族，庚則異行之門，想其不奔弔，必有所據。"《通典》九十九。

寧答問者曰："《禮》，銜命出使而君薨，在道則反，入境則遂其事。然則聞舊君之喪，反命而後赴也。"

又問曰："仕今君之朝，欲奔舊君之喪，而今君不許，可以輒去乎？"

答："事君，當不義則爭之，三諫不從去之可也。君有戎役之事，王命所制，此禮權也。"同上。

鄭襲難曰："以閏三月五日死者，當以來年何月祥？何月爲忌日？"

寧答曰："謂之閏月者，以餘分之日閏益月耳，非正月也。非正月，則吉凶大事皆不可用，故天子不以告朔，而喪者不數以閏月死。既不數之，禮，十三月小祥，二十五月大祥，自然當以來年四月小祥，明年四月大祥也。所謂忌日者，死者之日月耳。今以閏月，來年無閏月（"閏月"，馬本作"忌"），安得有忌日邪！當以後歲閏月五日爲忌，是五年再有忌日也。"

難曰："忌日之感，終身之感，罔極之恩，不離一日。今須後閏，則三年之忌，不亦遠乎！《傳》稱子卯不樂，謂之疾日。先儒以爲甲子、乙卯。誠如是，自宜以日辰爲忌，遇之而感耳。"《通典》一百。

范寧問曰："《奔喪禮》'師，哭於廟門外'，孔子曰'師吾哭之寢'，何邪？"

徐邈答曰："蓋殷、周禮異也。"《通典》一百一。

⊙按：此條馬氏漏輯。文廷式《補晉書藝文志》云《通典》一百一徐邈答范寧問，馬氏輯范寧《禮雜問》不錄。

殷仲堪問曰："從兄道林營遷改事，先儒並不疑緦服，代所多用，且當依行。至於釋除，王、鄭不同，何者爲允？"

答曰："改葬者非常，故不在五服之章。葬遲者自當以畢事爲斷，亦猶久喪服踰三年。"又云："父喪未葬，主喪者不除。當其爲主，五服皆然。苟有事故，葬必踰期，此非常之通服也。"《通典》一百二。

殷仲堪問曰："荀訥議太后改葬，既據言不虞，朝廷所用，賀《要記》云三月便止，何也？"

答曰："賀無此文，或好事者爲之也？不見馬、鄭、賀、范說改葬有虞。神已在廟，虞何爲哉！"同上。

王薈問曰："人有父在遭母喪，十七月乃得葬，便當頓除，更復練祥邪？"

答曰："三年而後葬者，必再祭，練祥之祭也。主喪不除，未葬不變也。十七月既祥，即除服，不禫可知也。"《通典》一百三。

## 范寧《禮論答問》

　　晉范寧撰。寧有《古文尚書舜典注》，已著録。《隋志》不載此書，兩《唐志》著録爲九卷，後佚。佚文無考。按兩《唐志》在此書下復著録范寧《禮問》九卷。頗疑此《禮論答問》與《禮問》爲一書，皆《隋志》著録之《禮雜問》也。寧爲禮學名家，本傳云："朝廷疑義，輒咨訪之。"參看本書范氏《禮雜問》。

# 范汪《祭典》

晉范汪撰。汪（301—365），字玄平，南陽順陽（今淅川）人。仕晉，官至安北將軍。事迹具《晉書》卷七十五本傳。《隋志》經部著録此書爲三卷，並云亡。而《新唐書·藝文志》復以三卷著録，是亡而復得也。所異者，《唐志》歸入史部儀注類。馬國翰《序》云："范氏《祭典》今佚，從《北堂書鈔》《初學記》《通典》《御覽》諸書輯爲一卷。引或作范汪《祠制》，蓋篇目也。論小宗可廢，大宗不可廢，内有與子寧辯難一節，引經決斷，析理極精，家學淵源，媲美乎炎漢向、歆父子矣。"本次輯佚，以馬氏輯本爲底本，較馬氏多得1節，凡10節，勒爲一卷。

## 范汪《祭典》一卷

凡夫婦者皆同席，貴賤同也。兄弟同席，謂未婚也。《通典》四十八引范汪《祀禮》。

廢小宗昭穆不亂，廢大宗昭穆亂矣，先王所以重大宗也。豈得不廢小宗以繼大宗乎！漢家求三代之後弗得，此不立大宗之過也。豈不以宗子廢絶，圖籍莫紀。若常有宗主，雖喪亂要有存理，或可分布掌録，或可藏之於名山，設不盡，（《通典》下有"在"字），決不盡失。且同姓百代不婚，周道也。而姓自變易，何由得知？一己不知，或容有得婚者，此大違先王之典，而傷自然之理。由此言之，宗子之重於天下久矣。

汪子寧以爲："父母生之，續莫大焉。三千之罪，無後爲重。夫立大宗，所以詮（《通典》作"銓"）序昭穆，彌綸百代，繫之以姓而弗别，綴之以食而弗殊。禮盡於此，誠重矣（《通典》句上有"義"字）。方之祖考，於斯爲薄。若令捨重適輕，違親就疏，則是生不敬養，没不敬享，生人之本不盡，孝子之事靡終，非所以通人子之情，爲經代之典。夫嫡子存則奉養有主，嫡子亡則烝嘗靡寄，是以支子有出後之義，而無廢嫡之文。故嫡子不得後大宗，但云以支子繼大宗，則義已暢矣。不應復云嫡子不得繼大宗，此乃小宗不可絶之明文也。若無大宗，唯不得收族耳。小宗之家，各統昭穆，何必亂乎！"

汪又曰："大宗者，人之本也，尊之統也。人不可以無其本，所以立大宗也。上理祖禰，尊尊之道著矣；下理子孫，親親之義明矣；旁理昆弟，天倫之理達矣。存則合族以食，序以昭穆，導以德行，別以禮義；沒則禘祭太祖，陳其親疎，殤與無服，莫不咸在。此則孝子之事終矣，立人之道竭矣。小宗之家，五代則遷，安知始祖之所從出，宗祀之所由來？敬宗所以尊祖禰，不爲重乎？然要當以穆繼昭。既明大宗不可以絕，則支子當有繼祖，是無父者也。"《通典》九十六。

◎祠制

孟春，祀用甘蔗、芹葅。《御覽》九百七十四。又，《御覽》九百八十引"孟春祭有芹葅"。

⊙按：馬氏漏引《御覽》九百八十，今補。

仲春薦竹笋。《書鈔》一百五十四。

⊙按：此條馬氏漏輯。

夏薦下乳餅膗。《初學記》二十六。《書鈔》一百四十四引無"膗"字。

⊙按：馬氏漏引《書鈔》。

孟夏祭下甘脆，用櫻桃、枇杷。《御覽》八百五十二引"孟夏祭下甘脆"，又九百六十九引"孟夏祭用櫻桃"，又九百七十一引"孟夏祭用枇杷"。

仲夏薦角黍米半、杏酪。《御覽》八百五十一引作"仲夏薦角黍米半"，又八百五十八"仲夏薦杏酪"。《初學記》四引作"仲夏薦角黍"。

⊙按：馬氏漏引《初學記》。

孟秋之祭菱芡，薦下雀瑞餅。《御覽》九百七十五引上句，《初學記》二十六引作"孟秋下雀瑞"，《書鈔》一百四十四引作"秋薦雀瑞餅"。

⊙按：《書鈔》"水引"條下引范氏《祠制》作"孟秋下雀喘餅"。虞氏案："今案陳俞本'喘'作'瑞'。""雀喘"條下又引無"餅"字。

冬薦白環餅。《書鈔》一百四十四。

孟冬祭下水，祭用椑柿，不鹹沮。《初學記》二十六引首句。《御覽》九百七十一引"孟冬祭用椑柿"，又八百五十六引"孟冬不鹹沮"。《書鈔》一百四十四引首句，"水"下有"引"字，虞氏案："今案陳俞本'水引'作'白環餅'。"

⊙按：馬氏引《御覽》九百七十五作"孟冬祭下水，祭用椑柿，有芹葅，不鹹沮"。

# 荀顗《謚法》

晉荀顗演。顗（？—274），字景倩，潁川潁陰（今河南許昌）人。荀彧之子。歷仕魏晉，官至太尉。事迹具《晉書》卷三十九本傳。此書《隋志》未著錄。兩《唐志》經部經解類著錄作《謚法》三卷，荀顗演，劉熙注。後佚。劉熙注之《謚法》，載《隋志》經部禮類。《玉海·藝文》"承詔撰述篇"引沈約《謚例·序》云："劉熙注《謚法》，惟有七十六名，所缺甚多。"此書蓋荀顗增演劉熙注之作，其佚文無考。《晉書·禮志》載太尉荀顗上《謚法》云："若賜謚而道遠不及葬者，皆封策下屬，遣所承長吏奉策。"當即此書也。是書佚文無考。

# 荀萬秋《禮論鈔略》

南朝宋荀萬秋撰，萬秋（？—約465），字元寶，潁川潁陰（今河南許昌）人。荀昶之子。事迹具《宋書》卷六十、《南史》卷三十三本傳。《隋志》經部禮類著錄《禮論要鈔》十卷，注云："梁有齊御史中丞荀萬秋《鈔略》二卷，亡。"兩《唐志》則著錄作荀萬秋《禮雜鈔略》二卷。然則此書在唐時蓋未亡也。其後乃佚。杜佑《通典》卷一百四十一引"荀萬秋議議郊廟宜設樂"，卷一百四十七"郊廟宮懸備舞議"又引"荀萬秋議"云云。馬國翰《玉函山房輯佚書》輯本《序》云："史稱萬秋用才學，自顯見一斑矣。"按《宋書·禮志二》宋文帝元嘉六年六月載"太學博士荀萬秋議"云云，大明五年七月載"左丞荀萬秋等參議"云云，《禮志四》元嘉六年七月載"博士荀萬秋議"云云，《禮志五》大明四年正月戊辰載"尚書左丞荀萬秋奏"云云，皆是論禮之文。今次輯佚，參校馬氏輯本，從《通典》輯錄3節，從《宋書·禮志》輯錄5節，其中2節《通典》並引之，總計6節，較馬氏多輯4節，勒爲一卷。

## 荀萬秋《禮論鈔略》一卷

南面君國，繼體承家，雖則佩觿，未闋成德，君父名正，臣子不容服殤，故云"臣不殤君，子不殤父"。推此，則知傍親故依殤制。東平沖王已經前議。若升仕朝列，則爲大成，故鄱陽哀王追贈太常，親戚不降。愚謂下殤以上，身居封爵，宜同成人。年在無服之殤，以登官爲斷。今永陽國臣，自應全服，至於傍親，宜從殤禮。《宋書·禮志二》，大明五年七月，有司奏："故永陽縣開國侯劉叔子夭喪，年始四歲，傍親服制有疑。"《通典》八十二。

孝武孝建二年，有司奏："前殿中曹郎荀萬秋議，郊廟宜設樂。"於是使内外博議。竟陵王誕等並同萬秋議。

建平王宏議："以《凱容》爲《韶舞》，《宣烈》爲《武舞》。祖宗廟樂，總以德爲名。章皇太后廟，奏《文樂》。《永至》等樂，仍舊。皇帝祠南郊及廟迎神、送神，並奏《肆夏》。皇帝入廟門，奏《永至》。皇帝南郊初登壇，及廟門中詣東壁，奏登歌。其初獻，奏《凱容》、《宣烈》之舞。終獻，奏《永安》之樂。郊廟同。"

孝武又使謝莊造郊廟舞樂、明堂諸樂歌辭。二年，有司又奏："先郊廟舞樂，皇帝親奉，初登壇及入廟詣東壁，並奏登歌，不及三公行事。"

左僕射建平王宏重議："公卿行事，亦宜奏登歌。"

有司又奏："元會及二廟齋祠，登歌依舊並於殿庭設作。廟祠，依新儀注，登歌人上殿，絃管在下；今元會，登歌人亦上殿，絃管在下。"《通典》一百四十一。

按禮，祭天地有樂者，爲降神也。故《易》曰："雷出地奮豫。先王以作樂崇德，殷薦之上帝，以配祖考。"《周官》曰："作樂於圜丘之上，天神皆降。作樂於方澤之中，地祇皆出。"又曰："乃奏黃鐘，哥大吕，舞《雲門》，以祀天神。乃奏大蔟，哥應鐘，舞《咸池》，以祀地祇。"由斯而言，以樂祭天地，其來尚矣。今郊享闕樂，竊以爲疑。《祭統》曰："夫祭有三重焉：獻之屬莫重於裸，聲莫重於升哥，舞莫重於《武宿夜》，此周道也。"至於漢秦（《通典》作"漢"）奏《五行》，魏舞《咸熙》，皆以用享。爰逮晉氏，泰始之初，傅玄作晉郊廟哥詩三十二篇。元康中，荀蕃受詔成父勗業，金（《通典》"金"上有"定"字）石四縣，用之郊廟。是則相承郊廟有樂之證也。廟祀登哥雖奏，而象舞（《通典》作"舞象"）未陳，懼闕備禮。夫聖王經世，異代同風，雖損益或殊，降殺迭運，未嘗不執古御今，同規合矩。方茲休明在辰，文物大備，禮儀遺逸，罔不具舉，而況出祇降神，輟樂於郊祭，昭德舞功，有闕於廟享。謂郊廟宜設備樂。《宋書·樂志一》十九，元嘉十八年九月，有司奏："二郊宜奏登哥。"二十二年，南郊，始設登哥。廟舞猶闕。孝建二年九月甲午，有司奏："前殿中曹郎荀萬秋議。"《通典》一百四十七引無"夫聖王"至"大備"八句，"禮儀遺逸"上有"方茲"二字。

伏尋幘非古者冠冕之服，《禮》無其文。案蔡邕《獨斷》云："幘是古卑賤供事不冠人所服。"又董仲舒《止雨書》曰："其執事皆赤幘。"知並不冠之服也。漢元始用，衆臣率從。故司馬彪《輿服志》曰："尚書幘名曰納言，迎氣五郊，各如其色，從章服也。"自茲相承，迄于有晉。大宋受命，禮制因循。斯既歷代成準，謂宜仍舊。《宋書·禮志二》十五，元嘉六年六月，荀萬秋議。

古之事尸，與今之事神，其義一也。周禮，尸出，送于廟門，拜，尸不顧。《詩》云："鐘鼓送尸。"則送神之義，其來久矣。《記》曰："迎牲而不迎尸，別嫌也。尸在門外，則疑於臣；入廟中，則全於君。君在門外，則疑於君，入廟，則全於臣。是故不出者，明君臣之義。"《宋書·禮志四》十七，元嘉六年七月，博士荀萬秋議。

《藉田儀注》："皇帝冠通天冠，朱紘，青介幘，衣青紗袍。侍中陪乘，奉車郎秉轡。"案《漢輿服志》曰："通天冠，乘輿常服也。"若斯豈可以常服降千畝邪？《禮記》曰："昔者天子爲藉千畝，冕而朱紘，躬秉耒耜。"鄭玄注《周官·司服》："六服同冕。"尊故也。時服雖變,冕制不改。又潘岳《藉田賦》云:"常伯陪乘,太僕秉轡。"推此,輿駕藉田,宜冠冕,璪十二旒,朱紘,黑介幘,衣青紗袍。常伯陪乘,太僕秉轡。宜改儀注,一遵二《禮》以爲定儀。《宋書·禮志五》十八,大明四年正月,尚書左丞荀萬秋奏。

# 庾蔚之《禮論鈔》

南朝宋庾蔚之撰。蔚之有《喪服》，已著録。此書始著録於《隋志》經部禮類，二十卷。兩《唐志》著録同。後佚。馬國翰《玉函山房輯佚書》有目無書。張帥、丁鼎《庾蔚之禮學著作考證與輯佚》（載《齊魯師範學院學報》2015年第3期）看到《通典》中有78處庾蔚之文，分析説：“從體例上看，庾蔚之的《禮記略解》是針對《禮記》的註疏，多不關現實禮制。而《通典》中的這78條禮文多有關現實禮制，不可能出於《禮記略解》。《禮答問》的體例是有問有答，而這78條禮文不同於這一體例，因而也不可能出自《禮答問》。此外，《通典》中的這78條禮文並非全是喪服問題，所以，亦可判斷它們並非出於《喪服》《喪服世要》《喪服要記》等書。因此，我們認爲，《通典》中的這78條禮文當是出於庾蔚之《禮論鈔》。”我們認爲，張帥、丁鼎的上述分析有道理，可從。此次輯佚，除《通典》外，又從《晉書·禮志》《宋書·禮志》《顔魯公集》中輯出6條，凡82條，勒爲一卷。其中4條，可確知庾蔚之文，但未知出自庾氏何書，置於文末存疑。

## 庾蔚之《禮論鈔》一卷

### 皇太子及皇子宗廟（東晉、大唐）

（東晉孝武帝詔、博士江熙、博士沈寂等）庾蔚之謂：嗣子以無子不廟，今有嗣子，乃立廟耶（按："耶"疑"耳"字之誤）？告生者是先自有廟，不得引以爲例。《通典》四十七。

### 兄弟不合繼位昭穆議（晉、東晉、大唐）

（賀循）庾蔚之謂：爾時愍帝尚在關中，元帝爲晉王，立廟猶以愍帝爲主，故上至潁川爲六代。懷、景二帝雖非昭穆之正數，而廟不合毁，是以見位餘八也。《通典》五十一。

### 兄弟俱封各得立禰廟議（晉、宋）

（晉中山王睦、博士祭酒劉喜、司徒荀顗、詔、虞喜、徐禪）宋庾蔚之謂：大夫、士尊不相絕，故必宗嫡而立宗，承別子之嫡謂之宗子，收族合食，糾正一宗者也，故特加齊縗三月之服。至四小宗則服無所加，唯昆弟之為人後，姊妹雖出，一降而已。《曾子問》"宗子為士，庶子為大夫，以上牲祭於宗子之家"，鄭云："貴祿重宗也。"（上牲，大夫少牢也）《小記》："庶子不祭禰者，明其宗也。"（明尊宗，不敢別祭也）至諸侯尊絕，大夫不得以太牢祭卿大夫之家，是以經無諸侯為宗服文，則知諸侯奪宗各自祭，不復就宗祭也。又諸侯別子封為國君，亦得各祭四代。何以知其然？諸侯既不就祭，人子不可終身不得享其祖考，居然別祭四代。或疑神不兩享，舉魯、鄭祭文、祖厲，足以塞矣。徐以弟祿卑於兄，不得兩祭，虞以為可兩祭，由於父非諸侯，又未善也。《通典》五十一。

### 緦不祭議（晉、宋）

（晉荊州刺史殷仲堪、別駕庾叡、功曹滕恬、主簿劉恬）宋庾蔚之謂：殷、庾釋文句甚允，但未統立言大意。《記》所明重其已與神交而不終，外喪尸殯不在此，可得少申其事。故大夫之祭，鼎俎既陳，籩豆既設，內喪小功、緦麻，外喪齊縗以下，行。特為已與神交，故隨輕重各有所行。又云"士之所以異，緦不祭"者，加大夫，有小功、緦麻皆廢，故鄭云"然則士不得成禮者十一"也。又云"所祭於死者無服則祭"者，言所異於未與神交唯有此，則外內之喪通廢，士卑故也。言有始末，義統有本。尋禮者多斷取義，不辯已與神交之異，故申之云。《通典》五十二。

### 公除祭議（東晉、宋）

（虞潭、徐藻）宋庾蔚之謂：公除是公家除其喪服，以從公家之吉事。若公家無齋禁，則其受弔臨靈，及私常著喪服，豈得輒釋凶服以執吉祭乎？徐藻乃云"外喪公除，雖停殯，可吉祭"，恐此非祖禰之所享也。兄弟別居，便為外喪，未葬公除而可以烝嘗，未之聞也。《通典》五十二。

### 婚禮不賀議（上禮附。周、東晉、宋、北齊）

（《記》、王述、王彪之、范汪）庾蔚之謂：按《禮》文及鄭注，是親友聞主人有吉事，故遣人送酒肉以賀之，但婚有嗣親之感，故不斥主人以賀婚，唯云為有客而已。今上禮既所爲者婚，亦不得都無慶辭。彪之議爲允。《通典》五十九。

### 嫁娶時月議（夏、周）

（《夏小正》、《周禮》、鄭玄、王肅、孫卿、董仲舒、《孔子家語》；馬昭、孔晁、張融）庾蔚之謂：王、鄭皆有證據，以人情言之，王爲優矣。《通典》五十九。

### 已拜時而後各有周喪迎婦遣女議（晉、東晉）

（東晉廢帝太和中平北將軍郗愔、謝奉）宋庾蔚之謂：俗既流弊，故以拜時代三日，推其始意，當是貪得從省，以赴吉歲。若周、大功之喪既葬，不可迎已拜之婦，則與始婚不異，非其旨也。《通典》五十九。

### 周服降在小功可嫁女娶妻議（晉、東晉、宋）

（晉范朗、蔡謨；東晉太常王彪之）宋庾蔚之謂：《禮》云"下殤之小功則不可"，而不云再降之小功，則知再降之小功可以娶。《通典》六十。

### 降服及大功末可嫁姊及女議（晉、宋）

（晉南陽中正張輔、梁州中正某；宋江氏、裴松之、荀伯子、何承天、裴通、宗炳；李嵩、馮懷、丁纂；魏放之、孔琳之、傅都官）宋庾蔚之曰：昔爲《禮記略解》，已通此議。大功重而嫁輕，小功輕而娶重，故大功之末可以嫁，小功之末可以娶也。所以然者，下殤小功，本周親者，以其殤折之痛，既人情所哀，不可以娶。長殤大功，鄰於成人大功，接於齊縗，猶親服之內，於情差申，冠嫁之事可同於成人之大功，故不言長殤大功之不嫁也。《通典》六十。

### 同姓婚議（殷、周、漢、晉）

（《禮記》、許慎、劉瑴、荀菘）庾蔚之謂：瑕據王者必有始祖，始祖爲正姓，共始祖之後，則百代不得通婚，故魯娶於吳爲失禮。瑕云"堯舜之婚，以正姓分絶於上"者，當謂各立始祖，則可通婚也。又云"應韓之通，以庶姓理終於下"者，當爲帝王遞代，始祖既謝，屬籍亦廢，則爲理終於下，亦可通婚也。瑕雖明始限之外與理終之後，皆可得通婚，而未有親疏之斷。昭穆祚胤，無代不有，若周代既遷，屬籍已息，應韓之婚，以其昭穆久遠。今所疑，雖在始限之外理終之後而親未遠者，當以何斷？按《禮》云："六代親屬竭矣。"故當宜以此爲斷邪？若周室已遷，無復后稷之始祖，則當以別子及始封爲判。今宗譜之始，亦可以爲始祖也。古人數易姓，姓異不足明非親，故婚姻必原其姓之所出。末代不復易姓，異姓則胡越，不假復尋其由出。同姓必宜本其由。是以各從首易，不爲同姓之婚。且同姓之婚，易致小人情巧，又益法令滋章。蝦在邊地，無他婚處，居今行古，致斯云耳。《通典》六十。

### 二嫡妻議（魏）

魏征東長史吳綱亡入吳，妻子留在中國，於吳更娶。吳亡，綱與後妻并子俱還，二婦并存。時人以爲，依典禮不宜有二嫡妻。袁準《正論》以爲："並后匹嫡，禮之大忌，然此爲情愛所偏，無故而立之者耳。綱夫妻之絶，非犯宜出之罪，来還則復初，焉得而廢之？在異域則事勢絶，可以娶妻，後妻不害，焉得而遣之？按並后匹嫡，事不兩立，前嫡承統，後嫡不傳重可也。二母之服，則無疑於兩三年矣。"虞喜議曰："法有大防，禮無二嫡。趙姬以君女之尊，降身翟婦，著在《春秋》，此吳氏後妻所宜軌則。"庾蔚之謂："袁準制之，得其衷矣。"《通典》六十八。

### 異姓爲後議（後漢、魏、晉、宋）

（後漢吳商、范甯；博士田瓊、大理王朗、徐幹、王修、于遝遝、崔凱《喪制》、王肅、詔）宋庾蔚之曰：四孤之父母，是事砐不得存養其子，豈不欲子之活？推父母之情，豈不欲與人爲後，而苟使其子不存耶？如此則與父命後人亦何異？既爲人後，何不戴其姓？"神不歆非類"，蓋舍己族，而取他人之族爲後。若己族無所取後而養他子者，生得養己之老，死得奉其先祀，神有靈化，豈不嘉其功乎！唯所養之父自有後，而本宗絶嗣者，便當應還本其宗祀；服所養父母，依繼父齊衰周。若二家俱無後，則宜停所養家，依爲人後服其本親例，降一等；有子以後，其父未有後之閒，別立室以祭祀是也。《通典》六十九。

### 天子爲庶祖母持重服議（漢、東晉、宋）

（祠部郎中徐廣、太常殷茂、徐野人、車胤）宋庾蔚之謂：《公羊》明母以子貴者，明妾貴賤，若無嫡子，則妾之子爲先立，又子既得立，則母隨貴，豈謂可得與嫡同耶？成風稱夫人，非禮之正，《穀梁》已自爲通。《小記》云："大夫降其庶子，其孫不降其父。"此謂凡庶子，故鄭玄云"祖不厭孫"耳，非謂承祖之重而可得申其私服也。庶子爲後，不得服其母，以廢祭故也。則己卒，己子亦不得服庶祖母可知矣。《小記》言"妾子不世祭"，《穀梁傳》言"於子祭，於孫止"，此所明凡妾，非謂有加崇之禮者也。古今異禮，三代殊制。漢魏以來，既加庶以尊號、徽旗、章服，爲天下小君，與嫡不異，故可得服重而廟祭，傳祀六代耳，非古有其議也。《通典》八十一。

### 天子立庶子爲太子薨服議（晉、宋）

（司隸王堪、司隸從事王接）宋庾蔚之謂：王堪以爲拜爲太子，則全同嫡正；王接據庶子爲後，爲其母緦，庶名不去，故雖爲太子，猶應與衆子同，天子不爲服，可謂兩失其衷。嘗試言之，按《喪服傳》通《經》，長子三年，言以正體乎上，又將所傳重。明二義兼足，乃得加至三年。今拜爲太子，雖將所傳重，而非正體，安得便同嫡正，爲之斬縗乎？既拜爲太子，則是將所傳重，寧得猶與衆庶子同其無服乎？天子諸侯絕傍周。今拜庶子爲太子，不容得以尊降之。既非正嫡，但無加崇耳，自宜伸其本服一周。庶子爲後，不得全與嫡同，庶名何由得去？已服祖、曾，與嫡不異，是與嫡同者也；祖、曾爲己，服無加崇，是與嫡異者也。天子、諸侯、大夫不以尊降，又與衆子不同矣。《通典》八十一。

### 天子爲母黨服議（後漢、魏、宋）

（太常韓暨、尚書趙咨、散騎常侍繆襲、博士樂祥、蜀譙周）宋庾蔚之謂：禮，父所不服，子不敢服。嫡子爲妻父母服，則天子、諸侯亦服妻之父母可知也。妻之父母猶服，況母之父母乎？《通典》八十一。

### 諸王子所生母嫁爲慈母服議（晉、宋）

（晉譙王司馬恬、范甯、徐邈、車胤）宋庾蔚之云：母出，無相鞠養，便爲無母，不必限其母亡。譙王所命，不爲乖禮。此子自宜依慈母如母之服。按晉朝諸王用士禮，則應附父在爲母之條。凡慈母以功勤致服，本無天屬之愛，寧有心喪之文乎！《通典》八十一。

### 童子喪服議（周、漢、晉、宋）

（《喪服經》、《雜記》、戴德《變除》、晉劉智《釋疑》、蜀譙周《縗服圖》、吳徐整、射慈）宋庾蔚之謂：馬融以童子爲未成人，鄭玄以爲未成人之稱，並不明下至幾歲。戴德以童子當室，十五至十九。譙周云："十四已下不堪麻，則不。"《記》云"十五成童舞《象》"耳，豈是《經》所云童子當室者耶？按《禮》稱童子，參差不一，以事推之，則大小可知矣。愚謂當室與族人爲禮，若是八歲以上及禮之人，以其當室，故令與成人同。昔射慈以爲，未八歲者服其近屬布深衣，或合禮意。《通典》八十一。

### 皇后親爲皇后服議（晉、宋）

（晉國子博士王翼、博士王崑、侍中高崧、祠部郎孔恢、護軍江霦、鄭彌）宋庾蔚之謂：與天子有服，既爲之斬縗，與王后有服，則宜齊縗周也。雖婦亦宜以有服爲斷，應如孔恢議。《通典》八十一。

### 諸侯及公卿妻爲皇后服議（晉、宋）

（徐邈、徐整、射慈）宋庾蔚之謂：《服問》云：“君爲天子三年，夫人如外宗之爲君。”按鄭玄注云：“外宗，君外親之婦也。其夫與諸侯爲兄弟，服斬，妻從服周。諸侯爲天子服斬，夫人亦從服周。”按王肅注云：“外宗，外女之嫁於卿大夫者也，爲君服周。”今鄭、王雖小異，而同謂夫服君斬縗，故妻從服周耳，未聞王妃服后與不。《雜記》云：“外宗爲君、夫人，猶内宗也。”鄭注：“皆謂嫁於國中者也。爲君服斬縗，夫人齊縗，不敢以其親服服至尊。外宗，謂姑、姊之女、舅之女及從母皆是也。内宗，五屬之親也。其無服而嫁於諸臣者，從爲夫之君。”按先儒皆以有親服之故，成以君臣之服。瑯琊王妃者，是司馬道子妻，於孝武定后，本娣姒小功之服。王者絶旁親，故宜成以臣妾齊縗之周。《通典》八十一。

### 蕃國臣爲皇后服議（天子將吏爲皇后附。晉、宋）

（東海國臣弘據、太學博士謝詮）宋庾蔚之謂：《經》但云“諸侯大夫爲天子”，而不及后，則知於后無服也。若有服，則當連言。且《傳》云“時接見乎天子”，益知后不在其例矣。弘據引大夫之制不成禮者，凡后之喪在其數，以明后必有服。蔚之按：《記》云“士之所以異，緦不祭”，鄭氏云：“然則士不得成禮。”諸侯之士亦不服天子及后，而亦不成禮。明不成禮不必爲服，止以君有天王及后之喪，以宜隨例哀致，故亦同廢祭耳。《通典》八十一。

### 皇太子降服議（晉、宋）

（晉孔安國、徐邈）宋庾蔚之謂：今惟太子從君所服，皇子、公子則無厭降。《通典》八十二。

### 諸王傳重爲所生母服議（晉、宋）

（晉穆帝永和中尚書令顧和、孝武泰元中太常車胤）宋庾蔚之謂：“庶子爲後，爲所生服緦”，此《禮》之正文。近遂爲三年，失之甚也。按晉樂安王所生母喪，議者謂應小功，孝武詔令大功，乃合餘尊之義。但餘尊之厭，不言爲後者也。即今猶皆三年。《通典》八十二。

### 諸王出後降本父母及所生母服議（東晉、宋）

（郎中令王奧、徐邈、侍中孔注、賀循；太常江夷上、博士孔恢、尚書謝奉、倉部郎許穆、吏部郎松重、祠部郎曹處道、簡文帝）宋庾蔚之謂：晉簡文愛其膝下之慕，不尋爲後移天之重。《通典》八十二。

### 爲諸王殤服議（晉、宋、梁）

（太常博士張亮、國子祭酒杜夷）宋庾蔚之謂：嗣子之體，不以成人爲義，故經有諸侯嫡子之殤服。臣子不殤君父，宮臣得服斬耳。自餘親自依其本服。《記》云："能執干戈以死社稷，則以成人服之。"先儒又推年未二十而冠婚及爲人父者，皆不爲殤。至若諸侯繼體象賢，君臨一國，事過大夫遠矣，而可反殤之乎？

（太學博士陸澄、左丞羊希）大明五年，有司奏："故永陽縣開國侯劉升子夭喪，年始四歲，旁親服制有疑。"太常丞庾蔚之等議並云："宜同成人之服。東平冲王服殤，實由追贈，異於已受茅土。"（博士司馬興之、左丞荀萬秋）《宋書·禮志》。

### 王侯世子殤服議（晉、宋）

（太常王冀）宋庾蔚之謂：臣以義服，故所從極於三年。經舉重服必從，則輕不從可知也。若從服世子之殤，亦可從服嫡婦，豈其然乎？惟小君非從，故與君同。《通典》八十二。

### 斬縗喪既葬緝縗議（晉、宋）

（晉魏休寧、魏覬、虞喜、孔汪、徐邈、周續之）宋庾蔚之謂：昔賀循以爲，夫服緣情而制，故情降則服輕。既虞，哀心有殺，是故以細代麤，以齊代斬耳。若猶斬之，則非所謂殺也。若謂以斬縗命章，便謂受猶斬者，則疏縗之受，復可得猶用疏布乎？是知斬疏之名，本生於始死之服以名其喪耳，不謂終其日月皆不變也。《通典》八十七。

### 孫爲庶祖持重議

（晉劉智《釋疑》、博士杜琬、王敞、束晳）宋庾蔚之謂：祖庶父嫡，己承父統，而不謂之繼祖，則祖誰當祭之？所謂繼，是承其後，爲之祭，故云傳重而服之斬。若杜琬所言，祖父俱嫡，乃是繼曾祖耳。祖雖非嫡，而是己之所承，執祭傳統，豈得不以重服服之乎？己服祖以斬，故祖亦服己以周。長子之服，義則不同，要須己身承祖禰之正，乃得爲長子斬。按《小記》云"庶子不爲長子斬，不繼祖與禰"，是明庶子不繼祖禰，故不得爲長子斬，非據子之身。若據長子身，不得云"不繼禰"也。必須身承祖禰之正，乃得服長子斬者，以尊加卑異於卑加尊也。劉智分此"不繼祖與禰"之言，以爲庶子不繼禰，故其長子不繼祖。書記未有此連言之比。且庶子不繼禰，其子居然不繼祖矣。《通典》八十八。

### 嫡孫持重在喪而亡次孫代之議

（晉徐邈、宋江氏、何承天、裴松之、司馬操）按庾蔚之謂：嫡孫亡，無爲後者，今祖有衆孫，不可傳重無主，次子之子居然爲持重，范宣議是也。嫡孫已服祖，三年未竟而亡，此重議已立，正是不得卒其服耳。猶父爲嫡居喪而亡，孫不傳重也。次孫攝祭，如徐邈所答。何承天、司馬操並云接服三年，未見其據。《通典》八十八。

### 齊縗三年

（《喪服小記》、後漢荊州牧劉表、劉智、侍中成粲、賀循、宋崔凱）庾蔚之謂：劉景升以婦人之不可踰夫，既已乖矣。按成粲云"己自受重於父，不受於祖，爲祖母不應三年"，亦可謂殊途而同謬者矣。《通典》八十九。

### 爲高曾祖母及祖母持重服議（晉、宋、後魏）

（晉劉智）宋庾蔚之謂：婦從夫，嫡，曾高祖母正體所傳，並有重，何疑其亡先後？《通典》八十九。

### 父卒母嫁復還及庶子爲嫡母繼母改嫁服議

（《喪服》、馬融、鄭玄、魏王肅、吳射慈、晉束皙、皇密。宋本以屬"齊縗杖周"節，王文錦從之）宋庾蔚之云：母子至親，本無絕道，禮所親者屬也。出母得罪於父，猶追服周；若父卒母嫁而反不服，則是子自絕其母，豈天理邪！宜與出母同制。按晉制，寧假二十五月，是終其心喪耳。《通典》八十九。

### 大功殤服九月七月（不爲殤議附）

（《喪服》、《檀弓》、漢戴德、吳徐整、射慈、晉袁準《喪服傳》、崇氏、淳于睿、范甯、戴逵、長史姜輯）宋庾蔚之謂：漢戴德云"獨謂父母爲子、昆弟相爲"，當不如鄭以周親爲斷。周親七歲以下，容有緦麻之服，而不以緦麻服服之者，以其未及於禮，故有哭日之差耳。他親有三殤之年而降在無服者，此是服所不及，豈得先以日易月之例邪？戴逯雖欲申馬難鄭，而彌覺其躓，范甯難之，可謂當矣。按束晳通論無服之殤云："禮，緦麻不服長殤，小功不服中殤，大功不爲易月哭，唯齊縗乃備四殤焉。"凡云男二十而冠，三十而娶，女十五許嫁而筓，二十而出，並禮之大斷。至於形智夙成，早堪冠娶，亦不限之二十矣。筓冠有成人之容，婚嫁有成人之事。鄭玄曰："殤年爲大夫，乃不爲殤，爲士猶殤之。"今代則不然，受命出官，便同成人也。《通典》九十一。

### 大功成人九月

（《檀弓》、鄭玄、王肅、盧植、太常曹毗、博士趙怡、高堂崇、《孔子家語》、蜀譙周、晉淳于睿）宋庾蔚之謂：自以同生成親，繼父同居，由有功而致服，二服之來，其禮乖殊。以爲因繼父而有服者，失之遠矣。馬昭曰："異父昆弟，恩繫於母，不於繼父。繼父，絕族者也。母同生，故爲親者屬，雖不同居，猶相爲服。王肅以爲從於繼父而服，又言同居，乃失之遠矣。"子游、狄儀，或言齊縗，或言大功，趨於輕重，不疑於有無也。《家語》之言，固所未信。子游，古之習禮者也，從之不亦可乎？《通典》九十一。

### 小功成人服五月

（《喪服》經傳、馬融、鄭玄、陳銓、雷次宗、王肅、蜀譙周、晉徐邈）宋庾蔚之謂：《傳》以同居爲義，蓋從夫謂之同室，以明親近，非謂常須共居。設夫之從父昆弟，少長異鄉，二婦亦有同室之義，聞而服之緦也。今人謂從父昆弟爲同堂，取於此也。婦從夫服，降夫一等，故爲夫之伯叔父大功，則知夫姑姊妹皆是從服。夫之昆弟無服，自別有義耳。非如徐邈之言出自恩紀者。《通典》九十二。

### 嫂叔服

（《禮記》、魏太尉蔣濟《萬機論》、尚書何晏、太常夏侯泰初、中領軍曹羲、吳徐整、射慈、晉傅玄、袁準《正論》、太常成粲）宋庾蔚之云：蔣濟、成粲，排棄聖賢經傳，而苟虛樹己說，可謂誣於禮矣。（唐太宗、魏徵、田再思、元行沖、蕭嵩）《通典》九十二。

### 緦麻成人服三月

（《喪服》、馬融、晉袁準、宣舒）宋庾蔚之謂：《傳》云"以名服"及云"以名加"，皆是先有其義，故施以此名，尋名則義自見矣。外親以緦斷者，抑異姓以敦己族也。緦服既不足以申外甥外孫之情，故聖人因其有伸之義而許其加也。外祖以尊加，從母以名加者，男女異長，伯季不同，由母於姊妹有相親之近情，故許其因母名以加服。兄弟姊妹，同氣之懷不異，故其服不得殊。由若同在他邦，小功加一等，而大功以上則不加也。《通典》九十二。

### 爲父後出母更還依己爲服議（魏、宋）

（魏魏郡太守鍾毓、郡丞武申、成洽）宋庾蔚之謂：爲父後不服出母，爲廢祭也。母嫁而迎還，是子之私情。至於嫡子，不可廢祭。鍾毓率情而制服，非禮意也。《禮》云"繼母嫁，從，爲之服"，非父後者也。《通典》九十四。

### 爲父後爲嫁母及繼母嫁服議（晉、宋）

（晉袁準、劉智、譙周、石苞、淳于睿、崔凱）庾蔚之曰：王順《經》文，鄭附《傳》說。王即情易安，於《傳》亦無礙。繼嫁則與宗廟絕，爲父後者安可以廢祖祀而服之乎？《通典》九十四。

### 繼母亡前家子取喪柩去服議（晉、宋）

（晉束晳、步熊）宋庾蔚之謂：子當以父服爲正。父若服以爲妻，則子亦應服之如母。若父輿去而不服，則子宜依繼母出不服也。《通典》九十四。

### 出母父遺命令還繼母子服議（晉、宋）

（晉傅玄、博士劉喜、少府劉克義）宋庾蔚之謂：臨亡使子迎母，自是申子之私情耳。此母自處不失禮，而子不用出母之服，非也。公曜不服，當矣。《通典》九十四。

### 父卒繼母還前親子家繼子爲服議（晉、宋）

（晉摯虞《決疑》、博士淳于睿、博士孫綽、博士弟子北海徐叔中）宋庾蔚之謂：繼母持服竟後乃去，不得謂之爲遣；比之繼母嫁，於情爲安。《通典》九十四。

### 父卒繼母還前繼子家後繼子爲服議（東晉、宋）

（東晉淮南小中正王式、國子祭酒杜夷、博士江泉、太常曲陵公荀崧、丞騎都尉蕭輪、御史中丞卞壺）宋庾蔚之謂：式父許後妻之請，是無相責之情，不得謂之爲遣。妻制服依禮，葬畢乃還家，積年方就前家子，比之繼嫁，不亦可乎？然式是長子，則不得服繼嫁以廢祭。《通典》九十四。

### 親母無黨服繼母黨議（後漢、宋）

（鄭玄、趙商）宋庾蔚之謂：母亡，禮應服其母之黨，不服繼母之黨。不可以母黨先已滅亡，而服繼母之黨。若服繼母之黨，則亂於己母之出也。《通典》九十五。

### 母出有繼母非一當服次其母者議（晉、宋）

（晉劉智《釋疑》、虞喜《通疑》、蜀譙周）宋庾蔚之曰：禮，己母被出，則服繼母之黨。繼母雖亡，己猶自服，不得捨前以服後也，當如喜議，服次其母者之黨也。《通典》九十五。

### 從母被出爲從母兄弟服議（晉、宋）

（車胤、博士宋濤之）宋庾蔚之曰：出母絕族，唯親者屬，母子無絕道，餘親不得有服，此《禮》之明文。褚所以服王，由乎周氏。王既絕周，不復服褚矣，褚何容獨服王邪？《禮》"有從無服而有服"，蓋是厭降所致，豈得與義絕者同乎？從母昆弟以名服者，蓋明服之由，不關義絕之後。從母在王及與在庚，誠無以異；但在庚則絕王，故褚不得從親者屬而服王也。褚以王絕己故不服，何嫌褚母之出也？不服之理，各有其義者也。《通典》九十五。

### 繼君母黨服議（晉、宋）

（晉車胤、臧燾、徐藻、賀循、徐邈）宋庾蔚之按：禮，嫡母之黨徒從。徒從者，所從亡則已。嫡母雖有三四，應服見在者之黨。但今人復服所生之黨，則嫡母之黨非復徒從，嫡雖沒，猶宜服之。但外氏無二統，不可悉服，宜以始生所遇嫡母之黨。若已生悉不及，宜服最後者之黨也。《通典》九十五。

### 妻已亡爲妻父母服議（晉、宋）

（晉穆帝永和中司徒、太常、国子博士張憑、劉系之、荀訥、步熊、季祖鐘、曹述初、范甯）宋庾蔚之謂：夫妻一體之親，而謂妻之父母徒從，失之甚矣。言應服者，辨之已詳。或疑外氏二統，則妻之父母，亦不宜二。意以爲，母之兩三，親假不同；妻之三四，於己猶一。非其例也。《通典》九十五。

### 夫爲祖曾祖高祖父母持重妻從服議（晉、宋）

（晉賀循、孔瑚、虞喜）宋庾蔚之謂：舅沒則姑老，是授祭事於子婦。至於祖服，自以姑爲嫡，所謂"有嫡婦無嫡孫婦"也。祖以嫡統唯一，故子婦尚存，其孫婦以下未得爲嫡，猶以庶服之。孫婦及曾、玄孫婦，自隨夫服祖降一等，故宜周也。《通典》九十六。

### 出後者却還爲本父服及追服所後父議（晉、宋）

（徐猛、博士曹述初、難者、張湛；范甯、孔德澤、江熙）宋庾蔚之曰：嘗爲父子，愛敬兼加，豈得事改，便同疏族？方之繼母嫁，於情爲安。《通典》九十六。

### 出後子爲本庶祖母服議（晉、宋）

（晉劉氏、徐邈）宋庾蔚之謂：庶子爲父後，不得服其所生，以服廢祭故也。已出伯父，即爲祖嫡，何由得服父之所生乎？《通典》九十六。

### 爲庶子後爲庶祖母服議（晉、宋）

（晉劉系之、王冀）宋庾蔚之謂：所後父若承祖後，則已不得服庶祖母也。父不承重，已得爲庶祖母一周。庶無傳祭，故不三年也。《通典》九十六。

### 爲祖曾祖後服議（晉、宋）

（晉何琦）宋庾蔚之謂：間代取後，禮未之聞。宗聖，時王所命以尊先聖，本不計數，恐不得引以比也。《通典》九十六。

### 並有父母之喪及練日居廬堊室議（周、晉、宋）

（《曾子問》、晉杜元凱、賀循、荀訥、庾氏、徐廣）宋庾蔚之謂：前喪既周，應毀廬爲堊室，而後喪猶應居廬。古者受弔於庭階，廬、堊室自是寢處之所。今雖以廬、堊室爲喪位，然自異於縗絰矣。母喪既練而父亡，爲母伸服。乃問劉表諸儒及太始制，皆云："父亡未殯而祖亡，承祖嫡者不敢服祖重，爲不忍變於父在也。況父在之日，母久已亡，寧可以父亡而變之乎？"意謂立服之旨，皆定於始制之日。女子大功之末可嫁，既嫁，必不可五月而除其服；男子在周服之內，出爲族人後，亦不可九月而除矣。父爲大夫，子爲父後，降伯叔父大功，或已兩三月日而父亡，寧可得伸服周乎？是知凡服皆以始制爲斷，唯有婦人於夫氏之親，被遣義絕，出則除之。《通典》九十七。按：此與前載庚氏問徐廣之語相應，則所謂庚氏即庚蔚之也，其文蓋見於徐廣《禮論答問》，而庚氏《禮論鈔》自述之。知其非庚氏《禮答問》之文者，蓋《禮答問》當載已答人之問故也。

### 父未殯而祖亡服議（晉、宋）

（賀循、虞喜）宋庚蔚之謂：《禮》云："三日而不生，亦不生矣。"故君薨未斂，入門，升自阼階，明以生奉之也。父亡未殯，同之生存，是父爲傳重正主，已攝行事，事無所闕。虞喜何謂無倚廬乎？孝子之所寢處，不關於主，闕之何嫌？若祖爲國君，五屬皆斬，則孫無獨周之義。按賀循所記，謂大夫士也。《通典》九十七。

### 父喪內祖亡作二主立二廬議（晉、宋）

（晉韓伯、或人）宋庚蔚之謂：父喪內祖又亡，則應兼主二喪。今代以廬爲受弔之處，則立二廬是也。人爲父喪來弔，則往父廬之所；若爲祖喪來弔，則往祖廬之所。《通典》九十七。

### 居所後父喪有本親喪服議（晉、宋）

（晉韓康伯、荀訥）宋庚蔚之謂：《禮》，齊縗、斬縗之受服，大功變既練之服，計縗升數，從其麤者。若升數同，則不變，絰帶而已。今代則不然，應別制本親周服，還本家則著之。時代不同，不得全依《禮》。今以堊室爲對弔之所，故應還本家，立堊室，在諸弟之下以受弔。設使本家遠，便當於別室，不得於所後靈前受本親喪之弔。《通典》九十七。

### 爲祖母持重既葬而母亡服議（晉、宋）

（晉雷孝清、范宣）宋庚蔚之謂：若如范說，非爲反後喪之服，亦應還毀堊室，立廬在諸父堊室之上。但二喪共位，廬、堊室雜處，恐非適時之禮。謂宜始有後喪，便別室爲廬，兼主二喪。《通典》九十七。

### 小功不稅服議（晉、宋）

（晉元帝、步熊、徐邈）宋庚蔚之謂：鄭、王所說，雖各有理，而王議容朝聞夕除，或不容成服，求之人心，未爲允愜。若服其殘月，官人得寧，則應多少不同。今喪寧心制，既無其條，則是前朝已自詳定，無服殘月之制。《通典》九十八。按：《禮記·喪服小記》"而父稅喪，已則否"正義："案《禮論》云有服其殘服者，庚氏以爲非也。"即約取此文之意。則《通典》所引爲庚氏《禮論鈔》明矣。《正義》所引，馬國翰輯入庚氏《禮記略解》，恐誤。

### 庶祖母慈祖母服議（晉、宋）

（晉劉系之、王冀；劉智《釋疑》、虞喜《通疑》）宋庾蔚之云：按《喪服傳》釋"慈母如母"，以爲妾之無子，妾子無母，父命以爲母子，然後慈母之義全也。智云有子之妾，有母之子，並乖《經》、《傳》所說，"如母"之義，何由而生？子不違父之命，豈從失禮之命？《小記》云"慈母之父母無服"，今子服慈母如母，猶無所從，況可得從父服慈祖母乎？且先儒所云婦人不服慈姑者，婦從夫尚猶不服，則子不從明矣。《通典》九十八。

### 爲姑姊妹女子子無主後者服議（周、漢、晉、宋）

（《喪服》、漢《石渠禮議》、吳射慈、東晉征西庾亮府倉曹參軍王羣、荀訥、庾亮）宋庾蔚之謂：王羣從姊喪亡之初，有繼兒，羣已制小功之服。凡服皆定於始制之日，豈得以葬竟兒亡方欲追改其服乎！異於女子爲夫所出申服於父母也。經文多略，可以類推，舉近親之有服，則疏者知無服。凡經於五服之內，文有未備，皆於公子章發凡以明例。無主後之不降，文不及從，又無發凡以明之，是知相矜止於周服而已。晉朝喪亂，移都於江南，郡之所仕，同奉天子，何他邦之有乎？《通典》九十九。

### 寡叔母守志兄迎還密受聘未知而亡服議（晉、宋）

（晉有問曰、裴主簿、許參軍）宋庾蔚之云：甲叔母乙便是執操之人，直是母欲奪而嫁之。乃逆責杜漸防微，古賢不足貴也。許君之言，當附於理。《通典》九十九。

### 郡縣守令遷臨未至而亡新舊吏爲服議（魏、宋）

（魏河南尹丞劉綽、河南尹司馬芝）宋庾蔚之曰：爵位以受命爲判。德祖已受陳留之印，則於樂陵爲舊君矣，不俟迎至乃相見也。陳留君吏之名雖判，而恩實未接，同吉日之婦，於情爲安。今吏爲君齊縗以弔。按宛令遷謂元城，已來在道，元城左右奉圖錄，主簿衆吏在後，未到令死，二縣吏疑所服。馬博士以爲，宛君臣未絕，舊吏不得不服，元城宜弔服加麻。賈博士以爲，已正名元城，然未入境，可依女在塗之服，宛當爲舊君之服。或問："長吏遷在傳舍而死，彼迎吏未至，此二國吏服，誰當輕重？"孫叔然答曰："古者諸侯以國爲家，衛出其君於襄牛，不書出奔以，未出境也。衛侯奔死鳥，《傳》曰：'猶在境內，則衛君也。'雖出傳舍，固當以君服之；彼迎吏依娶女有吉日，夫死，斬縗而弔，既葬除之。"《通典》九十九。

### 秀孝爲舉將服議（魏、宋）

（魏鄭小同、司徒鄭公）宋庾蔚之謂：白衣舉秀孝，既未爲吏，故不宜有舊君之服。尊卑不同，則無正服，弔服加麻可也。今人爲守相刺史又無服，但身蒙舉達，恩深於常，謂宜如鄭小同弔服加麻爲允。今已違適爲異，與舊君不通議論，不奔弔故郡將喪。《通典》九十九。

### 郡縣吏爲守令服議（魏、宋）

（《魏令》、蜀譙周、晉《喪葬令》、武昌太守徐彦）宋庾蔚之謂：《晉令》云"代至而除"，施之州郡縣員吏，宜用齊周之制。禮代殊事異，理有大斷。今州府之君既不久居其位，暫來之吏不得以爲純臣，則齊周之制不爲輕也。君齊矣，豈有從乎！母妻其猶不從，本無義於傍親，卞光禄所行是也。二公使吏從服姪姊，可謂恢疏罔，其乖遠矣。《通典》九十九。

### 喪遇閏月議（東晉、宋、齊、梁、後魏）

（宋大明元年二月，有司又奏："太常鄱陽哀王去年閏三月十八日薨，今爲何月末祥？"除下禮官議正。博士孫休）丞庾蔚之議："禮，正月存親，故有忌日之感。四時既變，人情亦衰，故有二祥之殺。是則祥忌皆以周月爲議，而閏亡者，明年無其月，不可以無其月而不祥忌，故必宜用所附之月。閏月附正，《公羊》明義，故班固以閏九月爲後九月，月名既不殊，天時亦不異。若用閏之後月，則春夏永革，節候亦殊。縱然人以閏臘月亡者，若用閏後月爲祥忌，則祥忌應在後年正月。祥涉三載，既失周歲之義，冬亡而春忌，又乖致感之本。譬今年末三十日亡，明年末月小，若去年二十九日親尚存，則宜用後年正朝爲忌，此必不然。若其不然，則閏亡者亦可知也。通關並用閏附於正，而正不假閏，得周便祥，何待於閏？且祥忌異月，亦非禮意。"《宋書·禮志》。

### 爲廢疾子服議（晉、宋）

（劉智《釋疑》、王徽之、劉玢）宋庾蔚之以爲：疾病者不愈而亡，彌加其悼，豈有禮無降文，情無所屈，而自替其服者邪？殤服本階梯以至成人，豈可以病者準之？篤其愛者，以病彌可悲矣；薄其恩者，以病則宜棄矣。病有輕重，參差萬緒，故立禮者深見其情，杜而不言，無降之理，略可知矣。嫡不爲後，是其去傳重之加，非降其本服，劉智、劉玢所言，近爲得理矣。《通典》一百一。

### 罪惡絶服議（周、晉、宋）

（《文王世子》、盧植、鄭玄、晉劉智《釋疑》、御史中丞裴祗、户曹屬韓壽、東閤祭酒李彝、主簿劉維、記室督田岳、學官令徐宣）宋庾蔚之謂：夫聖人設教，莫不敦風尚俗、睦親糾宗者也。每抑其佻薄之路，深仁弟之誨，公族有罪，素服不舉，恩無絶也。若凶悖陷害，則應臨事議其罪，豈但不服而已？裴耽以狂病致卒，無罪可論，田岳之議，足爲允也。《通典》一百一。

### 師弟子相爲服議（周、魏、晉、宋）

（《檀弓》、鄭玄、盧植、魏王肅、蜀譙周、曹弁敏、鄭稱、晉賀循、《新禮》、摯虞、范甯、徐邈）宋庾蔚之謂：今受業於先生者，皆不執弟子之禮。唯師氏之官，王命所置，故諸王之敬師，國子生之服祭酒，猶粗依古禮，弔服加麻，既葬除之，但不心喪三年耳。《通典》一百一。

### 改葬服議（周、漢、魏、晉、東晉、宋、後魏）

（《喪服》、馬融、鄭玄、王肅、《春秋穀梁傳》、范甯、江熙、漢戴德、陳鑠、趙商、吳徐整、射慈、晉袁準《正論》、東晉賀循、殷仲堪、太尉庾亮、司空何充、蔡謨、范汪、孟陋、孫放、何琦、王濛、于濟、范宣、晉元帝詔、太宰西陽王羕、有司奏）宋庾蔚之謂：改葬所以緦而不重者，當以送亡有已，復生有節。若用始亡之服，則是死其親，故制緦以示變吉。既有其服，若旬月而葬，則當如鄭玄說，卒緦之限，三月而除。若葬過三月者，須葬畢釋服，服爲葬設故也。《通典》一百二。

### 改葬反虞議（晉、宋）

（晉尚書、傅純、荀訥、韓虯、賀循、殷仲堪、范甯、吳射慈）宋庾蔚之謂：神已在廟，無所復虞。但先祭而開墓，將窆而奠，事畢而祭靈，遂毁靈座。若棺毁更斂，則宜有大斂之奠。若移喪遠葬，又有祖奠、遣奠也。《通典》一百二。

### 父母墓毁服議（曾祖從祖墓毁附。東晉、宋、梁）

（東晉司徒荀組、詔、國子祭酒杜夷、博士江淵、侍中黄門侍郎江啓、孔仰《墓毁論》、尚書、博士曹耽、胡訥、領國子博士荀訥、太常王彪之、尚書范汪、范宣）宋庾蔚之謂：人子之情無可輟，聖人以禮斷之，故改葬所服，不過於緦。緦服雖輕，而用情甚重。意謂聞其親屍柩毀露,及更葬,便應制服奔往。縱已修復,亦應臨赴。苟途路阻礙,猶宜制服緦,依三月而除。豈可以不及葬事,便宴然不服乎?《通典》一百二。

### 三年而後葬變除議(周、晉、宋)

(《喪服小記》、盧植、鄭玄、王肅、晉杜元凱、束晳、步熊、袁準《正論》、虞喜《釋疑》、王薈、范甯)宋庾蔚之《問答》曰:"'有葬在小祥之月,此月復有虞祔之禮,便用晦祥,於理爲速,此與久喪復異。取後月祥練,於情允否?'答曰:'三年後葬,祥不在葬月耳。今未爲絕久,祥理取後月也。'又曰:'葬與練祥三事各月,猶未足伸漸殺之情,況乃練祥三變而可共在一月邪!虞喜之言不近人情,盧、鄭、王皆以此不同時日,良有由也。言各有當,亦不嫌同辭。春夏秋冬既各爲一時,一日有十二時,然十二月何爲不得各爲一時之言也?'"《通典》一百二。

### 婦喪久不葬服議(晉、宋)

(晉夏侯盛、魏孟叔、顧氏、王廙、杜挹、徐邈、宋蔡廓、雷次宗)庾蔚之曰:《喪服小記》云:"爲兄弟既除喪,及葬反服其服。"此是至葬反服之明文,未解漢宣帝何故復爲祥制。集禮論者不記至葬反服之禮,而載諸變除以明之,可謂棄本逐末。《雜記》云:"姑姊妹之夫死,而夫黨無兄弟,使夫之族人主喪。妻之黨雖親不爲主。夫若無族,則東西家。若又無,則里尹主之。"《喪大記》云:"喪有無後,無無主。"此皆謂喪事之主也。《服問》云:"君所主:夫人妻、太子、嫡婦。"此謂君雖尊統一家,但爲嫡者主喪耳。而《小記》又云"久喪不葬者不除",是居周功之喪也。若女子適人及男子爲人後者,皆隨其服而釋除,緣其出有所屈故也。素服心喪,以至過葬。但今世輕於下流之喪,妻猶去其杖禫,不容復有未葬不除也。議者疑不得以下流之未葬,以廢祖禰之烝嘗,且未葬亦可十年五歲。嘗試言之,夫子許貧者便葬而無槨,是明亡者急於送往,不容甚久可知;若事遲過於服限,亦不得停殯在宮,而響樂在廟,既吉凶不可以相干,亦在心所不忍也。《通典》一百三。

### 招魂葬議(東晉、宋)

(袁瓌《禁招魂葬表》、博士阮放、傅純、張亮、賀循、荀組《非招魂葬議》、治中王裒、組子奕、干寶《駁招魂葬議》、孔衍《禁招魂葬議》、李瑋《宜招魂葬論》、北海公沙歆《宜招魂論》、陳舒《武陵王招魂葬議》、張憑《新蔡王招魂葬議》、博士江淵、蜀譙周)宋庾蔚之論:葬以藏形,廟以饗神。季子所云"魂氣無不之",寧可得招而葬乎?《通典》一百三。

《周禮·大司樂職》云:"諸侯薨,令去樂。大臣死,令弛懸。"鄭注云:"去,謂藏之。弛,謂釋下也。是知哀輕者則釋,哀重者則藏。"又按庾蔚之《禮論》云:"晉元后秋崩,武帝咸寧元年享萬國,不設樂。"顏真卿《顏魯公集》卷一《朝會有故去樂議》。按:《禮論》,蓋《禮論鈔》脫去"鈔"字。

是時中原喪亂,室家離析,朝廷議二親陷沒寇難,應制服不?(中略)庾蔚之云:"二親爲戎狄所破,存亡未可知者,宜盡尋求之理。尋求之理絕,三年之外,便宜婚宦。胤嗣不可絕,王政不可廢故也。猶宜以哀素自居,不豫吉慶之事,待中壽而服之也。若境內賊亂清平,肆眚之後,尋覓無蹤跡者,便宜制服。"《晉書·禮志中》

驃騎將軍溫嶠前妻李氏,在嶠微時便卒,又娶王氏、何氏,並在嶠前死。及嶠薨,朝廷以問陳舒,三人並得爲夫人不?(陳舒回答略)庾蔚之云:"賤時之妻,不得並爲夫人。若有追贈之命,則不論耳。"《晉書·禮志中》

# 存　疑

### 公主服所生議（宋）

宋庾蔚之云:公主爲其母,應周,何以言之?在室有餘尊之厭,服不得過大功,故服母及兄弟不得有異。既出則無厭,故爲母得周。所以知既出則無厭者,《禮》,尊降、出降,親疏不異,尊降唯不及其嫡耳。至於厭降,唯子而已。在室,父在爲母周;既出,服母與父同。是故知既出則無厭也。又,正尊不報,禮之大例。而女子適人,父報以周,使其移重於夫族,推旁親也。以此推之,出則無厭,理據益明。《通典》八十一。

### 爲內外妹爲兄弟妻服議（晉、大唐）

(晉徐衆、徐彥、議曰)故庾蔚之云:"外姊妹而爲兄弟之妻,宜用無服之制。"《通典》九十五。

### 長殤中殤變三年之葛議（周、宋）

(《服問》、《間傳》、鄭注、吳射慈)宋庾蔚之謂:《服問》云"麻之有本者,變三年之葛,既練,遇麻斷本者,於免絰之",次云"小功不易喪之練冠",因說"麻之有本,乃能變上服之葛",方云"殤長、中,變三年之葛,終殤之月筭,而反三年之葛,是非重麻,爲其無卒哭之稅,下殤則不",當是論周殤之大功。若是大功之殤,《記》當明之。周殤最在上,所以不言周耳。鄭玄當謂周殤長、中已自大功,不復指明殤服之異，不於卒哭而變上服之葛。又明下殤之麻，雖不斷本，以其幼賤，亦不能變上服之葛。《間傳》大明斬縗變受之節，因備列五服麻葛之分。緦、小功之麻，不變上服之葛，已自別見，故此雖連言，而在兼服之例，是以不復曲辨。若如鄭説，謂大功親之殤者，其如緦、小功之經，麻既斷本，又與三年之葛大小殊絶，安得相變邪？《通典》九十七。

**兼親服議**

宋庾蔚之謂：一人身而内外兩親，論尊卑之叙，當以己族爲正，昭穆不可亂也；論服當以親者爲先，親親之情不可没也。或族叔而是姨弟，若此之類皆是也。《禮》云："夫屬父道，妻皆母道；夫屬子道，妻皆婦道。"此言本無親也。若本有外屬之親，則當推其尊親之宜。外親不關母婦之例，無嫌其昭穆之亂，故可得隨其所親而服之。若外甥女爲己子婦，則不用外甥之服，是從親者服也。外姊妹而爲兄弟之妻，亦宜用無服之制，兄弟妻之無服，乃親於外親之有服也。至若從母而爲從父昆弟之子婦，則不可以婦禮待之，由外親之屬近而尊也。其餘皆可推而知矣。《通典》九十七。

⊙按：以上四條，可以確知是庾蔚之之文，但難以確定出自庾蔚之何書：是出自《禮記略解》還是出自《禮論鈔》？故置於篇末存疑。

# 謝元《內外書儀》

　　南朝宋謝元撰。元（生卒年不詳），字有宗，陳郡陽夏（今太康）人，靈運從祖弟，以才學見知，坐事禁錮終身。事迹略見《宋書》卷六十四《何承天傳》。《隋志》史部儀注類著録此書爲四卷，兩《唐志》作"謝允《書儀》二卷"。姚振宗《考證》云："按《唐志》作謝允。允，字令度，亦陳郡陽夏人，位宣城內史，《南史》附見《謝裕傳》。裕，字景仁，避宋武帝諱，以字行。允，其父也。允爲安之從子，其爲宣城，當在晉時，史不言其有著述，自是'謝元'之誤，而又佚其二卷歟？"《四庫全書總目》著録司馬光《書儀》云："考《隋書·經籍志》，謝元有《內外書儀》四卷，蔡超有《書儀》二卷，以至王弘、王儉、唐瑾皆有此著。又有《婦人書儀》八卷、《僧家書儀》五卷。蓋《書儀》者，古私家儀注之通名。《崇文總目》載唐裴茝、鄭餘慶、宋杜有、晉劉岳皆用斯目，光是書亦用舊稱也。"然則元之是書，乃《書儀》系列之鼻祖也。其佚文無考。

# 周捨《禮疑義》

南朝梁周捨撰。捨（469—524），字升逸，汝南安城（今正陽東北六十裏固城村）人。父顒。捨仕梁，頗見倚重。卒謚簡子。事迹具《梁書》卷二十五、《南史》卷三十四本傳。《隋志》經部禮類著録周捨《禮疑義》五十二卷，兩《唐志》著録作五十卷。後佚。《梁書·孔休源傳》云："時太子詹事周捨撰《禮疑義》，自漢魏至於齊梁，並皆搜採。休源所有奏議，咸預編録。"馬國翰輯有周捨《禮疑義》一卷，《序》云："此書記禮之疑義，《北史》引或作《疑議》，亦禮論之類也。今輯録四條。其《南史·司馬筠傳》所載《皇子慈母服議》一篇，本末完具，他非足文，僅存大略。史稱武帝禮儀損益，多自捨出。則其説之隱于《梁書·禮志》者固不少也。"馬國翰輯本得之於《册府元龜》《北史·宇文愷傳》《通典》《南史·司馬筠傳》4節，此次重輯從《宋史·禮志》多得1節，合爲一卷。

## 周捨《禮疑義》一卷

### 王制
◎天子七廟。馬國翰案：此及"明堂"條引《禮疑義》，不著經句。余蕭客《古經解鈎沉》一收入《王制》"天子七廟"下，一收入《祭義》"祀乎明堂"下，今依用。

或四廟。《册府元龜》五百九十四。

### 祭義
◎祀乎明堂。

祭用純漆俎瓦樽，文於郊，質於廟。止一獻，用清酒。《隋書·宇文愷傳》《北史·宇文愷傳》並引《禮疑義》云。

《冕服議》詔旨以王者袞服，宜畫鳳皇，以示差降。按《禮》："有虞氏皇而祭，深衣而養老。"鄭玄所言，皇則是畫鳳皇羽也。又按《禮》所稱雜服，皆以衣定名，猶如衮冕，則是衮衣而冕。明有虞言皇者，是衣名，非冕，明矣。畫鳳之旨，事實灼然。《隋書·禮儀志六》。《通典》六十一亦引，文字小異。按：馬氏輯本此條從《通典》之文。

安成太妃陳氏薨，江州刺史安成王秀、荆州刺史始興王憺，并以慈母表解職，詔不許，還攝本任，而太妃薨京邑，喪祭無主。舍人周捨《議》曰："賀彥先稱：'慈母之子不服慈母之黨，婦又不從夫而服慈姑，小功服無從故也。'庾蔚之云：'非徒子不從母而服其黨，孫又不從父而服其慈母。'由斯而言，慈祖母無服明矣。尋門內之哀，不容自同于常；按父之祥禫，子並受弔。今二王諸子，宜以成服日，單衣一日，爲位受弔。"制曰："二王在遠，諸子宜攝祭事。"捨又曰："《禮》云'縞冠玄武，子姓之冠'，則世子衣服宜異於常。可著細布衣，絹爲領帶，三年不聽樂。又《禮》及《春秋》，庶母不世祭，蓋謂無王命者耳。吳太妃既朝命所加，得用安成禮秩，則當祔廟，五世親盡乃毀。陳太妃命數之重，雖則不異，慈孫既不從服，廟食理無傳祀，子祭孫止，是會經文。"高祖因是敕禮官議皇子慈母之服。筠議："宋朝五服制，皇子服訓養母，依禮庶母慈己，宜從小功之制。按《曾子問》云：'子遊曰：喪慈母如母，禮歟？孔子曰：非禮也。古者男子外有傅，內有慈母，君命所使教子也，何服之有？'鄭玄注云：'此指謂國君之子也。'若國君之子不服，則王者之子不服可知。又《喪服》經云：'君子子爲庶母慈己者。'傳曰：'君子子者，貴人子也。'鄭玄引《內則》，三母止施于卿大夫。以此而推，則慈母之服，上不在五等之嗣，下不逮三士之息。儻其服者止卿大夫，尋諸侯之子尚無此服，況乃施之皇子。謂宜依《禮》刊除，以反前代之惑。"高祖以爲不然。曰："《禮》言慈母，凡有三條：一則妾子之無母，使妾之無子者養之，命爲母子，服以三年，《喪服·齊衰》章所言'慈母如母'是也；二則嫡妻之子無母，使妾養之，慈撫隆至，雖均乎慈愛，但嫡妻之子，妾無爲母之義，而恩深事重，故服以小功，《喪服·小功》章所以不直言'慈母'，而云'庶母慈己'者，明異於三年之慈母也；其三則子非無母，正是擇賤者視之，義同師保，而不無慈愛，故亦有慈母之名。師保既無其服，則此慈母亦無服矣。《內則》云：'擇於諸母與可者，使爲子師；其次爲慈母；其次爲保母。'此其明文。此言擇諸母，是擇人而爲此三母，非謂擇取兄弟之母也。何以知之？若是兄弟之母，其先有子者，則是長妾，長妾之禮，實有殊加，何容次妾生子，乃退成保母，斯不可也。又有多兄弟之人，於義或可；若始生之子，便應三母俱闕邪？由是推之，《內則》所言'諸母'，是謂三母，非兄弟之母明矣。子遊所問，自是師保之慈母，非三年小功之慈母也，故夫子得有此對。豈非師保之慈母無服之證乎？鄭玄不辯三慈，混爲訓釋，引彼無服，以注'慈己'，後人致謬，實此之由。經言'君子子'者，此雖起于大夫，明大夫猶爾，自斯以上，彌應不異，故傳云'君子子者，貴人之子也'。總言曰貴，則無所不包。經傳互文，交相顯發，則知慈加之義，通乎大夫以上矣。宋代此科，不乖《禮》意，便加除削，良是所疑。"於是筠等請依制改定：嫡妻之子，母没爲父妾所養，服之五月，貴賤并同，以爲永制。《梁書·司馬筠傳》。《南史·司馬筠傳》引，文字小異。

三年喪畢，遭禘則禘，遭祫則祫。《宋史·禮志十》引《疑義》云。

⊙按：此節馬本無。

## 周捨《書儀疏》

南朝梁周捨撰。捨有《禮疑義》，已著錄。《隋志》史部儀注類著錄此書爲一卷，後佚。《四庫全書總目》著錄司馬光《書儀》云："考《隋書·經籍志》，謝元有《內外書儀》四卷，蔡超有《書儀》二卷，以至王弘、王儉、唐瑾皆有此著。又有《婦人書儀》八卷、《僧家書儀》五卷。蓋《書儀》者，古私家儀注之通名。"然則捨之是書，蓋爲疏通《書儀》而作也。至於所疏者爲哪一家，不能明矣。佚文無考。

# 元延明《三禮宗略》

北魏元延明撰。延明有《毛詩誼府》，已著録。此書《隋志》經部著録爲二十卷，兩《唐志》著録同。後佚。姚振宗《考證》云："安豐王所撰有《五經宗略》，見後《論語》類，此殆其中之一編。"朱彝尊《經義考》著録此書曰"佚"。其佚文無考。

樂類

# 龍德《雅琴龍氏》

西漢龍德撰。德（約昭、宣時人），梁（今商丘）人。宣帝時，拜爲侍郎。事迹略見《漢書·藝文志》。《漢志·六藝略》樂類著録此書爲九十九篇，師古注云："劉向《別録》云亦魏相所奏也。"《隋書·樂志上》引沈約曰："劉向《別録》有《龍氏雅琴》百六篇。"然《文選》卷六十《齊竟陵文宣王行狀》李善注云"《雅琴龍氏》九十九篇"，其篇數與《漢志》合，疑沈約誤也。沈約又云："《晉中經簿》無復樂書，《別録》所載，已復亡逸。"然則此書亡佚久矣。《漢書補注》引周壽昌曰："《後漢書·儒林傳》注引劉向《別録》云：'雅琴之意，皆出龍德《諸琴雜事》中。'然則《雜事》乃龍氏《雅琴》中之一篇也。"張舜徽《漢書藝文志通釋》云："以《雅琴》爲名者，蓋亦以別於流俗之琴聲也。"其佚文無考。

# 蔡邕《琴操》

東漢蔡邕撰。邕有《月令章句》，已著録。《琴操》的撰者，傳統的説法有三：一主東漢初年桓譚撰，一主東漢末年蔡邕撰，一主晉代孔衍撰。《舊唐書·經籍志》著録"《琴操》二卷，桓譚撰"，此主桓譚撰説之所由起也。《隋書·經籍志》著録"《琴操》三卷，晉廣陵相孔衍撰"，此主孔衍撰説之所由起也。而蔡邕所撰之《琴操》，史志未載，而屢見於《文選》李善注之徵引。清人之《琴操》輯本主要有三家：王謨《漢魏遺書鈔》本，黄奭《漢學堂叢書》本，孫星衍輯本。三家之中，王謨主孔衍撰，黄奭、孫星衍皆主蔡邕撰。2008年曲阜師範大學趙德波碩士論文《蔡邕〈琴操〉研究》、當代學者王輝斌《蔡邕〈琴操〉及其解題批評》（載《廣西師範大學學報》2013年6月）均主蔡邕撰説，今從之。此次輯佚，以孫星衍輯本爲底本，僅校正其明顯的誤字。王輝斌云："今本蔡邕《琴操》共對44篇'琴曲類樂府'進行了題解，極具'題解類批評'的學理要素。而更爲重要的是，《琴操》在東漢末年的編撰，成爲蔡邕'前樂府'認識觀的一種具體反映，並對其後釋智匠《古今樂府》、郭茂倩《樂府詩集》等產生明顯而直接的影響。"

## 蔡邕《琴操》二卷

### 卷　上

昔伏羲氏作琴，所以禦邪僻，防心淫，以修身理性，反其天真也。按："昔"字從《北堂書鈔·樂部》、《文選·長笛賦》注引補，"氏"字從《文選·歸田賦》注引補。琴長三尺六寸六分，象三百六十六日也。廣六寸，象六合也。文上曰池，下曰巖。按：《通鑒·晉紀》二十六胡三省注引項安世《家説》與此上下文略同，作"文，上曰池，下曰宕"。池，池水也，言其平。下曰濱，濱，賓也，言其服也。前廣後狹，象尊卑也；上圓下方，法天地也。五絃，宫也，象五行也。按："宫也"二字從《太平御覽·樂部》引補，《文選·歸田賦》注引作

"絃有五者，象五行也"。大絃者，君也，寬和而溫；小絃者，臣也，清廉而不亂。按：《史記·田敬仲世家》集解引此四句。文王、武王加二絃，以合君臣之恩也。按：《太平御覽·樂部》引無"武王"二字。宮爲君，商爲臣，角爲民，徵爲事，羽爲物。

　　古琴曲有歌詩五曲，按：今本作"詩歌"，從《太平御覽·樂部》引改。一曰《鹿鳴》，二曰《伐檀》，三曰《騶虞》，四曰《鵲巢》，五曰《白駒》。又有十二操，一曰《將歸操》，孔子所作。孔子之趙，聞殺竇鳴犢而歸，作此曲。○按：《太平御覽·樂部》引，注文皆作大字。二曰《猗蘭操》，孔子所作，傷不逢時。三曰《龜山操》，孔子作。季桓子受齊女樂，孔子欲諫不得，退而望魯龜山，作此曲。喻季氏若龜山之蔽魯。四曰《越裳操》，周公所作。五曰《拘幽操》，文王作。文王拘於羑里，作此曲。六曰《岐山操》，周人爲文王所作。七曰《履霜操》，尹吉甫子伯奇無罪見逐，自傷，作此曲。八曰《雉朝飛操》，牧犢子所作。牧犢子七十無妻，見雉朝飛，感而作此曲也。按：下文云"見飛雉雄雌相隨"，今本此文訛作"見雉朝飛"，從《太平御覽·樂部》引改。九曰《別鶴操》，商陵牧子所作。娶妻五年，無子，父母欲爲改娶，其妻聞之，中夜悲嘯，牧子感之，作此曲。十曰《殘形操》，曾子所作。曾子夢一狸。不見其首。而作此曲。十一曰《水仙操》，伯牙所作。十二曰《懷陵操》。伯牙所作。又有九引，一曰《烈女引》，楚樊妃所作。二曰《伯姬引》，魯伯姬所作。三曰《貞女引》，魯漆室女所作。四曰《思歸引》，衛女所作。五曰《霹靂引》，楚商梁所作。商梁出遊九皋之澤，遇風雷霹靂，畏懼而歸，作此引。按："出"字從《太平御覽·樂部》引補。六曰《走馬引》，樗里牧恭所作。牧恭爲父報寃，殺人而亡，藏於山林之下，有天馬引之，感之，作此引。七曰《箜篌引》，霍里子高所作，即《公無渡河》曲。按"霍里"，本訛作"樗里"，從《太平御覽·樂部》引改。八曰《琴引》，秦時屠高門所作。九曰《楚引》。楚龍丘高所作。按：下文作"龍丘高"，今本"丘"下有"子"字，衍，刪。又有河間雜歌二十一章。按《水經注·河水》："余每讀《琴操》，見《琴慎相和雅歌錄》云：'飲馬長城窟。'"今本無此文。

## 《鹿鳴》

　　《鹿鳴操》者，周大臣之所作也。王道衰，君志傾，留心聲色，内顧妃后，設旨酒嘉肴，不能厚養賢者，盡禮極歡，形見於色。大臣昭然獨見，必知賢士幽隱，按：《文選·琴賦》注引"賢士"作"賢者"。小人在位，周道陵遲，必自是始。故彈琴以風諫，歌以感之，庶幾可復歌按：此下宜有"曰"字。"呦呦鹿鳴，食野之苹。我有嘉賓，鼓瑟吹笙。吹笙鼓簧，承筐是將。人之好我，示我周行。"此言禽獸得美甘之食，尚知相呼，傷時在位之人不能，乃援琴而刺之，故曰《鹿鳴》也。

## 《伐檀》

　　《伐檀操》者，魏國女之所作也。傷賢者隱蔽，素餐在位，閔傷怨曠，失其嘉會。

夫聖王之制，能治人者食於人，治於人者食於田。今賢者隱退伐木，小人在位食祿，懸珍奇，積百穀，并包有土。德澤不加百姓，傷痛上之不知，王道之不施，仰天長嘆，援琴而鼓之。

### 《騶虞》

《騶虞操》者，邵國女之所作也。按：《文選·李陵與蘇武詩》注引此二句。《困學紀聞》引《文選》注本作"邵"，今本《文選》注作"鄒"，字之訛。古者聖王在上，按："古者"，本作"古有"，從《文選·李陵與蘇武詩》、曹子建《贈丁儀王粲詩》注引改。君子在位，役不踰時，不失嘉會，內無怨女，外無曠夫。及周道衰微，禮義廢弛，強凌弱，衆暴寡，萬民騷動，百姓愁苦，男怨於外，女傷於內。內外無主，內迫性情，外逼禮義，欲傷所讒，而不逢時，於是援琴而歌。

### 《白駒》

《白駒操》者，失朋友之所作也。其友賢，居任也。衰亂之世，君無道，不可匡輔，依違成風，諫不見受，國士詠而思之，援琴而長歌。

### 《將歸操》

《將歸操》者，孔子之所作也。趙簡子循執玉帛以聘孔子，孔子將往，未至，渡狄水，聞趙殺其賢大夫竇鳴犢，喟然而嘆之，曰："夫趙之所以治者，鳴犢之力也。殺鳴犢而聘余，何丘之往也！夫燔林而田，則麒麟不至；覆巢破卵，則鳳凰不翔。鳥獸尚惡傷類，而況君子哉！於是援琴而鼓之云："翱翔于衛，復我舊居。從我所好，其樂只且。"按：《水經注·河水》引孔子臨狄水而歌曰："狄水衍兮風揚沙，船楫顛倒更相加。歸來歸來兮胡爲斯？"疑是《將歸操》之脫文。今本《水經注》脫末句，從宋本《韓文考異》引補。又，《史記·孔子世家》："孔子聞聞竇鳴犢舜華之死也，臨河而嘆，乃還。息乎陬鄉，作爲《陬操》以哀之。"《集解》："王肅曰：《陬操》琴曲名也。"《孔叢子》引與此四句正同。

### 《猗蘭操》

《猗蘭操》者，孔子所作也。孔子歷聘諸侯，按：《太平御覽·香部》引無"歷"字。諸侯莫能任。自衛反魯，過隱谷之中，見薌蘭獨茂，喟然嘆曰："夫蘭，當爲王者香，今乃獨茂，與衆草爲伍，譬猶賢者不逢時，與鄙夫爲倫也。"乃止車，援琴鼓之，云："習習谷風，以陰以雨。之子于歸，遠送于野。何彼蒼天，不得其所。逍遙九州，無所定處。時人闇蔽，不知賢者。年紀逝邁，一身將老。"自傷不逢時，託辭于薌蘭云。

## 《龜山操》

《龜山操》者,孔子之所作也。齊人饋女樂,季桓子受之,魯君閉門不聽朝。當此之時,季氏專政,上僭天子,下畔大夫,賢聖斥逐,讒邪滿朝。孔子欲諫不得,退而望魯。魯有龜山蔽之,辟季氏於龜山,託勢位於斧柯,季氏專政,猶龜山之蔽魯也。傷政道之陵遲,按:陵遲,本作"不用",從《水經注‧汶水》《北堂書鈔‧樂部》引改。閔百姓不得其所,欲誅季氏而力不能,於是援琴而歌云:"余欲望魯兮,龜山蔽之。手無斧柯,奈龜山何?"

## 《越裳操》

《越裳操》者,周公之所作也。周公輔成王,成文王之王道,天下太平,萬國和會,江黃納貢,越裳重九譯而來獻白雉。執贄曰:"吾君在外國也,頃無迅風暴雨,意者中國有聖人乎?故遣臣來。"周公於是仰天而嘆之,乃援琴而鼓之,其章曰:"於戲嗟嗟,非旦之力,乃文王之德!"遂受之,獻于文王之廟。

## 《拘幽操》

《拘幽操》者,文王拘於羑里而作也。文王備修道德,百姓親附。文王有二子,周公、武王,皆聖。是時,崇侯虎與文王列為諸侯,按:"虎"字從《太平御覽‧皇王部》引補。德不能及文王,按:"能"字從《太平御覽‧皇王部》引補。常嫉妒之。乃譖文王於紂曰:"西伯昌,聖人也。長子發,中子旦,皆聖人也。按:《文選‧西征賦》注引無"人也"二字。三聖合謀,將不利於君,君其慮之!"紂用其言,乃囚文王於羑里,按:《文選‧海賦》引"囚"作"徙"。擇日欲殺之。於是文王四臣太顛、閎夭、散宜生、南宮适之徒,按:《文選‧海賦》注引作"于是太顛、散宜生、南宮适之屬",而無閎夭。《史記‧周本紀》云:"西伯之臣閎夭之徒求美女奇物善馬以獻紂。"據此,《文選》注所引無"閎夭",是傳寫脫也。往見文王。文王為矑反目者,紂之好色也;拊桴其腹者,言欲得奇寶也。蹀躞其足者,使疾迅也。於是乃周流海內,經歷風土,得美女二人,水中大貝,白馬朱鬣,以獻於紂。陳於中庭,紂見之,仰天而嘆曰:"嘻哉!此誰寶。"散宜生趨而進曰:"是西伯之寶,以贖刑罪。"紂曰:"於寡人何其厚也!"立出西伯。紂謂宜生,譖岐侯者,長鼻決耳也。宜生還,以狀告文王,乃知崇侯虎譖之。

文王在羑里時,演八卦以為六十四卦,作鬱尼之辭。困於石,據於蒺藜,乃申憤以作歌曰:"殷道溷溷,浸濁煩兮。朱紫相合,不分別兮。迷亂聲色,信讒言兮。炎炎之虐,使我愆兮。無辜桎梏,誰所宣兮。幽閉牢穽,由其言兮。遘我四人,憂勤勤兮。按:

宋本《韓文考異》引《琴録·拘幽操》有"幽閉牢穽，由其言兮。遷我四人，憂勤勤兮"，多八字。《事類賦·樂部》引"遷我四人"。今脱"幽閉牢穽"八字及"人"字，據補。此珍玩且解大患兮，倉皇迄命，遺後昆兮。作此象變，兆在昌兮。欽承祖命，天下不喪兮。遂臨下土，在聖明兮。討暴除亂，誅逆王兮。"

## 《岐山操》

《岐山操》者，周太王之所作也，太王居豳，狄人攻之，仁恩惻隱，不忍流血，選揀珍寶、犬馬、皮幣、束帛與之，狄侵不止。問其所欲，欲得土地也。太王曰："土地者，所以養萬民也，吾將委國而去矣，二三子亦何患無君焉！"遂杖策而出，踰乎梁，而邑乎岐山。自傷德劣，不能化夷狄，爲之所侵，喟然嘆息，援琴而鼓之，云："狄戎侵兮土地，遷移邦邑兮適于岐。烝民不憂兮誰者知？嗟嗟奈何兮，予命遭斯！"

## 《履霜操》

《履霜操》者，尹吉甫之子伯奇所作也。按：《太平御覽·天部》引作"《履霜操》者，伯奇之所作也。伯奇者，吉甫之子也"。吉甫，周上卿也，按：今本"卿"下誤衍"人"字。有子伯奇。伯奇母死，吉甫更娶後妻，生子曰伯邦，按："子曰"二字從《世説·言語篇》注引補。乃譖伯奇於吉甫曰："見妾有美色，然有欲心。"按：今本作"見妾美，欲有邪心"，從《文選·長笛賦》注、《太平御覽·宗親部》引改。

吉甫曰："伯奇爲人慈仁，豈有此也？"妻曰："試置妾空居中，君登樓而察之。"後妻知伯奇仁孝，乃取毒蜂綴衣領伯奇前持之。按：一云"令伯奇掇之"。○按：今本有細字注，不知何人所校，並仍之。《文選·長笛賦》注引作"綠衣領伯奇前持之"，皆與今本同。於是吉甫大怒，放伯奇於野。伯奇編水荷而衣之，采檸花而食之。按：檸，音亭，山梨木也。○按：檸，本作"停"，注云"一作檸"。《初學記·天部》引作"蘋花"，從《太平御覽·天部》引改。《御覽》引注亦無"一作檸"三字，今刪。清朝履霜，自傷無罪見逐，乃援琴而鼓之，曰："履朝霜兮採晨寒，考不明其心兮聽讒言。孤恩別離兮摧肺肝，何辜皇天兮遭斯愆！痛殁不同兮恩有偏，誰説顧兮知我寃？"宣王出遊，吉甫從之，伯奇乃作歌，以言感之於宣王。宣王聞之，曰："此孝子之辭也。"吉甫乃求伯奇于野而感悟，遂射殺後妻。

## 《雉朝飛操》

《雉朝飛操》者，齊獨沐子所作也。按：上文作"沐犢子"，《古今注》《樂府解題》俱作"牧犢子"，此不應作"獨沐"。兩文互異，但《太平御覽·羽族部》已引同今本，姑仍之。獨沐子年七十，無妻，出薪於野，見飛雉雄雌相隨，感之，按："雄雌"二字從《太平御覽·羽族部》

引補。撫琴而歌曰："雉朝飛，鳴相和，雌雄羣游於山阿，按：《太平御覽·羽族部》引作"山河"。我獨何命兮未有家，時將莫兮可奈何！嗟嗟莫兮可奈何！"

## 《別鶴操》

《別鶴操》者，商陵牧子所作也。按：《太平御覽·羽族部》引作"高陵"。牧子娶妻五年，無子，父兄欲爲改娶，按：今本"欲"上有"將"字，從《文選·琴賦》《太平御覽·羽族部》引刪。其妻聞之，中夜驚起，倚戶悲嘯。牧子聞之，援琴鼓之，云："痛恩愛之永離，嘆別鶴以舒情。一作"憤"。○按：今本作"因彈《別鶴》以舒情"，從《太平御覽·人事部·羽族部》引改作"嘆"。《文選·琴賦》注引作"嘆別鶴以舒其憤懣"，校者所見本"憤"下應脫"懣"字。"故曰《別鶴操》。按：《古今注·別鶴操》作"牧子聞之，愴然而悲，乃歌曰：'將乖比翼隔天端，山川悠遠路漫漫，攬衣不寢食忘餐。'"與此異。後仍爲夫婦。

## 《殘形操》

《殘形操》者，曾子所作也。曾子鼓琴，墨子立外而聽之，曲終，入曰："善哉鼓琴！身已成矣，而曾未得其首也。"曾子曰："吾晝卧，見一狸，見其身而不見其頭，一作"首"。○按：《太平御覽·獸部》引作"頭"，上文序首注作"首"。起而爲之弦，因而殘形。"

## 《水仙操》

《水仙操》者，伯牙之所作也。伯牙學琴於成連先生，先生曰："吾能傳曲而不能移情。吾師有方子春者，善於琴，按："善於琴"三字，從《文選·琴賦》注引補。能作人之情。按："作"，本作"移"，從《文選·琴賦》注引改。今在東海上，按："上"字從《文選·琴賦》注引改。子能與我同事之乎？"伯牙曰："父子有命，敢不敬從！"乃相與至海上，見子春受業焉。闕。○按：《事類賦·樂部》注引《樂府解題·水仙操》前段與此文略同。下云"乃與伯牙俱往，至蓬萊山，留伯牙曰：'子居習之，吾將迎之。'刺船而去，旬時不返。伯牙延望無人，但聞海水洞湧，山林杳冥，愴然歎曰：'先生移我情矣！'乃援琴而歌，作《水仙之操》"，足證此文之闕。

## 《懷陵操》

《懷陵操》者，伯牙之所作也。伯牙鼓琴，作激徵之音。下闕。○按：《文選·舞賦》注引下二句。

## 《烈女引》

《烈女引》者，楚莊王妃樊姬之所作也。莊王愛幸樊姬，不敢專席，飾衆妾使更侍王，以廣繼嗣。莊王一日罷朝而晏，樊姬問故，王曰："與賢相語。"姬問爲誰？曰："虞丘子。"樊姬曰："妾幸得侍王，非不欲專貴擅愛也，以爲傷王之義，故所進與王同位者數人矣。今虞丘子爲相，未嘗進一賢，安得爲賢？"明日，王以樊姬語告虞丘子，稽首辭位而進孫叔敖。樊姬自以諫行志得，作《列女引》曰："忠諫行兮正不邪，衆妾夸兮繼嗣多。"

### 《伯姬引》

《伯姬引》者，伯姬保母所作。伯姬者，魯女也，爲宋共公夫人。共公薨，伯姬守禮固節。魯襄公三十年，宋災，伯姬存焉。有司請出，伯姬曰："不可！吾聞之，婦人夜出，不見傅母不下堂。"傅至矣，母未至也。逮乎火而死。其母悼伯姬之遇災，故作《伯姬引》。

### 《貞女引》

《貞女引》者，魯漆一作"次"。室女所作也。按：《後漢書·郡國志》補注《列女傳》"漆室之女"，或作"次室"。漆室女倚柱悲吟而嘯，隣人見其心之不樂也，進而問之曰："有淫心欲嫁之念耶？何吟之悲！"漆室女曰："嗟乎！嗟乎！子無志，按：志，本作"智"，從《後漢書·盧植傳》注引改。不知人之甚也！昔者楚人得罪於其君，走逃吾東家，馬逸蹈吾園葵，使終年不厭菜。吾西隣豈人失羊不還，請吾兄追之，霧濁水出，使吾兄溺死，終身無兄，政之所致也。吾憂國傷人，心悲而嘯，豈欲嫁哉？"自傷懷結而爲人所疑，於是褰裳入山林之中，見女貞之木，喟然歎息，援琴而弦歌以女貞之辭云："菁菁茂木，隱獨榮兮。變化垂枝，含蘂英兮。脩身養志，建令名兮。厥道不移，一作"積"。善惡並兮。屈躬就濁。世徹清兮。懷忠見疑，何貪生兮！一作"屈身身獨，去微清兮"。"自經而死。

### 《思歸引》

《思歸引》者，一曰《離物操》。〇按：《古文苑》蔡邕《琴賦》注："《琴操》有《離鸞》。"離物，疑即"離鸞"之訛。衛女之所作也。衛侯有賢女，邵王聞其賢而請聘之，未至而王薨。太子曰："吾聞齊桓得衛姬而霸。今衛女賢，欲留之。"大夫曰："不可。若女賢，必不我聽；若聽，必不賢，不足取也。"太子遂留之，果不聽，拘于深宮，思歸不得，按：《文選·思歸引》序注引"思"作"欲"。心悲憂傷，遂援琴而作歌，按：《文選·思歸引序》注引作"援琴而歌，作《思歸引》"。曰："涓涓泉水，流及于淇兮。有懷于衛，靡日不思。

執節不移兮，行不詭隨。坎坷何辜兮，離厥菑！"曲終，自縊而死。或云《離物操》，箕子所作也。○按：《水經注·淇水》："箕子佯狂自悲，故《琴操》有《箕子操》。"《箕子操》，亦見《史記·宋世家》，與此迥別。然今本亦無《箕子操》，疑傳寫脫也。

### 《辟歷引》

　　《辟歷引》者，楚商梁子所作也。按：《太平御覽·天部》、《事類賦·天部》注引作"高梁"。商梁子出游九皋之澤，覽漸水之臺，張罘置罝，周於荊山，按：《太平御覽·天部》引無"周"字。臨曲池而漁，按："漁"下本有"而"字，從《事類賦·天部》注引改。疾風實于敏切電，雷電晻冥，玄鶴翔其前，白虎吟其後，懼。一作瞿然而驚，謂其僕曰："今日出游，豈非常之行耶？何其災變之甚也！"其僕曰："孤虛設張，八宿相望，熒惑干角，五星失行，此國之大變也。君其返國矣！"於是商梁子歸其室，乃援琴而歌歎。按：歎，本作"之"，從《太平御覽·天部》引改。韻聲激發，象霹靂之聲，故曰《霹靂引》云："疾雨盈河，霹靂下臻。洪水浩浩滔厥天。鑑赳隆愧，隱隱闐闐，國將亡兮喪厥年。商梁，當作"莊王"，聲之誤也。王有琴，名繞梁。

### 《走馬引》

　　《走馬引》者，樗里牧恭所作也。樗里牧恭為父報怨，而亡林岳之下，有馬夜降，圍其室而鳴，於是覺。而聞走馬聲，以為吏追之，乃奔而亡。明視，天馬跡也。按："也"字從《太平御覽·人事部》引補。乃曰："吾以義殺人，而天馬來降，以驚動吾處不安，以告吾邪？"乃感懼入沂澤之中，作《走馬引》。後果讎家候之不得也。

### 《箜篌引》

　　《箜篌引》者，朝鮮津卒霍里子高所作也。子高晨刺船而濯，有一狂夫，被髮提壺，按："被"，本作"披"，從《藝文類聚·樂部》引改。涉河而渡。其妻追止之，不及，墮河而死。乃號天噓唏，鼓箜篌而歌曰："公無渡河，公竟渡河，公墮河死，當奈公何！"曲終，自投河而死。子高聞而悲之，乃援琴而鼓之，作《箜篌引》以象其聲，所謂《公無渡河曲》也。按：《藝文類聚·樂部》引作"子高援琴，作其歌聲，故曰《箜篌引》"。《初學記·樂部》引此，作"孔衍《琴操·箜篌引》"，下又有"操曰朝鮮里子高爾"八字。

### 《琴引》

　　《琴引》者，秦時倡屠門高之所作也。秦時采天下美女以充後宮，幽愁怨曠，咸致災異。屠門高為之作《琴引》以諫焉。

### 《楚引》

《楚引》者，楚遊子龍丘高所作也。龍丘高出遊三年，思歸故鄉，心悲不樂，望楚而長嘆，按："楚"字從《文選·蘇子卿古詩》注引補。故曰《楚引》。

## 卷 下

### 《河間雜歌》
### 《箕山操》

《箕山操》，許由作也。許由者，古之貞固之士也。堯時爲布衣，夏則巢居，冬則穴處，飢則仍山而食，渴則仍河而飲，無杯器，常以手捧水而飲之。按："捧"，本作"掬"，從《太平御覽·器物部》引改。人見其無器，以一瓢遺之。按：《太平御覽·人事部》引作"以瓠遺之"。由操飲畢，以瓢掛樹。按："畢"，本作"訖"，從《太平御覽·器物部》引改。《器物部》又引作"由操飲，飲訖，掛以樹枝"。風吹樹動，歷歷有聲。由以爲煩擾，遂取損之。按："損"，本作"捐"，從《太平御覽·人事部》引改。以清節聞於堯，堯大其志，乃遣使以符璽禪爲天子。於是許由喟然歎曰："匹夫結志，固如盤石。采山飲河，所以養性，非以求祿位也；放髮優游，按：《文選》嵇叔夜《幽憤詩》注引作"散髮"，今本"髮"下衍一字，刪。所以安己不懼，非以貪天下也。"使者還，以狀報堯。堯知由不可動，亦已矣。於是許由以使者言爲不善，乃臨河洗耳。按：《文選》何敬祖《遊仙詩》注引作"由以其言爲不善，乃臨河而洗其耳"。樊堅見由方洗耳，問之："耳有何垢乎？"由曰："無垢，聞惡語耳。"堅曰："何等語者？"由曰："堯聘吾爲天子。"堅曰："尊位何爲惡之？"由曰："吾志在青雲，何乃劣劣爲九州伍長乎？"於是樊堅方且飲牛，聞其言而去，恥飲於下流。於是許由名布四海。堯既殂落，乃作《箕山之歌》曰："登彼箕山兮，瞻望天下。山川麗崎，萬物還普。日月運照，靡不記睹。游放其間，何所却慮。歎彼唐堯，獨自愁苦。勞心九州，憂勤厚土。謂余欽明，傳禪易祖。我樂如何，蓋不盼顧。河水流兮緣高山，甘爪施兮棄錦蠻，高林肅兮相錯連，居此之處傲堯口。"後許由死，遂葬於箕山。

### 《周太伯》

《周太伯》者，周太王古公之長子也。古公有子三人：長者太伯，次者虞仲，少者季歷。季歷之子昌，昌即文王也。古公寢疾，將死，國當有傳，心欲以傳季歷，乃呼三子謂曰："我不起此病，繼體興者，其在昌乎？"太伯見太王傳季歷，於是太伯與虞仲俱去，被髮文身以變形，託爲王採藥。後聞古公卒，乃還奔喪，哭於門外，示夷狄之人，不得入王庭。於是季歷謂：「太伯，長子也，伯當立，何不就？」太伯曰：「吾生不供養，死不飯含，哭不臨棺，不孝之子，焉得繼父乎？斷髮文身，刑餘之人也，戎狄之民也，三者除焉，何可爲君矣！」季歷垂涕而留之，終不肯止，遂委而去。到江海之涯，吟詠優游，仰覽俯觀，求膏腴之處。適於吳，率以仁義，化爲道德；荊越之人，移風易俗，成集《韶》、《夏》，取象中國，乃太伯之化也。是後季歷作哀慕之歌章，曰：「先王既徂，長賫異都。哀喪傷心，未寫中懷。追念伯仲，我季如何？梧桐萋萋，生於道口。宮館徘徊，臺閣既除。何爲遠去，使此空虛？支骨離別，垂思南隅。瞻望荊越，涕淚雙流。伯兮仲兮，逝肯來遊，自非二人，誰訴此憂？」

## 《文王受命》

《受命者》，謂文王受天命而王。文王以紂時爲岐侯，躬脩道德，執行仁義，百姓親附。是時紂爲無道，刳胎斬涉，按：「斬」，本作「斮」，從《太平御覽‧皇王部》引改。廢壞三仁，按：「三仁」，本作「仁人」，從《太平御覽‧皇王部》引改。天統易運，諸侯瓦解，皆歸文王。其後有鳳凰銜書於文王之郊。文王以殷帝無道，虐亂天下，皇命已移，不得復久。按：「久」，本作「人」，從《太平御覽‧皇王部》引改。乃作《鳳凰之歌》，其章曰：「翼翼翔翔，按：上「翔」字本作「翱」，從《太平御覽‧皇王部》引改。彼鸞一作「鳳」凰兮。銜書來遊，以命昌兮。瞻天案圖，殷將亡兮。蒼蒼昊天，始有萌兮。五神運精，合謀房兮。按：本作「神運精合，謀於房兮」，從《太平御覽‧皇王部》引改。與我之業，望來羊兮。」

## 《文王思士》

《文王思士》者，文王之所作也。文王思得賢士與爲治，出田，援蓍而卜之，得所獲非龍非麟，非虎非熊，乃帝王師也。至渭之陽，果遇呂尚，與語，大悅之，曰：「吾先人太公有言，當有聖人適周，子其是耶？」遂載與之俱歸，立以爲師，號曰「太公望」。文王悅喜，乃援琴而鼓之，自叙思士之意，故曰《文王思士》孔子學《文王操》於師襄，文王所製操非一，後人不能盡得其傳。當時所傳者，其《文王思士》曲與？○按：《事類賦‧樂部》注引琴錄《文王思士操》，與此正同。《太平御覽‧皇王部》引桓子《新論》曰：《文王操》者，文王之時，紂無道，爛金爲格，溢酒爲池，宮中相殘，骨肉成泥，璇室瑤臺，藹雲翳風，鍾聲雷起，疾動天地，文王躬被法度，陰行仁義，援琴作操，故其聲紛以擾，駭角震商，文義與上《文王受命》相近，校者疑即《文王思士》誤矣。

## 《思親操》

舜耕歷山，思慕父母。見鳩與母俱飛，鳴相哺食，益以感思。按：《太平御覽‧羽族部》引"益"作"兹"。乃作歌曰:"陟彼歷山兮崔嵬,有鳥翔兮高飛,瞻彼鳩兮徘徊。河水洋洋兮青泠,深谷鳥鳴兮嚶嚶,設置張罥兮,思我父母力耕。日與月兮往如馳,父母遠兮,吾將安歸?"

## 《周金縢》

《周金縢》者,周公作也。《書》曰:武王薨,按:今本作"周公作《金縢》書也",脱"書曰"二字,從《太平御覽·皇王部》刪補。一本《太平御覽》與今本同。太子誦襲武王之業,年十歲,按:今本作"七歲",《太平御覽·皇王部》引作"十七歲"。鄭君注《金縢》用衛宏之說"武王崩時,成王年十歲"。古文家說如此,"七"即"十"字之訛,今改正。不能統理海內。周公爲攝政。是時,周公囚誅管蔡之後,按:"囚"本作"内",從《太平御覽·皇王部》引改。有謗公於王者,言公專國大權,詐策謀將危社稷,按:今本"言"下八字闕,從《太平御覽·皇王部》引補。不可置之。成王聞之,勃然大怒,欲囚周公。按:"周公"二字,從《太平御覽·皇王部》引補。周公乃奔於魯而死。按:《史記·魯世家》云:"及成王用事,人或譖周公,周公奔楚。"《蒙恬列傳》云:"及成王能治國,有賊臣言:'周公旦欲爲亂久矣,王若不備,必有大事。'王乃大怒,周公旦走而奔於楚。"奔魯,疑即奔楚之訛。成王聞公死,且怒之,且傷之,以公禮葬之。按:"公"字,從《太平御覽·皇王部》引補。天乃大暴風疾雨,按:"大"字,從《太平御覽·皇王部》引補。禾稼皆偃,木折傷。成王懼,發《金縢》之書,見周公所爲武王禱命以身贖之書。成王執書而泣,曰:"誰言周公欲危社稷者?取所譖公者而誅之。"按:"公者"二字,從《太平御覽·皇王部》引補。天乃反風霽雨,禾稼復起,成王作《思慕之歌》。

## 《儀鳳歌》

《儀鳳歌》者,周成王之所作也。成王即位,用周、召、畢、榮之屬,天下大治,殊方絶域,莫不蒙化,是以越裳獻雉,重譯來貢,太平之瑞,同時而應。麒麟游苑囿,鳳皇來舞於庭,按:"來",本作"翔",從《太平御覽·羽族部》引改。頌聲並作,斂然大同。於是成王乃援琴而鼓之,按:《太平御覽·羽族部》引作"援琴而歌"。曰:"鳳皇翔於紫庭,余何德兮以感靈,賴先人兮恩澤臻,于胥樂兮民以寧,鳳皇來兮百獸臻。"

## 《龍虵歌》

《龍虵歌》者,介子綏所作也。按:《北堂書鈔·歲時部》引作"介子推"。《藝文類聚·歲時部》引作"綏",注云:"《國語》云:'介子推。'"《初學記·歲時部》亦引作"綏",注云:"綏,即'推'也。"晉文公重耳,按:《文選》李陵《答蘇武書》注引"重耳將自殺,子犯曰:'申生虛死,子復隨之。'"應在此下。與子綏俱亡,子綏割其腕股,按:《初學記·歲時部》作"腕",

《太平御覽》作"腓股"。以救一作"啖"○按：救，本作"餌"，從《太平御覽·時序部》引改。《時序部》又引作"啖"。重耳。重耳復國，舅犯、趙衰，俱蒙厚賞，子綏獨無所得。綏甚怨恨，乃作《龍虵之歌》以感之，遂遁入山。按：《初學記》作"而隱"，茲從《太平御覽》。其章曰："有龍矯矯，遭天譴怒，捲排角甲，來遁於下。志願不與，虵得同伍。龍虵俱行，身辨山墅。龍得升天，安厥房戶。虵獨抑摧，沈滯泥土。仰天怨望，綢繆悲苦。非樂龍伍，惔不昕顧。"文公驚悟，即遣求得於緜山之下。按："求"下七字，從《北堂書鈔·歲時部》引補。使者奉節迎之，終不肯出。文公令燔山求之，火熒自出。按："火"下四字，從《北堂書鈔·歲時部》引補。子綏遂抱木而燒死。文公哀之，流涕歸，令民按："歸"字從《北堂書鈔·歲時部》引補。五月五日，不得舉發火。按：《北堂書鈔·歲時部》《太平御覽·時序部》引無"舉"字，《初學記》作"舉火"。

### 《芑梁妻歌》

《芑梁妻歌》者，按：《文選·古詩十九首》注引"芑"作"杞"。齊邑芑梁殖之妻所作也。莊公襲莒，殖戰而死，妻歎曰："上則無父，中則無夫，下則無子，外無所依，內無所倚，將何以立？吾節豈能更二哉？亦死而已矣！"按：《文選·古詩十九首》注引無"豈能更二哉"句，《洞簫賦》注引作"將何以立？吾亦死而已"。於是乃援琴而鼓之，按：《水經注·沭水》引作"援琴作歌"。曰："樂莫樂兮新相知，悲莫悲兮生別離。"哀感皇天，城為之墜。案今本作"城為墜"，從《水經注·沭水》引改。《太平寰宇記·莒縣》引"城"上有"既而"二字。曲終，自投淄水而死。"芑"與"杞"同。○按：《文選·洞簫賦》注引無"淄"字。

### 《崔子渡河操》

《崔子渡河操》，閔子騫所作也。崔子蚤失母，後母常以其死母名呼之，不應輒笞之。崔子乃以渡河為辭，繫石于腰，自沈而死。按：此下應有脫文。《太平御覽·樂部》引《大周正樂·崔子渡河》"自沈而死"下作"閔子大其能為文，隱傷痛之，故援琴而鼓之，以美其意，故曰《崔子渡河》"。

### 《楚明光》

楚明光者，楚王大夫也。昭王得瑉氏璧，按：《文選》盧諶《覽古詩》引注云："瑉"，古"和"字。欲以貢於趙王。於是遣明光奉璧之趙。郡中羊由甫知趙無反意，按："中"字從《太平御覽·珍寶部》引補，《御覽》引"意"作"遺"。乃讒之於王曰："明光常背楚用趙，今使奉璧，何能述功德？"及明光還，怒之，明光乃作歌曰《楚明光》。

樂類·蔡邕《琴操》| 519

## 《信立退怨歌》

卞和者，楚野民，得玉樸，按：《後漢書·趙壹傳》注引作"璞"。以獻懷王。懷王使樂正子占之，言"非玉"，以爲欺謾，按：《後漢書·趙壹傳》注引"爲"字作"其"。斬其一足。懷王死，子平王立，和復抱其樸而獻之。按："復"字，從《後漢書·趙壹傳》注引補。平王復一作"又"。以爲欺，按："爲"字從《後漢書·趙壹傳》注引補。斬其一足。平王死，子立爲荆王，和復欲獻之，恐復見害，一作"斷"。○按：《後漢書·趙壹傳》注引作"斷"。乃抱其玉而哭荆山之中，晝夜不止，泣盡，按："泣"，本作"涕"，從《後漢書·趙壹傳》注引改。繼一作"續"。之以血。荆王遣問之，於是和隨使獻王，王使剖之，中果有玉，乃封和爲陵陽侯。和辭，不就而去，按："和"上本有"卞"字，從《後漢書·孔融傳》注刪。作退怨之歌曰："悠悠沂水，按：《文選》劉琨《重贈盧諶詩》注引作"攸攸"。經荆山兮。精氣鬱泱，谷巖中兮。中有神寶，灼明明兮。穴山采玉，難爲功兮。按：《文選》劉琨《重贈盧諶詩》注引"難"上有"玉"字。於何獻之，楚先王兮。遇王暗昧，信讒言兮。斷截兩足，離余身兮。俛仰嗟歎，心摧傷兮。紫之亂朱，粉墨同兮。空山歔欷，涕龍鐘兮。天鑒孔明，竟以彰兮。沂水滂沛，流於汶兮。進寶得刑，按：《後漢書·孔融傳》注引"刑"作"刖"。足離分兮。去封立信，守休芸兮。斷者不續，豈不冤兮！

## 《曾子歸耕》

《曾子歸耕》者，曾子之所作也。按：《文選·思玄賦》注引首無"曾子"二字。曾子事孔子十有餘年，晨覺眷然，按："眷然"二字，從《文選·思玄賦》注引補。念二親年衰，養之不備，於是援琴而鼓之曰："往而不反者，年也；不可以再事者，親也。按：今本作"不可得而再事"，從《文選·思玄賦》注引改。歔欷歸耕，來日安所耕，歷山盤兮欽釜！"今按："歔欷歸耕"以下十五字，疑有脫誤。馮惟訥《古詩紀》四、梅鼎祚《古樂苑》三十皆作"曷來歸耕，歷山盤兮。以晏父母，我心博兮。戲欷歸耕來兮。安所歸耕，歷山盤兮"。

## 《梁山操》

《梁山操》者，曾子之所作也。曾子幼少，按：《太平御覽·資產部》引作"小"。慈仁質孝，按：《北堂書鈔·歲時部》引無"仁質"二字。在孔子門有令譽。按："在"下七字從《北堂書鈔·歲時部》引補。居貧無業，以事父母，躬耕力則，按："則"，疑"作"字。隨五土之利，四時惟宜，以進甘脆。曾耕泰山之下，按：《太平御覽·人事部》引"耕"下有"於"字。遭天霖澤，雨雪寒凍，按：《北堂書鈔·天部》、《藝文類聚·天部》、《文選·擬今日良宴會詩》注、《太平御覽·天部》引皆無"霖澤"二字，唯《太平御覽·人事部》引與今本同。旬月不得歸，按："月"，本作"日"，從《太平御覽·人事部》《資產部》引改。思其父母，乃作《憂思之歌》。按：《北堂書鈔·天部》、《藝文類聚·天部》、《文選·擬今日良宴會詩》注、《太平御覽·天部》引皆作"乃作《梁山之操》"。

### 《諫不違歌》

《諫不違歌》者，衛靈公之所作也。史魚者，衛靈公之相。時蘧伯玉執清廉之節，脩仁義之方。史魚乃薦伯玉于靈公，公曰："諾。"其後未用。史魚得入，按："得入"，當作"復入"。曰："臣聞抱玉朝君，不如貢賢。夫國危者則思仁，思安者則思急賢。按："安"下"者"字從《太平御覽·治道部》引補。公何嫌疑？"靈公謂史魚以庭襃虛飾，良久乃應之。史魚出，謂其子曰："我思竭愚志，以報塞恩紀，按：《文選》江淹《雜體詩》注引"思竭愚志"二句，《太平御覽·治道部》引無此二句，"我"字與下文連讀。薦伯玉於公，公以我言爲不信，將自殺以明之？我死後勿斂，用伯玉乃斂。"語畢，進藥自殺。靈公聞之，曰："痛哉！寡人謂史魚徒謙退欲進士者也，不意乃至於身死。"臨喪，拜伯玉代史魚。公知史魚以尸諫也，爲《諫不違之歌》，泣曰："寡人負史魚，悔焉無及者也。"按：《太平御覽·治道部》引無"者"字。

### 《莊周獨處吟》

莊周者，齊人也。明篤學術，多所博達，進見方來，却覩未發。是時齊湣王好爲兵事，習用干戈。莊周儒士，不合于時，自以不用，行欲避亂，自隱於山岳。後有達莊於湣王，遣使齎金百鎰，聘以相位，周不就。使者曰："金至寶，相尊官，何辭之爲？"周曰："君不見夫郊祀之牛，衣之以朱綵，食之以禾粟，非不樂也。及其用時，鼎鑊在前，刀俎列後。當此之時，雖欲還就孤犢，寧可得乎？周所以飢不求食、渴不求飲者，但欲全身遠害耳。"於是重謝使者，不得已而去。復引聲歌曰："天地之道，近在胸臆。呼噏精神，以養九德。渴不求飲，飢不索食。避世守道，按：《文選》陸機《薦譙元彥表》注引作"侯道"。志潔如玉。卿相之位，難可直當。巖巖之石，幽而清涼。枕塊寢處，樂在其央。寒涼固回，可以久長。"

### 《孔子戹》

《孔子戹》者，孔子使顏淵執轡，到匡郭外，顏淵舉策指匡穿垣曰："往與陽虎，按：《史記·孔子世家》正義引作"陽貨"。正從此入。"匡人聞其言，按：《太平御覽·人事部》引作"聞之"。孔子貌似陽虎，告匡君曰："往者陽虎，今復來至。"乃率衆圍孔子，按：今本作"乃令桓魋圍孔子"。《太平御覽·人事部》引同。考《史記·孔子世家》正義，桓魋欲殺孔子，在去曹適宋，與此別一時事。今從《正義》引改。數日不解，弟子皆有飢色。於是孔子仰天而歎曰："君子固亦窮乎？"子路聞孔子之言，悲感，悖然大怒，張目奮劍，聲如鐘鼓，顧謂二三子曰："使吾有此戹也！"孔子曰："由！來。今汝欲鬭名，爲戮我於天下。按：今本作"孔子顧謂二三子曰"，無"曰由來"以下十四字，從《太平御覽·人事部》引補。爲汝悲歌而感之，汝皆和我。"由等唯唯。孔子乃引琴而歌，按：《史記·孔子世家》正義引作"和琴"。音曲甚哀，有暴風擊拒，軍士僵仆。按："拒"，本作"扼"，從《太平御覽·人事部》引改。《史記·孔子世家》正義引無"拒"字。於是匡人乃知孔子聖人，瓦解而去。一云陳、蔡時作。〇按：《史記·孔子世家》正義引作"自解"。

### 《三士窮》

《三士窮》者，其思革子之所作也。其思革子、戶文子、叔衍子，按："戶"本作"尹"，"衍"本作"術"，從《太平御覽·人事部》引改。《事類賦·樂部注》引作"石文子、叔怨子"，下同。三人相與爲友，聞楚成王賢而好士，三人俱往見之。至於豪欽巖之間，按："豪"本作"磽"，嵌本作"嶺"，從《太平御覽·人事部》引改。《公羊傳·僖公三十三年》傳："爾即死，必於殽之嶔巖，是文王之所辟風雨者也。""豪"即"殽"字，聲近，古通用。《事類賦·樂部注》又引無"豪"字，下同。卒逢飄風暴雨，相與俱伏於空柳之下。按：《太平御覽·人事部》引"伏"作"住"。衣寒糧乏，度不能俱活，三人相視而歎曰："與其飢寒俱死也，豈若并衣糧於一人哉？"二子以革子爲賢，推衣糧與之。按：《太平御覽·人事部》引無"糧"字。革子曰："生則同樂，死則共之。"固辭。二子曰："吾自以相與，猶左右手也，按："爲"字從《太平御覽·人事部》引補。左傷則右救之，右傷則左救之，子不我受，俱死，無名於世，不亦痛乎？"按：《太平御覽·人事部》引"不亦痛乎"作"何庸乎"。於是革子受之，二子遂凍餓而死。其思革子抱二子尸而埋之，號天哭泣，揭衣糧而去。按：今本作"竭哀而去"，從《太平御覽·人事部》引改。往見楚王，按："往"，本作"後"，從《太平御覽·人事部》引改。楚王知其賢者，於是旨酒嘉肴，按："旨"，本作"百"，從《太平御覽·人事部》引改。設鐘鼓而樂之。革子愴然有憂悲之色，楚王心動，怪而不悅，乃推樽罷樂，升琴而進之。按：今本作"引琴而進"，從《太平御覽·人事部》引改。其思革子援琴而鼓之，作相與別散之音。按：《太平御覽·人事部》、《事類賦·樂部》注引"音"作"志"。王曰："子琴音何苦哀也？"按：《事類賦·樂部注》引作"王聞曰：'琴何悲哉？'"革子推琴離席，長跪涕流而下，對曰："臣友三人戶文子、叔衍子，按："對"下本脫"曰"字、"戶"字、"衍"字，皆從上文改。竊慕大王高義，欲俱來謁。至於磽磝嶔巖之間，按：《御覽》引上文作"豪嵌巖"，此"磽磝"亦當作"豪"。逢飄風暴雨，衣寒糧乏，度不能俱活，二子俱不以臣爲不肖，推糧與臣。二子逢凍餓死。大王雖陳酒餚設樂，誠不敢酣樂也。"王曰："嗟乎，乃至是耶！"

於是賜其思革子黃金百斤，命左右棺歛收二子而葬之。以其思革子爲相，故曰《三士窮》。

### 《聶政刺韓王曲》

《聶政刺韓王》者，聶政之所作也。政父爲韓王治劍，過期不成，王殺之，時政未生。及壯，問其母曰："父何在？"母告之。按：《太平御覽·兵部》《人事部》引作"問母知之"。政欲殺韓王，乃學塗入王宮，拔劍刺王，不得，踰城而出，去，入太山。按：《太平御覽·兵部》引"入"作"上"。遇仙人學鼓琴，漆身爲厲，吞炭變其音。按：《太平御覽·兵部》引無"其"字。七年而琴成，欲入韓，道逢其妻，從置櫛，按：《太平御覽·兵部》引作"買櫛"。對妻而笑，妻對之泣下。政曰："夫人何故泣？"妻曰："聶政出遊七年不歸，吾嘗夢想，思見之。君對妾笑，齒似政齒，故悲而泣。"政曰："天下人齒，盡政若耳，按：《太平御覽·人事部》引作"盡相似耳"。胡爲泣乎？"即別去，復入山中，仰天而歎曰："嗟乎，變容易聲，欲爲父報仇而爲妻所知，父仇當何時復報？"援石擊落其齒，留山中三年，習操持入韓國，人莫知政。政鼓琴闕下，觀者成行，馬牛止聽。以聞韓王，王召政而見之，使之彈琴。政即援琴而歌之，内刀在琴中。按：《太平御覽·兵部》引作"以刀納琴中"。政於是左手持衣，右手出刀，以刺韓王，殺之，曰："烏有使者生不見其父，可得使乎？"政殺國君，知當及母，即自犁剥面皮，斷其形體，人莫能識。乃梟磔政形體市，懸金其側，有知此人者賜金千斤。遂有一婦人往而哭曰："嗟乎，爲父報仇邪！"顧謂市人曰："此所謂聶政也。爲父報仇，知當及母，乃自犁剥面，何愛一女之身而不揚吾子之名哉？"乃抱政尸而哭，冤結陷塞，遂絶行脈而死，故曰《聶政刺韓王》。

### 《霍將軍歌》

《霍將軍歌》者，霍去病之所作也。去病爲討寇校尉，爲人少言，勇而有氣，使擊匈奴，斬首二千。復六出，斬首千餘萬級，益封萬五千户侯，祿與大將軍等。於是志得意歡，乃援琴而歌之，曰："四夷既獲，諸夏康兮。國家安寧，樂無央兮。載戢干戈，弓矢藏兮。麒麟來臻，鳳凰翔兮。與天相保，永無疆兮。親親百年，各延長兮。"

### 《怨曠思惟歌》

王昭君者，齊國王襄女也。按：《世說·賢媛篇》注引作"穰"。昭君年十七時，顏色皎潔，聞於國中。襄見昭君端正閑麗，未嘗窺看門户，以其有異於人，求之皆不與。按：《世說·賢媛篇》注引作"儀形絶麗，以節聞，國中長者求之者，王皆不許"。獻於孝元帝，按：

"獻",本作"進",從《世說·賢媛篇》注、《文選·恨賦》注、《太平御覽·人事部》、《樂部》引改。以地遠,既不幸納,叨備後宮。積五六年,按:"叨"字從《太平御覽·人事部》引補。昭君心有怨曠,僞不飾其形容。元帝每歷後宮,疏畧不過其處。後單于遣使者朝賀,元帝陳設倡樂,乃令後宮粧出。按:《世說·賢媛篇》注引作"裝出"。昭君怨恚日久,不得侍列,按:《世說·賢媛篇》注引作"帝造次不能別房帷,昭君悲怨之"。乃更脩飾,按:《太平御覽·人事部》引"更"作"便"。善粧盛服,形容光輝而出。按:"形容"二字從《太平御覽·人事部》引補。俱列坐,元帝謂使者曰:"單于何所願樂?"對曰:"珍奇怪物,皆悉自備,惟婦人醜陋,不如中國。"帝乃問後宮,欲以一女賜單于,誰能行者起。按:《文選·恨賦》注、《太平御覽·人事部》引作"帝令後宮欲至單于者起"。《世說·賢媛篇》注引作"帝乃謂宮中曰:'欲至單于者起。'"於是昭君喟然越席而前,曰:"妾幸得備在後宮,麤醜卑陋,不合陛下之心,誠願得行。"按:今本作"誠願往",從《太平御覽·人事部》引改。時單于使者在旁,帝大驚,悔之,不得復止。按:《世說·賢媛篇》注引作:"帝視之大驚,悔。是時並見,不得止。"良久,太息曰:"朕已誤矣。"遂以與之。昭君至匈奴,單于大悅,以爲漢與我厚,縱酒作樂,遣使者報漢,送白璧一雙,駿馬十匹,胡地珠寶之類。昭君恨帝始不見遇,按:《太平御覽·人事部》注引作"昭君雖去漢至單于"。心思不樂,心念鄉土,乃作《怨曠思惟歌》,曰:"秋木萋萋,其葉萎黃。有鳥爰止,按:"爰止",本作"處山",從《太平御覽·樂部》引改。集于苞桑。養育毛羽,形容生光。既得升雲,獲侍帷房。按:"侍",本作"俸",從《太平御覽·樂部》引改。離宮絕曠,身體摧藏。志念幽沉,按:"幽沉",本作"抑冗",從《太平御覽·樂部》引改。不得頡頏。雖得餧食,心有徊徨。我獨伊何,改往變常。翩翩之燕,遠集西羌。高山峨峨,河水泱泱。父兮母兮,按:《太平御覽·人事部》注引作:"父母妻子。"道里悠長。嗚呼哀哉,憂心惻傷。"昭君有子曰世違,按:"昭君"以下七字從《世說·賢媛篇》注引補。單于死,子世違繼立。凡爲胡者,父死妻母。昭君問世違曰:"汝爲漢也?爲胡也?"世違曰:"欲爲胡耳。"昭君乃吞藥自殺。按:"單于"以下今本多誤,從《世說·賢媛篇》注引改。單于舉葬之,胡中多白草,而此冢獨青。

# 補 遺

### 《處女吟》

**《處女吟》,魯處女所作也。**闕。

魯哀公十四年西狩,薪者獲麟,擊之,傷其左足,將以示孔子。孔子道與相逢見,俛而泣,抱麟曰:"爾孰爲来哉?孰爲来哉?"反袂拭面,乃歌曰:"唐虞世兮麟鳳遊,今非其時來何求?麟兮麟兮我心憂。"仰視其人,龍顏日月。夫子奉麟之口,須臾吐三卷圖,一爲《赤伏》，劉季興爲王；二爲《周滅》，夫子將終；三爲《漢制》，造作《孝經》。"孝"，今本作"考"，誤。夫子還，謂子夏曰："新主將起，其如得麟者？"《藝文類聚》十。

伍員奔吳，過溧陽瀨溪，見一女擊漂於水中，旁有壺漿，乃就乞飯。飯畢，謂女子曰："掩夫人壺口。"女子知其意，自投瀨溪而死。《太平御覽·器物部》。

伍子胥歌曰："俟罪斯國，志願得兮。"《文選·吊屈原文》注。

伍子胥歌曰："庶此太康，皆吾力兮。"《文選》謝宣遠《張子房詩》注。原本三條，并爲一條。

甯戚飯牛車下，叩角而商歌，曰："南山矸，白石礪，生不逢堯與舜禪。短布單衣裁至骭，長夜漫漫何時旦！"齊桓公聞之，舉以爲相。《藝文類聚》九十四。已上皆原本所有。

孔子遊於臈山，見取薪而哭，長梓上有孤鵶，乃承而歌之。《北堂書鈔·樂部》。

孔子遊於泰山，見薪者哭，甚哀。孔子問之，薪者曰："吾自傷，故哀爾。"《藝文類聚·人部》。

雍門周説孟嘗君曰："下羅帳，來清風。"《北堂書鈔·服飾部》。

得天下之意。《北堂書鈔·帝王部》。

# 阮籍《樂論》

三國魏阮籍撰。籍（210—264），字嗣宗，陳留尉氏人。其父瑀爲"建安七子"之一。籍與嵇康齊名，爲"竹林七賢"之一。仕魏，官至步兵校尉，人稱"阮步兵"。事迹具《三國志》卷二十一與《晉書》卷四十九本傳。此書未見史志著録。王謨《漢魏遺書鈔》所輯凡10條，凡429字。實則《樂論》完整存在，凡2566字。《續修四庫全書總目提要》云："今就各條觀之，大多泛論樂旨，所謂律吕聲音，可以化冶人物，協和陰陽等語，此爲從來論樂者喜作之語，故無甚足稱。唯一條云'楚之風好勇，故其俗輕死；鄭衛之風好淫，故其俗輕蕩。輕死故有踏水赴火之歌，輕蕩故有桑間濮上之曲'云云，頗有可采。蓋的爲通曉音樂旨趣之言。蓋樂之一事，實與民族性情習尚關係至密，好鬥之民與嗜美之民，其音樂必大有差異也。"

## 阮籍《樂論》一卷

劉子問曰："孔子云：'安上治民，莫善於禮；移風易俗，莫善於樂。'夫禮者，男女之所以别，父子之所以成，君臣之所以立，百姓之所以平也。爲政之具，靡先於此，故'安上治民，莫善於禮'也。夫金石絲竹，鐘鼓管弦之音；干戚羽旄，進退俯仰之容，有之何益於政，無之何損於化？而曰'移風易俗，莫善於樂'乎？"

阮先生曰："善哉！子之問也。昔者孔子著其都乎，且未舉其略也。今將爲子論其凡，而子自備詳焉。

"夫樂者，天地之體，萬物之性也。合其體，得其性，則和；離其體，失其性，則乖。昔者聖人之作樂也，將以順天地之體，成萬物之性也。故定天地八方之音，以迎陰陽八風之聲，均黃鐘中和之律，開羣生萬物之情。故律吕協則陰陽和，音聲適而萬物類，男女不易其所，君臣不犯其位，四海同其觀，九州一其節。奏之圜丘而天神下，奏之方丘而地祇上。天地合其德，則萬物合其生，刑賞不用而民自安矣。乾坤易簡，故雅樂不煩；道德平淡，故五聲無味。不煩則陰陽自通，無味則百物自樂。日遷善成化而不自知，風俗移易而同於是樂。此自然之道，樂之所始也。

"其後聖人不作，道德荒壞，政法不立，智慧擾物，化廢欲行，各有風俗。故造始之教謂之風，習而行之謂之俗。楚越之風好勇，故其俗輕死；鄭衛之風好淫，故其俗輕蕩。輕死，故有蹈火赴水之歌；輕蕩，故有桑間濮上之曲。各歌其所好，各詠其所爲。歌之者流涕，聞之者歎息。背而去之，無不慷慨。懷永日之娛，抱長夜之歎。相聚而合之，羣而習之，靡靡無已。棄父子之親，弛君臣之制，匱室家之禮，廢耕農之業，忘終身之樂，崇淫縱之俗。故江淮之南，其民好殘；漳汝之間，其民好奔。吳有雙劍之節，趙有扶琴之客。氣發於中，聲入於耳，手足飛揚，不覺其駭。

"好勇則犯上，淫放則棄親。犯上則君臣逆，棄親則父子乖。乖逆交爭，則患生禍起。禍起而意愈異，患生而慮不同。故八方殊風，九州異俗，乖離分背，莫能相通。音異氣別，曲節不齊。故聖人立調適之音，建平和之聲，制便事之節，定順從之容，使天下之爲樂者莫不儀焉。自上以下，降殺有等，至於庶人，咸皆聞之。歌謠者詠先王之德，頫仰者習先王之容，器具者象先王之式，度數者應先王之制。入於心，淪於氣，心氣和洽，則風俗齊一。

"聖人之爲進退頫仰之容也，將以屈形體，服心意，便所脩，安所事也。歌詠詩曲，將以宣平和，著不逮也。鐘鼓所以節耳，羽旄所以制目，聽之者不傾，視之者不衰。耳目不傾不衰，則風俗移易。故'移風易俗，莫善於樂'也。故八音有本體，五聲有自然，其同物者，以大小相君。有自然，故不可亂；大小相君，故可得而平也。若夫空桑之琴，雲和之瑟，孤竹之管，泗濱之磬，其物皆調和淳均者，聲相宜也。故必有常處，以大小相君，應黃鐘之氣，故必有常數。有常處，故其器貴重；有常數，故其制不妄。貴重，故可得以事神；不妄，故可得以化人。其物係天地之象，故不可妄造。其凡似遠物之音，故不可妄易。雅頌有分，故人神不雜；節會有數，故曲折不亂。周旋有度，故頫仰不惑；歌詠有主，故言語不悖。導之以善，綏之以和，守之以衷，持之以久。散其羣，比其文，扶其夭，助其壽，使去風俗之偏習，歸聖王之大化。

"先王之爲樂也，將以定萬物之情，一天下之意也。故使其聲平，其容和。下不思上之聲，君不欲臣之色，上下不爭而忠義成。夫正樂者，所以屏淫聲也，故樂廢則淫聲作。漢哀帝不好音，罷省樂府，而不知制正禮樂。法不脩，淫聲遂起。張放、淳于長驕縱過度；丙彊、景武富溢於世。罷樂之後，下移踰肆。身不是好而淫亂愈甚者，禮不設也。

"刑教一體，禮樂外內也。刑弛則教不獨行，禮廢則樂無所立。尊卑有分，上下有等，謂之禮。人安其生，情意無哀，謂之樂。車服旌旗，宮室飲食，禮之具也。鐘磬鞞鼓，琴瑟歌舞，樂之器也。禮踰其制則尊卑乖，樂失其序則親疏亂。禮定其象，樂平其心。禮治其外，樂化其內，禮樂正而天下平。

"昔衛人求繁纓、曲懸而孔子歎息，蓋惜禮壞而樂崩也。夫鐘者，聲之主也；縣者，鐘之制也。鐘失其制則聲失其主，主制無常則怪聲並出。盛衰之代相及，古今之變若一，故聖教廢毀則聰慧之人並造奇音。景王喜大鐘之律，平公好師延之曲，公卿大夫，拊手嗟嘆；庶人羣生，踴躍思聞。正樂遂廢，鄭聲大興。雅頌之詩不講，而妖淫之曲是尋。延年造傾城之歌，而孝武思嬿嫚之色；雍門作松柏之音，愍王念未寒之服。故猗靡哀思之音發，愁怨偷薄之辭興，則人後有縱欲奢侈之意，人後有內顧自奉之心，是以君子惡大陵之歌，憎北里之舞也。

"昔先王制樂，非以縱耳目之觀，崇曲房之嬿也。必通天地之氣，靜萬物之神也；固上下之位，定性命之真也。故《清廟》之歌，詠成功之績；賓饗之詩，稱禮讓之則。百姓化其善，異俗服其德。此淫聲之所以薄，正樂之所以貴也。

"然禮與變俱，樂與時化，故五帝不同制，三王各異造。非其相反，應時變也。夫百姓安服淫亂之聲，殘壞先王之正，故後王必更作樂，各宣其功德於天下，通其變，使民不倦。然但改其名目，變造歌詠，至於樂聲，平和自若。故黃帝詠雲門之神，少昊歌鳳鳥之迹，《咸池》《六英》之名既變，而黃鐘之宮不改易。故達道之化者，可與審樂；好音之聲者，不足與論律也。

"舜命夔、龍典樂，教胄子以中和之德也。'詩言志，歌詠言，聲依詠，律和聲，八音克諧，無相奪倫，神人以和。'又曰：'予欲聞六律、五聲、八音，在治忽，以出納五言，女聽。'夫煩手淫聲，汩湮心耳。乃忘平和，君子弗聽。言正樂通平易簡，心澄氣清，以聞音律，出納五言也。夔曰：'戛擊鳴球，搏拊琴瑟以詠，祖考來格。虞賓在位，羣后德讓，下管鼗鼓，合止柷敔。笙鏞以間，鳥獸蹌蹌。簫《韶》九成，鳳凰來儀。夔曰：於！予擊石拊石，百獸率舞，庶尹允諧。'詩言志，歌詠言。操磬鳴琴，以聲依律。述先王之德，故祖考之神來格也。笙鏞以間，正樂聲希，治脩無害，故繁毓蹌蹌然也。樂有節適，九成而已。陰陽調達，和氣均通，故遠鳥來儀也。質而不文，四海合同，故擊石拊石，百獸率舞也。言天下治平，萬物得所，音聲不譁，漠然未兆，故衆官皆和也。故孔子在齊，聞《韶》，三月不知肉味，言至樂使人無欲，心平氣定，不以肉為滋味也。以此觀之，知聖人之樂，和而已矣。

"自西陵、青陽之樂皆取之竹，聽鳳凰之鳴，尊長風之象，采大林之□，當時之所不見，百姓之所希聞，故天下懷其德而化其神也。夫雅樂周通則萬物和，質靜則聽不淫，易簡則節制全，靜重則服人心。此先王造樂之意也。自後衰末之為樂也，其物不真，其器不固，其制不信，取於近物，同於人間，各求其好，恣意所存，閭里之聲競高，永巷之音爭先，童兒相聚以詠富貴。蒭牧負戴以歌賤貧，君臣之職未廢，而一人懷萬心也。

"當夏后之末，輿女萬人，衣以文繡，食以粱肉，端噪晨歌，聞之者憂戚，天下苦其殃，百姓傷其毒。殷之季君，亦奏斯樂，酒池肉林，夜以繼日。然咨嗟之音未絕，而敵國已收其琴瑟矣。滿堂而飲酒，樂奏而流涕，此非皆有憂者也，則此樂非樂也。當王莽居臣之時，奏新樂於廟中，聞之者皆爲之悲咽。桓帝聞楚琴，悽愴傷心，倚房而悲，慷慨長息曰：'善哉乎！爲琴若此，一而已足矣。'順帝上恭陵，過樊衢，聞鳥鳴而悲，泣下橫流，曰：'善哉鳥聲！'使左右吟之，曰：'使絲聲若是，豈不樂哉！'夫是謂以悲爲樂者也。誠以悲爲樂，則天下何樂之有？天下無樂，而欲陰陽調和，災害不生，亦已難矣。樂者，使人精神平和，衰氣不入，天地交泰，遠物來集，故謂之樂也。今則流涕感動，噓唏傷氣，寒暑不適，庶物不遂，雖出絲竹，宜謂之哀，奈何俛仰歎息以此稱樂乎？昔季流子向風而鼓琴，聽之者泣下沾襟。弟子曰：'善哉鼓琴，亦已妙矣！'季流子曰：'樂謂之善，哀謂之傷，吾爲哀傷，非爲善樂也。'以此言之，絲竹不必爲樂，歌詠不必爲善也。故墨子之非樂也，悲夫！以哀爲樂者，胡亥耽哀不變，故願爲黔首；李斯隨哀不返，故思逐狡兔。嗚呼！君子可不鑒之哉！"明馮琦、馮瑗《經濟類編》卷四十六、明賀復徵《文章辨體彙選》卷四百三、明張溥《漢魏六朝百三家集》卷三十四、陳伯君《阮籍集校注》皆引阮籍《樂論》全文。《藝文類聚》卷四十二、四十四和《太平御覽》卷三百九十二、五百六十五、五百七十七、五百七十九亦略有徵引。

# 謝莊《琴論》

南朝宋謝莊撰。莊（42—466），字希逸，陳郡陽夏（今太康）人。父弘微。仕宋，累官中書令。卒諡憲子。事迹具《宋書》卷八十五、《南史》卷二十本傳。此書《隋志》、《唐志》皆未著録，《宋史・藝文志》經部樂類著録爲一卷，後佚。今從宋郭茂倩《樂府詩集》等書中輯得 13 條，勒爲一卷。

## 謝莊《琴論》一卷

平調《明君》三十六拍，胡笳《明君》二十六拍，清調《明君》十三拍，間弦《明君》九拍，蜀調《明君》十二拍，吴調《明君》十四拍，杜瓊《明君》二十一拍，凡有七曲。《樂府詩集》二十九、《能改齋漫録》五。

⊙按：謝希逸《琴論》有《楚妃歎》七拍。《樂府詩集》二十九。

諸葛亮作《梁甫吟》。《樂府詩集》四十一。

和樂而作，命之曰暢，言達則兼濟天下而美暢其道也。憂愁而作，命之曰操，言窮則獨善其身而不失其操也。引者，進德修業，申達之名也。弄者，情性和暢、寬泰之名也。其後，西漢時有慶安世者，爲成帝侍郎，善爲《雙鳳離鸞》之曲；齊人劉道疆，能作《單鳧寡鶴》之弄。趙飛燕亦善爲《歸風送遠》之操。皆妙絶當時，見稱後世。若夫心意感發，聲調諧應，大弦寬和而温，小弦清廉而不亂，攫之深，醳之愉，斯爲盡善矣。古琴曲有五曲、九引、十二操。五曲，一曰《鹿鳴》，二曰《伐檀》，三曰《騶虞》，四曰《鵲巢》，五曰《白駒》。九引，一曰《烈女引》，二曰《伯妃引》，三曰《貞女引》，四曰《思歸引》，五曰《霹靂引》，六曰《走馬引》，七曰《箜篌引》，八曰《琴引》，九曰《楚引》。十二操，一曰《將歸操》，二曰《猗蘭操》，三曰《龜山操》，四曰《越裳操》，五曰《拘幽操》，六曰《岐山操》，七曰《履霜操》，八曰《朝飛操》，九曰《別鶴操》，十曰《殘形操》，十一曰《水仙操》，十二曰《襄陵操》。自是已後，作者相繼，而其義與其所起略可考而知，故不復備論。《樂府詩集》五十七。

劉涓子善鼓琴，制《陽春白雪曲》。《樂府詩集》五十七、《玉海》一百十。

《神人暢》，堯帝所作。堯彈琴，感神人現，故制此弄也。《樂府詩集》五十七、《玉海》二十九、一百十。

舜作《思親操》，孝之至也。《樂府詩集》五十七。

夏禹作《霹靂引》。

《文王操》，文王作也。

《尅商操》，武王伐紂時制。

成王作《神鳳操》，言德化之感也。並同上。

箕子作《離拘操》。《樂府詩集》五十八。

《八公操》，淮南王作也。同上。

# 謝莊《雅琴名録》

南朝宋謝莊撰。莊有《琴論》，已著録。鄭樵《通志·藝文略第二》著録謝希逸《雅琴名録》一卷。據《説郛》卷一百，此書輯録古來名琴五十種，即大琴、中琴、小琴、頌琴、月琴、素琴、清角、鳳凰、號鐘、繞梁、緑綺、清英、焦尾、怡神、寒玉、百衲、響泉、韻磬、荔枝、冰清、春雷、玉振、黄鵠、秋嘯、鳴玉、瓊響、秋籟、懷古、南薰、大雅、松雪、浮磬、奔雷、存古、冠占、沙深、天球、混沌材、坽塽圡、萬壑松、雪夜冰、玉澗鳴泉、石上清泉、秋塘寒玉、九霄環珮、洗凡、清絶、秋霄、雷石、悲風。

## 謝莊《琴譜三均手訣》

南朝宋謝莊撰。莊有《琴論》，已著録。此書《隋志》、《唐志》均未著録，《崇文總目》卷一樂類著録爲一卷，繼又著録於《文獻通考·經籍考十三》。是書叙唐、虞至宋世善琴者姓名及古曲名言。琴通三均，謂黄鐘、仲吕、無射。《玉海》卷一百十云："疑假託。"後佚，佚文無考。

吕友仁　主编

# 中原文献钩沉·经部卷 下

中州古籍出版社
·郑州·

春秋類

# 左氏傳之屬

## 吴起《春秋左傳吴氏義》

舊題周吴起撰。起，衛人，師事曾子，好兵法，爲魏文侯師，任魏西河守，秦人不敢東向，事迹具《史記》本傳。《漢書·藝文志·兵書略》著録有《吴起》四十八篇，而本書未見著録。宋王應麟《漢書藝文志考證》云："劉向《別録》云：'左丘明授曾申，申授吴起，起授其子期，期授楚人鐸椒，鐸椒作《抄撮》八卷授虞卿。'《説苑》魏武侯問元年於吴子，吴子對曰：'言國君必謹始也。''謹始奈何？'曰：'正之。''正之奈何？'曰：'明智。'吴起學《春秋》見於此。"清王仁俊據此輯爲《春秋左傳吴氏義》一卷。然據劉逢禄《左氏春秋考證》云："'謹始'之説本《公羊》《穀梁》緒言。'明智'之説，兵家要旨，俱非《左氏》之説也。"劉説甚可取，今人黄覺弘據劉説辨之甚詳。今略存王氏輯文，兼録後人辯證之言，識者自能辨之。

### 吴起《春秋左傳吴氏義》一卷

◎元年春王正月

言國君必正始也。謹始奈何？曰："正之。"正之奈何？曰："明智。"劉向《説苑·建本》。

# 張蒼《春秋左氏傳詁訓》

西漢張蒼撰。蒼（前256—前152），陽武（今河南原陽縣）人。好書律曆，秦時嘗爲御史，主柱下方書。劉邦略地陽武，張蒼率門客從攻南陽。劉邦爲漢王時，蒼先後爲常山守、趙相、代相。燕王臧荼反，蒼以代相從攻荼有功，封北平侯。後遷計相，以列侯居相府，領計郡國上計者。後遷淮南王相，累遷至御使大夫。吕后卒，蒼與周勃擁立代土爲帝。灌嬰卒，張蒼繼爲丞相。事迹詳《史記》、《漢書》本傳。唐陸德明《經典釋文·序録·注解傳述人》叙《左傳》傳授源流曰："左丘明作《傳》以授曾申。申傳衛人吴起。起傳其子期。期傳楚人鐸椒。椒傳趙人虞卿。卿傳同郡荀卿名况。况傳武威張蒼。蒼傳洛陽賈誼。"宋《崇文總目》曰："漢張蒼、賈誼、尹咸、鄭衆、賈逵皆爲詁訓，然參用《公》、《穀》二家。"據此，張蒼當著有《春秋左氏傳詁訓》。然《漢書·藝文志·諸子略·陰陽家》僅著録《張蒼》十六篇，並未著録《春秋左氏傳詁訓》，抑向、歆校録羣書時，此書已佚歟？今遍搜羣書，亦未能有所獲。

# 賈誼《春秋左氏傳訓故》

　　西漢賈誼撰。誼（前201—前169），河南洛陽人。文帝召爲博士，欲大用，爲老臣絳灌之屬所阻，先後謫爲長沙王太傅、梁懷王太傅。事迹具《史記》卷八十四、《漢書》卷四十八本傳。此書史志不載。《漢書·儒林傳》云："漢興，北平侯張蒼及梁太傅賈誼皆修《春秋左氏傳》。誼爲《左氏傳訓故》，授趙人貫公，爲河間獻王博士。"姚振宗《漢書藝文志拾補》據以著錄。此書久佚，片言隻字不獲。

# 尹更始《春秋左氏傳章句》

西漢尹更始撰。更始（生卒年無考，生當西漢中後期），字翁君，汝南（治今上蔡）人。少習《穀梁春秋》。初爲議郎。甘露元年，與太子太傅肖望之等評議《公羊》《穀梁》異同，所議三十餘事，多從《穀梁》，由是《穀梁》學大行。後爲諫大夫、長樂户將。事迹具《漢書·儒林傳》。是書亦始見於《儒林傳》，《傳》稱："更始從蔡千秋受《穀梁春秋》，又受《左氏傳》，取其變理合者以爲《章句》，傳子咸及翟方進、琅邪房鳳。"後史不録，卷數未詳，散佚久矣。今得之於《春秋左傳正義》1節，勒爲一卷。

## 尹更始《春秋左氏傳章句》一卷

### 哀公

**十有四年**

◎春，西狩獲麟。

吉凶不並，瑞災不兼。今麟爲周異，不得復爲漢瑞，知麟應孔子而至。《春秋左傳正義》引許慎稱劉向、尹更始皆以爲。

# 許慎《春秋左傳許氏義》

　　東漢許慎撰。慎（58？—147？），字叔重，汝南召陵（今河南漯河）人，始爲郡功曹，後舉孝廉，官至太尉南閣祭酒，世稱"許祭酒"。慎師事賈逵習古文經學，博通經籍，馬融常推敬之，時人譽爲"五經無雙許叔重"，事迹具《後漢書》本傳。許慎所著書，據本傳、許沖《進〈説文〉表》及《隋書·經籍志》可考者，有《説文解字》十五卷，《五經異義》十卷，《淮南子注》二十一卷，《孝經孔氏古文説》一篇。查《隋書·經籍志》《舊唐書·經籍志》《新唐書·藝文志》，皆未言及許慎注《春秋左氏傳》。清朱彝尊《經義考》亦未曾言及許慎注《左氏傳》。清陶方琦《許君年表》、諸可寶《許君疑年録》，今人張震澤《許慎年譜》，對許慎事迹考證精詳，皆未曾言及許慎注《春秋左氏傳》。清王仁俊《十三經漢注四十種輯佚書》則輯有一卷。王氏所據者，爲希麟《續一切經音義》卷五《金剛頂瑜伽分别聖位經》下"能羸"條，云："下力追反。賈逵注《國語》云：羸，病也。杜注《左傳》云：弱也。許叔重云：劣也。"許注連杜注而下，希麟亦未曾明言許慎注《春秋左氏傳》，王氏據此輯爲一卷，未免有濫竽之嫌，且孤證未可立説。今迻録王氏所輯，略作辨證，識者自能察之。

## 舊題許慎《春秋左傳許氏義》一卷

### 桓公

#### 六年

◎請羸師以張之。

　　羸，劣也。希麟《續音義》五。

　　俊按：《説文解字》："羸，瘦也。"劣，與瘦義同。

# 延篤《左氏傳注》

東漢延篤撰。篤,字叔堅(?—167),南陽犨(今魯山東南)人。少從潁川唐溪典受《左氏傳》,旬日能諷誦之,典深敬焉。又從馬融受業,博通經傳及百家言。官至京兆尹。事迹具《後漢書》卷六十四本傳。是書始見於唐陸德明《經典釋文·序錄》:"篤受《左氏》于賈逵之孫伯升,因而注之。"其書不傳,故史志無載,佚文無考。

# 服虔《春秋左氏傳解誼》

東漢服虔撰。虔（生當東漢末世），字子慎，初名重，又名祇，後改爲虔，河南滎陽人。舉孝廉，官至九江太守。事迹具《後漢書·儒林傳》。是書始見於《後漢書》本傳："作《春秋左氏傳解》，行之至今。"《隋書·經籍一》著錄作《春秋左氏傳解誼》三十一卷，《經典釋文》、兩《唐志》並作三十卷，與《後漢書》本傳所載蓋爲一書。《宋志》不載，蓋佚于宋。按《隋書·經籍志》："諸儒傳《左氏》者甚衆。永平中，能爲《左氏》者擢高第，爲講郎。其後，賈逵、服虔並爲訓解。至魏，遂行於世。晉時，杜預又爲《經傳集解》，《左氏》服虔、杜預注俱立國學。然後學三傳通講，而《左氏》唯傳服義。至隋，杜氏盛行，服義浸微，今殆無師説。"可知服注始嘗獨步一時，繼而乃與杜注並駕齊驅，隋唐之後，始趨衰微。清人輯佚之作頗夥，余蕭客《古經解鉤沉》首開其端，續作有王謨《左氏傳解誼》四卷，袁鈞《春秋傳服氏注》十二卷，嚴蔚《春秋内傳古注輯存》三卷，李貽德《左傳賈服注輯述》二十卷，馬國翰《春秋左氏傳解誼》四卷，黄奭《春秋左氏傳解誼》一卷，沈豫《左傳服注存》二卷、《春秋左傳服注補遺》一卷。諸家所輯，參差不齊，然皆爲服氏之功臣。洪亮吉《春秋左傳詁》亦頗采錄服注。昭和十一年（1936）日本國學者重澤俊郎有《左傳賈服注攟逸》之作，其序云："披羣籍而覽隋珠於蚌蛤，稽先儒以求折中於至善。所得者凡一千六百餘條。其增多先儒者，一百七十餘條，正先儒之誤者，一百一十餘條，分爲十有三卷。"誠可謂後出轉精，复出諸家之上。雖然，亦不無微瑕。例如，襄二十七年《傳》："公喪之如稅服終身。"《釋文》："稅服，徐云讀曰總，音歲，注同，謂總衰也；服音吐外反。"諸如此類者，《攟逸》亦皆收錄，蓋闌入也。知者，南朝梁阮孝緒《七錄》著錄《春秋左氏傳服虔、杜預音》三卷，諸如此類者當入《春秋左氏傳服虔音》，不當入《春秋左氏傳解誼》也。此次輯佚，借鑒諸家，而於重澤俊郎之《左傳賈服注攟逸》吸收尤多，謹表謝忱。全書十二卷。書中凡言"服曰"者，謂徵引服虔《解誼》成文也；凡言"服義"者，謂略取服虔《解誼》文義也。服虔之前，賈逵有《春秋左氏解詁》三十卷，而服虔《解誼》往往有取于賈逵《解詁》，故書中凡言"賈服曰"者，謂徵引賈逵、服虔相同之成文也；凡言"賈服義"者，謂略取賈逵、服虔相同之文義也。

## 服虔《春秋左氏傳解誼》十二卷

### 卷　一

◎隱公左氏傳解誼第一

　　服虔所注題曰"隱公左氏傳解誼第一"。杜預《序》疏。
◎孟子卒。
　　服曰：嫌與惠公俱卒，故重言之。本疏（按：謂本句經文之疏。下同）。
◎繼室以聲子。
　　服義：聲子爲謚，服虔諸儒以爲非。《晉書·禮志中》。

**隱元年**

◎元年春王周正月。
　　服曰：孔子作《春秋》，於春每月書王以統三王之正。本疏。
◎不書即位，攝也。
　　賈、服曰：四公皆實即位，孔子修經，乃有不書。本疏。
◎曰儀父，貴之也。
　　賈、服曰：儀父嘉隱公有至孝謙讓之義，而與結好，故貴而字之，善其慕賢說讓。本疏。
◎未王命，故不書爵。
　　服曰：爵者，醮也，所以醮盡其材也。本疏。
　　賈、服義：賈、服以爲北杏之會時，已得王命。本疏。
◎共叔段。
　　賈、服義：賈、服以"共"爲謚。本疏。
◎都城過百雉。
　　賈、服曰：雉，長三丈。《周禮·典命》"上公九命爲伯"疏。
◎大叔完聚。
　　服義：服虔以聚爲聚禾黍也。本疏。
◎謂之鄭志。

服曰：公本欲養成其惡而加誅，使不得生出，此鄭伯之志意也。本疏。

◎不及黃泉無相見也。

　　服曰：天玄地黃，在地中，故言黃泉。《史記·鄭世家》集解、《文選》二十九《古詩十九首》注。

◎公入而賦："大隧之中，其樂也融融。"姜出而賦："大隧之外，其樂也洩洩。"

　　服曰：入言公，出言姜，明俱出入，互相見。本疏。

◎秋，七月，天王使宰咺來歸惠公仲子之賵。

　　服義：許慎、服虔等依京師曰王，夷狄曰天子。《禮記·曲禮下》"君天下曰天子"疏。按：此注蓋非全文。

　　服曰：咺，天子宰夫。《周禮·大行人》"間問以諭諸侯之志"疏。

　　服曰：賵，覆也，天王所以覆被臣子。本疏。

◎同軌畢至。

　　服義：服虔以軌爲車轍也。本疏。

◎有宋師。

　　服義：服虔以爲宋師即黃之師也。是時，宋來伐魯，公自與戰。本疏。


### 隱二年

◎潢、汙、行潦之水。

　　服曰：畜小水謂之潢，水不流謂之汙；行潦，道路之水。本疏。

◎東宮，得臣之妹。

　　服曰：得臣，齊大子名，居東宮。《詩·碩人》疏。

◎驕、奢、淫、泆，所自邪也。

　　服曰：言此四者，過從邪起。本疏。


### 隱四年

◎將脩先君之怨於鄭。

　　服曰：隱二年鄭人伐衛是也。《詩·擊鼓序》疏。

　　服義：服虔以先君爲莊公。本疏。

◎以除君害。

　　服曰：公子馮將爲君之害。《詩·擊鼓序》疏。

◎敝邑以賦與陳、蔡從。

　　服曰：賦，兵也。以田賦出兵，故謂之賦。《詩·擊鼓序》疏。

◎故宋公、陳侯、蔡人、衛人伐鄭。

　　服曰：衛使宋爲主，使大夫將，故敍衛於陳、蔡下。《詩·擊鼓序》疏。

◎使右宰醜涖殺州吁于濮。

　　服曰：右宰醜，衛大夫；濮，陳地。《史記·衛世家》集解。

**隱五年**

◎昭文章。

　　服義：服虔解此亦引《司馬職》文。本疏。

◎鳥獸之肉不登於俎，皮革齒牙骨角毛羽不登於器。

　　服義：服虔以上登爲升，下登爲成。本疏。

◎九月，考仲子之宫。

　　服曰：宫廟初成，祭之，名爲考。將納仲子之主，故考成，以致其五祀之神，以堅之。本疏。

◎天子用八，諸侯用六，大夫四，士二。

　　服曰：天子八八，諸侯六八，大夫四八，士二八。《宋書·樂志》、《通典》一四七。

　　服義：服虔以用六爲六八四十八，大夫四爲四八三十二，士二爲二八十六。本疏。

◎夫舞所以節八音而行八風。

　　服義：服虔以爲八卦之風，乾音石，其風不周；坎音革，其風廣莫；艮音匏，其風融；震音竹，其風明庶；巽音木，其風清明；離音絲，其風景；坤音土，其風凉；兌音金，其風閶闔。本疏。

◎叔父有憾於寡人。

　　服曰：諸侯稱同姓大夫長曰伯父，少曰叔父。《詩·伐木》疏。

**隱六年**

◎春，鄭人來渝平。

　　服曰：公爲鄭所獲，釋而不結平，於是更爲約束以結之，故曰渝平。本疏。

◎秋，宋人取長葛。

　　賈、服義：賈、服以爲長葛不繫鄭者，刺不能撫有其邑。本經疏。

## 隱七年

◎初，戎朝于周，發幣于公卿，凡伯弗賓。

　服曰：戎以朝禮及公卿大夫，發陳其幣。凡伯以諸侯爲王卿士，不修賓主之禮敬報於戎，是以"冬天王使凡伯來聘，還，戎伐之於楚丘，以歸"。《儀禮·覲禮》"侯氏升致命"疏。

◎歃如忘。

　服曰：如，而也。《釋文》、本疏。

## 隱八年

◎先配而後祖。

　賈、服義：賈、服之義，大夫以上，無問舅姑在否，皆三月見祖廟之後，乃始成昏。故譏鄭公子忽先爲配匹，乃見祖廟。《禮記·曾子問》"三月而廟見"疏。

◎諸侯以字爲氏。

　服曰：公之母弟則以長幼爲氏，貴適統伯仲叔季是也；庶公子則以配字爲氏。本疏。按：杜本"氏"作"諡"，"爲諡"二字下屬爲句。服本蓋作"氏"。《五帝本紀》集解所引《駁異義》亦作"氏"，可證。

◎官有世功，則有官族，邑亦如之。

　服義：服虔止謂異姓，又引宋司城韓魏爲證。本疏。

## 隱九年

◎先者見獲，必務進。

　服曰：先者見獲，言必不往相救；各自務進，言其貪利也。本疏。

## 隱十一年

◎春，滕侯、薛侯來朝，爭長。

　服曰：爭長，先登授玉。《儀禮·覲禮》"諸侯前朝"疏。

◎周之宗盟，異姓爲後。

　服義：服虔以宗盟爲同宗之盟。本疏。

◎潁考叔挾輈以走。

　服曰：考叔挾車轅，筴馬而走。本疏。

◎使營菟裘，吾將老焉。

　　服曰：菟裘，魯邑也。營菟裘以作宮室，欲居之以終老。《史記·魯世家》集解。

◎舘于蔦氏。

　　服曰：舘，舍也，蔦氏，魯大夫。《史記·魯世家》集解。

## 卷　二

### 桓元年

◎宋華父督見孔父之妻于路，目逆而送之。

　　服曰：督，戴公之孫。目者，極視睛不轉也。《史記·宋世家》集解。

### 桓二年

◎會于稷，以成宋亂。

　　服義：鄭衆、服虔皆以"成宋亂"爲成就宋亂。本年經"夏四月取郜大鼎於宋"疏。

◎宋殤公立，十年十一戰。

　　服曰：與夷隱四年即位，一戰，伐鄭，圍其東門；再戰，取其禾：皆在隱四年。三戰，取邾田；四戰，邾鄭入其郛；五戰，伐鄭國長葛：皆在隱五年。六戰，鄭伯以王命伐宋，在隱九年。七戰，公敗宋師于菅；八戰，宋衛入鄭；九戰，宋人、蔡人、衛人伐戴；十戰，戊寅，鄭伯入宋：皆在隱十年。十一戰，鄭伯以虢師大敗宋師，在隱十一年。本疏。

◎大路越席。

　　服曰：大路，總名也，如今駕駟高車矣。尊卑俱乘之，其采飾有差。《後漢書·輿服志》注。

　　服曰：大路，祀天車也。越席，結括草以爲席也。《史記·禮書》集解。

　　服曰：大路，木路。本疏。

◎藻率。

　　服義：服虔以藻爲畫藻，率爲刷巾。本疏。

　　服曰：禮有刷巾。本疏。

◎鞶厲。

　　服曰：鞶，大帶。《禮記·內則》"子能食"疏。

　　服義：服虔以鞶爲大帶。《詩·都人士》疏。

賈、服義：賈、服等説鼞厲，皆與杜同。本疏。

◎游纓。

　　服曰：纓如索帬，今乘輿大駕有之。本疏。

◎錫鸞和鈴。

　　服曰：鸞在鑣，和在衡。《史記·禮書》集解。

◎三辰。

　　服曰：三辰，日、月、星也。《詩·大明》疏。

　　服曰：三辰謂日、月、星。《儀禮·覲禮》"天子乘龍"疏。

◎旂旗。

　　服曰：九旗之總名。《儀禮·覲禮》"天子乘龍"疏。

◎武王克商，遷九鼎于雒邑。

　　服曰：今河南有鼎中觀。《尚書·召誥·序》疏。

◎蔡侯、鄭伯會于鄧。

　　賈、服義：賈、服以鄧爲國。本經疏。

◎士有隸子弟。

　　服曰：士卑，自其子弟爲僕隸，禄不足以及宗。《儀禮·既夕·記》"朔月童子執帚却之左手奉之"疏。

◎下無窺覦。

　　服曰：窺謂舉足而視也。《一切經音義》二十一。按：杜本"窺"作"覬"，服本蓋如此。


### 桓三年

◎韓萬御戎。

　　服曰：韓萬，晉大夫，曲沃桓叔之子，莊伯之弟。晉爲大夫，以韓爲氏也。《詩·韓奕·序》疏。


### 桓五年

◎虢公林父將右軍，蔡人、衛人屬焉；周公黑肩將左軍，陳人屬焉。

　　服曰：言人者，時陳亂，無君，則三國皆大夫也，故稱人。《詩·伯兮·序》疏。

◎秋，大雩。

　　服曰：大雩，夏祭天名。雩，遠也，遠爲百穀求膏雨也。一説，大雩者，祭於帝而祈雨也。《後漢書·禮儀志》注。

服曰：雩，遠也，遠爲百穀祈膏雨。言大，別山川之雩也。《禮記·月令》"仲夏之月"疏。

◎啓蟄而郊。

服曰：啓蟄者，謂正月陽氣始達，發土開蟄，農事始作，故郊祀后稷以配天祈農。《玉燭寶典·正月》。

服曰：一説郊祀天，祈農事。《後漢書·禮儀志》注。

服曰：魯祭天以孟月，祭宗廟以仲月。《禮記·王制》"天子社稷皆大牢"疏。

◎龍見而雩。

服曰：龍，角亢也，謂四月昏，龍星體見，萬物始盛，待雨而大。故雩祭以求雨也。一説，雩，祭山川而祈雨也。《後漢書·禮儀志》注。

◎始殺而嘗。

服曰：謂七月陰氣始殺，萬物可嘗，鷹祭鳥，可嘗祭之也。《玉燭寶典·孟秋》。

賈、服義：賈、服始殺唯據孟秋，不通建酉之月。本疏。

◎閉蟄而烝。

服曰：謂十月盛陰在上，物成者衆，故曰烝。《玉燭寶典·孟冬》。

◎冬，淳于公如曹。

服曰：春秋前，以黜陟之法進爵爲公。本經疏。


### 桓六年

◎吾牲肥腯。

服曰：牛羊曰肥，豕曰腯。本疏。

◎嘉栗旨酒。

服曰：穀之初熟爲栗。《詩·生民》疏。

◎九月，丁卯，子同生。

服曰：桓公之子莊公同。《御覽》一百四十六。

◎以德命爲義。

服曰：謂若大王度德，命文王曰昌，文王命武王曰發。本疏。

◎不以畜牲。

服義：鄭衆、服虔皆以六畜爲馬、牛、羊、豕、犬、雞。本疏。

◎不以器幣。

服義：服虔以爲俎豆、罍彝、犧象之屬，皆不可以爲名也。本疏。

◎宋以武公廢司空。

服義：宋以武公諱司空者，桓六年《左傳》申繻之辭也。知有司城者，以春秋之時，唯宋有司城，無司空。又《冬官·考工記》"匠人營國"，是司空主營城郭，故知廢司空為司城。服虔、杜預注皆以為然。《禮記·檀弓下》"陽門之介夫死"疏。

### 桓七年

◎穀伯、鄧侯來朝。名，賤之也。

服曰：穀、鄧密邇於楚，不親仁善鄰以自固，卒為楚所滅，無同好之救。桓又有弒賢兄之惡，故賤而名之。本疏。

### 桓九年

◎曹大子其有憂乎？非歎所也。

服曰：古之為享食，所以觀威儀，省禍福。無喪而戚，憂必讎焉。今大子臨樂而歎，是父將死而兆先見也。本疏。

### 桓十一年

◎春，齊、衛、鄭、宋盟于惡曹。

服義：服虔以為不書宋，宋後盟。本疏。

◎君多內寵。

服曰：言庶子有寵者多。《史記·鄭世家》集解。

◎雍氏宗有寵於宋莊公。

服曰：為宋正卿，故曰有寵。《史記·鄭世家》集解。

### 桓十三年

◎夫固謂君訓眾而好鎮撫之。

服曰：夫謂鬬伯比也。襄二十三年傳"夫石猶生我"疏。

◎夫豈不知楚師之盡行也。

服曰：夫謂鬬伯比也。襄二十三年傳"夫石猶生我"疏。

◎及齊與宋、衛、燕戰。

賈、服義：〔衛先君未葬而經稱爵者〕賈、服注譏其不稱子。《禮記·曲禮下》"諸侯見天子"疏。

◎不書所戰，後也。

> 服曰：下日者，公至而後定戰日。本疏。

### 桓十四年

◎秋，八月，壬申，御廩災。乙亥嘗。書，不害也。

> 服曰：魯以壬申被災，至乙亥而嘗，不以災害爲恐。本經疏。

### 桓十五年

◎秋，鄭伯囚櫟人。

> 服曰：櫟，鄭之大都。《水經·潁水》注。

◎殺檀伯。

> 服曰：檀伯，鄭守櫟大夫。《水經·潁水》注。

### 桓十六年

◎烝於夷姜。

> 服曰：上淫曰烝。《詩·雄雉·序》疏。

◎宣姜與公子朔構急子。

> 服曰：構會其過惡。《詩·二子乘舟》疏。

◎使盜待諸莘

> 服曰：莘，衛東地。《詩·二子乘舟》疏。

### 桓十七年

◎五月丙午，及齊師戰于奚。

> 賈、服義：賈、服之義，若登臺而不視朔，則書時不書月；若視朔而不登臺，則書月不書時；若雖無事，視朔登臺則空書時月。《禮記·中庸》"仲尼祖述堯舜"疏。

◎天子有日官，諸侯有日卿。日官居卿以底日，禮也。

> 服曰：日官，日御典歷數者也。是居卿者，使卿居其官以主之，重歷數也。《周禮·大史》"掌建邦之六典"疏。

### 桓十八年

◎齊侯通焉。

服曰：傍淫曰通，凡淫曰通。《詩·雄雉·序》疏。

◎夏，四月，丙子，享公。

服曰：爲公設享讌之禮。《史記·魯世家》集解。

◎秋，齊侯師于首止。

服曰：首止，近鄭之地。《史記·鄭世家》集解。

◎祭仲逆鄭子于陳而立之。

服曰：鄭子，昭公弟子儀也。《詩·出其東門·序》疏。

# 卷 三

### 莊元年

◎元年，春，不稱即位，文姜出故也。

服曰：文姜通於兄齊襄，與殺公而不反，父殺母出，隱痛深諱。朞而中練，思慕少殺，念至於母，故經書"三月，夫人遜於齊"。《魏書·竇瑗傳》。

賈、服義：賈逵、服虔皆以爲桓公之薨，至是年三月，朞而小祥，公憂思少殺，念及於母，以其罪重不可以反之，故書"遜于齊"耳。其實先在於齊，本未歸也。《詩·南山·序》疏。

◎不稱姜氏，絕不爲親，禮也。

服曰：夫人有與殺桓之罪，絕不爲親，得尊父之義。善莊公思大義，絕有罪，故曰禮也。《魏書·竇瑗傳》。

### 莊六年

◎楚文王伐申，過鄧。

服曰：鄧，曼姓。《史記·楚世家》集解。

### 莊七年

◎夏，恒星不見，夜明也。

服曰：恒，常也。天官列宿常見之星也。言夜明甚常見，火星皆不見也。《玉燭寶典·孟夏》。

### 莊八年

◎春治兵于廟。

服曰：欲共伐郕。本年經"春王正月師次于郎"疏。

◎瓜時而往，曰及瓜而代。

　　服曰：瓜時，七月；及瓜，謂後年瓜時。《史記·齊世家》集解。

◎連稱有從妹在公宮。

　　服曰：爲妾在宮也。《史記·齊世家》集解。

◎見大豕，從者曰公子彭生也。

　　服曰：公見彘，從者乃見彭生，鬼改形爲豕也。《史記·齊世家》集解。

**莊九年**

◎夏，公伐齊納子糾，桓公自莒先入。

　　賈、服義：賈、服以爲，齊大夫來迎子糾，公不亟遣而盟以要之；齊人歸迎小白。本年經"齊小白入于齊"疏。

**莊十年**

◎蒙皋比而先犯之。

　　服義：〔虎皮名曰皋比〕則其義未聞，《樂記》云"倒載干戈，包之以虎皮，名之曰建櫜"，鄭玄以爲兵甲之衣曰櫜，櫜，韜也，而其字或作建皋，故服虔引以解此。本疏。

**莊十一年**

◎覆而敗之曰取某師。

　　服曰：覆，隱也。設伏而敗之，謂攻其無備，出其不意。敵人不知，敗之易，故曰取。本疏。

◎宋公靳之。

　　服曰：恥而惡之曰靳。《釋文》、本疏。

**莊十二年**

◎羣公子奔蕭，公子御説奔亳。

　　服曰：蕭、亳，宋邑也。《史記·宋世家》集解。

◎陳人使婦人飲之酒而以犀革裹。

　　服曰：宋萬多力，勇不可執，故先使婦人誘而飲之酒，醉而縛。《史記·宋世家》

集解。
◎宋人皆醢之。
　　服曰：醢，肉醬。《史記·宋世家》集解。

## 莊十四年
◎六年而厲公入。
　　服曰：蛇，北方水物，水成數六，故六年而厲公入。本疏。

## 莊十六年
◎不可使共叔段無後於鄭。
　　服曰：定叔之祖共叔段有伐君之罪，宜世不長，而云"不可使共叔無後於鄭"，言其刑之偏頗。鄭厲公以孽篡適，同惡相恤，故黨於共叔，欲令其後不絕，傳所以惡厲公也。本疏。
◎使以十月入，曰："良月也，就盈數焉。"
　　服曰：數滿曰十，故曰盈數。春秋時或可。周之十月，既非節候，但取其盈數，故附於此也。《玉燭寶典·孟冬》。

## 莊十八年
◎夏，公追戎于濟西。不言其來，諱之也。
　　服曰：桓公爲好，莊公獨不能脩而見侵。濟西，曹地。《周禮·小司徒》"乃會萬民之卒伍"疏。
◎秋，有蜮，爲災也。
　　服曰：短狐，南方盛暑所生，其狀如鼈，古無今有，含沙射人，入皮肉中，其瘡如疥遍身中，濩濩蜮蜮，故曰災。禮曰惑君則有。《周禮·序官·蟈氏》疏。
　　服曰：徧身濩濩或或，故爲災。本經疏。

## 莊二十年
◎執燕仲父。
　　服曰：南燕，伯爵。本疏。

## 莊二十一年
◎鄭伯享王于闕西辟。

服曰：西辟，西偏也。本疏。

◎鄭伯之享王也，王以后之鞶鑑予之。虢公請器，王予之爵。

　　服曰：鞶鑑，王后婦人之物，非所以賜有功。爵，飲酒器，玉爵也。一升曰爵。爵，人之所貴者。本疏。

## 莊二十二年

◎翹翹車乘。

　　服曰：翹翹，遠貌。《詩·漢廣》疏。

◎臣卜其晝，未卜其夜。

　　服曰：臣將享君，必卜之，示戒慎也。本疏。按：《詩·湛露》疏"戒"作"敬"。

◎五世其昌，並于正卿。

　　服曰：言完後五世，與卿並列。《史記·陳世家》集解。

◎遇《觀》之《否》。

　　賈、服義：賈、服及杜並皆同焉。本疏。

◎風行而著於土，故曰其在異國乎。

　　服曰：巽在坤上，故爲著土也。一曰巽爲風，復爲木，風吹木實落去，更生他上而長育，是爲在異國。本疏。

## 莊二十八年

◎冬，饑。

　　服曰：陰陽不和，土氣不養，故禾麥不成也。傳言饑而經不書者，得齊之糴，救民之急不至於饑也。傳言饑者，指未糴之前，説告糴之意，故言饑也。本經疏。

◎臧孫辰告糴于齊。

　　服曰：不言"如"，重穀，急辭。本疏。

　　服曰：無庭實也。《儀禮·聘禮》"若有言，則以束帛如享禮"疏。

## 莊三十年

◎鬭射師諫。

　　服曰：射師，若敖子鬭班也。本疏。

## 莊三十二年

◎虞、夏、商、周皆有之。

服曰：虞舜"祖考來格，鳳皇來儀，百獸率舞"。本疏。

◎從之。

　　服曰：從之，言欲與通也。本疏。

◎割臂盟公。

　　服曰：割其臂，以與公盟。《史記·魯世家》集解。

◎圉人犖。

　　服曰：圉人，掌養馬者；犖，其名也。《史記·魯世家》集解。

◎能投蓋于稷門。

　　服曰：能投千鈞之重過門之上也。《水經·泗水》注。

◎使鍼季劫飲叔牙以鴆。

　　服曰：鴆鳥，一曰運日鳥。《史記·魯世家》集解。

◎成季奔陳。

　　服曰：季友內知慶父之情，力不能誅，故避其難，出奔。《史記·魯世家》集解。

◎立閔公。

　　服曰：閔於是年九歲。閔二年傳"初公傅奪卜齮田"疏。

## 卷　四

### 閔元年

◎因重固。

　　服曰：重不可動，因其不可動而堅固。本疏。

◎以滅耿、滅霍、滅魏。

　　服曰：三國皆姬姓，魏在晉之蒲阪河東也。《史記·晉世家》集解。

◎分之都城。

　　服曰：邑有先君之主曰都。《史記·晉世家》集解。

◎哀姜與知之，故孫于邾。

　　賈、服義：賈、服之說皆以爲，文姜殺夫罪重，故去姜氏；哀姜殺子罪輕，故不去姜氏。本經疏。

◎季氏亡則魯不昌。

　　服曰：謂季友出奔，魯弑二君。本疏。

◎鶴有乘軒者。

　　服曰：車有藩曰軒。本疏。

◎齊人使昭伯烝於宣姜。

　　服曰：昭伯，衛宣公之長庶，伋之兄。宣姜，宣公夫人，惠公之母。《詩·牆有茨·序》疏。

◎歸夫人魚軒重錦三十兩。

　　服曰：魚，獸名。《詩·采薇》疏。

　　服曰：重，牢也。本疏。

◎晉侯使大子申生伐東山皋落氏。

　　服曰：赤翟之都也。《水經·河水四》注。

◎以朝夕視君膳者也。

　　服曰：厨膳飲食。《史記·晉世家》集解。

◎君行則守，有守則從，從曰撫軍。

　　服曰：有代大子，守則從之，助君撫循軍士。《史記·晉世家》集解。

◎無懼弗得立。

　　服曰：不得立己。《史記·晉世家》集解。

◎公衣之偏衣。

　　服曰：偏裻之衣，偏異色，駁不純，裻在中，左右異，故曰偏衣。《史記·晉世家》集解。

◎佩之金玦。

　　服曰：以金爲玦也。《史記·晉世家》集解、《御覽》一百四十六。

◎狂夫阻之。

　　服曰：阻，止也。方相之士蒙玄衣朱裳，主索室中殿疫，號之爲狂夫。止此服，言君與大子以狂夫所止之服衣之。本疏。

◎成風聞成季之繇。

　　服曰：繇，抽也，抽出吉凶也。《周易·繫辭傳下》"其稱名也雜而不越"《釋文》。

◎衛文公大布之衣，大帛之冠。

　　服曰：戴公卒在於此年。《詩·定之方中·序》疏。

## 卷　五

**僖元年**

◎九月，公敗邾師于偃。虛丘之戍將歸者也。

　　服曰：虛丘，魯邑。魯有亂，邾使兵戍虛丘。魯與邾無怨，因兵將還，要而敗之，所以惡僖公也。本疏。

**僖二年**

◎屈產之乘。

　　服義：服氏謂產爲產生。《公羊》本傳疏。

◎冀爲不道，入自顛軨，伐鄍三門。

　　服曰：謂冀伐晉也。本疏。

　　服曰：鄍，晉別都。《後漢書·郡國志二》注。

◎冀之既病，則亦唯君故。

　　服曰：謂虞助晉也。將欲假道，稱前恩以誘之。本疏。

◎滅夏陽。

　　服曰：夏陽，虢邑也，在太陽東三十里城南。《水經·河水四》注。按：《史記·晉世家》集解"東"下有"北"字，無"城南"二字。

　　服虔僖二年注云，閔公死時年九歲。閔二年傳"初公傅奪卜齮田"疏。按：重澤俊郎曰：此一條未知其所施，姑附於此，以俟君子。或以爲"僖二年"爲"文二年"之誤，然則當是"故鬼小"句下注。

**僖四年**

◎蔡潰。

　　服曰：民逃其上曰潰也。《史記·齊世家》集解。

◎唯是風馬牛不相及也。

　　服曰：風，放也，牝牡相誘謂之風。本疏。

◎昔召康公。

　　服曰：召公奭。《史記·齊世家》集解。

◎五侯九伯，女實征之。

服曰：五侯，公、侯、伯、子、男；九伯，九州之長。太公爲王官之伯，掌司馬職，以九伐之法征討邦國，故得征之。《詩・旄丘・序》疏。

服義：服、杜皆爲五等諸侯、九州之伯。《禮記・王制》"千里之外設方伯"節疏。

◎東至于海，西至于河，南至于穆陵，北至于無棣。

服曰：是皆太公始受封土地，疆境所至也。《史記・齊世家》集解。

◎昭王南征而不復，寡人是問。

服曰：周昭王南巡狩，涉漢未濟，船解而溺昭王。王室諱之，不以赴，諸侯不知其故，故桓公以爲辭責問楚也。《史記・齊世家》集解。

◎楚國方城以爲城，漢水以爲池。

服曰：方城，山也；漢，水名。皆楚之隘塞耳。《詩・殷武》疏。

服曰：方城，楚北之阨塞。《史記・齊世家》集解。

◎楚屈元來盟于師。

服曰：言"來"者，外楚也。嫌楚無罪，言來以外之。本經疏。

服義：服虔取《公羊》以爲説。本經疏。

◎大子祭于曲沃。

服曰：齊姜廟所在。《史記・晉世家》集解。

## 僖五年

◎公既視朔，遂登觀臺以望。

服曰：人君入大廟，視朔告朔。天子曰靈臺，諸侯曰觀臺，在明堂之中。《禮記・玉藻》"天子玉藻"疏。按：《通典》四四無"告朔"二字。《詩・靈臺》疏僅引"天子"及"諸侯"二句。

賈、服曰：靈臺在大廟明堂之中。《詩・靈臺・序》疏。

◎狐裘蒙茸，一國三公，吾誰適從。

服曰：蒙茸，以言亂貌；三公，言君與二公子將敵，故不知所從。《史記・晉世家》集解。按：杜本"蒙"作"尨"，蓋服本如此。

◎披斬其袪。

服曰：袪，袂也。《史記・晉世家》集解。

◎輔車相依。

服曰：輔，上頷車也，與牙相依。《詩・碩人》疏。

◎其愛之也。

服虔"其"作"甚"，注云："愛之甚，當謂愛桓、莊之族甚也。"本疏。

◎民不易物，惟德繄物。

服曰：繄，發聲也。言黍稷牲玉，不易無德，薦之則不見饗；有德則言饗，言物爲有德用也。《詩·泂酌》疏。

◎袀服振振。

服曰：袀服，黑服也。《文選》十六潘安仁《閒居賦》注。

賈、服義：賈、服、杜君等皆爲均，均，同也。《周禮·司几筵》"凡大朝覲"疏。按：杜本"袀"作"均"。

◎脩虞祀。

服曰：虞所祭祀，命祀也。《史記·晉世家》集解。

## 僖八年

◎敗狄于采桑。

服曰：翟地。《史記·晉世家》集解。

◎不薨于寢。

服曰：寢謂小寢也。《禮記·喪大記》"君夫人卒於路寢"疏。

◎不殯于廟。

服曰：廟謂殯宮，鬼神所在謂之廟。《禮記·檀弓下》"喪之朝也"疏。

## 僖九年

◎以伯舅耋老。

服曰：七十曰耋。《詩·車鄰》疏、《禮記·射義》"孔子射於矍相之圃"疏。

◎及高梁而還。

服曰：晉地也。《史記·齊世家》集解。

◎公謂公孫枝。

服曰：秦大夫公孫子桑。《史記·秦本紀》集解。

## 僖十年

◎子弑二君與一大夫。

服曰：奚齊、卓子、荀息也。《史記·晉世家》集解。

◎狐突適下國。

服曰：晉所滅國，以爲下邑。一曰，曲沃有宗廟，故謂之國，在絳下，故曰下國。《史記·晉世家》集解。

◎余得請於帝矣。

服曰：帝，天帝。請罰有罪。《史記·晉世家》集解。

◎七輿大夫。

服曰：下軍之輿帥七人，屬申生者。本疏。按：襄二十三年傳"唯魏氏"疏無下四字。

### 僖十二年

◎冬，齊侯使管夷吾平戎于王，使隰朋平戎于晉。

服曰：戎伐周，晉伐戎救周，故和也。《史記·周本紀》集解。

◎陪臣敢辭。

服曰：陪，重也，諸侯之臣於天子，故曰陪臣。《史記·周本紀》集解。

### 僖十三年

◎謂百里。

服曰：秦大夫。《史記·晉世家》集解。

### 僖十四年

◎秋，八月辛卯，沙鹿崩。

服曰：沙，山名；鹿，山足。林屬於山曰鹿。本經疏。

◎虢射。

服曰：虢射，惠公舅。《史記·晉世家》集解。

### 僖十五年

◎公曰不孫。

服曰：孫，順。《史記·晉世家》集解。

◎步揚御戎，家僕徒爲右。

服曰：二子，晉大夫也。《史記·晉世家》集解。

◎輅秦伯。

服曰：輅，迎也。《史記·晉世家》集解。

◎晉於是乎作爰田。

服曰：爰，易也。賞衆以田，易其疆畔。本疏。

◎士刲羊，亦無衁也。女承筐，亦無貺也。

服義：服虔以離爲戈兵，兌爲羊，震變爲離，是用兵刺羊之象也。三至五有坎象，坎爲血，血在羊上，故刺無血也。震爲竹，竹爲筐，震變爲離，離爲火，火動而上，其施不下，故筐無實也。本疏。

◎西鄰責言，不可償也。

服曰：三至五爲坎，坎爲月，月生西方，故爲西鄰。坎爲水，兌爲澤，澤聚水，故坎責之澤，澤償水則竭，故責言不可償。本疏。

◎猶無相也。

服曰：兌爲金，離爲火，金火相遇而相害，故無助也。本疏。

◎爲嬴敗姬。

服曰：離爲日，爲火。秦嬴姓，水位，三至五有坎象，水勝火，故爲嬴敗姬。本疏。

◎車說起輹，火焚其旗，不利行師，敗于宗丘。

服曰：五至三有坎，爲水象，震爲車，車得水而脫其輹也。震爲龍，龍爲諸侯旗。離之震，故火焚其旗也。震，東方木，兌，西方金，木遇金必敗。韓有先君之宗廟，故曰宗丘。本疏。

◎寇張之弧。

服曰：坎爲寇、爲弓，故曰寇張之弧。本疏。

◎此一役也，秦可以霸。

服曰：一役者，謂韓戰之役。本疏。

◎箕子。

服義：服、杜以爲紂之庶兄。本疏。

## 僖十六年

◎君失問。是陰陽之事，非吉凶所生也。

服曰：鷁退，風咎，君行所致，非吉凶所從生。襄公不問己行何失而致此變，但問吉凶焉在，以爲石隕、鷁退，吉凶何從而生，故云"君失問"。本疏。

## 僖十七年

◎故名男曰圉，女曰妾。

服曰：圉人，掌養馬，臣之賤者；不聘曰妾。《史記・晉世家》集解。

◎齊公好内。

　　服曰：内，婦官也。《史記·齊世家》集解。

◎宋華子。

　　服曰：宋華氏之女，子姓。《史記·齊世家》集解。

◎因内寵以殺羣吏。

　　服曰：内寵，如夫人者六人；羣吏，諸大夫也。《史記·齊世家》集解。

### 僖十八年

◎無以鑄兵。

　　服曰：楚金利，故不欲令以鑄兵。《玉燭寶典·季夏》。

◎故以鑄三鍾。

　　服曰：古者以銅爲兵。《玉燭寶典·季夏》。

### 僖二十年

◎凡啓塞從時。

　　服曰：闔扇所以開，鍵閉所以塞。《月令》仲春脩闔扇，孟冬修鍵閉；從時，從此時也。本疏。

### 僖二十一年

◎脩城郭。

　　服曰：國家凶荒則無道之國乘而加兵，故脩城郭，爲守備也。本疏。

### 僖二十二年

◎寡君之使婢子侍執巾櫛。

　　服曰：《曲禮》云，世婦以下自稱婢子。婢子，婦人之卑稱。《史記·晉世家》索隱。

◎富辰。

　　服曰：富辰，周大夫。《史記·周本紀》集解。

### 僖二十三年

◎以討其不與盟于齊也。

　　服曰：魯僖公十九年，諸侯盟于齊，以無忘桓公之德。宋襄公欲行霸道，不與盟，故伐之。《史記·齊世家》集解。

◎策名委質。

服曰：古者始仕，必先書其名於策，委死之質於君，然後爲臣，示必死節於其君也。《史記·仲尼弟子列傳》索隱。

◎司空季子。

服曰：胥臣臼季也。《史記·晉世家》集解。

◎有馬二十乘。

服曰：八十匹。《史記·宋世家》集解。

◎將行，謀於桑下，蠶妾在其上，以告姜氏，姜氏殺之。

服曰：懼孝公怒，故殺之以滅其口。《史記·晉世家》集解。

◎公子懼降服而囚。

服曰：申意於楚子，伸於知己；降服於懷嬴，屈於不知己。本疏。

### 僖二十四年

◎臣負羈絏。

服曰：一曰犬繮曰絏，古者行則有犬。本疏。

◎師退軍于郇。

服曰：郇，國，在解縣東，郇瑕氏之墟也。《水經·涑水》注。

◎晉侯逆夫人嬴氏以歸。

服曰：穆公女也。《史記·秦本紀》集解。

◎上下相蒙。

服曰：蒙，欺也。《史記·晉世家》集解。

◎鄭伯怨惠王之入，而不與厲公爵也。

服曰：惠王以后之鞶鑑與鄭厲公，而獨與虢公玉爵。《史記·周本紀》集解。

◎又怨襄王之與衛、滑也。

服曰：滑，小國，近鄭，世世服從，而更違叛，鄭師伐之聽命，後自愬於王，王以與衛。《史記·周本紀》集解。

◎召穆公。

服曰：召穆公，王卿士。《詩·黍苗·序》疏。

服曰：穆公，召康公十六世孫。《詩·民勞·序》疏。

◎又有厲、宣之親。

服曰：母弟。《詩·鄭譜》疏。

◎王遂出及坎欿。

服義：服虔以爲鞏東邑名也。《水經·洛水》注。

### 僖二十五年

◎遇黃帝，戰于阪泉之兆。

服曰：阪泉，地名。《史記·五帝本紀》集解。

◎次于陽樊。

服曰：陽樊，周地。陽，邑名也；樊，仲山之所居，故曰陽樊。《史記·晉世家》集解。按：《後漢書·郡國志一》注唯引下二句。

◎脩衛文公之好。

服曰：[先君已葬而經稱衛子者]明不失子道。《禮記·曲禮下》"諸侯見天子"疏。

### 僖二十六年

◎東門襄仲、臧文仲如楚乞師。

服曰：襄仲，公子遂。《史記·魯世家》集解。

◎公使展喜犒師。

服曰：以師枯槁，故饋之飲食。本疏。

◎室如縣罄。

服曰：言室屋皆發撤，榱椽在，如縣罄。本疏。

◎夔子不祀祝融與鬻熊。

服曰：夔，楚熊渠之孫，熊摯之後。夔在巫山之陽，秭歸鄉是也。《史記·楚世家》集解。

### 僖二十八年

◎還，自南河濟。

服曰：南河，濟南之東，南流河也。《史記·衛世家》集解。按："河濟"，杜本作"河南"，服本蓋如此。

◎居于襄牛。

服曰：衛地也。《史記·晉世家》集解。

◎非敢必有功也，願以問執讒慝之口。

服曰：子玉非敢求有大功，但欲執蒍賈讒慝之口，謂子玉過三百乘不能入也。《史記·晉世家》集解。

◎鹽其腦。

　　服曰：如俗語相罵云"啑女腦"矣。本疏。

◎作王宮于踐土。

　　服曰：既敗楚師，襄王自往臨踐土，賜命晉侯，晉侯聞而爲之作宮。《史記·晉世家》集解。

◎駟介百乘，徒兵千。

　　服曰：駟介，駟馬被甲也；徒兵，步卒也。《史記·晉世家》集解。

◎彤弓一，彤矢百，玈弓矢千。

　　服曰：矢千則弓十。《詩·彤弓·序》疏。

　　服曰：玈弓以射甲革、椹質。《詩·彤弓》疏。

◎癸亥，王子虎盟諸侯于王庭。

　　服曰：王庭，踐土也。《史記·晉世家》集解。

◎自爲瓊弁玉纓。

　　服曰：謂馬飾。《禮記·王制》"司寇正刑"疏。

◎天王狩于河陽。

　　賈、服曰：河陽，溫也。《水經·河水五》注。

◎晉侯作三行以禦狄。

　　服曰：辟天子六軍，故謂之三行。《史記·晉世家》集解。

## 僖二十九年

◎介葛盧聞牛鳴，曰："是生三犧，皆用之矣，其音云。"問之而信。

　　賈、服曰：言八律之音，聽禽獸之鳴，則知其嗜欲，死生可知。伯益明是術，故堯使掌朕虞，至周失其道。《周禮·秋官·夷隸》疏。

## 僖三十年

◎饗有昌歜。

　　服曰：昌歜，昌本之菹。《周禮·醢人》"朝事之籩"疏。

◎鹽虎形。

　　服曰：剋形。《周禮·醢人》"朝事之籩"疏。

◎東門襄仲將聘于周，遂初聘于晉。

　　賈、服義：賈、服解爲先聘晉，後聘周。本疏。

### 僖三十一年
◎猶三望，亦非禮也。

　　服曰：三望，分野星，國中山、川。《周禮·小宗伯》"兆五帝於四郊"疏。

　　賈、服義：賈逵、服虔以爲，三望，分野之星，國中山、川。本經疏。

### 僖三十三年
◎秦師輕而無禮。

　　服曰：無禮，謂過天子門不櫜甲束兵，而但免冑。本疏。

◎唯是脯資餼牽竭矣。

　　服曰：死曰餼。《禮記·聘義》"卿爲上賓"疏。

　　服義：服氏以爲腥曰餼。《儀禮·聘禮》"餼之以其禮"疏。

◎遂墨以葬文公。

　　服曰：非禮也。《史記·晉世家》集解。

◎文夫人斂而葬之鄖城之下。

　　服曰：鄖城，故鄖國之墟。《詩·鄭譜》疏。

◎作主，非禮也。

　　服曰：特祀于主，謂在寢烝嘗；禘於廟者，三年喪畢，遭烝嘗則行祭於廟焉。《儀禮·士虞·記》"明日以其班祔"節疏。

　　服曰：遭烝嘗乃于廟。《禮記·檀弓》疏。

　　賈、服義：賈、服以爲三年終禘，遭烝嘗則行祭禮。《周禮·邕人》"廟用脩"疏。

　　服義：杜、服皆以爲三年禘祭乃遷此廟。《禮記·檀弓下》"銘明旌也"疏。

## 卷　六

### 文元年
◎於是閏三月，非禮也。

　　服曰：周三月，夏正也。是歲距僖公五年辛亥歲三十年，閏餘十三，正月小雪，閏當在十一月，後不數。《玉燭寶典·孟冬》。

◎履端於始。

服曰：履，踐；端，極也。謂治曆必踐紀立正於元，始謂太極上元天統之始也。《玉燭寶典·正月》。

◎忍人也。

服曰：言忍爲不義。《史記·楚世家》集解。

◎能事諸乎？

服曰：若立職，子能事之？《史記·楚世家》集解。

◎能行大事乎？

服曰：謂弑君。《史記·楚世家》集解。

文二年

◎不登於明堂。

服曰：明堂，祖廟。《禮記·玉藻》"天子玉藻"疏、《通典》四十四。

賈、服義：《左氏》舊說及賈逵、盧植、蔡邕、服虔等皆以祖廟與明堂爲一。本疏。

◎故禹不先鯀，湯不先契，文武不先不窋。

服曰：周家祖后稷以配天，明不可先也，故言不先不窋。禹、湯，異代之王，故言不先鯀、契也。本疏。

文三年

◎取王官及郊。

服曰：皆晉地，不能有。《史記·秦本紀》集解。

◎舉人之周也。

服曰：周，備也。《史記·秦本紀》集解。

文四年

◎圍邧新城。

服曰：秦邑，新所作城也。《史記·晉世家》集解。

文五年

◎春，王使榮叔來含且賵。

賈、服曰：含賵當異人，今一人兼兩使，故書且譏之。本經。

◎忽諸。

　　服曰：諸，辭。《詩·柏舟》疏。

**文六年**

◎春，晉蒐于夷，舍二軍，使狐射姑將中軍，趙盾佐之；陽處父至自溫，改蒐于董，易中軍。

　　服曰：使射姑代先且居，趙盾代趙衰。箕鄭將上軍，林父佐也；先蔑將下軍，先都佐也。改蒐于董，趙盾將中軍，射姑奔狄，先克代佐中軍耳。本疏。

◎以子車氏之三子奄息、仲行、鍼虎爲殉。

　　服曰：子車，秦大夫氏也。殺人以葬，璿環其左右曰殉。《詩·秦風·黃鳥·序》疏。

◎爲之律度。

　　服曰：鳧氏爲鐘，各自計律，倍而半之。黃鐘之管長九寸，則黃鐘之鐘長二尺二寸半，餘鐘亦各自計律，倍而半之。本疏。

◎晉人以難，故欲立長君。

　　服曰：晉國數有患難。《史記·晉世家》集解。

◎難必紓矣。

　　服曰：紓，緩也。本疏。按：杜本作"抒"，《正義》曰服虔作"紓"。

◎辰嬴嬖於二君。

　　服曰：辰嬴，懷嬴也；二君，懷公、文公。《史記·晉世家》集解。

◎辰嬴賤，班在九人，其子何震之有？

　　服曰：班，次也。《史記·晉世家》集解。

**文七年**

◎將焉寘此？

　　服曰：此，大子。《史記·晉世家》集解。

**文八年**

◎晉侯使解揚。

　　服曰：解揚，晉大夫。《史記·晉世家》集解。

◎且復致公壻池之封。

　　服義：服虔以爲，致之于鄭。本疏。

### 文十一年

◎且言司城蕩意諸而復之。

　　服曰：反不書者，施而不德。本疏。

◎鄋瞞侵齊，遂伐我。

　　服曰：鄋瞞，長翟國名。《史記·魯世家》集解。

　　服曰：伐我不書，諱之。本疏。

◎富父終甥。

　　服曰：富父終甥，魯大夫也。《史記·魯世家》集解。

◎敗狄于鹹。

　　服曰：魯地也。《史記·魯世家》集解。

◎舂其喉。

　　服曰：舂，猶衝。《史記·魯世家》集解。按：杜本作"椿"。

◎埋其首於子駒之門，以命宣伯。

　　服曰：宣伯，叔孫得臣子喬如也。得臣獲喬如以名其子，使後世旌識其功。《史記·魯世家》集解。

◎初，宋武公之世。

　　服曰：武公，周平王時，在春秋前二十五年。《史記·魯世家》集解。

◎獲長狄緣斯。

　　服曰：不言所埋，埋其身首同處於戰地可知。本疏。

◎皇父之二子死焉。

　　服義：賈逵云，皇父與穀甥、牛父三子皆死。鄭衆以爲，穀甥、牛父二人死耳，皇父不死。馬融以爲，皇父之二子從父在軍，爲敵所殺，名不見者，方道二子死，故得勝之。如今毛本作"令"，似是也。皆死，誰殺緣斯？服虔云，殺緣斯者，未必三子之手，士卒獲之耳，下言宋公"以門賞耏班"，班爲皇父御而有賞，三子不見賞，疑皆死。賈君爲近之。本疏。

◎衛人獲其季弟簡如。

　　服曰：獲與喬如同時。《史記·魯世家》集解。

### 文十二年

◎取羈馬。

服曰：晉邑也。《史記·秦本紀》集解。

◎以從秦師于河曲。

服曰：河曲，晉地。《史記·秦本紀》集解。

### 文十三年

◎不如隨會能賤而有恥。

服曰：謂能處賤，且又知恥，言不可汙辱。本疏。

◎乃使魏壽餘偽以魏叛者。

服曰：晉之魏邑大夫。《史記·秦本紀》集解。

◎繞朝贈之以策。

服曰：繞朝以策書贈士會。本疏。

◎秋，七月，大室之屋壞。

服曰：太室，太廟太室之上屋也。《隋書·牛弘傳》。按：《禮記·明堂位》"季夏六月"疏引無"之上屋也"四字。

◎子家賦《載馳》之四章。

服曰：《載馳》五章屬《鄘風》。許夫人閔衛滅，戴公失國，欲馳驅而唁之，故作以自痛國小，力不能救。禮，婦人父母既没，不得寧兄弟。於是許人不嘉，故賦二章以喻思不遠也。許人尤之，遂賦三章以卒章，非許人不聽，遂賦四章，言我遂徃，無我有尤也。《詩·載馳·序》疏。

### 文十四年

◎公子商人驟施於國。

服曰：驟，數也。《詩·將仲子·釋文》。

◎冬，單伯如齊請子叔姬。

服曰：子殺身執，閔之，故言"子"，爲在室辭。本經疏。

### 文十五年

◎三月，宋華耦來盟，其官皆從之。書曰"宋司馬華孫"，貴之也。

服曰：華耦爲卿，侈而不度，以君命脩好結盟，舉其官屬從之。空官廢職，魯人不知其非，反尊貴之。本疏。

◎史佚有言。

服曰：史佚，周成王大史。《禮記·玉藻》"皮弁以日視朝"疏。

◎一人門于句鼆，一人門于戾丘，皆死。

服曰：魯國中小寇，非異國侵伐，故不書也。本疏。

## 文十六年

◎分爲二隊。

服曰：隊，部也。《文選》七司馬長卿《子虛賦》注。

◎襄夫人欲通之而不可。

服曰：襄夫人，周襄王之姊，王姬也；不可，鮑不肯也。《史記·宋世家》集解。

## 文十七年

◎齊侯伐我北鄙。

服義：服虔以爲，再來伐魯，西鄙書，北鄙不書，諱仍見伐。本經疏。

◎以蔵陳事

服曰：蔵，敕也。本疏。

◎鹿死不擇音

服曰：鹿得美草，呦呦相呼，至於困迫將死，不暇復擇善音，急之至也。本疏。

◎秋，周甘歜敗戎于邥垂。

服曰：邥垂，在高都南。《水經·伊水》注。

## 文十八年

◎叔仲不可。

服曰：叔仲，惠伯。《史記·魯世家》集解。

◎在九刑不忘。

服義：服虔云，正刑一，議刑八，即引《小司寇》八議：議親、故、賢、能、功、貴、勤、賓之辟。本疏。

◎蒼舒、隤敱、檮戭、大臨、尨降、庭堅、仲容、叔達。

服曰：八人，禹、垂之屬也。本疏。

◎天下之民謂之渾敦。

服義：服虔用《山海經》，以爲驩兜人面馬喙，渾敦亦獸名。本疏。

◎少皞氏有不才子。

服曰：金天氏，帝號。《史記·五帝本紀》集解。

◎蒐慝。

服義：服虔亦以蒐爲隱。本疏。

◎天下之民謂之窮奇。

服曰：謂共工氏也。其行窮而好奇。《史記·五帝本紀》集解。

◎天下之民謂之檮杌。

服義：服虔案，《神異經》云："檮杌狀似虎，毫長二尺，人面虎足，豬牙，尾長丈八尺，能鬥不退。"本經傳"天下之民謂之渾敦"疏。

◎縉雲氏有不才子。

服曰：夏官爲縉雲氏。本疏。

◎謂之饕餮。

服曰：饕餮，獸名，身如牛，人面，目在腋下，食人。本經傳"天下之民謂之渾敦"疏。

服曰：貪財爲饕，貪食爲餮。本疏。

◎以禦螭魅。

服曰：螭魅，人面獸身，四足，好惑人，山林異氣所生，以爲人害。《史記·五帝本紀》集解。

賈、服曰：螭，山神，獸形。或曰，如虎而噉虎。或曰，魅，人面獸身而四足，好惑人，山林異氣所生，爲人害。《周禮·神仕》"以冬日至"疏。

# 卷　七

### 宣元年

◎三月，遂以夫人婦姜至自齊。

服曰：古者一禮不備，貞女不從，故《詩》云："雖速我訟，亦不女從。"宣公既以喪娶，夫人從，亦非禮，故不稱氏，見略賤之也。本經疏。

◎秋，楚子侵陳，遂侵宋，晉趙盾帥師救陳、宋，會于北林。

服曰：趙盾既救陳，而楚師侵宋，趙盾欲救宋，而楚師解去。本經疏。

服曰：北林，鄭南地也。《水經·渠水》注。

### 宣二年

◎見叔牂，曰："子之馬然也。"對曰："非馬也，其人也。"既合而來奔。

服曰：賈逵云："叔牂，宋守門大夫。華元既見叔牂，牂謂華元曰：'子見獲於鄭者，是由子之馬使然也。'華元對曰：'非馬自奔也，其人爲之也。'謂羊斟驅入鄭也。奔，走也，言宋人贖我之事既和合，而我即來奔耳。"鄭衆云："叔牂即羊斟也，在先得歸。華元見叔牂，牂即誣之曰：'奔入鄭軍者，子之馬然也，非我也。'華元對曰：'非馬也，其人也。'言是女驅之耳。叔牂既與華元合語而即來奔魯。"又一説："叔牂，宋人，見宋以馬贖華元，謂元以贖得歸，謂元曰：'子之得來，當以馬贖故然。'華元曰：'非馬也，其人也。'言己不由馬贖，自以人事來耳。贖事既合，而我即來奔。"本疏。

◎于思于思。

服曰：白頭貌。《詩·鄘葉》疏。

◎宰夫胹熊蹯，不熟，殺之。

服曰：蹯熊掌，其肉難熟。《史記·晉世家》集解。

◎遂跣以下。

服曰：趙盾從跣而下走。本疏。按：杜本"跣"作"扶"，《釋文》、《正義》皆云服虔注作"跣"。

◎公嗾夫獒焉。

服曰：嗾，嗾也；夫，語辭；獒，犬名。公乃嗾夫獒，使之噬盾也。本疏。按：杜本"嗾"作"嗾"，《釋文》云，"嗾"，服本作"嗾"。

◎宦三年矣。

服曰：宦，官學士也。《史記·晉世家》集解。《禮記·曲禮上》"道德仁義"疏無"學士"二字。

◎不告而退。

服曰：不望報。《史記·晉世家》集解。

◎爲法受惡。

服曰：聞義則服。《史記·晉世家》集解。

◎初，麗姬之亂，詛無畜羣公子。

服曰：麗姬與獻公及諸大夫詛，無畜羣公子，欲令其二子專國。本疏。

◎以爲公族。

服曰：公族，大夫也。《史記·晉世家》集解。

◎冬，趙盾爲旄車之族。

服曰：旄車，戎車之倅。《詩·汾沮洳》疏。按：杜本作"旄"，服本蓋如此。

**宣三年**

◎楚子伐陸渾之戎，遂至於雒，觀兵于周疆。

　　服曰：陸渾戎在洛西南。觀兵，陳兵示周也。《史記·楚世家》集解。

◎定王使王孫滿勞楚子。

　　服曰：以郊勞禮迎之也。《史記·楚世家》集解。

◎貢金九牧。

　　服曰：使九州之牧貢金。《史記·楚世家》集解。

◎螭魅魍魎。

　　服曰：螭，山神，獸形；魅，怪物；魍魎，木石之怪。《周禮·神仕》疏。

◎文公報鄭子之妃。

　　服曰：鄭子，文公叔父子儀也。報，復也，淫親屬之妻曰報。漢律，淫季父之妻曰報。《詩·雄雉·序》疏。

**宣四年**

◎子公之食指動。

　　服曰：俗所謂嚔鹽指也。本疏。按：《史記·鄭世家》集解作"第二指"。

◎以貫笠轂。

　　服曰：笠轂，轂之蓋如笠，所以蔽轂上，以禦矢也。一曰車轂上鐵也。或曰兵車旁幔輪謂之笠轂。本疏。

**宣六年**

◎其在《周易》豐之離。

　　服曰：日中而昏也。《周易·豐卦·釋文》。按：袁鈞謂此處蓋脫上下文。

**宣十一年**

◎令尹蒍艾獵城沂。

　　服曰：艾獵，蒍賈之子，孫叔敖也。本疏。

**宣十二年**

◎韓厥爲司馬。

服曰：厥，韓萬玄孫。本疏。

◎觀釁而動。

服曰：釁，間也。《釋文》。

◎彘子曰。

服曰：食采於彘。本年傳"先穀佐之"疏。

◎在師之臨。

服曰：坎爲水，坤爲衆，又互體震，震爲雷。雷，鼓類，又爲長子。長子帥衆，鳴鼓巡水而行，行師之象也。臨、兌爲澤，坤爲地，居地而俯視於澤，臨下之義，故名爲臨。本經傳"知莊子曰"疏。

◎彘子尸之。

服義：服虔亦云，主此禍也。又引《易·師卦·六五》"長子帥師，弟子輿尸，凶"。本疏。

◎藍縷。

服曰：言其縷破藍藍然。本疏。

◎其君之戎，分爲二廣。

服曰：左右廣各十五乘。《周禮·大司馬·序官》疏。

◎廣有一卒，卒偏之兩。

服曰：百人爲卒，言廣有卒爲承也。五十人曰偏，二十五人曰兩，廣既有一卒爲承，承有偏，偏有兩，故曰卒偏之兩。《周禮·大司馬·序官》疏。

◎兩馬、掉鞅而還。

服曰：兩，飾也；掉，正也。本疏。

◎射麋麗龜。

服曰：龜背之隆，高當心。本疏。

◎魏錡。

服義：服虔亦以爲犫子。本疏。

◎使軘車逆之。

服曰：軘車，屯守之車。本疏。

◎楚人惎之脱扃。

服曰：扃，横木，有横木投於輪間。一曰扃，車前横木。本疏。按：《釋文》文字與此小異。

◎每射抽矢菆。

服曰：菆，好箭。《儀禮·既夕·記》"御以蒲菆"疏。

◎非子之求而蒲之愛。

服曰：蒲，楊柳，可以爲箭。《儀禮·既夕·記》"御以蒲菆"疏。

◎是役也，鄭石制實入楚師。

服曰：入楚師，使楚師來入鄭。本疏。

### 宣十四年

◎冬，公孫歸父會齊侯于穀。

服曰：歸父，襄仲之子。《史記·魯世家》集解。

### 宣十五年

◎登諸樓車。

服曰：樓車，所以窺望敵軍，兵法所謂雲梯者。《史記·鄭世家》集解。

◎有死無隕。

服曰：隕，墜也。《史記·鄭世家》集解。按：杜本作"霣"，服本蓋如此。

◎子反懼，與之盟。

服曰：與華元私盟，許爲退師，若孟任割臂與魯莊公盟。本疏。

◎奪黎氏地三也。

服曰：黎，侯之國。《詩·旄丘·序》疏。

◎故文反正爲乏。

服曰：言人反正者，皆乏絕之道也。本疏。

### 宣十六年

◎夏，成周宣榭火。

服曰：宣揚威武之處。本經疏。

### 宣十八年

◎欲去三桓

服曰：三桓，魯桓公之族，仲孫、叔孫、季孫。《史記·魯世家》集解。

◎使我殺適立庶，以失大援者，仲也夫。

服曰：援，助也。仲殺適立庶，國政無常，鄰國非之，是失大援助也。《史記·魯世家》集解。

# 卷 八

### 成元年

◎故作丘甲。

　　服義：服注引《司馬法》云："四邑爲丘,有戎馬一匹、牛三頭,是曰匹馬丘牛。四丘爲甸,甸六十四井,出長轂一乘、馬四匹、牛十二頭、甲士三人、步卒七十二人,戈楯具備,謂之乘馬。"《詩·信南山》疏。

### 成二年

◎師陳于鞌。

　　服曰：鞌,齊地名也。《史記·齊世家》集解。

◎韓厥執縶,馬前再拜稽首,奉觴加璧以進。

　　服義：服虔引《司馬法》："其有殞命以行禮,如會所用儀也。若殞命,則左結旗,司馬授飲,右持苞壺,左承飲以進。"本疏。

◎必以蕭同叔子爲質,而使齊之封內盡東其畝。

　　服曰：欲令齊隴畝東行。《史記·齊世家》集解。

◎五伯之霸也。

　　服曰：五伯謂夏伯昆吾、商伯大彭、豕韋、周伯齊桓、晉文也。《詩譜·序》"五霸之末"疏。

◎若苟有以藉口,而復於寡君。

　　服曰：今河南俗語,治生求利,少有所得,皆言可用藉手矣。本疏。

◎織絍。

　　服曰：織絍,治繒帛者。《詩·采蘋·序》疏。

### 成五年

◎故宣伯譖諸穀。

　　服曰：宣伯,叔孫喬如也。《史記·魯世家》集解。

### 成六年

◎二月,季文子以鞌之功,立武宮。

服曰：鞌之戰，禱武公以求勝，故立其宮。本疏。
◎沃饒而近鹽。
　　服曰：土平有溉曰沃；鹽，鹽池也。《水經·涑水》注。
◎子之佐十一人。
　　服曰：是時，欒書將中軍，荀首佐之；荀庚將上軍，士燮佐之；郤錡將下軍，趙同佐之；韓厥將新中軍，趙括佐之；鞏朔將新上軍，韓穿佐之；荀騅將新下軍，趙旃佐之。本疏。

### 成七年
◎使爲行人於吳。
　　服曰：行人，掌國賓客之禮籍，以待四方之使，賓大客，受小客之幣辭。《史記·吳世家》集解。

### 成八年
◎夏，宋公使公孫壽來納幣。
　　服曰：不稱主人，母命不通，故稱使。婦人無外事。《儀禮·士昏·記》"宗人無父"疏。
◎武從姬氏畜于公宮。
　　賈、服義：賈、服、先儒皆以爲成公之女。本疏。

### 成九年
◎夏，季文子如宋致女。
　　服曰：謂成昏。《禮記·曾子問》"三月而廟見"疏。

### 成十年
◎晉侯夢大厲被髮。
　　服義：服虔又以爲公明之鬼。本疏。
◎肓之上，膏之下。
　　賈、服義：賈、服、何休諸儒等亦皆以爲，膏雖凝者爲脂，釋者爲膏，其實凝者亦曰膏，故《内則》云"小切狼臅膏"。本疏。

### 成十一年

◎却犨來聘。

　　服義：服虔以爲却克從祖昆弟。本疏。

### 成十三年

◎寡人不佞。

　　服曰：佞，才也。不才者，自謙之辭也。本疏。

◎使公子欣時逆曹伯之喪。

　　賈、服義：賈、服以爲，廬之庶子。《公羊》昭二十年疏。

### 成十五年

◎左師、二司寇、二宰遂出奔楚。

　　服曰：魚石，卿，故書。本疏。

### 成十六年

◎今楚內棄其民而外絕其好，瀆齊盟而食話言，奸時以動，而疲民以逞。

　　服義：服虔以外絕其好爲刑不正邪也，食話言爲義不建利也，疲民以逞爲信不守物也。本疏。

◎六月，晉、楚遇於鄢陵。

　　服曰：鄢陵，鄭之東南地也。《史記·晉世家》集解。

◎皆曰："國士在，且厚，不可當也。"

　　服曰：賁皇、州犁皆言曰，晉、楚之士皆在君側，且陳厚，不可當。本疏。

◎其卦遇復。

　　服曰：復，反也。陰盛於上，陽動於下，以喻小人作亂於上，聖人興道於下，萬物復萌，制度復理。本疏。

◎射其元王。

　　服義：服虔以爲，陽氣觸地射出，爲射之象。本疏。

◎有淖於前。

　　服曰：淖，下澤洿泥也。《玉燭寶典·仲夏》。

◎有韎韋之跗注。

賈、服曰：跗謂足跗；注，屬也。袴而屬於跗。《周禮·司服》"凡兵事韋弁服"疏。

◎察夷傷。

　　服曰：金創爲夷。本疏。

◎子叔聲伯使叔孫豹請逆于晉師。

　　服義：服虔以爲，叔孫豹先在齊矣。此時從國佐在師，聲伯令人就齊師使豹，豹不忘宗國，聞白國佐，爲魯請逆。本疏。

◎宋、齊、衛皆失軍。

　　服義：服虔以失軍爲失其君糧。本疏。


### 成十七年

◎懼不敢占也。

　　服曰：聲伯惡瓊瑰贈死之物，故畏而不言。《詩·渭陽》疏。


### 成十八年

◎司士屬焉。

　　服義：服虔以爲，司士，主右之官。本疏。


# 卷　九

### 襄元年

◎敗其徒兵於洧上。

　　服曰：洧，水名。《史記·鄭世家》集解。


### 襄二年

◎齊侯伐萊。

　　服義：虔以爲，東萊黃縣是。《史記·夏本紀》索隱。


### 襄三年

◎組甲三百，被練三千。

　　服曰：以組綴甲。《初學記》二十二。

◎建一官而三物成。

服曰：所舉三賢，各能成其職事。本疏。

◎事君不辟難。

　　服曰：謂敢斬揚干之僕，是不辟獲死之難。本疏。

◎使佐新軍。

　　服曰：於是魏頡卒矣。使趙武將新軍，代魏頡，升魏絳佐新軍，代趙武也。本疏。

### 襄四年

◎武不可重。

　　服曰：重，猶大也，言武事不可大任。本疏。

◎戎狄荐居。

　　服曰：荐，草也，言狄人逐水草而居，徙無常處。本疏。

### 襄六年

◎子罕善之如初。

　　服曰：言子罕不阿同族，亦逐樂轡以正國法，忠之至也。及樂轡射其門，畏從華弱之罰，復善樂轡如初，是爲茹柔吐剛，喪其志矣。傳故舉之。明《春秋》之義，善惡俱見。本疏。

### 襄九年

◎使皇鄖命校正出馬。

　　服曰：皇鄖，皇父戎石之後，十世東鄉爲人之子，大司馬椒也。本疏。

◎閼伯居商丘。

　　服曰：商丘，地名。《詩·商頌譜》疏。

◎相土因之，故商主大火。

　　服曰：相土，契之孫。因之者，代閼伯之後居商丘，湯以爲號。《詩·商頌譜》疏。

　　服曰：相土居商丘，故湯以爲國號。本疏。

◎弃位而姣。

　　服義：服虔讀姣爲"放效"之效，言效小人爲淫。本疏。

◎肆眚圍鄭。

　　服義：服虔以爲放鄭囚。本疏。

◎次于陰口而還。

服曰：水南曰陰；口者，水口也。《水經·淯水》注。

◎冠而生子禮也。

賈服義：賈、服説皆以爲，人君禮十二而冠也。《宋書·禮書一》。

◎以先君之祧處之。

服曰：祧謂曾祖之廟也。下"今寡君在行"疏。

◎且要盟無質，神弗臨也。

服曰：質，誠也。無忠誠之信，故神弗臨也。本疏。

### 襄十年

◎會吳子壽夢也。

服曰：壽夢，發聲。吳蠻夷，言多發聲，數語共成一言。壽夢一言也。經言乘，傳言壽夢，欲使學者知之也。本疏。

◎郰人紇抉之以出。

服曰：抉，撅也，謂以木撅抉縣門使舉，令下容人出也。本疏。

◎親受矢石。

服義：服虔云，古者以石爲箭鏑，引《國語》"有隼集於陳侯之庭，楛矢貫之石砮"。本疏。

◎秋，七月，楚子囊、鄭子耳伐我西鄙、

服曰：不書，諱從晉不能服鄭，旋復爲楚、鄭所伐，恥而諱之也。本疏。

◎爲載書，以位序，聽政辟。

服曰：鄭舊世卿，父死子代，今子孔欲擅改之，使以次，先爲士、大夫，乃至卿也。本疏。

### 襄十一年

◎十二國之祖。

服曰：晉主盟，不自數。本疏。

◎鄭人賂晉侯以師悝、師觸、師蠲。

服曰：三師，鐘師、鎛師、磬師。謂悝能鐘，觸能鎛，蠲能磬也。本疏。

◎八年之中，九合諸侯。

服曰：八年，從四年以來至十一年也。九合諸侯者，五年會于戚，一也；其年又會于城棣救陳，二也；七年會于鄬，三也；八年會于邢丘，四也；九年盟于戲，五也；十年會于柤，六也；又戍鄭虎牢，七也；十一年同盟于亳城北，八也；又會于蕭魚，九也。本疏。按：《史記·晉世家》集解引文與此大同小異。

◎平平左右。

服曰：平平，辨治不絕之貌。《采菽》疏。按"平平"，杜本作"便蕃"，服本蓋如此。

### 襄十三年

◎不猶愈乎？

服曰：愈，猶病愈。本疏。

### 襄十四年

◎曹宣公之卒也，諸侯與曹人不義曹君，將立子臧。

服曰：宣公，曹伯廬也，以魯成公十三年會晉侯伐秦，卒於師。曹君，公子負芻也，負芻在國，聞宣公卒，殺太子而自立，故曰不義之也。子臧，負芻庶兄。《史記·吳世家》集解。

◎穆子賦《匏有苦葉》。

服曰：由膝以上爲厲。《詩·匏有苦葉》"深則厲"疏。

◎不獲成焉。

服曰：不得成戰陳之事。本疏。

◎衛獻公戒孫文子、甯惠子食，皆服而朝。日旰不召，而射鴻於囿，二子從之。

服曰：孫文子，林父也；甯惠子，甯殖也。敕戒二子，欲共晏食，皆服朝衣待命。旰，晏也。從公於囿。《史記·衛世家》集解。

◎孫文子如戚。

服曰：孫文子邑也。《史記·衛世家》集解。

◎鄄人執之。

服曰：執追公徒者。公如鄄，故鄄人爲公執之。本疏。

◎射兩軥而還。

服曰：軥，車軛也，兩軥，叉馬頸者。《詩·戎》疏。

服曰：車軛，兩邊叉馬頸者。本疏。

◎王室之不懷，緊伯舅是賴。

服曰：懷，柔也；緊，蒙也；賴，恃也；王室之不懷柔諸侯，恃蒙齊桓之匡正也。

本疏。按：杜本"懷"作"壞"。《正義》《釋文》並云服本作"懷"。《正義》又云，孫毓云，案舊本及賈氏皆作"壞"，則賈本與杜同也。

◎《詩》曰："行歸于周，萬民所望。"

　　服曰：逸詩也，《都人士》首章有之。《詩·都人士》疏。


### 襄十五年

◎屈蕩爲連尹。

　　服曰：連尹，射官，言射相連屬也。本疏。

◎富而後使復其所。

　　服曰：富，賣玉得富。《周禮·大宰》"以九職任萬民"疏。


### 襄十六年

◎戊寅，大夫盟。

　　賈、服義：賈、服取《公羊》《穀梁》以爲説。本疏。


### 襄十七年

◎齊侯使夙沙衛唁之。

　　服曰：弔生曰唁。《詩·節南山·釋文》、《節南山》疏、《載馳》疏。

◎抑君賜不終。

　　服曰：言君義己，故來唁之，是惠賜也。謂己無死，不以義望己，是不終也。本疏。

◎不如蓋之。

　　服曰：蓋，覆蓋之。言左師無鷹鸇之志，而蓋不義之人，故尤之。本疏。

◎左師爲己短策。

　　服曰：策，馬捶也。本疏。

◎皋門之晳。

　　服曰：皋，澤也。《文選》八司馬長卿《上林賦》注。按：杜本作"澤門"，《釋文》云"本或作皋門"，服本蓋然。

◎齊晏桓子卒，晏嬰麤縗斬，苴絰、帶、杖，菅履，食鬻，居倚廬，寢苫枕草。其老曰，非大夫之禮也。曰，唯卿爲大夫。

　　服義：服虔注《左傳》，與"端衰喪車無等"、其老之問、晏子之答，皆爲非禮。《禮記·雜記上》"大夫爲其父母"疏。

### 襄十八年

◎吾驟歌北風，又歌南風，南風不競多死聲。

　　服曰：卯西以北，律吕爲北風，以南爲南風，南風律氣不至，故聲多死。本疏。

　　服曰：北風，無射、夾鍾以北；南風，沽洗以南。《周禮·保章氏》"以十有二風"疏。

### 襄十九年

◎取邾田自漷水，歸之于我。

　　賈、服曰：刺晉偏而魯貪。本疏。

◎光之立也，列於諸侯矣。

　　服曰：數從諸侯征伐盟會。《史記·齊世家》集解。

◎婦人無刑。

　　服曰：婦人，從人者也，故不爲制刑。及犯惡，從男子之刑也。本疏。

◎見衛在城上，號之，乃下。問守備焉。以無備告，揖之，乃登。

　　服義：服虔引彭仲博云："齊欲誅衛，呼而下，與之言，固可取之，無爲揖之復令登城。仲博以爲，齊侯號衛，衛憖而下。云問守備焉，問衛之守高唐者。衛無恩信，故令守者以無備告。齊侯善其言，故揖之，乃命士卒登城。"服虔謂此説近之。本疏。

◎孔成子。

　　服曰：衛卿孔烝鉏。《史記·衛世家》集解。

### 襄二十一年

◎子盍詰盜。

　　服義：鄭玄、服虔皆以"盍"爲"何不"也。本疏。

### 襄二十二年

◎春，臧武仲如晉。

　　服曰：武仲非卿，故不書。本疏。

◎若不恤其患而以爲口實。

　　服曰：口實謂讓譴也。本疏。

### 襄二十三年

◎八月，叔孫豹帥師救晉，次于雍榆。

賈、服義：賈、服取《公羊》以爲説。僖元年經"齊師、宋師、曹師次于聶北，救邢"疏。

◎禮，爲鄰國闕。

服曰：鄰國尚爲之闕樂，況舅甥之親乎？《儀禮·聘禮》"赴者至則衰而出"疏。

◎君子謂，慶氏不義，不可肆也。

服義：服虔以爲，傳發此言，爲不書慶氏以陳叛，爲楚所圍，稱國以殺，不成惡人，肆其志也。本疏。

◎樂魴傷。

服曰：魴，盈之子。本疏。

◎啓：牢成御襄罷師，狼蘧疏爲右；胠：商子車御侯朝，桓跳爲右；大殿：商子游御夏之御，寇崔如爲右。

服義：服虔引《司馬法·謀帥篇》曰："大前驅啓，乘車大晨，倅車屬焉。"大晨，大殿也，音相似。本疏。

◎張武軍於熒庭。

服曰：張，設旗鼓也。本疏。

◎趙勝帥東陽之師以追之。

服義：服虔以東陽爲魯邑。本疏。

◎孟孫之惡我藥石也。

服曰：石，砭石也。《南史·王僧孺傳》。

◎夫石猶生我。

服曰：夫謂孟孫也。本疏。

◎毋或如東門遂，不聽公命。

服曰：東門遂，襄仲也。居東門，故稱東門遂。《史記·魯世家》集解。

◎猶有先人之敝廬在下。

服義：服虔以"下"從上讀。本疏。

◎作不順而施不恕也。

服曰：不順，謂阿季氏廢長立少也；不恕，謂惡孟氏立庶也。本疏。

### 襄二十四年

◎大上有立德。

服義：服以伏羲、神農當之。本疏。

◎其次有立功。

　　服義：服以禹、稷當之。本疏。

◎其次有立言。

　　服義：服以史佚、周任、臧文仲當之。本疏。

◎象有齒以焚其身。

　　服曰：焚讀曰僨，僨，僵也，爲生齒牙，僵仆其身。本疏。

◎部婁無松柏。

　　服曰：喻小國無賢材知勇之人，而與大國等也。本疏。

**襄二十五年**

◎史皆曰吉。

　　服曰："皆"二卦。本疏。

◎乃爲崔子間公。

　　服曰：伺公間隙。《史記·齊世家》集解。

◎公拊楹而歌。

　　服曰：公以爲姜氏不知己在外，故歌以命之也。一曰：公自知欺，恐不得出，故歌以自悔。《史記·齊世家》集解。

◎不能聽命。

　　服曰：言不能親聽公命。《史記·齊世家》集解。

◎近於公宮。

　　服曰：崔杼之宮近公宮，淫者或詐稱公。《史記·齊世家》集解。

◎陪臣干掫有淫者。

　　服曰：一曰干，扞也；掫，謀也。言受崔子命，扞禦謀淫之人。本疏。

◎故君爲社稷死則死之，爲社稷亡則亡之。

　　服曰：謂以公義爲社稷死亡也。如是者，臣亦隨之死亡。《史記·齊世家》集解。

◎若爲己死而爲己亡，非其私暱，誰敢任之。

　　服曰：言君自以己之私欲取死亡之禍，則私近之臣所當任也。《史記·齊世家》集解。

◎舍之得民。

　　服曰：置之所以得人心。《史記·齊世家》集解。

◎執簡以往。

服曰：古文篆書一簡八字。《儀禮·聘禮·記》"若有故"疏。

◎下車七乘。

　　　服曰：下車，遣車也。本疏。

　　　服曰：上公饗餼九牢，遣車九乘。《禮記·檀弓下》"君之適長殤"疏。

◎當陳隧者，井堙木刊。

　　　服曰：堙，塞；刊，削也。《詩·泮水》疏。

◎祝祓社，司徒致民，司馬致節，司空致地。

　　　服義：服虔以爲，祝與司徒皆是陳人，各致其所主於子產。本疏。

◎武也知楚令尹。

　　　服義：服以令尹爲屈建。本疏。

## 襄二十六年

◎辛卯，殺子叔及大子角。

　　　服曰：殺大子角不書，舉重者。本疏。

◎專祿以周旋。

　　　服曰：專祿，謂以戚叛也。既叛衛，亦不臣於晉，自謂若小國，是爲專祿。本疏。

◎先八邑。

　　　服曰：四井爲邑。《史記·鄭世家》集解。

◎取衛西鄙懿氏六十以與孫氏。

　　　服曰：六十邑。本疏。

◎晉侯賦《嘉樂》。

　　　服曰：晉侯自《嘉樂》，愚之甚也。本疏。

◎寺人惠牆伊戾爲大子内師而無寵。

　　　服曰："惠伊"皆發聲，實爲牆戾。本疏。

◎夫不惡女乎？

　　　服曰：夫謂大子。襄二十三年傳"夫石猶生我"疏。

◎以登其城，克而取之。

　　　服曰：取魯高魚及反之，皆不書，蓋諱之。本疏。

## 襄二十七年

◎公喪之，如稅服終身。

服曰：衰麻已除，日月已過，乃聞喪而服，是爲稅服。稅服，服之輕者。本疏。
◎仲尼使舉是禮也，以爲多文辭。
　　服曰：以其多文辭，故特舉而用之。後世謂之孔氏聘辭，以孔氏有其辭，故傳不復載也。本疏。
◎伯夙謂趙孟。
　　服曰：伯夙，晉大夫。本疏。
◎故不書其族，言違命也。
　　服曰：叔孫欲尊魯國，不爲人私，雖以違命見貶，其於尊國之義得之。本疏。
◎趙孟爲客。
　　服曰：楚李貽德云疑"燕"字之誤，似是。君恆以大夫爲賓者，大夫卑，雖尊之，猶遠君也。楚先歃，爲盟主，故尊趙孟爲客。本疏。
◎宜其光輔五君以爲盟主也。
　　服曰：文公爲戎右，襄、靈爲大夫，成公爲卿，景公爲大傅也。本疏。
◎狀第之言。
　　服曰：簀謂之第。《史記·禮書》集解。
◎請免死之邑。
　　服曰：向戌自以止兵，民不戰鬭，自矜其功，故求免死之賞也。本疏。
◎以誣道弊諸侯。
　　服曰：弊，踣也。一曰，罷也。本疏。按：杜本作"蔽"，《釋文》云，服虔、王肅、董遇並作"弊"。《正義》云，服本作"弊"，王、董本皆作"蔽"。兩書所言不合，盧文弨以《釋文》爲誤。

### 襄二十八年

◎歲在星紀，而淫於玄枵，以有時菑，陰不堪陽。
　　服曰：歲爲陽，玄枵爲陰，歲乘陰，進至玄枵，陰不勝陽，故温無冰。本疏。
◎楚不幾十年，未能恤諸侯也。
　　服曰：此行也，楚康王卒，至昭四年楚靈王合諸侯于申，距今八年，故曰"不幾十年"。本疏。
◎舍不爲壇。
　　服曰：除地爲壇。本疏。按："壇"，杜本作"壇"，《正義》云，服虔本作"墠"。
◎與慶舍政。
　　服曰：舍，慶封之子也。生傳其職政與子。《史記·齊世家》集解。

◎吳句餘予之朱方。

　　服義：服虔以句餘爲餘祭。本疏。

### 襄二十九年

◎祇見疏也。

　　服曰：祇，適也。本疏。

◎榮成伯賦《式微》。

　　服曰：言君用中國之道微。《詩·式微》疏。

◎先君若有知也，不尚取之。

　　服曰：不尚，尚也，尚當取女叔侯殺之。本疏。

◎毋寧夫人，而焉用老臣？

　　服曰：毋寧，寧也，寧自取夫人，將焉用老臣乎？上文"先君若有知也"疏。

◎請觀於周樂。

　　服曰：周樂，魯所受四代之樂也。《史記·吳世家》集解。

◎猶未也。

　　服曰：未有《雅》、《頌》之成功。《詩·關雎·序》"周南召南正始之道"疏。

◎爲之歌《邶》、《鄘》、《衛》。

　　服曰：鄘在紂都之西。《詩·邶鄘衛譜》疏。

◎爲之歌《王》。

　　服曰：王室當在《雅》，衰微而列在《風》，故國人猶尊之，故稱《王》，猶《春秋》之王人也。《史記·吳世家》集解。

　　服曰：尊之猶稱《王》，猶《春秋》之王人稱王，而列於諸侯之上，在《風》則卑矣已。《詩·王城譜》疏。

◎其周之東乎？

　　服曰：平王東遷雒邑。《史記·吳世家》集解。

◎爲之歌鄭。

　　服曰：鄭，東鄭，古鄶國之地。《詩·鄭譜》疏。

◎美哉，其細已甚，民弗堪也，是其先亡乎？

　　服曰：其風細弱已甚，擂於大國之間，無遠慮持久之風，故曰民不堪，將先亡也。《史記·吳世家》集解。

◎泱泱乎大風也哉！

服曰：泱泱，舒緩深遠，有大和之意。其詩風刺，辭約而義微，體疏而不切，故曰大風。《史記·吳世家》集解。

◎國未可量也。

服曰：國之興衰世數，長短未可量也。《史記·吳世家》集解。

◎爲之歌《秦》，曰："此之謂夏聲。"

服曰：秦仲始有車馬禮樂之好、侍御之臣、戎車四牡、田狩之事。其孫襄公列爲秦伯，故"蒹葭蒼蒼"之歌，《終南》之詩，追錄先人；《車鄰》、《駟驖》、《小戎》之歌，與諸夏同風，故曰夏聲。《詩·秦譜》疏。

◎自《鄶》以下，無譏焉。

服曰：鄶是陸終第四子求言後。《詩·檜譜》疏。

服曰：《鄶》以下，及《曹風》也，其國小，無所刺譏。《史記·吳世家》集解。

◎爲之歌《小雅》。

服曰：自《鹿鳴》至《菁菁者莪》，道文、武脩小政，定大亂，致太平，樂且有儀，是爲正小雅。《詩·小大雅譜》疏。

◎美哉！思而不貳，怨而不言，其周德之衰乎！

服義：服虔以爲，此歎變《小雅》也。其意言思上世之明聖，而不貳於當時之王，怨當時之政，而不有背叛之志也。其周德之衰微乎，疑其幽、厲之政也。本疏。

◎爲之歌《大雅》。

服曰：陳文王之德、武王之功，自《文王》以下至《鳧鷖》，是爲正《大雅》。《詩·小大雅譜》疏。

◎爲之歌《頌》。

服曰：哀公十一年，孔子自衛反魯，然後樂正，《雅》、《頌》各得其所。距此六十二歲，當時《雅》、《頌》未定，而云爲之歌《小雅》、《大雅》、《頌》者，傳家據已定錄之。《詩譜·序》"本之由此風雅而來"疏。按：《周禮·大師》"教六詩"，賈疏引先鄭《左傳》之注，全同於此文，而與其《周禮》注乖違尤甚，故爲調停之言，云先鄭蓋兩解。若然，則服氏取先鄭一解以爲已說也。然未聞有先鄭注《左傳》之事。疑賈疏誤引服氏以爲先鄭與？

◎遷而不淫。

服曰：遷，徙也。文王徙酆，武王居鎬。《史記·吳世家》集解。

◎見舞《象箾》、《南籥》者。

服曰：《象》，文王之樂舞《象》也；《箾》，舞曲名，言天下樂，削去無道。《詩·維清·序》疏。

◎美哉猶有憾。

　　服曰：憾，恨也。恨不及己以伐紂而致太平。《史記·吳世家》集解。

◎聖人之弘也，而猶有慙德。聖人之難也。

　　服曰：慙於始伐而無聖佐，故曰"聖人之難也"。《史記·吳世家》集解。

◎美哉勤而不德。

　　服曰：禹勤其身，以治水土也。《史記·吳世家》集解。

◎見舞《韶箾》者。

　　服曰：有虞氏之樂《大韶》也。《史記·吳世家》集解。

◎德至哉，大矣。

　　服曰：至，帝王之道，極於《韶》也。盡美盡善也。《史記·吳世家》集解。

◎若有他樂，吾不敢請已。

　　服曰：周用六代之樂，堯曰《咸池》，黃帝曰《雲門》。魯受四代，下周二等，故不舞其二。季札知之，故曰"有他樂，吾不敢請"。《史記·吳世家》集解。

◎其出聘也，通嗣君也。

　　賈、服義：賈逵、服虔皆以為，夷末新即位，使來通聘。本疏。

◎子速納邑與政。

　　服曰：入邑與政職於公，不與國家之事。《史記·吳世家》集解。

◎慎之以禮。

　　服曰：禮，所以經國家，利社稷也。《史記·吳世家》集解。

◎聞鐘聲焉。

　　服曰：孫文子鼓鐘作樂也。《史記·吳世家》集解。

◎辯而不德，必加於戮。

　　服曰：辯若鬭辯也。夫以辯爭，不以德居之，必加於刑戮也。《史記·吳世家》集解。

◎文子聞之，終身不聽琴瑟。

　　服曰：聞義而改也。琴瑟不聽，況于鐘鼓乎？《史記·吳世家》集解。

◎晉國其萃於三族乎？

　　服曰：言晉國之祚將集於三家。《史記·吳世家》集解。

◎吾子好直。

　　服曰：直，不能曲橈以從衆。《史記·吳世家》集解。

### 襄三十年

◎吏走問諸朝。

　　服曰：吏不知歷數，故走問於卿大夫。本疏。

◎而廢其輿尉。

　　服曰：輿尉，軍尉，主發衆使民。本疏。

◎鳥鳴于亳社。

　　服曰：殷，宋之祖也，故鳴其社。伯姬，魯女，欲使魯往悟伯姬也。本疏。

◎甲午，宋大災。

　　服曰：不書大，非災及人。伯姬坐而待之耳。本疏。

◎大夫放。

　　服曰：淫，放也。《釋文》。按：杜本作"大夫敎"，孔疏云："大夫敎，言大夫驕敎也。服虔云"言大夫淫放"，則服本爲"大夫放"矣。

### 襄三十一年

◎立胡女敬歸之子子野。

　　服曰：胡，歸姓之國也。《史記·魯世家》集解。

◎齊歸之子。

　　服曰：齊，謚也。《史記·魯世家》集解。

◎無則立長。

　　服曰：無母弟，則立庶子之長。《史記·魯世家》集解。

◎於是昭公十九年矣，猶有童心。

　　服曰：言無成人之志，而有童子之心。《史記·魯世家》集解。

◎以贏諸侯。

　　賈、服義：賈、服皆讀爲盈。本疏。

◎延州來季子，其果立乎？

　　服曰：延，延陵也；州來，邑名。季子讓王位，升延陵爲大夫，食邑州來，傳家通言之。本疏。

◎令尹以君矣。

　　服曰：言令尹動作以君儀，故云"以君矣"。本疏。

◎仲尼聞是語也。

服虔載賈逵語云："是歲，孟僖子卒，屬其子使事仲尼，仲尼時年三十五。"本疏。

# 卷　十

### 昭元年

◎告於莊、共之廟而來。

　　服曰：莊謂楚莊王，圍之祖；共王，圍之父。《儀禮·聘禮》"厥明賓朝服"疏。

◎楚公子圍設服離衛。

　　服曰：二人執戈在前，在國居君離宮，陳衛在門。本疏。

◎蒲宮有前，不亦可乎？

　　服曰：蒲宮，楚君離宮；言令尹在國已居君之宮，出有前戈，不亦可乎？本疏。

◎吾代二子憨矣。

　　服曰：憨，憂也。代伯州犂憂公子圍，代子羽憂子晳。本疏。

◎周有徐、奄。

　　服曰：一曰魯公所伐徐戎也。本疏。

◎吾與子弁冕端委。

　　服曰：禮，衣端正無殺，故曰端；文德之衣尚褒長，故曰委。本疏。

◎終事八反。

　　服義：服虔以爲，每於十里置車一乘，千里百乘，以次相授。車率皆日行一百六十里。本疏。

◎兩於前，伍於後，專爲右角，參爲左角，偏爲前拒。

　　服義：服虔引《司馬法》云："五十乘爲兩，百二十乘爲伍，八十一乘爲專，二十九乘爲參，二十五乘爲偏。"本疏。

◎遷閼伯于商丘，主辰。

　　服曰：辰，大火。主，祀也。《史記·鄭世家》集解。

◎商人是因，故辰爲商星。

　　服曰：商人，契之先，湯之始祖相土封閼伯之故地，因其故國而代之。《史記·鄭世家》集解。

◎遷實沈于大夏，主參。

　　服曰：大夏在汾、澮之間，主祀參星。《史記·鄭世家》集解。

◎唐人是因，以服事夏商。

服義：服虔以唐人即是劉累。本疏。
◎其季世曰唐叔虞。
　　服義：服虔以爲，唐叔虞即下句"邑姜所生"者也。本疏。
◎當武王邑姜，方震大叔。
　　服曰：邑姜，武王后，齊太公女。《史記·晉世家》集解。
◎夢帝謂己。
　　服曰：己，武王也。本疏。
◎昔金天氏有裔子曰昧，爲玄冥師，生允格、臺駘。
　　服曰：金天，少皞也。玄冥，水官也。師，長也。昧爲水官之長。允格、臺駘，兄弟也。《史記·鄭世家》集解。
◎臺駘能業其官。
　　服曰：脩昧之職。《史記·鄭世家》集解。
◎宣汾、洮，障大澤，以處大原。
　　服曰：陂障其水也。大原，汾水名。《史記·鄭世家》集解。
◎帝用嘉之，封諸汾川。
　　服曰：帝，顓頊也。《史記·鄭世家》集解。
◎山川之神則水旱癘疫之災，於是乎禜之。
　　服曰：禜爲營，攢用幣也。若有旱，則禜祭山川之神，以祈福也。《史記·鄭世家》集解。
◎勿使有所壅閉湫底。
　　服曰：湫，著也；底，止也。《釋文》、本疏。
◎煩手淫聲。
　　服曰：鄭重其手而音淫過。《公羊·莊十七年》傳疏。
◎天有六氣。
　　服曰：六氣者，陰、陽、風、雨、晦、明也。陰作土，陽與風作木，雨作金，晦作水，明作火，唯天陽不變。《五行大義》四。
　　賈、服曰：風，東方；雨，西方；陰，中央；晦，北方；明，南方；唯天陽不變。《詩·漸漸之石》疏。
◎伍舉問應爲後之辭焉。
　　服曰：問來赴者。《史記·楚世家》集解。
◎將會孟、子餘。

服義：服虔以孟爲趙盾，子餘爲趙衰。本疏。

◎甲辰朔，烝于溫。

服曰：甲辰朔，夏十一月朔也。本疏。

服曰：祭人君用孟月，人臣用仲月。《禮記·王制》"天子社稷皆大牢"疏。

### 昭二年

◎宣子響之。

服曰：響，游也。宣子游其樹下。夏諺曰："一游一響，爲諸侯度。"本疏。

◎晉侯謂之少齊。

服曰：所以寵異，不與齊衆女字等，言齊國如此好女甚少。本疏。

◎晉侯使郊勞。

服曰：近郊三十里。《詩·駉》疏。

### 昭三年

◎火中，寒暑乃退。

服曰：火，大火，心也。季冬十二月平旦正中在南方，大寒退；季夏六月黃昏火星中，大暑退。《詩·七月》疏。

◎焜燿寡人之望。

服曰：焜，明也；燿，照也。《釋文》、本疏。

◎三老凍餒。

服曰：三老者，工老、商老、農老也。《釋文》、本疏。

◎民人痛疾而或燠休之。

服曰：燠休，痛其痛而念之。若今時小兒痛，父母以口就之曰燠休，代其痛也。本疏。

◎其相胡公大姬。

服曰：相，隨也。本疏。

◎讒鼎之銘。

服曰：讒鼎，疾讒之鼎。《明堂位》所云"崇鼎"是也。一云：讒，地名，禹鑄九鼎於甘讒之地，故曰讒鼎。本疏。

◎子豐有勞於晉國。

服曰：鄭僖公之爲大子，子豐與之俱適晉。本疏。

**昭四年**

◎四嶽。

　　服曰：東岳岱，南岳衡，西嶽華，北嶽恒。《詩·崧高》疏。

◎三塗。

　　服曰：三塗，大行、轘轅、崤澠也。《水經·伊水》注、本疏。

◎古者，日在北陸而藏冰。

　　服曰：陸，道也。北陸言在，謂十二月日在危一度。《周禮·凌人》"夏頒冰掌事"節疏。

◎西陸朝覿而出之。

　　服曰：西陸朝覿不言在，則不在昴，謂二月在婁四度，謂春分時，奎婁晨見東方而出冰，是公始用之。《周禮·凌人》"夏頒冰掌事"疏。

　　服義：服虔以西陸朝覿而出之，謂二月日在婁四度，春分之中，奎始晨見東方，蟄蟲出矣，故以是時出之，給賓客喪祭之用。《詩·七月》疏。

　　服義：服虔以爲，二月日在婁四度春分之中，奎始朝見東方，以是時出冰，《月令》"仲春，天子乃獻羔啓冰"是也。本疏。

◎朝之祿位，賓、食、喪、祭，於是乎用之。

　　服曰：祿位，謂大夫以上。賓客、食享、喪浴、祭祀。《詩·七月》疏。按：原文有誤，不可讀，今從《校勘記》改。

◎其藏之也，黑牡秬黍，以享司寒。

　　服曰：司寒，司陰之神玄冥也。將藏冰致寒氣，故祀其神。《詩·七月》疏。

◎其出之也，桃弧棘矢，以除其災。

　　服曰：桃，所以逃凶也；棘矢者，棘赤有箴，取其名也。蓋出冰之時，置此弓矢於凌室之戶，所以禳除凶邪。將御至尊，故慎其事，爲此禮也。本疏。

◎火出而畢賦。

　　服曰：火出於夏爲三月，於商爲四月，於周爲五月。《周禮·宮正》"春秋以木鐸脩火禁"疏、《凌人》"夏頒冰掌事"疏。

◎秋無苦雨。

　　服曰：害物之雨，民所苦。《詩·甫田》疏。

◎康有酆宮之朝。

　　服曰：酆宮，成王廟所在也。《史記·楚世家》集解。

◎王曰，吾用齊桓。

　　服曰：召陵之役，齊桓退舍以禮。楚靈王今感其意，是以用之。本疏。

◎寡君將墮幣焉。

　　服曰：墮，輸也。本疏、《釋文》、《詩·正月》疏。

◎商紂爲黎之蒐，東夷叛之。

　　服曰：黎，東夷國名也，子姓。《史記·楚世家》集解。

◎鄭子產作丘賦。

　　服義：服虔以爲，子產作丘賦者，賦此一丘之田，使之出一馬三牛，復古法耳。丘賦之法，不行久矣。今子產復脩古法，民以爲貪，故謗之。本疏。

◎蔡及曹、滕，其先亡乎！

　　服曰：齊景亡滕。隱·七年經"滕侯卒"疏。

◎饗大夫以落之。

　　服曰：釁以豭豚爲落。《詩·斯干·序》疏。


**昭五年**

◎卿喪自朝，魯禮也。

　　服曰：言卿葬，三辭於朝，從朝出正門。卿佐，國之楨幹，君之股肱，必過於朝，重之也。本疏。

◎使亂大從。

　　服曰：使亂大和順之道也。《釋文》、本疏。

◎明而未融。

　　服曰：融，高也。《詩·東方之日》疏。

◎享覜有璋。

　　服義：服以享爲獻耳。《釋文》。

◎小有述職。

　　服曰：諸侯適天子曰述職。《詩·下泉》疏。

◎飧有陪鼎。

　　服曰：陪牛、羊、豕鼎，故云陪鼎。本疏。

◎羊舌四族，皆彊家也。

　　服義：服氏數伯華、叔向、叔魚、季夙。本疏。

◎何不可之有。

　　服曰：何不可之有如是。本疏。

◎薳啓彊待命于雩婁。

　　服曰：雩婁，楚之東邑。《史記·吳世家》集解。

**昭六年**

◎三辟之興，皆叔世也。

　　服曰：政衰爲叔世，叔世踰於季世，季世不能作辟也。本疏。

◎《詩》曰："儀式刑文王之德，日靖四方。"

　　服曰：儀，善；式，用；刑，法；靖，謀也。言善用法文王之德，日日謀安四方。本疏。

◎"儀刑文王，萬邦作孚。"

　　服曰：儀，善也；刑，法也；善用法者，文王也。言文王善用其法，故能爲萬國所信也。本疏。

◎火未出而作，火以鑄刑器，藏爭辟焉。火如象之，不火何爲。

　　服曰：鑄鼎藏爭辟，故今出火與五行之火爭明，故爲災；在器，故稱藏也。本疏。

◎不抽屋，不强匄。

　　服曰：抽，裂也。言不毀裂所舍之屋也。匄，乞也，不就人强乞也。本疏。

**昭七年**

◎春，王，正月，暨齊平。

　　服曰：襄二十四年"仲孫羯侵齊"，二十五年"崔杼伐我"。自爾以來，齊、魯不相侵伐。且齊是大國，無爲求與魯平。此六年冬，"齊侯伐北燕，將納簡公"。齊侯貪賄而與之平，故傳"言齊求之也"，"齊次于虢，燕人行成"，其文相比，許君近之。本疏。

◎士臣皁，皁臣輿，輿臣隸，隸臣僚，僚臣僕，僕臣臺。

　　服曰：皁，造也，造成事也；輿，衆也，佐皁舉衆事也；隸，隸屬於吏也；僚，勞也，共勞事也；僕，僕豎，主藏者也；臺，給臺下，微名也。本疏。

◎作《僕區》之法。

　　服曰：僕，隱也；區，匿也。爲隱匿亡人之法也。《釋文》。

◎好以大屈。

　　服曰：大屈，弓名，又云大曲也。《釋文》。

服曰：一曰，大屈，弓名。《魯連書》曰："楚子享魯侯於章華之臺，與大曲之弓，既而悔之。薳啓疆見魯侯，魯侯歸之。"大屈即大曲也。本疏。

◎賜子產莒之二方鼎。

　　服曰：鼎三足則圓，四足則方。本疏。

◎吾聞將有達者曰孔丘，聖人之後也，而滅於宋。

　　服曰：聖人，謂商湯。《史記·孔子世家》集解。

◎其祖弗父何，以有宋而授厲公。

　　服曰：弗父何，宋潛公世子、厲公之兄；以有宋，言潛公之適嗣，當有宋國而讓與弟厲公也。《詩·那·序》疏。

◎及正考父佐戴、武、宣。

　　服曰：正考父，弗父何之曾孫。《史記·孔子世家》集解。

◎一命而僂，再命而傴，三命而俯。

　　服曰：僂、傴、俯，皆恭敬之貌也。《史記·孔子世家》集解。

◎歲、時、日、月、星、辰是謂也。

　　服義：服虔以爲，歲，星之神也，左行於地，十二歲而一周；時，四時也；日，十日也；星，二十八宿也；辰，十二辰也。是爲六物也。《詩·小弁》疏。

## 昭八年

◎葬陳哀公。

　　賈、服義：賈、服以"葬哀公"之文在"殺孔奐"之下，以爲楚葬哀公。本疏。

◎八年，春，石言于晉魏榆。

　　服曰：魏，邑也，榆，州里名。《釋文》

◎將往。

　　服曰：將往者，欲往到陳氏間助子良攻我意。本疏。

◎輿嬖袁克，殺馬、毀玉以葬。

　　服曰：一曰，馬，陳侯所乘馬；玉，陳侯所佩玉。故殺馬、毀玉，不欲使楚得之。本疏。

◎陳，顓頊之族也。

　　服曰：陳祖虞舜，舜出顓頊，故爲顓頊之族。《史記·陳杞世家》集解。

## 昭九年

◎春，叔弓、宋華亥、鄭游吉、衛趙黶會楚子于陳。

服義：服虔以爲，此會宋、鄭、衛之大夫，不書，叔弓後也。本疏。
◎以夷濮西田益之。
　　服曰：濮，水名也。《水經·渜水》注。
◎蒲姑、商奄，吾東土也。
　　服曰：蒲姑、商奄，濱東海者也。蒲姑，齊也；商奄，魯也。二十年傳曰"蒲姑氏因之"，定四年傳曰"因商奄之民，命以伯禽"。本疏。
◎王有姻喪。
　　服曰：婦之父曰姻。王之后喪父，於王亦有服義，故往弔。本疏。
◎夏，四月，陳災。
　　賈、服義：賈、服取《公羊》、《穀梁》爲說。本疏。
◎火，水妃也。
　　服曰：火，離也；水，坎也。《易》卦離爲中女，坎爲中男，故火爲水妃。本疏。
◎孟僖子如齊殷聘，禮也。
　　服曰：殷，中也。自襄二十年叔老聘於齊，至今積二十年。聘齊，故中復盛聘。《周禮·大行人》"凡諸侯之邦交"疏。《禮記·聘義》"故天子制"疏與此大同小異。

### 昭十年

◎冬，十二月，宋平公卒。
　　賈、服義：[經去"冬"者]賈、服以爲，刺不登臺視氣。《公羊》本經疏。
◎請斷三尺焉而用之。
　　服曰：斷三尺，使至於較。大夫旗至較。《周禮·輿人》"以其隧之半"疏。按：此雖不題注者名，而以下有"或可服君誤歟"之文，故定爲服注。
◎視民不佻。
　　服曰：示民不愉薄。《詩·鹿鳴》疏。

### 昭十二年

◎晉伐鮮虞。
　　賈、服義：賈、服取《穀梁》以爲說。本疏。
◎已乎，已乎。
　　服曰：已乎，已乎，決絶之辭。本疏。
◎四國皆有分。

服曰：有功德受分器。《史記·楚世家》集解。

◎篳露藍蔞，以處草莽，跋涉山林，以事天子，唯是桃弧棘矢，以共禦王事。

　　服曰：篳露，柴車，素木輅也；藍蔞，言衣壞，其藍藍然也；草行曰跋；水行曰涉；桃弧棘矢，所以禦其災，言楚地山林無所出也。《史記·楚世家》集解。按：杜本"露"作"路"，"蔞"作"縷"，服本蓋如此。

◎齊，王舅也。

　　服曰：齊，呂伋，成王之舅。《史記·楚世家》集解。

◎昔我皇祖伯父昆吾，舊許是宅。

　　服曰：陸終式六子，長曰昆吾，少曰季連。連，楚之祖，故謂昆吾爲伯父也。昆吾曾居許地，故曰舊許是宅。《史記·楚世家》集解。


**昭十三年**

◎請待于郊，以聽國人。

　　服曰：聽國人，欲爲誰。《史記·楚世家》集解。

◎王沿夏將欲入鄢。

　　服曰：鄢，楚別都也。《史記·楚世家》集解。

◎吾父再奸王命。

　　服曰：斷王旌，執人於章華之宮。《史記·楚世家》集解。

◎吴人敗諸豫章，獲其五帥。

　　服曰：五帥，蕩侯、潘子、司馬督、嚻尹午、陵尹喜。《史記·楚世家》集解。

◎康王跨之。

　　服曰：兩足各跨璧一邊。《史記·楚世家》集解。

◎同惡相求如市賈。

　　服曰：謂國人共惡靈王者，如市賈之人求利也。《史記·楚世家》集解。

◎無與同好，誰與同惡。

　　服曰：言無黨於內，當與誰共同好惡。《史記·楚世家》集解。

◎無釁而動，可謂無謀。

　　服曰：言靈王尚在，而妄動取國，故謂無謀。《史記·楚世家》集解。

◎私欲不違。

　　服曰：不以私欲違民心。《史記·楚世家》集解。

◎齊桓、晉文不亦是乎？

服曰：皆庶子而出奔。《史記·楚世家》集解。
◎有高、國以爲内主。
　　服曰：國子、高子皆齊之正卿。《史記·楚世家》集解。
◎從善如流。
　　服曰：言其疾。《史記·楚世家》集解。
◎惠懷弃民。
　　服曰：皆棄民不恤。《史記·楚世家》集解。
◎是故明王之制，使諸侯歲聘以志業，間朝以講禮，再朝而會以示威，再會而盟以顯昭明。
　　賈、服義：賈逵、服虔皆以爲朝天子之法。《禮記·王制》"諸侯之於天子也"疏。
◎鄭伯，男也。
　　服曰：鄭伯，爵在男服也。本疏。
◎賈之無藝。
　　服曰：藝，極也，一曰常也。本疏。

## 昭十四年

◎司徒老祁慮癸。
　　服曰：司徒，姓也；老祁，字也。慮癸亦姓字也。二子，季氏家臣也。本疏。
◎宥孤寡。
　　服義：服虔以宥爲寬赦其罪。本疏。
◎乃施邢侯。
　　服曰：施罪於邢侯，施猶劾也，邢侯亡，故劾之。本疏。按：《釋文》引上一句。
◎三數叔魚之惡，不爲末減。曰義也夫。
　　服義：服虔讀減爲咸，下屬爲句。不爲末者，不爲末殺，隱蔽之也。咸曰義也，言人皆曰叔向是義。本疏。

## 昭十五年

◎吾見赤黑之祲。
　　服曰：水，黑；火，赤；水火相遇云云。本疏。
◎而在下位辱，必求之，吾助子請。
　　服義：服虔以辱從下讀，訓之爲欲，欲必求之，吾助子請。本疏。

春秋類·左氏傳之屬·服虔《春秋左氏傳解誼》 | 605

◎禮，王之大經也。

  服曰：經，常也，常所當行也。本疏。

## 昭十六年

◎幾爲之笑而不陵我。

  服曰：幾，近也，孔張失位，近爲所笑。本疏。

◎刑之頗類。

  服義：服虔讀類爲纇，解云，頗，偏也；纇，不平也。本疏。

◎立於朝而祀於家。

  服曰：祀其所自出之君於家，以爲大祖。本疏。

◎其祭在廟已有著位。

  服義：服虔以爲，其祭在廟，謂孔張先祖廟食。本疏。

◎爲國非不能事大、字小之難。

  服義：服虔斷"字小之難"以下爲義，解云，字，養也，言事大國易，養小國難。本疏。

◎不亦銳乎。

  服曰：銳，折也。本疏。按：今本脫，據宋本補。

## 昭十七年

◎昔者黄帝氏以雲紀，故爲雲師而雲名；炎帝氏以火紀，故爲火師而火名；共工氏以水紀，故爲水師而水名；大暤氏以龍紀，故爲龍師而龍名。

  服曰：黄帝受命，得景雲之瑞，故以雲紀事。本疏。

  服曰：黄帝以雲名官，蓋春官爲青雲氏，夏官爲縉雲氏，秋官爲白雲氏，冬官爲黑雲氏，中官爲黄雲氏。炎帝以火名官，春官爲大火，夏官爲鶉火，秋官爲西火，冬官爲北火，中官爲中火。共工以水名官，春官爲東水，夏官爲南水，秋官爲西水，冬官爲北水，中官爲中水。大暤以龍名官，春官爲青龍氏，夏官爲赤龍氏，秋官爲白龍氏，冬官爲黑龍氏，中官爲黄龍氏。本疏。

◎五雉爲五工正，利器用，正度量，夷民者也。

  服曰：雉者，夷也；夷，平也。使度量器用平也。本疏。

◎九扈爲九農正。

  賈、服曰：鳸鳸亦聲音爲名也。本疏。

◎自顓頊以來，不能紀遠，乃紀於近，爲民師而命，以民事則不能故也。

服曰：自少皞以上，天子之號以其德，百官之號以其徵；自顓頊以來，天子之號以其地，百官之紀以其事。《禮記·月令》"孟春其帝大皞"節疏。

服曰：春官爲木正；夏官爲火正；秋官爲金正；冬官爲水正；中官爲土正。高辛氏因之，故傳云遂濟窮桑。窮桑，顓頊所居。《周禮正義·序》

◎涉自棘津。

服曰：棘津，猶孟津也。《水經·河水》注。

◎冬有星孛于大辰，西及漢。

服曰：有星，彗星也，其形孛孛，故曰孛。《玉燭寶典·仲春》。按：重澤俊郎曰："此當在《玉燭寶典·孟夏》，疑誤。"又：杜本作"字"，服本蓋作"孛"。

### 昭十八年

◎梓慎登大庭氏之庫以望之。

服曰：四國次有火氣也。本疏。

服曰：在黃帝前。本疏。

◎弗良及也。

服曰：弗良及也，不能及也。良，能也。本疏。

◎六月，郳人藉稻。

服曰：藉，耕種於藉田也。本疏。

◎今執事憪然授兵登陴。

服曰：憪然，猛貌也。本疏。

### 昭十九年

◎費無極爲少師。

服曰：楚大夫。《史記·楚世家》集解。

◎若大城城父而寘大子焉。

服曰：城父，楚北境邑。《史記·楚世家》集解。

◎其一二父兄懼隊宗主。

服曰：祐主藏於宗廟，故曰宗主。本疏。

◎寡君與其二三老。

服曰：二三老，駰偃家臣。本疏。

### 昭二十年

◎春，王，二月，己丑，日南至，梓慎望氛。

服曰：梓慎知失閏，二月冬至，故獨以二月望氛。本疏。

◎奮揚使城父人執已以至。

服曰：城父人，城父大夫也。本疏。

◎相從爲愈。

服曰：相從愈於共死。本疏。

◎彼將有他志。

服曰：欲取國。《史記·吳世家》集解。

◎琴張聞宗魯死。

服曰：賈逵、鄭衆皆以爲，子張即顓孫師。案《七十子傳》云，子張少孔子四十餘歲，孔子是時四十一，未有子張。鄭、賈之説，不知所出。本疏。按："四"當作"三"。

◎君盍誅於祝固、史嚚以辭賓？

服曰：祝固，齊大祝；史嚚，大史也。謂祝史之固陋、嚚闇，不能盡禮薦美，至於鬼神怒也。本疏。

◎上下無怨。

服曰：上下謂人神無怨。本疏。

◎一氣。

服曰：歌，氣也。《釋文》、本疏。

◎六律七音。

服曰：七律爲七器音，黃鍾爲宮，林鍾爲徵，大簇爲商，南呂爲羽，姑洗爲角，應鍾爲變宮，蕤賓爲變徵。《外傳》曰，武王克商，歲在鶉火，月在天駟，日在析木之津，辰在斗柄，星在天黿，鶉火及天駟，七列也。南北之揆，七同也，冷氏爲鍾，以律計，自倍半，一縣十九鍾，鍾七律，十二縣二百二十八鍾，爲八十四律，此一歲之閏數。《周禮·小胥》"凡縣鍾磬"疏。

服曰：黃鍾之均。黃鍾爲宮，太族爲商，姑洗爲角，林鍾爲徵，南呂爲羽，應鍾爲變宮，蕤賓爲變徵。一懸十九鍾，十二懸二百二十八鍾，八十四律。《魏書·樂志》。

### 昭二十一年

◎巫言之。

服曰：亟，疾也。疾言之，欲使信。本疏。
◎而不能送亡，君請之。
　　服義：服虔以"君"上屬。本疏。
◎曰不狎鄙。
　　服曰：狎，更也。子城謂華豹曰，不更射爲鄙。一曰，城言我不狎習，故鄙。本疏。

### 昭二十二年

◎王弗應。
　　服義：賈逵以爲，大子壽卒，景王不立適子。鄭衆以爲，壽卒，王命猛代之，後欲廢猛立朝耳。服虔以賈爲然。本疏。
◎敗績于前城。
　　服曰：前讀爲泉，周地也。《水經·伊水》注。

### 昭二十三年

◎使各居一館。
　　服曰：賈逵云，使邾、魯大夫各居一館。鄭衆云，使叔孫、子服回各居一館。邾、魯大夫本不同館，無爲復言使各居一館也。欲分別叔孫與子服回，不得相見、各聽其辭耳。賈氏近之。本疏。
◎戊辰，晦，戰于雞父。
　　服義：劉炫用服虔義，云不書楚，楚諱敗，不告。本疏。
◎乃縊於薳澨。
　　服曰：或謂之邑，或謂之地。《水經三·澭地》注。
◎明其五候。
　　賈、服曰：五候，五方之候也。敬授民時，四方、中央之候。本疏。按：杜本作"伍"，《正義》曰，賈、服、王、董皆作"五候"。

### 昭二十四年

◎及鍾離而還。
　　服曰：鍾離，州來西邑也。《史記·吳世家》集解。

### 昭二十五年

◎爲六畜、五牲、三犧。

服曰：五牲，麋、鹿、熊、狼、野豕；三犧，雁、鶩、雉也。本疏。

◎民有好、惡、喜、怒、哀、樂，生于六氣。

服義：服虔《左傳》之注，以爲好生於陽，惡生於陰，喜生於風，怒生於雨，哀生於晦，樂生於明。《詩·烝民》疏。

◎季氏介其雞。

服曰：擣芥子，播其雞羽，可以坌郈氏雞目。《史記·魯世家》集解。

◎郈氏爲之金距。

服曰：以金錔距。《史記·魯世家》集解、《儀禮·少牢饋食禮》"佐食遷肵俎于阼階西"疏。

◎平子怒，益宮於郈氏。

服曰：怒其不下己也，侵郈氏之宮地以自益。《史記·魯世家》集解。

◎拘臧氏老。

服曰：老，臧氏家之大臣。《史記·魯世家》集解。

◎請囚于費，弗許，請以五乘亡，弗許。

服曰：費，季氏邑；言五乘，自省約以出。《史記·魯世家》集解。

◎執冰而踞。

服曰：冰，櫝丸蓋。《詩·大叔于田》疏。


**昭二十六年**

◎春，王，正月，庚申，齊侯取鄆。

服義：服虔以爲，往年齊侯取鄆，實圍鄆耳。經於"圍"書"取"，傳實其事，故於是言"取"。本疏。

◎然據有異焉。

服曰：異猶怪也。《史記·魯世家》集解。

◎七月，己巳，劉子以王出。

服曰：出成周也。本疏。

◎使汝寬守關塞。

服曰：南山伊闕是也。《御覽》四十二。

◎昔文、武克殷。

服曰：文王受命，武王伐紂，故云"文、武克殷"。本疏。

◎諸侯釋位，以間王政。

服曰：言諸侯釋其私政而佐王室。《魏志·武帝紀》"建安十八年"注。

◎玩求無度。

　　服曰：玩，貪也。本疏。按：服本如此。《正義》曰，本或作"規"，謬也。

◎美哉室，其誰有此乎？

　　服曰：景公自恐德薄，不能久享齊國，故曰誰有此也。《史記·齊世家》集解。

### 昭二十七年

◎使延州來季子聘于上國。

　　服曰：上國，中國也。本疏。

◎以觀諸侯。

　　服曰：察彊弱。《史記·吳世家》集解。

◎楚莠尹然、王尹麇帥師救潛。

　　服曰：王尹，主宮內之政。本疏。按：杜本"王"作"工"，服本如此。

◎上國有言。

　　服曰：上國謂上古之國，賢士所言也。本疏。

◎不索何獲。

　　服曰：不索當何時得也。《史記·吳世家》集解。

◎我王嗣也，吾欲求之。

　　服曰：夷昧生光而廢之，僚者，夷昧之庶兄，夷昧卒，僚代立。故光曰，我，王嗣也。本疏。

◎母老子弱，是無若我何。

　　服曰：母老子弱，專諸託其母子於光也。《史記·吳世家》集解。

　　服曰：是無若我何，猶言我無若是何。《史記·吳世家》集解。

◎我爾身也。

　　服曰：言我身猶爾身也。《史記·吳世家》集解。

◎鱄設諸寘劍於魚中，以進。

　　服曰：全魚炙也。《史記·吳世家》集解。

◎哀死事生，以待天命。

　　服曰：待其天命之終也。《史記·吳世家》集解。

◎復命哭墓。

　　服曰：復命於僚，哭其墓也。《史記·吳世家》集解。

◎取五甲五兵。

　　服曰：兵，戟也。本疏。

◎國人投之，遂弗蓺也，令尹炮之。

　　服曰：民不肯蓺也，鄢將師稱，令尹使女燔炮之。本疏。

◎使宰獻而請安。

　　服曰：主人請安，謂主人使司正請安于賓。本疏。

**昭二十八年**

◎昔有仍氏生女，鬒黑而甚美，光可以鑑，名曰玄妻。

　　服曰：髮美爲鬒，《詩》云鬒髮如雲，其言美長而黑，以髮美，故名玄妻。《詩·君子偕老》疏。

◎貪惏無饜，忿類無期，謂之封豕。

　　服曰：忿怒其類，以饜其私，無期度也。本疏。按：杜本"類"作"纇"，《釋文》云服作"類"。

◎心能制義曰度。

　　服曰：心能制事，使得其宜，言善揆度事也。《詩·皇矣》疏。

◎德正應和曰莫。

　　服曰：在己爲德，施行爲音，發號施令，天下皆應和之，言皆莫然而定無讙譁也。《詩·皇矣》疏。

◎照臨四方曰明。

　　服曰：豫見安危也。《詩·皇矣》疏。

◎教誨不倦曰長。

　　服曰：教誨人以善不解倦，言善長人以道德也。《詩·皇矣》疏。

◎慈和徧服曰順。

　　服曰：上愛下曰慈；和，中和也。爲上而愛下，行之以中和，天下徧服從而順之。《詩·皇矣》疏。

◎擇善而從之曰比。

　　服曰：比方、損益古今之宜而從之。《詩·皇矣》疏。

◎經緯天地曰文。

　　服曰：德能經緯、順從天地之道，故曰文。《詩·皇矣》疏。

### 昭二十九年

◎齊侯使高張來唁公，稱主君。

　　服曰：大夫稱主，比公於大夫，故稱主君。《史記・魯世家》集解。

◎故國有豢龍氏、有御龍氏。

　　服曰：豢，養也，穀食曰豢。御亦養也，養馬曰圉。本疏。

◎帝賜之乘龍，河、漢各二。

　　服曰：河、漢各二乘。《釋文》。

　　服曰：四頭爲乘，四乘十六頭也。本疏。

◎陶唐氏既衰，其後有劉累。

　　服曰：後劉累之爲諸侯者，夏后賜之姓。《史記・夏本紀》集解。

◎官宿其業。

　　服曰：宿，思也。今日當預思明日之事，如家人宿火矣。本疏。

◎其同人曰。

　　服曰：天在上，火炎上，同于天，天不可同，故曰同人。本疏。

◎世不失職，遂濟窮柔。

　　服曰：窮桑，顓頊所居。《路史・後紀》八。

◎遂賦晉國一鼓鐵，以鑄刑鼎。

　　服曰：鼓，量名也。《曲禮》曰，獻米者操量鼓。取晉國一鼓鐵以鑄之。本疏。

### 昭三十年

◎春，王，正月，公在乾侯。不先書鄆與乾侯，非公，且徵過也。

　　服曰：非公，且徵過，昭公無道，久在外。季氏非公，不敢釋言公在某地。春秋之義亦以不書徵季氏之過。此年書者，公不得入晉，外内有困辱，季氏閔而釋之，所謂事君如在國。本疏。

### 昭三十一年

◎不絕季氏而賜之死。

　　服曰：言賜不使死，是爲以死賜之。本疏。

◎十二月，辛亥，朔，日有食之。是夜也，趙簡子夢童子臝而轉以歌。旦，占諸史墨，曰，吾夢如是，今而日食，何也？對曰，六年及此月也，吳其入鄀乎？終亦弗克。入郢必以庚辰。日月在辰尾。庚午之日，日始有謫。火勝金，故弗克。

服曰：是歲，歲在析木，後六年在大梁。大梁，水宗。十一月，日在星紀，爲吳國分。楚之先，顓頊之子老童，童子楚象。行歌，象楚走哭姬姓，日月在星紀，星紀之分，姬姓吳也。楚衰則吳得志，吳世世與楚怨。楚走去其國，故曰吳其入郢。吳屬水，水數六，十月水位，故曰六年及此月也。有謫而食，故知吳終亦不克。後六年，定四年，十一月閏餘十七，閏在四月，後其十一月晦，晦，庚辛，吳入郢，在立冬後，復此月也。十二月辛亥，日會月於龍尾而食。庚午，日初有謫，故曰庚辰。一曰，日月在辰尾，尾爲亡臣。是歲，吳始用子胥之謀以伐楚，故天垂象。午火庚金也。火當勝金而反有謫，故爲不克。晉諸侯之霸，與楚同盟，趙簡子爲執政之卿，遠夷將伐同盟，日應之食，故夢發簡子。《周禮·占夢》"以日月星辰"疏。

服曰：史墨，晉史蔡墨。《史記·魯世家》集解。

### 昭三十二年

◎夏，吳伐越，始用師於越也。史墨曰："不及四十年，越其有吳乎！"越得歲而吳伐之，必受其凶。

服曰：歲星在星紀，吳越之分野，蔡復之歲，歲在大梁，距此十九年。昭十五年有事於武宮之歲，龍度天門，龍，歲星也，天門在戌，是歲越過。故今年越得歲。龍，東方宿，天德之貴神，其所在之國，兵必昌；向之以兵，則凶。吳越同次，吳先舉兵，故凶也。或歲星在越分中，故云得歲。史墨知不及四十年越有吳者，以其歲星十二年一周天，存亡之數，不過三紀。三者，天地人之數，故歲星三周，星紀至玄枵，哀二十二年，越滅吳，至此三十八年。《周禮·保章氏》"以十有二歲之相"疏。

服曰：有事于武宮之歲，龍度天門。昭九年傳"歲五及鶉火"疏。

## 卷十一

### 定元年

◎春，王，正月，辛巳，晉魏舒合諸侯之大夫于狄泉。

服曰：狄泉在洛陽東北，周之墓地。《水經·穀水》注。

### 定四年

◎君行，師從；卿行，旅從。

服曰：謂會同。《詩·黍苗》疏。
◎將長蔡於衛。
　　服曰：載書，使蔡在衛上。《史記·管蔡世家》集解。
◎備物，典策。
　　服曰：備物，國之職物之備也。本疏。
◎楚子取其妹季芈畀我以出。
　　服曰：季芈許嫁而字，畀我，季芈弟也。本疏。
◎平王殺吾父。
　　服曰：父，曼成然。《史記·楚世家》集解。
◎以王奔隨。
　　服曰：隨，楚與國也。《史記·吳世家》集解。
◎初，伍員與申包胥友。
　　服曰：楚大夫，王孫包胥。《史記·楚世家》集解。

### 定六年
◎於是乎遷郢於鄀。
　　服曰：鄀，楚邑。《史記·吳世家》集解。

### 定七年
◎齊人歸鄆陽關。
　　服曰：陽關，魯邑。《史記·魯世家》集解。

### 定八年
◎我無勇，吾志其目也。
　　服曰：志中其目，是非其誠，詐以自矜。《儀禮·大射》"大師不興"疏。
◎顏高之弓六鈞。
　　服曰：三十斤爲一鈞，六鈞百八十斤，是爲弓力一石五斗也。《玉燭寶典·仲春》。
◎冬十月，從祀先公而祈焉。
　　服曰：自躋僖公以來，昭穆皆逆。《禮記·禮器》"孔子曰臧文仲"疏。

### 定九年
◎皙幘而衣貍製。

服曰：貍製，貍裘也。《詩·七月》疏。

◎齊侯謂夷儀人曰，得敝無存者，以五家免。

服曰：是時，齊克夷儀而有之，既爲齊有，故齊得優其傜役也。本疏。

### 定十年

◎夏，公會齊侯于祝，其實夾谷。

服曰：東海祝其縣是也。《史記·齊世家》集解。

◎且犧、象不出門，嘉樂不野合。

服曰：犧、象，饗禮犧尊、象尊也。嘉樂，鐘鼓之樂也。《詩·鼓鐘》疏。

◎齊人來歸鄆、讙、龜陰之田。

服曰：三田，汶陽田也。龜，山名，陰之田，得其田不得其山。《史記·孔子世家》集解。

賈、服曰：上二邑，邑内人民多，故舉邑名；龜陰言田者，龜是山名，直得田而不得邑。《公羊》本傳疏。

### 定十二年

◎仲由爲季氏宰，將墮三都。

服曰：仲由，子路。《史記·魯世家》集解。

服曰：三都，三家之邑也。《史記·孔子世家》集解。

◎公與三子入于季子之宮。

服曰：三子，季孫、孟孫、叔孫也。《史記·孔子世家》集解。

◎入及公側。

服曰：人有入及公之臺側。《史記·孔子世家》集解。

◎仲尼命申句須、樂頎下，伐之。

服曰：申句須、樂頎，魯大夫。《史記·孔子世家》集解。

◎公斂處父。

服曰：成宰也。《史記·孔子世家》集解。

### 定十三年

◎歸我衛貢五百家，吾舍諸晉陽。

服曰：往年趙鞅圍衛，衛人恐懼，故貢五百家，鞅置之邯鄲，又欲更徙於晉陽。《史記·趙世家》集解。

◎歸告其父兄。

　　服曰：午之諸父兄及邯鄲中長者。《史記·趙世家》集解。

◎趙稷涉賓以邯鄲叛。

　　服曰：稷，午子。《史記·趙世家》集解。

◎茫臯夷。

　　服曰：茫氏之側室子。《史記·趙世家》集解。

◎荀躒言於晉侯曰。

　　服曰：荀躒，智文子。《史記·趙世家》集解。

◎韓、魏以趙氏爲請。

　　服曰：以其罪輕於荀、范也。《史記·趙世家》集解。

### 定十四年

◎衛侯爲夫人南子召宋朝，會于洮。

　　服曰：衛侯爲夫人南子召宋朝，故與宋公會于洮。本疏。

## 卷十二

### 哀元年

◎使疆于江、汝之間而還。

　　服曰：蔡使楚進疆於故江國與汝水之間。本疏。

◎因吳大宰嚭以行成。

　　服曰：行成，求成也。《史記·吳世家》集解。

◎昔有過澆殺斟灌，以伐斟鄩，滅夏后相。

　　服曰：夏后相，啓之孫。《史記·吳世家》集解。

◎生少康焉。

　　服曰：后緡遺腹子。《史記·吳世家》集解。

◎以收夏衆，撫其官職。

　　服曰：因此基業，稍收取夏遺民餘衆，撫脩夏之故官憲典。《史記·吳世家》集解。

◎祀夏配天。

　　服曰：以鯀配天也。《史記·吳世家》集解。

◎越十年生聚，而十年教訓。

　　服曰：令少者無娶老婦，老者無娶少婦，女十七不嫁，男二十不娶，父母有罪也，將生子以告，與之醫，饋之餼也。死者釋其征，必哭泣葬埋，如其子也。孺子遊者必餔歠之也，非手所種，夫人所織不用，十年不收於國。本疏。

◎在軍熟食者分而後敢食。

　　服曰：以其半分軍士，而後自食其餘，若單醪注流也。本疏。

## 哀二年

◎故略以潿沂之田而受盟。

　　服曰：[季孫斯所以不與盟者]季孫斯尊卿，與仲孫氏伐敵服，而使二子盟也。《公羊》本經疏。

　　服曰：[季孫斯所以不與盟者]季孫尊卿，敵服先歸，使二子與之盟。本疏。

◎郢不足以辱社稷君其改圖。

　　服曰：郢自謂己無德，不足立以汙辱社稷。《史記·衛世家》集解。

◎三揖在下。

　　服曰：三揖，卿、大夫、士。土揖庶姓，時揖異姓，天揖同姓。本疏。

◎八人衰絰，僞自衛逆者。

　　服曰：衰絰，爲若從衛來迎大子也。《史記·衛世家》集解。

◎志父無罪。

　　服曰：趙鞅入晉陽以畔，後得歸，改名志父。《春秋》仍舊，猶書趙鞅。《釋文》。

　　服曰：趙鞅入于晉陽以叛，諸侯之策書曰"晉趙鞅以叛"，既復，更名志父。本疏。

◎郵無恤。

　　服曰：王良也。本疏。

## 哀三年

◎火踰公宮，桓、僖災。

　　服曰：季氏出桓公，又爲僖公所立，故不毀其廟。下"孔子在陳"疏。

　　服曰：[經不言及者]俱在迭毀，故不言及。下"孔子在陳"疏。

◎孔子在陳，聞火，曰："其桓、僖乎？"

　　服曰：桓、僖當毀，而魯事非禮之廟，故孔子聞有火災，知其加桓、僖也。《史記·孔子世家》集解。

◎召正常。

  服曰：召而問兒死意。本疏。

### 哀四年

◎襲梁及霍。

  服曰：梁、霍，周南鄙也。《水經·汝水》注。

◎以畀楚師于三户。

  服曰：三户，漳水津也。《史記·項羽本紀》正義。

### 哀五年

◎寘羣公子於萊。

  服曰：萊，齊東鄙邑。《史記·齊世家》集解。

◎萊人歌之曰："景公死乎？不與埋三軍之事乎？不與謀師乎？師乎，何黨之乎？"

  服曰：萊人見五公子遠遷鄙邑，不得與景公葬埋之事及國三軍之謀，故愍而歌。師，衆也，黨，所也。言公子徒衆，何所適也。《史記·齊世家》集解。

### 哀六年

◎潛師閉塗，逆越女之子章。

  服曰：閉塗，不通外使也；越女，昭王之妾。《史記·楚世家》集解。

◎楚子使問諸周大史。

  服曰：諸侯皆有大史，主周所賜典籍，故曰周大史。一曰，是時往問周大史。本疏。

◎三代命祀，祭不越望。

  服曰：謂所受王命，祀其國中山川爲望。《史記·楚世家》集解。

◎《夏書》曰："惟彼陶唐，帥彼天常。有此冀方，今失其行。亂其紀綱，乃滅而亡。"

  服曰：夏桀時。《尚書·堯典》大題疏。

  服曰：堯居冀州，虞夏因之，不遷居，不易民。《詩·魏譜》疏。

  賈、服義：賈、服以爲，逸《書》解爲夏桀之時。本疏。

### 哀七年

◎知必危，何故不言。

服曰：諸大夫誠知伐邾必危，何故不早言也。本疏。

◎裛君子立于社宮。

服曰：裛君子，諸國君。本疏。

### 哀九年

◎遇水適火。

服曰：兆南行適火，卜法橫者爲土，立者爲木，邪向經者爲金，背經者爲火，因兆而細曲者爲水。本疏。

### 哀十年

◎吳子三日哭于軍門之外。

服曰：諸侯相臨之禮。《史記·吳世家》集解。

◎侵及賴而還。

服曰：賴，齊邑。《史記·齊世家》集解。

### 哀十一年

◎其有顛越不共，則劓殄無遺育。

服曰：顛，隕也；越，墜也；顛越無道則割絕無遺也。《史記·吳世家》集解。

◎屬其子於鮑氏爲王孫氏。

服曰：鮑氏，齊大夫。《史記·吳世家》集解。

◎使賜之屬鏤以死。

服曰：屬鏤，劍名，賜使自刎。《史記·吳世家》集解。

◎孔文子使疾出其妻而妻之。

服曰：文子，衛卿也。《史記·孔子世家》集解。

◎胡簋之事。

賈、服曰：夏曰胡。本疏。

◎鳥則擇木，木豈能擇鳥。

服曰：鳥喻己，木以喻所之之國。《史記·孔子世家》集解。

### 哀十二年

◎公會吳于橐皋。

服曰：橐皋，地名也。《史記·吳世家》集解。

◎若可尋也，亦可寒也。

服曰：尋之言重也，温也；寒，歇也，亦可寒而歇之。《儀禮·有司徹》"乃燅尸俎"疏。

◎侯伯致禮，地主歸餼。

服曰：致賓禮於地主。本疏。

### 哀十三年

◎王惡其聞也，自剄七人於幕下。

服曰：以絕口。《史記·吳世家》集解。

### 哀十四年

◎小邾射以句繹來奔。

服曰：《春秋》終於獲麟，故小邾射不在三叛人中也。弟子欲明夫子作《春秋》以顯其師，故書小邾射以下至孔子卒。杜預《序》"先儒以爲"疏。

◎春，西狩於大野，叔孫氏之車子鉏商獲麟。

服曰：麟，中央土獸，土爲信；信，禮之子。脩其母，致其子。視明禮脩而麟至，思睿信立而白虎擾，言從義成而神龜在沼，聽聰知正則名川出龍，貌恭性仁則鳳皇來儀。《禮記·禮運》"何謂四靈"疏。

服曰：視明禮脩而麟至，思睿信立白虎擾，言從義成則神龜在沼，聽聰知正而名山出龍，貌恭體仁則鳳皇來儀。《詩·麟趾》疏。按：《釋文》引上一句"而"作"則"

服曰：夫子以哀十一年自衛反魯，而作《春秋》，約之以禮，故有麟應而至。杜預《序》"先儒以爲"疏。

賈、服曰：賈、服以爲，孔子自衛反魯，考正禮樂，脩《春秋》，約以周禮，三年文成致麟，麟感而至。本疏。

服曰：言西者，有意於西，明夫子有立言，立言之位在西方，故著於西也。本疏。

服曰：大野，藪名，魯田圃之常處，蓋今鉅野是也。《史記·孔子世家》集解。

服曰：車，車士，微者也；子，姓；鉏商，名。本疏。

服曰：車子，微者也；鉏商，名也。《史記·孔子世家》集解。

◎以爲不祥，以賜虞人，仲尼觀之曰，麟也，然後取之。

服曰：麟非時所常見，故怪之以爲不祥也。仲尼名之曰麟，然後魯人乃取之也。明麟爲仲尼至也。《史記·孔子世家》集解。

  服曰：仲尼名之曰麟，明麟爲仲尼至也。本疏。

◎子我夕。

  服曰：夕省事。《史記·齊世家》集解。

◎陳逆殺之，逢之。

  服曰：子我將往夕省事於君，而逢逆之殺人也。《史記·齊世家》集解。

◎陳氏方睦。

  服曰：陳常方欲謀有齊國，故和其宗族。《史記·齊世家》集解。

◎使疾而遺之。

  服曰：使陳逆詐病而遺也。《史記·齊世家》集解。

◎子我盟諸陳於陳宗。

  服曰：子我見陳逆得生出，而恐爲陳氏所怨，故與盟而請和也。陳宗，宗長之家。《史記·齊世家》集解。

◎我遠於陳氏矣，且其違者不過數人。

  服曰：言我與陳氏宗疎遠也，違者不從子我者。《史記·齊世家》集解。

◎彼得君弗先，必禍子。

  服曰：彼謂闞止也；子謂陳常也。《史記·齊世家》集解。

◎子行舍於公宮。

  服曰：止於公宮，爲陳氏作内間也。《史記·齊世家》集解。

◎夏，五月，壬申，成子兄弟四乘如公。

  服曰：成子兄弟八人，二人共一乘，故曰四乘。《史記·齊世家》集解。

◎出逆之，遂入，閉門，侍人禦之。

  服曰：成子兄弟見子我出，遂突入，反閉門，子我不得復入，闈豎以兵禦陳氏。《史記·齊世家》集解。

◎子行殺侍人。

  服曰：舍於公宮，故得殺之。《史記·齊世家》集解。

◎公與婦人飲酒于檀臺，成子遷諸寢。

  服曰：當陳氏入時，飲酒於此臺，欲徙公令居寢也。《史記·齊世家》集解。

◎大史子餘。

  服曰：齊大夫。《史記·齊世家》集解。

◎聞公猶怒，將出。

服曰：出，奔也。《史記·齊世家》集解。
◎所不殺子者，有如陳宗。
　　服曰：陳宗，先祖鬼神也。本疏。
◎子我歸，屬徒，攻闈與大門。
　　服曰：會徒衆。宮中之門曰闈；大門，公門也。《史記·齊世家》集解。
◎殺諸郭關。
　　服曰：齊關名。《史記·齊世家》集解。
◎成子將殺大陸子方。
　　服曰：子方，子我之黨，大夫東郭賈也。《史記·齊世家》集解。
◎何以見魯、衛之士。
　　服曰：子方將欲奔魯、衛也。《史記·齊世家》集解。

### 哀十五年

◎將以尸入。
　　服曰：在牀曰尸，在棺曰柩。本疏。
◎書社五百。
　　服曰：書，籍也。《史記·孔子世家》集解。
◎舍於孔氏之外圃。
　　服曰：圃，園。《史記·衛世家》集解。
◎昏，二人蒙衣而乘。
　　服曰：二人謂良夫、大子；蒙衣，爲婦人之服，以巾蒙其頭，而共乘也。《史記·衛世家》集解。
◎孔氏之老欒寧問之。
　　服曰：家臣稱老，問其姓名。《史記·衛世家》集解。
◎稱姻妾以告，遂入適伯姬氏。
　　服曰：入孔氏家，適伯姬所居。《史記·衛世家》集解。
◎孔伯姬杖戈而先。
　　服曰：先至孔悝所。《史記·衛世家》集解。
◎遂刼以登臺。
　　服曰：於衛臺上召衛羣臣。《史記·衛世家》集解。
◎使告季子。

服曰：季路爲孔氏邑宰，故告之。《史記·衛世家》集解。

◎召護駕乘車。

　　服曰：召護，衛大夫；駕乘車，不駕兵車也。言無距父之意。《史記·衛世家》集解。

按：杜本"護"作"獲"，服本蓋如此。

◎行爵食炙。

　　服曰：欒寧使召季路，乃行爵食炙。《史記·衛世家》集解。

◎奉衛侯輒來奔。

　　服曰：召護奉衛侯。《史記·衛世家》集解。

◎食焉，不辟其難。

　　服曰：言食悝之禄，欲救悝之難，此明其不死國也。《史記·衛世家》集解。

◎公孫敢門焉，曰，無入爲也。

　　服曰：公孫敢，衛大夫，言輒已出，無爲復入。《史記·衛世家》集解。

◎石乞、孟黶敵子路。

　　服曰：二子，蒯聵之臣；敵，當也。《史記·衛世家》集解。

◎君子死，冠不免。

　　服曰：不使冠在地。《史記·衛世家》集解。


## 哀十六年

◎稱一人，非名也。

　　服曰：天子自謂一人，非諸侯所當名也。《史記·孔子世家》集解、《元龜》七百九十六。

◎使處吴竟，爲白公。

　　服曰：白，邑名。楚邑大夫皆稱公。《史記·楚世家》集解。

◎請以戰備獻。

　　服曰：欲陳士卒甲兵，如與吴戰時所入獻捷。本疏。

◎以如昭夫人之宫。

　　服曰：昭王夫人，惠王母，越女也。《史記·楚世家》集解。


## 哀十七年

◎國子實執齊秉。

　　服曰：秉，權柄也。《史記·蔡澤列傳》索隱。

◎如魚窺尾。

服義：服氏亦爲魚勞。《詩·汝墳》疏。

◎立公子起。

　　服曰：起，靈公子。《史記·衛世家》集解。

### 哀二十年

◎吳公子慶忌驟諫吳子。

　　服曰：驟，數也。《詩·將仲子》疏。

### 哀二十四年

◎是豐言也。

　　服曰：豐，僞不信也。本疏。

◎饋臧石牛。

　　服曰：牲牛。《儀禮·聘禮》"饋之以其禮"疏。

### 哀二十五年

◎夏，五月，庚辰，衛侯出奔宋。

　　服曰：此下但有"適城鉏以鉤越"，無"奔宋"之事，其説未聞。本疏。

### 哀二十七年

◎公游于陵阪。

　　服曰：陵阪，地名。《史記·魯世家》集解。

## 杜預、服虔《春秋杜氏服氏注春秋左傳》

杜預、服虔撰。服虔有《春秋左氏傳解誼》，已著錄。《隋書·經籍志》注著錄此書云"殘缺"。所謂"杜氏"，謂杜預；所謂"服氏"，謂服虔。據《隋志》，杜氏有《春秋左氏經傳集解》三十卷，服氏有《春秋左氏傳解誼》三十一卷，此書蓋晉以後習《春秋左氏傳》者所編杜氏、服氏兩家注的合訂本。兩家注的合訂本不應僅有十卷，故云"殘缺"。《隋書·經籍志》經部注尚著錄"梁有《毛詩》二十卷，鄭玄、王肅合注"，此《春秋杜氏服氏注春秋左傳》十卷，猶"梁有《毛詩》二十卷，鄭玄、王肅合注"之比也。此書不傳，佚文無考。姚振宗《隋書經籍志考證》指出此書的表述中有兩個"春秋"字樣，是"史駁文"，是也。

# 服虔《春秋左氏膏肓釋痾》

東漢服虔撰。虔有《春秋左氏傳解誼》，已著錄。是書始見於《隋書·經籍一》："《春秋左氏膏肓釋痾》十卷，服虔撰"。兩《唐志》以五卷著錄。後佚。先是，任城何休主《公羊》家，作《公羊墨守》、《左氏膏肓》諸書，力詆《左氏》，虔遂有是書之作。侯康《補後漢書藝文志》云："劉昭注《續漢書·禮儀志上》引《春秋釋痾》，《初學記》二十六引《春秋釋痾》。"今遍檢羣書，可考者亦僅此兩處，捃拾於下，勒爲一卷，以備稽核。

## 服虔《春秋左氏膏肓釋痾》一卷

### 襄公

十一年

◎晉侯以樂之半以賜魏絳。

鄭氏《箴膏肓》曰："大夫、士無樂。《小胥》云：'大夫判縣，士特縣。'士特縣者，《小胥》所云娛身之樂及治人之樂，則有之也。故《鄉飲酒》有工歌之樂是也。《說題辭》云：'無樂者，謂無祭祀之樂，故特牲、少牢無樂。'"《禮記·檀弓上》正義。

《春秋釋痾》曰："漢家郡守行大夫禮，鼎俎籩豆工歌縣。"《後漢書·禮儀志上》劉昭注。

### 昭公

二十年

◎十二月，齊侯田于沛，招虞人以弓，不進。

招虞，見《旌事對》《春秋釋痾》。《初學記》二十六。

# 服虔《春秋左氏傳音》

東漢服虔撰。虔有《春秋左氏傳解誼》，已著録。按《七録》著録《春秋左氏傳》服虔、杜預音三卷，《釋文》著録《春秋左氏傳》服虔音一卷，《舊唐書·經籍志》著録《春秋左氏音隱》一卷，服虔撰，《新唐書·藝文志》著録服虔《左氏音隱》一卷，後佚。前人尚無輯本。今從陸德明《經典釋文》輯得7條，勒爲一卷。

## 服虔《春秋左氏傳音》一卷

### 成二年
◎懼奔辟而忝兩君。

辟，服氏扶亦反。

### 襄二年
◎棄力。

棄力，服本作"棄功"。

### 襄九年
◎弃位而姣。

而姣，户姣反，注同；徐又如字，服氏同。

### 襄二十五年
◎傳：陪臣干掫有淫者。

陪臣干，徐云讀曰扞，胡旦反，注同；服音如字。

### 襄二十七年
◎傳：公喪之如稅服終身。

税服，徐云讀曰總，音歲，注同，謂總衰也；服音吐外反。

### 昭三年
◎傳：其相胡公、大姬。
　　其相，息亮反，服如字。

### 昭十六年
◎傳：幾爲之笑，而不陵我。
　　幾，服音機，近也。

# 董遇《春秋左氏傳章句》

　　三國魏董遇撰。遇有《周易注》，已著錄。此書始見於《經典釋文·序錄》，《隋志》著錄爲三十卷，兩《唐志》著錄同。後佚。馬國翰《玉函山房輯佚書·經編》有輯本一卷，凡十條，名曰《春秋左氏經傳章句》。《續修四庫全書總目提要》云："自賈逵作《春秋左氏解詁》、服虔作《春秋左氏傳解誼》、杜預作《春秋左氏經傳集解》，皆以《左氏》之學見稱于時。然魏晉以來，學者多朋于賈、服，而非杜氏。董氏此編，蓋已發其端。今即其所存數則觀之，其本字多與杜異，而同于賈、服、王肅，則其書大旨，不難推知也。"今遍檢羣書，除馬國翰所輯外，未能更有所獲。茲列馬氏所輯佚文於下，以備稽核。

## 董遇《春秋左氏傳章句》一卷

### 襄公

#### 二十有五年

◎自六正五吏三十帥。

　　五吏，謂一正有五吏，爲三十帥之長。孔穎達《正義》。

#### 二十有七年

◎以誣道蔽諸侯。陸德明《釋文》："蔽，服虔、王肅、董遇並作'弊'，婢世反，云：踣也。"《正義》云："服虔曰：蔽，踣也。一曰：罷也。"則知服本作"弊"，王肅、董遇本皆作"蔽"。

　　謂以誣人之道掩諸侯也。《正義》引王肅、董遇。

#### 二十有九年

◎齊人立敬仲之曾孫偃。今本作"酀"，《正義》云："董遇注作'偃'。"

## 昭公

### 六年

◎王正相士鞅。《釋文》云："古本'士匄'，或作'王正'，董遇、王肅本同。"《正義》云："諸本及王肅、董遇本皆作'王正'，俗本誤爲'士匄'。"

◎我先君共王。今本作"日我先君"，《正義》云："董遇注無'日'字。"

### 十有二年

◎共養三德爲善。今本作"供養"，《正義》云："董遇注本作'共養'。"

盡共，所以養成三德也。《正義》。

### 二十年

◎若琴瑟之搏壹。《釋文》："專，如字。董遇本作'搏'。"

搏，音專。《釋文》。

### 二十有一年

◎干犨御呂封人華豹。《正義》云："或'豹'上有'華'，王肅、董遇並云：呂封人華豹。"

### 二十有三年

◎明其五候。今本作"伍候"，《正義》云："賈、服、王、董並作'五候'。"

五候，候四方及國中之姦謀者。《正義》。

## 定公

### 五年

◎子西問高厚焉。

問城高厚丈尺也。本或有'小大'者，涉下文而誤耳。《正義》。

# 干寶《春秋左氏函傳議》

晉干寶撰。寶有《周易注》，已著録。《隋志》經部著録此書爲十五卷，兩《唐志》著録作《春秋義函傳》十六卷，而《晉書》本傳題作《春秋左氏義外傳》。同一書也，書名不同，卷數差互，不詳其故。後佚。《續修四庫全書總目提要》云："馬氏此本，蓋輯録唐孔穎達《春秋左傳正義》所引一條，唐杜佑《通典》所引一條，總計所輯，都凡四條，勒爲一卷。零金碎玉，實不足以見干氏原書之面目。然史稱寶好陰陽數術之學，留心京房、夏侯勝之傳。又觀其注《易》，多用京氏占候之法以爲象，而援文、武、周公遭遇之期運，一一比附之。則其注《春秋》也，當亦未免用二氏之説，如其説代鼓於社以厭勝之類。蓋皆二子之緒論，斯亦足以推其概略，唯終以不能見其全書爲可惜耳。"

## 干寶《春秋左氏函傳議》一卷

### 隱公
◎十有一年

十盈則更始以奇，從盈數，故言有也。經備文，傳從略，故傳不言"有"。孔穎達《春秋左傳正義》。

### 莊公
◎二十有五年

夏，六月，辛未，朔，日有食之。鼓，用牲于社，非常也。唯正月之朔，慝未作，日有食之，於是乎用幣于社，伐鼓于朝。

秋，大水。鼓，用牲于社、于門，亦非常也。凡天災，有幣，無牲，非日月之眚，不鼓。

朱絲縈社。社，太陰也。朱，火色也。絲屬離。天子伐鼓於社，責羣陰也。諸侯用幣於社，請上公也。伐鼓於朝，退自責也。此聖人厭勝之術。杜佑《通典》卷四十二引干寶，據補。

# 干寶《春秋序論》

　　晉干寶撰。寶有《周易注》，已著録。《隋志》經部著録此書爲二卷，《舊唐書·經籍志》以一卷著録，後佚。姚振宗《考證》云："按此似即《春秋義函傳》之序論。"佚文無考。

# 荀訥《春秋左氏音》

　　晉荀訥等撰。訥（約晉穆帝時人），字世言，新蔡人。仕晉，官至尚書左民郎。事迹略見《經典釋文·序録》。《隋志》經部春秋類注著録此書云："曹耽音、尚書左民郎荀訥等《音》四卷，亡。"兩《唐志》則著録作"《春秋左氏音》四卷，曹耽、荀訥撰"，而《釋文·序録》則作荀訥一人撰。姚振宗《考證》云："按此合兩家《音》爲一帙四卷，《釋文》不及曹耽者，似有所略也。"此書佚文無考。

# 公羊傳之屬

## 樊儵《刪定嚴氏春秋》

　　東漢樊儵撰。儵（？—67），字長魚，南陽湖陽（今唐河西南）人。父宏，光武帝舅父，封壽張侯。儵其長子，嗣侯。拜長水校尉，徙封燕侯。事迹具《後漢書》卷六十二本傳。是書始見於《後漢書》本傳：儵既從侍中丁恭受《公羊嚴氏春秋》，後"刪定《公羊嚴氏春秋章句》，世號'樊侯學'，教授門徒前後三千餘人"。其書久佚，故後史無載，佚文無考。

## 鍾興《春秋章句》

　　東漢鍾興撰。興（生當東漢初年），字次文，汝南汝陽（今商水西南）人。以經術官至左中郎將。事迹具《後漢書·儒林傳》。本傳云："少從少府丁恭受《嚴氏春秋》。恭薦興學行高明，光武召見，問以經義，應對甚明。帝善之，拜郎中，稍遷左中郎將。詔令定《春秋》章句，去其複重，以授皇太子。又使宗室諸侯從興受章句。封關内侯。興自以無功，不敢受爵。"此書史志不載，卷數未詳，散佚已久。清錢大昭《補續漢書藝文志》存其目。佚文無考。

# 荀爽《公羊問》

東漢荀爽撰。爽有《周易注》，已著錄。是書始見於《後漢書》本傳："又作《公羊問》及《辨讖》，并它所論叙，題爲《新書》，凡百餘篇，今多所亡缺。"《隋書·經籍一》："梁有《春秋公羊傳問答》五卷，荀爽問，魏安平太守徐欽答，亡。"兩《唐志》仍錄之，卷帙亦同。後佚。佚文無考。

## 江惇《春秋公羊音》

晉江惇撰。惇有《毛詩音》，已著録。《隋志》經部注著録此書爲一卷，兩《唐志》不復載，是佚矣。其佚文無考。

# 庾翼、王愆期《春秋公羊論》

晉庾翼問，王愆期答。翼（305—345），子稚恭，潁川鄢陵人。庾亮之弟。仕晉，官至車騎將軍。事迹具《晉書》卷七十三本傳。《隋志》經部注著錄此書爲二卷，並云亡。《舊唐書·經籍志》復見著錄，且云"庾翼難，王愆期答"；《新唐書·藝文志》則逕作《難答論》二卷，庾翼難。後佚。佚文無考。

# 穀梁傳之屬

## 尹更始《春秋穀梁傳》

漢尹更始撰。更始有《春秋左氏傳章句》，已著録。《隋書·經籍志》著録樑有《春秋穀梁傳》十五卷，漢諫議大夫尹更始撰，亡。《釋文·序録》《舊唐書·經籍志》並載尹更始《春秋穀梁傳章句》十五卷。《新唐書·藝文志》作"《春秋穀梁傳》十五卷，尹更始注"。注即章句。《宋史·藝文志》不見著録，蓋佚於宋。《清史稿·藝文志》著録漢尹更始《春秋穀梁傳章句》一卷，馬國翰輯。馬國翰輯本《序》云："漢儒傳《穀梁》學者，惟尹及劉向有書。劉書隋、唐《志》不載，范注於劉佚説皆明標劉向。且尹在漢爲《穀梁》博士，名在周慶、丁姓之上，又獨有著書，則凡引《穀梁》説及舊説者，皆尹氏《章句》無疑也。"馬國翰從經疏、《文選注》、《大戴禮記》盧辯注共輯得尹説十六節。本次整理，共得尹説18節，多馬本2節，此二節亦得之於經疏。勒爲一卷。

### 尹更始《春秋穀梁傳》一卷

#### 隱公

##### 元年

◎傳：貝玉曰含。

大夫當五，諸侯當七，天子當九。<sub>楊疏引舊説。</sub>

◎傳：寰内諸侯。

天子以千里爲寰。<sub>《文選》六左太沖《魏都賦》李善注。</sub>

## 九年

◎俠卒。傳：俠者，所俠也。

所者，俠之氏。楊疏引"徐邈引尹更始云"。

## 莊公

### 二十有九年

◎秋，有蜚。

蜚者，南方臭惡之氣所生也，象君臣淫洪，有臭惡之行。范寧《集解》引《穀梁》說。

## 僖公

### 四年

◎傳：昭王南征不反，我將問諸江。

漢濱之人以膠膠船，船壞，昭王溺焉。楊疏引舊説皆云。

### 十有五年九月

◎傳：天子七廟。

天子七廟，據周也。《禮記·王制》孔疏引尹更始説。

⊙按：此條馬本漏輯，今補。

### 十有六年

◎春，王正月，戊申，朔，隕石于宋五。

隕石于宋五，象宋公德劣。國小，陰類也，而欲行霸道，是陰而欲陽行也。其隕，將拘執之象也。是宋公欲以諸侯行天子道也。楊疏引"許慎《異義》載《穀梁》説云，與劉向合"。

⊙按：馬本無末句十二字，清陳壽祺《五經異義疏證》存之，據補。

### 二十有九年

◎秋，大雨雹。

雹者，陰脅陽之象。霰者，陽脅陰之符也。《大戴禮記·曾子天圓》盧辯注引《春秋穀梁》説。

# 文公

## 二年

◎八月丁卯，大事於大廟，躋僖公。傳：大事者何？大是事也，著祫嘗。祫祭者，毀廟之主，陳于大祖；未毀廟之主，皆升合祭于大祖。躋，升也，先親而後祖也，逆祀也。

僖公，閔公庶兄，故文公升僖公之主于閔公之上耳。僖公雖長，已爲臣矣；閔公雖小，已爲君矣。臣不可以先君，猶子不可以先父，故以昭穆父祖爲喻。范寧《集解》引舊説。

## 三年

◎夏五月，王子虎卒。傳：叔服也。此不卒者也，何以卒之？以其來會葬，我卒之也。

魯主此爲會葬事異，故重發之。楊疏引尹氏。

## 九年

◎九月，癸酉，地震。傳：震，動也。地不震者也，震，故謹而日之也。

大臣盛，將動有所變。范寧《集解》引《穀梁》説。

## 十有二年

◎傳：男子二十而冠，冠而列。丈夫三十而娶。女子十五而許嫁，二十而嫁。

男三十而娶。女十五許嫁，筓，二十而嫁。《周禮·地官·媒氏》賈疏引尹更始。

# 宣公

## 九年

◎辛酉，晉侯黑臀卒于扈。傳：其地，於外也。其日，未逾竟也。

逾竟，亦不日。范寧《集解》引舊説。

# 成公

## 五年

◎傳：伯尊至。

伯尊，晉之賢大夫。輦人，晉之隱士。楊疏引舊說。

⊙按：此條馬本漏輯，今補。

◎傳：梁山崩。

山者，陽位，君之象也，象君權壞。范寧《集解》引許慎曰。

## 六年

◎二月，辛巳，立武宮。

武公之宮，廟毀已久矣，故傳曰不宜立也。范寧《集解》引舊說。

## 十有六年

◎春，王正月，雨木冰。

"雨木冰"者，木介甲胄，兵之象。范寧《集解》引《穀梁傳》。

# 哀公

## 十有四年

◎西狩獲麟。

吉凶不並，瑞災不兼。今麟爲周亡，天下之異，則不得爲瑞，以應孔子至玄之暗也。《禮記·禮運》孔疏引"許慎謹案：公議郎尹更始、待詔劉更生等議石渠"。

⊙按：陳氏《疏證》云："《春秋左傳正義·哀十四年》引異。"《左傳正義》引作："許慎稱劉向、尹更始等皆以爲吉凶不並，瑞災不兼。今麟爲周異，不得復爲漢瑞，知麟應孔子而至。"

# 范寧《春秋穀梁傳例》

晉范寧撰。寧有《古文尚書舜典注》，已著録。《隋志》經部著録"《春秋穀梁傳例》一卷，范寧撰"，兩《唐志》不復載，佚。丁國鈞、文廷式、秦榮光、吳士鑑、黃逢元五家《補晉書藝文志》皆録之。文廷式云："按范注每稱'傳例'，疏亦屢引'略例'，是唐時尚存。"按范寧《春秋穀梁傳序》云："於是乃商略名例，敷陳疑滯，博示諸儒同異之説。"楊士勛疏云："商略名例者，即范氏'別爲《略例》百餘條'是也。"《四庫全書總目》著録《穀梁傳注疏》，提要云："又（寧）《自序》有'商略名例'之句，疏稱寧別有《略例》十餘條，此本不載。然注中時有'傳例曰'字，或士勛割裂其文，散入注疏中歟？"《續修四庫全書總目提要》云："是編爲清王謨所輯，録楊氏疏中所引《略例》、《別例》共二十有四條，釐爲一卷。搜採頗稱該洽。詳其大旨，皆研究書法，商略義例，以折中諸儒之異同。惟范氏《傳例》，多見《集解》，王氏自序乃謂其'無容贅録'，缺而不載，是則未免功虧一簣耳。"按：王氏所輯二十四例，皆楊疏"范""例"同標，即作者與書名並舉者，於范注、楊疏惟稱"傳例"者，王氏蓋有疑慮，缺而不載。兹舉一例，"莊三十二年，秋，七月，癸巳，公子牙卒"，范注引何休曰"傳例：大夫不日卒，惡也"，則此處"傳例"恐非范例。知者，《隋志》著録"梁有《春秋公羊傳條例》一卷，何休撰"，兩《唐志》作《公羊條傳》。然則上文所云"傳例"者，何休之傳例也，與范寧無涉。王氏輯本於"傳例"疑者闕焉，蓋亦有因，是其慎也。故本次重輯，於范注、楊疏單舉"傳例"者，置於文末，歸入存目。范寧《春秋穀梁傳例》尚有黃奭輯本，全襲王輯。本次輯佚，較之王本多得討賊例、逆例、敗例、地震例、還例、在例、非列土諸侯而書例等7例，存目32例，總計增入39例。並於"蒐狩例"略有所補。勒爲一卷。

# 范寧《春秋穀梁傳例》一卷

### 討賊例
隱四年"九月，衛人殺祝吁於濮"，傳曰："其月，謹之也。"討賊例時也，衛人不能即討祝吁，致令出入自恣，故謹其時月所在，以著臣子之緩慢也。隱元年夏五月楊疏。

### 逆例
不親逆則例月，重錄之。親迎則例時。隱二年九月范注。

### 日食例
日食凡有四種之別，隱三年"二月，己巳，日有食之"，傳云："言日不言朔，食晦日也。"桓十七年"冬，十月，朔，日有食之"，傳云："言朔不言日，食既朔也。"彼是二日食矣。又莊十八年"三月，日有食之"，傳云："不言日，不言朔，夜食也。"又桓三年"七月，壬辰，朔，日有食之，既"，傳云："言日言朔，食正朔也。"是有四種之別。隱三年二月楊疏。

### 敗例
隱十年六月壬戌"公敗宋師於菅"，敗例日與不日，皆與戰同。隱十年六月范注。

### 不書王例
《春秋》上下無王者，凡一百有八。桓無王者，見不奉王法；餘公無王者，爲不書正月，不得書王。桓初即位，若已見治，故書王以示義。二年書王，痛與夷之卒，正宋督之弒，宜加誅也。十年有王，正曹伯之卒，使世子來朝，王法所宜治也。十八年有王，取終始治桓也。桓元年正月楊疏。

⊙按：王、黃二氏輯本無"桓初即位"以下。據楊疏文意，范例似當截至"取終始治桓也"，因下有"是解元年有王爲謹始也"云云。

### 遂事例
凡有十九。桓八年冬楊疏。

### 逆王后例

逆王后有二者，以書逆王后，皆由過魯。若魯主婚而過我，則言歸。若不主婚而過我，則直言逆。桓九年春楊疏。

### 遷例

凡遷有十。亡遷有三者，齊人遷陽，宋人遷宿，齊師遷紀是也。好遷有七者，邢遷夷儀，衛遷帝丘，蔡遷州來，許遷於葉，許遷於夷，許遷白羽，許遷容城是也。餘遷皆月，許四遷不月者，以其小，略之如邑也。遷紀不月者，文承月下，蒙之可知也。莊十年三月楊疏。

### 災例

災有十二，内則書日，外則書時，國曰災，邑曰火。内則書日，新宮、御廩之類是也。其外則時者，則"宋大水"、"齊大災"之等是也。昭十八年不書時，以四國同日故也。其外災志者皆發傳，故十一年"宋大水"，傳曰"王者之後也"，襄九年"宋災"，嫌火與水異，傳曰"故宋也"，宣十六年"成周宣榭災"，傳曰"以樂器所藏，目之也"，此書"齊大災"，傳曰"其志，以甚也"，昭十八年"宋、衛、陳、鄭災"，傳曰"其志，以同日也"，其九年"陳火"，傳曰"閔陳而存之也"是也。莊二十年夏楊疏。

### 祭祀例

祭祀例有九，皆書月以示譏。九者，謂桓有二烝一嘗，總三也；閔吉禘，四也；僖禘大廟，五也；文著袷、嘗，六也；宣公有事，七也；昭公禘武宫，八也；定公從祀，九也。閔二年五月楊疏。

### 内女卒葬例

内女卒葬例有六，葬有三，卒亦有三。卒者，僖九年伯姬，一也；僖十六年鄫季姬，二也；成八年杞叔姬，三也。葬者，莊四年葬紀伯姬，三十年葬紀叔姬，襄三十年葬宋共姬是也。文十二年子叔姬不數之者，與此伯姬同是未適人，故總爲一也。僖九年七月楊疏。

### 獲例

凡書獲有七：謂莒挐一也，晉侯二也，華元三也，蔡公子濕四也，陳夏齧五也，齊國書六也，麟七也。於晉侯著失民之咎，於蔡公子濕彰公子之病，華元表得衆之辭，莒挐顯公子之始，自餘雖不發，從省文可知也。僖十五年十一月楊疏。

⊙按："僖元年冬，十月，壬午，公子友帥師敗莒師於酈，獲莒挐"，范注引《傳例》曰"獲者，不與之辭"。另，"哀十有四年，春，西狩獲麟。傳：引取之也"，范注引《傳例》曰"諸獲者，皆不與也"。

### 不告朔例

書不告朔有三，皆所以示譏耳。則文六年，閏月不告月，猶朝於廟文，一也；公四不視朔，二也；襄二十九年，公在楚，三也。公既在楚，則是不告朔，故亦以爲一。文六年十月楊疏。

### 猶三望例

猶有五等，發傳者三；僖三十一年"猶三望"，獨發傳者，據始也；宣三年不發傳者，從例也；成七年亦不發傳者，亦爲從例可知也；文六年發傳者，"朝"與"三望"異也；宣八年發傳者，嫌仲遂有罪，得不廢禮，又繹祭與朝廟禮異故也。文六年冬楊疏。

### 夫人行例

夫人行有十二，例時，此致而書月者，蓋以非禮而致，故書月以刺之，餘不書月者，當條皆有義耳。夫人行十二者，文姜七如齊，再如莒，是九也。夫人姜氏會齊侯於陽穀，十也。夫人姜氏會齊侯於下，十一也。并數此夫人姜氏，是十二也。文九年三月楊疏。

### 地震例

地震五，例日。文九年九月楊疏。

### 還例

還例有三。莊八年"秋，師還"，宣十八年"歸父還自晉"，襄十九年"晉士匄帥師侵齊，聞齊侯卒，乃還"。文十三年十二月楊疏。

⊙按：楊疏認爲"《春秋》上下書還者有四"，而范《別例》云三，是文十三年魯公還自晉"蓋直據內爲三，不數外臣故也"。

### 放大夫例

放大夫凡有三，晉放胥甲父一，昭八年楚放公子招二，哀二年蔡人放公孫獵三也。

宣元年夏楊疏。

### 緩辭例
凡三十五。宣三年正月楊疏。

### 作例
作例有六，直云作者三，云新作亦三也，云作三者，謂作丘甲，一也；作三軍，二也；作僖公主，三也。云新作三者，謂新作南門，一也；新延廄，二也；新作雉門及兩觀，三也。言作者不必有新，言新則兼作也。三者皆所以爲譏。成元年三月楊疏。

### 出女例
出女例凡三，齊人來歸子叔姬，一也；郯伯姬來歸，二也；杞叔姬來歸，三也。夫人姜氏歸於齊，出既是同，但内外爲異，故并引之也。成五年正月楊疏。

### 潰例
凡潰者有四，發傳有三。僖四年"蔡潰"，傳曰："潰之爲言上下不相得也。"成九年"莒潰"，傳曰："大夫潰莒而之楚。"二者雖同，是不相得，與君臣不和自潰散少異，故亦發傳。昭二十九年"鄆潰"，彼鄆是邑，與國殊，故重發傳；一解鄆不伐而自潰，與常例異，故重發之。文三年"沈潰"不發者，從例可知也。成九年十一月楊疏。

⊙按："僖四年，蔡潰"，楊疏引《傳例》曰"侵時而此月，蓋爲潰"。

### 乞例
乞師例有三。成十七年秋楊疏。

⊙按：楊疏認爲"三者不釋，從例可知也。乞例六者，乞師五，乞盟一，并之爲六。乞師五者，公子遂、晉郤錡、欒黶、荀罃、士魴是也。乞盟一者，鄭伯是也"。

### 蒐狩例
蒐狩書時，其例有九。書狩有四，言蒐有五。凡書者，皆譏也。稱狩有四者，桓四年"狩於郎"，一也；莊四年"狩於郜"，二也；僖二十八年"狩於河陽"，三也；哀十四年"西狩獲麟"，四也。蒐有五者，昭八年"蒐於紅"，一也；十一年"大蒐於比蒲"，二也；二十二年"大蒐於昌間"，三也；定十三年"大蒐於比蒲"，四也；定十四年又"大蒐於比蒲"，五也。器械皆常，故不云大。言大者，則器械過常。昭八年"蒐於紅",傳云"因蒐狩以習用武事,禮之大者也"。據得禮者言之,比年失禮。昭八年秋楊疏。

⊙按:此節王、黃二本無"凡書者,皆譏也"句及"器械皆常"以下,本次據楊疏增補。

### 在例

在有四。昭三十年正月楊疏。

⊙按:原文爲"在有故",北京大學出版社 1999 年版簡化字本《春秋穀梁傳注疏》於此有校勘記,云:"故,《補注》作'四'。"驗之鍾文烝《春秋穀梁經傳補注》,確作"四"。似當以"四"爲正。

### 唁例

唁有三,弔失國曰唁。昭三十一年夏楊疏。

### 宮廟例

宮廟有三者,三者文有詳略。詳略見功有輕重,丹楹功少,故書時;刻桷功重,故錄月。定元年秋楊疏。

### 非列土諸侯而書例

寰内諸侯,非列土諸侯。非列土諸侯而書之者,賢之也。定四年秋楊疏。

### 克例

克例有六,鄭伯克段一,不克納二,雨不克葬、日中不克葬各二是謂四,通前二爲六也。定十五年戊午楊疏。

### 郊例

書郊有九,僖三十一年"夏,四月,四卜郊,不從,乃免牲,猶三望"一也;宣三年"郊牛之口傷,改卜牛。牛死,乃不郊,猶三望"二也;成七年"鼷鼠食郊牛角"三也;襄七年"夏,四月,三卜郊,不從,乃免牲"四也;襄十一年,"夏,四月,四卜郊,不從,乃不郊"者,五也;定公、哀公並有牲變,不言所食處,不敬莫大,二罪不異,並爲一物,六也;定十五年五月郊,七也;成十七年"九月,用郊"八也;及此年"四月,辛巳,郊"九也。哀元年四月辛巳楊疏。

⊙按：王、黄二本"僖三十一年"皆誤作"僖二十一年"，且前有僖三十一年"三望例"（或"猶例"），黄奭剿襲王謨，此可爲一證。

### 夫人薨例

夫人薨者十，而書葬者十。夫人之道，從母儀。即桓公夫人文姜一，莊公夫人哀姜二，僖公之母成風三，文公之母聲姜四，宣公之母頃熊五，成公之母穆姜六，成公之嫡夫人齊姜七，襄公之母定姒八，昭公之母歸氏九，哀公之母弋氏十。十者並書葬，其隱公夫人從夫之讓，昭公夫人諱同姓，二者皆不書葬也。哀十二年五月甲辰楊疏。

## 存 目

**殺世子例**隱元年五月楊疏。

⊙按：本條目輯自楊疏稱"范云：'痤之罪不子明矣。'然則書殺世子例"，殺世子例内容不明，僅留條目以供參考。

### 滅國例

滅國有三術，中國日，卑國月，夷狄時。隱二年夏范注。

### 及例

及者，内爲志焉爾。隱二年八月庚辰范注。

### 以國氏例

當國以國氏，卑者以國氏，進大夫以國氏。隱二年九月范注。

### 伐例

斬樹木、壞宫室曰伐。伐例時。隱二年十二月范注。

### 盟例

外盟不日。隱三年十二月范注。

前定之盟不日，後定之盟則日。成三年冬丙午楊疏。

盟不日者，渝盟惡之也。定十一年冬范注。

### 葬例

諸侯時葬，正也。月葬，故也。日者憂危最甚，不得備禮葬也。隱三年十二月范注。

失德不葬；君弒，賊不討不葬，以罪下也；日卒，時葬，正也。宣十二年春范注。

### 取例

取，易辭也。伐國不言圍邑，言圍邑，皆有所見。伐國及取邑例時，此月者，蓋爲下戊申衛君完卒日起也。凡例宜時而書月者，皆緣下事當日故也。日必繼於月，故不得不書月。事實在先，故不得後錄也。他皆放此。隱四年二月范注。

### 戰例

桓十年十有二月丙午"齊侯、衛侯、鄭伯來戰于郎"，結日列陣，則日。隱十年六月壬戌楊疏。

不日，疑戰也。桓十年十二月范注。

疑戰不日，不疑戰則例書日。成二年六月癸酉楊疏。

### 往例

往月，危往也。桓大惡之人，故會皆月以危之。桓元年三月范注。

### 納例

納者，內不受也。日之，明惡甚也。桓二年四月范注。

### 致例

致君者，殆其往而喜其反。桓二年冬范注。

惡事不致，公會夷狄伐齊之喪，而致之何也？莊六年"公至自伐衛"，傳曰"不致，則無以見公惡，事之成也"，將宜從此之例。哀十年五月范注。

### 雩例

雩，得雨曰雩，不得雨曰旱。桓五年秋范注。

月雩，正也。時雩，非正也。成七年冬楊疏。

### 歸例

歸爲善，自某歸次之。桓十一年秋范注。

### 入例

大夫出奔反，以好曰歸，以惡曰入。<sub>桓十五年夏范注。</sub>

### 遇例

不期而會曰遇，遇者，志相得也。<sub>莊四年夏范注。</sub>

### 城例

凡城之志，皆譏。<sub>莊二十九年十二月范注。</sub>

### 以例

以者，不以者也。<sub>僖元年秋范注。</sub>

### 涖例

涖，位也。内之前定之盟謂之涖，外之前定之盟謂之來。<sub>僖三年冬范注。</sub>

### 逃例

逃義曰逃。<sub>僖五年秋范注。</sub>

### 殺例

稱人以殺，殺有罪也。<sub>文八年冬范注。</sub>

### 弑君例

凡弑君書日以明正，不系於成君。若舍是庶，成君亦不合書日。而云未成君者，《春秋》不正見者，雖庶亦得書日，即齊侯小白、鄭伯突是也。今商人爲不欲以嫌代嫌，故不去公子，則舍不正之嫌，前已著見。不正巳見，例當書日，爲未成君，故不日耳。<sub>文十四年九月楊疏。</sub>

稱國以弑其君，君惡甚矣。<sub>文十八年冬范注。</sub>

### 師例

將卑師衆曰師，將尊師少直言將。<sub>宣六年春楊疏。</sub>

### 如例

如往月，危往也。宣九年正月楊疏。

### 卒例

諸侯正卒則日，不正則不日。宣九年九月范注。

諸侯之尊，弟兄不得以屬通。莊三十二年七月范注。

⊙按：莊三十二年七月范注引何休言"傳例'大夫不日卒，惡也'。"《隋志》著錄"梁有《春秋公羊傳條例》一卷，何休撰"，兩《唐志》作《公羊條傳》。此"傳例"恐非范氏《春秋穀梁傳例》，而是何休《春秋公羊傳條例》。

### 滅例

滅夷狄時，嬰兒以賢書月。宣十六年正月楊疏。

滅中國日。昭十一年十一月楊疏。

### 災火例

國曰災，邑曰火。宣十六年夏范注。

### 伐例

已伐而盟。復伐者，則以伐致。盟不復伐者，則以會致。襄十一年秋范注。

### 殺大夫例

稱人以殺大夫，爲殺有罪。昭四年秋范注。

### 入例

僖二十八年"三月，丙午，晉侯入曹，執曹伯畀宋人"，傳曰"入者，內弗受也。日入，惡入者也"。次惡則月。哀七年秋楊疏。

### 盜例

微殺大夫謂之盜。哀十三年十一月范注。

# 范寧《薄叔玄問穀梁義》

晉范寧撰。寧有《古文尚書舜典注》，已著錄。《隋志》經部著錄："《薄叔玄問穀梁義》二卷，梁四卷。"兩《唐志》不復載，佚。丁國鈞、文廷式、秦榮光、吳士鑑、黃逢元五家《補晉書藝文志》皆著錄之，卷數仍《七錄》之舊。黃逢元云："《舊唐志》有《穀梁傳義》三卷，題云蕭邕注。《新唐志》作蕭邕《問傳義》三卷。據《隋志》集部錄'《范寧集》十六卷'下間五部注中即次'《薄邕集》七卷'。范寧與薄邕爲同時人，即此可證。竊疑《新唐志》所稱蕭邕'蕭'即'薄'之譌，當爲'薄邕'。《隋志》所稱'叔玄'，當即薄邕字。是書爲薄叔玄《問穀梁傳義》，當即《舊唐志》題云'蕭邕注之《穀梁傳義》'，《新志》承之，故作'蕭邕《問傳義》'。"簡言之，黃氏認爲薄叔玄即蕭邕。黃氏之說當否，不得而知，存之略備一說。是書馬國翰輯爲一卷，《序》云："范作《集解》，叔玄有所駁問，范隨問逐條答之，仿鄭氏《釋廢疾》之體例也。楊士勛疏引十二節：全載答問者四節，內有一節明載薄氏駁，隱括范答；其八節皆載范答薄氏語。大旨論辨義例。叔玄，未詳何人，與范同時，治《穀梁》之學者也。"王謨《漢魏遺書鈔》存佚文八節，未有出馬本之外者。本次重輯，較之馬本於"昭公十二年"多得1節"范答薄氏"，凡13節，勒爲一卷。

## 范寧《薄叔玄問穀梁義》一卷

### 桓公

#### 十年

◎春，王正月，庚申，曹伯終生卒。傳：桓無王，其曰王，何也？正終生之卒也。

答薄氏之駁云：曹伯亢諸侯之禮，使世子行朝，故於卒示譏，則傳云"正"者，謂正治其罪。楊疏。

## 十有二年

### 冬十有一月

◎丙戌，公會鄭伯，盟于武父。丙戌，衛侯晉卒。傳：再稱日，決日義也。

答薄氏云：矍且之卒，畏於日食之下，可知日是也。楊疏。

### 十有六年

◎秋，七月，公至自伐鄭。傳：桓無會，其致何也？危之也。

范寧注：桓公再助篡伐正，危殆之甚，喜得全歸，故致之。

答薄氏駁云：明桓伐突非本心，故言再助。楊疏。

## 莊公

### 六年

◎春，王三月，王人子突救衛。

范寧注：徐邈曰，"諸侯不奉王命，朔遂得篡，王威屈辱，有危，故月也。救衛於義善，故重子突。功不立，故著其危"。

答薄氏云：王者安危，天下所繫，故亦與内同也。楊疏。

### 二十有四年

◎冬，戎侵曹，曹羈出奔陳。赤歸于曹。郭公。傳：赤蓋郭公也。何為名也？禮，諸侯無外歸之義，外歸，非正也。

薄氏駁云："赤若是諸侯，不能治國，合而歸曹，應謂之奔，何以詭例言歸乎？"楊疏。

⊙按：范注於此傳後直引徐說"（郭公）外歸他國，故但書名，以罪而懲之"。馬國翰輯本據楊疏補出范氏答語"凡諸侯出奔其國者，或為人所滅，或受制強臣，迫逐苟免，然後書出。今郭公在國，不被迫逐，往曹事等如歸，故以易辭言之，不得云出奔也"。

### 二十有六年

◎曹殺其大夫。傳：言大夫而不稱名姓，無命大夫也。無命大夫而曰大夫，賢也。為曹羈崇也。

薄氏駁曰："曹羈出奔，經無歸處，曹自殺大夫，何以知是羈也？"又云："術之名，爲晉貶秦，然楚亦敵晉，何以不略而貶之？又此注雖多，未足通崇之義，徒引證據，何益於此哉！"答之曰："羈，曹之賢大夫也。曹伯不用其言，乃使出奔他國，終於受戮，故君子愍之。書殺其大夫，即是崇賢抑不肖之義也。案大夫出奔，或書出，不書入，秦后子是也；或書入，不書出，蔡季是也。史有闕漏，非是一般，何得以無歸之文，則怪其非羈也？秦以交疏之故而略其臣，楚與諸夏會同，所以不略也。"<sub>楊疏</sub>

## 成公

### 十年

◎春，衛侯之弟黑背帥師侵鄭。

答薄氏駁云："諸侯之尊，弟兄不得以屬通，有賢行則書弟。今黑背書弟者，明亦有賢行故也。今黑背書弟者，明亦有賢行故也。"<sub>楊疏</sub>

⊙按：王謨輯本於"故也"后尚存以下文字，"陳侯之弟黃，衛侯之弟專，秦伯之弟鍼，傳無賢行，所以皆云弟者，隱七年'齊侯使其弟年來聘'，傳曰：'其弟云者，以其來接於我舉其貴者也。'是接我者例稱弟。襄二十年'陳侯之弟光奔楚'，昭元年'秦伯之弟鍼出奔晉'，傳皆曰：'親而奔之，惡也。'襄二十七年'衛侯之弟專出奔晉'，傳云：'其曰弟何也？專有是信者。'三者無罪，故稱弟以惡兄。襄三十年'天王殺其弟佞夫'，傳曰：'甚之也。'稱弟以惡王也。昭八年'陳侯之弟招殺陳世子偃師'，傳曰：'其弟云者，親之也。親而殺之，惡也。'是惡而稱其弟也。宣十七年'公弟叔肸卒'，傳曰：'其曰公弟叔肸，賢之也。'莊三十二年'公子牙卒'，無賢行而不稱弟，明稱弟皆賢也。"王氏或以楊疏下云"故范準例言之"爲斷。據文義，"故也"以下當楊疏語，今從馬本。

## 襄公

### 二十有六年

◎八月，壬午，許男寧卒于楚。

范甯注：宣九年九月"辛酉，晉侯黑臀卒于扈"，傳曰"其日，未踰竟也"。此乃在楚，何以日邪？隱三年"八月，庚辰，宋公和卒"，傳曰："日卒，正也。"許男卒于楚，則在外已顯，日卒，明其正。

薄氏駁云："此自發例於大國，不明於小國。其小國或詳或略，許男書日，必正也。"答云："《春秋》稱世子國有非正，周之襄王，晉之恭子，曹伯射姑，亦是其例。

獲且之卒，謂于日食之下，何以知其不日？"楊疏。

## 昭公

### 十有二年

◎晉伐鮮虞。傳曰：其曰晉，狄之也，其狄之何也？不正其與夷狄交伐中國，故狄稱之也。

答薄氏亦言："楚滅陳蔡，而晉不能救，棄盟背好，交相伐攻。"楊疏。

⊙按：此節新得。王、馬二本皆無。

### 三十年

◎冬，十有二月，吳滅徐。

范寧注：滅夷狄時。月者，爲下奔起。

答薄氏云：國不滅而出，以月爲例，國滅而出，出重於滅，滅夷狄雖時，猶加於月。然則溫子不滅而出奔，何以不月？有義而然。弦子之奔，文承八月之下，溫子以逃，在正月之後，何知不月？傳於弦子滅言'不日，微國'，微國則例月，例月則不關於君出，君出之重，不大於滅國。楊疏。

## 定公

### 元年

◎春，王。三月，晉人執宋仲幾于京師。傳：此大夫，其曰人，何也？微之也。何爲微之？不正其執人於尊者之所也，不與大夫之伯討也。

薄氏駁云：仲幾之罪，自委之王吏，非晉人所執，故傳云"不正其執人於尊者之所也"，譏執，不譏無所歸。晉執曹、衛，他處並可言歸，若晉人執仲幾于京師，復何得言歸于京師？若如此論，何以通乎解？答云：晉城成周，宋不即役，晉爲監功之主，因而執之，此自晉人之事，安得委之王吏？傳當以執入於尊者之所，而不以歸於王之有司，非言其不可以執。晉文公執曹、衛之君，各於其國，而並不書國者，以其歸于京師故也。今執仲幾，不書所歸，唯舉其地者，此晉自治之效。若使歸于京師，與執諸侯同，君臣無別也。今直執在京師，不可言歸。此義猶自未通，有義而然。上言城成周，序仲幾于會，於歸言于京師，其言足誤天王居于狄泉，在畿內而別處。若上言城成周，下稱晉人執宋仲幾歸于京師，具見執之異處而歸天子。今晉人於尊者之側，而執人以歸，自治於國，故《春秋》不與其專執地于京師。下文言"此大夫，其曰人何？微之也"。何以知大夫？有義而然。周之稱名，大夫相執無稱名之例，因此見義，明大夫相執不書，書則微之，見伯討失所，故云云，非謂大夫相執得見於經。經書晉人執衛侯，歸之于京師，與伯執稱人不異，異則言侯，故曰以晉侯而斥執曹伯，惡晉侯也，是君臣之別也。<sub>楊疏。</sub>

◎九月。立煬宮。傳：立者，不宜立者也。

范例云：宮廟有三者，三者文有詳略。詳略見功有輕重：丹楹功少，故書時；刻桷功重，故錄月。

答薄氏云：考宮書月，比丹楹爲重，是其三文武宮。<sub>楊疏。</sub>

### 十有五年

◎九月，滕子來會葬。

注：邾、滕，魯之屬國，近則來奔喪，遠則來會葬。於長帥之喪，同之王者，書非禮。

答薄氏云：屬國，非私屬，五國爲屬，屬有長，曹、滕、二邾、莒世屬服事我，故謂之屬。<sub>楊疏。</sub>

# 范寧《春秋穀梁音》

晉范寧撰。寧有《古文尚書舜典注》，已著録。《隋志》於"范寧《春秋穀梁傳集解》十二卷"下注"梁有《穀梁音》一卷，亡"。《魏書·劉芳傳》："芳特精經義，尤長音訓，辨析無疑。芳撰鄭玄所注《周官》、《儀禮》音、干寶所注《周官音》、王肅所注《尚書音》、何休所注《公羊音》、范寧所注《穀梁音》、韋昭所注《國語音》、范曄《後漢書音》各一卷。"則范寧《穀梁音》魏時尚存。《傳》云劉芳"撰"者，當抄綴、編輯之謂也。兩唐《志》不載。丁國鈞《補晉書藝文志》："徐邈《穀梁音》一卷，見兩《唐志》，《七録》脱撰人名。"是丁氏失察於《劉芳傳》。邈或爲《穀梁》音義，然與寧書無涉。文廷式、秦榮光、吳士鑑、黃逢元《補志》皆録范《音》。吳士鑑謂范《音》"《羣經音辨》引"，宋賈昌朝《羣經音辨》卷一"口"字"台，魯地也"，注云"音臺。《春秋傳》'季孫宿，救台'，范寧讀。又土來切"。此《羣經音辨》惟一引據范寧者，亦疑誤記。黃逢元謂范《音》"今散存《穀梁集解》中"，驗之"隱公元年至十一年"范氏《集解》，絕無涉音者，恐黃氏想當然耳。

# 春秋總義之屬

## 鄭衆《春秋牒例章句》

東漢鄭衆撰。衆有《毛詩先鄭義》，已著録。是書始見於《後漢書》本傳：衆"年十二，從父興受《左氏春秋》，精力於學，明《三統曆》，作《春秋難記條例》，兼通《易》《詩》，知名於世"。《隋書·經籍一》著録《春秋左氏傳條例》九卷，注曰："亡。"《舊唐志》作"《春秋左氏傳條例章句》"，《新唐志》作"《牒例章句》九卷"，蓋爲一書而異名，其書後佚。清馬國翰依《新唐志》之名，輯有《春秋牒例章句》一卷，《續修四庫全書總目提要》云："此書亦承劉氏（歆）而説，與《周禮》互發，知《左氏》《周官》，多有可以會通參校者矣。"

### 鄭衆《春秋牒例章句》一卷

**隱公**

　　**元年**

◎是以隱公立而奉之。

　　鄭衆以爲隱公攝立爲君，奉桓爲大子。<sub>本疏。</sub>

　　**八年**

◎四月甲辰，陳鍼子送女，先配而後祖。鍼子曰："是不爲夫婦，誣其祖矣。"

　　鄭衆以配爲同牢食也。先食而後祭祖，無敬神之心，故曰誣其祖也。<sub>本疏。</sub>

# 桓公

## 二年

◎三月，公會齊侯、陳侯、鄭伯于稷，以成宋亂。

鄭衆、服虔皆以成宋亂爲成就宋亂。本疏。

## 六年

◎不以畜牲。

鄭衆、服虔皆以六畜爲馬、牛、羊、豕、犬、雞。本疏。

# 莊公

## 二十一年

◎春，鄭伯享王于闕西。

鄭衆云：象魏，闕也。哀三年魯災，傳稱季桓子御公立于象魏之外，命藏象魏，曰：舊章不可亡也。由此言之，則觀、闕、象魏，其事一也。本疏。

# 閔公

## 二年

◎夏，五月乙酉，吉禘于莊公。

逸禮又云"皆升合於其祖"，所以劉歆、賈逵、鄭衆、馬融等皆以爲然。《禮記·王制》孔疏。

# 僖公

## 五年

◎春，王正月辛亥，朔，凡分至啓閉，必書雲物。

鄭衆云：以二至二分觀雲色，青爲蟲，白爲喪，赤爲兵荒，黑爲水，黃爲豐。本疏。

## 二十四年

◎昔周公弔二叔之不咸，故封建親戚，以蕃屏周。

鄭衆、賈逵皆以二叔爲管叔、蔡叔，傷其不和睦而流言作亂，故封建親戚。本疏。

## 文公

### 十一年

◎皇父之二子死焉。

鄭衆以爲穀甥、牛父二人死耳，皇父不死。本疏。

## 宣公

### 二年

◎見叔牂，曰："子之馬然也。"對曰："非馬也，其人也。"

鄭衆云：叔牂，即羊斟也，在先得歸，華元見叔牂，牂即誑之曰："奔入鄭軍者，子之馬然也，非我也。"華元對曰："非馬也，其人也。"言是女驅之耳。叔牂既與華元合語，而即來奔魯。本疏。

## 襄公

◎四年，魯於是乎始髽。

孔疏：髽之形制，禮無明文，先世儒者，各以意說。鄭衆以爲"枲麻與髮相半結之"，杜以鄭衆爲長，故用其說。本疏。

### 九年

◎筮之，遇《艮》之八。

《周易》之爻，唯有九六，此筮乃言"遇《艮》之八"，二易皆以七八爲占，故此筮遇八，謂艮之第二爻不變者是八也。揲蓍求爻，繫辭有法。其揲所得，有七八九六，說者謂七爲少陽，八爲少陰，其爻不變也。九爲老陽，六爲老陰，其爻皆變也。《周易》以變爲占，占九六之爻，傳之諸筮，皆是占變爻也。其《連山》、《歸藏》，以不變爲占，占七八之爻。二易並亡，不知實然以否。世有《歸藏》易者，僞妄之書，非殷《易》也。假令二易俱占七八，亦不知此筮爲用《連山》爲用《歸藏》？所云"遇《艮》之八"不知意何所道？以爲先代之易，其言亦無所據。賈、鄭先儒，相傳云耳。本疏。

◎吾三分四軍。

注：分四軍爲三部。

賈逵以爲三分四軍爲十二部，鄭衆以爲分四軍爲三部，杜以分爲十二則一部人少，不足亢敵，故從鄭說。本疏。

## 二十五年

◎數疆潦。

鄭衆以爲疆界内有水潦者。本疏。

## 二十六年

◎若塞井夷竈，成陳以當之。

鄭衆云：此范匄所言，苗賁皇亦言之，故聲子引以爲喻。本疏。

◎欒、范易行以誘之。

賈逵、鄭衆皆讀"易"爲變易之易。鄭謂易行，中軍與下軍易卒伍也。本疏。

◎夫小人之性釁於勇。

賈、鄭先儒皆以釁爲動也。本疏。

## 二十九年

◎爲之歌頌。

⊙按：襄二十九年季札聘魯，請觀周樂，爲之歌《邶》《鄘》《衛》《小雅》《大雅》及《頌》等，先鄭彼注云："孔子自衛反魯，然後樂正，《雅》《頌》各得其所。自衛反魯在哀公十一年，當此時，《雅》《頌》未定，而云爲歌《大雅》《小雅》《頌》者，傳家據已定録之，言季札之於樂，與聖人同。"《周禮·春官·大師》賈疏。

## 昭公

### 二年

◎吾乃今知周公之德與周之所以王也。

先代大儒鄭衆、賈逵等，或以爲卦下之彖辭，文王所作；爻下之象辭，周公所作。本疏。

鄭衆、賈逵、虞翻、陸績之徒，以《易》有箕子之明夷，東鄰殺牛，皆以爲《易》之爻辭，周公所作。杜預《春秋左傳序》孔疏。

### 五年

◎享覿有璋。

鄭、服皆以享爲獻耳。《釋文》。

鄭氏先儒，以爲朝聘之禮，使執玉以授主國之君，乃行享禮，獻國之所有。覜，見也，謂行享禮以見主國之君也。本疏。

### 八年

◎自幕至于瞽瞍，無違命。

幕，舜之先也。《史記·陳世家》集解。

### 九年

◎辰在子卯，謂之疾日。

鄭司農注《春秋》，以爲五行子卯自刑。《禮記·檀弓下》孔疏。

### 十年

◎請斷三尺焉而用之。

斷三尺，使至於較，大夫旗至較。《周禮·考工記·輿人》賈疏。

### 十一年

◎鄭莊公城櫟而寘子元焉，使昭公不立。

鄭衆云：子元，即檀伯也。厲公殺檀伯，居櫟，因櫟之衆，偪弱昭公，使至殺死。本疏。

◎臣聞五大不在邊。五細不在庭。

鄭衆云：大子，晉申生居曲沃是也。母弟，鄭共叔段居京是也。貴寵公子，若棄疾在蔡是也。貴寵公孫，若無知食渠丘是也。累世正卿，衛寧殖居蒲、孫氏居戚是也。五細，賤妨貴，少陵長，遠間親，新間舊，小加大也。不在庭，不當使居朝廷爲政也。本疏。

◎齊渠丘實殺無知。

鄭衆以渠丘爲無知之邑。本疏。

### 十三年

◎及盟，子產爭承。

鄭衆云：爭所當承貢賦之輕重。本疏。

◎鄭伯男也。

鄭衆、服虔云：鄭，伯爵，在男服也。本疏。

先鄭之於王城，爲在畿內之諸侯，雖爵爲侯伯，周之舊俗，皆食子男之地，故云"鄭伯男也"。《詩鄭譜》孔疏。

### 十四年
◎任良物官。

鄭衆云：物官，相其才之所宜而官之。本疏。

### 十八年
◎巡羣屏攝。

鄭衆云：攝，攝束茅以爲屏蔽。本疏。

鄭司農云：束茅以爲屏蔽，祭神之處草易然，故巡行之。《周禮·春官·大宗伯》孔疏。

### 二十年
◎琴張聞宗魯死。

賈逵、鄭衆皆以爲子張即顓孫師。本疏。

### 二十二年
◎王弗應。

鄭衆以爲壽卒，王命猛代之，後欲廢猛立朝耳。本疏。

### 二十三年
◎使各居一館。

鄭衆云：使叔孫、子服回各居一館。邾、魯大夫本不同館，無爲復言使各居一館也。欲分別叔孫與子服回不得相見，各聽其辭耳。本疏。

### 二十五年
◎有鸜鵒來巢，書所無也。

《周禮》曰："鸜鵒不踰濟。"今踰；宜穴而又巢，故曰"書所無也"。《周禮·考工記》賈疏。

◎季氏介其雞。

鄭衆云：介，甲也，爲雞著甲。本疏。

## 定公

### 四年

◎綪茷。

鄭衆曰：綪茷，旆名也。《史記·衛康叔世家》集解。

### 八年

◎公會晉師于瓦，范獻子執羔，趙簡子、中行文子皆執雁，魯於是始尚羔。

鄭衆云：天子之卿執羔，大夫執雁。諸侯之卿，當天子之大夫，故傳曰"唯卿爲大夫"。當執雁而執羔，僭天子之卿也。魯人效之而始尚羔，記禮所從壞。本疏。

### 十四年

◎使死士。

鄭衆曰：死士，欲以死報恩者也。《史記·吳世家》集解。

## 哀公

### 七年

◎衆君子立於社宮。

鄭衆曰：社宮，中有室屋者。《史記·曹世家》集解。

### 十五年

◎子羔曰：弗及，不踐其難。

鄭衆曰：是時輒已出，不及事，不當踐其難。子羔言不及，以爲季路欲死國也。《史記·衛世家》集解。

### 十七年

◎如魚窺尾，衡流而方羊。

鄭衆以爲魚勞則尾赤。方羊，遊戲，喻衛侯淫縱。本疏。

## 鄭衆《春秋刪》

　　東漢鄭衆撰。衆有《毛詩先鄭義》，已著錄。是書始見於《後漢書》本傳，傳稱衆受章帝詔作是書十九篇。隋、唐《志》不見著錄，《經義考》卷一百七十二著錄是書，云佚。其佚文無考。

# 劉陶《春秋訓詁》

東漢劉陶撰。陶有《尚書訓詁》，已著録。是書始見於《後漢書》本傳："陶明《尚書》《春秋》，爲之訓詁。"其書不傳，故史志無載。佚文無考。

## 劉陶《春秋條例》

　　東漢劉陶撰。陶有《尚書訓詁》，已著錄。是書始見於《後漢書》本傳：陶上書言張角事，"帝殊不悟，方詔陶次第《春秋條例》"。其書不傳，故史志未載。佚文無考。

## 服虔《春秋漢議駁》

東漢服虔撰。虔有《春秋左氏傳解誼》，已著錄。《隋志》著錄此書爲二卷，並云亡。而兩《唐志》復以十一卷著錄。後佚。《隋志》著錄何休《春秋漢議》十三卷，服虔此駁，即駁何休書也。按《後漢書》本傳曰，虔"以《左傳》駁何休之所駁漢事六十條"，蓋即此書。此書久佚，佚文無考。

# 服虔《春秋塞難》

東漢服虔撰。虔有《春秋左氏傳解誼》，已著録。《隋志》著録是書爲三卷，兩《唐志》著録同。宋後不見著録，蓋已亡佚。佚文無考。"塞難"者，蓋答難之義也。

# 服虔《春秋成長說》

　　東漢服虔撰。虔有《春秋左氏傳解誼》，已著錄。《隋志》著錄此書九卷，兩《唐志》作七卷，後佚。此書之所以以"成長"爲名，姚振宗《隋書經籍志考證》云："按《周禮·占夢》疏引服氏《左傳》説，末云：'成長以爲誤也。'似'成長'，人姓名，有《春秋說》，服氏集而論之，其書撰集于服氏，故此題云服虔撰歟？"馬國翰《玉函山房輯佚書》、侯康《補後漢書藝文志》從《公羊傳》昭公三十一年疏中各輯出一條，內容相同。此次輯佚，亦未能多獲。

### 服虔《春秋成長說》一卷

**《公羊傳·昭三十一年》**

◎五分之，然後受之。

　　服虔《成長義》云：邾婁本附庸，三十里耳，而言五分之，爲六里國也。本疏。

## 服虔《何氏春秋漢記》

　　東漢服虔撰。虔有《春秋左氏傳解誼》，已著録。是書始見於《舊唐書·經籍上》，著録爲十一卷。任城何休主《公羊》家，力詆《左氏傳》，虔遂有是書之作。後史不載，佚文無考。

## 應劭《春秋斷獄》

東漢應劭撰。劭（約153—196），字仲遠，汝南南頓（今河南項城西）人。少篤學，博覽多聞。靈帝時舉孝廉，著述甚富。事迹具《後漢書》本傳。是書始見於《後漢書》本傳。其書不傳，後史不見著録，惟錢大昭《補續漢書藝文志》存其目，佚文無考。

# 穎容《春秋釋例》

東漢穎容撰。容（生卒年未詳），字子嚴，陳國長平（今河南西華東北）人，《後漢書·儒林傳》有傳。是書始見於《隋志》，云："《春秋釋例》十卷，漢公車徵士穎容撰。"兩《唐志》著錄作七卷。後佚。其又名《春秋條例》，見《經典釋文·序錄》。清馬國翰輯有《春秋釋例》一卷，自序云："輯錄二十七節。杜氏亦著《釋例》，書名與穎容同，或因其例而增修之歟？"孫啟治、陳建華《中國古佚書輯本目錄解題》云："王謨、馬國翰皆從《左傳正義》及唐宋類書等採撮，王輯十八節，馬輯二十七節。按：馬輯各節，皆附以傳文，編次較善，所採亦多於王輯。唯王輯從《史記·楚世家》正義採得一節，爲馬所無。"今以馬氏輯本爲本，吸收王氏輯本之長，得28節，勒爲一卷。

## 穎容《春秋釋例》一卷

### 隱公

#### 元年

◎不書即位，攝也。

　　劉、賈、穎爲傳文生例，云：恩深不忍，則傳言不稱；恩淺可忍，則傳言不書。本疏。

### 桓公

#### 二年

◎蔡侯、鄭伯會于鄧，始懼楚也。

　　穎容《三傳例》云：楚居丹陽，今枝江縣故城是。《史記·楚世家》集解。

#### 五年

◎龍見而雩。

穎子嚴以龍見即是五月。本疏。

## 莊公

### 二十二年

◎有媯之後。

穎容《釋例》曰：舜居西域，本曰媯汭。《御覽》一百六十八。

### 二十八年

◎凡邑有宗廟先君之主曰都，無曰邑。邑曰築，都曰城。

穎氏言：凡邑則主爲邑言，則他築非例也。若築臺、築囿、築王姬之館，則皆稱爲築，無大小之異。本疏。

## 僖公

### 五年

◎公既視朔，遂登觀臺。

《春秋釋例》云：太廟有八名《文苑英華》卷七百六十二作"有七名"。其體一也。肅然清静，謂之清廟；行禘祫，序昭穆，謂之太廟；告朔行政，謂之明堂；行饗射，養國老，謂之辟廱；占雲物，望氣祥，謂之靈臺；其四門之學，謂之太學，其中室謂之太室，總謂之宫。《毛詩·大雅·靈台》孔疏。

### 二十四年

◎滕、畢。

穎容《春秋例》曰：漢興，博物洽聞著述之士，前有司馬遷、揚雄、劉歆，後有鄭衆、賈逵、班固，近即馬融、鄭玄，其所著作，違義正者。遷尤多闕略，舉一兩事以言之。《史記》不識畢公文王之子，而言與周同姓；揚雄著《法言》，不識六十四卦，云所從來尚矣。《御覽》六百十八。又見《御覽》六百二，文字稍異。

### 二十六年

◎凡師能左右之曰以。

晉人執季孫以歸，劉子、單子以王猛居于皇，尹氏、毛伯以王子朝奔楚，諸稱"以"，皆小以大，下以上，非其宜也。本疏引劉、賈、許、穎之説。

## 文公

### 二年

◎不登于明堂。

告朔行政，謂之明堂。《類聚》三十八、《初學記》十三。

◎穎容《春秋釋例》曰：周公朝諸侯于明堂，太廟與明堂一體也。春秋人君將出，于宗廟及行策勳，獻俘于廟。《初學記》十三。

### 三年

◎凡民逃其上曰潰。

賈、穎以爲"舉國曰潰，一邑曰叛"。本疏。

### 十年

◎楚子伐麇。

穎容《釋例》云：麇在當陽。《御覽》一百六十七。

### 十八年

◎莒弑其君庶其。

劉、賈、許、穎以爲"君惡及國朝，則稱國以弑；君惡及國人，則稱人以弑"。本疏。

## 宣公

### 七年

◎凡師出，與謀曰及。

劉、賈、許、穎，濫以經諸"及"字爲義。本疏。

### 十七年

◎凡稱弟，皆母弟也。

穎氏又曰：臣無竟外之交，故去弟以貶。季友子招樂憂，故去弟以懲過。鄭段去弟，惟以名稱，故謂之貶。本疏。

## 襄公

### 二十一年

◎雖賤必書，重地也。

穎氏以爲，再命稱人。本疏。

### 二十五年

◎齊人城郟，穆叔如周賀。

穎容著《春秋條例》，言"西城梁門枯水處，世謂之死穀"是也。《水經注》十六《穀水》。

### 二十九年

◎見舞《大武》者。

穎容《春秋釋例》曰：周用六代之禮樂，故有《雲門》《咸池》《大韶》《大夏》《大濩》《大武》也。魯受四代之禮樂，故不舞《雲門》《咸池》，示有降殺也。《御覽》卷五百六十五。

### 三十一年

◎使匄請命。

晉宋古本及《釋例》皆作"丐"，俗本作"匄"。本疏。

## 昭公

### 八年

◎秋，蒐于紅。

劉、賈、穎云：蒐于紅，不言"大"者，言公大失，權在三家也。本疏。

### 九年

◎配以五成。

五行生數，未能變化，各成其事。水凝而未能流行，火有形而未生炎光，木精破而體剛，金強而斫，土鹵而斥。於是，天以五臨民，君化之。傳曰："配以五成。"所以用五者，天之中數也。於是，水得於五，其數六，用能潤下；火得於五，其數七，用能炎上；木得於五，其數八，用能曲直；金得於五，其數九，用能從革；土得於五，其數十，用能革從稼穡。蕭吉《五行大義》一。

### 十一年
◎大蒐于比蒲。

書"大"者，言大衆盡在三家。本疏。

### 二十五年
◎用其五行，氣爲無味。

凡五行相生，謂異類相化。如男女異姓，能至繁殖。若以水濟水，不生嘉味。《五行大義》二。

◎發爲五色。

穎子嚴云：東方木，木色青，木剋於土。土色黃，以青加黃，故爲綠。綠爲東方之間也。又南方火，火色赤。火剋金，金色白。以赤加白，故爲紅。紅爲南方間也。又西方金，金色白，金剋木，木色青。以白加青，故爲碧，碧爲西方間也。又北方水，水色黑。水剋火，火色赤。以黑加赤，故爲紫，紫爲北方間也。又中央土，土色黃。土剋水，水色黑，以黃加黑，故爲緇黃。緇黃爲中央間也。緇黃。黃黑之色也。皇侃《論語集解義疏·鄉黨》。

經有赤狄、白狄。然則東青、北黑、中央黃，皆正色也。土戊，畏於水，故以妹己妻甲，以黃入于青，故東方間色。《五行大義》三。

### 二十六年
◎使女寬守闕塞。

穎容又曰：闕者，上有所失，下得書之于闕，所以求論響于人，故謂之闕矣。《水經注·穀水》。

## 定公

### 二年
◎吳子使舒鳩氏誘楚人。

《釋例》曰：舒有五名，舒國、庸舒、龍舒、舒鳩、舒城，其實一也。《御覽》一百六十九。

### 十三年

◎晉趙鞅入于晉陽。

　　穎容曰：趙簡子居晉陽，至成公，居邯鄲。《元和郡縣圖志》十二《太原府》。

### 十五年

◎冬城漆。

　　穎氏説曰：漆有邾之舊廟。本疏。

## 哀公

### 十四年

◎西狩獲麟。

　　賈逵、服虔、穎容等皆以爲，孔子自衛反魯，考正禮樂，脩《春秋》，約以《周禮》，三年，文成致麟，麟感而至，取龍爲水物，故以爲脩母致子之應。本疏。

## 荀爽《春秋條例》

　　東漢荀爽撰。爽有《周易注》，已著録。是書始見於《後漢書》本傳。其書不傳，後史無載。其佚文無考。

# 范堅《春秋釋難》

晉范堅撰。堅（約晉懷帝至晉成帝時人），字子常，南陽順陽（今淅川）人。范汪叔父。仕晉，官至護軍長史。事迹附見《晉書》卷七十五《范汪傳》。《隋志》經部注著錄此書爲三卷，並云亡。佚文無考。按《隋志》多有以《釋滯》《釋疑》命名之書，此書以《釋難》爲名，蓋同一類也。

# 江熙《春秋公羊穀梁二傳評》

晉江熙撰。熙有《毛詩注》，已著錄。《隋志》經部著錄此書爲三卷，但不題撰人。兩《唐志》著錄此書皆題江熙之名，則是書爲熙所撰無疑。馬國翰輯本一卷，《序》云："范寧《集解》引十九節，據輯。按范《序》云：'先君北蕃回軫，頓駕于吳，乃帥門生故吏，我兄弟子侄，研講六籍，次及《三傳》。'又云：'釋《穀梁傳》者，雖近十家，皆膚淺末學，不經師匠。'楊士勛疏：'門生，同門後生。故吏，謂昔日君臣江、徐之屬是也。'又解'十家'有江熙。熙評二傳，非專釋《穀梁》。且范解亟取其說，而無所斥駁，所謂'與二三學士，及諸子弟，各記所識，並言其意'，當不在十家之內也。"姚振宗《隋書經籍志考證》云："按：楊疏以徐邈爲故吏則不然，以江熙爲故吏則誠有之。蓋汪爲徐兗二州刺史，江爲兗州別駕，是故吏也。"今觀其評，如莊公八年評"善師者不陳"，云"上兵伐謀，何乃至陳"？評"善戰者不死"，云"辟實攻虛則不死"；評"善死者不亡"，云"見危授命，義存君親，雖沒猶存"，皆簡而有當。馬氏輯本，頗有疏失之處。何者？江熙意在評傳，而馬氏輯本往往只錄《春秋》經文而失錄《穀梁傳》文，則江熙之評豈不近乎無的放矢乎！是故本次整理別附傳文。

## 江熙《春秋公羊穀梁二傳評》一卷

### 桓公

#### 二年

◎三月，公會齊侯、陳侯、鄭伯于稷，以成宋亂。

傳：以者，内爲志焉爾公爲志乎成是亂也。此成矣，取不成事之辭而加之焉。於内之惡，而君子無遺焉爾。

江熙曰：《春秋》親尊皆諱，蓋患惡之不可掩，豈當取不成事之辭，以加君父之惡乎？案：宣四年："公及齊侯平莒及郯。"傳曰："平者，成也。"然則成亦平也。公與齊、陳、鄭欲平宋亂，而取其賂鼎，不能平亂，故書"成宋亂"。"取郜大鼎，納于太廟",微旨見矣。尋理推經,傳似失之。范寧《集解》。

### 三年

◎夏,齊侯衛侯胥命于蒲。

傳:胥之爲言猶相也。相命而信諭,謹言而退,以是爲近古也。是必一人先,其以相言之何也？不以齊侯命衛侯也。

江熙曰:夫相與親比,非一人之德,是以同聲相應,同氣相求。齊、衛胥盟,雖有先倡,倡和理均。若以齊命衛,則功歸于齊;以衛命齊,則齊僅隨從。言其相命,則泯然無際矣。范寧《集解》。

## 莊公

### 三年

◎五月,葬桓王。

傳:改葬也。改葬之禮,緦舉下緬也。

江熙曰:葬稱公,舉五等之上;改葬禮緦,舉五服之下:以喪緬貌遠也。天子、諸侯,易服而葬,以爲交於神明者,不可以純凶,況其緬者乎？是故改葬之禮,其服唯輕。言緬,釋所以緦也。范寧《集解》。

### 八年

◎正月甲午治兵。

傳:善爲國者不師。

江熙曰:鄰國望我,歡若親戚,何師之爲？范寧《集解》。

傳:善師者不陳。

江熙曰:上兵伐謀,何乃至陳？范寧《集解》。

傳:善戰者不死。

江熙曰:辟實攻虛則不死。范寧《集解》。

傳:善死者不亡。

江熙曰:見危授命,義存君親,雖没猶存。范寧《集解》。

### 十有二年

◎春,王三月,紀叔姬歸于酅。

傅：國而曰歸。此邑也，其曰歸何也？吾女也失國，喜得其所，故言歸焉爾。

江熙曰：四年，齊滅紀，不言滅而言大去者，義有所見爾，則國滅也。叔姬來歸，不書，非歸寧，且非大歸也。叔姬守節，積有年矣。紀季雖以酅入于齊，不敢懷貳。然襄公豺狼，未可闇信。桓公既立，德行方宣於天下。是以叔姬歸于酅，魯喜其女得申其志。范寧《集解》。

**二十有一年**

◎秋，七月戊戌，夫人姜氏薨。

傅：婦人弗目也。

江熙曰：文姜有弒公之逆，而弗目其罪。范寧《集解》。

## 閔公

**二年**

◎冬，齊高子來盟。

傅：其曰來，喜之也。其曰高子，貴之也。盟，立僖公也。不言使何也？不以齊侯使高子也。

江熙曰：魯頻弒君，僖公非正也。桓公遣高傒立僖公以存魯，魯人德之，不名其使以貴之。貴其使，則其主重矣。范寧《集解》。

## 僖公

**元年**

◎冬，十月壬午，公子友帥師敗莒師于麗，獲莒挐。

傅：惡公子之紿。紿者奈何？公子友謂莒挐曰：吾二人不相說，士卒何罪？屏左右而相搏。公子友處下，左右曰"孟勞"。孟勞者，魯之寶刀也。公子友以殺之。然則何以惡乎紿也？

江熙曰：經書"敗莒師"，而傳云"二人相搏"，則師不戰，何以得敗？夫王赫斯怒，貴在爰整。子所慎三，戰居其一。季友，令德之人，豈當舍三軍之整，佻身獨鬪，潛刃相害，以決勝負者哉？雖千載之事難明，然風味之所期，古猶今也。此又事之不然，傳或失之。范寧《集解》。

### 四年

◎夏,齊人執陳袁濤塗。

傳:齊人者,齊侯也。其人之何也?於是哆然外齊侯也,不正其踰國而執之也。

江熙曰:踰國,謂踰陳而執陳大夫。主人之不敬客,由客之先不敬主人。哆然衆有不服之心,故《春秋》因而譏之,所謂以萬物爲心也。莊十七年"齊人執鄭詹",傳與其執者,詹奔在齊,因執之。范寧《集解》。

### 五年

◎冬,晉人執虞公。

江熙曰:《春秋》有州公、郭公、虞公,凡三公,非爵也。傳以爲下執之辭,嘗試因此論之。五等諸侯,民皆稱曰公,存有王爵之限,没則申其臣民之稱。州公舍其國,故先書州公。郭公盜而歸曹,故先名而後稱郭公。夏陽亡則虞爲滅國,故宜稱虞公。三人殊而一致,三公殊而同歸,生死齊稱,蓋《春秋》所賤。范寧《集解》。

### 二十有四年

◎冬天王出居于鄭。

傳:天子無出,出失天下也。

江熙曰:天子必巡守然後行,故河陽之守,全天王之行也。平王東遷,其詩不能復雅而列爲國風。襄王奔鄭,不得全天王之行,則與諸侯不異,故書出也。夫子祖述堯舜,憲章文武,斯文是作,不以道假人。傳言"失天下",闕然如有未備。范寧《集解》。

### 二十有七年

◎冬,楚人、陳侯、蔡侯、鄭伯、許男圍宋。

傳:楚人者,楚子也。其曰人何也?人楚子,所以人諸侯也。其人諸侯何也?不正其信夷狄而伐中國也。

江熙曰:夫屈信理對,言信必有屈也。宋楚戰于泓,宋以信義而敗,未有闕也,楚復圍之。夫三人行,必有我師,諸侯不能以義相師,反信楚之曲,屈宋之直,是義所不取。信曲屈直猶不可,況乃華夷乎?楚以亡義見貶,則諸侯之不從,不待貶而見也。然則四國信楚而屈宋,《春秋》屈其信而信其屈,貶楚子于兵首,則彼碌碌者,以類見矣,故曰"人楚子,所以人諸侯"。范寧《集解》。

## 成公

### 八年

◎冬十月癸卯,衛人來媵。

傳:媵,淺事也,不志,此其志何也?以伯姬之不得其所,故盡其事也。

江熙曰:共公之葬由伯姬,則共公是失德者也。傷伯姬賢而嫁不得其所。范寧《集解》。

## 哀公

### 二年

◎夏,四月丙子,晉趙鞅帥師納衛世子蒯聵于戚。

注:"鄭君曰:蒯聵欲殺母,靈公廢之是也。若君薨有反國之道,當稱子某,如齊子糾也。今稱世子,如君存,是《春秋》不與蒯聵得反立明矣。"

江熙曰:鄭世子忽反正有明文,子糾但於公子爲貴,非世子也。范寧《集解》。

傳:納者,内弗受也。帥師而後納者,有伐也。何用弗受也?以輒不受也。以輒不受父之命,受之王父也。信父而辭王父,則是不尊王父也。其弗受,以尊王父也。

注:寧不達此義。

江熙曰:齊景公廢世子,世子還國,書篡。若靈公廢蒯聵,立輒,則蒯聵不得復稱曩日世子也,稱蒯聵爲世子,則靈公不命輒審矣。此矛楯之喻也。然則從王父之言,傳似失矣。經云"納衛世子","鄭世子忽復歸于鄭",稱世子,明正也。明正,則拒之者非邪?范寧《集解》。

### 三年

◎春,齊國夏、衛石曼姑帥師圍戚。

傳:此衛事也,其先國夏何也?子不圍父也。不繫戚于衛者,子不有父也。

江熙曰:國夏首兵,則應言衛戚。今不言者,辟子有父也。子有父者,戚繫衛,則爲大夫屬于衛。子圍父者,謂人倫之道絶,故以齊首之。范寧《集解》。

# 謝莊《春秋圖不分卷》

　　南朝宋謝莊撰。莊有《琴論》，已著錄。朱彝尊《經義考》卷一百七十五著錄此書，並引《南史·謝莊傳》云："分《左氏》經傳，隨國立篇，制木方丈，圖山川土地，各有分理，離之則州別郡殊，合之則宇内爲一。"張溥《謝光祿集題詞》云："《左氏》經傳，分國立篇，征南以後，當稱奇書，竟滅不傳，所猶抱恨。"按：以地圖佐解《春秋》，別開注經門徑，宜乎譽之爲"奇書"也。此書不傳，佚文無考。

## 劉之遴《春秋大意十科左氏十科三傳同異十科》

　　南朝梁劉之遴撰。之遴（477—548），字思貞，南陽涅陽（今河南鄧州）人。仕梁，官至太常卿。事迹具《梁書》卷四十、《南史》卷五十本傳。此書史志未載，始見本傳。朱彝尊《經義考》卷一百七十五著録曰"佚"。按本傳云："之遴好屬文，多學古體。是時《周易》、《尚書》、《禮記》、《毛詩》並有高祖義疏，惟《左氏傳》尚闕。之遴乃著《春秋大意》十科，《左氏》十科，《三傳同異》十科，合三十事以上之。高祖大悦，詔答之曰：'省所撰《春秋》義，比事論書，辭微旨遠。編年之教，言闡義繁，丘明傳洙泗之風，公羊稟西河之學，鐸椒之解不追，瑕丘之説無取。繼踵胡母，仲舒云盛，因循《穀梁》，千秋最篤。張蒼之傳《左氏》，賈誼之襲荀卿，源本分鑣，指歸殊致，詳略紛然，其來舊矣。昔在弱年，乃經研味，一從遺置，迄將五紀。兼晚冬晷促，機事罕暇，夜分求衣，未遑搜括。須待夏景，試取推尋，若溫故可求，別酬所問也。'"其書久佚，佚文無考。

孝經類

# 張禹《孝經安昌侯説》

西漢張禹撰。禹（？—前5年），字子文，河内軹（今濟源）人。官至丞相，封安昌侯。事迹具《漢書》卷八十一本傳。《漢志》著録此書爲一篇，《隋志》以下不復著録，蓋亡佚久矣。清馬國翰《玉函山房輯佚書》據邢昺《孝經正義》徵引輯録，凡六節，而其昭然爲張禹所説者，一節而已。蓋馬氏輯佚，時有貪多濫收之病。譬如"《正義》引舊説"，"舊説"多矣，安知其必爲張禹之説耶？故將馬氏輯本舊説5節列於存目。

## 張禹《孝經安昌侯説》一卷

### 開宗明義章第一
◎仲尼居。

仲者，中也。尼者，和也。言孔子有中和之德，故曰仲尼。<sub>邢疏引劉瓛述張禹之義。</sub>

## 存　目

### 天子章第二
◎子曰：愛親者不敢惡於人，敬親者不敢慢於人。

愛生於真，敬起自嚴。孝是真性，故先愛後敬也。<sub>邢疏引舊説。</sub>

◎《甫刑》云："一人有慶，兆民賴之。"

天子自稱則言"予一人"，予，我也，言我雖身處上位，猶是人中之一耳，與人不異，是謙也。若臣人稱之則惟言一人，言四海之内惟一人，乃爲尊稱也。<sub>邢疏引舊説。</sub>

### 卿大夫章第四
◎非先王之法服不敢服，非先王之法言不敢道，非先王之德行不敢行，是故非法不言，非道不行，口無擇言，身無擇行，言滿天下無口過，行滿天下無怨惡，三者備矣，然後能守其宗廟，蓋卿大夫之孝也。《詩》云："夙夜匪懈，以事一人。"

天子諸侯各有卿大夫，此章既云言行滿於天下，又引《詩》云"夙夜匪懈，以事一人"，是舉天子卿大夫也。天子卿大夫尚爾，則諸侯卿大夫可知也。邢疏引舊説。

### 士章第五
◎故以孝事君則忠。

入仕本欲安親，非貪榮貴也。若用安親之心，則爲忠也。若用貪榮之心，則非忠也。邢疏引舊説。

### 庶人章第六
◎故自天子至於庶人，孝無終始而患不及者，未之有也。

患及身。邢疏引鄭曰："諸家皆以爲患及身。"

## 鄭衆《孝經注》

　　東漢鄭衆撰。衆有《毛詩先鄭義》，已著録。是書始見於《隋書·經籍一》："梁有鄭衆注《孝經》二卷，亡。"後史不見著録，佚文無考。

# 許慎《孝經孔氏古文説》

　　東漢許慎撰。慎有《春秋左傳許氏義》，已著録。是書成于安帝建光元年，慎子沖《進〈説文〉表》曰："慎又學《孝經孔氏古文説》。古文《孝經》者，孝昭帝時魯國三老所獻。建武時，給事中議郎衛宏所校，皆口傳，官無其説，謹撰具一篇並上。"其書後史不見著録，蓋已亡佚，佚文無考。

# 蘇林《孝經注》

　　三國魏蘇林撰。林（生卒年不詳），字孝友，一云彥友，陳留外黃（今民權西北）人。以文學顯，事迹略見《三國志》之《高堂隆傳》、《王肅傳》注引《魏略》。《隋志》卷一注云："梁有魏散騎常侍蘇林注《孝經》一卷，亡。"兩《唐志》均著錄蘇林《孝經注》一卷，是此書佚而復出者也。此後則真亡矣，其佚文無考。

# 何晏《孝經注》

三國魏何晏撰。晏有《周易何氏解》，已著録。《隋志》經部孝經類注云："梁有魏吏部尚書何晏注《孝經》一卷，亡。"所謂"梁有"者，謂南朝梁阮孝緒《七録》著録有也，而彼時已亡。而《經典釋文·序録》所列孝經注家，何晏居其一。考陸德明撰《經典釋文》在南朝陳時，則此書陳時尚存也。兩《唐志》不復載，蓋亡於唐也。其佚文無考。

# 謝萬《集解孝經》

晉謝萬撰。萬有《周易繫辭注》，已著録。《隋志》經部孝經類著録此書，兩《唐志》著録作《孝經》一卷，謝萬注。後佚。馬國翰輯本一卷，凡四節。據馬氏稱，皆輯自邢昺《孝經正義》。自今觀之，止有一節標明引自謝萬；其餘三節，皆由推理而來，且理由牽强，難以自圓其説。其尤著者，其第四節"子曰：五刑之屬三千，而罪莫大於不孝"，《正義》引舊注及謝安、袁宏、王獻之、殷仲文等説云"不孝之罪，聖人惡之，在三千條外"，明與謝萬無涉，僅以萬乃安弟即輯入，無乃不可乎！本次重輯，未有新增，可信者1條，録爲正文；闌入者3條，列入存目。

## 謝萬《集解孝經》一卷

### 庶人章第六

◎故自天子至於庶人，孝無終始，而患不及者，未之有也。

無終始恆患不及，未之有者，少賤之辭也。邢疏引謝萬"以爲"。

言爲人無終始者，謂孝行有終始也；患不及者，謂用心憂不足也。能行如此之善，曾子所以稱難，故鄭注云："善未有也。"邢疏引謝萬云。

## 存　目

### 廣揚名章第十四

◎居家理，故治可移於官。

"居家理"下闕一"故"字。邢疏引先儒"以爲"。馬國翰按云："今注疏本'理'下有'故'字。《正義》曰：'先儒以爲"居家理"下闕一"故"字，御注加之。'據此，則唐以前本皆無'故'字，並以爲闕也。"

### 五刑章第十一

◎子曰：五刑之屬三千，而罪莫大於不孝。

不孝不孝之罪，聖人惡之，云在三千條外。邢疏引舊注及謝安、袁宏、王獻之、殷仲文等。

### 諫諍章第十五

◎昔者天子有争臣七人。

《文王世子》記曰：虞、夏、商、周，有師保，有疑丞，設四輔及三公，不必備，惟其人。邢疏。馬國翰按云："《正義》曰：孔、鄭二注及先儒所傳，並引《禮記·文王世子》以解'七人'之義。下接'按：《文王世子》云云'。"

# 袁宏《集議孝經》

晉袁宏撰。宏有《周易譜》，已著録。《隋志》經部孝經類著録此書爲一卷，云"晉東陽太守袁敬仲集"。姚振宗《隋書經籍志考證》云："袁敬仲，當爲'袁彦伯'，此殆因漢衛宏字敬仲而誤。"丁國鈞《補晉書藝文志》説同。按之《釋文·序録》，姚丁二氏之説是也。彦伯，袁宏字也。兩《唐志》不見著録，蓋唐時佚矣。佚文無考。

# 殷仲文《孝經注》

晉殷仲文撰。仲文（？—407），字仲文，陳郡長平（今西華東北）人。仕晉，官至東陽太守，後以謀反誅。事迹具《晉書·叛逆傳》。《隋志》經部孝經類著録此書爲一卷，云："梁有，亡。"而兩《唐志》復見著録，是亡而復得也。後佚。馬國翰《玉函山房輯佚書》輯本一卷，僅四條。馬氏《序》云："邢昺《正義》引三節，其以'表德之字'説'仲尼'，與'不孝之罪在二千條外'説'五刑之屬'節，《正義》皆不取。而其説'至德要道'云：'窮理之至，以一管衆爲要。'粹然理語，周子《通書·聖學篇》所謂'一爲要'者，實探源於此。顧世無稱述，得毋以桓玄戚黨，惡其人而並棄其言耶？"本次重輯，未有新增，以3節入正文，1節入存目，仍之一卷。

## 殷仲文《孝經注》一卷

### 開宗明義章第一

◎仲尼居，曾子侍。

　　夫子深敬孝道，故稱表德之字。邢疏。

◎子曰：先王有至德要道，以順天下，民用和睦，上下無怨，汝知之乎？

　　窮理之至，以一管衆爲要。

### 五刑章第十一

◎子曰：五刑之屬三千，而罪莫大於不孝。

　　不孝之罪，聖人惡之，云在三千條外。

# 存　目

**廣揚名章第十四**

◎子曰：居家理，故治可移於官。

"居家理"下闕一"故"字。並同上。

⊙按：馬國翰按云："今注疏本有'故'字。《正義》曰：'先儒以爲"居家理"下闕一"故"字，御注加之。'據此，則唐以前本並以爲闕。"而"先儒"多矣，未必殷仲文，故不取之，列爲存目。

# 荀昶《集議孝經》

　　南朝宋荀昶撰。昶（生卒年不詳），字茂祖，潁川潁陰（今許昌）人。元嘉初，以文義至中書郎。事迹略見《宋書》卷六十《荀伯子傳》。《隋志》著録此書爲二卷，《日本國見在書目》著録作《孝經集議》，兩《唐志》作《講孝經集解》一卷。按《唐會要》卷七十七載開元七年左庶子劉知幾《上孝經注議》曰："謹按今俗所行《孝經》，題曰'鄭氏注'。爰自近古，皆云鄭即康成。而魏晉之朝，無有此説。至晉穆帝永和十一年，及孝武帝太元元年，再聚羣臣，共論經義。有荀昶者，撰集《孝經》諸説，始以鄭氏爲宗。"又載國子祭酒司馬貞《議》曰："今文《孝經》，其注相承云是鄭玄所著，而《鄭志》及《目録》不載，故往賢共疑焉。唯荀昶、范煜以爲鄭注，故昶《集解孝經》，具載此注。"姚振宗《隋書經籍志考證》云："按荀昶是書，前一卷爲集議及自序，後一卷爲集解。集議者，集晉永和、太元兩朝之議，此所著録一卷是也。劉知幾、司馬貞所言，即本諸此。集解則集孔傳以下諸家之解，以鄭氏爲宗，隋時亡矣。《日本書目》云《集議》二卷，則據前一卷之名以統之也。"然則，此書雖亡，其内容大體可知。佚文無考。

# 謝稚《孝經圖》

　　南朝宋謝稚撰。稚（生卒年不詳），陳郡陽夏（今太康）人。初爲晉司徒主簿，入宋，爲西陽太守。事迹略見唐張彥遠《歷代名畫記》卷五。《隋志》"孝經類"注云："梁有《孝經圖》一卷，亡。"不著撰人。姚振宗《隋書經籍志考證》云："《歷代名畫記》引《貞觀公私畫史》曰：'謝稚，陳郡陽夏人，有《孝經圖》一卷。'似即此書。又兩《唐志》有《孝經瑞應圖》一卷，亦似此書。"按：如姚氏所言，此書蓋後世《二十四孝圖》之類之權輿也，惜乎佚文無考。

# 周顒、謝曇濟《孝經義疏》

　　南朝齊周顒、謝曇濟撰。顒有《周易論》，已著錄。《隋志》經部孝經類著錄此書稱"梁有，一卷，亡"，不著撰人姓名。按《南史·文惠太子長懋傳》云："永明三年，於崇正殿講《孝經》，少傅王儉令太子僕周顒撰爲《義疏》。"又《南齊書·周顒傳》云："顒卒官時，會王儉講《孝經》未畢，舉曇濟自代，學者榮之。"姚振宗《隋書經籍志考證》云："按《周顒傳》'舉曇濟自代'者，代其所撰未畢之《義疏》也。然則是書始作於周顒，成於謝曇濟。"佚文無考。

# 江避《孝經注》

　　南朝梁江避撰。避（生卒年不詳），濟陽考城（今蘭考東）人，博學有思理。事迹具《梁書》卷四十九、《南史》卷三十三本傳。《隋志》經部孝經類注云："梁有江遜《孝經注》一卷，亡。"姚振宗《考證》云："按《梁書·何遜傳》：'濟陽江避爲南平王大司馬府記室，博學有思理，更注《論語》、《孝經》。'此江遜疑即江避之訛。"徐崇《補南北史藝文志》持說同。按：陸德明《經典釋文》所錄《孝經》注家無江避。

# 周弘正《孝經私記》

南朝陳周弘正撰。弘正有《周易義疏》,已著錄。《隋志》著錄此書爲二卷,後佚。按《陳書》本傳云:"所著《論語疏》十一卷、《孝經疏》二卷,行於世。"然則"私記"乃"疏"之別名也。佚文無考。

論語類

# 張禹《魯安昌侯説》

西漢張禹撰。禹有《孝經安昌侯説》，已著録。《漢志·六藝略·論語類》著録此書爲二十一篇，小序云："漢興，有齊、魯之説。傳《齊論》者，昌邑中尉王吉、少府宋畸、御史大夫貢禹、尚書令五鹿充宗、膠東庸生，唯王陽名家。傳《魯論語》者，常山都尉龔奮、長信少府夏侯勝、丞相韋賢、魯扶卿、前將軍蕭望之、安昌侯張禹，皆名家。張氏最後而行於世。"《經典釋文·序録》："安昌侯張禹受《魯論》於夏侯建，又從庸生、王吉受《齊論》，擇善而從，號曰《張侯論》。最後而行於漢世，禹以《論》授成帝。"此所言張禹師承與本傳稍異，本傳云其："從琅邪王陽、膠東庸生問《論語》。"《隋志·經部論語類》小序云："張禹本授《魯論》，晚講《齊論》，後遂合而考之，刪其煩惑。除去《齊論·問王》、《知道》二篇，從《魯論》二十篇爲定，號《張侯論》，當世重之。周氏、包氏，爲之章句，馬融又爲之訓。漢末，鄭玄以《張侯論》爲本，參考《齊論》、古《論》而爲之注。魏司空陳羣、太常王肅、博士周生烈，皆爲義説。吏部尚書何晏，又爲集解。"是今所行即《張侯論》也。至於張書二十一篇，較之今本多出一篇者，姚振宗《漢書藝文志條理》以爲"疑即鄭氏所注《論語篇目弟子》"，張舜徽《漢書藝文志通釋》謂"多出一篇，蓋猶後世著述家之叙録也。學術源流，傳授始末，悉於是篇詳之"。是書之散佚，當在鄭玄注、何晏集解盛行之後。世遠言湮，佚文無考。

## 鄭衆《論語傳》

東漢鄭衆撰。衆有《毛詩先鄭義》，已著録。是書惟見《册府元龜》卷六百五，云："東漢鄭衆爲大司農，傳《毛詩》及《左氏條例章句》，又傳《周官》《禮記》《論語》《孝經》。"此所云傳，乃傳注之傳。史志失載，卷數無考。清朱彝尊《經義考》據《册府元龜》録之，錢大昭、顧櫰三、姚振宗三家所補《東漢藝文志》亦爲之立目。佚文無考。

## 蔡邕《今字石經論語注》

　　後漢蔡邕撰。邕有《月令章句》,已著錄。是書兩《唐志》著錄爲二卷,《宋志》不載,蓋已亡佚。"今字",謂隸書也。佚文無考。

# 陳羣《論語陳氏義説》

三國魏陳羣撰。羣（？—236），字長文，潁川許昌人。仕魏，官至司空，封潁陰侯。事迹具《三國志》卷二十二本傳。此書不見史志著録，本傳與《經典釋文》亦未提及，其卷數未詳。據何晏《論語集解序》，知陳羣爲《集解》所采八家舊注之一，馬國翰據以輯之爲一卷，見《玉函山房輯佚書》。《續修四庫全書總目提要》云："其名《義説》者，亦依何《序》之言，非陳者書之確名也。何晏雖集諸家之善，仍以漢儒爲主。而羣多同舊説，故採納不廣。若陳解較漢儒明達顯露，則亦存而不舍。如注'季路問事鬼神章'云：'鬼神及死事難明，語之無益，故不答也。'而《世説新語》注引作馬融。如陳全同馬説，則不必舍馬而從陳。故陳鱣《論語古訓》、劉寶楠《論語正義》並疑非馬注也。"按：馬氏輯本凡三節，可知《集解》取陳甚少。另，馬本於各節佚文下別附皇侃《義疏》，似有蛇足之嫌。本次重輯於馬本別無所增，惟指出其誤校1處。

## 陳羣《論語陳氏義説》一卷

### 先進第十一

◎子曰："孝哉，閔子騫！人不間於其父母昆弟之言。"

言子騫上事父母，下順兄弟，動静盡善，故人不得有非間之言。何晏《集解》、《史記·仲尼弟子列傳》裴駰《集解》。皇侃《義疏》所引小異。

⊙按：馬氏"《史記·仲尼弟子列傳》裴駰《集解》引同皇本"云云，誤也。實裴駰《集解》所引與何晏同。

◎季路問事鬼神。子曰："未能事人，焉能事鬼？"曰："敢問死。"曰："未知生，焉知死？"

鬼神及死事難明，語之無益，故不答。何晏《集解》。《世説新語·簡傲》劉孝標注引，題馬融曰。

**憲問第十四**

◎蘧伯玉使人於孔子。孔子與之坐而問焉,孔曰:"伯玉,衛大夫蘧瑗。"曰:"夫子何爲?"對曰:"夫子欲寡其過而未能也。"言夫子欲寡其過而未能無過。使者出。子曰:"使乎!使乎!"

再言"使乎"者,善之也。言使得其人。何晏《集解》。皇侃《義疏》所引小異。

# 王弼《論語釋疑》

　　三國魏王弼撰。弼有《周易窮微》，已著録。《隋志·經部》著録此書爲三卷，而兩《唐志》著録作二卷，疑二爲三字之誤。後佚。馬國翰輯本《序》云："其説'志於道'，云：'道者，無之稱也。'其説'性相近'，云：'近性者正而即性非正，雖即性非正，而能使之正。譬如近火者熱而即火非熱，雖即火非熱，而能使熱。'其説浮虛惝恍，《老》、《莊》緒言。觀前人論弼《易》，何劭云'不識物情'，孫盛云'妙蹟無聞'，程子云'元不見道'，朱子云'巧而不明'。此之釋論毋亦與注《易》等乎！然如釋'老彭'爲老聃、彭祖，'殿焚'爲公殿，'賜不受命'爲不受爵，'作者七人'爲伯夷、叔齊、虞仲、夷逸、朱張、柳下惠、少連，皆與諸家殊別。雖非確訓，頗廣異聞，考古之儒，或所不廢也。"《續修四庫全書總目提要》云："使王書完整，必有可采之處，不得以其言玄而少之也。"馬氏輯本共四十節，合爲一卷。本次重輯於其《雍也》篇一節有所補，於其《述而》篇、《顏淵》篇、《微子》篇各有一節糾誤，於《憲問》篇則多得一節。此書尚有王仁俊輯本，見《玉函山房輯佚書續編》。王氏輯本號稱一卷，實僅一條，即此一條，亦疑其誤。按：馬氏輯本《微子》章云："朱張，朱張字子弓。"而王氏輯本據《姓解》云："姓朱名張，字子耳。"衡以古人名字相應之義，自當以作"子弓"者爲是。作"子耳"者，字之誤也。

## 王弼《論語釋疑》一卷

### 學而第一
◎孝悌也者，其爲仁之本與。

　　自然親愛爲孝，推愛及物爲仁也。皇侃《義疏》。

### 爲政第二
◎五十而知天命。

天命廢興有期，知道終不行也。同上。

◎六十而耳順。

耳順，言心識任聞前也。同上。

◎孟懿子問孝，孟武伯問孝，子遊問孝，子夏問孝。

問同而答異者，或攻其短，或矯其時失，或成其志，或說其行。同上。

**八佾第三**

◎林放問禮之本。子曰："大哉問！"

時人棄本崇末，故大其能尋本禮意也。同上。

**里仁第四**

◎子曰："參乎！吾道一以貫之。"

貫，猶統也。夫事有歸，理有會，故得其歸。事雖殷大，可以一名舉，總其會。理雖博，可以至約窮也。譬猶以君御民，執一統眾之道也。同上。

◎曾子曰："夫子之道，忠恕而已矣。"

忠者，情之盡也。恕者，反情以同物者也。未有反諸其身而不得物之情，未有能全其恕而不盡理之極也。能盡理極，則無物不統。極不可二，故謂之一也。推身統物，窮類適盡，一言而可終身行者，其唯恕也。同上。

**公冶長第五**

◎對曰："賜也何敢望回？回也聞一以知十，賜也聞一以知二。"

假數以明優劣之分，言己與顏淵十裁及二，明相去懸遠也。同上。

**雍也第六**

◎子見南子，子路不說。夫子矢之曰："予所否者，天厭之！天厭之！"

所否，備鄙反。陸氏《釋文》。案本傳，孔子不得已而見南子，猶文王拘羑里，蓋天命之窮會也。子路以君子宜防患辱，是以不悅也。否泰有命，我之所屈不用於世者，乃天命厭之，言非人事所免也。重言之者，所以誓其言也。皇侃《義疏》。

⊙按：馬國翰無"所否，備鄙反"句。

**述而第七**

◎子曰："述而不作，信而好古，竊比於我老彭。"

老是老聃，彭是彭祖。老子者，楚苦縣厲鄉曲仁里人也，姓李氏，名耳，字伯陽，謚曰聃，周守藏室之史也。邢疏。

◎子曰："志於道。"

道者，無之稱也，無不通也，無不由也，況之曰道。寂然無體，不可爲象。同上。

⊙按：馬本闌入"是道不可體，故但志慕而已"二句，此邢疏語。

◎子曰："加我數年，五十以學《易》，可以無大過矣。"

《易》以幾神爲教，顏淵庶幾，有過而改，然則窮神研幾，可以無過。明《易》道深妙，戒過明訓，微言精粹，熟習然後存義也。皇侃《義疏》。

◎子曰："聖人，吾不得而見之矣。得見君子者，斯可矣。"

此爲聖人與君子異也，然德足君物皆稱君子，亦有德者之通稱也。同上。

◎子溫而厲，威而不猛，恭而安。

溫者不厲，厲者不溫；威者心猛，猛者不威；恭則不安，安者不恭：此對反之常名也。若夫溫而能厲，威而不猛，恭而能安，斯不可名之理全矣。故至和之調，五味不形；大成之樂，五聲不分；中和備質，五材無名也。同上。

## 泰伯第八

◎子曰："興於《詩》，立於禮，成於樂。"

言有爲政之次序也。夫喜懼哀樂，民之自然，應感而動，則發乎聲歌。所以陳詩採謠，以知民志，風既見其風，則損益基焉。故因俗立制，以達其禮也。矯俗檢刑，民心未化，故又感以聲樂，以和神也。若不採民詩，則無以觀風，風乖俗異，則禮無所立。禮若不設，則樂無所樂。樂非禮則功無所濟，故三體相扶，而用有先後也。同上。

◎子曰："如有周公之才之美，使驕且吝，其餘不足觀也已矣。"

人之才美如周公，設使驕悋，其餘無可觀者，言才美以驕悋棄也。況驕悋者必無周公才美乎，假無設有，以其驕悋之鄙也。同上。

◎子曰："狂而不直，侗而不愿，悾悾而不信，吾不知之矣。"

夫推誠訓俗，則民俗自化；求其情偽，則儉心茲應。是以聖人務使民皆歸厚，不以探幽爲明；務使姦僞不興，不以先覺爲賢。故雖明並日月，猶曰不知也。同上。

◎子曰："巍巍乎，舜、禹之有天下也！而不與焉。"

逢時遇世，莫如舜、禹也。同上。

◎子曰："大哉，堯之爲君也！巍巍乎，唯天爲大，唯堯則之。蕩蕩乎，民無能名焉。"

聖人有則天之德。所以稱唯堯則之者，唯堯於時全則天之道也。蕩蕩，無形無名之稱也。夫名所名者，生於善有所章，而惠有所存。善惡相須，而名分形焉。若夫大愛無私，惠將安在；至美無偏，名將何生。故則天成化，道同自然。不私其子，而君其臣，凶者自罰，善者自功。功成而不立其譽，罰加而不任其刑，百姓日用而不知所以然，夫又何可名也。同上。

## 子罕第九

◎達巷黨人曰："大哉孔子！博學而無所成名。"

譬猶和樂出乎八音乎，然八音非其名也。同上。

◎子曰："沽之哉！沽之哉！我待賈者也。"

重言沽之哉，賣之不疑也。故孔子乃聘諸侯，以急行其道也。同上。

◎子曰："可與立，未可與權。"

權者道之變，變無常體，神而明之，存乎其人，不可豫設，尤至難者也。同上。

## 鄉黨第十

◎廄焚。子退朝，曰："傷人乎？"不問馬。

廄，公廄也。陸氏《釋文》。孔子時爲魯司寇，自公朝退而之火所，不問馬者，矯時重馬者也。皇侃《義疏》。

## 先進第十一

◎德行：顏淵、閔子騫、冉伯牛、仲弓。言語：宰我、子貢。政事：冉有、季路。文學：子游、子夏。

此四科者，各舉其才長也。顏淵德行之俊，尤兼之矣。弟子才不徒十，蓋舉其美者以表業分名。其餘則各以所長，從四科之品也。皇侃《義疏》。

◎顏淵死，門人欲厚葬之。子曰："不可。"

有財，死則有禮；無財，則已焉。既而備禮，則近厚葬矣，故云孔子不聽也。同上。

◎柴也愚，參也魯，師也辟，由也喭。子曰："回也，其庶乎！屢空。賜不受命，而貨殖焉，億則屢中。"

愚，好仁過也。魯，質勝文也。辟，飾過差也。喭，剛猛也。庶幾慕聖，忽忘財業，而數空匱也。命，爵命也。憶，憶度也。子貢雖不受爵命而能富，雖不窮理而幸中，蓋不逮顏之庶幾，輕四子所病，故稱子曰以異之也。皇侃《義疏》。邢疏引"喭，剛猛

◎浴乎沂，風乎舞雩。

沂水近孔子宅，舞雩壇在其上，壇有樹木，游者託焉也。皇侃《義疏》。

**顏淵第十二**

◎司馬牛問仁。子曰："仁者，其言也訒。"

情發於言，志淺則言疎，思深則言訒也。同上。

◎子曰："听讼，吾犹人也。必也，使無讼乎！"

聽訟，吾猶人也，必也，使無訟乎！無訟在於謀始，謀始在於作制。契之不明，訟之所以生也。物有其分，職不相濫，爭何由興？訟之所以起，契之過也。故有德司契而不責於人，是化之在前也。邢疏。

⊙按：馬國翰漏輯"在於作制"至"故有德"，疑版刻奪字。

**憲問第十四**

◎子曰："君子而不仁者有矣夫，未有小人而仁者也。"

假君子以甚小人之辭，君子無不仁也。皇侃《義疏》。

◎子曰："管仲相桓公，霸諸侯，一匡天下，民到於今受其賜。微管仲，吾其被髮左衽矣。豈若匹夫匹婦之爲諒也，自經於溝瀆而莫之知也？"

于時戎狄交侵，亡邢滅衛，管仲攘戎狄而封之，南服楚師，北伐山戎，而中國不移，故曰受其賜也。同上。

⊙按：此節馬本無。

◎子曰："其言之不怍，則爲之也難。"

情動於中而外形於言，情正實而後言之不怍。同上。

◎子曰："作者七人矣。"

七人：伯夷、叔齊、虞仲、夷逸、朱張、柳下惠、少連也。皇侃《義疏》、邢疏。

**衛靈公第十五**

◎子曰："民之於仁也，甚於水火。水火，吾見蹈而死者矣，未見蹈仁而死者也。"

民之遠於仁，甚於遠水火也，見有蹈水火死者，未嘗見蹈仁死者也。同上。

## 陽貨第十七

◎子曰："性相近也，習相遠也。"

不性其情，焉能久行其正，此是情之正也。若心好流蕩失眞，此是情之邪也。若以情近性，故云性其情。情近性者，何妨是有欲，若逐欲遷，故云遠也。若欲而不遷，故曰近。但近性者正而即性非正，雖即性非正，而能使之正。譬如近火者熱而即火非熱，雖即火非熱，而能使之熱，能使之熱者何，氣也、熱也。能使之正者何，儀也、靜也。又知其有濃薄者，孔子曰："性相近也。"若全同也，相近之辭不生；若全異也，相近之辭亦不得立。今云近者，有同有異，取其共是。無善無惡則同也，有濃有薄則異也。雖異而未相遠，故曰近也。皇侃《義疏》。

◎子曰："如有用我者，吾其爲東周乎？"

言如能用我者，不擇地而興周室道也。同上。

◎佛肸召，子欲往。子路曰："昔者由也聞諸夫子曰：'親於其身爲不善者，君子不入也。'佛肸以中牟畔，子之往也，如之何？"子曰："然，有是言也。'不曰堅乎磨而不磷；不曰白乎，涅而不緇。'吾豈匏瓜也哉？焉能繫而不食？"

孔子機發後應，事形乃視，擇地以處身，資教以全度者也，故不入亂人之邦。聖人通遠慮微，應變神化，濁亂不能污其潔，凶惡不能害其性。所以避難不藏身，絕物不以形也。有是言者，言各有所施也。苟不得繫而不食，舍此適彼，相去何若也。同上。

◎子曰："由也！女聞六言六蔽矣乎？"

不自見其過也。同上。

◎子曰："禮云禮云，玉帛云乎哉？樂云樂云，鐘鼓云乎哉？"

禮以敬爲主，玉帛者，敬之用飾也。樂主於和，鐘鼓者，樂之器也。於時所謂禮樂者，厚贄幣而所簡於敬，盛鐘鼓而不合雅頌，故正言其義也。同上。

◎子曰："予欲無言。"子貢曰："子如不言，則小子何述焉？"子曰："天何言哉？四時行焉，百物生焉，天何言哉？"

子欲無言，蓋欲明本，舉本統末，而示物於極者也。夫立言垂教，將以通性，而弊至於湮；寄旨傳辭，將以正邪，而勢至於繁。既求道中，不可勝御，是以修本廢言，則天而行化。以淳而觀，則天地之心見於不言，寒暑代序，則不言之令行乎四時。天豈諄諄者哉？同上。

**微子第十八**

◎逸民：伯夷、叔齊、虞仲、夷逸、朱張、柳下惠、少連。

朱張，字子弓。荀卿以比孔子。皇侃《義疏》、陸氏《釋文》、邢疏。

⊙按：馬國翰云："邢昺疏引作：'言其行與孔子同，故不論也。'"誤，此二句乃邢疏語。

## 程秉《論語弼》

　　三國吳程秉撰。秉（生卒年無考），字德樞，汝南南頓（今項城西）人。官至太子太傅。病卒官。《三國志·吳書》本傳謂秉："逮事鄭玄，後避亂交州，與劉熙考論大義，遂博通五經。著《周易摘》《尚書駁》《論語弼》，凡三萬餘言。"是書史志不錄，卷數未詳。朱彝尊《經義考》、侯康《補三國藝文志》、姚振宗《三國藝文志》據本傳採之。佚文無考。

# 庾亮《論語君子無所爭》

晉庾亮撰。亮有《雜鄉射等議》，已著錄。《隋志》經部論語類注著錄此書一卷，且云亡。後不復見。佚文無考。按《論語·八佾篇》云："子曰：君子無所爭，必也射乎！揖讓而升，下而飲，其爭也君子。"又見《禮記·射義》。《晉書》本傳云："中興初，拜中書郎，領著作，侍講東宮。其所論釋，多見稱述。"姚振宗《隋書經籍志考證》："此似即從《雜鄉射等議》三卷中析出，又似侍東宮時講義。"

# 蔡謨《論語注》

　　晉蔡謨撰。謨有《喪服譜》，已著録。是書史志不録，卷數未詳。據皇侃《論語義疏》序，知晉人江熙《論語集解》嘗採用十三家舊注，蔡謨之注居其一。此後，皇侃書亦嘗採用此書。後佚。北宋邢昺奉敕撰《論語正義》，又從皇侃書中間接採用此書。而陸德明《經典釋文》亦間採用之。馬國翰輯本，即從上述諸書輯出。馬本共得佚文十節，合爲一卷，其序稱八節，誤也。《續修四庫全書總目提要》云："蔡注'無爲而治者，其舜也歟'，曰'謨昔聞過庭之訓於先君'云云，蓋謂其父蔡克也。克，字子尼，《晉書》稱其少好學，博涉書記。又謨少子系，字子叔，有才學文義。《隋志》'梁有蔡系《論語釋》一卷，亡'。江熙亦采之。是蔡氏《論語》之學，相傳數代，源流可述也。謨喜用經史推證《論語》，亦不廢舊説。如'同志曰友'，鄭君注也。'觚不觚，觚哉觚哉'，申證王肅之言。至於解'躬自厚'爲自厚其德，與孔注'自責己厚'似爲不同，然實相成也。故皇疏申述曰：'蔡雖欲異孔，而終不離孔辭，孔辭亦得爲蔡氏之釋也。'唯解'天下之惡皆歸焉'爲'天下惡人皆歸之'，恐無當於經旨也。"本次重輯，於馬本別無所增，惟指出其誤校一處。

## 蔡謨《論語注》一卷

### 論語注序

　　物有大而不普，小而兼通者，譬如巨鏡百尋，所照必偏，明珠一寸，鑒包六合。皇侃《義疏》。

　　⊙按：皇侃曰："以蔡公斯喻，故言《論語》小而圓通，有如明珠；諸典大而偏用，譬若巨鏡。誠哉是言也。"

### 學而第一

◎子曰："無友不如己者。"

本言同志爲友。此章所言，謂慕其志而思與之同，不謂自然同也。夫上同乎勝己，所以進也；下同乎不如己，所以退也。閎夭四賢上慕文王，故四友是四賢上同心於文王，非文王下同四賢也。然則求友之道，固當見賢思齊，同志於勝己，所以進德修業，成天下之亹亹也。今言敵則爲友，此直自論才同德等而相親友耳，非夫子勸教之本旨也。若如所云，則直諒多聞之益，便辟善柔之誡，奚所施也。同上。

**雍也第六**
◎子曰："觚不觚，觚哉！觚哉！"

酒之亂德，自古所患，故《禮》説三爵之制，《尚書》著明《酒誥》之篇，《易》有濡首之戒，《詩》列賓筵之刺，皆所以防沈湎。同上。

⊙按：馬國翰輯本於"酒之亂德"上，贅引："王肅曰：'當時沈湎于酒，故曰觚不觚，言不知禮也。'"並於句末贅引："王氏之説是也。觚失其禮，故曰觚不觚，猶言君臣不君臣耳。"《文淵閣四庫全書》本《義疏》脱蔡謨之語。

◎夫子矢之曰："予所否者，天厭之！天厭之！"

矢，陳也。《尚書叙》曰"皋陶矢厥謀也"、《春秋經》曰"公矢魚于棠"，皆是也。夫子爲子路矢陳天命，非誓也。皇侃《義疏》。陸氏《釋文》引首句。邢疏引作："矢，陳也。夫子爲子路陳天命也。"

**顏淵第十二**
◎子夏曰："富哉，言乎！舜有天下，選於衆，舉皋陶，不仁者遠矣。湯有天下，選於衆，舉伊尹，不仁者遠矣。"

何謂不仁者遠？遠，去也。若孔子言能使枉者去，則是智也。今云能使枉者直，是化之也。孔子言其化，子夏謂之去者，亦爲商之未達乃甚於樊遲也。子夏言此者，美舜、湯之知人，皋陶、伊尹之致治也。無緣説其道化之美，但言不仁者去。夫言遠者，豈必足陟遐路、身適異邦，賢愚相殊，是亦遠矣。故曰性相近也，習相遠也。不仁之人，感化遷善，去邪枉，正直是與？故謂遠也。皇侃《義疏》。

**衛靈公第十五**
◎子曰："無爲而治者，其舜也與？夫何爲哉？恭己正南面而已矣。"

謨昔聞過庭之訓於先君曰：堯不得無爲者，所承非聖也；禹不得無爲者，所授非聖也。今三聖相係，舜居其中，承堯授禹，又何爲乎？夫道同而治異者，時也。自古以來，承至治之世，接二聖之閒，唯舜而已，故特稱之焉。同上。

◎子曰："躬自厚而薄責於人，則遠怨矣。"

儒者之說，雖於義無違，而於名未安也。何者？以自厚者爲責己，文不辭矣。厚者，謂厚其德也。而人又若己所未能而責物以能，故人心不服。若自厚其德而不求多於人，則怨路塞責。己之美雖存乎中，然自厚之義不施於責也。同上。

◎子曰："人能弘道，非道弘人。"

道者，寂然不動，行之由人。人可適道，故曰人能弘道；道不適人，故曰非道弘人也。同上。

## 季氏第十六

◎"季氏將伐顓臾"章

冉有、季路並以王佐之姿，處彼相之任，豈有不諫季孫，以成其惡。所以同其謀者，將有以也。量己揆勢，不能制其悖心於外，順其意以告夫子，實欲致大聖之言以救斯弊。是以夫子發明大義，以酬來感，弘舉治體，自救時難，引喻虎兕，爲以罪相者。雖文譏二子，而旨在季孫。既示安危之理，又抑強臣擅命，二者兼著，以寧社稷。斯乃聖賢同符，相爲表裏者也。然守文者衆，達微者寡也。覩其見軌，而昧其玄致，但釋其辭，不釋所以辭，懼二子之見幽，將長淪於腐學，是以正之以苃來旨也。同上。

## 子張第十九

◎子貢曰："紂之不善也，不如是之甚也，是以君子惡居下流，天下之惡皆歸焉。"

聖人之化，由羣賢之輔；闇主之亂，由衆惡之黨。是以有君無臣，宋襄以敗，衛靈無道，夫奚其喪。言一紂之不善，其亂不得如是之甚。身居下流，天下惡人皆歸之，是故亡也。同上。

# 江惇《論語注》

晉江惇撰。惇有《毛詩音》,已著錄。是書史志不錄。據皇侃《論語義疏叙》,知晉人江熙《論語集解》嘗採用十三家舊注以成書,江惇注居其一。《論語義疏叙》並云"若江集中諸人有可採者,亦附而申之",然今本皇氏《義疏》未見採江惇之說。其佚文無考。丁國鈞、文廷式、秦榮光、黃逢元、吳士鑑諸家《補晉藝文志》皆錄之。

# 庾翼《論語釋》

晉庾翼撰。翼有《春秋公羊論》，已著錄。《隋志》經部注著錄此書爲一卷，並云亡。皇侃《論語集解義疏》引其釋"子畏於匡"一節，馬國翰《玉函山房輯佚書》輯之。馬氏《序》云："其釋，文筆秀整，大似論體，豈其摘取發揮，似後世制藝耶？"

## 庾翼《論語釋》一卷

### 先進第十一

◎子畏於匡，顏淵後。子曰："吾以汝爲死矣。"曰："子在，回何敢死？"

顏子未能盡窮理之妙，妙有不盡，則不可以涉險津；理有未窮，則不可以冒屯路。故賢不遭聖，運否則必隱；聖不值賢，微言不顯。是以夫子因畏匡而發問，顏子體其旨而仰酬。稱入室爲指南，啓門徒以出處，豈非聖賢之誠言互相與爲起予者也？皇侃《義疏》。

# 袁喬《論語注》

晉袁喬撰。喬有《毛詩注》，已著錄。《釋文·序錄》："袁喬注《論語》十卷。"《隋志》同，並云亡。兩《唐志》不復見，散佚久矣。馬國翰輯本一卷，凡十九節，皆出皇侃《論語義疏》。蓋此書先被江熙《集解論語》採選，皇侃《論語義疏》繼之又從江書中採選也。《論語義疏叙》稱此書作者爲"晉江夏太守陳國袁宏字叔度"，馬氏《序》力辨其當作"晉江夏相陳國袁喬字彥叔"，按：馬氏訂正極是。吳承仕亦有考辨證成馬說，詳《經典釋文序錄疏證》。《續修四庫全書總目提要》云："袁注簡當有法，不涉玄談。"又按，皇侃《論語義疏·爲政第二》"子曰：人而無信"章，皇引"彥升曰：車待輗軏而行，猶人須信而立也"一條，"彥升"當作"彥叔"，馬氏偶失輯入，今補此節。總20節，勒爲一卷。

## 袁喬《論語注》一卷

### 學而第一

◎傳不習乎？

常恐傳先師之言不能習也，以古人言必稱師也。皇侃《義疏》。

### 爲政第二

◎子曰："人而無信，不知其可也。大車無輗，小車無軏，其何以行之哉？"

車待輗軏而行，猶人須信以立也。同上。

### 公冶長第五

◎子貢曰："我不欲人之加諸我也，吾亦欲無加諸人。"子曰："賜也，非爾所及也。"

加，不得理之謂也。非無過者，何能不加人，人亦不加己？盡得理，賢人也，非子貢之分也。同上。

### 雍也第六
◎子曰："女得人焉耳乎哉？"

謂得其邦之賢才不也。同上。

### 述而第七
◎雖執鞭之士，吾亦爲之。

執鞭，君之御士，亦有祿位於朝也。同上。

### 先進第十一
◎曰："若由也，不得其死然。"

道直時邪，自然速禍也。同上。

### 子路第十三
◎子曰："誦《詩》三百，授之以政，不達；使於四方，不能專對。雖多，亦奚以爲？"

《詩》有三百篇，是以爲政者也。古人使，賦《詩》而答對。同上。

◎子曰："'善人爲邦百年，亦可以勝殘去殺矣。'誠哉是言也！"

善人，謂體善德賢人也。言化當有漸也，任善用賢，則可止刑；任惡，則殺愈生也。同上。

### 憲問第十四
◎子曰："君子而不仁者有矣夫，未有小人而仁者也。"

此君子無定名也。利仁慕爲仁者，不能盡體仁，時有不仁一迹也。夫，語助也。小人性不及仁道，故不能及仁事者也。同上。

◎其然，豈其然乎？

"其然"，然之也。此則善之者。恐其不能，故設疑辭。同上。

◎子曰："臧武仲以防求爲後於魯，雖曰不要君，吾不信也。"

奔不越境，而據私邑求立先人之後，此正要君也。同上。

◎子曰："不在其位，不謀其政。"曾子曰："君子思不出其位。"

不求分外。同上。

### 季氏第十六
◎見善如不及。

  恒恐失之，故馳而及之也。同上。

### 陽貨第十七
◎子路曰："君子尚勇乎？"

  見世尚須勇，故謂可尚乎？同上。

### 微子第十八
◎四體不勤，五穀不分，孰爲夫子？

  其人已委曲識孔子，故譏之四體不勤，不能如禹稷躬殖五穀，誰爲夫子而索耶？同上。

### 子張第十九
◎即之也溫。

  溫，和潤也。同上。

◎子游曰："吾友張也，爲難能也，然而未仁。"

  子張容貌難及，但未能體仁也。同上。

◎夫子云，不亦宜乎！

  武叔凡人，應不達聖也。同上。

◎其生也榮，其死也哀。

  生則時物皆榮，死則時物咸哀也。同上。

### 堯曰第二十
◎慢令致期。

  令之不明而急期之也。同上。

# 范寧《論語注》

晉范寧撰。寧有《古文尚書舜典注》，已著録。是書史志不載，卷數未詳。馬國翰輯本一卷，《序》云："《論語范氏注》一卷，陸德明《經典釋文》引止二則。考江熙《集解論語》十三家，有范寧。熙書亦佚。梁皇侃作《義疏》時及見之，故亟引范説。又裴駰《史記集解》亦間稱引，茲並採録，共得四十八節，合爲一卷。比解經閎，與舊注不同。如説'晝寢'，云'托弊迹以爲發起'；説'三讓'，兼用兩釋，以實所讓之事；而云'詭道合權，隱而不彰'；説'席不正不坐'，因《禮》'諸侯三重，大夫再重'，而云'各有其正也'。不苟隨俗，能發前人所未發。其他訓詁，亦具有典則。按《隋志》：'《論語別義》十卷，范廙撰。'或是范寧之誤歟？晁公武《讀書後志》云。"按：馬國翰所謂"四十八節"云云，實僅44節，且有1節屬於闌入者，今爲之補正。

## 范寧《論語注》一卷

### 學而第一

◎貧而無諂。

不以正道求人爲諂也。皇侃《義疏》。

◎子曰："可也。未若貧而樂道、富而好禮者也。"

孔子以爲不驕不諂，於道雖可，未及臧也。同上。

◎子貢曰："《詩》云'如切如磋，如琢如磨'，其斯之謂與也？"

子貢欲躬行二者，故請問也。切磋琢磨，所以成器；訓誘學徒，義同乎茲。子貢富而猶吝，仲尼欲戒以禮中。子貢知心屬己，故引《詩》以爲喻也。同上。

### 爲政第二

◎言寡尤，行寡悔，禄在其中矣。

發言少過，履行少悔，雖不以要禄，乃致禄之道也。仲尼何以不使都無尤悔，而言寡尤乎？有顏回猶不二過，蘧伯玉亦未能寡其過，自非聖人，何能無之？子張若能寡尤悔，便爲得祿者也。同上。

◎哀公問曰："何爲則民服也？"孔子對曰："舉直錯諸枉，則民服；舉枉錯諸直，則民不服。"

哀公捨賢任佞，故仲尼發乎此言，欲使舉賢以服民也。同上。

◎或謂孔子曰："子奚不爲政。"子曰："《書》云：'孝于惟孝，友于兄弟，施於有政。'是亦爲政也。奚其爲爲政？"

夫所謂政者，以孝友爲政耳。行孝友則是爲政，復何者爲政乎？引《周書》所以明政也。或人貴官位而不存孝道，故孔子言于此也。同上。

**八佾第三**

◎君子無所爭。必也射乎！

射無爭。同上。

**里仁第四**

◎子曰："我未見好仁者，惡不仁者。"

世衰道喪，人無廉恥，見仁者既不好之，見不仁者亦不惡之。好仁惡不仁，我未覿其人也。同上。

◎子曰："君子之於天下也，無適也，無莫也，義之與比。"

適、莫，猶厚、薄也。比，親也。君子與人無有偏頗厚薄，唯仁義是親也。皇侃《義疏》。陸德明《經典釋文》卷二十四引首句。

◎子曰："君子喻於義，小人喻於利。"

棄貨利而曉仁義，則爲君子；曉貨利而棄仁義，則爲小人也。皇侃《義疏》。

◎見不賢而內自省也。

顧探諸己，謂之內省也。同上。

**公冶長第五**

◎子謂公冶長，"可妻也。雖在縲紲之中，非其罪也"。以其子妻之。

名芝，字子長也。公冶行正獲罪，罪非其罪，孔子以女妻之，將以大明衰世用刑之枉濫，勸將來實守正之人也。皇侃《義疏》。陸德明《釋文》卷二十四止引首句六字，司馬貞《史記索隱》引作"公冶長，字子芝"。

◎子使漆彫開仕。對曰："吾斯之未能信。"子悅。

開知其學未習究治道，以此爲政，不能使民信己。孔子悅其志道之深，不汲汲於榮祿也。皇侃《義疏》。

◎孟武伯問："子路仁乎？"子曰："不知也。"又問。子曰："由也，千乘之國，可使治其賦也，不知其仁也。"

仁道弘遠，仲由未能有之，又不欲指言無仁，非獎誘之教，故託云不知也。武伯意猶未愜，或似仲尼有隱，故再問也。同上。

⊙按：馬國翰輯本尚存以下數句，"賦，兵賦也。孔子得武伯重問，答又直云不知，則武伯未已，故且言其才伎，然後更答以不知也。言子路才勇可使治大國之兵賦，仕爲諸侯之臣也"，然似非范寧之語。

◎赤也，束帶立於朝，可使與賓客言也。

束帶，整朝服也。賓客，鄰國諸侯來相聘享也。同上。

◎宰予晝寢。子曰："朽木不可彫也，糞土之牆不可圬也。於予與何誅？"

夫宰我者升堂四科之流也，豈不免乎晝寢之咎以貽朽糞之譏乎？時無師徒共明勸誘之教，故託夫弊迹以爲發起也。同上。

◎令尹子文。

子文，是謚也。同上。

◎匿怨而友其人，左丘明恥之，丘亦恥之。

藏怨於心，詐親於形外。楊子《法言》曰："友而不心，面友也。"亦丘明之所恥。同上。

## 雍也第六

◎子謂仲弓曰。

謂，非必對言也。同上。

◎子曰："不有祝鮀之佞，而有宋朝之美，難乎免於今之世矣！"

祝鮀以佞諂被寵於靈公，宋朝以美色見愛於南子。無道之世，並以取容。孔子惡時民濁亂，唯佞色是尚，忠正之人不容其身，故發"難乎"之談，將以激亂俗，亦欲發明君子全身遠害也。同上。

◎子曰："誰能出不由戶者？何莫由斯道也？"

人咸知由戶而行，莫知由學而成也。同上。

◎仁者先難而後獲，可謂仁矣。

艱難之事則爲物先，獲功之事而處物後，則爲仁矣。同上。

## 述而第七

◎子於是日也哭，則不歌。

是日，即弔赴之日也。禮：歌哭不同日也。故哭則不歌也。同上。

◎子在齊聞《韶》樂，三月不知肉味。曰："不圖爲樂之至於斯也！"

夫《韶》乃大虞盡善之樂。齊，諸侯也，何得有之乎？曰：陳，舜之後也。樂在陳，陳敬仲竊以奔齊，故得僭之也。同上。

## 泰伯第八

◎子曰："泰伯，其可謂至德也已矣。"

泰，善大之稱也。伯，長也。泰伯，周太王之元子，故號泰伯。其德弘遠，故曰至也。皇侃《義疏》。裴駰《史記集解》引作"泰者，善大之稱。伯者，長也。周太王之元子，故曰泰伯"。

◎三以天下讓，民無得而稱焉。

有二釋。一云：泰伯少弟季曆，生子文王昌，昌有聖德，泰伯知其必有天下，故欲令傳國於季曆，以及文王。因太王病，託採藥於吳越，不反。太王薨而季曆立，一讓也；季曆薨而文王立，二讓也；文王薨而武王立，於此遂有天下，是爲三讓也。又一云：太王病而託採藥出，生不事之以禮，一讓也；太王薨而不反，使季曆主喪，死不葬之以禮，二讓也；斷髮文身示不可用，使季曆主祭禮，不祭之以禮，三讓也。皇侃《義疏》。

◎詭道合權，隱而不彰，故民無得而稱，乃大德也。同上。

## 子罕第九

◎過之，必趨。

趨，就之也。同上。

◎子曰："主忠信，無友不如己者，過則勿憚改。"

聖人應於物作教，一事時或再言。弟子重師之訓，故又書而存焉。同上。

## 鄉黨第十

◎齊必變食，居必遷坐。

齊以敬潔爲主，以期神明之享，故改常之食，遷居齊室也。同上。

◎席不正，不坐。

正席，所以恭敬也。或云：＂如禮所言，諸侯之席三重，大夫再重，是各有其正者也。同上。

## 先進第十一

◎德行：顏淵、閔子騫、冉伯牛、仲弓。言語：宰我、子貢。政事：冉有、季路。文學：子游、子夏。

德行，謂百行之美也。四子俱雖在德行之目，而顏子爲其冠。言語，謂賓主相對之辭也。政事，謂治國之政也。文學，謂善先王典文。同上。

◎顏淵死，門人欲厚葬之。子曰：＂不可。＂門人厚葬之。子曰：＂回也，視予猶父也，予不得視猶子也。非我也，夫二三子也。＂

厚葬非禮，故不許也。門人有厚葬之意，故欲遂門人之深情也。言回雖以父事我，我不得以子遇回。雖曰師徒，義輕天屬。今父欲厚葬，豈得制止？言厚葬非我之教，出乎門人之意耳。此以抑門人而救世弊也。同上。

## 顏淵第十二

◎顏淵問仁，子曰：＂尅己復禮爲仁。一日尅己復禮，天下歸仁焉。爲仁由己，而由人乎哉？＂

克，責也。復禮，謂責克己失禮也。非仁者則不能責己復禮，故能自責己復禮則爲仁矣。亂世之主，不能一日克己，故言＂一日＂也。＂爲仁由己，而由人乎哉＂，言爲仁在我，豈俟彼爲仁耶？同上。

◎出門如見大賓，使民如承大祭。

大賓，君臣嘉會也。大祭，國祭也。仁者舉動使民事如此也。《傳》稱：＂臼季言出門如賓，承事如祭，仁之則也。＂同上。

◎先事後得，非崇德與？

物莫不避勞而處逸。今以勞事爲先，得事爲後，所以崇德也。同上。

## 子路第十三

◎曰：＂焉知賢才而舉之？＂曰：＂舉爾所知。爾所不知，人其舍諸？＂

仲弓以非不欲舉賢才，識昧不知人也。孔子以所知者則舉之，爾不知者，他人自舉之。各舉所知，則賢才豈弃乎？同上。

◎子曰："其身正，不令而行。其身不正，雖令不從。"

上能正己以率物，則下不令而自從也。上行理僻，而制下使正，猶立邪表責直影，猶東行求郢，而此終年不得也。同上。

◎曰："既富矣，又何加焉？"曰："教之。"

衣食足，當訓義方也。同上。

◎冉子退朝，子曰："何晏也？"

冉求早朝晚退，故孔子疑而問之也。同上。

◎父爲子隱，子爲父隱，直在其中矣。

夫所謂直者，以不失其道也。若父子不相隱諱，則傷教破義，長不孝之風焉，以爲直哉？故相隱乃可爲直耳。今王法則，許期親以上得相爲隱，不問其罪，蓋合先王之典章。同上。

### 憲問第十四

◎公綽之不欲。

不欲，不營財利也。同上。

### 季氏第十六

◎陳亢退而喜曰："問一得三，聞《詩》，聞禮，又聞君子之遠其子也。"

孟子曰："君子不教子何也？勢不行也。教者必以正，以正不行，繼之以忿。繼之以忿，則反夷矣。父子相夷，惡也。"同上。

### 陽貨第十七

◎子曰："性相近也，習相遠也。"

人生而静，天之性也；感於物而動，性之欲也，斯相近也。習洙、泗之教爲君子，習申、商之術爲小人，斯相遠也。同上。

## 存　目

### 微子第十八

◎長沮、桀溺耦而耕，孔子過之，使子路問津焉。

欲顯之，故使問也。皇侃《義疏》引范升。

⊙按：馬氏輯本存此一節，並云："案《後漢書·儒林傳》有范升習梁邱《易》、《左氏春秋傳》，不聞注《論語》。升蓋寧字之誤。附注於此，備參考焉。"馬氏"字之誤"說頗爲牽强，且懷德堂本《論語集解義疏》"范升"作"宛叔"。

# 殷仲堪《論語注》

晉殷仲堪撰。仲堪有《毛詩雜議》，已著錄。其注《論語》，隋、唐諸志皆不載，卷數未詳。皇侃《論語義疏》引有九節，馬國翰輯爲一卷，《序》云："觀其論說，多涉浮虛。史載仲堪好《老子》，嘗謂'三日不言《道德經》，便覺舌本間強。'其人蓋篤信道流，而於以清談自喜者。"《續修四庫全書總目提要》亦謂殷氏之解："全異舊説，實非聖人立言之本旨也。皇氏引之者，殆序中所謂廣異聞歟？"王雲飛《殷仲堪〈論語注〉研究》（載《唐山學院學報》2012年1月）云："東晉殷仲堪現存《論語注》九條，與何晏、皇侃等其他秦漢六朝《論語注》相比，其'性''迹''虛'等概念的使用具有玄學特色，屬於以玄注《論語》的典型，尤其受到郭象思想的影響。其多次出現的'誠'的概念，和宋明理學、心學'誠'的關係值得進一步研究。"

## 殷仲堪《論語注》一卷

### 里仁第四

◎子曰："民之過也，各於其黨。觀過，斯知仁矣。"

言人之過失各由於性類之不同，直者以改邪爲義，失在於寡恕；仁者以惻隱爲誠，過在於容非。是以與仁同過，其仁可知。"觀過"之義，將在於斯者。皇侃《義疏》。

◎子曰："德不孤，必有鄰。"

推誠相與，則殊類可親；以善接物，物亦不皆忠，以善應之。是以德不孤焉，必有鄰也。同上。

### 公冶長第五

◎子路曰："願車馬，衣輕裘，與朋友共，敝之而無憾。"

施而不恨，士之近行也。若乃用人之財，不覺非己，推誠闇往，感思不生，斯乃交友之至，仲由之志與也。同上。

### 泰伯第八

◎曾子曰："以能問於不能，以多問於寡；有若無，實若虛，犯而不校。"

能問不能，多問於寡，或疑其負實德之迹，似乎爲教而然。余以爲外假謙虛黃中之道，沖而用之，每事必然。夫推情在於忘賢，故自處若不足。處物以賢善，故期善於不能。因斯而言，乃虛中之素懷，處物之誠心，何言於爲教哉？犯而不校者，其亦不居物以非乎，推誠之理然也。非不爭事也，應物之迹異矣，其爲中虛一也。同上。

### 子罕第九

◎子謂顏淵曰："惜乎！吾見其進也，未見其止也。"

夫賢之所假，一語而盡，豈有彌進勖實乎？蓋其軌物之行日見於迹，夫子從而咨嗟以盛德之業也。同上。

### 先進第十一

◎賜不受命。

不受矯君命。同上。

◎子張問善人之道，子曰："不踐迹，亦不入於室。"子曰："論篤是與？君子者乎？色莊者乎？"

夫善者，淳穆之性，體之自然，雖不擬步往迹，不能入閫奧室，論篤質正，有君子之一致焉。同上。

### 憲問第十四

◎子曰："有德者必有言，有言者不必有德。仁者必有勇，勇者不必有仁。"

修理蹈道，德之義也。由德有言，言則末矣。末可矯而本無假，故有德者必有言，有言者不必有德也。誠愛無私，仁之理也。見危授命，若身手之相救焉。存道忘生，斯爲仁矣。若夫強以肆武，勇以勝物，陵超在於要利輕死，元非以爲仁。故云"仁者必有勇，勇者不必有仁"。同上。

### 堯曰第二十

◎君子無衆寡，無小大，無敢慢，斯不亦泰而不驕乎？

君子處心以虛，接物以爲敬，不以衆寡異情，大小改意，無所敢慢，斯不驕也。同上。

# 江熙《集解論語》

晉江熙撰。熙有《毛詩注》，已著録。《隋志》經部著録此書爲十卷，兩《唐志》著録同，《經典釋文·序録》作十二卷，疑"二"爲衍字。後佚。馬國翰《玉函山房輯佚書》輯本二卷，《序》云："皇侃《義疏》序列《論語》十三家，衛瓘、繆播、欒肇、郭象、蔡謨、袁喬、江惇、蔡系、李充、孫綽、周懷、范寧、王瑉，云右十三家爲晉江熙所集，取衆説以成書，故以《集解》名也。晁公武《郡齋讀書志》引侃《序》稱熙所集，世謂其引事雖時詭異，而援證精博，爲後學所宗。止據皇疏爲論，其得見全書與否未可知。而今則佚，不可求矣。邢昺疏引二節，皇疏所引頗多，其明標江熙者，尚得九十餘節。此編雖殘缺不全，然合衛、繆諸家以參觀之，有晉一代之説《論》者，得失同異，備於茲矣。"今按：馬本佚文實九十節，無所謂"餘"者；邢疏稱引江熙者計三處，而非兩處，分屬《子路》、《憲問》、《陽貨》篇。此次重輯於《子罕》篇多得一節，於《衛靈公》篇一節有所增，於《爲政》篇糾其按語一處。觀熙注"有朋自遠方來"一句云："君子以朋友講習，出其言善，則千里之外應之。遠人且至，況其近者乎？道同齊味，歡然適願，所以樂也。"既不同于漢魏舊注，亦與宋人之説有異，蓋獨抒心得者也。

## 江熙《集解論語》二卷

### 卷 上

**學而第一**

◎子曰："有朋自遠方來，不亦樂乎？"

君子以朋友講習，出其言善，則千里之外應之。遠人且至，況其近者乎？道同齊味，歡然適願，所以樂也。皇侃《義疏》。

◎子曰："賜也，始可與言《詩》已矣，告諸往而知來者。"

古者賦《詩》見志，子貢意見，故曰："可與言《詩》矣。"夫所貴悟言者，既得其言，又得其旨也。告往事而知將來，謂聞夷齊之賢，可以知不爲衞君，不欲指言其語，故舉其類耳。同上。

**爲政第二**

◎子曰："有事，弟子服其勞；有酒食，先生饌，曾是以爲孝乎？"

或曰勞役居前，酒食處後，是人子之常事，未足稱孝也。同上。

◎子曰："視其所以，觀其所由，察其所安，人焉廋哉？人焉廋哉？"

言人誠難知，以三者取之，近可識也。同上。

◎哀公問曰："何爲則民服？"孔子對曰："舉直錯諸枉，則民服。舉枉錯諸直，則民不服。"

哀公當千載之運，而聖賢滿國，舉而用之，魯其王矣。而唯好耳目之悦，羣邪秉政，民心厭棄，既而苦之，乃有此問也。同上。

◎子曰："臨之以莊則敬，孝慈則忠，舉善而教不能則勸。"

言民法上而行也。上孝慈，則民亦孝慈，孝於其親，乃能忠於君，求忠臣必於孝子之門也。同上。

◎子曰："人而無信，不知其可也。大車無輗，小車無軏，其何以行之哉！"

彦升曰："車待輗軏而行，猶人須信以立也。"同上。

⊙按：馬國翰以爲："袁喬，字彦叔。《七錄》有袁喬《論語注釋》十卷。'升'疑'叔'字之訛也。"

**八佾第三**

◎子曰："人而不仁，如禮何？人而不仁，如樂何？"

所貴禮樂者，以可安上治民，移風易俗也。然其人存則興，其人已則廢。而不仁之人居得興之地，而無能興之道，則仁者之屬無所施之，故歎之而已。同上。

◎子曰："《關雎》樂而不淫，哀而不傷。"

樂在得淑女，疑於爲色，所樂者德，故有樂而無淫也。同上。

**里仁第四**

◎子曰："能以禮讓爲國乎？何有？不能以禮讓爲國，如禮何？"

范宣子讓，其下皆讓之。人懷讓心，則治國易也。不能以禮讓，則下有爭心，錐刀之末，將盡爭之。唯利是恤，何遑言禮也？同上。

### 公冶長第五
◎子貢問曰："賜也何如？"子曰："女，器也。"曰："何器也？"曰："瑚璉也。"

瑚璉置宗廟則爲貴器，然不周於民用也。汝言語之士，束脩廊廟，則爲豪秀，然未必能幹煩務也。器之偏用，此其貴者，猶不足多，況其賤者乎。是以玉之碌碌，石之落落，君子皆不欲也。同上。

### 述而第七
◎子曰："自行束脩以上，吾未嘗無誨焉。"

見其翹然向善思益也。古以贄見，脩、脯也。孔注雖不云脩是脯，而意亦不得離脯也。同上。

◎子謂顏淵曰："用之則行，舍之則藏，唯我與爾有是夫！"

聖人作則賢人佐，天地閉則聖人隱，用則行，捨則藏也。唯我許爾有是分者，非聖無以盡賢也。同上。

◎子在齊聞《韶》，三月不知肉味。

和璧與瓦礫齊貫，卞子所以惆悵；虞《韶》與鄭衛比響，仲尼所以永歎。彌時忘味，何遠情之深也。同上。

◎冉有曰："夫子爲衛君乎？"

夫子在衛，受輒賓主，悠悠者或疑爲之，故問也。同上。

◎葉公問孔子於子路，子路不對。子曰："女奚不曰，其爲人也，發憤忘食，樂以忘憂，不知老之將至云爾。"

葉公見夫子數應聘而不遇，尚以其問近，故不答也。葉公唯知執政之貴，不識天下後有勝遠，故欲令子路抗明素業，無嫌於時，得以清波濯彼穢心也。同上。

◎子曰："天生德於予，桓魋其如予何！"

小人爲惡，以理喻之，則愈凶強；晏然待之，則更自處。亦猶匡人聞文王之德而兵解也。同上。

◎子曰："亡而爲有，虛而爲盈，約而爲泰，難乎有恒矣。"

言世人負情反實，逐波流遷，若影無持係索，此有恒難也。同上。

◎子曰："仁遠乎哉？我欲仁，斯仁至矣。"

復禮一日，天下歸仁，是仁至近也。同上。

◎子曰："君子坦蕩蕩，小人長戚戚。"

君子坦爾夷任，蕩然無私。小人馳競於榮利，耿介於得失，故長為愁府也。同上。

**泰伯第八**

◎曾子曰："昔者吾友嘗從事於斯矣。"

稱吾友，言己所未能也。同上。

◎子曰："興於《詩》。"

覽古人之志，可起發其志也。同上。

◎子曰："邦有道，貧且賤焉，恥也。邦無道，富且貴焉，恥也。"

不枉道而事人，何以致無道寵，寵所以恥也。夫山林之士笑朝廷之人束帶立朝不獲逍遙也，在朝者亦謗山林之士褊厄也，各是其所是，而非其所非。是以夫子兼弘出處之義，明屈申貴於當時也。同上。

◎子曰："巍巍乎，舜、禹之有天下也，而不與焉。"

舜禹受禪，有天下之極，故樂盡其善，歎不與並時。蓋感道契在昔，而理屈當今也。同上。

**子罕第九**

◎達巷黨人曰："大哉孔子！博學而無所成名。"

言其彌貫六流，不可以一藝取名焉，故曰大也。同上。

◎子畏於匡，曰："文王既沒，文不在茲乎？天之將喪斯文也，後死者不得與於斯文也。天之未喪斯文也，匡人其如予何？"

言文王之道為後代之軌，己未得述上天之明，必不使沒也。同上。

◎子聞之，曰："大宰知我乎！吾少也賤，故多能鄙事。"

大宰嫌多能非聖，故云知我，謙之意也。同上。

　⊙按：此節馬本無。

◎君子多乎哉？不多也。

言君子所存，遠者大者，不應多能。同上。

◎顏淵喟然歎曰："仰之彌高，鑽之彌堅。瞻之在前，忽焉在後。

慕聖之道，其殆庶幾。是以欲齊其高而仰之愈邈，思等其深而鑽鑒愈堅，尚並其前而俛仰塵絕，此其所以喟然者也。同上。

◎子疾病，子路使門人爲臣。

　　子路以聖人君道足，宜有臣，猶禱上下神祇也。同上。

◎子在川上曰："逝者如斯夫！不舍晝夜。"

　　言人非南山，立德立功，俛仰時過，臨流興懷，能不慨然。聖人以百姓心爲心也。同上。

**鄉黨第十**

◎足躩如也。

　　不暇閑步。躩，速貌也。同上。

◎揖所與立，左右手，衣前後，襜如也。

　　揖兩手，衣裳襜如動也。同上。

◎不時，不食。

　　不時，謂生非其時。若冬梅李實也。同上。

◎割不正，不食。

　　殺不以道，爲不正也。同上。

◎不多食。

　　少所啖也。同上。

# 卷　下

**先進第十一**

◎季康子問："弟子孰爲好學？"孔子對曰："有顔回者好學，不幸短命死矣。今也則亡。未聞好學者也。"

　　此與哀公問同，哀公雖無以賞，要以極對，至於康子，則可量其所及而答也。同上。

◎顔淵死，顔路請子之車以爲之槨。子曰："才不才，亦各言其子也。鯉也死，有棺而無槨。吾不徒行以爲之槨。以吾從大夫之後，不可徒行也。"末句皇本作"吾以不可徒行"。

　　不可徒行，距之辭也。可則與，故仍脱左驂賻舊館人；不可則距，故不許路請也。鯉也無槨，將以之，且塞厚葬也。同上。

◎子曰："過猶不及。"

　　聖人動爲物軌，人之勝否，未易輕言。兩既俱未得中，是不明其優劣，以貽於來者也。同上。

◎子曰："賜不受命，而貨殖焉。"

賜不榮濁世之祿，亦幾庶道者也。雖然有貨殖之業，恬愉不足，所以不敢望回耳。亦曰不受命者，謂子貢不受孔子教命，故云不受命也。同上。

**顏淵第十二**

◎司馬牛問仁。子曰："仁者，其言也訒。"曰："其言也訒，斯謂之仁已乎？"子曰："爲之難，言之得無訒乎？"

《禮記》云："仁之爲器重，其爲道遠，舉者莫能勝也，行者莫能致也。勉於仁者，不亦難乎？"夫易言仁者，不行之者也，行仁然後知勉仁爲難，故不敢輕言也。同上。

◎哀公問於有若曰："年饑，用不足，如之何？"有若對曰："盍徹乎？"曰："二，吾猶不足，如之何其徹也？"對曰："百姓足，君孰與不足？百姓不足，君孰與足？"

爲家者與一家俱足，乃可謂足，豈可足己而謂之足也？夫儉以足用，寬以愛民，日計之可不足，而歲計則有餘。十二而行，日計可有餘，歲計則不足。行十二而不足，不思損而益，是揚湯止沸，疾行遁影，有子之所以發德音者也。同上。

◎公曰："善哉！信如君不君，臣不臣，父不父，子不子，雖有粟，吾得而食諸？"皇本"吾"下有"豈"字。

景公喻旨，故復遠述四弊，不食粟之憂，善其誠言也。同上。

**子路第十三**

◎子曰："苟正其身矣，於從政乎何有？不能正其身，如正人何？"

從政者以正人爲事也，身不正那能正人也？同上。

◎葉公問政。子曰："近者説，遠者來。"

邊國之人，豪氣不除，物情不附，故以悦近諭之。同上。

◎葉公語孔子曰："吾黨有直躬者，其父攘羊，而子證之。"孔子曰："吾黨之直者異於是。父爲子隱，子爲父隱，直在其中矣。"

葉公見聖人之訓動有隱諱，故舉直躬，欲以訾毀儒教，抗衡中國。夫子答之，辭正而義切，荆蠻之豪喪其誇。皇侃《義疏》。邢疏所引小異。

◎樊遲問仁。子曰："居處恭，執事敬，與人忠。雖之夷狄，不可棄也。"

恭、敬、忠，君子任性而行己，所以爲仁也，本不爲外物，故以夷狄不可棄而不行也。若不行於無常，則僞斯見矣，僞見則去仁邈也。皇侃《義疏》。

◎子曰："不得中行而與之，必也狂狷乎！狂者進取，狷者有所不爲也。"

狂者知進而不知退，知取而不知與。狷者急狹，能有所不爲，皆不中道也，然率其天真，不爲僞也。季世澆薄，言與實違，背心以惡時，飾詐以誇物，是以錄狂狷之一法也。同上。

◎子曰："善人教民七年，亦可以即戎矣。"

子曰："苟有用我者，朞月而已可也，三年有成。"善人之教，不逮機理，倍於聖人，亦可有成。六年之外，民可用也。同上。

◎子曰："以不教民戰，是謂棄之。"

善人教民如斯，乃可即戎。況乎不及善人，而馳驅不習之民戰，以肉餧虎，徒棄而已也。同上。

## 憲問第十四

◎子曰："邦有道，危言危行。邦無道，危行言孫。"

仁者豈以歲寒虧貞松之高志，於其言語可以免害，知志愈深。孔子曰："諾，吾將仕矣。"此皆遜辭以遠害也。同上。

◎子曰："貧而無怨難，富而無驕易。"

顔愿無怨，不可及也。若子貢不驕，猶可能也。皇侃《義疏》。邢疏"愿"作"淵"，無"若"字。

◎子曰："晉文公譎而不正，齊桓公正而不譎。"

言此二君霸迹不同，而所以翼佐天子，綏諸侯，使車無異轍，書無異文也。皇侃《義疏》。

◎子曰："君子道者三，我無能焉：仁者不憂，知者不惑，勇者不懼。"子貢曰："夫子自道也。"

聖人體是極於沖虛，是以忘其神武，遺其靈智，遂與衆人齊其能否，故曰："我無能焉。"子貢識其天真，故曰："夫子自道也。"同上。

◎子貢方人。子曰："賜也，賢乎哉？夫我則不暇。"

比方人不得不長短相傾，聖人誨人不倦，豈當相臧否，故云："我則不暇。"是以問人之賢，而無毁譽，長物之風，於是乎暢。同上。

◎子曰："驥不稱其力，稱其德也！"

稱，伯樂曰："驥有力而不稱。"君子雖有兼能，而惟稱其德也。同上。

◎子曰："道之將行也與，命也；道之將廢也與，命也。公伯寮其如命何！"

夫子使景伯辨子路，則不過季孫爲甚。拒之，則逆其區區之誠，故以行廢之命期之，或有如不救而大救也。同上。

◎子擊磬于衛，有荷蕢而過孔氏之門者，曰："有心哉，擊磬乎！"既而曰："鄙哉，硜硜乎，莫己知也，斯己而已矣。深則厲，淺則揭。"子曰："果哉！末之難矣。"

隱者之談夫子，各致此出處不乎。同上。

**衛靈公第十五**

◎子曰："君子疾沒世而名不稱焉。"

匠終年運斤，不能成器，匠者病之。君子終年爲善，不能成名，亦君子病之也。同上。

◎子曰："君子矜而不爭，羣而不黨。"

君子不使其身倪焉，若非終日，自敬而已，不與人爭勝之也。君子以道相聚，聚則爲羣，羣則似黨，羣居所以切磋成德，非於私也。同上。

⊙按："君子不使"至"爭勝之也"四句，馬本無。

◎子曰："過而不改，是謂過矣。"

一過容恕，又文則成罪也。同上。

◎子曰："君子謀道不謀食。耕也，餒在其中矣；學也，祿在其中矣。君子憂道不憂貧。"

董仲舒曰："遑遑求仁義，常患不能化民者，大人之意也；遑遑求財利，常恐匱乏者，小人之意也。"此君子小人謀之不同者也。慮匱乏，故勤耕；恐道闕，故勤學。耕未必無餒，學未必得祿，祿在其中，恒有之勢，是未必君子，但當存大而遺細，故憂道不憂於貧也。同上。

◎子曰："事君敬其事，而後其食。"

恪居官次，以達其道，事君之意也。蓋傷時利祿以事君也。同上。

**季氏第十六**

◎孔子曰："小人不知天命而不畏也，狎大人，侮聖人之言。"

小人不懼德，故媟慢也。以典籍爲妄作也。同上。

⊙按：馬本於"以典籍爲妄作也"上增"侮聖人之言"一句。

◎孔子曰："見得思義。"

義然後取也。同上。

**陽貨第十七**

◎子之武城，聞弦歌之聲。夫子莞爾而笑，曰："割雞焉用牛刀？"

小邑但當令足衣食、教敬而已，反教歌詠先王之道也。如牛刀割雞，非其宜也。同上。

◎子曰："恭則不侮。"

自敬者人亦敬己也。同上。

◎子曰："惠則足以使人。"

有恩惠則民忘勞也。同上。

◎佛肸召，子欲往。子路曰："昔者由也聞諸夫子曰：'親於其身為不善者，君子不入也。'佛肸以中牟畔，子之往也，如之何？"子曰："然，有是言也。'不曰堅乎，磨而不磷；不曰白乎，涅而不緇。'吾豈匏瓜也哉？焉能繫而不食？"

夫子豈實之公山佛肸乎？故欲往之意耶，汎示無係，以觀門人之情。如欲居九夷，乘桴浮於海耳。子路見形而不及道，故聞乘桴而喜，聞之公山而不悅，升堂而未入室，安測聖人之趣哉？皇侃《義疏》。邢疏所引小異。

◎好仁不好學，其蔽也愚；好知不好學，其蔽也蕩；好信不好學，其蔽也賊；好直不好學，其蔽也絞；好勇不好學，其蔽也亂；好剛不好學，其蔽也狂。

好仁者，謂聞其風而悅之者也。不學不能深原乎其道，知其一而未識其二，所以蔽也。自非聖人，必有所偏，偏才雖美，必有所蔽。學者假教以節其性，觀教知變，則見所過也。尾生與女子期，死於梁下；宋襄與楚人期，傷泓不度：信之害也。皇侃《義疏》。

◎子曰："邇之事父，遠之事君。"

言事父與事君，以有其道也。同上。

◎子曰："色厲而內荏，譬諸小人，其猶穿窬之盜也與！"

田文之客，能為狗盜，穿壁如踰而入，盜之密也，外為矜厲，而實柔佞之密也。峻其牆宇，謂之免盜，而狗盜者往焉；高其杭厲，謂之免佞，而色厲者入焉。古聖難於荏人，今夫子又苦為之喻，明免者鮮矣。傳云："篳門珪窬。"窬，竇也。同上。

◎子曰："道聽而塗說，德之棄也。"

今之學者不為己者也，況乎道聽者哉？逐末愈甚，棄德彌深也。同上。

◎子曰："古者民有三疾，今也或是之亡也。"

　　今之民無古者之疾，而疾過之也。同上。

◎子貢曰："君子亦有惡乎？"

　　君子即夫子也。《禮記》云："昔者仲尼與於蜡賓，事畢出，喟然而歎。言偃曰：'君子何歎乎？'"同上。

　　⊙按：此節經文，馬本作"子曰"，誤。

◎曰："賜也，亦有惡乎？"

　　己亦有所賤惡也。同上。

### 微子第十八

◎齊景公待孔子曰："若季氏則吾不能，以季、孟之間待之。"曰："吾老矣，不能用也。"孔子行。

　　麟不能爲豺步，鳳不能爲隼擊。夫子所陳，必也正道，景公不能用，故託吾老。可合則往，於離則去，聖人無常者也。同上。

◎齊人歸女樂，季桓子受之，三日不朝，孔子行。

　　夫子色斯舉矣，無禮之朝，安可以處乎？同上。

◎孔子下，欲與之言，趨而辟之，不得與之言。皇本"辟"作"避"。

　　言下車，明在道聞其言也。若接輿與夫子對共情言，則非狂也，達其懷於議者修其狂迹，故疾行而去也。同上。

◎夫子憮然，曰："鳥獸不可與同羣，吾非斯人之徒與而誰與？天下有道，丘不與易也。"

　　《易》稱："天下同歸而殊塗，一致而百慮。"君子之道，或出或處，或默或語。所以爲歸致者，期於內順生徒，外慜教旨也，惟此而已乎。凡教，或即我以導物，或報彼以明節，以救急疾於當年，而發逸操於沮溺。排披抗言於子路，知非問津之求也。于時風政日昏，彼此無以相易，良所以猶然，斯可已矣。彼故不屑去就，不輟其業，不酬栖栖之問，所以遂節於世，而有慜於聖人教者存矣。道喪于兹，感以事反，是以夫子憮然，曰："鳥獸不可與同羣也。"明夫理有大倫，吾所不獲已也。若欲潔其身、韜其蹤，同羣鳥獸，不可與斯民，則所以居大倫者廢矣。此即我以致言，不可以乘彼者也。丘不與易，蓋物之有道，故大湯武亦稱夷齊，由管仲而無譏邵忽。今彼有其道，我有其道，不執我以求彼，不係彼以易我，夫可滯哉！同上。

◎身中清，廢中權。

超然出於埃塵之表，身中清也；晦明以遠害發，動中權也。同上。

◎我則異於是，無可無不可。

夫迹有相明，教有相資，若數子者，事既不同而我亦有以異矣。然聖賢致訓，相爲內外。彼協契於往載，我拯溺於此世，不以我異而抑物，不以彼異而通滯，此吾所謂無可無不可者耳。豈以此自目己之所以異哉？我迹之異，蓋著于當時，彼數子者，亦不宜各滯於所執矣。故舉其往行而存其會通，將以導夫方類所挹仰乎？同上。

**子張第十九**

◎子張曰："士見危致命，見得思義，祭思敬，喪思哀，其可已矣。"

但言若是自可也。同上。

◎子張曰："執德不弘，通道不篤，焉能爲有，焉能爲亡。"

有德不能弘大，信道不務厚至，雖有其懷，道德蔑然，不能爲損益也。同上。

◎子夏曰："雖小道，必有可觀者焉，致遠恐泥，是以君子不爲也！"

聖人所以訓世軌物者，遠有體趣，故又文質可改而處無反也。至夫百家競說，非無其理，然家人之規模，不及於經國，慮止於爲身，無貽厥孫謀，是以君子舍彼取此也。同上。

◎子夏曰："百工居肆以成其事，君子學以致其道。"

亦非生巧也，居肆則是見廣，見廣而巧成。君子未能體足也，學以廣其思，思廣而道成也。同上。

◎子夏曰："君子信而後勞其民；未信，則以爲厲己也。信而後諫；未信，則以爲謗己也。"

君子克厲德也，故民素信之。服勞役，故知非私信不素立，民動以爲病己而奉其私也。人非忠誠相與，未能諫也，然投人夜光，鮮不按劍。《易》曰："有孚在道。"明無素信不可輕致諫也。同上。

◎曾子曰："堂堂乎張也，難與並爲仁矣。"

堂堂，德宇廣也，仁行之極也。難與並仁，蔭人上也。同上。

**堯曰第二十**

◎雖有周親，不如仁人。百姓有過，在予一人。

自此以上至"大賚"，周告天之文也；自此以下，所修之政也。禪者有命無告，舜之命禹，一準於堯。周告天文少，其異於殷，所異者如此，存其體，不錄修也。同上。

◎子曰:"欲仁而得仁,又焉貪?"

　　我欲仁,則仁至,非貪也。同上。

◎孔子曰:"不知言,無以知人也。"

　　不知言則不能賞言,不能賞言則不能量彼,猶短綆不可測於深井,故無以知人也。同上。

# 蔡系《論語釋》

晉蔡系撰。系（生卒年無考），字子叔，陳留考城（今蘭考）人。蔡謨少子。仕晉，官至撫軍長史。事迹略見《世説新語·雅量》注引《中興書》及《晉書·蔡謨傳》。《隋志》著録是書爲一卷，並云亡。後志不録。據皇侃《論語義疏叙》，知晉人江熙之《論語集解》嘗採用十三家舊注以成書，蔡系此書居其一。皇侃《論語義疏叙》云："若江集中諸人有可采者，亦附而申之。"然今本皇書未見徵引蔡系之説，佚文無考。

# 殷仲文《論語解》

晉殷仲文撰。仲文有《孝經注》，已著録。此書史志不載，卷數未詳。丁國鈞、秦榮光兩家《補晉書藝文志》立目，丁氏云"見皇侃《論語義疏》"，秦氏云"據皇侃《義疏》引"，實者皇疏未及殷仲文其人。皇疏採殷仲堪説九節，丁、秦二氏恐將仲堪、仲文混爲一談。文廷式、黄逢元、吴士鑑三家《補晉書藝文志》，即未著録此書。是故，此書並不存在。

# 郭象《論語體略》

晉郭象撰。象（252—312）字子玄，河內（治今沁陽）人。好《老》《莊》，能清談。仕晉，官至太傅主簿。事迹具《晉書》卷五十本傳。《隋志》經部著録此書爲二卷，兩《唐志》著録同。後佚。馬國翰輯本《序》云："皇侃《義疏》引凡九節，輯爲一卷。考象嘗注《莊子》，襲取向秀之言，頗爲世所詬病，解説經義，度亦未必盡有心得。然江熙《集解》列《論語》十三家，有郭象，蓋亦有表見於當時者。今玩其佚説，不離玄宗，而尚自暢達，晉人經解，取備一家，聊寄泥古之意云爾。"本次重新整理馬國翰輯本，未有多獲。

## 郭象《論語體略》一卷

### 爲政第二

◎子曰："爲政以德，譬如北辰，居其所而衆星共之。"

萬物皆得性謂之德。夫爲政者奚事哉？得萬物之性，故云德而已也。得其性則歸之，失其性則違之。皇侃《義疏》。

◎子曰："導之以政，齊之以刑，民免而無恥；導之以德，齊之以禮，有恥且格。"

政者，立常制以正民者也。刑者，興法辟以割制物者也。制有常則可矯，法辟興則可避。可避則違情而苟免，可矯則去性而從制。從制外正而心内未服，人懷苟免則無恥於物。其於化不亦薄乎？故曰"民免而無恥"也。德者，得其性者也。禮者，體其情也。情有所恥，而性有所本。得其性則本至，體其情則知恥。知恥則無刑而自齊，本至則無制而自正。是以導之以德，齊之以禮，有恥且格。同上。

### 述而第七

◎子在齊聞《韶》樂，三月不知肉味。曰："不圖爲樂之至於斯也！"

傷器存而道廢，得有聲而無時。同上。

**泰伯第八**
◎子曰："禹，吾無閒然矣。"

舜禹相承，雖三聖故一堯耳。天下化成則功美漸去，其所因循常事而已，故史籍無所稱，仲尼不能閒，故曰"禹，吾無閒然矣"。同上。

**先進第十一**
◎顏淵死，子哭之慟。從者曰："子慟矣。"子曰："有慟乎？非夫人之爲慟而誰爲慟？"

人哭亦哭，人慟亦慟，蓋無情者與物化也。同上。

**憲問第十四**
◎子路問君子。子曰："修己以敬。"曰："如斯而已乎？"曰："修己以安人。"曰："如斯而已乎？"曰："修己以安百姓。修己以安百姓，堯舜其猶病諸！"

夫君子者不能索足，故修己者索已。故修己者僅可以內敬其身，外安同己之人耳，豈足安百姓哉？百姓百品，萬國殊風，以不治治之，乃得其極。若欲修己以治之，雖堯舜必病，況君子乎？今堯舜非修之也，萬物自無爲而治，若天之自高，地之自厚，日月之明，雲行雨施而已，故能夷暢條達、曲成不遺而無病也。同上。

**衛靈公第十五**
◎子曰："吾之於人，誰毀誰譽？如有可譽者，其有所試矣。斯民也，三代之所以直道而行也。"

無心而付之天下者，直道也。有心而使天下從己者，曲法。故直道而行者，毀譽不出於區區之身，善與不善，信之百姓。故曰吾之於人，誰毀誰譽，如有所譽，必試之斯民也。同上。

◎子曰："吾嘗終日不食，終夜不寢，以思，無益，不如學也。"

聖人無詭教，而云不寢不食以思者何？夫思而後通、習而後能者，百姓皆然也。聖人無事，而不與百姓同事。事同則形同，是以見形以爲己異，故謂聖人亦必勤思而力學，此百姓之情也，故用其情以教之。則聖人之教，因彼以教彼，安容詭哉！同上。

**陽貨第十七**

◎孔子曰："諾，吾將仕矣。"

聖人無心，仕與不仕隨世耳。陽虎勸仕，理無不諾，不能用我，則無自用。此直道而應者也，然免遜之理亦在其中也。同上。

# 郭象《論語隱》

　　晉郭象撰。象有《論語體略》，已著録。《隋志》於"《論語難鄭》一卷"下注云"梁有《論語隱義注》三卷，亡"，於"《論語釋疑》十卷"下注云"梁有《論語隱》一卷，郭象撰"。兩《唐志》有"《論語義注隱》三卷"。朱彝尊《經義考》卷二百十二"亡名氏《論語隱義》，佚"，並云："《論語隱義》，《隋志》不載，但有其注載《七録》，未審即是郭象《論語隱》否？"馬國翰云："郭書以《隱》名，茲云《隱義注》者，疑是後人衍象義而注之。《唐藝文志》稱《義注隱》，誤倒其文也。注疏不見稱述，惟《白帖》、《太平御覽》引凡二節，或題《隱義》，或題《隱義注》。其語鄙俚似小說，與郭氏《體略》不類，應皆是注者以異聞附益。"本諸上述，《論語隱》《論語隱義》《論語隱義注》三書是否確有繼承關係，不得而知。今據馬國翰輯本，過而存之，姑且歸於郭象。此書亦有王謨輯本，見《漢魏遺書鈔》；有王仁俊輯本，見《玉函山房輯佚書續編》，二家所輯，皆未出馬國翰輯本之外。

## 郭象《論語隱》一卷

**先進第十一**
◎若由也，不得其死然。

　　衛蒯瞶亂，子路興師往，有孤黶者當師，曰："子欲入耶？"曰："然。"黶從城上下麻繩，釣子路半城，問曰："爲師耶，爲君耶？"曰："在君爲君，在師爲師。"黶因投之，折其左股，不死。黶開城，欲殺之。子路目如明星之光曜，黶不能前，謂曰："畏子之目，願覆之。"子路以衣袂覆目，黶遂殺之。《御覽》卷三百六十六引《論語隱義》。

**陽貨第十七**
◎苟患失之，無所不至矣。

　　齊桓公北伐中山還，倚柱歎曰："天下珍物悉易得，未得人肉食！"易牙歸，斷其兒兩手以啖君。《白帖》卷三十引《論語隱義》。

## 微子第十八

◎子路從而後。

孔子至蔡，解於客舍，入夜有取孔子一隻屨去，盜者置屨於受盜家。孔子屨長一尺四寸，與凡人屨異。《御覽》卷六百九十八、《淵鑒類函》卷三百七十五引《論語隱義注》。《事物紀原》卷三引作《論語隱義》，文字有刪節。

# 周弘正《論語疏》

　　南朝陳周弘正撰。弘正有《周易義疏》，已著録。此書史志未載，本傳云周弘正著有《論語疏》十一卷。佚文無考。

羣經通義類

# 許慎《五經通義》

東漢許慎撰。慎有《春秋左傳許氏義》，已著録。是書不見於前史著録，王仁俊《玉函山房輯佚書補編》所輯一卷，實止一條一句，即"卒之爲言絶於邦也"，稱見於《通典》喪禮問引許君《五經通義》。今按《通典》卷八十三："《五經通義》云：《春秋説題辭》曰：大夫曰卒，精耀終也。卒之爲言終於國也。士曰不禄，不禄，爲身消名章也。"不惟文字有異，而且並無"許君"字樣，不知王氏何以知其必是許慎書也。《隋志》著録《五經通義》八卷，《七録》九卷，不著撰人，而兩《唐志》皆以爲劉向撰，後人是之。又，王氏所引一句，亦見於《白虎通義·崩薨》："卒之爲言終於國也。"然則，將其著作權歸於班固不亦可乎？要之，此書未必許慎所撰也。

# 許慎《五經異義》

東漢許慎撰。慎有《春秋左傳許氏義》，已著録。是書始見於《後漢書》本傳："初，慎以五經傳説臧否不同，於是撰爲《五經異義》。"《隋書·經籍一》著録"《五經異義》十卷，東漢太尉祭酒許慎撰"。《舊唐書·經籍志》著録作"《五經異義》十卷，許慎撰，鄭玄駁"，《新唐書·藝文志》同。故《四庫全書總目》認爲"鄭氏所駁之文即附於許氏原本之内，而非别爲一書"，蓋是。《宋史·藝文志》不載此書，蓋佚於宋。其内容僅於《初學記》、《通典》、《太平御覽》諸書中偶有徵引，康成之《駁五經異義》則主要在《三禮正義》中有徵引，此外所存甚少。然吉光片羽，良足珍視，故後人多有輯佚者，但僅存百有餘篇。清乾隆年間修《四庫全書》，有山西巡撫採進本，乃從諸書中採綴而成，《五經異義》與《駁五經異義》錯雜相參，頗失條理。館臣詳加釐正，以《五經異義》與《駁五經異義》兩全者匯列於前，僅有《駁五經異義》而無《五經異義》者附録於後，又取朱彝尊《經義考》所引《駁五經異義》數條及惠棟輯本，與整理後的採進本參互考證，除其重復，得五十七條，爲《補遺》一卷，收入《四庫全書》。此後各家輯本漸多，著名者有王復本、莊述祖本、錢大昭本、孔廣森本等，然分合多異。陳壽祺取上述衆本而參訂之，著《五經異義疏證》三卷，可謂許慎此書功臣。此次所輯，即以陳氏《疏證》本爲底本，亦分上中下三卷，而佚文中之校勘記，皆取自陳氏書者。此《五經異義》輯本，乃曹建墩先生所惠贈。

## 許慎《五經異義》三卷

### 目　録

卷　上
　　田税
　　賦税差品

六十五復征
天號
曇制

爵制
郊高禖祭天
祭天有無尸
類祭
祭天之日
卜郊
六宗
三望
社
稷神
社主所植木
禘祫
宗廟卜日
祔主
祧廟
宗而不毀
諸侯祖天子
主所用木
卿大夫有主不
虞主所藏
虞而作主
祈父
報祭百辟
脤
躋僖公
閏月告朔朝廟
竈神

卷　中

明堂制

靈臺

朝聘
朝名
天子聘諸侯
鹿鳴
禮約盟不
盟牲
祠兵
乘數
冠齡
公冠有樂
諸侯娶同姓
天子親迎不
昏齡
人君年幾而娶
失君父終身不得，臣子當昏否
姪娣年十五可往，二十而御

卷　下

萬國
中國里數
存二王之後
朝宿之邑
刑不上大夫
刖刑
獄名
墨罰
贖死罪
鄭聲淫
羽舞
賜族
二名

| | |
|---|---|
| 九族 | 諸侯夫人喪 |
| 聖人感天而生 | 諸侯薨，書名稱卒 |
| 天子有爵不 | 臣子已死猶名不 |
| 三公 | 雨不克葬 |
| 追賜命 | 諸侯無去國之義 |
| 九賜九命 | 復讎不過五世 |
| 天子駕數 | 凡君非禮殺臣 |
| 鸞和 | 衛輒拒父 |
| 五玉贄 | 甲爲姑殺夫 |
| 玉色雜 | 戕、弑、殺義 |
| 天子筴名 | 五星 |
| 軷 | 災名 |
| 䡅軨 | 月食 |
| 卿得世不 | 九州承天 |
| 諸侯純臣不 | 城制 |
| 質家立弟 | 五臟所屬 |
| 未踰年之君立廟不 | 星象 |
| 諸侯未踰年出朝會與不？出會何稱 | 獲麟之徵 |
| 未踰年之君繫父不 | 騶虞 |
| 妾母之子爲君，得尊其母爲夫人不 | 鼹鼠食牛角 |
| 諸侯有妾母喪得出朝會不 | 鸜鵒來巢 |
| 諸侯奔天子喪否 | 隕石于宋 |
| 諸侯踰年即位乃奔喪不 | 蟲飛反墜 |
| 諸侯自相奔喪禮 | |

# 卷　上

《異義》第五《田税》：今《春秋公羊》説，十一而税，過於十一，大桀小桀；減於十一，大貉小貉。十一税，天子之正，蒙案：當作"天下之中"，正文見《公羊·宣十五年傳》。十一行而頌聲作。故蒙案："故"當爲"古"字誤。《周禮》國中園廛之賦，二十而税一，近郊十而税一，遠郊二十而税三。有軍旅之歲，一井九夫，百畮之賦，出禾二百四十斛,原注:當云"六百四十斛"。○蒙案:四秉曰筥,十筥曰稯,以稯禾爲二百四十斛,則許以秉爲六斛。芻秉二百四十觔,原注:當云"一百六十斗"。○蒙案:二百四十觔爲秉,秉六斛,則每斛四十觔。釜米十六斗。謹按:《公羊》十一稅,遠近無差。漢制收租田有上中下,與《周禮》同義。蒙案:"謹"字舊脫,今補。

玄之聞也,《周禮》制稅法,輕近而重遠者,爲民城道溝渠之役,近者勞遠者逸故也。其授民田,家所養者多,與之美田;所養者少,則與之薄田。其調均之而足,故可以爲常法。漢無授田之法,富者貴美且多,貧者賤薄且少,美薄之收不通相倍蓰,而上中下也蒙案:此五字當作"而云上中下"。與《周禮》同義,未之思也。又《周禮》六篇無云軍旅之歲,一井九夫百畮之稅,出禾、芻秉、釜米之事,何以得此言乎?《周禮·載師》疏引。

《異義》:《左氏》說:山林之地,九夫爲度,九度而當一井。藪澤之地,九夫爲鳩,八鳩而當一井。京陵之地,九夫爲辨,七辨而當一井。淳鹵之地,九夫爲表,六表而當一井。疆潦之地,九夫爲數,五數而當一井。偃豬之地,九夫爲規,四規而當一井。原防之地,九夫爲町,三町而當一井。隰皋之地,九夫爲牧,二牧而當一井。衍沃之地,九夫爲井。賦法:積四十五井,'井'字舊脫,據惠氏校宋本《禮記》補。除山川坑岸三十六井,定出賦者九井,則千里之畿,地方百萬井,除山川坑岸三十六萬井,定出賦者六十四萬井,長轂萬乘。《禮記》十一《王制》正義。

《異義》:《禮》戴說,《王制》云:"五十不從力政,六十不與服戎。"《易》孟氏、《韓詩》說"年二十行役,三十受兵,六十還兵"。古《周禮》說"國中自七尺以及六十,野自六尺以及六十有五,皆征之"。謹案:五經說各不同,是無明文可據。漢承百王而制二十三而役,五十六而免。六十五已老,而周復征之,非用民意。蒙案:《王制》正義云:"是許以《周禮》爲非。"

鄭駁之云:《周禮》是周公之制,《王制》是孔子之後大賢所記先王之事。《周禮》所謂皆征之者,使爲胥徒,給公家之事,如今之正衛耳。六十而不與服戎,胥徒事暇,坐息之閒,多其五歲,又何大違之云?徒給公家之事,云非用民意耶?《王制》所云力政,挽引築作之事;所謂服戎,謂從軍爲士卒。二者皆勞於胥徒,故早舍之。《禮記》十三《王制》正義。

《異義·天號》第六:蒙案:《周禮·載師》疏引《異義》第五《田稅》,《司尊彝》疏引《異義》第六《畾制》,此亦當作《異義》第六《天號》。兩"第六"疑有一作"第八"者,字之誤耳。曰第五,曰第六者,其篇次也。曰《田稅》,曰《天號》,曰《畾制》者,其篇目也。《毛詩正義》引無"第六"二字,今從《周禮疏》。《今尚書》歐陽說:"春曰昊天,蒙案:《周禮疏》作"欽若昊天",誤。《毛詩·黍離》正義引作"春曰昊天",當從之。夏曰蒼天,秋曰旻天,冬曰上天,總爲皇天。蒙案:《毛詩正義》無此四字。《爾雅》亦然。古蒙案:《周禮疏》作"故",誤。《毛詩正義》作"古",當從之。《尚書》說云:"天有五號,各用所宜稱之。"尊而君之,則曰皇天;元氣廣大,則稱昊天;仁覆愍下,則稱旻天;自上監下,則稱上天;據遠視之蒼蒼然,則稱蒼天。"蒙案:毛傳與此合,《毛詩正義》省之,云"《古尚書》說與毛同"。謹按:《尚書》堯命羲和,欽若昊天,總敕四時,知昊天不獨春。《春秋左氏》曰:"夏四月己丑,孔子卒。"稱"旻天不弔",時非秋天。蒙案:《毛詩正義》作"時非秋也",當從之。○以上見《周禮·大宗伯》疏,又《毛詩·黍離》正義引小異,又《禮記·月令》正義引"元氣廣大,謂之皡天"。

玄之聞也,《爾雅》者,孔子門人所作,以釋六藝之言,蓋不誤也。春氣博施,故以廣大言之。夏氣高明,故以遠大言之。蒙案"遠大",疑當爲"遠視",《尚書·堯典》正義、《周禮疏》引並無"大"字。秋氣或生或殺,故以閔下言之。冬氣閉藏而清察,故以監下言之。皇天者,至尊之號也。六藝之中,諸稱天者,以己情所求言之耳,蒙案:《毛詩正義》無"己"字,"言之"下無"耳"字,今從《周禮疏》補。非必於其時稱之。"浩浩昊天",求天之博施;"蒼天蒼天",求天之高明;"旻天不弔",求天之生殺當得其宜;"上天同雲",求天之所爲當順其時也。此之求天,猶人之說事,各從其主耳。若察於是,則"堯命羲和,欽若昊天",孔子卒,稱"旻天不弔",無可怪耳。以上見《毛詩·王風·黍離》正義,《爾雅·釋天》疏引同。又《周禮·大宗伯》疏引小異,"若察於是"以下無此二十字,文多脫誤。又見《尚書·堯典》正義。《周禮·大宗伯》疏引"若察於是"下云:"所論天從四時,各有所別,故《尚書》所云者,論其義也。二者相須乃足。此名非必紫微宫之正,直是人逐四時互稱之。"

《異義》第六蒙案:"第六"二字據《周禮·司尊彝》疏增。《罍制》:《韓詩》說:"金罍,大夫器也。天子以玉,諸侯、大夫皆以金,士以梓。"蒙案:《毛詩音義》引《韓詩》云:"天子以玉飾,諸侯、大夫皆以黃金飾,士以梓。"《毛詩正義》引《韓詩》說言士以梓,士無飾,據此則《異義》所引稍略。《毛詩》說:"金罍,酒器也,諸臣之所酢。人君以黃金飾尊,大一碩,金飾龜目,蓋刻爲雲雷之象。"謹案:《韓詩》說天子以玉,經無明文。謂之罍者,取象雲雷博施,如人君下及諸臣。見《毛詩·卷耳》正義、《爾雅·釋器》疏。○又見《周禮·司尊彝》疏,末句作"故爲人君下及諸臣同"。

《異義》:《韓詩》說:"一升曰爵,爵,盡也,足也。二升曰觚,觚,寡也,飲當寡少。三升曰觶,觶,適也,飲當自適也。四升曰角,角,觸也,飲不能自適,觸罪過也。五升曰散,散,訕也,飲不能自節,爲人所謗訕也。總名曰爵,其實曰觴。觴者,餉也。觥亦五升,所以罰不敬。觥,廓也,所以著明之貌,君子有過,廓然明著。非所以餉,不得名觴。"古《周禮》說:"爵一升,觚二升,蒙案:"二"當爲"三"字之誤。獻以爵而酬以觚,一獻而三酬,則一豆矣。食一豆肉,飲一豆酒,中人之食。"《毛詩》說:"觥大七升。"謹案:《周禮》云一獻三酬當一豆,若觚二升,不滿一豆。又觥罰不過一，一飲而七升爲過多。《左傳》成十四年正義引此下有"當謂五升"四字，當補。

鄭駁之云：《周禮》"獻以爵而酬以觚"，觚，寡也。觶字，角旁著氏，是與觚相涉誤爲觚也。南郡太守馬季長説："一獻三酬則一豆，豆當爲斗，與一爵三觶相應。"以上見《禮記·禮器》正義。

《異義·爵制》：今《韓詩》説，一升曰爵，二升曰觚，三升曰觶，四升曰角，五升曰散。古《周禮》説亦與之同。謹案：《周禮》一獻三酬當一豆，即觚二升，不滿豆矣。

鄭玄駁之云：觶字，角旁著氏，汝潁之間師讀所作。今《禮》角旁單，古書或作角旁氏。角旁氏則與觚字相近。學者多聞觚，寡聞觶，寫此書，亂之而作觚耳。又南郡太守馬季長説："一獻而三酬則一豆，豆當爲斗，與一爵三觶相近。"蒙案："近"當爲'應'字之譌。○以上見《周禮·梓人》疏。末字《周禮疏》作"近"，當從《禮記正義》作"應"。○又見《毛詩·卷耳》正義，《左傳·成十四年》正義，《儀禮·燕禮》疏，《詩》《禮》兩疏並云"如鄭此説，是《周禮》與《韓詩》同也"。

《五經異義》曰：王者一歲七祭天，仲春后妃郊高禖亦祭天也。《御覽》五百二十九《禮儀部》。

《異義》：《公羊》説，祭天無尸。《左氏》説，晉祀夏郊，以董伯爲尸。《虞夏傳》云："舜入唐郊，以丹朱爲尸。"是祭天有尸也。許慎引《魯郊禮》曰："祝延帝尸。"從《左氏》之説。《禮記》三《曲禮上》正義。

《異義》："《今尚書》夏侯、歐陽説，類，祭天名也。以事類祭之奈何？蒙案："奈何"上當重"以事類祭之"五字。天位在南方，就南郊祭之是也。《御覽》五百二十七《郊類》。《古尚書》説，非時祭天謂之類，言以事類告也。肆類于上帝，時舜告攝，非常祭。"《御覽》五百二十五《禮儀部》。○以上亦見《禮記·王制》正義。許慎謹案：《周禮》郊天，無言類者，知類非常祭，從《古尚書》説。《禮記》十二《王制》正義云："鄭氏無駁，與許同也。"○亦見《御覽·禮儀部》。

《五經異義》曰：夏至，天子親祀方澤。侍中騎都尉賈逵説曰："魯無圜丘方澤之祭者，周兼用六代禮樂，魯下周，用四代，其祭天之禮亦宜損於周。故二至之日，不祭天地也。"《御覽》五百二十五《禮儀部》。

《五經異義》曰：《春秋公羊》説，禮，郊及日皆不卜，常以正月上丁也。魯與天子並事變禮，今成王命魯使卜，從乃郊，不從即已下天子也。魯以上辛郊，不敢與天子同也。《御覽》五百二十七《禮儀部》。

《異義》：古《詩》毛説以龍旂承祀爲郊祀。《毛詩·閟宮》正義。

《駁異義》引《明堂位》云："孟春正月，乘大路，祀帝於郊。"又云："魯用孟春建子之月，則與天子不同明矣。魯數失禮，牲數有災，不吉，則改卜後月。"《禮記》二

《曲禮上》正義。

《異義》：今蒙案：《祭法》正義"今"下有"尚書"二字，當從之。歐陽、夏侯說："六宗者，上不及天，下不及地，旁不及四時，蒙案：《祭法》正義作"四方"，當從之。居中央，恍惚無有神助，陰陽變化，有益於人，故郊祭之。蒙案：《御覽》作"郊天並祭"。《古尚書》說：蒙案：《祭法》正義下有"賈逵等云"四字。六宗，天地神之尊者，蒙案：此句亦見《路史》。謂天宗三，地宗三。天宗：日、月、星辰；蒙案：《祭法》正義作"北辰"，當從之。地宗：岱山、河、海。日、月爲陰陽宗，北辰爲星宗，岱爲山宗，河爲水宗，海爲澤宗。祀天則天文從祀，祀地則地理從祀。"《御覽·禮儀部七》引止此。謹案：夏侯、歐陽說云宗實一而有六，名實不相應。《春秋》"魯郊祭三望"，言郊天，日、月、星、河、海、岱，凡六宗。魯下天子，不祭日、月、星，但祭其分野星、其中蒙案：當作"國中"。山川，故言三望，六宗與《古尚書》說同。

玄之聞也，《書》曰："肆類于上帝，禋于六宗，徧于羣神。"此四物之類也，禋也，望也，徧也，所祭之神各異。六宗言禋，山川言望，則六宗無山川明矣。《周禮·大宗伯》曰："以禋祀祀昊天上帝，以實柴祀日月星辰，以槱燎祀司中、司命、風師、雨師。"凡此所祭，皆天神也。《禮記·郊特牲》曰："郊之祭也，迎長日之至也，大報天而主日也。兆於南郊，就陽位也。掃地而祭，於其質也。"《祭義》曰："郊之祭，大報天而主日，配以月。"則郊祭《祭法》正義作"郊天"。并祭日月可知。其餘星也，辰也，司中，司命，風師，雨師，此之謂六宗亦自明矣。見《周禮·大宗伯》疏引全。〇又見《禮記·月令》、《祭法》正義，《御覽·禮儀部七》。

鄭《駁異義》云：昔者，楚昭王曰："不穀雖不德，河非所獲罪。"言境内所不及則不祭也。魯則徐州地，《禹貢》："海、岱及淮惟徐州。"以昭王之言，魯之境内亦不及河，則所望者海也、岱也、淮也，是之謂三望。《毛詩·閟宮》正義。

鄭君曰：望者，祭山川之名也。謂海也、岱也、淮也。非其疆界則不祭。《禹貢》曰："海、岱及淮惟徐州。"徐，魯地。《穀梁傳·僖三十一年》集解。

鄭玄以爲，望者，祭山川之名。諸侯之祭山川，在其地則祭之，非其地則不祭，且魯竟不及於河。《禹貢》"海、岱及淮惟徐州"，徐即魯地。三望，謂淮、海、岱也。見《左傳·僖三十一年》正義引，不言出《駁異義》，今以《毛詩·閟宮》正義、《穀梁·僖三十一年》集解所引定之。

《異義》："今《孝經說》曰：社者，土地之主，土地廣博，不可徧敬，封五土以爲社。古《左氏》說，共工氏有子曰句龍、爲后土，后土爲社。"許君謹案亦曰："《春秋》稱公社，今人謂社神爲社公，故知社是上公，非地祇。"

駁云：社祭土而主陰氣，蒙案：句首當脫"郊特牲云"四字。又云社者神地之道。謂社神但言上公，失之矣。今人亦謂雷曰雷公，天曰天公，豈上公也！《禮記》二十五《郊特牲》正義。

《左氏》説社稷惟祭句龍，后稷人神而已。《孝經説》社爲土神，稷爲穀神，句龍，后稷配食者。見《尚書·召誥》正義，不言出《異義》，案其文稱《左氏》説，是據許書也。

《駁異義》：社者，五土之神，能生萬物者，以古之有大功者配之。《毛詩·甫田》正義。

《駁異義》引《大司徒》五地之物云：此五土地者，吐生萬物，養鳥獸草木之類，皆爲民利，有貢税之法。王者秋祭之，以報其功。見《毛詩·甫田》正義。○正義不列五地之物，省文。鄭所引當有"一曰山林，二曰川澤，三曰丘陵，四曰墳衍，五曰原隰"二十字。

《異義》："今《孝經説》：稷者，五穀之長，穀衆多不可徧敬，故立稷而祭之。古《左氏》説：列山氏之子曰柱，死祀以爲稷，稷是田正，周棄亦爲稷，自商以來祀之。"許君謹案："禮緣生及死，故社稷人事之。既祭稷穀，不得但以稷米祭稷，反自食。同《左氏》義。"

鄭駁之云："《宗伯》以血祭祭社稷、五祀、五嶽。社稷之神若是句龍，柱、棄不得先五嶽而食。"又引《司徒》五土名。蒙案：此引《司徒》五土名，當有全文，正義略。《毛詩·甫田》正義稱《駁異義》引《大司徒》五土之物，下有此"五土地者"云云三十四字，審文義，當在此。又引《大司樂》五變而致介物，及土示；土示，五土之總神，即謂社也。六樂於五地無原隰，而有土示，則土示與原隰同用樂也。引《詩·信南山》云："畇畇原隰。"下云："黍稷或或。"舊譌作"下之黍稷或云"六字。蒙案：《信南山》正義曰"獨舉原隰以爲言者，鄭《駁異義》引此詩以盡三章"云云，據此，是鄭引《詩》自"畇畇原隰"，下至"黍稷或或"也，今更正此六字。其引《詩》三章不悉補，姑仍正義之舊。原隰生百穀，稷爲之長。然則稷者原隰之神，若達此義，不得以稷米祭稷爲難。《禮記》二十五《郊特牲》正義。○又《毛詩·信南山》正義。

《駁異義》云："五變而致土祇，祇者，五土之總神謂社。"是以變原隰言土祇。《周禮·大司樂》疏。

鄭《駁異義》引《州長職》曰："以歲時祭祀州社，是二千五百家爲社也。"又云："有國及治民之大夫，乃有社稷。"又引《大司徒職》云："樹之田主，各以其野之宜木，遂以名其社與其野。"《禮記》四十九《祭法》正義。

《異義》：古《春秋左氏》説，古者先王日祭於於祖考，月薦於曾高，時享及二祧，歲禱於壇，禘及郊宗石室。謹案：叔孫通宗廟有日祭之禮，知古而然也。三歲一祫，此周禮也；五歲一禘，疑先王之禮也。《御覽》五百二十八《禮儀七》。○又"謹案"以下見《初學記》十三《禮部》，又《藝文類聚》三十八"知古"作"自古"。

《春秋左氏傳》曰："歲袷及壇墠，終禘及郊宗石室。"許慎舊説曰："終者，謂孝子三年喪終則禘于太廟，以致新死者也。"《通典·禮九·吉禘袷上》晉博士徐禪議。

鄭《駮異義》云："三年一袷，五年一禘，百王通義。"以爲《禮讖》云"殷之五年殷祭"亦名禘也。《毛詩·長發》正義。○又《閟宫》、《玄鳥》正義，《禮記·王制》正義。

《五經異義》曰：今《春秋公羊》説，宗廟筮而不卜。《傳》曰禘袷不卜。《御覽》五百二十八《禮儀部》。古《周禮》説，《大宗伯》曰："凡祀大神，享大鬼，祭大祇，率執事而卜日。"大鬼謂先王也。《御覽》五百二十五《禮儀部》。

《異義》："《左氏》説，凡君薨，祔而作主，特祀主於寢，畢三時之祭，期年然後烝、嘗、禘於廟。"許慎云《左氏》説與《禮》同。鄭無駮。《周禮·邑人》疏。○案：許言《左氏》説與《禮》同，其《禮》説今佚不可考。

《五經異義》曰：《禮·祭法》云天子有祧，遠廟曰祧，將祧而去之，故曰祧。去祧曰壇，去壇曰墠。皆藏於祖廟，有事則禱，無事則止。《御覽》五百二十九《禮儀部》。

《異義》："《詩》魯説，丞相匡衡蒙案：匡衡習《齊詩》，此云魯説，蓋傳寫誤，當作齊説。以爲殷中宗，周成、宣王皆以時毀。《古文尚書》説，經稱中宗，明其廟宗而不毀。謹案：《春秋公羊》御史大夫貢禹説，蒙案：此則貢禹習《公羊春秋》，《本傳》不言。王者宗有德，廟不毁。宗而復毁，非尊德之義。"鄭從而不駮。《毛詩·烈祖》正義。

《異義》："《禮》戴引此《郊特牲》云：'諸侯不敢祖天子，大夫不敢祖諸侯。'又匡衡説，支庶不敢薦其禰，下土諸侯不敢專祖於王。案：《漢書·韋玄成傳》玄成説與此同。古《春秋左氏》説，天子之子以上德爲諸侯者，得祀所自出。魯以周公之故，立文王廟。《左氏傳》：'宋祖帝乙，鄭祖厲王，猶上祖也。'又曰：'凡邑，有宗廟先君之主曰都。'以其有先君之主。公子爲大夫，所食采地亦自立所自出宗廟，其立先公廟準禮，公子得祖先君，公孫不得祖諸侯。"許慎謹案："周公以上德封於魯，得郊天，兼用四代之禮樂，知亦得祖天子。諸侯有德祖天子者，知大夫亦得祖諸侯。"鄭氏無駮，與許慎同。《禮記》二十五《郊特牲》正義。

《異義》：《論語》：哀公問主於宰我，宰我答："夏后氏以松，夏人都河東，宜松也；殷人以柏，殷人都亳，宜柏也；周人以栗，周人都灃鎬，宜栗也。"《御覽》五百三十一《禮儀部》。

《異義》："今《春秋公羊》説，祭有主者，孝子之主繫心，夏后氏以松，殷人以柏，周人以栗。案："之主"，"之"當爲"以"，《初學記》引《白虎通》曰"孝子以主繫心"可證。又案："又"當爲"古"。《周禮》説，虞主用桑，練主以栗，無夏后氏以松爲主之事。"許君謹案：從《周禮》説，《論語》所云，謂社主也。鄭氏無駮，從許義也。《禮記》四十六《祭法》正義。

《五經異義》曰：主者，神象也。孝子既葬，心無所依，所以虞而立主以事之。唯天子、諸侯有主，卿大夫無主，尊卑之差也。卿大夫無主者，依神以几筵，故少牢之祭，但有尸無主。三王之代，小祥以前主用桑者，始死尚質，故不相變。既練易之，遂藏於廟，以爲祭主。凡虞主用桑。練主，夏后氏以松，殷人以柏，周人以栗。《春秋左氏傳》曰："凡君薨，卒哭而祔。祔而作主，特祀于主。烝嘗禘於廟。"主之制，正方，穿中央達四方。天子長尺二寸，諸侯長一尺，皆刻謚於背。《通典·禮八·吉禮七》。○"凡虞主"以下似節錄《異義》之文。"虞主"至"以栗"又見《禮記·祭法》正義。"春秋"至"廟"，又見《周禮·邕人》疏。"主之制"至"長一尺"，又見《禮記》四《曲禮下》正義。又《初學記》十三《禮部上》引《五經要義》說木主之狀與此同。○《魏書·禮志》王延業、盧觀並據許慎、鄭玄之解，謂天子、諸侯作主，大夫及士則無。

《五經異義》："或曰：'卿大夫、士有主否？'答曰：'案《公羊》說，卿大夫非有土之君，不得祫享昭穆，故無主。大夫束帛依神，士結茅爲菆。'"以上亦見《文獻通考》。許慎據《春秋左氏傳》曰："衛孔悝反祏于西圃。祏，石主也。言大夫以石爲主。"《通典》四十八《吉禮七》。

鄭駁云：《少牢饋食》，大夫祭禮也，束帛依神。《特牲饋食》，士祭禮也，結茅爲菆。《通典·吉禮七》。○以上亦見《文獻通考》。

謹案：大夫以石爲主，禮無明文。大夫、士無昭穆，不得有主。今山陽民俗，祠有石主。《御覽》五百三十一《禮儀部十·神主類》。《周禮·小宗伯》疏引云："今南陽俗，祠有石主。"

《駁異義》云：大夫無主，孔悝之反祏，所出公之主爾。《左傳》哀十六年正義引《駁異義》。○又《禮記》四十六《祭法》正義節引，此篇云鄭《駁異義》從《公羊》說。○又《周禮·小宗伯》疏、《禮記》九《檀弓下》正義並節引。

《異義》：《戴禮》及《公羊》說虞主埋於壁兩楹之間，一說埋之於廟北墉下，《左氏》說虞主所藏無明文。

鄭駁之云：按《士喪禮》重與柩相隨之禮，柩將出，則重倚於道左。柩將入於廟，則重止於門西。虞主與神相隨之禮亦當然。練時既特作栗主，則入廟之時，祝奉虞主於道左。練祭訖，乃出就虞主而埋之，如既虞埋重於道左。《禮記》九《檀弓下》正義。○《通典·禮八》："《公羊》說，主藏太廟室西壁中，以備火災。"當本《五經異義》。

《五經異義》曰：虞主埋之廟北墉下，北方無事，虞主亦無事也。《御覽》一百八十八。案：此條末十字當在前條"一說埋之于廟北墉下"之下。

《五經異義》曰：《春秋左氏傳》曰："徙主祏于周廟。"言宗廟有郊宗石室，所以藏栗主也。虞主所藏，無明文也。《御覽》五百三十一《禮儀部》。○案：此條當在前條引《左氏》説之下。

《異義》:"《公羊》説虞而作主。《禮記》九《檀弓下》正義。古《春秋左氏》説,既葬,反虞。天子九虞,九虞者以柔日,九虞十六日也。諸侯七虞,十二日也。大夫五虞,八日也。士三虞,四日也。既虞,然後祔死者於先死者,祔而作主,謂桑主也。期年然後作栗主。"許慎謹案:《左氏》説與《禮記》同。《禮記》四《曲禮下》正義云:"鄭君不駁,明同許意。"又《檀弓下》正義云:"鄭氏不駁。"

許氏《異義》引此詩曰:"有母之尸饔",謂陳饔以祭。恐養不及親。《毛詩·祈父》正義。

許氏《五經異義》曰:公侯祭百辟,自卿以下,不過其族。夫鬼神之所及,非其族類則紹其國位。百辟者,國君先有功德於人者。今在其位,故報祭之。《初學記》十三《祭祀》。

《異義》:《左氏》説,脤,社祭之肉,盛之以蜃,宗廟之肉名曰膰。《周禮·大宗伯》疏。

《異義》:"《公羊》董仲舒説躋僖公逆祀,小惡也;《左氏》説爲大惡也。"許君謹案:"同《左氏》説。"

鄭駁之云:兄弟無相後之道,登僖公主於閔公主上,不順,爲小惡也。《禮記》二十三《禮器》正義。

《異義》:"《公羊》説:'每月告朔朝廟,至於閏月不以朝者,閏月,殘聚餘分之月,無正,故不以朝。經書閏月猶朝廟,譏之。'《左氏》説:'閏以正時,時以作事,事以厚生,生民之道於是乎在。不告閏朔,棄時政也。'"許君謹案:"從《左氏》説,不顯朝廟、告朔之異,謂朝廟而因告朔。"故鄭駁之,引《堯典》以閏月定四時成歲,閏月當告朔。又云:"説者不本於經,所譏者異其是與非,皆謂朝廟而因告朔,似俱失之。朝廟之經,在文六年,'冬,閏月不告月,猶朝于廟',辭與宣三年春'郊牛之口傷,改卜牛,牛死,乃不郊,猶三望'同。言'猶'者,告朔然後當朝廟,郊然後當三望,今廢其大,存其細,是以加'猶'譏之。《論語》曰:'子貢欲去告朔之餼羊。'《周禮》有朝享之禮祭。然則告朔與朝廟祭異,亦明矣。"《禮記》二十九《玉藻》正義。

《五經異義》曰:古《春秋左氏》説:閏以正時,時以作事,事以厚生,生民之道於是乎在。不告閏朔,棄時政也;棄時政則不知其所行,故閏月不以朝者,諸侯歲遣大臣之京師,受十二月之正,還藏於太廟。月旦朝廟存神,有司因告曰:"今月當行某政。"至於閏月分之朔無正,故不以朝。經書"閏月猶朝之者"是也。《御覽》五百三十八引。○案:末二句"朝"下當脱"于廟譏"三字。

《異義》:"竈神,今《禮》戴説引此燔柴盆瓶之事。蒙案:《禮記》疏不列《禮器》之文，從省，當補。古《周禮》説，顓頊氏有子曰黎，爲祝融，祀以爲竈神。"許君謹案："同《周禮》。"

鄭駁之云：祝融乃古火官之長，猶后稷爲堯司馬，其尊如是，王者祭之，但就竈陘，一何陋也。祝融乃是五祀之神，祀於四郊，而祭火神于竈，于禮乖也。《禮器》正義。〇又《荆楚歲時記》注引古《周禮》說十九字。

《異義》："《大戴記·禮器》云，蒙案：《禮器》正義云："《異義》：今《禮》戴説引此燔柴盆瓶之事。"《御覽》引作"《大戴記·禮器》"，疑《大戴記》亦有此篇，與《小戴》同也。竈者，老婦之祭。"許君謹案："《月令》孟夏之月，其祀竈，五祀之神，王者所祭，非老婦也。"

駁曰：王爲羣姓立七祀，一曰司命，主督察三命也；二曰中霤，主宫室居處也；三曰門，四曰户，主出入；五曰國行，主道路；六曰大厲，主殺也；七曰竈，主飲食也。竈神非祝融，是老婦。《御覽》五百二十九《禮儀部·五祀》。

許慎云："《月令》孟夏祀竈。王者所祭古之有功德於人，非老婦也。"鄭玄云："爲祭五祀，竈在廟門外之東，祀竈禮，設主于竈陘。祝融乃古火官之長，猶后稷爲堯司馬，上公也。今但就竈陘而祭之，屈上公之神，何其陋也！又《月令》云'其帝炎帝，其神祝融'，文列在上，與祀竈絕遠，而推合之，文義不次，焉得爲義也？又《左傳》云：'五官之神，生爲上公，死爲貴神。'若祭之竈神，蒙案："神"字誤，當爲"陘"。豈得謂貴神乎！《特牲饋食禮》云'尸諼而祭饎爨'，以謝先炊者之功。知竈是祭老婦，報先炊之義也。臧文仲燔柴於竈，夫子譏之云'盛于盆，尊于瓶'，若是祝融之神，豈可以盆瓶之器，實于陘而祭之乎？"《通典》五十一《吉禮十一》。

# 卷　中

《異義》：明堂制，今《禮》戴説《禮·盛德記》曰："明堂自古有之，凡有九室，室有四户八牖，三十六户，七十二牖，以茅蓋屋，上圓下方，所以朝諸侯。其外，《明堂位》正義此下多"有水"二字。名曰辟廱。"《明堂月令書》説云："明堂高三丈，東西九仞，南北七筵，上圓下方，四堂十二室，室四户八牖，其官方三百步，在近郊，近郊《禮記·明堂位》正義不重"近郊"二字。三十里。"講學大夫淳于登説：蒙案：講學大夫，王莽置。"明堂在國之陽，丙巳之地，三里之外，七里之内，而祀之就陽位，蒙案：當作"就陽位而祀之"。《明堂位》正義無"而祀之"三字。上圓下方，八窗四闥，布政之宫，蒙案：《明堂位》正義此下有"故稱明堂明堂盛貌"八字。周公祀文王於明堂，以配上帝。上帝，五精之帝，《明堂位》正義作"神"。大微之庭，中有五帝座星。"《明堂位》正義作"位"。古《周禮》、《孝經説》："明堂，文王之廟。夏后氏世室，殷人重屋，周人明堂。東西九筵，筵九尺，南北七筵，堂崇一筵，五室，凡室二筵，蓋之以茅。"蒙案：《明堂位》正義此下有"周公所以祀文王於明堂，以昭事上帝"十五字。謹案：今《禮》、古《禮》各以其義説，無明文以知之。

玄之聞也，《明堂位》正義無此四字，稱"鄭駁之云"。《禮》戴所云，雖出《盛德記》，及其下，顯與本章異。蒙案：《明堂位》正義無此八字，"記"字作"篇章異"，《玉藻》正義倒作"異章"，今改。九室、三十六户、七十二牖，似秦相吕不韋作《春秋》時，説者所益，非古制也。"四堂十二室"，字誤，本書云"九堂十二室"。《玉藻》正義"堂室"二字互誤，今从《明堂位》正義改正。淳于登之言，取義於《明堂位》正義此下有"孝經"二字。《援神契》。《援神契》《明堂位》正義不重此三字。説，"崇祀文王於明堂，以配上帝，曰明堂者，上圓下方，八窗四闥，布政之宫，在國之陽。帝者諦也，象上可承五精之神。五精之神實在太微，於辰爲巳"，是以登云然。今漢立明堂於丙巳，由此爲也。水木用事，交於東北；木火用事，交於東南；火土用事，交於中央；金土用事，交於西南；金水用事，交於西北。周人明堂五室，帝一室，合於數。以上見《禮記》二十九《玉藻》正義。又三十一《明堂位》正義引至"由此爲之"止，又《初學記·禮部》、《藝文類聚·禮上》節引。

周人明堂五室，是帝各有一室也，合於五行之數。《周禮》依數以爲之室，施行於今。雖有不同，時説昞然，本制著存，而言無明文，欲復何責？蒙案：《魏書·袁翻傳》引"鄭玄云"，又《賈思伯傳》引同，但至"時説然耳"止，此《駁異義》文也。《袁翻傳》"施行"誤作"德行"，今改正。五室之位，土居中，木火金水各居四維。《魏書·李謐傳》引"鄭康成釋五室之位"。水木用事，交於東北；木火用事，交於東南；火土此下有脱文。用事，交於西南；萬中書世美曰："當作'火土用事，交於中央。土金用事，交於西南'。"金水用事，交於西北。周人明堂五室，帝一室，合於數。同上引鄭康成言。○蒙案：此與《玉藻》正義所引合，但少"火土用事，交於中央"二句，是《駁異義》文也。考其文義，李謐所引二條當在前條"周禮依數以爲之室"下。

《異義》：《公羊》説："天子三臺，諸侯二。天子有靈臺以觀天文，有時臺以觀四時施化，有囿臺《初學記》引此下有"以"字。觀鳥獸魚鼈。諸侯當有時臺、囿臺，案：《公羊傳·莊公三十一年》何休解詁曰："禮，天子有靈臺，以候天地；諸侯有時臺，以候四時。"諸侯卑，不得觀天文，無靈臺。以上亦見《周禮·肆師》疏、《初學記·居處部》、《御覽》一百七十七。皆在國之東南二十五里，東南少陽用事，萬物著見。用二十五里者，吉行五十里，朝行暮反也。"《韓詩》説："辟雍者，天子之學，圓如璧，雍之以水，示圓，言辟，取辟有德。不言辟水，言辟雍者，取其雍和也，所以教天下春射秋饗，尊事三老五更。在南方七里之内，立明堂於中，《五經》之文所藏處，蓋以茅葦，取其潔清也。"《左氏》

説：" 天子靈臺在太廟之中，壅之靈沼，謂之辟雍。諸侯有觀臺，亦在廟中。皆以望嘉祥也。"《毛詩》説："靈臺不足以監視。靈者，精也，神之精明稱靈，故稱臺曰靈臺，稱囿曰靈囿，稱沼曰靈沼。"謹案：《公羊傳》、《左氏》説皆無明文。説各無以正之。蒙案 "靈臺不足以監視" 句 "不足" 二字疑誤。

玄之聞也，《禮記·王制》："天子命之教然後爲學。小學在公宫南之左，大學在郊。天子曰辟廱，諸侯曰泮宫。天子將出征，受命於祖，受成於學。出征執有罪，反，釋奠於學，以訊馘告。" 然則大學即辟廱也。《詩·頌·泮水》云："既作泮宫，淮夷攸服。矯矯虎臣，在泮獻馘。淑問如皋陶，在泮獻囚。"此復與辟雍同義之證也。《大雅·靈臺》一篇之詩，有靈臺，有靈囿，有靈沼，有辟廱。其如是也，則辟雍及三靈皆同處在郊矣。囿也、沼也，同言靈，於臺下爲囿爲沼，可知小學在公宫之左，大學在西郊。王者相變之宜，衆家之説各不昭晢，雖然，於郊差近之耳，在廟則遠矣。《王制》與《詩》，其言察察，亦足以明之矣。《毛詩·大雅·靈臺》正義引全。〇又《禮記·王制》正義引《駁異義》云 "三靈一雍在郊明矣"。

鄭《駁異義》云：《公羊》説，比年一小聘，三年一大聘，五年一朝，以爲文、襄之制。録《王制》者，記文、襄之制耳，非虞夏及殷法也。《禮記》十一《王制》正義。

《異義》：《公羊》説諸侯比年一小聘，三年一大聘，五年一朝天子。《左氏》説十二年之間八聘、四朝、再會、一盟。謹案：《公羊》説，虞、夏制。《左氏》説，周禮。《傳》曰三代不同物，明古今異説。

鄭駁之云：三年聘，五年朝，文、襄之霸制。《周禮·大行人》："諸侯各以服數來朝。"其諸侯歲聘間朝之屬，説無所出。晉文公，強盛諸侯耳，非所謂三代異物也。《禮記》十一《王制》正義。

《異義》："朝名，《公羊》説，諸侯四時見天子，及相聘皆曰朝。以朝時行禮，卒而相逢於路曰遇。古《周禮》説 '春曰朝，夏曰宗，秋曰覲，冬曰遇'。" 許慎案："《禮》有《覲經》。《詩》曰：'韓侯入覲。'《書》曰：'江漢朝宗于海。'知其朝覲宗遇之禮。從《周禮》説。"

鄭駁之云：此皆有似，不爲古昔。案《覲禮》曰："諸侯前朝，皆受舍于朝。"朝通名。《禮記》十一《王制》正義。

《駁異義》云：朝，通名也。秋之言覲，據時所用禮。《毛詩·大雅·韓奕》正義。

《異義》："天子聘諸侯。《公羊》説天子無下聘義。《周禮》説間問以諭諸侯之志。"許慎謹案："禮，臣疾，君親問之。天子有下聘之義。從《周禮》説。"《禮記》十一《王制》正義引 "鄭無駁，與許慎同"。〇又《穀梁·隱九年》集解。

鄭《駁異義》云：《詩》云："呦呦鹿鳴，食野之苹。" 言君有酒食，欲與羣臣嘉賓宴樂之，如鹿得苹草，以爲美食，呦呦然鳴相呼，以款誠之意盡於此耳。《毛詩·鹿鳴》正義。

《異義》："禮，約盟不？今《春秋公羊》説，'古者不盟，結言而退'，故《穀梁傳》云：'誥誓不及五帝，盟詛不及三王，交質子不及二伯。'詛蒙案"詛"舊作"且"，譌。盟非禮。古《春秋左氏》云，《周禮》有司盟之官，殺牲歃血，所以盟事神明，又云'凡國有疑，盟詛其不信者'，是知於禮得盟。"許君謹案：從《左氏》説，以太平之時有盟詛之禮。同《左氏》義。《禮記》五《曲禮下》正義云："鄭氏不駁，從許慎義也。"

盟牲所用，許慎據《韓詩》云："天子、諸侯以牛豕，大夫以犬，庶人以雞。"又云："《毛詩》説君以豕，臣以犬，民以雞。《左傳》云：'鄭伯使卒出豭，行出犬雞，以詛射潁考叔者。'又云：'衛伯姬盟孔悝以豭。'"鄭云："《詩》説及鄭伯皆謂詛小於盟。"《禮記》五《曲禮下》正義。

《駁異義》云：《詩》説及鄭伯使卒及行所出，皆謂詛耳，小於盟也。《周禮·戎右職》云："若盟，則以玉敦珠槃，遂役之，贊牛耳桃茢。"哀十七年《左傳》曰："孟武伯問於高柴曰：諸侯盟，誰執牛耳？"然則盟者，人君用牛。伯姬盟孔悝以豭，下人君牲。《毛詩·何人斯》正義。○案《左氏傳·哀十六年》正義引鄭玄云："人君用牛。伯姬迫孔悝以豭，下人君耳。"與此條末駁語同，知《何人斯》正義所引"《周禮》"以下皆《駁異義》文。

鄭君曰：盟牲，諸侯用牛，大夫用豭。《穀梁·僖九年》集解。○案：此條，《集解》不言是《駁異義》，以《詩》、《禮》、《左傳》正義所引鄭説定之。

《公羊》説曰："師出曰祠兵，入曰振旅。祠者，祠五兵：矛、戟、劍、楯、弓鼓，及祠蚩尤之造兵者。"謹案：《三朝記》曰"蚩尤，庶人之彊者"，何兵之能造？《周禮·肆師》疏引不標《異義》，案其下稱"謹案"云云，是《異義》文也。據《大司馬》疏引尚有《左氏》説，此疏闕。

鄭玄於《異義駁》不從《公羊》云"祠兵"，故云"祠兵者，字之誤，因而作説之"。亦不從《左氏》説治兵爲授兵于廟，云："於周《司馬職》曰：仲夏教茇舍，仲秋教治兵，其下皆云如戰之陳。仲冬教大閱，修戰法，虞人萊所田之野，乃爲之。如是，治兵之屬皆習戰，非授兵于廟，又無祠五兵之禮。"《周禮·大司馬》疏。○又《禮記·曲禮上》正義引《異義》"《公羊》説以爲甲午祠兵，《左氏》説甲午治兵，鄭駁之云：'《公羊》字誤也，以治爲祠，因爲作説。'引《周禮》四時田獵、治兵振旅之法，是從《左氏》之説，不用《公羊》也"。

《異義》云：天子萬乘，諸侯千乘，大夫百乘。《禮記》五十一《坊記》正義。

今《禮》戴説："男子，陽也，成於陰，故二十而冠。"案：《公羊疏》引此條在《古尚書》説後，今依許書之例移前。《古尚書》説云："武王崩時，成王年十三，後一年管、蔡作亂，周公東辟之，王與大夫盡弁，以開金縢之書。時成王年十四，言弁，明知已冠矣。"

《公羊·隱元年》疏。○案："王與大夫"上當有"是歲大風"四字。

《五經異義》曰：《春秋左氏傳》說，歲星爲年紀十二而一周於天，天道備，故人君年十二可以冠。自夏殷天子皆十二而冠。《通典》五十六《嘉禮》注。○又《通鑑外紀》卷二節引。

《五經異義》曰：周公居東，歲大風，王與大夫冠弁開金縢之書，成王年十四，喪冠也。《通鑑外紀》三。

《五經異義》曰：《公冠》記無樂，《春秋傳》說"君冠，必以金石之樂節之"。謹案：人君飯有舉樂，而云冠無樂，非禮義也。《政和五禮新儀》十二。

鄭《駁異義》云：昏暮之禮，枕席相連。《毛詩·葛屨》正義。

《五經異義》：諸侯娶同姓。今《春秋公羊》說："魯昭公娶於吳，爲同姓也，謂之吳孟子。"《春秋左氏》說："孟子，非小君也，不成其喪，不當譏。"謹案：《易》曰："同人于宗，吝。"言同姓相娶，吝道也。案：許氏《說文》稱《易》孟氏，此當是孟《易》說。即犯誅絕之罪，言五屬之內禽獸行，乃當絕。《通典》六十《嘉禮五》。

《異義》："《禮》戴說天子親迎。案：七字惟《曲禮》正義有。《春秋公羊》說自天子至庶人案"庶人"下當有"娶"字，見《毛詩正義》。皆親迎。《左氏》說天子至尊無敵，故無親迎之禮，諸侯有故若疾病，則使上大夫迎，上卿臨之。"許氏謹案：高祖時，皇太子納妃，叔孫通制禮，以爲天子無親迎，從《左氏》義也。《禮記》五十《哀公問》正義。又《曲禮下》正義引首多"禮戴說天子親迎"七字。"《左氏》說"下云"天子不親迎，使上卿迎之"。○又《左傳·桓八年》正義、《毛詩·大明》正義並引《異義》。

駁之云："太姒之家在渭之涘，文王親迎于渭，即天子親迎明文也。"引《禮記》"冕而親迎"，"繼先聖之後，以爲天地、宗廟、社稷之主"，非天子則誰乎？《禮記·哀公問》正義。

《春秋左氏》說曰："王者至尊，無親迎之禮。祭公迎王后，未至京師而稱后，知天子不行而禮成也。"鄭君釋之曰："太姒之家在郃之陽，在渭之涘，文王親迎于渭，即天子親迎之明文矣。天子雖尊，其于后猶夫婦。夫婦判合，禮同一體，所謂無敵，豈施此哉！《禮記·哀公問》曰：'冕而親迎，不已重乎？'孔子愀然作色而對曰：'合二姓之好，以繼先聖之後，以爲天地宗廟社稷之主。君何謂已重乎？'此言親迎繼先聖之後，爲天地、宗廟、社稷之主，非天子則誰乎？"《穀梁·桓八年》集解、《毛詩·大明》正義引同，惟無"祭公"以下二十一字。"哀公問曰"下多"寡人願有言然"六字。○《哀公問》正義引略。○又《曲禮下》正義、《通典·禮十八》。《通典》又引《春秋左氏》說"知天子不行而禮成也"下有"公子翬如齊逆女，春秋不譏，知諸侯有故得使卿逆"二十字。

《異義》："《大戴》說：男三十、女二十有婚娶，合爲五十，應大衍之數，自天子達於庶人，同一也。古《春秋左氏》説：國君十五而生子，禮也；二十而嫁，三十而娶，庶人禮也。禮，夫爲婦之長殤，長殤十九至十六，知夫年十四、十五，見士昏禮也。"許君謹案："舜三十不娶，謂之鰥。文王十五而生武王，尚有兄伯邑考，知人君早昏娶，不可以年三十，非重昏嗣也。"《禮記·昏義》正義引下云"若鄭意，依正禮，士及大夫皆三十而後娶。及《禮》云'夫爲婦長殤'者，關異代也。或有早娶者，非正法矣。天子、諸侯昏禮則早矣"。○《毛詩·摽有梅》正義引末句作"所以重繼嗣也"，當從之。又《通典·禮十九》節引。

《異義》："人君年幾而娶？今《大戴禮》説男子三十而娶，女子二十而嫁，天子已下及庶人同禮。又《左傳》案：當作"氏"。説人君十五生子，禮，三十而娶，庶人禮也。謹案：舜生三十不娶，謂之鰥。《禮·文王世子》曰'文王十五生武王，武王有兄伯邑考'，故知人君早娶，所以重繼嗣。"鄭玄不駁。《毛詩·摽有梅》正義。

魏劉德問田瓊曰："失君父終身不得者，其臣子當得昏否？"瓊答曰："昔許叔重作《五經異義》，已設此疑。鄭玄駁云：'若終身不除，是絶祖嗣也。除而成昏，違禮適權也。'"《通典》九十八《凶禮二十》。

許慎曰：姪娣年十五以上，能共事君子，可以往，二十而御。《易》曰："歸妹愆期，遲歸有時。"《詩》云韓侯取妻，"諸娣從之，祁祁如雲"。娣必少於嫡，知未二十而往也。《穀梁·隱七年》集解。

## 卷　下

《異義》：《公羊》説，"殷三千諸侯，周千八百諸侯"。古《春秋左氏傳》説，"禹會諸侯於塗山，執玉帛者萬國"。唐虞之地萬里，容百里地萬國。其侯伯七十里，子男五十里，餘爲天子閒田。謹案：《易》曰："萬國咸寧。"《書》曰："協和萬邦。"從《左氏》説。

鄭駁之云：諸侯多少，異世不同。萬國者，謂唐虞之制也。武王伐紂，三分有二，千八百諸侯，則殷末諸侯千八百也。至周公制禮之後，準《王制》千七百七十三國，而言周千八百者，舉其全數。《禮記》十一《王制》正義。

《異義》："《今尚書》歐陽、夏侯説'中國方五千里'。《古尚書》説'五服方五千里，相距萬里'。"許慎謹案："以今漢地考之，自黑水至東海，衡山之陽至於朔方，經略萬里，從《古尚書》説。"《禮記》十一《王制》正義。正義云："鄭不駁。"

《異義》："《公羊》説，存二王之後，所以通天三統之義，《禮·郊特牲》云：'天子存二代之後，猶尊賢也。尊賢不過二代。'蒙案：《郊特牲》正義引無"《禮·郊特牲》"以下二十二字，但云"引此文"，今依文義增。古《春秋左氏》説，周家封夏、殷二王之後以爲上公，封黃帝、堯、舜之後，謂之三恪。"許慎謹案云："治《魯詩》丞相韋玄成，治《易》施讎説引《外傳》曰：'三王之樂，可得聞觀乎？'知王者所封三代而已，而案：當作"不"。與《左氏》説同。"

鄭駁之云：所存二王之後者，命使郊天，以天子之禮祭其始祖受命之王，自行其正朔服色。《毛詩正義》引此下有"此之謂通天三統"七字。恪者，敬也，敬其先聖而封其後，與諸侯無殊異，何得比夏殷之後？《禮記》二十五《郊特牲》正義云："如鄭此言，《公羊》自據二王之後，兼論三恪，義不乖異也。"○又《毛詩·振鷺》正義引鄭駁至"三統"止。又《續漢·百官志五》注引。

《駁異義》云：三恪尊於諸侯，卑於二王之後。《毛詩·陳譜》正義。

《異義》："《公羊》説，諸侯朝天子，天子之郊皆有朝宿之邑；從泰山之下，皆有湯沐之邑。蒙案：《公羊》隱八年、桓元年《傳》何休曰："禮，四井爲邑，邑方二里，東方二州四百二十國，凡爲邑廣四十里，袤四十二里，取足舍止共稟穀而已。"《左氏》説，諸侯有功德於王室，京師有朝宿之邑，泰山有湯沐之邑。魯，周公之後；鄭，宣王母弟，此皆有湯沐邑，其餘則否。"許慎謹案："《穀梁集解》此下有"若今諸侯"四字。京師之地，皆有朝宿邑，周千八百諸侯，京師地不能容之，不合事理之宜。"《禮記》十三《王制》正義云："是許慎不從《公羊》説。鄭無駁，當從許説。"又《春秋左傳·隱八年》正義、《穀梁·隱八年》集解節引。

《異義》：《戴》説"刑不上大夫"。古《周禮》説士尸肆諸市，大夫尸肆諸朝，是大夫有刑。謹案：《易》曰："鼎折足，覆公餗，其刑渥，凶。"無刑不上大夫之事，從《周禮》之説。

鄭康成駁之云：凡有爵者，與王同族，大夫以上適甸師氏，令人不見，是以云刑不上大夫。《禮記》三《曲禮上》正義。

鄭《駁異義》云：皋陶改臏爲剕。《呂刑》有剕，周改剕爲刖。《公羊·襄二十九年》疏。

《駁異義》云：獄者，埆也，囚證於角核之處，《周禮》謂之圜土。《毛詩·行露》正義。

夏侯、歐陽説云："墨罰疑赦，其罰百率，古以六兩爲率。"《古尚書》説，百鍰，鍰者率也，一率十一銖二十五分銖之十三也，百鍰爲三斤。鄭玄以爲古之率多作鍰。《周禮·秋官·職金》疏。

鄭《駁異義》云：贖死罪千鍰，鍰六兩大半兩，爲四百一十六斤十兩大半兩銅，與今舊諞"金"，今改正。贖死罪金三斤爲價相依附。《尚書·舜典》正義。

《異義》：《今論語》説鄭國之爲俗，有溱、洧之水，男女聚會，謳歌相感，故云鄭聲淫。《左氏》説"煩手淫聲",謂之鄭聲者,言煩手躑躅之聲,使淫過矣。謹案:《鄭詩》二十一篇,説婦人者十九,故鄭聲淫也。《禮記》三十七《樂記》正義云:"鄭駁無,從許義。"正義又曰:"今案《鄭詩》説婦人者惟九篇,《異義》云十九者,誤也,無'十'字矣。"〇又見《初學記·樂部上》。

《五經異義》曰:先王之樂,所以節百事,故有五節。遲速本末,中聲以降,五降以後,不容彈矣。《初學記》十五《樂部》。〇案:此段當在前條"《左氏》説"下。

《異義》:《公羊》説,樂《萬》舞,以鴻羽,取其勁輕,一舉千里。《詩》毛説《萬》以翟羽。《韓詩》説以夷狄大鳥羽。謹案:《詩》云"右手秉翟",《爾雅》説"翟,鳥名,雉屬也",知翟,羽舞也。《毛詩·簡兮》正義。

鄭玄《駁許慎五經異義》曰:《春秋左傳》:無駭卒,羽父請謚與族。公問族於衆仲,衆仲對曰:"天子建德,因生以賜姓,胙之土而命之氏。諸侯以字爲氏,因以爲族。官有世功,則有官族,邑亦如之。"公命以字爲展氏。案:見文公八年《傳》。以此言之,天子命氏,諸侯命族。族者,氏之别名也。姓者,所以統繫百世,使不别也。氏者,所以别子孫之所出。故《世本》之篇,言姓則在上,言氏則在下也。《史記·舜本紀》集解。

鄭《駁異義》云:炎帝姓姜,太皥之所賜也。黄帝姓姬,炎帝之所賜也。故堯賜伯夷姓曰姜,賜禹姓曰姒,賜契姓曰子,賜稷姓曰姬,著在《書傳》。《禮記》三十四《大傳》正義。

《異義》:"《公羊》説,譏二名,謂二字作名,若魏曼多也。《左氏》説,二名者,楚公子棄疾弑其君,即位之後,改爲熊居,是爲二名。"許慎謹案:"文武賢臣有散宜生、蘇忿生,則《公羊》之説非也,從《左氏》義。"《禮記》三《曲禮上》正義。

《異義》:今《禮》戴、《尚書》歐陽案:《尚書正義》云歐陽、夏侯等。説云九族乃異姓有屬者,案:《毛詩》疏作"有親屬者"。父族四:五屬之内爲一族,父女昆弟適人者與其子爲一族,己女昆弟適人者與其子爲一族,己之女子子適人者與其子爲一族;母族三:母之父姓爲一族,母之母姓爲一族,母女昆弟適人者與其子爲一族;妻族二:妻之父姓爲一族,妻之母姓爲一族。《古尚書》説九族者,從高祖至玄孫凡九,皆同姓。謹案:禮,緦麻三月以上服,恩之所及;禮,爲妻父母有服,明在九族中,九族不得但施於同姓。

玄之聞也,婦人歸宗,女子雖適人,字猶繫姓,明不與父兄爲異族。其子則然。《昏禮》請期辭曰:"惟是三族之不虞。"欲及今三族未有不億度之事,而迎婦也。如此所云,三族不當有異姓,異姓其服皆緦麻。《禮·雜記下》:緦麻之服不禁嫁女娶婦,是爲異姓不在族中明矣。《周禮》小宗伯"掌三族之别名"。案:"名"字衍。《喪服小記》説服《毛詩正義》作"族"。之義曰:"親親以三爲五,以五爲九。"以此言之,知高祖至玄孫，昭然察矣。《左傳·桓六年》正義，又《毛詩·葛藟》正義小異。又《尚書·堯典》正義、《通典》七十三《嘉禮十八》。

《異義》：《詩》齊魯韓、《春秋公羊》説聖人皆無父，感天而生。《左氏》説聖人皆有父。謹按：《堯典》"以親九族"，即堯母慶都感赤龍而生堯，堯安得九族而親之？《禮讖》云唐五廟，知不感天而生。

玄之聞也，諸言感生得無父，有父則不感生，此皆偏見之説也。《商頌》曰："天命玄鳥，降而生商。"謂娍簡吞鳦子生契，是聖人感生見於經之明文。劉媪是漢太上皇之妻，感赤龍而生高祖，是非有父感神而生者也？案："也"當作"邪"。且夫蒲盧之氣嫗煦桑蟲成爲己子，況乎天氣因人之精，就而神之，反不使子賢聖乎？是則然矣，又何多怪？《毛詩·生民》正義。

《異義》：天子有爵不？《易》孟、京説，《易》有君人五號：帝，天稱，一也；王，美稱，二也；天子，爵號，三也；大君者，興盛行異，四也；大人者，聖人德備，五也，是天子有爵。古《周禮》説天子無爵，同號於天，何爵之有？謹案：《春秋左氏》云施於夷狄稱天子，施於諸夏稱天王，施於京師稱王，知天子非爵稱，從古《周禮》義。

鄭駁云：案《士冠禮》云："古者生無爵，死無諡。"自周及漢，天子有諡。此有爵甚明，云無爵，失之矣。《禮記·曲禮下》正義。

《異義》：《今尚書》夏侯、歐陽説，天子三公，一曰司徒，二曰司馬，三曰司空，九卿，二十七大夫，八十一元士，凡百二十。在天爲星辰，在地爲山川。古《周禮》説，天子立三公，曰太師、太傅、太保，無官屬，與王同職，故曰坐而論道，謂之三公。又立三少以爲之副，曰少師、少傅、少保，是爲三孤。冢宰、司徒、宗伯、司馬、司寇、司空是爲六卿之屬，大夫士庶人在官者，凡萬二千。謹案：周公爲傅，召公爲保，太公爲師，無爲司徒、司空文，知師保傅，三公官名也，五帝、三王不同物，此周之制也。《北堂書鈔》五十。蒙案：《大戴禮·保傅》篇盧注："《今尚書》説三公，司馬、司徒、司空也。《古尚書》及《周禮》與此文同。"盧氏此注當亦本《異義》。

《五經異義》：《春秋公羊》、《穀梁》説，王使榮叔錫魯桓命，追錫死者，非禮也。死者功可追而錫，如有罪，又可追而刑耶？《春秋左氏》譏其錫篡弑之君，無譏錫死者之文也。《通典》七十二《嘉禮十七》。

鄭《駁異義》引《王制》云：三公一命衮，若有功則加賜。衮，衣之謂與？二曰衣服，是也。《毛詩·旱麓》正義。○蒙案：二曰衣服，本《禮緯含文嘉》文，九賜之一也，見《曲禮上》正義。

許慎説九賜九命，鄭康成以爲不同。《禮記·曲禮上》正義。

《異義》：天子駕數，《易》孟京、《春秋公羊》說天子駕六。《毛詩》說天子至大夫同駕四，士駕二。《詩》云：「四騵彭彭」，武王所乘；「龍旂承祀，六轡耳耳」，魯僖所乘；「四牡騑騑，周道倭遲」，大夫所乘。謹案：《禮·王度記》曰：「天子駕六，諸侯與卿同駕四，大夫駕三，士駕二，庶人駕一。」說與《易》、《春秋》同。

玄之聞也，《周禮·校人》：「掌王馬之政，凡頒良馬而養乘之，乘馬一師四圉。」四馬爲乘，此一圉者養一馬，而一師監之也。《尚書·顧命》諸侯入應門皆布乘黃朱，案：《尚書·顧命》正義曰：「伏生以此篇合於《顧命》，共爲一篇。」馬、鄭、王本，此篇自「高祖寡命」已上，內於《顧命》之篇，「王若曰」以下始爲《康王之誥》，《駁異義》引「諸侯入應門」云云，今在《康王之誥》中，而鄭稱爲《顧命》，此其證也。言獻四黃馬朱鬣也。既實周天子駕六，《校人》則何不以馬與圉以六爲數？《顧命》諸侯何以不獻六馬？《王度記》曰「大夫駕三」，經傳無此言，是自古無駕三之制也。《毛詩·干旄》正義。○又《尚書·五子之歌》正義、《禮記》卷七《檀弓上》正義、《儀禮·既夕》疏、《續漢·輿服志》注、《通典·嘉禮九》。

《異義》：古《毛詩》說云天子至大夫同駕四，皆有四方之事，士駕二也。《詩》云「四騵彭彭」，武王所乘；「龍旂承祀，六轡耳耳」，魯僖所乘；「四牡騑騑，周道倭遲」，大夫所乘。《公羊傳》隱元年疏。

《異義》：「《公羊》說引《易經》云時乘六龍，以馭天下案：今《易》無「下」字，以《易》韻考之，此爲衍字。也，知天子駕六。」謹案亦從《公羊》說，即引《王度記》云「天子駕六龍，案：「龍」字衍。諸侯與卿駕四，大夫駕三」以合之。

鄭駁云：《易經》「時乘六龍」者，謂陰陽六爻上下耳，豈故爲禮制？《王度記》云「今天子駕六」者，自是漢法，與古異；「大夫駕三」者，於經無以言之。同上。

許慎曰：《詩》云「八鸞鎗鎗」，則一馬二鸞也。又曰「輶車鸞鑣」，知非衡也。《續漢書·輿服志》注不言出《異義》，今以文義定之。

鸞、和所在，《異義》載《禮》戴、《詩》毛氏二說。謹案云「經無明文，且殷、周或異」，故鄭亦不駁。《毛詩·駟驖》正義。

《異義》：謹案：《周禮》說五玉摯，自公卿以下執禽，尊卑有差也。禮不下庶人，工商又無朝儀，五經無說庶人、工商有摯。《御覽》五百三十九。

鄭《駁異義》云：「玉雜則色雜。」《周禮·玉人》疏。天子笏曰斑，斑，直無所屈也。《隋書·禮儀志》注。

《五經異義》曰：韍者，大帶之飾，非韠也。《御覽》六百九十一《服章部·韍》。

《駁異義》云：䖆，草名。齊、魯之閒言䖆䖆，聲如茅蒐，字當作䖆。陳留人謂之蒨。《毛詩·瞻彼洛矣》正義。

《駁異義》云：有䖆䖆無韠，有韠無䖆䖆。同上。

《異義》：卿得世不？《公羊》、《穀梁》說，卿大夫世，則權并一姓，妨塞賢路，事案：当作"專"，寫誤。政犯君，故經譏周尹氏、齊崔氏也。蒙案：《公羊》昭三十一年《傳》："大夫之義不得世。"《左氏》說，卿大夫得世祿，不得世位，父爲大夫死，子得食其故采，而有賢才則復升父故位。故《傳》曰："官有世功，則有官族。"謹案：《易》爻位三爲三公，二爲卿大夫，曰食舊德。案："曰上"當脫"訟六三"三字。食舊德，謂食父故祿也。《尚書》："古我先王，暨乃祖乃父，胥及逸勤。予不敢動用非罰，世選爾勞，予不絕爾善。"《論語》曰："興滅國，繼絕世。"國謂諸侯，世謂卿大夫。《詩》云："凡周之士，不顯亦世。"蒙案：《魏書》百八十四《禮志》引"亦"作"奕"。《孟子》曰："文王之治岐也，仕者世祿。"知周制世祿也。《毛詩·文王》正義。又《禮記·王制》正義節引云："從《左氏》義，鄭氏無駁，與許同。"又《魏書》一百八十四《禮志》、《玉海》卷五十並節引。

鄭《駁異義》引《尚書》"世選爾勞"，又引《詩》刺幽王絕功臣之世。《左傳》宣十年正義。

《異義》：《公羊》說"諸侯不純臣"。《左氏》說"諸侯者，天子藩衛，純臣"。謹案：《禮》，王者所不純臣者，謂彼人爲臣，皆非己德所及。《易》曰："利建侯。"侯者，王所親建，純臣也。

玄之聞也，賓者，敵主人之稱，而《禮》，諸侯見天子稱之曰賓，不純臣諸侯之明文矣。《毛詩·臣工》正義。

《異義》：《公羊》說云質家立世子弟，文家立世子子，而《春秋》從質，故得立其弟。《公羊傳·成十五年》疏。

《五經異義》曰："未踰年之君立廟不？《春秋公羊》說云：'未踰年，君有子則書葬立廟，無子則不書葬，案：見莊三十二年《傳》。恩無所錄也。'《左氏》說云：'臣之奉君，悉心盡恩，不得緣君父有子則爲立廟，無子則廢也。'或議曰。"案：此下有闕文。許君案：《禮》云"臣不殤君，子不殤父"。君無子而不爲立廟，是背義棄禮，罪之大者也。

鄭玄駁云：未踰年君者，魯子般、子惡是也。皆不稱公，書卒弗諡，不成於君也。廟者，當序於昭穆，不成於君，則何廟之立？凡無廟者，爲壇祭之。近漢諸幼少之帝，尚皆不廟祭而祭於陵。云罪之重者，此何故不罪？殤者十九向下，未踰年之君，未必未冠，引殤欲以何明也？《通典》九十三《凶禮十五》。

《五經異義》云：諸侯未踰年出朝會與不？出會何稱？《春秋公羊》說云："諸侯未踰年不出境，在國中稱子，以王事出亦稱子，非王事而出會同，安父位，不稱子。鄭伯伐許，案：成四年時鄭襄公已葬。未踰年，以本爵，譏不子也。"《左氏》說："諸侯未踰年，在國內稱子，案：僖九年《傳》："凡在喪，王曰小童，公侯曰子。"以王事出則稱爵，詘於王事，不敢伸其私恩，鄭伯伐許是也。"《春秋》不得以家事辭王事，諸侯藩衛之臣，雖未踰年，以王事稱爵是也。案："《春秋》不得以家事辭王事"上當脫"謹案"二字。

鄭玄駁云：昔武王卒父，業既除喪，出至孟津之上，猶稱太子者，是爲孝也。今未除喪而出稱爵，是與武王義反矣。《春秋》僖九年春三月丁丑，宋公御説卒。夏，公會宰周公、齊侯、宋子、衛侯、鄭伯、許男、曹伯于葵丘。宋子即未踰年君也，"未"字舊脱，今補。出與天子大夫會，是非王事而稱子耶！《通典》九十三《凶禮十五》。

鄭《駁異義》從《公羊》義，以鄭伯伐許爲非禮。及《公羊》未踰年爲王事，皆稱子，即宋襄公稱子，案：僖九年。陳共公稱子案：僖二十八年。是也。《左氏》未踰年爲王事，皆稱爵。鄭《駁異義》引宋襄公稱子，從《公羊》説，以爲稱子禮也。《禮記》卷五《曲禮下》正義。〇案：此段是正義約鄭《駁》語。

《異義》：未踰年之君繫父不？《公羊》説云："未踰年之君皆繫於父，晉里克殺其君之子奚齊是也。"《左氏》説："未踰年之君，未葬繫於父，殺奚齊于次時，父未葬。雖未踰年，稱子。成爲君，不繫於父，齊公子商人殺其君舍，父已葬。"謹案：禮制，君喪未葬已葬，儀各有差，嗣君號稱亦宜有差，《左氏》説是也。《通典》九十三《凶禮十五》。

《五經異義》：妾母之子爲君，得尊其母爲夫人不？《春秋公羊》説，妾子立爲君，母得稱夫人。故上堂稱妾，屈於嫡；下堂稱夫人，尊行國家。則士庶起爲人君，母亦不得稱夫人。案：孔廣林云：十四字當在"子不得爵命父母"下，文錯在此。父母者，子之天也，子不得爵命父母。至於妾子爲君爵其母者，以妾本接事尊者，有所因也。《穀梁》説，魯僖公立妾母成風爲夫人，入宗廟，是子而爵母也，以妾爲妻，非禮也。古《春秋左氏》説，成風得立爲夫人，母以子貴，禮也。謹案：《尚書》舜爲天子，瞽瞍爲士，明起於匹庶者，子不得爵父母也。至於魯僖公本妾子，尊母成風爲小君，經無譏文，《公羊》、《左氏》義是也。

駁曰：《禮·喪服》父爲長子三年，以將傳重故也；衆子則爲之周，案：《通典》凡期皆改爲周，避玄宗嫌名。明無二適也。女君卒，貴妾繼室，攝其事耳，不得復立爲夫人。魯僖公妾母爲夫人者，乃緣莊公夫人哀姜有殺子般、閔公之罪，應貶故也。案：《左傳》襄二年正義云："鄭玄以爲正夫人有罪廢，妾母得成爲夫人也。"即據此。近漢呂后殺戚夫人及庶子趙王，不仁，廢不得配食，文帝更尊其母薄后，非其比耶？妾子立者得尊其母，禮未之有也。《通典》七十二《嘉禮十七》。〇又《禮記·服問》正義引至"不得復立爲夫人"止。又《左傳》襄四年正義節引。

《五經異義》云：諸侯有妾母喪，得出朝會不？《春秋公羊》説："妾子爲諸侯，不敢以妾母之喪，廢事天子大國，出朝會，禮也。魯宣公如齊，有妾母之喪，經書善之。"

《左氏》説云："妾子爲君，當尊其母，有三年之喪而出朝會，非禮也。故譏魯宣公。"謹案：禮，妾母無服，貴妾子不立，而他妾子立者也。不敢以卑廢事尊者，禮也。即妾子爲君，義如《左氏》。

鄭玄駁云：喪服緦麻，庶子爲後，爲其母。此義自天子下至庶人同，不得三年。魯宣舊誤"襄"。公所以得尊其妾母敬嬴爲夫人者，以夫人姜氏大歸齊不返故也。因是言妾子立，母卒得爲之三年，於禮爲通乎！其服之間，出朝會無王事，與鄭伯伐許何異！《通典》七十二。

《異義》："《公羊》説，天王喪，赴者至，諸侯哭，雖有父母之喪，越紼而行事，葬畢乃還。《左氏》説，王喪，赴者至，諸侯既哭，問故，遂服斬衰，使上卿弔，上卿會葬。經書叔孫得臣如京師葬襄王，以爲得禮。"許慎謹案：《易下邳傳》甘容説，蒙案：《易下邳傳》者，甘容所著《易傳》名。如《漢·藝文志》，《易》有《淮南道訓》，《詩》有《魯説》《齊雜記》《韓故傳》《内傳》，《論語》有《燕傳説》之類，皆繫地名之。或曰："傳甘"疑"侍其"之譌。《廣韻七》之引王僧儒《百家譜》有高密侍其義叔，又《史記正義》引《七錄》云："古經出魯淹中，後博士侍其生得十七篇，今之《儀禮》是也。"諸侯在千里内皆奔喪，千里外不奔喪。若同姓，千里外猶奔喪，親親也。容説爲近禮。《通典》引許慎《異誼》云："《左氏》之説，諸侯，藩衛之臣，不得弃其封守。諸侯千里之内奔喪，千里之外不奔。四方不可空虚，故遣大夫也。"

鄭駁之云：天子於諸侯無服，諸侯爲天子斬衰三年，尊卑有差。案魯夫人成風薨，案：《通典》引作"《春秋》文四年夫人成風薨"。"王使榮叔歸含且賵"，"毛伯來會葬"，《傳》曰"禮也"。"襄王崩"，"叔孫得臣如周，葬襄王"。案：《通典》有"則傳無言焉"五字。天子於魯既含且賵，又會葬，爲得禮，則是魯於天子，一大夫會，案：《通典》作"一大夫會葬而已"。爲不得禮可知。又《左傳》云："鄭游吉云：'靈王之喪，我先君簡公在楚。我先大夫印段實往，敝邑之少卿也。王吏不討，恤所無也。'"《通典》"爲不得禮可知"下作"昭三十年，晉侯去疾卒，秋葬晉頃公。《傳》曰：鄭游吉弔，且送葬。魏獻子使士景伯詰之"，其對詞有"靈王之喪"云云，"恤所無也"下有"晉人不能詰"五字。豈非《左氏》諸侯奔天子之喪及會葬之明文？説《左氏》者云諸侯不得弃其所守奔喪，自違其傳。同姓雖千里外奔喪，又與禮乖。《禮記》十二《王制》正義云："鄭之所駁，從《公羊》之義。"又《通典》八十《凶禮二》引鄭駁至"會葬之明文"止，餘互有詳略。

《五經異義》：大鴻臚眭生説：蒙案：漢《公羊春秋》大師眭孟，《本傳》及《儒林傳》皆云爲符節令，此云大鴻臚，未詳。考《異義》、《公羊》説諸侯奔大喪越紼而行，而此引眭生説諸侯踰年即位乃奔大喪，與《公羊》異，則非眭孟也。東漢有眭丹，世傳《孟氏易》，建武十一年爲大鴻臚，豈眭乃注之誤與？"諸侯踰年即位，乃奔天子喪。《春秋》之義，未踰年，君死，不成以人君禮。言王者未加其禮，故諸侯亦不得供其禮於王者，相報也。"謹案：禮不得以私廢公、卑廢尊。如禮得奔喪，今以私喪廢奔天子之喪，非也。又人臣之義，不得校計天子未加禮於我，亦執之不加禮也。眭生之説，非也。

鄭玄按：《孝經》"資於事父以事君"，言能爲人子，乃能爲人臣也。《服問》"嗣子不爲天子服"，此則嫌欲速，不一於父也。《喪服四制》曰"門内之治恩掩義，門外之治義斷恩"，此言在父則爲父，在君則爲君也。《春秋·莊三十二年》，子般卒，時父未葬也。子者，繫於父之稱也。言卒不言薨，舊誤崩。未成君也。未成君猶繫於父，則當從"門内之治恩掩義"。禮者在於所處。此何以私廢公？何以卑廢尊？《通典》八十《凶禮二》，又《禮二》。○《穀梁·隱十一年》疏節引。

諸侯自相奔喪禮，《公羊》説，遣大夫弔，君會其葬。《左氏》説諸侯之喪，士弔，大夫會葬。文、襄之霸，令大夫弔，卿共葬事。案：見昭三十年《傳》。許慎謹案：《周禮》無諸侯會葬義，知不相會葬。從《左氏》義。《禮記》十二《王制》正義引云"鄭氏無駁，與許同"。

諸侯夫人喪，《公羊》説卿弔，君自會葬。《左氏》説諸侯夫人喪，士弔，士會葬。文、襄之霸，士弔，大夫會葬，案：昭三年《傳》。叔弓如宋，葬宋共姬。案：襄三十年《傳》。上卿行，過厚非禮也。許慎謹案："《公羊》説同盟諸侯薨，君會葬；其夫人薨，君又會葬，是其不違國政而常在路。"《公羊》、《左氏》説俱不别同姓異姓。《公羊》言當會，許以爲同姓也。《左氏》云不當會，據異姓也。案：正義自"《公羊》、《左氏》説俱不别同姓、異姓"以下皆騾括《異義》文。

鄭駁之云："按禮，君與夫人尊同，故《聘禮》卿聘君，因聘夫人。凶時會弔，主於相哀憨，略於相尊敬，故使可降一等，士弔，大夫會葬，禮之正也。《周禮》'諸侯之邦交，歲相問也，殷相聘也，世相朝也'，無異姓同姓親疏之數。"云夫人喪，士會葬，説者致之，非傳辭也。《禮記》十二《王制》正義。

《異義》：《公羊》説云襄三十年，叔弓如宋，葬宋共姬，譏公不自行也。《公羊·文六年》疏。○案：此當在前條"《公羊》説卿弔，君自會葬"之下。

《異義》："今《春秋公羊》説，諸侯曰薨，案：見隱三年《傳》。赴於鄰國亦當稱薨。經書諸侯言卒者，《春秋》之文王魯，故稱卒以下魯。古《春秋左氏》説，諸侯薨，赴於鄰國稱名，則書名稱卒。卒者，終也。取其終身，又以尊不出其國。"許君謹案："《士虞禮》云：'尸服卒者之上服。'不分别尊卑，皆同言'卒'。卒者，終也，是終没之辭也。"

鄭駁之云：案《雜記上》云："君薨，赴於他國之君，曰：寡君不祿。"《曲禮下》曰："壽考曰卒，短折曰不祿。"今君薨而云"不祿"者，言臣子於君父，雖有考終眉壽，猶若其短折然。若君薨而赴者曰"卒"，卒是壽終矣，斯無哀惜之心，非臣子之辭。

隣國來赴，書以"卒"者，言無所老幼，皆終成人之志，所以相尊敬。《禮記》四十《雜記上》正義。○又《穀梁》隱三年集解引"鄭君曰"至末皆《駁異義》文，"寡君不禄"下有"敢告於執事"五字，"今君薨"作"君薨赴"，"猶若短折"下有"痛傷之至也"五字。

《異義》："《公羊》説臣子先死，君父猶名之。孔子云'鯉也死'，是已死而稱名。《左氏》説既没，稱字而不名，桓二年，'宋督弑其君與夷及其大夫孔父'，先君死，故稱其字。《穀梁》同《左氏》説。"謹案同《左氏》、《穀梁》説，以爲《論語》稱"鯉也死"，時實未死，假言死耳。

鄭康成亦同《左氏》、《穀梁》之義，以《論語》云"鯉也死，有棺而無椁"是實死未葬以前也。故鄭駁許慎云："設言死，凡人於恩猶不然，況賢聖乎？"《禮記》四《曲禮下》正義。○案：此段正義約《駁異義》文。

《異義》："《公羊》説雨不克葬，案：宣八年，定十五年。謂天子、諸侯也。卿大夫臣賤，不能以雨止。《穀梁》説葬既有日，不爲雨止。《左氏》説卜葬先遠日，辟不懷，言不汲汲葬其親，不可行事，廢禮不行，庶人不爲雨止。"許慎謹案："《論語》云'死，葬之以禮'，以雨而葬，是不行禮，《穀梁》説非也。從《公羊》、《左氏》之説。"《禮記》十二《王制》正義云："鄭氏無駁，與許同。"○案：此《春秋》宣八年及定十五年事。

《異義》："《公羊》説，'國滅，君死，正也'。案：見襄六年《傳》。故《禮》云'君死社稷'，無去國之義。《左氏》説，昔太王居豳，狄人攻之，乃踰梁山，邑於岐山，故知有去國之義也。"許慎謹案："《易》曰：'係遯，有疾厲，畜臣妾，吉。'知諸侯無去國之義也。"《禮記》四《曲禮下》正義云："鄭不駁之，明從許君用《公羊》義也。"

《異義》：《公羊》説復百世之讎，《禮記》三《曲禮上》正義。○蒙案：《公羊》説見莊公四年《傳》。古《周禮》説復讎之義不過五世。謹案：魯桓公爲齊襄公所殺，其子莊公與齊桓公會，《春秋》不譏；又定公是魯桓公九世孫，孔子相定公，與齊會于夾谷：是不復百世之讎也。從《周禮》説。《禮記》三《曲禮上》正義云："鄭康成不駁之，與許慎同。"

《異義》：凡君非理殺臣，《公羊》説，子可復讎，故子胥伐楚，《春秋》賢之。《左氏》説，君命，天也，是不可復讎。

鄭《駁異義》稱：子思云："今之君子退人，若將隊諸淵，無爲戎首，不亦善乎？"子胥父兄之誅，隊淵不足喻，伐楚使吴首兵，合於子思之言也。《禮記》三《曲禮上》正義引云："是鄭善子胥，同《公羊》之義也。"

《異義》：古《周禮》説，復讎可盡五世之内。五世之外，施之於己則無義，施之於彼則無罪。所復者惟謂殺者之身，及在被殺者子孫，可盡五世得復之。《周禮·調人》疏引云："鄭從之。"

《異義》：衛輒拒父，《公羊》以爲孝子不以父命辭王父之命，許拒其父。《左氏》

以爲子而拒父，悖德逆倫，大惡也。

鄭《駁異義》云：以父子私恩言之，則傷仁愛。《禮記》十《檀弓下》正義。〇正義云："鄭意以《公羊》所云，公義也；《左氏》所云，是私恩也。"案：正義引鄭《駁》不全，然據文意知許从《左氏》，鄭從《公羊》。

《異義》：妻甲，夫乙毆母，甲見乙毆母而殺乙。《公羊》説甲爲姑討夫，猶武王爲天誅紂。

鄭駁之云：乙雖不孝，但毆之耳，殺之太甚。凡在官者，未得殺之。殺之，士官也。《禮記》十《檀弓下》正義。

《異義》，鄭君以爲《左氏》宣十八年秋七月，"邾人戕鄫子于鄫"，傳曰"凡自内虐其君曰弑，自外曰戕"，即邾人戕鄫子是也。自内弑其君曰弑者，晉人弑其君州蒲是也。雖他國君，不加虐，亦曰殺。若加虐殺之，乃謂之戕，取殘賊之意也。若自上殺下及兩下自相殺之等，皆口殺。《周禮·大司馬》疏。〇案：此引《駁異義》，疏脱"駁"字。

鄭《駁異義》云：《三光考靈曜》書云："日道出於列宿之外，萬有餘里。"謂五星則差在其内。《周禮·馮相氏》疏。

《駁異義》云：非常曰異，害物曰灾。《毛詩·正月》正義引鄭《駁異義》。

桓三年日食，貫中下上竟黑。疑者以爲日月正等，月何得小而見日中？鄭云："月正掩日，日光從四邊出，故言從中起也。"《南齊書·天文志》。案：《志》不言出鄭《駁異義》，以《毛詩·十月之交》正義、《左傳·桓三年》正義所引定之。

《異義》云：月高則其食虧於上，月下則其食虧於下也。日月之體，大小正同。相撐密者，二體相近，正映其形，故光得溢出而中食也。相撐疏者，二體相遠，月近而日遠，自人望之，則月之所映者廣，故日光不能復見而日食既也。《左傳》桓三年正義。

《駁異義》引詩云："彼月而食，則維其常，此日而食，于何不臧？則非常爲義。"《毛詩·十月之交》正義。

地有九州，足以承天。《御覽·州郡部·叙州》。〇蒙案：《白虎通·嫁娶》篇有此語，《異義》當本此。

《五經異義》曰：天子之城高九仞，公侯七仞，伯五仞，子男三仞。《初學記》二十四。

許慎《五經異義》：《戴禮》及《韓詩》說，八尺爲板，五板爲堵，五堵爲雉。板廣二尺，積高五板爲一丈。五堵爲雉，雉長四丈。古《周禮》及《左氏》說，一丈爲板，板廣二尺。五板爲堵，一堵之牆，長丈高丈。三堵爲雉，一雉之牆，長三丈高一丈，以度其長者用其長，以度其高者用其高也。《左傳》隱元年正義。〇又《禮記·坊記》注："高一丈爲雉。"正義云："古《春秋左氏》説。"又見《檀弓上》正義。

《異義》：《周禮》説，雉高一丈，長三丈。《韓詩》説，八尺爲板，五板爲堵，五堵爲雉。

鄭辨之云：《左氏傳》説鄭莊公弟段居京城，祭仲曰："都城過百雉，國之害也。先王之制，大都不過三國之一，中五之一，小九之一。今京不度，非制也。"古之雉制，《書》、《傳》各不得其詳。今以《左氏》説鄭伯之城方五里，此句又見《左傳》隱元年正義。積千五百步也。大都三國之一，則五百步也。五百步爲百雉，則知雉五步，五步於度長三丈，則雉長三丈也。雉之度量於是定可知矣。《毛詩·鴻雁》正義。

《駁異義》云：天子城九里，公城七里，侯伯之城五里，子男之城三里。《禮記》五十一《坊記》正義。

鄭《異義駁》：或云周亦九里城，則公七里，侯伯五里，子男三里。《周禮·匠人》疏。

《異義》：古《周禮》説云："天子城高七雉，隅高九雉。公之城高五雉，隅高七雉。侯伯之城高三雉，隅高五雉。都城之高，皆如子男之城高。"《周禮·匠人》疏。○疏云："子男城亦與伯等，是以《周禮》説不云子男及都城之高，直云'都城之高，皆如子男之城高'。"

《異義》："《今文尚書》案：漢人但稱《今尚書》。裴松之注《三國·吳志》始稱《今文尚書》。此引《異議》，誤衍"文"字。歐陽説：肝，木也；心，火也；脾，土也；肺，金也；腎，水也。《古尚書》説：脾，木也；肺，火也；心，土也；肝，金也；腎，水也。"許慎案：《月令》"春祭脾，夏祭肺，季夏祭心，秋祭肝，冬祭腎"，與《古尚書》同。

鄭駁之云：《月令》祭四時之位，及其五藏之上下次之耳。冬位在後而腎在下，夏位在前而肺在上，春位小前故祭先脾，秋位小卻故祭先肝。腎也、脾也，俱在鬲下。肺也、心也、肝也，俱在鬲上。祭者必三，故有先後焉，不得同五行之氣。今醫病之法，以肝爲木，心爲火，脾爲土，肺爲金，腎爲水，則有瘳也。若反其術，不死爲劇。《禮記》十三《月令》正義。

許慎曰："衆星者，庶民之象也。與列宿俱亡，中國微滅也。"鄭玄曰："恒星謂列舍持天子之正也。不見者，諸侯乘天子案：《穀梁》注引鄭君説作"諸侯棄天子"。禮義法度，又夜明象諸侯既然，將强大也。"《開元占經·恒星不見二》。

《異義》："《公羊》説：'哀十四年獲麟，此受命之瑞，周亡失天下之異。'《左氏》説：'麟是中央軒轅大角獸，孔子備案："備"當爲"作"字之誤。《春秋》者，禮修以致其子，故麟來爲孔子瑞。'陳欽説：'麟，西方毛蟲；孔子作《春秋》，有立言；西方兌，兌爲口，故麟來。'"許慎謹案云："議郎尹更始、待詔劉更生等議，以爲吉凶不並，瑞災不兼。今麟爲周亡天下之異，則不得爲瑞以應孔子至。"末句《春秋正義》引異。

玄之聞也，《洪範》五事，二曰言。言曰從，從作乂。乂，治也。言於五行屬金。

孔子時，周道衰亡，己有聖德無所施用，作《春秋》以見志。其言少《毛詩正義》"少"作"可"，當从之。從，以爲天下法，故《毛詩正義》下有"天"字，當增。應以金獸，性仁之瑞，賤者獲之，則知將有庶人受命而得之。受命之徵已見，則於周將亡，事勢然也。興者爲瑞，亡者爲災，其道則然。何吉凶不並，瑞災不兼之有乎？如此，修母致子，不若立言之說密也。《禮記》二十二《禮運》正義，又《毛詩·麟趾》正義。

說《左氏》者云，麟生於火，而遊於土，中央軒轅大角之獸。孔子作《春秋》。《春秋》者，禮也，修火德以致其子，故麟來而爲孔子瑞也。奉德侯陳欽說蒙案：《後漢書·陳元傳》：父欽，習《左氏春秋》，事黎陽賈護，與劉歆同時，而別自名家。王莽從欽受《左氏》學，以欽爲厭難將軍，《前書·儒林傳》，欽字子佚。麟，西方毛蟲，金精也。孔子作《春秋》，有立言，西方兌爲口，故麟來。許慎稱劉向、尹更始等皆以爲吉凶不並，瑞災不兼。今麟爲周異，不得復爲漢瑞，知麟應孔子而至。鄭玄以爲修母致子不如立言之說密也。《春秋左傳》哀十四年正義。

《異義》："《公羊》說麟，木精。《左氏》說麟，中央軒轅大角之獸。陳欽說麟是西方毛蟲。"許慎謹案："《禮運》云麟、鳳、龜、龍謂之四靈。龍，東方也。虎，西方也。鳳，南方也。龜，北方也。麟，中央也。"

鄭駁云：古者聖賢言事亦有效，三者取象天地人，四者取象四時，五者取象五行。今云麟、鳳、龜、龍謂之四靈，則當四時明矣。虎不在四靈中，空言西方虎者，則麟中央，得無近誣乎？《禮記·禮運》正義。○《正義》云："如鄭此言，是麟非土精，無修母致子之義也。"

《公羊》說"麟者，木精"。鄭云："金九以木八爲妻，金性義，木性仁。得陽氣，性似父，得陰氣，性似母。麟，毛蟲，得木八之氣而性仁。"同上。正義不言"鄭云"以下爲《駁異義》，然鄭駁從《公羊》說，此其釋義可知。

《五經異義》：《公羊》說，孔子獲麟，天命絕周，天下叛去。《開元占經·獸各徵》。

《春秋說》云：麟生於火，遊於中央，軒轅大角之獸。《公羊·哀十四年》疏。不言出《異義》，附此。

《異義》：《公羊》說云麟者，木精，一角，赤目，爲火候。《公羊·哀十四年》疏。

《異義》：今《詩》韓、魯說，騶虞，天子掌鳥獸官。古《毛詩》說，騶虞，義獸，白虎黑文，食自死之肉，不食生物，人君有至信之德則應之。《周南》終《麟趾》，《召南》終《騶虞》，俱稱嗟歎之，是麟與騶虞皆獸名。謹按：古《山海經》、《鄒子書》云"騶虞，獸"，說與《毛詩》同。《周禮·鍾師》疏。

《異義》：《公羊》說云："鼷鼠，神物，食牛角，咎在有司，又有咎在人君，取已有災。"而不改更者，義通於此。《公羊·成七年》疏。

《異義》：《公羊》以爲鸜鵒，夷狄之鳥，穴居，今來至魯之中國，巢居，此權臣欲自下居上之象。《穀梁》亦以爲夷狄之鳥來中國，義與《公羊》同。《左氏》以爲鸜鵒來巢，書所無也。許君謹案從二《傳》。案：賈疏引"書所無也"下有"彼注云《周禮》曰'鸜鵒不踰濟，今踰，宜穴而又巢。故曰書所無也'"二十四字，蓋引賈、服《左傳》舊注，非《異義》文也。

鄭駁之云：按《春秋》言來者甚多，非皆從夷狄來也。從魯疆外而至，則言來。鸜鵒本濟西穴處，今乃踰濟而東，又巢，爲昭公將去魯國。《周禮·考工記》疏。○又《公羊》昭廿五疏引云：《異義》："《公羊》說云鸜鵒，夷狄之鳥，不當來入中國。"鄭君駁之曰："《春秋》之鳥不言來者，多爲夷狄來也，若鸜鵒乃飛從夷狄而來，則昭將去遠域之外。"

《五經異義》曰：今《易》京氏說，臣動養君，其義理也。必望利下，弗養以道，厥妖國有被髮于野祭者。《御覽》五百二十五《禮儀部四》。

《異義》：《穀梁》說云："隕石于宋五，象宋公德劣國小，陰類也。而欲行霸道，是陰而欲陽行也。其隕，將拘執之象也，是宋公欲以諸侯行天子道也。

鄭玄云：六鷁俱飛，得諸侯之象也。其退，示其德行不進，以致敗也。得諸侯，是陽行也。被執敗，是陰行也。《穀梁傳·僖十六年》疏。

《異義》：《公羊》說，后夫人之家專權擅世秉持國政，蠶食百姓，則蟲飛反墜。《開元占經》百廿二。○案：此說與《公羊·文三年》"雨螽于宋"注同。

# 常爽《六經略注》

　　北魏常爽撰。爽（生卒年不詳），字仕明，河內溫（今溫縣）人。博聞強識，獨守閒静，講肄經典二十餘年，時人號爲儒林先生。事迹具《魏書·儒林傳》、《北史》本傳。此書《隋志》不見著録，《魏書》本傳云："因教授之暇，述《六經略注》，甚有條貫。其《略注》行於世。"朱彝尊《經義考》卷二百四十著録此書。此書久佚，今唯存一序，見《魏書》本傳，其文曰："傳稱：'立天之道，曰陰與陽；立地之道，曰柔與剛；立人之道，曰仁與義。'然則仁義者，人之性也；經典者，身之文也。皆以陶鑄神情，啓悟耳目，未有不由學而能成其器，不由習而能利其業。是故季路勇士也，服道以成忠烈之概；甯越庸夫也，講藝以全高尚之節。蓋所由者習也，所因者本也。本立而道生，身文而德備焉。昔者先王之訓天下也，莫不導以《詩》《書》，教以《禮》《樂》，移其風俗，和其人民。故恭儉莊敬而不煩者，教深於《禮》也；廣博易良而不奢者，教深於《樂》也；温柔敦厚而不愚者，教深於《詩》也；疏通知遠而不誣者，教深於《書》也；潔静精微而不賊者，教深於《易》也；屬辭比事而不亂者，教深於《春秋》也。夫《樂》以和神，《詩》以正言，《禮》以明體，《書》以廣聽，《春秋》以斷事，五者蓋五常之道，相須而備，而《易》爲之源，故曰：'《易》不可見，則乾坤其幾乎息矣！'由是言之，《六經》者，先王之遺烈，聖人之盛事也，安可不遊心寓目，習性文身哉！頃因暇日，屬意藝林，略撰所聞，討論其本，名曰《六經略注》，以訓門徒焉。"

# 元延明《五經宗略》

　　北魏元延明撰。延明有《毛詩誼府》，已著録。此書《隋志》經部論語類著録爲二十三卷，兩《唐志》並著録作四十卷。後佚。按延明有《三禮宗略》二十卷，蓋《五經宗略》之一編，苟爲二十三卷，則他經僅占三卷，毋寧太少，揆之情理，似作四十卷者爲是。朱彝尊《經義考》卷二百四十著録此書曰"佚"，佚文無考。

讖緯類

# 荀爽《辨讖》

後漢荀爽撰。爽有《周易注》，已著錄。是書始見於《後漢書》本傳："又作《公羊問》及《辨讖》並它所論叙，題爲《新書》，凡百餘篇，今多所亡缺。"其書不傳，後史不錄。佚文無考。

# 宋衷《七緯注》

宋衷撰。衷有《周易宋氏注》，已著録。是書史志不載，前人尚無輯本。李善《文選注》徵引十五條。其中，《易緯注》2條，《樂緯注》2條，《孝經緯注》2條，《春秋緯注》9條，今勒爲一卷。

## 宋衷《七緯注》一卷

《文選》卷一班孟堅《西都賦》："佐命則垂統，輔翼則成化，流大漢之愷悌，盪亡秦之毒螫。"《易乾鑿度》曰："代者赤兌黃佐命。"宋衷曰："此赤兌者，謂漢高帝也。黃者，火之子，故佐命，張良是也。"

《文選》卷十一何平叔《景福殿賦》："遠而望之，若摘朱霞而耀天文。"宋衷《易緯注》曰："天文者，謂三光。"

《文選》卷二十八謝靈運《會吟行》："列宿炳天文，負海橫地理。"宋衷《易緯注》曰："天文者，謂三光；地理，謂五土也。"

《文選》卷六左太冲《魏都賦》："延廣樂，奏九成。冠韶夏，冒六莖。"《樂動聲儀》曰："帝嚳樂曰《六英》，帝顓頊曰《五莖》，舜曰《大韶》，禹曰《大夏》。"宋衷曰："《六英》，能爲天地四時六合也；《五莖》，能爲五行之道立根本也。"

《文選》卷八司馬長卿《上林賦》："撟焦朋。"《樂汁圖》："焦朋，狀似鳳皇。"宋衷曰："水鳥也。"

《文選》卷二張平子《東京賦》："仰不睹炎帝、帝魁之美。"李善注：《孝經鈎命訣》曰："佳已感龍生帝魁。"鄭玄曰："佳已，帝魁之母也。魁，神名。"宋衷："《春秋傳》曰：'帝魁，黃帝子孫也。'"

《文選》卷五左太冲《吳都賦》："駭雞之珍。"李善注：《孝經援神契》曰："神靈滋液則犀駭雞。"宋衷曰："角有光，雞見而駭驚也。"

《文選》卷六左太冲《魏都賦》："于時運距陽九，漢綱絶維。"《春秋保乾圖》曰：

"五運七變,各以類驚。"宋衷曰:"五運。五行用事之運也。"

《文選》卷八楊子雲《羽獵賦》:"軍驚師駭。"宋衷《春秋緯》注曰:"驚,動也。"

《文選》卷九班叔皮《北征賦》:"諒時運之所爲兮。"宋衷《春秋緯》注曰:"五運,五行用事之運也。"

《文選》卷二十五盧子諒《贈劉琨一首并書》:"嘗自思惟,因緣運會。"宋衷《保乾圖》注曰:"五運,五行用事之運。"

《文選》卷三十四曹子建《七啓八首》:"應化則變,感氣而成。"《春秋説題辭》曰:"黍爲酒,陽援陰,乃能動,故以麥黍爲酒。"宋衷曰:"麥,陰也,先漬麴,黍後入,故曰陽援陰,相得而沸,是其動也。"

《文選》卷三十六王元長《永明十一年策秀才文五首》:"幸四境無虞,三秋式稔。"《元命苞》曰:"陽氣數成於三,故時別三月。"宋衷曰:"四時皆象此類,不惟秋也。"

《文選》卷五十一王子淵《四子講德論》:"攘卻西戎,始開帝緒。"李善注:《春秋保乾圖》曰:"五帝異緒。"宋衷曰:"緒,業也。"

《文選》卷五十九:"帝出于震,日衣青光。"《春秋元命苞》曰:"孔子曰:'扶桑者,日所出,房所立,其耀盛,蒼神用事,精感姜原,卦得震。震者,動而光,故知周蒼,代殷者爲姬昌,人形龍顔,長大精翼,日衣青光。'"宋衷曰:"爲日精所羽翼,故以爲名。木神,以其方色衣之。"

# 郭文《金雄記》

晉郭文撰。文（兩晉之際人），字文舉，河内軹（今濟源軹城）人。愛山水，尚嘉遁。事迹具《晉書·隱逸傳》。《隋志》經部讖緯類著録此書爲一卷，並云"梁有，已亡"。其佚文可考見者，《南齊書·祥瑞志》、《南史·齊高帝紀》均引郭文《金雄記》。《宋書·符瑞志》兩引《金雌詩》，唐許嵩《建康實録》卷七謂《金雌詩》亦郭文作。其書多爲七言歌訣，其中隱含符讖。《隋志》序云："煬帝即位，乃發使四出，搜天下書籍與讖緯相涉者，皆焚之，爲吏所糾者致死。自是無復其學，秘府之内，亦多散亡。"然則，此書之亡，宜也。

## 郭文《金雄記》一卷

《金雄記》曰："鑠金作刀在龍里，占睡上人相須起。"又云："當復有作肅入草。""肅入草"，蕭字也。又云："草門可憐乃當悴，建號不成易運沸。"《南齊書·祥瑞志》。

郭文舉《金雄記》曰："當復有作肅入草。"《易》曰："聖人作，萬物覩。""當復有作"，言聖人作也。《南史·齊本紀上》。

《金雌詩》云："大火有心水抱之，悠悠百年是其時。"火，宋之分野；水，宋之德也。此謂劉宋當興也。《宋書·符瑞志》。

《金雌詩》又曰："云出而兩漸欲舉，短如之何乃相岨？交哉亂也當何所？唯有隱巖殖禾黍。西南之朋困桓父。"兩云"玄"字也。短者，云祚短也。同上。

小學類

# 訓詁之屬

## 許慎《爾雅許君義》

東漢許慎撰。慎有《春秋左傳許氏義》，已著錄。是書不見前世著錄，清王仁俊《玉函山房輯佚書續編三種》有輯本。王氏從《詩經·鄭風·簡兮》正義輯得一節。《正義》所引乃許慎《五經異義》稱引"《爾雅》説"，蓋許慎《五經異義》文也，故不得徑題"爾雅許君義"。今照録王氏所輯，勒爲一卷，以便讀者知其梗概。

### 許慎《爾雅許君義》一卷

**釋鳥第十七**
◎鷊，山雉。
翟鳥，雉屬也。知"翟"爲"舞"也。《毛詩·簡兮》疏引《異義》稱《爾雅》説。

# 李巡《爾雅注》

東漢李巡撰。巡（生當東漢末世），汝南汝陽（治今商水西南）人。靈帝時爲宦官，稱爲清忠。事迹略見《後漢書·宦者傳》。馬國翰輯本《序》云："《隋志》云'梁有漢劉歆、犍爲文學、中黃門李巡《爾雅》各三卷，亡'。《舊唐書·經籍志》《新唐書·藝文志》復載，分別作'《爾雅》三卷李巡注''《爾雅》李巡《注》三卷'。今佚。從諸書裒輯，仍釐二卷。《經典釋文·序録》於'劉歆注三卷'下云'與李巡注正同'。然則巡蓋師宗劉氏，博遍《七略》之書者矣。又范《史》云'巡以爲諸博士試甲乙科，爭第高下，更相告言，至有行賂定蘭台漆書經字，以合其私文者，乃白帝，與諸儒共刻《五經》文於石，於是詔蔡邕等正其文字。自後《五經》一定，爭者用息'。據此知熹平立石，巡實發端倡議，則其有功於《五經》獨大，固不止天、地、山、水、草、木、蟲、魚之淹博已也。"此書尚有黃奭、王仁俊兩家輯本。朱彝尊《經義考》據《釋文》採得七節，未出馬、黃之外。王仁俊輯本收在其本人所編《十三經漢注》中，《十三經漢注》似惟有上海圖書館所藏稿本，惜乎未見。孫啓治、陳建華《古佚書輯本目録附考證》云"王仁俊從《法苑珠林》採得二節，爲黃、馬所無"，此言不確。按《法苑珠林》卷七引據李巡者凡六處，皆爲馬、黃所採。以此驗之，王仁俊輯本未必勝出馬國翰、黃奭輯本。是故，本次重輯，以後二者爲據。略述馬、黃本異同：馬有黃無之條目，計四條，四條中有一條屬馬國翰誤輯，實則馬多於黃三條；黃有馬無之條目，計八條，且《釋天》中"四月爲余""九月爲玄"兩條雖然二本均有，但此二條馬國翰誤輯，實則黃多於馬十條。重輯過程中，新得兩條。最終定爲《釋詁》8 條、《釋言》27 條、《釋訓》21 條、《釋宮》25 條、《釋器》30 條、《釋樂》13 條、《釋天》47 條、《釋地》21 條、《釋丘》13 條、《釋山》9 條、《釋水》27 條、《釋草》14 條、《釋木》7 條、《釋蟲》19 條、《釋魚》4 條、《釋鳥》17 條、《釋獸》5 條、《釋畜》5 條、存目 1 條，凡 305 條（不計存目），釐爲三卷。

# 李巡《爾雅注》三卷

## 卷　上

**釋詁第一** <small>按：《釋文》：樊光、李巡本作"故"。</small>

◎儀、若、祥、淑、鮮、省、臧、嘉、令、類、綝、穀、攻、穀、介、徽，善也。

　　祥，福之善也。<small>邢疏、《左傳·成十六年》正義。</small>

◎仇、讎、敵、妃、知、儀，匹也。

　　仇、讎，怨之匹也。<small>釋玄應《一切經音義》九。</small>

　　⊙按：馬氏、黃氏云李巡此注又見於同書卷二。經核查，未見。

◎殲、悉、卒、泯、忽、滅、罄、空、畢、罊、殄、拔、殄，盡也。

　　泯，沒之盡。<small>《詩·小雅·漸漸之石》正義。</small>

◎探、篡、俘，取也。

　　囚敵曰俘，伐執之曰取。<small>邢疏、《左傳·僖二十二年》正義。</small>

◎烈、枿，餘也。

　　枿，槁木之遺<small>《書正義》作"餘"。</small>也。<small>邢疏、《書·盤庚上》正義。</small>

◎卒、猷、假、輟，已也。

　　卒，事之已也。<small>《一切經音義》九。</small>

◎崩、薨、無祿、卒、徂落、殪，死也。

　　徂<small>《書正義》做"殂"。</small>落，堯死之稱。<small>邢疏、《書·舜典》正義。</small>

**釋言第二**

◎佻，偷也。

　　佻，偷薄之偷也。<small>邢疏、《左傳·昭十年》正義。</small>

◎愷、悌，發也。

　　闓，明。发，行。<small>《詩·齊風·載驅》正義引舍人、李巡、孫炎、郭璞皆云。</small>

◎替，廢也。

　　替，去之廢也。<small>《一切經音義》九。</small>

◎鼇，屬也。<small>《釋文》：鼇，李本作"義"。</small>

◎洵，均也。

　　洵，徧之均也。邢疏、《詩·大雅·桑柔》正義。

◎恕，飢也。

　　恕，宿不食之飢也。邢疏、《詩·周南·汝墳》正義。

◎里，邑也。

　　里，居之邑也。《左傳·襄九年》正義。

◎縭，介也。

　　縭，羅也。介，別也。《釋文》引李、孫、顧、舍人本並云。

◎宜，肴也。

　　宜，飲酒之肴也。邢疏、《詩·鄭風·女曰雞鳴》正義。

◎綯，絞也。

　　綯，繩之絞也。邢疏、《詩·豳風·七月》正義。

◎跋，躐也。疐，跲也。

　　跋前行，曰躐。跲却頓，曰疐也。邢疏、《詩·豳風·狼跋》正義。

◎孺，屬也。

　　孺，骨肉相親屬也。邢疏、《詩·小雅·常棣》正義。

◎虹，潰也。《釋文》：虹，李本作"降"。

◎欝，氣也。

　　欝，盛氣也。《一切經音義》二、二十。

◎握，具也。《釋文》：握，李本作"幄"。

　　幄，居位處之具也。邢疏。

◎閱，恨也。按：《釋文》："'恨'，孫炎作'很'。"李巡本作"恨"。當從孫叔然本，李巡本作"恨"，誤也。

　　相怨恨。《左傳·僖二十四年》正義。

◎燬，火也。

　　燬，一名火。邢疏、《詩·周南·汝墳》正義。

◎偟，暇也。

　　皇，閒暇也。《左傳·襄二十九年》正義。

◎遞，迭也。

　　遞者，更迭、閒厠、相代之義。邢疏、《書·益稷》正義。

◎跀，刖也。

  斷足曰刖也。《書·呂刑》正義、《左傳·莊十六年》正義、《孝經·五刑章》邢昺疏。

◎啓，跪也。

  啓，小跪也。《左傳·襄八年》正義並《左傳·襄二十九年》正義。

◎靦，姡也。

  靦，人面姡然也。《釋文》引孫、李云。

  ⊙按：馬本、黃本此條均作"靦，人面姡然也。《方言》云：'楚鄭或謂狡獪爲姡，姡猶獪也。凡小兒多詐，謂之姡。'"《方言》云云，略見今《方言》卷十。因無證據證明李巡徵引了《方言》，這是一；《方言》此語大體尚存，這是二。且《故訓匯纂》"靦"字下引李巡注就沒有《方言》云云。故删。

◎翢，纛也。

  翢，舞者所持纛也。邢疏。《詩·王風·君子陽陽》正義"翢"作"翿"。

◎隍，壍也。

  隍，城池壍也。《詩·大雅·韓奕》正義。

◎狃，復也。

  狃能屈申曰復。《釋文》。

◎班，賦也。

  班，遍賦與也。《一切經音義》十四。

◎漦，盝也。

  吐沫，漦也。《釋文》、邢疏。

### 《釋訓》第三

◎明明、斤斤，察也。

  斤斤，精詳之察也。《後漢書·吳漢傳》李賢注、《通鑑》四十三胡注。

◎委委、佗佗，美也。

  皆寬容之美也。邢疏。《詩·鄘風·君子偕老》正義無"皆"字。

◎恀恀、惕惕，愛也。

  恀恀，和適之愛也。邢疏。

◎丕丕、簡簡，大也。

  簡簡，降福之大也。《詩·周頌·執競》正義。

◎瞿瞿、休休，儉也。

皆良士顧禮節之儉也。邢疏、《詩·唐風·蟋蟀》正義。

◎版版、蕩蕩，僻也。

版版者，失道之僻也。蕩蕩者，弗思之僻也。《釋文》。邢疏"蕩蕩"作"盪盪"。

◎居居、究究，惡也。

居居，不狎習之惡。邢疏、《詩·唐風·羔裘》正義。

◎仇仇、敖敖，傲也。

"傲"作"毀"。仇仇，無倫理之貌。警警，衆口毀人之貌。《釋文》引舍人本，云：李同。

◎悄悄、慘慘，愠也。

慘慘，憂之愠。邢疏。《詩·大雅·抑》正義"憂"下有"怒"字。

◎栗栗，衆也。

栗栗，積聚之衆也。邢疏、《詩·周頌·良耜》正義。

◎憲憲、洩洩，制法則也。

皆惡黨爲制法則也。邢疏、《詩·大雅·板》正義。

◎翕翕、訿訿，莫供職也。

君闇蔽臣子莫親其職。《詩·小雅·小旻》正義。

◎朔，北方也。

萬物盡於北方，蘇而復生，故言北方。邢疏無"蘇而"以下八字。《書·堯典》正義。

◎饎，酒食也。

得酒食則喜歡也。邢疏、《詩·豳風·七月》正義。

◎張仲孝友。

張姓，仲字，其人孝，故稱孝友。邢疏、《詩·小雅·六月》正義。

◎之子者，是子也。

之子者，論五方之言，是子也。邢疏、《詩·周南·漢廣》正義。

◎襢裼，肉袒也。

襢裼，脫衣見體，曰肉袒。邢疏、《詩·鄭風·大叔于田》正義。

◎馮河，徒涉也。

無舟而渡水，曰徒涉。邢疏、《詩·小雅·小旻》正義。

◎籧篨，口柔也。戚施，面柔也。

籧篨，巧《釋文》"巧"作"乃"字。言好《釋文》無"好"字。辭以口《釋文》無"口"字。饒人，是謂口柔。戚施，和顏悅色以誘人，是謂面柔也。《釋文》、邢疏、《詩·邶風·

新臺》正義。

◎夸毗，體柔也。

　　屈己卑身求得於人曰體柔。邢疏、《詩·大雅·板》正義。《釋文》引李、孫、郭云："屈己卑身以柔順人也。"

◎婆娑，舞也。

　　婆娑，盤辟，舞也。邢疏、《詩·陳風·東門之枌》正義。

# 卷　中

### 《釋宮》第五

◎宮，謂之室。室，謂之宮。

　　所以古今通語，明實同而兩名。《書·泰誓上》正義。

◎牖戶之間，謂之扆。

　　謂牖之東、戶之西，爲扆。《書·顧命》正義。

◎其内，謂之家。

　　謂門以内也。《詩·大雅·緜》正義。

◎東北隅，謂之宧。

　　東北者，陽氣邢疏脫"氣"字。始起，育養萬物，故曰宧。宧，養也。《釋文》、邢疏。

◎棖，謂之楔。

　　棖，謂梱上兩傍木。邢疏、《詩·鄭風·丰》正義。《釋文》引作：楔，李謂"闑上兩傍木"。

◎牆，謂之墉。

　　謂垣牆也。邢疏、《詩·召南·行露》正義。

◎鏝，謂之杇。

　　泥鏝，一名杇，塗工作具也。《釋文》。《左傳·襄三十一年》正義無"泥"字。《論語·公冶長》邢疏引作：塗，一名杇，塗士之作具也。

◎槶，謂之杙。

　　杙，謂橜也。《釋文·毛詩音義·兔罝》、《詩·周南·兔罝》正義。《禮記·内則》正義"橜"下有"杙"字。

◎闍，謂之臺。有木者，謂之榭。

　　臺，積土爲之，所以觀望也。臺上有屋，謂之榭。無室，曰榭。四方而高，曰臺。《書·泰誓上》正義。邢疏、《禮記·月令》正義止引"積土爲之，所以觀望"。《左傳·宣十六年》正義引前兩句十七字。《左傳·襄三十一年》正義、《左傳·哀元年》正義略引。

◎雞棲於弋，爲榤。鑿垣而棲，爲塒。

別雞所棲之名。弋，橛也。鑿牆爲雞作棲，曰塒。邢疏。《詩·王風·君子于役》正義略引。

◎其上楹，謂之梲。

梁上短柱也。《禮記·明堂位》正義。

◎栭，謂之楶。

栭，今櫨盧也。《禮記·明堂位》正義。

檽櫨一名節，皆謂斗栱也。《禮記·禮器》正義引：李巡本"節"作"㮯"。

◎門屏之間，謂之宁。

門屏之間，謂正門內、兩塾間，名宁。邢疏、《詩·齊風·著》正義、《禮記·曲禮下》正義。

◎屏，謂之樹。

垣當門自蔽名，曰樹。邢疏、《禮記·曲禮下》正義。

◎閍，謂之門。按：應作"門謂之閍"。

閍，廟門名也。邢疏、《詩·小雅·楚茨》正義。《左傳·襄二十四年》正義"閍"作"访"。

◎正門，謂之應門。

宮中南嚮大門，應門也。《禮記·明堂位》正義。

◎其小者，謂之閨。小閨，謂之閤。

皆門戶大小之異。《公羊傳·宣六年》疏。

◎衖門謂之閎。

閎，衖頭門也。《左傳·成十七年》正義、《左傳·襄十一年》正義、《左傳·襄三十一年》正義。

◎瓵瓿，謂之㽀。

瓵瓿，一名㽀。《詩·陳風·防有鵲巢》正義。

◎廟中路，謂之唐。

唐，廟中路名。同上。

◎四達，謂之衢。

四達各有所至，曰衢。《公羊傳·定八年》疏。

◎九達，謂之逵。

逵，並容九軌。《左傳·隱十一年》正義：李巡注《爾雅》亦取"並軌"之意。

◎隄，謂之梁。

　　隄，防也、障也。《一切經音義》二、十四、十八、二十四。

◎室有東西廂，曰廟。

　　室有東西廂，謂宗廟殿有東西小堂也。《公羊傳·宣十六年》疏。

◎無室曰榭。

　　無室曰榭者，但有大殿、無室，名曰榭。《禮記·月令》正義。

　　⊙按：馬氏、黃氏云李巡此注又見於《公羊傳·宣十六年》疏，經核查，未見。

**《釋器》第六**

◎康瓠，謂之甈。《釋文》：康，李本作"光"。

　　康，謂大瓠瓢也。《文選》六十賈誼《弔屈原文》李善注。《史記·屈原賈生列傳》司馬貞索隱無"瓢"字。

◎斪斸，謂之定。

　　斪斸，鋤也。定，鋤別名。《釋文》。邢疏止引下句。《詩·周頌·臣工》正義、《左傳·僖三十三年》正義止引上句。

◎翼，謂之汕。

　　汕，以薄汕魚也。邢疏、《詩·小雅·南有嘉魚》正義。

◎篧，謂之罩。

　　篧，編細竹以為罩，捕魚也。邢疏、《詩·小雅·南有嘉魚》正義。熊忠《古今韻會舉要》二十二無"捕魚也"三字，代之以"無竹則以荊為之"七字。

◎椮，謂之涔。

　　今以木投水中養魚，曰涔。邢疏、《詩·周頌·潛》正義。

◎鳥罟，謂之羅。

　　鳥飛張網以羅之。邢疏、《詩·王風·兔爰》正義。

◎兔罟，謂之罝。

　　兔自作徑路，張罝捕之也。邢疏、《詩·周南·兔罝》正義、《一切經音義》二十三。

◎魚罟，謂之罛。

　　魚罟，捕魚具也。邢疏、《詩·衛風·碩人》正義。

◎彝、卣、罍，器也。

　　卣，鬯之罇也。《左傳·僖二十八年》正義。

◎衣眥，謂之襟。

衣皆，衣領之襟。《詩·鄭風·子衿》正義。

◎扱衽，謂之襭。

扱，衣上衽於帶。《詩·周南·芣苢》正義。

◎衣蔽前，謂之襜。

衣蔽前，衣蔽膝也。《詩·小雅·采綠》正義。

◎輿革前，謂之鞎。

輿革前，謂輿前。以革爲車飾，曰鞎。邢疏、《詩·齊風·載驅》正義。

◎後，謂之笰。

笰，車後户名也。

◎竹前，謂之禦。

竹前，謂編竹當車前以擁蔽，名之曰禦。禦，止也。並同上。

◎餀，謂之餯。

餀、餯，皆穢臭也。《釋文》、邢疏。

◎食饐，謂之餲。

皆飲食壞敗之名也。《論語·鄉黨》"齊必變食"章皇侃《義疏》引李巡（舊誤作"充"）注。

◎摶者，謂之糷。

糷，飯溼麋相著也。《釋文》、邢疏。

◎米者，謂之檗。

米飯半腥半熟，名檗。同上。

◎肉謂之敗。魚謂之餒。

肉敗久則臲。魚餒、內爛。《論語·鄉黨》"齊必變食"章皇侃《義疏》引李巡注。馬國翰按：皇侃作"肉爛"，臧琳據《論語》邢疏訂，今依之。

⊙按：馬氏云："臧琳訂作'內爛'。"考臧琳之書，未見。

◎肉曰脫之。

肉去其骨，曰脫。邢疏、《禮記·內則》正義。

◎魚曰斮之。按：邢疏云："案《禮記·內則》及李巡《爾雅》本皆云：'魚曰作之。'"

作之，魚骨小，無所去。同上。

◎肉謂之醢。

以肉作醬，曰醢。《詩·大雅·行葦》正義。

◎白蓋謂之苫。

編菅茅以覆屋，曰苫。《釋文·左傳音義·昭二十七年》。《左傳·昭二十七年》正義、《一切經音義》六、十四、又十六亦引，文字小異。

◎簡謂之畢。《釋文》：畢，李本作"箄"。

◎滅謂之點。《釋文》：點，李本作"沾"。

◎金鏃翦羽，謂之鍭。

　　金鏃，以金爲箭鏑。《文選》五十一賈誼《過秦論》李善注、《史記·五宗世家》索隱。

◎弓有緣者，謂之弓。無緣者，謂之弭。

　　骨飾兩頭，曰弓。不以骨飾兩頭，曰弭。邢疏、《左傳·僖二十三年》正義。

◎肉倍好，謂之璧；好倍肉，謂之瑗；肉好若一，謂之環。

　　好，孔也。肉倍好，邊肉大，其孔小也。好倍肉，其孔大，邊肉小也。肉好若一，其孔及邊肉大小適等，曰環。《左傳·昭十六年》正義。《左傳·昭三十二年》正義略引。

◎三染謂之纁。

　　三染，其色已成爲絳。纁、絳一名也。邢疏、《書·禹貢》正義。

◎竿謂之箷。《釋文》：箷，李本作"箟"。

### 《釋樂》第七

◎大鼓，謂之鼖。小者，謂之應。

　　小者音聲邢疏作"聲音"。相承，故曰應。應，承也。《釋文》。邢疏引無末句三字。

◎大磬謂之馨。

　　大磬聲清燥也，故曰馨。馨，燥也。《釋文》、邢疏。

◎大笙謂之巢。小者謂之和。

　　小者聲少，音相和也。同上。

◎大篪謂之沂。按："篪"應作"籈"。

　　大籈其聲非一也。邢疏、《詩·小雅·何人斯》正義。《釋文》引作：李、孫云"籈聲悲。沂，悲也"。

　　⊙按：阮元依《釋文》，云："'非一'爲'悲'之誤分。"臧庸《十三經漢注》："'非一'恐是'悲'字之誤。"

◎大塤謂之嘂。《釋文》："塤，本或作'壎'。"引李正作"壎"。

　　嘂，大壎也。《釋文》。

◎大鐘謂之鏞。

　　大鐘，音聲大。鏞，大也。邢疏、《書·益稷》正義、《詩·大雅·靈臺》正義。

小學類·訓詁之屬·李巡《爾雅注》 | 817

◎其中謂之剽。

　　其中微小，故曰剽。剽，小也。《釋文》、邢疏。

◎小者謂之棧。

　　棧，淺也。邢疏。

◎大簫謂之言。

　　大簫，聲大者。言，言也。邢疏、《詩·周頌·有瞽》正義。

◎小者謂之筊。

　　小者，聲揚而小，故言筊。筊，小也。同上。

◎大管謂之簥。

　　聲高大，故曰簥。簥，高也。同上。

◎徒鼓磬，謂之寋。

　　置擊衆聲。寋，連也。《釋文》。

◎所以鼓柷，謂之止。所以鼓敔，謂之籈。

　　柷如漆桶，方二尺四寸，深一尺八寸，中有椎，柄連底，挏之令左右擊。止者，其椎名也。敔如伏虎，背上有二十七鉏鋙刻，以木長一尺櫟之。籈者，其名也。《書·益稷》正義引郭璞云："馬融、鄭玄、李巡其説皆爲然也。"

### 《釋天》第八

◎穹蒼，蒼天也。

　　古時人質，仰視天形穹隆而高，其色蒼蒼，故曰穹蒼。邢疏、《詩·王風·黍離》正義、《詩·大雅·桑柔》正義。

◎春爲蒼天，夏爲昊天，秋爲旻天，冬爲上天。

　　春萬物始生，其色蒼蒼，故曰蒼天。夏萬物盛壯，其氣昊大，故曰昊天。秋萬物成熟，皆有文章，故曰旻天。冬陰氣在上，萬物伏藏，故曰上天。邢疏、《詩·王風·黍離》正義。《御覽》二十四略引。

◎四氣和，謂之玉燭。

　　人君德美如玉，而明若燭。《釋文》、邢疏。

◎春爲發生。

　　萬物各發生長也。《釋文》。

　　⊙按：馬本置"萬物各發生長也"於經文"夏爲長嬴"下，誤。黃本不誤，今從之。

◎謂之景風。

　　景風，太平之風也。釋道世《法苑珠林》七。

◎穀不熟爲饑，蔬不熟爲饉。

　　五穀不成熟，曰饑。可食之菜皆不熟，爲饉。邢疏、《一切經音義》十四、又十八並引下句九字。《詩·小雅·雨無正》正義無"成"字。《左傳·僖十三年》正義引上句，無句首"五"字。

◎仍饑爲荐。《釋文》：荐，李本作"薦"字。

　　連歲不熟，曰荐。《左傳·僖十三年》正義。

　　⊙按：馬氏輯本尚有"《釋文》：薦，在見反"一句。

◎大歲在甲曰閼逢。

　　言萬物鋒芒欲出，擁遏未通，曰閼逢。《一切經音義》十七。

◎在丙曰柔兆。

　　言萬物皆垂枝布葉，故曰柔兆也。

◎在丁曰強圉。

　　言萬物皆剛盛未通，故曰強圉。並同上。

◎大歲在寅曰攝提格。

　　言萬物承陽起，故曰攝提格。格，起也。《史記·天官書》索隱、《史記·曆書》正義、瞿曇悉達《唐開元占經》二十三。（以下簡稱《占經》）

◎在卯曰單閼。

　　陽氣推萬物而起，故曰單閼。單，盡也。閼，止也。《史記·天官書》索隱。《史記·屈原列傳》索隱"陽氣"上有"單閼，起也"一句，無末二句六字。《史記·曆書》正義引首句。《釋文》引末二句六字，"止"作"土"，誤。《占經》二十三"陽氣"以上有"日在卯"一句。

◎在辰曰執徐。

　　伏《占經》無"伏"字。蟄之物皆敷《天官書》索隱作"敦"字。舒而出，故曰執徐。執，蟄；徐，舒也。《史記·天官書》索隱。《史記·曆書》正義引首句。《釋文》引末二句五字。《占經》二十三。

◎在巳曰大荒落。

　　言萬物皆熾茂而大出，霍然落落，故曰荒落。《占經》二十三。

◎在午曰敦牂。

　　言萬物皆茂狀。倚移其枝。故曰敦牂。敦。茂也。牂，狀也。同上。

◎在未曰協洽。

　　陽氣欲化萬物，故曰協洽。協，和；洽，合也。《史記·天官書》索隱。《史記·曆書》

正義引作"言陰陽化生，萬物和合，故曰協洽也"。《占經》二十三引，文字小異。

◎在申曰涒灘。

言萬物皆循《占經》作"脩"，並下有"其"字。精氣，故曰涒灘。灘，單盡也。《占經》二十三引無末句四字。《一切經音義》十七。

⊙按：《史記·天官書》索隱："李巡曰：'涒灘，物吐秀傾垂之貌也。'"馬國翰輯本存之，馬氏注云："考此注與《曆書》正義、《占經》、《一切經音義》引孫炎同。臧氏鏞曰'《天官書》索隱作李巡注，誤'。案當是巡載二説，而孫炎取此説耳。據《索隱》録之。"臧鏞《爾雅漢注》並載李巡、孫炎對"涒灘"的解釋，馬氏所引臧鏞之言，無誤。但馬氏案"當是巡載二説，而孫炎取此説"，即馬國翰認爲，李巡的解釋有兩種，被孫炎沿用了一種。這一觀點，不敢苟同。《新唐志》對李、孫二人《爾雅注》均著録，也就是說有唐一代二人之書並存。如果按照馬國翰的理解，唐人張守節、瞿曇悉達明知孫炎的說法是從李巡那裡來的，還引爲孫炎曰，豈非誤流爲源，毫無道理？其實李、孫各有其説，馬國翰"巡載二説，孫取其一"的觀點是錯誤的。

◎在酉曰作噩。

作咢《曆書》正義作"鄂"，皆物芒《曆書》正義作"萬物皆落"。枝起之貌。《史記·天官書》索隱、《史記·曆書》正義。《占經》二十三引作"在酉言萬物墜落故曰'作愕'。作，索也。愕，茂也"。

◎在戌曰閹茂。

言萬物皆蔽冒，故曰閹茂。閹，蔽也。茂，冒也。《史記·曆書》正義、《占經》二十三。

◎在亥曰大淵獻。

言萬物落於亥，大小深藏屈近陽，故曰淵獻。淵，藏也。獻，近也。《占經》二十三。

◎在子曰困敦。

在子言陽氣皆混，萬物芽蘗，故曰困敦。同上。

◎在丑曰赤奮若。

言陽氣奮迅萬物而起，（《曆書》正義有"無"字）不若其性，故曰赤奮若陽也（《曆書》正義無"陽也"）。奮，迅也；若，順也。《史記·天官書》索隱略引。《史記·曆書》正義引"奮，迅也"上有"赤，陽色"一句。《占經》二十三。

◎載，歲也。夏曰歲。商曰祀。周曰年。唐虞曰載。

各自紀事，示不相襲也。《書·堯典》正義、《史記·五帝本紀》正義。

載，一歲莫不覆載也。《左傳·昭七年》正義。

◎四月爲余。

余，舒也。萬物皆生枝葉，故曰舒也。《釋文》。《詩·小雅·小明》正義引作：四月萬物皆生枝葉，故曰余。余，舒也。

⊙按：此條馬國翰輯爲"物之枝葉敷舒"。《詩·小雅·小明》孔疏云："四月爲除，《釋天》文，今《爾雅》'除'作'余'。李巡曰：'四月萬物皆生枝葉，故曰余。余，舒也。'孫炎曰：'物之枝葉敷舒。'"馬國翰誤把孫炎之注當作李巡之注。

◎九月爲玄。

九月萬物草盡，陰氣侵寒，其色皆黑。《詩·小雅·何草不黃》正義。

⊙按：浦鏜云："草"疑"畢"字誤。馬國翰此條輯爲"物衰而色玄也，《詩》曰'何草不玄'。"今按："物衰而色玄也"以下十二字，乃孔疏徵引孫炎注語，馬氏誤。

◎十一月爲辜；十二月爲涂。郭璞注云："皆月之别名，自歲陽至此，其事義皆所未詳通者，故闕而不論。"

云"其事義皆所未詳通者"，案李巡、孫炎雖各有其說，皆搆虛不經，疑事無質，故闕而不論。邢疏。

⊙按：此條馬本、黃本漏輯，今補。

◎南風謂之凱風。

南風長養萬物，萬物喜樂，故曰凱風。凱，樂也。邢疏、《詩·邶風·凱風》正義。

◎焚輪謂之穨。

焚輪，暴風從上來降，謂之穨。穨，下也。邢疏、《詩·小雅·谷風》正義。

◎扶搖謂之猋。

扶搖，暴風從下升上，故曰猋。猋，上也。同上。

⊙按：此條馬氏、黃氏云《文選》左太沖《魏都賦》劉淵林注引李巡作"猋，上也。風從下升也"。實則劉淵林注未引。

◎迴風爲飄。

迴風，旋風也。一曰飄風，别二名也。《詩·檜風·匪風》正義。邢疏、《詩·大雅·卷阿》正義止引"迴風，旋風也"五字。

◎小雨謂之霢霂。

冰《詩正義》作"水"。雪俱下。邢疏、《詩·小雅·信南山》正義。

◎大辰，房、心、尾也，大火謂之大辰。

大辰，蒼龍宿之，體最爲明，故曰房、心、尾也。大火，蒼龍宿心，以候四時，故曰辰。《左傳·昭十七年》正義。邢疏、《公羊傳·昭十七年》疏、《史記·天官書》索隱略引李巡此注。

◎娵觜之口，營室、東壁也。

娵訾、玄武，宿也。營室、東壁，北方宿名。《左傳·襄三十年》正義。

◎降婁，奎、婁也。

降婁，白虎宿也。《一切經音義》九。

⊙按：馬國翰云李巡此注亦見於同書卷六，黄奭云亦見於同書卷二，经核查，未見。

◎濁謂之畢。

濁，陰氣獨起，陽氣必止，故曰畢。畢，止也。《詩·齊風·盧令》正義。

◎北極謂之北辰。

北極，天心也，居北方，正四時，謂之北辰。《公羊傳·昭十七年》疏、《後漢書·郎顗傳》李賢注。

◎何鼓謂之牽牛。

何鼓、牽牛皆二十八宿名也。邢疏、《詩·小雅·大東》正義。

◎祭地曰瘞薶。

祭地，以玉埋地中曰瘞埋。邢疏、《詩·大雅·鳧鷖》正義、《公羊傳·僖三十一年》疏。

◎祭山曰庪縣。

祭山以黄玉及璧以庪置几上，遥遥而眂之若縣，故曰庪縣。《公羊傳·僖三十一年》疏。

◎祭星曰布。

祭星者以祭布露地，故曰布。《釋文》、邢疏。

◎祭風曰磔。

祭風以牲頭蹄及皮破之以祭，故曰磔。《公羊傳·僖三十一年》疏。

◎繹，又祭也。

繹，明日復祭，曰又祭。《詩·周頌·絲衣》正義。

◎冬獵爲狩。

圍守取之，無所擇也。《詩·鄭風·叔于田》正義。《詩·魏風·伐檀》正義引作"冬圍守而取禽"。

◎火田爲狩。

放火燒草，守其下風。邢疏、《左傳·桓七年》正義並引李巡、孫炎皆云。

◎注旄首曰旌。

以旄牛尾著旌邢疏作"竿"，《詩正義》作"干"。首者也。邢疏、《詩·鄘風·干旄》正義、《左傳·襄十四年》正義、《左傳·定四年》正義、《公羊傳·宣十二年》疏。

◎有鈴曰旂。

以《公羊》疏"以"上有"有鈴"二字。鈴著旒《左傳》孔疏作"置旒"。端。《詩·周頌·載見》正義、《左傳·桓二年》正義、《公羊傳·宣十二年》疏。

◎錯革鳥曰旟。

以革爲之，置於旒端。《公羊傳·宣十二年》疏。

### 《釋地》第九

◎兩河間曰冀州。

兩河間其氣清，厥《尚書正義》無"厥"字，《公羊》疏無"清厥"。性相近，故曰冀。冀，近也。《釋文》、邢疏、《書·禹貢》正義、《公羊傳·莊十年》疏。《荀子·修身》楊倞注引作："冀州曰冀，近也。"

◎河南曰豫州。

河南其氣著密，厥性安舒，故曰豫。豫，舒也。《釋文》、邢疏、《公羊傳·莊十年》疏。《書·禹貢》正義"故曰"以上八字引作"其性安舒，厥性寬豫"。傅寅《禹貢說斷》二"故曰"以上引作"其氣安舒，厥性寬豫"。樂史《太平寰宇記》三引作"豫者，舒也。言稟中和之氣，性理安舒"。

◎河西曰雝州。

河西其氣蔽壅，厥《書正義》《公羊》疏作"受"。性急凶，故曰雍，《公羊》疏作"雝"。雍，壅也《公羊》疏此以上三字作"雝，壅塞也"。《釋文》、邢疏、《書·禹貢》正義、《公羊傳·莊十年》疏。《御覽》一百六十四略引。

◎漢南曰荊州。

漢南《書正義》、《公羊》疏作"荊州"。其氣燥《公羊傳》徐疏作"慘"。剛，稟性彊梁，故曰荊。荊，彊也。邢疏、《書·禹貢》正義、《公羊傳·莊十年》疏。

◎江南曰揚州。

江南其氣燥《公羊》徐疏作"慘"勁，厥性輕揚《釋文》、邢疏止引以上十字，故曰揚。揚，輕也。《書·禹貢》正義。《公羊傳·莊十年》疏、《廣韻》下平聲陽韻引無末句三字。

◎濟、河間曰兗州。

濟、河間其氣專質《書正義》無"質"字。厥《書正義》作"體"。性信謹邢疏、《書正義》作"謙"。故曰兗。兗，信也。《釋文》、邢疏、《書·禹貢》正義、《公羊傳·莊十年》疏。

◎濟東曰徐州。

淮、海間《公羊疏》作"濟東至海"。其氣寬舒，稟性安徐，故曰徐《公羊疏》無"故曰徐"。徐，舒也。邢疏、《書·禹貢》正義、《公羊傳·莊十年》。

◎燕曰幽州。

燕其氣深要，厥性剽疾，故曰幽。幽，要也。《釋文》、邢疏。《公羊傳·莊十年》疏引，文字小異。

◎齊曰營州。

齊其氣清舒，受性平均，故曰營。營，平也。今爲青州。《公羊傳·莊十年》疏。

◎九州。

殷制。《釋文》引李、郭。

◎十藪。

藪，澤之別名也。《左傳·襄二十五年》正義。

◎東方之美者，有醫無閭之珣玗琪焉。《釋文》：醫，李本作"鹥"。

◎西北之美者，有崑崙虛之璆琳琅玕焉。

球琳，美玉名。琅玕，石而似珠者。《書·禹貢》正義引《釋地》文，又云：說者皆云。《禮記·玉藻》正義引李巡、孫炎、郭璞等並云："璆琳，美玉。"

◎西方有比肩獸焉，與邛邛岠虛比，爲邛邛岠虛齧甘草，即有難，邛邛岠虛負而走，其名謂之蟨。

邛邛岠虛能走，蟨知美草即若鷩難者，邛邛岠虛便負蟨而走，故曰比肩獸。《釋文》。

◎郊外謂之牧。《釋文》：李本"牧"作"田"字。

田，敕也。謂敕列種穀之處。《釋文》。

◎下溼曰隰。

下溼，謂土地窊下常沮洳《左傳》孔疏無"常沮洳"。《公羊疏》"常沮洳"作"但當"名爲隰也。邢疏、《詩·秦風·車鄰》正義、《左傳·襄二十五年》正義、《公羊傳·昭元年》疏。

◎廣平曰原。

廣平謂土地寬博而平正者，名曰原《詩正義》引無"名曰原"。《詩·大雅·公劉》正義、《左傳·桓元年》正義、《左傳·襄二十五年》正義、《公羊傳·昭元年》疏。

◎高平曰陸，大陸曰阜，大阜曰陵，大陵曰阿。

高平，謂土地豐正名爲陸。大陸謂邢疏、《詩·天保》正義引無"大陸謂"。土地《詩·天保》正義有"獨"字。高大名曰阜，阜最高大爲陵，陵之大者名阿《詩·天保》正義、《左傳·僖公三十二年》正義引無此上六字。邢疏、《詩·小雅·天保》正義、《左傳·僖公三十二年》正義。《詩·大雅·皇矣》正義、《左傳·襄二十四年》正義、《左傳·襄二十五年》正義略引。

◎陂者曰阪，下者曰隰。

陂者，謂高峯山陂。下者，謂下濕之地。隰，濕也。《詩·秦風·車鄰》正義。《通鑑》六十五胡注略引。

◎九夷、八狄、七戎、六蠻，謂之四海。邢疏、《詩·小雅·蓼蕭》正義并云："案李巡所注《爾雅》本，'謂之四海'下更三句云：'八蠻在南方，六戎在西方，五狄在北方。'孫炎、郭氏諸本皆無此三句。"

九夷在東方，八狄在北方，七戎在西方，六蠻在南方。《詩·小雅·蓼蕭》正義。

四海遠於四荒，晦冥無形，不可教誨，故云四海也。海者，晦也。言其晦暗無知。《禮記·曲禮下》正義。

◎八蠻在南方，六戎在西方，五狄在北方。

一曰天笁，二曰咳首，三曰僬僥，四曰跂踵，五曰穿胷，六曰儋耳，七曰狗軹，八曰旁春。一曰僥夷，二曰戎夫，三曰老白，四曰耆羌，五曰鼻息，六曰天剛。一曰月支，二曰穢貊，三曰匈奴，四曰單于，五曰白屋。邢疏、《禮記·王制》正義。

### 《釋丘》第十

◎再成爲陶丘。

再成，其形再重也。邢疏、《書·禹貢》正義。

◎如乘者，乘丘。

形如車乘。《釋文》引李、郭皆云。

◎絕高爲之京。

丘高大者爲京也。《詩·大雅·皇矣》正義、《詩·大雅·公劉》正義、《左傳·襄二十五年》正義。

◎非人爲之丘。

謂非人力所爲，自然生者。邢疏。《詩·小雅·緜蠻》正義引，文字小異。

◎前高，旄丘。

謂前高後卑。《詩·邶風·旄丘》正義。

◎偏高，阿丘。

謂丘邊高。《詩·鄘風·載馳》正義。

◎宛中，宛丘。

中央下。邢疏、《詩·陳風·宛丘》正義並引李巡、孫炎皆云。

◎如畝，畝丘。

謂丘如田畝曰畝丘也。邢疏、《詩·小雅·巷伯》正義。

◎夷上洒下，不漘。

　　夷上，平上。洒下，陗下，故名漘。邢疏、《詩·王風·葛藟》正義。

◎厓内爲隩，外爲鞫。馬國翰按："今本作'外爲隈'。邢疏云：'隈，當作鞫。傳寫誤也。'"引李巡作"鞫"。

　　厓内近水爲隩，其外爲鞫。邢疏、《詩·大雅·公劉》正義、《左傳·襄三年》正義。《詩·衛風·淇奥》正義、《左傳·閔二年》正義引句首六字。

◎畢，堂牆。

　　堂牆名厓，《詩正義》作"崖"。似堂牆曰畢。邢疏、《詩·秦風·終南》正義。

◎墳，大防。

　　墳謂厓岸，狀如墳墓，名大防也。邢疏、《詩·周南·汝墳》正義。《詩·大雅·常武》正義引前兩句。

◎涘爲厓。

　　涘，一名厓。厓，謂水邊也。邢疏。《詩·王風·葛藟》正義引句首四字。

### 《釋山》第十一

◎河南華，河西嶽，河東岱，河北恒，江南衡。

　　華，西岳華山也。岱，東岳泰山也。恒，北岳恒山也。衡，南岳衡山也。《書·舜典》正義、《左傳·昭四年》正義。

◎再成，英。一成，坯。

　　山再重曰英，一重曰坯。《書·禹貢》正義。《史記·夏本紀》正義引作"邳"。

◎山大而高，崧。

　　高大曰崧。邢疏、《詩·大雅·崧高》正義。

◎重甗，隒。

　　隒，阪也。《釋文·毛詩音義·葛藟》。

◎小山，別。大山，鮮。

　　大山少，故曰鮮。《釋文》、邢疏。

◎山䃔無所通，谿。

　　山中水瀆，雖無所通，與水注川同名。《左傳·隱三年》正義。

◎山夾水，澗。

　　山間有水。同上。

◎山西曰夕陽。

山西暮乃見日，故曰夕陽。《書·武成》正義。

◎山東曰朝陽。

山東朝乃見日，故云朝陽。同上。

### 《釋水》第十二

◎濫泉正出。正出，涌出也。

水泉從下上出曰涌泉。邢疏、《詩·小雅·采菽》正義、《詩·大雅·瞻卬》正義。

◎沃泉縣出。縣出，下出也。

水泉從上溜下。邢疏、《詩·曹風·下泉》正義"下"後有"出"字。

◎氿泉穴出。穴出，仄出也。

水泉從旁出名曰氿。氿，仄出。邢疏、《詩·小雅·大東》正義。

◎汶爲灛。

灛，溢也。《釋文》。

◎漢爲潛。

漢水溢流，爲潛。《荀子·大略》楊倞注。

◎江爲沱。

江溢出流，爲沱。《太平寰宇記》七十二。

◎"河水清且灡漪"，大波爲灡，小波爲淪，直波爲徑。《釋文》：灡，李依《詩》作"漣"，音連。

分別水大小曲直之名。邢疏、《詩·魏風·伐檀》正義。

◎江有沱，河有灉，汝有濆。

江、河、汝旁有肥美之地名。《詩·周南·汝墳》正義。

◎濆，水厓。

濆，水邊地，名厓也。邢疏、《詩·王風·葛藟》正義。

◎水草交爲湄。

水中有草木交會曰湄。邢疏、《左傳·僖二十八年》正義。

◎"濟有深涉，深則厲，淺則揭。"揭者，揭衣也。以衣涉水爲厲。

濟，渡也。水深則厲，水淺則揭衣渡也。不解衣而渡水曰厲。《左傳·襄十四年》正義。

◎綍，縴也。

縴，竹爲索，所以維持舟者。邢疏、《詩·小雅·采菽》正義。

◎天子造舟，諸侯維舟，大夫方舟，士特舟，庶人乘泭。

比其舟而渡，曰造舟。中央左右相維持，曰維舟。併兩舩，曰方舟。一舟，曰特舟。《詩·大雅·大明》正義。《左傳·昭元年》正義引句首七字。《公羊傳·宣十二年》疏引作"併兩舩，曰方舟也。一舟，曰特舟。併木以渡，別尊卑"。《釋文·春秋左傳音義·昭元年》、程大昌《續繁露》五引作"比其船而度也"。

◎水注川曰谿，注谿曰谷。

水出於山，入於川，曰谿。邢疏、《書·説命上》正義、《左傳·隱三年》正義、《一切經音義》九。《公羊傳·僖三年》疏引"曰谿"下有"水相屬曰谷"一句。

◎水中可居者曰洲，小洲曰陼，小渚曰沚，小沚曰坻，人所爲爲潏。

四方皆有水，中央獨可居，但大小異其名耳。邢疏。《書·舜典》正義引作"四方有水，中央高，獨可居，故曰洲"。《詩·周南·關雎》正義止引句首十字。

◎河出崑崙虛，色白。

崑崙，山名。虛，山下地也。《書·禹貢》正義。

色白，河水始出，其色白也。《釋文》。

◎所渠并千七百，一川色黃。

水流而分，交錯相穿，故曰川也。《釋文》。

◎百里一小曲，千里一曲一直。

水勢小曲乃大直也，故曰小曲。水陰節每一曲一直通無極也，故曰千里一曲一直。同上。

◎徒駭。

徒駭，禹疏九河以徒衆起，故曰徒駭。《釋文》、邢疏、《書·禹貢》正義、《詩·周頌·般》正義。

◎太史。

太史，禹大使徒衆，通其水道，故曰太史。邢疏、《書·禹貢》正義、《詩·周頌·般》正義。《釋文》引李、孫並云，文字小異。

◎馬頰。

馬頰，河勢上廣下狹，狀如馬頰也。《釋文》、邢疏、《書·禹貢》正義、《詩·周頌·般》正義。

◎覆鬴。

覆釜，水中多渚，往往而有可居之處，狀如覆釜之形。《釋文》。邢疏、《書·禹貢》正義、《詩·周頌·般》正義引，文字小異。

◎胡蘇。

　　胡蘇，其水下流，故曰胡蘇。胡，下也。蘇，流也。邢疏、《書·禹貢》正義、《詩·周頌·般》正義。《釋文》末二句六字作"胡，下流也"一句。

◎簡。

　　簡，大也，河水深而大也。邢疏、《書·禹貢》正義。《詩·周頌·般》正義引作"簡者，水深而簡大也"。《釋文》引李、孫並云"河水深而簡大也"。

◎絜。

　　絜者，言河水多山石之苦，故曰絜。絜，苦也。《釋文》、《詩·周頌·般》正義。邢疏、《書·禹貢》正義並引，文字小異。

◎鉤股。《釋文》："般，李本作'股'。"

　　鉤股者，水曲鉤，屈折如人股，故曰鉤股。《釋文》。《詩·周頌·般》正義作："鉤盤者，河水曲如鉤，屈折如盤，故曰鉤盤。"邢疏、《書·禹貢》正義亦作"盤"。

◎鬲津。

　　鬲津者，河水狹小，可隔以爲津，故曰鬲津。《釋文》、《詩·周頌·般》正義。邢疏、《書·禹貢》正義引無"故曰鬲津"四字。

# 卷　下

### 《釋草》第十三

◎菉，王芻。

　　一物二名。《詩·衛風·淇奧》正義。

◎薦，黍蓬。《釋文》：薦，孫、李本作"薦"。

◎茹藘，茅蒐。

　　茅蒐，一名茜，可以染絳。《詩·鄭風·東門之墠》正義。

◎果蠃之實，栝樓。

　　栝樓，子名也。邢疏、《詩·豳風·東山》正義。

◎萑，蓷。

　　臭穢草也。邢疏、《詩·王風·中谷有蓷》正義。

◎戎叔謂之荏菽。

　　今以爲胡豆。邢疏引樊光、舍人、李巡、郭氏皆云。

◎蕩竹。

竹節相去一丈，曰篇。邢疏、《書·禹貢》正義。

◎竹，萹蓄。

一物二名。邢疏、《詩·衛風·淇奥》正義。

◎秬，黑黍。

黑黍，一名秬黍。邢疏、《書·文侯之命》正義、《詩·大雅·生民》正義、《左傳·僖二十八年》正義。

◎荷，芙蕖。其莖茄，其葉蕸，其本蔤，其華菡萏，其實蓮，其根藕，其中的，的中薏。

皆分別蓮、莖、華、葉、實之名。芙渠，其總名也。別名芙蓉，江東呼荷。菡萏，蓮華也。的，蓮實也。薏，中心《詩·山有扶蘇》正義此處有"苦者"二字。也。邢疏、《詩·鄭風·山有扶蘇》、《詩·陳風·澤陂》正義、羅願《爾雅翼》八略引。

◎蕢，牛脣。

別二名。邢疏、《詩·魏風·汾沮洳》正義。

◎蕭，萩。

萩，一名蕭。邢疏、《詩·王風·采葛》正義、《詩·小雅·蓼蕭》正義。

◎葭，蘆。菼，薍。

葭，蘆，葦初生。《詩·召南·騶虞》正義。

分別葦類之異名。蘆、薍共爲一草。邢疏、《詩·衛風·碩人》正義。《詩·王風·大車》正義引末句六字。

◎華，荂也。華、荂，榮也。木謂之華，草謂之榮。不榮而實者謂之秀，榮而不實者謂之英。

分別異名以曉人也。華，一名荂。邢疏。《詩·豳風·七月》正義、《詩·大雅·生民》正義引首句。


### 《釋木》第十四

◎棆，山櫄。

山櫄，一名棆也。邢疏、《詩·秦風·終南》正義。

◎楰，鼠梓。

鼠梓，一名楰。邢疏、《詩·小雅·南山有臺》正義。

◎謂槱，采薪。采薪，即薪。

采薪，一名彙槱。言即薪，謂二薪也。《釋文》。

◎灌木，叢木。

　　木叢生，曰灌。顏之推《顏氏家訓·書證》。《詩·大雅·皇矣》正義"灌"下有"木"字。

◎瘣木，苻婁。

　　苻婁，一名瘣木，無枝木也。《釋文》。

◎立死，椔。

　　以死害生曰菑。斃，死也。邢疏。《詩·大雅·皇矣》正義"以"下有"當"字。

◎椒、樧，醜莍。

　　樧，茱萸也。椒、茱萸皆有房，故曰莍。莍，實也。邢疏。《詩·唐風·椒聊》正義兩"莍"字，均作"梂"。

## 《釋蟲》第十五

◎蜉蝣，蜉。

　　蜉蝣一名蜉。邢疏、《左傳·隱公元年》正義引舍人、李巡。

◎螕，蜋螕。螗螕。蚻，蜻蜻。蠽，茅蜩。蝒，馬蜩。蜺，寒蜩。蜓蚞，螇螰。

　　自蜩螗以下，皆分別五方之語，而名不同也。《初學記》三十。

◎不過，蟷蠰，其子蜱蛸。

　　其子名蜱蛸。《禮記·月令》正義。

◎蝝，蝮蜪。

　　蝮蜪，一名蝝。蝝，蝗子也。《左傳·宣十五年》正義。

◎蟋蟀，蛬。

　　蛬，一名蟋蟀。蟋蟀，蜻蛚也。《詩·唐風·蟋蟀》正義。

◎虉䘀，蟿。草䘀，負蠜。蜤䘀，蚣蝑。

　　蟿，蝗子也。《釋文·毛詩音義·草蟲》、邢疏、《詩·召南·草蟲》正義。

　　草䘀，負蠜。蜤䘀，蟴蝑。皆分別蝗子，異方之語也。《左傳·宣十五年》正義。

◎螒，天雞。

　　一名酸雞。邢疏、《詩·豳風·七月》正義。

◎蝎，桑蠹。

　　蝎，木蟲也。《左傳·襄二十七年》正義。

◎熒火，即炤。

　　熒火夜飛，腹下如火光，故曰即炤。《禮記·月令》正義。

◎強，醜捋。

以口捋其翅。《釋文》引李、孫云。

◎食苗心，螟。食葉，蟘。食節，賊。食根，蟊。

食禾心爲螟，言其姦冥。冥，難知也。食禾葉者，言假貸無厭，故曰蟘也。食禾節，言貪狠《詩正義》作"很"，故曰賊也。食禾根者，言其稅取萬民財貨，故云蟊也。邢疏、《詩·小雅·大田》正義、《左傳·隱五年》正義。

### 《釋魚》第十六

◎鯤，魚子。

凡魚之子，總名鯤也。《詩·齊風·敝笱》正義。

◎黿鼊，蟾諸。

蟾諸，蝦蟆也。《禮記·月令》正義。

◎餘貾，黃白文。餘泉，白黃文。

餘貾，貝甲黃爲質，白爲文彩。餘泉，貝甲以白爲質，黃爲文彩。邢疏、《詩·小雅·巷伯》正義。

◎蠑螈，蜥蜴；蜥蜴，蝘蜓；蝘蜓，守宮也。

蠑螈，一名蜥蜴；蜥蜴，名蝘蜓；蝘蜓，名守宮。《詩·小雅·正月》正義。

### 《釋鳥》第十七

◎隹其，夫不。阮校本作"鵻鳺"，《詩正義》引李巡作"夫不"。

夫不，一名雛，今楚鳩也。邢疏止引句末四字。《詩·小雅·四牡》正義。

◎鵅鳩，王鵅。

王鵅，一名鵅鳩。邢疏、《左傳·昭十七年》正義。

◎舒雁，鵝。

野曰雁，家曰鵝。邢疏、《禮記·內則》正義。

◎舒鳧，鶩。

在野曰鳧，在家曰鶩。《後漢書·班固傳》李賢注。邢疏、《禮記·內則》正義、《左傳·襄二十八年》正義、《一切經音義》九、十二引無二"在"字。

◎鶉，鶞老。鳸，鴳。《左傳正義》、邢疏並云：舍人、李巡、孫炎、郭氏皆斷"老上屬，鳸下屬"。

鶉，一名鶞老。鴳，一名鳸。鳸，雀也。邢疏、《左傳·昭十七年》正義。

◎桑鳸，竊脂。

　　竊脂，一名桑鳸。《左傳·昭十七年》正義。

◎鴽，鵪毌。

　　鴽鷚，一名鵪毌。邢疏、《禮記·內則》正義。《禮記·月令》正義"鵪"作"牟"。

◎爰居，雜縣。

　　爰居，海鳥也。《釋文》。

◎春鳸，鳻鶞。夏鳸，竊玄。秋鳸，竊藍。冬鳸，竊黃。桑鳸，竊脂。棘鳸，竊丹。行鳸，唶唶。宵鳸，嘖嘖。

　　諸鳸別春夏秋冬四時之名。唶唶、嘖嘖，鳥聲貌也。邢疏、《左傳·昭十七年》正義。

◎鴮鴲，戴鵀。

　　戴勝，一名鴮鴲。邢疏。《禮記·月令》正義"鴮鴲"作"鴉鳩"。

◎鶉，鶛。其雄鶛，牝痺。

　　別雄雌異方之言。鶉，一名鶛，其雄名鶛，其牝名痺。邢疏。《詩·魏風·伐檀》正義引無"其雄"以下八字。

◎翠，鷸。

　　鷸，一名爲翠。其羽可以爲飾。邢疏、《左傳·僖二十四年》正義。《左傳·昭十二年》正義引無首句五字。

◎鶼鶼，比翼。《釋文》：鶼鶼，衆家作"兼兼"。

　　鳥有一目、一翅，相得乃飛，故曰兼兼也。《釋文》。

◎鶬黃，楚雀。

　　一名楚雀。《禮記·月令》正義。

　　⊙按：馬本、黃本此條均作"一名楚雀。《方言》云：'齊人謂之摶黍。'"《方言》云云，見今本《方言》卷八。今刪，原因同《釋言》"覭，姞也"條。

◎伊洛而南，素質、五采皆備成章曰翬。

　　素質、五彩備具，文章鮮明，曰翬。邢疏、《詩·小雅·斯干》正義。《左傳·昭十七年》正義引無"曰翬"。

◎鳥鼠同穴，其鳥爲鵌，其鼠爲鼵。

　　鵌、鼵，鳥、鼠之名。共處一穴，天性然也。邢疏、《書·禹貢》正義。

◎鵙，伯勞也。

　　伯勞，一名鵙。邢疏、《詩·豳風·七月》正義。

### 《釋獸》第十八

◎所寢，橧。

豬臥處，名橧。邢疏、《詩·小雅·漸漸之石》正義。

◎熊、虎醜，其子狗。

熊虎之類，其子，名狗。《左傳·昭七年》正義。

◎麝父，麕足。《釋文》：麝，李本作"澤"。

澤父，獸名。《釋文》。

◎麐，麕身、牛尾、一角。

麐，瑞應獸名。邢疏、《左傳·哀十四年》正義。

◎鼸鼠。

鼱鼩鼠。歐陽德隆《增修校正押韻釋疑》三。

◎鼳鼠。

鼳鼠者，鼱鼩鼠。邢疏。

◎鼩鼠。

鼱鼩鼠，一名鼳鼠。《釋文》、《左傳·成七年》正義。《文選》四十五東方曼倩《答客難》李善注"鼱"作"奚"。

### 《釋畜》第十九

◎騉蹄，趼，善陞甗。

騉者，其蹄正堅而平似研也。《釋文》。邢疏"研"作"趼"。

◎騉駼，枝蹄趼，善陞甗。

騉駼，其迹枝平似趼，亦能登高歷危險也。《釋文》、邢疏。

◎宗廟齊毫，戎事齊力，田獵齊足。

祭於宗廟，當加謹敬，取其同色也。邢疏、《詩·小雅·車攻》正義。

◎長喙，獫。短喙，猲獢。

分別犬喙長短之名。《詩·秦風·駟驖》正義。

◎尨，狗也。

尨，一名狗。《詩·召南·野有死麕》正義。

# 存 目

### 《釋詁》第一

◎典、彝、法、則、刑、範、矩、庸、恒、律、戛、職、秩,常也。

典,禮之常也。《周礼·天官·大宰》賈公彦疏。

⊙按:賈疏原作:"《爾雅·釋詁》云:'典,常也。'孫氏云:'禮之常也。'"孫氏,謂孫炎。此孫炎注也,而馬國翰、黃奭誤爲李巡注。

# 江灌《爾雅音》

南朝陳江灌撰。灌（生卒年不詳），字德源，濟陽考城（今蘭考東）人。江總之子。仕陳，爲秘書郎。入隋，官直秘書省學士。事迹見《陳書》卷二十七《江總傳》和《歷代名畫記》卷三。此書《隋志》著録爲八卷。兩《唐志》以六卷著録，且"灌"作"潅"，誤。姚振宗《隋書經籍志考證》云："《本志》作'江灌'，不誤。《經義考》及翁氏方綱《補正》引丁杰説，皆據《名畫記》駁文作'江潅'，非，是由未得《陳書·江總傳》之一證故也。"後佚。陸德明《經典釋文·序録》云："右《爾雅》，陳博士施乾、國子祭酒謝嶠、舍人顧野王並撰《音》。既是名家，今亦采之。"而未采此書者，錢大昕《潛研堂文集·跋經典釋文》固已言之矣："細檢此書所述近代儒家，惟及梁、陳而止，若周、隋人撰音疏，絶不一及，又可證其撰述必在陳時也。"按錢氏所論極是。灌之撰成此書，在其入隋爲秘書學士時，故不爲德明所採也。是書前人無輯本。本次亦未能輯出。

# 江漼《爾雅圖贊》

　　南朝陳江漼撰。漼有《爾雅音》，已著録。此書《舊唐書·經籍志》著録爲二卷，《新唐書·藝文志》著録作一卷。按《歷代名畫記》卷三："《爾雅圖》，上下兩卷，陳尚書令江漼（訛作"灌"），字德源，至武德中，爲隋州司馬，並著《爾雅贊》二卷。"可知《圖》二卷，《贊》亦二卷，合之則爲四卷，且兩書作於不同時也。爲《爾雅》作圖者，始于東晉郭璞，繼之者即此書，惜乎二書均不傳。是書前人無輯本，本次亦未能輯出。

# 荀楷《廣詁幼》

南朝宋荀楷撰。楷（生卒年不詳），字叔則，潁川（今禹州）人。仕宋，官給事中。見《河南通志藝文志稿·經部·小學類》。《隋志》經部小學類注云："梁有《詁幼》二卷，顏延之撰。《廣詁幼》一卷，宋給事中荀楷撰，亡。"楷之此書，蓋《詁幼》增廣之作，猶如張揖之作《廣雅》也。兩《唐志》皆有顏延之《詁幼文》三卷，或含有此書一卷在內也。馬國翰《玉函山房輯佚書》輯有顏延之《庭誥》一卷，其序云："從《釋文》、《後漢書注》、《廣韻》輯得《詁幼文》四條，內一條顏延之、荀楷並引。《廣詁幼》佚說之可見者僅此，不能成卷，亦附著之。"驗之馬書，並未附著《詁幼文》四條。今從《釋文》、釋慧琳《一切經音義》各輯出1條，勒爲一卷。

## 荀楷《廣詁幼》一卷

騽，《詩音》及吕忱、顏延之、荀楷並呼縣反。《釋文·爾雅音義·釋畜》。

金箆，按荀楷《誥幼文》，字宜作"箆"，相承且用也。釋慧琳《一切經音義》卷二十五。

⊙按：《誥幼文》，疑"誥""詁"形近致訛。

# 字書之屬

## 李斯《蒼頡篇》

### 一、"蒼頡"之成書

《蒼頡篇》，秦李斯所作。斯（？—前208），楚上蔡人。仕秦，官至丞相。事迹具《史記》本傳。《蒼頡篇》首句作"蒼頡作書，以教後嗣"，因以得名。《漢志》録之，《六藝略·小學類》小序言道："《蒼頡》七章者，秦丞相李斯所作也；《爰歷》六章者，車府令趙高所作也；《博學》七章者，太史令胡母敬所作也：文字多取《史籀篇》，而篆體復頗異，所謂秦篆者也。"則《蒼頡》《爰歷》《博學》三篇皆是在周代童蒙字書《史籀篇》的基礎上選編、修訂而成，用秦篆書寫，秦篆即小篆。後世所言之《蒼頡篇》，一般非單指"李蒼"，而是此三篇的合稱。今人謂之"秦三蒼"。

漢人對此三篇不斷進行改編、增補和注釋。《漢志》云："漢興，閭里書師合《蒼頡》《爰歷》《博學》三篇，斷六十字以爲一章，凡五十五章，并爲《蒼頡篇》。武帝時司馬相如作《凡將篇》，無復字。元帝時黄門令史游作《急就篇》，成帝時將作大匠李長作《元尚篇》，皆《蒼頡》中正字也。《凡將》則頗有出矣。至元始中，徵天下通小學者以百數，各令記字於庭中。揚雄取其有用者以作《訓纂篇》，順續《蒼頡》，又易《蒼頡》中重復之字，凡八十九章。班固復續揚雄作十三章，凡一百二章，無復字，六藝羣書所載略備矣。《蒼頡》多古字，俗師失其讀，宣帝時徵齊人能正讀者，張敞從受之，傳至外孫之子杜林，爲作《訓》《故》，并列焉。"據班書，漢初閭里書師將"秦三蒼"合爲一篇，仍名《蒼頡篇》。此合編本打亂秦本次序、篇章，以60字爲一章，凡55章。司馬相如《凡將篇》是《蒼頡篇》的增補本，收字或不與《蒼頡篇》重復；史游《急就篇》、李長《元尚篇》，選擇《蒼頡篇》中正字重新編排而成，算是《蒼頡篇》的選編本。揚雄《訓纂篇》彙編西漢元始間有用之存字，以續《蒼頡篇》，並且將《蒼頡篇》中重復之字改爲新字。揚書34章與其修訂之書師55章本合編行世，總89章。而後班固續揚雄《訓纂篇》，又增13章。

據唐人張懷瓘《書斷》，東漢和帝時，賈魴擴充班固續本13章爲34章，名《滂熹篇》。賈氏將《滂熹》與《蒼頡》《訓纂》合併，總123章。今人謂之"漢三蒼"。也有"五蒼"的叫法，合李斯《蒼頡》、趙高《爰歷》、胡母敬《博學》、揚雄《訓纂》、賈魴《滂熹》五書而言。

至今，已無從分辨諸書徵引之"蒼頡"出自"李蒼"、書師"三蒼"、揚雄本、賈魴"三蒼"中的哪一種。從這個角度來看，狹義的《蒼頡篇》即是"李蒼"，最多擴大到書師"三蒼"；而廣義的《蒼頡篇》可將這四部書都包含在內。

### 二、"蒼頡"之注本

《蒼頡篇》不惟上述原文本在流傳，由漢至晉還出現了六個注本。《漢志》中著錄《蒼頡傳》一篇，不題撰人名氏。謝啓昆《小學考》以爲揚雄所作，張舜徽非之，張説甚是。此傳當本之書師本。《漢志》於揚雄《訓纂篇》外另記揚雄《蒼頡訓纂》，是前者乃揚雄所續之89章本，而後者爲揚雄自注之89章本。《漢志》還著錄杜林《蒼頡訓纂》《蒼頡故》各一篇。關於杜林《蒼頡訓纂》，王先謙認爲"此蓋於揚雄所作外，別有增益，故各自爲書"。竊以爲王先謙於此未得《漢志》體例，説了一句模棱兩可的話。《漢志》小學類共著錄12種書，其中揚雄、杜林各有2種，故云"凡小學十家"。《漢志》所錄之後4種，皆當訓釋"蒼頡"之書，即《蒼頡傳》、揚雄《蒼頡訓纂》、杜林《蒼頡訓纂》、杜林《蒼頡故》，有意者可覆按。是班固認爲此4種注釋本之地位低於前8種諸如《蒼頡》、《凡將》等原文本之地位。杜林的注本爲什麼有兩種？其《訓纂》或訓《蒼頡》之秦篆本，其《故》或詁《蒼頡》之漢隸本也。此則正應《小序》所言"杜林爲作《訓》《故》"者也。《隋志》云："梁有《蒼頡》二篇，後漢司空杜林注，亡。"兩《唐志》復以《蒼頡訓詁》二卷著錄。阮《錄》云二篇，兩《唐志》云二卷者，恰與《漢志》所云《訓纂》《故》各一篇暗合。據王國維《重輯蒼頡篇·叙錄》，杜林所注當書師合編本。最初的合編本自然秦篆所書，漢隸盛行之後自有隸變之本，是秦篆本、漢隸本在杜林之時皆存。

此外，"三蒼"尚有三國魏張揖注本，《舊唐志》以《三蒼訓詁》二卷著錄，《新唐志》以爲三卷，當據二卷本所析。晉郭璞亦有注本，《隋志》以三卷錄之，兩《唐志》仍之。據王國維説，張、郭所注爲揚雄89章本。我們與王國維有不同的看法，《書斷》

卷上"隸書"云："和帝時賈魴撰《滂喜篇》，以《蒼頡》爲上篇，《訓纂》爲中篇，《滂喜》爲下篇，所謂《三蒼》也。"如以"三蒼"之名始於賈魴爲斷，張揖、郭璞所注當爲賈魴合編之 123 章本。且《隋志》明云"《三蒼》三卷，郭璞注。秦相李斯作《蒼頡篇》，漢揚雄作《訓纂篇》，後漢郎中賈魴作《滂熹篇》，故曰'三蒼'"者也。

### 三、"蒼頡"之亡佚

關於"蒼頡"的亡佚，王國維認爲："《訓纂》先亡，至隋而《蒼頡故》亦亡。張、郭之書，至唐末而亦亡。"按：王說非是。杜林之注，《隋志》確云梁有而今亡，而兩《唐志》復以二卷著錄，蓋宋初尚存。《隋志》失載或云亡之書，而《唐志》復載者不惟此一種。至於張揖、郭璞注本，兩《唐志》皆錄之，亦宋初尚存。孫星衍以爲："杜林《故》亡于隋，《倉頡》《三倉》及《故》亡于宋。"孫氏所云，甚是模糊，其上句"杜林《故》亡于隋"的說法非是；而下句復言"《故》亡于宋"，此《故》又指何書所言耶？

竊以爲"李蒼"7 章單行本，在漢初書師合編本出現後，即開始慢慢散亡。至於班固之時，或已未見"李蒼"單行本，《漢志》將《爰歷》《博學》置於《蒼頡》之下皆不獨爲一條，即此之故。書師"三蒼"55 章單行本之慢慢散亡，當在東漢杜林注本盛行之後。前已述杜林注本據書師"三蒼"。兼之書師"三蒼"與《訓纂》、《滂熹》合編之後，更是加劇了單行本散亡的速度。最遲至於唐代，書師"三蒼"單行本散亡殆盡。揚雄《訓纂篇》89 章單行本及賈魴"三蒼"123 章單行本，最遲至於唐代散亡殆盡，《隋志》不錄是其證。另，司馬相如《凡將篇》、李長《元尚篇》之亡佚，亦當在唐代之前，《隋志》不錄是其證。至於杜林、張揖、郭璞三家注本，前已述，皆亡於宋。

爲何強調各書"單行本之散亡"，是各書雖單行本散亡，而賴合編本或注本以傳。比如"李蒼"在書師"三蒼"中，書師"三蒼"在杜林注本中；揚雄本在賈魴"三蒼"中，賈魴"三蒼"在張揖、郭璞二注中。實者，言"李蒼"、書師"三蒼"、揚雄本、賈魴"三蒼"皆亡於宋亦無不妥。

### 四、"蒼頡、倉頡"何者爲是

"蒼頡"，亦有寫作"倉頡"者。許慎《說文解字》："黃帝之史倉頡？"段玉裁注："'倉'，或作'蒼'。按《廣韻》云：'倉，姓，倉頡之後。'則作'蒼'非也。"段氏並舉晉皇甫謐《帝王世紀》、晉衛恒《四體書勢》所引爲證。殊不知晉時書證依然太晚，何況《廣韻》更是宋時書耶。段說非是。清人任兆麟補正任大椿所輯《蒼頡篇》篇首題名下高承勳按:"'蒼'字從《漢志》。孫星衍本作'倉',非。"是高承勳以"蒼頡"爲正。高氏得到的結論是正確的,但僅以《漢志》爲據,不能服人。若欲發難高氏,以子之矛攻子之盾,言班固《漢書》中亦有"倉頡"的用法,則高氏之說自破。今人中惟見孫淑霞《漢簡〈蒼頡篇〉輯校》稍微論及"蒼頡、倉頡"孰是者,言:"蒼頡,又作倉頡。蒼、倉,沒有統一的用字。"這是一種發現問題沒有解決,無奈之下強爲調和的做法,言之無物者也。

通過對傳世文獻的調查,我們認爲"蒼頡"爲正,"倉頡"爲非。西漢以前包括西漢在内的文獻中,皆書作"蒼頡"。先秦之書《鶡冠子》、《吕氏春秋》、《韓非子》是其證,西漢之書《淮南子》、《法言》是其證。同時在近百餘年出土的漢簡中,斯坦因所獲敦煌漢簡、玉門花海漢簡、馬圈灣漢簡、居延漢簡、居延新簡書"蒼頡"凡12次,亦無寫作"倉頡"者。另外,《漢志》、《隋志》、兩《唐志》亦皆用"蒼頡",似乎在編寫目錄時前人更認可"蒼頡"的寫法。要之,"蒼頡"爲是。

"倉頡"的寫法或肇始於東漢王充《論衡》與班固《漢書》。王書引"蒼頡"5次,引"倉頡"15次;班書引"倉頡"2次,引"蒼頡"12次。由此可以看出,"倉頡"的寫法始於東漢,王充、班固二人或即誤寫之始作俑者。至於許慎之時,《說文解字》亦將二者並用。許書作爲流傳至今的中國文字學的奠基之作,對後世影響巨大,如果說王、班二氏或誤寫之始作俑者,那麽許慎就是這個錯誤的推而廣者。東漢以後"蒼頡、倉頡"更是混用、濫用了。至於清代,即令高明如段玉裁者,也未能究其本源,反倒以誤爲正。清人之"蒼頡"輯本誤題書名者不在少數。

### 五、"蒼頡"之輯本

關於《蒼頡篇》一書的重要性,歷來學者素有認知。清代以降,廣有從事《蒼頡》、《三蒼》及其注本之輯佚者。據統計,前人從事"蒼頡"輯佚者共21人,"蒼頡"、"三蒼"並注本之輯本,達30餘種,兹列之如下。

任大椿輯王念孫校《倉頡篇》二卷(附《倉頡訓詁》《倉頡解詁》)、《三倉》二卷(附《三倉訓詁》《三倉解詁》),收入《小學鉤沉》。任大椿考逸任兆麟補正《蒼頡篇》二卷、《三蒼》二卷,此本參考了任大椿輯本,故題任大椿考逸,然多有新輯與補正,可視爲一新輯本,收入《有竹居集》。顧震福輯《倉頡篇》、《倉頡解詁》、《三倉》、郭璞《三倉解詁》,此本在任大椿輯本基礎上復廣事搜輯,收入《小學鉤沉續編》。此以上屬於任大椿輯本系統。

孫星衍輯《倉頡篇》三卷,收入《岱南閣叢書》。孫星衍輯、梁章鉅校證並補遺

《倉頡篇校證》三卷、《補遺》一卷，有清光緒五年梁恭辰刻本。陳其榮增訂孫星衍輯本《倉頡篇》三卷，收入《觀自得齋叢書》。孫星衍輯諸可寶續陶方琦補《倉頡篇》三卷、《續本》一卷、《補本》二卷，有清光緒十六年江蘇書局刻本。曹元忠續陶方琦補本《倉頡篇補本續》一卷，收入《南菁札記》。葉大莊《倉頡篇義證》三卷、《校義》二卷、《箋釋》一卷，有福建師範大學圖書館藏稿本。此以上屬於孫星衍輯本系統。

其餘尚有王紹蘭輯《杜林訓詁逸文》一卷，有《蕭山王氏十萬卷樓輯佚書七種》本。馬國翰輯《蒼頡篇（張揖訓詁、郭璞解詁）》一卷、揚雄《訓纂篇》一卷、杜林《蒼頡訓詁》一卷、《三蒼（張揖訓詁、郭璞解詁）》一卷，有《玉函山房輯佚書》本。黃奭輯《倉頡篇》一卷、揚雄《蒼頡訓纂》一卷、郭璞《倉頡解詁》一卷、郭璞《三倉解詁》一卷，有《黃氏逸書考》本。龍璋輯《倉頡篇》二卷、《三倉》一卷，有《小學蒐逸》本。鄭文焯《揚雄訓纂篇考》一卷，有《大鶴山房全書》本。王仁俊輯《倉頡篇》三卷，《玉函山房輯佚書續編目錄》題"別行"，王氏輯本或未行世。王國維《重輯蒼頡篇》二卷，有《王國維全集》本。姬覺彌《重輯蒼頡篇》二卷，有民國九年廣倉學宭排印本，原書所題責任者為姬覺彌，實則即王國維輯本。別有臧禮堂《增訂蒼頡篇》三卷、程廷獻《蒼頡篇輯本》、龔道耕《蒼頡篇補本續》一卷、陳蕘春輯《蒼頡篇逸文》四種，據1987年6月《漢學研究（第5卷第1期）》林素清《〈蒼頡篇〉研究》一文所錄，未詳所據。臧本與龔本當亦屬孫星衍輯本系統。

上述輯本所收佚文，既有"蒼頡"原文，也含"蒼頡"注釋。其中王國維輯本二卷最為晚出，博采眾家，考訂精詳。故本次重輯，以王氏輯本為底本，末附敦煌漢簡（含斯坦因所獲敦煌漢簡、玉門花海漢簡、馬圈灣漢簡）、居延漢簡、居延新簡、阜陽漢簡、尼雅漢簡、水泉子漢簡、北大漢簡所存"蒼頡"殘文。

## 李斯《蒼頡篇》二卷

### 重輯蒼頡篇序

字書創於《史籀》，而《蒼頡篇》繼之。《史籀》十五篇，後漢已亡其六。今其字存於《說文》者，僅二百餘，蓋不及原書之什一矣。《蒼頡》三篇，雖並於漢，亡於唐，然漢初所定五十五章三千三百字，今散見於諸書所引者，尚得十之五六。乾嘉以來，孫、任諸家相繼纂輯，並有成書。近時，陶、陳諸氏補之，其字益備。余嘗取諸家之書讀之，竊怪其勤於蒐集而疏於體裁，又詳於注解而略於本文也。夫古字書存於今日者，在漢惟《急就》、《説文解字》，在六朝惟《千字文》與《玉篇》耳。此四種中，《説文》與《玉篇》説字形者爲一類；《急就》《千文》便諷誦者又爲一類。《蒼頡》一書，據劉子政、班孟堅、許叔重所説與近出之敦煌殘簡，其與《急就》《千文》爲類，而不與《説文》《玉篇》爲類審矣。乃元吾邱子行作《學古篇》，謂《蒼頡》十五篇，即《説文》部目。近世馬竹吾用其説，遂盡取《説文》部首以入所輯《蒼頡篇》中。諸家輯本，皆未明言其非，亦不言體例之何若。其失一也。《急就》一篇，皆用《蒼頡》正字，劉、班二家，並著其説，乃諸家輯本，未有採及之者。蒐張、郭之訓詁，忘李、趙之舊文。其失二也。國維有見於此，乃以己意重輯此書。以史游所録，揚雄、杜林所訓之字爲上卷，則《漢志》、《蒼頡》五十五章之正字也。以見於他書所引者爲下卷，則雜有揚雄《訓纂》、賈魴《滂喜》所續之字者也。又以《蒼頡》本文爲經，而以揚、杜、張、郭之訓詁列於其下。則本文與注，界畫分明。蓋有前人之得，而無其失者，故刊而行之。世之言小學者，或有取於是與？己未冬十月。

## 蒼頡篇叙録

《蒼頡》一篇。原注："上七章，秦丞相李斯作。《爰歷》六章，車府令趙高作。《博學》七章，太史令胡母敬作。"《漢書·藝文志》。

《訓纂》一篇。原注："揚雄作。"同上。

《蒼頡傳》一篇。同上。

揚雄《蒼頡訓纂》一篇。同上。

杜林《蒼頡訓纂》一篇。同上。

杜林《蒼頡故》一篇。同上。

《三蒼》三卷。原注："郭璞注。秦相李斯作《蒼頡篇》，漢揚雄作《訓纂篇》，後漢郎中賈魴作《滂喜篇》，故曰《三蒼》。梁有《蒼頡》二卷，後漢司空杜林注，亡。"《隋書·經籍志》。

《三蒼》三卷。原注："李斯等撰，郭璞解。"《舊唐書·經籍志》。

《三蒼訓詁》二卷。原注："杜林撰。"同上。

《三蒼訓詁》二卷。原注："張揖撰。"同上。

張揖《三蒼訓詁》三卷。《新唐書·藝文志》。

《蒼頡》七章者，秦丞相李斯所作也，《爰歷》六章者，車府令趙高所作也；《博學》七章者，太史令胡母敬所作也。文字多取諸《史籀篇》，而篆體復頗異，所謂秦篆者也。漢興，閭里書師合《蒼頡》《爰歷》《博學》三篇，斷六十字以爲一章，凡五十五章，并爲《蒼頡篇》。武帝時司馬相如作《凡將篇》，無復字。元帝時黃門令史游作《急就篇》。成帝時將作大匠作《元尚篇》，皆《蒼頡》中正字也。《凡將》則頗有出矣。至元始中，徵天下通小學者以百數，各令記字于庭中。揚雄取其有用者以作《訓纂篇》，順續《蒼頡》，又易《蒼頡》中重復之字，凡八十九章。班固復續揚雄作十三章，凡一百二章，無復字，六藝羣書所載略備矣。《蒼頡》多古字，俗師失其讀。宣帝時徵齊人能正讀者，張敞從受之，傳至外孫之子杜林，爲作《訓》《詁》，并列焉。《漢書·藝文志》。秦丞相李斯作《蒼頡篇》，中車府令趙高作《爰歷篇》，太史令胡母敬作《博學篇》，皆取《史籀》大篆，或頗省改，所謂小篆者也。孝平皇帝時，徵沛人爰禮等百餘人，令説文字未央廷中。黃門侍郎揚雄采以作《訓纂篇》。凡《蒼頡》以下十四篇，凡五千三百四十字，羣書所載略存之矣。《説文解字叙》。

《蒼頡》五十五章，爲上卷。揚雄作《訓纂》記《滂喜》爲中卷。賈升郎更續記《彥均》爲下卷。人稱爲《三蒼》。張彥遠《法書要録》引庾元威《論書》。

《蒼頡訓纂》八十九章，合賈廣班三十四章，凡百二十三章，文字備矣。張懷瓘《書斷》。

叙曰：秦《蒼頡》《爰歷》《博學》三篇，凡二十章，不知字數。漢興，閭里書師斷六十字以爲一章，凡五十五章，并爲《蒼頡篇》。一章六十字，五十五章，得三千三百字。此漢《蒼頡》之字數也。揚雄作《訓纂》，順續《蒼頡》，又易《蒼頡》重復之字，凡八十九章，得五千三百四十字。此并《蒼頡》三千三百字計之。故許叔重謂《蒼頡》以下五千三百四十字。於五千三百四十字中，減三千三百字，得二千四十字。此《訓纂》之字數也。賈魴所續亦三十四章，與《訓纂》同。韋昭注《漢志》，謂班固十三章當在《蒼頡》下篇三十四章之内。張懷瓘亦云，"合賈廣班三十四章"。三十四章，亦二千四十字。此《滂喜》之字數也。三者相加，得百二十三章，七千三百八十字。此《三蒼》之字數也。合《三蒼》之字幾與《説文》相埒，而其通行較《説文》爲廣。蓋《説文》爲一家之學，起於後世，而此則秦漢以來相承誦習，便於通俗故也。然其書亦幾經改定，李、趙、胡母原書，一改於漢初閭里書師，而三篇合爲一篇，二十章分爲五十五章。二改於揚子雲，而五十五章中重複之字均易以新字。後漢以後，揚本孤行，又與揚、賈所續之書合爲《三蒼》。張稚讓、郭景純皆合《三蒼》注之，所用者亦揚本也。杜林《蒼頡訓纂》《蒼頡故》二書，當用漢閭里書師舊本。《訓纂》先亡，至隋而《蒼頡故》亦亡。張、郭之書，至唐末而亦亡。其用《蒼頡》字者，《急就》、《元尚》，而《元尚》亦亡。惟許叔重作《説文解字》，用《蒼頡》《訓纂》二篇字。張稚讓《廣雅》中當有《滂喜》字，然已無可識别矣。乾隆間，陽湖孫伯淵觀察星衍讀釋藏於江寧瓦官閣，始得釋玄應《衆經音義》所引《三蒼》張、郭二家注甚多，乃有《蒼頡篇》之輯。

嗣是，興化任子田主事大椿、歷城馬竹吾大令國翰，續有輯述。至光緒初葉，日本所存古佚書如顧野王《玉篇》原本、釋慧琳《一切經音義》等，復入中國。於是會稽陶子珍大令方琦采以續孫氏書。山陽顧菊侯文學震福亦用以續任氏書。吳縣曹君直舍人元忠復補陶氏之遺，檇李陳氏其榮得海寧陳仲魚孝廉鱣所校孫本，復采輯孫、陳二家未見之書，會爲一書。先後輯本共得七家。所采亦略具矣。顧諸家之書，猶有未厭人意者。史游《急就》，班孟堅謂皆《蒼頡》正字。《急就》三十一章，據皇象本。顏本三十二章，宋太宗御書本三十四章，多出三章，乃後漢人所補。章六十三字，得千九百五十三字。除複重字三百三十五，尚得千六百十八字。而《蒼頡》三千三百字，且有複字，則《急就》之字，固已踰《蒼頡》之半。輯《蒼頡》者，宜莫先於此而乃獵張、郭之訓詁，弃李、趙之本文。此余所未解者一也。任、馬二家，《蒼頡》《三蒼》各自爲卷。孫氏以下，亦於每部中各加區別。然魏晉以後，《三蒼》盛行，而《蒼頡》《訓纂》《滂喜》均尟單行之本。李、趙之書固得謂之《二蒼》，揚、賈之書既合於《三蒼》，亦遂謂之《蒼頡》。如韋昭稱《滂喜篇》爲《蒼頡》下篇是也。故同一字也，而或引《蒼頡》，或引《三蒼》。又如顧野王《玉篇》殘本，所引有《蒼頡》，無《三蒼》。司馬貞《史記索隱》所引，有《三蒼》，無《蒼頡》。未必《玉篇》所引悉爲李、趙之書，《索隱》所引盡出《三蒼》中、下二卷也。以此分類，殊爲骿枝。此余所未解者二也。《蒼頡》三篇，皆四字爲句，二句一韻，由近世敦煌所出隸書殘簡足以證之。乃或信吾邱衍野說，謂《蒼頡》十五篇即《説文》部目五百四十字，遂盡取以入錄。不知以字形分部，乃剏自許君。其部首諸字，固非通行之字。《蒼頡》無緣收之。此余所未解者三也。今兹所輯以漢殘簡之所存，揚雄、杜林之所説，及《急就篇》所用《蒼頡》正字爲上卷，而以揚、杜、張、郭之説此諸字者附焉。其餘諸書所引《蒼頡》《三蒼》之字，并爲下卷。上卷爲《漢志》所錄《蒼頡》之字。下卷則《隋志》所錄《三蒼》之字。又別本字與注爲二。原書次第已不可尋，故仍用孫氏書例，以《説文》部目爲之編次，取便簡閱。此輯與諸家得失，覽者能自得之。姑撮其更張之大者，叙之云爾。

# 卷　上

◎蒼頡作書。右見《流沙墜簡》卷二弟十九簡，乃漢人隨意塗寫者，中有"蒼頡作"三字。余前草《蒼頡篇殘簡跋》，以此爲《蒼頡篇》首三字。其全句當云："蒼頡作書。"例以周秦閒書多以首二字名篇。"蒼頡作書"語出《世本》及《吕氏春秋·審分覽》，故李斯作字書用爲首句。又《蒼頡》諸書，秦漢以來，本以供識字及習字二用，故漢人隨筆塗寫時書其首句，亦足爲此説之證也。《急就篇》出"蒼作書"三字。

頡，古造書字人也。慧琳《廣弘明集》音義引《蒼頡篇》。

◎游敖周章。黕黵黯黮，黝黝黔鵦。黔黗赫赧，儵赤白黃。《流沙墜簡》一，弟一簡。《急就篇》出"游周章白黃"五字。

　　黯黮，深黑不明也。玄應《出曜論》音義。慧琳《佛本行讚傳》音義引奪"黯"字。

◎圭走病狂，疵疕灾痍。《流沙墜簡》一，弟二簡。《急就篇》出"病狂疕灾痍"五字，"痍"字見葉本，顏本無。

◎貍貁貙穀，《流沙墜簡》一，弟三簡。《急就篇》出"貍"字。

◎寸。薄厚廣俠，好醜長短。《流沙墜簡》一，弟四簡。《急就篇》出"寸薄厚廣俠好長"七字。

　　薄，微也。《文選·神女賦》注。慧琳《如幻三昧經》、《集古今佛道論衡》音義。

　　短，促也。玄應《無量清淨平等覺經》《佛性論》音義，慧琳《菩薩十住行道經》《法滅盡經》《僧伽羅剎集》音義。

◎幼子承詔。《說文解字序》。《急就篇》此四字均出。

　　詔，告也。雲公《涅槃經》音義引《三蒼》。

◎考妣延年。《爾雅·釋親》注。《急就篇》出"延年"二字。

◎漢兼天下，海內并廁。豨黥韓覆，叛討殘滅。《顏氏家訓·書證篇》，"殘滅"原作"滅殘"，廁、滅爲韻，據文意改。《急就篇》出"漢、內、并、廁、韓"五字。案：此四句雖非李、趙、胡母本文，猶當爲漢初閭里書師所益。故《急就篇》取其字，《顏氏家訓》亦云《蒼頡篇》李斯所造。而云"漢兼天下"云云，可知此非揚雄《訓纂》以下語。

　　廁，次也，襍也。《文選·秋興賦》注。玄應《順正理論》音義。慧琳《大寶積經》音義引下句，玄應《瑜伽地師論》音義引《三蒼》同。

　　以上成句。

◎元。《急就篇》："陳元始。"又："烏喙付子椒元華。"

　　右一部一字。

◎上。《急就篇》："陰賓上。"又："積行上究爲牧人。"

　　右上部一字。

◎禮。《急就篇》："治禮掌故底廝身。"

◎祿。《急就篇》："烏承祿。"又："賴敕救解貶秩祿。"

◎神。同上："行觴塞禱鬼神寵。"又："積學所致無鬼神。"

◎祭。同上："哭泣酹祭墳墓冢。"

◎祀。同上："祠祀社保叢獵奉。"

◎祖。同上："蕭彭祖。"

◎祊。同上："邴勝箱。"顔本"邴"作"枋"。

◎祠。同上：見"祀"字注。

◎祝。同上："祝恭敬。"

◎禱。同上：見"神"字注。

◎社。同上：見"祀"字注。

◎禓。同上："行觴塞禱鬼神寵。"顔本及宋太宗本"行觴"作"謁禓"。

◎禍。同上："犯禍事危置對曹。"

◎祟。同上："卜夢譴祟父母恐。"

　　右示部十四字。

◎玉。同上："灌宜玉。"

◎皇。同上："吴仲皇。"

　　右王部二字。

◎玉。同上："玉瑁環佩靡從容。"

◎璧。同上："璧碧珠璣玫瑰甓。"

◎環。同上：見"玉"字注。

◎玦。同上："玉瑁環佩靡從容。"顔本"瑁"作"玦"。

◎理。同上："姦邪並塞皆理馴。"

◎瑣。同上："服瑣俞此與繒連。"

◎碧。同上：見"璧"字注。

◎瑁。《説文》作珇。同上，見"玉"字注。

◎珠。同上：見"璧"字注。

◎玫。同上：見"璧"字注。

◎瑰。同上：見"璧"字注。

玫瑰。火齊珠也。《玉篇》、慧琳《辨正論》音義。

◎璣。《急就篇》，見上"璧"字注。

◎琅。同上："係臂琅玕虎魄龍。"

◎玕。同上。

　　右玉部十五字。

　　⊙按：王國維氏以爲"十五字"實僅十四字。

◎士。同上："藜士梁。"又："博士先生。"

　　右士部一字。

◎中。同上："侯仲郎。"漢簡作"侯中郎"。又："鳩鴿鶉鷦中網死。"又："丞相御史郎中君。"又："中國安寧。"

　　中，得也。《史記·封禪書》索隱引《三蒼》。

　　右丨部一字。

◎芬。《急就篇》："賁熏脂粉膏澤簞。"顏本"賁"作"芬"。

◎熏。同上。

　　右屮部二字。

◎草。《急就篇》："春草雞翹鳧翁濯。"又："牡蒙甘草菀藜蘆。"《說文》作"艸"。

◎莊。同上："燕楚嚴。"顏本"嚴"作"莊"。

◎蓏。同上："園菜果蓏助米糧。"

◎蘇。同上："敦錡蘇。"又："葵韭葱蓼蓍蘇薑。"

◎葵。同上。

◎薑。同上。又："欵東貝母薑狼牙。"

◎蓼。同上。

◎蘘。同上："老菁蘘何冬日藏。"

◎菁。同上。

　　韭之英曰菁也。玄應《等目菩薩所問經》音義引《三蒼》。

◎蘆。《急就篇》："牡蒙甘草菀梨蘆。"顏本"盧"作"蘆"。

　　蘆，蘆服。玄應《密迹金剛力士經》音義引《三蒼》。

◎芎。《急就篇》："弓窮厚朴桂栝樓。"弓窮，顏本作"芎藭"。

◎藭。同上。

◎蘭。同上："蘭偉房。"

◎薰。同上："賁熏脂粉膏澤簞。"顏本"熏"作"薰"。

◎蓋。同上："雷矢雚菌蓋兔盧。"

◎薦。同上："薦叚卿。"

◎荑。同上："燕夷鹽豉醯醬漿。"顏本"夷"作"荑"。

◎薛。同上："薛勝客。"

◎茅。同上："茅涉臧。"

◎蘭。同上："蒲蒻藺席悵帷幢。"

◎蒲。同上。

◎蒻。同上。

◎苓。同上："軧軨軹苓轙納衡。"又："黃芩伏令礜茈胡。"顏本"令"作"苓"。

◎茈。同上。

◎艾。同上："半夏皂莢艾橐吾。"

◎芸。同上："芸蒜薺介茱萸香。"

芸，蒿葉，似邪蒿，香，可食。春秋有白蒻，可食之。《齊民要術》卷十引《蒼頡解詁》。《玉燭寶典》一、《藝文類聚》八十一引上二句。吳仁傑《離騷草本疏》二引《解詁》："春秋有白蒻，長四五寸。"

◎董。《急就篇》："董奉德。"《說文》作"董"。

董，杜林曰："藕根。"《說文》艸部。此杜林《蒼頡訓纂》或《蒼頡故》中語，故《說文》引之。

◎薺，《急就篇》："芸蒜薺介茱萸香。"

◎薉，同上："種樹收薉賦稅租。"借爲"薉"字。

◎芩，同上："黃芩伏令礜茈胡。"

◎荽。

杜林說："荽从多。"《說文》艸部。

◎蒿。《急就篇》："鬱金半見霜白蒿。"

◎荷。同上："老菁蘘何冬日藏。"顏本"何"作"荷"。

◎蕭。同上："蕭彭祖。"

◎藋。同上："泥塗堊塈壁垣藋。"

◎菀。同上："牡蒙甘草菀黎蘆。"

◎葛。同上："葛咸軻。"

◎芫。同上："烏喙附子椒元華。"顏本"元"作"芫"。

◎菌。同上："雷矢雚菌藎兔盧。"

◎萸。同上："芸蒜薺介茱萸香。"

◎茱。同上。

◎荊。同上："槐檀荊棘葉枝扶。"

◎葉。同上。

◎莢。同上："半夏皂夾艾槖吾。"顏本"夾"作"莢"。

◎玆。同上："莫不玆榮。"

◎蒼。同上："革齒鬃漆猶黑倉。"顏本"倉"作"蒼"。

◎苗。同上："茅涉臧。"顏本"茅"作"苗"。

　　苗，禾之未秀者也。基師《法華經》音義、玄應《法華經別譯阿含經》音義。又，《賢愚經》音義引："禾之秀者曰苗。"

◎蕪。《急就篇》："蕪荑鹽豉醯醬漿。"

◎薀。

　　杜林説："艸爭薀。"《説文》艸部。

◎落。《急就篇》："豹首落莽兔雙鶴。"

◎蔽。同上："單衣蔽膝布毋尊。"

◎蔡。同上："蔡游戚。"

◎菜。同上："園菜果蓏助米糧。"

◎薄。同上："茵茯薄杜蘽鑢錫。"又："榱橑薄盧瓦屋梁。"

◎芳。同上："劉若芳。"

◎蕡。同上："蕡熏脂粉膏澤筩。"

◎藥。同上："藥禹湯。"又："灸刺和藥逐去邪。"

◎蓋。同上："蓋橑摉挽匕縛裳。"

◎莝。同上："糟糠汁莝棗莖葯。"

◎若。同上："劉若芳。"

◎茵。同上："茵茯薄杜蘽鑢錫。"

◎䩞。同上。顏本"茵"作"䩞"。

◎葯。同上："糟糠汁莝棗莖葯。"《説文》作"芍"。

◎莖。同上。

◎薪。同上："薪炭蕚葦孰炊生。"又："鬼薪白粲鉗釱髡。"顏、趙二本俱作"薪"。

◎蒜。同上："芸蒜薺芥茱萸香。"

◎芥。同上："芸蒜薺介茱萸香。"顏本"介"作"芥"。

◎蔥。同上："葵韭蔥薤蓳蘇薑。"說文作"蔥"。

◎苟。同上："苟貞夫。"

◎蕚。同上："蒲蒻藺席枕牀杠。""藺"，顏本作"蕚"。又："薪炭蕚葦熟炊生。""蕚"，顏本亦作

"萑"。皆"萑"之譌。

◎葦。同上。

◎蒙。同上："牡蒙甘草菀黎盧。"

◎范。同上："范建羌。"

◎茶。同上："板柞所產谷口茶。"

◎藜。同上："牡蒙甘草菀黎盧。"顏本"黎盧"作"藜蘆"。

◎茸。同上："靳靮茸靵色焜煌。"

茸，草皃。《文選》謝靈運《於南山往北山經湖中瞻眺》詩注。

◎蕃。《急就篇》："六畜蕃息豚豯豬。"《玉海》本"番"作"蕃"。

◎皂。同上："縹綟綠丸皂紫硟。"又："半夏皂莢艾橐吾。"《說文》作"草"。

◎蔽。同上："祠祀社保蔽獵奉。"

◎春。同上："春草雞翹鳧翁濯。"又："《春秋》、《尚書》律令文。"《說文》作"萅"。

◎藏。同上："老菁蘘何冬日臧。"又："脾腎五臟膹齏乳。"顏本"臧"皆作"藏"。

◎蕎。同上："屐蕎絜麤羸窶貧。"說文作"屩"。

右艸部八十二字。

◎莫。同上："莫不茲榮。"又："豹首落莫兔雙鶴。"顏本"莽"作"莫"。

◎莽。同上："豹首落莽兔雙鶴。"

右茻部二字。

◎小。同上："昭小兄。"

◎少。同上："用日約少誠快意。"又："司農少府國之淵。"

右小部二字。

◎分。同上："分別部居不雜廁。"又："超擢推舉白黑分。"

◎尚。同上："尚次倩。""尚悼不借為牧人。"又："《春秋》、《尚書》律令文。"

尚，上也。玄應《順正理論》音義引《蒼頡訓詁》。

◎介。《急就篇》："芸蒜薺介茱萸香。"假為"芥"字。

◎公。同上："公孫都。"又："進近公卿傅僕勳。"

◎必。同上："勉力務之必有意。"

右八部五字。

◎番。同上："六畜番息豚豯豬。"假為"蕃"字。

◎審。同上："審毎妨。"

右采部二字。

◎半。同上："欝金半見霜白薔。"又："蠡斗参升半厄篳。"又："半夏皂莢艾橐吾。"

右半部一字。

◎牛。同上："馬牛羊。"

◎牡。同上："雌雄牝牡相隨趨。"又："牡蒙甘草菀黎盧。"

◎特。同上："犙牭特犅羠犗駒。"

◎牝。同上。

◎犢。同上。

◎牭。同上。

◎犙。同上。《説文》作"㺑"。

◎犅。同上。

◎牽。同上："朋黨謀敗相引牽。"

　　牽，苦田反。引制也。玄應《邪祇經》音義引《三蒼》。

◎牢。《急就篇》："嗇夫假佐扶致牢。"

◎犂。同上："疆畔畷伯耒犂鉏。"《説文》作"犛"。

◎牴。同上："讒諛争語相牴觸。"

◎犀。同上："豹狐距虛豺犀兕。"

　　犀，好食棘。玄應《虛空孕經》音義。

◎物。《急就篇》："羅列諸物名姓字。"又："諸物盡訖五官出。"

右牛部十四字。

◎犛同上："犛士梁。"

右犛部一字。

◎口。同上："板柞所産谷口荼。"又："鼻口唇舌齗牙齒。"

◎喙。同上："烏喙付子椒元華。"

◎喉。同上："肿腴匈脅喉髊髃。"

　　喉，咽也。《爾雅·釋鳥》釋文；玄應《觀佛三昧海經》、《治禪病秘要法》音義；慧琳《中論序》音義。

◎咽。《急就篇》："肿腴匈脅喉髊髃。"顔本"髊"作"咽"。

　　咽，喉也，喉嚨也。玄應《觀佛三昧海經》音義。

◎呼。《急就篇》："疻痏保辜謑呼犴。"

◎名。同上："羅列諸物名姓字。"又："名顯絕殊異等倫。"

◎吾。同上："半夏皂莢艾橐吾。"

◎君。同上："景君明。"又："樊愛君。"又："甘麰恬美奏諸君。"又："丞相御史郎中君。"

◎命。同上："縛購脫漏亡命流。"

◎問。同上："籍受驗證記問年。"又："卜夢譴祟父母恐。"顏本"夢"作"問"。

◎和。同上："灸刺和藥逐去邪。"又："陰陽和平。"

◎咸。同上："葛咸軻。"

◎周。同上："周千秋。"

◎唐。同上："韓魋唐。"

◎各。同上："鏡籢梳比各異工。"又："膹膾炙裁各有刑。"

◎哀。同上："喪弔悲哀面目腫。"

◎獡。同上："疻痏保辜謕呼獡。"

◎局。同上："棊局博戲相易輕。"

◎嘔。同上："消渴歐逆欬懣讓。"顏本"歐"作"嘔"。

　　右口部十九字。

◎嚴。同上："燕楚嚴。"

◎單。同上："單衣蔽膝布無尊。"

　　右吅部二字。

◎哭。同上："哭泣酹祭墳墓冢。"

◎喪。同上："喪弔悲哀面目腫。"

　　右哭部二字。

◎趨。同上："雌雄牝牡相隨趨。"

◎趣。同上："閭里鄉縣趣辟論。"

◎超。同上："駃騠馳驪怒步超。"又："超擢推舉白黑分。"

　　超，踊也。慧琳《大寶積經》音義。

◎越。《急就篇》："履舃鞜裒越緞紃。"

◎起。同上："菰蔣起居課後先。"又："蝗䖝不起。"

◎趙。同上："趙孺卿。"

　　右走部六字。

◎歷。同上："亭歷桔梗龜骨枯。"

◎歸。同上："去俗歸義來附親。"又："更卒歸誠自詣因。"

　　右止部二字。

◎登。同上："淳于登。"

　　右址部一字。

◎步。同上："史步昌。"又："騏駬馳驪怒步超。"

◎歲。同上："鄧萬歲。"

　　右步部二字。

◎此。同上："服瑣俞此與繒連。"

　　右此部一字。

◎正。同上："路正陽。"又："廷尉正監承古先。"

◎乏。同上："乏興猥遝詞讒求。"

　　右正部二字。

◎迹。同上："積行上究爲牧人。"顏本"積"作"迹"。

◎隨。同上："雌雄牝牡相隨趨。"

◎過。同上："過說長。"

◎進。同上："進近公卿傅僕勳。"又："賢聖並進。"

◎造。同上："皋陶造獄法律存。"

◎遝。同上："乏興猥遝詞讒求。"

◎逆。同上："消渴歐瀉欬逆讓。"

　　逆，不從也。慧琳《大波若經》音義。

◎迎。《急就篇》："篤癃衰癈迎醫匠。"

◎逢。同上："任逢時。"

◎通。同上："費通光。"又："知能通達多見聞。"

◎遷。同上："綸組縜綬以高遷。"

◎還。同上："欺誣詰狀還反真。"

◎送。同上："棺槨欑槥遣送踊。"

◎遣。同上。

◎逮。同上："乏興猥遝詞讒求。"顏本"遝"作"逮"。

◎達。同上："知能通達多見聞。"

◎迷。同上："變化迷惑別故新。"

◎連。同上："服瑣偷此與繒連。"

◎遺。同上："毛遺羽。"

◎遂。同上："庶霸遂。"

◎逐。同上："灸刺和藥逐去邪。"

◎近。同上："腨踝跟踵相近聚。"又："進近公卿傅僕勳。"

◎遠。同上："遠志續斷參土人。"

◎道。同上："請道其章。"

　　道，路也，玄應《佛本行集經》音義。徑也。慧琳《品類足論》音義。

◎邊。《急就篇》："邊竟無事。"

　　右辵部二十五字。

◎德。同上："董奉德。"又："百姓承德。"

◎復。同上："長樂無極老復丁。"

◎徼。同上："游徼亭長共雜診。"

◎循。同上："箴縷補袒揲緣循。"

　　循，亦巡也。玄應《華嚴經》音義。

◎徐。同上："孟伯徐。"

◎待。同上："藜柿柰桃待露霜。"

◎偏。同上："偏呂張。"

　　偏，廣也。慧琳《梵網網經》音義。

◎後。《急就篇》："前后常侍諸將軍。"又："筑筱起居課後先。"

◎得。同上："姚得賜。"又："誠窮情得具獄堅。"

◎律。同上："《春秋》、《尚書》律令文。"又："皋陶造獄法律存。"

◎御。同上："丞相御史郎中君。"

　　右彳部十一字。

◎廷。同上："廷尉正監承古先。"

　　廷，直也。《後漢書·郭泰傳》注。

◎建。《急就篇》："范建羌。"

　　右廴部二字。

◎延。同上："宋延年。"

　　右延部一字。

◎行。同上:"侍酒行觴宿昔醒。"又:"行觴塞禱鬼神寵。"又:"積行上究爲牧人。"

◎術。同上:"江水涇渭街術曲。"

　　術,邑中道也。《玉燭寶典》卷一。玄應《佛本行集經》音義引作:"邑中道曰術。"

◎街。《急就篇》,見上。

　　街,交道也。玄應《波羅密經》音義。

◎衛。《急就篇》:"衛益壽。"

　　右行部四字。

◎齒。同上:"鼻口脣舌齗牙齒。"

◎齗。同上。

　　齗,齒根也。《文選·魯靈光賦》注,玄應《大智度論僧祇律》音義,慧琳《不空羂索神咒心經》、《南海寄歸內法傳》音義。

　　右齒部二字。

◎牙。《急就篇》:"鼻口脣舌齗牙齒。"又:"欸東貝母薑狼牙。"

　　右牙部一字。

◎足。同上:"坐生患害不足憐。"

◎跟。同上:"踹踝跟踵相近聚。"

◎踝。同上。

　　踝,在足側高處也。慧琳《大般經》音義。又,《大寶積經》、《不空羂索經》、《大苾芻戒經》、《顯宗論》音義引均云:"踝在足側也。"兩股外也。慧琳《毗柰耶攝頌》音義原作"跨",乃"踝"之訛。

◎踰。《急就篇》:"完堅耐事愈比倫。"顔本"愈"作"踰"。

◎踴。同上:"棺槨槥櫝遣送踴。"

◎距。同上:"豹狐距虛豺犀兕。"

◎路。同上:"路正陽。"

◎蹲。同上:"踹踝跟踵相近聚。"顔本"踹"作"蹲"。

◎踵。同上。說文作"歱"。

　　踵,足跟也。慧琳《求法高僧傳》、《西域記》音義。

　　右足部九字。

◎器。《急就篇》:"竹器簦笠簟蘧篨。"

　　右品部一字。

◎舌。同上："鼻口脣舌斷牙齒。"

右舌部一字。

◎干。同上："轟邗將。"顏本"邗"作"干"。

右干部一字。

◎鉤。同上："鈴鏬鉤鈃斧鑿鉏。"又："矛鋋鐮盾刃刀鉤。"

鉤，取也。《莊子·天運篇》釋文。

右句部一字。

◎古。《急就篇》："許終古。"又："廷尉正監承古先。"

右古部一字。

◎丈。同上："量丈尺寸斤兩銓。"

◎千。同上："周千秋。"

◎博。同上："成博好。"又："棊局博戲相易輕。"又："博士先生。"

右十部三字。

◎世。同上："爰展世。"

右卅部一字。

◎語。同上："讒譀爭語相抵觸。"

◎談。同上："屈宗談。"

◎請。同上："請道其章。"

◎謁。同上："行觴塞禱鬼神寵。"顏本"行"作"謁"。

◎許。同上："許終古。"

◎諸。同上："羅列諸物名姓字。"又："甘麮恬美奏諸君。"又："諸物盡訖五官出。"又："前後常侍諸將軍。"

諸，非一也。玄應《阿毗達磨俱舍論》音義。

◎詩。《急就篇》："宜學諷《詩》《孝經》《論》。"

◎諷。同上："宜學諷《詩》《孝經》《論》。"又："迺月省察諷諫讀。"

◎讀。同上。

◎謀。同上："朋黨謀敗相引牽。"

◎論。同上："宜學諷《詩》《孝經》《論》。"又："閭里鄉縣趣辟論。"

◎謹。同上："不肎謹慎自令然。"

謹，信也。慧琳《高僧傳》音義。

◎信。《急就篇》："程忠信。"

◎誠。同上："用日約少誠快意。"又："誠窮情得具獄堅。"又："更卒歸城自詣因。"顏本"城"作"誠"。

◎諫。同上："迺肎省察諷諫讀。"

◎課。同上："箴筴起居課後先。"又："潁川臨淮集課錄。"

◎詔。同上："輸屬治作豀谷山。"顏本"治"作"詔"。

　　詔，告也。雲公《涅槃經》音義引《三蒼》。

◎說。《急就篇》："過說長。"

◎調。同上："披容調。"

◎護。同上："戴護郡。"

　　護，辨也。原本《玉篇》。

◎記。《急就篇》："籍受驗證記問年。"

◎謝。同上："謝內黃。"

◎謳。同上："五音雜會歌謳聲。"

◎訖。同上："諸物並訖五官出。"

◎詣。同上："更卒歸誠自詣因。"

　　詣，至也。原本《玉篇》、《文選·洞簫賦》注、慧琳《無垢大乘經》音義。

◎諛。《急就篇》："讒諛爭語相抵觸。"

　　諛，諂從也。原本《玉篇》，慧琳《大寶積經》《慧印三昧經》音義。諂從人意也。慧琳《大寶積經》、《般舟三昧經》音義。

◎訑。《急就篇》："謾訑首匿愁勿聊。"

◎謾。同上。

◎誣。同上："欺誣詰狀還反真。"

◎諕。同上："疻痏保辜諕呼獄。"

◎詐。同上："誅罰詐偽劾罪人。"

◎讒。同上："讒諛爭語相抵觸。"

◎讓。同上："消渴歐懣欬逆讓。"又："崔孝襄。"顏本"襄"作"讓"。

◎詰。同上："欺誣詰狀還反真。"

◎證。同上："籍受驗證記問年。"

　　證，任也。原本《玉篇》。

◎詷。《急就篇》："乏興猥遷詷譴求。"

◎讒。同上。

讒，縣書有所求也。原本《玉篇》。

◎診。《急就篇》："亭長游徼共雜診。"

診，候也。雲公《涅槃經》音義。

◎誅。《急就篇》："誅罰詐僞劾罪人。"

◎譯。同上："譯導再拜稱妾臣。"

◎譚。同上："譚平定。"借爲"鄲"字。

譚，亦人姓，亦人名。譚公惟私是。原本《玉篇》。

◎譿。《急就篇》："疕痏保辜謕呼號。"顏本"號"作"譿"。

右言部四十二字。

◎音。同上："五音雜會歌謳聲。"

◎響。同上："疝瘕顛疾狂失響。"

◎章。同上："請道其章。"又："顏文章。"

◎竟。同上："邊竟無事。"

右音部四字。

◎妾。同上："譯導再拜稱妾臣。"又："臣妾使令。"

右辛部一字。

◎叢。同上："祠祀社保蕝獵奉。"顏本"蕝"作"叢"。

◎對。同上："犯禍事危置對曹。"

右丵部二字。

◎僕。同上："進近公卿傅僕勳。"

右業部一字。

◎廾

揚雄說："廾从兩手。"《說文》廾部。

◎奉。《急就篇》："董奉德。"又："祠祀社保蕝獵奉。"

◎丞。同上："丞相御史郎中君。"

◎𠬞。

杜林以爲騏驎字。《說文》廾部。

◎兵。《急就篇》："高辟兵。"

兵，柄也。慧琳《大般若經》音義。

◎具。《急就篇》："誠窮情得具獄堅。"

右廾部六字。

◎樊。同上："樊愛君。"《水經·淯水注》引《三蒼》："樊鄧鄽。"

右𢌏部一字。

◎共。《急就篇》："游徼亭長共雜診。"

右共部一字。

◎異。同上："《急就》奇觚與衆異。"又："鏡籢梳比各異工。"又："名顯絶殊異等倫。"

◎戴。同上："戴護郡。"

右異部二字。

◎與。同上："《急就》奇觚與衆異。"又："服瑣緰此與繒連。"

◎興。同上："乏興猥逮詛讀求。"

右舁部二字。

◎要。同上："尻寬脊呂要背僂。"

右臼部一字。

◎農。《説文》作"䢉"。《急就篇》："司農少府國之淵。"

右晨部一字。

◎革。《急就篇》："革𦥑鬠漆猶黑倉。"

革，戒也。《文選·三國名臣序贊》注。

◎鞄。《考工記》鮑氏注。

◎鞁。《急就篇》："鞁韅印角褐緤巾。"又："鞍鑣鈹鎔劔鐔鐉。"

◎鞮。同上。

◎鞉。同上："鍾磬鞀簫鞞鼓鳴。"

◎鞦。同上："轡靷鞦絆羈靮韁。"敦煌殘簡存首四字，作"戀勒鞦鞦"，與顏本同。

鞦，馬腹帶也。玄應《瑠璃王經》音義引《解詁》。

◎靳。《急就篇》："靳剸茸䩆色㷸煌。"

◎靮。同上。

◎鞾。同上："茵茯薄杜䪎鑣錫。"

◎鞿。同上："靳剸茸䩆色㷸煌。"顏本"茸"作"鞿"。

鞿，而用反。玄應《大般涅槃經》音義。

◎鞊。《急就篇》見上。

◎靿。同上：見"鞊"字注。

◎鞅。同上："鞙鞅鞧絆羈靷韁。"

◎鞭。同上："蓋樬挳捫縛棠。"敦煌殘簡"挳挳"作"鞭鞁"。

◎靰。同上。

◎鞜。同上："履舄杏裒越緞紃。"顏本"沓"作"鞜"。

◎鞣。同上："旃裘索擇蠻夷民。"顏本"索擇"作"鞣鐸"。

◎鞼。同上。

◎靷。同上："鞙鞅鞧絆羈靷韁。"

◎絆。同上。顏本"絆"作"靽"。

◎韁。同上。顏本"韁"作"韁"。

韁，馬紲也。慧琳《大乘莊嚴論》音義。又，《毗奈耶雜事律》、《四分僧羯磨》音義引，"紲"作"緤"。

◎韎。同上："茵茯薄杜蕈鑪錫。"顏本作"鞗韎靯韛蕈鑪錫"。

◎靯。同上。

◎韛。同上。

◎鞜。同上："革齒髹漆猶黑倉。"顏本"齒"作"鞜"。

右革部二十五字。

◎釜。同上："鐵釱錐鑽釜鍑鏊。"

右鬲部一字。

◎羹。同上："餅餌麥飯甘豆羹。"

◎餌。同上。

餌，食也。原本《玉篇》；《文選·游南亭詩》《絶交書》注；玄應《大智度論》《掌珍論》《大愛道比邱尼經》音義；慧琳《金光明最勝王經》《大毗婆沙論》音義。

右鬻部二字。

◎爪。《急就篇》："卷捥節搔母指手。"顏本"搔"作"爪"，說文作"叉"。

◎爲。同上："裳韋不借爲牧人。"又："股腳膝臏脛爲柱。"又："積行上究爲牧人。"

右爪部二字。

◎孰。同上："薪炭萑葦孰炊生。"又："五穀孰成。"

右丮部一字。

◎鬭。同上:"鬭變殺傷捕伍鄰。"

鬭,爭也。慧琳《善夜經》《玉耶女經》《佛本行讚傳》《觀音賢行法經》音義。又,《寶星陀羅尼經》引此下有"稱兵相攻,戰也"六字,恐慧琳引申增成之語,非原注。

◎右鬥部一字。

◎父。《急就篇》:"卜夢譴祟父母恐。"

◎尹。同上:"李尹桑。"

◎秉。同上:"攓攘秉把舂拔杷。"

◎反。同上:"欺誣詰狀還反真。"

◎叔。同上:"奚驕叔。"

◎取。同上:"取受付予相因緣。"

◎叚。同上:"萬叚卿。"

◎友。同上:"貫友倉。"

同門曰朋,同志曰友。《公羊·定四年傳》注,正義云:"《蒼頡篇》文。"

◎度。《急就篇》:"榦楨板栽度圓方。"

右又部九字。

◎史。同上:"史步昌。"又:"丞相御史郎中君。"

◎事。同上:"完堅耐事愈比倫。"又:"犯禍事危置對曹。"又:"邊竟無事。"

右史部二字。

◎筆。同上:"筆研投箅膏火燭。"

◎書。同上:"《春秋》、《尚書》律令文。"

右聿部二字。

◎畫。同上:"榬綵刻畫無等雙。"

右畫部一字。

◎繄。同上:"奴婢私隸枕牀杠。"《說文》作"隸"。

右隸部一字。

◎堅。同上:"完堅耐事愈比倫。"又:"誠窮情得具獄堅。"

右臤部一字。

◎臣。同上:"譯導贊拜稱妾臣。"又:"列侯封邑有土臣。"又:"臣妾使令。"

◎臧。同上:"茅涉臧。"又:"老菁蘘何冬日藏。"又:"脾腎五臧膍齎乳。"

右臣部二字。

◎殳。同上："鐵垂棰杖桄柲殳。"

◎殿。同上："室宅廬舍樓殿堂。"敦煌漢簡及葉、趙二本均作"墼"，顏本作"殿"。

殿，大堂也。《初學記》卷二十四。

右殳部二字。

◎殺。同上："鬭變殺傷捕伍鄰。"

右殺部一字。

◎兔。同上："春草雞翹鳧翁濯。"又："狸兔飛鳧狼麋麛。"

右几部一字。

◎寸。同上："量丈尺寸斤兩銓。"

◎將。同上："轟邗將。"又："前後常侍諸將軍。"

◎導。同上："譯䈂贊拜稱妾臣。"顏本"䈂"作"導"。按：此字趙氏遺書本作"䈂"，《說文》木部無"䈂"字，據禾部"䈂"條引文改。

右寸部三字。

◎皮。同上："麋麈麖鹿皮給履。"

右皮部一字。

◎毳。《周禮·考工記》鮑氏注。

右毳部一字。

◎故。《急就篇》："治禮掌故底廝身。"又："變化迷惑別故新。"

◎政。同上："路正陽。"顏本"正"作"政"。

◎敞。同上："雍弘敞。"

敞，高顯也。《文選·西征賦》《登樓賦》注，玄應《四分律》音義，慧琳《如來不可思議境界經》《金光明最勝王經》《釋迦方志》《西域記》《續高僧傳》《廣宏明集》音義。又，《中論集》音義引作"高顯皃也"。

敞，撞也。玄應《放光般若經》音義引《三蒼》。

◎變。《急就篇》："變化迷惑別故新。"又："鬭變殺傷捕伍鄰。"說文作"變"。

◎更。同上："更卒歸誠自詣因。"《說文》作"㪅"。

◎斂。同上："種樹收斂賦稅租。"顏本"斂"作"斂"。

◎救。同上："賴赦救解貶秩祿。"

◎赦。同上：見"救"字注。

赦，舍也。玄應《魔逆經》音義引《三蒼》。

◎敦。《急就篇》："敦錡蘇。"說文作"敦"。

◎敗。同上："朋黨謀敗相引牽。"

敗，壞也。玄應《攝大乘論》音義。又，《解脫道論》音義引《解詁》。又，《華嚴經》《涅槃經》《波羅密經》《維摩禪經》《阿毗達磨多羅禪經》音義並引《三蒼》。

◎收。《急就篇》："種樹收葰賦稅租。"

◎攻。同上："攻擊劫奪檻車膠。"

◎牧。同上："裳韋不借為牧人。"又："積行上究為牧人。"

牧，養也。玄應《涅槃經》《波羅密經》《瑜伽師地論》《掌珍論》音義引《三蒼》。

右攴部十三字。

◎學。《急就篇》："宦學諷《詩》《孝經》《論》。"又："積學所致非鬼神。"

右教部一字。

◎卜。同上："卜夢譴祟父母恐。"

◎貞。同上："苟貞夫。"

◎兆。同上："馮翊京兆執治民。"

右卜部三字。

◎用。同上："用日約少誠快意。"

用，以也，庸也。原本《玉篇》，玄應《正法華經》音義引"以也"。

右用部一字。

◎目。《急就篇》："頭額頰准麋目耳。"又："喪弔悲哀面目腫。"

◎相。同上："取受付予相因緣。"又："棊局博戲相易輕。"又："腨踝跟踵相近聚。"又："雌雄牝牡相隨趨。"又："戴鵲鴟梟鷲相視。"又："丞相御史郎中君。"又："朋黨謀敗相引牽。"又："讒諛争語相抵觸。"

◎眵。同上："癉熱瘻痔眵矇眼。"

◎矇。同上。說文作"䁚"。

◎眼。同上。

◎眇。同上："秦眇房。"

◎盲。同上："痂疕疥癘癡聾忘。"顏本"忘"作"盲"。

右目部七字。

◎眉。同上："頭額頰准麋目耳。"顏本"麋"作"眉"。

◎省。同上："迺冐省察諷諫讀。"

右臱部二字。

◎盾。同上："矛鋋鏦盾刃刀鉤。"

　　右盾部一字。

◎自。同上："更辛歸誠自詣因。"又："不肯謹慎自令然。"

　　右自部一字。

◎皆。同上："姦邪並塞皆理馴。"

◎魯。同上："魯賀憙。"

◎者。同上："依恩汙擾貪者辱。"

◎智。同上："筴財曆。"顏本"曆"作"智"又："知能通達多見聞。"顏本"知"作"智"。

◎百。同上："百姓承德。"

　　右白部五字。

◎鼻。同上："鼻口脣舌齗牙齒。"

　　右鼻部一字。

◎羽。同上："毛遺羽。"

◎翟。同上："翟回慶。"

◎翠。同上："翠鴛鴦。"

◎翁。同上："春草雞翹鳧翁濯。"

◎翹。同上。

◎翊。同上："馮翊京兆執治民。"

◎翳。同上："鷹鷂鴇鴰翳貂尾。"

　　翳，目醫病也。玄應《燈指因緣經》音義引郭璞注。

　　右羽部七字。

◎錐。《急就篇》："綈絡縑練素帛蟬。"

◎雉。同上。

◎雞。同上："春草雞翹鳧翁濯。"又："貑貐狡狗野雞雛。"

◎雛。同上。

◎離。同上："錦繡縵纯離雲爵。"

◎雕。同上："鷹鷂鴇鴰翳貂尾。"顏本"貂"作"雕"。

　　雕，金喙鳥也。雲公《涅槃經》音義。

◎鷹。《急就篇》："鷹鷂鴇鴰翳貂尾。"

◎雍。同上："雍弘敞。"《説文》作"雝"。

◎雄。同上："雌雄牝牡相隨趨。"

◎雌。同上。

　　右隹部十字。

◎奪。同上："攻擊劫奪檻車膠。"說文作"敓"。

　　奪，強取也。慧琳《金光明經》音義。

　　右奞部一字。

◎蒮。《急就篇》："雷矢蒮菌蓋兔盧。"又："薪炭蒮葦靲炊生。"借"蒮"爲"萑"。

　　右萑部一字。

◎羊。同上："馬牛羊。"

◎羔。同上："慘怖特犗羔犢駒。"

◎羜。同上："羘羖羝羯羠羜羭。"

◎羝。同上。

　　羝，牡羊也。玄應《四分律》音義引《三蒼》。慧琳本作："羝羯，特羊也。"雲公《涅槃經》音義亦引："羝，特羊也。"

◎羘。《急就篇》："羘羖羝羯羠羜羭。"

　　羘，吳羊也。玄應《四分律》、《僧祇律》音義引《三蒼》。

◎羭。《急就篇》，見上。

◎羖。同上。

　　羖，夏羊，羖䍽也，亦羯也。玄應《四分律》、《薩婆多毗尼毗婆沙論》音義引《三蒼》。又，《七佛神咒經》音義引："羖䍽，亦羯也。"慧琳《補音》引："羖䍽，亦名羯羊。"羖羝，特羊也，屈角者。雲公《涅槃經》音義引《三蒼》。

◎羯。《三蒼》，見上。

◎羠。同上。

◎羸。同上："屐蹻緊䋺羸竇貧。"

◎羣。同上："射鬾辟邪除羣凶。"

◎美。同上："甘麮恬美奏諸君。"

◎羌。同上："范建羌。"

　　右羊部十三字。

◎靃。同上："靃聖宮。"顏本作"霍"。

◎雙。同上："豹首落莽兔雙鶬。"又："禒䋺刻畫無等雙。"

右雔部二字。

◎集。同上："潁川臨淮集課錄。"

右雥部一字。

◎鳳。同上："鳳爵鴻鵠雁鶩雉。"

◎朋。同上："朋黨謀敗相引牽。"

同門曰朋。《公羊·定四年傳》注，疏云："出《蒼頡篇》"。

◎鳩。《急就篇》："鳩鴿鶉鷚中網死。"

◎鴿。同上。

◎鶬。同上："豹首落莽兔雙鶬。"

◎鵠。同上："鳳爵鴻鵠雁鶩雉。"

◎鴻。同上。

◎鴛。同上："翠鴛鴦。"

◎鴦。同上。

◎雁。同上。

◎鶩。同上。

◎鴟。同上："鷹鷂鴟鵲鷽貂尾。"。"鴟"即"鴟"字。葉本作"鴟"，小誤。

◎鵲。同上。

◎鷂。同上。

◎鷚。同上："鳩鴿鶉鷚中網死。"

◎鳴。同上："鍾磬鞀簫鞞鼓鳴。"顏本"明"作"鳴"。

◎鶨。同上。"鶨鵲鴟梟鶩相視。"

◎鳶。《急就篇》，見上。顏本"戴"作"鳶"。

鳶，即鴟也。《詩·旱麓》正義引《蒼頡解詁》。《後漢書·蓋勳傳》注引："鳶，鴟也。"

◎鵲。同上。《說文》作"誰"。

◎鴟。同上。《說文》作"雉"。

◎鶉。同上："鳩鴿鶉鷚中網死。"《說文》作"雗"。

右鳥部二十一字。

◎烏。同上："烏承祿。"又："烏喙付子椒元華。"

◎舄。同上："履鳥沓裹越緞釧。"

右烏部二字。

◎畢。同上："畢稚季。"

◎糞。同上："屛厠溷渾糞土壤。"

◎棄。同上："宣棄奴。"

右华部三字。

◎幼。同上："泠幼功。"

右幺部一字。

◎惠。同上："崇惠常。"

右叀部一字。

◎兹。同上："莫不兹榮。"

右玄部一字。

◎予。同上："取受付予相因緣。"

予，此亦與字。玄應《波羅密經》音義引《蒼頡解詁》。

◎舒。同上："柘恩鄐。"顏本"鄐"作"舒"。

右予部二字。

◎爰。《急就篇》："爰展世。"

◎受。同上："取受付與相因緣。"又："籍受驗證記問年。"又："受賕枉冤忿怒仇。"

◎爭。同上："讒諛爭語相抵觸。"

◎敢。同上："石敢當。"

敢，必行也。不畏爲之也。玄應《毗尼母律》、《善見律》音義引《三蒼》。

◎右爻部四字。

◎殊。《急就篇》："名顯絕殊異等倫。"又："甘麩恬美奏諸君。"顏本"恬"作"殊"。

殊，異也。《玉篇》。

右歹部一字。

◎死。同上："鳩鴿鵲鴣中网死。"

右死部一字。

◎別。同上："分別部居不雜厠。"又："變化迷惑別故新。"

右冎部一字。

◎骨。同上："亭歷桔梗龜骨枯。"

◎髑。同上："肿脾匈脅喉膺髑。"

◎髖。同上："尻寬脊膂要背僂。"顏本"寬"作"髖"。

　　右骨部三字。

◎肌。《急就篇》："肌腨脯腊魚臭腥。"

◎臚。同上："寒氣泄注腹臚張。"

◎脣。同上："鼻口脣舌齗牙齒。"

◎腎。同上："脾腎五藏膍齎乳。"

◎肺。同上："腸胃腹肝肺心主。"

◎脾。同上。

◎肝。同上。

◎胃。同上。

◎腸。同上。

　　腸，道也。慧琳《大寶積經》《無量義經》音義。

◎膏。《急就篇》："薑熏脂粉膏澤筩。"又："筆研投箅膏火燭。"

　　有角曰脂，無角曰膏。玄應《善見律》《瑜伽師地論》音義引《三蒼》。

◎膺。《急就篇》："肿腴匈脅喉膺髃。"

　　膺，乳上骨也。玄應《見實三昧經》音義。慧琳《大寶積經》音義引，"乳"上有"二"字。

◎背。《急就篇》："尻寬脊膂要背僂。"

◎脅。同上：見"膺"字注。

◎肿。同上。

◎肩。同上："頰頤頸項肩臂肘。"

◎臂。同上："係臂琅玕虎魄龍。"又，上注。

◎肘。同上。

◎臍。同上："脾腎五藏膍齎乳。"顏本"齎"作"臍"。

◎腹。同上："腸胃腹肝肺心主。"又："寒氣泄注腹臚張。"

◎腴。同上："肿腴匈脅喉膺髃。"

◎股。同上："股腳膝臏脛爲柱。"

◎腳。同上。

◎脛。同上。

◎腨。同上："腨踝跟踵相近聚。"

　　腨，腓腸也。玄應《波羅蜜經》音義引《三蒼》。

◎脱。《急就篇》:"縛購脱漏亡命流。"

◎腫。同上:"喪弔悲哀面目瘇。"顔本"瘇"作"腫"。

◎臘。同上:"祠祀社稷獦獵奉。"顔本"獵"作"臘"。

◎胡。同上:"郭破胡。"又:"黄芩伏令礜茈胡。"

◎胞。同上:"脾腎五藏膍齍乳。"

◎脯。同上:"肌腸脯腊魚臭腥。"

◎脩。同上:"夏脩俠。"

◎膴。

　　揚雄説:"鳥腊也"。《説文》肉部。

◎腥。《急就篇》:"肌腸脯腊魚臭腥。""腥"當作"胜"。

◎脂。同上:"黄熏脂粉膏澤筩。"

◎䐃。同上。

◎膹。同上:"膹膾炙截各有刑。"

　　膹，臛，多瀋。《太平御覽》八百六十一引《蒼頡解詁》。臛，多汁也。玄應《阿毗曇毗婆沙論》音義引《三蒼》。

◎截。《急就篇》:"膹膾炙截各有刑。"

◎膾。同上。

◎肺。

　　揚雄説:"𦙮，从𠦪。"《説文》肉部。

◎膠。《急就篇》:"攻擊劫奪檻車膠。"

◎肎。同上:"不肎謹慎自令然。"又:"迺肎省察諷諫讀。"

◎腕。同上:"卷捥節揢母指手。"顔本"捥"作"腕"。

◎胷。同上:"肿胅匈脅喉膺髃。"顔本"匈"作"胷"。

◎膂。同上:"尻寬脊膂要背僂。"顔本"要"作"膂"。

◎膝。同上:"單衣蔽膝布無尊。"又:"股脚膝膝脛爲柱。"《説文》作"厀"。

◎臍。同上。《説文》作"𦜝"。

　　臏，膝蓋也。《文選·西征賦》注、鄒陽《獄中上梁孝王書》注並引郭璞《三蒼解詁》。玄應《光讚般若經》《海龍王經》音義，又，《方等般泥恒經》音義引"臏"作"髕"。

◎脹。《急就篇》:"寒氣泄注腹臚張。"顔本"張"作"脹"。

　　右肉部四十七字。

小學類·字書之屬·李斯《蒼頡篇》| 871

◎刀。同上："矛鋋鑲盾刃刀鉤。"
◎利。同上："郝利親。"
◎初。同上："武初昌。"
◎前。同上："前后常侍諸將軍。"《說文》作"歬"。
◎則。同上："上則剛。"
◎剛。同上。
◎切。同上："厨宰切割給使令。"
◎刻。同上："䙔刻畫無等雙。"
◎列。同上："羅列諸物名姓字。"又："列侯封邑有土臣。"
◎割。同上："厨宰切割給使令。"

　　割，分析也。玄應《瑜伽師地論》音義。析也，慧琳《大般若經》音義。㙃也。同《大智度論》音義補。

◎畫。《急就篇》："䙔刻畫無等雙。"《說文》作"劃"。
◎罰。同上："誅罰詐偽劾罪人。"
◎刑。同上："臘膾炙㞢各有刑。"
◎刺。同上："灸刺和藥逐去邪。"

　　右刀部十四字。

◎刃。同上："矛鋋鑲盾刃刀鉤。"
◎劒。同上："鞎鈹鍛鎔劒鐔鍱。"

　　右刃部二字。

◎耒。同上："疆畔畷佰耒犁鉏。"

　　右耒部一字。

◎角。同上："鞎鞮印角褐襪巾。"
◎觸。同上："讒諛争語相抵觸。"
◎衡。同上："温直衡。"又："軹軾軨䡈轙納衡。"
◎解。同上："侍酒行解宿昔醒。"又："賴敕救解貶秩祿。"
◎觕。同上："蠡斗参升半匜箪。"顔本"箪"作"觕"。

　　觕，勺也。玄應《立世阿毗曇論》音義引《三蒼》。

◎觴。《急就篇》："行觴塞禱鬼神寵。"又："侍酒行解宿昔醒。"顔本"解"作"觴"。
◎觚。同上："急就奇觚與衆異。"

◎觗。同上："譏諛爭語相抵觸。"顏本"抵"作"觗"。

右角部八字。

◎竹。同上："竹器簦笠簞蘧篨。"

◎箭。同上："弓弩箭矢鎧兜鍪。"

◎節。同上："卷捥節搔母指手。"又："風雨時節。"

◎籍。同上："籍受驗證記問年。"

◎簡。同上："簡札檢署槧牘家。"

◎等。同上："豫飭刻畫無等雙。"又："名顯絕殊異等倫。"

◎莞。同上："莞財曆。"

◎簾。同上："承塵戶簾絛潰縱。"

◎簞。同上："竹器簦笠簞蘧篨。"

◎蘧。同上。

◎篨。同上。

◎籢。同上："笘篇籨笞奩筴簍。"

◎筴。同上。葉、趙諸本作"笑"。又："癥瘕"之"瘕"亦作"痰"，則此"笑"字即"筴"字也。

◎筥。同上。

◎簞。同上："蠡斗參升半斥簞。"

◎莛。同上："莛箄箕帚筐篋簍。"

◎筥。同上。

◎箸。同上："椁檻桴橀匕箸籫。"

◎籫。同上。

◎箒。同上：見"籢"字注。

◎籢。同上："鏡籢梳比各異工。"

匳，盛鏡器名也，謂方底者也。玄應《涅槃經》音義。又《波羅密經》音義引"盛鏡器曰匳"。《大莊嚴經論》音義引《三蒼》作："盛鏡名也，今粉匳、棊匳皆是也。"

◎籫。《急就篇》，見"箸"字注。

◎笘。同上："笘篇籨笞奩筴簍。"

◎篇。同上。

篅，市緣反，圌倉也。玄應《阿毗達磨俱舍論》音義。又，《菩薩處胎經》音義引下句。《長阿含經》音義同，"篅"作"圌"。

◎箁。《急就篇》："賁熏脂粉膏澤筩。"

箁，竹管也。玄應《大般涅槃經》音義引《三蒼》。又，《陀羅尼雜集》音義引郭璞。又，《瑜伽師地論》音義引，"箁"作"筒"。

◎篚。《急就篇》，見"笹"字注。

篚，甓土器。《史記·張耳陳餘列傳》索隱引郭璞《三蒼》注。

◎簦。《急就篇》："竹器簦笠簟蘆篨。"

◎笠。同上。

◎箱。同上："郁勝箱。"又："槊彔膚廐庫車箱。"

箱，車藩也。慧琳《希有校量功德經》音義。

◎笞。《急就篇》："盜賊繫囚榜笞臀。"

◎箴。同上："箴縷補袒撻緣循。"

◎竽。同上："竽瑟空侯琴筑鉗。"

◎簪。同上："冠幘簪黃結髮紐。"顏本"黃"作"簪"。

◎簫。同上："鍾磬鞀簫韇鼓鳴。"

◎管。同上："莞財厤。"顏本"莞"作"管"。

◎筑。同上："竽瑟空侯琴筑鉗。"

筑，樂器也。慧琳《根本毗奈耶雜事律》音義。

◎筭。《急就篇》："筑鉗。"顏本作"筑筭"。

◎筑。同上："筑莰起居課後先。"

◎莰。同上。

◎籌。同上："筆研投算膏火燭。"顏本"投"作"籌"。

◎筭。同上。

◎笑。同上："倡優俳笑觀倚庭。"

笑，喜弄也。玄應《阿毗達磨順正理論》音義。

右竹部四十二字。

◎箕。《急就篇》："箯箄箕帚筐篋簍。"

◎其。同上："請道其章。"

◎簸。同上："碓磑扇隤舂簸揚。"

右箕部三字。

◎左。同上："左地餘。"

右左部一字。

◎工。同上："鏡籢梳比各異工。"

右工部一字。

◎甘。同上："餅餌麥飯甘豆羹。"又："甘麮恬美奏諸君。"又："牡蒙甘草菀藜蘆。"

右甘部一字。

◎沓。同上："履舄沓裹越緞鈯。"

◎曹。同上："曹富貴。"又："犯禍事危置對曹。"《說文》作"曺"。

右日部二字。

◎廼。同上："廼冑省察諷諫讀。"

廼，往也，遠也。玄應《立世阿毗曇論》音義。

右乃部一字。

◎可。《急就篇》："寧可忘。"

◎奇。同上："急就奇觚與眾異。"

右可部二字。

◎號。同上："疕瘍保辜謕呼獆。"顏本"獆"作"號"。

右号部一字。

◎于。同上："淳于登。"

◎平。同上："譚平定。"又："廉絜平端撫順親。"又："陰陽和平。"

右于部二字。

◎喜。同上："閻驩喜。"又："勉力務之必有憙。"又："魯賀憙。"顏本並作"喜"。

◎憙。同上："勉力務之必有憙。"又："魯賀憙。"

右喜部二字。

◎彭。同上："蕭彭祖。"

右壴部一字。

◎鼓。同上："鍾磬鞀簫鼙鼓鳴。"

◎鼕。同上。

右鼓部二字。

◎豆。同上："餅餌麥飯甘豆羹。"

右豆部一字。

◎虞。同上："虞尊偃。"

◎虐。同上："虐瘧瘀痛痳溫病。《說文》作"瘧"。

右虐部二字。

◎虎。同上："師猛虎。"又："係臂琅玕虎魄龍。"

右虎部一字。

◎盂。同上："槫盂槃案杅閜椀。"

右盂部一字。

◎盌。同上：顏本"椀"作"盌"。

◎盛。同上："無不容盛。"

◎盧。同上："甄甕瓴甌瓨甖盧。"又："榱橑薄盧瓦屋梁。"又："牡蒙甘草菀藜盧。"又："雷矢雚菌蓋兔盧。"

◎盎。同上："缶瓵盆瓮甕甖壺。"顏本"瓮"作"盎"。

◎盆。同上。

◎醢。同上："蕪荑鹽豉醯醬漿。"

◎益。同上："衛益壽。"

◎盡。同上："諸物盡記五官出。"

右皿部九字。

◎去。同上："去俗歸義來附親。"又："灸刺和藥逐去邪。"

右去部一字。

◎主。同上："腸胃腹肝肺心主。"又："援眾錢穀主辨均。"

右、部一字。

◎青。同上："青綺羅縠靡潤鮮。"

右青部一字。

◎井。同上："門戶井竈廡囷京。"

右井部一字。

◎爵。同上："爵金半見霜白蘥。"《說文》作"鬱"。

◎爵。同上："錦繡縵旄離雲爵。"又："鳳爵鴻鵠雁鶩雉。"說文作"䥯"，此借為"雀"。

右鬯部二字。

◎食。同上："稟食縣官帶金銀。"

◎飴。同上："棗杏瓜棣饊飴餳。"

◎餳。同上。

◎饊。同上。

◎餅。同上："餅餌麥飯甘豆羹。"

◎飯。同上。

◎餘。同上："左地餘。"

　　右食部七字。

◎合。同上："沐浴揃揻寡合同。"

◎舍。同上："室宅廬舍樓墅堂。"

　　右亼部二字。

◎會。同上："五音雜會歌謳聲。"

　　右會部一字。

◎倉。同上："賈友倉。"又："革奮鞣漆猶黑倉。"假爲"蒼"字，顏本作"蒼"。

　　右倉部一字。

◎入。同上："輒覺没入檄報疉。"

◎內。同上："謝內黃。"

◎全。同上："資貨市贏匹幅全。"

　　右入部三字。

◎缶。同上："缶甄盆甕甖槃壺。"

◎罃。同上。顏本"槃"作"罃"。

　　右缶部二字。

◎矢。同上："弓弩箭矢鎧兜鍪。"又："雷矢蓳菌蓋兔盧。"

　　矢，箭也。古者夷牟初作矢。玄應《分別功德論》音義。

◎射。《急就篇》："射魅辟邪除羣凶。"

◎侯。同上："侯仲郎。"又："竿瑟空侯琴筑箏。"又："列侯封邑有土臣。"

◎知。同上："知能通達多見聞。"

　　右矢部四字。

◎高。同上："高辟兵。"又："綸組縌綬以高遷。"

◎亭。同上："亭歷桔梗龜骨枯。"又："游徼亭長共雜診。"

　　亭，定也，爲民除害也。原本《玉篇》，《文選》謝靈運《初去郡》詩注引上句。

　　右高部二字。

◎市。《急就篇》："資貨市贏匹幅全。"

◎央。同上："龍未央。"

右門部二字。

◎京。同上："門户井竈廡囷京。"又："馮翊京兆執治民。"
◎就。同上："急就奇觚與衆異。"

右京部二字。

◎厚。同上："弓窮厚朴桂栝樓。"

右㫗部一字。

◎良。同上："桓賢良。"

右富部一字。

◎稟。同上："稟食縣官帶金銀。"

右㐭部一字。

◎嗇。同上："革嗇臻漆猶黑倉。"又："嗇夫假佐扶致牢。"
◎墙。同上："泥塗堊墍壁垣廧。"顔本"廧"作"墙"。

右嗇部二字。

◎來。同上："去俗歸義來附親。"又："萬方來朝。"又："麳士梁。"顔本"麳"作"來"。

右來部一字。

◎麥。同上："餅餌麥飯甘豆羹。"
◎麸。同上："甘麸恬美奏諸君。"

麸，煮麥也。玄應《樓炭經》音義、《御覽》卷八百五十九引《蒼頡解詁》。煮麥粥曰麸。慧琳《道地經》音義。

右麥部二字。

◎致。《急就篇》："積學所致無鬼神。"又："嗇夫假佐扶致牢。"

致，至也，到也。玄應《維摩詰經》音義引《蒼頡解詁》。到也，與也。雲公及玄應《涅槃經》音義。

◎憂。《急就篇》："憂念緩急悍勇獨。"
◎愛。同上："樊愛君。"
◎夏。同上："夏脩俠。"又："半夏皂莢艾橐吾。"

右夂部四字。

◎踳

揚雄説："舛，从足春。"《説文》舛部。

右舛部一字。

◎舜。《急就篇》："柳堯舜。"《說文》作"䑞"。

　　右舜部一字。

◎韋。同上："裳韋不借爲牧人。"

◎緞。同上："履舄鞜裒䩺緞䋺。"《說文》作"鞭"。

◎韄。同上："鈒鞭印角褐韄巾。"

◎韓。同上："韓魏唐。"

　　右韋部四字。

◎弟。同上："求男弟。"

　　右弟部一字。

◎乘。同上："乘風縣鍾華隤樂。"《說文》作"椉"。

　　乘，載也。玄應《波羅密經》音義引《三蒼》。載曰乘，馬曰駕。玄應《四分律》《瑜伽師地論》音義引《三蒼》。

　　右桀部一字。

◎木。《急就篇》："斬伐材木斫株根。"

◎棃。同上："棃柿柰桃待露霜。"又："牡蒙甘草菀藜蘆。"

◎柿。同上。

◎杏。同上："棗杏瓜棣饊飴餳。"

◎柰。同上：見"棃"字注。

◎李。同上："李君桑。"

◎桃。同上：見"棃"字注。

◎桂。同上："柴桂林。"又："弓窮厚朴桂栝樓。"

◎棠。同上："蓋橑榱桷𢊁縛棠。"借爲"橕"字。

　　棠，杜棃也。玄應《涅槃經》《四分律》音義引《三蒼》。

◎杜。《急就篇》："柏杜揚。"又："茵茯薄杜槖鑣鍚。"

◎梓。同上："桐梓樅松榆樗樟。"

◎樅。同上。

◎桔。同上："亭歷桔梗龜骨枯。"

◎柞。同上："板柞所產谷口茶。"《說文》作"筰"。

◎樗。同上："桐梓樅松榆樗樟。"

◎揚。同上："柏杜揚。"顏本"揚"作"楊"。

◎柳。同上："柳堯舜。"

◎棣。同上："棗杏瓜棣饊飴餳。"

◎槐。同上："槐檀荆棘葉枝扶。"

◎檀。同上。

　　檀，木名。《文選·南都賦》注。

◎柘。《急就篇》："柘恩邳。"

◎榮。同上："崇惠常。"顔本、趙章草本作"榮惠常"。又："莫不兹榮。"

◎桐。同上："桐梓樅松榆櫄樗。"

◎榆。同上。

◎梗。同上："亭歷桔梗龜骨枯。"

◎松。同上：見"桐"字注。

◎樅。同上。

◎柏。同上："柏杜揚。"

◎樹。同上："種樹收蔹賦稅租。"

◎朱。同上："朱交便。"

◎根。同上："斬伐材木斫株根。"

◎株。同上。

◎果。同上："園菜果蓏助米糧。"

◎枝。同上："槐檀荆棘葉枝扶。"

◎朴。同上："弓窮厚朴桂栝樓。"

　　朴，木皮也。《文選·洞簫賦》注。

◎枉。《急就篇》："受賕枉冤忿怨仇。"

◎枯。同上："亭歷桔梗龜骨枯。"

◎楨。同上："榦楨板栽度員方。"

◎柔。同上："輻轂輨錔柔韇橐。"借爲"揉"。

◎材。同上："斬伐材木斫株根。"

◎柴。同上："柴桂林。"

◎栽。同上："榦楨板栽度員方。"

◎榦。同上。

榦，枝榦也。玄應《大般涅槃經》《阿毗曇毗婆沙論》音義引《三蒼》。

◎構。

杜林以爲橾桷字。《説文》木部。

◎極。《急就篇》："長樂無極老復丁，沽酒釀醪稽榮程。"顏本"榮"作"極"。

◎柱。《急就篇》："股腳膝臏脛爲柱。"

◎樽。同上："榱椽薄盧瓦屋梁。"顏本"薄盧"作"欂櫨"。《説文》作"樽"。

◎櫨。同上。

櫨，柱上木也。慧琳《大寶積經》音義。櫨欂，柱上方木也。玄應《大集經》音義引《三蒼》。"櫨欂"當作"欂櫨"。

◎橑。《急就篇》："蓋橑捽挽亢縛棠。"

◎椽。同上："榱椽薄盧瓦屋梁。"顏本"榱"作"椽"。

◎榱。同上："榱椽薄盧瓦屋梁。"

◎榜。同上："輻轂輨鐧柔轅桑。"又見上。《説文》作"榜"。

◎樓。同上："室宅盧舍樓整堂。"又："弓窮厚樸桂栝樓。"

樓，閣也，謂重屋複道者也。玄應《成具光明定意經》音義。

◎桓。《急就篇》："桓賢良。"

◎杠。同上："奴婢私隸枕牀杠。"

◎桯。同上："沽酒釀醪稽榮程。"趙本"程"作"桯"。

◎牀。同上。

◎枕。同上。

◎櫝。同上："簡札檢署槧牘家。"又："棺槨櫝欈遣送踊。"

櫝櫨，三輔舉水具也。玄應《僧祇律》音義。

◎梳。《急就篇》："鏡籢梳比各異工。"

靡者爲比，麤者爲梳。《史記‧匈奴列傳》索隱。

◎櫔。《周禮‧考工記》注："《蒼頡篇》有'柯櫔'。"

◎杷。《急就篇》："攩攐秉把舂拔杷。"

◎桮。同上："椷盂槃案桮閜椀。"

◎槃。同上。

◎盤。同上。顏本"槃"作"盤"。

◎楲。同上："樽檻榫楲匕箸簪。"

◎案。同上：見"栝"字注。

◎椑。同上：見"櫳"字注。

◎榼。同上。《說文》作"榼"。

◎櫝。同上：見"栝"字注。

櫝，盛鹽物也。玄應《中阿含經》音義。《史記·貨殖列傳》索隱引《三蒼》作："櫝，盛鹽豉器。"

◎杖。《急就篇》："鐵垂椎杖桄柲殳。"

◎柭。同上："攓攫秉把𥁑拔杷。"趙本"拔"作"柭"。

◎柯。《周禮·考工記》注："《蒼頡篇》有'柯欘'。"

◎桄。《急就篇》："鐵垂椎杖桄柲殳。"顏本作"桄"。

◎柲。同上：見"杖"字注。

◎榜。同上："盜賊繫囚榜笞臀。"

◎櫱。同上："沽酒釀醪稻櫱程。"

◎棊。同上："棊局博戲相易輕。"

◎樂。同上："乘風縣鍾華㯃樂。"又："長樂無極老復丁。"又："藥禹湯。"顏本"藥"作"樂"。

樂，喜也。玄應《大般涅槃經》音義。

◎槧。《急就篇》："簡札檢署槧櫝家。"

◎札。同上。

札，柿札也。今江南謂破削木片爲柿，關中謂之札，或曰柿札。玄應《般若燈論》音義引《三蒼》。

◎檢。同上。

檢，法度也。《文選》劉琨《答盧諶》詩注、《典論》注、《演連珠》注，玄應《涅槃經》《放光般若經》《十住斷結經》音義，慧琳《十輪經》音義。亦攝也。玄應《涅槃經》音義。

◎檄。《急就篇》："輒覺沒入檄報留。"

◎橋。同上："橋竇陽。"

橋，木梁也。慧琳《大般若經》音義。

◎梁。《急就篇》："藜士梁。"又："榱橑薄盧瓦屋梁。"

◎橫。同上："令狐橫。"

◎恍。同上："鐵垂椎杖桄柲殳。"

◎檻。同上："攻擊劫奪檻車膠。"

檻，闌也。玄應《華嚴經》音義、慧苑《新譯華嚴經》音義引《三蒼》。

◎棺。《急就篇》："棺槨椁櫝遣送踊。"

◎槨。同上。

◎椁。同上。

◎梟。同上："戴鵲鷗梟鷲相視。"

◎杅。同上："槃盂槃案梧閜椀。"顏本"盂"作"杅"。

◎椀。同上。《說文》作"盌""䀀"二體。

◎榑。同上："榑檻榩槭匕箸簪。"

◎板。同上："板柞所產谷口棻。"又："槫楨板栽度員方。"《說文》作"版"。

版，築牆上下版。《文選·蕪城賦》注引郭璞《蒼頡解詁》。又，羊祜《讓開府表》注引《三蒼》。

◎櫃。《急就篇》："鐵垂椎杖。"顏本作"鐵錘櫃杖"。《說文》"櫃"作"築"。

◎椑。同上："蓋橑椑桄仳縛棠。"趙本誤作"捭挽"二字。

◎桄。同上。

◎杝。同上。顏本"杝"作"柂"。

◎櫄。同上："桐梓樅松榆櫄樗。"顏本"櫄"作"椿"。

◎椒。同上："烏喙付子椒芫華。"《說文》作"茮"。

◎栝。同上："弓窮厚朴桂栝樓。"《說文》作"萮"。

右木部一百三字。

◎束。同上："墼絫膚廡庫東箱。"又："欬束貝母薑狼牙。"

右束部一字。

◎林。同上："柴桂林。"

◎無。同上："審無妨。"又："單衣蔽膝布無尊。"又："襐飾刻畫無等雙。"又："積學所致無鬼神。"又："無不容盛。"又："邊竟無事。"又："長樂無極老復丁。"

◎鬱。同上："鬱金半見霜白蘥。"

鬱，車下李也。《玉燭寶典》卷六。

右林部三字。

◎桑。同上："李尹桑。"又："輻轂䩞鞈柔鞭桑。"

右叒部一字。

◎之。同上："勉力務之必有憙。"又："司農少府國之淵。"

右之部一字。

◎師。同上："師猛虎。"

右帀部一字。

◎出。同上："諸物盡訖五官出。"

◎賣。同上："買貸賣買販肆便。"《説文》作"𧷓"。

右出部二字。

◎朩。

杜林説："朩亦朱木字。"《説文》朩部。

◎索。《急就篇》："旃裘索擇蠻夷民。"又："絮縑繩索紡絞纑。"

索，盡也，亦儩也。玄應《長安品月光童子經》音義引《蒼頡解詁》，又《光讚般若經》音義引上句。

右朩部二字。

◎生。《急就篇》："薪炭藿葦蓺炊生。"又："坐生患害不足憐。"又："博士先生。"

◎産。同上："板柞所産谷口荼。"

右生部二字。

◎華。同上："乘風縣鍾華贖樂。"又："烏喙付子椒芫華。"

右華部一字。

◎稽。同上："沽酒釀醪稽菜程。"

稽首，頓首也。玄應《維摩詰經》音義引《蒼頡》，又《四分律》音義引《三蒼》。

右稽部一字。

◎𦥔。

杜林説："以爲貶損之貶。"《説文》巢部。

右巢部一字。

◎𣎯，《急就篇》："革齒𣎯漆猶黑倉。"《説文》作"𣎯"。

右𣎯部一字。

◎束。同上："縛購脱漏亡命流。"顔本"購"作"束"。

右束部一字。

◎橐。同上："帗幣橐囊不直錢。"又："半夏皂莢艾橐吾。"

橐，囊之無底者也。玄應《華嚴經》《義足經》音義。慧琳《攝大乘論》《成唯識論》音義並引"囊之無底曰橐"。

◎囊。同上。

右橐部二字。

◎園。《急就篇》："榦楨板栽度員方。"顏本"員"作"圓"。

◎回。同上："翟回慶。"又："褚回池。"

◎國。同上："田廣國。"又："司農少府國之淵。"又："中國安寧。"

◎囷。同上："門戶井竈廡囷京。"

◎圃。同上："圃菜果蓏助米糧。"

種樹曰園，種菜曰圃也。玄應及慧苑《華嚴經》音義並引《蒼頡解詁》。玄應《佛本集經》音義引《三蒼》。

◎因。《急就篇》："取受付予相因緣。"又："更卒歸誠自詣因。"

◎囚。同上："盜賊繫囚榜笞臀。"

右口部七字。

◎員。同上："榦楨板栽度員方。"

右員部一字。

◎貝。同上："欸東貝母薑狼牙。"

◎財。同上："堯財痲。"

◎貨。同上："資貨市贏匹幅全。"

◎資。同上。

◎賢。同上："桓賢良。"又："賢聖並進。"

◎賀。同上："魯賀意。"

◎贊。同上："譯粲賽拜稱妾臣。"

◎齎。同上："妻婦聘嫁齎媵僮。"

◎貸。同上："賷貸賣買販肆便。"

◎媵。同上："妻婦聘嫁齎媵僮。"顏本"媵"作"賸"。

◎贛。同上："龐賞贛。"顏本"贛"作"翰"。

◎賞。同上。

◎賜。同上："姚得賜。"

◎贏。同上："資貨市贏匹幅全。"

◎賴。同上："賴赦救解貶秩祿。"

◎賓。同上："陰賓上。"

◎賷。同上："賷貸賣買販肆便。"

◎費。同上："費通光。"

◎賈。同上："賈友倉。"

◎販。同上：見"賈"字注。

◎買。同上。

◎賦。同上："種樹收菽賦稅租。"

◎貪。同上："依溷汙擾貪者辱。"

◎貶。同上："賴赦救解貶秩祿。"

◎貧。同上："屐蹻絜麤贏竇貧。"

　　無財曰貧，無財備禮曰竇。玄應及慧苑《華嚴經》音義引《蒼頡》，玄應《維摩詰經》、《六度經》音義引《三蒼》。

◎賕。《急就篇》："受賕枉冤忿怒仇。"

　　載請曰賕。玄應《大菩薩藏經》音義。慧琳《廣宏明集》音義引作"賕，再請也"。

◎購。《急就篇》："縛購脫漏亡命流。"

◎貴。同上："曹富貴。"又："積行上究爲牧人。"顔本"牧"作"貴"。

　　右貝部二十八字。

◎邑。同上："列侯封邑有土臣。"

◎郡。同上："戴護郡。"

◎都。同上："公孫都。"

◎鄰。同上："鬭變殺傷捕伍鄰。"又："戎貊總閱什伍陳。"顔本"陳"作"鄰"。

◎扈。《急就篇》："耿潘扈。"

◎郝。同上："郝利親。"

◎鄭。同上："鄭子方。"

◎部。同上："分別部居不雜廁。"

◎邯。同上："邯鄲河間沛巴蜀。"

◎鄲。同上。

◎鄧。同上："鄧萬歲。"

◎郇。同上："郇勝箱。"

◎郃。同上："柘恩郃。"

◎郎。同上："侯仲郎。"又："丞相御史郎中君。"

◎邢。同上："轟邢將。"

◎邪。同上："射魃辟邪除羣凶。"又："灸刺和藥逐去邪。"又："姦邪並塞皆理馴。"

◎郭。同上："郭破胡。"

◎酈。《水經·淸水注》引《三蒼》："樊鄧酈。"案："樊""鄧"二字均見《急就》，在《蒼頡》正字中，則"酈"亦《蒼頡》正字也。

　　右邑部十八字。

◎鄉。同上："閭里鄉縣趣辟論。"

　　右㔶部一字。

◎日。同上："用日約少誠快意。"又："老菁蘘何冬日藏。"

◎時。同上："任逢時。"又："風雨時節。"

◎昭。同上："昭小兄。"

◎景。同上："景君明。"

◎昌。同上："史步昌。"又："武初昌。"

◎昔。同上："侍酒行觴宿昔醒。"

◎臘。同上："肌䐑脯臘魚臭腥。"

◎曆。同上："芫財曆。"

　　右日部八字。

◎暨。同上："泥塗堊暨壁垣墙。"

　　右旦部一字。

◎朝。同上："萬方來朝。"

　　右倝部一字。

◎旃。同上："旃裘索擇蠻夷民。"

◎旌。同上："錦繡縵旄離雲爵。"

◎游。同上："蔡游威。"又："游徼亭長共雜診。"

　　右㫃部三字。

◎枲。同上："蠡斗參升半卮箪。"又："遠志續斷枲土人。"說文作"曑"，通作"參"。

　　枲，枲差也。慧琳《優波離問佛經》音義云："參，《蒼頡篇》作'枲'，亦差也。""亦"字係"枲"字重文。

◎曡。

　　揚雄說："以爲古理官決罪三日，得其宜乃行之。从晶从宜。"《說文》晶部。曡，重也，積也。玄應《大智度論》音義。慧琳《大般若經》、《文殊所說佛境界經》音義但引"重也"。玄應《四分律》音義義引《三蒼》同。

　　右晶部二字。

◎霸。《急就篇》："庶霸逯。"

　　右月部一字。

◎有。同上："勉力務之必有憙。"又："臍膾炙融各有刑。"又："列侯封邑有土臣。"

　　右有部一字。

◎明。同上："景君明。"又："鍾磬鞀簫鼙鼓明。"

　　右明部一字。

◎夢。同上："卜夢譴祟父母恐。"《說文》作"寢"。

　　夢，想也。慧琳《大般若經》音義。

　　右夕部一字。

◎多。同上："知能通達多見聞。"

　　右多部一字。

◎由。同上："田廣國。"漢簡與顏、趙二本並作"由"。

　　右弓部一字。

◎粟。同上："蒸栗絹紺縹紅繎。"

◎粟。同上："稻黍秫稷粟麻秔。"

　　右卤部二字。

◎齊。同上："尹嬰齊。"

　　右齊部一字。

◎棗。同上："棗杏瓜棣饊飴餳。"

◎棘。同上："槐檀荊棘葉枝扶。"

　　右朿部二字。

◎牘。《急就篇》："簡札檢署槧牘家。"顏本"槧"作"牘"。

　　右片部一字。

◎鼎。同上："銅鍾鼎鈃銚匜銚。"

　　右鼎部一字。

◎種。同上："種樹收穫賦稅租。"又："喪弔悲哀面目腫。"

◎稚。同上："畢稚季。"《說文》作"穉"。

◎私。同上："奴婢私隸枕牀杠。"

私者，不公也。湛然《輔行記》十二。

◎稷。《急就篇》："稻黍秫稷粟麻秔。"又："祠祀社稷蔽獵奉。"顏本"保"作"稷"。

◎秫。同上。

◎稻。同上。

◎稉。同上。

◎秔。同上。顏本、趙本。

秔，稻之不黏者，音庚。《玉燭寶典》卷三。

◎穫。同上："擭攫秉把舂板杷。"顏本"擭"作"穫"。

◎積。同上："積行上究爲牧人。"又："積學所致無鬼神。"

◎秩。同上："賴赦救解貶秩祿。"

◎糠。同上："糟糠汁莝藁莢。"說文作"穅"。

◎康。同上："輻輹轅軸輿輪康。"

◎稾。同上："糟糠汁莝藁莢。"

稾，禾稈也。玄應《出曜論》音義、慧琳《佛本行讚傳》音義。

◎年。《急就篇》："宋延年。"又："籍受驗證記問年。"

◎穀。同上："援衆錢穀主辨均。"又："五穀孰成。"

◎租。同上："種樹收菽賦稅租。"

◎稅。同上。

◎竷。同上："譯業贊拜稱妾臣。"

◎秋。同上："周千秋。"又："《春秋》《尚書》律令文。"

◎秦。同上："秦眇房。"

◎稱。同上："譯業贊拜稱妾臣。"

◎科。同上："水蟲科斗鼃蝦蟆。"

◎程。同上："程忠信。"又："沽酒釀醪稻極程。"

右禾部二十四字。

◎黍。同上："稻黍秫稷粟麻秔。"

右黍部一字。

◎香。同上："芸蒜薺芥茱萸香。"

右香部一字。

◎米。同上："園菜果蓏助米糧。"

◎粲。同上："鬼薪白粲鉗釱髡。"

◎糟。同上："糟糠汁滓棗莖䔇。"

◎糧。同上：見"米"字注。

◎氣。同上："寒氣泄注腹臚張。"

◎粉。同上："蕡薰脂粉膏澤筒。"

　　右米部六字。

◎舂。同上："碓磑扇隤舂簸揚。"

◎舀。同上："㩉攩秉把舀拔杷。"說文作"䈢"。

　　右臼部二字。

◎凶。同上："射魅辟邪除羣凶。"

　　右凶部一字。

◎枲。同上："絡紵枲縕裹約纏。"

　　枲，蕈耳也。一名蒼耳。《列子·楊朱篇》釋文。

　　右木部一字。

◎麻。《急就篇》："稻黍秫稷粟麻秔。"

　　右麻部一字。

◎豉。同上："蕪荑鹽豉醯醬漿。"《說文》重文。

　　右尗部一字。

◎韭。同上："葵韭葱蓼蕝蘇薑。"

◎韰。同上。《說文》作"䪥"。

　　右韭部二字。

◎瓜。同上："棗杏瓜棣饊飴餳。"又："遠志續斷參土人。"顏本"人"作"瓜"。

　　右瓜部一字。

◎家。同上："簡札檢署槧牘家。"

◎宅。同上："室宅廬舍樓殿堂。"

◎室。同上。

◎宣。同上："宣棄奴。"

◎寧。同上："寧可忘。"又："中國安寧。"

◎定。同上："譚平定。"

◎安。同上。

安，静也。玄應《五分律》音義。

◎察。《急就篇》："逎肎頁省察諷諫讀。"

◎完。同上："完堅耐事愈比倫。"

◎富。同上："曹富貴。"

◎容。同上："掖容調。"又："玉瑱環佩靡從容。"又："無不容盛。"

◎宦。同上："宦學諷《詩》《孝經》《論》。"

◎宰。同上："厨宰切割給使令。"

◎寵。同上："行觴塞禱鬼神寵。"

◎宜。同上："灌宜王。"

宜，得其所也。《文選·補亡詩》《古詩十九首》注。

◎宿。《急就篇》："侍酒行觴宿昔醒。"

◎寬。同上："尻寬脊膂要背僂。"

◎寡。同上："沐浴揃搣寡合同。"

◎客。同上："薛勝客。"

◎寠。同上："屐屩絜麤羸窶貧。"

無財備禮曰寠。玄應《華嚴經》《六度集》音義，慧苑《華嚴經》音義。玄應《維摩詰經》音義引《三蒼》。

◎寒。《急就篇》："寒氣泄注腹臚張。"

寒，冷也。慧琳《三藏聖教序》音義。

◎害。《急就篇》："坐生患害不足憐。"

害，賊也。慧琳《大般若經》《六波羅密經》音義。

◎宋。《急就篇》："宋延年。"

◎宗。同上："屈宗談。"

右宀部二十四字。

◎宫。同上："霍聖宫。"

右宫部一字。

◎呂。同上："偏呂張。"又："尻寬脊膂要背僂。"顔本"僂"作"呂"。

◎膂。同上。

右呂部二字。

◎竈。同上："門户井竈廡囷京。"

小學類·字書之屬·李斯《蒼頡篇》 | 891

◎寶。同上："橋寶陽。"

◎空。同上："竽瑟空侯琴筑鉗。"

◎窳。同上："項町罪畝畦畤窳。"

◎究。同上："積行上究爲牧人。"

◎窮。同上："弓窮厚朴桂栝樓。"又："誠窮情得具獄堅。"

　　右穴部六字。

◎病。同上："虐瘀瘀痛痳溫病。"

◎疾。同上："疝瘕顛疾狂失響。"

◎痛。同上："虐瘀瘀痛痳溫病。"

◎瘼。同上："痳"，顏本作"瘼"。

◎癃。同上："篤癃衰癈迎醫匠。"

◎瘲。同上："癰疽瘛瘲痿痺疭。"

◎疕。同上："痂疕疥癘癡聾忘。"

◎瘻。同上："癉熱瘻痔眵臏眼。"

◎瘀。同上：見"痛"字注。此字葉、趙二本闕，見顏本。

◎疝。同上：見"疾"字注。

　　瘕。同上：見"痛"字注。《說文》作"瘕"。

◎疽。同上：見"瘲"字注。

◎癰。同上。說文作"癕"。

◎疥。同上："痂疕疥癘癡聾忘。"

◎痂。同上。

◎瘕。同上：見"疾"字注。

　　瘕，腹中病也。慧琳《遺教經論》音義。

◎癘。同上：見"疥"字注。又："治禮掌故底癘身。"下"癘"字，《說文》作"厲"。

◎痳。同上。

◎痔。同上：見"瘻"字注。

◎痿。同上：見"瘲"字注。

　　痿，足痿不能行也。慧琳《續高僧傳》音義。又，《如來藏經》《造像功德經》《釋迦譜》音義及《和名類聚鈔》均引："足不能行也。"

◎痺。《急就篇》："癉熱瘻痔痿痺疭。"顏本"痿"作"痺"。

痹，手足不仁也。玄應《成實論》、《立世阿毗曇論》音義。下條引《訓詁》。

◎疻。《急就篇》："疻痏保辜謕呼猭。"

◎痏。同上。

疻痏，毆傷也。玄應《阿唯越致遮經》音義。痏，毆傷也。《文選·西京賦》《吳都賦》《幽憤詩》注，玄應《中陰經》、慧琳《廣宏明集》音義。痏，創也。音如鮪魚之鮪。蕭該《漢書·薛宣傳》音義引《三蒼》。

◎痎。《急就篇》："癉熱瘻痔癰痍疵。"趙本"疵"作"痎"。

◎癉。同上。

◎癃。同上："篤癃衰癈迎醫匠。"

癃病也。《後漢書·光武帝紀》注。固，疾也。慧琳《大般若經》《首楞嚴三昧經》《經律異相》《釋迦譜》音義。又，法琳《法師本傳》音義、希麟《法琳別傳》音義引，"固"並作"痼"。

◎癈。《急就篇》，見"癃"字注。

◎衰。同上：見"癃"字注。顏本"衰"作"痕"。

◎癡。同上："痂疕疥癘癡聾盲。"

癡，騃也。慧琳《大般若經》音義。

◎痍。《急就篇》："癉疽瘛瘲痿痹疵。"

◎疵。同上。

◎痕。同上。顏本"疵"作"痕"。

右疒部三十二字。

◎冠。同上："冠幘簪黃結髮紐。"

右冖部一字。

◎同。同上："沐浴揃搣寡合同。"

右冂部一字。

◎兩。同上："量丈尺寸斤兩銓。"

右网部一字。

◎网。同上："鳩鴿鶉鴳中网死。"

◎網。同上。顏本"网"作"網"。

◎罪。同上："誅罰詐偽劾罪人。"

◎羅。同上："羅列諸物名姓字。"又："青綺羅縠靡潤鮮。"

◎署。同上："簡札檢署槧牘家。"

◎罷。同上："減罷軍。"

◎置。同上："犯禍事危置對曹。"

◎羈。同上："轡鞅鞦絆羈靽韁。"

　　右网部八字。

◎巾。同上："靸鞮卬角褐襪巾。"

◎幣。同上："帆幣囊橐不直錢。"

◎幅。同上："資貨市贏匹幅全。"

◎帶。同上："稟食縣官帶金銀。"

◎幘。同上："冠幘簪黃結髮紐。"

◎常。同上："崇惠常。"又："前後常侍諸將軍。"

◎裳。同上："尚韋不借爲牧人。"顏本"尚"作"裳"。

◎幂。同上："袍襦表裏曲領帬。"

◎縑。　同上："承塵戶簾條潰縱。"顏本"簾"作"縑"。

◎帷。同上："蒲蒻蘭席帳帷幢。"

◎帳。同上。

◎帆。同上："帆幣囊橐不直錢。"

◎飾。同上："襐飭刻畫無等雙。"顏本"飭"作"飾"。

◎帚。同上："筵箪箕帚筐篋簍。"

◎席。同上：見"帷"字注。

◎布。同上："單衣蔽膝布毋尊。"

◎幢。同上：見"帷"字注。說文作"㡆"。

◎帗。同上："服瑣緰此與繒連。"顏、趙二本"此"作"帗"。

　　右巾部十八字。

◎帛。同上："綈絑繰練素帛蟬。"

◎錦。同上："錦繡縵旄離雲爵。"

　　右帛部二字。

◎敝。同上："帆幣囊橐不直錢。"顏本"幣"作"敝"，"幣""敝"古通。

　　敝，極也。慧琳《大般若經》音義。

　　右㡀部一字。

◎白。《急就篇》："鬱金半見霜白蘥。"又："兔薪白粲鉗鈇跽。"又："超擢推舉白黑分。"

894 ｜ 中原文獻鉤沉·經部卷

右白部一字。

◎人，同上："裳章不借爲牧人。"又："遠志續斷朵土人。"又："積行上究爲牧人。"又："誅罰詐僞劾罪人。"

◎僮。同上："妻婦聘嫁齎媵僮。"

◎保。同上："祠祀社保蕞獵奉。"又："疘痌保辜號呼獐。"

◎仁。同上："慈仁他。"

◎佩。同上："玉瑎環佩靡從容。"

◎伯。同上："孟伯徐。"又："戎貊總閱什伍陳。"顏本"貊"作"伯"。又："疆畔畷佰耒犁鉏。"顏本"佰"作"伯"。

◎仲。同上："侯仲郎。"又："吳仲皇。"

◎伊。同上："伊嬰齊。"

◎倩。同上："尚次倩。"

◎偉。同上："蘭偉房。"

◎他。同上："慈仁他。"

◎何。同上："孔何傷。"又："老菁蘘何冬日臧。"

◎倫。同上："完堅耐事愈比倫。"又："名顯絕殊異等倫。"

◎傅。同上："進近公卿傅僕勳。"

◎倚。同上："倡優俳笑觀倚庭。"又："敦錡蘇。"顏本"錡"作"倚"。

◎依。同上："依恩汙擾貪者辱。"

◎侍。同上："侍酒行觴宿昔醒。"又："前後常侍諸將軍。"

侍，從也。慧苑《華嚴經》音義。

◎付。《急就篇》："取受付予相因緣。"又："烏喙付子椒元華。"

◎俠。同上："夏脩俠。"

◎伍。同上："戎貊總閱什伍陳。"又："鬭變殺傷捕伍鄰。"

◎什。同上。

什，十也，聚也，雜也。亦會數之名也。又謂資生之物也。玄應《涅槃經》音義。雲公《涅槃經》音義引無"十也"及"亦會數之名也"二句。慧苑《華嚴經》音義引亦無此二句，末句作："吳越之間謂資生襍具爲什物也。"

◎佰。《急就篇》："疆畔畷伯耒犁鉏。"

◎作。同上："輪屬治作谿谷山。"

◎假。同上："酋夫假佐扶致牢。"

◎借。同上："裳章不借爲牧人。"

借，假也。慧琳《經律異相》音義。

◎侵。《急就篇》："所不侵。"

侵，侮也。慧琳《大般若經》音義。犯也。慧琳《六波羅密多經》音義。

◎便。《急就篇》："朱交便。"又："貰貸賣買販肆便。"

◎任。同上："任逢時。"

◎優。同上："倡優俳笑觀倚庭。"

優，樂也。《文選·上林賦注》引《三蒼》，慧琳、希麟《六波羅密多經》音義引《蒼頡篇》。玄應《示教勝軍王經引》，"樂也"下有"諧也，戲笑之伎也"七字，恐係應師引伸之語。

◎俗。《急就篇》："去俗歸義來附親。"

◎俾。同上："蓋橑桷梲尼縛棠。"顏本"桷梲"作"俾倪"。

◎倪。同上。

◎使。同上："厨宰切割給使令。"又："臣妾使令。"

◎偏。同上："偏吕張。"顏本"偏"作"偏"。

◎僞。同上："誅罰詐僞劾罪人。"

◎倡。同上："倡優俳笑觀倚庭。"

倡，俳也。玄應《地持論》《四分律》《示教勝軍王經》音義，慧琳《大寶積經》音義引《蒼頡篇》。玄應《阿毗達磨俱舍論》音義引《三蒼》。

◎俳。《急就篇》，見上。

俳，戲也。玄應《地持論》音義引《蒼頡篇》。慧琳《大般若經》音義引作："俳優，樂人也。"俳，倡也。《文選·上林賦》注引《三蒼》。嘯也。玄應《瑜伽師地論》音義引《三蒼》。

◎偃。《急就篇》："虞尊偃。"

◎傷。同上："孔何傷。"又："鬭變殺傷捕伍鄰。"

◎伏。同上："黃芩伏令礜茈胡。"

◎係。同上："係臂琅玕虎魄龍。"

◎伐。同上："斬伐材木斫株根。"

◎僂。同上："尻寬脊膂要背僂。"

◎仇。同上："受賕枉冤忿怒仇。"

怨偶曰仇。玄應《華嚴經》、《維摩詰經》、《四分律》音義引《三蒼》。

◎弔。《急就篇》："喪弔悲哀面目瘇。"
◎佐。同上："齒夫假佐扶致牢。"
　右人部四十六字。
◎真。同上："欺誣詰狀還反真。"
◎化。同上："變化迷惑別故新。"
　右七部二字。
◎匕。同上："樽榼椑榹匕箸簪。"
◎頃。同上："頃町界畝畦畛窳。"
◎卬。同上："靸鞮卬角褐襪巾。"《說文》作"𠨍"。
　右匕部三字。
◎從。同上："玉瑨環佩靡從容。"
　右从部一字。
◎比。同上："鏡籢梳比各異工。"又："完堅耐事愈比倫。"
　右比部一字。
◎丘。同上："丘則剛。"
◎虛。同上："豹狐距虛犴犀兕。"
　右丘部二字。
◎衆。同上："《急就》奇觚與衆異。"又："援衆錢穀主辨均。"
◎聚。同上："胎踝跟踵相近聚。"
　右从部二字
◎量。同上："量丈尺寸斤兩銓。"
　右重部一字。
◎監。同上："廷尉正監承古先。"
◎臨。同上："潁川臨淮集課錄。"
　右臥部二字。
◎身。同上："治禮掌故底厲身。"
　右身部一字。
◎殷。同上："殷滿息。"
　右肙部一字。
◎衣。同上："單衣蔽膝布無縛。"

◎褕。同上："襜褕袷複襲絝緼。"

◎表。同上："袍襦表裏曲領帬。"

　　表，外也。玄應《涅槃經》音義引《三蒼》。

◎裏。《急就篇》，見上。

◎襲。同上：見"褕"字注。顏本作"褶"。

◎袍。同上：見"表"字注。

◎裹。同上："絡紵枲緼裹約纏。"宋仲溫本釋"裏"爲"裹"。

　　裹，抱也。慧琳《大寶積經》音義。

◎襜。《急就篇》，見"褕"字注。

◎衰。同上："履舄沓衰越緞鉶。"《説文》作"裒"。

◎複。同上：見"褕"字注。

　　複，厚也。慧琳《攝大乘論》《釋毗柰耶雜事律》《辨正論》音義。

◎襦。《急就篇》，見"表"字注

◎袷。同上：見"褕"字注。

　　袷，合也。慧琳《高僧傳》音義。

◎襌。《急就篇》："單衣蔽膝布無尊。"顏本"單"作"襌"。

◎襄。同上："崔孝襄。"

◎豫。同上："豫飭刻畫無等雙。"

◎雜。同上："分別部居不雜厠"。又："五音雜會歌謳聲。"又："游徼亭長共雜診。"

◎袒。同上："篋縷補袒挻緣循。"

◎補。同上。

◎裹。同上："絡紵枲緼裹約纏。"

◎褐。同上："鞮鞪卬角褐襪巾。"

◎衰。同上："篤癃衰癈迎醫匠。"

◎卒。同上："更卒歸誠自詣因。"

◎褚。同上："褚回池。"

◎袴。同上："襜褕複袷襲絝絆。"顏本"絝"作"袴"。

◎襌。同上："緷"，顏本作"襌"。

　　右衣部二十五字。

◎裘。同上："旃裘索擇蠻夷民。"

◎求。同上："求男弟。"又："乏興猥遝調讌求。"

　　右裘部二字。

◎老。同上："老菁蘘何冬日臧。"又："長樂無極老復丁。"

◎壽。同上："衛益壽。"

◎孝。同上："崔孝襄。"又："宜學諷《詩》《孝經》《論》。"

　　右老部三字。

◎毛。同上："毛遺羽。"

◎氊。同上："旃裘索擇蠻夷民。"顏本"旃"作"氊"。

　　右毛部二字。

◎居。同上："分別部居不雜廁。"又："箴筬起居課後先。"

◎展。同上："爰展世。"

◎尻。同上："尻寬脊膂要背僂。"

　　尻，髖也。慧琳《無明羅剎集經》、《律異相》音義引《蒼頡》。玄應《四分律》音義引《三蒼》。

◎臀。《急就篇》："盜賊繫囚榜笞臀。"《說文》作"𡱂""臋""臀"。

◎屠。同上："充申屠。"

◎屋。同上："椽榱薄櫨瓦屋梁。"

◎屛。同上："屛廁溷渾糞土壤。"《說文》作"屏"。

　　屛，牆也。玄應《六度集經》《陀羅尼雜集經》音義。

　　右尸部七字。

◎尺。《急就篇》："量丈尺寸斤兩銓。"

　　右尺部一字。

◎尾。同上："鷹鵰鴟鵅鶍貂尾。"

◎屬。同上："輸屬治作豀谷山。"

◎屈。同上："屈宗談。"

　　右尾部三字。

◎履。同上："履舄鞜裒緁緞紃。"又："麋麈麖鹿皮給履。"

◎屩。同上："屐蹻絜麤羸窶貧。"顏本"蹻"作"屩"。

　　屩，屐也。慧琳《一字頂輪王經》音義。又，《續高僧傳》音義引作"屩，履屐也"。

◎屐。《急就篇》，見上。

屐，木屬也。玄應《四分律》音義引《三蒼》。屧也。慧琳《大寶積經》音義。

右履部三字。

◎俞。同上："服瑣俞此與繒連。"

◎服。同上。

右舟部二字。

◎方。同上："鄭子方。"又："榦楨板栽度員方。"又："萬方來朝。"

右方部一字。

◎兒。同上："田細兒。"

女曰嬰，男曰兒。《玉篇》；玄應《大智度論》《俱舍論》音義；湛然《輔行記》引《蒼頡》。雲公《涅槃經》音義、《廣韻》並引《三蒼》。玄應《阿惟越致遮經》音義引《蒼頡》作："女孩曰嬰，男孩曰兒。"

◎充。《急就篇》："充申屠。"

右儿部二字。

◎兄。同上："昭小兄。"

右兄部一字。

◎簪。同上："冠幘簪黃結髮紐。"

簪，笄也，所以持冠也。《文選》張協《詠史詩》、左思《招隱詩》注。慧琳《續高僧傳》《正誣論》《宏明集》音義，《和名類聚鈔》四並引上句。笄也，男子以固冠，婦人爲首飾。慧琳《集沙門不拜俗議》音義。

右先部一字。

◎兜。《急就篇》："弓弩箭矢鎧兜鍪。"

右兆部一字。

◎先。同上："廷尉正監承古先。"又："筑筏起居課後先。"又："博士先生。"

右先部一字。

◎見。同上："爵金半見霜白蒿。"又："知能通達多見聞。"

◎視。同上："鷽鵲鵰梟驚相視。"

◎觀。同上："倡優俳笑觀倚庭。"又："灌宜王。"顏本"灌"作"觀"。

◎覺。同上："輒覺沒入檄報留。"

◎親。同上："郝利親。"又："去俗歸義來附親。"又："廉絜平端㭉順親。"

親，愛也，近也。《爾雅·釋親》釋文、玄應《大智度論》音義。又，《華嚴經》、《盂蘭盆經》音義引上句。

◎右見部五字。

◎歡。《急就篇》："閭騶喜。"顏本作"歡欣"。

◎欣。同上。

◎欵。同上："欵東貝母薑狼牙。"

欵，誠重也，至也。玄應《十住斷結經》音義。原本《玉篇》，玄應《增一阿含經》《雜寶藏經》《佛本行集經》音義並引上句。

◎歌。《急就篇》："五音雜會歌謳聲。"

◎歐。同上："消渴歐瀝欬逆讓。"

◎欬。同上。

齊郡謂欶曰欬也。原本《玉篇》，玄應《僧祇律》《四諦論》音義。又，《佛阿毗曇善見律》音義引"郡"作"部"，"欶"作"瀸"。

◎次。《急就篇》："尚次倩。"

次，叙也。原本《玉篇》。

◎欺。《急就篇》："欺誣詰狀還反真。"

欺，紿也。原本《玉篇》。

◎歛。同上："種樹收歛賦稅租。"顏本"歛"作"斂"。

右欠部九字。

◎盜。《急就篇》："盜賊繫囚榜笞臀。"

右盜部一字。

◎頭。同上："頭頜頦准麋目耳。"

◎顏。同上："顏文章。"

◎顛。同上："疝瘕顛疾狂失響。"

◎頜。同上：見"頭"字注。

◎頞。同上。

頞，鼻上也。慧琳《內身觀章句經》《廣宏明集》音義。又，《大寶積經》音義引作"鼻上蹇也"。

◎頰。《急就篇》："頰頤頸項肩臂肘。"

◎頸。同上。

前曰頸，後曰項。慧琳《大般若經》音義。頸在前，項在後。又，《大寶積經》音義。

◎領。《急就篇》："袍襦表裏曲領帬。"又："總領煩亂決疑文。"

◎項。同上：見"頰"字注。

◎順。同上："廉絜平端朾順親。"

◎頰

揚雄曰："人面頰。"《說文》頁部。

◎頞。同上："頭領頞准麋目耳。"顏本"准"作"頜"。

◎煩。同上："總領煩亂决疑文。"

◎顯。同上："名顯絶殊異等倫。"

顯，光也，明也。希麟《守護國界主陀羅尼經》音義。

右頁部十四字。

◎面。同上："喪弔悲哀面目腫。"

右面部一字。

◎首。同上："豹首落莽兔雙鶴。"又："譚訑首匿愁勿聊。"

右首部一字。

◎縣。同上："乘風縣鍾華潰樂。"又："稟食縣官帶金銀。"又："閭里鄉縣趣辟論。"

右縣部一字。

◎形。同上："膌膾炙臡各有刑。"顏本"刑"作"形"。

右彡部一字。

◎文。同上："顏文章。"又："《春秋》《尚書》律令文。"又："總領煩亂决疑文。"

右文部一字。

◎髮。同上："冠幘簪黃結髮紐。"

◎髡。同上："鬼薪白粲鉗釱髡。"

右髟部二字。

◎司。同上："司農少府國之淵。"

右司部一字。

◎卮。同上："蠡斗參升半卮觛。"

右卮部一字。

◎令。同上："令狐橫。"又："廚宰切割給使令。"又："黃芩伏令礜茈胡。"又："《春秋》、《尚書》律令文。"又："不肯謹慎自令然。"又："臣妾使令。"

◎卷。同上："卷捥節搔母指手。"說文作"拳"。

右卩部二字。

◎色。同上:"靳鞊茸鞊色焜煌。"

　　右色部一字。

◎卿。同上:"趙孺卿。"又:"萬段卿。"又:"進近公卿傅僕勳。"

　　右卯部一字。

◎辟。同上:"高辟兵。"又:"射魃辟邪除羣凶。"又:"閭里鄉縣趣辟論。"

　　右辟部一字。

◎匈。同上:"肿脾匈脅喉膺髑。"

◎胷。同上。顏本"匈"作"胷"。

◎冢。同上:"哭泣醊祭墳墓冢。"

　　右勹部三字。

◎敬。同上:"祝恭敬。"

　　右苟部一字。

◎鬼。同上:"行觴塞禱鬼神寵。"又:"積學所致無鬼神。"又:"鬼薪白粲鉗𨱏髡。"

　　鬼,遠也。《邑既濟》釋文。

◎魄。《急就篇》:"係臂琅玕虎魄龍。"

◎魃。同上:"射魃辟邪除羣凶。"

　　右鬼部三字。

◎魏。同上:"韓魏唐。"說文作"巍"。

　　右嵬部一字。

◎山。同上:"翰屬治作豁谷山。"

◎崇。同上:"崇惠常。"此字葉本闕,趙本作"崇",顏本作"榮"。

◎崔。同上:"崔孝襄。"

　　右山部三字。

◎府。同上:"司農少府國之淵。"

　　府,文書財物藏也。玄應《大智度論》音義引《三蒼》。

◎廬。《急就篇》:"室宅廬舍樓壁堂。"

◎庭。同上:"倡優俳笑觀倚庭。"

　　庭,堂前也。原本《玉篇》。

◎廡。《急就篇》:"門戶井竈廡囷京。"

◎廚。同上:"廚宰切割給使令。"

廚，主食者也。原本《玉篇》，玄應《五分律》《俱舍論》音義。

◎庫。《急就篇》："墼絫廥廄庫東箱。"

◎廄。同上。

◎廣。同上："田廣國。"又："漢地廣大。"

◎廥。同上。

◎廁。同上："分別部居不雜廁。"

廁，次也，雜也。《文選·秋興賦》注，玄應《順正理論》音義均引《蒼頡》。又，慧琳《大寶積經》音義引上句，玄應《瑜伽師地論》音義引下句，云出《三蒼》。

◎廉。《急就篇》："廉絜平端撫順親。"

◎龐。同上："龐賞癸。"

◎底。同上："治禮掌故底廝身。"《說文》作"厎"。

厎，摩厲也。原本《玉篇》。

◎廩。《急就篇》："稟食縣官帶金銀。"顏本"稟"作"廩"。

◎庶。同上："庶霸遂。"

右广部十五字。

◎厲。同上："治禮掌故底廝身。"顏本"廝"作"厲"。

右厂部一字。

◎丸。同上："縹綟綠丸皂紫硟。"

右丸部一字。

◎危。同上："犯禍事危置對曹。"

右危部一字。

◎石。同上："石敢當。"

◎礜。同上："黃芩伏令礜茈胡。"

◎磬。同上："鐘磬鞀簫壎鼓鳴。"

◎硟。同上："縹綟綠丸皂紫硟。"

◎破。同上："郭破胡。"

◎研。同上："筆研槧筭膏火燭。"

◎碓。同上："碓磑扇隤舂簸揚。"

◎磑。同上。

◎砥。同上："治禮掌故底廝身。"顏本"底廝"作"砥礪"。

◎礪。同上。

右石部十字。

◎長。同上："過説長。"又："游徼亭長共雜診。"又："長樂無極老復丁。"

◎肆。同上："貰貸買賣販肆便。"《説文》作"隸"。

右長部二字。

◎勿。同上："謾訑首匿愁勿聊。"

右勿部一字。

◎耐。同上："完堅耐事愈比倫。"

古耐字從彡。杜林以爲法度之字皆從寸，後改如是。《漢書·高帝本紀》注引應劭説。字本从彡，杜林改从寸也。玄應《增一阿含經》音義引《蒼頡》。又，《四分律》音義引《三蒼》。耐，忍也。玄應《大集經地持論》、《瑜伽師地論》音義引《三蒼》。

右而部一字。

◎豕。《急就篇》："六畜蕃息豚彘豬。"顔本"豚"作"豕"。

◎豬。同上。

◎豶。同上："豭豶狡狗野雞雛。"

◎豭。同上。

右豕部四字。

◎彘。同上："六畜蕃息豚彘豬。"

右彑部一字。

◎豚。同上。

右豚部一字。

◎豹。同上："豹首落莽兔雙鶴。"又："豹狐距虚豻犀兕。"

◎豻。同上。

杜林云："豻，似貊，白色。"《史記·司馬相如列傳》正義。豻，似狗，白色，爪牙迅捷，善搏噬也。玄應《波羅蜜經》音義引《蒼頡解詁》。又，《中阿含經》《俱舍論》音義引《蒼頡訓詁》，"迅捷"作"迅快"。

◎貊。《急就篇》："戎貊總閲什伍陳。"説文作"貉"。

◎貂。同上："鷹鷂鴟鴞翳貂尾。"

右豸部四字。

◎兕。同上："豹狐距虚豻犀兕。"

右罻部一字。

◎易。同上："綦局博戲相易輕。"

易，不難也。慧琳《手杖論》音義。

右易部一字。

◎馬。《急就篇》："馬牛羊。"

◎駒。同上："縣牸特牯羔犢駒。"

◎騏。同上："騏騮馳驪怒步超。"

◎驪。同上："驊騮騅駁驪騮驢。"

◎騩。同上。

◎騮。同上。《說文》作"駵"。

◎騅。同上。

◎駓。同上：見"騏"字注。

◎駁。同上。慶作"駮"。

雜色爲駁，不純色也。慧琳《品類足論》音義。又，《阿毗曇毗婆沙論》音義引下句。

◎驕。《急就篇》："奚驕叔。"

◎驩。同上："閭驩喜。"

驩，古歡字。音呼官反。玄應《摩得勒律》音義引《三蒼》。

◎驗。同上："籍受驗證記問年。"

◎篤。同上："篤癃衰癈迎醫匠。"

◎馮。同上："馮漢疆。"又："馮翊京兆執治民。"

馮，依也。玄應《出曜經》音義引《三蒼》。

◎騵。《急就篇》："騏騮馳驪怒步超。"顏本"驪"作"騵"。

◎馳。同上。

◎鷟。同上："鵕鵲鷗梟鷟相視。"

◎馴。同上："姦邪並塞皆理馴。"

◎驪。同上："騏騮馳驪怒步超。"

◎驢。同上："驊騮騅駁驪騮驢。"

◎騾。同上。

右馬部二十一字。

◎法。同上："皋陶造獄法律存。"又："受賕枉冤忿怒仇。"顏本"冤"作"法"。

右鷹部一字。

◎鹿。同上："麋麆麕鹿皮給履。"

◎麋。同上："貍兔飛鳧狼麋"。𧡒又："頭頷頸准麋目耳。"借"麋"爲"眉"。

麋，以冬至解角者也。玄應《菩薩睒子經》音義。

◎麕。《急就篇》，見上。葉本作"麈"，蓋"麕"之譌。

◎麋。同上：見"鹿"字注。

◎麆。同上。

◎麔。同上。顏本"麎"作"麃"。

◎麈。同上。

◎麂。同上："麋麆麕鹿皮給履。"顏本"鹿"作"麂"。

右鹿部八字。

◎麤。同上："屐蹻絜麤羸窶貧。"《說文》作"麤"。

◎塵。同上："承塵户簾條潰縱。"

右麤部二字。

◎兔。同上："豹首落莽兔雙鶴。"又："貍兔飛鳧狼麋麕。"又："雷矢藿菌蓋兔盧。"

◎冤。同上："受賕枉冤忿怒仇。"

右兔部二字。

◎犬。同上："瑕貜狡狗野雞雛。"顏本"狗"作"犬"。

◎狗。同上。

◎狡。同上。

◎臭。同上："肌䐞脯腊魚臭腥。"

◎猥。同上："乏興猥遝調讁求。"

猥，雜也，慧琳《大般若經》音義。煩也，慧琳《大寶積經》卷十八、《十輪經》音義。頓也。慧琳《鷲掘經》《一切有部律攝》《玄奘法師本傳》《宏明集》《肇論》音義。

◎狀。《急就篇》："欺誣詰狀還反真。"

◎犯。同上："犯禍事危置對曹。"

◎猛。同上："師猛虎。"

◎怯。

杜林說："怯从心。"《說文》犬部。

◎獨。《急就篇》："憂念緩急悍勇獨。"

◎獵。同上："祠祀社保蔽獵奉。"
◎狂。同上："疝瘕顛疾狂失響。"
◎猶。同上："革齒臻漆猶黑倉。"
◎狼。同上："貍兔飛鼵狼麋麕。"又："欸東貝母薑狼牙。"
◎狐。同上："令狐橫。"又："豹狐距虛狼犀兕。"

右犬部十五字。

◎獄。同上："皋陶造獄法律存。"又："誠窮誠得具獄堅。"

右狀部一字。

◎鼯。同上："貍兔飛鼵狼麋麕。"顏本"鼵"作"鼯"。

右鼠部一字。

◎能。同上："知能通達多見聞。"

右能部一字。

◎火。同上："筆研投算膏火燭。"
◎然。同上："不肯謹慎自令然。"
◎烝。同上："烝栗絹紺縉紅繎。"
◎炭。同上："薪炭藿葦芻炊生。"
◎炊。同上。
◎尉。同上："廷尉正監承古先。"
◎灸。同上："灸刺和藥逐去邪。"
◎燭。同上："筆研投算膏火燭。"

燭，照也，《文選》蘇武詩、江淹《雜體詩》注，玄應《瑜伽師地論》音義，慧苑《華嚴經》音義。然火爲燭也。玄應《瑜伽師地論》音義引"照也"下有此五字。

◎灾。《急就篇》："蝗虫不起。"顏本作"灾蝗不起"。
◎煌。同上："靳靯茸靵色焜煌。"

煌，光也。玄應《寶如來三昧經》《那先比邱經》《中本起經》音義，慧琳《長者音悅經》音義。又，《如幻三昧經》《長者法志經》音義並引："煌煌，光也。"光暉也。玄應《等目菩薩所問經》音義。光明也。《文選·閒居賦》注。

◎光，同上："費通光。"
◎熱，同上："癉熱瘻痔眵瞇眼。"

右火部十二字。

◎黑，同上："革鬵繫漆猶黑倉。"又："超擢推舉白黑分。"

◎黨，同上："朋黨謀敗相引牽。"

　　右黑部二字。

◎炙，同上："膹膾炙截各有刑。"

　　右炙部一字。

◎大，同上："漢地廣大。"

　　大，巨也，遍也。雲公《涅槃經》音義。希麟《六波羅密多經》音義引上句。

◎夾，《急就篇》："半夏皂夾艾橐吾。"

　　夾，輔也。玄應《長阿含經善見律》《解脫道論》音義。《長阿含經》音義又引《三蒼》。

◎夷，《急就篇》："蕪夷鹽豉醯醬漿。"又："旗裘索擇蠻夷民。"

　　右大部三字。

◎吳，同上："吳仲皇。"

　　右矢部一字。

◎交，同上："朱交便。"

◎絞，同上："絮繒繩索紡絞纑。"

　　右交部二字。

◎壺，同上："缶瓵盆瓮甕榮壺。"

　　右壺部一字。

◎執，同上："馮翊京兆執治民。"

◎報，同上："輒覺沒入徼報留。"

　　右羍部二字。

◎奏，同上："甘麩恬美奏諸君。"

◎皋，同上："皋陶造獄法律存。"

　　右本部二字。

◎奚。同上："奚驕叔。"

　　奚，何也。玄應《維摩詰經》《僧祇律》音義。

　　右六部一字。

◎夫，《急就篇》："苟貞夫。"又："嗇夫假佐扶致牢。"

　　右夫部一字。

◎端。同上："廉絜平端撫順親。"

右立部一字。

◎並。同上："姦邪並塞皆理馴。"又："賢聖並進。"

右竝部一字。

◎心。同上："腸胃腹肝肺心主。"

◎息。同上："殷滿息。"

◎情。同上："誠窮情得具獄堅。"

◎志。同上："遠志續斷參土人。"

◎意。同上："用日約少誠快意。"

◎慎。同上："不肯謹慎自令然。"

◎忠。同上："程忠信。"

◎快。同上："用日約少誠快意。"

◎念。同上："憂念緩急悍勇獨。"

◎憲。同上："憲義渠。"

◎恬。同上："甘麩恬美奏諸君。"

◎恭。同上："祝恭敬。"

◎慈。同上："慈仁他。"

◎恩。同上："柘恩郃。"

◎慶。同上："瞿回慶。"

◎愛。同上："樊愛君。"《說文》作"㤅"。

◎急。同上："《急就》奇觚與眾異。"又："憂念緩急悍勇獨。"

◎愈。同上："完堅耐事愈比倫。"《說文》作"愉"。

◎悍。同上："憂念緩急悍勇獨。"

悍，禦也，玄應《道行般若經》音義慧琳本。桀也。玄應《道行般若經》、《須真天子經》、《增一阿含經》音義。慧琳《成唯識論》音義。悍，傑也。傑謂智出千人也。玄應《佛地經論》、《俱舍論》音義並引《三蒼》。

◎忘，《急就篇》："寧可忘。"又："痂疕疥癘癡聾忘。"

◎惑。同上："變化迷惑別故新。"

◎忿。同上："受賕枉冤忿怒仇。"

◎怒。同上："騏駼馳騁怒步超。"又見上。

◎懣。同上："消渴歐懣欬逆讓。"

懣，悶也，亦憤也。玄應《了本生死經》、《雜阿含經》音義。《文選·魏都賦》、《雪賦》注，玄應《陰持入地經》，慧琳《集異門足論》音義並引上句。

◎悲。《急就篇》："喪弔悲哀面目腫。"

◎愁。同上："譴訟首匿愁勿聊。"

◎慁。同上："依慁汙擾貪者辱。"

◎患。同上："坐生患害不足憐。"

　　患，禍也。《孝經》邢疏三："《蒼頡篇》謂患爲禍。"

◎恐。《急就篇》："卜夢譴祟父母恐。"

◎憐。同上："坐生患害不足憐。"

　　右心部三十字。

◎水。同上："水蟲科斗蠅蝦蟆。"又："江水涇渭街術曲。"

◎河。同上："邯鄲河間沛巴蜀。"

◎江。同上："江水涇渭街術曲。"

◎池。同上："褚回池。"

◎溫。同上："溫直衡。"又："虐瘧瘀痛麻溫病。"又："柘慁郖。"顏本"慁"作"溫"。

◎涇。同上：見"江"字注。

◎渭。同上。

◎漢。同上："馮漢疆。"又："漢地廣大。"

◎漆。同上："革鞜鞨漆猶黑倉。"《說文》作"桼"。

◎灌。同上："灌宜王。"

◎泠。同上："泠幼功。"

　　泠者，水清澄皃也。慧琳《起世因本經》音義。

◎油。《急就篇》："革鞜鞨漆猶黑倉。"顏本"猶"作"油"。

◎淮。同上："潁川臨淮集課錄。"

◎潁。同上。

◎泄。同上："寒氣泄注腹臚張。"

◎濁。同上："酸鹹酢淡辨濁清。"

　　濁，淖也。慧琳《阿毗達磨發智論》音義。

◎治。《急就篇》："治禮掌故砥礪身。"又："馮翊京兆執治民。"又："輸屬治作豁谷山。"

◎沽。同上："沽酒釀醪稻極程。"

◎沛。同上:"邯鄲河間沛巴蜀。"

沛,水波流也。沛,亦大也。玄應《佛本行集經》《未曾有因緣經》音義引《三蒼》。

◎泥。《急就篇》:"泥塗堊曁壁垣墻。"

◎洞。同上:"乘風縣鍾華隤樂。"顏本"隤"作"洞"。

◎渾。同上:"屏廁溷渾糞土壤。"

◎清。同上:"酸鹹酢淡辨濁清。"又:"屏廁溷渾糞土壤。"顏本"溷渾"作"清溷"。

◎溷。同上:"屏廁溷渾糞土壤。"又"依恩汙擾貪者辱。"顏本"恩"作"溷"。

◎淵。同上:"司農少府國之淵。"

◎滿。同上:"般滿息。"

◎澤。同上:"薋熏脂粉膏澤筩。"

澤,恩也。慧琳《仁王經》音義。

◎潰。《急就篇》:"承塵戶簾條潰縱。"

潰,旁決也。胡對切。《文選·西都賦》注,《後漢書·班固傳》注。玄應《大智度論》、《大乘莊嚴經論》、《瑜伽師地論》、《攝大乘論》、《俱舍論》音義,慧琳《大般若經》、《大佛頂經》音義,《太平御覽》卷七百七十並引上句。慧琳《無明羅刹集》音義引:"潰,川決也。"又,《經律異相》音義引:"潰,決也。"

◎滋。《急就篇》:"莫不茲榮。"顏本"茲"作"滋"。

滋,液也。慧琳《大般若經》、《大樂理趣經》、《如來莊嚴境界經》音義。

◎榮。《急就篇》:"缶甌盆瓮甖榮壺。"

◎渠。同上:"憲義渠。"

◎決。同上:"總領煩亂決疑文。"

◎注。同上:"寒氣泄注腹臚張。"又:"江水涇渭衕術曲。"顏本作"涇水注渭"。

◎沒。同上:"輒覺沒入橄報留。"

◎消。同上:"消渴歐瀘欬逆讓。"

消,滅也。原本《玉篇》,慧琳《大般若經》、《大乘起信論》音義。

◎渴。《急就篇》,見上。

渴,涸也。原本《玉篇》,慧琳《阿毗達磨發智論》音義。

◎汗。《急就篇》:"依恩汙擾貪者辱。"

◎潤。同上:"青綺羅縠靡潤鮮。"

◎准。同上:"頭頜頦准麋目耳。"《說文》作"準"。

◎湯。同上："藥禹湯。"

◎潘。同上："耿潘扈。"

　　潘，大也，姓也。原本《玉篇》。泔汁也。玄應《摩訶迦葉度貧女經》音義。

◎滓。《急就篇》："糟糠汁滓棗蒥蒟。"顏本"滓"作"滓"。

◎漿。同上："蕪荑鹽豉醯醬漿。"

◎淡。同上："酸鹹酢淡辨濁清。"

◎液。同上："披容調。"顏本"披"作"液"。

◎汁。同上："糟糠汁滓棗蒥蒟。"

◎沐。同上："沐浴揃捫寡合同。"

◎浴。同上。

◎淳。同上："淳于登。"《說文》作"漳"。

◎濯。同上："春草雞翹鳧翁濯。"

◎染。同上："依恩汙擾貪者辱。"顏本"擾"作"染"。

◎泣。同上："哭泣醊祭墳墓冢。"

◎減。同上："減罷軍。"

◎漏。同上："縛購脫漏亡命流。"

　　漏，浸水也。慧琳《法蘊足論》音義。

　　右水部五十四字。

◎流。《急就篇》："縛購脫漏亡命流。"

◎涉。同上："茅涉臧。"

　　涉，水中行，爲涉歷也。慧琳《大般若經》音義。

　　右㲺部二字。

◎川。《急就篇》："潁川臨淮集課錄。"

　　右川部一字。

◎原。同上："原輔福。"

　　右灥部一字。

◎谷。同上："板柞所產谷口荼。"又："輸屬冶作豁谷山。"

◎豁。同上。

　　右谷部二字。

◎冬。同上："老菁蘘何冬日藏。"

◎冶。同上："銅釭鍵鉆冶錮鐈。"

冶，銷鑠也。遭熱即流，遇冷即合。與冰同意，故字从仌。玄應《涅槃經》音義引《三蒼》。

右仌部二字。

◎雨。同上："風雨時節。"

◎靁。同上："靁矢藿菌蕢兔盧。"諸本皆作"雷"，漢簡作"靁"。

◎露。同上："棃柿柰桃待露霜。"

◎霜。同上。

右雨部四字。

◎雲。同上："錦繡縵旄離雲爵。"

右雲部一字。

◎魚。同上："肌䐑脯腊魚臭腥。"

◎鯉。同上："鯉鮒鱓鱣鮐鮑鰕。"

◎鱣。同上。

◎鮒。同上。

◎鱓。同上。顏本"鱣"作"鱓"。

鱓，蛇魚也。玄應《善見律》音義引《蒼頡訓纂》。

◎鮮。《急就篇》："青綺羅縠靡潤鮮。"

◎鮐。同上：見"鯉"字注。

◎鮑。同上。

◎鰕。同上。

右魚部九字。

◎燕。同上："燕楚嚴。"

右燕部一字。

◎龍。同上："龍未央。"又："係臂琅玕虎魄龍。"

右龍部一字。

◎飛。同上："貍兔飛鼺狼麋麚。"

右飛部一字。

◎非。同上："積學所致無鬼神。"顏本"無"作"非"。

◎靡。同上："青綺羅縠靡潤鮮。"又："玉瑮環佩靡從容。"

右非部二字。

◎孔。同上:"孔何傷。"

◎乳。同上:"脾腎五臟膍齌乳。"

乳,字也。玄應《涅槃經》、《法華經》音義引《蒼頡》。又,《雜毗曇心論》音義引《三蒼》。乳,乳子也。基師《法華經》音義引《蒼頡》。

右乙部二字。

◎不。《急就篇》:"分別部居不雜廁。"又:"所不侵。"又:"帊幣囊橐不直錢。"又:"裳章不借爲牧人。"又:"坐生患害不足憐。"又:"不肯謹慎自令然。"又:"無不容盛。"又:"莫不茲榮。"又:"蝗虫不起。"

右不部一字。

◎鹽。同上:"燕夷鹽豉醯醬漿。"

右鹽部一字。

◎戶。同上:"承塵戶簾條漬縱。"又:"門戶井竈廡囷京。"

◎扇。同上:"碓磑扇隤舂簸揚。"

◎房。同上:"秦眇房。"又:"蘭偉房。"

◎戹。同上:"蓋橑捥挽戹縛棠。"

戹,困也。玄應《義足經》音義。

右戶部四字。

◎門。《急就篇》:"門戶井竈廡囷京。"

◎閭。同上:"閭里鄉縣趣辟論。"

◎閻。同上:"閻驩喜。"

◎閒。同上:"橢盂槃案桮閒梡。"

◎間。同上:"邯鄲河間沛巴蜀。"

◎閱。同上:"戎貊総閱什伍陳。"

右門部六字。

◎耳。同上:"頭領頸准麋目耳。"

◎耿。同上:"耿潘扈。"

杜林說:"耿,光也。从光聖省。"《說文》耳部。

◎聊。《急就篇》:"譀訑首匿愁勿聊。"

◎聖。同上:"霍聖宫。"又:"賢聖並進。"

◎聲。同上："五音雜會歌謳聲。"

◎聞。同上："知能通達多見聞。"

◎聘。同上："妻婦聘嫁齎媵僮。"

◎聾。同上："痂疕疥癘癡聾忘。"

聾，耳不聞也。《文選·七命》注，慧琳《大般若經寶雨經》、《大乘造像功德經》、《無量義經》、《一切有部律攝》音義。又《大唐内典錄》音義引作"耳無聞也"。

右耳部八字。

◎頤。同上："頰頤頸項臂肩肘。"

右頤部一字。

◎手。同上："卷捥節掻母指手。"

◎掌。同上："治禮掌故砥癘身。"

◎拇。同上："卷捥節掻母指手。"顏本"扭"作"拇"。

拇，將指也。慧琳《寶星經》音義。

◎指。《急就篇》，見上。

◎捥。同上。《說文》作"掔"。

揚雄曰："掔，握也。"《說文》手部。

◎拜。同上："譯導贊拜稱妾臣。"

揚雄說："拜从兩手下。"《說文》手部。

◎推。同上："超擢推舉白黑分。"

推，排也，前也。基師及玄應《法華經》音義。

◎抵。《急就篇》："讒諛爭語相抵觸。"趙本作"抵"。

◎扶。同上："槐檀荆棘葉枝扶。"又："嗇夫假佐扶致牢。"上"扶"字《說文》作"枎"。

◎把。同上："擾攘秉把舌柭杷。"

◎拊。同上："廉絜平端拊順親。"

◎擇。同上："痀裘索擇蠻夷民。"

◎揃。同上："沐浴揃搣寡合同。"

揃，猶翦也。《莊子外物篇》釋文，《史記·西南夷傳》正義引《三蒼》。

◎搣。見上。

◎承。同上："烏承祿。"又："承塵户簾條潰縱。"又："廷尉正監承古先。"又："百姓承德。"

◎撫。同上："廉絜平端拊順親。"顏本"拊"作"撫"。

◎投。同上:"筆研投箄膏火燭。"

◎搔。同上:"卷捥節搔母指手。"《說文》作"叉"。

◎擾。同上:"依恩汙擾貪者辱。"

◎揚。同上:"柏杜揚。"又:"碓磑扇隤舂簸揚。"

揚,音盈。《文選·祭顏光祿文》注引《蒼頡解詁》。

◎舉。《急就篇》:"超擢推舉黑白分。"

◎攫。同上:"攦攫秉把蚤枚杷。"

◎失。同上:"疝瘕癲疾狂失響。"

◎攦。同上:見"攫"字注。

◎援。同上:"援衆錢穀主辨均。"

◎抽。同上:"超擢推舉黑白分。"顏本"超"作"抽"。

◎擢。同上。

擢,抽也。《爾雅釋木》釋文,玄應《放光般若經》《佛般泥洹經》《別譯阿含經》《十誦律》音義,慧苑《華嚴經》音義,慧琳《不思議境界經》音義。擢,出也。玄應《放光般若經》音義慧琳本有此句。

◎拔。《急就篇》:"攦攫秉把蚤拔杷。"

◎捲。同上:"卷捥節搔母指手。"顏本"卷"作"捲"。

◎捶。同上:"鐵垂棰杖桃柲殳。"

◎擊。同上:"攻擊劫奪檻車膠。"

◎捕。同上:"鬭變殺傷捕伍鄰。"

◎掖。同上:"掖容調。"

◎搣。同上:"簁縷補袒搣綠循。"

◎捭。同上:"蓋轑桿挽戹縛棠。"趙本作"捭挽"。

◎挽。同上。

◎捃。同上:"攦攫秉把蚤拔杷。"顏本"攦"作"捃","拔"作"捌"。

◎捌。同上。

右手部三十八字。

◎脊。同上:"尻寬脊膂要背僂。"

右𡰪部一字。

◎姓。同上:"羅列諸物名姓字。"又:"百姓承德。"

◎姚。同上："姚得賜。"

◎娸。

　　杜林説："娸，醜也。"《説文》女部。

◎嫁。《急就篇》："妻婦聘嫁齎媵僮。"

◎妻。同上。

◎婦。同上。

◎母。同上："卷捥節掻母指手。"又："欽東貝母薑狼牙。"又："卜夢謹祟父母恐。"

　　母字，从女，兩點象婦人乳形。希麟《新華嚴經》音義。《廣韻》謹引："其中有兩點，象人乳形"。

◎威。《急就篇》："蔡游威。"

◎奴。

　　杜林説："加教於女也。"《説文》女部。

◎婢。《急就篇》："奴婢私隸枕牀杠。"

◎奴。同上："宣棄奴。"又見上。

◎始。同上："陳元始。"

◎好。同上："成博好。"

◎嬰。同上："伊嬰齊。"

　　注見"兒"字下。

◎妨。同上："審無妨。"

◎娎。

　　杜林説："卜者黨相詐駖爲娎。"《説文》女部。

◎姦。《急就篇》："姦邪並塞皆理馴。"

　　姦，僞也。慧琳《大寶積經》音義引《蒼頡》。在内曰姦，在外曰宄。玄應《日藏分經》音義引《三蒼》。

◎妙。《急就篇》："秦眇房。"顔本"眇"作"妙"。

◎媵。同上："妻婦聘嫁齎媵僮。"《説文》作"㣦"。

　　右女部十九字。

◎毋。同上："審無妨。"又："單衣蔽膝布無尊。"顔本"無"並作"毋"。

　　右毋部一字。

◎民。同上："旂裘索擇蠻夷民。"又："馮翊京兆執治民。"

右民部一字。

◎戎。同上："戎貊總閱什伍陳。"

◎戟。同上："鞬鎩鈹鎔劍鐔鍭。"顔本"鎩"作"戟"。

◎賊。同上："盜賊繫囚榜笞臀。"

◎戲。同上："簺局博戲相易輕。"

戲，希義反。笑也，美也，游也。基師《法華經》音義。

◎武。《急就篇》："武初昌。"

右戈部五字。

◎義。同上："憲義渠。"又："去俗歸義來附親。"

右我部一字。

◎琴。同上："竽瑟空侯琴筑鉗。"

◎瑟。同上。

右琴部二字。

◎直。同上："溫直衡。"又："帆幣囊橐不直錢。"

右⼅部一字。

◎亡。同上："縛購脫漏亡命流。"

右亼部一字。

◎匿。同上："謾訑首匿愁勿聊。"

◎匹。同上："資貨市贏匹幅全。"

右匸部二字。

◎匠。同上："篤癃衰癈迎醫匠。"

◎篋。同上："筳箪箕帚筐篋簍。"

◎筐。同上。

◎匜。同上："銅鍾鼎鈃鋗匜銚。"

右匚部四字。

◎曲。同上："袍襦表裏曲領帬。"又："江水涇渭街術曲。"

右曲部一字。

◎甾。

杜林以爲竹笞，揚雄以爲蒲器。《説文》由部。

右甶部一字。

◎瓦。《急就篇》："樓穩薄盧瓦屋梁。"

◎甄。同上："甄甓瓴甌瓨甕盧。"

◎甓。同上。

◎瓴。同上。

甌，瓦盂也。玄應《中阿含經》音義引《三蒼》。

◎瓨。《急就篇》，見上。

瓨，缶瓶也。慧琳《僧護經》、《根本毗奈邪雜事律》音義。即瓦瓶也。慧琳《陀羅尼集》音義。

◎甕。《急就篇》見上"甄"字注。

◎瓵。同上："缶瓵盆甕甒榮壺。"

◎瓮。同上。

◎甒。同上："缶瓵盆甕甒榮壺。"顏本"瓵"作"甄"。《說文》作"甍"。

◎甕。同上："璧碧珠璣玫瑰甕。"又見上"瓵"字注。《說文》作"甕"。

◎瓨。同上：見"甄"字注。《說文》作"甖"。

右瓦部十一字。

◎弓。同上："弓弩箭矢鎧兜鍪。"又："弓窮厚朴桂栝樓。"

◎張。同上："偏呂張。"又："寒氣泄注腹臚張。"

◎彊。同上："馮漢彊。"

◎引。同上："朋黨謀敗相引牽。"

◎弘。同上："雍弘敞。"

◎弩。同上：見"弓"字注。

右弓部六字。

◎孫。同上："公孫都。"

◎縣。同上："絳緹絓紬絲絮縣。"

右系部二字。

◎絓。同上："絳緹絓紬絲絮縣。"顏本"絓"作"絓"。

◎經。同上："宜學諷《詩》、《孝經》、《論》。"

◎纁。同上："承塵戶簾絛潰縱。"顏本"潰"作"纁"。

纁，似纂，赤色也。原本《玉篇》，《文選·神女賦》注，慧琳《古今譯經圖記》音義。纂，多色也。慧琳《辨正論》音義。

◎納。《急就篇》："軺軺軡苓轚納衡。"

◎紡。同上："枲緒繩索紡絞纑。"

◎絕。同上："名顯絕殊異等倫。"

◎續。同上："遠志續斷參土人。"

◎縱。同上："承塵户簾條潰縱。"

◎繎。同上："烝栗絹紺縉紅繎。"

◎細。同上："田細兒。"

◎總。同上："戎貊總閱什伍陳。"又："總領煩亂決疑文。"又："五音雜會歌謳聲。"顏本"雜"作"總"。

◎約。同上："用日約少誠快意。"又："絡紵枲縕裹約纏。"

◎纏。同上。

◎結。同上："冠幘簪簧結髮紐。"

◎縛。同上："蓋橑捎挍宄縛棠。"又："縛購脱漏亡命流。"

◎給。同上："厨宰切割給使令。"又："麋麈麤鹿皮給履。"

◎終。同上："許終古。"

◎紈。同上："縹綟綠丸皂紫硾。"顏本"丸"作"紈"。

◎繒。同上："服瑣俞此與繒連。"

繒，雜帛。基師《法華經》音義引《三蒼》。玄應同經音義引作："雜帛曰繒。"

◎絆

揚雄以爲，漢律，祠宗廟，丹書告。《說文》糸部。

◎綺。《急就篇》："青綺羅縠靡潤鮮。"

◎縠。同上。

◎縑。同上："綈絑縑練素帛蟬。"

◎綈。同上。

◎練。同上。

◎繝。同上："絳緹繝紬絲絮綿。"說文作"縕"。

繝，總大緒也。原本《玉篇》。繝，經緯不同也，亦生紬也。同上。

◎紬。《急就篇》，見上。

◎縵。同上："錦繡縵旄離雲爵。"

◎綾。同上："青綺羅縠靡潤鮮。"顏本"羅"作"綾"。

◎繡。同上：見"縵"字注。

◎絹。同上："蒸栗絹紺縑紅繎。"

◎綠。同上："縹綟綠丸皂紫硟。"

◎縹。同上。

◎絳。同上：見"繡"字注。

　　絳縣在河東。原本《玉篇》。

◎縉。同上：見"絹"字注。

◎緹。同上：見"繡"字注。

◎紫。同上：見"綠"字注。

◎紅。同上：見"絹"字注。

◎紺。同上。

◎綟。同上：見"綠"字注。

◎綬。同上："綸組縋綬以高遷。"

　　綬，紱也。《文選·辨命論》注，慧琳《集沙門不拜俗議》、《廣宏明集》音義。

◎組。《急就篇》，見上。

◎縋。同上。

　　縋，綏絲也。原本《玉篇》。

◎紐。《急就篇》："冠幘簪黃結髮紐。"

◎綸。同上：見"綬"字注。

◎緣。同上："取受付予相因緣。"又："箴縷補袒攓緣循。"

◎袴。同上："襜褕袷複襲袴褌。"

◎縛。同上："單衣蔽膝布毋尊。"顏本"尊"作"縛"。

　　毋縛，布名也。原本《玉篇》。

◎絛。《急就篇》："承塵户簾絛潰縱。"

◎絨。同上："履舄鞜裹越緞紃。"顏本"越"作"絨"。

　　絨，希緫類也。原本《玉篇》。

◎紃。見上。

◎縷。同上："箴縷補袒攓緣循。"

◎縫。同上。顏本作："鍼縷補縫綻紩緣。"

◎紩。同上。

◎ 縏。同上："枲繎繩索紡絞纑。"顏本"枲"作"縏"。

◎ 緱。同上："鞙鍛鈹鎔劍鐔緱。"

緱，刀劍首青絲扁纏也。原本《玉篇》。

◎ 繩。《急就篇》，見上"縏"字注。

◎ 袱。同上："茵袱薄杜藁鑪錫。"

紩，茵紩也。原本《玉篇》。

◎ 絆。《急就篇》："鞻鞅韅絆羈靮韁。"

◎ 繘。同上：見"縏"字注。

◎ 絮。同上："絳緹絓紬絲絮縣。"

◎ 絡。同上："絡紵枲緼裹約纏。"又："綈維緁練素帛蟬。"顏本"維"作"絡"。

絡，未練也，絡布也。原本《玉篇》。

◎ 繫。《急就篇》："盜賊繫囚榜笞臀。"

繫，絮也。原本《玉篇》。

◎ 纑。《急就篇》："枲繎繩索紡絞纑。"

纑，未練者也。原本《玉篇》。未練緝績曰纑。慧琳《文殊師利菩薩六字經》音義。

◎ 紿。《急就篇》："絡紵枲緼裹約纏。"顏本"絡"作"紿"。

◎ 紵。同上。

細曰絟，粗曰紵。原本《玉篇》。

◎ 絜。《急就篇》："廉絜平端靿順親。"

◎ 緤。同上："屐蒯絜纚嬴窶貧。"

緤，小兒履也。原本《玉篇》。

◎ 秅。同上："錦繡縵旄離雲爵。"顏本"旄"作"秅"。

◎ 緗。同上："鬱金半見霜白篸。"顏本"霜"作"緗"。

◎ 緰。同上："服瑣俞此與繒連。"顏本"俞"作"緰"。

◎ 繟。同上："襜褕袷複襲絝繟。"

◎ 綻。同上："篋縷補袒搛緣循。"顏本"袒"作"綻"。

右糸部七十三字。

◎ 素。同上："綈維緁練素帛蟬。"

◎ 縞。同上："鬱金半見霜白篸。"顏本"篸"作"縞"。

◎ 緩。同上："憂念緩急悍勇獨。"

右素部三字。

◎絲。同上："緈緹縑紬絲絮緜。"

◎轡。同上："轡鞅鞦絆羈靮韁。"

　　右絲部二字。

◎虫。同上："水虫科斗蠅蝦蟆。"又："蝗虫不起。"

◎廲。同上："脾腎五藏膍齎乳。"説文作"齎"。

◎強。同上："馮漢彊。"顏本"彊"作"強"。

　　強，健也。基師《法華經》音義，慧琳《大寶積經》音義。

◎蜀。《急就篇》："邯鄲河間沛巴蜀。"

◎蝗。同上："蝗虫不起。"

　　蝗，螽也。慧琳《大集須彌藏經》音義。

◎蟬。《急就篇》："綈絓縑練素帛蟬。"

◎蝦。同上："水虫科斗蠅蝦蟆。"

◎蟆。同上。

　　蝦蟆，蛙也，水蟲也。慧琳《成唯識論》音義。又，《諸法勇王經》音義引作："水中蟲也。"詹諸也。一名蛙。慧琳《文殊師利根本大教王經》音義。又，《經律異相》音義引作："水蟲也，又作蟾蜍也。"

◎蟹。《急就篇》："鯉鮒蟹鱓鮐鮑鰕。"顏本"蟹"作"蠏"。

◎鰕。同上。

◎蠻。同上："旃裘索擇蠻夷民。"

　　右虫部十一字。

◎蠡。同上："蠡斗參升半卮觛。"

　　右䖵部一字。

◎蟲。同上："水虫科斗蠅蝦蟆。"顏本"虫"作"蟲"是。

　　右蟲部一字。

◎風。同上："乘風縣鍾華贖樂。"又："風雨時節。"

　　右風部一字。

◎龜。同上："亭歷桔梗龜骨枯。"

　　右龜部一字。

◎蠅。同上："水虫科斗蠅蝦蟆。"

◎鼀。

揚雄説，鄥鼀，蟲名。杜林以爲朝旦。《説文》黽部。

右黽部二字。

◎土。《急就篇》："屏厠溷渾糞土壤。"又："遠志續斷參土人。"又："列侯封邑有土臣。"

◎地。同上："左地餘。"又："漢地廣大。"

◎均。同上："援衆錢穀主辨均。"

◎壤。同上：見"土"字注。

◎垣。同上："泥塗堊暨壁垣藩。"

◎壁。同上。

◎埒。同上："頃町界畝畦埒封。"顏本作"埒"。

埒，封也。慧琳《品類足論》音義。

◎堂。《急就篇》："室宅廬舍樓殿堂。"

◎堊。同上："泥塗堊暨壁垣藩。"

堊，白土也。玄應《中阿含經》音義。

◎墍。《急就篇》，見上。顏本"暨"作"墍"。

◎墼。同上："墼絫廥廐庫東箱。"

墼，壘也。慧琳《中論》音義。

◎坐。《急就篇》："坐生患害不足憐。"

坐，坐辠也。玄應《涅槃經》音義。

◎封。《急就篇》："列侯封邑有土臣。"又："頃町界畝畦埒封。"顏本"埒"作"封"。

◎城。同上："更卒歸城自詣因。"

◎塞。同上："行觴塞禱鬼神寵。"又："姦邪並塞皆理馴。"

◎壘。同上："墼絫廥廐庫東箱。"顏本"絫"作"壘"。

◎墓。同上："哭泣醊祭墳墓冢。"

◎墳。同上。

◎垂。同上："鐵垂椎杖桄柲殳。"

◎殿。同上："室宅廬舍樓殿堂。"

◎塗。同上："泥塗堊暨壁垣墙。"

◎境。同上："邊竟無事。"顏本"竟"作"境"。

右土部二十二字。

◎堯。同上："柳堯舜。"

　　右垚部一字。

◎里。同上："閭里鄉縣趣辟論。"

◎野。同上："貙貚狡狗野雞雛。"

　　右里部二字。

◎田。同上："田廣國。"又："田細兒。"

　　田，種禾稼也。玄應《法炬陀羅尼經》音義，慧琳《六波羅蜜多經》音義。

◎町。《急就篇》："頃町界畝畦畤疄。"

　　町，田區也。玄應《燈光仙人問疑經》音義，日本源順《和名類聚鈔》一。

◎畝。《急就篇》，見上。

◎畦。同上。

　　田，五十畝曰畦。畦，埒也。玄應《阿毗曇毗婆沙論》音義，慧琳《品類足論》音義。

◎畔。《急就篇》："疆畔畷佰陌犁鉏。"

◎界。同上：見"町"字注。

◎畷。同上：見"畔"字注。

◎當。同上："石敢當。"

◎留。同上："輒覺沒入徼報留。"

◎畜。同上："六畜蕃息豚彘豬。"

◎畤。同上：見"畷"字注。

　　右田部十一字。

◎疆。同上："彎靷糾絆羈靮疆。"又："疆畔畷佰陌犁鉏。"

　　右畕部一字。

◎黃。同上："謝內黃。"又："冠幘簪黃結髮紐。"又："黃芩伏令礜茈胡。"

　　右黃部一字。

◎男。同上："求男弟。"

　　右男部一字。

◎力。同上："勉力務之必有憙。"

◎勳。同上："進近公卿傅僕勳。"

◎功。同上："泠幼功。"

◎助。同上："園菜果蓏助米糧。"

◎務。同上：見"力"字注。

◎勉。同上。

◎勝。同上："薛勝客。"又："邵勝箱。"

◎勇。同上："憂念緩急悍勇獨。"

◎劫。同上："攻擊劫奪檻車膠。"

◎飭。同上："諫飭刻畫無等雙。"

◎劾。同上："誅罰詐偽劾罪人。"

右力部十一字。

◎金。同上："鬱金半見霜白蘥。"又："裹食縣官帶金銀。"

◎銀。同上。

◎鉛。同上："鍛鑄鉛錫鐙鐎錠。"

◎錫。同上。

◎銅。同上："銅鍾鼎鈃鋗匜銚。"

◎鐵。同上："鐵鈇錐鑽釜鍑鏊。"又："鐵垂箠杖杭柲殳。"

◎錄。同上："潁川臨淮集課錄。"

◎鑄。同上：見"鉛"字注。

◎錮。同上："銅釭鍵鈷冶錮鐈。"

◎鑲。同上："矛鋋鑲盾刃刀鉤。"

◎鎔。同上："鞍鍛鈹鎔劍鐔鐹。"

瑢，炭鑪所以行銷鐵也。《文選·上蕭太傅固辭奪禮啓》注。

◎鍛。《急就篇》："鍛鑄鉛錫鐙鐎錠。"

鍛，椎也。都亂切。《後漢書·章彪傳》注，《文選·長笛賦》、《七發》注。慧琳《大般若經》、《大寶積經》、《三戒經》、《䐀沙王五願經》、《攝大乘論》、《釋毗奈耶雜事律》、《廣宏明集》音義並引上句。椎，打也。慧琳《佛說胞胎》音義。鎚，打也。同《大毗婆沙論》音義。

◎鏡。《急就篇》："鏡籢梳比各異工。"

◎鈃。同上："銅鍾鼎鈃鋗匜銚。"

◎鍾。同上："乘風縣鍾華隤樂。"又見上。又："鍾磬鞀簫聲鼓鳴。"

◎鐈。同上："銅釭鍵鈷冶錮鐈。"

◎鍑。同上："鐵鈇錐鑽釜鍑鏊。"

鍑，小釜也。玄應《涅槃經》、《立世阿毗曇論》、《成實論》音義引《三蒼》。

◎鍫。《急就篇》，見上。又："弓弩箭矢鎧兜鍪。"

◎銚。同上：見"釿"字注。

◎鐎。同上："鍛鑄鉛錫鐙鐎錠。"

◎銷。同上：見"釿"字注。

◎鍵。同上：見"鐈"字注。

◎錠。同上：見"鐎"字注。

◎鐙。同上。

◎錡。同上："敦錡薜。"

◎鍼。同上："箴縷補袒捽緓循。"顧本"箴"作"鍼"。

◎鈹。同上："靲鍛鈹鎔劒鐔緱。"

◎鍛。同上。

◎鑿。同上："鈐鐯鉤鈺斧鑿鉏。"

◎錢。同上："帗幣橐橐不直錢。"又："爰衆錢榖主辨均。"

◎鈐。同上：見"鑿"字注。同上。

◎鐯。同上。

◎鉏。同上。又："彊畔畷佰耒犁鉏。"

鉏，茲其田器也。玄應《佛本行集經》音義。

◎鈺。見"鑿"字注。

◎鉆。同上："銅釭鍵鉆冶鋼鐈。"

鉆，持也。謂取物者也。玄應《金剛力士哀戀經》音義。《觀佛三昧海經》音義引作"鉆持取物者也"。又，《正法念經俱舍論》、《佛地經論》音義並引上句。持，鐵夾也。慧琳《大寶積經》音義。即夾持也。慧琳《大唐內典錄》音義。

◎鉗。《急就篇》："鬼薪白粲鉗釱髡。"

◎釱。同上。

鉗，釱也。《後漢書·光武帝紀》注引《三蒼》。釱，踏脚鉗也。《史記·平準書》索隱引《三蒼》。

◎錐。《急就篇》："鐵鈇錐鑽釜鍑鍪。"

◎鑽。同上。

◎銓。同上："量丈尺寸斤兩銓。"

銓，稱也。曰銓，所以稱物也。《文選·文賦》注。

◎鐘。《急就篇》："乘風縣鍾華贖樂。"又："鍾磬鞀簫鼙鼓鳴。"顏本"鍾"並作"鐘"。

◎錚。同上："竽瑟空侯琴筑鉗。"顏本"鉗"作"錚"。

◎鐔。同上："鞞鏌鈹鎔劍鐔鍭。"

鐔，徒感反，劍口也。《莊子·說劍篇》釋文。

◎鈒。《急就篇》："鞞鏌鈹鎔劍鐔鍭。"顏本"鞞"作"鈒"。

◎鋋。同上："矛鋋鑲盾刃刀鈎。"

◎鍭。同上："劍鐔鍭。"顏本"鍭"作"鍭"。

◎鎧。同上："弓弩箭矢鎧兜鍪。"

◎鐧。同上："銅釭鍵鉆冶鐵鐧。"

◎釭。同上。

◎鐋。同上："茵茯薄杜鞏鑣鐋。"

◎鑣。同上。

◎鈇。同上："鐵鈇錐鑽釜鍑鬵。"

鈇，椹也。《文選·冊魏公九錫文》注，玄應《泥犁經》音義，慧琳《五苦章句經》、《毗柰耶雜事律》音義。又，《開元釋教錄》音義引作"椹謂之鈇"，《大寶積經》音義引作"鈇，猶砧也"。質也。《文選·冊魏公九錫文》注。亦橫斧也。玄應《泥犁經》音義。斧也。《後漢書·獻帝紀》注。

◎劉。《急就篇》："劉若芳。《說文》作"鎦"。

◎鏗。《急就篇》："銅鍾鼎鈃鋗甌鉈。"顏本"鈃"作"鏗"。

◎鉈。同上。顏本"甌"作"鉈"。

◎鍪。同上："弓弩箭矢鎧兜鍪。"顏本"鍪"作"鍪"。

◎錘。同上："鐵垂棰杖梃柲殳。"顏本作"鐵錘椯杖。"

◎錧。同上："輻轂錧鐺柔櫨桑。"

◎鐺。同上。

右金部五十九字。

◎斤。同上："量丈尺寸斤兩銓。"

◎斧。同上："鈐錆鉤鉦斧鑿鉏。"

◎斫。同上："斬伐材木斫株根。"

◎所。同上："所不侵"。又："板柞所產谷口茶。"又："積學所致無鬼神。"

所，處也。玄應《涅槃經》音義。

◎斷。《急就篇》："遠志續斷參土瓜。"

◎新。同上："變化迷惑別故新。"又："鬼薪白粲鉗釱髡。"

　　右斤部六字。

◎斗。同上："水蟲科斗鼃蝦蟇。"又："蠡斗參升半斗卮。"

◎斡。

　　揚雄、杜林皆以爲輇車輪斡。《說文》斗部。

◎斜。《急就篇》："板柞所產谷口斜。"顏本"斜"作"斜"。

◎升。同上：見"斗"字注。

　　右斗部四字。

◎矛。同上："矛鋋鑲盾刃刀鉤。"

　　右矛部一字。

◎車。同上："攻擊劫奪檻車膠。"

◎輻。同上："輻輹轅軸輿輪轑。"

◎軺。同上。

◎輕。同上："棊局博戲相易輕。"

◎輿。同上：見"輻"字注。

◎軾。同上："軹軾軫苓轙納衡。"

◎軱。同上："軬𮌯没入檄報留。"

◎軨。同上："軹軾軫苓轙納衡。"顏本"苓"作"軨"。

◎軫。同上：見"軾"字注。

◎軸。同上：見"輻"字注。

◎輮。同上："輻轂錧鍱柔檀桑。"顏本"柔"作"輮"。

◎轂。同上。

◎軹。同上：見"軨"字注。

◎輻。同上：見"輮"字注。又："原輔福。"顏本"福"作"輻"。

◎車。

　　从車，象形。杜林說。《說文》車部。

◎轅。《急就篇》："蓋橑捎挽尼縛棠。"漢簡及顏本"橑"並作"轅"。

◎輨。同上："輻轂錧鍱柔檀桑。""錧"，顏本作"錧"。

◎轅。同上：見"輻"字注。

◎轙。同上："靷軾軔苓轙納衡。"

◎軜。同上。"納"，顏本作"軜"。

◎軍。同上："減罷軍。"又："前後常侍諸將軍。"

◎轄。同上："輻轂𨊠錯柔櫨桑。"顏本"錯"作"轄"。

◎輸。同上："輸屬治作谿谷山。"

◎軻。同上："葛咸軻。"

◎輪。同上："韜𨊠轅軸輿輪康。"

◎斬。同上："斬伐材木斫株根。"

◎輔。同上："原輔福。"

◎轗。同上："葛咸軻。"顏本"咸"作"轗"。

◎轅。同上："韜𨊠轅軸輿輪康。"顏本"康"作"轅"。

◎轑。同上："輻轂𨊠錯柔櫨桑。"顏本"櫨"作"轑"。

◎轃。同上。"桑"，顏本作"轃"。

右車部三十一字。

◎官。同上："稟食縣官帶金銀。"又："諸物盡訖五官出。"

右𠂤部一字。

◎陰。同上："陰賓上。"又："陰陽和平。"

◎陽。同上："路正陽。"又："橋寶陽。"又見上。

◎隤。同上："碓磑扇隤舂簸揚。"

　隤，同上："乘風縣鍾華隤樂。"

◎防。同上："蘭偉房。"顏本"房"作"防"。

◎附。同上："去俗歸義來附親。"又："烏喙付子椒元華。"顏本"付"作"附"。

◎陳。同上："陳元始。"又："戎貊總閱什伍陳。"

◎陶。同上："皐陶造獄法律存。"

　陶，作瓦之家也。舜始為陶。雲公《涅槃經》音義，玄應《四分律》音義。又，《雜阿毗曇心論》，《俱舍論》音義引《三蒼》。

◎除。《急就篇》："射魅辟邪除羣凶。"

右𨸏部九字。

◎絭。同上："絭繑繩索紡絞縗。"又："墾絭廥廐庫東箱。"

右厶部一字。

◎五。同上："五音雜會歌謳聲。"又："脾腎五藏膲齊乳。""諸物盡訖五官出。"又："五穀熟成。"

 右五部一字。

◎六。同上："六畜蕃息豚豯豬。"

 右六部一字。

◎萬。同上："鄧萬歲。"又："萬方來朝。"

◎禹。同上："藥禹湯。"

 右禸部二字。

◎亂。同上："總領煩亂决疑文。"

 右乙部一字。

◎丁。同上："長樂無極老復丁。"

 右丁部一字。

◎成。同上："成博好。"又："五穀熟成。"

 右戊部一字。

◎巴。同上："邯鄲河間沛巴蜀。"

 右巴部一字。

◎辜。同上："疕痏保辜謕呼㹇。"

◎辝。同上："誠窮情得具獄堅。"趙本作"辞"，顏本作"辭"。

 右辛部二字。

◎辨。同上："酸鹹酢淡辨濁清。"又："援衆錢穀主辨均。"

 右辡部一字。

◎子。同上："鄭子方。"又："烏喙付子椒元華。"

◎字。同上："羅列諸物名姓字。"

 字，養也。玄應《法華經》、《涅槃經》音義。又，《阿毗曇心論》音義引《三蒼》。

◎孺。《急就篇》："趙孺卿。"

◎季。同上："畢稚季。"

◎孟。同上："孟伯徐。"

◎存。同上："皋陶造獄法律存。"

◎疑。同上："總領煩亂决疑文。"

 右子部七字。

◎疏。同上："鏡籢梳比各異工。"顏本"梳"作"疏"。

疏，曠也。《文選·庾西陽集別詩》注。

右云部一字。

◎辱。《急就篇》："依恩汙擾貪者辱。"

右辰部一字。

◎以。同上："綸組縋綬以高遷。"

右已部一字。

◎未。同上："龍未央。"

右未部一字。

◎申。同上："充申屠。"

右申部一字。

◎酒。同上："侍酒行解宿昔醒。"又："沽酒釀醪稽極程。"

◎釀。同上。

米麴所作曰釀。玄應《大智度論》引《三蒼》。

◎醪。《急就篇》，見上。

醪，謂有滓酒。玄應《涅槃經》、《舍利弗阿毗曇心論》音義，法雲《翻譯名義集什物篇》。

◎酤。《急就篇》："沽酒釀醪稽極程。"顏本作"酤"。

◎醫。同上："篤癃衰癈迎醫匠。"

◎酸。同上："酸鹹酢淡辨濁清。"

◎酢。見上。又："蕪荑鹽豉醯醬漿。"顏本"醬漿"作"酢醬"。

酢，酸也。慧琳《大寶積經》、《金光明最勝王經》音義。

◎醬。《急就篇》："蕪荑鹽豉醯醬漿。"

◎鹹。同上：見"酸"字注。《說文》作"鹹"。

◎醊。同上："哭泣醊祭墳墓冢。"《說文》作"餟"。

餟，祭也。原本《玉篇》。

右酉部十字。

◎尊。《急就篇》："虞尊偃。"又："單衣蔽膝布無尊。"

右酋部一字。

# 補　遺

◎段。《急就篇》："萬段卿。"

右殳部補一字。

◎楚。《急就篇》:"燕楚嚴。"

右林部補一字。

◎聶。《急就篇》:"聶邗將。"

右耳部補一字。

◎緼。《急就篇》:"絡紵枲緼裹約纏。"

右系部補一字。

◎貍。《急就篇》:"貍兔飛鼥狼麋麐。"

右豸部補一字。

## 卷　下

◎示。

現也。慧苑《華嚴經》音義。

◎禎。

善也。《文選·魏都賦》注,慧苑《華嚴經》音義,慧琳《攝大乘論》、《釋辨正論》、《廣宏明集》音義。吉慶也。慧琳《辨正論》音義"善也"下有此三字。

◎禔。

安也。《顏氏家訓·書證篇》。

◎禡。

亡國之神也。慧琳《毗奈耶律》音義。《唐韻·十四祭》引作"亡國之臣",誤。

右示部四字。

◎瑗。

玉佩名。《爾雅·釋器》釋文。

◎瑞。

應也,信也。玄應《順正理論》音義。慧琳《大般若經》、《寶星陀羅尼經》、《慈恩法師傳》音義並引上句。

◎珥。

珠在耳也。《文選·七發》注。玄應《平等覺經》音義引,此下尚有"耳璫垂珠曰珥"六字。又《琉璃王經》、《大乘十論經》音義引作:"耳璫垂珠者也。"案:此六字見《釋名》,疑玄應申説之辭。

◎瑩。

治也。慧苑《華嚴經》音義，希麟《新華嚴經》音義，慧琳《廣宏明集》音義引："瑩，治也。"又，《不空羂索經》、《菩薩善戒經》音義引："瑩，冶器名也。"蓋別一字。

◎玡。

五色之石也。《玉篇》。

◎瑰瑋。

珍奇也。慧琳《開元釋教錄》音義。

右玉部七字。

◎珏。

雙玉爲珏。《左氏·莊十八年傳》正義。

◎斑。

文兒也，雜色爲斑也。玄應《順正理論》、《阿毗曇毗婆沙論》音義。又，《中本起經》音義引，"斑"作"辬"。

右珏部二字。

◎雰。

雰，霧也。慧琳《大毗婆沙論》、《宏明集》音義。

右气部一字。

◎每。

非一定之辭也。每猶數也，屢也。基師《法華經》音義引《三蒼》。玄應《順正理論》音義引無末二字，"猶"作"亦"。

右屮部一字。

◎葷。

辛菜也。凡物辛臭者，皆曰葷也。玄應《成實論》音義、釋法雲《翻譯名義》九引上句。

◎蔤。

布迷反。艸名也。玄應《涅槃經》音義引《三蒼》。艸也，其生似樹也。玄應《無畏德女經》音義引《三》蒼。

◎萑。

益母也。《毛詩·草木鳥獸蟲魚疏》引《三蒼》。《詩王風》正義、《爾雅釋草》正義引同。

◎荇。

蘊藻之類也。細葉，蓬茸生。《顏氏家訓·書證篇》引郭璞注《三蒼》，《太平御覽》九百九十九引同。《埤雅》十五引上句，"荇"作"莕"。

◎菁。

　　策也。慧琳《佛道論衡》、《廣宏明集》音義。

◎菉。

　　茱萸。《齊民要術》十、《御覽》九百九十八並引《三蒼》。

◎莖。

　　草本曰莖。慧琳《大寶積經》、《觀無量壽佛經》、《象頭精舍經》、《稻稈喻經》、《廣宏明集》音義。

◎蔕。

　　稍也。慧琳《佛頂最勝陀羅尼經》音義。

◎薉。

　　不清潔也。慧琳《大唐內典錄》音義。

◎苑。

　　養牛馬林木曰苑。玄應《起世經》音義引《三蒼》。

◎藩。

　　蔽也。玄應《六度集》音義福州本。籬也。周禮，九州之外爲藩國。同上慧琳本。

◎醢。

　　酢菹也。《御覽》八百五十六。

◎萎。

　　黃病也。慧琳《請賓頭盧法》音義。

◎蘘。

　　艸名也。慧琳《經律異相》音義。

◎蕊。

　　聚也。《文選·籍田賦》注。

◎莓。

　　可食也。慧琳《廣宏明集》音義。

◎蕞。

　　聚兒也。慧琳《宏明集》音義。

　　右艸部十七字。

◎蓐。

　　薦也。基師《法華經》音義，玄應《波羅密經說》、《無垢稱經》音義引《三蒼》。

　　右蓐部一字。

◎牽。

　　苦田反。引制也。玄應《邪祇經》音義引《三蒼》。

　　右牛部一字。

◎氂。

　　毛也。玄應《俱舍論》、《大智度論》音義。

　　右氂部一字。

◎吻。

　　脣兩邊也。《文選·文賦》注，玄應《觀佛三昧海經》、《華嚴經》音義，慧琳《尼陀律》、《集古今佛道論衡》音義。又《大佛頂經》音義引無"兩"字。謂脣兩角頭邊也。慧琳《華嚴經》、《法界品》音義。又，《梵行品》引無"角"字。脣之端也。希麟《新華嚴經》音義引《三蒼》。

◎噲。

　　亦快字。玄應《新歲經》、《法句經》音義。又，《八陽神咒經》音義引《三蒼》。

◎哆。

　　脣縱緩也。慧琳《毗奈耶律》音義。

◎啾。

　　衆聲也。《文選·籍田賦》、《長笛賦》注，玄應《分別功德論》音義。《文選·羽獵賦》注引《三蒼》郭璞解詁作："啾啾，衆聲也。"玄應《雜阿含經》引同。又，《僧祇律》音義引作："啾啾，鳴聲也。"衆吏聲也。玄應《正法華經》音義。《佛本行集經》音義又引作："衆聲也，謂小舉聲也。"聲也。《文選·射雉賦》注引《三蒼》。

◎咀。

　　噍也。《文選·思玄賦》注，基師《法華經》音義，慧琳《大寶積經》、《大毗婆沙論》音義。又，《顯宗論》音義引作"猶噍也"。又含味也。玄應《瑜伽師地論》音義引《三蒼》"噍也"下有此四字。

◎噍。

　　咀也。慧琳《大寶積經》音義。咀嚼也。玄應《華嚴經》音義。

◎吮。

　　似兗反。玄應《佛本行集經》音義引《三蒼》。

◎噬。

　　齧也。玄應《華嚴經》音義、慧苑同經音義並引《三蒼》。

◎含。

　　含，哺也。雲公《涅槃經》音義。

◎喟。

歎息也。慧琳《大般若經》音義引《三蒼》。

◎嚏。

噴鼻也。玄應《普曜經》,《大莊嚴經》、《論僧祇律》、《四分律》、《十誦律》音義,慧琳《毗奈耶雜事律》音義。玄應《九橫經》、慧琳《開元釋教錄》音義引,均無"鼻"字。

◎唯。

唯,恭於諾也。慧琳《大般若經》,《大集大虛空藏經》音義。

◎咄。

訶也,慧琳《續高僧傳》音義。啐也。《文選》孫楚詩、左思《詠史詩》注。

◎唉。

吟也,玄應《生經》音義。恚聲也。玄應《三法度論》音義引《蒼頡訓詁》,《正法念經》音義引"唉"作"欸"。

◎嘯。

吹聲也。玄應《瑜珈師地論》音義引《三蒼》。

◎啻。

不啻,多也。玄應《長安品》、《中阿含經》、《光讚般若經》、《成實論》音義。

◎吐。

棄也,亦寫也。玄應《中阿含經》音義。

◎嗄。

呃也,慧琳《辨正論》音義。欮也。《集韻·五支》"欮"字注。

◎啁。

調也,《文選》任昉詩注,雲公《涅槃經》音義,玄應《涅槃經》、《日藏經》、《修行道地經》、《佛本行集經》音義,慧琳《高僧傳》音義。玄應《諸佛集要經》《僧祇律》音義引,"啁"作"嘲"。《瑜伽師地論》音義引《三蒼》。戲也。慧琳《續高僧傳》音義。

◎哇。

謳也。《文選·七命》注,慧琳《佛道論衡》《三教論衡》《破邪論》《宏明集》《廣宏明集》音義。

◎叱。

呵也。玄應《大智度論》音義。大呵爲叱。玄應《大方等陀羅尼經》音義。

◎噴。

吒也。玄應《過去現在因果經》音義,慧琳《鶩掘摩經》《毗奈耶律》音義。《文選·長笛賦》

注引作"叱也"，疑譌。

◎呻。

◎吟。

  呻吟，歎也。慧琳《集神州三寶感通傳》音義。吟，歎也。《文選》薛武詩注。玄應《鸚鵡經》音義。

◎喝。

  訶也。慧琳《毗柰耶雜事律》、《一切有部律攝》音義。

◎嚶。

  嚶嚶，鳥聲也。《文選·琴賦》注。

◎喻。

  諫也，慧苑《華嚴經》音義。譬諫也。基師《法華經》音義，玄應《華嚴經》音義，慧琳《大般若經》音義。又，玄應《瑜伽師地論》音義引《三蒼》。

◎嘶。

  散也。慧琳《釋迦譜》音義。

◎喧。

  曉也。《玉燭寶典》二。

◎哂。

  小笑也。玄應《十住斷結經》音義引《三蒼》。

◎嗽。

  吮也。玄應《涅槃經》《佛本行集經》《大智度論》音義引《三蒼》。

  右口部三十一字。

◎單。

  除疫人也。原本《玉篇》。《大廣益會玉篇》云："與'儺'同。"

  右叩部一字。

◎趍。

  奔也。慧琳《高僧傳》音義。

  右走部一字。

◎韙。

  韋鬼反，是也。《左氏·隱十一年傳》釋文。

  右是部一字。

◎巡。

歷也。玄應《華嚴經》音義引《三蒼》。

◎遵。

習也。慧琳《五恐怖世經》音義，慧苑《華嚴經》音義引《三蒼》。

◎迮。

止也，慧琳《集異足門論》音義。起也，倉猝意。慧琳《經律異相》音義。

◎適。

古文遪、這二形同。之尺反。玄應《波羅密經》音義引《三蒼》。《俱舍論》音義引作："古文作'這'，同。尸赤反。"始也，近也，基師《法華經》音義，慧苑《新譯華嚴經》音義。悅也。基師並玄應《法華經》音義。又往也。玄應《阿毗達磨俱舍論》音義。以上均引《三蒼》。

◎迻。

徙也。慧琳《廣宏明集》音義。

◎徙。

移也。慧苑《華嚴經》音義。

◎邍。

徐也。《文選·舞賦》注。

◎避。

去也。玄應《大智度論》音義。

◎逋。

不到也。慧琳《西域記》音義。

◎迫。

近也，急也。慧琳《大般若經》音義兩引，其一無下句。《六波羅密經》音義引，亦無下句。

◎遏。

遮也，止也。玄應《華嚴經》音義。又，《放光般若經》《十誦律》《阿毗達磨俱舍論》音義並引上句。慧琳《私阿昧經》音義引作"謂遮也"。玄應《大方便報恩經》音義引下句。

◎遽。

速也。慧琳《大寶積經》音義。

◎這。

迎也。玄應《阿閦佛國經》音義，慧琳《分別善惡所起經》《惟日雜難經》《迦葉結經》《釋迦譜序》《經律異相》音義。慧琳《五百問事經》引，"這"作"遪"，迎也。

右辵部十三字。

◎徑。

過也。慧琳《黑氏梵志經》音義。

◎彴。

徧也。玄應《華嚴經》音義引《三蒼》。

◎徇。

求也。玄應《順正理論》《示教勝軍王經》音義。又，《舍利弗阿毗曇論》音義引，"徇"作"殉"。

右彳部三字。

◎衖。

里中別道也。玄應《波羅密經》音義引《三蒼》。

◎衕。

巷道。《廣韻·二腫》"衕"字注。。

右行部二字。

◎齘。

鳴齒也。玄應《四分律》《十誦律》《順正理論》音義引《三蒼》。

◎齵。

齒重生也。玄應《僧祇律》《佛本行集經》音義，慧琳《毗柰耶律》《苾芻尼律》音義，《和名類聚鈔》卷二。

◎齮。

齊人謂齧咋爲齮，齮側齧也。玄應《正法華經》音義。又，《佛大僧大經》音義引上句，以下句屬許慎。

◎齮。

齝，《三蒼》作齮。玄應《大智度論》音義。

◎齧。

亦犴也。《後漢書·馬融傳》注。

右齒部五字。

◎蹶。

取兔具也。釋湛然《法華文句記》一。

◎蹻。

舉足行高也。玄應《阿毗曇峨婆沙論》音義，慧琳《品類足論》音義並引《蒼頡解詁》。玄應《解脫界本》音義引《三蒼解詁》云："舉足也。"

◎蹴。

躡也。慧琳《坐禪三昧經》《毗奈耶雜事律》《經律異相》音義。又，《禪祕法要經》音義引作："趩，猶驅物也。"

◎躡。

蹀也，慧琳《大寶積經》《一切有部律攝》《百一羯磨顯宗論》《僧伽羅刹集》音義。延也。慧琳《高僧傳》音義。

◎跨。

兩股間也。《詩·魯頌》《爾雅·釋畜》釋文，慧琳《善住祕密經》《五祕密瑜伽》音義。又，《大寶積經》音義引，奪"間"字。又，《毗奈耶攝頌》音義引作"兩股外也"，恐是"踝"字之訓。踰也，過也，越度也。慧琳《毗奈耶大律》音義。

◎蹋。

踶也，慧琳《一切有部律攝》《經律異相》音義。蹋，著地。《史記·司馬相如傳》索隱引《三蒼》。《玉篇》云："蹋，足著地也。"此疑奪"足"字。

◎踔。

踰也。《文選·羽獵賦》注引《三蒼訓詁》。

◎躅。

《三蒼》謂跡爲躅。慧琳《南海寄歸內法傳》音義。

◎跳。

踊也，慧琳《大般若經》《觀自在菩薩念誦儀軌》《毗奈耶大律》《雜事律》《大苾芻戒經》《集異門足論》《彌勒所問論》《菩提資糧論》音義。又，《善住意天子經》音義引作："跳，踴步也。"躍也。慧琳《五百問事經》音義。

◎蹠。

躡也。玄應《起塔因緣經》音義。

◎踢。

驅馳皃也，亦失跡也。玄應《大智度論》音義。

◎踒。

挫足爲踒。玄應《太子本起瑞應經》音義。

◎跣。

以腳踐土也。玄應《四分律》《大愛道比邱尼經》音義引《三蒼》。

◎躧。

徐行皃，《文選·長門賦》注，慧琳《宏明集》音義。曳履徐行也。慧琳《高僧傳》音義。躡也。《莊子·讓王篇》釋文引《三蒼解詁》。

◎蹙。

  蹙，頞鼻上騫也。慧琳《大寶積經》音義。

◎蹭。

  敬也，容止兒也。玄應《拔陂經》音義引《三蒼》。

◎跌。

  謂足跌也。雲公《涅槃經》音義、希麟《新華嚴經》音義並引《三蒼》。

◎跗。

  足上也。玄應《佛土嚴淨經》音義引《三蒼》。

◎跅。

  跅同。大各反。玄應《四分律》音義引《三蒼》。

  右足部十九字。

◎疐。

  音帝。玄應《道應般若經》音義引《三蒼》。

  右疋部一字。

◎品。

  裁也。原本《玉篇》。

  右品部一字。

◎龠。

  五撮。原本《玉篇》，慧琳《高僧傳》音義引作"即五撮也"。

◎䤴。

  東方音也。原本《玉篇》。

◎韽。

  韽，韶九成也。樂器曰韽也。同上。

  右龠部三字。

◎嚚。

  惡也。玄應《攝大乘論》《順正理論》音義，慧苑《華嚴經》音義，慧琳《大般若經》《寶雨經》《金剛髻珠菩薩修行分經》音義。玄應《瑜伽師地論》音義引《三蒼》。

右𠱬部一字。

◎糾。

  繩三合曰糾。玄應《毗婆沙論》慧琳《品類足論》音義並引《蒼頡解詁》。

  右丩部一字。

◎謦。

謦也。基師《法華經》音義，玄應《法華經論》音義，慧琳《一字頂輪王經》《毗柰耶律》《不退轉法輪經》《牟梨曼陀羅呪經》《經律異相》音義。

◎讎。

怨偶曰讎。讎，對也。玄應《月藏分經》《攝大乘論》音義引《三蒼》。

◎讖。

祕密書也，出河洛。玄應《大智度論》《四分律》音義引《三蒼》。讖書，河洛書也。《文選·思玄賦》注、蕭該《漢書·叙傳》音義、慧琳《宏明集》音義並引《蒼頡》。驗也。慧琳《高僧傳》音義引《蒼頡》。

◎諞。

譬也。慧琳《大般若經》音義。

◎詙。

佞諂也。《後漢書·第五倫傳》注，《文選》顏延年詩注，慧琳《不空羂索經》《西域記》音義。慧苑《華嚴經》音義引作"謂佞諂也"。慧琳《大寶積經》音義兩引，又《佛刹功德經》音義引，並作"諂佞也"。

◎訂。

評議也。慧琳《續高僧傳》音義。

◎訊。

問也。慧琳《文陀竭王經》音義。

◎謙。

虛也。原本《玉篇》。

◎詡。

和也，恤人者也。原本《玉篇》。慧琳《續高僧傳》音義引作"猶和也"，無下句。

◎詷。

會也，亦調也。原本《玉篇》。

◎諰。

言且忍之。原本《玉篇》。"忍"當作"思"，"之"下奪"也"字。

◎諍。

警訟也，亦引也。玄應《阿毗達摩俱舍論》音義。慧琳《大般若經》音義引上句。

◎警。

大呼也。原本《玉篇》。

◎譀。

讼聲也。原本《玉篇》，玄應《字經抄》音義。

◎詔。

佞也。慧琳《寶雨經》音義。佞言曰詔。雲公《涅槃經》，玄應《涅槃經》《等目菩薩所問經》音義並引《三蒼》。

◎諸。

詐諤也。原本《玉篇》。

◎譺。

欺也。原本《玉篇》，玄應《生經》《四葦經》音義，慧琳《寶嚴經》音義。

◎訕。

非也。原本《玉篇》，玄應《正法華經》音義，慧琳《宏明集》音義。誹也。《後漢書·黨錮傳》《孔融傳》注，玄應《大愛道比邱尼經》《如來記法住經》《四葦經》《順正理論》音義。又，《般舟三昧經》音義引作"誹毀也"，恐誤。

◎謗。

毀也。玄應《正法華經》音義。

◎詶。

"詶"亦"酬"字。詶，報也。玄應《辟支佛因緣論》音義引《蒼頡解詁》。又，《僧祇律》音義引上句。又，《分別功德論》音義云："酬，《蒼頡篇》作'詶'。"《維摩詰所説經》音義云："酬，《三蒼》作'詶也'。"

◎詒。

胡市也。原本《玉篇》。案今《玉篇》：詒，胡内切；又，胡市切。此疑訛。

◎訐。

訶也。原本《玉篇》，慧琳《經律異相》音義。

◎詁。

◎說。

言不正也。原本《玉篇》引《蒼頡篇》。案《蒼頡篇》上有"埤也"二字，疑或出《埤蒼》。

◎讀。

譯也。原本《玉篇》。

◎讙。

◎譁。

讙言，語詾詾也。譁言，語譊譊也。玄應《瑜伽佛師地論》《大莊嚴經論》音義引《三蒼》。誼，言語訽訽往來也。譁，言語譊譊誼也。玄應《大灌頂經》音義引《三蒼》。

◎譎。

詐也。玄應《毗婆沙論》音義引《三蒼》。

◎譸。

誣也。原本《玉篇》。

◎謓。

怒也。原本《玉篇》，慧琳《諸法無行經》、《唯識論》音義。

◎訐。

相發揚惡也。原本《玉篇》。

◎譖。

讒也。一云傍人曰譖也。玄應《出曜論》音義引《三蒼》。

◎譴。

呵也。原本《玉篇》，玄應《波羅密經》《大智度論》音義，慧琳《大般若經》《釋門系錄》《西域記》音義。玄應《六度集經》《瑜伽師地論》音義引，"呵"作"訶"。訶責也。慧琳《辨正論》音義。

◎謫。

譴責也。慧琳《十輪經》音義引《三蒼》。

◎譙。

訶也，亦嬈也。原本《玉篇》。"譙"字注引作"訶，譙也，亦嬈也"，"訶"、"譙"二字互倒，今從玄應《字經抄》音義所引訂正。訶責也。慧琳《續高僧傳》音義。

◎誚。

訶也，譏也。慧琳《大般若經》《十輪經》《忿怒真言儀軌經》《毗柰耶律》《集沙門不拜俗議》音義。相責讓也。慧琳《法琳法師傳》音義。

◎詭。

譎也。玄應《四分律》《阿毗曇毗婆沙論》音義引《三蒼》。

◎詆。

欺也。原本《玉篇》，玄應《義足經》音義，慧琳《當來變經》《高僧傳》《宏明集》音義。

◎諅。

一曰或也。原本《玉篇》。案《說文》："諅，飾也。讀若戒。"此"或"疑"戒"之譌。

◎譶。

言不止也。原本《玉篇》，《文選·吳都賦》注引，無"言"字。

◎䭘。

　　疾言也。原本《玉篇》。

◎謖。

　　謏也。原本《玉篇》。

◎諻。

　　樂也。原本《玉篇》。

◎詸。

　　私也。原本《玉篇》。

◎讀。

　　謫也。原本《玉篇》。

◎𧩙。

　　謫也。原本《玉篇》。

◎譀。

　　詞也。原本《玉篇》。

◎譩。

　　喈。原本《玉篇》。慧琳肇論音義云："鳴，《蒼頡》篇从'言'作'譩'。"

◎訆。

　　況也。原本《玉篇》。

◎訕。

　　陰知也。原本《玉篇》。

◎諢。

　　諢諢，讀也。原本《玉篇》。

◎訽。

　　言誰也。原本《玉篇》。

◎讆。

　　于劇反。訹言也。玄應《四分律》音義引《三蒼》。

　　右言部五十三字。

◎藸。

　　工也，往也。原本《玉篇》。

　　右誩部一字。

◎ 夰。

散兒,《文選·琴賦》注。文章兒也。慧琳《玄奘法師傳》音義。

右廾部一字。

◎ 爨。

炊也。玄應《出曜論》音義引《三蒼》。

右爨部一字。

◎ 鞁。

覆也。玄應《四分律》、《大菩薩藏經》音義。

◎ 鞠。

毛丸可蹋戲者曰鞠。《文選》曹植《名都篇》注,玄應《涅槃經》音義,《御覽》七百五十四並引郭璞《三蒼解詁》。《史記·衛將軍驃騎列傳》索隱引《三蒼》云:"鞠,毛可蹋以爲戲。"

◎ 鞼。

佩刀把韋也。《莊子·庚桑楚篇》釋文引《三蒼》。

◎ 韡。

履上大者曰韡。《玉燭寶典》十一。

右革部四字。

◎ 鬻。

熬也。創小反。《玉燭寶典》一。

右鬲部一字。

◎ 𤓰。

搏也。慧琳《佛本行讚傳》音義。

右爪部一字。

◎ 卑。

下也。玄應《維摩詰經》音義。

右𠂇部一字。

◎ 肄。

習也。《魏志·武帝紀》注引《三蒼》。

右聿部一字。

◎ 寺。

官舍也。玄應《四分律》音義引《三蒼》。慧琳《華嚴經》音義引作"館舍也"。

右寸部一字。

◎皰。

　皰，《蒼頡》篇从"皮"作"皰"。慧苑《大般若經》音義。

　右皮部一字。

◎毃。

　擊也。《廣韻》。玄應《興起行經》云"敲，《蒼頡訓詁》作'毃'"，《大智度論》音義云"《蒼頡》篇作'毃'"。

◎敲。

◎㲉。

　敲㲉，相擊也。玄應《德光太子經》音義引《三蒼》。

◎攽。

　扣，《三蒼》作"攽"。玄應《華嚴經》音義。

　右支部四字。

◎教。

　誨也，效也。玄應《涅槃經》音義引。

　右教部一字。

◎眩。

　幻也，惑也。慧琳《集佛道論衡》音義。惑也，又視不明也。玄應《阿彌陀經》音義，慧琳《攝大乘論》音義。《文選·思玄賦》注引："目視不明皃。"玄應《報恩經》、慧琳《摩尼羅亶經》《菩薩十善業道經》《唯識二十論》《成唯識寶生論》音義並引："視不明也。"玄應《瑜伽師地論》《顯揚聖教論》音義引《三蒼》同。慧琳《大般若經》音義引作"視之不明"，又作"視之不明了也"。又，《界身足論》《哀戀經》引："視之不明也。"《觀世音身經》音義引："觀之不明也。"玄應《陀羅尼雜集經》音義引，"視"作"目"。《文選·西都賦》注、《後漢書·班固傳》注引，"眩"作"眴"，云"眴。視不明也"。

◎䀹、睫、䁯。

　皆毛也。慧琳《僧羅剎集》音義。睫，皆毛也。慧琳《無量義經》音義，《爾雅·釋鳥》釋文引《三蒼》。䁯，皆毛也。慧琳《辨正論》音義引《三蒼》。

◎睆。

　目出皃也。玄應《佛本應集經》音義。

◎瞵。

　視不了也。《玉篇》。

◎瞠。

直視也。《玉篇》。《文選·舞賦》注。玄應《尊婆須密所論集》音義。《文選·長笛賦》注引作："瞠，直下視皃。"

◎睒。

暫見也。慧琳《須摩提女經》音義。

◎旰。

張目皃。《列子·黃帝篇》釋文。慧琳《玄奘法師傳》《破邪論》《續高僧傳》音義並引作"張目也"。

◎瞫。

下視也，竊見也。慧琳《不空羂索經》音義。

◎睡。

欲臥也。慧琳《大寶積經》音義。又，《成唯識》《寶生論》音義引作"猶臥也"。眠熟也。慧琳《陰持入經》音義。

◎瞤。

目病也。《爾雅·釋畜》釋文，玄應《四分律》音義，慧琳《毗奈耶攝頌》音義。

◎睞。

童子不正，內視也。玄應《平等覺經》音義。玄應《四分律》、慧琳《一字頂輪王經》音義引作"內視也"。慧琳《寶篋經》音義引作"謂內視也"。基師及玄應《法華經》音義引作"內視曰睞"。慧琳《續高僧傳》音義引作"目視也"。

◎眄。

旁視也。玄應《華嚴經》《大莊嚴經論》音義。又，《增一阿含經》音義引《三蒼》："旁視曰眄。"

◎瞽。

無目謂之瞽。玄應《廣百論釋》音義、慧苑《華嚴經》音義並引《三蒼》。

◎瞰。

猶視也。慧琳《集神州三寶感通傳》音義。

◎瞶。

極視也。《玉篇》。

◎矖。

索視之皃。《文選·吳都賦》、謝惠連《詠牛女》詩注。曠視之皃。《文選·顏延之侍宴》詩，江淹《雜體詩》注。

◎瞖。

目病也。玄應《鞞婆沙阿毗曇論》音義引《三蒼》。又，《燈指因緣經》音義引《三蒼》郭璞注作："瞖，目瞖病也"。

右目部十七字。

◎ 洟。

鼻液也。玄應《波羅密經》、《瑜伽師地論》音義引《三蒼》。

右鼻部一字。

◎ 薹。
◎ 瞢。

薹薹，卧初起皃。又，悶也。慧琳《大安般守意經》音義。又，瞿曇《彌記果經》音義引上句。瞢，不明也。玄應《菩薩見實三昧經》、《順正理論》音義引《三蒼》。

右首部二字。

◎ 鷖。

鷗也。生蓱葉上，名水鴞。《御覽》九百二十五引《蒼頡解詁》。《詩·大雅》釋文引《解詁》："鷖，鷗也，一名水鴞。"《藝文類聚》九十二引《解詁》："鷖，鷗也。"

◎ 鷸。

翠別名也。《類聚》九十二、《御覽》九百二十四並引《蒼頡解詁》。

◎ 鸘。
◎ 鷔。

鸘鷔，似鴉而黑也也。《文選·南都賦》注，玄應《字經抄》音義。

◎ 鷗。

大如鳩也。《文選·吳都賦》注，慧琳《廣弘明集》》音義。

◎ 鶬。

鶬鴰也。《列子·天瑞篇》釋文，《莊子·天運篇》釋文引《三蒼》，《埤雅·釋鳥》引"鶬"作"蒼"。鶬鳥高飛似雁，目相擊而孕，吐而生子。其色蒼白。《白孔六帖》《埤雅·釋鳥》並引《三蒼》。

◎ 鵜。

鵜亦作鷈。音黎，又，大奚反。玄應《出曜經》音義引《三蒼》郭璞注。

◎ 鶚。

金喙鳥也。見則天下兵，能擊殺麋鹿。《御覽》九百十六引《蒼頡解詁》。

◎ 鴒。
◎ 鶒。

鵕鸃，鷩，即鷩、翟、山雞之屬。尾彩鮮明，是將飾冠以代貂。《通典》五十七引《蒼頡解詁》。鵕鸃，神鳥。飛竟天漢，以爲侍中冠。《御覽》九百十五引《蒼頡解詁》。《史記·佞幸列傳》索隱引《三蒼》云："鵕鸃，神鳥也。飛光映天者也。"

◎鶹。

鵂屬也。《玉燭寶典》三。

右鳥部十一字。

◎麼。

微也，亦細小也。玄應《阿差末經》《順權方便經》音義引《三蒼》。

右么部一字。

◎殘。

傷也，切也，慧苑《華嚴經》音義。敗也。慧琳《手杖論》音義。

◎殖。

息也，種也，多也。慧琳《甚希有經》音義。又，《大般若經》音義引："息也，多也。"又，《金光明最勝王經》音義引"種也，息也。"《文選·甘泉賦》《籍田賦》《景福殿賦》《閒居賦》注，基師及玄應《法華經》音義，玄應《維摩詰經》《四分律》音義並引"種也"一句。

◎殉。

求也，亦營也。玄應《舍利弗阿毗曇論》《瑜伽師地論》音義。又，《示教勝軍王經》《佛地經論》音義，慧琳《順正理論》音義補並引上句。

右歺部三字。

◎骫。

曲也。《文選·舞賦》注。

右骨部一字。

◎胎。

兒未生曰胎。慧琳《胞胎經》音義。又，《發智論》音義引"胎，謂未生也"，《百千頌大集經》、《請問法身讚》音義引"胎，未生也"。女人懷妊未生曰胎。慧琳《大般若經》音義。

◎脬。

盛尿者也。玄應《波羅密經》音義引《蒼頡解詁》。又，《見實三昧經》《增一阿舍經》音義引《三蒼》云："盛尿處曰脬。"慧琳《大積經》音義引《三蒼》云："小腸中盛小便器也。"

◎胗。

風也，腫也。基師《法華經》音義引《三蒼》。福州本玄應同經音義引作"風腫也"。

◎胝。

蹣也。《文選·難蜀父老》注引郭璞《三蒼解詁》。

◎肵。

病也。玄應《法鏡經》音義。

◎䐃。

八月祭名也。玄應《大智度論》音義引《三蒼》。

◎膘。

小腹兩邊肉也。《詩·小雅·車攻》釋文、《公羊·桓四年傳》釋文引《三蒼》。

◎腈。

少汁臅也。子兗切。《文選》曹植《名都篇》、《七啟》注，《御覽》八百六十一並引《蒼頡解詁》。

◎腌。

酢淹肉也。《玉篇》。

◎腋。

肘後也。慧琳《五門禪經》音義。

◎胭。

咽也。慧琳《大孔雀王呪經》、《寶積論》音義。

◎胆。

蠅乳肉中也。玄應《涅槃經》音義引《三蒼》。又《日藏分經》《俱舍論》音義引《三蒼》："蠅乳肉中曰胆。"

右肉部十二字。

◎削。

鞘，《蒼頡篇》作"削"。玄應《長阿含經》音義。

◎剖。

判也，析也，分也。雲公《涅槃經》音義。玄應《瑜伽師地論》音義引："剖，分析也。"《文選·七命》注，玄應《涅槃經》《大智度論》音義，慧苑《華嚴經》音義，慧琳《大般若經》《師子吼經》《持人菩薩經》《顯宗論》《釋迦譜》《廣宏明集》音義並引作："剖，析也。"

◎刳。

屠也。玄應《六度集大智度論》音義，慧琳《玄奘法師傳》《續高僧傳》《廣宏明集》音義。

◎刪。

除也。玄應《日藏分經》《解脫道論》音義引《三蒼》。

◎剝。

去其皮也。慧琳《四分僧羯磨》音義。

◎剺。

劃也。玄應《正法華經》音義引《三蒼》。

◎劑。

分齊也。雲公《涅槃經》音義引《三蒼》。

◎刷。

掃也。《詩·豳風·七月》釋文引《三蒼》。

◎剽。

截也。玄應《大莊嚴經論》《雜阿含經》音義。

◎到。

刺也。《史記·陳涉世家》索隱引《三蒼》。又，《淮南王傳》索隱引《三蒼》郭璞注。

◎剜。

削也。慧琳《毗柰耶雜事律》音義。削取也。慧琳《大寶積經》音義。

◎劇。

篤也。慧琳《大般若經》《開元釋教錄》《續高僧傳》音義。病篤也。慧琳《大般若經》《經律異相》音義。增甚也。慧琳《藥師如來本願功德經》《無明羅剎集》音義。

右刀部十二字。

◎耕。

墾也。湛然《輔行記》四。慧琳及希麟《六波羅密多經》音義引作"墾田也"。

◎耤。

耕亦作"耤"，出《蒼頡篇》。《唐韻·卅鐸》。鄧名世《古今姓氏書辨證》云："耤，音作，出《蒼頡史篇》。"

◎耗。

耒頭鐵也。《莊子·天下篇》釋文引《三蒼》。

右耒部三字。

◎篁。

音皇。戴凱之《竹譜》注引《三蒼》。

◎笮。

竹索也。慧琳《高僧傳》音義。

◎算。

計也。《文選·運命論》注。選也。玄應《寶雲經》音義引《三蒼》。

◎筁。

　　音霍，性柔弱。《竹譜》注引《三蒼》。

◎籋。

　　音衛。《竹譜》注引《三蒼》。

◎笆。

　　棘竹，一名笆竹。《竹譜》注引《三蒼》。

　　右竹部六字。

◎甚。

　　孔也。原本《玉篇》。

　　右甘部一字。

◎叵。

　　不可也。玄應《阿毗達磨俱舍論》音義引《三蒼》。

　　右可部一字。

◎豈。

　　冀也。《文選》曹植《朔風詩》注。

　　右豈部一字。

◎穽。

　　謂掘地爲坑，張禽獸也。玄應《法炬陀羅經》音義。又，《阿毗達磨俱舍論》音義引《三蒼解詁》，"坑"作"陷"，"張"字上有"所以"二字。陷坑曰穽。玄應《別譯阿含經》音義。

　　右井部一字。

◎皂。

　　粒也。《顏氏家訓·勉學篇》引《三蒼》。

　　右皂部一字。

◎養。

　　育也。原本《玉篇》。慧苑《華嚴經》音義引《三蒼》。

◎飤。

　　飽也。謂以飲食設供於人曰飤，故字从人。玄應《阿毗達摩俱舍論》音義。又，《四分律》《立世阿毗曇論》音義引《蒼頡解詁》云："以食與人曰飤。"王氏念孫曰："'飽'當爲'餉'。"

◎餔。

　　夕食也，謂申時食也。玄應《大智度論》《盂蘭盆經》《四分律》音義引《三蒼》。

◎饋。

祭遺也，原本《玉篇》。祭名也。《文選·祭顏光祿文》注。

◎餞。

食臭也，原本《玉篇》。食臭敗也。《論語·鄉黨篇》《爾雅·釋器》釋文。

◎餒。

餓也，玄應《正法華經》音義。飢也。慧琳《續高僧傳》音義。飮也。玄應《陀羅尼雜集經》音義引《三蒼》。

◎飢。

餒也。腹中空也。慧琳《金光明最勝王經》音義。原本《玉篇》，慧琳《大般若經》音義引上句。

◎餽。

饟也。原本《玉篇》，《後漢書·酷吏傳》注。

◎䭃。

門祭名。原本《玉篇》。

◎餐。

饋也。原本《玉篇》，《爾雅·釋言》釋文。

◎餪。

餓女也。原本《玉篇》。

◎養。

常山謂祭曰養。原本《玉篇》。

◎饜。

嫌也。原本《玉篇》。

◎餖。

無味也。原本《玉篇》。

◎饈。

祭之。繹，《蒼頡篇》爲"饈"字。原本《玉篇》。

◎䭔。

飴中著豆屑也。《北堂書鈔》一百四十二、《御覽》八百五十三並引《蒼頡解詁》。

右食部十六字。

◎今。

時辭也。

右亼部一字。

◎缺。

　　虧也，隙也。慧琳《寶星經》音義。又，《三藏聖教序》《大般若經》《善住意天子經》《大集虛空藏經》《新翻密嚴經》《八吉祥神呪經》音義並引上句。

◎缿。

　　胡江反。《史記·酷吏傳》索隱引《三蒼》。

　　右缶部二字。

◎矯。

　　立也，《文選·郭有道碑》注。正也。《文選·長笛賦》注，慧苑《華嚴經》音義。

　　右矢部一字。

◎麩。

　　麥皮也。慧琳《鞞摩肅經》音義。

◎麫。

　　細麩也。《御覽》八百五十三引《蒼頡解詁》。

　　右麥部二字。

◎韜。

　　杠衣也。慧琳《肇論》音義。

◎韞。

　　束縛也。慧琳《宏明集》音義。

◎韛。

　　韋囊也，慧琳《坐禪三昧經》音義。韋皮也。慧琳《大莊嚴經》音義，希麟《華嚴經》音義。吹火具也。慧琳《大方廣三戒經》音義。又，《大毗婆沙論》音義引，"韛"作"鞴"。

　　右韋部三字。

◎棳。

　　柶。玄應《月上女經》音義。

◎椷。

　　即柞也。《毛詩·草木鳥獸蟲魚疏》、《詩·大雅·緜》正義並釋文、《御覽》九百五十八，《爾雅·釋木》正義並引《三蒼》。

◎某。

　　謂設事也。慧琳《沙彌塞羯磨本》音義。

◎枝。

　　枝指，手有六指也。《莊子·駢拇篇》釋文引《三蒼》。

◎格。

　　量度也。《文選·蕪誠賦》注、《運命論》注。玄應《瑜伽師地論》音義。樇架也。玄應《四分律》音義。又《瑠離王經》音義引作："格，樇也，樇架也。"

◎築。

　　杵頭鐵沓也。《文選·蕪城賦》、《讓開府表》注引郭璞《三蒼解詁》。

◎柱。

　　枝也，《文選·魯靈光殿賦》注。杖也。慧琳《集異門足論》音義。

◎枅。

　　柱上方木也。一名楶，亦名枓，亦名㭼，亦名㮨。玄應《僧祇律》音義。又，《五分律》音義引首二句，下又有"亦名欂櫨"四字。《文選·魯靈光殿賦》注引首句。山東江南皆曰枅，枅自陝以西曰楶。玄應《大集經》《四分律》音義引《三蒼》。

◎棺。

　　檐也。慧琳《玄奘傳》《法林傳》音義。

◎㨙。

　　音簟，持也。玄應《四分律》音義。又，《十誦律》音義引作："撣，持也。"

◎植。

　　戶旁柱曰植，植亦縣薄柱也。玄應《普超三昧經》音義引《三蒼》。

◎櫱。

　　疏也。玄應《普曜經》音義，慧琳《廣弘明集》音義。

◎櫺。

　　橫竹在軛下，亦檻也。慧琳《宏明集》音義。檻楯間也。同上。

◎梱。

　　門限也。玄應《華嚴經》《長阿含經》音義並引《三蒼》。又，《德護長者經》《阿毗曇毗婆沙論》音義引，"梱"作"閫"。

◎槍。

　　謂木兩頭銳者也。慧苑《華嚴經》音義。玄應《中阿含經》音義引作："兩頭銳也。"慧琳《大寶積經》《六波羅密多經》《顯宗論》音義引作："木兩頭銳也。"雲公《涅槃經》音義引《三蒼》作："木之兩端銳者曰槍。"玄應《涅槃經》音義引《三蒼》，《成實論》音義引《蒼頡解詁》作："木兩端銳曰槍。"《多羅禪經》、《瑜伽師地論》音義引作："木兩頭銳曰槍。"《阿毗達摩俱舍論》音義引作："木兩頭尖銳曰槍。"又，《十住毗婆沙論》音義引《三蒼》作："木兩頭小而銳曰槍。"

◎柵。

縶也。慧琳《高僧傳》音義。

◎槩。

平斗斛木也。玄應《出曜論》音義，慧琳《佛本行讚傳》音義。元應《觀察諸法行經》音義引作："平斗斛木曰槩也。"

◎械。

盛文書械，木篋也。慧琳《南海寄歸內法傳》音義。

◎縢。

經所居機曰縢。玄應《四分律》音義引《三蒼》。

◎椷。

木皮篋也，出上谷。姑才反。《玉燭寶典》一。

◎棚。

棧閣也。玄應《四分律》音義引《三蒼》。又，《成具光明定意經》音義引《蒼頡》，"棧"譌作"樓"。

◎棧。

《三蒼》"嶘"作"棧"。玄應《出曜論》音義。

◎椎。

用打物者也。玄應《瑜伽師地論》音義。又，《涅槃經》音義引作"打物也"，慧琳《胞胎經》音義引作"打也"。

◎柄。

尻也。慧琳《大寶積經》音義。

◎欑。

聚也。《文選·魯靈光殿賦》注，慧琳《寶積經論》、《佛境界經》音義。

◎橃。

桴也，慧琳《佛藏經》音義。泭也。慧琳《玄奘法師傳》音義。

◎柿。

札也。謂削木柿也。玄應《見正經》音義。又，《立世阿毗曇論》《瑜伽師地論》音義引上句。又《般若燈論》音義引上句，作《三蒼》。

◎棱。

四方也。玄應《中阿含經》音義引《三蒼》。

◎械。

器之總名也。《詩·小雅·車攻》及《禮·王制》釋文並引郭璞《三蒼解詁》。

◎桎。

◎梏。

  偏著曰桎，參著曰梏也。玄應《鼻奈耶律》音義。

◎檻。

  闌也。玄應及慧苑《華嚴經》音義引《三蒼》。

◎櫳。

  所以盛禽獸。欄檻也。玄應《般若燈論》音義，慧苑《華嚴經》音義。玄應《華嚴經》音義引，無"欄檻"二字。

◎榭。

  今當堂皇也。《玉燭寶典》五。

◎桅。

  格格，亦衣桁也，玄應《太子本起瑞應經》音義。又《普曜經》音義。引上句。架也。玄應《瑠璃王經》音義。

◎朽。

  腐也。慧琳《大毗婆沙論》音義。

◎椹。

  鈇椹也。慧琳《毗奈耶雜事律》、《廣宏明集》音義。又音義引作"鈇也"。又，《開元釋教錄》音義云："碪《蒼頡篇》作'椹'。椹謂之鈇。"

◎枘。

  柱頭枘也。《莊子·在宥篇》釋文引《三蒼》。

  右木部三十八字。

◎稽。

  稽首，頓首也。玄應《維摩詰經》音義。又，《四分律》音義引《三蒼》。

  右稽部一字。

◎圈。

  檻類也。玄應《出曜論》音義，慧琳《佛本行讚傳》音義。

◎囿。

  養禽獸處曰囿。玄應《起世經》音義引《三蒼》。養牛馬曰囿。慧琳《佛生忉利天爲母說法經》音義。

◎圂。

  豕所居也。玄應《大智度論》《大菩薩藏經》音義，慧琳《大寶積經》《分別善惡所起經》《沙彌尼戒經》《十門辨惑論》音義。

◎圁。

　　圁，《三蒼》作圍。《漢書·匈奴傳》注引晉灼說。

　　右口部四字。

◎賮。

　　財貨也。《文選·魏都賦》《赭白馬賦》注，慧琳《西域記序》音義。又，玄奘法師傳音義引作"財貨曰賮"。

◎質。

　　椹也。《史記·項羽本紀》索隱引《三蒼》郭注。

◎貿。

　　換易也，交易物也。基師《法華經》音義引《三蒼》。玄應《法華經》音義引："貿，易也。交易物謂貿也。"又，《大智度論》《德光太子經》音義引："貿，換易也。謂交易物爲貿也。"又，《四分律》《順正理論》音義引上句。

◎貲。

　　財也。《文選·古意贈王中書詩》注，玄應《明度無極經》《雜藏經》音義，慧琳《毗柰耶大律》《經律異相》音義。

　　右貝部四字。

◎邸。

　　舍也。《後漢書·安帝紀》《皇后紀》《張衡傳》注，玄應《佛本行集經》《菩薩本業經》《六度集》音義，慧琳《玄奘法師傳》音義。市中舍也。慧琳《不空羂索經》音義。

◎郵。

　　過書之官也。宋祁《漢書·王莽傳》校本。

◎郟。

　　郟鄉在城父。《史記·郟成傳》索隱引《三蒼》。"郟"原作"蒯"，譌。

◎鄔。

　　音瘀。《左氏·襄二十八年傳》釋文引郭璞《三蒼解詁》。

◎鄌。

　　音膧。《左氏·哀四年傳》釋文引郭璞《三蒼解詁》。

◎郢。

　　國之下邑也。慧琳《大般若經》《佛道論衡》音義。玄應《顯揚聖教論》《順正理論》音義引作"國之下邑曰俚"。

◎郭。

城郭也。玄應《俱舍論》音義。

右邑部七字。

◎曶。

旦明也。《文選·難蜀父老》注引郭璞《三蒼解詁》。《史記·司馬相如傳》索隱引《三蒼》作："曶爽，早朝也。曶，音妹。"

◎昧。

冥也。言昏冒闇冥也。慧苑《華嚴經》音義。

◎曠。

疏，曠也。《文選》謝瞻《王撫軍庾西陽集別》詩、劉楨《贈五官中郎將》詩、張華《答何劭》詩、劉琨《答盧諶詩》、謝靈運《過始寧墅》詩、謝惠連《詠牛女》詩注，慧琳《品類足論》音義。又，《人寶積經》音義引作"曠，疏也"。

◎晧。

《三蒼》古文"顥"。玄應《分別功德論》音義。

◎曄。

曄曄，光明也。雲公《涅槃經》音義引《三蒼》。

◎昨。

隔日也。《文選》潘岳《悼亡詩》、盧諶《贈劉琨》詩注。

◎昇。

著明也。玄應《等目菩薩所問經》音義引《三蒼》。

◎暒。

雨止無雲也。《史記·天官書》索隱引《三蒼》郭璞注。

◎曄。

曄曄，光明也。雲公《涅槃經》音義引《三蒼》。

右日部九字。

◎囧。

大明也。《文選》江淹《雜體詩》注，玄應《心明經》音義，湛然《輔行記》。慧琳《大唐內典錄》音義引"大"作"太"。光也。《文選·海賦》注。

◎盟。

歃血誓也。玄應《大灌頂經》音義引《三蒼》。

右囧部二字。

◎貫。

　　穿也，以繩穿物曰貫也。玄應《攝大乘論》音義。

　　右毌部一字。

◎片。

　　判木也。慧琳《大般若經》音義。

◎牖。

　　旁窗也。所以助明者也。玄應《放光般若經》音義引《蒼頡解詁》。

　　右片部二字。

◎稠。

　　衆也。《文選》束晳《補亡詩》注，慧琳《大般若經》《大寶積經》《如來本行功德經》《金剛頂經略瑜伽》《續高僧傳》音義。

◎私。

　　私者，不公也。湛然《輔行記》十二。

◎穄。

　　大黍也。似黍而不黏，關西謂之䴉。玄應《中阿含經》音義。

◎耗。

　　消也。《文選·七啓》注。慧琳《大般若經》《如幻三昧經》《禪行法想經》《不空羂索經》音義。

◎穧。

　　粟也。慧琳《顯宗論》音義。又，《開元釋教錄》音義作"即粟也"。穀之有芒者。慧琳《大寶積經》音義。

◎穗。

　　禾麥秀也。慧琳《雜譬喻經》音義。

◎穟。

　　禾麥秀也。慧琳《毗柰耶雜事律》音義。

◎穬。

　　穅也，慧琳《大般若經》《大方廣如來藏經》音義。䴥糠也。慧琳《起世因本經》音義。又，《釋迦譜》音義引同，"檜"作"穬"。

◎稸。

　　聚也，積也。玄應《薩婆多毗尼毗婆沙論》音義。

　　右禾部九字。

◎黏。

  合也。玄應《顯揚聖教論》音義，慧琳《大寶積經》《苾芻尼律》《寶法義論》音義。玄應《四分律》音義引《三蒼》。

◎黎。

  大奚反。玄應《出曜論》音義引《三蒼》郭璞注。

  右黍部二字。

◎粱。

  好粟。《史記·太史公自序》索隱引《三蒼》。

◎糲。

  麤米也。亦脱粟米也。慧琳《續高僧傳》音義。

◎粺。

  傍賣反。《顏氏家訓·音辭篇》引《蒼頡訓詁》。

◎糜。當作"穈"。

  穄也。《玉燭寶典》五。

◎糒。

  糇也。音備。《玉燭寶典》四。

◎粔。

◎籹。

  粔籹，餅餌也。江南呼爲膏糫。玄應《金色王經》音義。

◎糯。

  米之黏也。《和名類聚抄》九。

  右米部八字。

◎䊛。

  精米也。今江南謂䊆米爲䊛，音賴。玄應《分別功德論》音義引《三蒼》注。

  右毇部一字。

◎瓤。

  瓜中子也。《爾雅·釋草》釋文引《三蒼》。

  右瓜部一字

◎瓢。

  瓠勺也。江南曰瓢檥，蜀人言檥蠡。玄應《成實論》音義引《三蒼》。

  右瓠部一字。

◎向。

　　北出牖也。向亦窗也。玄應《四分律》《阿毗達磨俱舍論》《阿毗曇毗婆沙論》音義。又，《善見律》音義引上句，"牖"作"北"，譌。

◎宇。

　　邊也。《文選·東京賦》注、謝朓《和伏武昌詩》注。慧琳《大莊嚴經》序、《開元釋教錄》音義引，"宇"作"寓"。四方上下曰宇。《莊子·庚桑楚篇》釋文，楊倞《荀子·賦篇》注並引《三蒼》。

◎寁。

　　安也。《玉篇》。

◎宄。

　　亂在内曰宄。玄應《大集日藏分經》音義引《三蒼》。

◎宙。

　　舟輿所屆曰宙。《後漢書·馮衍傳》注。往古來今曰宙。《莊子·庚桑楚篇》釋文引《三蒼》。

◎宖。

　　廣也。《玉篇》。

　　右宀部七字。

　　⊙按：王國維氏以爲"七字"實僅六字。

◎營。

　　衛也，亦部伍也。基師《法華經》音義。玄應《法華經》音義引無"伍"字，《大智度論》音義引"伍"作"從"，《大灌頂經》音義引作"衛也，部也"。《阿毗曇毗婆沙論》音義引《三蒼》同。

　　右宫部一字。

◎窰。當作窯。

　　燒瓦竈也。玄應《增一阿含經》音義引《蒼頡解詁》，又，《四分律》音義。

◎竂。

　　空也，亦穿也。玄應《月上女經》音義。小空也。雲公《涅槃經》音義，玄應《華嚴經》、《涅槃經》、《泥洹經》音義，慧琳《釋迦方志》音義。小窗也。《文選·西京賦》李注引，"竂"作"察"。

◎窻。

　　正牖也。玄應《放光般若經》音義引《蒼頡訓詁》。

◎窖。

　　地藏也。玄應《增一阿含經》音義。

◎ 窬。

門邊小竇也。玄應《大智度論》音義引《三蒼》。圭窬，門旁小竇也。音臾。《禮記·儒行》釋文引郭璞《三蒼解詁》。

◎ 窺。

覤也。慧琳《玄奘法師傳》音義。

◎ 窴。

塞也，慧琳《念佛三昧經》音義。猶塞也。慧琳《開元釋教錄》音義。

◎ 突。

徒結反。突也，玄應《大乘莊嚴經》音義。又，《大乘成業論》音義引上三字。不平也。玄應《太子須大拏經》、《正法念經》音義。

◎ 窅。

烏交反。墊下也。玄應《大乘莊嚴經》音義。又，立世阿毗曇論、《大乘成業論》音義引上句作"烏狡反"，《十誦律》音義引下句，《正法念經》音義引下句作"下墊也"。

◎ 窏。

楚人呼竈曰窏。《玉篇》。

右穴部十字。

◎ 寤。

覺也。慧琳《大寶積經》、希麟《新華嚴經》音義。寐覺而有言曰寤。慧琳《大般若經》《大寶積經》《善住意天子經》《方廣大莊嚴經》音義。慧琳《大般若經》音義三引，其一"寐"作"寢"；《大哀經》音義引"寐"作"睡"。玄應《涅槃經》《波羅密經》《攝大乘論》音義引，均無"寐"字。

◎ 寱。

于歲反。詤言也。玄應《四分律》音義引《三蒼》。

◎ 寤。

寐起也。希麟《新譯十地經》音義。

右寢部三字。

◎ 瘵。

病也。今江東呼病皆曰瘵，東齊曰瘼。玄應《攝大乘論》音義引《三蒼》。

◎ 疚。

病也。《廣韻·四十九宥》。

◎ 瘤。

小腫也。玄應《華嚴經》音義引《三蒼》。

◎瘜。

　　惡肉也。玄應《涅槃經》《雜阿毗曇心論》音義引《三蒼》。

◎痍。

　　傷也。雲公及玄應《涅槃經》音義引《三蒼》。

◎瘢。

　　痕也。玄應《道行般若經》《菩薩本行經》《前世三轉經》音義。慧琳《不空羂索陀羅尼經》音義。

◎疲。

　　嬾也。玄應《阿閦佛國經》音義，湛然《輔行記》二。

◎瘵。

　　病消瘵也。玄應《密迹金剛經》音義，慧琳《大寶積經》音義。

◎療。

　　治病也。基師《法華經》音義、玄應《阿毗達磨俱舍論》音義並引《三蒼》。

◎疣。

　　病也，腫也。慧琳《經律異相》音義。玄應《法鏡經》，慧琳《大寶積經》《仁王經》《千佛因緣經》音義並引上句。贅病也。慧琳《大般若經》音義。病也。又，小曰疣，大曰贅也。慧琳及希麟《六波羅密多經》音義。

◎疕。

　　瘡也，禿也。慧琳《觀世音祕密藏神呪》《破除惡業陀羅尼經》音義。玄應《解脫道論》音義引下句。

◎瘁。

　　憂也。《文選·嘆逝賦》注。

◎瘙。

　　疥也。玄應《僧祇律》音義，慧琳《一切有部律攝》音義。

◎瘶。

　　寒熱爲病也。希麟《除一切疾病陀羅尼經》音義。

◎癩。

　　痛也。慧琳《大般若經》音義，希麟《善住祕密陀羅尼經》音義。

◎㿉。

　　陰病。《集韻·十五灰》。

◎癥。

癩下，婦人病也。慧琳《法蘊足論》音義。漏病也。雲公及玄應《涅槃經》音義引《三蒼》。

◎瘢。

足創。《爾雅·釋訓》釋文。《廣韻》引作"足上創"。

右疒部十八字。

◎冕。

冠也。《後漢書·班固傳》注。

右曰部一字。

◎罥。

罝也。《釋迦譜》音義引《三蒼》。古文作"䍐"，又作"羂"，同。古泫反。謂取獸繩也。玄應《大智度論》音義引《三蒼》。又，《涅槃經》《大莊嚴經論》音義引上三句，又"古泫反"作"古犬反"。

◎罵。

詈也。基師及玄應《法華經》音義。

◎詈。

亦罵也。同上。

右网部三字。

◎覆。

倒也。慧琳《大毗婆沙論》音義。

右襾部一字。

◎褺。

猶纏也。慧琳《大唐內典錄》音義。

◎幝。

幩也，玄應《波羅密經》音義。亦巾也。慧琳《藥師瑠璃功德經》音義。

◎幰。

布帛張車上爲幰也。玄應《四分律》《瑜伽師地論》音義。《廣韻·上聲·二十阮》"幰"字注引，無"布"字。

右巾部三字。

◎敝。

綏也。《後漢書·班固傳》注。"敝"當作"緌"。

右㡀部一字。

◎傑。

謂智出千人也。玄應《阿毗達磨俱舍論》音義引《三蒼》。

◎倓。

恬也。玄應《大智度論》音義。

◎僄。

伶僄，猶聯翩也。亦孤獨皃。基師及玄應《法華經》音義。玄應《雜寶藏經》音義引上句，無"猶"字。又，《大集經》音義引下句作"孤獨之皃也"。

◎償。

當也。慧琳《開元釋教錄》音義。

◎伶。

見上"僄"字注。

◎伎。

謂藝能也。玄應《阿毗達摩俱舍論》音義引《三蒼》。

◎佚。

蕩也，亦樂也。玄應《海龍王經》、《大愛道比丘尼經》音義。又，《顯揚聖教論》音義引，"蕩"作"惕"，"亦"作"佚"；《瑜伽師地論》音義引，"亦"作"佚"；《明度無極經》《大智度論》音義引上句。又，《文選·長門賦》注引上句作"揚也"，慧琳《大寶積經》音義引作"暢也"。

◎傷。

慢也，玄應《波羅密經》《放光般若經》《般舟三昧經》《大智度論》音義。平也。玄應《般舟三昧經》音義。又，《大智度論》音義、慧琳《大般若經》音義並引作"謂平傷也"。

◎㑥。

痛而譁也。羽罪反。《顏氏家訓·風操篇》引《蒼頡訓詁》。案："㑥"字應從王氏念孫說，改作"㑥"。

◎倦。

約也。慧琳《高僧傳》音義。

◎侶。

儷也。慧琳《大般若經》音義。

◎低。

俛也。慧琳《稻稈經》《六波羅密多經》音義。

◎伺。

二人相候也。基師《法華經》音義。慧琳《大般若經》音義云："覰，《蒼頡篇》作'伺'，《廣雅》作'覤'，三人相候也。"

◎俫。

　　力計反。很戾也。玄應《維摩詰經》《阿毗達摩俱舍論》《瑜伽師地論》音義引《三蒼》。

◎侗。

　　愨直兒。《莊子·庚桑楚篇》釋文引《三蒼》。

◎儲。

　　備也，畜物以爲備曰儲。玄應《四分律》音義引《三蒼》。

　　右人部十六字。

◎呢。

　　仲尼字。《三蒼》，"尼"傍益"丘"。《顏氏家訓·書證篇》。

　　右丘部一字。

◎徵。

　　徵縣，屬馮翊。《左氏·文十年傳》釋文引《三蒼》。

　　右壬部一字。

◎衽。

　　謂裳際所及交列者也。或云衣裣也。一名袟。玄應《出曜論》、慧琳《佛本行讚傳》音義並引《蒼頡解詁》，玄應引無末句。

◎襄。

　　古文"懷"字。玄應《法勝阿毗曇論》音義引《三蒼》。

◎衷。

　　別外之辭也。《文選·五君詠詩》注。雲公及玄應《涅槃經》音義引作"別內外之辭也"。

◎褫。

　　撤衣也。慧琳《集神州三寶感通傳》《南海寄歸內法傳》音義。又，《破邪論》音義、希麟《法琳別傳》音義引作"徹也"。

◎製。

　　正也。慧琳《大般若經》《攝大乘論釋》音義。

◎裸。

　　禧也。慧琳《大寶積經》音義。"禧"原譌作"福"。

◎襵。

　　韏也。慧琳《隨機羯磨》音義。又，《南海寄歸內法傳》音義引作"卷也"。

◎撤。

　　拂也。《北堂書鈔》一百二十九引《三蒼》作"撇"。《史記·孟子荀卿列傳》索隱引張揖《三蒼訓詁》,《文選·甘泉賦》注。

◎襦。

　　薦也。玄應《波羅密經》音義引《三蒼》。

　　右衣部十字。

　　⊙按：王國維氏以爲"十字"。實僅九字。

◎毱。

　　毛丸可戲者也。玄應《瑜伽師地論》音義引《三蒼》，別作"鞠"，見革部。

◎毢。
◎甦。

　　毢甦，毛有文章也。玄應《四分律》引《三蒼》。

　　右毛部三字。

◎羬。

　　羊細毛也。玄應《涅槃經》音義引《三蒼》。

　　右羬部一字。

◎屆。
◎尻。

　　屆尻，前後相次。《唐韻·廿八緝》。

◎屍。

　　"憩"，《蒼頡篇》作"屍"。玄應《法炬陀羅經》《涅槃經》音義。

◎屖屒。

　　《蒼頡》篇以"降差"之"降"爲"屖"字。原本《玉篇》。"降"，《蒼頡》篇作"屒"。慧琳《大般若經》《大寶積經》音義。

◎屎。

　　此也。《集韻·六脂》。

　　右尸部五字。

◎屩。

　　即履也。慧琳《一切有部律攝》《廣宏明集》音義。履屬也。又《廣宏明集》音義。屐也。又,《一字頂輪王經》音義。

　　右屩部一字。

◎舶。

　　大船也。玄應《四分律》音義。

右舟部一字。

◎穨。

墜落也。慧琳《毗柰耶律》《續高僧傳》音義。又，《開元釋教錄》音義引"穨"作"頹"，云："頹，猶墜落也"。

右禿部一字。

◎覠。

覠覠，視皃。《廣韻·五十琰》

◎覩。

視皃也。慧琳《大莊嚴經》音義。

右見部二字。

◎歇。

惰也。原本《玉篇》。"惰"，疑"惕"字之譌。

◎欿。

貪欲也。原本《玉篇》。

◎欻。

猝起也，亦忽也。基師《法華經》音義，玄應《法華經》《瑜伽師地論》《對法論》《阿毗達摩俱舍論》音義。慧琳《大般若經》《十輪經》音義並引上句。又《大寶積經》音義引作"卒也"。

◎欶。

恚聲也。玄應《正法念經》《二法度經》《六度集》音義引《蒼頡訓詁》。

◎欨。

噯，欨也。原本《玉篇》。

◎戲。

◎欷。

戲欷，泣餘聲也，亦悲也。玄應《濟諸方等學經》《寶性論》《長阿含經》《大愛道比邱尼經》《瑜伽師地論》音義。慧琳《大莊嚴經》音義引上句。又，《續高僧傳》音義引作"哭泣餘聲也"。原本《玉篇》，《文選·長門賦》注，慧琳《小道地經》《廣宏明集》音義引："欷，泣餘聲也。"

◎歔。

歇也。原本《玉篇》。此注有誤。

◎歞。

恐懼也。玄應佛本行集經音義引《三蒼》。

◎歃。

小唾也。原本《玉篇》。

◎敕。

猷也。原本《玉篇》。慧琳《藥嚕拏王呪法經》《續高僧傳》音義並作"欯也"，譌。猶欲也，慧琳《治禪祕要法經》音義。吮也。雲公《涅槃經》音義，玄應《大智度論》《出曜論》《佛本行集經》音義並引《三蒼》。

◎歑。

訶也。原本《玉篇》。

◎昑。

喜皃也。原本《玉篇》。

◎欤。

話也，亦欤軟唾也。原本《玉篇》。

◎歕。

欧欤也。原本《玉篇》。"欧"，原譌作"欥"。

◎歁。

欶也。原本《玉篇》。

◎歛。

飲也。原本《玉篇》。

右欠部十七字。

◎歔。

唾也。原本《玉篇》。慧琳《一切有部律攝》音義。

右歔部一字。

◎次。

唾也。玄應《增一阿含經》音義引《三蒼》。

◎涎。

小兒口液也，唾也。雲公《涅槃經》音義引《三蒼》。玄應《涅槃經》音義云："《三蒼》作'涎，小兒唾也'。"

右次部二字。

◎頂。

顛也。玄應《七處三觀經》音義。慧琳《寶篋經》音義。

◎頤。

下頜也。慧琳《大毗婆沙論》音義。

◎頎。

　　垂頭之皃。《玉篇》。慧琳《宏明集》音義引作"垂頭皃也"。

◎頯。

　　俠面銳頤之皃。邱欲反，又，吾檢反。蕭該《漢書·揚雄傳》音義。《玉篇》引上句。

◎頛。

　　頭大也。《玉篇》。

◎䪼。

　　相抵觸也。《玉篇》。《集韻·十五灰》。

◎頑。

　　鈍也。雲公《涅槃經》音義。

◎顧。

　　旋也，《文選》沈約《鍾山詩》、曹植《贈徐幹》詩注。慧琳《大般若經》《續高僧傳》音義。視也。《文選》陸士衡《日出東南隅行》注。

◎頿。

　　頭不正也。玄應《普曜經》音義。又，《優婆塞戒經》《大莊嚴經》《論馬有八態譬人經》《出曜論》音義，慧琳《佛本行讚傳》音義引均無"頭"字。頿倪。玄應《涅槃經》音義云："俾倪，《三蒼》作'頿倪'。"

◎頵。

　　頭不正也。玄應《增一阿含經》音義。慧琳本"頵"作"頏"。

◎顫。

　　頭不正也。玄應《增一阿含經》、《起世經》音義引《三蒼》。慧琳《修行道地經》音義引《蒼頡》。

◎頜。

　　頭禿無毛也。基師及玄應《法華經》音義。

◎顪

◎頷。

　　顪頷，憂愁也。慧琳《毗柰耶大律》音義。憂傷也。慧琳《毗柰耶雜事律》音義。玄應及基師《法華經》音義并云："憔悴，《三蒼》作'顪頷'。"頷，憂也。慧琳《大般若經》《大寶積經》《不空羂索經》《大毗婆沙論》音義。

◎預。

　　安也。又，先辦也。逆爲之具，故曰預。玄應《俱舍論》音義。

◎顫。

　　頭骨也。玄應《大集日藏分經》音義。

　　右頁部十六字。

◎彤。

　　飾也。玄應《涅槃經》音義。

　　右彡部一字。

◎髻。

　　髦也。玄應《毗奈耶雜事律》音義，慧琳《高僧傳》音義。謂垂髻也。慧琳《開元釋教錄》音義。

◎鬖。

　　蘇南反。毛垂皃也。玄應《百喻集》音義。《雜阿含經》音義引"鬖"作"髾"，譌。

　　右髟部二字。

◎印。

　　驗也，玄應《正法華經》音義。信也，玄應《他真陀羅所問經》音義。章也。慧琳《寶星經》音義。信也，檢也。玄應《阿毗曇毗婆沙論》音義引《三蒼》。

　　右印部一字。

◎匔。

　　匔匔，謹敬皃也。《史記·魯世家》集解。

　　右勹部一字。

◎厶。

　　自營爲厶。玄應《漸備經》音義。

　　右厶部一字。

◎嶻。

　　三嶻山，在聞喜。《文選·上林賦》注引《三蒼》郭璞注。

◎峐。

　　猶"屺"字。音起。《爾雅·釋山》釋文引《三蒼》。

◎嵌。

　　開張山皃。《廣韻·四十九敢》。

　　右山部三字。

◎崖。

　　山高邊也。慧琳《集神州三寶感通傳》音義。

右户部一字。

◎庖。

廚也。玄應《俱舍論》音義。

◎庾。

倉無屋也。《史記·孝文帝本紀》索隱引《三蒼》郭璞注。

◎廗。

病也，言微也。慧琳《方等念佛三昧經》音義。

右广部三字。

◎厈。

大也，《文選·魏都賦》注，《後漢書·馬融傳》注。推也。玄應《四分律》音義引《三蒼》。

◎厭。

伏合人心曰厭，亦眠內不祥也。玄應《正法華經》音義。又，《大集經大智度論》《五分律》《鼻奈耶律》音義，法雲《翻譯名義集鬼神篇》並引上句。慧琳《本大集經》音義引作"手伏合人心曰厭"，慧琳《隨求大陀羅尼經》音義引作"伏合人心也"。又，《大悲經》《梵天品》音義引作"伏人心也"。

右厂部二字。

◎磧。

水中沙灘也。玄應《瑜伽師地論》音義。

◎砭。

石刺也。慧琳《廣宏明集》音義。

◎磊。

磊砢也。玄應《佛本行讚經》音義。

◎砧。

鈇也。慧琳《高僧傳》音義。

◎碌。

◎碡。

碌碡，謂砂石纇皃也。慧琳《開元釋教錄》音義。

◎砥。

磨礪石也。慧琳《六波羅密多經》《大唐內典錄》音義。

右石部七字。

◎豻。

似貍，能捕鼠，出河西。慧琳《大寶積經》音義。又，《毗柰耶雜事律》音義引"似貍，善捕鼠也"六字，《文選·西都賦》注、《後漢書·班固傳》注引"似貍"二字。似獼猴而大，蒼黑色。江東養之，搏鼠爲物捷健也。玄應《大菩薩藏經》音義。

右豸部一字。

◎豫。

佚也。玄應《報應經》音義。

右象部一字。

◎駁。

雜色爲駁，不純色也。慧琳《品類足輪》音義。又，《阿毗曇毗婆沙論》音義引下句。

◎駕。

馬曰駕。玄應《維摩詰經》《四分律》《瑜伽師地論》音義引《三蒼》。

◎駃。

無知也。基師及玄應《法華經》音義，慧琳《大寶積如幻三昧經》《菩薩修行經》《起世因本經》《佛爲母說法經音義》。又，《三戒經》音義引作"愚駃，無知也"，又引作"愚也"。《毗柰耶大律》音義引："駃，謂無所識知也。駃，亦愚也。"《大寶積經》音義別引作"無智曰駃"。

◎駜。

船上張布帆也。玄應《法炬陀羅尼經》音義引《三蒼》。

◎驅。

隨後曰驅，亦驟也。慧琳《決定藏論》音義。《文選·琴賦》注，慧琳《大般若經》、《大寶積經》音義並引上句。

◎駭。

驚也。《文選·甘泉賦》《海賦》《答賓戲》注，玄應《華嚴經》，《瑠璃王經》《瑜伽師地論》音義，慧琳《寶雨經》《一字奇特佛頂經》《譯經圖經》音義。《文選·辨亡論》注引，又玄應《廣百論釋》音義引《三蒼》，並作"警也"。

◎駐。

止也，住也。慧琳續《高僧傳》音義，玄應《佅真陀羅所問經》《俱舍論》音義。慧琳《經律異相》音義引上句。《文選·東征賦》注引下句，"住"誤作"主"。止也，謂駐立馬也。慧琳《佛爲母說法經》音義。

◎縶。

絆也。《莊子·秋水篇》釋文引《三蒼》。

◎駛。

疾也，水流速也，急也。慧琳《金光明最勝王經》音義，玄應《涅槃經》《顯揚聖教論》《阿毗達摩俱舍論》音義。慧琳《大寶積經》《寶雨經》《大悲經》、《毗奈耶雜事律》音義並引"疾也"。慧琳《開元釋教錄》音義引作"猶疾也"。又，《高僧傳》音義引作"猶急疾也"。又，《本事經》音義引作"迅疾也"，慧苑《華嚴經》，希麟《十地經》音義引作"速疾也"，慧琳《大寶積經》、《大方廣十輪經》音義引"水流疾也"。疾也，馬行皃也。慧琳《平等覺經》音義。又，《法蘊足論》、《大唐西域求法高僧傳》音義引作"馬行疾也"。《三蒼》，古文"使"字或作"駛"。玄應《涅槃經》音義。

◎驥。

赤馬白腹曰驥。玄應《迦旃延阿毗曇論》《阿毗曇八揵度論》音義引《三蒼》。

右馬部十字。

◎薦。

六畜所食曰薦。《莊子·齊物論》釋文引《三蒼》郭璞注。

右薦部一字。

◎麒。

◎麐。

牡曰麒，牝曰麐。慧琳《大寶積經》卷一音義。又，卷十四音義引作"牝曰麒、牡曰麐"，殆譌。

◎麃。

鳥毛變色。《廣韻·三十小》。

右鹿部三字。

◎毚。

大兔也。《詩·大雅·巧言》正義引《蒼頡解詁》。

右兔部一字。

◎莧。

莧，笑有形無聲。《論語》："夫子莧爾而笑。"慧琳《集佛道論衡》音義。

右莧部一字

◎猝。

暴也。慧琳《諸佛心陀羅尼經》《集異門足論》《經律異相》音義。

◎倏。

忽也。慧琳《安樂集》音義。

◎戾。

力計反。很戾也。玄應《瑜伽師地論》音義引《三蒼》。

◎狙。

伺也，謂伺候也。慧琳《廣宏明集》音義，《文選·西征賦》注。慧琳《續高僧傳》音義引作"伺候也"。玄應《阿毗曇毗婆沙論》音義引《三蒼》云："伺也。"

◎獱。

似狐，青色，居水中，食魚。《文選·羽獵賦》《江賦》注並引郭璞《三蒼解詁》。

◎猾。

黠惡也。玄應《大集月藏分經》音義引《三蒼》。

右犬部六字。

◎爇。

然也。慧琳《大佛頂經》《毗沙門天王成就經》《毗柰耶雜事律》《玄奘法師傳》音義。燒然也。玄應《正法華經》音義。火然也。慧琳《六波羅密多經》音義。

◎熯。

音罕。《爾雅·釋詁》釋文。火乾也。慧琳《宏明集》音義。

◎燼。

火光銷也。《莊子·胠篋篇》釋文引《三蒼》。

◎爂。

迸火也。玄應《四分律》音義引《三蒼》。又，《瑜伽師地論》音義引作"迸火曰爂"。

◎灼。

爆也。慧琳《大寶積經》《阿毗達磨發智論》音義。

◎焠。

作力鹽也。《文選·聖主得賢臣頌》注引郭璞《三蒼解詁》。

◎燋。

燒火餘也。玄應《大智度論》音義。又，《俱舍論》音義引，"餘"作"焦"。火燒木也。慧琳《大般若經》音義。

◎煙。

熅也。慧琳《尼陀律》《阿毗達磨發智論》音義。

◎焆。

明也。《文選·江賦》注。

◎炳。

著也，明也。慧苑《華嚴經》音義。慧琳《大寶積經》音義引"明也"。著明也。《文選·兩都賦》注，玄應《如來十身相海品經》音義，慧琳《彌勒上生經》音義。玄應《等目菩薩所問經》音義引《三蒼》同。

◎炤。

燭也，或作"照"。慧琳《宏明集》音義。

◎煒。

火華也。玄應《涅槃經》音義引《三蒼》。

◎炯。

明也。《文選》顏延年《登巴陵城樓》詩注，慧琳《宏明集》《釋門系錄》音義。

◎焰。

"燗"，《三蒼》作"焰"。玄應《正法華經》音義。

◎炕。

乾極也。玄應《仁王般若經》音義。一作"極乾也"。

◎煥。

文章皃。慧琳《續高僧傳》音義。

◎爝。

熬也。《爾雅·釋艸》釋文引《三蒼》。

右火部十七字。

◎黷。

垢也。《文選·北山移文》注，玄應《大菩薩藏經》音義，慧琳《大寶積經》《法琳法師傳》音義。垢黷也。《文選·雜體詩》注，慧琳《集沙門不拜俗議》《玄奘法師本傳》音義。

右黑部一字。

◎赭。

赤土也。玄應《大智度論》《四分律》《十誦律》音義引《三蒼》。

右赤部一字。

◎奊。

仡仡也。《玉篇》。

右矢部一字。

◎尫。

短小僂也。慧琳《補大灌頂經》音義。又，《婦人遇辜經》音義引作"小倭也"，"倭"疑"僂"之譌。

右尣部一字。

◎兊。

咽也。玄應《治禪病祕要經》音義。

右兊部一字。

◎奀。

柔弱也。玄應《華嚴經》音義引《三蒼》也。弱也。物柔曰奀。玄應《須摩提經》音義引《三蒼》。

右大部一字。

◎惇。

古文"敦"同。都屯反。玄應《大威德陀羅尼經》音義引《蒼頡解詁》。

◎悃。

誠信也。《文選·聖主得賢臣頌》注引郭璞《三蒼解詁》。

◎恢。

大也。玄應《光讚般若經》音義引《蒼頡解詁》。

◎恕。

如也。雲公《涅槃經》音義，玄應《涅槃經》《大乘十輪經》音義。

◎懷。

抱也。《文選·北征賦》《長門賦》《古詩十九首》、班捷仔《怨歌行》，曹植、阮籍、傅咸、陸機、顏延之詩注。

◎憮。

憮然，失意皃也。怪愕之辭也。玄應《大智度論》音義引《三蒼》。

◎悢。

明也。玄應《生經》音義。

◎慆。

和悅皃也。慧琳《廣宏明集》音義。

◎憺。

恬也。慧琳《如幻三昧經》音義。

◎愒。

貪也。慧琳《集古今佛道論衡》音義。

◎懁。

急腹也。《莊子·列禦寇篇》釋文引《三蒼》。

◎悝。

弱也。玄應《文殊净律經》《顯揚聖教論》《順正理論》音義引《三蒼》。奴課反。雲公及玄應《涅槃經》音義引《三蒼》。

◎悒。

悒悒，不舒之皃也。玄應《賢愚經》音義，慧琳《大寶積經》《如幻三昧經》《寶星經》音義。玄應《大方便報恩經》音義引："悒，不舒皃也。"慧琳《廣宏明集》音義引："悒，謂不舒皃也。"

◎愚。

無所知也，亦鈍也。玄應《出曜論》音義引《蒼頡解詁》。又，《瑜伽師地論》《攝大乘論》音義引《三蒼》。慧琳《佛本行讚傳》音義亦引《蒼頡解詁》。

◎戆。

恅戆，精神不爽皃。慧琳《大哀經》音義引《蒼頡訓纂》。

◎憃。

愚也，戆也。玄應《出曜論》音義引《蒼頡解詁》。

◎憒。

憒憒，亂也。《莊子·大宗師篇》釋文，慧琳《出家緣經》《釋迦譜序》音義。亂皃也。慧琳《顯宗論》《續高僧傳》音義。心煩亂也。慧琳《經律異相》音義。玄應《順正理論》音義引《三蒼》作"煩亂也"。

◎悁。

恚也。慧琳《遺教經論》音義。

◎恚。

怒也。慧琳《諸法無行經》《多羅菩薩念誦法》《三劫三千佛名》音義。

◎怨。

恨咎也。慧琳《大般若經》《文殊所說佛境界經》音義。

◎慍。

恨也。玄應《大智度論》《菩薩本行經》《佛本行集經》《羅雲忍辱經》音義，慧苑《華嚴經》音義。

◎恨。

怨也。慧琳《大般若經》《寶星經》音義，希麟《六波羅密多經》音義。

◎怏。

懟恨也。雲公《涅槃經》音義。懟也，亦怏然心不伏也。玄應《分別功德論》音義。又，《涅槃經》音義、慧琳《肇論》音義並引"懟也"二字。

◎憒。

瀎也,慧琳《大般若經》音義。悶也。慧琳《寶雨經》《破邪論》音義。

◎惆。

◎悵。

惆悵,失志也。慧琳《大般若經》《大寶積經》音義。又,《大寶積經》音義別引郭璞注云:"惆悵,猶懊惱也。"

◎惔。

恬也。玄應《大智度論》、《大愛道比邱尼經》音義。

◎悴。

憂也。《文選》陸機《歎逝賦》注,一作"瘁"。慧琳《金光明最勝王經》音義。憔悴者,憂愁也。慧琳《毗柰耶大律》音義。希麟《毗柰耶藥事》音義引作:"憔悴,愁憂也。"案:當作"顦顇",字見"頁部"。

◎患。

《蒼頡篇》謂患爲禍。《孝經》邢疏三。

◎惶。

恐也,亦憂悼在心皃也。玄應《光讚般若經》音義,雲公《涅槃經》音義引《三蒼》。玄應《順正理論》、慧琳《高僧傳》音義並引上句。

◎恧。

慚也。玄應《佛本行集經》音義引《三蒼》。

◎憩。

愒,《蒼頡》篇作"憩"。玄應《順正理論》音義。止息也。慧琳《密嚴經》音義。

◎恕。

憂皃。《文選·洞簫賦》注。

◎恕。

《蒼頡》"柯"作"恕"。音同。慧琳《東方最勝燈王如來經》音義。

◎惈。

憨也,殺敵爲惈。玄應《大智度論》音義。《廣韻·二十四果》"惈"字注:"《蒼頡》篇'果敢'作此'惈'。"

◎憍。

逸也。慧琳《大般若經》音義。溢也。慧琳《大毗婆沙論》音義。

◎慳。

愛財不捨曰慳。慧琳《手杖論》音義。

◎懅。

驚也。玄應《正法念經》音義。

◎愔。

愔愔，性和也。玄應《舍利弗阿毗曇論》音義引《三蒼》。一作"和靜也"。

◎憑。

依也。玄應《出曜論》音義引《三蒼》。

右心部四十字。

◎蘂。

聚也。《文選·甘泉賦》注。《玉篇》引："蘂，聚也"。

右惢部一字。

◎渧。

灈也。玄應《分別功德論》音義引《三蒼》。

◎沮。

漸也。玄應《攝大乘論》音義。又，《解脫道論》音義引《蒼頡解詁》。又，《華嚴經》《涅槃經》《波羅密經》《維摩詰經》《多羅禪經》音義並引《三蒼》。

◎溺。

盛尿曰溺。玄應《菩薩見實三昧經》音義引《三蒼》。

◎沁。

音"狗沁"之"沁"。《左隱十一年傳》釋文引郭璞《三蒼解詁》。案："狗沁"當作"狗吣"。

◎溜。

謂水垂下也。玄應《央掘魔羅經》音義。又，《立世阿毗曇論》音義引《蒼頡解詁》。

◎淩。

侵也，《文選》司馬彪《贈山濤》詩、鮑照《白頭吟》、曹植《白馬篇》注，玄應《顯揚聖教論》音義。《文選》潘岳《關中詩》注，玄應《大智度論》，慧苑《華嚴經》音義引，"淩"作"陵"。侵犯也，玄應《阿毗達摩俱舍論》音義。侵淩也，玄應《波羅密經》音義引作"凌"。侵侮也。慧琳《大般若經》音義引作"劾"。

◎洋。

大水皃也。玄應《大智度論》《大愛道比邱尼經》《阿毗達磨俱舍論》音義引《三蒼》。又，《雜阿毗曇心論》音義引作"大水也"。《瑜伽師地論》音義引："洋洋大水也。"

◎濡。

人于反。濡也。玄應《華嚴經》音義云："濡，《説文》《三蒼》音人于反。水名也。出涿郡，東入漆。又濡也。"渾引二書，不加識別。然《説文》云"濡水出涿郡故安，東入漆，則濡也"之訓，必出《三蒼》也。

◎衍。

溢也。《文選·琴賦》注。

◎演。

引也。《後漢書·班固傳》注。《文選·西都賦》、司馬遷《報任少卿書》注引作"引之也"。延也。慧琳《顯宗論》音義。

◎滂。

滂沱也，水多流兒也。玄應《起世經》音義引《三蒼》。又，《佛本行集經》音義引上句。

◎潘。

敷袁反。泔也。玄應《大智度論》音義。又，《沙彌威儀經》音義引下句。泔汁也。玄應《摩訶迦葉度貧女經》音義。

◎浘。

水通兒。《文選·江賦》注，慧琳《續高僧傳》音義。

◎淖。

深泥也。玄應《長阿含經》音義。堊也，亦溺也，涇也。慧琳《補長阿含經》音義。

◎沙。

碎石也。慧琳《六波羅密多經》音義。

◎沚。

小渚也。慧琳《十門辨惑論》音義。

◎沼。

池也。玄應《立世阿毗曇論》音義引《蒼頡解詁》。

◎灘。

他難反。玄應《瑜伽師地論》音義引《三蒼》。

◎津。

汁也。玄應《央掘魔羅經》音義。又，《順正理論》音義引《三蒼》作："津，液汁也。"

◎溯。

逆流而上曰溯。溯，向也，亦行也。玄應《佛本行集經》音義引《三蒼》。"向"一作"回"。

◎洄。

水轉也。雲公《涅槃經》音義，玄應《華嚴經》《涅槃經》《順正理論》音義並引《三蒼》。慧苑《華嚴經》音義引作："水轉曰洄。"

◎湛。

水不流也。原本《玉篇》，《文選》謝混《游西池》詩注。玄應《佛性論》音義引作"水不流皃也"。

◎瀑。

水潰起也。玄應《順正理論》音義引《蒼頡解詁》。希麟《善住祕密經》音義，玄應《辟支佛因緣論》《興起行經》《十地論》音義並引原本《玉篇》，慧琳《阿毗達磨發智論》音義並引作"潰也"。"潰"疑亦"濆"之譌。

◎澍。

時雨也。百卉霑洽也。基師及玄應《法華經》音義引《三蒼》。

◎洽。

徧澈也。原本《玉篇》，玄應《法華經》音義。又，《瑜伽師地論》音義引《三蒼》。慧琳《十輪經》音義引作"徹也"。

◎濃。

厚也。慧琳《起世因本經》音義。

◎溓。

淹也。原本《玉篇》，慧琳《高僧傳》音義。

◎渐。

盡也。原本《玉篇》。

◎灂。

渴也。原本《玉篇》。慧琳《仁王經》音義云："涸，《蒼頡篇》作'灂'，古字也。"

◎洿。

停水曰洿。玄應《維摩詰經》音義引《三蒼》。

◎湫。

沸聲也。原本《玉篇》。

◎沑。

主水者也。原本《玉篇》。

◎瀝。

瀝，漉也，原本《玉篇》。盪也。《帝範·納諫篇》注。水下滴漏也。慧琳《浴像功德經》音義。

◎濟。

老瀾也。原本《玉篇》。案："瀾"乃"瀾"之譌。《說文》："濟，久泔也。""老瀾"與"久泔"義同。

◎澡。

盥也。慧苑《華嚴經》音義，慧琳《大般若經》《舍利弗悔過經》《四分尼羯磨》音義。

◎淳。

濃也。玄應《正法華經》、慧琳《十輪經》音義並引《三蒼》。

◎淋。

◎瀝。

淋瀝，水下淋瀝也。玄應《瑜伽師地論》音義引《三蒼》。雲公《涅槃經》及玄應《涅槃經》《起世經》音義引作："淋瀝，水下也。"又，玄應《十住毗婆沙論》音義引郭璞《三蒼》注作："淋瀝，水也。"

◎瀒。

汙灑也。江南言瀒，山東言湔。玄應《立世阿毗曇論》音義引《三蒼》。

◎湩。

乳汁也。《史記·匈奴傳》索隱引《三蒼》。

◎洟。

鼻液也。玄應《涅槃經》《波羅密經》《阿毗曇毗婆沙論》《阿毗達磨俱舍論》《起世經》音義引《三蒼》。

◎濤。

大波也。《文選·西都賦》《海賦》注，《後漢書·班固傳》注，玄應《廣旨論》音義，慧琳《三藏聖教序》《玄奘傳》音義，希麟《新華嚴經》音義。又，玄應《順正理論》、慧苑《華嚴經》音義引《三蒼》，慧琳《大般若經》音義引《蒼頡》，並作"大波曰濤"。

◎澓。

深也。謂河海中洄旋之處是也。慧苑《華嚴經》音義引《三蒼》。玄應《順正理論》音義引作："迴，水深也。"希麟《新華嚴經》、《六波羅密多經》音義引作："謂河海中旋流處也。"又，《守護國界主陀羅尼經》音義引作："旋澓，謂河海中回流深處是也。"又，玄應《華嚴經》、雲公《涅槃經》音義引"深也"二字。

◎潠。

噴也。玄應《陀羅尼雜集經》音義引《三蒼》。

右水部四十四字。

◎谾。

阡，《蒼頡篇》"谾"字。原本《玉篇》。案：當云"谾，《蒼頡》篇'阡'字"。

右谷部一字。

◎霆。

霹靂也。《文選·西京賦》注，玄應《平等覺經》《大智度論》《辟支佛因緣論》音義，慧琳《甄正論》音義。又，玄應《月燈三昧經》《五分律》音義引作"礔礰也"。

◎霑。

漬也。雲公《涅槃經》音義引《三蒼》。

右雨部二字。

◎鰒。

似蛤偏著石。《後漢書·伏湛傳》注，《御覽》九百三十八並引郭璞《三蒼》注。

◎鮭。

食肴也。慧琳《廣宏明集》音義。

右魚部二字。

◎西。

西土謂長安也。《文選·述高帝紀贊》注引郭璞《三蒼解詁》。

右西部一字。

◎闟。

獰劣也。《文選》司馬遷《報任少卿書》注。

◎閈。

垣也。《文選·西京賦》李注。

◎闛。

開也。慧琳《鴦掘摩經》音義。玄應《大哀經》音義引《三蒼》作"闛"，云："小開門也。"疑亦此字。

◎闡。

開也。《文選·長笛賦》、盧諶《贈劉琨》詩、《辨命論》注，慧琳《大般若經》《十門辨惑論》音義。慧琳《開元釋教錄》音義引作"猶開也"。又，《大乘法界無差別論》音義引作"大開也"。

◎閣。

樓閣也。慧琳《佛生忉利天爲母說法經》音義。又，《生出無量門持經》音義引作"樓也"。

◎闌。

遮也。慧琳《阿彌陀經佛本行讚傳》音義。

◎閞。

訖也，《文選·七命》注，慧琳《續高僧傳》音義。閱也。慧琳《續高僧傳》音義。"閞"，《三蒼》古文作"閞"。玄應《慧上菩薩問大善權經》音義。

◎閾。

視也，慧琳《續高僧傳》音義。望也。慧琳《集神州三寶感通傳》音義。

◎闤。

市門。《文選·西京賦》李注。

右門部九字。

◎聆。

聽也。耳所聽曰聆也。玄應《正法華經》《瑜伽師地論》音義，《文選·長笛賦》注，慧琳《法琳傳》《廣宏明集》音義，《肇論》音義引上句。《玉篇》引作"耳聽曰聆"。

◎聒。

擾亂耳孔也。玄應《六度集菩薩戒本》音義。又，《長阿含經》《出曜論》《提婆菩薩傳》《瑜伽師地論》音義引作"擾耳孔也"。慧琳《菩薩戒經》音義引作"擾人耳也"。又《毗柰耶雜事律》《宏明集》音義引作"擾耳也"。又，《毗柰耶大律》音義引作"驚耳"。

◎聭。

驚也。《玉篇》。

右耳部三字。

◎操。

把持也。慧琳《大唐內典錄》音義。

◎捡。

手捉物也。玄應《增一阿含經》音義引《三蒼》。

◎搏。

取也，《文選·南都賦》注，玄應《波羅密經》《報恩經》《正法念經》《佛本行集經》《十誦律》《順正理論》音義。至也。慧琳《大寶積經》《迦葉赴佛經》音義。

◎挐。

摔也，引也。《文選·長笛賦》注。紛挐相牽也。《史記·衛將軍列傳》正義引《三蒼解詁》。

◎掾。

指也。慧琳《佛語經》音義。

◎拊。

拊採，擊也。慧琳《彌勒下生經》音義。

◎措。

　　置也。又安也，施也。玄應《法炬陀羅尼經》《廣百論釋》音義。

◎挑。

　　抉也。慧琳《三彌底部論》音義。"抉"原譌"扶"。謂招呼也。《列子·楊朱篇》釋文。

◎摘。

　　取也，採果也。慧琳《毗柰耶大律》音義。玄應《薩婆多毗尼毗婆沙論》音義，慧琳《寶星經》音義引上句。以手摘取也。玄應《四分律》音義。慧琳本作"擿"，非。

◎搫。

　　拍取也。《文選·長楊賦》注。捎也。慧琳《廣宏明集》音義。

◎掔。

　　亦"牽"字。苦田反。引前也。玄應《邪祇經》音義引《三蒼》。

◎擧。

　　舉也，對舉曰擧。玄應《鼻柰耶律》音義。"擧"原譌作"攀"。

◎揭。

　　舉也，儋也，負也。《莊子·胠篋篇》釋文。

◎撟。

　　正也。《文選·長笛賦》注，慧苑《華嚴經》音義。

◎擁。

　　持也。慧琳《大般若經》《大寶積經》《金光明最勝王經》音義。

◎挹。

　　損也。《文選》朱浮《與彭寵書》注，慧琳《大寶積經》音義。

◎抒。

　　取出也。《詩·大雅·生民》釋文。玄應《僧祇律》音義引作"取也，出也"。酌取也。湛然《輔行記》注。取也，除也。玄應《佛本行集經》音義。

◎攫。

　　搏也。《文選·南都賦》注，玄應《波羅密經》《報恩經》《藥師瑠璃功德經》《正法念經》《佛本行集經》《十誦律》《順正理論》音義，慧苑《華嚴經》音義，慧琳《大般若經》音義。《莊子·徐無鬼篇》釋文引《三蒼》。

◎拔。

　　引也。玄應《放光般若經》音義。

◎攘。

拔取也。慧琳《十門辨惑論》音義。

◎捼。

奴回反。手按也。玄應《五分律》音義引《三蒼》。

◎撇。

拂也。《文選·甘泉賦》注引張揖《三蒼》注。

◎擘。

大指也。《爾雅·釋魚》釋文及正義引郭璞《三蒼》注。希麟《不動使者陀羅尼祕密法》音義引作"大拇指也"。足大指也。《爾雅·釋魚》正義引《蒼頡篇》。

◎搏。

搏飯也。玄應《涅槃經》《四分律》《雜阿毗曇心論》音義引《三蒼》。

◎摑。

全物者也。玄應《密跡金剛經》音義引《三蒼》。

◎摎。

束也。玄應《陀羅尼雜集經》《七佛神呪經》音義。

◎擽。

以手指把搔也。慧琳《經律異相》音義。

◎撲。

輕打也，慧琳《一字頂輪王經》音義。撲頭也。慧琳《玄奘法師傳》音義。手搏投于地也。慧琳《經律異相》音義。

◎扶。

笞擊也。《文選·羽獵賦》注引《三蒼》，《莊子·則陽篇》釋文引，無"笞"字。

◎捄。

拊捄，擊也。慧琳《彌勒下生成佛經》音義。

◎摧。

敲也。《莊子·徐無鬼篇》釋文引《三蒼》。

◎撚。

縒綖也。慧琳《毗奈耶大律》音義。希麟《毗奈耶藥事》音義引作"搓綖也"。

◎搒。

掠也。慧琳《八師經》音義。

◎捐。

棄也。基師及玄應《法華經》音義。

◎扣。

擊也。慧琳《受菩提心戒經》音義。

◎掠。

問也，謂搒篗治人也。玄應《大智度論》音義。《後漢書·章帝紀》注引上句。搒也，笞也。慧琳《金光明最勝王經》音義。又，《法句譬喻經》音義引上句，《八師經》音義引下句。

◎攢。

聚也。《後漢書·班固傳》注，《文選·西都賦》《上林賦》《江賦》注，玄應《增一阿含經》音義，慧琳《證契大乘經》音義。

◎摸。

捫也。慧琳《五門禪經要用法》音義。

◎抏。

五官反。《史記·平準書》索隱引《三蒼》。

右手部四十字。

⊙按：王國維氏以爲"四十字"實僅一十九字。

◎媚。

好也。慧琳《六波羅密多經》音義。

◎娙。

娙娥，貴人名也。漢武帝夫人名也。慧琳《不空羂索經》音義。

◎委。

任也。《文選·西征賦》、《六代論》注。

◎嬥。

好兒也。慧琳《集佛道論衡》音義。

◎孍。

謹孍善兒。慧琳《蘇婆呼童子所問經》音義。

◎娭。

婦人賤稱。《廣韻·七之》。

◎妓。

美婦也，女樂也。慧琳《經律異相》音義。又，《寶星陀羅尼經》音義引上句。雲公《涅槃經》、慧琳《華嚴經》音義並引《埤蒼》："妓，美女也。"此疑非《蒼頡》中字。

◎娟。

妒也。《顏氏家訓·書證篇》引《三蒼》。丈夫妒也，妒女爲娟。《史記·五宗世家》索隱引郭璞《三蒼》注。

◎妖。

妍也。謂少壯妍好之皃也。玄應《華嚴經》音義引《三蒼》。宋福州藏本無下句。

◎姿。

容媚也。慧琳《如幻三昧經》音義。又,《大寶積經》音義引作"容也"。

◎媮。

盜也。慧琳《文殊悔過經》音義。

◎娃。

於乖反。《顏氏家訓·音辭篇》引《蒼頡訓詁》。

◎嬲。

乃了反。擾也,弄也。玄應《順正理論》音義引《三蒼》。慧苑《華嚴經》音義引"擾也"。玄應《法華經》、《顯揚聖教論》音義,基師《法華經》音義並引郭璞云:"弄也。"又,玄應《波羅密經》《四分律》《出曜論》《大菩薩藏經》《瑜伽師地論》音義,慧琳《大寶積經》音義並引"弄也"。弄也,煩也。玄應《十住斷結經》音義引《三蒼》。又,玄應《道行般若經》、慧琳《大般若經》音義引"嬈"作"嬲",云:"嬲,諾了反。弄也,惱也。"

◎姘。

男女私合曰姘。《廣韻·十三耕》。

◎奸。

犯也。《莊子·天運篇》釋文引《三蒼》。

◎嬉。

戲笑也。玄應《波羅密經》《蓮華經》《大智度論》《四分律》《廣百論》《瑜伽師地論》《順正理論》音義,慧琳《大寶積經》《發覺淨心經》《莊嚴菩提心經》《如來本行功德經》《賢首經》音義。慧琳《集沙門不拜俗議》音義引作"戲也"。希麟《六波羅密多經》音義引作"笑也"。基師《法華經》音義:"僖,《蒼頡篇·女部》作'嬉'。"

◎嫇。

密也。《文選·神女賦》注。

◎媌。

子出。音妨万反,一音赴。《玉燭寶典》二。

◎嫷。

懈墮。《唐韻·四覺》。

右女部十八字。

⊙按：王國維氏以爲"十八字"實僅十九字。

◎戢。

聚也。玄應《尊婆須密所集論》音義引《三蒼》。

右戈部一字。

◎乍。

兩辭也。玄應《未曾有因緣經》《攝大乘論》《順正理論》音義。

◎匃。

乞行請求也。玄應《波羅密經》《瑜伽師地論》《阿毗達磨俱舍論》音義。慧琳《寶雨經》音義引作"行乞也，求請也"，又《如來智印經》《三慧經》《彌勒所問論》音義引作"行請也，求也"，《經律異相》音義引作"行乞也，求也"。

右亡部二字。

◎匯。

水迴也。玄應《勝天王般若經》音義引《三蒼》。慧琳本作"水迴之皃也"。

右匚部一字。

◎弧。

木弓也。《周禮·考工記·輈人》正義引《三蒼》。

◎彎。

引弓也。慧琳《十輪經》、《大樂金剛薩埵法》音義。又，《集異門足論》《大毗婆沙論》《攝大乘論釋》音義引作"引也"。

◎彌。

音迷。玄應《涅槃經》音義引《三蒼》。

右弓部三字。

◎繭。

未繰也。玄應《阿毗云毗婆沙論》、慧琳《品類足論》音義並引《蒼頡解詁》。

◎繹。

抽也，解也。玄應《大智度論》音義引《三蒼》。

◎綃。

素也，緯也。原本《玉篇》。

◎綜。

理經者也。謂機縷持絲，交者屈繩，制經令得開合也。玄應《涅槃經》音義引《三蒼》。又，《瑜伽師地論》音義引上二句。又，《華嚴經》音義引作"理經也，謂機縷紀領絲者也"，雲公

《涅槃經》音義引作"理也，謂整理經緯之都本也"。

◎繯。

  繡也。原本《玉篇》。于善反。絡也。蕭該《漢書·揚雄傳》音義引《三蒼》。

◎辮。

  《三蒼》，"辮"亦"編"字。玄應《四分律》《法勝阿毗曇心論》音義。

◎紙。

  散絲也。原本《玉篇》。

◎纚。

  不均也。原本《玉篇》。

◎縹。

  蠻夷貨名也。原本《玉篇》。

◎紬。

  絑也。原本《玉篇》。

◎纔。

  微見也。雲公及玄應《涅槃經》音義引《三蒼》。微也，劣也，僅也。玄應《瑜伽師地論》引《三蒼》。又，《阿毗達磨俱舍論》音義引上句。

◎綄。

  綄，如衣兒也。原本《玉篇》。

◎袂。

  亦題勒也。原本《玉篇》。

◎纂。

  撰，《三蒼》作"纂"。玄應《法華經》音義。又，《雜阿毗曇心論》音義云："《三蒼》作'纂'。"

◎綾。

  錦類也。原本《玉篇》。

◎緷。

  疊也。原本《玉篇》。

◎繕。

  治也。繕之言善也。玄應《正法華經》音義引《三蒼》。

◎結。

  堅也。原本《玉篇》。

◎ 徽。

弩伏也。武庫有徽，徽狀如鋌，婦人縭也。原本《玉篇》。

◎ 紮。

躾莫也。原本《玉篇》。案，說文："紮，扁緒也，一曰弩臂鉤帶。"此殆與第二說同。"莫"字殆譌。

◎ 編。

交織也。玄應《維摩詰經》音義。原本《玉篇》，玄應《涅槃經》音義，慧苑《華嚴經》音義。慧琳《大寶積經》《入定不定印經》《大唐內典錄》《辨正論》音義引作"織也"。編，《三蒼》古文"辮"字。玄應《維摩詰經》音義。

◎ 紛。

馬尾飾也。原本《玉篇》。

◎ 縻。

牛繮也。原本《玉篇》，《後漢書·魯恭傳》注，《和名類聚鈔》三。

◎ 絚。

大索也。慧琳《西域記》音義。

◎ 絪。

紇也。原本《玉篇》。今本"紇"作"弦"。

◎ 纊。

緜也。絮之細者曰纊也。玄應《蓮華經》音義引《三蒼》。

◎ 絟。

細曰絟，粗曰紵。原本《玉篇》。

◎ 繩。

齋衣也。原本《玉篇》。

◎ 紼。

縕枲也。原本《玉篇》。

◎ 綵。

繒色也。原本《玉篇》。

◎ 緌。

冠前垂者也。原本《玉篇》。案：此字疑即"緌"字。

◎ 絖。

絃也。原本《玉篇》，慧琳《佛本行讚傳》音義。

◎絀。

又響兒也。原本《玉篇》。今本作"六響盛兒","又"字疑"六"之譌。

◎絧。

布名也。原本《玉篇》。

◎繨。

不青不黄也。原本《玉篇》。

◎綖。

縱也。原本《玉篇》。

◎紱。

綬也。原本《玉篇》,《文選·西都賦》、曹植《責躬詩》、江淹《雜體詩》、曹植《求自試表》、劉峻《辨命論》注,《後漢書·班固傳》、《杜喬傳》注,慧琳《集沙門不拜俗議》《廣宏明集》音義。

◎紵。

細也。《廣韻·十六屑》。《唐韻·十六屑》引"紉細也",乃"紵細"之譌。

◎綖。

以旃反。相傳坐褥也。玄應《波羅密經》音義引《三蒼》。又,《蓮華經》音義引,"相傳"作"相承"。

右糸部三十九字。

◎䜌。

計數也,計䜌也。原本《玉篇》。

右率部一字。

◎蝮。

蝮,蛇。色如綬文,文間有毊頭,鼻上有針,大者七八尺,有牙,最毒。玄應《涅槃經》音義引《三蒼》。基師及玄應《法華經》音義引作:"蝮,蛇,色如綬文,間有毊,大者七八尺。"雲公《涅槃經》音義引:"蝮,蛇也。色如綬帶,有牙,最毒。"

◎蛕。

腹中蟲也。玄應《觀佛三昧海經》《正法念經》《禪祕要法》音義引《蒼頡訓詁》。

◎蛭。

水蟲也。慧琳《菩提場所說》《一字頂輪王經》《金光明最勝王經》《毗柰耶大律》音義。

◎蚩。

輕侮也,蚩笑也。玄應《廣百論釋》音義,雲公《涅槃經》音義。玄應《涅槃經》、《大方等大集經》、《順正理論》音義引上句。又,《瑜伽師地論》音義引《三蒼》同。玄應《出曜論》、慧琳

《佛本行讚傳》音義引："相輕侮也。"《文選·西京賦》李注引："侮也。"

◎䗁。

  䗁，《蒼頡》篇作"䗁"。玄應《阿閦佛國經》音義。蠕蠕，動皃，音頓。《史記·匈奴列傳》索隱引《三蒼》。

◎螭。

  魑，諸字書作"螭"。基師及玄應《法華經》音義。

◎蝸。

  小牛螺也。一名黃犢。《莊子·則陽篇》釋文引《三蒼》。

◎蚿。

◎蟺。

  蚿蟺，蚓也。慧琳《毗奈耶大律》音義。

◎蛪。

  音結。楊齊宣《晉書音義》。

◎蜯。

  蜯醬。《北堂書鈔》百四十六引《蒼頡解詁》。

  右虫部十一字。

◎蜫。

  蠅屬。《玉燭寶典》一。

◎蜂。

  蟲名。《廣韻》《集韻》一東。

  右䖵部二字。

◎飄。

◎颰。

  飄颰，風也。慧琳《五事毗婆沙論》音義。

◎颰。

  盤末反。基師《法華經》音義引《三蒼》。

  右風部三字。

◎蛇。

  蛇，非一也。慧琳《一字頂輪王經》音義。

  右它部一字。

◎黿。

似鼈而大也。玄應《涅槃經》《維摩詰經》音義，希麟《守護國界主陀羅尼經》音義並引《三蒼》。玄應《説無垢稱經》音義引作"大鼈也"。

◎䑣。

似蛟而大。玄應《涅槃經》《説無垢稱經》《菩薩處胎經》《俱舍論》音義引《三蒼》。

右黽部二字。

◎凡。

數之總名也。玄應《瑜伽師地論》音義引《三蒼》。

右二部一字。

◎垓。

隄名。在沛郡。《史記·項羽本紀》索隱引張揖《三蒼》注。

◎塍。

畔也。玄應《大智度論》音義，慧琳《廣宏明集》音義。

◎垷。

大阪。在堲西山。《玉篇》。王氏念孫云："'堲'乃'壄'之譌。"

◎凷。

土塊也。雲公《涅槃經》、玄應《泥洹經》音義引《三蒼》。

◎坦。

著也。《易·履卦》釋文，慧琳《大般若經》音義。

◎垸。

以泰和之。玄應《成實論》《解脱道論》音義並引《倉頡訓詁》。

◎墊。

下也。玄應《莊嚴經論》《正法念經》《十誦律》《成業論》音義。

◎坻。

音低。玄應《法炬陀羅尼經》《涅槃經》音義引《三蒼》。

◎埂。

小坑也。《玉篇》。

◎毁。

破也。《孝經》釋文，慧琳《大般若經》音義。

◎壓。

鎮也，笮也。玄應《阿毗曇婆沙論》《阿毗達磨俱舍論》音義，慧琳《品類足論》音義引《蒼頡解詁》。

◎埃。

　　垢也，風揚塵也。慧琳《大寶積經》《宏明集》音義。玄應《阿毗達磨俱舍論》音義引："謂風揚塵也。"

◎塈。

　　大阜，在左馮翊池陽縣北。《玉篇》。

◎墾。

　　耕也。《爾雅釋訓》釋文，《文選·上林賦》《七哀詩》注，慧琳《六波羅密多經》《遺教經》《法滅盡經》《集異門足論》音義。又，《毗柰耶大律》音義引作"耕種也"。

◎坒。

　　三里曰坒。《玉篇》。

◎墼。

◎堄。

　　墼堄，小垣。慧琳《大毗婆沙論》音義。《玉篇》及慧苑《華嚴經》音義引："堄，城上小垣也。"

◎坑。

　　壍也，陷也，隍也。慧琳《大般若經》音義。又，《善住意天子經》、《一切有部律攝》、《遺教論》、《集異門足論》音義引："壍也，陷也。"《大集譬喻王經》音義引："壍也，埳也。"《毗柰耶大律》，《顯宗論》音義引："壍也。"《睒子經》音義引："溝壍陷也"。

右土部十八字。

◎釐。

　　賜也。亦祭餘肉也。《玉篇》。

右里部一字。

◎疇。

　　耕地也。玄應《法炬陀羅尼經》音義。慧琳《六波羅密多經》音義引作"耕地名"。

◎畤。

　　埒也。《史記·封禪書》索隱引《三蒼》。

◎甿。

　　田野人也。慧琳《大寶積經》音義。邊人云甿也。《史記·三王世家》索隱引《三蒼》。

右田部三字。

◎勃。

　　出也。慧琳《大淨法門經》音義。猝暴也。慧琳《集異門足論》《破邪論》音義。

◎募。

　　問求也。玄應《大智度論》音義，慧琳《經律異相》音義。又，《長壽王經》音義引作"求也"。

右力部二字。

◎錯。

　　九江人名鐵曰錯。《史記·高祖功臣侯表》索隱引《三蒼》。

◎銷。

　　鑠也。雲公《涅槃經》音義引《三蒼》。

◎鎣。

　　冶也。慧琳《廣宏明集》音義。希麟《新華嚴經》音義引作"鎣，治也"。治器名也。慧琳《不空羂索經》、《菩薩善戒經》音義。

◎鏟。

　　削平也。《文選·蕪城賦》《海賦》注，玄應《纓絡經》《舍利弗問經》音義。

◎鑿。

　　鑿也。慧琳《大唐內典錄》音義。

◎銛。

　　鐵也。慧琳《新翻密嚴經》《大毗婆沙論》《顯宗論》音義。

◎鈗。

　　臿屬也。玄應《大悲分陀利經》音義。

◎鎌。

　　大鑠也。慧琳《辨中邊論》音義。

◎鎮。

　　按也。玄應《俱舍論》音義。

◎鋸。

　　截物鋸也。慧琳《大般若經》《大寶積經》《金剛髻珠菩薩修行分經》《三寶感通傳》《玄奘法師傳》音義，又《大毗婆沙論》音義引作"截物具也"。

◎鑱。

　　鑿也，慧琳《大寶積經》音義。鑿也。慧琳《顯宗論》音義。

◎鎗。

　　金聲也。玄應《寶網經》音義引《三蒼》。

◎鉞。

　　斧也。《文選·西京賦》《吳都賦》《冊魏公九錫文》注，《後漢書·獻帝紀》《李固傳》注，慧琳《辨正論》音義。

◎鈍。

頑也。慧琳《大般若經》《善住意天子經》《諸法無行經》音義。

◎鎖。

連鐶也。慧琳《大乘莊嚴論》音義。

◎鏃。

矢鏑也。《莊子·天下篇》釋文引《三蒼》。

◎錑。

悉於反。錑黎也。玄應《別譯阿含經》音義引《三蒼》。

右金部十七字。

◎斩。

鄂也。玄應《四分律》音義。

右斤部一字。

◎𣂁。

抒取也。慧琳《虛空藏菩薩問七佛經》音義。"𣂁"原譌"犖"。

右斗部一字。

◎䂎。

短矛也。慧琳《勝天王般若經》音義引《三蒼》。玄應同經音義引《廣蒼頡》，殆出《廣蒼》也。

右矛部一字。

◎軿。

衣車也。《文選》陸士衡《日出東南隅行》、宋孝武《宣貴妃誄》注，《後漢書·梁冀傳》《楚王英傳》《王符傳》注，慧琳《集佛道論衡》音義。

◎輩。

比也。原本《玉篇》，基師及玄應《法華經》音義，慧琳《金剛恐怖觀自在最勝明王經》音義。

◎軋。

輾也。《史記·匈奴傳》索隱引《三蒼》。

◎輾。

車行處也。玄應《正法華經》音義。

◎轢。

輾也。原本《玉篇》，玄應《觀佛三昧海經》《陀羅尼雜集經》《大智度論》《辨意長者子所問經》音義，慧琳《大將上佛陀羅尼經》《分別善惡所起經》《法句譬喻無常品經》音義。又，《大唐内典錄》音義引作"猶輾也"。

◎軼。

從後出前也。原本《玉篇》。慧琳《隨機羯磨》音義引無"後"字。《文選·西都賦》注引《三蒼》。

◎轟。

轟轟，聲也。慧琳《大乘顯識經》音義。

◎輷。

輷輷，眾車聲也。《文選·魏都賦》注。原本《玉篇》，引作"聲也"。

◎轒。

◎轤。

轒轤，三輔舉水具也。慧琳本玄應《僧祇律》音義。原本《玉篇》引："轒，三輔水具也。"

◎轎。

小車駕牛也。原本《玉篇》。

右車部十一字。

◎阜。

山庳而大也。玄應《大愛道般泥洹經》音義。慧琳《證契大乘經》《首楞嚴三昧經》《如來莊嚴境界經》《廣宏明集》音義。

◎阠。

小阪也。玄應《菩薩見實三昧經》音義引《三蒼》。

◎阢。

鑿也。《後漢書·馬融傳》注。

◎隄。

封也。慧琳《集異門足論》音義。

◎障。

隔也，亦小城也。《文選·北征賦》《石闕銘》《陽給事誄》注。

◎隩。

藏也。《文選·蕪城賦》注。慧琳《續高僧傳》音義。

◎隈。

於迴反。隩也，謂隱蔽之處也。玄應《大智度論》音義。

◎隍。

城下阬也。無水曰隍。玄應《虛空孕經》音義引《三蒼》。玄應《菩薩見實三昧經》，《大菩薩藏經》《瑜伽師地論》音義，慧琳《大寶積經》《彌勒下生成佛經》音義並引《蒼頡》篇云："城下阬也。"

◎陞。

上也。慧琳《不空羂索經》《毗柰耶大律》音義。

◎阹。

因山谷爲牛馬圈，謂之阹。音祛。《漢書·揚雄傳》蕭該音義。

右阜部十字。

◎馗。

古"逵"字。《魏志·武帝紀》注引《三蒼》。

右九部一字。

◎蹂。

踐也，軱躪也。玄應《大智度論》音義。慧琳《佛本行讚傳》音義引上句。

右內部一字。

◎獸。

走者也。慧琳《太子沐魄經》《大將上佛陀羅尼經》音義。

右嘼部一字。

◎孕。

懷子也。玄應《大智度論》《佛本行集經》《順正理論》音義引《三蒼》。

◎孿。

一生兩子也。玄應《阿毗曇毗婆沙論》音義，慧琳《品類足論》音義。

右子部二字。

◎巳。

畢也。《文選》阮籍《詠懷詩》注。

右巳部一字。

◎醞。

酒母也。玄應《雜藏經》音義，法雲《翻譯名義集·什物篇》。

◎酬。

市周反。主答客曰酬。玄應《分別功德論》音義。《廣韻·十九鐸》引下句。

◎醭。

醬敗生衣。慧琳《毗柰耶大律》音義。

右酉部三字。

# 附出土"蒼頡"殘文

自1907年英籍匈牙利人斯坦因在我國敦煌等地發現漢簡,至2009年北京大學入藏海外回歸之漢簡,此百餘年間,唐宋以來失傳的《蒼頡篇》多有發現。除上述二者外,尚有居延簡、阜陽簡、尼雅簡、水泉子簡等存有《蒼頡篇》殘文。今以出土地點爲類、出土時間爲序,臚列"蒼頡"各簡簡文如下,各類之前略述各簡出土時間並簡文所據之書,於簡文后括注所據之書編號。今人多有考證"蒼頡"各簡之前人釋文不確者,凡管見所及,採其善者於文中徑改,不另做說明。對於簡文盡量斷句,極少數無從斷句者,於句末點句號。

## 一、敦煌漢簡之"蒼頡"

敦煌漢簡是指20世紀初至80年代在甘肅西部疏勒河流域漢代關塞烽燧遺址中陸續出土的漢代簡牘。因在漢代敦煌郡範圍內發現的簡牘時間最早、數量最多,故稱。迄今爲止,敦煌漢簡主要包括八批出土簡牘,其中有三批涉及《蒼頡篇》,詳下。

1. 斯坦因所獲敦煌漢簡

①1906至1908年,斯坦因在敦煌一帶發掘漢塞遺址時(此爲二探),獲得116枚漢簡,其早期名稱爲"敦煌漢簡",也稱"斯坦因所獲敦煌漢簡"。原簡現藏於英國倫敦大不列顛博物館。其中有一支整簡、四支殘簡屬《蒼頡篇》,五支竹簡存44字。《流沙墜簡》(中華書局1993年9月第1版)、《敦煌漢簡》(中華書局1991年6月第1版)均收錄其圖版與釋文。

永永永蒼以頡作。(《流沙墜簡》二第十九簡;1975B)

游敖周章。黇癏黚黕,黢黝騃賜。黔黗赫赧,儵赤白黄。(《流沙墜簡》一第一簡;1836)

趨走病狂,疪疜灾疢。(《流沙墜簡》一第二簡;2098)

貍猵貐毃。(《流沙墜簡》一第三簡;2129)

寸。薄厚廣俠,好醜長短。(《流沙墜簡》一第四簡;1850)

②斯坦因二探所獲敦煌文書中,還有數千枚木簡殘片保存在英國國家圖書館。這批資料直到2007年才得以整理出版,詳《英國國家圖書館藏斯坦因所獲未刊漢文簡牘》(上海辭書出版社2007年12月第1版)。其中涉及《蒼頡篇》的練字削柿(按:柿,謂削下的木片)不在少數。以下所舉"蒼頡"簡文,主要參考了梁靜《出土〈蒼頡篇〉

研究·〈英藏〉中的〈蒼頡篇〉》（科學出版社 2015 年 10 月第 1 版）一文。

□，幼子。（2306）

□，幼子。（2839）

教後嗣，幼子。（3041）

教後。（3371）

幼子承。（3124）

承詔，謹慎敬。（3126A）

□勞苦，卒□□。（3126B）

謹慎敬。（3212）

勉力諷。（3367）

□力諷誦，□。（3565）

夜勿置，苟務。（3175）

誦，晝夜勿置。（3177）

□，苟務成。（2883）

成史，計。（3701）

計會。（2802）

計會辨。（3018）

成史，計會。（3029）

會辨。（3659）

羣，出尤別異。（3704）

□，出尤□。（2464）

□，出尤□。（2633）

異，初雖。（3650）

雖勞苦。（2372）

苦，卒必有喜。（3016）

□□□。（3092A）

勞苦，卒必有。（3092B）

苦，卒必有。（3143）

勞苦，卒必有熹。（3380）

有熹。（3674）

願忠信。（3359）

忠信，微。（2004）

□忠信，微密□。（3378）

微密□。（3154）

原重。（3540）

顛願重刻。（3558）

該，忌起臣。（3028）

□載，趣據。（3583）

趣據觀□。（3519）

觀望，行。（3407）

觀望，行。（3712）

步駕。（2670）

望，行步駕。（3046）

服，逋。（3446）

服，逋逃。（3140）

駕服，逋。（3216）

□，逋逃。（3270）

逋逃。（2255）

逃隱。（3122）

隱匿，往來。（3173）

□天下，毋。（3722）

燋類，□。（2024）

□越。（2094）

百越貢。（2543）

貢。（2914）

□，飾。（3159）

端脩法，□。（3248）

飭端。（3706）

罰貲。（2110）

罰貲。（2317）

貲耐。（2231）

巴蜀荗竹，□。（2470）

曰書人名姓，趙苴□。（1792）

書。（2771）

姓，趙苴。（2409）

韓鳴，笵。（2569）

寶蓾。（2565）

蓾，衛。（2867）

更，唐。（3268）

杳殷譔，黃。（2877）

吳干許莊，建武。（3445）

便接巧亟。（3441A）

□□。（3441B）

亟，景桓昭猷。（3477）

□桓昭猷。（3518）

谿谷阪。（3040）

谷阪險。（3043）

險丘陵故。（3681）

谷阪險。（3683）

陵故。（3225）

□吉忌。（2235）

很簪吉忌，疝瘻癰痤。（3176）

癰痤，賞賜□。（3543A）

□□□□吱嘩。（3543B）

吉忌。（2532）

瘻。（2242A）

痤□。（2325）

摩癰痤，賞□。（3382）

幽不。（3024）

不識。（1963）

識，最穀。（2739）

宜，益就獲得。（2522）

得，賞勸。（2873+2874）

向尚。（3114）

獲得。（3170）

賞勳向尚，馮亦青。（3562）

□送□。（3429）

羌。（3428）

友過刻高。（3073）

高嚚平。（2699）

賢知，賜予分貸，莊犯。（3430）

案牀槃匜□。（3422）

□魚酯馬酗□。（3633）

□馬酪橿。（3702）

⊙按：以上三簡疑似《蒼頡篇》內容。

2. 玉門花海漢簡

1977 年 8 月，嘉峪關市文物保管所在今甘肅省玉門市花海農場附近的漢代烽燧遺址獲得了一批漢簡，一般稱爲"玉門花海漢簡"。原簡現藏嘉峪關市長城博物館。其中有數枚簡涉及《蒼頡篇》。這批材料首次公佈於嘉峪關市文物保管所撰《玉門花海漢代烽燧遺址出土的簡牘》一文，後其圖版與釋文收入《敦煌漢簡》。

蒼頡作書，以教後嗣，幼子承詔，謹慎敬戒，勉力調。（1459A）

晝夜勿置，務成史，計會辨治，超等。（1459B）

蒼頡作書，以教後嗣，幼子承詔，謹慎敬戒，勉力調誦。（1460A）

晝夜勿置，苟務成史，計會辨治，超等。（1460B）

蒼頡作書，以教後嗣，幼子承詔，謹慎敬戒，勉力調誦，晝夜。（1461A）

勿置，苟務成史，計會辨治，超等。（1461B）

曰書人名姓，趙莔韓鳴，范鼠張豬，翟如寶錢，衛中馮鄴，陘涓。（1462）

曰書人名姓，趙莔韓鳴，范鼠張豬，翟如賤。（1463）

□營庀邵謙郇邰鄳鄄傅贛董僕李貝。（1451）

3. 馬圈灣漢簡

1979 年 6 月，甘肅省文物工作隊與敦煌縣文化館組成的漢代長城調查組在敦煌西北小方盤城以西十一公里處的馬圈灣發現一座斯坦因當年考察時遺漏的漢代烽燧遺址，於此獲得簡牘千餘枚，一般稱爲"馬圈灣漢簡"。原簡現藏於甘肅省文物考古研究所。其中包含《蒼頡篇》殘文，收入《敦煌漢簡》。

出尤別。(249B)

蒼頡作書，以教後嗣，幼子承詔，謹慎。(844)

焦黨陶聖，陳穀魏嬰，程頎樛平，梁賢尹寬，榮雍尚。(639A)

檀，岑進露鶱，彭續秦參，涉競夏連，樂恢橄更。(639B)

唐美耿瞥，攸杏殷讓，黄文哉山，肥赦桃脩，賈蘭鄧。(639C)

難，季偃田硯。(639D)

## 二、居延漢簡之"蒼頡"

1930年，由中國和瑞典等國科學家組成的西北科學考察團在内蒙古額濟納河流域漢代長城居延段發現萬枚左右漢簡，一般稱爲"居延漢簡"。其中有屬於《蒼頡篇》内容者。這批簡的絶大部分藏臺北中央研究院史語所。其内容收入中國社會科學院考古研究所編著的《居延漢簡甲乙編》（中華書局1980年7月第1版），以及臺北中研院史語編著的《居延漢簡補編》（中央研究院歷史語言研究所專刊之九十九，1998年版）。後來謝桂華、李均明、朱國炤考訂《甲乙編》而成《居延漢簡釋文合校》（文物出版社1987年1月第1版）。

蒼。(63. 19)

蒼頡。(97. 8)

蒼頡作書，以□□□。(85. 21)

蒼頡作書，以教後□。(185. 20)

嗣，幼子承詔，謹慎敬戒。(167. 4)

□□苟務。(260. 18Aa)

初雖勞。(260. 18Ab)

計嗣，幼子。(260. 18B)

□【幼】□。(176. 33A)

承召，菫。(233. 47)

子承詔，謹慎。(125. 38Aa)

置，苟務成史。(125. 38Ab)

幼子承詔。(125. 38Ba)

勿，盡夜勿。(125. 38Bb)

□【謹】□。(63. 26)

第五　戲叢書插，顛願重該，已起臣僕，發傳約載，赴邊觀望。(9. 1A)

行步駕服，逋逃隱□，往來□旹，漢兼天下，海內並廁。（9.1C）
類，葅葅離異，戎翟給賨，百越貢。（9.1B）

### 三、居延新簡之"蒼頡"

1972年至1974年間，由甘肅省文化廳文物處、甘肅省博物館文物隊等組成的居延考古隊在額濟納居延甲渠候官（破城子）遺址發掘了一批漢簡，爲了與1930年發現的居延漢簡相區別，一般稱爲"居延新簡"。其中有小部分屬於《蒼頡篇》。這些材料收錄在《居延新簡（甲渠候官與第四燧）》（文物出版社1990年7月第1版）、《居延新簡（甲渠候官）》（中華書局1994年12月第1版）中。

蒼頡作書，以教後嗣。幼子承昭，謹慎敬戒。勉力風誦，晝夜勿置。苟務成史，計會辨治。超等軼羣，出尤別異。（EPT50.1A）

初雖勞苦，卒必有意，愨願忠信，微密俠喜，賞。（EPT50.1B）

蒼頡作書，以教後□□子史□□。（EPT56.40）

以教後嗣，幼子承昭，謹慎敬戒，勉。（EPT56.27A）

力風誦。（EPT56.27B）

勉力。（EPF19.7）

謹慎。（EPF22.741）

□甲渠河北塞舉烝燔。蒼頡作書。（EPT50.134A）

族姓嫂妹，親戚弟□，□病悲□，□哭死□，遣□心所，□。（EPT56.181A）

雞。（EPT56.181B）

羲豬貕貐□。（EPF22.731）

冤忿怒仇（EPF22.728）

### 四、阜陽漢簡之"蒼頡"

1977年，在安徽阜陽雙古堆1號漢墓出土一批竹簡，稱"阜陽漢簡"，也稱"雙古堆漢簡"。其中有《蒼頡篇》殘簡124枚，存540餘字。這是《蒼頡篇》失傳之後的一次重大發現。《文物》1983年第2期刊登阜陽漢簡整理組（文物局文獻研究室、安徽省阜陽地區博物館組成）所撰《阜陽漢簡〈蒼頡篇〉》一文，載全部釋文與部分殘簡摹本。

己起臣僕，發傳約載，趣遽觀望，行步駕服，逋逃隱□。（C001）

□兼天下，海內并廁，飭端脩灋，變仳。（C002）

歃臭佐宥，愁悍驕裾，誅罰貲耐，政勝誤亂。（C003）

絕，冢章棺区，巴蜀築杅，筐篋籢笥，廚宰犧豢。（C004）

巫，景桓昭穆，豐盈爨熾，□□前□。（C005）

□牡，雄雌具鳥，屆寵躍急，邁送□。（C006）

□□俗，狠鷔吉忌，癰瘍癰瘀，疢痛遬欼，毒。（C007）

負載，豀谷阪險，丘陵故舊，長緩肆延。（C008）

紉迎惑，宗幽不識，冣穀辝宜，益就獲得，賞勸向尚。（C009）

爰歷次馳，繼續前圖，輔廑顆咀，較儋閼屠，嘽□。（C010）

□引汲䎒，猝遇弗虞，貪默□虘，䓝斐□。（C011）

繭絲枲絡，布絮繫絮，雙帕簞□。（C012）

鼇魚，陷阱釦鈞，簹笱罝置。（C013）

機杼滕複，紝綜篡纑。（C014）

荼葷蒎萢，貔獺聊穀，䶄鼩貂狐，蛟龍龜蛇。（C015）

須髧即劘，癉疝疥癧，瘧瘍癰瞷，□。（C016）

□，□栖穀噌，收條䋝紆。（C017）

淺猛，旴復□。（C018）

□□卻，□□□□，□瞁詞語，□。（C019）

圂廬無。（C020）

此云主，而乃之於，縱舍攄挈，攜控抵扜，拘取弬。（C021）

□堂據赾，等扣。（C022）

盂，槃案栮几，鐙鈕□□。（C023）

□腑臟，䏙□□。（C024）

疧疨禿癭，齲齠瘖傷，毆伐疢痏，胅朕。（C025）

婁軫亢，弘竸翦眉，霸暨尃庚，犖巒岑崩，盰鬼。（C026）

□邑里，縣鄙封疆，徑路衝□。（C027）

街巷垣薔，開閉門閭，闕。（C028）

室內，窗牖戶房，栟楣櫋槞，柂柮橋梁。（C029）

秕科，尌莖稷穜，姪娣。（C030）

□鄣隊亭，咸地斥競，盡搏四荒，鄪鎬。（C031）

□展賁遜，游敖敱章。（C032）

黵黶黯黜。（C033）

賜，黔黧赫赧，儵赤白黃，殰棄朡瘦，兒孺旱陽，恐懼。（C034）

□廥廐，困宎廩倉，秉䉡參斗，升半實當。（C035）

氐羌，贅拾鉤銛，鑄冶鎔鑲。（C036）

冒工，印按刮久，被。（C037）

業未央。（C038）

褐，鬱屨吸袍，□橋決。（C039）

剴□，黽豎偃黽。（C040）

殺捕獄問，諒。（C041）

敊散，賴犹播。（C042）

祋袯姊再，篡㫿。（C043）

賣購件如杊杊杊杊柴箸。（C044）

奈毒瘋斷疣痛膩。（C045）

□，朋友過□，高嚚平夷，□。（C046）

錡歐吹，衛。（C047）

覺驚狝㺚僂。（C048）

轙輅。（C049）

前。（C050）

甬稺攉强寄。（C051）

手奉。（C052）

□□思勇。（C053）

□勿賊壯犯者。（C054）

㧬□□𦫼䶒□。（C055）

歲庚駉。（C056）

黽元蚖黽。（C057）

庫府。（C058）

□歓志辱。（C059）

麤麖□。（C060）

□仳笘欒杣。（C061）

蒙期未旬。（C062）

林禁□。（C063）

紉展。（C064）

舉厭。（C065）

擘嘐。（C066）

吧剛。（C067）

齫齫齫。（C068）

弘聽。（C069）

崔卹。（C070）

□姎挾。（C071）

□忍。（C072）

□嗄□。（C073）

□橐粗。（C074）

梃縞給□。（C075）

冒耤合□□。（C076）

頌緊。（C077）

□冏□央。（C078）

憖惕署。（C079）

□姎姦。（C080）

茴茴杞苣。（C081）

莊建武。（C082）

□匀黃。（C083）

學。（C084）

門□□□。（C085）

□驚釕。（C086）

醅机。（C087）

房擾甓。（C088）

觭□。（C089）

嫛□□。（C090）

冒某晏早。（C091）

□□□翳。（C092）

均多。（C093）

咆□邴呼。（C094）

藥醫。（C095）

爲檄榮。（C096）

訓馴訓。（C097）

尉馴□。（C098）

□曹飲□。（C099）

思慮。（C100）

□堯衛諝如。（C101）

□者尋尺扣咫。（C102）

□吼吸□番□比□。（C103）

□□數□。（C104）

兒盲軝□。（C105）

□廸。（C106）

□瑣□□。（C107）

□□枏枏□青□盧□□□□。（C108）

□盛。（C109）

□□帛紖□。（C110）

紃枏。（C111）

米鬻。（C112）

皮。（C113）

□絫。（C114）

□□□□唯。（C115）

如肌□。（C116）

蒺。（C117）

□盈。（C118）

建。（C119）

□卷則□。（C120）

□迎伯。（C121）

□□□□□攽。（C122）

□紃紃紃。（C123）

□嗔□。（C124）

## 五、尼雅漢簡之"蒼頡"

尼雅位於新疆塔克拉瑪干沙漠腹地，是漢代西域三十六國之精絕國所在地。1993 年

10月，中日聯合尼雅遺跡考察隊在第五次考察時，中方隊員林永建等人在尼雅西北區斯坦因編號爲N14處的一個房屋遺址附近獲得兩枚漢簡，其中之一爲《蒼頡篇》殘文。此二簡公佈於《夢幻尼雅》（民族出版社1995年4月第1版）一書，圖版、文字不甚清晰。王樾與林梅村先後做過研究。

䝪谷阪險，丘陵故舊，浹緩肆延，洓□。（N14：1A）

亼仝人。（N14：1B）

### 六、水泉子漢簡之"蒼頡"

2008年8至10月，甘肅省文物考古研究所在甘肅省永昌縣紅山黨鄉水泉子村漢墓羣發掘出700餘枚木簡，一般稱爲"水泉子漢簡"。其中字書簡140餘枚，存字1000有餘。《文物》2009年第10期發表張存良、吳葒《水泉子漢簡初識》一文，公佈了22枚簡的釋文，該期雜誌封面有其中10枚簡的照片。隨後，張存良又發表《水泉子漢簡〈蒼頡篇〉蠡測》（《出土文獻研究（第九輯）》，中華書局2010年1月第1版）一文，進一步公佈了部分釋文。去其重復，截至目前，水泉子漢簡《蒼頡篇》已公佈71枚簡的釋文。以下釋文後所括注編號，"暫某"爲張存良《蠡測》公佈圖版之編號，"例某"爲張存良《蠡測》舉例簡文之編號，惟有數字者爲梁静《出土〈蒼頡篇〉研究·水泉子漢簡七言本〈蒼頡篇〉》之編號。

□□□書智不願，以教後嗣世和□。（暫31；例9—1）

子承詔唯母。（暫39；例9—2）

慎敬戒身即完，勉力諷誦榑。（暫43；例9—3）

出官，晝夜勿置功。（暫8；例9—4）

□□史臨大官，計會辯治推耐前，超等秩羣。（6；例9—5）

白黑分，初。（暫2；例9—6）

雖勞苦後必安，卒必有。（暫32；例9—7）

事君，微密痣塞天生然，倪伀。（2；封二之7）

……起臣僕毋老丁，發。（暫38；例10—1）

塱□□□，行步駕服□使令，逋。（12；例10—2）

□□□□不平，漢兼天下盡安寧，海内屛廁。（暫14；例10—3）

苴蘁離異毋入刑，戎翟給賓賦斂。（暫15；例10—4）

□陶生。變大制裁好衣服，男女藩□。（暫12；例17—5）

鱋觭贏思美□，臭左右行。（19；例15—3）

誅罰貲耐責未塞，丹勝誤亂有所惑。（暫20；例17—1）

冢椁棺柩不復出，巴蜀。（暫25；例17—2）

犓豢肥突突，甘醪羹栽。（暫36；例17—3）

瘁銊。（22；例16—5）

蔡宋衛故有王。（暫27；例11—1）

邗許莊姓不亡。（暫42；例11—2）

化，黇黸黯黜黑如皮，黚黝黥賜赤。（暫44；例20—1）

詑多，黔黗赫赦。（暫41；例20—2）

當道魁，兒孺旱殤父母悲，恐。（1；例20—3）

疾狂，血。（21；例16—4）

胱回，庇庇禿屢頭傷肴，齮齕。（暫9；例21—4）

胅胅脊育樂府師，執囚東。（暫4；例21—5）

鄙封彊垣聚土，徑路衝術通。（暫24；例18—1）

閈門閭。（23；例18—2）

堆正怒，闕廷廟郎列殷馬。（暫33；例18—3）

□□母父，枑楣櫳棍□益廡，柱枏。（24；例18—4）

亢宿左張，弘競前眉不可量。（暫29；例13—1）

崩山披隮，阮嵬阤阮水不行，阿尉駇。（暫28；例13—2）

亭在北方，咸地斥競陂四旁。（13；例12—1）

四荒高□□。（14；例12—2）

鎬林禁。（15；例12—3）

泉隧防泥式式，江漢滄汾。（25；例19—1）

錐涇渭流湯湯，維楫船方□。（暫22；例19—2）

□□弟兄宗益強，罷病悲哀臥。（4；例16—1）

就牀，號哭死喪。（20；例16—2）

爰歷次㢷少巧功，繼續前圖□□□。（暫30；例22）

肺心腎臟中央脾，胃腹。（暫37；例21—3）

□，偃亶運糧載穀行。（暫21；例14—1）

□臬粟米家給有，粺糲禾稱盡粟。（16；例14—2）

犧羊辟道旁，獿獀獀貐小□。（暫6）

□牙齒口中剛，手□足塞佳一脛，□。（暫3；例21—2）

開灸疾偷廷嬰。（暫1；例16—6）

□贏皈用載粟，□吝□箱敝。（暫5）

牛羊。百五字。（暫11；例7）

紿死固當，詘折犇亡離其鄉。（暫7）

□疾材過人。凡百五字。（暫10；例6；例16—7。按：此簡背面書"凡七百字"）

不亡，雅州葆德富且強，廣大四。（暫13；例13—3）

楊棺椁樸，鬱棣桃李人所欲。百五字。（暫16；例1；例18—5）

分有術，黔首驪康歌鼓瑟，爵。（暫17；例17—4）

未得行，驅馳跡踢樂未央。（暫18；例16—3）

禿央文文若若麋鹿熊。（暫34）

鼓冒冒蘱瑟琴簀師廎。（暫35）

□嘗食黍粱，君侯整齊坐有行。百五。（暫23；例2；例14—3）

貴富萬石君，贍被卑賤不。（暫19；例26）

軒轉輻輬輂郎極，□。（3）

禹湯稱不絕，□□迎趑厥怒佛曰。（暫45；例23）

聲琅琅壁碧□。（5）

道至矣可東西諸產皆備力。（7）

□桸囊儋若倉。百五字。（8；例3；例15—4）

栽奉□。百五字。（9；例4）

□□通東箱。百五字□。（10；例5）

隓。百五字。（11；例8）

各異方，胅胣醓醬醉酸常，菌桂。（17；例15—1）

□盛酒掾，魁勺袼觴醒壽行。（18；例15—2）

欲聽明，面頰頣頯宜圓方，首。（26；例21—1）

茢編爲薄莞蒲闌籍織。（27；例24）

大孫杠□桯□安宜彊。（28；例25）

### 七、北大漢簡之"蒼頡"

2009年初，北京大學接受捐贈，獲得一批從海外回歸的西漢竹簡，一般稱爲"北大漢簡"。其中有整簡63枚、殘簡18枚，總81枚涉及《蒼頡篇》。保存完整字1317，殘字20，總計1337（含重復標題字15，重復出現字7，章末標明字數字不計）。是迄今爲止保存《蒼頡篇》文字最多的簡牘。其圖版與釋文公佈於《北京大學藏西漢竹書（壹）》，該書由北京大學出土文獻研究所編，上海古籍出版社2015年9月第1版。

1. 之職合韻部

◎□祿

　　寬惠善志。桀紂迷惑，宗幽不識。寂□肆宜，□□獲得。（一）
　　賓勸向尚，馮奕青北。係孫襃俗，狠鷟吉忌。瘉瘁癰痤，（二）
　　疢痛遬欤。毒藥醫工，抑按啓久。嬰但揎援，何竭負戴。（三）
　　谿谷阪險，丘陵故舊。長緩肆延，渙免若思。勇猛剛毅，（四）
　　便聿巧亟。景桓昭穆，豐盈爨熾。嬽婜蜎黑，嫵姆款餌。（五）
　　戲叢者插，顛顧重該。悉起臣僕，發傳約載。趣遽觀望，（六）
　　步行駕服。逋逃隱匿，往來旴睞。　百五十二（七）

◎漢兼

　　漢兼天下，海內並廁。胡無噍類，菹醢離異。戎翟給賓，（八）
　　百越貢織。飭端脩灋，變大制裁。男女蕃殖，六畜逐字。（九）
　　顓魼觭贏，紈夒左右。勢悍驕裾，誅罰貨耐。丹勝誤亂，（十）
　　圂奪侵試。胡貉離絕，冢亭棺柩。巴蜀筊竹，筐篋籨笥。（十一）

2. 之部

◎闊錯

　　闊錯楚葆，呈據趑等。梲魗陾闉，鈐鐯闐悝。騁虡刻柳，（一二）
　　諧津郅鄙。祁綷鐔幅，芒陳偏有。泫汯孃姪，髳弟經臬。（一三）

3. 幽宵合韻部

　　鵙煦寤聞，泠竈【過】包。穗稍苦姎，挾貯施褽。狄署賦寶，（一四）
　　猵鷔駴警。贛害輟感，甄轂燔窯。耗稱麻苔，榖蘗鞠□。（一五）

4. 幽部

　　猜常哀土，橘蒜蔞苞。塵埃奧風，嫠鬢寡擾。嫛嫢嬈嬉，（一六）
　　嫺嫧范麚。陂幨裘褐，氈履幣袍。鶪汇𣏬愁，焦雛□□。（一七）
　　齳姣齮䶰，齨繞黜勄。美骹券契，筆研筭籌。鞫窔訏窬，（一八）
　　膆籥陘沙，遮迣杳訽。鋒鍵鏊總，納報戀纍。箈墳𪉂獠，（一九）
　　𩜁獸然稀，支亥牒膠。竊鮒鱂鯔，鱣鮪鯉鮞。掺抔瀹𠬧，（二〇）
　　粉犖貯羔。冤曙暖通，坐鞠譥求。蒙閻堪況，燎灼煎炮。（二一）
　　……銳斟掇，瞥謖鷸聊。……（二二）

……礜。級絇苴繩……（二三）

5. 魚部

莎荔蔂蔓，蓬蒿蒹葭。薇薛莪葽，藿藜薊荼。薺芥萊苴，（二四）
苯荑蓼藕。果蓏茄蓮，黍栗瓠瓜。堅毅極緻，饒飽糞餘。（二五）
胯齌尼睆，餡餓餯舖。百廿八（二六）

◎幣帛

幣帛羞獻，請謁任辜。禮節揖讓，送客興居。韡雔戝雦，（二七）
雉兔鳥烏。雜雛芸卵，綦菫菏茄。貔獺卿觳，貓駒貂狐。（二八）
蛟龍虫蛇，黿鼉鼈魚。陷阱鐕釣，罾笱罘置。毛觰縠繒，（二九）
收繳縶紆。汁泪流敗，蠹臭腑胆。貪欲資貨，兼溢跂奭。（三〇）
頑祐械師，鰥寡特孤。百廿八（三一）

◎□悝

頒勃醉酤。趑文窄突，差費歈酺。細小貧寠，乞匃寁捨。（三二）
歌潘閒簡，鼙鼓歌醵。媼娶裹媃，鄭舞炊竿。嫛捐娓嫭，（三三）
柳櫟檀柘，柱橈枝杖。瓦蓋焚榜，晉漑欑杅。端直準繩，（三四）
媌嚧精華。姣姣娃婿，啜啥黎植。粉黱脂膏，鏡篦比疏。（三五）
鬈髦髿搣，須胥髮膚，癉熱疥厲，痠痹癭疽。斿翳篸笠，（三六）
羽扇聶譽。枸梗柊棘，條簹欒樗。　百一十二（三七）
……貘麂。麖欸胺皐，（三八）

6. 支脂合韻部

密普諫敦，讀飾柰璽。癮斷痍痺，膩偽檄棨，淺汙眝復……（三九）

7. 支部

娓殷譬姝，蠻喊赳恚。魅侈姨娉再，篡暈輾解。妶婞點媿，（四〇）
督嫈嫚媞。頼壞蝦虢，慝序戌譎。瘍效姁卧，潒鷸鷖趡。（四一）

◎齌購

齌購佚妖，兼檽杪柴。箸涎縞給，勸怵樜桂，某柟旱蠪，（四二）
窫椅姌鮭，庆弇馬宛，邸簍埒畦。狛䫥潃熒，齺繰辰庳。（四三）

8. 脂部

梧域邸造，殣穀刐耆。候騎淳沮，決議篇稽。媞欺蒙期，（四四）
耒旬隸氏。　百卅四（四五）

9. 陽部

◎顓項

顓項祝融，招搖奮光。顙豫錄恢，芍隋愷襄。鄢鄧析鄘，（四六）
宛鄂邜鄒。閔徽竃趣，滕先登慶。陳蔡宋衛，吳邘許莊。（四七）
建武牴觸，軍役嘉臧。貿易買販，市旅賈商。䰞展蕡達，（四八）
游敖周章。黬黶黯黚，黥黝騯賜。黔黤赫赧，儵赤白黃。（四九）
殰棄臒瘦，兒孺旱殤。恐懼懷歸，趨走病【狂】。疪疕禿瘻，（五〇）
齮齕痍傷，毆伐疥痏，胅𦙽睛盲。執囚束縛，論訊既詳。（五一）
卜筮扑占，祟在社場。寇賊盜殺，捕獄問諒。百世六（五二）

◎室宇

室宇邑里，縣鄙封疆。徑路衛術，街巷垣薔。開閉門閭，（五三）
闕廷廟郎，殿層屋內，窻牖戶房。枑楯楎梱，柱枅橋梁。（五四）
屏圂廬廡，亭庌陛堂。庫府廥廄，囷窌廩倉。【桶】概參斗，（五五）
犀犛豺狼。貓貍麈犴，麢𪊦䴢麈。鴻鵠鳧雁，鳩鴉鴛鴦。（五六）
陂池溝洫，淵泉堤防。江漢滄汾，河泲泿漳。伊維涇渭，（五七）
維楫舩方。百四。（五八）

◎雲雨

雲雨賈零，霂露雪霜。朔時日月，星晨紀綱。冬寒燠暑，（五九）
玄氣陰陽。杲旭宿尾，奎婁軫亢。弘竸翦眉，霸曁傅庚。（六〇）
崋巒岑崩，阮嵬陀阬。阿尉駃瑣，漆鹵氐羌。贅拾鋏鎔，（六一）
鑄冶容鑲。顉視歔豎，偃𪌴運糧。攻穿檐魯，壘部墜京。（六二）

◎□輪

畊畚苧箱。松柏橎械，桐梓杜楊。鬱棣桃李，棗杏榆桑。（六三）
藿葦菅蓏，莞蒲藺蔣。崇末根本，榮葉蒡英。麋鹿熊羆，（六四）
……□堯舜，禹湯頡卬。【趨騬】𦝫𦝫……（六五）

10. 耕部

狗獪鷹鸓。婦䌙綴……（六六）
牽嫋媂督。魁鉅圜鑪，與瀕庚請。百五十二（六七）

◎鴂鴇

鴂鴇牝牡，雄雌俱鳴。屆寵趨急，邁徙覺驚。狞𤟱偻繚，（六八）
頗科樹莖。禋稊姪娣，𣐱粳合冥。踝企瘧散，賴狁播耕。（六九）

娶頤娑孅，婠嫛眇靖。姑縶姍艁，訐贲竄愙。罪蠱訟却，（七〇）

蔮疑齰圉，袞緓糾絣。律丸內戍，闠踐曩杒。斲烄熱楠，（七一）

爇火燭螢。婼嬺窺鬢， 悪攪嫖婬。樊厭妮秩，私醹救醒。百廿（七二）

……院，闤闗闠肩。增譄專斯……（七三）

11. 未能分韻部

陝邮㝦……（七四）

……【郡邊】……（七五）

……沾，虯掔畍□。雋䐗邟鄧，（七六）

……冒□，□□賣哈。 百廿八（七七）

釦釦釦……（七八）

# 蔡邕《勸學》

東漢蔡邕撰。邕有《月令章句》，已著録。《隋志》始著録此書爲一卷，兩《唐志》作《勸學篇》，卷數同。後佚。據孫啓治等《中國古佚書輯本目録解題》，前人輯本有六家：任大椿《小學鉤沉》、顧震福《小學鉤沉續編》、黃奭《漢學堂叢書》、馬國翰《玉函山房輯佚書》、嚴可均《全後漢文》、王仁俊《玉函山房輯佚書續編》，其中以嚴可均《全後漢文》所輯十三節爲最備。今以嚴可均輯本爲底本，吸收他本之長，勒爲一卷。孫啓治《解題》又云："馬國翰謂'《勸學篇》皆勸學之言，編爲韻語，取便諷誦'。然玄應《音義》引'儲，副君'等，《爾雅》釋文引'鼫鼠五技者'云云，皆注語。蓋蔡邕作是篇，亦自注其文。"

## 蔡邕《勸學》一卷

蔡邕《勸學篇》曰：人無貴賤，道在則尊。《文選》十六潘安仁《閒居賦》"教無常師，道在則是"李善注。

蔡邕《勸學》曰：木以繩直，金以淬剛，必須砥礪，就其鋒鋩。《太平御覽》七百六十七、《記纂淵海》六十二。

蔡伯喈《勸學篇》云：五技者，能飛不能上屋，能緣不能窮木，能泅不能渡瀆，能走不能絕人，能藏不能覆身是也。陸德明《經典釋文·爾雅音義》"鼫"字下。按：《周易·晉卦》九四孔疏："蔡邕《勸學篇》云：'鼫鼠五能，不成一伎。'王注曰：'能飛不能過屋，能緣不能窮木，能游不能度谷，能穴不能掩身，能走不能先人。'"與《經典釋文》引文稍異。

蔡邕《勸學》曰：蚓無爪牙，軟弱不便，穿穴洞地，食塵飲泉。《藝文類聚》六。

蟹有八足，加以二螯。《世説新語·紕漏》注云："《大戴禮·勸學篇》曰：'蟹二螯八足，非蛇蟺之穴無所寄託者，用心躁也。'故蔡邕爲《勸學章》，取義焉。"

蔡氏《勸學篇》云：周之師氏，居虎門左，敷陳六藝，以教國子。《魏書·劉芳傳》。《北史·劉芳傳》引首二句。

儲，副君也。釋玄應《一切經音義》二、《大般涅槃經》六引蔡邕《勸學》。又《佛本行集經》

十二引同。案：此亦本注。

傭，賣力也。《一切經音義》六、《妙法蓮華經》二引蔡邕《勸學》注。

蔡邕《勸學》曰：瞻彼頑薄，執性不固。心遊目蕩，意與手互。《太平御覽》四百九十。

上谷次仲，初變古形。張懷瓘《書斷》上、張彥遠《法書要錄》七、朱長文《墨池編》一。

蔡邕《勸學篇》云：齊相杜度，美守名篇。張懷瓘《書斷》中、張彥遠《法書要錄》八、朱長文《墨池編》一。

蔡邕云：扶風曹喜，建初稱善。《書斷》中、《法書要錄》八、《墨池編》一。

# 蔡邕《聖皇篇》

　　東漢蔡邕撰。邕有《月令章句》，已著録。《隋志》著録此書爲一卷，並云亡。而兩《唐志》復以《聖草章》著録，卷數同。後佚。《書斷》卷上："漢靈帝熹平年，詔蔡邕作《聖皇篇》。篇成，詣鴻都門上。時方修飾鴻都門，伯喈待詔門下，見役人以堊帚成字，心有悦焉，歸而爲飛白之書。"此書前人輯本有四：任大椿《小學鉤沉》、黄奭《漢學堂叢書》、嚴可均《全後漢文》、龍璋《小學蒐佚》。四家所輯，同爲一節。本次重輯，未能多得。仍其舊焉。

## 蔡邕《聖皇篇》一卷

　　蔡邕《聖皇篇》云：程邈刪古立隸文。唐張懷瓘《書斷》卷上、唐張彦遠《法書要録》卷七

## 蔡邕《女史篇》

東漢蔡邕撰。邕有《月令章句》,已著録。《隋志》著録此書爲一卷,並云亡。後史不載。任大椿以爲:"此篇當以四字或三字爲句,便於女子初學成誦。首有'女史'句,故以名篇。後世《女千字文》所由始也。"佚文無考。

# 蔡邕《篆勢》

東漢蔡邕撰。邕有《月令章句》，已著録。是書始見於《後漢書》本傳，傳云："所著《篆勢》，傳於世。"《晉書·衛恒傳》及《蔡中郎集》載蔡邕《篆勢》一篇，文字小異。過而存之，勒爲一卷。

## 蔡邕《篆勢》一卷

鳥遺跡，皇頡循，聖作則，制斯文。體有六，篆爲真。形要妙，巧入神。或龜文鍼列，櫛比龍鱗，紓體放尾，長短複身；頹若黍稷之垂穎，蘊若蟲蛇之焚緼；揚波振擎，鷹跱鳥震；延頸脅翼，勢似陵雲。或輕筆內投，微本濃末，若絕若連；似水露緣絲，凝垂下端；從者如懸，衡者如編；杳杪邪趣，不方不員；若行若飛，跂跂翾翾。遠而望之，象鴻鵠羣游，駱驛遷延；迫而視之，端際不可得見，指撝不可勝原。研桑不能數其詰屈，離婁不能覩其郄間，般倕揖讓而辭巧，籀誦拱手而韜翰。處篇籍之首目，粲斌斌其可觀。摘華豔於紈素，爲學藝之範先。喜文德之弘懿，愠作者之莫刊。思字體之頫仰，舉大略而論旃。《晉書·衛恒傳》《蔡中郎集》。

# 服虔《通俗文》

東漢服虔撰。虔有《春秋左氏傳解誼》，已著録。《隋志》著録此書爲一卷，兩《唐志》著録李虔《續通俗文》二卷。虔書後佚。是書作者，前人頗有爭議，詳姚振宗《隋書經籍志考證》及今人段書偉《通俗文輯校》前言。要之，《通俗文》乃服虔所作也。《顔氏家訓·書證》説此書"河北此書，家藏一本"，其爲古人所看重如此。此書輯本凡几：任大椿《小學鉤沉》本，陳鱣《小學拾存》本，臧庸《邃雅齋叢書》本，馬國翰《玉函山房輯佚書》本，黄奭《漢學堂叢書》本，顧懷三《小方壺齋叢書》本，顧震福《小學鉤沉續編》本，龍章《小學蒐佚》本，段書偉《通俗文輯校》（中州古籍出版社 1993 年版）。段氏《通俗文輯校》後出轉精，復出眾家之上。段氏且仿照劉熙《釋名》，區分部類，甚便讀者。此次輯佚，即以段氏《通俗文輯校》爲底本，吸收諸家輯本之長及時賢研究成果，勒爲一卷。

## 服虔《通俗文》一卷

### 釋言語（上）

◎手捏曰撚。《玄應音義》十四、《慧琳音義》五十九。

◎指持曰捻。《慧琳音義》六十五。

◎爪案曰掐。《玄應音義》十、《慧琳音義》四十九、五十九。

校語：《慧琳音義》卷四十九引"爪"下有"也"字。"掐"，《慧琳音義》卷五十九作"搯"，誤。按：《玉篇》："爪案曰掐。"《説文》"掐"字段注："苦洽切當是掐字。從臽聲，爪剌也。……《通俗文》：'掐出曰掏，爪案曰掐'，掏即搯也。"按："掐""搯"二字音義皆不同，當作"掐"。

◎手把曰捪。《玄應音義》二、四、十二、十五（兩引）、十六（兩引）、十九、廿五，《慧琳音義》四十三、五十六、五十八（兩引）、六十五（兩引）、七十一、七十四。

校語："把"疑當作"杷"。《説文》："捪，杷也。"段注："杷，各本做'把'，今正。木部曰：'杷者，收麥器也'，引申爲凡用手之稱。杷者，五指杷之，如杷之杷物也。《史》《漢》皆言'掊視得鼎'。師古曰：'掊，手杷土也。'""掊"，《玄應音義》卷四引作"抱"，《玄應音義》卷廿五、《慧琳音義》卷七十一引作"攫"。按：上古音"掊"，幫母、侯韻，"抱"，並母、幽韻，可旁轉通假。又，《禮記·儒行》："鷙蟲攫搏。"《疏》："以脚取之謂之攫。"是"攫"義以爪抓取，音義與"掊"皆不同，今姑從《玄應音義》卷二、《慧琳音義》卷四十三等所引，作"掊"。

◎掊出曰掏。《玄應音義》七、《慧琳音義》二十四。

◎手捉頭曰摮也。《玄應音義》十五、《慧琳音義》五十五、五十八。

　　校語：《慧琳音義》卷五十五所引無"手"字。《音義》引文皆有"也"字，依訓詁術語習慣，似不應有"也"字。

◎手團曰搏。《玄應音義》九、十四、十八、廿二，《慧琳音義》四十六、四十八、五十九、七十二。

◎搏黍爲手團。《孟子音義》卷下。

◎捫摸曰揹。《玄應音義》十、十七、廿二、廿四，《慧琳音義》四十八、四十九、七十（兩引）。

◎從上取曰扚。《玄應音義》十五、《慧琳音義》五十八。

　　校語：《慧琳音義》引作"減"。按：作"減"義不通。《説文》："扚，從上挹取也。"今據從《玄應音義》。

◎浮取曰撡。《玄應音義》四、《慧琳音義》四十三。

◎沉取曰撈。《玄應音義》五、二十，《慧琳音義》四十二、四十三（兩引）。

◎遮取謂之抄掠。《玄應音義》二、二十二，《慧琳音義》四十八。

◎汲取曰攣。《玄應音義》四、十五、十六，《慧琳音義》四十四、五十八、六十五。

　　校語："攣"《慧琳音義》卷四十四引作"擘"，誤。按：《説文》："攣，系也。"無汲取之義。當是"攣"字之訛。攣，《説文》"抒扇也。"與汲取義近。

◎汲出謂之抒。《玄應音義》九，《慧琳音義》四十六。

　　校語：《玄應音義》所引"抒"下有"也"字。

◎入室求曰搜（兄侯反）。《顔氏家訓·音辭》。

　　校語：《顔氏家訓》原文作"《通俗文》曰：'入室求曰搜'，反爲兄侯。"今據以將切語補入正文。

◎舉振謂之擤。《玄應音義》十七、《慧琳音義》七十三。

◎束縛謂之擳。《玄應音義》十三、《慧琳音義》五十七。

◎杖檠曰抛。《慧琳音義》六十五。

◎抉，挑也。《慧琳音義》八十二。

◎掣挽曰扺。《玄應音義》三、十八，《慧琳音義》七十二。

◎爭倒曰撲。《玄應音義》六、《慧琳音義》二十七。

◎連杖曰撲。《玄應音義》十四、《慧琳音義》五十九。

　　校語：《慧琳音義》引"撲"下有"也"字。

◎相牽曰鬭。《慧琳音義》四十四。

◎拳手挃曰搣也。《玄應音義》十五、《慧琳音義》五十八。

◎撞出曰朾。《玄應音義》三、《慧琳音義》九。

　　校語："朾"《玄應音義》引作"打"。《通俗文》臧庸輯本校曰："按莊本'朾'誤作'打'，今從錢廣伯校正。《説文》：'朾，撞也。'"臧庸説是。《説文》段注引《通俗文》亦做"朾"。今從《慧琳音義》引，作"朾"。

◎舉踵曰企。《玄應音義》十二、十五、十七，《慧琳音義》五十二、五十八、七十四。

　　校語："踵"，《玄應音義》卷十二，《慧琳音義》卷五十二引作"跟"；《玄應音義》卷十五、十七，《慧琳音義》卷五十八引作"埵"。《説文》："跟，足踵也。""跟""埵"義同。"埵""踵"爲異體字。今從《慧琳音義》卷七十四作"踵"。《玄應音義》卷十二，《慧琳音義》卷五十二引"企"作"跂"，下有"也"字。

◎小蹋謂之踶。《莊子·馬蹄》釋文。

◎超通爲跳。《史記·高祖本紀》索隱。

　　校語："通"疑當作"踊"。《廣雅·釋詁二》："踊，跳也。"

◎失躡曰跌。《玄應音義》八、十二，《慧琳音義》三十二、三十四。

◎舉尾走曰趌。《玄應音義》十六、《慧琳音義》六十五。

◎蹙額曰矉。《莊子·天運》釋文。

◎驚視曰瞁。《玄應音義》十三、《慧琳音義》五十七。

　　校語："瞁"，《慧琳音義》引作"臭"。按：字書無"臭"字，"臭""瞁"形近，疑字誤。今從《玄應音義》引。

◎直視曰瞪。《玄應音義》二十、《慧琳音義》三十一、七十四。

　　校語："瞪"，《玄應音義》卷二十、《慧琳音義》卷七十四引作"眙"。按：上古音"眙"屬之部，"瞪"屬蒸部，同在端鈕，可以對轉通用。引文作"眙"，作"瞪"，蓋因音近，傳抄使字異。

◎伏覗曰覰。《玄應音義》十七、十九,《慧琳音義》五十六、六十七。

校語:"覗",《玄應音義》卷十七、《慧琳音義》卷六十七引作"伺"。"伺""覗"爲異體字。《方言》卷十:"伺,視也。""自江而北或謂之貼,或謂之覗。"錢繹箋疏:"伺、覗古同字。""覰",《玄應音義》卷十九引作"覷"。《玄應音義》卷十七、《慧琳音義》卷六十七引作"狙"。按:"覷"乃"覰"之異體,"狙"爲假借字。《説文》:"覰、覰覰也",段注:"覰,古多假狙爲之。《周禮·蜡氏》注曰:'蜡讀如狙司之狙。'狙司即覰伺也。……是則覰狙古今字。"

◎入口曰呬。《玄應音義》六、十七、二十、二十二、二十四,《慧琳音義》二十七、四十八、五十四、六十二、七十、七十四,《玉篇·口部》"呬"字注。

校語:《慧琳音義》卷六十二引文"入"字前有"味"字,疑衍。又卷七十引文"入"字作"人",誤。《慧琳音義》卷六十二引"呬"下有"也"字。又《玄應音義》卷二十、《慧琳音義》卷五十四,此條引作"呬,入口也。"

◎齞啖曰齚。《玄應音義》二、《慧琳音義》二十六。

校語:"齞啖",《慧琳音義》引作"咬噉"。按:"咬""齞"字同,"啖""噉"字同。

◎咀齧曰嚼(音才弱反)。《玄應音義》六、廿五,《慧琳音義》七十一。

校語:《玄應音義》卷廿五、《慧琳音義》卷七十一引"嚼"下有"也"字。而無"音才弱反"句。

◎咀,嚼也。《玄應音義》廿三、《慧琳音義》四十八。

◎齧挽曰齰。《玄應音義》六、七,《慧琳音義》廿七、四十六。

◎迮而吐之曰汦。《玄應音義》四、《慧琳音義》三十一。

校語:《慧琳音義》引"汦"作"七"。

◎含吸曰嗽。《玄應音義》二(《大般涅槃經》四十)、四、九、十一、十四、十五、十六、十七、十九(兩引),《慧琳音義》廿六、四十四、四十六、五十二、五十六(兩引)、五十八、五十九、六十四。

校語:"嗽"字或做"欶"。《玄應音義》卷二、又四、又十一、又十四、又十五,《慧琳音義》卷廿六、又四十四、又四十六、又五十二、又五十八、又五十九俱引作"嗽"。餘卷作"欶"。

◎嗽,吮也(所角反)。《玄應音義》二(《大般涅槃經音義》一)。

校語:《音義》原文:"(嗽),《漢書》、《通俗文》皆所角反。嗽,吮也。"按:《通俗文》疑爲《三蒼》之誤。《玄應》卷二、九、十七、十九(《佛本行集經》卷三十五），《慧琳》卷廿六、四十六、五十六皆引《三蒼》"嗽，吮也"，字或做"欶"。《玄應》卷九、十七、十九，《慧琳》卷二十六作"欶"。餘卷作"嗽"。

◎含水溢曰潠。《玄應音義》四、二十，《慧琳音義》四十二、四十三、七十四。

　　校語：《玄應音義》卷五、卷二十，《慧琳音義》卷四十二、卷七十四引無"含"字，疑脱。《玄應音義》卷四引作"含水潠曰溢"。

◎大咽曰歆。《玄應音義》十一、《慧琳音義》五十六。

◎氣逆曰噦。《玄應音義》二、十、二十二，《慧琳音義》廿六、四十八、六十五。

　　校語：《慧琳音義》卷廿六引作"噦，氣逆也"。又《玄應音義》卷二引作"噦"下有"也"字。

◎塞喉曰噎。《玄應音義》廿二，《慧琳音義》卷四十八。

　　校語：《慧琳音義》引"噎"字下有"也"字。

◎與死者辭曰訣。《玄應音義》七、九、二十，《慧琳音義》三十三、四十六、二十六，《文選》江淹《別賦》李善注。

　　校語：《慧琳音義》卷四十六引無"與"字。"辭"，《玄應音義》卷九、卷二十，《慧琳音義》卷三十三、卷四十六引作"別"。"曰"，《玄應音義》卷九、卷二十。《慧琳音義》卷三十三、四十六引作"謂之"。

◎死別曰訣也。《玄應音義》十三、《慧琳音義》五十四。

◎大呼曰嚾也。《玄應音義》十三、《慧琳音義》五十四。

　　校語：《慧琳音義》所引無"曰"字。按："嚾"，"讙"之異體。

◎自矜曰誇。《玄應音義》十一、十七、廿五，《慧琳音義》五十二、七十一、七十四。

◎擇言曰詮。《玄應音義》十、《慧琳音義》五十。

　　校語："擇"，《慧琳音義》引作"釋"。按：《淮南子·要略》云："詮言者，所以譬類人事之指，解喻治亂之禮，差擇微言之眇，詮以至理之文，而補縫過失之闕者也。""差擇微言之眇"爲詮言，是"擇"亦有詮釋之意，"擇""釋"音近，義亦通。今姑從《玄應音義》所引。

◎大調曰謿。《玄應音義》十二、十六，《慧琳音義》廿八、五十五、六十四。

◎痛惜曰吒。《玄應音義》二、十二，《慧琳音義》五十二。

　　校語：《玄應音義》卷十二、《慧琳音義》卷五十二"吒"作"咤"，並"咤"下有"也"字。按："吒""咤"異體字。

◎痛聲曰痏，驚聲曰儼（痏，於罪反；儼，於簡反）。《玄應音義》十五、《慧琳音義》五十八。

校語："疛"，《玄應音義》引作"侑"。按："疛""侑"通。"警"，《慧琳音義》引作"驚"。按："警""驚"通。

《玄應音義》原文："《通俗文》于罪反，痛聲曰侑，警聲曰㦒。 㦒音于簡反。"《慧琳音義》"于罪反"作"於鬼反"，"㦒音于簡反"句"音"上無"㦒"字。又《音義》原文皆先標"疛（侑）"字反切，次釋義，末標"㦒"字反切。次序錯亂，似不合《通俗文》原書體例，今將切語皆移於訓釋之後。

◎夢語謂之㝱。《玄應音義》二、二十、廿一、廿三，《慧琳音義》十三、廿五、四十三（兩引）四十九。

校語："㝱"，《玄應音義》卷二、又廿、又廿三皆引作"寱"。按："寱"，當作"㝱"。《說文》："㝱，瞑言也。"段注："瞑言者，寐中有言也。"又《慧琳音義》卷十三引作："夢中之語曰㝱"。卷廿五引作："夢語也。"

◎諽，大語也。《玄應音義》十一、十八、二十，《慧琳音義》三十三、五十六、七十三。

校語："諽"，《玄應音義》卷二十引作"諦"。《慧琳音義》卷七十三引作"譮"。按："諦"無"大語"義，疑因與"諽"形近而訛。"譮""諽"音近。"譮"亦有"大語"義。《廣韻》"譮，怒聲"，是二字可通。

◎口不開曰噤。《玄應音義》十二、《慧琳音義》七十四。

◎求願曰訇。《玄應音義》三、四，《慧琳音義》九。

◎意吝曰嬝。《玄應音義》七、《慧琳音義》廿八。

校語："吝"，《玄應音義》引作"若"。按：《說文》："嬝，嫺也。"段注："《聲類》云：'嫺嬝，戀惜也'。"今從《慧琳音義》引。作"吝"。

◎患愁曰恞。《玄應音義》十二、二十，《慧琳音義》三十三、七十四。

◎小怖曰憯。《玄應音義》五、九、十九，《慧琳音義》四十二、四十六、五十六、七十四、七十六。

◎旁驚曰憚。《玄應音義》三、《慧琳音義》十。

◎時務曰茫。《玄應音義》十五、十九，《慧琳音義》五十六、五十八。

◎萎悴，惡也。《慧琳音義》七十六。

◎迴過曰宕。《玄應音義》七、《慧琳音義》二十八。

◎旁沾曰湔。《玄應音義》十四、十五、十六、十八，《慧琳音義》五十八、五十九、六十四、七十三。

校語：《玄應音義》卷十八、《慧琳音義》卷七十三所引"旁"字上有"水"字。《玄應音義》卷十四、《慧琳音義》卷五十九引文"湔"下有"也"字。

◎水浸曰漬。《玄應音義》十四、廿一,《慧琳音義》三十四、五十九。

校語:《慧琳音義》卷三十四引無"浸"字,疑脱。

◎以水掩塵曰灑。《玄應音義》二、六、八,《慧琳音義》廿七、廿八。

校語:"掩",《玄應音義》卷二引作"撿"。《慧琳音義》卷廿八引作"斂"。"撿"有"束"義,"斂"有"藏"義,於文義皆通,原文究竟爲何字,不能明也。

◎溉灌曰沃。《玄應音義》四、十三、二十三,《慧琳音義》四十九。

◎燃火曰焜。《玄應音義》十一、十九,《慧琳音義》五十二、五十六。

校語:"燃",《玄應音義》卷十一引作"然",字同。"焜"即"㷒"。《玉篇》作"焜",《廣韻》作"焜"。《廣雅·釋詁二》:"焜,爇也。"王念孫疏證:"焜即爇字也。"

◎欲燥曰曝。《玄應音義》廿二、廿三,《慧琳音義》四十七、四十八。

校語:《慧琳音義》卷四十八引無"欲"字,疑脱。按:《玉篇》:"曝,欲乾也。"

◎自蔽曰庇。《玄應音義》九、《慧琳音義》四十六。

◎（𩬊）,支也。《廣韻》去聲五十六㮇"𩬊"字注。

校語:《廣韻》注原文作"支也,出《通俗文》"。

◎密藏曰弆。《玄應音義》十三。

◎覆蓋曰葺。《玄應音義》三、《慧琳音義》十。

◎合袂曰䙆。《玄應音義》十四、《慧琳音義》五十九。

◎纖纖謂之□（音碎）,受緯曰筟（□車）。《御覽》八百二十五。

校語:"筟"當作"筬"。《説文》:"□,箸絲於筬車也。"段注:"竹部曰:'筬,筳也','筳,□絲筦也。'筬車亦曰□車。"又"□車"二字爲《御覽》原注。

◎收績曰縈。《玄應音義》三、十五,《慧琳音義》十、五十八。

◎酖酒曰酗,酗酒曰醟。《玄應音義》十三、《慧琳音義》五十二。

校語:"酖",《慧琳音義》引作"酡"。誤。按:"酡"爲酒容。《玉篇》:"酡,飲酒朱顔貌。"沉於酒爲"酖",字亦作"酖""耽"。

◎燅煮曰焦。《詩·大雅·韓奕》正義。

◎（挲），捋取牛羊乳。《慧琳音義》四十九。

校語:"挲",《玉篇》《廣韻》皆作"挲"。按:"挲"爲正體。

◎踐穀曰踩。《玄應音義》九、《慧琳音義》四十六。

校語:"踩",《慧琳音義》引作"跡"。按:作"跡"誤,當作"踩"。

◎擣細曰㫃。《玄應音義》十五、《慧琳音義》五十八。

    校語：《玄應音義》引無"曰"字，今據《慧琳音義》補。"㫃"，疑當作"䏼"。《廣雅·釋詁四》："䏼，舂也。"王念孫疏證引《通俗文》作"䏼"，謂"與䏼同"。

◎淅米謂之洮汰。《玄應音義》七、九、十五，《慧琳音義》二十八、四十六、五十八。

    校語："謂之"，《玄應音義》卷十五引作"謂"。"洮"，《玄應音義》卷十五引作"淘"。按：字同。"汰"，《慧琳音義》卷四十六引作"沙"，卷五十八引作"沐"，皆訛。又《慧琳音義》卷五十八引"洮汰"下有"也"字。

◎汰米曰淅。《玄應音義》十二、《慧琳音義》七十五。

◎去汁曰渾。《玄應音義》五。

    校語：此條《慧琳音義》卷四十四引作《埤蒼》，未知孰是。

◎以箸取物曰㪍（音鬱）。《玄應音義》十五、《慧琳音義》五十八、《御覽》七百六十。

    校語："箸"，《慧琳音義》引作"筯"。"筯""著"通。"㪍"，《御覽》作"攲"，按："㪍"爲正體。

◎以湯去毛曰㵽。《玄應音義》一、九，《慧琳音義》十七、四十六。

    校語："㵽"，《玄應音義》卷九、《慧琳音義》卷四十六引作"鬵"。《小學鉤沉》王念孫校曰："鬵，當作'鬵'。《說文》：'鬵，紅籀文"鬵"，讀若岑'。《玉篇》：'㵽，似廉切。''鬵，似林，才心二切。'《廣韻》：'㵽，徐鹽切。''徐林，才心、昨三鹽切。'聲近故通。"

◎以湯煮物曰瀹。《玄應音義》廿五、《慧琳音義》七十一。

◎平財賄曰貲。《玄應音義》三、十一，《慧琳音義》十、五十二。

◎市買先入曰臉。《玄應音義》十六、《慧琳音義》六十五。

    校語：《玄應音義》"入"下衍"物"字。

◎事不利曰躓，限至曰礙。《玄應音義》四、五、十二（兩引）、十三、十五、十七，《慧琳音義》三十四（兩引）、五十三、五十八、七十四（兩引）。

    校語：《玄應音義》卷十五、卷十二（《賢愚經》卷十五《音義》）、《慧琳音義》卷七十四（《賢愚經》卷十五音義）、卷五十八引無"事"字。《玄應音義》卷十二（《賢愚經》卷十五《音義》）、《慧琳音義》卷三十四、卷七十四（《賢愚經》卷十五《音義》）引"礙"下有"也"字。

◎錢戲曰賭。《玄應音義》十五、《慧琳音義》五十八。

◎記物曰注。《玄應音義》六、《慧琳音義》二十七。

◎張申曰磔。《玄應音義》十四、十六、十七、廿二、廿四，《慧琳音義》四十八、五十九、六十

四、七十（兩引）。

◎懸鎮曰縋。《玄應音義》十六、十七，《慧琳音義》六十五、七十三。

◎縱失曰蘭也。《玄應音義》廿二、《慧琳音義》四十八。

◎罰罪曰謫。《玄應音義》一、廿一、廿五，《慧琳音義》十七、五十九、七十一。

校語："謫"，《慧琳音義》卷七十一引作"讁"。字同。

◎罰罪者曰謫。《玄應音義》十四。

◎除物曰摒擋。《玄應音義》十五、十六，《慧琳音義》五十八、六十五。

◎雇載曰僦（音將秀反）。《玄應音義》十五、《慧琳音義》五十八、《史記·平準書》索隱、《漢書·酷吏傳》王先謙補注。

校語：《史記·平準書》索隱作"服虔云：'雇載曰僦。'"《漢書·酷吏傳》王先謙補注引宋祁曰："服虔曰：'雇載曰僦，音將秀反。'"按：餘書所引無"音將秀反"。

◎雇車載曰僦。《太平御覽》七百七十三。

◎去節曰劊。《玄應音義》十一、《慧琳音義》五十二。

◎橫刃曰刮。《慧琳音義》七十六。

◎截斷曰剿。《玄應音義》十四、《慧琳音義》五十九。

◎自刻曰刎。《玄應音義》二十、二十五，《慧琳音義》四十三、四十四、七十一。

校語："自"，《慧琳音義》卷四十四引作"勿"。"刻"，《慧琳音義》卷四十三引作"割"。然"刻"亦有斷、裂之義。《爾雅·釋詁一》："刻，分也。"《釋詁四》："刻，到也。"《玄應音義》卷二十五、《慧琳音義》卷七十一"刎"下有"也"字。

◎以刀去陰曰犍。《玄應音義》十一、十四，《慧琳音義》五十六、五十九。

校語："犍"，《玄應音義》卷十一作"劇"；《慧琳音義》卷五十六引作"犗"。按：疑《通俗文》原文作"犍"。《音義》皆曰："又作掯、劇二形，字同。……《通俗文》云……字從牛。"按：字從牛，即當作"犍"。作"犗"，疑涉上文"掯"而訛，作"劇"，疑涉上文"掯"而改字。然"犗""犍"字同，"犍""劇"義同。又《慧琳音義》卷五十六"犗"下有"也"字。

◎去骨曰剔。《玄應音義》卷十一、《慧琳音義》卷五十二。

◎卵化曰孚（音方付反）。《玄應音義》二、六，《慧琳音義》二十六、二十七。

校語：《玄應音義》卷六作"匹付反"，《慧琳音義》卷二十六無音，卷二十七作"芳無反"。

## 釋言語（下）

◎青黑曰䴴。《玄應音義》十九、《慧琳音義》五十六。

校語：《慧琳音義》引"觙"下有"也"字。

◎通白月皛。《文選》陶淵明《赴假還江陵夜行涂口》詩李善注。林源《〈通俗文〉佚文輯校零拾》云："此條當爲《説文》佚文，各本誤入《通俗文》，當刪。"

◎暗色曰黪。《文選》王粲《登樓賦》李善注。

◎廓，寬也。《慧琳音義》二十三。

◎不長曰幺，細小曰麼。《文選》班固《王命論》李善注。《玄應音義》四、八、九，《慧琳音義》四十六。

校語：《玄應音義》、《慧琳音義》無"不長曰幺"句。

◎平直曰侹。《玄應音義》十一、十三，《慧琳音義》五十六、五十七。

◎柔堅曰朌。《玄應音義》十四、十九，《慧琳音義》五十六、五十九。

校語：《玄應音義》卷十九、《慧琳音義》卷五十六引作"物柔"。誤，當作"柔堅"。《管子·心術下》："筋朌而骨強"。筋即柔而堅者。今從《玄應音義》卷十四、《慧琳音義》卷五十九引。作"柔堅"。

◎物柔而奭。《玄應音義》六、《慧琳音義》二十七。

校語：《玄應音義》引作"案"。"案"則義不通。今從《慧琳音義》引，作"柔"。

◎瓦破聲曰瓾。《玄應音義》十一、《慧琳音義》五十二。

◎物傷濕溦。《玄應音義》十五（兩引）、十八，《慧琳音義》五十八（兩引）。

校語：《玄應音義》卷十五（《僧祇律音義》十四）"物"字上有"凡"字。"傷"，《慧琳音義》卷五十八（《僧祇律音義》三十四）引作"殤"。"溦"，《慧琳音義》引作"微"。又《慧琳音義》卷五十八（《僧祇律音義》十四）引"微"下有"也"字。

◎物無頭曰兀。《慧琳音義》四十七、五十一。

◎斜戾曰咼。《玄應音義》六、七，《慧琳音義》二十七。

校語："斜"，《玄應音義》卷七、《慧琳音義》卷二十七引作"邪"。"斜""邪"通。"咼"，《玄應音義》卷六引作"喎"。字同。

◎至誠曰懇。《玄應音義》四、十一、十六、廿一、廿二、廿三，《慧琳音義》三十一、四十七、四十八、六十四、七十四。心亂曰忶。《玄應音義》二十、《慧琳音義》四十三。

校語：《慧琳音義》引作"惲"。按：《説文》："惲，重、厚也。"《方言》卷十三："惲，謀也。""惲"，無心亂之義。《廣韻·魂韻》："忶"注引《埤蒼》"心悶也"。《集韻·恨韻》："忶，心迷也。"據此，姑從《玄應音義》引。作"忶"。

◎黃白雜謂之駁犖。《玄應音義》十七、《慧琳音義》六十七。

校語：《慧琳音義》無"白"字。疑脱。"駁犖"爲色彩混雜。當作"黃白"。

小學類·字書之屬·服虔《通俗文》| 1037

"駮",《慧琳音義》引作"駁"。"駮""駁"通。

◎文章謂之㛟爛。《玄應音義》五、七,《慧琳音義》廿八。

◎服飾鮮盛謂之嬸孅。《玄應音義》七、《慧琳音義》廿八。

校語:《慧琳音義》引無"嬸"字,疑脱。《文選》陸機《文賦》:"務嬸孅而妖冶。"

◎髮亂曰鬖鬖。《文選》郭璞《江賦》李善注。

◎脣不履齒謂之齖（音牙）齼（祖家反）。《太平御覽》三百六十八。

◎四支寒動謂之顫頨。《玄應音義》十一、《慧琳音義》五十二。

校語:"顫",《慧琳音義》引作"戰"。

◎門撒謂之蒙蕈。《玄應音義》十四、十五、十八,《慧琳音義》五十八、七十三。

校語:"撒",《玄應音義》卷十四、卷十五,《慧琳音義》卷五十八、卷七十二皆引作"藪"。"撒""藪"通。"蒙蕈",《玄應音義》卷十四引作"蒙",卷十八引作"縠縠"。按:"蒙""蒙""縠"字同。"蕈""蕈"字同。"縠",疑爲"縠"字之訛。"縠""蕈"字同。

◎大而無形曰倱伅。《玄應音義》十二、十三,《慧琳音義》十六、七十四。

校語:《玄應音義》卷十二、《慧琳音義》卷七十四引"倱伅"下有"也"字。

◎毛茂謂之毧毨。《玄應音義》十四、《慧琳音義》五十九。

◎毛長曰毿毿。《玄應音義》十一、二十,《慧琳音義》五十二、七十五。

◎縮小曰瘦,皺不申曰縮㧱。《玄應音義》十五、《慧琳音義》五十八。

校語:"瘦",《玄應音義》引作"瘂"。按:《广雅·释诂三》:"瘦,缩小"。"瘂"非字体,作"瘂"讹。

◎物堅鞕謂之磽确。《玄應音義》一、十二、廿三、廿四,《慧琳音義》十七、四十七、五十二、七十。

校語:《玄應音義》卷廿三、《慧琳音義》卷四十七引無"物"字。"鞕",《玄應音義》卷廿四引作"鞭"。按:作"鞭"誤。《玄應音義》卷一、《慧琳音義》卷十七引無"磽"字,疑脱。

◎堅硬不消曰磺硈。《玄應音義》十四、《慧琳音義》五十九。

校語:"硬",《慧琳音義》引作"鞕"。字同。

◎水廣大謂之溔沆。《玄應音義》七、《慧琳音義》二十四。

◎淹漬謂之瀸洳。《玄應音義》十二、《慧琳音義》七十五。

◎零滴謂之瀝渧（音丁計反）。《玄應音義》二、六，《慧琳音義》廿六、廿七。

校語："零"，《玄應音義》卷二、《慧琳音義》卷廿六引作"霝"，《慧琳音義》卷廿七引作"靈"。按：三字并通。"瀝"，《慧琳音義》卷廿七引作"瀝"，《玄應音義》卷六、《慧琳音義》卷廿六引作"凝"。○按：作"瀝"形訛。當作"瀝"。《慧琳音義》卷廿七引無"渧"字，疑脱。又《慧琳音義》各卷所引皆無"音丁計反"句。

◎凝渧亦零滴也。《慧琳音義》五十。

校語："凝"與"瀝"字同。

◎樂不勝謂之嗢噱。《文選》嵇康《琴賦》李善注。

◎相狎習謂之媟嬻也。《玄應音義》十四、《慧琳音義》五十六。

◎小兒戲謂之狡獪。《玄應音義》十八、《慧琳音義》七十三。

◎狡獪，小兒戲也。《史記會注考證附校補·高祖本紀》校補。

◎利喉曰謦欬。《玄應音義》十四、十五，《慧琳音義》五十八、五十九。

校語：《玄應音義》卷十五、《慧琳音義》卷五十八、卷五十九引無"欬"字。疑脱。按：《列子·黃帝》："惠盎見宋康王，康王蹀足謦欬疾言。"謦欬，即咳嗽、清嗓子。

◎張口運氣謂之欠㰦。《玄應音義》二、《慧琳音義》二十六、六十三。

校語：《慧琳音義》卷二十六引作"口通氣也"。按：《慧琳音義》卷七十九引《桂苑珠叢》："引氣而張口曰欠㰦。"《玄應音義》卷二、《慧琳音義》卷六十三引是。

◎言過謂之譀詞。《玄應音義》八、廿一，《慧琳音義》十三、十六。

校語："譀"，《慧琳音義》引作"淊"，字同。

◎難可謂之諆訛。《玄應音義》五、八、十三、廿二，《慧琳音義》三十四、四十八、五十四。

校語："諆訛"，《慧琳音義》卷四十八引作"謂訛"。按：作"謂"誤。又《慧琳音義》卷五十四引作"諆訾"。"訛""訾"字同。

◎言不通利謂之謇吃。《玄應音義》一、九、十六、十九、廿一，《慧琳音義》十三、四十二、四十六、五十六、六十五。

校語："謇"，《玄應音義》卷九、《慧琳音義》卷四十六引作"㓤"。《慧琳音義》卷十三引作"蹇"。"㓤"是"㓨"字之訛，"蹇""㓨""謇"並通。

◎理亂謂之撩理。《玄應音義》十三、《慧琳音義》五十九。

◎天子出，虎賁伺非常，謂之遮迾。《文選》顏延之《赭白馬賦》李善注。

◎多意謂之忼惰。《玄應音義》十二、《慧琳音義》五十五。

校語：《慧琳音義》引作"忴楈"。按：《説文》"楈，木也"，段注"《上林賦》有'胥邪'，《南都賦》作'楈枒'，郭璞曰'胥邪似并閭'"。是"楈枒"乃葉子、棕櫚類樹木。與"多義"意無關。《廣雅·釋詁》"忴謵，智也"，王念孫疏證："《説文》'謵，知也'，又云'憛，知也'。《周官·大宰》'胥十有二人'，鄭注云'胥，讀如諝。謂其有才智爲什長'。……諝、憛、胥并通。"據此，從《玄應音義》作"憛"。

◎慚恥謂之忸怩。《玄應音義》五、《慧琳音義》三十三。

校語：《慧琳音義》引"怩"下有"也"字。

### 釋天地（附山川道路等）

◎日陰月暎。《文選》王粲《七哀詩》李善注。

校語："暎"字同"映"。

◎雷聲曰磤。《玄應音義》八、《慧琳音義》三十八。

◎雲覆日爲靉靆。《玄應音義》六、《慧琳音義》廿七、《希麟音義》三、九。

校語：《玄應音義》、《希麟音義》引"靉靆"下有"也"字。

◎雨止曰霽。《玄應音義》七、《慧琳音義》十七。

◎重巘曰隒。《玄應音義》一、《慧琳音義》廿。

校語："巘"，《慧琳音義》卷二十引作"巚"。按："巘""巚"通。

◎峻岅曰峭。《玄應音義》九、十，《慧琳音義》四十六、四十九。

◎邱塚謂之壙塯。《玄應音義》七、《慧琳音義》二十八。

校語："邱塚"，《慧琳音義》引作"丘冢"。按："邱塚""丘冢"字同。

◎積土曰垛。《玄應音義》十二（兩引：《長阿含經音義》《普曜經音義》），《慧琳音義》二十八、五十二。

校語：《玄應音義》卷十二（《長阿含經音義》），《慧琳音義》卷五十二引"垛"作"陎"。按："垛""陎"字同。

◎和溏曰淖。《玄應音義》十一、《慧琳音義》五十二。

◎亭水曰汪。《玄應音義》四（兩引）、十四、十五（兩引）、十八，《慧琳音義》三十一、四十三、五十八、五十九、七十三。

校語：《玄應音義》卷十四、《慧琳音義》卷四十三、五十八、五十九、七十三引"亭"皆作"停"。又《慧琳音義》卷三十一引"亭"作"渟"。按："亭"爲古字，"停"、"渟"乃後起字，三字並通。《説文》"亭"字段注："亭之引申爲亭止，俗乃製

'停''渟'字。"
◎渠在浚儀曰苠蕩。《後漢書·郡國志三》注。
◎泥塗謂之溰涽。《玄應音義》八、《慧琳音義》十六。

  校語：《慧琳音義》引作"墍"，字同。
◎邪道曰徯，步道曰徑。《玄應音義》七、《慧琳音義》三十。
◎地多小石謂之礓礫。《玄應音義》八、十、十二、十五、十九，《慧琳音義》十九、四十七、五十六、五十八。

  校語："多"，《慧琳音義》卷五十八引作"名"，誤。《慧琳音義》卷十九引"礓礫"下有"石也"二字。又《玄應音義》卷八、《慧琳音義》卷五十八引"礓礫"下有"也"字。
◎塴土曰坌。《玄應音義》二、三、六、二十三，《慧琳音義》九、十八、二十六、二十七、四十七。

  校語：《玄應音義》卷二、卷二十三引"塴"作"悖"。按：當作"塴"。《廣雅·釋詁》："塴，塵也。"
◎塵游曰坌也。《慧琳音義》五十五。
◎塵土曰塺。《玄應音義》十二、《慧琳音義》七十五。

  校語：《慧琳音義》"塵"字字壞。
◎灰塵曰埃。《玄應音義》十七、《慧琳音義》七十。
◎熱灰謂之煻煨。《玄應音義》四、十三、廿二、廿四，《慧琳音義》三十四、四十八、五十五、七十。

### 釋宮室

◎客堂曰厑（五下反）。《御覽》一百八十一。
◎屋平曰屠蘇。《御覽》一百八十一、《廣韻》上平聲十一模"麻"字注。

  校語：《廣韻》引作"廇麻"，字同。
◎屋加椽曰橑（來早切）。《御覽》一百八十八。
◎門扇飾謂之鋪首。《御覽》一百八十八。
◎（櫨），關門機。《廣韻》上平聲二十七刪"櫨"字注。
◎紐，門屈戌也。《慧琳音義》六十三。
◎門鍵曰鼎。《玄應音義》十五、《慧琳音義》五十八。

  鼎，門鼎也。《玄應音義》十四、《慧琳音義》五十九。

校語：《音義》原文："串户，《通俗文》作串，門串也。"按：疑此文有誤。《玄應》《慧琳》述"串"字，皆慣習之義。如《玄應音義》卷九（《大智度論第十三》）："串樂。古文作摜，遺二形，又作慣，同。古患反。《爾雅》：'串，習也。'"《慧琳音義》卷三十（《寶雨經第二》）："串習。《爾雅》云'串亦習也。'《説文》爲慣字，亦作遺者也。"作"門串"義，唯此一處。此處"門串也"下則曰："《蒼頡篇》作擇，音算，持也。"而《玄應音義》卷十五、《慧琳音義》卷五十八"門鍵曰弗"下亦曰："《蒼頡篇》作擇，音算，持也。"所述相合，此文似當作："《通俗文》作弗，門弗也。"

◎疏門曰櫺。《玄應音義》四、十五、十八，《慧琳音義》五十八、七十三。

校語："門"，《慧琳音義》卷五十八引作"間"。按：《説文》："櫺，楯間子。"段注："闌楯爲方格，又於其橫直處爲圜子，如綺文瓏玲，故曰櫺。"是櫺爲門窗或闌干上的雕花格子。"疏門"或"疏間"其意皆難明，姑存疑焉。按：林源《〈通俗文〉佚文輯校零拾》云："《慧琳音義》本是。"

◎小户曰戾。《玄應音義》十六、《慧琳音義》六十五。

◎高置立歧棚云歧閣。《史記·梁孝王世家》索隱。

校語："云"，疑當作"曰"。

◎連閣曰棚。《玄應音義》四、五、八、十一、十四、十五，《慧琳音義》二十八、三十四（兩引）、五十八、五十九。

◎連閣曰簃。《御覽》一百八十四。

校語：字書無"簃"字，疑爲"簃"字之誤。《爾雅·釋宮》："連謂之簃。"郭璞注："堂樓閣邊小屋。"板閣曰棧。《文選》謝靈運《從斤竹澗越嶺溪行》詩李善注、《玄應音義》十五、十七，《慧琳音義》五十八、七十四。

◎欄樫謂之楯。《玄應音義》一、《慧琳音義》二十。

校語："欄"，《慧琳音義》引作"闌"。"欄""闌"通。

◎蕃隔曰障。《玄應音義》六、《慧琳音義》二十七。

籬子，竹障。《廣韻》入聲二十一參"籬"字注。

◎柴垣曰籬。《玄應音義》十四、十六、十八、十九，《慧琳音義》五十六、五十九、六十五兩引（《明了論音義》《毗尼母律音義》）。

校語："籬"，《玄應音義》卷十四，《慧琳音義》卷五十六引作"柂"；《玄應音義》卷十八、《慧琳音義》卷六十五（《明了論音義》）引作"欏"，《慧琳音義》卷五十九引作"柂"。按："柂"通"籬"。"籬""欏"爲異體字。"柂"，《爾雅·釋木》："椴，柂。"郭璞注："柂，白椴也，樹似白楊。""柂"無"籬"義。《慧琳音義》卷五十九引誤。

◎木垣曰柵。《玄應音義》十四、十八、十九，《慧琳音義》五十六、五十九、七十三。

◎甊方大謂之瓴瓺。《玄應音義》四、《慧琳音義》四十三。

◎狹長者謂之甋瓶。《玄應音義》十五、十九，《慧琳音義》五十六、五十八。

◎營居曰塢。《文選》馬融《長笛賦》李善注，《玄應音義》十一、十三、二十，《後漢書·獻帝紀》注，《慧琳音義》五十二、五十五、七十五，《廣韻》上聲《十姥》"塢"字注。

校語："塢"，《廣韻》注引作"塢"，"塢""塢"字同。又《後漢書》注引"塢"字下有"一曰庫城也"句。疑訛入。

◎庫藏曰帑。《廣韻》去聲四十二宕"藏"字注。

◎藏穀麥曰窖。《玄應音義》十一、《慧琳音義》五十二。

◎陶竈曰窯。《玄應音義》一、九、十、十一、十四、十八、廿二，《慧琳音義》卷十七、四十六、四十七、四十八、五十二。

校語："陶"，《玄應音義》卷二十二、《慧琳音義》卷四十八引作"燒瓦"。"窯"，《玄應音義》卷一、《慧琳音義》卷四十八引作"窰"。按："窯""窰"字同。又《玄應音義》卷十、《慧琳音義》卷十七引作"窯"，《玄應音義》卷九引作"窑"，《慧琳音義》卷四十七引作"窂"，皆非字體，疑因字訛而誤。又《玄應音義》卷一、又九、又廿二，《慧琳音義》卷十七、又四十六引"窯"下有"也"字。

◎奧內曰庪。《玄應音義》十四，《慧琳音義》五十九，《御覽》一百八十八。

校語："庪"，《御覽》引作"庉"，《廣雅·釋詁一》："庪，隱翳也。"《釋詁四》"庉，藏也"，王念孫疏證"庪與庉通"。

◎物欲壞曰庯廬。《玄應音義》九、《慧琳音義》四十六。

校語："廬"，《慧琳音義》引作"虛"。按：《玉篇》："廬，屋欲壞也。""虛，通𧆢。""𧆢，生虎也。""廬""虛"音同，疑《慧琳音義》因音同致訛。


**釋形體**

◎連子曰孿。《慧琳音義》六十七。

◎髮垂曰髟（方料切）。《文選》潘岳《秋興賦》李善注。

◎露髻曰鬠，以麻雜為髻，如今撮也。《文選》張衡《西京賦》李善注。

校語："鬠"，當作"鬌"。《小學鉤沉》王念孫校語云："念孫案：《說文》《玉篇》《廣韻》《集韻》俱無'鬠'字。'鬠'，或為'鬌'。《說文》云：'鬌，束髮少也；從髟，惰聲。'《繫傳》引《西京賦》正作'朱鬌鬌髽'，俗本'鬌'誤為'鬠'。《韻會》

引《西京賦》已然。"按：王説是。今檢《廣雅》，亦無'鬛'字。《廣韻》去聲十三祭："鬛，露髻。"所釋與《通俗文》同，而字作'鬛'。又高步瀛《文選李善注義疏》云："唐寫'鬛'作'䰅'，蓋即'鬛'字。"是《文選》唐寫本殘卷與《繫傳》所引同。

◎目毛曰睞。《慧琳音義》六。

◎斑黑曰鯬。《玄應音義》六、廿二，《慧琳音義》五、六、七、廿七、四十八，《希麟音義》九。

校語："斑"，《慧琳音義》卷五、卷六、卷廿七、《希麟音義》卷九引作"班"，疑誤。"鯬"，《希麟音義》卷九引作"棃"，下有"也"字。按："鯬""棃"字同。

◎斑黑謂之鯬黸。《玄應音義》七、廿五，《慧琳音義》廿八、七十一。

校語："鯬黸"，《玄應音義》卷廿五引作"鯬黮"，《慧琳音義》卷七十一引作"藜黮"。按："鯬""藜"通，"黸""黮"通。

◎面鯬黑曰皯。《玄應音義》十二、十九，《慧琳音義》十五、十七、五十六。

校語："鯬"，《玄應音義》卷十二、《慧琳音義》卷十七引作"梨"，《慧琳音義》卷五十六引作"黎"。按："梨""鯬""黎"并通。"曰"，《慧琳音義》卷五十六引作"白"，誤。"皯"，《慧琳音義》卷十五謂"《通俗文》作'韍'"。按：《説文》："皯，面黑氣也。"《玉篇》："韍，射韍。" 韍乃箭衣之護臂，與"皯"字形、義皆不通。當作"皯"。又《玄應音義》卷十九、《慧琳音義》卷五十六"皯"下有"也"字。

◎䵟，面點黑也。《玄應音義》十二、《慧琳音義》十七。

◎口上曰臄，口下曰函。《詩·大雅·行葦》釋文、正義。

◎緩脣謂之㫚𣄴（𣄴音昌若反）。《玄應音義》四、《慧琳音義》四十四。

校語："緩"，《玄應音義》引作"煖"。按：《慧琳音義》卷四十二引作："《通俗文》曰：'㫚，緩也。'"《玉篇》："㫚，厚也。"是"㫚""緩""厚"義近。又《玉篇》："𣄴，大脣貌"。"㫚𣄴"即脣厚大。緩、㫚義近，緩脣即厚大之脣。今從《慧琳音義》卷四十四引作"緩脣"。

◎喎，口不正也。《文選》劉峻《辯命論》李善注。

◎腋下謂之脅。《左傳·僖公二十三年》釋文，正義；《御覽》三百七十一。

◎皮起曰癗。《玄應音義》十四、《慧琳音義》五十九。

◎脂在腰曰肪，在胃曰𦟘。《文選》曹丕《與鍾大理書》李善注，《玄應音義》三、九、十七、二十二，《慧琳音義》二、五、九、四十六、四十八、六十三，《御覽》八百六十四。

校語：《玄應音義》、《慧琳音義》引皆無"脂"字，今據《文選》注、《太平御覽》補。《御覽》引"腰"作"脊"。《御覽》引"胃"作"骨"。《玄應音義》卷三、卷九，《慧琳音義》卷九、卷四十六引作"册"字下皆有"也"字。《慧琳音義》卷五引"册"字下有"是也"二字。又《文選》注、《玄應音義》卷二十二、《慧琳音義》卷四十八引皆無"在胃曰册"句。

◎獸脂聚曰膕。《御覽》八百六十四。

◎骨中脂曰髓。《文選》揚雄《長楊賦》李善注。

◎尿本曰脬。《玄應音義》十五、《慧琳音義》五十八。

◎出腸曰屎，出脬曰尿。《玄應音義》十七、二十三，《慧琳音義》五、四十九、六十七。

校語：《玄應音義》卷十七、卷廿三，《慧琳音義》卷四十九、卷六十七皆無"出腸曰屎"句。《玄應音義》卷十七、《慧琳音義》卷六十七"曰"作"爲"。

◎強健曰馼（音翅）。《御覽》三百六十六。

校語：字書無"馼"字。強健義本作"駃"。《說文》："駃，馬疆也。"《玉篇》："駃，勁也。"疑《御覽》作"馼"乃字缺壞而訛。

◎尻骨謂之八髎。《玄應音義》十八、《慧琳音義》七十三。

◎手足坼裂曰皸。《玄應音義》十一、《慧琳音義》五十二。

校語："坼裂"，《慧琳音義》引作"裂"，疑脫"坼"字。

◎體不申謂之趜。《玄應音義》十三、《慧琳音義》五十五。

校語："趜"，《慧琳音義》引作"麴"。誤。

◎曲脊謂之傴僂。《玄應音義》二、六、九、十一、十七、廿二，《慧琳音義》二十六、廿七、四十一、四十六、四十八、五十六、六十七。

校語："謂之"，《慧琳音義》卷四十一引作"爲之"，誤。"傴僂"，《慧琳音義》卷四十八引作"傴傴"，誤。

◎侏儒曰矬。《玄應音義》二、六、十五、廿五，《慧琳音義》二十六、二十七、五十八、七十一。

校語：《慧琳音義》卷七十一引"矬"下有"也"字。

◎短小曰尳。《玄應音義》四、八、十一、二十、二十四，《慧琳音義》十六、四十三、四十八、五十六。

校語：《玄應音義》卷四引"尳"下有"也"字。又《玄應音義》卷八引作"短小曰尳羸也。"按：《玉篇》："尢，短小也。"《晉書·山濤傳》："（山淳、山允）并少尪病，形甚短小。""尢""尪""尳"爲異體字。疑"羸"字衍。

◎南楚以美色爲娃（烏佳切）。《初學記》十九、《御覽》三百八十一。

校語："美色"，《御覽》引作"好"。

◎容麗曰媌（莫豹反），形美曰婋（湯火反），容媚曰婠（烏活反），容茂曰爍（羊灼反）。《御覽》三百八十一。

◎頰輔謂之嫵（七府反）媚。《史記·司馬相如列傳》索隱。

校語：據《史記》索隱引，疑"頰"下脫"輔"字。合《史記》索隱引文此條原文似當作"頰輔妍美曰嫵媚"。

◎肥骨柔弱曰婐（奴果反）婑。《御覽》三百八十一。

校語："肥骨"義不通，疑有訛錯。按：林源《通俗文佚文輯校拾零》："當作'肌骨'。""婑"即"娜"字。

◎不媚曰嬌（音畜），可惡曰嬒（烏會反），大醜曰䯍（呼交反），醜稱曰䜊（烏在反）。《御覽》三百八十二。

◎白頭曰頜。《玄應音義》六、《慧琳音義》二十七。

◎齇鼻曰齃。《玄應音義》二十、《慧琳音義》四十二、四十三。

校語：《玄應音義》卷二十、《慧琳音義》卷四十三所引"齃"下有"也"字。

◎足跌傷曰踒。《玄應音義》十三、《慧琳音義》五十五。

校語："跌"，《慧琳音義》引作"姪"。誤。按：《玉篇》："姪，與侄同。""姪，淫姪也。"與傷無涉。字當作"跌"。

◎腫足月瘇。《玄應音義》四（兩引）、十一，《慧琳音義》四十三、五十六。

校語："瘇"，《玄應音義》卷四（《密迹金剛力士經音義》）引作"尰"。字同。

◎肉胅曰瘤。《玄應音義》一、十八，《慧琳音義》二十、七十三。

校語："胅"，《玄應音義》卷十八作"凸"。"凸""胅"同。

◎體肉曰肬贅。《玄應音義》十五、十九，《慧琳音義》四十四、五十六、五十八。

校語："肉"，《慧琳音義》引作"目"，誤。《廣雅·釋詁》："肬，腫也。"《荀子·宥坐》注："肬贅，結肉。""體肉"不辭，疑有脫訛。"肬"，《慧琳音義》引作"疣"。《慧琳音義》卷四十四、五十六引無"贅"字。

◎乳病曰疕。《御覽》三百七十一。

◎體創曰痍，頭創曰瘍。《玄應音義》卷二、十一、十七，《慧琳音義》二十六、五十二、七十四。

校語："創"，《玄應音義》卷十一、《慧琳音義》卷五十二引作"瘡"。按："瘡""創"通，傷也。

◎瘡瘢曰痕。《玄應音義》十八、二十三，《慧琳音義》四十九、七十三。

校語：《玄應音義》卷十八。《慧琳音義》卷七十三引文"痕"下有"也"字。

◎體蜂沸曰瘨洰。《玄應音義》十四、《慧琳音義》五十九。

◎小癥曰疙。《玄應音義》十六、《慧琳音義》六十五。

校語：《慧琳音義》引"疙"下有"也"字。

### 釋衣飾

◎輕絲絹曰緫。《玄應音義》十二、十三，《慧琳音義》五十二、五十四。

校語："輕"，《慧琳音義》引作"經"。"緫"，《玄應音義》卷十二引作"總"，《慧琳音義》引作"総"。按："緫""總""総"通。

◎生絲繒曰綃。《玄應音義》十五、《慧琳音義》五十八。

◎帛兩幅曰帊。《玄應音義》十八、二十一，《慧琳音義》七十三，《御覽》七百零四，《廣韻》去聲四十禡"帊"字注。

校語：《玄應音義》、《慧琳音義》引皆無"帛"字。疑引文脫字，今據《御覽》、《廣韻》補。《玄應音義》卷十八、《慧琳音義》卷七十三引作"兩複月帊"。《說文》："幅、布帛廣也。""復，重衣也。"按："幅""複"音同，可以通假。今姑從《御覽》、《廣韻》引，作"幅"。又《玄應音義》卷二十一引作"兩複，帊也。"又《御覽》、《廣韻》引文皆作"三幅"。

◎帊衣曰襆。《御覽》七百零四，《廣韻》去聲四十禡"帊"字注。

校語：《廣韻》引作"帊衣、襆也。"

◎裝衣曰袊。《玄應音義》十六、《慧琳音義》六十五。

◎重衣曰襲。《玄應音義》十五、《慧琳音義》五十八。

校語："襲"，《玄應音義》引作"襲"。按："襲"異體作"襲"。

◎三尺衣謂之纓。《玄應音義》十五、《慧琳音義》五十八。

◎緶縫曰褊。《玄應音義》十四、十六，《慧琳音義》五十九、六十四。

校語："緶"，《玄應音義》卷十四、《慧琳音義》卷五十九、卷六十四引作"便"。

◎綴衣曰籃。《玄應音義》十四、《慧琳音義》五十九。

◎帛幘曰袷。《御覽》六百八十六。

◎幘裹曰纚。《後漢書·輿服志（下）》注。

◎幘導曰簪。《文選》沈約《應詔樂游苑餞呂僧珍》詩李善注、《御覽》六百八十八。

校語："導"，《文選》注引作"道"。"導""道"通。

◎張布曰幰。《御覽》七百六十六。

校語："㡢"，當作"㡢"。

◎戶幛曰簾。《御覽》七百。

◎障牀曰幨（昌鹽切）。《御覽》六百九十九。

◎牀三尺五曰榻，板獨坐曰枰，八尺曰牀。《初學記》二十五。

◎履不著跟曰屣。《莊子・讓王》釋文。

◎環臂謂之釧。《御覽》七百八十。

◎染青石謂之點黛。《御覽》七百十九。

◎財帛曰賄。《玄應音義》四、十二、十八、二十、廿二，《慧琳音義》四十三、四十八、七十四、七十五。

◎毛布曰氀毭。《玄應音義》十四、十五，《慧琳音義》五十八、五十九。

校語：《玄應音義》卷十四引無"布"字，疑脫。

◎細葛謂之𣯛翅。《御覽》八百十九。

校語：《鉤沉》本王念孫校語："念孫案，'翅'當爲'毣'。《廣雅》云：'𣯛毣，𣰲也'。𣯛毣本是𣰲名，借以細葛之名耳。𣰲以毛爲之，故𣯛毣二字并從毛，不得從羽作'翅'。"王説是。當作"𣯛毣"。

◎織毛曰𣰲。邪文曰氍。《玄應音義》一、十九，《慧琳音義》四十二、五十六。

校語：《玄應音義》卷十九、《慧琳音義》卷五十六引文無上句"織毛曰𣰲"。《玄應音義》卷一引"文"作"交"。疑誤。《玄應音義》卷一、《慧琳音義》卷四十二引《字林》："𣰲之方文者曰氍。"

◎織毛褥曰氀毭，細者謂之氍毹。《玄應音義》二、十四，《慧琳音義》五十九。

校語："褥"，《玄應音義》卷十四引作"蓐"。《慧琳音義》卷五十九引作"氍毹"下有"也"字。

◎氍毹，織毛蓐也。《慧琳音義》二十六。

◎毛蓐細者曰氍毹。《玄應音義》十一、《慧琳音義》五十二。

◎織毛謂之氀毭。氀毭細者謂之氍毹，名氍毹者，施大牀之前，小榻之上，所以登而上牀也。《御覽》七百零八。

校語：作"氀"誤，當作"氀"。

◎織毛褥謂之氀毹。《廣韻》上平聲十虞"氀"字注。

◎毛飾曰毦。《玄應音義》二、八，《慧琳音義》十九、二十六，《御覽》三百四十一。

校語：《慧琳音義》卷二十六引作"毛飾也"。

**釋飲食**

◎水澆飯曰飱（音孫）。《御覽》八百五十。

◎寒具謂之餲（音曷）。《北堂書鈔》一百四十七，《御覽》八百六十。

◎肴雜曰糅。《玄應音義》四、二十，《慧琳音義》三十三。

校語："肴"，《玄應音義》卷四引作"青"，誤。按：《説文》："粗，雜飯也。"《廣雅·釋詁四》："粗，雜也。"王念孫疏證："糅與粗同。"《玄應音義》卷二十，《慧琳音義》卷三十三引"糅"下有"也"字。

◎煮米曰糕。《北堂書鈔》一百四十四、《御覽》八百五十九。

校語：《御覽》引無"曰"字。

◎干綷者謂之粗粆。《御覽》八百六十。

◎䅯麥麴曰䴷。《御覽》八百五十三。

◎白酒曰醝。《玄應音義》九、《慧琳音義》四十六。

校語："白"，《慧琳音義》引作"貞"。誤。《玉篇》："醝，白酒也。"

◎淹韭曰虀。《玄應音義》一、十九，《慧琳音義》五十六，《御覽》八百五十五。

校語："淹"，《玄應音義》卷一引作"奄"。"虀"，《御覽》引作"韲"。

◎淹薤曰𦵔。《御覽》八百五十五。

◎乳汁曰湩。《玄應音義》八、十二、十七、二十，《慧琳音義》二十八、三十三、七十四、七十五（兩引）。

◎酪酥謂之馜䣧。《玄應音義》七、十四、廿一（兩引）、廿二，《慧琳音義》廿八、三十、四十八、五十九。

校語："酥"，《慧琳音義》四十八引作"蘇"，今據以改正。又《慧琳音義》卷三十引作"酥酪"，文倒，今正。

◎煴羊乳曰酪，酪酥曰馜䣧。《御覽》八百五十八。

◎辛甚曰辢，江南言辢，中國言辛。《玄應音義》八、十八（兩引）、廿四，《慧琳音義》三十、七十、七十三（兩引）。

校語：《玄應音義》卷八、卷十八（《立世阿毗曇心論音義》）、《慧琳音義》卷三十、卷七十三（《立世阿毗曇心論音義》）引皆無下句。《玄應音義》卷十八（《隨相論音義》）、卷廿四、《慧琳音義》卷七十、卷七十三（《隨相論音義》）引皆有"江南言辢，中國言辛"句。

◎物滓曰粃。《玄應音義》十五、《慧琳音義》五十八。

校語：《玉篇·米部》："粅，粉粅也。""物"、"粉"形近，疑"物"乃"粉"之訛。

◎米皮曰糩。《玄應音義》二。

校語："糩"，同"䅶"。

◎禾稞謂之㩜糕（奴穀反）。《玄應音義》十一、十四，《慧琳音義》五十六、五十九。

校語：《玄應音義》卷十四、《慧琳音義》卷五十六引作"㩜糕"下有"糕音奴穀反"句，又《玄應音義》卷十一、《慧琳音義》卷五十九引"㩜糕"下有"奴穀、之若二反"句。

◎碎糠曰糠。《御覽》八百五十四。

◎沙土入食中曰塎。《玄應音義》七、廿二，《慧琳音義》廿六、四十八。

校語："沙"，《玄應音義》卷七引作"砂"。字同。"塎"，《玄應音義》卷廿二作"磣"，《慧琳音義》卷廿六作"塎"，字同。又《玄應音義》卷廿二、《慧琳音義》卷廿六、卷四十八引"塎"下皆有"也"字。

◎沙入飯曰憯。《御覽》八百五十。

校語："憯"乃"慘"字之俗體，字當作"磣"。

◎飯臭曰膉。《御覽》八百五十。

校語："膉"，疑當作"饐"。《說文》"饐，飯傷濕也"，段注"葛洪云'饐，飯餿臭也'"。

◎魚臭曰腥，猥臭曰臊。《玄應音義》一、三、廿二，《慧琳音義》十、十七、四十八。


**釋器用**

◎覆種曰耬。《農政全書》廿一《耬車》

◎機汲謂之桔槔。《玄應音義》十一、十四，《慧琳音義》五十九。

校語：《慧琳音義》卷五十六引作"機汲也，謂之桔槔也"。按："也"字疑衍。

◎水碓曰輻車。《廣韻》去聲十八隊"碓"字注。

◎水碓曰翻車碓。《農政全書》十八《機碓》條。

◎攻板曰剗。《玄應音義》十八、《慧琳音義》七十三。

◎石碼轢穀曰碾。《御覽》七百六十二。

◎龘曰磋（七內切），填（音鏤）磾曰硐（逢棟切），磨牀曰摘（直易切）。《御覽》七百六十二。

◎磨齊曰鐵。《玄應音義》九、《慧琳音義》四十六。

◎石鑿曰墼（作滄切），鑿充曰銃（昌仲切），小鑿曰鎒（音潺潺），柄内境（音擎），受樘曰鎃（七□切）。《御覽》七百六十三。

校語："境"，當作"樘"。《集韻·庚韻》："樘，鑿柄。"《倭名類聚鈔》卷六引《通俗文》："樘，鑿柄名也。""鎃"字誤。《説文》："鎁……一曰大鑿中木也。""鎁"字或體作"鎃"。"鎃"乃"鎁"字之訛。"七□切"，原文"七"後字脱。

◎樘，鑿柄名也。《倭名類聚鈔》六。

校語：《倭名類聚鈔》未得親見，此録自顧震福輯本。

◎牖，版。《廣韻》入聲廿四"牖"字注。

◎亂金謂之鉅。《御覽》八百三十。

◎細礪謂之磁礛。《玄應音義》九、《慧琳音義》四十六。

◎鐘頭曰鋃鐺。《玄應音義》五、《慧琳音義》四、十四。

校語：《慧琳音義》引"鋃鐺"下有"也"字。

◎鍛具曰鉆。《玄應音義》十一、十四、廿二、廿三，《慧琳音義》四十七、四十八、四十六、五十九。

◎畫圓曰規，規模曰桐。《玄應音義》二十、《慧琳音義》四十三。

校語："畫"，《玄應音義》卷二十引作"書"，誤。按：《説文》："書，箸也"，《説文·序》："著於竹帛謂之書，書者，如也。"《廣雅·釋言》："書，記也。"《爾雅·釋言》："畫，形也。"依古訓。"書"爲記載，書寫，書記，文字；"畫"爲繪形，飾形，爲文曰書，爲形曰畫，規以爲圓，故當作"畫"，《慧琳音義》引是。

◎規模曰範。《玄應音義》二。

校語：此與上條"規模曰桐"有異。模型以竹木爲之曰"範"。《廣雅·釋詁》："桐，圜也。""桐"有"團"義，於文義亦通，規之模究爲"桐"爲"範"，不能明，并録之以備考。

◎梭，織具也，所以行緯謂之梭。《御覽》八百二十五。

校語："梭"，中華書局影印本《御覽》作"莎"，誤。《玉篇·木部》："梭，亦作梭。"

◎繰車曰軒。《玄應音義》十二、《慧琳音義》七十五。

◎張絲爲柅。《御覽》八百二十五。

◎合繩曰糾。《史記·屈原賈生列傳》索隱、《御覽》七百六十六。

◎單展曰紉。《御覽》七百六十六。

◎大索曰緪。《玄應音義》十二、《慧琳音義》五十二、《御覽》七百六十六。

　　校語："緪"，《御覽》引作"絚"。"緪""絚"字同。《說文》"緪，大索也"，段注"亦作絚"。

◎織繩曰辮。《玄應音義》十五、《慧琳音義》五十八、《御覽》七百六十六。

◎（纋），所以懸繩。楚曰纋。《漢書補注·揚雄傳》引蕭該《漢書音義》。

◎瓠瓢曰蠡，木瓢為鬥。《御覽》七百六十二。

◎木四方為棱，八棱為柧。《玄應音義》十八、《慧琳音義》五十三、七十三。

　　校語：《慧琳音義》卷七十三引作"亦四亦"，疑字訛而誤。《慧琳音義》卷六十七引作"柧，八棱也。"

◎籠謂之匡笱。《御覽》七百零五。

◎金銀鏤飾器謂之錯鏤，竹器謂之筎（筎，郎鼎切）箵（箵，桑鼎切），竹器邊緣曰匴（先管切）。《御覽》七百五十六。

◎受漆者曰桶。《玄應音義》十五，《慧琳音義》五十八。

◎燒骨以漆曰垸。《玄應音義》十八、《慧琳音義》七十三。

◎䎃（音輔）有足曰鐺。《御覽》七百五十七。

◎醬杯曰盍，或謂之盌（夫凡切。有薄淹切）。《御覽》七百五十九。

◎甕下孔曰甋（姑孫切）。《御覽》七百五十八。

◎（罃），瓦璺聲也。《慧琳音義》二十五。

◎瓦器而璺聲散曰罃。《慧琳音義》五十九。

◎凡病而瘥，瘥而聲散曰罃。《玄應音義》十四。

　　校語：此條《玄應》所引、《慧琳》二處所引字句差異甚大，釋義亦不同。然皆釋"罃"字。今檢《方言》卷五："甖謂之罃。"錢繹箋疏："《集韻》引字林云：'罃，甕破也。'《釋言》：'斯，離也。'《廣雅》：'斯，分也。'卷六云：'澌，散也。……秦晉聲變曰澌，器破而不殊其音亦謂之澌。'……是凡斯言者，皆破散之義，事雖不同，義則一也。甖謂之澌，蓋所謂器破而不殊其音。"又《方言》卷六："器破而未離謂之璺。"《廣雅·釋詁二》："璺，裂也。"合上述各書釋"罃"字，知"甖"乃瓦器微裂，"罃"乃器裂而聲散。疑《玄應》所引字句有誤，而《慧琳》卷五十九所引語句不暢，似亦有誤，而《慧琳》卷二十五所引又與上述二處所引字句差異甚大，原文究竟如何，尚不能明。

◎匕或謂之匙。《玄應音義》十四、十五,《慧琳音義》五十八、五十九。

　　校語:"匕",《慧琳音義》卷五十九引作"上",疑字訛而誤。"謂之",《慧琳音義》卷五十八引作"謂言",誤。

◎張帛避雨謂之繳蓋。《御覽》七百二。

◎以帛避雨曰繳。《慧琳音義》十一。

◎（蓋）,張帛也。《希麟音義》六、《廣韻》去聲十四泰"蓋"字注。

◎澡器謂之盪滌。《玄應音義》十四、十五、十六、廿二,《慧琳音義》四十八、五十八、五十九、六十四。

　　校語:"謂之",《玄應音義》卷十五,《慧琳音義》卷五十八引作"曰"。《玄應音義》卷十四、卷十八、卷廿二,《慧琳音義》卷四十八、卷五十九、卷六十四引"盪滌"下皆有"也"字。

◎所以理髮謂之刷。《文選》嵇康《養生論》李善注,《御覽》七百四十。

◎披減鬚鬚謂之鑷。《御覽》七百十四。

　　校語:《小學鉤沉》輯本、臧庸輯本、《玉函山房》輯本、《漢學堂》黃奭輯本、顧櫰三輯本,《小學搜佚》輯本引《御覽》皆作"髮鬚",疑今影印本有誤。《釋名·釋首飾》:"鑷,攝也,攝取髮也。"疑"鬚鬚"當作"髮鬚"或"鬚髮"。

◎盆,僧應器也。《慧琳音義》八十。

◎盆,僧乞盂也。《慧琳音義》八十四。

◎盆。《慧琳音義》六十六。

　　校語:《慧琳音義》卷六十六原文:"（鉢）,《通俗文》中從友從皿作'盆'。"

◎方絮曰紙。《初學記》二十一、《御覽》六百五。

　　校語:"曰",《初學記》引作"白",疑字誤。

◎題賦曰帖。《玄應音義》十四、《慧琳音義》五十九。

◎官信曰啓。《御覽》五百九十五。

◎記識曰籤。《玄應音義》十四、《慧琳音義》五十九。

　　校語:《慧琳音義》五十九引作"記曰籤也"。

◎徽號曰幖。《玄應音義》廿一、廿三、廿五。

◎私記曰幟。《玄應音義》五、十一、十五、十七、十八、廿一、廿三、廿五。《慧琳音義》三十三、五十二、五十八、六十七、七十三。

**釋車船**

◎車當謂之篳星。《後漢書·輿服志（上）》、《御覽》七百十六。

校語：《後漢書》注引作《説文》。按：《説文》無此條。今據《御覽》，作《通俗文》。又《御覽》引"篳星"作"篳篁"，誤。《廣雅·釋器》："篳篁，簹也。""篁""星"通。

◎載喪車謂之輇（音六）輵（音衛）。《御覽》七百七十三。

校語：《小學鉤沉》本王念孫校語云："念孫案：《御覽》輇音六，輵音衛，而遍考諸書，無言喪車名輇輵者。《玉篇》、《廣韻》并云：'轎輇，載喪車也。'轎，息流切。則字乃轎字之誤。又誤倒於輇字之下耳。音衛，恐後人承誤爲之。"王説是。

◎車厢爲較。《後漢書·輿服志（上）》注、《通典》六十四、《御覽》七百六十六。

校語："爲"，《御覽》引作"曰"。

◎軸限者謂之枸。《御覽》七百六十六。

◎車轢曰軋，後重曰軒，前重曰輊，車聲曰轣。《御覽》七百七十三。

◎連舟曰舫。《玄應音義》二、六、十四、十七，《慧琳音義》二十六、二十七、五十九、六十七，《希麟音義》卷二。

校語：《玄應音義》卷十四、《慧琳音義》卷五十九引"曰"作"爲"。

◎櫂謂之橈。《玄應音義》一、《慧琳音義》二十、廿三、《文選》曹冏《六代論》李善注。

校語："橈"，《玄應音義》引作"艢"。字同。又《文選》注引"橈"下有"也"字。

◎艤。《玄應音義》三、十四、十七，《慧琳音義》五十九、六十七。

校語：《音義》皆云："（筏），《通俗文》作'艤'。"

◎鞭，析皮具。牛牽船。《廣韻》上平聲十一模"鞭"字注。

◎鞴，牽乾也。《廣韻》上平聲鍾韻"鞴"字注。

校語：周祖謨校《廣韻》曰："注：'牽乾也'，段改作'牽船也'。案：《集韻》云：'引船淺水中。'此注'牽乾也'，當有脱文，或是牽船也，乾革也二義。"

◎舉幬乘風曰帆。《慧琳音義》四十七。

校語：字書無"幬"字，疑爲"幛"之誤。"幛"同"障"，通"帳"。《世説新語·汰侈》："君夫作紫絲布步障碧綾裹四十里，石崇作錦布障五十里以敵之。"《釋名·釋船》："隨風張幔曰帆。""舉幬"即"張幔"也。

**釋兵器**

◎骨鏃曰骲，鐵鏃曰鏑，鳴箭曰骹。《唐六典》十六。

◎藿葉曰釾。《唐六典》十六、《玄應音義》十一、《慧琳音義》五十二。

◎箭箙謂之步靫。《玄應音義》十一、《後漢書·輿服志》注、《通典》六十四、《御覽》三百五十。

　　校語："謂之"，《玄應音義》作"曰"。《後漢書·輿服志》注、《通典》等所引"靫"作"叉"。按："靫""叉"通。又《慧琳音義》五十六引作：（步靫）"箭箙。叉其中也。"

◎射埓曰埻，埻中木曰的。《玄應音義》一、十三、十九，《慧琳音義》四十二、五十二、五十六、七十四。

　　校語：《慧琳音義》卷七十四所引脫"木"字。《玄應音義》卷十七"的"字下有"也"字。

◎箭頭曰筈。《慧琳音義》七十四。

◎弓韜謂之韇。《後漢書·輿服志（上）》注。

◎刀鋒曰鐰（匹燒反）。《後漢書·輿服志（下）》注，又見《通典》六十三。

　　校語：《後漢書》注所引無"匹燒反"反切。

◎缺環曰鐍。《後漢書·輿服志（下）》注，又見《通典》六十三。

◎矛丈八者謂之矟。《藝文類聚》六十、《御覽》三百五十四、《廣韻》入聲四覺"矟"字注。

　　校語：《希麟音義》卷五引作："矛長丈八者謂之槊也。"卷七引作："矛長丈八尺謂之槊。"

◎剡木傷盜曰槍。《玄應音義》四、十九，《慧琳音義》四十四、五十六。

　　校語：《慧琳音義》五十六引引無"曰"字，疑脫。

◎剡葦傷盜謂之槍。《御覽》三百三十七、《廣韻》下平聲十陽"槍"字注。

◎匕首，劍屬，其頭類匕，故曰匕首，短而便用。《藝文類聚》六十、《文選》鄒陽《獄中上書自明》李善注、《御覽》三百四十六、《廣韻》上聲五旨"匕"字注。

　　校語：《文選》注引無"劍屬"二字。

◎其頭類匕，故曰匕首。短刃可袖者。《史記·吳太伯世家》索隱。此據《史記會注考證附校補》本。

　　校語：中華書局校點本《史記》索隱引"匕首"下有"也"字，引至此終，而無"短刃可袖者"句。《史記會注考證校補》謂宋慶元本、元中統二年刊本、元彭寅翁本、明萬曆凌稚隆本、清武英殿本索隱引文皆無"也"字,"故曰匕首"下接"短刃可袖者"句。今從《史記會注考證校補》。

◎大杖曰棓。《御覽》三百五十。

◎馬𩥇(音樓)尾曰鞘(胡畎反)。《御覽》三百五十九。

◎所以制馬曰鞿。《初學記》二十二、《御覽》三百五十八。

校語:《御覽》所引"馬"下有"口"字。

◎凡勒飾曰珂。《初學記》二十二、《御覽》三百五十九。

校語:《御覽》所引無"凡"字。

◎考囚具謂之㭿榸。《玄應音義》十二、《慧琳音義》七十五。

校語:"囚",《玄應音義》引作"曰",誤。今從《慧琳音義》所引。

◎拘罪人曰桁。《玄應音義》一、十二、十八、《慧琳音義》十七、五十二、五十三。

校語:"拘罪人",《玄應音義》卷十二、《慧琳音義》五十二引作"拘罪者足"。

**釋草木**

◎穀曰粒,豆曰皀(皀音方力反)。《玄應音義》七、《慧琳音義》十七。

校語:"皀",《玄應音義》引作"完"。《鉤沉》本王念孫按語:"音桓,玄應之誤也。'完'當作'皀'。'完'字隸作'完',與'皀'字相似而誤。《說文》'皀,一粒也。'《顏氏家訓·勉學篇》云:'吾在益州與數人同坐,初晴日明,見地上小光,問左右:此是何物?有一蜀豎就視答云:是豆逼耳。相顧愕然。不知所謂。命將取來,乃小豆也。窮訪蜀土。呼粒為逼,時莫之解。吾云:《三蒼》、《說文》此字白下為匕,皆訓粒,《通俗文》音方力反。眾皆歡悟。'案此則'豆曰皀'即謂豆逼也。"按:《慧琳音義》作"豆曰皀"。王說是。"皀音方力反"句,《玄應音義》作"完音桓",《玄應音義》作"皀音逼急反"。今從《顏氏家訓》引,作"皀音方力反"。

◎野豆謂之䓪豆。《玄應音義》十七、《慧琳音義》七十四。

◎蕓薹謂之胡菜。《御覽》九百八十。

◎(荔),馬藺。《顏氏家訓·書證》。

校語:此條為《顏氏家訓》釋"荔"字所徵引。原文作"《通俗文》亦云馬藺"。

◎韭根曰荄。《御覽》九百七十六。

◎草陸生曰葖。《玄應音義》十九、《慧琳音義》五十六。

◎刈餘曰柤。《玄應音義》二十五、《慧琳音義》七十一。

◎樹鋒曰杪。《玄應音義》十三、十七、二十三,《慧琳音義》四十三、四十七、五十五、七十。

◎枘,再生也。《玄應音義》十一、十九,《慧琳音義》五十六(兩引:《正法念經》卷八、《佛本行集經》卷十二)。

校語:《玄應音義》卷十九、《慧琳音義》卷五十六(《佛本行集經》卷十二)引"枘"作"拁"。誤,當作"枘"。《廣雅·釋詁二》:"枘,栭也。"王念孫疏證:"枘、栭、隸,皆木之再生者也。"

◎草盛曰菶(甫瞢切),生茂曰葆(引保)。《御覽》九百九十四。

◎合心曰楈。《玄應音義》四、十二,《慧琳音義》五十二。

校語:"楈",《玄應音義》卷四引作"搉",誤。按:《説文》:"楈,梡木未析也。"《玄應音義》卷四引《三蒼》:"楈,全物業。"卷十二引《纂文》:"未判爲楈。"《説文》:"搉,手推之也。"是"楈"爲未判析之原木,"搉"爲以手推之,合心蓋謂木之中心未判分,故當作"楈。"

**釋鳥獸**

◎鳥居曰巢,獸穴曰窟。《玄應音義》八、《慧琳音義》二十八。

校語:"穴",《玄應音義》作"宂",疑字誤。《慧琳音義》所引"窟"下有"也"字。

◎隹其謂之鵖鳩。《玄應音義》十六、《慧琳音義》六十五。

校語:"鵖",《玄應音義》引作"鶌"。"鵖鳩""鶌鳩"皆指布穀鳥。

◎白頭鳥謂之鶺鵊(鵊,治八反)。《初學記》三十。

◎暮子曰鷚。《玄應音義》十一、《慧琳音義》五十二。

◎細毛,翭也。《後漢書·禮儀志(下)》注。

校語:此釋"翭"字,似當作"翭,細毛也"或"細毛曰翭"。"細毛,翭也",則與訓詁體例不合。《説文》:"翭,羽本也。一曰羽初生貌。"

◎羊卷毛謂之羖䍽。《玄應音義》十四、《慧琳音義》五十一。

校語:《玄應音義》卷十引作"羊毛卷者謂之㲎䍽"。按:《玉篇》"䍽羖,胡羊也"。字書無"㲎"字,似應作"羖䍽"。"羖䍽""䍽羖"同。

◎羊卷毛曰羖。《玄應音義》廿二、《慧琳音義》四十八。

◎虎聲謂之咆哮。《玄應音義》二、十二,《慧琳音義》四十三、五十二。

校語:"咆哮",《玄應音義》卷十二、《慧琳音義》卷五十二引作"唬嚇",《慧琳音義》卷四十三引作"哮唪"。按:"唪"不成字。疑爲"嚇"之誤,"唬嚇""哮嚇"

同。"哮""唬"音義皆同。

◎唧唧，鼠聲也。《玄應音義》十、十九（兩引：《佛本行集經音義》卷十二、又四十二），《慧琳音義》四十九、五十六（兩引：《佛本行集經音義》卷二十、又四十二）。

校語：《玄應音義》卷十九、《慧琳音義》卷五十六（《佛本行集經音義》卷十二）引作"鼠聲曰唧唧"。

◎獸口曰喙。《玄應音義》七、《慧琳音義》二十八。

◎猪毛曰鬣。《玄應音義》十九、《慧琳音義》五十六。

校語："鬣"，《慧琳音義》引作"獵"。誤，當作"鬣"。《説文》："鬣，毛鬣也。"

◎猪糞曰䐗。《廣韻》下平聲十五青"䐗"字注。

◎糞鼠一名䐗。《倭名類聚鈔》六。

校語：《倭名類聚鈔》未得見，此録自顧震福輯本。按：林源《〈通俗文〉佚文輯校零拾》云："此條當作'糞鼠曰䐗。"

◎狗虱曰蝿。《玄應音義》十一、《慧琳音義》五十六。

◎肉中蟲謂之蛆。《玄應音義》一（兩引：《大集日藏分經音義》《大威德陀羅尼經音義》）、二、八、十一、十七、二十二、二十四，《慧琳音義》三十二、四十二、四十八、五十六、七十、七十四。

校語："謂之"，《玄應音義》卷一（《大集日藏分經音義》）引作"曰"。《玄應音義》卷一（《大集日藏分經音義》）引作"蛆"，餘皆作"胆"。按："蛆""胆"同。又《慧琳音義》卷二十六引此條作"胆，《通俗文》云：宍中蟲"。按："宍"，"肉"字之俗體。

◎長尾爲蠆，短尾爲蠍。《詩·小雅·都人士》釋文，《莊子·天地》釋文。

◎蠆尾謂之蝎。《左傳·僲公二十二年》正義。

◎蠍蛰，蝎之異名也。《慧琳音義》五十一。

◎蠍毒傷人曰蛆（張列反，字或做蜇）。《左傳·僲公二十二年》正義、《玄應音義》十九、《慧琳音義》五十六。

校語：《玄應音義》、《慧琳音義》皆無"蠍"字。"毒"，《慧琳音義》引作"蟲"。"蛆"，《玄應音義》《慧琳音義》皆引作"蛆"，誤。《玄應音義》《慧琳音義》皆無"張列反，字或者蜇"句。疑非《通俗文》原文所有。

◎蜎化爲蚊，小蚊曰蚋。《玄應音義》三、十五，《慧琳音義》九、五十八。

校語：《玄應音義》卷十五，《慧琳音義》卷五十八所引無"小蚊曰蚋"句。

◎蜎化蚋也。《希麟音義》三。

◎矜求位置蚑蛛。《玄應音義》九、《慧琳音義》四十六。

校語："矜求"，疑爲"務求"之訛。《廣雅·釋蟲》："蛷蛟，螩蛷也。"王念孫疏證："《通俗文》云：'務求謂之蚑蛷'關西呼'蛷蛟'爲'蚑蛷'。務求，與螩蛷同。"王説是，當作"務求"。

◎多節曰類。《玄應音義》十一、《慧琳音義》五十二。

◎（培塿），螘封土也。《慧琳音義》八十二。

◎搖動蟲曰蠕。《玄應音義》十一、《慧琳音義》五十二。

校語：《慧琳音義》引作"蝡"。"蝡"亦蟲蠕動也。

◎蟲食曰嗛。《玄應音義》二十二、二十四，《慧琳音義》四十八、七十。

校語：《玄應音義》引"嗛"下有"也"字。

◎水鳥食謂之唼。《文選》司馬相如《上林賦》李善注。

◎山澤怪謂之魑魅。《玄應音義》二、六、廿五，《慧琳音義》廿七、七十一。

◎木石怪謂之魍魎。《玄應音義》二、六、廿五，《慧琳音義》廿七、七十一。

校語：《慧琳音義》卷七十一引"石"下有"柱"字，疑衍。

◎（魍魎），木石之怪也。《慧琳音義》二十六。

# 存　疑

◎目動曰眴。《玄應音義》二、三、十八，《慧琳音義》七十三。

校語：此條《玄應音義》引作"《通俗文》作'眴'……服虔云'目動曰眴'。"《慧琳音義》卷七十三同。又《玄應音義》卷二引"眴"下有"也"字。又《慧琳音義》卷九引作："《通俗文》作'眴'……服虔云'動也'。"《慧琳音義》卷二十六引作"《通俗文》作眴"。

◎鈎魚曰餌也。《玄應音義》二、《慧琳音義》二十六引服虔曰。

◎（墻），宮外垣牆也。《慧琳音義》八十二引服虔曰。

◎耳珠曰璫。《北堂書鈔》一百三十五、《文選》曹植《洛神賦》、傅咸《贈何劭王濟》李善注、《御覽》七百十八。

校語：《北堂書鈔》《御覽》引作《風俗通》，《小學鉤沉》本任大椿校曰："《書鈔》《御覽》引此皆作《風俗通》，乃《通俗文》之誤。"今檢王利器《風俗通義校注·佚文篇》收錄有此條，校語云："錢大昕曰'……疑出服虔《通俗文》'。"錄此以備考。

◎丸毛謂之鞠。《御覽》七百五十四。

校語：《御覽》引爲《風俗通》。今檢王利器《風俗通義校注·佚文篇》錄有此條，校語云："錢大昕曰'疑出服虔《通俗文》'。"林源《〈通俗文〉佚文輯校零拾》："丸毛，當作'毛丸'。"

◎火斗曰熨。《御覽》七百十二。

校語：《廣韻》去聲八未"尉"字注："《風俗通》云'火斗曰熨'。"今檢王利器《風俗通義校注·佚文篇》錄有此條，校語云："錢大昕曰'疑出服虔《通俗文》'。"

◎撩。《慧琳音義》一百。

校語：《音義》原文："敕束。……考聲'敕，理也'。《通俗文》作'撩'。今時用多做'撩'。"

◎一目眨曰瞑。《慧琳音義》卷四十二。

◎一目曰眨。《玄應音義》一。

◎瞑。《玄應音義》卷十一、《慧琳音義》卷五十六引"（眨），《通俗文》作瞑"。

◎嚯。《玄應音義》十九、《慧琳音義》五十六。

校語：《音義》皆曰："《說文》'啜，嘗也'，《爾雅》'啜，茹也'，《通俗文》作'嚯'。"

◎拂著，又捎撼也。《廣韻》入聲廿一參"撼"字注。

◎詳，虛辭也。《玄應音義》十一、十五，《慧琳音義》五十二、五十八。

校語：《音義》各卷原文："（陽），《通俗文》作'詳，虛辭也'。"按："詳"通"佯"。

◎袒。《慧琳音義》七十五。

校語：《音義》原文："（袒），《說文》從亶從肉，作膻。訓亦袒露也。今且依《通俗文》從衣。"

◎戢，又數又雞衶也。《玉燭寶典》二。

校語："又"，疑當作"反"。此條義不能明，姑存疑焉。

◎娩（匹萬反），一時出也。《玉燭寶典》二。

校語：《廣韻》去聲二十五願"娩"字注："娩，娩息也。一曰鳥伏乍出。"疑"一時出也"有誤。

◎吳船曰艑，晉船曰舶。《玄應音義》一。

校語：《初學記》卷廿五："李虔《通俗》曰：晉曰舶。"

◎雞伏卵北燕謂之菢，江東呼蓲。《玄應音義》十八、《慧琳音義》七十三。

校語：此條頗類《方言》。《方言》卷八："北燕朝鮮洌水之間，謂伏雞曰抱。"郭璞注："江東呼蘆。"疑《音義》誤引。

◎（芴山），西國山名。《慧琳音義》七十三。

◎荆州出竽蔗。《玄應音義》三、四、八、九,《慧琳音義》九、十六、三十四、四十六。

◎西域出葡萄。《玄應音義》九、《慧琳音義》四十六。

◎積烟以爲炱煤。《玄應音義》十五、《慧琳音義》五十八。

◎（鶑鳥），鵰鷲之類，鷹鸇之屬也。《慧琳音義》八十二。

◎簀謂之笫。《史記·禮書》集解。

校語：《集解》原文引作"服虔曰：簀謂之笫"，未言《通俗文》。洪亮吉《更生齋文甲集·答臧文學鏞堂問通俗文書》謂："至若他書所引，有止言服虔而文法絶似《通俗文》者，如《史記·禮書》裴駰《集解》引服虔云'簀謂之笫'等是也。"

# 殷仲堪《常用字訓》

　　晉殷仲堪撰。仲堪有《毛詩雜議》已著録。《隋志》小學類注著録此書爲一卷,並云亡。姚振宗《隋書經籍志考證》云:"《顏氏家訓·書證篇》:'殷仲堪《常用字訓》亦引服虔《俗説》。'"按所謂服虔《俗説》,殆服虔《通俗义》,小兒《隋志》小學類。又云:"《册府元龜》學校部:'殷仲堪爲荆州刺史,撰《常用字訓》一卷。'"然則是書宋時尚存歟?清人丁國鈞等五家所補《晉志》皆録之。謝启昆《小學考》録之。龍璋《小學蒐逸·上編》輯有殷仲堪《字訓》一篇,實僅一條,云"枯骨曰骼",並云出自"慧琳《續高僧傳(九)音義》"。即此一條,亦爲誤記,此"枯骨曰骼",據《一切經音義》卷九十二之《續高僧傳(九)》,慧琳實得於"李林甫注《月令》"。另,龍書《上編補》别有《字訓》一篇,然考其文字,與《上編》所收並無二致,未知何故。此書久佚,佚文無考。

# 阮孝緒《文字集略》

南朝梁阮孝緒撰。孝緒（479—536），字士宗，陳留尉氏人。齊梁間隱士。卒，門徒諫其德行，諡曰文貞處士。事迹具《梁書》之《處士傳》及《南史》之《隱逸傳》。此書《隋志》小學類著錄作六卷，兩《唐志》著錄作一卷，後佚。此書之所謂"文字"者，蓋謂俗用之文字也。書中有釋字義者，如云："瞼，眼外皮也。""迒，獸跡也。"有注字音者，如云："砧，杵之質也，豬金切。""鴛，力知反。"《續修四庫全書總目提要》云："釋玄應《一切經音義》於'醍醐'注引是書，謂：'其書甚淺俗，並無所據。'是唐時頗有非議之者。蓋以其所集字，有出《蒼》《雅》之外者，故用貶詞。然考書中'嘅，哭而無節也'，'瓦器未燒曰坯'，張戩《考聲》，取其文矣。則唐時又有是之者。顏之推曰：'世之學者，讀五經，是徐邈而非許慎；賦誦，信褚詮而笑呂忱；《史記》，專皮鄒而廢篆籀；《漢書》，悅應、蘇而略《蒼》《雅》，不知書音枝葉，小學其宗系也。'則學者各有偏見，固不能以人之好惡爲好惡，要在讀者擇之而已。是編爲（龍）璋所裒輯，較興化任大椿、歷城馬國翰兩本爲備。蓋釋慧琳《一切經音義》、釋希麟《續一切經音義》最爲晚出，爲大椿、國翰所未見。璋之所益，大抵出於二書，無他故也。惟是所引之書，往往耳目之前，顯然遺漏。如陸德明《毛詩·葛覃釋文》引阮孝緒《字略》曰：'煩攇，猶捼莎也。捼，音奴禾反；莎音素禾反。'尚遺未采及，則其疏略可見。然其蒐羅賅備，有裨於訓詁，固駕乎大椿、國翰之上也。"此書之任大椿輯本，凡五十三條，見《小學鉤沉》；馬國翰輯本，五十一條，見《玉函山房輯佚書》；王仁俊輯本十八條，見《玉函山房輯佚書續編》；龍璋所輯條目最多，二百餘條，見《小學蒐逸》。任大椿等三人輯本除一兩條外，基本涵蓋於龍璋輯本之內。故本次整理以龍氏輯本爲底本，兼采各家輯本以補其未備。此外，存目中有其誤收者及疑而未決者凡29條。正文及存目，勒爲一卷。

## 阮孝緒《文字集略》一卷

◎璫，耳飾也。《續開元釋教錄（上）》希麟續音義。

◎氛氲，氣盛貌也。《大般若波羅蜜多經》五百七十五慧琳音義。

　　⊙按：《起世因本經》卷六：《文字集略》云"氛氲，香氣盛皃也"。

◎薦菰蒲蓆也。《法句譬喻無常品經》二慧琳音義。

◎萎悴，懷憂慘戚皃也。《大摩尼廣博樓閣善住祕密經》上慧琳音義。

◎犇，驚也。《根本破僧事》二希麟續音義。

◎噦，氣啎也。《根本説一切有部毘奈耶律》二十六慧琳音義。

◎嘷，哭而無節也。《龍樹菩薩勸誡王頌》慧琳音義。

◎嚬者蹙眉也。《大般若波羅蜜多經》一慧琳音義。

◎嚫，施也。《大唐三藏玄奘法師本傳》一慧琳音義。

　　⊙按：《般泥洹後灌臘經》慧琳音義作："嚫，施也，從口親聲。"

◎瘂、嗄，皆聲敗也。《寶雨經》六慧琳音義。

　　⊙按：龍璋輯本作"聲散"。

◎逮，徒耐反。《大般若波羅蜜多經》卷四百一慧琳音義。

◎迒，獸迹也。《爾雅·釋獸》"兔子，娩。其迹，迒"，《經典釋文》引阮孝緒云"迒，獸迹也"。

◎遨，遊也。《佛説善生子經》慧琳音義。

◎鞅，制牛馬首前也。《阿毘達磨大毘婆沙論》四十八慧琳音義。

◎靿，從卯作靿。《普門品經》慧琳音義。

◎饘，滫煮米爲稀饘也。《根本説一切有部毘奈耶律》一慧琳音義。

◎將，軍主也。《大般若波羅蜜多經》三百五十一慧琳音義。

◎瞥，蹔見也，纔見不久也。《續高僧傳》十一慧琳音義。

◎瞼，目外皮也。《新翻密嚴經》二慧琳音義。

◎瞖，目障也。《入法界品第三十九》一慧琳音義。

　　⊙按：慧琳音義《妙嚴品》三作"翳"。

◎瞙。《能除一切眼疾陀羅尼經》希麟續音義云："《文字集略》從目作瞙。"

◎曄，光盛皃也。《菩薩修行經》慧琳音義。

◎盾，持板自蔽也。《阿毘達磨大毘婆沙論》二十一慧琳音義。

◎鸝，力知反。《爾雅·釋鳥》"鸝黃，楚雀"，《釋文》"鸝，阮謝同力知反"。

◎髀，股外也。《菩提資糧論》五慧琳音義。

◎髁，髀上骨也。《大寶積經》七十三慧琳音義。

◎腨，脛之腹也。《大般若波羅蜜多經》一慧琳音義。

◎肴謂雜膳也。《四分尼羯磨》慧琳音義。

◎膊，肩胛也。《大寶積經》三十二慧琳音義。

◎腦，頭中實也。《大般若波羅蜜多經》三百七十六慧琳音義。

⊙按：《大乘本生心地觀經》二希麟續音義云"腦，《文字集略》云頭中髓也"。

◎腕。《大寶積經》一百九慧琳音義。

◎膈，胷內也。《法觀經》慧琳音義。

◎疰，脫疰下部病也。《廣韻》一東。

◎篋，箱類也。《大般若波羅蜜多經》四百八慧琳音義。

◎簪。《釋法琳本傳》五慧琳音義。

◎筯。《菩提場所說一字頂輪王經》四慧琳音義。

⊙按：卷四云"箸，《文字集略》亦作筯"，此條新得。

◎豔，美色也。《如幻三昧經》上慧琳音義。

◎餱，乾食也。《續高僧傳》十慧琳音義。

◎罐，汲水器也。《根本毘奈耶雜事律》六慧琳音義。《四分尼羯磨》慧琳音義云"罐，《文字集略》汲水器也，從缶"。

◎麨、熻，麥屑也。《根本說一切有部毘奈耶律》一慧琳音義。

◎麩，麥皮也。《寶雨經》八慧琳音義。

◎橙，方机也。《集異門足論》慧琳音義。

◎梢，正船頭木也。《大悲經梵天品》一慧琳音義。

◎檥爲整船向岸也。《南海寄歸內法傳》二慧琳音義。

◎樓，城上守禦屋也。《佛說未曾有經》慧琳音義。

◎枷，穿木枷頸，令不得自在。《大乘大集地藏十輪經》一慧琳音義。

◎櫓，城上守禦者，露無覆屋也。《佛說未曾有經》慧琳音義。大楯也。《佛本行讚傳》七慧琳音義。

◎梭，舟數也。《大唐三藏玄奘法師本傳》五慧琳音義。

◎械，穿木加足也。《菩薩修行經》慧琳音義。

◎榭，臺上屋也。《廣弘明集》二十四慧琳音義。

◎櫚，屋前後垂也。《廣弘明集》十六慧琳音義。

◎枇皆概屬也。《廣弘明集》十九慧琳音義。

◎樺，山木名也，堪爲燭者。《菩提場莊嚴陀羅尼》希麟續音義。

◎槵，木名也，子堪爲數珠也。《陀羅尼集》五慧琳音義。

◎賽，酬福祭神也。《根本毘奈耶雜事律》二十二慧琳音義。

◎䞋，施也。《高僧傳》七慧琳音義。

◎郵，境上舍也，待使館也。《續高僧傳》四慧琳音義。驛亭所經過也。《弘明集》一慧琳音義。

◎邪，不方正曰邪。《廣百論本》慧琳音義。

◎暐燁，于鬼反。《晉書·載記十一》何超音義："《文字集略》暐亦燁字，于鬼反。"

◎𢽟。《佛説食施獲五福報經》慧琳音義。

◎𢷣，穿垣。《廣韻》一送。

◎稱者，知輕重也。《大般若波羅蜜多經》卷四百一慧琳音義。

◎兼，并也。《賢首菩薩品》上慧琳音義。

◎癇，小兒風病也。《一字奇特佛頂經》上慧琳音義。

◎瘦，頸腫風，水氣結爲病也。《西域記》四慧琳音義。

◎痤，小腫也。《根本説一切有部百一羯磨》一慧琳音義。

◎赤瘤腫病也。《廣韻》四十九宥。

◎癰，《大寶積經》四十二慧琳音義。小癰腫也，《大寶積經》四十八慧琳音義。久癰爲疽，《大寶積經》四十二慧琳音義。大瘡也，《根本説一切有部百一羯磨》一慧琳音義。内殨癰也，不通爲癰。《大寶積經》四十二慧琳音義。

◎癢。《佛説老女人經》慧琳音義云："蛘，《文字集略》或作癢。"

◎癘，風病也。《四分羯磨》慧琳音義。

◎痔，蟲食下部漉血也。《根本説一切有部百一羯磨》一慧琳音義。

◎瘦，肌肉減耗也。《大般若波羅蜜多經》五百四十一慧琳音義。

◎瘤者，小癰也。《大寶積經》四十二慧琳音義。

◎癖，氣結爲癖。《佛説大孔雀王呪經》慧琳音義。

◎癲，賊風入藏謂之癲病。《一字奇特佛頂經》上慧琳音義。《阿毘達磨法蘊足論》六慧琳音義云："《文字集略》從疒作癲，賊風入五藏，狂病也。"

◎瘋，癲類。《廣韻》十一模。

◎瘂，口不能言也。《大寶積經》十二慧琳音義。

◎瘘謂手屈指不展也。《大方廣寶篋經》中慧琳音義。

◎痰，胷上液也，《新翻密嚴經》二慧琳音義。疾病也，《阿毘達磨顯宗論》一慧琳音義。痰癊𫟖中病也。《經律異相》二十慧琳音義。

⊙按：《觀世音菩薩祕密藏神呪除破一切惡業陀羅尼經》慧琳音義云："《文字集略》云𫟖中液也。"

◎癲，惡病也。《持人菩薩經》二慧琳音義。五藏風病也。《阿毘達磨法蘊足論卷》六慧琳音義。

⊙按：《瑠璃光如來本願功德經》引無"惡"字。

◎瘰，肉不平也，歷筋結及。《十一面觀自在菩薩心密語儀軌經（上）》慧琳音義。

⊙按：此條新得。

◎帽。《大乘理趣六波羅蜜多經》一慧琳音義。

◎幌，以帛明膆也。《文選》十三謝惠連《雪賦》李善注。

◎幫，衣治鞋履。《廣韻》十一唐。

◎傴，體不申也。《根本説一切有部毘柰耶律》二十五慧琳音義。

◎儜，惡也病也。《經律異相》二十四慧琳音義。

◎衛宏並從水，泅古文作㲽，音同者也。《續高僧傳》十慧琳音義。

⊙按：此條新得。

◎裔，四遠也。《優婆塞戒經》二慧琳音義。《治禪病祕要法經》慧琳音義引無"四"字。

◎褺，猶襞捲衣也。《沙彌十戒並威儀》慧琳音義。

◎襄，坌衣香也。《廣韻》三十三業。

◎袨，盛服也。《方廣大莊嚴經》二慧琳音義。

◎襻，幦衣之系也。《根本説一切有部律攝》三慧琳音義。

◎纓，襉錯綵。《廣韻》四十四諍。

◎襉。《廣韻》四十三映云："纓，《文字集略》云襉。"

⊙按：此條新得，或與上條並爲一。

◎毭。《續高僧傳》二十五慧琳音義云："映，《文字集略》從毛作毭。"

◎艚，兩曹大舟也。《廣弘明集》二十九慧琳音義。

◎欱，以口噏之也。《治禪病祕要法經》慧琳音義。

◎顙，面上也。《比丘尼傳》二慧琳音義。

◎頷，頦也。《大般若波羅蜜多經》一慧琳音義。

◎頓，損也。《十無盡藏品》慧琳音義。

◎頗猶可也。《大般若波羅蜜多經》四慧琳音義。

◎頿，脣上毛也，亦作髭也。《阿毘達磨法蘊足論卷》九慧琳音義。

◎髮，頭毛也。《道地經》慧琳音義。

◎髫，小兒髮也。《高僧傳》一慧琳音義。

◎髫，小兒髮也。《根本毘奈耶雜事律》二十七慧琳音義。

◎峐，古開反。《爾雅·釋山》"多草木，岵；無草木，峐"。《釋文》引《文字集略》。

◎崿，崖也。《文選》十一孫綽《遊天台山賦》李善注。

◎磬，黑山寶也，《釋迦方志（上）》慧琳音義。黑色玉也。《集神州三寶感通錄》一慧琳音義。

◎砧，杵之質也，豬金切。《文選》三十謝惠連《擣衣詩》李善注。

◎碣。《高僧傳》十三慧琳音義云："《文字集略》從石作碣。"

◎驈，于密反。《爾雅·釋畜》云"驈馬白跨，驈"。《釋文》引阮孝緒。

◎駈。敺。《大般若波羅蜜多經》四百三十七慧琳音義云："驅，《文字集略》作駈，俗字也；又作敺，古字也。"

◎騗，躍上馬也。《度世經》六慧琳音義。

◎糜，厚粥也。《阿毘達磨大毘婆沙論》四十四慧琳音義。

◎狼狽，敗亂也。《高僧傳》二慧琳音義。披猖也，心亂失次也。《續高僧傳》五慧琳音義。猶狼跋也。《文選》十潘岳《登臨海嶠初發疆中》李善注。

◎狷，狂也。《廣韻》四宵。

◎獽，戎屬也。《續高僧傳》二十七慧琳音義。

◎爆，火燒也。《經律異相》三十一慧琳音義。

　　⊙按：《蘇婆呼童子請問經》慧琳音義作"火炸"。

◎煩撋，猶捼莎也。捼，音奴未反；莎音素禾反。《毛詩·序葛》"薄汙我私，薄澣我衣"，鄭玄云"煩，煩撋之，用功深"。《釋文》引阮孝緒。

◎熟，合食也。《大般若波羅蜜多經》五百十二慧琳音義。

◎烹，煎水熟食也。《大唐三藏玄奘法師本傳》二慧琳音義。

◎黷，黑貌也。《廣弘明集》二十慧琳音義。

◎皽黔，面上黑斑點病也。《道地經》慧琳音義。

◎喬音橋。《爾雅·釋木》"句如羽，喬"，《釋文》引阮孝緒。

◎膻亦頭腫也。《西域記》四慧琳音義。

◎怨，深恨也。《大灌頂經》十慧琳音義。

◎慷慨，竭誠也。《琳法師別傳（上）》慧琳音義。

◎懊憹，悲心內結也。《廣弘明集》二十八慧琳音義。奴道反。《佛爲勝光天子説王法經》慧琳音義。

◎慳謂愛惜財也。《阿毘達磨法蘊足論卷》八慧琳音義。

◎惋，驚異也，《阿毘達磨大毘婆沙論》一百三十慧琳音義。歎恨也。《撰集三藏經及雜藏經》慧琳音義。謂驚惕、惋嘆也。《續高僧傳》五慧琳音義。

◎怒、忓，伏態貌。《列子·力命篇》"眵忓、情露、讙極、淩誶四人相與游於世"，殷敬順釋文曰"阮孝緒云怒、忓，伏態貌"。

◎忉亦切誣也。《肇論（上）》慧琳音義。

◎惱，心內結恨也。《金光明最勝王經》十慧琳音義。

◎湔，洗污衣也。《續高僧傳》六慧琳音義。

◎沾，略也。《大般若波羅蜜多經》三百四十一慧琳音義。

◎泅。《續高僧傳》十慧琳音義。湮，沈於地下。《西域記》四慧琳音義。

◎汀，水際平也。《文選》二十五謝靈運《登臨海嶠初發疆中》李善注。

　　⊙按：《文選》二十六顏延年《和謝監靈運》李善注引無"平"字。

◎淡爲胸中液也。《入法界品》七慧琳音義。

◎漏刻謂以筒受水刻節晝夜百刻。《入法界品》八慧琳音義。

◎濺，污不净也。《讚觀世音菩薩頌經》慧琳音義。

◎沌，水出江夏入江。《晉書》五十八何超音義。

◎瀉，水行貌也。《續高僧傳》十九慧琳音義。

◎漲，河水漲急也。《法句譬喻無常品經》三慧琳音義。

◎溝，水別流也。《陰持入經（下）》慧琳音義。

　　⊙按：此條新得。

◎䨥，雲狀。雲亦䨥也，一夫切。《文選》十三謝惠連《雪賦》李善註。䨥，雲雨收也。《文選》二十八陸士衡《挽歌詩》李善註。

◎霈謂大雨也。《妙嚴品》四慧琳音義。

◎鱭魚，亦作鰶，音祭又音制。《晉書》七十六何超音義。

◎鯢，魚名，有四足。《廣韻》二十二昔。

◎䀡，小視也。《法句譬喻無常品經》二慧琳音義。

◎册，姬周時李老子名也。《辯正論》二慧琳音義。

◎耵聹，耳中垢也。《大般若波羅蜜多經》五十三慧琳音義。

◎耿，憂也，志不安也。《西域記》三慧琳音義。

◎頤頜，頰也。《大般若波羅蜜多經初分緣起品》慧琳音義。

◎掐，爪甲也。《牟梨曼陀羅呪經》慧琳音義。

◎搯，按爪也。《十誦要用羯磨》慧琳音義。

◎拓，手拓物。《根本藥事》五希麟續音義。

◎技，以爲技巧也。《大乘阿毘達磨集論》一慧琳音義。

◎搒，打拍也。《佛説八師經》慧琳音義。

◎拗，以手摧物折也。《根本説一切有部律攝》九慧琳音義。《三寶感通傳（中）》慧琳音義作"拗，手有摧折也"。

◎擽。《大乘百法論》慧琳音義。

◎揀，擇也。《大乘理趣六波羅蜜多經》一慧琳音義。選也。《大乘瑜伽千鉢文殊大教王經》五希麟續音義。

◎擯，徙之遠方也。《佛説法滅盡經》慧琳音義。

◎挭，相牽掣也。《佛説淨飯王涅盤經》慧琳音義。

◎㭼，相對舉物曰㭼也。《中阿含經》十五玄應《一切經音義（小乘單本）》。◎㭼子，樗蒲采名也。《梵网六十二見經》慧琳音義。

◎挅。《菩薩十住行道經》慧琳音義云："短，《文字集略》或從手作挅。"

◎撓者曲行也。《肇論疏》一元康。

　　⊙按：此條新得。

◎搏，音枎。《成唯識論述記序釋》善珠。

　　⊙按：此條新得。

◎婬謂男女野合也。《佛説明度經（上）》慧琳音義。

◎嫌，心惡也。《五百問事經》慧琳音義。

◎弦謂引弓也。《廣弘明集》二十九慧琳音義。

◎彌者，施冒於道路也。《經律異相》十一慧琳音義。

◎縷，合綫也。《五分尼戒本》慧琳音義。

◎絆，繫馬足繩也。《佛説大安般守意經（上）》慧琳音義。

◎纈，縛繒染之，解爲文。《大集大虛空藏經》八慧琳音義。

◎蜆，水殼蟲也。《阿毘達磨大毘婆沙論》七十五慧琳音義。

◎蝓，蝦蟆大如屨能食蛇也。《廣韻》十八諄。

◎蜑，徒旱反，蠻屬。《晉書·宣帝紀》何超音義云："蜑，徒旱反，蠻屬。見《文字集略》或作蜓。"

◎蚧。《大般若波羅蜜多經》三百八十一慧琳音義云："疥癬，《文字集略》從虫作蚧。"

◎蜫。《大寶積經》四十四慧琳音義云："正體作蚰，《文字集略》作蜫。"

◎蜇，痛也。《阿毘達磨法蘊足論卷》九慧琳音義。

◎蠯，似蛤而小也。《廣弘明集》十七慧琳音義。

◎瓦器未燒曰坏。《大寶積經》九十六慧琳音義。

◎塢，小城壁也。《高僧傳》九慧琳音義。

◎鈹，劍而似刀也。《廣弘明集》二十慧琳音義。

◎六銖爲錙。《念佛三昧寶王論（上）》慧琳音義。

◎以金革蔽身曰鎧。《大般若波羅蜜多經》四十七慧琳音義。《大集譬喻王經（上）》慧琳音義引"金革"作"金甲"。

◎鑣，馬勒也。《大唐慈恩寺三藏法師玄奘傳序》慧琳音義。

◎鏃鏑也，矢金也。《藥嚕拏王呪法經》慧琳音義。

◎鎖，連鐵環以拘身也。《菩薩修行經》慧琳音義。

◎鈿，謂金花也。《迴向品》四慧琳音義。金鈿，婦人首飾也。《大乘顯識經（上）》慧琳音義。

◎釵，叉髻也。《起世因本經》九慧琳音義。

◎鐯。《菩提場所說一字頂輪王經》四慧琳音義云："箸，《文字集略》或作鐯。"

◎鈝。《止觀門論頌》慧琳音義。

◎鋼，金之精者也。《大般涅槃經憍陳如品闡維分（下）》慧琳音義。

◎軸，持輪也。《大寶積經》五十五慧琳音義。

◎輿，載也。《起世因本經》六慧琳音義。

◎醍醐是酥酪之精醇者。《百千誦大集經地藏菩薩請問法身讚》慧琳音義。

# 存　目

◎嘯吹聲。

　⊙按：龍璋輯本存此條，言採自"歐陽詢《藝文類聚》卷十九"。然驗之實作"《雜字解詁》曰：嘯吹聲"，龍氏誤。

◎蹾

　⊙按：龍璋輯本存此條，言采自《集沙門不拜俗議序》慧琳音義"蹾，《集略》從足作蹾"。龍璋認爲"字書引無集略，慧琳所引蓋自《文字集略》"。縱觀《一切經音義》，蹾字凡有六，提及書名者有五。除前文所述之外，《大唐内典録》卷五"省聲録從足作蹾"，《弘明集》卷二"省聲集本從足作蹾"，《弘明集》卷十二"省聲集作蹾俗字也"，《弘明集》卷十八"省聲集從足作蹾"。龍氏或誤。

◎皴，皮細起也。

　⊙按：此節龍璋所輯，言出《瑜伽師地論》慧琳音義，實則音義引《字韻略》云。或誤。

◎弗，以鐵貫肉齊也。《大智度論》十八慧琳音義。

◎罫，同。胡卦反。綱礙也。《大方廣佛華嚴經》一慧琳音義。

◎斷首曰刎。刎，割也。《只音阿毘達磨順正理論》六十八慧琳音義。

◎港，水分流也。《明度無極經》一慧琳音義。

◎訣，絕也。《六度集經》二慧琳音義。

◎痱、瘑，小腫也。《只音阿毘達磨順正理論》十六慧琳音義。

◎不朽曰殭，物堅曰鞕也。《只音阿毘達磨順正理論》三十一慧琳音義。

◎犙，牛名也。《善見律》七慧琳音義。

◎煬，釋金也。《阿毘達磨俱舍論》十慧琳音義。

　⊙按：龍氏所輯以上九節，各處僅云"字略"，並無實證出阮氏《文字集略》。

◎龍，四足五采，甚有神靈者也。

◎虯龍之有角，青色也。

◎螭龍之無角，赤、白、蒼色也。

◎魚，水中連行蟲之摠名也。

◎鱏，似鱸而青，長鼻骨者也。

◎鱸，黄魚銳頭，口在頸下者也。

◎鮏，鯉屬也。

◎鮊魚，薄身白色也。

◎䰳，魚之屬，衣曰鱗。

◎鰾，魚膘也。

◎龜蚪之屬，甲曰介。

◎蚺蛇大如連錦錢也。

◎䘒蠞内，老蠶也。

◎葛草，枝枝相值，葉葉相當也。

◎蕣地蓮花，朝生夕落者也。

◎苹，似蓮而下節茂葉者也。

◎櫻子大如柏，端有赤白黑者也。

　⊙按：此以上十七節，王仁俊輯自《倭名類聚抄》卷十九、卷二十所引《文字集略》。核其文字，頗可疑者。置於存目。

# 江式《古今文字表》

北魏江式撰。式（？—523），字法安，陳留濟陽（今蘭考東）人。式繼承家學，篆書尤工。洛京宮殿題額，皆式所書。事迹具《魏書·術藝傳》、《北史》卷三十四本傳。據《魏書》本傳，此表上於延昌三年，式之本意，欲請朝廷允其撰集字書，號曰《古今文字》，凡四十卷，大體依照許慎《説文》爲本，上篆下隸。惜乎其書未成而卒，傳世者唯此一表而已。《續修四庫全書總目提要》云："《古今文字表》者，蓋具其《古今文字》之體例，請敕給學士五人，助其披覽；書生五人，專令抄寫者也。表中言以許慎《説文》爲主，諸字書有六書之義者，以類篇聯文，統爲一部。其古籀、奇惑、俗隸諸體，咸使班於篆下，各有區別。詁訓假借之義，僉隨文而解。音讀楚夏之聲，並逐字而注。其書集古今文字之總匯也。"按式之此表，是繼許慎《説文解字叙》之後的又一篇中國文字學史上的重要文獻。近人黃侃作《論自漢迄宋爲〈説文〉之學者》一文，從中取資良多。

## 江式《古今文字表》一卷

延昌三年三月，式上表曰：

臣聞庖犧氏作而八卦列其畫，軒轅氏興而龜策彰其彩。古史倉頡，覽二象之爻，觀鳥獸之跡，別創文字，以代結繩，用書契以維事。宣之王庭，則百工以叙；載之方册，則萬品以明。迄于三代，厥體頗異，雖依類取制，未能悉殊倉氏矣。故《周禮》八歲入小學，保氏教國子以六書：一曰指事，二曰象形，三曰諧聲，四曰會意，五曰轉注，六曰假借。蓋是史頡之遺法也。及宣王太史史籀著《大篆》十五篇，與古文或同或異，時人即謂之籀書。至孔子定《六經》，左丘明述《春秋》，皆以古文，厥意可得而言。

其後，七國殊軌，文字乖別。暨秦兼天下，丞相李斯乃奏蠲罷不合秦文者。斯作《倉頡篇》，中車府令趙高作《爰歷篇》，太史令胡母敬作《博學篇》，皆取史籀大篆，或頗省改，所謂小篆者也。於是秦燒經書，滌除舊典，官獄繁多，以趣約易，始用隸書，古文由此息矣。隸書者，始皇使下杜人程邈附於小篆所作也。以邈徒隸，即謂之隸書。故秦有八體，一曰大篆，二曰小篆，三曰刻符書，四曰蟲書，五曰摹印，六曰署書，七曰殳書，八曰隸書。

漢興，有尉律學，復教以籀書，又習八體，試之課最，以爲尚書史。吏民上書，省字不正，輒舉劾焉。又有草書，莫知誰始，考其書形，雖無厥誼，亦是一時之變通也。孝宣時，召通《倉頡》讀者，獨張敞從之受。涼州刺史杜鄴，沛人爰禮，講學大夫秦近，亦能言之。孝平時，徵禮等百餘人，説文字於未央宮中，以禮爲小學元士。黃門侍郎揚雄採以作《訓纂篇》。及亡新居攝，自以應運制作，使大司空甄豐校文字之部，頗改定古文。時有六書，一曰古文，孔子壁中書也；二曰奇字，即古文而異者；三曰篆書，云小篆也；四曰佐書，秦隸書也；五曰繆篆，所以摹印也；六曰鳥蟲，所以幡信也。壁中書者，魯恭王壞孔子宅，而得《禮》《尚書》《春秋》《論語》《孝經》也。又北平侯張倉獻《春秋左氏傳》，書體與孔氏相類，即前代之古文矣。

後漢郎中扶風曹喜號曰工篆，小異斯法，而甚精巧。自是後學，皆其法也。又詔侍中賈逵修理舊文，殊藝異術，王教一端，苟有可以加於國者，靡不悉集。逵即汝南許慎古文學之師也。後慎嗟時人之好奇，歎儒俗之穿鑿，愐文毀於譽，痛字敗於訾，更詭任情，變亂於世，故撰《説文解字》十五篇，首一終亥，各有部屬，包括六藝羣書之詁，評釋百氏諸子之訓，天地、山川、草木、鳥獸、昆蟲、雜物、奇怪珍異、王制禮儀，世間人事，莫不畢載，可謂類聚羣分，雜而不越，文質彬彬，最可得而論也。左中郎將陳留蔡邕，採李斯、曹喜之法，爲古今雜形，詔於太學立石碑，刊載《五經》，題書楷法，多是邕書也。後開鴻都，書畫奇能，莫不雲集。于時諸方獻篆，無出邕者。

魏初博士清河張揖著《埤倉》《廣雅》《古今字詁》，究諸埤廣，綴拾遺漏，增長事類，抑亦於文爲益者。然其《字詁》，方之許慎篇，古今體用，或得或失矣。陳留邯鄲淳亦與揖同時，博古開藝，特善《倉》、《雅》、許氏字指，八體六書，精究閑理，有名於揖，以書教諸皇子。又建《三字石經》於漢碑之西，其文蔚炳，三體復宣。校之《説文》，篆隸大同，而古字少異。又有京兆韋誕、河東衛覬二家，並號能篆。當時臺觀榜題，寶器之銘，悉是誕書，咸傳之子孫，世稱其妙。

晉世義陽王典祠令任城呂忱表上《字林》六卷，尋其況趣，附託許慎《説文》，而按偶章句，隱別古籀奇惑之字，文得正隸，不差篆意也。忱弟靜，別放故左校令李登《聲類》之法，作《韻集》五卷，宮商角徵羽，各爲一篇，而文字與兄便是魯衛，音讀楚夏，時有不同。

皇魏承百王之季，紹五運之緒，世易風移，文字改變，篆形謬錯，隸體失真。俗學鄙習，復加虛巧，談辯之士，又以意説，炫惑於時，難以釐改。故傳曰，以衆非，非行正，信哉，得之於斯情矣！乃曰追來爲歸，巧言爲辯，小兔爲𪚿，神虫爲蠶。如斯甚衆，皆不合孔氏古書、史籒大篆、許氏《説文》《石經三字》也。凡所關古，莫不惆悵焉。嗟夫！文字者，六藝之宗，王教之始，前人所以垂今，今人所以識古，故曰"本立而道生"。孔子曰："必也正名乎！"又曰："述而不作。"《書》曰："予欲觀古人之象。"皆言遵修舊史而不敢穿鑿也。

臣六世祖瓊，家世陳留，往晉之初，與從父兄應元俱受學於衛覬，古篆之法，《倉》、《雅》、《方言》、《説文》之誼，當時並收善譽。而祖官至太子洗馬，出爲馮翊郡，值洛陽之亂，避地河西，數世傳習，斯業所以不墜也。世祖太延中，皇威西被，牧犍內附，臣亡祖文威杖策歸國，奉獻五世傳掌之書，古篆八體之法，時蒙褒錄，叙列於儒林，官班文省，家號世業。暨臣闇短，識學庸薄，漸漬家風，有忝無顯。但逢時來，恩出願外，每承澤雲津，厠霑漏潤，驅馳文閣，參預史官，題篆宮禁，猥同上哲。既竭愚短，欲罷不能，是以敢藉六世之資，奉遵祖考之訓，竊慕古人之軌，企踐儒門之轍，輒求撰集古來文字，以許慎《説文》爲主，爰採孔氏《尚書》、《五經》音注、《籒篇》、《爾雅》、《三倉》、《凡將》、《方言》、《通俗文》、《祖文宗》、《埤倉》、《廣雅》、《古今字詁》、《三字石經》、《字林》、《韻集》、諸賦文字有六書之誼者，皆以次類編聯，文無復重，糾爲一部。其古籒、奇惑、俗隸諸體，咸使班於篆下，各有區別。詁訓假借之誼，僉隨文而解；音讀楚夏之聲，並逐字而注。其所不知者，則闕如也。脱蒙遂許，冀省百氏之觀，而同文字之域，典書祕書，所須之書，乞垂敕給，并學士五人嘗習文字者，助臣披覽；書生五人，專令抄寫。侍中、黃門、國子祭酒，一月一監，評議疑隱，庶無紕繆。所撰名目，伏聽明旨。

詔曰："可如所請，并就太常，冀兼教八書史也。其有所須，依請給之。名目待書成重聞。"式於是撰集字書，號曰《古今文字》，凡四十卷，大體依許氏《説文》爲本，上篆下隸。《魏書》卷九十一《江式傳》。

# 趙文深《六文書》

北周趙文深撰。文深（？—約570）字德本，南陽宛（今南陽）人。本名文淵，唐人修史避諱，改"淵"爲"深"。文深少學楷隸，隸書尤善。當時題榜，無出其右者。事迹具《周書》、《北史》之《儒林傳》。按《隋志》小學類著錄《六文書》一卷，不著撰人。姚振宗《隋書經籍志考證》云："按《周書·藝術·趙文深傳》：'文深少學楷隸，太祖以隸書紕繆，命文深與黎季明、沈遐等依《説文》及《字林》，刊定六體，成一萬餘言，行於世。'頗似此書。若是，則此《六文書》大抵如唐張懷瓘六體論大篆、小篆、八分、隸書、行書、草書，非漢之六體也。"謝啓昆《小學考》録之，作《刊定六體》。徐崇《補南北史藝文志》録之，作《刊定隸書六體》，似與姚氏所言"非漢之六體"頗異，或以姚説爲正。此書久佚，佚文無考。

# 音韻之屬

## 周顒《四聲切韻》

南朝齊周顒撰。顒有《周易論》，已著錄。此書史志未載，唯《南史》本傳云："著《四聲切韻》，行于時。"《隋志》小學類有《聲韻》四十一卷，周研撰。姚振宗《隋書經籍志考證》云："南齊時有汝南周顒，撰《四聲切韻》，行于時。見《南史》本傳。《封氏聞見記》云：'周顒好爲體語，因此切字，皆有紐，紐有平上去入之異。'似研爲顒之從孫，此或祖述其先世遺書，即《南史》所謂《四聲切韻》之書歟？"此書對近體詩的形成影響很大。俞敏在《中國大百科全書·語言文字卷》的"平仄"條說："過去把提倡運用平仄的功勞歸於梁代沈約，其實這功勞應該歸同時人周顒。《南史·周顒傳》記過他的警句。有人問他：'山中何所食？'他說：'赤米白鹽，綠葵紫蓼。'這是仄仄仄平對仄平仄仄。人問：'何味最勝？'他說：'春初早韭，秋末晚菘。'這是平平仄仄對平仄仄平。這種安排平仄的方式，到了唐代進一步發展，就形成了近體詩。"杜曉勤《周顒行年略考》："周顒著《四聲切韻》，時當永明四五年間。此後，四聲理論方流行於時。永明七八年間，沈約以之爲基礎，撰成《四聲譜》，專施於詩文創作。《梁書·沈約傳》：'約又撰《四聲譜》，以爲在昔詞人，累千載而不寤，而獨得胸衿，窮其妙旨，自謂入神之作。'唐封演《封氏聞見記》亦云：'周顒好爲體語，因此切字皆有紐，紐有平上去入之異。永明中，沈約文詞精拔，盛解音律，遂撰《四聲譜》。'"（載《文史新探》2013年第3期）其佚文無考。

# 周研《聲韻》

　　南朝陳周研撰。研（生卒年不詳），汝南安城（今正陽東北六十里固城村）人。或説爲周顒之孫，與周弘正、周弘直爲昆季行。見姚振宗《隋書經籍志考證》。《隋志》經部小學類著録此書，而周研始末未詳。謝啓昆《小學考》云："周氏研《聲韻》，《隋志》四十一卷，佚。按陸法言《切韻序》稱周思言《音韻》，思言疑即言之字。"姚振宗《考證》云："按南齊時有汝南周顒撰《四聲切韻》行于時，見《南史》本傳。考顒子舍，舍子弘正，字思行；弟弘直，字思方。與陸法言稱周思言者相會，似研爲顒之從孫，與思行、思方爲昆季行。此或祖述其先世遺書，即《南史》所謂《四聲切韻》之書歟？又按韻學之書，當以李登《聲類》、吕静《韻集》爲之首，而本志以是書列於其前者，豈以此總匯五音四聲，爲韻學之綱領歟？抑周研本漢魏間人，猶在李、吕之前歟？"其佚文無考。

# 著者索引

bu
卜子夏《子夏易傳》
卜子夏《喪服傳》
cai
蔡超《集注喪服經傳》
蔡大寶《尚書義疏》
蔡公《蔡公易傳》
蔡謨《喪服譜》
蔡謨《禮記音》
蔡謨《論語注》
蔡系《論語釋》
蔡邕《月令章句》
蔡邕《月令問答》
蔡邕《明堂月令論》
蔡邕《琴操》
蔡邕《今字石經論語注》
蔡邕《勸學》
蔡邕《聖皇篇》
蔡邕《女史篇》
蔡邕《篆勢》
chang
常爽《六經略注》
chen
陳羣《論語陳氏義説》

cheng
程秉《論語弼》
dai
戴德《大戴喪服變除》
戴聖《石渠禮論》
戴聖《羣儒疑義》
ding
丁寬《丁氏八篇》
dong
董景道《禮通論》
董遇《周易注》
董遇《春秋左氏傳章句》
du
杜育《易義》
杜預、服虔《春秋杜氏服氏注春秋左傳》
杜子春《周禮注》
fan
范堅《春秋釋難》
范寧《古文尚書舜典注》
范寧《尚書注》
范寧《禮雜問》
范寧《禮論答問》
范寧《春秋穀梁傳例》
范寧《薄叔玄問穀梁義》

范寧《春秋穀梁音》
范寧《論語注》
樊儵《刪定嚴氏春秋》
范宣《擬周易說》
范宣《禮記音》
范宣《禮論難》
樊英《易章句》
范汪《祭典》
fu
服虔《春秋左氏傳解誼》
服虔《春秋左氏膏肓釋痾》
服虔《春秋左氏傳音》
服虔《春秋漢議駁》
服虔《春秋塞難》
服虔《春秋成長說》
服虔《何氏春秋漢記》
服虔《通俗文》
gan
干寶《周易注》
干寶《周易宗塗》
干寶《周易爻義》
干寶《毛詩音隱》
干寶《周官禮注》
干寶《後養議》
干寶《七廟議》
干寶《春秋左氏函傳議》
干寶《春秋序論》
guo
郭文《金雄記》
郭象《論語體略》
郭象《論語隱》

he
何晏《周易何氏解》
何晏《孝經注》
jia
賈誼《春秋左氏傳訓故》
jing
京房《周易京房章句》
京房《孟氏京房》、《災異孟氏京房》
京房《周易錯》
jiang
江避《孝經注》
江潅《爾雅音》
江潅《爾雅圖贊》
江惇《毛詩音》
江惇《春秋公羊音》
江惇《論語注》
江式《古今文字表》
江熙《毛詩注》
江熙《春秋公羊穀梁二傳評》
江熙《集解論語》
li
李斯《蒼頡篇》
李巡《爾雅注》
liu
劉陶《尚書訓詁》
劉陶《中文尚書》
劉陶《春秋訓詁》
劉陶《春秋條例》
劉之遴《左氏十科三傳同異十科》
long
龍德《雅琴龍氏》

著者索引 | 1081

qiao

橘仁《禮記章句》

ruan

阮渾《周易論》

阮籍《樂論》

阮侃《毛詩音》

阮孝緒《文字集略》

shi

釋法通《乾坤義》

si

司馬憲《喪服經傳義疏》

司馬伷《周官寧朔新書》

song

宋衷《周易宋氏注》

宋衷《七緯注》

su

蘇林《孝經注》

wang

王弼《周易窮微》

王弼《易辨》

王弼《周易大衍論》

王弼《論語釋疑》

wu

吳起《春秋左傳吳氏義》

xiang

向秀《周易義》

xie

謝萬《周易繫辭注》

謝萬《集解孝經》

謝微《喪服要記注》

謝元《內外書儀》

謝稚《孝經圖》

謝莊《琴論》

謝莊《雅琴名錄》

謝莊《琴譜三均手訣》

謝莊《春秋圖不分卷》

xuan

宣舒《通知來藏往論》

xue

薛漢《薛君韓詩章句》

xun

荀昶《集議孝經》

荀煇《周易注》

荀楷《廣詁幼》

荀訥《春秋左氏音》

荀融《易義》

荀柔之《周易繫辭注》

荀爽《周易注》

荀爽等《周易荀爽九家注》

荀爽《尚書正經》

荀爽《詩傳》

荀爽《禮傳》

荀爽《公羊問》

荀爽《春秋條例》

荀爽《辨讖》

荀萬秋《禮論鈔略》

荀顗《諡法》

xu

許慎《春秋左傳許氏義》

許慎《孝經孔氏古文說》

許慎《五經通義》

許慎《五經異義》

許慎《爾雅許君義》
許晏《魯詩許氏章句》

yan

延篤《左氏傳注》

yang

楊乂《周易卦序論》
楊乂《毛詩辨異》
楊乂《毛詩異議》
楊乂《毛詩雜義》

yin

尹更始《春秋左氏傳章句》
尹更始《春秋穀梁傳》
殷仲堪《毛詩雜義》
殷仲堪《論語注》
殷仲堪《常用字訓》
殷仲文《孝經注》
殷仲文《論語解》

ying

穎容《春秋釋例》
應劭《春秋斷獄》
應貞《明易論》

yu

庾亮《雜鄉射等議》
庾亮《論語君子無所爭》
庾蔚之《喪服》
庾蔚之《禮答問》
庾蔚之《喪服要記注》
庾蔚之《喪服世要》
庾蔚之《禮記略解》
庾蔚之《禮論鈔》
庾翼、王愆期《春秋公羊論》

庾翼《論語釋》
庾運《易義》

yuan

袁宏《周易譜》
袁宏《集議孝經》
袁京《孟氏易難記》
袁喬《毛詩注》
袁喬《論語注》
袁憲《喪禮五服》
元延明《毛詩誼府》
元延明《三禮宗略》
元延明《五經宗略》
袁悅之《周易繫辭注》
袁悅之《周易音》
袁準《周官傳》
袁準《喪服經傳注》

zhang

張蒼《春秋左氏傳詁訓》
張衡《周官訓詁》
張匡《韓詩章句》
張禹《孝經安昌侯說》
張禹《魯安昌侯說》

zhao

趙文深《六文書》

zheng

鄭興《周禮解詁》
鄭眾《毛詩先鄭義》
鄭眾《周禮解詁》
鄭眾《鄭氏婚禮》
鄭眾《春秋牒例章句》
鄭眾《春秋删》

著者索引 | 1083

鄭衆《孝經注》

鄭衆《論語傳》

zhong

鍾會《周易盡神論》

鍾會《周易無互體論》

鍾興《春秋章句》

zhou

周防《尚書雜記》

周弘正《周易義疏》

周弘正《孝經私記》

周弘正《論語疏》

周王孫《周氏易傳》

周捨《禮疑義》

周捨《書儀疏》

周研《聲韻》

周顒《周易論》

周顒、謝曇濟《孝經義疏》

周顒《四聲切韻》

zou

鄒湛《周易統略》

# 後　記

　　《中原文獻鈎沉·經部卷》的撰寫情況如下：《周易》類的輯佚，由馮好傑、李正輝撰寫。《尚書》類的輯佚，由馮好傑撰寫。《詩經》類的輯佚，由馮好傑、李慧玲撰寫。《三禮》和《三禮》總義類的輯佚，由張君蕊、苑學正撰寫。樂類的輯佚，由王文艷撰寫。《左氏傳》之屬的輯佚，由甘良勇撰寫。《公羊傳》之屬的輯佚由李正輝、孫新梅撰寫。《穀梁傳》之屬的輯佚，由李昕潔撰寫。《春秋》總義之屬的輯佚，由甘良勇撰寫。《孝經》類的輯佚由李正輝撰寫。《論語》類的輯佚，由孫新梅撰寫。羣經總義類的輯佚，由王文艷撰寫。讖緯類的輯佚，由吕友仁撰寫。小學類的輯佚，由李昕潔、王文艷撰寫。

　　以上諸君，馮好傑是河南師範大學文學院第一屆畢業生。李慧玲、甘良勇、李正輝、張君蕊、苑學正、王文艷都是我過去指導過的碩士研究生，大多數讀了博士，有副高學銜。孫新梅博士，在本校讀碩士時，聽過我三門課。李昕潔，澳門大學碩士，現供職於鄭州圖書館古籍部，聞知《鈎沉》正缺人手，乃慨然相助。以上諸君，皆爲生於斯，長於斯的豫籍學子，對於中原大地，都有濃濃的桑梓之情。他們都有自己的本職工作，但得知有爲母校出一把力的機會，爲弘揚鄉邦文獻貢獻自己的力量，都無不踴躍。沒有他們的幫助，僅憑友仁一己之力，在如此短的時間内完成《鈎沉》經部卷是不可能的。我要向他們表示衷心的感謝。

　　《鈎沉》經部卷的《前言》《凡例》由友仁執筆，通稿工作亦由友仁來做。《鈎沉》不足之處，責在友仁，敬請讀者批評。

吕友仁<br>
2017 年 11 月 10 日